Doules de F+2619.
B.7.

2741. Double ué
5

12577

II. SUITE
OU
NOUVEAU RECUEIL
DES
EDITS,
DECLARATIONS,
LETTRES PATENTES,
ARRÊTS ET RÉGLEMENS,
DE SA MAJESTÉ,
LESQUELS ONT ÉTÉ ENREGISTREZ
AU PARLEMENT;
ENSEMBLE,
DES ARRÊTS ET RÉGLEMENS
& autres de ladite Cour ;

Le tout depuis 1726. jusqu'en mil sept cens quarante.

Avec deux Tables, l'une Chronologique par Années, & l'autre Alphabétique par Sujets & Matiéres.

A ROUEN,

Chez JEAN-B. BESONGNE, Imprimeur ordinaire du Roy, au coin de l'autre côté de la Fontaine S. Lo, à l'Imprimerie du Louvre.

M. DCC. XLIII.

Avec Privilége du Roy, & de l'exprès Commandement de la Cour.

TABLE
CHRONOLOGIQUE
DES EDITS, DECLARATIONS,

Lettres Patentes & Arrêts de Sa Majesté, & du Parlement en Réglement, contenus dans ce Volume de la seconde Suite du Nouveau Recüeil.

1726.

7. Fvrier.

DECLARATION du Roy, qui renouvelle les défenses ci-devant faites aux Nouveaux Convertis, de vendre leurs Biens y mentionnez, sans Permission, pendant le tems de trois années. page 1

18. Mars.
Arrest du Parlement, portant défenses à tous Taneurs & autres personnes, de taner, ni faire taner des Cuirs de toutes especes, avec de l'Orge, sous les peines y portées. 33

23. Avril.
Déclaration du Roy, portant Réglement pour le rétablissement de la Pêche du Poisson de Mer, en interdisant à cet éfet toutes les especes de Filets apellez Dréges, & autres filets traînans, excepté dans les cas y mentionnez : Suprime en outre l'usage des Bâteaux plats, d'une construction specifiée pour la Pêche, dans les endroits y marquez ; comme aussi, celle de toute sorte de Frai du Poisson. 3

21. Juin.
Déclaration du Roy, qui révoque la Levée du Cinquantiéme en nature de Fruits. 13

7. Juillet.
Déclaration du Roy, qui ordonne que les Déclarations de 1700. 1713. & 1714. qui ont réglé la maniere des paiemens des Lettres & Billets de Change, ou Billets païables au Porteur, dans le tems des diminutions arrivées sur les Espèces, seront exécutées à l'ocasion de la derniere augmentation desdites Espéces. 15

12. Juillet.
Arrest du Conseil & Lettres Patentes, portant prorogation jusqu'à la fin du nouveau Bail des Fermes generales, de diférens Droits y énoncez : Et modération dès-à-present d'une partie desdits Droits, dans la Ville, Fauxbourgs & Banlieüe de Paris. 17

21. Juillet.
Déclaration du Roy, qui proroge jusqu'au premier Septembre 1727. l'atribution donnée aux Jurisdictions Consulaires, pour connoître de toutes les Faillites & Banqueroutes. 21

13. Aoust.
Arrest du Parlement, qui permet à toutes personnes du Païs du Roumois & du Païs Lieuvin, jusqu'à ce que par la Cour en ait été autrement ordonné, de mettre & faire roüir leurs Lins & Chanvres dans les Canaux, Marres & Rivieres, comme par le passé, sans

TABLE CHRONOLOGIQUE.

    pour ce encourir les peines portées par l'Arrest y mentionné. 26

22. Aoust. *Arrest du Parlement, portant Réglement au sujet des demandes des Femmes, en remplacement de Propres sur la succession mobiliére de leurs Maris, prétenduë garante des aliénations de ces Propres, dans les Successions collaterales à elles échûës & acceptées, conjointement constant leur Mariage.* 28

Septemb. *Lettres Patentes du Roy, portant union de la Terre, Justice, Fief & Seigneurie de la Baronie de Roncheville, à la Terre du Vicomté d'Auge, avec toutes ses dépendances, pour ne composer à l'avenir qu'un même Corps de Terre, Fief, Justice, &c.* 35

12. Septemb. *Déclaration du Roy, qui acorde par provision au Sieur Comte de Belle-Isle, la jouïssance des Terres & Seigneuries y mentionnées, à commencer du premier Juillet dernier, en atendant la consommation de son Echange fait avec Sa Majesté.* 37

5. Octobre. *Déclaration du Roy, renduë en faveur des Curez ou Vicaires Perpétuels, & qui régle les Droits des Curez Primitifs dans leurs Paroisses, ainsi que les Portions congruës qu'ils leur doivent fournir.* 40

8. Octobre. *Déclaration du Roy, qui exempte à perpétuité les Biens, Droits & Charges Ecclésiastiques, sous quelque dénomination que ce puisse être, du Droit de Confirmation, Cinquantiéme, & de toutes Impositions & Taxe generalement quelconques.* 44

Novemb. *Edit du Roy, portant réduction des Rentes Viageres, créées depuis 1720.* 51

24. Décemb. *Déclaration du Roy, portant qu'il ne poura être délivré de Congez de l'Amiral, pour les Vaisseaux achetez ou construits dans les Païs Etrangers, que pour le tems de trois mois seulement, afin de revenir directement en France, &c.* 54

Déclaration du Roy, pour défendre la Pêche, tant dans les Parcs qu'ailleurs, le Transport & la Vente du Poisson nommé Blanche ou Blacquet, ainsi que du Fray de Poisson de Mer, de quelque nature qu'il soit, sous les peines d'Amende & de punition corporelle y portées. 56 24. Décemb.

1727.

Arrest du Parlement, portant un nouveau Réglement au sujet des Mendians & Vagabonds. 61 19. Février.

Déclaration du Roy, portant nouveau Réglement pour la grandeur des Mailles des Filets emploïez à la Pêche à Pied & Tentes à la Basse-eau, avec la maniere dont ces Pêcheries seront établies sur les Côtes des Provinces de Flandre, Païs conquis, Boulonnois, Picardie & Normandie. 64 18. Mars.

Arrest du Parlement, qui a déchargé le nommé Baroche, de la Paroisse de la Boissiere près Pacy, de la demande à lui faite par le Curé de ladite Paroisse, de la Dixme d'une piece de Terre ensemencée en Vesce, par lui prétenduë en verd, &c. 77 8. Mai.

Arrest du Parlement, qui deboute un Curé de sa prétention de percevoir la Dixme des Sain-foins, Vesces, Dragées, Lusernes, & autres sortes de nouritures de Bestiaux, qui se coupent & pâturent en verd, nonobstant la possession qu'il établissoit, tant dans sa Paroisse, que dans des Paroisses voisines, &c. 82 29. Mai.

Arrest du Parlement, concernant la séparation des diférentes Salaisons & Aprêts des Harans, qui sera faite par les Marchands-Saleurs de Dieppe, & autres Ports le long de la Côte de la Mer, sous les peines de confiscation & Amende y portées. 84 21. Juin.

Déclaration du Roy, qui proroge jusqu'au premier Septembre 1728. l'atribution donnée aux Jurisdictions Con- 7. Juillet.

DES EDITS, DECLARATIONS, &c.

7. Juillet.	*Consulaires, pour connoître de toutes les Faillites & Banqueroutes.* 86		
	Déclaration du Roy, portant révocation & supression du Cinquantiéme, à commencer du premier du mois de Janvier 1728. 91		
8. Juillet.	*Arrest du Parlement, portant supression d'un Imprimé, intitulé* Instruction Pastorale de S. A. Mgr François-Armand de Lorraine, Evêque de Bayeux, *&c.* 92		
Décemb.	*Edit du Roy, portant rétablissement en faveur des Secretaires du Roy des Chancelleries près les Cours, de la Noblesse au premier degré, & de l'Exemtion des Droits de Lods & Ventes: Et supression des Gardes-Scels & Secretaires du Roy des Chancelleries Presidiales.* 96		
Décemb.	*Edit du Roy, en faveur des Receveurs & Contrôleurs generaux des Domaines & Bois, &c.* 101		

1728.

30. Janvier.	*Arrest du Parlement, portant nouveau Réglement pour la fixation du tems de la durée des Actions redhibitoires y mentionnées, sous peine d'y être declaré non-recevable ledit tems passé.* 109		
24. Février.	*Arrest du Parlement, qui entr'autres choses, enjoint à toutes les Sages-femmes de cette Province, lorsqu'elles se trouveront dans des Acouchemens laborieux & contre nature, d'apeller promptement du secours, sur les peines au cas aparte ant.* 112		
18. Mars.	*Déclaration du Roy, concernant les cas où les Cédules évocatoires ne peuvent avoir leur éfet, &c.* 116		
20. Avril.	*Arrest du Conseil & Lettres Patentes, portant Réglement entre les Toiliers & Teinturiers, tant de la Ville que des lieux de Fabrique de la Generalité de Roüen, à l'égard de l'usage de l'Indigo pour les Teintures de Toiles, Fils & Cotons, & autres Ouvrages de leur fabrique, &c.* 119		
	Déclaration du Roy, concernant les Maîtres & Ouvriers Imprimeurs, & le Travail dans les Imprimeries, sous les peines y portées. 124	10. Mai.	
	Déclaration du Roy, qui proroge jusqu'au premier Septembre 1729. l'atribution donnée aux Jurisdictions Consulaires, pour connoître de toutes les Faillites & Banqueroutes. 128	31. Juillet.	
	Déclaration du Roy, concernant les Parentez entre Oficiers, par raport aux voix deliberatives. 133	30. Septemb.	
	Arrest du Conseil & Lettres Patentes, qui prescrivent la Chambre dans le Palais, où se doivent tenir les Assemblées pour les Afaires des Hôpitaux de la Ville de Roüen, ou autres nécessitez publiques, avec la Préséance des Oficiers, &c. dont elles doivent être composées. 136	20. Octobre.	
	Arrest du Parlement, pour l'Enregistrement de l'Arrest du Conseil d'Etat cidessus. 137	17. Novemb.	
	Réglement du Roy, au sujet des Engagez & Fusils qui doivent être portez par les Navires Marchands, aux Colonies des Isles Françoises de l'Amerique, & de la Nouvelle France. 138	15. Novemb.	
	Déclaration du Roy, concernant l'Embarquement & Débarquement ou Congé donné aux Matelots dans les Ports du Roiaume ou Etrangers, au sujet des Acomptes qui peuvent être donnez sur leurs Salaires. 145	18. Décemb.	
	Déclaration du Roy, au sujet de la Pêche des Moules, dans les Provinces de Flandre, Païs conquis & reconquis, Boulonnois, Picardie & Normandie. 148	18. Décemb.	

1729.

	Déclaration du Roy, qui renouvelle les défenses ci-devant faites aux Nouveaux Convertis, de vendre leurs Biens y mentionnez, sans Permission pendant le tems de trois années. 152	6. Février.	
	Arrest du Parlement, rendu pour l'exécution de l'Arrest du Conseil, du 20.	18. Février.	

TABLE CHRONOLOGIQUE

Février 1717. & de celui de la Cour, du 26. Mai 1719. & en conséquence, permet à toutes Personnes de faire & vendre de l'Amidon, dans la Ville & Fauxbourgs de Roüen. 154

6. Mars. Déclaration du Roy, concernant le Remboursement des Rentes sur l'Hôtel de Ville de Paris, par Loterie, & les parties échûës à rembourser aux Procureurs ou Administrateurs des Communautez, aux Tuteurs, Maris ou autres, à cause de la retenuë des Quinze pour cent sur le capital. 156

2. Avril. Arrest du Parlement, portant Règlement sur la faculté acordée à tous Juges, hors le cas y mentionné, pour connoître des Procès des Seigneurs dont ils relevent noblement. 161

25. Juin. Déclaration du Roy, portant que le défaut d'Insinuation de plusieurs sortes de Dons y mentionnez, n'en emporte pas la nullité, &c. 162

1. Aoust. Arrest du Parlement, portant homologation d'un Mandement de l'Archevêque de Roüen, concernant les Doïens Ruraux, les Comptes des Fabriques, les Réparations des Presbitéres & Eglises, & les Apositions de Scellez après la mort des Curez, &c. 164

1. Septemb. 1514. Arrest du Parlement, servant de Règlement, tant à l'égard des Marchands d'Etofes, que des Cabaretiers, Hôteliers, & autres personnes, qui leur défend de bailler ou prêter aucuns Deniers, Marchandises ou Denrées, aux enfans de Famille, sans le consentement de leurs Parens, sous peine de perdre leur dû. 171

19. Aoust. Autre Arrest du Parlement, rendu en conformité de l'Arrest de la Cour ci-dessus, contre un Aubergiste. 173

31. Aoust. Déclaration du Roy, qui proroge jusqu'au premier Septembre 1730. l'atribution donnée aux Juges-Consuls, pour connoître de toutes les Faillites & Banqueroutes. 177

Déclaration du Roy, pour régler l'Election, Fonctions, Priviléges, &c. des Gardes-Jurez ou Sindics des Pêcheurs à la Mer, & des Tendeurs à la Basse-eau, établis sur les Côtes des Provinces de Flandre, Boulonnois, jusques & compris la Normandie, &c. 182 **21. Septemb.**

Déclaration du Roy, concernant les Hauts & Bas-Parcs, & qui permet d'établir une nouvelle Pêcherie sous le nom de Parcs de Perches & de Filets sur les Côtes des Provinces de Normandie, & autres y mentionnées. 194 **10. Décemb.**

Déclarations du Roy, portant permission de se servir d'un Filet apellé Reiz traversier & Chalut, pour faire la Pêche du Poisson à la Mer, avec sa forme & les endroits, & le tems où son usage est interdit. 199 **20. Décemb.**

1730.

Arrest du Parlement, portant Règlement au sujet de la nature d'Immeubles que doivent être réputez les Places de Barbier-Perruquier dans une Succession, & quelle part en apartiendra en propriété aux Veuves, en cas qu'elles aient été aquises constant leur Mariage. 201 **23. Janvier.**

Déclaration du Roy, par laquelle le Roy explique de nouveau ses intentions, sur l'exécution des Bulles des Papes données contre le Jansénisme, & sur celle de la Constitution Unigenitus. 209 **24. Mars.**

Déclaration du Roy, qui proroge jusqu'au premier Septembre 1731. l'atribution donnée aux Juridictions Consulaires, pour connoître de toutes les Faillites & Banqueroutes, & leur dépendance. 217 **19. Septemb.**

1731.

Déclaration du Roy, en interprétation de celle du 5. Octobre 1726. pour servir de Règlement general entre les Curez primitifs & les Curez-Vicaires perpétuels, touchant leurs Droits respectifs dans les Paroisses, & à qui en apartiendra la competence. 222 **15. Janvier.**

DES EDITS, DECLARATIONS, &c.

17. Janvier.	Arreft du Parlement, portant entr'autres difpofitions, Réglement pour les formalitez à obferver dans les fignifications des Exploits de Clameur, à peine de nullité d'iceux, & de répondre par les Oficiers qui auront inftrumenté, des crones y mentionnées. 228	les Biens que le Roy aquerra dans la fuite. 313	
Février.	Ordonnance du Roy, portant Réglement pour fixer une Jurifprudence uniforme dans tout le Royaume, fur la nature, la forme, les charges ou les conditions effentielles des Donations. 234	Arreft du Parlement, qui atribue au Siege General des Eaux & Forefts de la Table de Marbre, la compétence du Curage d'un Ruiffeau y mentionné, au préjudice des Oficiers du Bailliage de Falaife. 318	5. Juillet.
3. Février.	Déclaration du Roy, concernant les Scellez des Oficiers Militaires. 246	Déclaration du Roy, qui proroge jufqu'au premier Septembre 1732. l'atribution acordée aux Jurifdictions Confulaires, pour connoître des Faillites & Banqueroutes. 322	4. Aouft.
5. Février.	Déclaration du Roy, portant Réglement fur les cas Prevôt. aux ou Préfidiaux 250	Arreft du Parlement, portant Réglement pour la Provifion de Vie des Prifonniers, détenus à la requête de Parties Civiles. 327	4. Aouft.
17. Février.	Déclaration du Roy, concernant les Infinuations des Donations entre vifs, & les Bureaux dans lefquels lefdites Infinuations doivent être faites. 261	Lettres Patentes du Roy, fur l'Arreft du Confeil du 4. de ce mois, concernant le Droit d'Indemnité dû par les Gens de Mainmorte. 329	18. Décemb.
14. Mars.	Arreft du Parlement, portant Réglement entre les Confeillers du Roy, Avocats & Procureurs, Subftituts aux Bailliages particuliers & Vicomtez, & les Confeillers-Affeffeurs aufdits Sieges, au fujet de leurs droits fonctions & préféances entr'eux, &c. 265	**1732.** Déclaration du Roy, qui renouvelle les defenfes ci-devant faites aux Nouveaux Convertis, de vendre leurs Biens y mentionnez, fans les Permiffions y portées, pendant le tems de trois années, & que l'aliénation foit faite dans la forme y prefcrite. 331	19. Janvier.
30. Mai.	Déclaration du Roy, au fujet des Herbes de Mer, connuës fous les noms de Varech ou Vraicq, Sar ou Goüémon, fur les Côtes des Provinces de Flandre, Païs conquis & reconquis, Boulonnois, Picardie & Normandie. 296	Arreft du Parlement, portant entr'autres chofes, Réglement pour les formalitez à obferver par les Débiteurs de Rentes foncieres & rrraquitables, lors du Retrait qu'ils pourront en faire, dans le cas de vente d'icelles à un tiers. 333	13. Février.
29. Juin.	Déclaration du Roy, portant Réglement fur les Alienations ou aquifitions faites par actes féparez, de la proprieté des Fiefs & des Domaines non fieffez, fituez en Normandie, en ce qui concerne les Droits des perfonnes y mentionnées. 306	Arreft du Confeil & Lettres Patentes, portant Réglement pour faire des Coupes ordinaires dans les Bois de Sarcefte, dependans de la Maîtrife de Domfront. 339	26. Février.
3. Juillet.	Lettres Patentes du Roy, pour l'Enregiftrement de l'Edit du mois de Juillet 1693. y inferé, qui établit les formalitez qui feront obfervées à l'avenir, pour purger de toutes hipoteques,	Arreft du Parlement, portant défenfes aux Teinturiers, & autres Manufacturiers y dénommez, fe fervant de Chaudiere, tant de cette Ville & Fauxbourgs, que ceux établis, notamment dans les Lieux y fpécifiez,	2. Mars.

ã ij

TABLE CHRONOLOGIQUE

	de faire aucun usage de Bois à brûler, pour leursdites Chaudieres & Echaudoirs, &c. 347	Arrest du Parlement, portant Réglement pour la demande du Tiers-Coûtumier des petits-Enfans, sur la Succession de leurs Aieul ou Aieule. 448	4. Mars.
2. Juillet.	Arrest du Parlement, qui a décidé entre deux Graduez de quel jour on devoit compter l'ancienneté de leur Nomination faite par l'Université de Paris, &c. 349	Arrest du Conseil & Lettres Patentes, qui ordonnent plusieurs Coupes de Bois y mentionnées, dans les endroits y marquez de la Forest d'Andaine, Maîtrise de Domfront. 398	31. Mars.
3. Aoust.	Déclaration du Roy, qui proroge pour six années, à commencer du 1. Octobre lors prochain, la levée des Quatre sols pour livre, & de diferens Droits y énoncez: Et ordonne la supression ou modération d'une partie d'autres Droits, &c. 364	Déclaration du Roy, portant Prorogation jusqu'au premier Janvier prochain 1734. des delais ci-devant acordez, pour faire contrôler, insinuer & sceller les Actes passez avant le 29. Septembre 1722. &c. 401	23. Juin.
3. Aoust.	Déclaration du Roy, qui proroge jusqu'au premier Septembre 1733. l'atribution donnée aux Jurisdictions Consulaires, pour connoître des Faillites & Banqueroutes, &c. 369	Arrest du Parlement, qui prescrit les formalitez à observer par tout les Docteurs & Licentiez des Facultez du Roïaume, pour l'exercice de la Médecine, dans les lieux où il n'y aura ni Université ni Aggrégation. 403	27. Juin.
25. Aoust.	Déclaration du Roy, pour compter les Voix délibératives dans les cas d'Oficiers parens & aliez, dans les mêmes Cours & Jurisdictions inférieures. 374	Edit du Roy, portant rétablissement des Ofices de Gouverneurs, Lieutenans de Roy, Majors, Maires, Lieutenans de Maires, & autres Oficiers des Hôtels de Ville. 404	Novemb.
2. Octobre.	Lettres Patentes du Roy, sur la Déclaration ci-dessus, concernant les Parentez entre Oficiers, par raport aux Voix déliberatives. 376	Déclaration du Roy, pour la levée du Dixiéme du Revenu des Biens du Roïaume. 409	17. Novemb.
23. Novemb.	Arrest du Conseil & Lettres Patentes, pour régler les Coupes des Bois de la Forest d'Ecouves, dépendant du Département & Maîtrise d'Alençon. 377	Arrest du Conseil & Lettres Patentes du Roy, portant que la perception du Dixiéme du Revenu des Biens du Roïaume, ne se fera qu'à commencer au premier Janvier 1734. 414	22. Décemb.
16. Décemb.	Arrest du Parlement, qui entr'autres choses fait défenses à tous Marchands & Négocians, de donner au Public aucune déclaration de Marchandises, imprimée ou autrement, que dans la forme prescrite par ledit Arrest, &c. 380	Déclaration du Roy, en interprétation de l'Edit du mois de Novembre dernier, qui rétablit les Ofices Municipaux. 416	20. Décemb.
	1733.	1734.	
3. Mars.	Réglement du Roy & Lettres Patentes, pour la Teinture des Laines destinées à la fabrique des Tapisseries; avec une Instruction sur le Déboüilli desdites Laines. 387	Déclaration du Roy, pour la Police & correction des Filles & Femmes de mauvaise vie, dans la Ville y mentionnée. 418	6. Mai.
		Arrest du Parlement, par lequel en ordonnant l'exécution des Réglemens précedens, il est fait réiteratives dé-	22. Juin.

DES EDITS, DECLARATIONS, &c.

	fenſes aux Gens de Livrée, de s'atrouper, de faire aucune violence, ni inſuiter perſonne, ni même de porter Cannes ou Bâtons, &c. 421	Naufrages Maritimes. 456 Ordonnance du Roy, pour faire un Réglement qui établiſſe une Juriſprudence uniforme par tout le Roiaume, à l'égard de la forme & des conditions y mentionnées, pour la validité des Teſtamens, Codiciles, & autres diſpoſitions à cauſe de mort. 459	Aouſt.
Juillet.	Edit du Roy, concernant le Raport des Procès criminels à la Tournelle du Parlement de Roüen. 423		
9. Novemb.	Arreſt du Conſeil & Lettres Patentes, qui ordonnent la Vente de cinq cens Arpens de Bois pendant vingt-cinq années également, dans la Foreſt de Brothonne, dépendante de la Maîtriſe de Caudebec. 425	Lettres Patentes du Roy, pour l'exécution de l'Ordonnance du mois d'Aouſt 1735. qui établit une nouvelle Juriſprudence uniforme, au ſujet des Teſtamens. 478	4. Aouſt.
28. Décemb.	Déclaration du Roy, portant les peines auſquelles ſeront aſſujettis les Notaires, Tabellions, Gréfiers, & autres aiant faculté de paſſer des Actes & Contrats, qui ſeront convaincus d'avoir fauſſement fait mention ſur les Expéditions par eux delivrées, des Actes qu'ils auront paſſez, que les Minutes auront été contrôlées. 428	Arreſt du Parlement, portant entr'autres choſes Réglement au ſujet de la preuve par Témoins, en cas de fraude prétenduë dans l'Action en clameur, qui ordonne quand elle peut être admiſe contre le Clamant, & à quoi l'Aquereur doit ſatisfaire, pour être en état de s'en ſervir, &c. 480	8. Aouſt.
	1735.	Déclaration du Roy, pour régler le droit de pourvoir aux Benefices pendant la Vacance, tant des Abaïes ou des Prieurez réguliers, que des Archevêchez & Evêchez dont ils dependent. 491	30. Aouſt.
5. Février.	Déclaration du Roy, qui renouvelle les défenſes faites aux Nouveaux Convertis, de vendre leurs Biens pendant trois années, ſans Permiſſion. 429		
8. Mars.	Déclaration du Roy, portant Réglement pour la Fabrication des Bouteilles & Carafons de Verre. 431	1736.	
31. Mars.	Arreſt du Parlement, rendu ſur une Queſtion de Pollicitation, en vertu de laquelle le Chapitre d'Evreux prétendoit avoir la delivrance de la fameuſe Bibliotéque de Mre Jean le Normand, en ſon vivant Evêque d'Evreux, dont il a été debouté, & cette Bibliotéque ajugée à ſon Heritiere; cette Pollicitation aléguée s'étant trouvée être ſans fondement, &c. 434	Arreſt du Parlement, portant Reglement pour l'Enregiſtrement en ladite Cour, des Mandemens d'Evêques, & autres Réglemens, tant de Police Eccléſiaſtique que Civile, concernans les Matieres de la compétence de la Grand' Chambre. 495	17. Janvier.
16. Avril.	Arreſt du Conſeil & Lettres Patentes, concernant les Fonctions des Avocats & Procureur du Roy du Bailliage & Préſidial de Roüen, dans les Procès de la compétence dudit Siege Préſidial. 446	Arreſt du Parlement, portant Réglement pour les Perſonnes interdites des fonctions de Treſoriers, tant dans les Villes qu'à la Campagne, pour l'adminiſtration des Biens des Fabriques, la Reddition des Comptes, & le paiement de leur Reliqua, & les diligences qui ſeront faites contre ceux qui n'y ſatisferont dans le tems y porté; ce qui ſera exécuté à l'égard des Receveurs des deniers des Confréries & Charitez, &c. 497	8. Mars.
15. Juin.	Déclaration du Roy, concernant les		

TABLE CHRONOLOGIQUE

8. Mars. Arrest du Parlement, qui fait défenses d'élire Messieurs du Parlement pour Marguilliers Comptables. 501

9. Avril. Déclaration du Roy, concernant la forme de tenir les Registres des Baptêmes, Mariages, Sépultures, Vétures, Noviciats & Professions, & des Extraits qui en peuvent être délivrez. 503

15. Mai. Déclaration du Roy, portant itératives défenses aux Tailleurs d'Habits, de faire ni mettre, & à toutes personnes de porter sur leurs Habits des Boutons de Drap, ni autres de la qualité y mentionnée; avec mêmes défenses d'en fabriquer, ni en faire entrer de pareils dans le Roïaume, &c. 516

1737.

15. Janvier. Réglement du Roy, pour la Teinture des Etofes de Laine, & pour les Laines servant à leur Fabrication. 518

29. Janvier. Lettres Patentes du Roy, sur le Réglement ci-dessus. 538

16. Avril. Déclaration du Roy, pour la tenuë de Registres en Papier timbré, par les Marchands en gros & en détail; avec défenses à tous Juges, d'en parapher aucuns, & d'avoir égard aux Extraits d'iceux, qu'ils ne soient en cette forme. 539

Juillet. Ordonnance du Roy, concernant le Faux Principal & Faux Incident, & la reconnoissance des Ecritures & Signatures, en matiere criminelle. 541

16. Juillet. Réglement du Roy, pour les Etofes de Laines ou mêlées de Laine, Soie ou Fil, qui se fabriquent dans la Généralité d'Alençon. 583

16. Juillet. Lettres Patentes, sur le Réglement du Conseil ci-dessus. 605

Aoust. Ordonnance du Roy, concernant les Evocations & les Réglemens de Juges. 606

2. Septemb. Arrest du Parlement, qui déclare la Contumace bien instruite contre les y dénommez, pour complicité aux fins de la Celebration du Mariage d'un Fils de famille, à l'insçû de son Pere, & condamne Abraham-Nicolas Renoult, se disant Tert., aux Galeres, &c. 635

1738.

Déclaration du Roy, pour la prorogation pendant six années, à commencer au premier Octobre prochain, jusqu'au dernier Septembre 1744. de la levée de diferens Droits y énoncez, & entr'autres des Quatre sols pour livre des Droits des Fermes, sur le même pied des six années précedentes, finissant au dernier Septembre prochain. 645 — **7. Janvier.**

Réglement du Roy, pour les diférentes sortes de Toiles, Cannevas & Coutils, qui se Fabriquent dans la Généralité d'Alençon. 647 — **14. Janvier.**

Arrest du Conseil & Lettres Patentes, qui ordonnent qu'il soit procedé incessamment à la Vente & Ajudication de tous les Baliveaux au-dessus de quarante ans, étant dans les Coupes des Taillis apellez Ci-glass, dépendantes de la Maîtrise d'Alençon. 681 — **28. Janvier.**

Déclaration du Roy, qui renouvelle les défenses aux Nouveaux Convertis, de disposer de leurs Biens pendant trois ans, sans permission. 684 — **3. Février.**

Edit du Roy, portant suppression des Ofices de Contrôleurs Clercs-d'Eau. 686 — **Mai.**

Déclaration du Roy, portant Réglement pour fixer la Compétence, les Droits & Fonctions des Oficiers de la Vicomté de l'Eau, & du Lieutenant General de Police de la Ville de Roüen. 688 — **10. Mai.**

Edit du Roy, portant que tous les Sujets du Roy de Pologne, dans les Etats de Loraine, seront réputez naturel François; avec ce qui est prescrit à l'égard des Jugemens & Actes publics. 694 — **Juillet.**

Réglement du Roy, pour les Draps, Ser- **8. Décemb.**

DES EDITS, DECLARATIONS, &c.

ges & autres Etofes de Laine ou mélées de Laines & de Fils qui se fabriquent dans la Generalité de Caën. 701

15. Décemb. Déclaration du Roy, en interprétation de l'Edit du mois d'Octobre 1716. concernant les Esclaves Négres des Colonies, de present en France, ou qui y seront enmenez. 696

1739.

18. Mars. Arrest du Parlement, rendu en forme de Réglement, sur les formalitez qui doivent être observées, & les précautions prises par les Personnes y mentionnées, dans la Vente, l'achat & l'usage de l'Arsenic, Réagal, Sublimé, Orpiment ; & qui leur défend de garder d'aucunes sortes de Poisons ; le tout, sous les peines y portées. 733

29. Avril. Arrest du Parlement, portant défenses au Sieur Ecolasse dit la Fosse, Maître Mercier, & à tous autres Merciers de Roüen, de faire aucun Commerce de Bouteilles de Gros Verre des Verreries de la Province ; & leur fait pareillement défenses d'avoir aucuns Magasins dans cette Ville, Fauxbourgs & Banlieuë, d'aucunes Faiances, Verreries, & toutes autres choses dépendantes du Métier de Marchand-Verrier-Faïancier de cette Ville, &c. 738

13. Mai. Arrest du Parlement, qui ordonne de faire le Procès aux Mutins arrêtez Prisonniers, pour les violences par eux commises la nuit derniere chez les Boulangers, & à la Maison du nommé Marguerie; & donne les ordres nécessaires à ceux qui sont commis à la sûreté publique, pour prévenir les Séditions & Emotions populaires, &c. 756

13. Septemb. Déclaration du Roy, concernant l'Afirmation qui doit être passée en personne par les Créanciers & les Debiteurs devant les Juges-Consuls, dans le cas des Faillites & Banqueroutes. 759

1740.

Arrest du Parlement, qui ordonne par provision l'exécution de l'Ordonnance de Police du 12. de ce present mois de Janvier, au sujet des Bannetiers de la Banlieuë. 762   26. Janvier.

Arrest du Parlement, portant défenses aux Amidonniers & Poudriers, de faire ou faire fabriquer des Amidons & Poudres, de quelque nature qu'elles puissent être, à peine de confiscation des Matieres & Ustenciles qui y seront emploiées, & de Trois mille livres d'Amende ; Et qui fait aussi pareilles défenses aux Taneurs, d'emploier aucuns Orges ou Grains pour la préparation des Cuirs ou autrement, sous pareilles peines, &c. 765   10. Octobre.

Arrest du Parlement, portant défenses aux Brasseurs d'emploier aucuns Orges ou Grains à la fabrique des Bieres, que ceux qui leur restent, & qui sont actuellement repostez dans leurs Greniers, germez & preparez, ou ceux qu'ils justifieront leur être venus en cet état des Païs Etrangers, & ce, à peine de Trois mille livres d'Amende, &c. 767   10. Octobre.

Arrest du Parlement, qui ordonne que tous les Proprietaires, Laboureurs, Fermiers ou Sousfermiers de Terres labourables, seront tenus de préparer & ensemencer dans les saisons convenables, leurs Terres des Grains dont elles doivent être chargées. 770   17. Octobre.

Arrest du Parlement, qui fait très-expresses inhibitions & défenses à toutes Personnes, de faire aucuns Amas & Magasins de Bleds & autres Grains, ni de commettre aucuns abus, anaremens ou malversations, de quelque nature qu'ils soient, dans les Halles & Marchez, à peine de cinq cens livres d'Amende, & même de punition corporelle, s'il y échet, sans que lesdites peines puissent être réputées   22. Octobre.

TABLE CHRONOLOGIQUE, &c.

26. Octobre.	*comminatoires.* 773 *Déclaration du Roy, qui exempte de tous Droits, les Bleds, Grains & Légumes qui entreront dans le Roiaume ; & ordonne la fixation des Cens, Rentes & Redevances qui se paient en Grains.* 776	
27. Octobre.	*Arrest du Parlement, qui permet à toutes Personnes d'aporter en cette Ville, & d'exposer en vente du Pain, pour y être vendu à la livre, au prix de la Police.* 781 *Arrest du Parlement, pour l'exécution du Reglement du 13. Janvier 1725. en autorisant la fabrique d'une nouvelle sorte de Pain d'Orge & Froment, pour être vendu par les Boulangers y marquez ; le tout aux conditions, & sous les peines y portées, &c.* 784	21. Novemb

Fin de la Table Chronologique des Edits, &c.

II. SUITE

II. SUITE
DU
NOUVEAU RECUEIL
D'EDITS, DECLARATIONS
ET ARRESTS.

DECLARATION DU ROY,

Qui renouvelle les Défenses ci-devant faites aux Nouveaux Convertis, de vendre leurs Biens y mentionnez, sans Permission, pendant le tems de trois années.

Du 7. Février 1726.

LOUIS PAR LA GRACE DE DIEU, Roy de France & de Navarre : A tous ceux qui ces presentes Lettres verront, SALUT. Par nôtre Déclaration du 11. Février 1723. Nous avons fait défenses à ceux de nos Sujets qui avoient été de la Religion Prétenduë Reformée, de vendre pendant trois ans, à compter du 12. Mars de la même année, leurs Biens-immeubles & l'universalité de leurs Meubles, sans permission. Et estimant à propos de les

1726. Février.

II. Suite du N. R.   A renouveler pour un pareil tems : A CES CAUSES, & autres à ce Nous mouvant, de l'avis de nôtre Conseil, Nous avons dit, déclaré & ordonné, & par ces Presentes signées de nôtre main, disons, déclarons & ordonnons, voulons & Nous plaît, que les précédentes Déclarations soient exécutées selon leur forme & teneur; & conformément à icelles, Nous avons fait & faisons très-expresses inhibitions & défenses à ceux de nos Sujets qui ont fait Profession de la Religion Prétenduë Reformée, de vendre durant ledit tems de trois ans, à compter du 12. Mars prochain, les Biens-immeubles qui leur apartiennent, ou l'universalité de leurs Meubles & éfets mobiliers, sans en avoir obtenu la permission de Nous, par un Brevet qui sera expédié par l'un de nos Secrétaires d'Etat & de nos Commandemens, pour la somme de trois mille livres & au-dessus, & des Intendans ou Commissaires départis pour l'exécution de nos Ordres, dans la Generalité ou Province, où ils sont demeurans, pour les sommes au-dessous de trois mille livres. Nous faisons pareillement défenses à nosdits Sujets, de disposer de leurs Biens-immeubles ou de l'universalité de leurs Meubles & éfets mobiliers, par donation entre vifs, durant lesdites trois années, si ce n'est en faveur, & par les Contrats de mariage de leurs enfans & petits-enfans, ou de leurs héritiers présomptifs demeurans dans le Roïaume, au defaut de décendans en ligne directe. Nous avons déclaré & déclarons nulles toutes les dispositions que nosdits Sujets pouroient faire entre vifs, de leurs Biens-immeubles, en tout ou en partie, & de l'universalité de leurs Meubles & éfets mobiliers, ensemble tous Contrats, Quitances & autres Actes, qui seront passez pour raison de ce, durant lesdits trois ans, au préjudice & en fraude des Presentes : Déclarons aussi nuls les Contrats d'échange que nosdits Sujets pouront faire, pendant le même tems, en cas qu'ils sortissent de nôtre Roïaume, & qu'il se trouvât que les choses qu'ils auroient reçûës en échange, valussent un tiers moins que celles qu'ils auroient données. Voulons que lorsque les Biens de nosdits Sujets seront vendus en Justice, ou abandonnez par eux à leurs Créanciers en païement de leurs dettes, pendant lesdites trois années, lesdits Créanciers ne puissent être colloquez utilement dans les ordres & preferences que l'on en fera, qu'en raportant des Contrats en bonne & dûë forme, & les Titres de leurs dettes, devant ceux qui font lesdits ordres & préférences, ni en toucher

DECLARATIONS ET ARRESTS.

le prix, ou se faire ajuger ou prendre la totalité ou partie desdits Biens en païement des sommes à eux dûës, qu'après avoir afirmé préalablement & en personne, pardevant le Juge qui fait l'ordre ou préférence, si on les poursuit en Justice, ou pardevant le Juge Roïal du lieu où ils se font à l'amiable, que leurs dettes sont sérieuses, & qu'elles leur sont dûës éfectivement ; le tout, à peine de confiscation des sommes par eux touchées, ou des Biens-immeubles ou éfets qui leur auroient été ajugez ou delaissez, en cas que les Titres par eux raportez, ou que les afirmations qu'ils auroient faites, ne se trouvassent pas véritables. SI DONNONS EN MANDEMENT à nos amez & feaux les Gens tenans nôtre Cour de Parlement à Roüen, que ces Presentes ils aïent à faire enregistrer, & le contenu en icelles garder & observer, selon leur forme & teneur, nonobstant Clameur de Haro, Chartre Normande, & autres Lettres à ce contraires ; CAR tel est nôtre plaisir. En témoin de quoi, Nous avons fait mettre nôtre Scel à cesdites Presentes. DONNE' à Versailles, le septiéme jour de Février, l'an de grace mil sept cens vingt-six ; & de nôtre Régne le vingtiéme. Signé, LOUIS: Et plus bas, Par le Roy, FLEURIAU. Et scellée du grand Sceau de cire jaune.

Lûë, publiée & registrée, la grande Audience de la Cour séante. A Roüen en Parlement, le 7. Mars 1726. Signé, AUZANET.

Déclaration du Roy, portant Réglement pour le Rétablissement de la Pêche du Poisson de Mer, en interdisant à cet éfet toutes les espéces de Filets apellez Dréges, & autres Filets traînans, excepté dans les cas y mentionnez : Suprime en outre, l'usage des Bâteaux plats, d'une construction spécifiée, pour la Pêche dans les endroits y marquez ; comme aussi, celle de toute sorte de Frai du Poisson.

Du 23. Avril 1726.

LOUIS par la grace de Dieu, Roy de France & de Navarre : A tous ceux qui ces presentes Lettres verront, SALUT. L'atention que Nous avons à procurer l'abondance dans nôtre Roïaume, Nous a déterminé à faire

A ij

rechercher d'où provient la disette du Poisson de Mer. Il a été reconnu qu'elle ne peut être atribuée, qu'à la pratique de la Pêche, avec le Filet nommé Drége ou Drague, lequel traînant sur les fonds avec rapidité, grate & laboure tous ceux sur lesquels il passe ; de maniere qu'il déracine & enléve les herbes, qui servent d'abri & de réduit aux Poissons, rompt les lits de leur frai, fait périr ceux du premier âge, fait fuir tous ceux qu'il n'arrête point, ou les éloigne si considérablement, que les Pêcheurs sont obligez de les aller chercher au large, où la Pêche se fait avec de plus gros risques & à plus grands frais. Il n'est pas possible d'esperer de trouver les Côtes & la Mer qui les avoisine, poissonneuses, tant que la Pêche sera faite avec un pareil Filet, & avec les Filets traînans, dont les Pêcheurs se servent. Le mauvais usage de la Pêche avec la Drége, a été reconnu depuis un très-long-tems, aussi-bien que celui des Rets traînans : Ils furent défendus par l'Edit du mois de Mars 1584. à peine de punition corporelle, & il n'y avoit alors que deux seuls Bâteaux tolérez, pour faire la Pêche avec la Drége, pour nos Bouche & Maison. Les representations des Interressez aux Pêches, plus touchez de leur intérest particulier, que de l'avantage du bien public, firent changer de si sages dispositions : Il est à présumer que ces Interressez exposérent diféremment la maniere dont se fait la Pêche avec la Drége, de ce qu'elle étoit éféctivement, puisque quoi qu'elle se fasse avec un Rets traînant, elle fut permise par l'Ordonnance du mois d'Août 1681. pendant que cette même Ordonnance défend la Pêche avec toutes sortes de Rets traînans, à peine de punition corporelle. Il y eut d'abord un grand nombre de Bâteaux, qui furent emploïez à faire la Pêche avec la Drége : la quantité du Poisson diminua considérablement ; & les Pêcheurs drégeurs furent obligez d'eux-mêmes, de se réduire à un moindre nombre de Bâteaux, connoissans mais trop tard, que s'ils continuoient ils détruiroient absolument le fond de la Pêche. L'usage des petits Bâteaux plats sans quilles, mârs, voiles, ni gouvernail, n'est pas moins pernicieux à la multiplication des Poissons, & à l'empoissonnement des Côtes, que la pratique de la Drége ; parce que les Pêcheurs riverains se servent de ces sortes de petits Bâteaux, qu'ils apellent Picots ou Picoteurs, pour aller traîner aux bords des sables, le long des Gréves, & aux

DECLARATIONS ET ARRESTS.

embouchûres des Riviéres, des Seines, Traînes, Colerets, Dranets, & autres semblables espéces de Rets défendus par l'Ordonnance du mois d'Août 1681. ce qui détruit absolument le frai du Poisson. Ces Pêcheurs courent aussi de grands risques dans ces petits Bâteaux, & ils périssent au moindre vent qui les y surprend, quand ils se trouvent un peu éloignez de la Côte. Toutes ces raisons Nous ont déterminé à défendre la Pêche avec la Drége, en Nous réservant néanmoins la faculté de laisser subsister quelques Bâteaux, pour faire cette Pêche, pour le service de nos Tables, dans des tems & dans des lieux où elle ne peut faire aucun tort au frai du Poisson, ni aux Poissons du premier âge : le nombre desquels Bâteaux sera diminué, ainsi qu'il sera réglé par ces Presentes ; en sorte qu'ils seront tous suprimez après le Carême de l'année 1734. expiré. Nous avons résolu aussi d'interdire l'usage de ces petits Bâteaux, connus sous le nom de Picots ou de Picoteurs, & de renouveler sous des peines plus séveres, les défenses faites par l'Ordonnance de 1681. de se servir de Rets traînans, de quelqu'espéce & sous quelque nom que ce puisse être. Nous estimons ces dispositions nécessaires, pour empêcher les Pêches abusives & contraires aux Ordonnances. A CES CAUSES, & autres à ce Nous mouvant, de nôtre certaine science, pleine puissance & autorité Roïale, Nous avons dit, déclaré & ordonné, & par ces Presentes signées de nôtre main, disons, déclarons & ordonnons, voulons & Nous plaît ce qui suit.

ARTICLE PREMIER.

Défendons à toutes personnes, de quelque qualité & condition qu'elles puissent être, de faire ou faire faire la Pêche du Poisson, avec les Rets, Filets ou Tramaux, nommez Drége ou Drague ; à peine de confiscation des Bâteaux, Rets, Filets & Poisson, & de cent livres d'Amende contre le Maître, & icelui déclaré déchû de sa qualité de Maître, sans pouvoir en faire aucunes fonctions à l'avenir, ni même d'être reçû Pilote, Pilote-Lamaneur ou Locman ; & en cas de récidive, de trois ans de Galéres.

II. Nous acorderons au Pourvoïeur de nos Bouche & Maison, des Permissions qui seront expédiées par le Secrétaire d'Etat aïant le département de la Marine, pour faire la Pêche avec la Drége, à deux Bâteaux du port de trente Tonneaux

& au-deſſous „qui feront armez & équipez au Port de Dieppe, ſitué dans le Païs de Caux, pendant la preſente année & les ſuivantes, juſques & compris l'année 1732. leſquels ne pourront cependant faire ladite Pêche, que depuis le 1. Octobre juſques & compris le 15. Mai de chacune deſdites années.

III. Il ſera en outre donné audit Pourvoïeur de pareilles Permiſſions, pour faire faire la Pêche avec la Drége, à quatre autres Bâteaux, du même lieu & du même Port, pendant les Carêmes des années 1727. 1728. 1729. & 1730. paſſé lequel tems, il ne lui en ſera acordé que pour deux Bâteaux, pendant les Carêmes de 1731. 1732. 1733. & 1734. ſeulement, ſans que pour les années ſuivantes, il puiſſe en être donné, pour quelque cauſe & ſous quelque prétexte que ce ſoit; & en conſéquence, défendons audit Pourvoïeur, ſes Commis & Prépoſez, après le Carême de l'année 1734. expiré, de faire faire ni pratiquer la Pêche avec la Drége, à peine de trois mille livres d'Amende.

IV. Défendons aux Oficiers des Claſſes, à peine d'interdiction, d'expédier aucun Rôle pour faire la Pêche avec la Drége, qu'au préalable le Maître ne lui repreſente la Permiſſion qu'il en aura obtenuë de Nous, dont il remettra copie au Bureau des Claſſes, laquelle ſera certifiée du Maître qui en ſera porteur.

V. Défendons, ſous pareille peine d'interdiction, aux Oficiers de l'Amirauté, de delivrer aucun Congé pour aller faire la Pêche avec la Drége, qu'après que le Maître aura fait enregiſtrer à leur Gréfe, la Permiſſion qu'il aura obtenuë de Nous pour faire ladite Pêche, & qu'il n'ait remis audit Gréfe, le Rôle de ſon Equipage.

VI. Les Expéditions, tant du Bureau des Claſſes que de l'Amirauté, néceſſaires aux Bâteaux qui auront permiſſion de faire la Pêche avec la Drége, pendant le Carême, ſeront delivrées aux Maîtres deſdits Bâteaux, huit jours avant le Mercredi des Cendres de chacune année.

VII. Les Rets de la Drége dont ſe ſerviront les Pêcheurs porteurs de nos Permiſſions, auront les mailles de la Toile, Nape, Fluë ou Rets du milieu de leur Drége, d'un pouce neuf lignes en quarré; les Tramaux ou Hamaux qui ſont atachez des deux côtez, auront les leurs de neuf pouces en quarré, & le Tramail monté ſera chargé d'une livre & demie de plomb au plus par braſſe; à peine en cas de contravention, de con-

DECLARATIONS ET ARRESTS.

fifcation des Rets, Filets, Poiſſon, & du Bâteau dans lequel ils ſe trouveront, de cent livres d'Amende contre le Maître, & d'être déchû de ſa qualité de Maître, ſans pouvoir jamais en faire aucune fonction à l'avenir, ni pouvoir être reçû Pilote, Pilote-Lamaneur ou Locman.

VIII. Pourront néanmoins leſdits Pêcheurs porteurs de nos Permiſſions, ſe ſervir pendant le Carême, d'une Toile, Nape ou Fluë, aïant les mailles de dix-ſept lignes en quarré, avec des Hamaux de neuf pouces en quarré, & qui ne pourront de même être chargez que d'une livre & demie de plomb au plus par braſſe, ſous les peines portées par l'Article précédent.

IX. Il y aura au Gréfe de l'Amirauté de Dieppe, un coin marqué d'un côté de nos Armes, & autour pour Légende, (Pêche avec la Drége) & de l'autre côté, les Armes de l'Amiral, & pour Légende, (Amirauté de Dieppe) & toutes les pieces de Tramail qui formeront la Drége, ſeront marquées d'un plomb, frapé dudit coin aux deux bouts, & le plomb ſera rabatu ſur la corde, & recouvert d'une legere rôture pour le conſerver.

X. Les Filets de la Drége ainſi marquez, ſeront renfermez dans un Magaſin apartenant au Pourvoïeur de nos Bouche & Maiſon, lequel Magaſin ſera fermé à deux ſerrures, dont une des clefs reſtera entre les mains des Oficiers de l'Amirauté, & l'autre en celles du Pourvoïeur, ſes Commis ou Prépoſez; & leſdits Filets ne pourront être delivrez aux Maîtres, qui feront la Pêche avec la Drége pour ledit Pourvoïeur, que ſur le reçû deſdits Maîtres Pêcheurs, & des Commis ou Prépoſez du Pourvoïeur.

XI. Il ſera delivré le 15. Septembre de chacune année, pour les deux Bâteaux qui auront permiſſion de pêcher, depuis le premier Octobre juſqu'au 15. Mai de l'année ſuivante, à chacun une teſure ou tiſſure de Drége, laquelle ſera remiſe dans le Magaſin, avant la fin du mois de Mai, à peine de cent livres d'amende, païable par moitié par les Commis ou Prépoſez du Pourvoïeur, & par le Maître.

XII. Les Filets de la Drége, qui ſerviront aux Bâteaux qui feront la Pêche pendant le Carême, ſeront delivrez quinze jours avant le Mercredi des Cendres, & raportez au Magaſin quinze jours auſſi après le Samedi Saint, ſous les peines portées par l'Article précédent.

1726.
Avril.

XIII. Les Tramaux de la Drége qui deviendront hors de service, pendant la durée de la Pêche, seront raportez par le Maître au Magasin, & il lui en sera delivré de nouveaux, qui seront marquez, comme il est ordonné par l'Article IX. des Presentes, après vérification faite par les Oficiers de l'Amirauté, de la marque du Plomb des anciens Tramaux.

XIV. Défendons aux Pêcheurs qui feront la Pêche avec la Drége, en vertu de nos Permissions, de traîner Filets ou Tramaux à quatre lieuës près des Côtes, & des Bancs de sable qui les bordent; à peine de confiscation du Bâteau, des Filets & du Poisson, de cent livres d'amende contre le Maître, pour la premiere fois; & en cas de récidive, outre les cent livres d'amende, d'être déchû de sa qualité de Maître, sans pouvoir jamais en faire aucune fonction, ni être reçû Pilote, ni Pilote-Lamaneur ou Locman.

XV. Enjoignons à nôtre Procureur au Siége de l'Amirauté de Dieppe, de se transporter de tems en tems, à bord des Bâteaux drégeurs, porteurs de nos Permissions, pour vérifier la marque de leurs Filets, & si le poids du plomb & la grandeur des mailles sont conformes aux Articles VII. & VIII. des Presentes.

XVI. Enjoignons pareillement à nos autres Procureurs, dans les Siéges d'Amirauté, où il relâchera des Bâteaux, dont les Maîtres seront porteurs de nos Permissions, pour faire la Pêche avec la Drége, de se transporter aussi à bord desdits Bâteaux, pour se faire representer nôtre Permission de faire ladite Pêche, le Rôle d'Equipage, & le Congé donné en conséquence, & y faire la vérification ordonnée par l'Article précédent.

XVII. Ordonnons à tous Capitaines, Maîtres & Patrons, qui auront vû pratiquer la Pêche avec la Drége, d'en faire mention dans leur raport aux Oficiers de l'Amirauté, en marquant le parage & le signalement du Bâteau pêcheur.

XVIII. Ordonnons aussi à tous Pêcheurs faisans la Pêche du Poisson frais, de faire leurs déclarations aux Oficiers de l'Amirauté, des Bâteaux drégeurs, porteurs de nos Permissions, qu'ils pouront trouver faire la Pêche avec la Drége, dans les quatre lieuës du bord des Côtes, & des autres Bâteaux qu'ils pouroient avoir vûs pratiquer la même Pêche, sans être porteurs de nos Permissions; laquelle déclaration sera reçûë

sans

DECLARATIONS ET ARRESTS

sans frais; & tant sur icelle que sur celles des Capitaines, Maîtres & Patrons, seront les délinquans poursuivis à la requête & diligence de nos Procureurs dans les Siéges d'Amirauté.

XIX. Faisons défenses à toutes personnes, de traîner à la Mer, le long des Côtes & aux embouchûres des Rivieres, des Seines, Colerets, Corets, Traînes, Dranets, Draigneaux, Dravenets, & autres semblables Filets & Instrumens traînans, sous les peines portées par l'Article I. des Presentes.

XX. Défendons sous les mêmes peines, aux Pêcheurs qui se servent de Rets nommez Picots, de traîner leurs Filets à la Mer, pour faire la Pêche, ni de se servir pour batre l'eau, piquer & broüiller les fonds, de Perches ferrées & pointuës, de Cablieres, Pierres, Boulets, Chaînes de fer, & tous autres Instrumens.

XXI. Faisons aussi défenses à tous Pêcheurs & autres, sous les mêmes peines, de se servir de Muletieres & de Tramaux dérivans à la Marée, tant avec Bâteau que sans Bâteau, en quelque tems & sous quelque prétexte que ce puisse être; comme aussi, de faire la Pêche de la petite Traîne, Drége ou Drague, nommée Cauche ou Chausse, & celle de la Drége ou Drague armée & montée de fer.

XXII. Les Pêcheurs & tous autres, de quelque qualité & condition qu'ils soient, qui auront des Tramaux pour la Drége, des Muletieres, des Tramaux dérivans, des Chausses ou Cauches, des Sacs servans à la Drége ou Drague armée de fer, des Seines, Colerets, Corets, Traînes, Dranets, Draigneaux, Dravenets, & toutes autres espéces de Rets, Filets, Engins & Instrumens traînans, connus sous quelque dénomination que ce puisse être, seront tenus de les démonter, & de les emploïer à d'autres usages, dans le terme d'un mois du jour de l'enregistrement des Presentes, au Siége de l'Amirauté de leur ressort; à peine après ledit tems passé, de cent livres d'Amende, & de confiscation desdits Rets, Filets & Instrumens, que Nous ordonnons être brûlez publiquement, & les armures de fer confisquées & brisées.

XXIII. Défendons en conséquence, aux Marchands fabricateurs de Rets, Interressez aux Pêches, Maîtres & Compagnons pêcheurs, & à toutes sortes de personnes, de quelque qualité & condition qu'elles puissent être, de faire ou fabri-

II. Suite du N. R. B

quer, vendre ou garder chez eux, aucuns Tramaux de Drége, Tramaux & Muletieres dérivans, Chausses ou Cauches, Sacs servans à la Drége ou Drague armée de fer, & toutes autres espéces de Rets, Engins & Instrumens défendus par l'Article précédent; à peine de confiscation d'iceux, & de trois cens livres d'Amende, le tiers aplicable aux dénonciateurs.

XXIV. Enjoignons aux Oficiers de l'Amirauté, chacun dans leur ressort, de faire un mois après l'enregistrement des Presentes, une exacte perquisition des Tramaux de Drége, des Muletieres dérivantes, des Sacs, Cauches ou Chausses pour la Drége armée de fer, des Seines, Colerets, Traînes, Cranets, Dragneaux & Dravenets, & de toutes autres espéces de Rets, Engins & Instrumens défendus par nos Ordonnances & par ces Presentes, qui pouroient se trouver tant dans les Maisons des Pêcheurs, que des autres Riverains de la Mer, privilégiez & non privilégiez, qui pouront être soupçonnez d'avoir des Filets défendus; & de continuer la même recherche, de trois mois en trois mois, à peine d'interdiction de leurs Charges, & d'en dresser des Procès verbaux, qu'ils Nous envoïeront quinzaine après la confection d'iceux.

XXV. Ordonnons aux Oficiers des Classes, lors qu'ils feront leurs revûës dans les Paroisses de leurs quartiers, de faire en même tems la visite des Rets, Filets, Engins & Instrumens des Pêcheurs; & s'ils en trouvent d'abusifs & défendus par nos Ordonnances & par ces Presentes, d'en donner avis à nôtre Procureur au Siége de l'Amirauté du ressort, pour poursuivre les délinquans.

XXVI. Faisons défenses à tous Pêcheurs, qui font la Pêche à la Mer, le long des Côtes & aux embouchûres des Rivieres, de se servir de Bâteaux sans quilles, mâts, voiles, ni gouvernail, à peine de confiscation desdits Bâteaux, des Filets & Poisson qui s'y trouveront, de cent livres d'Amende contre le Maître, & d'être déchû de sa qualité de Maître, sans pouvoir jamais en faire aucune fonction à l'avenir, ni être reçû Pilote, Pilote-Lamaneur ou Locman; & en conséquence, défendons la construction des Bâteaux plats, connus sous le nom de Picots & Picoteurs, & autres semblables, à peine de confiscation desdits Bâteaux, de cent livres d'Amende contre le Charpentier constructeur, & d'être déchû pour toûjours de sa Maîtrise: Acordons néanmoins aux Pêcheurs, le terme de trois mois

DECLARATIONS ET ARRESTS. 11

du jour de la publication des Presentes, pour se pourvoir de Bâteaux aïans quilles, & portans mâts, voiles & gouvernail; & voulons qu'après ledit tems, tous les Bâteaux plats nommez Picots ou Picoteurs, & autres semblables, soient confisquez & dépécez, & les propriétaires d'iceux condamnez à cent livres d'Amende.

1726. Avril.

XXVII. Enjoignons à nos Procureurs dans les Amirautez, de donner avis aux Oficiers des Classes, des Maîtres qui pour contravention aux Presentes, seront déclarez déchûs de leur qualité de Maîtres; & sur ledit avis, voulons que lesdits Oficiers des Classes les raïent du Regitre des Maîtres, les portent sur celui des Matelots, & les commandent en cette qualité, pour servir sur nos Vaisseaux.

XXVIII. Faisons défenses aux Pêcheurs, & à tous autres, sous les peines portées par le premier Article des Presentes, de pêcher ni faire pêcher avec quelques sortes de Filets, Instrumens & Engins que ce soit, ni de quelque maniere que ce puisse être, aucun Frai de Poisson, connu sous les noms de Blanche, Melie, Melette, Menusse, Saumonelle, Guildre, Manne, Semence, & sous quelqu'autre nom & dénominations que ce puissent être, d'en saler ni d'en vendre, sous quelque prétexte & pour quelqu'usage que ce soit.

XXIX. Défendons à tous Marchands, Chassemarées, Maréïeurs, Poissonniers, Vendeurs & Regratiers de Poissons, d'acheter ni d'exposer en vente aucun Frai de Poisson, à peine de cinquante livres d'Amende.

XXX. Défendons à toutes sortes de Personnes, de quelque qualité & condition qu'elles puissent être, d'enlever ou faire enlever du Frai de Poisson, soit pour nourir les Porcs, Volailles & autres animaux, fumer & engraisser les Terres & le pied des Arbres, & pour tous autres usages que ce puissent être; à peine de confiscation des Chevaux & harnois, & de cinq cens livres d'Amende pour la premiere fois, & de punition corporelle en cas de récidive.

XXXI. Déclarons comprendre sous le nom de Frai de Poisson, tous les petits Poissons nouvellement éclos, & qui n'auront pas trois pouces de longueur au moins, entre l'œil & la queuë.

XXXII. Permettons néanmoins aux Pêcheurs & à tous autres, de défoüir des sables qui restent à sec de basse Mer,

B ij

les Poiſſons qui s'enſablent, pour ſervir d'apât à leurs Pêches, tels que ſont les éguilles, équilles, lançons, & autres Poiſſons de ſemblable eſpece, tels qu'ils puiſſent être.

XXXIII. Défendons à toutes perſonnes, de quelque qualité & condition que ce ſoit, de jetter dans les eaux de la Mer, le long des Côtes, & aux embouchûres des Rivieres, dans les Marres & les Etangs ſalez, aucune chaux, noix vomique, noix de ciprès, coques de Levant, momie, muſc & autres drogues, pour ſervir d'apât & empoiſonner le Poiſſon; à peine de trois cens livres d'Amende pour la premiere fois, & de mille livres en cas de récidive.

XXXIV. Les contraventions aux Articles ci-devant des Preſentes, ſeront pourſuivies à la requête de nos Procureurs dans les Amirautez; & les Sentences qui interviendront contre les délinquans, ſeront exécutées pour les condamnations d'Amende, nonobſtant l'apel & ſans préjudice d'icelui, juſqu'à concurrence de trois cens livres, ſans qu'il puiſſe être acordé de défenſes, même lorſque l'Amende ſera plus forte, que juſqu'à concurrence de ce qui excédera ladite ſomme de trois cens livres.

XXXV. Ceux qui apelleront deſdites Sentences, ſeront tenus de faire ſtatuer ſur leur apel, ou de le mettre en état d'être jugé définitivement, dans un an du jour & date d'icelui; ſinon & à faute de ce faire, ledit tems paſſé, ladite Sentence ſortira ſon plein & entier éfet, & l'Amende ſera diſtribuée conformément à ladite Sentence, & le dépoſitaire d'icelle bien & valablement déchargé.

XXXVI. La Pêche de l'Huitre continuëra d'être faite avec la Drége armée de fer, de la même maniere & ainſi qu'il s'eſt pratiqué juſqu'à preſent.

XXXVII. Le Poiſſon qui proviendra de la Pêche des Bâteaux drégeurs, pour leſquels Nous aurons acordé des Permiſſions, & qui ne ſera pas jugé par le Commis de nôtre Pourvoïeur, être de la meſure & qualité requiſes pour l'aproviſionnement de nos Tables, ſera vendu publiquement à l'encan, ſuivant l'uſage local, & ainſi qu'il ſe pratique pour la vente du Poiſſon des autres Pêches.

XXXVIII. Défendons au Pourvoïeur de nos Bouche & Maiſon, & à ſes Commis & Prépoſez, de faire commerce de Poiſſon, ni de chaſſer marée pour leur compte, directement

ni indirectement, sous des noms suposez, ni par quelques-
autres personnes que ce puissent être ; à peine de confiscation de
la Marée, Harnois & Chevaux, & de trois mille livres d'A-
mende pour la premiere fois, & de six mille livres en cas de récidive, le tiers aplicable au dénonciateur, & d'être en outre le
Commis destitué de son Emploi, & de pareilles Amendes contre ceux qui auront prêté leurs noms.

XXXIX. Les contraventions aux deux précédens Articles, seront jugées par les Juges ausquels la connoissance en
apartient.

XL. Sera au surplus l'Ordonnance du mois d'Août 1681.
concernant la Pêche, exécutée selon sa forme & teneur, en
ce qui n'y est dérogé par les Presentes. SI DONNONS
EN MANDEMENT à nos amez & feaux Conseillers les Gens
tenans nos Cours de Parlement, que ces Presentes ils fassent
lire, publier & registrer, & le contenu en icelles garder &
observer, selon leur forme & teneur, nonobstant tous Edits,
Déclarations, Ordonnances, Arrêts, Réglemens, Clameur
de Haro, Chartre Normande, & autres choses à ce contraires,
ausquelles Nous avons dérogé & dérogeons par cesdites Presentes. Voulons qu'aux Copies d'icelles, collationnées par l'un
de nos amez & feaux Conseillers-Secretaires, foi soit ajoûtée
comme à l'Original ; CAR tel est nôtre plaisir. En témoin de
quoi, Nous avons fait mettre nôtre Scel à cesdites Presentes.
DONNE' à Versailles, le vingt-troisiéme jour d'Avril, l'an
de grace mil sept cens vingt-six ; & de nôtre Régne le onziè-
me. Signé, LOUIS : Et plus bas, Par le Roy, PHELYPEAUX.
Et scellée du grand Sceau de cire jaune.

Lûë, publiée & registrée, la grande Audience de la Cour séante. A Roüen en
Parlement, le 31. Mai 1726. Signé, AUZANET.

Déclaration du Roy, qui révoque la Levée du Cinquantiéme en nature de Fruits.

Du 21. Juin 1726.

LOUIS par la grace de Dieu Roy de France & de
Navarre : A tous ceux qui ces presentes Lettres verront, SALUT. Aïant résolu de prendre en main l'administration des afaires de nôtre Roïaume, & Nous étant

en même tems, chargez du soin & de la direction de nos Finances, Nous nous sommes fait rendre compte des diférentes parties de Recouvremens, qui composent nos Revenus ; & par l'examen que Nous avons fait de chacune, Nous avons observé que la percéption du Cinquantiéme ordonné être levé en nature de fruits, par nôtre Déclaration du 5. Juin 1725. se trouve sujette à beaucoup d'inconveniens, qui loin de procurer un Recouvrement prompt & facile, expose tant les Ajudicataires dudit Droit, que les Propriétaires des heritages sur lesquels la percéption en doit être faite, à une multiplicité de frais, de discussions & de contestations, qui seroient extrêmement à charge à nos Peuples, & pouroient retarder les secours que Nous nous sommes proposez de retirer du produit de ce nouvel établissement : Et aïant examiné les moïens par lesquels Nous pourions soulager nos Sujets, dans le recouvrement de cette Imposition, Nous avons jugé qu'elle leur seroit moins onéreuse, si la levée en étoit faite en argent, ainsi que celle du Dixiéme, qui a été imposé en exécution de la Déclaration du 14. Octobre 1710. & Nous osons même esperer que, s'il plaît à Dieu de benir les vûës que Nous avons formées pour le soulagement de nos Peuples, Nous nous trouverons en état de prévenir le terme fixé par la Déclaration du 5. Juin 1725. pour la décharge & la libération de ce secours extraordinaire, dont la situation des afaires de nôtre Etat, Nous a forcé d'ordonner l'imposition. A CES CAUSES, & autres à ce Nous mouvant, de l'avis de nôtre Conseil, & de nôtre certaine science, pleine puissance & autorité Roïale, Nous avons par ces Presentes signées de nôtre main, dit, déclaré & ordonné, disons, déclarons & ordonnons, voulons & Nous plaît, que la percéption du Cinquantiéme en nature de Fruits, soit & demeure révoquée pour toûjours, nonobstant ce qui est porté par nôtre Déclaration du 5. Juin 1725. à laquelle Nous avons dérogé & dérogeons pour ce regard seulement : Voulons néanmoins que pendant la presente année seulement, & en atendant qu'il plaise à Dieu Nous mettre en état de pourvoir, autant que Nous le desirons, au soulagement de nos Sujets, ledit Cinquantiéme soit levé en argent par imposition, ou par forme d'abonnement, tout ainsi & de la même maniere que le Dixiéme a été levé, en exécution de la Déclaration du 14. Octobre 1710. & des Traitez & abonnemens qui ont été faits en conséquence. Ordonnons au surplus, que nôtredite Déclaration du 5. Juin 1725. sera exécutée selon sa forme & teneur, en ce qui ne se trouvera contraire à ces Presentes. SI DONNONS EN MANDEMENT à nos amez & feaux les Gens tenans nôtre Cour de Parlement à Roüen, que ces Presentes ils aïent à faire lire, publier & regiſtrer, & le contenu en icelles garder, obſerver & exécuter, ſelon leur forme & teneur ; CAR tel eſt nôtre plaiſir. En témoin de quoi, Nous avons fait mettre nôtre Scel à cesdites Preſentes. DONNE' à Verſailles, le vingt-uniéme jour de Juin, l'an de grace mil ſept cens vingt-ſix; & de nôtre Régne le onziéme. Signé, LOUIS: Et plus bas, Par le Roy, FLEURIAU: Vû au Conſeil, LE PELETIER. Et ſcellée du grand Sceau de cire jaune.

Lûë, publiée & regiſtrée, la grande Audience de la Cour ſéante. A Roüen en Parlement, le 4. Juillet 1726. Signé, AUZANET.

Déclaration du Roy, qui ordonne que les Déclarations de 1700. 1713. & 1714. qui ont réglé la maniere des païemens des Lettres & Billets de Change, ou Billets païables au Porteur, dans le tems des diminutions arrivées ſur les Eſpéces, ſeront exécutées à l'ocaſion de la derniere Augmentation deſdites Eſpéces.

Du 7. Juillet 1726.

LOUIS par la grace de Dieu Roy de France & de Navarre : A tous ceux qui ces preſentes Lettres verront, SALUT. Les diminutions arrivées ſur les Eſpéces pendant les années 1700. 1713. & 1714. aïant fait naître pluſieurs conteſtations, au ſujet du païement des Lettres & Billets de change ou Billets païables au Porteur, le feu Roy nôtre très-honoré Seigneur & Biſaïeul, régla la maniere des païemens deſdites Lettres & Billets de change & Billets païables au Porteur, par ſes Déclarations des 16. Mars 1700. 28. Novembre 1713. & 20. Février 1714. & ordonna que faute par les Porteurs deſdites Lettres ou Billets, de les preſenter au jour de leur échéance, ils ſeroient tenus des diminutions des Espéces. Quoi que cette régle établie pour les diminutions, dût être observée dans le cas des augmentations d'Espéces, néanmoins dans diférentes Villes de nôtre Roïaume, les Juges & Consuls s'en sont écartez, sous prétexte que lesdites Déclarations de 1700. 1713. & 1714. ne faisoient aucune mention des augmentations des Espéces, & qu'il n'y avoit aucune autre loi précise à ce sujet : Et au lieu d'ordonner que lesdites Lettres ou Billets de change & Billets païables au Porteur ou à ordre, ou Billets & promesses valeur en marchandises, fussent païez en Espéces au cours de l'échéance de leurs païemens, ils en ont ordonné le païement en Espéces, au cours du jour de leurs Sentences ; ce qui étant contraire à l'esprit des Déclarations de 1700. 1713. & 1714. au bien du Commerce, & à la réciprocité qui doit être entre le créancier & le debiteur, tant dans les tems des diminutions d'Espéces que des augmentations, Nous avons cru devoir expliquer sur ce nos intentions. A CES CAUSES, & autres à ce Nous mouvant, de l'avis de nôtre Conseil, & de nôtre certaine science, pleine puissance & autorité Roïale, Nous avons par ces Presentes signées de nôtre main, dit, déclaré & ordonné, disons, déclarons & ordonnons, voulons & Nous plaît, que dans toutes les contestations nées & à naître entre nos Sujets, à l'ocasion de la derniere augmentation d'Espéces, au sujet du païement desdites Lettres & Billets de change & Billets païables au porteur ou à ordre, ou Billets & Promesses valeur en marchandises, lesdites Déclarations de 1700. 1713. & 1714. soient exécutées, ainsi qu'elles l'ont été lors des diminutions ; en conséquence, ordonnons que faute par les debiteurs d'avoir satisfait aux Sommations à eux faites par leurs créanciers porteurs desdites Lettres ou Billets, ils seront tenus de l'augmentation arrivée sur les Espéces SI DONNONS EN MANDEMENT à nos amez & feaux les Gens tenans nôtre Cour de Parlement à Roüen, que ces Presentes ils aïent à faire lire, publier & regiftrer, & le contenu en icelles garder, observer & exécuter, selon leur forme & teneur ; CAR tel est nôtre plaisir. En témoin de quoi, Nous avons fait mettre nôtre Scel à cesdites Presentes. DONNE' à Versailles, le septiéme jour de Juillet, l'an de grace mil sept cens vingt-six ; & de nôtre Régne le onziéme. Signé, LOUIS : Et plus bas, Par le Roy,

DECLARATIONS ET ARRESTS. 17

Roy, FLEURIAU: Vû au Conseil, LE PELETIER. Et scellée du grand Sceau de cire jaune.

Lûë, publiée & regiſtrée, la grande Audience de la Cour ſeante. A Roüen en Parlement, le premier Aouſt 1726. Signé, AUZANET.

Arreſt du Conſeil & Lettres Patentes, portant prorogation juſqu'à la fin du nouveau Bail des Fermes generales, de diférens Droits y énoncez : Et modération dès-à-preſent d'une partie deſdits Droits, dans la Ville, Fauxbourgs & Banlieuë de Paris.

Du 12. Juillet 1726.

LE Roy aïant examiné la ſituation preſente de ſes Finances, & reconnu que pour ſatisfaire au païement des Rentes de l'Hôtel de Ville de Paris, des Gages des Oficiers des Cours, & des autres charges & dépenſes indiſpenſables de l'Etat ; il étoit néceſſaire de continuër la levée du doublement des Droits du Domaine, Barrage & Poids-le-Roy de Paris ; du Droit d'augmentation ou rehauſſement du Sel, qui ſe conſomme & diſtribuë dans l'intérieur de la Province de Franche-Comté ; celle des Quatre ſols pour livre de tous les Droits de ſes Fermes qui y ſont ſujets ; comme auſſi, de proroger la levée & perception des Droits rétablis par la Déclaration du 15. Mai 1722. en acordant néanmoins dès-à-preſent des modérations & réductions, ſur quelques-uns des Droits énoncez au Tarif arrêté le 20. Juin 1724. en conſéquence de ladite Déclaration, ſur les Denrées qui ſe conſomment journellement dans la Ville de Paris. Tous leſquels Droits Sa Majeſté entend réünir & comprendre dans le Bail general qu'elle a réſolu de faire, de ſes Fermes des Gabelles, Cinq groſſes Fermes & Aides, pour diminuër les dépenſes de la régie deſdits Droits, & éviter aux redevables l'embaras & les peines que leur cauſe la multiplicité des Bureaux, que les diférentes Régies avoient donné lieu d'établir. A quoi voulant pourvoir : Oüi le Raport du Sieur le Peletier, Conſeiller ordinaire au Conſeil Roïal, Contrôleur General des Finances ; SA MAJESTÉ ETANT EN SON CONSEIL, a ordonné & ordonne que le dou-

1726. Juillet.

II. Suite du N. R. C

blement des Droits du Domaine, Barrage & Poids-le-Roy de Paris, dont la prorogation a été ordonnée par Lettres patentes du 28. Décembre 1723. le Droit d'augmentation ou rehauffement du Sel, qui fe confomme & diftribuë dans l'intérieur de la Province de Franche-Comté, dont la perception à été rétablie par Lettres patentes du 11. Juillet 1719. les Quatre fols pour livre des Droits de fes Fermes, établis par les Déclarations des 3. Mars 1705. 7. Mai 1715. & Lettres patentes du 27. Février 1724. les Droits tant anciens que nouveaux, qui fe lévent aux Entrées, Ports, Quais, Halles & Marchez de la Ville, Fauxbourgs & Banlieuë de Paris, dont le rétabliffement a été ordonné par Déclaration du 15. Mai 1722. enfemble les Droits de Courtiers-Jaugeurs, créez par Edits des mois Juin 1691. & Avril 1696. les Droits d'Infpecteurs aux Boucheries & aux Boiffons, & Deux fols pour livre d'iceux, créez par Edits des mois de Février 1704. & d'Octobre 1705. Déclaration du 2. Octobre 1706. & Edit du mois de Janvier 1709. les Droits manuels fur les Sels, réfervez par les Edits de Janvier 1715. & Décembre 1716. continuëront d'être levez & perçûs jufqu'au dernier Septembre 1732. Ordonne en outre Sa Majefté, que les Droits réfervez dans les Cours, Chancelleries, Préfidiaux, Bailliages & autres Siéges & Jurifdictions, par les Edits des mois d'Aouft 1716. Janvier & Novembre 1717. continuëront d'être levez & perçûs jufqu'au dernier Décembre de ladite année 1732. Veut néanmoins Sa Majefté, pour le foulagement des Habitans de la Ville, Fauxbourgs & Banlieuë de Paris, que les Droits fur le Poiffon de Mer frais, fec & falé qui y fera confommé, foient réduits & moderez à la moitié des Droits qui fe lévent actuellement: comme auffi, que les Droits fur la Volaille, Gibiers, Cochons de lait, Agneaux, Chevreaux, Oeufs, Beurres & Fromages, foient moderez d'un quart, & réduits aux trois quarts des Droits qui fe lévent actuellement, en conféquence de ladite Déclaration du 15. Mai 1722. Arreft du 11. Aouft enfuivant, rendu en interprétation, & du Tarif du 20. Juin 1724. lefquelles modérations auront lieu, à commencer du jour de la publication du préfent Arreft, fans que fur le reftant defdits Droits moderez, les quatre fols pour livre puiffent être perçus ; Sa Majefté dérogeant à l'égard des difpofitions portées par le préfent Arreft, aufdits

DECLARATIONS ET ARRESTS.

Edits, Déclarations, Tarifs & Réglemens, lesquels au surplus feront exécutez selon leur forme & teneur, jusqu'aux termes fixez par le present Arrest, pour l'exécution duquel toutes Lettres nécessaires seront expédiées. FAIT au Conseil d'Etat du Roy, Sa Majesté y étant, tenu à Versailles le douziéme jour de Juillet mil sept cens vingt-six.

Signé, PHELYPEAUX.

Lettres Patentes du Roy, sur l'Arrest du Conseil ci-dessus.

LOUIS par la grace de Dieu Roy de France & de Navarre: A nos amez & feaux Conseillers les Gens tenans nôtre Cour de Parlement à Roüen, SALUT. Aïant examiné la situation presente de nos Finances, & reconnu que pour satisfaire au païement des Rentes de l'Hôtel de nôtre bonne Ville de Paris, des Gages des Oficiers de nos Cours & des autres charges & dépenses indispensables de l'Etat, il étoit nécessaire de continuër la levée du doublement des Droits du Domaine, Barrage & Poids-le-Roy de Paris, du Droit d'augmentation ou rehaussement du Sel, qui se consomme & distribuë dans l'intérieur de nôtre Province de Franche-Comté; celle des Quatre sols pour livre de tous les Droits de nos Fermes qui y sont sujets; comme aussi, de proroger la levée & perception des Droits rétablis par nôtre Déclaration du 15. Mai 1722. en acordant néanmoins dès-à-present des modérations & réductions sur quelques-uns des Droits énoncez au Tarif arrêté le 20. Juin 1724. en conféquence de ladite Déclaration, sur les Denrées qui se consomment journellement dans la Ville de Paris; tous lesquels Droits Nous entendons réünir & comprendre dans le Bail general que Nous avons résolu de faire, de nos Fermes des Gabelles, Cinq grosses Fermes & Aides, pour diminuër les dépenses de la régie desdits Droits, & éviter aux redevables l'embaras & les peines que leur cause la multiplicité des Bureaux, que les diférentes Régies avoient donné lieu d'établir. A CES CAUSES, de l'avis de nôtre Conseil, Nous avons ordonné, & par ces Presentes signées de nôtre main, ordonnons que le doublement des Droits du Domaine, Barrage & Poids-le-Roy de Paris, dont la prorogation a été ordonnée par nos Lettres patentes du 28. Décembre 1723. le Droit d'augmentation ou rehauſſement du Sel, qui ſe conſomme & diſtribuë dans l'intérieur de nôtre Province de Franche Comté, dont la percéption a été rétablie par nos Lettres patentes, du 11. Juillet 1719. les Quatre ſols pour livre des Droits de nos Fermes, établis par les Déclarations des 3. Mars 1705. 7. Mai 1715. & Lettres patentes du 27. Février 1724. les Droits tant anciens que nouveaux, qui ſe lévent aux Entrées, Ports, Quais, Halles & Marchez de nôtre bonne Ville, Fauxbourgs & Banlieuë de Paris, dont le rétabliſſement a été ordonné par nôtre Déclaration du 15. Mai 1722. enſemble les Droits de Courtiers-Jaugeurs, créez par Edits des mois de Juin 1691. & Avril 1696. les Droits d'Inſpecteurs aux Boucheries & aux Boiſſons, & deux ſols pour livre d'iceux, créez par Edits des mois de Février 1704. & d'Octobre 1705. Déclaration du 2. Octobre 1706. & Edit du mois de Janvier 1709. les Droits manuels ſur les Sels, réſervez par les Edits de Janvier 1715. & Décembre 1716. continuëront d'être levez & perçûs juſqu'au dernier Septembre de l'année 1732. Ordonnons en outre, que les Droits réſervez dans les Cours, Chancelleries, Préſidiaux, Bailliages, & autres Siéges & Juriſdictions, par nos Edits des mois d'Aouſt 1716. Janvier & Novembre 1717. continuëront d'être levez & perçûs juſqu'au dernier Décembre de ladite année 1732. Voulons néanmoins pour le ſoulagement des Habitans de nôtre bonne Ville, Fauxbourgs & Banlieuë de Paris, que les Droits ſur le Poiſſon de Mer frais, ſec & ſalé, qui y ſera conſommé, ſoient réduits & moderez à la moitié des Droits qui ſe lévent actuellement; comme auſſi, que les Droits ſur la Volaille, Gibiers, Cochons de lait, Agneaux, Chevreaux, Oeufs, Beurres & Fromages, ſoient moderez d'un quart, & réduits aux trois quarts des Droits qui ſe lévent actuellement, en conſéquence de ladite Déclaration du 15. Mai 1722. Arreſt du 11. Aouſt enſuivant, rendu en interprétation, & du Tarif du 20. Juin 1724. leſquelles modérations auront lieu, à commencer du jour de la publication des Preſentes, ſans que ſur le reſtant deſdits Droits moderez, les quatre ſols pour livre puiſſent être perçûs, dérogeant à l'égard des diſpoſitions portées par ces Preſentes, auſdits Edits, Déclarations, Tarifs & Réglemens, leſquels au ſurplus ſeront exécutez, ſelon leur forme & teneur, juſqu'aux termes fixez par ces Preſentes. SI VOUS

DECLARATIONS ET ARRESTS.

MANDONS que cesdites Presentes vous aïez à faire regisstrer, & le contenu en icelles exécuter selon leur forme & teneur, nonobstant Clameur de Haro, Chartre Normande & Lettres à ce contraires; CAR tel est nôtre plaisir. DONNÉ à Versailles, le douziéme jour de Juillet, l'an de grace mil sept cens vingt-six; & de nôtre Régne le onziéme. Signé, LOUIS: Et plus bas, Par le Roy, FLEURIAU: Vû au Conseil, LE PELETIER. Et scellées du grand Sceau de cire jaune.

Lûs, publiez & regiſtrez, la grande Audience de la Cour ſeante. A Roüen en Parlement, le 21. Novembre 1726. Signé, AUZANET.

Déclaration du Roy, qui proroge juſqu'au premier Septembre 1727. l'atribution donnée aux Juriſdictions Conſulaires, pour connoître de toutes les Faillites & Banqueroutes.

Du 21. Juillet 1726.

1726. Juillet.

LOUIS par la grace de Dieu, Roy de France & de Navarre: A tous ceux qui ces preſentes Lettres verront, SALUT. Nous avons par nôtre Déclaration du 30. Juillet 1725. ordonné que tous les Procès & diférens civils, mûs & à mouvoir, pour raiſon des Faillites & Banqueroutes, qui étoient ouvertes depuis le premier Janvier 1721. ou qui s'ouvriroient dans la ſuite, ſeroient juſqu'au premier Septembre de la preſente année, portez pardevant les Juges & Conſuls de la Ville où celui qui auroit fait faillite, ſeroit demeurant; & pour cet éfet, Nous aurions évoqué tous ceux deſdits Procès & diférens qui étoient alors pendans & indécis pardevant les Juges ordinaires ou autres Juges inférieurs, auſquels Nous aurions fait très-inhibitions & défenſes d'en connoître, à peine de nullité, & comme les motifs qui Nous ont portez à proroger depuis pluſieurs années, cette atribution aux Juges & Conſuls, ſubſiſtent, Nous nous ſommes déterminez à proroger pour un tems ladite atribution. A CES CAUSES, & autres à ce Nous mouvant, de l'avis de nôtre Conſeil, & de nôtre certaine ſcience, pleine puiſſance & autorité Roïale, Nous avons par ces Preſentes ſignées de nôtre main, dit, déclaré & ordonné, diſons, déclarons & ordonnons, voulons & Nous plaît, que tous les Procès & diférens civils, mûs & à mouvoir, pour raison des Faillites & Banqueroutes, qui sont ouvertes depuis le premier Janvier 1721. ou qui s'ouvriront dans la suite, soient jusqu'au premier Septembre de l'année prochaine 1727. portées pardevant les Juges & Consuls de la Ville où celui qui aura fait faillite, sera demeurant; & pour cet éfet, Nous avons évoqué & évoquons tous ceux desdits Procès & diférens, qui sont actuellement pendans & indécis, pardevant nos Juges ordinaires ou autres Juges inférieurs, ausquels Nous faisons très-expresses inhibitions & défenses d'en connoître, à peine de nullité, & iceux Procès & diférens, avec leurs circonstances & dépendances, Nous avons renvoïez & renvoïons pardevant lesdits Juges & Consuls, ausquels Nous en atribuons toute Cour, Jurisdiction & connoissance, sauf l'apel au Parlement dans le ressort duquel lesdits Juges & Consuls sont établis. Voulons que nonobstant ledit apel, & sans préjudice d'icelui, lesdits Juges & Consuls continuënt leur procédure, & que leurs Jugemens soient exécutez par provision : Voulons pareillement, que jusqu'audit jour premier Septembre 1727. il soit par lesdits Juges & Consuls, à l'exclusion de tous autres Juges & Oficiers de Justice, procédé à l'aposition des Scellez & confection des Inventaires de ceux qui ont fait ou feront faillite ; & au cas qu'ils eussent des éfets dans d'autres lieux que celui de leur demeure, Nous donnons pouvoir ausdits Juges & Consuls, de commettre telle personne que bon leur semblera, pour lesdits Scellez & Inventaires qui seront aportez au Gréfe de la Jurisdiction Consulaire, & joints à ceux faits par lesdits Juges & Consuls : Voulons aussi que les demandes à fins d'homologation des Délibérations des créanciers, Contrats d'atermoïement ; & autres Actes passez à l'ocasion desdites Faillites, soient portez pardevant les Juges & Consuls, pour être homologuez si faire se doit, & que lesdits Juges & Consuls puissent ordonner la vente des meubles, & le recouvrement des éfets mobiliers, & connoîssent des Saisies mobiliéres, opositions, revendications, contributions, & genéralement de toutes autres contestations qui seront formées en conséquence desdites Faillites & Banqueroutes: N'entendons néanmoins empêcher qu'il puisse être procédé à la Saisie réelle & aux Criées des immeubles, pardevant les Juges ordinaires ou autres qui en doivent connoî-

DECLARATIONS ET ARRESTS. 23

tre, jufqu'au Bail judiciaire exclufivement ; fans préjudice de l'exécution & du renouvellement des Baux judiciaires précédemment ajugez, & fans qu'il puiffe être fait aucune autre pourfuite ni procédure, fi ce n'eft en conféquence des Délibérations prifes à la pluralité des voix par les créanciers, dont les créances excédent la moitié du total des dettes. Voulons en outre, que jufqu'audit jour premier Septembre 1727. aucune plainte ne puiffe être renduë, ni Requête donnée à fin criminelle, contre ceux qui auront fait faillite ; & défendons très-expreffément à nos Juges ordinaires & autres Oficiers de Juftice, de les recevoir, fi elles ne font acompagnées de Délibérations & du confentement des créanciers, dont les créances excedent la moitié de la totalité des dettes ; & quant aux procédures criminelles, commencées avant la date des Prefentes, & depuis ledit jour premier Janvier 1721. voulons qu'elles foient continuées, & que néanmoins nos Juges ordinaires, & autres Oficiers de Juftice foient tenus d'en furfeoir la pourfuite & le jugement, fur la fimple requifition des créanciers, dont les créances excederont pareillement la moitié du total de ce qui eft dû par ceux qui ont fait faillite, & en conféquence des Délibérations par eux prifes, & annéxées à leur Requête. N'entendons néanmoins que tous ceux qui ont fait faillite ou la feront ci-après, puiffent tirer aucun avantage de l'atribution acordée aux Juges & Confuls, & des autres difpofitions contenuës en la prefente Déclaration, ni d'aucune Délibération ou d'aucun Contrat figné par la plus grande partie de leurs créanciers, que Nous avons déclarez nuls & de nul éfet, même à l'égard des créanciers qui les auront fignez, fi les Faillis font acufez d'avoir dans l'état de leurs dettes ou autrement, emploié ou fait paroître des créances feintes ou fimulées, ou d'en avoir fait revivre d'aquitées, ou d'avoir fupofé des tranfports, ventes & donations de leurs éfets, en fraude de leurs créanciers, voulons qu'ils puiffent être pourfuivis extraordinairement comme Banqueroutiers frauduleux, pardevant nos Juges ordinaires ou autres Juges qui en doivent connoître, à la requête de leurs créanciers qui auront afirmé leurs créances en la forme qui fera ci-après expliquée, pourvû que leurs créances compofent la moitié du total des dettes ; & que lefdits Banqueroutiers foient punis de mort, fuivant la difpofition de l'Article XII. Titre

1726.
Juillet.

XI. de l'Ordonnance de 1673. Défendons à toutes personnes, de prêter leurs noms pour aider & favoriser les Banqueroutes frauduleuses, en divertissant les éfets, acceptant des transports, ventes ou donations simulées, & qu'ils sçauront être en fraude des créanciers, en se déclarant créanciers ne l'étans pas, ou pour plus grande somme que celle qui leur est dûë, ou en quelque sorte & maniere que ce puisse être. Voulons qu'aucun particulier ne se puisse dire & prétendre créancier, & en cette qualité assister aux assemblées, former oposition aux Scellez & Inventaires, signer aucune Délibération ni aucun Contrat d'atermoïement, qu'après avoir afirmé ; sçavoir, dans l'étenduë de la Ville, Prevôté & Vicomté de Paris, pardevant le Prevost de Paris ou son Lieutenant, & pardevant les Juges & Consuls, dans les autres Villes du Roïaume où il y en a d'établis, que leurs créances leur sont bien & légitimement dûës en entier, & qu'ils ne prêtent leurs noms, directement ni indirectement, au debiteur commun, le tout sans frais : Voulons aussi que ceux desdits prétendus créanciers, qui contreviendront aux défenses portées par ces Presentes, soient condamnez aux Galeres à perpétuité ou à tems, suivant l'exigence des cas, outre les peines pécuniaires contenuës en ladite Ordonnance de 1673. & que les femmes soient, outre lesdites peines exprimées par ladite Ordonnance, condamnez au bannissement perpétuel ou à tems. Voulons que tous Marchands, Négocians, Banquiers & autres, qui ont fait ou qui feront faillite, soient tenus de déposer un Etat exact & détaillé, certifié véritable, de tous leurs éfets mobiliers & immobiliers, de leurs dettes, comme aussi leurs Livres & Registres, au Gréfe de la Jurisdiction Consulaire dudit lieu, ou la plus prochaine, & que faute de ce ils ne puissent être reçus à passer avec leurs créanciers, aucun Contrat d'atermoïement, Concordat, Transaction ou autre Acte, ni obtenir aucune Sentence ou Arrest d'homologation d'iceux, ni se prévaloir d'aucun Sauf-conduit acordé par leurs créanciers ; & voulons qu'à l'avenir lesdits Contrats & autres Actes, Sentences & Arrêts d'homologation, & Sauf-conduits, soient nuls & de nul éfet ; & que lesdits debiteurs puissent être poursuivis extraordinairement comme Banqueroutiers frauduleux, par nos Procureurs Genéraux ou par leurs Substituts, ou par un seul créancier, sans le consentement

DECLARATIONS ET ARRESTS. 25

tement des autres, quand même il auroit signé lesdits Contrats, Actes ou Sauf-conduits, ou qu'ils auroient été homologuez avec lui : Voulons aussi que ceux qui ont précédemment passé quelques Contrats ou Actes avec leurs créanciers, ou qui ont obtenu des Sauf-conduits, ne puissent s'en aider & prévaloir, ni des Sentences ou Arrêts d'homologation intervenus en conséquence ; défendons à nos Juges d'y avoir aucun égard, si dans quinzaine pour tout delai, à compter du jour de la publication des Presentes, les debiteurs ne déposent leurs Etats, Livres & Registres, en la forme ci-dessus ordonnée, & sous les peines y contenuës, au cas qu'ils n'y aïent ci-devant satisfait : Et pour faciliter à ceux qui ont fait ou feront faillite, le moïen de dresser leursdits Etats, voulons qu'en cas d'aposition de Scellez sur leurs Biens & éfets, leurs Livres & Registres leur soient remis & delivrez, après néanmoins qu'ils auront été paraphez par le Juge ou autre Oficier commis par le Juge qui aposera lesdits Scellez, & par un des créanciers qui y assisteront ; & que les feüillets blancs, si aucun y a, auront été bâtonnez par ledit Juge ou autres Oficiers ; à la charge qu'au-plûtard après l'expiration dudit delai de quinzaine, lesdits Livres & Registres, & l'Etat des éfets actifs & passifs, seront déposez au Gréfe de la Jurisdiction Consulaire ou chez un Notaire, par celui qui aura fait faillite ; sinon voulons qu'il soit censé & reputé Banqueroutier frauduleux ; & comme tel poursuivi, suivant qu'il a été précédemment ordonné. Déclarons nulles & de nul éfet, toutes Lettres de répi qui pouront être ci-après obtenuës, si ledit Etat des éfets & dettes n'est ataché sous le Contrescel, avec un certificat du Gréfier de la Jurisdiction Consulaire, ou d'un Notaire entre les mains duquel ledit Etat avec les Livres & Registres aura été déposé ; le tout, sans déroger aux usages & privileges de la Jurisdiction de la Conservation de Lyon, ni à la Déclaration du 30. Juillet 1715. intervenuë pour le Châtelet de nôtre bonne Ville de Paris. SI DONNONS EN MANDEMENT à nos amez & feaux les Gens tenans nôtre Cour de Parlement à Roüen, que ces Presentes ils aïent à faire lire, publier & registrer, & le contenu en icelles garder & exécuter, selon leur forme & teneur, nonobstant toutes Ordonnances, Edits, Déclarations, & autres choses à ce contraires, ausquelles Nous avons dérogé & déro-

II. Suite du N. R.   D

geons par ces Préſentes ; aux Copies deſquelles collationnées par l'un de nos amez & feaux Conſeillers Secrétaires, voulons que foi ſoit ajoûtée comme à l'Original ; CAR tel eſt nôtre plaiſir. En témoin de quoi Nous avons fait mettre nôtre Scel à ceſdites Préſentes. DONNÉ à Verſailles, le vingt-uniéme jour de Juillet, l'an de grace mil ſept cens vingt-ſix; & de nôtre Régne le onziéme. Signé, LOUIS : Et plus bas, Par le Roy, FLEURIAU : Vû au Conſeil, LE PELETIER. Et ſcellée du grand Sceau de cire jaune.

Luë, publiée & regiſtrée, la grande Audience de la Cour ſéante. A Roüen en Parlement, le 30. Aouſt 1726. Signé, AUZANET.

Arreſt du Parlement, qui permet à toutes Perſonnes du Païs du Roumois & du Païs Lieuvin, juſqu'à ce que par la Cour en ait été autrement ordonné, de mettre & faire roüir leurs Lins & Chanvres, dans les Canaux, Marres & Rivieres, comme par le paſſé, ſans pour ce encourir les peines portées par l'Arreſt y mentionné.

Du 13. Aouſt 1726.

SUR la remontrance faite à la Cour, par le Procureur Général du Roy, expoſitive qu'elle rendit le 14. Décembre 1719. un Arreſt qui fait défenſes à toutes perſonnes, de mettre ni de faire mettre aucuns Lins ni Chanvres à roüir, dans les Rivieres, Foſſez courans, Marres publiques, & autres lieux aboutiſſans, à peine de confiſcation des Lins & Chanvres, & de cinquante livres d'Amende. L'exécution de cet Arreſt adreſſée aux Oficiers des Eaux & Forêts, a été retardée juſqu'au mois de Septembre 1725. qu'ils le firent publier & aficher dans les Paroiſſes : Ce retardement aïant mis les Particuliers dans l'impoſſibilité de préparer d'autres endroits, pour mettre leurs Lins & Chanvres à roüir, le Procureur Général, ſur les remontrances qui lui furent faites, de la perte immenſe que le Public & les Manufactures des Toiles alloit ſoufrir, donna ſon Requiſitoire à la Chambre des Vacations, le 11. Septembre 1725. pour demander, ſans préjudice de l'exécution de l'Arreſt du 14. Décembre 1719.

DECLARATIONS ET ARRESTS.

qu'il plût à la Chambre, ordonner que pour l'année 1725. seulement, & jusqu'à ce qu'autrement par la Cour en fût ordonné après la S. Martin ; il seroit libre à toutes personnes, de mettre & faire mettre leurs Lins & Chanvres à roüir, dans les Canaux, Marres & Rivieres, comme ils avoient fait par le passé, sans pour ce encourir l'Amende & la confiscation. La Chambre l'ordonna ainsi ; mais son Arrest ne pût être assez-tôt publié, & plusieurs personnes intimidées par les peines portées par l'Arrest du 14. Décembre 1719. avoient mis leurs Lins & leurs Chanvres dans des trous qu'ils avoient remplis d'eau ; ce qui leur en a causé presque la perte entiere ; & les Toiles qui ont été fabriquées du peu qu'on en a retiré, sont d'une si mauvaise qualité, qu'on ne les peut blanchir, ni envoïer à l'Etranger, suivant le raport que les Inspecteurs de la Manufacture des Toiles en ont fait à lui Procureur General. Et comme cette Manufacture est la plus utile & la plus profitable de toutes les Manufactures du Roïaume, & qu'il est du bien du Roy & de ses Sujets de la conserver ; d'ailleurs, que les petites Rivieres qui traversent le Roumois & Païs Lieuvin, & dans lesquelles les Chanvres & les Lins ont toûjours été roüis, ne sont pas considérables, & qu'il faut des travaux infinis pour faire des fossez, qui seroient mêmes inutils en diférens cantons, où l'expérience a fait connoître que les Lins & les Chanvres ne peuvent roüir que dans l'eau courante : Pourquoi requiert qu'il plaise à la Cour, permettre à toutes personnes du Roumois & Païs Lieuvin, de mettre & faire mettre leurs Lins & Chanvres à roüir, comme ils ont fait par le passé, dans les Canaux, Marres & Rivieres, sans pour ce encourir la confiscation & l'Amende portées par l'Arrest du 14. Décembre 1719. jusqu'à ce qu'autrement par la Cour en ait été ordonné ; & que l'Arrest qui sur ce interviendra, sera lû, publié & afiché, à la diligence de ses Substituts, qui seront tenus de l'en certifier dans la quinzaine. Vû par la Cour ledit Requisitoire, & oüi le Raport du Sieur Baudoüin du Basset, Conseiller-Commissaire : Tout consideré ; LA COUR, faisant droit sur le Requisitoire du Procureur Général du Roy, a permis à toutes personnes du Roumois & Païs Lieuvin, de mettre & faire mettre leurs Lins & Chanvres à roüir, comme ils ont fait par le passé, dans les Canaux, Marres & Rivieres, sans pour ce encourir la con-

1726.
Aoust.

D ij

fiscation & l'Amende portées par l'Arrest du 14. Décembre 1719. jusqu'à ce qu'autrement par la Cour en ait été ordonné ; à laquelle fin, le present Arrest sera lû, publié & afiché, à la diligence des Substituts du Procureur General du Roy, lesquels seront tenus de certifier la Cour dans la quinzaine, de leurs diligences. FAIT à Roüen en Parlement, le treiziéme jour d'Aoust mil sept cens vingt-six.

Par la Cour, Signé, AUZANET.

Arrest du Parlement, portant Réglement au sujet des demandes des Femmes, en Remplacement de Propres sur la Succession mobiliére de leurs Maris, prétenduë garante des aliénations de ces Propres, dans les Successions collatérales à elles échûës, & acceptées conjointement constant leur Mariage.

Du 22. Aoust 1726.

ENtre Dame Marie-Madeleine Cavelier, veuve du Sieur le Forestier Ecuïer, Conseiller-Secrétaire du Roy, apellante de Sentence renduë en la Cour des Requêtes du Palais à Roüen, le 16. Aoust 1725. d'une part ; & Dame Catherine le Forestier, veuve du Sieur Brunel Ecuïer, Conseiller & Procureur du Roy au Bailliage & Siege Présidial de Roüen, intimée, d'autre part. Vû par la Cour l'Arrest contradictoirement rendu en icelle, entre les Parties, le 5. Juin 1726. par lequel sur l'apel, elles auroient été apointées au Conseil, pour être le Procès jugé en Grand'Chambre, & donné Réglement sur la question ; au bas dudit Arrest est la signification qui en a été faite, à la requête de la Dame apellante, avec déclaration qu'elle entendoit faire mettre le Procès en distribution. Vû aussi la production des parties faite en exécution du susdit Arrest, composée des Pieces suivantes, qui sont un Acte passé devant les Notaires de Roüen, le 8. Mai 1714. par lequel Michel Lancien porteur de Procuration de Jean-Baptiste Cavelier Ecuïer, Sieur de la Salle, a vendu à Pierre Maugis, les deux Maisons y mentionnées, pour & moïennant les prix, clauses & conditions y référées ; ensuite est la ratification faite par ledit Sieur Cavelier, Sieur de la Salle,

DECLARATIONS ET ARRESTS. 29

dudit Contrat de vente; en la marge duquel est fait mention que par un autre Acte, du 13. Mai 1715. ledit Sieur Maugis fit remise & delais d'une des deux Maisons ci-dessus venduës, sçises ruë des Arsins & Coupe-Gorge, audit Sieur le Forestier, comme aïant épousé la Dame apellante, sœur dudit Sieur de la Salle, moïennant 12000 liv. de principal, & 266 liv. pour frais & loïaux coûts: Autre Acte passé devant Notaires, le 28. Septembre audit an 1714. par lequel ledit Jean-Baptiste Cavelier Ecuïer, Sieur de la Salle, a vendu à Pierre-Emmanuël Baudoüin, les deux Fermes y spécifiées & désignées, moïennant la somme de 7400 liv. & autres clauses & conditions portées audit Contrat: Autre Acte passé devant Notaires à Roüen, le 18. Décembre 1699. par lequel Jacques Hamel s'est constitué envers Me Thomas Fauvel Prêtre, Curé de S. Oüen du Breüil, en cent livres de rente au denier dix-huit, moïennant 1800 liv. de principal: Autre Acte aussi passé devant Notaires à Roüen, le 18. Juillet 1720. par lequel ledit Sieur Jean-Baptiste-François Cavelier de la Salle, heritier du feu Sieur Thomas Fauvel Prêtre, a reçû dudit Hamel le remboursement & amortissement de la susdite rente de cent livres, & ce, en Billets de la Banque Roïale: L'Inventaire des Meubles, Titres & Ecritures dudit feu Sieur Cavelier de la Salle, fait après son décès, le 22. Octobre 1722. à la requête dudit Sieur le Forestier, & de la Dame Marie-Madeleine Cavelier son Epouse, de lui dûëment autorisée à cet éfet; ladite Dame habile à se dire & porter seule & unique heritiere dudit défunt Sieur Cavelier de la Salle son frére: Le Procès verbal de vente de partie des Meubles dudit feu Sieur Cavelier de la Salle, faite le 12. Mai 1723. par Duthil Sergent Roïal Priseur-Vendeur: Une Sentence renduë aux Requêtes du Palais à Roüen, le 7. Mai 1725. entre ladite Dame Anne-Catherine le Forestier veuve du Sieur Brunel, intimée, & la Dame apellante, sur les contestations entr'elles mûës, évoquées & formées ausdites Requêtes, à l'ocasion de la succession dudit Sieur le Forestier, mari de la Dame apellante: Une Requête presentée ausdites Requêtes du Palais, par ladite Dame Cavelier, veuve dudit Sieur le Forestier, par laquelle elle auroit exposé que depuis son mariage avec ledit Sieur le Forestier, la succession dudit Sieur de la Salle son frere, lui est échuë; ce qui a engagé ledit Sieur le Forestier son mari, à faire faire Inven-

1726.
Aoust.

taire des meubles & éfets de ladite succession, le 22. Octobre 1722. dont il fit faire la vente de partie desdits éfets, le 12. Mai 1723. laquelle succession consiste en meubles, argent monnoïé, grains & autres éfets mobiliers, qu'elle estime au moins à 18000 liv. de laquelle somme il ne peut rien revenir au Sieur le Forestier son mari, ni à ses heritiers, atendu les aliénations faites par ledit feu Sieur de la Salle, des biens propres de ses pere & mere, dont elle justifie dès-à-present jusqu'à la somme de 21400 liv. suivant les susdits Contrats, des 8. Mai & 28. Septembre 1714. avec ofre d'en produire pour une somme plus considérable, en cas de besoin ; ce qui l'engage à demander distraction à son bénéfice, desdits meubles & autres éfets mobiliers, qui se trouveront encore en essence de ladite succession, avec le prix de ceux vendus par ledit Sieur le Forestier, & les sommes par lui reçûës, conformément ausdits Inventaire & Vente, qui ont été produits à ladite Dame Brunel, par copies abandonnées ; si mieux n'aime ladite Dame Brunel remplacer le prix des propres aliénez, auquel cas, ladite Dame Cavelier abandonnera à ladite Dame Brunel, à son seul profit, lesdits meubles existans de ladite succession, & ne demandera aucun compte des sommes reçûës par ledit Sieur le Forestier : pourquoi elle auroit conclu, à ce qu'il plût aux Requêtes du Palais, lui donner acte de ses obéïssances & déclarations ; & en conséquence, ordonner que ladite Dame Brunel sera tenuë de passer ses obéïssances & déclarations, sur l'acceptation ou contredit des obéïssances & déclarations de ladite Dame veuve le Forestier, pour ensuite être fait droit, ainsi qu'il apartiendroit ; au bas de ladite Requête est une Ordonnance d'être icelle signifiée à Partie, & ensuite la signification qui en a été faite le même jour, à le Roy Procureur de ladite Dame Brunel, avec les autres copies y mentionnées, avec sommation d'Audience : La Sentence renduë par defaut aux Requêtes du Palais, le 27. dudit mois de Juin, sur la susdite Requête, par laquelle defaut est donné en presence, sur le Roy Procureur de ladite Dame Brunel ; & en conséquence, faisant droit sur la Requête de ladite Dame veuve le Forestier, ordonne qu'elle aura delivrance des meubles & éfets mobiliers qui sont en essence, de la succession du Sieur de la Salle, pour servir de remplacement des propres aliénez dudit de la Salle ; à l'égard

DECLARATIONS ET ARRESTS. 31

de ceux vendus, & dont le prix a été reçû par le feu Sieur le Foreſtier, en aura récompenſe ſur les aquêts de ſon mari conſtant ſon mariage ; ladite Dame Brunel condamnée aux dépens : Un extrait de communication des qualitez de la ſuſdite Sentence : La Requête d'opoſition formée contre icelle, par ladite Dame Brunel, le 2. Juillet 1725. répondûë d'une Ordonnance de Soit montrée à Partie ; enſuite eſt la ſignification qui en a été faite, avec ſommation d'Audience : Une Sentence rendûë auſdites Requêtes du Palais, le 9. du même mois de Juillet, par laquelle ladite Dame Brunel eſt reçûë opoſante, en tant que beſoin eſt ou ſeroit, contre la ſuſdite Sentence du 27. Juin précédent ; & pour être fait droit ſur l'opoſition, les Parties apointées à écrire & produire ; au bas de ladite Sentence eſt la ſignification qui en a été faite, le 16. dudit mois : Un Ecrit d'avertiſſement fourni auſdites Requêtes du Palais, en exécution de la ſuſdite Sentence d'apointé, par ladite Dame Cavelier, veuve du Sieur le Foreſtier, le 18. dudit mois de Juillet, par lequel elle a conclu, à ce que par la Sentence qui interviendroit, ladite Dame Brunel fût deboutée de ſon opoſition ; ce faiſant, que ladite Sentence du 27. Juin 1725. fût exécutée ſelon ſa forme & teneur, avec dépens, à la réſerve & proteſtations de ladite Dame le Foreſtier, référées audit Ecrit : Une Requête preſentée aux Requêtes du Palais, le 9. Aouſt 1725. par ladite Dame Brunel, par laquelle elle auroit emploïé le contenu en icelle, pour réponſe au ſuſdit Ecrit d'avertiſſement, & conclu à ce que faiſant droit ſur ſon opoſition à la Sentence du 27. Juin précédent, ladite Sentence fût raportée comme ſurpriſe ; & en conſéquence, que ladite Dame Cavelier fût deboutée de ſa Requête, aux fins du remplacement des propres alienez par le Sieur de la Salle ſon frere, & condamnée aux dépens ; au bas eſt l'Ordonnance deſdites Requêtes du Palais, & enſuite la ſignification qui en fut faite : Un Acte de Procureur à Procureur, ſignifié le 10. dudit mois d'Aouſt, requête de ladite Dame Cavelier, par lequel elle proteſta de nullité de la ſuſdite Requête de ladite Dame Brunel ; La Sentence dont eſt apel, rendûë auſdites Requêtes, le 16. dudit mois d'Aouſt, par laquelle la Cour des Requêtes, faiſant droit ſur l'opoſition de ladite Dame Brunel, à la Sentence du 27. Juin lors dernier, a ordonné qu'elle ſeroit raportée comme ſurpriſe ; & en conséquence, a débouté la Dame le Forestier de sa Requête du 23. dudit mois de Juin, aux fins de remplacement des propres aliénez par ledit de la Salle son frere, avec dépens : Copie des Lettres d'apel de la susdite Sentence, obtenuës en la Chancellerie, par ladite Dame Cavelier, le 26. dudit mois d'Aoust, au bas desquelles est l'Exploit de signification qui en a été faite à ladite Dame Brunel, avec assignation en la Cour, pour y procéder sur ledit apel : Les Actes de Presentations des Parties, mises au Gréfe de la Cour : Sommation faite requête de l'Apellante, le 12. Janvier 1726. de lui communiquer la Sentence dont est apel : Ecrit de Procureur à Procureur, signifié le 15. du même mois de Janvier, à la requête de la Dame Brunel, pour réponse à la sommation ci-dessus : Autre Acte de réponse de la Dame Cavelier, du 18. dudit mois : Autre Acte de réponse de la Dame Brunel, du 23. du même mois : Copie d'autre Acte de la Dame veuve le Forestier, du 25. dudit mois : Autre Acte de réponse de la Dame Brunel, du 26. Acte de production de la Dame veuve le Forestier, du 6. Février dernier : Le susdit Arrest d'apointé rendu en la Cour, le 5. Juin suivant, ci-devant énoncé : Un Factum de ladite Dame Cavelier, veuve du Sieur le Forestier, fourni en la Cour, & signifié en la Cour le 13. Juillet aussi dernier, par lequel elle a conclu, à ce qu'il plaise à la Cour, mettre l'apellation & ce dont est apel, au néant ; émendant, sans s'arrêter à l'oposition de la Dame Brunel, dont elle sera deboutée, ordonner que la Sentence renduë le 27. Juin 1725. sera exécutée définitivement, & condamner l'Intimée aux dépens, tant des Causes principale que d'apel : Autre Factum de ladite Dame Brunel, aussi par elle fourni en la Cour, & signifié le premier du present mois d'Aoust, servant de réponse à celui ci-dessus ; par lequel elle a conclu, à ce qu'il plaise à la Cour, mettre l'apellation au néant, ordonner que la Sentence dont est apel, sera exécutée selon sa forme & teneur, avec dépens : Un Ecrit de Procureur à Procureur, du 7. du même present mois d'Aoust, par lequel ladite Dame le Forestier a déclaré à la Dame Brunel, qu'elle se passoit de répondre à son Factum : Autre Acte signifié le 10. du même mois, par lequel la Dame Brunel a déclaré protester de nullité de l'Ecrit ci-dessus, signifié à la requête de la Dame le Forestier : Autre Acte signifié le 16. dudit present mois, à la requête de ladite Dame le

Forestier

Forestier: Et generalement tout ce que les Parties ont mis, écrit & produit pardevers la Cour: Les Conclusions du Procureur Général, & oüi le Raport du Sieur Guenet de Saint-Juſt Conſeiller, Raporteur: Tout conſideré; LA COUR a mis & met l'apellation au néant, ordonne que ce dont eſt apel, ſortira ſon plein & entier éfet; condamne l'Apellante en douze livres d'Amende & aux dépens: Ordonne en outre, que le preſent Arreſt ſervira de Réglement, ſur la queſtion; à l'éfet de quoi, il ſera envoïé dans tous les Siéges de ce reſſort, à la diligence du Procureur Général, pour être exécuté ſelon ſa forme & teneur. FAIT à Roüen en Parlement, le vingt-deuxiéme jour d'Aouſt mil ſept cens vingt-ſix.

Par la Cour, Signé, AUZANET.

Nota Qu'il y a eu des Lettres de Requête civile obtenuës contre cet Arreſt, ſur leſquelles les Parties ont été apointées au Conſeil.

Arreſt du Parlement, portant defenſes à tous Taneurs & autres perſonnes, de taner, ni faire taner des Cuirs de toutes eſpéces, avec de l'Orge, ſous les peines y portées.

Du 18. Mars 1726.

SUR la remontrance faite à la Cour, par le Procureur Général du Roy, expoſitive que depuis quelques années, pluſieurs Taneurs ſe ſont aviſez de taner leurs Cuirs avec de l'Orge, & quelques Drogues qu'ils y mêlent, au lieu de les taner ſuivant l'uſage ordinaire, avec l'écorce d'arbre de chêne moulüe, ſans aucune Orge; ce qui fait un double & triple préjudice au Public, en ce que les Cuirs tanez avec l'Orge, ne reſtans dans les foſſes & plains, que pendant un an, deviennent plus épais & plus lourds, que ceux tanez avec le tan ordinaire, & ſont d'un très-mauvais uſer. Les Cuirs tanez à l'ordinaire avec le tan d'écorce d'arbre, demeurent au moins trois ans dans les plains, ſont moins épais, plus ſerrez, & plus legers que ceux tanez avec l'Orge, reſiſtent davantage, & ſont d'un bien meilleur uſer: Le ſecond préjudice eſt que l'Orge, qui ſert de nouriture à preſque tout le menu Peuple, dans les tems de ſterilité des bleds, (comme dans l'année preſente) & dans les tems même d'abondance, de nouriture aux hommes, en de certains païs, & dans les autres, de nouriture à des beſtiaux & à des volailles; étant

II. Suite du N. R.   E

EDITS ET REGLEMENS,

1726.
Mars.

employée à cette maniere de taner les Cuirs, en prive le Public, tant en tems de sterilité, que celui d'abondance: Une troisiéme consideration est que si cette maniere de taner les Cuirs avec l'Orge, étoit soufferte, le commerce d'écorces d'arbres, & l'usage des Moulins à tan, qui fait un produit considérable dans la Province, demeureroient anéantis: Pourquoi requiert que défenses soient faites à tous Taneurs & autres personnes, de taner ni faire taner des Cuirs de toutes espéces, avec de l'Orge, en telle petite quantité que ce puisse être, à peine de confiscation des Cuirs, & mille livres d'aumône au profit de l'Hôpital le plus prochain, cinq cens livres d'Amende envers le Roy, dont la moitié apartiendra au dénonciateur, & de punition corporelle en cas de récidive; & à ce que l'Arrest qui interviendra, puisse être plus notoire, ordonner qu'il sera lû à l'Audience de tous les Siéges de la Province, & enregistré aux Registres d'iceux, publié & afiché dans tous les Marchez des Bourgs & Paroisses, pour être exécuté à la diligence de ses Substituts, chacun en droit soi, qui seront tenus de le certifier dans la quinzaine, des diligences qu'ils en auront faites. Vû par la Cour ledit Requisitoire; & oüi le Raport du Sieur le Pesant de Boisguilbert, Conseiller-Commissaire: Tout consideré;

LA COUR, faisant droit sur le Requisitoire du Procureur Général du Roy, a fait défenses à tous Taneurs & autres personnes, de taner ni faire taner des Cuirs de toutes espéces, avec de l'Orge, en telle petite quantité que ce puisse être, à peine de confiscation des Cuirs, & mille livres d'aumône au profit de l'Hôpital le plus prochain du lieu, cinq cens livres d'Amende envers le Roy, dont la moitié apartiendra au dénonciateur, & de punition corporelle, en cas de récidive; à laquelle fin, ordonné que le present Arrest sera lû à l'Audience de tous les Siéges de ce ressort, enregistré aux Registres d'iceux, publié & afiché dans tous les Marchez des Villes, Bourgs & Paroisses, pour être exécuté selon sa forme & teneur, à la diligence des Substituts du Procureur Général du Roy, lesquels seront tenus, chacun en droit soi, de certifier la Cour, dans la quinzaine des diligences qu'ils auront faites à cet efet. Fait à Roüen en Parlement, le dix-huitiéme jour de Mars mil sept cens vingt-six.

Par la Cour, Signé, AUZANET.

Lettres Patentes du Roy, portant union de la Terre, Justice, Fief & Seigneurie de la Baronnie de Roncheville, à la Terre du Vicomté d'Auge, avec toutes ses dépendances, pour ne composer à l'avenir qu'un même Corps de Terre, Fief, Justice, &c.

Du mois de Septembre 1726.

LOUIS par la grace de Dieu, Roy de France & de Navarre: A tous presens & à venir, SALUT. Nôtre très-cher & très-amé Oncle le Duc d'Orleans, Nous a exposé qu'il est propriétaire de la Terre du Vicomté d'Auge, située en la Province de Normandie, dont la Justice & Seigneurie s'étend sur une partie de la Ville d'Honfleur, & qu'il joüit aussi de la Baronnie de Roncheville, située au Païs d'Auge, de laquelle dépend la plus grande partie de la Justice & Seigneurie de ladite Ville d'Honfleur. Le Vicomté d'Auge est composé de diférentes Jurisdictions ordinaires, qui ont conservé la qualité de Justices Roïales, par une clause expresse du Contrat d'échange, du mois de Décembre 1529. en sorte qu'il y a actuellement un Siége Roïal de Vicomté, en ladite Ville d'Honfleur, pour la partie qui dépend du Vicomté d'Auge, & une Justice Seigneuriale exercée dans la même Ville, pour une portion de la Baronnie de Roncheville; l'autre partie étant exercée par les mêmes Oficiers, dans le Bourg de Beaumont, distant de plus de trois lieuës de la Ville d'Honfleur. Ces diférentes Jurisdictions dans une même Ville, ocasionnent continuellement des contestations, qui ont donné lieu à une infinité de Procès, toûjours à charge aux Habitans: D'ailleurs les Oficiers se dispensent souvent pendant l'hiver, de se transporter au Bourg de Beaumont, pour y administrer la justice, sous prétexte que les chemins sont impraticables; ce qui constituë en frais les Justiciables. Ces raisons aïant fait souhaiter à nôtredit Oncle, d'éviter la multiplicité des Oficiers, en réünissant ces deux Terres; il Nous auroit à cet éfet, suplié de vouloir réünir & incorporer la Terre, Fief & Justice de la Baronnie de Roncheville, ses circonstances & dépendances, au Vicomté d'Auge, pour

1726.
Septemb.

E ij

ne compofer à l'avenir qu'un feul corps de Terre & un même Fief, & être la Juftice de toutes les Paroiffes qui compofent ladite Baronnie, exercée partie par les Oficiers de la Vicomté Roïale d'Honfleur, & le furplus par ceux de la Vicomté du Pontlevefque. Les motifs de juftice qui font agir nôtredit Oncle, Nous déterminent à lui acorder une réünion utile aux Habitans de ladite Baronnie. A CES CAUSES, & autres à ce Nous mouvant, de nôtre grace fpéciale, pleine puiffance & autorité Roïale, Nous avons joint, uni & incorporé, & par ces Prefentes fignées de nôtre main, joignons, uniffons & incorporons la Terre, Juftice, Fief & Seigneurie de la Baronnie de Roncheville, à la Terre du Vicomté d'Auge, avec tous les droits qui en dépendent, fans aucune exception, pour ne compofer à l'avenir qu'un feul & même corps de Terre, Fief & Juftice; & au moïen de ladite réünion, la portion de Juftice de la Baronnie de Roncheville, dont le Siége étoit établi à Honfleur, demeurera réünie & incorporée au Siége du Vicomté d'Auge féant à Honfleur, enfemble les Paroiffes de Barneville, Penne-de-pie, Saint-Benoift, le Vieuxbourg, le Teil, Tonnetuit, Geneville, Quetteville & Ficquefleur; & le Siége de ladite Baronnie, qui fe tenoit à Beaumont, demeurera pareillement réüni au Siége du Vicomté du Pontlevefque, avec les Paroiffes de Roncheville, S. Melaigne, S. Etienne-la-Tillaye, Saint-Clou, Saint-Arnoul, Reux, Vauville, Tourgeville, Saint-Pierre-Afifs, Braneville, S. Vaaft, S. Ymer, Drubec, Clarbec, & Valfemey; le tout, en ce qui apartient feulement à nôtredit Oncle, dans l'étenduë defdites Paroiffes; & fans que la prefente réünion puiffe nuire ni préjudicier aux Seigneurs particuliers, qui pouroient prétendre quelque droit de Juftice, dans l'étenduë des Paroiffes ci-deffus exprimées; à la charge par nôtredit Oncle, de rembourfer les Oficiers de la Baronnie de Roncheville, des Finances par eux païées pour leurs Ofices; & à condition que les droits de Gréfes & de Notariats, ne pourront être exigez fur les Jufticiables de ladite Baronnie de Roncheville, que fur le même pied qu'ils fe païoient avant la prefente réünion. SI DONNONS EN MANDEMENT à nos amez & feaux Confeillers les Gens tenans nôtre Cour de Parlement à Roüen, & autres nos Oficiers & Jufticiers qu'il apartiendra, que ces Prefentes ils aïent à faire regiftrer

DECLARATIONS ET ARRESTS.

purement & simplement, & du contenu en icelles joüir & user nôtredit Oncle le Duc d'Orleans, pleinement & paisiblement, cessant & faisant cesser tous troubles & empêchemens quelconques, nonobstant toutes Ordonnances & Réglemens à ce contraires, ausquels Nous avons dérogé & dérogeons par ces Presentes; CAR tel est nôtre plaisir: Et afin que ce soit chose ferme & stable à toûjours, Nous y avons fait mettre nôtre Scel. DONNE' à Fontainebleau, au mois de Septembre, l'an de grace mil sept cens vingt-six; & de nôtre Régne le douziéme. Signé, LOUIS: Et plus bas, Par le Roy, FLEURIAU: *Visa*, FLEURIAU, *Pour réünion de la Terre, Justice & Baronnie de Roncheville, à la Vicomté d'Auge.* Et scellées du grand Sceau de cire verte.

Lûes, publiées & registrées, la grande Audience de la Cour séante. A Roüen en Parlement, le 21. Novembre 1726. Signé, AUZANET.

Déclaration du Roy, qui acorde par provision au Sieur Comte de Belle-Isle, la joüissance des Terres & Seigneuries y mentionnées, à commencer du premier Juillet dernier, en atendant la consommation de son Echange fait avec Sa Majesté.

Du 12. Septembre 1726.

LOUIS par la grace de Dieu Roy de France & de Navarre: A tous ceux qui ces presentes Lettres verront, SALUT. Par nôtre Edit du mois d'Aoust dernier, Nous avons entr'autres choses, ordonné pour les causes y contenuës, que par les Commissaires de nôtre Chambre des Comptes, il seroit sans aucun delai & sans discontinuation procédé à l'évaluation des Terres, Domaines & Droits non encore évaluez, de ceux par Nous delaissez au Sieur Comte de Belle-Isle, par les Contrats d'échange de la Terre & Marquisat de Belle-Isle, des 2. Octobre 1718. & 27. Mai 1719. même si nosdits Commissaires le jugeoient à propos, à nouvelles évaluations, tant des Domaines par Nous cedez déja ci-devant estimez, que de ladite Terre & Marquisat de Belle-Isle; & en même tems ordonné que toutes lesdites évaluations seroient faites & parachevées dans le tems d'un an pour le plûtard ; & que cependant ledit Sieur de Belle-Isle seroit remis en possession de partie des Domaines à lui cedez par lesdits Contrats, jusqu'à concurrence de cinquante-neuf mille trois cens quatre-vingt deux livres de revenu ; & qu'à l'éfet de ladite joüissance nosdits Sieurs Commissaires assigneroient dès-à-present audit Sieur Comte de Belle-Isle, une partie desdits Domaines, compris dans lesdits Contrats d'échange, qu'ils trouveroient plus convenables, jusqu'à concurrence dudit revenu de cinquante-neuf mille trois cens quatre-vingt-deux livres, pour en joüir par provision seulement, & jusqu'à la consommation dudit échange; le tout, comme avant nôtre Edit du mois de Janvier 1724. & nôtre Déclaration du 18. Juillet de la même année, ausquels Nous avons dérogé par nôtredit Edit, ensemble à tout ce qui pouroit avoir été fait en conséquence : Et lesdits Sieurs Commissaires aïant travaillé en exécution dudit Edit, à l'évaluation du revenu desdits Domaines, sur les Procès verbaux d'estimation, tant desdits Sieurs Commissaires, que de leurs Subdéleguez dans les Provinces, ils auroient jugé convenable de laisser audit Sieur Comte de Belle-Isle, les Domaines, Terres & Seigneuries de Lezignan, Roquecourbe, la Crouzette, Arifat, Jannes, Montcoujoul, Castelnau de Brassac, la Canne, Puy-Laurent, Mongiscard, Castelnau de Montmirail, Pennes, Villemur, les Droits de Landes de Carcassonne, la Pezade d'Alby, les Terres & Seigneuries d'Auvillars, Vernon, Andely, Gisors, Lions, Longueüil, Montoire & Savigny, & finalement du Tonlieu de Gravelines. De tous lesquels Domaines & Droits ils ont estimé le revenu à la somme de cinquante-sept mille quatre livres cinq sols quatre deniers, en ce non compris les droits Seigneuriaux dûs aux mutations, qui n'ont point été évaluez. Et étant nécessaire de confirmer en nôtre Conseil, ladite estimation provisoire, & de donner sur ce nos Lettres nécessaires : A CES CAUSES, & autres à ce Nous mouvant, de l'avis de nôtre Conseil, & de nôtre certaine science, pleine puissance & autorité Roïale, Nous avons par ces Presentes signées de nôtre main, confirmé & confirmons le Procès verbal d'estimation faite par lesdits Sieurs Commissaires, & l'Arrest par eux rendu en conséquence le 2. du present mois, que Nous voulons être exécuté en tout son contenu ; & en conséquence, voulons & ordonnons que le Sieur Comte de Belle-Isle joüisse par provision des Domaines, Terres & Seigneuries de Lezignan, Roquecourbe, la Crouzette, Arifat, Jannes, Montcoujoul, Castelnau de Brassac, la Canne, Puy-Laurent, Mongiscard, Castelnau de Montmirail, Pennes, Villemur, les Landes de Carcassonne, la Pezade d'Alby, les Terres & Seigneuries d'Auvillars, Vernon, Andely, Gisors, Longueüil, Lions, Montoire & Savigny; & finalement du Tonlieu de Gravelines, dont le Revenu monte à la somme de cinquante-sept mille quatre livres cinq sols quatre deniers, non compris les Casuels & profits de Fiefs. De tous lesquels Domaines & droits ledit Sieur Comte de Belle Isle joüira, à commencer du premier Juillet dernier, conformément ausdits Contrats d'Echange; le tout, comme avant nôtre Edit du mois de Janvier 1724. & nôtre Déclaration du 18. Juillet de la même année, ausquels Nous avons expressément dérogé & dérogeons par ces Presentes, ensemble à tout ce qui peut avoir été fait en conséquence. Faisons défenses à nos Fermiers, leurs Commis & Préposez, de s'immiscer dans la recette, régie & administration desdits Domaines; & à nos Juges & Oficiers, d'y troubler ledit Sieur Comte de Belle-Isle. Enjoignons à nôtre Procureur Général en nôtre Chambre des Comptes, de tenir la main à ce que ladite évaluation soit incessamment faite & parachevée. SI DONNONS EN MANDEMENT à nos amez & feaux Conseillers les Gens tenans nôtre Cour de Parlement à Roüen, que ces Presentes ils aïent à faire lire, publier & regîstrer, & le contenu en icelles garder & exécuter, selon leur forme & teneur; CAR tel est nôtre plaisir. En témoin de quoi, Nous avons fait mettre nôtre Scel à cesdites Presentes. DONNE' à Fontainebleau, le douziéme jour de Septembre, l'an de grace mil sept cens vingt-six; & de nôtre Régne le douziéme. Signé, LOUIS: Et plus bas, Par le Roy, FLEURIAU: Vû au Conseil, LE PELETIER. Et scellée du grand Sceau de cire jaune.

Lûë, publiée & regîstrée, la grande Audience de la Cour séante. A Roüen en Parlement, le 21. Novembre 1726. Signé, AUZANET.

Déclaration du Roy, renduë en faveur des Curez ou Vicaires Perpétuels, & qui régle les Droits des Curez Primitifs dans leurs Paroisses, ainsi que les Portions congruës qu'ils leur doivent fournir.

Du 5. Octobre 1726.

1726.
Octobre.

LOUIS par la grace de Dieu Roy de France & de Navarre : A tous ceux qui ces presentes Lettres verront, SALUT. Le feu Roy nôtre très-honoré Seigneur & Bisaïeul de glorieuse mémoire, aïant été informé qu'il s'étoit élevé plusieurs contestations, au sujet des droits prétendus par les Curez Primitifs, lesquelles étoient portées en diférens Tribunaux ; & qu'à cette ocasion, les Curez ou Vicaires Perpétuels étoient troublez dans les fonctions de leur Ministére, & détournez de l'assiduité qu'ils doivent au Service de leurs Paroisses ; donna le 30. Juin 1690. une Déclaration, par laquelle il fut entr'autres choses, ordonné que les Curez ou Vicaires Perpétuels joüiroient à l'avenir, de toutes les Oblations & Ofrandes, tant en argent qu'en cire, & des autres rétributions, qui composent le casuel de leurs Eglises ; ensemble des fonds chargez d'Obits & Fondations pour le Service Divin, sans aucune diminution de leurs Portions congruës ; & ce, nonobstant toutes Transactions, abonnemens & possessions, Sentences & Arrêts, ausquels il est fait défenses aux Cours & autres Juges d'avoir égard : Et que néanmoins les Curez Primitifs pouront, s'ils ont Titre ou possession valable, continuër de faire le Service Divin aux quatre Fêtes solemnelles, & le jour du Patron, ausquels jours seulement, lors qu'ils feront actuellement le Service, & non autrement, ils pouroient percevoir la moitié des Oblations & Ofrandes, tant en argent qu'en cire, l'autre moitié demeurant au Curé ou Vicaire Perpétuel. Mais il Nous a été representé que plusieurs Communautez Régulieres, établies dans les Abaïes, Prieurez & autres Benéfices, s'étant arrogez le titre & les fonctions de Curez Primitifs, même à l'exclusion des Abez, Prieurs & autres Titulaires & Commandataires desdits Benéfices, donnent à ladite Déclaration de 1690. diférentes interprétations contraires à

l'esprit

l'esprit de cette Loi; & que non seulement elles refusent le titre de Curez aux Vicaires Perpétuels, quoi que ce titre leur doive apartenir, comme étant seuls chargez du soin des ames; mais encore qu'elles prétendent sous divers prétextes, pouvoir faire le Service Divin, dans lesdites Eglises, toutes & quantes fois qu'il leur plaira : Et ce qui est encore plus extraordinaire, Nous sommes informez que lesdites Communautez exercent ou reclament souvent des droits, fonctions, prérogatives, honneurs & prééminences peu convenables à leur état, qui ne tendent qu'à les éloigner de leurs Cloîtres, & assujétir les Curez & les Prêtres séculiers, à des servitudes qui les dégradent, au grand scandale des Fidèles, & même à usurper des fonctions, qui ne peuvent être légitimement exercées, que sous l'autorité & avec la Mission & aprobation des Evêques; & que pour couvrir ces entreprises, elles emploient des Transactions ou abonnemens qu'elles ont sçû se pratiquer. A quoi desirant pourvoir, & donner de plus en plus, au Clergé séculier de nôtre Roïaume, des marques de nôtre protection Roïale, Nous avons estimé nécessaire d'expliquer nôtre intention, au sujet de l'exécution de ladite Déclaration, pour tout ce qui concerne tant les droits des Curez Primitifs, que les Portions congruës dûës aux Curez & Vicaires, soit perpétuels ou amovibles, afin qu'il ne reste plus aucune matiere de contestation à cet égard; & que le Clergé séculier ou régulier demeurant dans les bornes qui leur seront prescrites, ne soient plus ocupez que de concourir également au Service de Dieu, & à l'édification des peuples, avec la subordination qui est dûë au caractere & à la dignité des Archevêques & Evêques. A CES CAUSES, & autres à ce Nous mouvant, de nôtre certaine science, pleine puissance & autorité Roïale, en interprétant en tant que de besoin, la susdite Déclaration du 30. Juin 1690. de l'avis de nôtre Conseil, Nous avons dit & ordonné, & par ces Presentes signées de nôtre main, disons & ordonnons, voulons & Nous plaît;

ARTICLE PREMIER.

Que la Déclaration du 30. Juin 1690. portant Réglement sur ce qui concerne les Curez Primitifs, & les Curez ou Vicaires Perpétuels, soit exécutée selon sa forme & teneur, en tout ce à quoi il n'aura été dérogé par ces Presentes.

II. Que pour inspirer à nos peuples, le respect & la juste

II. Suite du N. R.

confiance qu'ils doivent à leurs Pasteurs, les Vicaires Perpétuels puissent en tous Actes & en toutes ocasions, prendre la qualité de Curez de leurs Paroisses, & qu'ils soient reconnus en cette qualité, par tous les Fidèles confiez à leurs soins.

III. Que toutes fonctions, prééminences, droits honorifiques ou utiles, prétendus par les Curez Primitifs, de quelque nature qu'ils puissent être, soient à l'avenir & pour toûjours réduits, comme Nous les réduisons par ces Presentes, à la seule faculté de faire le Service Divin, les quatre Fêtes solemnelles, & le jour du Patron, s'ils ont titre & possession valable à cet éfet, ainsi qu'il sera expliqué par l'Article suivant; sans qu'ils puissent lesdits jours prétendre administrer les Sacremens ou prêcher, sans une Mission spéciale des Evêques. Pouront cependant lesdits jours seulement, & quand ils oficieront & non autrement, percevoir la moitié des Oblations & Ofrandes, tant en argent qu'en cire, l'autre moitié demeurant ausdits Curez-Vicaires Perpétuels; & ce nonobstant tous usages, abonnemens, Transactions, Jugemens & autres Titres à ce contraires, que Nous déclarons à cet éfet nuls & de nul éfet.

IV. Le titre & les droits de Curez Primitifs ne pouvans être aquis légitimement qu'en vertu d'un Titre spécial, ceux qui prétendent y être fondez, seront tenus en tout état de Cause, d'en representer les Titres; faute de quoi, ils ne pouront être reçûs à le prétendre, au préjudice des Curez-Vicaires Perpétuels, à qui la provision demeurera pendant le cours de la contestation; & ne seront réputez valables à cet éfet, autres Titres que les Bulles des Papes, Decrets des Archevêques ou Evêques, Lettres Patentes des Rois nos prédécesseurs, ou Actes d'une possession justifiée avant cent ans, & non interrompuë; sans avoir égard aux Transactions ou autres Actes, ni aux Sentences ou Arrêts qui pouroient avoir été rendus en faveur des Curez Primitifs; si ce n'est que par leur autenticité, & l'exécution qui s'en seroit ensuivie, ils eussent aquis le degré d'autorité nécessaire, pour les mettre hors d'ateinte.

V. Les Abez, Prieurs & autres Benéficiers, soit Titulaires ou Commandataires, qui auront droit de Curez Primitifs, pouront seuls, & à l'exclusion des Communautez établies dans leurs Abaïes, Prieurez & autres Benéfices, prendre le titre de Curez Primitifs, & en exercer les fonctions; ce qu'ils

DECLARATIONS ET ARRESTS. 43

1726.
Octobre.

ne pourront faire qu'en perfonne, & ainfi qu'elles ont été réglées par l'Article III. du prefent Réglement ; fans qu'en leur abfence, ni même pendant la vacance defdites Abaïes, Prieurez & autres Bénéfices, lefdites fonctions puiffent être remplies par lefdites Communautez, ni par autres que les Curez-Vicaires Perpétuels ; & à l'égard des Communautez qui n'aïant point d'Abez ni Prieurs en Titre ou Commande, auront droit de Curez Primitifs, les Supérieurs defdites Communautez pourront feuls en faire les fonctions, conformément audit Article ; & feront les uns & les autres tenus audit cas, de faire avertir les Curez-Vicaires Perpétuels, la furveille de la Fête, & de fe conformer aux Rit & chant du Diocèfe ; & dans toutes les Proceffions, ceremonies ou affemblées publiques, de quelque nature qu'elles puiffent être, ils feront tenus, fuivant la Déclaration du 30. Juillet 1710. de fe foûmettre aux Ordres & Mandemens des Archevêques, Evêques ou Grands-Vicaires du Diocèfe ; nonobftant tous ufages, poffeffions ou Titres à ce contraires ; le tout, fans qu'aucunes prefcriptions puiffent être ci-après aléguées contre les Abez, Prieurs & autres Beneficiers, qui auroient négligé de faire en perfonne les fonctions de Curez Primitifs, par quelque laps de tems que ce foit.

VI. Voulons qu'en ce qui concerne les Portions congruës des Curez & Vicaires Perpétuels, tant pour eux que pour leurs Vicaires amovibles, les Déclarations des 29. Janvier 1686. & 30. Juin 1690. foient exécutées ; & en conféquence, ordonnons que lorfque les Dixmes des Paroiffes ne feront pas fufifantes, pour remplir lefdites Portions congruës, ainfi qu'elles ont été réglées par lefdites Déclarations, les Curez Primitifs n'en puiffent être déchargez, fous prétexte de l'abandon qu'ils auroient ci-devant fait, ou pouroient faire ci-après defdites Dixmes, aufdits Curez-Vicaires Perpétuels ; mais foient tenus d'en fournir le fuplément fur les autres biens & revenus qu'ils poffedent dans lefdites Paroiffes, & qui feront de l'ancien patrimoine des Curez ; fi mieux ils n'aiment abandonner ledit titre & les droits de Curez Primitifs, dans lefdites Paroiffes.

VII. N'entendons néanmoins déroger en aucune maniere, aux droits, prééminences & ufages dans lefquels font les Eglifes Cathédrales ou Collégiales, lefquelles demeureront à

F ij

EDITS ET REGLEMENS,

1726.
Octobre.

l'égard de tout le contenu en la presente Déclaration, dans les usages ou la possession où elles sont ; à l'exception néanmoins de ce qui est prescrit par l'Article VI. concernant les Portions congruës, auquel elles seront tenuës de se conformer.

SI DONNONS EN MANDEMENT à nos amez & feaux les Gens tenans nôtre Cour de Parlement à Roüen, que ces Presentes ils aïent à faire lire, publier & enregistrer, même en tems de Vacations, & le contenu en icelles garder & observer, selon leur forme & teneur, nonobstant Clameur de Haro, Chartre Normande, & autres Lettres à ce contraires ; CAR tel est nôtre plaisir. En témoin de quoi Nous avons fait mettre nôtre Scel à ces Presentes. DONNE' à Fontainebleau, le cinquiéme jour d'Octobre, l'an de grace mil sept cens vingt-six ; & de nôtre Régne le douziéme. Signé, LOUIS: Et plus bas, Par le Roy, FLEURIAU. Et scellée du grand Sceau de cire jaune.

Luë, publiée & registrée, la grande Audience de la Cour séante. A Roüen en Parlement, le 21. Novembre 1726. Signé, AUZANET.

Déclaration du Roy, qui exemte à perpétuité les Biens, Droits & Charges Ecléfiastiques, sous quelque dénomination que ce puisse être, du Droit de Confirmation, Cinquantiéme, & de toutes Impositions & Taxes généralement quelconques.

Du 8. Octobre 1726.

1726.
Octobre.

LOUIS par la grace de Dieu, Roy de France & de Navarre : A tous ceux qui ces presentes Lettres verront, SALUT. Les Rois nos prédecesseurs ont toûjours acordé une protection singuliére à tous les biens, droits, franchises & immunitez apartenans à l'Eglise ; & par une émulation digne de Rois Très-Chrêtiens & Fils aînez de l'Eglise, ils ont donné successivement plusieurs Edits, Déclarations & Lettres Patentes, pour en assûrer l'exécution, & les afermir de plus en plus. Ces exemples de piété & de justice, Nous ont fait envisager comme une obligation essentielle, depuis que Nous avons pris par Nous-mêmes le gouvernement de nôtre

DECLARATIONS ET ARRESTS. 45

Etat, de donner une singuliere atention à ce que les immunitez atachées aux biens Ecléfiastiques, soient inviolablement conservées, & qu'à l'avenir on ne puisse, sous quelque prétexte que ce soit, leur porter aucune ateinte : Nous nous sommes fait representer à cet éfet, nôtre Déclaration du 5. Juin 1725. pour la levée du Cinquantiéme du revenu des biens de nôtre Roïaume, pendant le tems de douze années, ensemble, les Remontrances qui Nous ont été faites à ce sujet, par les Archevêques, Evêques & autres Bénéficiers, composans l'Assemblée generale du Clergé de France, tenuë en la même année, par nôtre permission, en nôtre bonne Ville de Paris. Et quoi que par la Déclaration renduë par le feu Roy nôtre très-honoré Seigneur & Bisaïeul, le 27. Octobre 1711. en interprétation de celle du 14. Octobre 1710. pour l'établissement du Dixiéme denier, il soit expressément porté que les biens Ecléfiastiques, & ceux qui apartiennent aux Communautez, Fabriques, Fondations, Confréries, Hôpitaux, & autres établissemens Ecléfiastiques, séculiers ou réguliers, n'y ont point été, & n'ont pû y être compris ; même que le feu Roy y ait déclaré en termes formels, que son intention n'avoit pas été de les y assujétir ni comprendre, parce que ce sont biens consacrez à Dieu, donnez à l'Eglise pour le culte Divin, la nouriture des Pauvres & leur subsistance ; ce qui paroît même établi par l'Article premier de nôtre Déclaration du 5. Juin 1725. lequel ne chargeant de cette Imposition que les biens dont ceux qui les possédent sont propriétaires, renferme par conséquent une exception précise par raport aux biens Ecléfiastiques, qui ne peuvent être possédez qu'à titre d'usufruit : Nous avons été informez néanmoins, que sous prétexte que nôtredite Déclaration s'explique dans les autres Articles, en termes généraux, on avoit au préjudice des immunitez inséparables des biens d'Eglise, compris des biens Ecléfiastiques, dans plusieurs des ajudications qui ont été faites du Droit du Cinquantiéme, dont Nous avons ordonné la surséance dans le moment que Nous en avons eu connoissance : Et voulant donner à la Religion & au Clergé de nôtre Roïaume, des marques plus particuliéres de nôtre justice & de nôtre protection, Nous avons résolu d'expliquer si précisément nos intentions, qu'il ne puisse plus rester à cet égard le moindre doute, tant pour le present, que pour l'ave-

1726.
Octobre.

nir. C'est dans les mêmes vûës, que pour conserver de plus en plus, les immunitez, franchises & libertez des biens & droits apartenans aux Eglises, & notamment l'exemtion des Ecléfiaftiques, Bénéficiers & Communautez féculiéres & régulières, pour les droits de péages, usages, chaufages, panages, pacages, pâturages, & autres droits dont ils joüissent, lesquels droits étant irrévocablement atachez à leurs Eglises, n'ont jamais été & ne peuvent être sujets à aucune Taxe, soit pour Confirmation ou autres, de quelque nature que ce puisse être; Nous avons résolu, conformément à l'Article 58. de l'Ordonnance de Blois, 18. de l'Edit de Melun, & aux Lettres Patentes des Rois Henri III. & Henri IV. des années 1586. & 1598. de déclarer que nôtre intention n'a jamais été de les y comprendre, atendu que les droits dont joüissent lesdits Ecléfiaftiques, Bénéficiers, Communautez féculiéres & régulières, à cause de leurs Eglises, étant dédiez à Dieu, & hors du commerce des hommes, sont irrévocables, & par conséquent non sujets à Confirmation ni à aucune Taxe, pour raison d'icelle; non plus que les Receveurs & Contrôleurs provinciaux & particuliers des Décimes, & autres charges & emplois apartenans au Clergé, ou aux Diocèses particuliers; puisque ces charges & emplois font partie des biens du Clergé, & que lesdits Receveurs & Contrôleurs des Décimes sont réellement ses Oficiers, comme étans à ses gages, manians ses deniers, comptables au Clergé seulement, & non à Nous, ni à nos Chambres des Comptes, & étant pourvûs par ledit Clergé; pour raison de quoi, la libre disposition desdits Ofices a toûjours été déclarée lui apartenir, par plusieurs Edits, Déclarations & Arrêts rendus sous les Régnes précédens, & par les Contrats qu'il a passez avec Nous & les Rois nos prédécesseurs; comme aussi, lesdits Ofices, soit qu'ils fussent possédez par des pourvûs en titre, soit qu'ils fussent exercez par des Commis & préposez par les Diocèses, ont toûjours été déclarez exemts de toutes Taxes & recherches, soit pour augmentation, rétablissement ou confirmation de gages, droits & priviléges, soit pour Droit Roïal, Chambre de Justice, Marc d'Or, droit d'hérédité, & généralement de toutes les autres impositions & levées de deniers, ordonnées dans les plus pressans besoins de l'Etat, sur nos Oficiers de Justice, Police & Finances. Et comme ces diférentes ateintes aux immunitez de l'Eglise & du Clergé, & aux franchises, libertez & exemtions des biens & droits qui lui apartiennent, sont entièrement oposées à nos intentions; & que suivant l'exemple des Rois nos prédécesseurs, bien loin de soufrir qu'il soit entrepris quelque chose au contraire, Nous serons toûjours portez à les maintenir, & même les augmenter; Nous avons regardé comme un devoir essentiel & conforme à la protection que Nous devons à l'Eglise, de pourvoir sur le tout, tant pour le présent que pour l'avenir, par un Réglement perpétuel & irrévocable. A CES CAUSES, & autres à ce Nous mouvant, de l'avis de nôtre Conseil, & de nôtre certaine science, pleine puissance & autorité Roïale, Nous avons par ces Presentes signées de nôtre main, dit, ordonné & déclaré, disons, ordonnons & déclarons ce qui suit.

ARTICLE PREMIER.

Que tous les biens Ecléfiastiques des Beneficiers, des Communautez séculiéres & réguliéres de l'un & de l'autre sexe, des Fabriques, des Fondations, des Confréries & des Hôpitaux, n'ont été & n'ont pû être compris dans la Déclaration du 5. Juin 1725. pour la levée du Cinquantiéme : Voulons que tous les biens qui apartiennent à présent à l'Eglise, & tous ceux qui lui apartiendront ci-après, à quelque titre & pour quelque cause que ce soit ou puisse être, même à titre d'Indemnité & d'échange, amortis ou non amortis, Nobles ou Roturiers, ruraux ou non ruraux, dans les Païs de Taille réelle, Distributions Ecléfiastiques, Pensions des Religieux & des Religieuses, tant viageres que perpétuelles, gages & honoraires des Prédicateurs, Titres Clericaux, cens, rentes, redevances, dixmes, champars, terrages, gages & droits des Oficiers des Jurisdictions temporelles, & autres charges & emplois qui apartiennent aux Eglises, Maisons, soit dans les Villes, Fauxbourgs, ou à la Campagne, & tous autres droits & biens Ecléfiastiques généralement quelconques, en demeurent exemtez, & les en déclarons exemts à perpétuité, tant pour le passé que pour l'avenir; & de toutes autres Taxes, impositions & levées, soit en deniers soit en fruits, sous quelques qualifications & dénominations qu'elles pouroient être établies, sans qu'ils puissent jamais y être assujétis, pour quelque cause & ocasion que ce soit ou puisse être, sans aucune exception ni réserve, tel événement qu'il puisse arriver, & sous quelques termes généraux que puissent être énoncez les Edits, Déclarations & Arrêts rendus & à rendre pour l'établissement & levée desdites Taxes & impositions, & quand même les biens Eclésiastiques s'y trouveroient nommément compris; desquelles Taxes & impositions faites ou à faire, Nous les avons dès-à-present déclarez exemts, comme ne pouvans lesdits biens Eclésiastiques y être jamais compris, & sans qu'il soit besoin d'obtenir autre Déclaration ni décharge que les Presentes.

II. Voulons que tous les revenus des biens échûs ou à échoir, généralement quelconques, soit en argent ou espéce, leur soient païez, fournis, rendus & restituez en entier, par les Fermiers, locataires, Receveurs, debiteurs, Tresoriers des Etats, rentiers, Receveurs de nos Domaines, Collecteurs, Receveurs des Tailles, des Octrois, & autres Receveurs & redevables, sans aucune rétention du Cinquantiéme, ni d'aucune autre Taxe & imposition telle qu'elle puisse être, nonobstant nôtre Déclaration du 5. Juin 1725. & tous Edits, Déclarations, Arrêts & Réglemens rendus & à rendre, ausquels Nous avons expressément dérogé & dérogeons par ces Presentes; & qu'à la restitution de ce qui auroit été retenu jusqu'à present, tous lesdits Fermiers, Locataires, Receveurs, Tresoriers, Ajudicataires & autres, soient contraints comme pour nos propres deniers & afaires; & que les Fermiers, Amodiateurs, Métaïers, Receveurs, & tous autres faisans valoir lesdits biens Eclésiastiques, ne puissent être imposez audit Cinquantiéme, ni autre Taxe généralement quelconque, pour raison desdits biens Eclésiastiques.

III. Les droits de peages, usages, chaufages, panages, pacages, pâturages, & autres generalement quelconques, dont lesdits Eclésiastiques, Bénéficiers, Communautez séculiéres & réguliéres, de l'un & de l'autre sexe, & autres du Clergé, ont ci-devant bien & dûëment joüi & usé, joüissent & usent encore de present, à cause de leurs Bénéfices & Eglises, sont exemts, tant pour le passé que pour l'avenir, du Droit de Confirmation, conformément aux Lettres Patentes du 6. Février 1586. & 14. Janvier 1598. comme étant dédiez à Dieu, à son culte, & irrévocables; en conséquence, Nous déclarons exemts, & en tant que besoin est ou seroit, exemtons à perpétuité lesdits du Clergé & leurs successeurs, de tous & chacuns les païemens & contributions de Taxes & sommes de deniers,

niers, à quoi lesdits du Clergé ou aucuns d'eux, pouroient avoir été ou être cotisez & taxez, pour la confirmation desdits droits, sans que tant pour le present que pour l'avenir, lesdits du Clergé, leurs Receveurs, Fermiers, Amodiateurs, Métaïers, ni aucuns d'eux, puissent être inquietez en leurs biens & revenus, ni aucunement poursuivis, saisis ni empêchez, en quelque sorte & maniére que ce soit, sous ombre ou prétexte dudit droit de Confirmation ; & si aucune saisie ou main-mise avoit été ou étoit faite sur leurs biens & revenus, Nous leur en avons & voulons leur en être fait pleine & entiére main-levée & delivrance, & leur être rendu & restitué ce qui aura ou auroit été pris & reçû, pour le fait & à l'ocasion desdites confirmations, circonstances & dépendances ; à ce faire ceux qui auroient touché lesdites sommes, contraints comme pour nos propres deniers.

IV. Les Charges de Receveurs & Contrôleurs Provinciaux & particuliers des Décimes, faisant partie des biens du Clergé, & les Pourvûs d'icelles étans ses Oficiers, comme manians ses deniers, & non les nôtres; déclarons que lesdits Receveurs & Contrôleurs des Décimes, & autres Charges & Emplois ci-après dénommez, apartenans au Clergé ou aux Diocèses particuliers, n'ont été & n'ont pû être pareillement compris dans nôtre Déclaration du 5. Juin 1725. pour la levée du Cinquantiéme, & les en déclarons exemts, ainsi que de tous droits de Confirmation : Voulons que lesdits Receveurs & Contrôleurs des Décimes, les Commis & Préposez par lesdits Diocèses, à l'exercice desdits Ofices, aussi-bien que de ceux de Gréfiers des Domaines de Gens de Main-morte, Gréfiers des Insinuations Eclésiastiques, de Notaires Roïaux Apostoliques, de Commissaires des Décimes & de Contrôleurs ausdits Ofices, apartenans au Clergé ou aux Diocèses, ni lesdits Diocèses non plus que les Corps Eclésiastiques, qui auront aquis ou racheté lesdits Ofices, ne puissent être compris dans la Taxe du Cinquantiéme, ni du droit de Confirmation, à cause desdits Ofices, ni les Commis, pour raison des gages qui leur auront été atribuez par lesdits Diocèses, ou à cause des droits qu'ils perçoivent pour leurs fonctions & exercices ; mais qu'ils en demeurent exemts & déchargez, comme Nous les en exemtons & déchargeons, tant pour le passé que pour l'avenir : Et en tant que besoin seroit, Nous avons d'abondant confirmé

EDITS ET REGLEMENS,

& maintenu lesdits Receveurs, Contrôleurs & Commissaires des Décimes, en l'exemtion de toutes Taxes faites ou à faire, pour la joüissance de leurs gages & taxations en hérédité, païement du Droit Roïal, retranchement de gages & rétablissement d'iceux, droits de Résignations de leurs Ofices, de Marc d'or, logement de gens de Guerre, pendant les années de leur exercice, & en toutes les autres décharges & exemtions à eux acordées par le feu Roy nôtre très-honoré Seigneur & Bisaïeul, & portées par les Contrats faits avec Nous ou les Rois nos prédécesseurs, tout ainsi que si elles étoient ici exprimées & désignées.

SI DONNONS EN MANDEMENT à nos amez & feaux Conseillers les Gens tenans nos Cours de Parlement, Chambres des Comptes, Cours des Aides, Tresoriers generaux de France, Chambre de nôtre Tresor, Grands-Maîtres-Enquêteurs & generaux Réformateurs des Eaux & Forêts de nôtre Roïaume, Baillis, Senéchaux, & à tous nos autres Juges & Oficiers qu'il apartiendra, que ces Presentes ils aïent à faire lire, publier & enregistrer, & du contenu en icelles faire joüir & user lesdits du Clergé, leurs successeurs & chacun d'eux respectivement, pleinement & perpétuellement, sans soufrir qu'il y soit contrevenu, en quelque sorte & maniére que ce soit, tant pour le passé que pour l'avenir; cessant & faisant cesser tous troubles & empêchemens au contraire, nonobstant tous Edits, Déclarations, Arrêts de nôtre Conseil rendus & à rendre, Clameur de Haro, Chartre Normande, & autres choses à ce contraires; ausquels pour ce regard seulement, Nous avons dérogé & dérogeons par ces Presentes; aux Copies desquelles, collationnées par l'un de nos amez & feaux Conseillers-Secrétaires, voulons que foi soit ajoûtée comme à l'Original; CAR tel est nôtre plaisir. En témoin de quoi, Nous avons fait mettre nôtre Scel à cesdites Presentes. DONNE' à Fontainebleau, le huitiéme jour d'Octobre, l'an de grace mil sept cens vingt-six; & de nôtre Régne le douziéme. Signé, LOUIS: Et plus bas, Par le Roy, FLEURIAU: Vû au Conseil, LE PELETIER. Et scellée du grand Sceau de cire jaune.

Lûe, publiée & registrée, la grande Audience de la Cour séante. A Roüen en Parlement, le 21. Novembre 1726. Signé, AUZANET.

DECLARATIONS ET ARRESTS.

Edit du Roy, portant réduction des Rentes Viageres, créées depuis mil sept cens vingt.

Du mois de Novembre 1726.

1726.
Novembre

LOUIS par la grace de Dieu Roy de France & de Navarre : A tous presens & à venir, SALUT. Lorsque Nous nous sommes chargez de l'administration des Afaires de nôtre Etat, Nous avons pris pour modèle & pour régle de nôtre conduite, le Gouvernement du feu Roy nôtre très-honoré Seigneur & Bisaïeul ; & par le compte que Nous nous sommes fait rendre de l'ordre qu'il avoit établi dans les Finances, au commencement de son Régne, & des changemens qui y sont survenus depuis, Nous avons reconnu que la dépense des Etats que Nous faisons arrêter tous les ans, en nôtre Conseil, se trouve trois fois plus forte qu'elle n'étoit en 1688. par les droits de diférente nature, atribuez aux Ofices créez depuis ladite année, par les Rentes, tant perpétuelles que viageres, créées par les Edits des mois d'Aoust 1720. Novembre 1722. Juillet 1723. Janvier 1724. par les Quitances de Finances, portant intérest à deux pour cent, & par une infinité de parties au-dessous de vingt livres, qui non seulement multiplient considérablement le nombre des articles dont ces Etats sont composez, mais encore retardent pendant plusieurs années, au préjudice du bon ordre que Nous desirons de rétablir dans toutes les parties de nos Finances, la reddition des comptes de ceux qui sont chargez de les aquiter : Nous avons encore été informez que la dificulté de pouvoir aquiter toutes les charges emploiées dans nos Etats, depuis 1688. en a souvent retardé, & forcé même d'intervertir le païement, pendant les dernieres années du Régne du feu Roy ; & que la nécessité dans laquelle Nous nous sommes trouvez, de pourvoir en Quitances de Finances portant intérest à deux pour cent, au païement de ce qui en restoit dû de 1716. 1717. 1718. & 1719. a encore augmenté les charges de ces Etats ; & enfin Nous avons trouvé qu'à l'exception d'une partie des Rentes viageres, le surplus des charges des années 1725. & 1726. est dû en entier, atendu l'insufisance des fonds destinez pour les aquiter. Nous ne

G ij

1726.
Novemb.

pouvons sans surcharger nos Peuples, au soulagement desquels Nous donnerons toûjours nôtre principale atention, y supléer par une augmentation de Droits ni d'imposition, encore moins par aucun surhauslement ou diminution d'espéces ; & Nous nous trouvons obligez de réduire cette partie de dépense, & de la proportionner aux fonds qui peuvent y être apliquez. C'est dans cette vûë, que Nous avons fait examiner singuliérement la nature des diférentes parties emploïées dans ces Etats, & il a paru qu'il n'y en avoit point de plus susceptibles de retranchement, que la dépense qui y est emploïée pour le païement des Rentes viagéres créées en 1720. & depuis, par raport à la disproportion énorme des éfets qui ont servi à former les capitaux de ces Rentes ; mais que le prix de ces éfets aïant varié dans le tems des constitutions, il étoit juste d'en distinguer les époques, pour fixer les diférentes réductions qu'elles doivent suporter. Nous comptons par cet arrangement, & par le retranchement que Nous entendons faire des autres diférentes parties de nos dépenses, assûrer le païement des anciennes charges de nôtre Etat, celui des Rentes perpétuelles constituées sur l'Hôtel de nôtre bonne Ville de Paris, & des Rentes viageres constituées sur ledit Hôtel de Ville, auparavant l'année 1720. A CES CAUSES, de l'avis de nôtre Conseil, & de nôtre certaine science, pleine puissance & autorité Roïale, Nous avons par nôtre present Edit perpétuel & irrévocable, dit, statué & ordonné, disons, statuons & ordonnons, voulons & Nous plaît, que les Rentes viageres créées, tant sur les Aides & Gâbelles, que sur les Tailles, par nos Edits des mois d'Aoust 1720. Novembre 1722. Juillet 1723. & Janvier 1724. demeurent réduites à l'avenir & ne soient païées, à commencer du premier Juillet 1726. sçavoir, celles créées sur les Aides & Gabelles, par nôtre Edit du mois d'Aoust 1720. que sur le pied de cinq sixiémes ; celles créées aussi sur les Aides & Gabelles, par nôtre Edit du mois de Novembre 1722. que sur le pied des trois cinquiémes ; celles créées sur les Tailles, par nôtre Edit du mois de Juillet 1723. que sur le pied de la moitié ; & celles créées aussi sur les Tailles, par nôtre Edit du mois de Janvier 1724. que sur le pied du tiers de la joüissance portée par les Contrats desdites Rentes ; de laquelle réduction sera fait mention sur lesdits Contrats, par les No-

DECLARATIONS ET ARRESTS.

taires dépositaires des minutes, sans frais, ausquels Nous nous réservons de pourvoir dans la suite. Faisons défenses aux Païeurs desdites Rentes, de païer les six derniers mois de l'année 1726. & années suivantes, sur un pied plus fort que celui de la presente réduction, & avant qu'il leur soit aparu de la mention qui doit être faite de ladite réduction, sur les Contrats ; au moïen de quoi, voulons que le païement des six derniers mois de 1726. soit ouvert au premier Janvier prochain, sur le pied desdites réductions. Exceptons néanmoins de ladite réduction, les anciennes Rentes viagéres créées sur nos Aides & Gabelles, antérieurement au mois d'Aoust de ladite année 1720. lesquelles continuëront d'être païées à l'ordinaire, ainsi que les autres Rentes constituées sur l'Hôtel de nôtre bonne Ville de Paris, sur le pied des Contrats qui ont été delivrez, & des réductions qui en ont été ci-devant faites. SI DONNONS EN MANDEMENT à nos amez & feaux les Gens tenans nôtre Cour de Parlement à Roüen, que nôtre present Edit ils aïent à faire lire, publier & regiſtrer, & le contenu en icelui garder, observer & exécuter, selon sa forme & teneur, nonobstant tous Edits, Déclarations, & autres choses à ce contraires, ausquels Nous avons dérogé & dérogeons par nôtredit present Edit ; CAR tel est nôtre plaisir : Et afin que ce soit chose ferme & stable à toûjours, Nous y avons fait mettre nôtre Scel. DONNÉ à Fontainebleau, au mois de Novembre, l'an de grace mil sept cens vingt-six ; & de nôtre Régne le douziéme. Signé, LOUIS : Et plus bas, Par le Roy, FLEURIAU : *Visa*, FLEURIAU : Vû au Conseil, LE PELETIER. Et scellé du grand Sceau de cire verte, en lacs de soïe rouge & verte.

Extrait des Regiſtres de la Cour de Parlement.

VEU par la Cour, les Chambres assemblées, les Lettres Patentes du Roy, en forme d'Edit, données à Fontainebleau, au mois de Novembre 1726. signées, LOUIS, & plus bas, Par le Roy, FLEURIAU, *Visa*, FLEURIAU, & scellées du grand Sceau de cire verte; Portant réduction des Rentes viageres, créées depuis 1720. Conclusions du Procureur Général du Roy ; & oüi le Raport du Sieur Conseiller-Commissaire : Tout consideré ;

LA COUR a ordonné & ordonne que lesdites Lettres Patentes du Roy, en forme d'Edit, seront lûës, publiées & regiſtrées ès Regiſtres de la Cour, pour être exécutées selon leur forme & teneur : *Et sera ledit Sei-*

gneur Roy très-humblement suplié de subvenir à ceux qui par la diminution de leurs Rentes, se trouveroient dans la nécessité ; ainsi qu'à ceux qui ont été obligez de mettre le fonds de leurs Biens, en aquisitions de Rentes viageres ; Et seront les Vidimus envoïez dans tous les Bailliages & Jurisdictions du ressort de cette Province, pour y être pareillement lûs, publiez, registrez & exécutez, selon leur forme & teneur : Enjoint aux Substituts du Procureur Général du Roy, de tenir la main à l'exécution du present Arrest, & de certifier la Cour des diligences qu'ils en auront faites, dans le mois. FAIT à Roüen en Parlement, le 23. Décembre 1726.

Signé, AUZANET.

Lû, publié, la grande Audience de la Cour seante. A Roüen en Parlement, lesdits jour & an. Signé, AUZANET.

Déclaration du Roy, portant qu'il ne poura être delivré de Congez de l'Amiral, pour les Vaisseaux achetez ou construits dans les Païs Etrangers, que pour le tems de trois mois seulement, afin de revenir directement en France, &c.

Du 24. Décembre 1726.

LOUIS par la grace de Dieu Roy de France & de Navarre : A tous ceux qui ces presentes Lettres verront, SALUT. Nous aurions pour le bien du commerce général de nos Sujets, ordonné par nôtre Déclaration du mois de Janvier 1723. qu'il ne pouroit être delivré dans les Amirautez de Provence, des Congez de l'Amiral que pour trois mois seulement, pour les Vaisseaux achetez ou construits dans les Païs étrangers ; à l'éfet de revenir directement dans nôtre Roïaume, sans pouvoir aller ailleurs, nonobstant ce qui est porté par le Réglement du premier Mars 1716. & d'interpréter ledit Réglement, en ce qui regarde les Rôles d'équipages, qui doivent être donnez pour la navigation desdits Bâtimens : Et estimant nécessaire que les dispositions de nôtredite Déclaration, à l'exception de ce qui concerne les équipages desdits Bâtimens, que Nous voulons bien permettre être composez d'une partie de Matelots étrangers, soient exécutées dans les autres Amirautez de nôtre Roïaume ; A CES CAUSES, & autres à ce Nous

DECLARATIONS ET ARRESTS.

mouvant, de nôtre certaine science, pleine puissance & autorité Roïale, Nous avons par ces Présentes signées de nôtre main, dit, déclaré & ordonné, disons, déclarons & ordonnons, voulons & Nous plaît, qu'il ne soit delivré des Congez de l'Amiral, pour les Vaisseaux achetez ou construits dans les Païs étrangers, que pour le terme de trois mois seulement, à l'éfet de revenir directement en France, sans que les Capitaines, Maîtres ou Patrons puissent entreprendre aucune autre navigation; dérogeant quant à ce seulement, audit Réglement du premier Mars 1716. lequel sera au surplus exécuté, selon sa forme & teneur. Voulons que lesdits Capitaines, Maîtres ou Patrons desdits Bâtimens, leurs Consors ou correspondans, ausquels lesdits Congez seront delivrez, passent leur soûmission à l'Amirauté, pour le retour desdits Bâtimens dans l'un des Ports du Roïaume, dans le terme porté par le Congé, à peine de quinze cens livres d'Amende, & de punition corporelle, s'il est vérifié qu'ils aïent abusé du Congé qui leur aura été delivré; leur défendons sous les mêmes peines, & de confiscation du Bâtiment & du chargement, d'entreprendre une autre navigation, sous quelque prétexte que ce puisse être. Enjoignons à nos Procureurs des Siéges de l'Amirauté, dans lesquels les soûmissions ci-dessus ordonnées auront été passées, de vérifier à la fin du terme de trois mois porté par icelles, s'il y aura été satisfait; & en cas d'inexécution & de contravention, faire les diligences nécessaires contre les contrevenans, pour les faire condamner aux peines ci-dessus ordonnées. Et atendu qu'il pourroit naître des dificultez dans l'exécution de l'Article III. dudit Réglement de 1716. par les termes dans lesquels il est conçû; ordonnons, en interprétant en tant que de besoin, ledit Article III. que les Maîtres & propriétaires des Vaisseaux bâtis ou achetez dans les Païs étrangers, aux conditions ci-dessus, soient tenus de mettre au Gréfe de l'Amirauté du lieu où le Congé sera expédié, avant le départ desdits Vaisseaux, le Rôle de leurs équipages, contenant les noms, âges, demeures & païs des Oficiers-mariniers & Matelots, dont ils seront composez, soit qu'ils soient engagez en France ou dans les Païs étrangers. Permettons aux Capitaines, Maîtres ou Patrons, de composer leurs équipages d'un tiers de Matelots étrangers; & voulons qu'il ne

1726.
Décemb.

EDITS ET REGLEMENS,

soit donné aucun Congé ni Paſſeport, ſi le Capitaine, Maître ou Patron, enſemble tous les Oficiers-mariniers, & les deux tiers des Matelots, ne ſont François, & actuellement demeurans dans le Roïaume. Défendons de faire enregiſtrer de faux Rôles, ſous peine des Galeres contre celui qui les aura fait enregiſtrer, & de confiſcation de la part qu'il aura dans le Vaiſſeau & dans le chargement. SI DONNONS EN MANDEMENT à nos amez & feaux Conſeillers les Gens tenans nos Cours de Parlement, que ces Preſentes ils faſſent lire, publier & regiſtrer, & le contenu en icelles garder & obſerver, ſelon leur forme & teneur, nonobſtant tous Edits, Déclarations, Arrêts, Ordonnances, Réglemens, Clameur de Haro, Chartre Normande, & autres choſes à ce contraires, auſquelles Nous avons dérogé & dérogeons par ceſdites Preſentes. Voulons qu'aux Copies d'icelles, collationnées par l'un de nos amez & feaux Conſeillers-Secrétaires, foi ſoit ajoûtée comme à l'Original ; CAR tel eſt nôtre plaiſir. En témoin de quoi, Nous avons fait mettre nôtre Scel à ceſdites Preſentes. DONNÉ à Verſailles, le vingt-quatriéme jour du mois de Décembre, l'an de grace mil ſept cens vingt-ſix ; & de nôtre Régne le douziéme. Signé, LOUIS : Et plus bas, Par le Roy, PHELYPEAUX. Et ſcellée du grand Sceau de cire jaune.

Lûë, publiée & regiſtrée, la grande Audience de la Cour ſeante. A Roüen en Parlement, le 6. Février 1727. Signé, AUZANET.

Déclaration du Roy, pour défendre la Pêche, tant dans les Parcs qu'ailleurs, le Tranſport & la Vente du Poiſſon nommé Blanche ou Blacquet, ainſi que du Fray de Poiſſon de Mer, de quelque nature qu'il ſoit, ſous les peines d'Amende & de punition corporelle y portées.

Du 24. Décembre 1726.

LOUIS par la grace de Dieu, Roy de France & de Navarre : A tous ceux qui ces preſentes Lettres verront, SALUT. Un des moïens des plus certains, pour parvenir à rétablir l'abondance de la Pêche du Poiſſon de Mer, étant d'empêcher la deſtruction du Frai, & des Poiſſons du premier âge ;

DECLARATIONS ET ARRESTS.

1716. Décemb.

âge; Nous aurions par nôtre Déclaration du 23. Avril dernier, défendu l'usage de tous les Filets traînans à la Mer, sur les bords des Côtes & aux embouchûres des Rivieres, parce que l'opération de ces Filets, qui gratent & labourent les fonds sur lesquels ils traînent, détruit nécessairement le Frai. Nous aurions aussi par les Articles XXVIII. XXIX. & XXX. de cette même Déclaration, fait défenses de pêcher, ni faire pêcher, exposer en vente ni acheter, enlever ou faire enlever aucun Frai de Poisson, connu sous quelque nom & dénomination que ce puisse être, pour quelqu'usage que ce soit: Nous aurions encore par nôtre Déclaration du 2. Septembre dernier, défendu la Pêche du Poisson nommé Blanche ou Blacquet, qui ne se pouvoit faire sans prendre & faire périr en même tems beaucoup de Frai, qui se trouve toûjours confondu avec cette Blanche: Et étant informé que nonobstant ces dispositions, les Pêcheurs continuënt de faire la Pêche du Frai de Poisson, & qu'il s'en vend publiquement dans plusieurs Villes de nôtre Roïaume, Nous avons résolu de renouveler les défenses que Nous avons faites à cet égard, & d'imposer des peines plus sévéres contre ceux qui y contreviendront. A CES CAUSES, & autres à ce Nous mouvant, de nôtre certaine science, pleine puissance & autorité Roïale, Nous avons dit, déclaré & ordonné, & par ces Presentes signées de nôtre main, disons, déclarons & ordonnons, voulons & nous plaît ce qui suit.

ARTICLE PREMIER.

Faisons défenses aux Pêcheurs faisans leurs Pêches à la Mer, & à tous autres, de pêcher ou faire pêcher avec quelques sortes de Filets, instrumens & engins que ce soit, ni de quelque maniere que ce puisse être, le Poisson nommé Blanche ou Blacquet, ni aucun Frai de Poisson, connu sous les noms de Blanche, Melie, Menusse, Saumonelle, Guildre, Manne, Semence, & sous quelqu'autre nom & dénomination que ce puisse être, d'en saler ni d'en vendre, sous quelque prétexte & pour quelqu'usage que ce soit; à peine de confiscation des Bâteaux, Rets, Filets, engins, instrumens & Poissons, & de cent livres d'Amende contre le Maître, & icelui déclaré déchû de sa qualité de Maître, sans pouvoir jamais en faire aucunes fonctions, ni être reçû Pilote, Pilo-

II. Suite du N.R.   H

te-Lamaneur ou Locman, & en cas de récidive, de trois ans de Galéres.

II. Faisons pareillement défenses, sous les mêmes peines, aux Pêcheurs, Riverains, Tendeurs de basse-eau, & à tous autres, faisans leurs Pêches le long des Côtes & aux embouchûres des Rivieres, de pêcher ou faire pêcher, saler ou vendre ledit Poisson, nommé Blanche ou Blacquet, ni aucun Frai de Poisson.

III. Défendons aussi sous les mêmes peines, à tous Pêcheurs, Fermiers des Parcs & d'autres Pêcheries exclusives, de pêcher ou faire pêcher dans l'enceinte desdits Parcs ou Pêcheries exclusives, de saler ni vendre ledit Poisson nommé Blanche ou Blacquet, ni aucun Frai de Poisson, de quelque nature qu'il soit.

IV. Ordonnons que les Parcs & autres Pêcheries exclusives, où il aura été pêché deux fois dudit Poisson, nommé Blanche ou Blacquet, ou du Frai de Poisson, seront détruits, sans pouvoir être rétablis par la suite, pour quelque cause & sous quelque prétexte que ce soit; & que les propriétaires d'iceux soient privez du droit de Parc, & de Pêcherie exclusive.

V. Faisons défenses à toutes personnes, de quelque qualité & condition qu'elles puissent être, d'enlever ou faire enlever le Poisson nommé Blanche ou Blacquet, ni aucun Frai de Poisson, soit pour nourir les Porcs, Volailles & autres animaux, fumer & engraisser les terres, & le pied des arbres, & pour tout autre usage que ce puisse être; à peine de confiscation des chevaux & harnois, & de cinq cens livres d'Amende pour la premiere fois, & de punition corporelle en cas de récidive.

VI. Défendons à tous Marchands, Chassemarées, Mareïeurs, Poissonniers, Vendeurs, Regratiers de Poisson & à tous autres, ensemble à tous Receveurs, Commis & autres chargez de la vente du Poisson forain & étranger, d'acheter ni d'exposer en vente le Poisson nommé Blanche ou Blacquet, ni aucun Frai de Poisson, à peine de saisie & confiscation, & de cinquante livres d'Amende pour la premiere fois, & de punition corporelle en cas de récidive.

VII. Déclarons les peres, meres & chefs de famille, responsables des Amendes encourues par leurs enfans, & autres

DECLARATIONS ET ARRESTS.

qui demeureront encore avec eux ; & les Maîtres, de celles aufquelles leurs valets & domeftiques auront été condamnez, pour contraventions aux Prefentes.

VIII. Dans les cas où la peine des Galéres eft ordonnée contre les hommes, la peine du foüet & du baniffement à tems ou à perpétuité, fera ordonnée contre les femmes, les filles & les veuves, fuivant la qualité du délit.

IX. Déclarons comprendre fous le nom de Fraï de Poiffon, tous les petits Poiffons nouvellement éclos, & qui n'auront pas trois pouces de longueur au moins, entre l'œil & la queuë. Permettons néanmoins aux Pêcheurs & à tous autres, de défoüir des fables, qui reftent à fec de baffe Mer, les Poiffons qui s'enfablent, pour fervir d'apât à leurs Pêches, tels que font les Eguilles, Equilles, Lançons, & autres Poiffons de femblable efpéce.

X. Ordonnons aux Oficiers des Amirautez, chacun dans leur reffort, de veiller exactement, à ce qu'il ne foit point pêché du Poiffon nommé Blanche ou Blacquet, ni aucun Fraï de Poiffon ; qu'il n'en foit point auffi débarqué fur les Gréves, Quais, Ports & Havres ; & feront les délinquans pourfuivis à la requête & diligence de nôtre Procureur à leur Siége.

XI. Enjoignons à nos Procureurs dans les Amirautez, de donner avis aux Oficiers des Claffes, des Maîtres qui pour contravention aux Prefentes, feront déclarez déchûs de leur qualité de Maître ; & fur ledit avis, voulons que lefdits Oficiers des Claffes les raïent du Regiftre des Maîtres, les portent fur celui des Matelots, & les commandent en cette qualité, pour fervir fur nos Vaiffeaux.

XII. Ordonnons à tous les Oficiers chargez de la Police, dans les Villes de nôtre Roïaume, d'empêcher la vente & le tranfport du Poiffon nommé Blanche ou Blacquet, & du Fraï de Poiffon, dans les lieux & endroits qui font de leur compétence ; & feront les délinquans pourfuivis à la requête & diligence de nôtre Procureur à leur Siége.

XIII. Leur enjoignons d'informer nôtre Procureur du Siége de l'Amirauté, dans laquelle ledit Poiffon nommé Blanche ou Blacquet, ou le Fraï de Poiffon, aura été pêché, du nom des Pêcheurs qui l'auront vendu aufdits Marchands, Chaffemarées, Maréïeurs, Poiffonniers, Vendeurs & Regratiers de Poiffon.

XIV. Les Sentences qui interviendront contre les délin-

H ij

quans, seront exécutées pour les condamnations d'Amende, nonobstant l'apel, & sans préjudice d'icelui, jusqu'à concurrence de trois cens livres, sans qu'il puisse être acordé de défenses, même lorsque l'Amende sera plus forte, que jusqu'à concurrence de ce qui excédera ladite somme de trois cens livres.

XV. Ceux qui apelleront desdites Sentences, seront tenus de faire statuer sur leur apel, ou de le mettre en état d'être jugé définitivement, dans un an du jour & date d'icelui ; sinon, & à faute de ce faire, ledit tems passé, ladite Sentence sortira son plein & entier éfet, & l'Amende sera distribuée conformément à ladite Sentence, & le dépositaire d'icelle bien & valablement déchargé.

SI DONNONS EN MANDEMENT à nos amez & feaux Conseillers les Gens tenans nos Cours de Parlement, que ces Presentes ils fassent lire, publier & registrer, & le contenu en icelles garder & observer, selon leur forme & teneur ; nonobstant tous Edits, Déclarations, Arrêts, Ordonnances, Réglemens, Clameur de Haro, Chartre Normande, & autres choses à ce contraires, ausquelles Nous avons dérogé & dérogeons par cesdites Presentes : Voulons qu'aux Copies d'icelles, collationnées par l'un de nos amez & feaux Conseillers-Secrétaires, foi soit ajoûtée comme à l'Original ; CAR tel est nôtre plaisir. En témoin de quoi, Nous avons fait mettre nôtre Scel à cesdites Presentes. DONNÉ à Versailles, le vingt-quatriéme jour du mois de Décembre, l'an de grace mil sept cens vingt-six ; & de nôtre Régne le douziéme. Signé, LOUIS : Et plus bas, Par le Roy, PHELYPEAUX : Vû au Conseil, LE PELETIER. Et scellée du grand Sceau de cire jaune.

Lûë, publiée & registrée, la grande Audience de la Cour séante, A Roüen en Parlement, le 16. Janvier 1727. Signé, AUZANET.

DECLARATIONS ET ARRESTS.

Arrest du Parlement, portant un nouveau Réglement, au sujet des Mendians & Vagabonds.

Du 19. Février 1727.

SUR la remontrance faite à la Cour, par le Procureur Général du Roy, expositive qu'au mépris des Réglemens qu'elle a souvent faits, pour forcer les Mendians & Vagabonds à se retirer dans les Paroisses de leur origine, afin d'y être apliquez aux ouvrages convenables à leurs forces & leur âge, ou assistez par leurs compatriotes naturellement obligez d'en prendre le soin ; & malgré la sévérité des peines ordonnées par la Déclaration du 18. Juillet 1724. contre ceux qui pour se maintenir dans la fainéantise, changent de Païs, & courent de Ville en Ville, pour y mendier, il se trouve aujourd'hui dans la Ville de Roüen, des Mendians de diférens Païs, âges & sexes, qui courent dans les Eglises, dans les places publiques & dans les ruës, & forcent par importunité les personnes qu'ils rencontrent, de leur donner, sans quoi ils ne cessent de les suivre ; ce qui cause un desordre & un renversement d'autant plus dangereux, que l'utilité que les Mendians importuns retirent de leur fainéantise, engage plusieurs ouvriers qui pouroient subsister de leur travail, à préférer ce honteux mêtier, comme plus profitable & plus conforme à leur inclination: D'ailleurs, que la plûpart des personnes mûës de charité, s'épuisant dans les Aumônes mal apliquées qu'ils font à ces Vagabonds, cessent de secourir les véritables Pauvres, qui sont renfermez dans l'Hôpital, ou que l'Hôpital assiste dans leurs maisons particulieres, par des Aumônes qui leur sont distribuées, proportionnées à leurs besoins : Pourquoi requiert qu'il soit fait défenses à toutes personnes domiciliées dans la Ville & Fauxbourgs de Roüen, de mendier aux portes, dans les Eglises, dans les ruës & places publiques de la Ville, à peine d'être enfermez dans des Tours, ou autres lieux qui seront à ce destinez, pour y jeûner au pain & à l'eau, au moins durant l'espace d'un mois ; & en cas de récidive, lorsqu'ils seront relâchez, être punis suivant la rigueur des Ordonnances ; ordonner que lesdits Pauvres de la Ville & Fauxbourgs, se retireront pardevers les Sieurs

Curez ou Vicaires de leurs Paroisses, pour les requerir d'emploïer leurs noms, surnoms & lieux de leurs demeures, leurs âges, leurs infirmitez qui les empêchent de gagner leurs vies, les noms, âges & sexes de leurs enfans, s'ils en ont, les ouvrages ausquels ils travaillent, ou travailloient avant que d'être mendians ; sur le Rôle qu'ils seront tenus de faire à cet' éfet ; & de certifier sur chaque article, depuis quel tems lesdits Mendians sont domiciliez dans la Ville ; enjoindre à tous Mendians étrangers, non originaires de la Ville & Fauxbourgs, ou qui y sont venus demeurer depuis cinq ans, d'en sortir dans trois jours, du jour de la publication de l'Arrest qui sur ce interviendra, & de se retirer chacun dans les Paroisses de leur origine, ou dans les lieux où ils étoient domiciliez avant ledit tems de cinq ans, à peine d'être expulsez ; & en cas de résistance, punis comme Vagabonds, perturbateurs du bon ordre, & de la tranquilité publique ; faire défenses à toutes personnes, de quelque qualité & condition qu'elles soient, de loger lesdits Vagabonds & Mendians, dans la Ville & Fauxbourgs ; aux Cabaretiers & Aubergistes, de les recevoir ; & aux Habitans des Paroisses de Dernetal, Sotteville, S. Sever, Quevilly, Déville, Mont-aux-Malades, S. Aignan, Boisguillaume & Bonsecours, de leur donner retraite, à peine de cent livres d'Aumône aplicable à l'Hôpital, & de plus grande peine, s'il y échet ; enjoindre au Lieutenant Général de Police, de tenir la main à l'exécution de l'Arrest ; aux Commissaires de Police, Huissiers, Sergens, & aux Oficiers & Cavaliers de la Maréchaussée, d'arrêter tous ceux qu'ils trouveront mendians, soit dans les Eglises, aux portes des maisons, dans les ruës & places publiques, & de les constituer prisonniers, pour être incessamment procédé par le Lieutenant de Police, à la punition des contrevenans, suivant la rigueur des Ordonnances & l'exigence du cas ; ordonner que l'Arrest sera imprimé, lû, publié & afiché, tant dans la Ville & Fauxbourgs de Roüen, que dans les Paroisses de Dernetal, Sotteville, S. Sever, Quevilly, Déville, S. Gervais, Mont-aux-Malades, S. Aignan, Boisguillaume & Bonsecours, afin que personne n'en puisse ignorer. Vû par la Cour ledit Requisitoire ; & oüi le Raport du Sieur Baudoüin du Basset, Conseiller-Commissaire · Tout consideré ; LA COUR, faisant droit sur le Requisitoire du Procureur Ge-

DECLARATIONS ET ARRESTS.

néral du Roy, a fait défenses à toutes personnes domiciliées dans la Ville & Fauxbourgs de Roüen, de mendier aux portes, dans les Eglises, dans les ruës & places publiques de la Ville, à peine d'être enfermez dans des Tours, ou autres lieux qui seront à ce destinez, pour y jeûner au pain & à l'eau, au moins durant l'espace d'un mois ; & en cas de récidive, lorsqu'ils seront relâchez, être punis suivant la rigueur des Ordonnances : Ordonné que lesdits Pauvres de la Ville & Fauxbourgs, se retireront pardevers les Sieurs Curez ou Vicaires de leurs Paroisses, pour les requerir d'emploïer leurs noms, surnoms, & lieux de leur demeure, leurs âges, leurs infirmitez qui les empêchent de gagner leurs vies, les nom, âge & sexe de leurs enfans, s'ils en ont, les ouvrages ausquels ils travaillent, ou travailloient avant que d'être mendians ; sur le Rôle qu'ils tiendront à cet éfet, & de certifier sur chaque article, depuis quel tems lesdits Mendians sont domiciliez dans la Ville : Enjoint à tous Mendians étrangers non originaires de la Ville & Fauxbourgs, ou qui y sont venus demeurer depuis cinq ans, d'en sortir dans trois jours, du jour de la publication du present Arrest, & de se retirer chacun dans les Paroisses de leur origine, ou dans les lieux où ils étoient domiciliez avant ledit tems de cinq ans, à peine d'être expulsez ; & en cas de résistance, punis comme Vagabonds, perturbateurs du bon ordre & de la tranquilité publique : Fait défenses à toutes personnes, de quelque qualité qu'elles soient, de loger lesdits Vagabonds & Mendians, dans la Ville & Fauxbourgs ; aux Cabaretiers & Aubergistes, de les recevoir ; & aux Habitans des Paroisses de Dernétal, Sotteville, S. Sever, Quevilly, S. Gervais, Déville, Mont-aux-Malades, S. Aignan, Boisguillaume & Bonsecours, de leur donner retraite, à peine de cent livres d'Aumône, aplicable à l'Hôpital, & de plus grande peine s'il y échet : Enjoint au Lieutenant General de Police, de tenir la main à l'exécution du present Arrest ; aux Commissaires de Police, Huissiers, Sergens, & aux Oficiers & Cavaliers de la Maréchaussée, d'arrêter tous ceux qu'ils trouveront mendians, soit dans les Eglises, aux portes des maisons, dans les ruës & places publiques, & de les constituer prisonniers, pour être incessamment procédé par le Lieutenant de Police, à la punition des contrevenans, suivant la rigueur des Ordonnances & l'exigence du cas : Or-

1727.
Février.

donne que le present Arrest sera imprimé, lû, publié & afiché, tant dans la Ville & Fauxbourgs de Roüen, que dans les Paroisses de Dernétal, Sotteville, S. Sever, Quevilly, Déville, S. Gervais, Mont-aux-Malades, S. Aignan, Boisguillaume & Bonsecours, afin que personne n'en ignore. FAIT à Roüen en Parlement, le dix-neuviéme jour de Février mil sept cens vingt-sept.

Par la Cour, Signé, AUZANET.

Déclaration du Roy, portant nouveau Réglement pour la grandeur des Mailles des Filets emploïez à la Pêche à Pied, & Tentes à la Basse-eau, avec la maniere dont ces Pêcheries seront établies sur les Côtes des Provinces de Flandre, Païs conquis, Boulonnois, Picardie & Normandie.

Du 18. Mars 1727.

LOUIS par la grace de Dieu, Roy de France & de Navarre : A tous ceux qui ces presentes Lettres verront, SALUT. Nous avons par nôtre Déclaration du 23. Avril dernier, interdit l'usage des Filets & instrumens traînans ; & par celle du 24. Décembre aussi dernier, Nous avons défendu la Pêche, le transport & la vente du Frai de Poisson de Mer. Nous n'avons rendu ces Déclarations, que pour conserver le Frai du Poisson, & le Poisson du premier âge, à l'éfet de procurer l'abondance du Poisson de Mer, & de rendre les Côtes de nôtre Roïaume, aussi poissonneuses qu'elles l'étoient par le passé : Mais comme il pouroit être commis des abus, par raport aux Pêches permises à la Côte, qui détruiroient le Frai du Poisson, & le Poisson du premier âge, Nous avons résolu de régler la forme dans laquelle elles pouront être faites, la grandeur des Mailles des Filets qui y seront emploïez, & la maniere dont ils seront établis. A CES CAUSES, & autres à ce Nous mouvant, de l'avis de nôtre Conseil, & de nôtre certaine science, pleine puissance & autorité Roïale, Nous, en interprétant en tant que de besoin, l'Ordonnance du mois d'Aoust 1681. avons dit, déclaré & ordonné, disons, déclarons & ordonnons, voulons & Nous plaît, que

la

la Pêche fur les bords de la Mer, foit & demeure libre, & commune à tous nos Sujets, qui pouront la faire & pratiquer avec les Rets, Filets, engins & inftrumens permis par ces Prefentes; & en conféquence, leur permettons de faire à la Côte, dans les Baïes, & aux embouchûres des Rivieres, les Pêcheries, dont la Police fera ci-après réglée, même d'y pratiquer les nouvelles Pêcheries qu'ils pouront inventer; pourvû qu'ils fe conforment, pour celles dont les Filets feront montez fur des pieux, piquets ou piochons, à la Police qui fera réglée pour les Bas-Parcs; & pour celles qui feront pratiquées avec des Filets flotez, à la Police qui fera réglée pour les Tentes de baffe-eau; le tout, à peine contre les contrevenans, de confifcation des Rets, Filets, engins, inftrumens, pieux, piquets ou piochons, & de vingt-cinq livres d'Amende pour la premiere fois, de pareille confifcation & de cinquante livres d'Amende, en cas de récidive.

TITRE PREMIER.
Des Hauts-Parcs.

ARTICLE PREMIER.

LEs mailles des Filets fervans aux Pêcheries, nommées Hauts-Parcs ou Etentes, Etates, Hautes-Pentieres, Hauts-Etaliers, Palis, Marfaiques & Haranguieres, feront d'un pouce ou de neuf lignes en quarré; & le Filet fera tendu en telle forte, que le bas ne touche point aux fables, & qu'il en foit éloigné de trois pouces au moins.

II. Les perches fur lefquelles les Filets defdites Pêcheries feront tendus, auront au plus quinze pieds de hauteur hors des fables; feront éloignées les unes des autres, de huit pieds au moins, & plantées en droite ligne, d'un bout à terre & de l'autre à la Mer: Permettons néanmoins aux Pêcheurs, de faire à l'extrêmité de la ligne, du côté de la Mer, une efpéce de demi-enceinte ou crochet, qui fera formée avec de pareilles perches, & garnie d'un femblable Filet.

III. Ordonnons à tous ceux qui pratiqueront lefdites Pêcheries, de les éloigner les unes des autres, de fix braffes au moins.

IV. Les Rets entre Roches, Traverfis & Muletieres, feront cenfez du genre des Hauts-Parcs; & comme tels, Nous permettons à ceux qui les voudront pratiquer, de les former avec des perches de quinze pieds de haut, & des Filets aïans les mailles d'un pouce ou neuf lignes au moins, en quarré; à condition de se conformer pour le surplus, à la Police établie pour les Hauts-Parcs.

V. Faisons défenses aux Pêcheurs, & à tous autres, de se servir des Filets des Hauts-Parcs, pour garnir aucune autre Pêcherie que ce soit.

VI. Les dispositions contenuës aux Articles du present Titre, seront exécutées, à peine contre les contrevenans, de confiscation des Filets, & des perches sur lesquelles ils seront tendus, & de vingt cinq livres d'Amende pour la premiere fois, de pareille confiscation & de cinquante livres d'Amende, en cas de récidive.

VII. Déclarons ne permettre les Pêcheries contenuës au present Titre, avec les Filets y mentionnez, dont les mailles sont au-dessous de deux pouces en quarré, que parce qu'il ne s'y peut prendre que des Poissons passagers à la Côte, tels que sont les Harans, Celans, Sardines, Maquereaux, Sansonnets, Roblots, Bars, Mulets, Lieux, Colins & Surmulets, qui se maillent dans lesdits Filets.

TITRE DEUXIE'ME.
Des Bas-Parcs.

ARTICLE PREMIER.

LEs Filets servans aux Pêcheries nommées Bas-Parcs ou Tournées, Fourées, Fouresses, Courtines, Bas-Etalons & Venets, auront les mailles de deux pouces au moins en quarré, & ils seront atachez à des pieux, piquets ou piochons, plantez à cet éfet dans les sables, sur lesquels le Filet sera tendu, sans qu'il y puisse être enfoüi.

II. Les pieux, piquets ou piochons, qui formeront lesdites Pêcheries, auront au plus quatre pieds de hauteur hors des sables; ils pourront être plantez en équerre, fer à cheval, demi-cercle ou crochet, & seront éloignez les uns des autres, d'une brasse au moins.

III. L'ouverture ou embouchûre des Pêcheries, qui seront formées en équerre, fer à cheval & en demi-cercle, ne poura être que de cinquante brasses au plus.

IV. Lesdites Pêcheries formées en équerre, ne pouront avoir les aîles, pannes, bras ou côtez, que de cinquante brasses de long; & celles formées en fer à cheval & en demi-cercle ou crochet, ne pouront avoir que cent brasses de contour; en sorte que pour la garniture de chacune desdites Pêcheries, il ne puisse être emploïé que cent brasses des Filets.

V. Ordonnons aux Pêcheurs & à tous autres, qui planteront les pieux, piquets ou piochons de leurs Pêcheries, en forme d'équerre, de les placer en ligne droite, pour ne former qu'un seul angle dans le fond de la Pêcherie.

VI. Lesdites Pêcheries ne pouront être établies qu'à la distance de vingt brasses les unes des autres : il poura néanmoins en être placé d'autres au-dessus des Pêcheries déja établies, pourvû qu'elles soient sur la même ligne, allant de la Côte à la Mer, à la distance de dix brasses au moins, de l'angle ou du fond de la Pêcherie qui en sera la plus proche.

VII. Toutes lesdites Pêcheries, soit qu'elles soient placées les unes au-dessus des autres, ou qu'elles le soient à côté, seront censées du genre des Bas-Parcs; & comme telles, ne pouront être montées que d'un Filet, aïant les mailles de deux pouces en quarré, qui ne poura être enfoüi dans le sable.

VIII. Il poura être mis au fond desdites Pêcheries, des Guideaux, Bénatres, Verveux, & autres instrumens dénommez au Titre V. des Presentes, pourvû qu'ils soient faits dans la forme qui y sera prescrite.

IX. Les dispositions contenuës aux Articles du present Titre, seront exécutées, à peine contre les contrevenans, de confiscation des Filets, & des pieux, piquets ou piochons, sur lesquels ils seront tendus, & de vingt-cinq livres d'Amende pour la premiere fois, de pareille confiscation & de cinquante livres d'Amende, en cas de récidive.

TITRE TROISIE'ME.
Des Parcs de Filets couverts, & non couverts.

ARTICLE PREMIER.

LEs Rets servans à la Pêcherie des Parcs de Filets, soit couverts ou non couverts, qui sont aussi connus sous le nom de Perd-tems, auront les mailles de la chasse, de l'enceinte & de la couverture, de deux pouces au moins en quarré.

II. Ils seront atachez sur des pieux, piquets ou piochons, qui ne pouront être élevez que de quatre pieds au-dessus des sables, & seront tendus de maniere que le bas ne soit point enfoüi.

III. Les pieux, piquets ou piochons, tant de l'enceinte que de la chasse du Parc, seront éloignez d'une brasse au moins, les uns des autres.

IV. La longueur de la chasse qui aboutit à l'embouchûre du Parc, ne poura être que de trente brasses au plus.

V. Les dispositions contenuës aux Articles du present Titre, seront exécutées, à peine contre les contrevenans, de confiscation des Filets, & des pieux, piquets ou piochons sur lesquels ils seront tendus, & de vingt-cinq livres d'amende pour la premiere fois, de pareille confiscation & de cinquante livres d'amende, en cas de récidive.

TITRE QUATRIE'ME.
Des Ravoirs.

ARTICLE PREMIER.

LEs Filets servans aux Pêcheries, nommez Ravoirs simples ou Rets entre-l'eau, auront les mailles de deux pouces au moins en quarré; & ceux servans aux Ravoirs ou Rets entre-l'eau tramaillez, auront les mailles de la toile, nape, fluë ou Rets du milieu, de deux pouces aussi en quarré, au moins; & celles des Trameaux ou Hameaux, qui sont des deux côtez, seront de neuf pouces au moins en quarré.

II. Lesdits Filets seront atachez à des pieux, piquets ou piochons, & ils y seront tendus de maniere, que le bas qui sera retroussé, soit éloigné du sable, de six pouces au moins.

III. Les pieux, piquets ou piochons, qui formeront lesdites Pêcheries, auront au plus quatre pieds de hauteur hors des sables; ils seront éloignez d'une brasse au moins, les uns des autres, & plantez en ligne droite.

IV. Chacune desdites Pêcheries, sera éloignée l'une de l'autre, de dix brasses au moins.

V. Les dispositions contenuës aux Articles du present Titre, seront exécutées, à peine contre les contrevenans, de confiscation des Filets, & des pieux, piquets ou piochons, sur lesquels ils seront tendus, & de vingt-cinq livres d'Amen-

DECLARATIONS ET ARRESTS.

de pour la premiere fois, de pareille confiscation & de cinquante livres d'Amende, en cas de récidive.

TITRE CINQUIE'ME.

De la Pêcherie nommée Guideaux à Bas-Etaliers, & de celles nommées Bénatres & Verveux, & autres Pêcheries non flotées, montées sur Piquets.

ARTICLE PREMIER.

Les Filets qui serviront aux Pêcheries nommées Guideaux à bas-étaliers & Guideaux volans, aux Bénatres volans, Baches, Chausses, Sacs, Gonnes, Tonnes & Nasses, aux Verveux, Clivets, Entonnoirs & Tonnelles volans, & aux autres Pêcheries non flotées, montées sur des piquets, auront les mailles de deux pouces en quarré au moins.

II. Les Filets qui serviront à la Pêcherie des Guideaux à bas-étaliers ou Guideaux volans, seront faits en forme de chausse, & seront posez entre deux pieux, piquets ou piochons, qui ne pourront être élevez plus de quatre pieds au-dessus des sables; & il sera observé une distance d'une brasse au plus, de l'un à l'autre pieu, piquet ou piochon.

III. Les Filets qui formeront la Pêcherie des Bénatres volans, Baches, Chausses, Sacs, Gonnes, Tonnes & Nasses, seront faits dans la même forme que ceux des Guideaux à bas-étaliers, & atachez à un chassis ou carruse de bois, qui sera pareillement posé entre deux pieux, piquets ou piochons, éloignez d'une brasse au plus, l'un de l'autre, & qui ne pouront aussi être élevez plus de quatre pieds au-dessus des sables.

IV. Les Filets qui serviront à la Pêcherie des Verveux, Clivets, Entonnoirs & Tonnelles volans, seront faits en forme d'entonnoir, dont l'entrée sera amarée sur un demi-cercle de bois, qui sera arrêté par une traverse de corde, & le reste du Filet sera tenu ouvert par plusieurs cercles de bois, qui seront éloignez de deux pieds au moins, les uns des autres: lesdits Filets ainsi formez, seront posez entre deux pieux, piquets ou piochons, qui ne pourront aussi être élevez plus de quatre pieds au-dessus des sables, & qui seront éloignez l'un de l'autre, de deux brasses au plus.

V. Les Pêcheries ci-dessus nommées, ne pourront être que de dix brasses de long au plus: il en poura être établi d'autres au-dessus & au-dessous, pourvû qu'elles soient éloignées les unes des autres, de quinze brasses au moins.

VI. Les Filets & instrumens servans aux Pêcheries mentionnées au present Titre, pouront être placez à l'ouverture ou égout des Bouchots ou Parcs de claïonage, depuis le premier Octobre jusqu'au dernier Avril.

VII. Lesdits Filets & instrumens pouront aussi être placez au fond des Bas-Parcs, pendant toute l'année.

VIII. Les dispositions contenuës aux Articles du present Titre, seront exécutées, à peine contre les contrevenans, de confiscation des Filets & instrumens, & des pieux, piquets ou piochons, sur lesquels ils seront tendus, & de vingt-cinq livres d'Amende pour la premiere fois, de pareille confiscation & de cinquante livres d'Amende, en cas de récidive.

IX. Les Pêcheurs & tous autres, qui voudront pratiquer les autres Pêcheries non flotées, montées sur pieux, piquets ou piochons, connuës sous tel nom & dénomination que ce puisse être, seront tenus d'observer la Police réglée par le present Titre, pour la maille des Filets, la hauteur des pieux, piquets ou piochons, leur éloignement de l'un à l'autre, & la distance de chaque Pêcherie, sous les peines y portées.

TITRE SIXIE'ME.
Des Havenets.

ARTICLE PREMIER.

LEs mailles des Rets qui formeront les sacs des Havenets, connus aussi sous les noms de Havets, Haveaux, Bichettes, grandes Savenelles & Savanceaux, seront de quinze lignes au moins en quarré, à peine de confiscation des Rets & Filets, & de vingt-cinq livres d'Amende pour la premiere fois, de pareille confiscation & de cinquante livres d'Amende, en cas de récidive.

II. Lesdits Filets seront montez sur deux perches croisées, qui auront chacune douze à quinze pieds de long, & qui seront tenuës ouvertes par une traverse de bois, qui sera placée proche l'endroit où lesdites perches seront croisées: l'ouverture du Filet ne poura avoir que quinze pieds de large au plus; & la corde qui sera mise au bout desdites deux perches, pour soûtenir ledit Filet, ne poura être chargée que d'un quarte-

DECLARATIONS ET ARRESTS.

on de plomb par braſſe ; le tout, à peine de pareilles Amendes & confiſcation.

III. Faiſons défenſes, ſous les mêmes peines, à ceux qui
ſe ſerviront dudit inſtrument, de le pouſſer ni traîner devant eux ſur les fonds où ils feront la Pêche.

TITRE SEPTIE'ME.
Du Bouteux ou bout de Quevre, & autres Inſtrumens, qui ſervent pour la Pêche des Chevrettes, & Salicots.

ARTICLE PREMIER.

LE Rets qui formera le Sac du Boudeux ou bout de Quevre,
connu auſſi ſous les noms de Buhautier, Saumets, Sarres,
Lanets, Paniers, Ruches, Ruchers, Chapeau à Sauterelles, &
Grenadieres, aura la maille de ſix lignes au moins en quarré.

II. Il ſera ataché ſur une fourche ou ſur un cercle, ſans
qu'il puiſſe y être mis au lieu de Filet, de la toile ou ſac à
tamis, ſous prétexte de prendre des Puces & des Sauterelles
de Mer.

III. La traverſe de cet inſtrument ſera formée d'un bâton
rond ou d'une corde, qui ne poura être chargée que d'un
quarteron de plomb au plus.

IV. Les Pêcheurs & tous autres ne pouront ſe ſervir
dudit inſtrument pour faire la Pêche, pendant les mois de
Mars, Avril, Mai, Juin, Juillet & Aouſt.

V. Les Articles ci-deſſus ſeront exécutez, à peine contre
les contrevenans, de confiſcation des Filets & inſtrumens, &
de vingt-cinq livres d'Amende pour la premiere fois, de pareille confiſcation & de punition corporelle, en cas de récidive.

VI. Sera néanmoins permis aux Pêcheurs & à tous autres,
de faire la Pêche des Chevrétes & Salicots, pendant toute l'année, avec la Chaudiere & autres inſtrumens ſédentaires, ſur
les fonds & entre les Roches, pourvû que les mailles des
Filets, qui ſeront atachez auſdits inſtrumens, aïent au moins
ſix lignes en quarré ; à peine contre les contrevenans, de confiſcation des Filets & inſtrumens, & de vingt-cinq livres
d'Amende pour la premiere fois, de pareille confiſcation &
de cinquante livres d'Amende, en cas de récidive.

VII. Leur permettons auſſi de ſe ſervir de claïes, paniers,
bouraques, naſſes, caſiers & autres ſemblables engins, for-

mez d'ofier à jour, pour faire la Pêche des Crabes, Homars Rocailles & Poiſſons à croute ; à condition que les verges ſeront éloignées les unes des autres, de douze lignes au moins à peine contre les contrevenans, de pareilles Amendes & confiſcations.

TITRE HUITIE'ME.
Du Carreau.

ARTICLE PREMIER.

LE Filet du Carreau, connu auſſi ſous les noms de Hunier, & Echiquier, aura les mailles de ſix lignes en quarré au moins ; à peine de confiſcation, & de vingt-cinq livres d'Amende pour la premiere fois, de pareille confiſcation & de punition corporelle, en cas de récidive.

II. Faiſons défenſes, ſous les mêmes peines, aux Pêcheurs, & à tous autres, de faire la Pêche avec ledit Filet, pendant les mois de Février, Mars, Avril, Mai, Juin, Juillet, Aouſt & Septembre.

TITRE NEUVIE'ME.
Des Rets & Filets flotez, & Tentes à la Baſſe-Eau.

ARTICLE PREMIER.

POuront être tendus à la Côte, à la baſſe eau, les Filets nommez Folles, demi-Folles, grandes & petites Canieres, grandes & petites Pentieres, grands & petits Rieux, Cibaudiere, Six-doigts, Mailles Roïales, Leſques, Bretelieres, Hauſſieres, Fluës, Flotées, Muletieres, Rets à croc, Rets entre Roches, Traverſis, Maquereaulieres, Trameaux, & tous autres Rets de pied flotez, pourvû que la maille ſoit de la grandeur ci-après preſcrite.

II. Les mailles des Folles auront cinq pouces en quarré au moins ; & celles des demi-Folles, grandes Canieres, grandes Pentieres, & grands Rieux, auront au moins trois pouces en quarré.

III. Les mailles des petites Canieres, petites Pentieres, petits Rieux, Cibaudieres, Six-doigts, Mailles Roïales, Leſques, Bretelieres, Hauſſieres, Fluës, Flotées, Muletieres, Rets à croc, Rets entre Roches, Traverſis, Maquereaulieres, Trameaux,

ns et arrests. 73
meaux, & tous autres Rets de pied flotez, qui s'étendent sur les
sables & gréves, connus sous tels noms & dénomination que
ce puisse être, auront au moins deux pouces en quarré.

IV. Les Trameaux sédentaires, & toutes autres espéces de
Rets tramaillez, auront les mailles de la toile, nape, fluë,
feüillure ou Rets du milieu, de deux pouces au moins en quarré : les mailles des Trameaux ou Hameaux, des deux côtez,
seront de neuf pouces aussi en quarré ; & le bas dudit Filet ne
poura être garni que de pierres ou de torques de paille.

V. Les Articles contenus au présent Titre, seront exécutez,
à peine contre les contrevenans, de confiscation, & de vingt-
cinq livres d'Amende, pour la premiere fois, de pareille confiscation, & de Cinquante livres d'Amende, en cas de récidive.

TITRE DIXIE'ME.
De la Police commune à toutes les Pêches à pied, & Tentes à la Basse-Eau.

Article Premier.

Faisons défenses à tous ceux qui feront la Pêche à la Côte,
avec des Rets, Filets, engins & instrumens montez sur perches, piquets, pieux ou piochons, de les tendre dans le passage ordinaire des Vaisseaux, ni à deux cens brasses après, à
peine de saisie & confiscation des Rets, Filets, engins, instrumens, perches, piquets, pieux ou piochons, de cinquante
livres d'amende, & de réparation des pertes & dommages
que ces Pêcheries auront causez.

II. Faisons pareillement défenses à toutes personnes, de
traîner à la Côte, dans les Baïes & aux embouchûres des Rivieres, aucuns des Filets & instrumens dénommez dans les
Présentes, ni aucun autre, sous quelque dénomination que
ce soit, & pour quelque cause & sous quelque prétexte que ce
puisse être, à peine de confiscation des Filets & instrumens,
& de cent livres d'Amende pour la premiere fois, de pareille
confiscation & de trois ans de Galéres, en cas de récidive.

III. Défendons aussi à toutes personnes, sous les mêmes
peines, de se servir, pour batre l'eau, piquer & broüiller les
fonds, de perches ferrées & pointuës, de cablieres, pierres,
boulets, chaînes de fer, & tous autres instrumens.

IV. Défendons pareillement à toutes personnes, de faire

II. Suite du N. P. K

à la basse-eau, soit à pied ou à cheval, la Pêche avec des herses, rateaux, & autres semblables engins & instrumens, qui gratent & broüillent les fonds ; à peine de confiscation des chevaux, harnois & instrumens, & de cent livres d'amende, pour la premiere fois, de pareille confiscation & de trois ans de Galéres, en cas de récidive.

V. Il y aura toûjours au Gréfe de chaque Siége d'Amirauté, un modèle des mailles de chaque espéce de Filets, dont les Pêcheurs de pied, Riverains & Tendeurs de basse-eau, demeurans dans l'étenduë de la Jurisdiction, se serviront pour faire la Pêche à la Côte, dans les Baïes & aux embouchûres des Rivieres : Enjoignons à nos Procureurs des Amirautez, de tenir soigneusement la main à l'exécution du present Article, à peine de répondre des contraventions en leur nom.

VI. Les Pêcheurs & tous autres, qui auront des Filets pour les Pêcheries dénommées dans les Presentes, dont les mailles ne seront pas de la proportion qui y est marquée, seront tenus de les démonter, & de les emploïer à d'autres usages, dans le terme d'un mois du jour de l'enregistrement desdites Presentes, au Siége de l'Amirauté de leur ressort ; à peine, après ledit tems passé, de cent livres d'amende, & de confiscation desdits Filets, que Nous ordonnons être brûlez publiquement.

VII. Défendons aux Marchands fabricateurs de Rets & Filets, & à tous autres, de faire ou fabriquer, vendre ou garder chez eux, aucuns Filets propres pour lesdites Pêcheries, dont les mailles seront d'un calibre moindre qu'il n'est porté par les Presentes, à peine de confiscation d'iceux, & de trois cens livres d'amende, le tiers aplicable au dénonciateur.

VIII. Enjoignons aux Oficiers de l'Amirauté, chacun dans leur ressort, de faire un mois après l'enregistrement des Presentes, une exacte perquisition de tous les Filets propres pour les Pêcheries de pied & Tentes de basse-eau, dont les mailles ne seront pas de la proportion réglée par ces Presentes, tant dans les maisons des Pêcheurs, que dans celles des autres Riverains de la Mer, privilégiez & non privilégiez, qui pourront être soupçonnez d'avoir des Filets défendus, & d'en dresser des Procès verbaux, qu'ils Nous envoïeront quinzaine après la confection d'iceux.

IX. Voulons que lesdits Oficiers de l'Amirauté, chacun dans leur ressort, fassent dans les mois de Mars & de Septem-

DECLARATIONS ET ARRESTS. 75

bre de chacune année, à peine d'interdiction de leurs Charges, une visite exacte des Rets, Filets, engins & instrumens des Pêcheurs de leur district, ensemble des Pêcheries exclusives, & de celles qui sont libres & permises par ces Presentes ; à l'éfet de faire exécuter les dispositions portées par cesdites Presentes, par nôtre Déclaration du 23. Avril dernier, & par les Ordonnances des Rois nos prédecesseurs.

X. Voulons aussi qu'ils fassent en même tems, visite & perquisition chez tous les Riverains de la Mer, privilégiez ou non privilégiez, qui pourront être soupçonnez d'avoir des Filets défendus, & que de chaque visite qu'ils feront, ils dressent des Procès verbaux, qu'ils Nous envoïeront, quinzaine après la confection d'iceux; à l'éfet de quoi, Nous les avons dispensez & dispensons des quatre visites ausquelles ils étoient tenus par chaque année, par l'Article XXIV. de nôtre Déclaration du 23. Avril dernier.

XI. Ordonnons aux Oficiers des Classes, lorsqu'ils feront la revûë des Gens de Mer, dans les Paroisses de leurs quartiers, de faire en même tems la visite des Pêcheries exclusives, & de celles qui sont libres & permises par ces Presentes, ensemble des Rets, Filets, engins & instrumens des Riverains-Pêcheurs de pied & Tendeurs de basse-eau ; & s'ils en trouvent d'abusifs, & défendus par nos Ordonnances & par ces Presentes, d'en donner avis à nôtre Procureur, au Siége de l'Amirauté du ressort, pour poursuivre les délinquans.

XII. Faisons défenses aux Seigneurs des Fiefs voisins de la Mer, & à tous autres, de lever aucun droit en deniers ou en espéces, sur les Pêcheries de pied & Tentes de basse-eau ; & de s'atribuer aucune étenduë de Côtes & de gréves, pour y pêcher à l'exclusion d'autres ; sinon, en vertu d'Aveux & Dénombremens rendus en nos Chambres des Comptes, avant l'année 1544. ou de concession en bonne forme; à peine de restitution du quadruple de ce qu'ils auront exigé, & de quinze cens livres d'Amende.

XIII. Défendons en conséquence, aux propriétaires & fermiers des Pêcheries exclusives conservées, de troubler ni inquiéter les Pêcheurs de pied riverains, Tendeurs de basse-eau, & tous autres, qui tendront leurs Rets, Filets, engins & instrumens, tant flotez que non flotez, à dix brasses du fond desdites Pêcheries exclusives, à peine d'amende arbitraire, ni

K ij

d'exiger desdits Pêcheurs aucune chose, à peine de concussion.

XIV. Faisons défenses à tous Gouverneurs, Oficiers & Soldats des Isles & des Forts, Villes & Châteaux construits sur le rivage de la Mer, d'aporter aucun obstacle à la Pêche, dans le voisinage de leurs Places, & d'exiger des Pêcheurs argent ou Poisson, pour la leur permettre; à peine contre les Oficiers, de perte de leurs Emplois, & contre les Soldats, de punition corporelle.

XV. Déclarons les peres, meres & chefs de famille, responsables des Amendes encouruës par leurs enfans & autres, qui demeureront avec eux; & les Maîtres, de celles ausquelles leurs valets & domestiques auront été condamnez, pour contraventions aux Presentes.

XVI. Dans les cas où la peine des Galéres est ordonnée contre les hommes, la peine du Foüet & du Banissement à tems ou à perpétuité, sera ordonnée contre les femmes, les filles & veuves, suivant la qualité de délit.

TITRE ONZIEME.
Des Amendes.

ARTICLE PREMIER.

LEs contraventions aux Articles des Presentes, seront poursuivies à la requête de nos Procureurs dans les Amirautez, & les Sentences qui en interviendront contre les délinquans, seront exécutées pour les condamnations d'Amende, nonobstant l'apel & sans préjudice d'icelui, jusqu'à concurrence de Trois cens livres; sans qu'il puisse être acordé de défenses; même lorsque l'Amende sera plus forte, que jusqu'à concurrence de ce qui excédera ladite somme de trois cens livres.

II. Ceux qui apelleront desdites Sentences, seront tenus de faire statuer sur leur apel, ou de le mettre en état d'être jugé définitivement, dans un an du jour & date d'icelui; sinon, & à faute de ce faire, ledit tems passé, ladite Sentence sortira son plein & entier éfet; & l'Amende sera distribuée conformément à ladite Sentence, & le dépositaire d'icelle, bien & valablement déchargé.

Le contenu en nosdites Presentes, sera exécuté dans nos Provinces de Flandre, Païs conquis & reconquis, Boulonnois, Picardie & Normandie.

Sera au surplus l'Ordonnance du mois d'Août 1681. concernant la Pêche, & la Déclaration du 23. Avril dernier, exécutées selon leur forme & teneur, en ce qui n'y est dérogé par ces Presentes.

SI DONNONS EN MANDEMENT à nos amez & féaux Conseillers les Gens tenans nos Cours de Parlement, que ces Presentes ils fassent lire, publier & regitrer, & le contenu en icelles garder & observer, selon leur forme & teneur; nonobstant tous Edits, Déclarations, Arrêts, Ordonnances, Réglemens, Clameur de Haro, Chartre Normande, & autres choses à ce contraires, ausquelles Nous avons dérogé & dérogeons par cesdites Presentes. Voulons qu'aux Copies d'icelles, collationnées par l'un de nos amez & féaux Conseillers-Secrétaires, foi soit ajoutée comme l'Original; CAR tel est nôtre plaisir. En témoin de quoi, Nous avons fait mettre nôtre Scel à cesdites Presentes. DONNÉ à Versailles, le dix-huitiéme jour du mois de Mars, l'an de grace mil sept cens vingt-sept; & de nôtre Régne le douziéme. Signé, LOUIS: Et plus bas, Par le Roy, PHELYPEAUX. Et scellée du grand Sceau de cire jaune.

Lûë, publiée & regitrée, la grande Audience de la Cour séante. A Roüen en Parlement, le 29. Avril 1727. Signé, AUZANET.

Arrêt du Parlement, qui a déchargé le nommé Baroche de la Paroisse de la Boissiere, près Pacy, de la demande à lui faite par le Curé de ladite Paroisse, de la Dixme d'une piece de terre ensemencée en Vesce, par lui prétenduë en verd, &c.

Du 8. Mai 1727.

ENtre Sebastien Baroche apellant de Sentence renduë par le Bailli d'Evreux ou son Lieutenant au Siége de Pacy, le 15. Juillet 1724. & anticipé, d'une part: Me François Varenne Prêtre, Curé de la Boissiere, apellé & ancipant, d'autre. Vû par la Cour l'Acte d'Apointement de conclusions, expédié au Gréfe d'icelle, le 15. Décembre 1724. entre lesdites parties, par lequel elles auroient été apointées à fournir leurs Ecrits de griefs & de réponse, dans lesdelais de l'Ordonnance, pour le Procès être jugé par écrit aux Enquêtes, signifié de Procureur à Procureur, le 16. dudit mois : Ladite Sentence dont a été apellé à la Cour, ci-devant datée, renduë entre ledit Me François Varenne Curé de la Boissiere, demandeur en assignation par lui faite donner, par Exploit du 29. Septembre 1723. contrôlé audit lieu de Pacy, le lendemain, audit Sebastien Baroche, pour le faire condamner à lui païer la Dixme d'une vergée de terre ou environ, ensemencée en Vesce, & recüeillie en la récolte précédente l'Exploit, scise sur ladite Paroisse de la Boissiere, dans les champs, triage de Sur-la-Maison-Houzey, bornée d'un côté Thomas & Robert Heroüard, d'autre côté Mathieu Houzey & Michel Heroüard, d'un bout le grand chemin, & d'autre bout Noël & Paul Estienne ; à quoi ledit Sieur Curé a conclu par son Ecrit & par sa Requête, signifiée le 10. Mars 1724. à ce que ledit Baroche fût condamné à lui païer la Dixme de la Vesce excrüë sur l'héritage en question ; à laquelle fin, il passeroit sa déclaration de la quantité qui en est provenuë, sauf à informer en plus avant, avec dépens, d'une part : Et ledit Baroche ajourné aux fins ci-dessus, défendeur, & demandeur par autre Exploit du 5. Aoust 1720. contrôlé audit lieu de Pacy, le 7. pour faire condamner ledit Sieur Varenne Curé de la Boissiere, en ses intérêts, estimez à la somme de trente livres, pour avoir nuitamment & mal à propos cüeilli & enlevé le 30. Juillet précédent ledit Exploit, de la Dragée excrüë dans un champ apartenant audit Baroche, contenant une vergée, scise audit lieu de la Boissiere, bornée d'un côté Thomas Heroüard l'aîné, d'autre côté Michel Heroüard, d'un bout le grand chemin d'Evreux à Paris, & d'autre bout plusieurs, par ofre de le prouver & vérifier, en cas de néance, pour parvenir à la condamnation, sauf au Procureur du Roy à conclure pour l'Amende, au cas apartenant, & que défenses seroient faites audit Sieur Curé, d'en user de la sorte à l'avenir ; à quoi ledit Sieur Baroche a aussi conclu par son Exploit, & par sa Requête signifiée le 20. Mai audit an, d'autre : Et ledit Sieur Curé défendeur de la demande dudit Sieur Baroche, pour faire dire qu'au moïen de l'usage & possession dans laquelle il est en ladite Paroisse de la Boissiere, de percevoir la Dixme en verd comme en sec, il seroit envoïé en congé de Cour de l'Action dudit Baroche, avec dépens, & acteur en preuve dudit usage

DECLARATIONS ET ARRESTS.

1727.
Mai.

& poſſeſſion, d'une autre part : Par laquelle Sentence il auroit été dit, à bonne cauſe l'Action dudit Sieur Curé de la Boiſſiere ; en conſéquence de quoi, ledit Baroche condamné de lui païer la Dixme de la vergée de terre en queſtion, laquelle étoit enſemencée en Veſce, au dire d'Experts & gens à ce connoiſſans, dont les parties conviendroient, ſinon nommez d'ofice, avec dépens ; & faiſant droit ſur l'Inſtance encommencée par ledit Baroche, le 5. Aouſt 1720. ledit Sieur Curé auroit été, comme de preuve bien & valablement faite, congedié de l'Action, avec dépens ; & taxé pour le raport, la ſomme de ſept livres dix ſols : Les concluſions priſes à la Cour, par leſdites parties ; ſçavoir, de la part dudit Baroche apellant, l'apellation & ce ; réformant, qu'il ſera déchargé des condamnations portées par la Sentence dont eſt apel, & que ledit Sieur Curé de la Boiſſiere ſeroit condamné aux dépens des Cauſes principale & d'apel : Et de la part dudit Sieur Curé de la Boiſſiere intimé, l'apellation au néant, avec dépens : Ledit Exploit du 5. Aouſt 1720. ci-devant induit : La copie de l'Ecrit fait ſignifier, requête dudit Sieur Curé, le 3. Avril 1721. pour défenſes audit Exploit : La Sentence contradictoire, par laquelle il eſt dit, avant faire droit, ledit Sieur Curé apointé à prouver & vérifier qu'il étoit en poſſeſſion de percevoir en ladite Paroiſſe de la Boiſſiere, la Dixme des Veſces en verd & ſec ; ledit Baroche apointé à prouver le contraire, témoins à l'Audience du 18. Juillet audit an, ſignifié au Procureur dudit Sieur Curé, requête de celui dudit Sieur Varenne, le 23. Mai 1722. avec ſommation d'y ſatisfaire : L'Exploit de ſignification de ladite Sentence, faite faire requête dudit Sieur Curé de la Boiſſiere, audit Sieur Baroche, avec ſommation de faire venir ſes témoins, au premier jour plaidable à l'Audience de Pacy, ſous les peines de droit, du 29. dudit mois, non contrôlé, pour être la copie : La Sentence qui donne defaut ſur le nommé Ferment témoin aproché, requête dudit Sieur Curé, & ſur ledit Baroche aproché, pour être preſent à la Jurande d'icelui ; & pour le profit, ordonné que ledit Ferment ſeroit réaſſigné, & acorde acte du ſerment prêté par le nommé Dumontier autre témoin aſſigné, & à ce preſent, du 8. Juin audit an : Autre Sentence qui prolonge le delai audit Sieur Curé, pour faire entendre ſes autres témoins, du 12. dudit mois : Acte de Jurande de quelques témoins dudit Sieur Curé,

80 EDITS ET REGLEMENS,

1727.
Mai.

du 15. dudit mois: L'Exploit d'Assignation faite donner instance dudit Sieur Curé, à ses autres témoins & audit Sieur Varenne, pour les voir jurer à l'Audience, du 16. dudit mois, contrôlé à Pacy ledit jour: La Sentence & L'Acte exercé audit Siége de Pacy, le 18. dudit mois: l'Acte de Jurande des témoins, des 8. 15. & 17. dudit mois, signifié au Procureur dudit Baroche, le 7. Novembre audit an, avec sommation de fournir ses reproches, dans le tems de l'Ordonnance; sinon & à faute de ce faire, sommation d'Audience, pour voir déclarer ladite Enquête ouverte: Le Procès verbal d'Enquête dudit Sieur Curé, du 8. Juin audit an, & autres jours suivans, signifié au Procureur de partie, avec sommation d'Audience, le 24. Avril 1723. L'Acte exercé audit Siége, le 29. Novembre 1722. signifié ledit jour 24. Avril ensuivant: Autre Sentence qui apointe les parties à mettre; & cependant acorde acte audit Baroche, de ce qu'il proteste de nullité de tout ce qui a été fait, & du contraire par ledit Sieur Curé, du 29. dudit mois, signifiée au Procureur dudit Baroche, le 17. Mai audit an: L'Ecrit de Réponse dudit Baroche, aux défenses dudit Sieur Curé, ci-devant daté, signifié le 30. Avril 1725. La Sentence d'Apointé à mettre, du 8. Mai ensuivant: L'Ecrit en forme de Requête, signifié instance dudit Baroche, le 22. Mai 1723. Ledit Exploit du 29. de Septembre 1723. ci-devant induit: La Sommation d'Audience du 28. Janvier audit an: La Sentence contradictoire qui joint la presente Instance, à celle ci-devant apointée, pour être jugée par un seul & même Jugement, & permet aux parties d'écrire par Requêtes, du 3. Février audit an, dûëment signifiée au Procureur dudit Baroche, requête du Procureur dudit Varenne, le 24. Mars audit an, avec sommation de clorre par Requête, autrement seroit fait droit incessamment: Deux Ecrits en forme de Requêtes, produits & signifiez instance desdites parties, lesdits 10. dudit mois & 21. Mai audit an: La Sommation de rétablir la Production faite audit Procureur dudit Baroche, requête dudit Procureur dudit Sieur Curé, le 29. Avril audit an: L'Exploit signifié instance dudit Sieur Baroche, audit Sieur Varenne, le 9. Aoust audit an, contrôlé à Pacy, le 10. par lequel il lui déclare interjetter apel de ladite Sentence, du 15. Juillet audit an, ci-devant induite: Les Lettres d'Anticipation prises en la Chancellerie du Palais à Roüen, par ledit Sieur Varenne, le 23. Aoust audit an: L'Exploit de signification

DECLARATIONS ET ARRESTS. 81

tion d'icelles, fait faire requête dudit Sieur Curé, audit Baroche, avec assignation à comparoir en la Cour, aux delais de l'Ordonnance, pour y procéder sur ledit apel, en date du 6. Septembre audit an, contrôlé à Pacy le 9. dudit mois : La Presentation mise au Gréfe de la Cour, par ledit Baroche, le 15. Novembre audit an : L'Extrait de Production faite à la requête du Procureur dudit Sieur Curé, à celui de l'Apellant, le 4. Décembre audit an : Copie de ladite Sentence dont est apel, aux fins de l'Apointement : Les Ecrits de griefs & de Réponse fournis en la Cour par lesdites Parties, signifiez les 20. Mai & 8. Aoust 1725. L'Inventaire de clausion dudit Sieur Curé, mis pardevers la Cour, & signifié le 14. Décembre 1726. La Requête par lui presentée, pour faire recevoir au jugement du Procès, plusieurs Certificats y atachez & induits, des Sieurs Curez des Paroisses d'Espieds, de Boisset, de Mouceaux, de la Neuvilette & de Villegast, des 20. Mai & 17. Juillet 1725. contrôlez à Roüen, le 29. Avril dernier, souscrite de l'Ordonnance du Sieur Conseiller-Raporteur, signifiée au Procureur de l'Apellant, avec copie desdites pieces, ledit jour : Le Factum imprimé fourni en la Cour, par ledit Sieur Curé, & signifié au Procureur de partie, le 3. de ce mois : Autre Requête presentée à la Cour, par ledit Baroche, pour faire recevoir au Procès, deux Extraits d'Arrêts de la Cour, & la copie d'un Exploit y daté, signifié en conséquence d'un Arrest étant au pied, au Procureur de partie, avec sommation de prendre communication desdites pieces, par les mains dudit Sieur Conseiller, Raporteur : L'Acte signifié requête du Procureur dudit Sieur Curé, le 7. de ce mois, pour réponse à la susdite signification, datée du jour précédent : Le Factum imprimé dudit Sieur Baroche, signifié ledit jour 16 dudit mois : Autre Acte signifié requête dudit Procureur dudit Baroche, cejourd'hui 8. de Mai, au Procureur dudit Sieur Curé, pour réponse à celui par lui fait signifier le 7. Et generalement tout ce que lesdites parties ont clos & mis par-devers la Cour : Les Conclusions du Procureur Genéral du Roy ; & oüi le Raport du Sieur Abé Néel, Conseiller-Commissaire, à ce commis & député : Tout consideré ; LA COUR a mis & met l'apellation & ce dont a été apellé, au néant ; corrigeant & réformant, a déchargé ledit Baroche des condamnations portées par la Sentence dont est apel ; & a condam-

II. *Suite du N.R.*   L

né & condamne ledit Varenne Curé de la Boissiere, aux dépens des Causes principale & d'apel, envers ledit Baroche. FAIT à Roüen en Parlement, le huitiéme jour de Mai mil sept cens vingt-sept. Par la Cour, Signé, AUZANET.

Arrest du Parlement, pour debouter un Curé de sa prétention de percevoir la Dixme des Sainfoins, Vesces, Dragées, Lusernes, & autres sortes de nouritures de Bestiaux, qui se coupent & pâturent en verd, nonobstant la possession qu'il établissoit, tant dans sa Paroisse que dans des Paroisses voisines, &c.

Du 29. Mai 1727.

1727.
Mai.

Entre Me Pierre Bisson Prêtre, Curé de Renémesnil, apellant de Sentence renduë en Bailliage à Saint-Silvin, au benéfice du Sieur Loüis Leroy, le 29. Octobre 1726. par laquelle entr'autres choses, sur la Dixme prétenduë par ledit Sieur Curé, sur le Sainfoin & la Vesce faits couper & pâturer par ledit Leroy, par ses Bestiaux, sur environ acre & demie de terre ; il est dit, sans s'arrêter aux preuves respectives demandées par les Parties, touchant les Vesces & Sainfoins faits manger en verd par les Bestiaux dudit Leroy, icelles envoïées hors ; ledit Sieur Curé condamné en la moitié des dépens : comparant par Me Nicolas Fresnel son Procureur, d'une part ; & ledit Sieur Loüis Leroy intimé, present en personne, comparant par Me Jacques Varnier son Procureur, d'autre ; sans que les qualitez puissent nuire ni préjudicier les Parties. Oüis Thoüars Avocat du Sieur Curé, lequel a dit qu'il n'y a pas de distinction à faire entre les Vesces & Sainfoins, en verd ou en sec, les uns & les autres sont également sujets à la Dixme ; aussi l'usage de les dixmer en est-il constant, par des Actes passez en Justice, dès l'année 1668. apuïez de diférentes Atestations, qui font foi d'une possession constante & bien suivie ; en sorte que soit dans la question de droit, soit dans celle de fait, il ne doit pas y avoir de dificulté aux conclusions de l'Apellant, qui sont, qu'il plaira à la Cour, mettre l'apellation & ce dont est apellé, au néant, au chef qui concerne la Dixme des Sainfoins & Vefces en verd ; ce faifant, condamner l'Intimé à en païer la Dixme, avec dépens ; parce qu'au cas que la Cour y fît dificulté, il lui plaira apointer l'Apellant à faire preuve de la poffeffion immémoriale de dixmer les Sainfoins & Vefces, foit en verd foit en fec, dans la Paroiffe de Renémefnil, & autres circonvoifines : Perchel Avocat pour ledit Leroy, lequel a dit que les Décimateurs ont fait diférentes tentatives, pour faire juger que la Dixme leur feroit païée de ce que les Laboureurs coupent, ou font pâturer en verd par leurs Beftiaux, fans que jufqu'à prefent ils aïent pû y parvenir ; & en éfet, il n'eft point de prétention plus infoûtenable. Les Laboureurs qui n'ont point de pâturage dans leur Paroiffe, comme ceux de Renémefnil, font obligez de mettre quelques portions de leur terre en Sainfoin, en Vefce & Dragée, ou en Luferne, pour avoir de quoi fournir à la pâture de leurs Beftiaux, en atendant la récolte ; & cela leur produit des engrais, dont le Décimateur partage les fruits. Y a-t'il de la juftice d'exiger la Dixme de cés fortes de levées ? cela ne répugne-t'il pas au bon fens ? S'il eft permis au Laboureur de fe difpenfer de païer la Dixme de fes herbages, lorfqu'il met en culture le tiers de fes terres, comme on l'a jugé par une infinité d'Arrêts, qui en ont fait le Réglement pour la Province ; comment peut-on demander au Laboureur, la Dixme de ce qu'il coupe en verd, pour la nouriture de fes Beftiaux ? La régle faite pour les pâturages, n'eft-elle pas la même qui doit décider la queftion qui fe prefente ? D'ailleurs, la Dixme n'eft dûë que des chofes qui font *in fructu* ; comment donc peut-on l'exiger d'une Herbe qui n'eft pas dans fa maturité, & qui n'eft coupée & pâturée par les Beftiaux, que par néceffité, & pour fupléer à la difette où fe trouve un malheureux Laboureur ? Il eft très-inutile après cela, d'aporter des Certificats d'un ufage contraire, dans quelques Paroiffes voifines ; l'on en produit auffi qui établiffent le contraire, dans d'autres : Mais ce qui doit décider, c'eft l'efprit de la Loi ; c'eft auffi ce que l'on vient de fçavoir, par un Arreft rendu le 8. de ce mois, en la premiere Chambre des Enquêtes, qui a condamné une pareille prétention, contre le Curé de la Boiffiere ; le Juge dont eft apel, l'a ainfi jugé : Pourquoi conclut que l'apellation fera mife au néant, avec dépens : Et le Chevallier Avocat Genéral, pour le Procureur Général du Roy, sur ce oüi; LA COUR, Parties oüies, & le Procureur Général du Roy, a mis & met l'apellation au néant, ordonne que ce dont est apel, sortira éfet; condamne l'Apellant en douze livres d'Amende & aux dépens. FAIT à Roüen en Parlement, le vingt-neuviéme jour de Mai mil sept cens vingt-sept.

Par la Cour, Signé, AUZANET.

Arrest du Parlement, concernant la séparation des diférentes Salaisons & Aprêts des Harans, qui sera faite par les Marchands-Saleurs de Dieppe, & autres Ports le long de la Côte de la Mer, sous les peines de confiscation & Amende y portées.

Du 21. Juin 1727.

1727.
Juin.

SUR la Remontrance faite à la Cour par le Procureur Général du Roy, expositive que la Pêche du Haran est d'une grande utilité pour le Public, & fait le principal commerce de la Ville de Dieppe, S. Valery en Caux, Fescamp, & autres lieux le long de la Côte de la Mer; auquel on doit donner toute l'atention nécessaire, pour en soutenir le crédit, & la dépense qu'il convient pour le maintenir, afin d'aporter l'abondance dans le Roïaume, sans avoir recours aux Etrangers; & pour cet éfet, empêcher les fraudes dans l'aprest du Poisson qui se pêche & sale en Mer, dont l'Aprest se fait de deux manieres : La premiere, c'est de le caquer, c'est-à-dire, de lui retirer la breüille, & de le saler dans des barils; c'est la meilleure maniere de l'aprêter, & ce Haran s'envoïe dans les diférentes Villes & lieux du Roïaume : La seconde maniere est de le saler avec sa breüille, en vrac, dans le Bâteau, sans être mis en baril ; ce qui s'apelle *Haran braillé* : ce parti se prend ordinairement, quand la Pêche est abondante, & que l'on n'a pas le tems de le caquer, ou que l'on manque de barils & de Sel sufisamment, pour le saler en baril. Cette seconde espece est inférieure en qualité & en prix à la premiere, & ce Haran doit être destiné pour être mis au roussable, pour le faire secher ; & l'on ne doit pas soufrir que ce Haran braillé, étant aporté à terre, soit caqué & con-

DECLARATIONS ET ARRESTS. 85

fondu avec celui qui a été caqué & falé en Mer ; parce qu'il eſt inférieur en qualité, & qu'il eſt au-dedans rouge & corrompu en partie, dont on ne peut cependant aiſément s'apercevoir, qu'après qu'il eſt cuit ; au lieu que celui qui a été caqué & falé en Mer, eſt blanc au-dedans & de bonne qualité. Cependant il lui a été donné avis, que pluſieurs petits Marchands-Saleurs de la Ville de Dieppe, S. Valery, Feſcamp & autres Ports, ont caqué à terre le Haran braillé en Mer, & l'ont falé comme celui qui eſt falé & caqué en Mer ; ce qui fait un tort conſidérable, non ſeulement au bien public & au commerce, mais fait perdre le crédit & la confiance pour la bonne maniere de l'apreſt du Haran ; & cette fraude donneroit ocaſion aux Marchands des Villes du Roïaume, d'avoir recours aux Etrangers, & de détruire ce commerce dans leſdits Ports ; ce qui ſeroit contre l'intereſt du Roy & des particuliers : Pourquoi requiert lui être ſur ce pourvû. Vû par la Cour ledit Requiſitoire ; & oüi le Raport du Sieur le Peſant de Boiſguilbert, Conſeiller-Commiſſaire : Tout conſidéré ; LA COUR, faiſant droit ſur le Requiſitoire du Procureur Général du Roy, a fait défenſes à tous Marchands-Saleurs de la Ville de Dieppe, S. Valery, Feſcamp, & autres lieux où ſe fait la Pêche du Haran, de caquer à terre le Haran braillé en Mer avec ſa breüille, de le mettre en baril, ni de le mêler avec les autres Harans caquez & ſalez en Mer, ſous peine de confiſcation des Marchandiſes qui ſe trouveront ainſi ſalées & mêlangées, au profit de l'Hôpital le plus proche des lieux, & de trois cens livres d'Amende envers le Roy, dont le tiers vertira au Dénonciateur : A laquelle fin, ordonné que le preſent Arreſt ſera lû & afiché, tant en la Ville de Dieppe, qu'autres lieux où beſoin ſera, à la diligence du Procureur-Sindic de la Juriſdiction Conſulaire de Dieppe, auquel eſt enjoint d'y tenir la main, & de certifier la Cour des diligences qu'il fera à cet éfet. FAIT à Roüen en Parlement, le vingt-uniéme jour de Juin mil ſept cens vingt-ſept.

1727.
Juin.

Par la Cour, Signé, AUZANET.

Déclaration du Roy, qui proroge jufqu'au premier Septembre 1728. l'atribution donnée aux Jurifdictions Confulaires, pour connoître de toutes les Faillites & Banqueroutes.

Du 7. Juillet 1727.

1727.
Juillet.

LOUIS par la grace de Dieu, Roy de France & de Navarre : A tous ceux qui ces préfentes Lettres verront, SALUT. Nous avons par nôtre Déclaration du 21. Juillet 1726. ordonné que tous les Procès & diférens civils, mûs & à mouvoir, pour raifon des Faillites & Banqueroutes, qui étoient ouvertes depuis le premier Janvier 1721. ou qui s'ouvriroient dans la fuite, feroient jufqu'au premier Septembre de la préfente année, portez pardevant les Juges & Confuls de la Ville où celui qui auroit fait faillite, feroit demeurant; & pour cet éfet, Nous aurions évoqué tous ceux defdits Procès & diférens qui étoient alors pendans & indécis pardevant les Juges ordinaires ou autres Juges inférieurs, aufquels Nous aurions fait très-expreffes inhibitions & défenfes d'en connoître, à peine de nullité; & comme les motif qui Nous ont porté à proroger depuis plufieurs années, cette atribution aux Juge & Confuls, n'ont point ceffé, Nous nous fomme déterminez à la continuer encore pour un tems. A CES CAUSES, & autres à ce Nous mouvant, de l'avis de nôtre Confeil, & de nôtre certaine fcience, pleine puiffance & autorité Roïale, Nous avons par ces Préfentes fignées de nôtre main, dit, déclaré & ordonné, difons, déclarons & ordonons, voulons & Nous plaît, que tous les Procès & diférens civils, mûs & à mouvoir, pour raifon des Faillites & Banqueroutes, qui feront ouvertes depuis le premier Janvier 1721. ou qui s'ouvriront dans la fuite, foient jufqu'au premier Septembre de l'année prochaine 1728. portées pardevant les Juges & Confuls de la Ville où celui qui aura fait faillite, fera demeurant; & pour cet éfet, Nous avons évoqué & évoquons tous ceux defdits Procès & diférens qui font actuellement pendant & indécis, pardevant nos Juges ordinaires ou autres Juges inférieurs, aufquels Nous faifons très-expresses inhibitions & défenses d'en connoître, à peine de nullité, & iceux Procès & diférens, avec leur circonstances & dépendances, Nous avons renvoïez & renvoïons pardevant lesdits Juges & Consuls, auſquels Nous en atribuons toute Cour, Jurisdiction & connoiſſance, ſauf l'apel, au Parlement dans le reſſort duquel leſdits Juges & Consuls ſont établis, Voulons que nonobſtant ledit apel, & ſans préjudice d'icelui, leſdits Juges & Consuls continuënt leur procédure, & que leurs Jugemens ſoient exécutez par proviſion : Voulons pareillement, que juſqu'audit jour premier Septembre 1728. il ſoit par leſdits Juges & Consuls, à l'exclusion de tous autres Juges & Oficiers de Juſtice, procédé à l'apoſition des Scellez & confection des Inventaires de ceux qui ont fait ou feront faillites, & au cas qu'ils euſſent des éfets dans d'autres lieux que celui de leur demeure, Nous donnons pouvoir auſdits Juges & Consuls, de commettre telle perſonne que bon leur ſemblera, pour leſdits Scellez & Inventaires qui ſeront aportez au Gréfe de la Juriſdiction Conſulaire, & joints à ceux faits par leſdits Juges & Consuls : Voulons auſſi que les demandes à fins d'homologation des Délibérations des créanciers, Contrats d'atermoïement, & autres Actes paſſez à l'ocaſion deſdites Faillites, ſoient portez pardevant les Juges & Consuls, pour être homologuez ſi faire ſe doit, & que leſdits Juges & Consuls puiſſent ordonner la vente des meubles, & le recouvrement des éfets mobiliers, & connoiſſent des Saiſies mobiliéres, opoſitions, revendications, contributions, & generalement de toutes autres conteſtations qui ſeront formées en conſéquence deſdites Faillites & Banqueroutes : N'entendons néanmoins empêcher qu'il puiſſe être procédé à la Saiſie réele & aux Criées des immeubles, pardevant les Juges ordinaires, ou autres Juges qui en doivent connoître, juſqu'au Bail judiciaire excluſivement ; ſans préjudice de l'exécution & du renouvellement des Baux judiciaires précédemment ajugez, & ſans qu'il puiſſe être fait aucune autre pourſuite ni procédure, ſi ce n'eſt en conſéquence des Délibérations priſes à la plûralité des voix par les créanciers, dont les créances excédent la moitié du total des dettes. Voulons en outre, que juſqu'audit jour premier Septembre 1628. aucune plainte ne puiſſe être renduë, ni Requête donnée à fin criminelle, contre ceux qui auront fait faillite ; & défendons très-expressément à nos Juges ordinaires & autres Oficiers de Justice de les recevoir, si elles ne sont acompagnées de Délibérations & du consentement des créanciers, dont les créances excédent la moitié de la totalité des dettes; & quant aux procédure criminelles, commencées avant la date des Presentes, & depuis ledit jour premier Janvier 1721. voulons qu'elles soient continuées, & que néanmoins nos Juges ordinaires; & autres Oficiers de Justice soient tenus d'en sursoir la poursuite & le jugement, sur la simple requisition des créanciers, dont les créances excéderont pareillement la moitié du total de ce qui est dû par ceux qui ont fait faillites, & en conséquence des Délibérations par eux prises, & annéxées à leur Requête. N'entendons néanmoins que tous ceux qui ont fait faillite ou la feront ci-après, puissent tirer aucun avantage de l'atribution acordée aux Juges & Consuls, & des autres dispositions contenuës en la presente Déclaration, ni d'aucune Délibération ou d'aucun Contrat signé par la plus grande partie de leurs créanciers, que Nous avons déclarez nuls & de nul éfet, même à l'égard des créanciers, qui les auront signez, si les Faillis sont acusez d'avoir dans l'état de leurs dettes ou autrement, emploïé ou fait paroître des créances feinte ou simulées, ou d'en avoir fait revivre d'aquitées, ou d'avoir suposé des transports, ventes & donations de leurs éfets, en fraude de leurs créanciers, voulons qu'ils puissent être poursuivis exraordinairement comme Banqueroutiers frauduleux, pardevant nos Juges ordinaires ou autres Juges qui en doivent connoître, à la requête de leurs créanciers qui auront afirmé leurs créances en la forme qui sera ci-après expliquée, pourvû que leurs créances composent la moitié du total des dettes; & que lesdits Banqueroutiers soient punis de mort suivant la disposition de l'Article XII. Titre XI. de l'Ordonnance de 1673. Défendons à toutes personnes, de prêter leurs noms pour aider & favoriser les Banqueroutes frauduleuses, en divertissant les éfets, acceptant des transports, ventes ou donations simulées, & qu'ils sçauront être en fraudre des créanciers, en se déclarant créanciers ne l'étans pas, ou pour plus grande somme que celle qui leur est dûë, ou en quelque sorte & maniere que ce puisse être. Voulons qu'aucun particulier ne se puisse dire & prétendre créancier, & en cette qualité assister aux assemblees, former oposition

aux

DECLARATIONS ET ARRESTS. 89

aux Scellez & Inventaires, signer aucune Délibération ni aucun Contrat d'atermoïement, qu'après avoir afirmé; sçavoir, dans l'étenduë de la Ville, Prevôté & Vicomté de Paris, pardevant le Prevôt de Paris, ou son Lieutenant, & pardevant les Juges & Consuls, dans les autres Villes du Roïaume où il y en a d'établis, que leurs créances leur sont bien & légitimement dûës en entier, & qu'ils ne prêtent leurs noms, directement ni indirectement, au debiteur commun, le tout sans frais: Voulons aussi que ceux desdits prétendus créanciers, qui contreviendront aux défenses portées par ces Presentes, soient condamnez aux Galeres à perpétuité ou à tems, suivant l'exigence des cas, outre les peines pécuniaires contenuës en ladite Ordonnance de 1673. & que les femmes soient, outre lesdites peines exprimées par ladite Ordonnance, condamnées au bannissement perpétuel ou à tems. Voulons que tous Marchands, Négocians, Banquiers & autres, qui ont fait ou qui feront faillite, soient tenus de déposer un Etat exact & détaillé, certifié véritable, de tous leurs éfets mobiliers & immobiliers & de leurs dettes, comme aussi leurs Livres & Regiſtres, au Gréfe de la Jurisdiction Consulaire dudit lieu, ou la plus prochaine, & que faute de ce ils ne puissent être reçûs à passer avec leurs créanciers, aucun Contrat d'atermoïement, Concordat, Transaction ou autre Acte, ni obtenir aucune Sentence ou Arrest d'homologation d'iceux, ni se prévaloir d'aucun Sauf-conduit acordé par leurs créanciers; & voulons qu'à l'avenir lesdits Contrats & autres Actes, Sentences & Arrêts d'homologation, & Sauf-conduits, soient nuls & de nul éfet, & que lesdits debiteurs puissent être poursuivis extraordinairement comme Banqueroutiers frauduleux, par nos Procureurs Genéraux ou par leurs Substituts, ou par un seul créancier, sans le consentement des autres, quand même il auroit signé lesdits Contrats, Actes ou Sauf-conduits, ou qu'ils auroient été homologuez avec lui: Voulons aussi que ceux qui ont précédemment passé quelques Contrats ou Actes avec leurs créanciers, ou qui ont obtenu des Sauf-conduits, ne puissent s'en aider & prévaloir, ni des Sentences ou Arrêts d'homologation intervenus en conséquence; défendons à nos Juges d'y avoir aucun égard, si dans quinzaine pour tout delai, à compter du jour de la publication des Presentes, les debiteurs ne déposent leurs Etats, Livres & Regiſtres, en la forme ci-

II. *Suite du N. R.* M

dessus ordonnée, & sous les peines y contenuës, au cas qu'ils n'y aïent ci-devant satisfait : Et pour faciliter à ceux qui ont fait ou feront faillite, le moïen de dresser leursdits Etats, voulons qu'en cas d'aposition de Scellez sur leurs biens & éfets, leurs Livres & Registres leur soient remis & delivrez, après néanmoins qu'ils auront été paraphez par le Juge, ou autre Oficier commis par le Juge qui aposera lesdits Scellez, & par un des créanciers qui y assisteront ; & que les feüillets blancs, si aucuns y a, auront été bâtonnez par ledit Juge ou autres Oficiers ; à la charge qu'au-plûtard après l'expiration dudit delai de quinzaine, lesdits Livres & Registres, & l'Etat des éfets actifs & passifs, seront déposez au Gréfe de la Jurisdiction Consulaire ou chez un Notaire, par celui qui aura fait faillite ; sinon voulons qu'il soit censé & réputé Banqueroutier frauduleux ; & comme tel poursuivi, suivant qu'il a été précédemment ordonné. Déclarons nulles & de nul éfet, toutes Lettres de répi qui pourront être ci-après obtenuës, si ledit Etat des éfets & dettes n'est ataché sous le Contrescel, avec un certificat du Gréfier de la Jurisdiction Consulaire, ou d'un Notaire entre les mains duquel ledit Etat avec les Livres & Registres aura été déposé ; le tout sans déroger aux usages & priviléges de la Jurisdiction de la Conservation de Lyon, ni à la Déclaration du 30. Juillet 1715. intervenuë pour le Châtelet de nôtre bonne Ville de Paris. SI DONNONS EN MANDEMENT à nos amez & feaux les Gens tenans nôtre Cour de Parlement à Roüen, que ces Presentes ils aïent à faire lire, publier & registrer, & le contenu en icelles garder & exécuter, selon leur forme & teneur, nonobstant toutes Ordonnances, Edits, Déclarations, & autres choses à ce contraires, ausquelles Nous avons dérogé & dérogeons par ces Presentes ; aux Copies desquelles collationnées par l'un de nos amez & feaux Conseillers-Secrétaires, voulons que foi soit ajoûtée comme à l'Original ; CAR tel est nôtre plaisir. En témoin de quoi Nous avons fait mettre nôtre Scel à cesdites Presentes. DONNÉ à Versailles, le septiéme jour de Juillet, l'an de grace mil sept cens vingt-sept ; & de nôtre Régne le douziéme. Signé, LOUIS : Et plus bas, Par le Roy, FLEURIAU : Vû au Conseil, LE PELETIER. Et scellée du grand Sceau de cire jaune.

Lûë, publiée & registrée, la grande Audience de la Cour séante. A Roüen en Parlement, le 14. Aoust 1727. Signé, AUZANET.

Déclaration du Roy, portant révocation & supression du Cinquantiéme, à commencer du premier du mois de Janvier 1728.
Du 7. Juillet 1727.

LOUIS par la grace de Dieu, Roy de France & de Navarre : A tous ceux qui ces presentes Lettres verront, SALUT. Nous avons par nôtre Déclaration du 21. Juin de l'année derniere, changé la forme de la perception du Cinquantiéme, pour rendre cette Imposition moins onéreuse à nos Peuples : Nous leur avons fait esperer en même tems de les en décharger, aussi-tôt qu'il plairoit à Dieu de benir les desseins que Nous avions formez pour leur soulagement. Cependant les conjonctures, dans lesquelles Nous nous sommez trouvez, ont suspendu l'éfet de nos bonnes intentions, & Nous ont obligé, en augmentant le nombre de nos Troupes, de faire toutes les dépenses convenables, pour remplir les engagemens dans lesquels Nous étions entrez : Mais Nous avons la consolation de voir que les Puissances les plus considérables de l'Europe, animées du même esprit de Paix, ont préféré le bien général à des intérêts particuliers, & concourent à la tranquilité commune ; au moïen de quoi, Nous nous trouvons en état de procurer à nos Peuples, une partie des avantages qu'ils ont droit d'atendre de nôtre aféction. Nous aurions dans cette vûë, révoqué dès-à-present la levée du Cinquantiéme, si la briéveté du tems Nous avoit permis de pourvoir au païement des dépenses extraordinaires, que Nous avons été obligez de faire, dans l'incertitude de la Guerre ; mais atendu qu'elles doivent être indispensablement aquitées sur nos Revenus de l'année presente, il ne Nous est pas possible de suprimer cette Imposition, avant le premier Janvier 1728. auquel tems, cette supression, jointe à la diminution de plus de six millions, que Nous avons encore ordonnée sur les Brevets & Commissions qui s'expédient actuellement pour la levée des Tailles, & autres Impositions de l'année prochaine, procurera à nos Sujets de toutes conditions, le soulagement des dépenses extraordinaires, que Nous avons été obligez d'ordonner pendant le cours de celle-ci. A CES CAUSES, de l'avis de nôtre Conseil, & de nôtre certai-

1727.
Juillet.

M ij

EDITS ET REGLEMENS,

1727. Juillet.

ne science, pleine puissance & autorité Roïale, Nous avons par ces Présentes signées de nôtre main, dit, déclaré & ordonné, disons, déclarons & ordonnons, voulons & Nous plaît, que l'Imposition du Cinquantiéme, ordonné être levé par nos Déclarations des 5. Juin 1725. & 21. Juin 1726. soit & demeure révoquée, éteinte & suprimée, au premier Janvier de l'année prochaine 1728. au moïen de quoi, la perception dudit Cinquantiéme ne poura être continuée que pendant la presente année, en la forme & maniere prescrite par nôtre Déclaration du 21. Juin 1726. SI DONNONS EN MANDEMENT à nos amez & feaux Conseillers les Gens tenans nôtre Cour de Parlement à Roüen, que ces Presentes ils aïent à faire lire, publier & registrer, & le contenu en icelles garder, observer & exécuter, selon leur forme & teneur ; CAR tel est nôtre plaisir. En témoin de quoi Nous avons fait mettre nôtre Scel à cesdites Presentes. DONNÉ à Versailles, le septiéme jour de Juillet, l'an de grace mil sept cens vingt-sept ; & de nôtre Régne le douziéme. Signé, LOUIS. Et plus bas, Par le Roy, FLEURIAU : Vû au Conseil, LE PELETIER. Et scellée du grand Sceau de cire jaune.

Lûë, publiée & registrée, la grande Audience de la Cour séante. A Roüen en Parlement, le 3. Juillet 1727. Signé, AUZANET.

Arrest du Parlement, portant supression d'un Imprimé, intitulé INSTRUCTION PASTORALE de S. A. Mgr François-Armand de Lorraine, Evêque de Bayeux, &c.

Du 8. Juillet 1727.

1727. Juillet.

CEjourd'hui Me Jean-Baptiste le Chappelain Procureur Général du Roy, est entré, & a dit : Messieurs, Nous aportons à la Cour un Imprimé, dont le Titre est, INSTRUCTION PASTORALE *de S. A. Monseigneur François-Armand de Lorraine, Evêque de Bayeux, au Clergé & Fidèles de son Diocèse.* Il contient vingt pages, & finit par ces mots : *Donné en nôtre Hôtel à Paris, le 15. Janvier 1727,* le lieu de l'Impression, & le nom de l'Imprimeur n'y sont point marquez. Si cet Ouvrage n'avoit d'autre fin, que l'instruction

du Clergé & des Fidèles, Nous sçavons qu'elle apartient aux Evêques, & qu'elle est un des premiers devoirs, & une des prérogatives de l'Episcopat; que le Magistrat, sous quelque prétexte que ce soit, ne peut entrer dans l'examen des matiéres de Doctrine qui concernent la Religion; mais que le pouvoir qui lui est donné, de conserver l'ordre politique en toutes matiéres, l'autorise de venger par tout où il le trouve, le mépris des Loix, & de proscrire les Ouvrages propres à troubler la tranquilité de l'Eglise, quelque titre qu'on leur donne pour les acréditer, & s'autoriser à les répandre. C'est à ce pouvoir légitime du Magistrat, que nôtre Ministere Nous engage de déferer l'*Instruction de Monsieur l'Evêque de Bayeux*, parce qu'au lieu d'instruire les Fidèles des Loix Eclésiastiques & Civiles, ausquelles ils doivent se soûmettre, elle tend à faire renaître les troubles qui s'étoient élevez dans le Roïaume, au sujet de la Constitution *Unigenitus*. Ce Prélat annonce au Clergé, & aux Fidèles de son Diocèse, " Que cette Consti-
" tution Apostolique a été surprise de nôtre S. Pere le Pape,
" qu'elle a déja fait beaucoup de mal; & qu'on se sert avec avan-
" tage pour l'erreur, du sens naturel qu'elle presente à l'es-
" prit, pour combatre & pour rendre suspectes les véritez les
" plus saintes. Que des Evêques mêmes, dans des Instructions,
" viennent à l'apui des Auteurs téméraires, & répandent des
" soupçons d'erreur, sur des véritez qu'on ne peut comba-
" tre, sans ébranler les fondemens de la Foi. Que le S. Pon-
" tife qui remplit aujourd'hui le Siége Apostolique, devoit
" par une Aprobation autentique, confirmer douze Articles
" sagement concertez; & propres à mettre à couvert plusieurs
" véritez importantes; que les dispositions personnelles de
" nôtre S. Pere le Pape donnoient lieu d'esperer que l'Eglise
" auroit la consolation de voir dans ces Articles, une digue
" oposée au torrent des erreurs qui menacent de l'inonder;
" mais qu'on ne sçauroit croire combien on s'est donné de
" mouvemens, & combien on a emploïé d'intrigues, & à
" Rome & en France, pour arrêter & traverser sur ce point,
" les bonnes intentions de sa Sainteté; qu'un si étrange mané-
" ge dévelope le mistere. Qu'il ne peut plus dissimuler le dan-
" ger où la Doctrine de l'Eglise est exposée; que de fausses
" Maximes condamnées, se trouvent aujourd'hui soûtenuës
" de quelques Prélats qui remplissent en France des Siéges

" considérables. Que d'autres erreurs se sont répanduës de tous
" côtez, & font un tel progrès, que dans la situation presen-
" te, il ne paroît plus possible d'en arrêter le cours, que par
" l'autorité d'un Concile. " Il traite les Personnes soûmises à
la Constitution, de Partisans de la Bulle:" Nous avons, ajoû-
" te ce Prélat, la douleur de voir les esprits & les cœurs di-
" visez, les liens les plus sacrez de l'Unité rompus, un Schis-
" me qui se forme, & qui est déja consommé, d'un côté, par
" l'éfet d'un faux zéle ; des Mandemens & des Instructions
" pleines de hauteur, d'amertume & de fiel, donnez par des
" Evêques mêmes, au Clergé & aux Fidèles de leur Diocése,
" sans aucun ménagement pour leurs Collegues dans l'Episco-
" pat; des Laïques soûlevez contre leur Pasteur légitime, &
" faisans une confédération de révolte & de schisme ; de sim-
" ples Religieuses, d'une conduite irréprochable, privées du
" secours des Sacremens, par ceux - mêmes qui dévroient leur
" tenir lieu de Pere ; des Prêtres éclairez & vertueux éloignez
" des Autels, interdits des sacrées fonctions, dans un tems
" où les Peuples auroient le plus besoin de leur Ministere ; de
" pieux Solitaires condamnez aux traitemens les plus rigoureux.
" Les maux de l'Eglise sont acrûs à un tel point, que Nous ne
" voïons plus de remede que dans un Concile. " De pareils discours sont plus propres à rendre suspectes les véritez de la
Religion, qu'à les afermir ; à inspirer du mépris pour les Décisions de l'Eglise, qu'à les faire respecter ; à soûlever les Sujets
contre l'autorité du Roy, qu'à les maintenir dans l'obéïssance. Ils ataquent ouvertement la Constitution *Unigenitus*, les
Lettres Patentes du feu Roy de glorieuse mémoire, du 14.
Février 1714. & la Déclaration du 4. Aoust 1720. enregistrées dans tous les Parlemens du Roïaume. Le Roy par sa
Déclaration du 4. Aoust, veut que la Constitution *Unigenitus*, reçûë par les Evêques de son Roïaume, soit observée
dans tous les Etats, Païs, Terres & Seigneuries de son obéïssance : Il défend à tous ses Sujets, de quelque qualité & condition qu'ils soient, de rien dire, écrire, soûtenir & enseigner,
directement ou indirectement, soit contre la Constitution,
soit contre l'Instruction Pastorale, publiée dans l'Assemblée de
1714. & adoptée par plus de cent Evêques de France, & contre l'Explication sur la Bulle *Unigenitus*, aprouvée par les Cardinaux, Archevêques & Evêques du Roïaume, comme con-

forme à la Doctrine de l'Eglife, & au véritable fens de la Bulle, impofant fur ce un filence général à tous fes Sujets, & leur faifant très-expreffes défenfes de s'ataquer par des noms de Parti, à peine d'être traitez comme defobéïffans & rebelles. Toutes ces Loix Ecléfiaftiques & Civiles font méprifées, dans l'*Inftruction Paftorale de Monfieur l'Evêque de Bayeux*: les contraventions aux unes & aux autres, dont elle eft remplie, font inexcufables; & Nous ne croïons pas avoir befoin d'en dire davantage, pour porter la Cour à ordonner la fupreffion que Nous en requérons, dans les Conclufions que Nous avons prifes par écrit, & que Nous laiffons à la Cour. Lui retiré, & vû l'Imprimé intitulé: *Inftruction Paftorale de S. A. Monfeigneur François-Armand de Lorraine, Evêque de Bayeux, au Clergé & aux Fidèles de fon Diocèfe*; finiffant par ces mots: *Donné en nôtre Hôtel à Paris, le 15. Janvier 1727.* La Matiére mife en Délibération; LA COUR a ordonné & ordonne que ledit Imprimé fera fuprimé: Enjoint à ceux qui en auront des Exemplaires, de les remettre inceffamment au Gréfe de la Cour, pour y être fuprimez: A fait & fait défenfes à tous Imprimeurs, Libraires, Colporteurs & autres, de les imprimer, vendre, debiter, ou autrement diftribuer, à peine d'être procédé contr'eux extraordinairement: Ordonne que la Déclaration du Roy, du 4. Aouft 1720. enregiftrée en la Cour, fera exécutée felon fa forme & teneur: A fait & fait défenfes à toutes Perfonnes, d'y contrevenir, directement ou indirectement, fous les peines y contenuës; ni d'emploïer aucune voïe pour en éluder l'exécution, ni qui puiffe tendre à troubler la tranquilité de l'Eglife: Ordonne en outre, que le prefent Arreft fera lû, publié & afiché, par tout où il apartiendra; & que Copies ou Vidimus d'icelui, feront envoïez dans les Bailliages & Siéges de ce reffort, pour y être lûs, publiez & enregiftrez. Enjoint aux Subftituts du Procureur Général, d'y tenir la main, & d'en certifier la Cour dans le mois. DONNÉ à Roüen en Parlement, le huitiéme jour de Juillet mil fept cens vingt-fept.

Par la Cour, Signé, AUZANET.

Edit du Roy, portant rétablissement en faveur des Secrétaires du Roy des Chancelleries près les Cours, de la Noblesse au premier degré, & de l'Exemtion des Droits de Lods & Ventes : Et supression des Gardes-Scels & Secrétaires du Roy des Chancelleries Présidiales.

Du mois de Décembre 1727.

1727.
Décemb.

LOUIS par la grace de Dieu, Roy de France & de Navarre : A tous presens & à venir, SALUT. Nous avions par nôtre Edit du mois de Juillet 1724. révoqué la Noblesse au premier degré, précédemment acordée à nos Conseillers-Secrétaires, & autres Oficiers des Chancelleries établies près nos Cours & Conseils Supérieurs & Provinciaux, & aux Gardes-Scels des Chancelleries Présidiales ; & laissé seulement la Noblesse personnelle à tous ces Oficiers, tant qu'ils seroient revêtus de leurs Ofices, & à perpétuité pour eux & leurs décendans, après soixante années de services de Pere en fils successivement : Nous avions aussi révoqué par le même Edit, l'exemtion des Droits de Lods & Ventes, & autres Droits Seigneuriaux, ci-devant acordée ausdits Oficiers des Chancelleries près lesdites Cours & Conseils Supérieurs & Provinciaux ; & pour les indemniser, ainsi que les Gardes-Scels des Chancelleries Présidiales, de la révocation de la Noblesse au premier degré, Nous leur avions atribué par ledit Edit, cent vingt mille livres de gages par augmentation : Mais les Oficiers desdites Chancelleries près nos Cours & Conseils Supérieurs & Provinciaux, Nous aïant fait de très-humbles representations, sur ce que le Privilége de la Noblesse au premier degré, avoit été de tout tems ataché à leurs Ofices, qu'ils en avoient joüi depuis plusieurs siécles, de même que les Secrétaires de nôtre Grande Chancellerie ; & que les Rois nos prédécesseurs avoient toûjours regardé cette prérogative, comme une décoration convenable à la dignité de ces Ofices, qui d'ailleurs avoient été réduits par l'Edit du mois de Juin 1715. au nombre nécessaire pour le service du Sceau desdites Chancelleries ; ils Nous ont en même tems suplié de les rétablir dans le Privilége de la Noblesse au premier

DECLARATIONS ET ARRESTS.

mier degré, dans l'exemtion des droits de Lods & Ventes & autres droits Seigneuriaux, pour les aquisitions des Terres & héritages par eux faites, ou qu'ils feroient dans l'étenduë de nos Domaines, situez dans le ressort de nos Cours & Conseils Supérieurs & Provinciaux, près lesquels sont établies les Chancelleries dont ils sont Oficiers, pour en joüir comme auparavant la révocation portée par nôtredit Edit du mois de Juillet 1724. & de rétablir leurs Gages, sur le pied du denier trente des Finances par eux païées, en conséquence des Edits des mois de Juin & Décembre 1715. & du mois de Mai 1716. & conformément à ces Edits, de les maintenir & confirmer dans tous les droits, avantages, immunitez, priviléges, exemtions & prérogatives, qui leur avoient été ci-devant acordez par Nous & par les Rois nos prédécesseurs ; aux ofres de renoncer de leur part, aux cent vingt mille livres de Gages par augmentation à eux atribuez, ainsi qu'aux Gardes-Scels des Chancelleries Présidiales, par nôtredit Edit du mois de Juillet 1724. tant pour ce qui en est échû depuis le premier dudit mois de Juillet, que pour l'avenir ; & de Nous païer par forme d'augmentation de Finance, sans aucuns nouveaux Gages, la somme d'un million six cens quatre-vingt mille livres, suivant les Rôles qui en seroient arrêtez en nôtre Conseil. Et après avoir fait examiner en nôtredit Conseil, les propositions qui Nous ont été faites par lesdits Oficiers, ensemble les Edits, Déclarations & Réglemens sur ce intervenus ; Nous nous sommes portez à les écouter d'autant plus favorablement, qu'en Nous donnant le moïen de diminuer une partie des charges de nos Etats, par l'extinction & la supression des cent vingt mille livres de Gages, qui devoient y être emploïez, en conséquence de nôtredit Edit du mois de Juillet 1724. elles Nous mettent aussi en état de retrancher un nombre considérable de Privilégiez, par la supression que Nous entendons faire par nôtre present Edit, de tous les Ofices créez dans les Chancelleries Présidiales de nôtre Roïaume, par l'Edit du mois de Juin 1715. A CES CAUSES, & autres à ce Nous mouvant, de l'avis de nôtre Conseil, & de nôtre certaine science, pleine puissance & autorité Roïale, Nous avons par nôtre present Edit perpétuel & irrévocable, rétabli & rétablissons nos Conseillers-Gardes des Sceaux, nos Conseillers-Secrétaires, Maison, Couronne de

II. Suite du N. R.

France, Audienciers ; nos Conseillers-Secrétaires, Maison-Couronne de France, Contrôleurs ; & nos Conseillers-Secrétaires, Maison - Couronne de France, créez par Edit du mois de Juin 1715. dans chacune des Chancelleries établies près nos Cours & Conseils Supérieurs & Provinciaux de nôtre Roïaume, ensemble les Païeurs des gages des Oficiers desdites Chancelleries, lesdits Païeurs créez par Edit du mois de Novembre 1707. dans le Privilége de la Noblesse au premier degré, & dans l'exemtion des droits de Lods & Ventes, & autres droits Seigneuriaux, pour les aquisitions des Terres & héritages par eux faites, ou qu'ils feront dans l'étenduë de nos Domaines, situez dans le ressort de nos Cours & Conseils Supérieurs & Provinciaux, près lesquels sont établies les Chancelleries dont ils sont Oficiers. Voulons que les vingt années nécessaires à chacun desdits Oficiers, pour obtenir des Lettres d'honneur & de vétérance, leur soient comptées du jour de leur reception ; & qu'ils joüissent eux, leurs veuves, & enfans nez & à naître en légitime mariage, de tous les Priviléges, avantages, droits & prérogatives à eux atribuez par Nous, & par les Rois nos prédecesseurs, & notamment par l'Edit du mois de Juin 1715. ainsi & de la même maniere qu'ils en joüissoient & avoient droit d'en joüir, avant nôtredit Edit du mois de Juillet 1724. auquel Nous avons à cet éfet dérogé & dérogeons par nôtre present Edit : Dans tous lesquels Priviléges, avantages, droits & prérogatives, Nous les avons maintenus & confirmez, maintenons & confirmons par nôtre present Edit, sans que cette confirmation puisse passer pour nouvelle concession. Voulons aussi, que les veuves, enfans & décendans de ceux desdits Oficiers, qui sont décedez depuis nôtredit Edit du mois de Juillet 1724. joüissent des mêmes priviléges de la Noblesse, & de tous les autres priviléges, droits, prérogatives & avantages, dont ils avoient droit de joüir avant ledit Edit ; sans que l'interruption causée par la révocation portée par icelui, leur puisse nuire, préjudicier, ni leur être oposée, les en aïant relevez, comme Nous les relevons, en tant que besoin seroit, par nôtre present Edit. Nous avons de plus ordonné & ordonnons que les Gages de ceux desdits Oficiers, qui ont été réduits au denier cinquante, seront rétablis, comme Nous les rétablissons par nôtre present Edit, à compter du premier Janvier de la presente année 1727. sur le pied du de-

DECLARATIONS ET ARRESTS.

nier trente des Finances ou Suplémens de Finance, par eux païez en exécution des Edits des mois de Juin & Décembre 1715. & de Mai 1716. sur lequel pied ils seront à l'avenir, & à commencer dudit jour premier Janvier 1727. emploïez dans nos Etats, nonobstant toutes dispositions contraires, ausquelles Nous avons pour ce regard dérogé & dérogeons: au moïen de quoi, les cent vingt mille livres de gages que Nous avions atribuez, tant ausdits Oficiers, qu'aux Gardes-Scels des Chancelleries Présidiales de nôtre Roïaume, par nôtre Edit du mois de Juillet 1724. demeurent éteints & suprimez, comme Nous les éteignons & suprimons par nôtre present Edit. Et seront lesdits Oficiers des Chancelleries près nos Cours & Conseils Supérieurs & Provinciaux de nôtre Roïaume, tenus de l'indemnité que pouroient prétendre lesdits Gardes-Scels des Chancelleries Présidiales, pour raison de l'extinction & de la supression desdites cent vingt mille livres de gages, à proportion de ce qui pouvoit leur en revenir, jusqu'au jour de leur supression, suivant la liquidation qui en sera faite par les Commissaires de nôtre Conseil: Et il Nous sera en outre païé par lesdits Oficiers des Chancelleries près nos Cours & Conseils Supérieurs & Provinciaux, leurs héritiers ou aïans cause, propriétaires desdits Ofices, suivant leurs ofres, & les Rôles qui en seront arrêtez en nôtre Conseil, & sur les Quitances du Tresorier de nos Revenus Casuels, la somme de seize cens quatre-vingt mille livres, par forme d'augmentation de Finance, sans aucuns nouveaux gages, & par portions égales sur chacun desdits Ofices. Et pour faciliter d'autant plus le païement de ladite somme de seize cens quatre-vingt mille livres, voulons que faute par chacun desdits Oficiers d'en païer sa cote-part, dans les termes ci-après fixez, celui qui païera en son lieu & place, joüisse du bénefice de la diférence du denier cinquante au denier trente, qui se trouvera sur les gages desdits Oficiers, à proportion du montant de la finance dont il aura avancé le païement, & jusqu'à ce qu'il en ait été remboursé en entier, par l'Oficier qui sera en retard de satisfaire au païement de ladite finance; & que ceux desdits Oficiers qui n'auront pas satisfait au païement de leur cote-part de la finance en entier desdites seize cens quatre-vingt mille livres, en trois païemens égaux de trois mois en trois mois, dont le premier dans le courant du mois de

Mars de l'année prochaine 1728. le second, dans le mois de Juin, & le troisiéme dans le mois de Septembre suivant, soient & demeurent déchûs de l'éfet de nôtre present Edit: Et ne seront à l'avenir expédiées aucunes Lettres de Veterance, ni Provisions pour lesdits Ofices, qu'en raportant par les Impétrans la Quitance du païement de leur cote-part desdites seize cens quatre-vingt mille livres. Permettons à tous les Oficiers desdites Chancelleries près nos Cours, d'emprunter soit en corps, ou chacun d'eux en particulier, les sommes dont ils auront besoin, pour Nous fournir ladite finance de seize cens quatre-vingt mille livres: Voulant que ceux qui leur prêteront leurs deniers pour cet éfet, aïent un privilége spécial sur lesdits Ofices & gages à eux atribuez, suivant & conformément aux Contrats & Actes qui auront été passez entr'eux pardevant Notaires, pour raison des emprunts, dont il sera fait toutes mentions & déclarations nécessaires, dans les Quitances de ladite augmentation de finance, qui seront expédiées par le Tresorier de nos Revenus casuels. Et de la même autorité que dessûs, Nous avons par nôtre present Edit, suprimé & suprimons tous les Ofices de nos Conseillers Gardes-Scels, de nos Conseillers-Secrétaires Audienciers, de nos Conseillers-Secrétaires Contrôleurs, & de nos Conseillers-Secrétaires, créez par ledit Edit du mois de Juin 1715. dans chacune des Chancelleries Présidiales de nôtre Roïaume. Voulons que les Pourvûs ou propriétaires desdits Ofices suprimez, soient tenus de representer leurs Quitances de finance, Provisions & autres Titres de propriété, pardevant les Commissaires de nôtre Conseil à ce députez, à l'éfet d'être par lesdits Sieurs Commissaires, procédé à la liquidation de la finance desdits Ofices suprimez, après que lesdits Titres auront été communiquez au Sieur Duhallay, l'un de nos Conseillers-Secrétaires, & Sindic des Oficiers desdites Chancelleries près nos Cours ; dans laquelle liquidation ne seront comprises les Augmentations de gages qui pouroient avoir été levées par lesdits Oficiers suprimez, comme ne faisant pas partie du corps de leurs Ofices, leur laissant la faculté de joüir desdites Augmentations de gages, & d'en disposer à leur volonté ; & après ladite liquidation il sera par Nous pourvû au remboursement desdits Ofices suprimez, sur ladite somme de seize cens quatre-vingt mille livres, qui doit Nous

DECLARATIONS ET ARRESTS.

être païée par lesdits Oficiers des Chancelleries près nos Cours, & Conseils Supérieurs & Provinciaux, en exécution de nôtre present Edit : Au moïen de laquelle supression, Nous voulons & ordonnons que les fonctions du Sceau dans lesdites Chancelleries Présidiales, soient faites à l'avenir ; sçavoir, pour la Garde de nôtre Sceau, par le Doïen des Conseillers de chacun Présidial, ou par telles autres personnes qu'il plaira à nôtre très-cher & féal Chevalier, Garde des Sceaux de France, de commettre ; & à l'égard des fonctions d'Audienciers, de Contrôleurs & de Secrétaires, par les Gréfiers des Apeaux des Présidiaux, en l'absence de nos Conseillers-Secrétaires des Chancelleries près nos Cours, conformément aux Edits des mois de Décembre 1557. & Février 1575. SI DONNONS EN MANDEMENT à nos amez & feaux Conseillers les Gens tenans nôtre Cour de Parlement à Roüen, que le present Edit ils aïent à faire lire, publier & enregistrer, & le contenu en icelui garder & observer, selon sa forme & teneur, cessant & faisant cesser tous troubles & empêchemens, nonobstant tous Edits, Déclarations, Réglemens, & autres choses à ce contraires, ausquelles Nous avons dérogé & dérogeons par le present Edit ; aux Copies collationnées duquel par l'un de nos amez & feaux Conseillers-Secrétaires, voulons que foi soit ajoûtée comme à l'Original ; CAR tel est nôtre plaisir : Et afin que ce soit chose ferme & stable à toûjours, Nous y avons fait mettre nôtre Scel. DONNÉ à Versailles, au mois de Décembre, l'an de grace mil sept cens vingt-sept ; & de nôtre Régne le treiziéme. Signé, LOUIS : Et plus bas, Par le Roy, CHAUVELIN : *Visa*, CHAUVELIN : Vû au Conseil, LE PELETIER. Et scellé du grand Sceau de cire verte.

Lûës, publiées & registrées, la grande Audience de la Cour séante. A Roüen en Parlement, le 23. Avril 1728. Signé, AUZANET.

Edit du Roy, en faveur des Receveurs & Contrôleurs Généraux des Domaines & Bois, &c.

Du mois de Décembre 1727.

LOUIS par la grace de Dieu, Roy de France & de Navarre : A tous presens & à venir, SALUT. Nous étant fait rendre compte des diférentes Finances païées par les Receveurs & Contrôleurs généraux de nos Domaines &

Bois, & par les Receveurs Particuliers des Bois, & du produit annuel de leurs Ofices, & des diférens changemens qu'ils ont éprouvez jufqu'à ce jour, tant par raport aux Titres de leurfdits Ofices, que par raport à leurs fonctions; Nous avons réfolu au moïen d'une legére augmentation de leurs finances, de leur procurer un état fixe & certain, & de déterminer leurs fonctions, par une loi qui puiffe fervir de régle invariable pour l'adminiftration de nos Domaines. A CES CAUSES, & autres à ce Nous mouvant, de l'avis de nôtre Confeil, & de nôtre certaine fcience, pleine puiffance & autorité Roïale;

ARTICLE PREMIER.

Nous avons par le prefent Edit perpétuel & irrévocable, maintenu les Receveurs & Contrôleurs genéraux de nos Domaines & Bois, & les Receveurs Particuliers de nos Bois, dans lefdits Ofices, ainfi qu'ils ont été créez par les Edits des mois d'Avril 1685. Décembre 1689. Avril 1694. Décembre 1701. Avril 1716. & autres, pour en joüir tout ainfi qu'ils en ont joüi ou dû joüir, en vertu defdits Edits, & compter par eux de l'année 1726. & de la prefente, nonobftant toutes chofes contraires, aufquelles Nous avons expreffément dérogé, validons en tant que befoin eft, tous les Actes faits par lefdits Receveurs & Contrôleurs, depuis le premier Janvier de ladite année 1726. jufqu'à ce jour.

II. Ordonnons qu'il fera inceffamment arrêté en nôtre Confeil, des Rôles des fommes que Nous voulons nous être païées par tous lefdits Oficiers à titre de fuplément de finance avec les deux fols pour livre d'icelles, pour les nouvelles atributions contenuës au prefent Edit, defquelles fommes il leur fera expédié des Quitances par le Treforier de nos Revenus cafuels pour les Finances principales, & celles de Gabriël-Nicolas Bouriée pour les deux fols pour livre, pour lefdites nouvelles finances ne compofer avec les anciennes, qu'une feule & même, fans qu'elles puiffent être defunies, liquidées ni remboursées, fous tel prétexte que ce foit, qu'avec les premieres finances defdits Ofices: Voulons que les fommes portées par lefdits Rôles, foient païées, un tiers dans le mois de Janvier prochain, un tiers dans le mois de Février, & le tiers reftant dans le mois de Mars fuivant.

III. Les Receveurs genéraux recevront des Receveurs particuliers de nos Bois, chacun dans l'étenduë des Generalitez

DECLARATIONS ET ARRESTS. 103

où ils sont établis, & dans l'année de leur exercice, le prix de nos Bois qui y seront vendus.

1727.
Décemb.

IV. Recevront pareillement lesdits Receveurs, chacun dans l'année de leur exercice, sur leurs Quitances contrôlées par nosdits Contrôleurs, tous les droits de quints, requints, reliefs, rachats, sourachats, treiziémes, lods & ventes, échanges, aubeines, deshérances, épaves, confiscations, bâtardises, & generalement tous autres droits casuels qui Nous apartiendront, ainsi qu'il est expliqué par nôtre Edit du mois de Décembre 1701. & Déclarations renduës en conséquence, pour raison de nos Domaines, Terres & Seigneuries qui en relévent, situez dans lesdites Provinces & Generalitez où ils sont établis ; & ce, tant pour la portion qui leur en est atribuée & aux autres Oficiers, que pour celle revenant aux Fermiers de nos Domaines, ausquels ils seront tenus de les remettre, à la déduction des frais qui auront été bien & légitimement faits contre les redevables, & dont la répétition ne poura être faite contr'eux, lesquels frais seront audit cas prélevez sur le total desdits droits.

V. Tous les nouveaux possesseurs, à quelque titre que ce soit, des terres, héritages ou droits mouvans & tenus de Nous, en fief ou en roture, tant à cause de nôtre Couronne, Tour du Louvre, que de nos Duchez, Comtez & Seigneuries particulieres, soit qu'elles soient en nos mains ou en celles des Engagistes, seront tenus de faire ensaisiner leurs Titres de propriété, par nosdits Receveurs generaux, & contrôler par nosdits Contrôleurs generaux, dans les delais portez par les Coûtumes, & dans trois mois, pour les Provinces où les Coûtumes n'ont limité aucun tems. Voulons que dans les Provinces & Païs où l'ensaisinement n'a pas lieu, lesdits Titres de propriété soient enregistrez & contrôlez, dans ledit tems de trois mois, conformément à la Déclaration du 23. Juin 1705. & que ceux qui prétendront n'avoir aucuns Titres de propriété des terres & héritages, qui leur seront échûs par successions directes ou collatérales, soient tenus de faire dans les mêmes delais, leurs déclarations, contenant la situation des héritages & leurs tenans & aboutissans, pour les biens en roture, lesquelles déclarations seront pareillement enregistrées par nosdits Receveurs generaux, & contrôlées par lesdits Contrôleurs generaux ; le tout, sous les peines portées par les Edits

& Déclarations, desquels ensaisinement ou enregistrement & contrôle d'iceux, lesdits Receveurs & Contrôleurs tiendront des Registres exacts, qui seront reliez, cotez & paraphez par l'un des Oficiers du Bureau des Finances de chaque Généralité, ou autre Oficier aïant la connoissance de nos Domaines, dans les Provinces où il n'y a point de Bureaux des Finances, qui seront à ce commis par le Président desdits Bureaux & Chambres, qui connoissent de nos Domaines, ou en l'absence du Président, par le plus ancien desdits Oficiers, lesquels Registres nosdits Receveurs & Contrôleurs généraux déposeront tous les quatre ans, aux Gréfes des Bureaux de nos Finances, ou Chambres qui connoissent de nos Domaines, pour y avoir recours quand besoin sera, après en avoir retenu telles copies qu'ils jugeront à propos, au pied desquelles les Gréfiers leur en donneront toutes décharges & reconnoissances.

VI. Voulons que lesdits ensaisinemens & enregistremens se fassent dans toute l'étendue de nôtre Roïaume, Païs, Terres & Seigneuries de nôtre obeïssance, soit que l'ensaisinement y ait lieu ou non par les Coûtumes, & que pour iceux il soit païé ausdits Receveurs & Contrôleurs, les droits portez par l'Edit du mois de Décembre 1701. à l'exception des biens dont la valeur ne sera que de cent livres & au-dessous, pour lesquels il ne sera païé que vingt sols au Receveur & dix sols au Contrôleur, lesquels droits seront païez par toutes sortes de personnes privilégiées & non privilégiées, exemtes & non exemtes ; & faute par les nouveaux propriétaires de faire ensaisiner, enregistrer & contrôler leurs Titres & leurs déclarations, dans les delais ci-dessus, voulons que nosdits Receveurs puissent décerner leurs Contraintes contre les redevables d'iceux, après qu'elles auront été visées par les Oficiers de nosdits Bureaux, ou Chambres qui connoissent de nos Domaines, & que lesdites Contraintes soient exécutées par provision, nonobstant & sans préjudice des opositions.

VII. Pourront nosdits Receveurs généraux, établir les Commis nécessaires pour lesdits ensaisinemens & enregistremens, conservation de nos mouvances, & fonctions de leurs Charges, sur leurs simples Procurations, & seront tenus lesdits Commis, de prêter serment & de faire enregistrer leurs Procurations aux Bureaux des Finances, ou Chambres qui connoissent de nos Domaines, en païant dix livres pour tous droits,

com-

compris ceux du Gréfe & autres, & defquels Commis nofdits Receveurs generaux demeureront civilement refponfables, & tenus de remettre ou faire remettre par leurfdits Commis, les Regiftres defdits enfaifinemens, aux Gréfes de nofdits Bureaux, ainfi qu'il eft marqué en l'Article V. Voulons qu'il n'y ait que le feul Commis qu'ils pouront établir dans le principal Bureau de leur Generalité, qui joüiffe des priviléges atribuez aufdits Ofices, en l'abfence des Titulaires, fans préjudice des priviléges dont doivent & ont coûtume de joüir les Commis que nofdits Receveurs generaux commettront pour l'exercice des Ofices de Receveurs particuliers de nos Bois, qu'ils ont ci-devant réünis, ou qu'ils pouront ci-après réünir, avec nôtre permiffion.

VIII. Difpenfons nofdits Receveurs generaux de raporter fur leurs Comptes des années précédentes, & jufques & compris ladite année, l'Etat en détail de nos Domaines, qu'ils étoient obligez de raporter, conformément à nôtre Edit du mois de Décembre 1701. Voulons que les foufrances qui fe trouveront fur leurs Comptes, faute d'avoir raporté ledit Etat en détail, foient en vertu du prefent Edit, déchargées fans frais, & qu'à l'avenir lefdits Etats foient raportez fur leurs Comptes, tous les cinq ans, à commencer par celui qui fera rendu de l'exercice de l'année 1728. & qu'à cet éfet nos Fermiers & Soûfermiers, enfemble les Engagiftes, leurs Receveurs ou Fermiers foient tenus de leur remettre les Etats des Domaines dont ils joüiffent, en la forme prefcrite par l'Edit du mois de Décembre 1701. que Nous voulons être exécuté felon fa forme & teneur, à peine d'Amende arbitraire contre nos Fermiers & Soûfermiers, & contre les Engagiftes, leurs Receveurs ou Fermiers, même de faifies defdits Domaines engagez, lefquelles Amendes feront prononcées, & les faifies faites à la requête de nos Procureurs aux Bureaux de nos Finances ou Chambres qui connoiffent de nos Domaines, pourfuite & diligence de nofdits Receveurs generaux.

IX. Atribuons à chacun de nos Receveurs generaux, pour lefdits Etats en détail de nos Domaines, la fomme de mille livres, laquelle fera emploïée dans chaque Etat des charges affignées fur nos Domaines, une fois tous les cinq ans, dans l'année qui fuivra celle dans laquelle lefdits Etats en détail auront été raportez, à l'éfet de quoi il fera fourni au Commissaire de nôtre Conseil, chargé de la confection des Etats des charges assignées sur nosdits Domaines, certificat de la remise desdits Etats en détail, & sera ladite somme de mille livres passée & alouée dans les Comptes, au profit du Receveur général en exercice, qui aura fourni ledit Etat en détail, comme il est expliqué par ledit Edit du mois de Décembre 1701. sans que nosdits Receveurs generaux soient tenus à cet égard, de raporter d'autres pieces justificatives que lesdits Etats.

X. Voulons que nosdits Receveurs genéraux, chacun en l'année de leur exercice, & dans l'étenduë de leur Generalité, continuënt de recevoir le montant des ventes qui y seront faites en vertu de nos permissions, des Bois apartenans aux Ecléfiastiques & Communautez séculieres, régulieres & laïques, conformément aux Edits des mois de Mars 1708. Décembre 1713. & Juillet 1715.

XI. Voulons que lesdits Receveurs generaux puissent être presens & assister aux ventes de nos Bois, & de ceux des Ecléfiastiques & Communautez; à l'éfet de quoi, ils siégeront immédiatement à la gauche des Grands-Maîtres, ou autres Oficiers qui feront les ventes, pour faire leurs representations, s'il y échet, sur la validité ou invalidité des encheres.

XII. Voulons pareillement que tous les droits de Francs-fiefs, Amortissemens, usages & nouveaux aquêts, ainsi que les deux sols pour livre d'iceux, atribuez à nosdits Receveurs & Contrôleurs genéraux, par l'Edit du mois de Décembre 1701. soient reçûs à l'avenir, à compter du premier Avril 1725. par les Fermiers de nos Domaines, sur les Quitances de nosdits Receveurs generaux, contrôlées par nosdits Contrôleurs genéraux, ou sur les récépissez de nosdits Fermiers, portans promesse de fournir aux redevables lesdites Quitances, desquelles Quitances nosdits Receveurs & Contrôleurs generaux, à mesure qu'ils les delivreront ou contrôleront, tiendront des Registres en la forme & maniere ci-dessus ordonnée, pour lesdits ensaisinemens; & seront les Fermiers de nos Domaines, tenus de remettre à nosdits Receveurs & Contrôleurs generaux des Domaines, les deux sols pour livre qui leur apartiennent, dans le même tems que nosdits Receveurs generaux leur compteront des droits casuels qu'ils auront reçûs pour eux, & de six en six mois pour le plûtard.

XIII. Rétablissons nosdits Receveurs & Contrôleurs gé-

DECLARATIONS ET ARRESTS.

néraux, dans le droit d'hérédité atribué à leursdits Ofices, par nos Edits des mois d'Avril 1685. Décembre 1689. Décembre 1701. & autres portans création desdits Ofices : Voulons en conséquence, qu'eux & leurs successeurs joüissent à l'avenir desdits Ofices, héréditairement sans Nous païer aucunes Finances, de la même maniere qu'ils en ont joüi ou dû joüir, avant la révocation portée par nôtre Déclaration du 9. Aoust 1722. à laquelle Nous dérogeons à cet égard, sans néanmoins tirer à conséquence pour les autres Ofices de nôtre Roïaume.

XIV. Maintenons lesdits Receveurs & Contrôleurs généraux & Receveurs particuliers, dans toutes leurs fonctions, gages, chaufages, remises, taxations, quart des gages intermédiaires des Ofices, dont l'emploi des gages est fait dans les Etats de nos Domaines & Bois, dispenses de donner cautions, de faire résidence actuelle dans leurs départemens & d'en raporter certificats, Nous réservant de les envoïer dans leurs départemens, quand nôtre service le requerra ; ensemble dans l'exemtion de toutes Tailles, Taillons, Ustenciles, logement de gens de Guerre, tutelle, curatelle, nomination à icelles, & autres charges publiques, ensemble dans les droits d'entrées, rangs & séances aux Bureaux de nos Finances, & Chambres qui connoissent de nos Domaines, droit de Committimus & autres droits, facultez, priviléges & exemtions, le tout conformément à leurs Edits de créations des mois d'Avril 1685. Décembre 1689. Décembre 1701. & autres Edits & Déclarations rendus en conséquence, & notamment ceux des mois de Février 1705. Mai 1710. & Décembre 1713. de tous lesquels gages, taxations, priviléges, exemtions & droits à eux atribuez & ci-dessus exprimez, Nous entendons qu'ils joüissent, conformément aux Edits & Déclarations rendus en leur faveur, que Nous voulons être exécutez, en ce qu'il n'y est point dérogé par nôtre present Edit.

XV. Voulons que leursdits gages & taxations de six deniers pour livre sur nos Bois, & ceux des Ecléfiastiques & Communautez, droits sur nos casuels, droits de Quitances, de franc-salé & de chaufage, deux sols pour livre sur les Franc-fiefs, Amortissemens, usages & nouveaux aquêts, & les autres droits atribuez tant par les anciens Edits & Déclarations que par nôtre present Edit, ne puissent leur être ôtez ni retranchez, sous tel prétexte que ce puisse être, au moïen de ce que les sommes qu'ils Nous doivent païer, seront fixées sur le produit desdits gages, taxations & droits.

XVI. Joüiront les veuves de nosdits Oficiers décedez dans leurs Ofices, desdits priviléges & exemtions, pendant le tems de leur viduité seulement.

XVII. Et pour faciliter à nosdits Receveurs & Contrôleurs generaux & Receveurs particuliers, le païement des sommes pour lesquelles ils seront compris dans les Rôles qui seront arrêtez en nôtre Conseil, leur permettons d'emprunter celles qui leur seront nécessaires ; voulons que ceux qui prêteront leurs deniers, aïent privilége spécial sur le prix de leurs Ofices, à l'exclusion de tous créanciers, autres que ceux qui ont prêté pour l'aquisition desdits Ofices, pourvû que la stipulation d'emploi se trouve faite dans les Contrats d'emprunt, & la déclaration dans les Quitances de Finance.

XVIII. Maintenons dans la joüissance du sol pour livre de tous nos droits casuels, Seigneuriaux & feodaux, établis par Edit du mois d'Avril 1694. nos Procureurs dans les Bureaux des Finances ou Chambres du Domaine, & autres nos Oficiers qui en ont fait l'aquisition, pour continuer d'en joüir ainsi qu'ils en ont joüi jusqu'à present, sans être obligez de Nous païer aucun suplément de Finance, ni de partager ledit sol pour livre, dérogeant à toutes choses contraires.

SI DONNONS EN MANDEMENT à nos amez & feaux les Gens tenans nôtre Cour de Parlement à Roüen, que nôtre present Edit ils aïent à faire lire, publier & registrer, & le contenu en icelui garder & exécuter, selon sa forme & teneur, nonobstant tous Edits, Déclarations, & autres choses à ce contraires, ausquels Nous avons dérogé & dérogeons par ledit present Edit ; CAR tel est nôtre plaisir : Et afin que ce soit chose ferme & stable à toûjours, Nous y avons fait mettre nôtre Scel. DONNÉ à Versailles, au mois de Décembre, l'an de grace mil sept cens vingt-sept ; & de nôtre Régne le treiziéme. Signé, LOUIS: Et plus bas, Par le Roy, CHAUVELIN: *Visa*, CHAUVELIN: Vû au Conseil., LE PELETIER. Et scellé du grand Sceau de cire verte.

Lû, publié & registré, la grande Audience de la Cour seante. A Roüen en Parlement, le 29. Janvier 1728. Signé, AUZANET.

Arrest du Parlement, portant nouveau Réglement pour la fixation du tems de la durée des Actions rédhibitoires y mentionnées, sous peine d'y être déclaré non recevable ledit tems passé.

Du 30. Janvier 1728.

ENTRE Mr Loüis Pommeraye, Conseiller du Roy en sa Cour des Comptes, Aides & Finances de Normandie, apellant de l'Ordonnance sur Requête, renduë par le Lieutenant Général Civil au Bailliage de Roüen, le 4. de Décembre dernier; par laquelle Mandement auroit été acordé au Sieur Nicolas Daubichon, Marchand audit Roüen, pour faire assigner ledit Sieur Pommeraye, aux fins de répondre sur les conclusions portées en ladite Requête; & cependant permis audit Daubichon de faire dresser Procès verbal de l'état du cheval en question, par les nommez Postel & Tavernier Maîtres Maréchaux, Parties presentes ou dûëment apellées; comparant par Me Thomas Vaucquier son Procureur, d'une part; & ledit Daubichon intimé sur ledit apel, comparant par Me Jacques Duchemin son Procureur, d'autre part; sans préjudice des qualitez. Oüis Billoüet Avocat pour Mr Pommeraye, lequel a dit que dans la forme l'Ordonnance sur Requête, du 4. Décembre dernier, est nulle & contraire aux Ordonnances; le Juge n'aïant pas pû sur la Requête dudit Daubichon, nommer des Experts pour visiter le cheval en question: il faloit assigner Mr Pommeraye, pour en convenir; & ce n'eût été qu'après l'Assignation, & le refus de la part de Mr Pommeraye de convenir d'Experts, que le Juge en auroit pû nommer d'ofice; ledit Daubichon n'en aïant usé, comme il a fait, que pour se ménager deux Experts entierement dévoüez à lui; comme étoient les nommez Postel & Tavernier, lesquels ont eu la facilité d'atester que le cheval en question est vicié de pousse, dans le tems que Douley, Maréchal habile & connu pour tel, proposé au Sieur Pommeraye pere, par Daubichon lui-même, avoit déclaré que le cheval n'étoit pas poussif; & c'est après avoir fait faire cette visite par ledit Douley, qu'il a eu recours à ces

1728.
Janvier.

deux particuliers, dont le Procès verbal ne doit être d'aucune confidération, aïant choifi le tems que Mr Pommeraye étoit à Paris, pour en parler au Sieur Pommeraye pere, plus de trente jours après la vente du cheval ; & quoi qu'en cette Province plufieurs perfonnes aïent penfé que l'Action pour vice redhibitoire d'un cheval , doit durer pendant quarante jours, contre ce qui s'obferve au Parlement de Paris, il faut pourtant convenir que cela n'eft apuïé fur une aucune Loi : & comme la Cour par fon Arreft en forme de Réglement, du 19. Juillet 1713. a fixé l'Action redhibitoire pour les vaches, à neuf jours, il y a lieu de penfer qu'elle n'autorifera pas pour les chevaux, un delai auffi long que celui de quarante jours : Mais quant à prefent, il ne s'agit que de prononcer fur l'apel de ladite Ordonnance fur Requête, du 4. Décembre dernier, qui eft abfolument nulle , & ne peut fubfifter : Pourquoi conclut qu'il plaira à la Cour , mettre l'apellation & ce dont eft apel , au néant ; émendant, caffer & annuler l'Ordonnance fur Requête, du 4. Décembre dernier, comme contraire aux Ordonnances, & condamner ledit Daubichon aux dépens : Duchemin Procureur dudit Daubichon, pour l'abfence de fon Avocat , a dit qu'il n'y a point de nullité dans l'Ordonnance dont eft apel : on ne peut en trouver, par raport aux Articles VIII. & IX. du Titre XXI. de l'Ordonnance de 1667. car il faut faire diférence d'une convention d'Experts pour vifite & eftimation de fonds d'héritages , réparations, améliorations, & autres chofes ordonnées être eftimées par un Jugement contradictoire , d'avec une fimple Ordonnance fur Requête, qui nomme deux Experts d'ofice, pour vifiter un cheval vicié, & où il ne s'agit point d'eftimation : c'eft un cas particulier & provifoire, qui ne peut foufrir de retardement, à caufe des accidens qui peuvent arriver ; l'ufage obfervé au Bailliage de Roüen à cet égard, depuis qu'il eft établi, a toûjours été autorifé par la Cour , & Mr Pommeraye avoit la liberté de récufer, lorfqu'il a été affigné pour être prefent à la Jurande defdits Experts ; ce que n'aïant point fait , au contraire , foufert leur Procès verbal , dreffé en la prefence de fon domeftique, il eft non recevable à fon apel , qui doit être mis au néant, avec dépens. A l'égard du nouveau Réglement qu'il propofe , ledit Daubichon n'y prend point de part ; il fufit que fon Action ait été

DECLARATIONS ET ARRESTS. 111

1728. Janvier

intentée dans le tems de droit, & suivant l'usage suivi depuis plus d'un siécle en cette Province, sur la foi duquel on s'est fondé. Le Chevallier Avocat Genéral, pour le Procureur Genéral du Roy, a conclu, à ce qu'il plaise à la Cour, mettre l'apellation & ce dont ; émendant, casser & annuler l'Ordonnance du Lieutenant Général, & renvoïer les Parties procéder pardevant autre Juge que celui dont est apel, pour convenir d'Experts, pour faire la visite du cheval en question: Et faisant droit sur ses plus amples Conclusions, fixer le tems pour les Vices redhibitoires, à neuf jours, suivant & conformément à la jurisprudence du Parlement de Paris. LA COUR, Parties oüies, & le Procureur Général, faisant droit sur l'apel, a cassé & annullé l'Ordonnance du 4. Décembre dernier, comme contraire aux Ordonnances ; & pour être fait droit aux Parties, les a renvoïées pardevant autre Juge que celui dont est apel ; condamne la Partie de Duchemin aux dépens : Et faisant droit sur le Requisitoire dudit Procureur Général, ordonne que les Actions pour les Vices redhibitoires, comme Pousse, Morve & Courbature, seront intentées dans le tems de trente jours, faute de quoi, ledit tems passé, les demandeurs seront déclarez non recevables en leur Action. Ordonne que le present Arrest de Réglement, sera lû, publié & afiché, par tout où besoin sera ; & que Copies ou Vidimus d'icelui, seront envoïez dans tous les Siéges de ce ressort, pour y être pareillement lûs, publiez & exécutez, à la diligence des Substituts dudit Procureur Général, qui seront tenus de tenir la main à l'exécution d'icelui, & de certifier la Cour dans le mois, des diligences qu'ils auront pour ce faites. FAIT à Roüen en Parlement, le trentiéme jour de Janvier mil sept cens vingt-huit.

Par la Cour, Signé, AUZANET.

Arrest du Parlement, qui entr'autres choses, enjoint à toutes les Sages-femmes de cette Province, lorsqu'elles se trouveront dans des Acouchemens laborieux & contre nature, d'apeller promptement du secours, sur les peines au cas apartenant.

Du 24. Février 1728.

**1728.
Février.**

LOUIS par la grace de Dieu, Roy de France & de Navarre: A tous ceux qui ces presentes Lettres verront, SALUT. Cejourd'hui en la Cause ofrante en nôtre Cour de Parlement, entre Me Charles Fleury Chirurgien-Juré Roïal, & Lieutenant de nôtre premier Chirurgien à Caën, apellant de Sentence renduë en Bailliage Criminel audit lieu, le 16. Octobre 1726. par laquelle sur l'Action contre lui intentée par Pierre Bazin, pour le faire condamner à lui païer une provision à vie, comme de trois cens livres par an, pour l'enfant dudit Bazin, & en outre à restituer six livres qu'il avoit exigées pour l'Acouchement de sa Femme; il auroit été dit, que sans avoir égard aux fins de non-recevoir proposées par Fleury, vû la question dont il s'agit, avant faire droit sur la demande des Parties, envoïé à la Communauté des Chirurgiens, que le Prevost de la Communauté sera tenu de faire assembler, pour en presence du Doïen de la Faculté de Medecine, dresser Procès verbal de leurs sentimens, sur le fait dont il s'agit, en ce qui regarde l'Art de Chirurgie; pourquoi les Ecrits des parties seront mis aux mains dudit Prevost, & l'enfant presenté & visité par les Doïen & Chirurgiens, si besoin est, pour ledit Procès verbal mis au Gréfe, être statué & ordonné ainsi qu'il apartiendra; & anticipé, present en personne, & par Me Germain Boüillot son Procureur, d'une part : Et ledit Pierre Bazin, apellé & anticipant, aussi present en personne, & par Me Claude le François son Procureur, d'autre part, sans préjudice des qualitez. Oüis Thoüars Avocat dudit Sieur Fleury, lequel a dit qu'il demeure constant entre les parties, que la Femme de Bazin, dans les douleurs d'un Acouchement contre nature, a eu recours au Sieur Fleury : On ne peut douter que ce Chirurgien, touché par les sentimens de pitié qu'inspiroit

piroit l'état de la mere & de l'enfant, & animé par l'intérêt de fa propre réputation, n'ait mis en œuvre tout ce que l'art & l'expérience lui ont apris; mais l'enfant aïant eu le bras forti pendant feize heures, fans que la Sage-femme eût penfé à apeller l'Acoucheur, la nature s'étoit épuifée pendant ce long intervale, le bras de l'enfant s'étoit gonflé, & étoit fans pouls; & ce qui l'environnoit ofenfé par l'excès de la féchereffe & de la chaleur, foufroit à peine que la main du Chirurgien tentât de donner fecours; fes éforts & fon adreffe ne fervoient qu'à obferver les fignes ordinaires de la mort; il lui fut impoffible de tourner l'enfant; il fe vit forcé, pour fauver la mere, de couper un bras qu'il ne devoit pas croire celui d'un corps vivant, & qu'il auroit toûjours falu facrifier, pour conferver les jours de la femme. Après cette opération, la femme fut heureufement delivrée, par les foins du Sieur Fleury, & l'enfant fe trouva vivant. Malgré la pitié qu'on doit concevoir de fon malheur, dans ce premier inftant, les fpectatrices ne furent fenfibles qu'à la joïe de voir l'enfant & la mere fauvez par le fecours du Sieur Fleury; le Pere même lui marqua fa fatisfaction, & le récompenfa en partie de fes peines. Le Sieur Fleury qui avoit pris foin de l'enfant, fi-tôt qu'il eût quité la mere, a continué de panfer la plaïe, & a fourni les médicamens pour la guérifon. Plus de quinze jours fe font paffez, fans qu'on ait penfé à fe plaindre du Chirurgien : Mais fa Charge de Lieutenant de nôtre premier Chirurgien & fa réputation, lui aïant fait des envieux & des ennemis dans la Communauté, ils ont engagé Bazin à donner une Requête remplie de faits calomnieux & évidemment fupofez, à la faveur defquels il a demandé que Fleury fût condamné à païer penfion à l'enfant. On foûtient que cette action en elle-même, eft deftituée de tout principe : Si on y donnoit paffage, loin qu'elle engageât les Acoucheurs à plus d'atention, elle leur infpireroit d'abandonner les femmes dans le péril, plûtôt que de répondre d'événemens, dont la caufe eft dans les fecrets de la Providence. Mais s'il étoit poffible que nôtre Cour reçût quelqu'impreffion des faits avancez par la partie, comme ils font contraires à la vérité, l'Apellant ne s'opoferoit pas à la preuve, & demanderoit de fa part, l'apointement des faits contenus dans fon Ecrit de conteftation; & dans ce cas, l'apel ne feroit pas moins infaillible. Et en éfet, jamais Sentence n'a été moins réfléchie, puisqu'elle renvoïe à la Communauté des Chirurgiens, ennemis déclarez du Sieur Fleury, & actuellement en Procès avec lui, pour dire leurs sentimens sur des faits absolument contradictoires. On laisse à penser où pouvoit conduire l'exécution d'un pareil Jugement : si le Juge ne se croïoit pas en état de raisonner suivant les régles de l'art de Chirurgie, il ne devoit pas oublier à décider suivant celles de la raison, qui veulent qu'on commence par séparer la vérité du mensonge, & constater les faits méconnus, avant que de les passer pour principes. Si nôtre Cour fait droit sur la question genérale, comme on n'en peut douter, ces réfléxions deviennent inutiles : Mais il faut ajoûter deux observations, dont l'une interresse le Sieur Fleury, & l'autre le bien public. La premiere, c'est que les faits de la Requête étant injurieux & visiblement faux, ils doivent être bifez, pour valoir de réparation au Sieur Fleury : La seconde, que demeurant constant que la Sage-femme qui assistoit la femme de Bazin, a laissé cette malheureuse pendant seize heures, dans les tourmens d'un Acouchement contre nature, sans avertir le Chirurgien, qui auroit facilement aporté le reméde, dans les premiers momens où la nature auroit concouru avec l'art ; il seroit nécessaire de prévenir de pareils malheurs, en obligeant les Sages-femmes de donner avis aux Chirurgiens-Acoucheurs de profession, des Acouchemens laborieux : Pourquoi conclut qu'il plaise à nôtredite Cour, mettre l'apellation & ce dont est apellé, au néant ; émendant, décharger le Sieur Fleury de l'Action contre lui intentée, ordonner que les termes injurieux contenus dans la Requête signifiée le 2. Septembre 1726. seront raïez & bifez, & l'Arrest lû, publié & afiché, pour valoir de réparation, avec dépens des causes principale & d'apel ; se raportant au surplus, à la prudence de nôtredite Cour, au sujet des preuves, au cas qu'elle ne se trouvât pas en état de faire droit dès-à-present, sur la réparation demandée : Billoüet Avocat pour ledit Bazin, lequel a dit que le seul moïen de sçavoir si ledit Fleury s'est comporté comme il le devoit, lors de l'Acouchement en question, c'est le parti qu'a pris le Juge par la Sentence dont est apel, en renvoïant pardevant les Chirurgiens, & le Doïen de la Faculté de Medecine, pour avoir leurs sentimens sur le fait dont il s'agit, en ce qui regarde l'art de Chirurgie ; aussi ledit Fleury en a-t'il consenti l'exécution, par son Exploit du 26. Octobre 1726. en consentant précisément que le Procès verbal ordonné par la Sentence dont est apel, fût fait & dressé par la Communauté des Chirurgiens de Paris, Montpellier ou Angers, prétendant avoir de justes causes de récusation contre les Chirurgiens de Caën. Il n'est donc plus question de sçavoir, si ledit Procès verbal ordonné par la Sentence, & consenti par ledit Fleury, sera fait ; mais seulement d'examiner les causes de récusation proposées par Fleury ; & comme elles ne sont pas valables, rien ne peut empêcher que la Sentence ne soit confirmée en entier : Car de dire que les faits n'étoient pas constans, & qu'auparavant d'ordonner ce Procès verbal, il faloit prononcer un apointement de preuve, c'est ce qu'on ne doit pas soûtenir, parce qu'il faloit avant tout, qu'il demeurât constant au Procès, quelles opérations ledit Fleury devoit faire, suivant les régles de l'art. Au reste, si nôtredite Cour, en l'état où sont les choses, faisoit dificulté de mettre dès-à-present l'apellation au néant, ledit Bazin ofre encore, comme il a fait devant le premier Juge, avant faire droit, de vérifier & prouver les faits par lui articulez ; qui sont, que lorsque ledit Fleury fût arrivé en la maison dudit Bazin, la Sage-femme & la mere l'asfûrerent que l'enfant étoit vivant, la mere disant qu'elle venoit de le sentir remuer ; que nonobstant l'assûrance qui fut donnée audit Fleury, de la vie dudit enfant, & sans qu'il eût fait aucune tentative de faire rentrer le bras de l'enfant, il le coupa ; que l'enfant étant venu, il mit un linge sec sur le moignon du bras, sans y faire de bandage, assûrant que l'enfant ne vivroit qu'un quart-d'heure, quoi que cependant il fût plein de vie, & qu'il vive encore ; que l'onguent que Fleury n'envoïa que le lendemain, pour mettre au bras dudit enfant, fit un très-mauvais éfet, qu'on fut obligé d'en changer, & d'y en mettre un autre que celui que Fleury avoit fourni, & lequel dernier onguent fit bien, & guérit la plaïe. Ces faits établis, il ne restera aucune dificulté aux conclusions que ledit Bazin a prises au principal, ou du moins à l'exécution de la Sentence dont est apel ; pour sçavoir si, suivant les régles de l'art, ledit Fleury n'a pas dû se comporter d'une maniere toute oposée à ce qu'il a fait : Pourquoi conclut qu'il plaira à nôtredite Cour, mettre l'apellation au néant, avec dépens ; & au cas où nôtredite Cour feroit quelque dificulté, ce qu'il ne pense pas, apointer avant faire droit sur l'apel, ledit Bazin à faire preuve des faits ci-dessus articulez, & ledit Fleury à faire preuve des faits contraires ; pour les preuves faites, être fait droit sur l'apel, ainsi qu'il apartiendra : Et le Chevallier Avocat Général, pour nôtre Procureur Général, oüi ; Sçavoir faisons, que NOSTREDITE COUR, par son Jugement & Arrest, Parties oüies, & nôtre Procureur Général, a mis & met l'apellation & ce dont est apellé, au néant; corrigeant & réformant, a déchargé la Partie de Thoüars de l'Action contr'elle intentée : Ordonne que les termes injurieux emploïez dans la Requête de la Partie de Billoüet, seront raïez & bifez ; & que le present Arrest sera lû, publié & afiché, pour valoir de réparation ; condamne ladite Partie de Billoüet aux dépens : Et faisant droit sur les plus amples Conclusions de nôtre Procureur Général, a enjoint à toutes les Sages-femmes de la Province, lorsqu'elles se trouveront dans des Acouchemens laborieux & contre nature, d'apeller promptement du secours, sur les peines au cas apartenant. SI DONNONS EN MANDEMENT au premier des Huissiers de nôtredite Cour de Parlement, ou autre Huissier ou Sergent sur ce requis, le present Arrest mettre à dûë & entiere exécution, selon sa forme & teneur; de ce faire te donnons pouvoir. DONNÉ à Roüen en nôtredite Cour de Parlement, le vingt-quatriéme jour de Février, l'an de grace mil sept cens vingt-huit; & de nôtre Régne le treiziéme. *Collationné.* Par la Cour, Signé, DE LA HOUSSE. Et scellé d'un Sceau de cire jaune.

Déclaration du Roy, concernant les cas où les Cédules évocatoires ne peuvent avoir leur éfet, &c.

Du 18. Mars 1728.

LOUIS par la grace de Dieu, Roy de France & de Navarre : A tous ceux qui ces presentes Lettres verront, SALUT. L'usage des évocations sur Parentez & aliances, qui a été justement établi, pour ne donner aux parties, que des Juges exemts de toute suspicion, aïant souvent servi de prétexte aux Plaideurs, pour prolonger les Procès, & éloigner leur condamnation, par l'abus qu'ils ont fait contre l'intention du Législateur, de la faculté que la Loi leur acor-

DECLARATIONS ET ARRESTS.

doit, le feu Roy de glorieuse memoire, nôtre très-honoré Seigneur & Bisaïeul, a été obligé de remedier à cet abus, par plusieurs Edits, Déclarations & Arrêts, donnez en interpretation de son Ordonnance du mois d'Aoust 1669. & notamment, par son Edit du mois de Septembre 1683. & par sa Déclaration du 31. Mars 1710. par lesquels il a permis à nos Cours, dans les cas qui y sont exprimez, de passer outre au jugement des Procès, nonobstant les Cédules évocatoires signifiées pour en arrêter le cours, & sans atendre qu'il y eût été pourvû par Arrest rendu en nôtre Conseil; voulant même, que dans un des cas marquez par ledit Edit de 1683. nosdites Cours pûssent condamner les Evocans, en l'Amende de trois cens livres, portée par l'Article XXXV. du Titre premier de l'Ordonnance de 1669. Mais Nous avons été informez, que par un nouvel abus des Evocations, qu'il auroit été dificile de prévoir, il est arrivé dans une de nos Cours de Parlement, qu'un particulier qui avoit sucombé dans une Instance d'évocation en nôtre Conseil, où il avoit été condamné à l'Amende & aux dépens, a eu la témérité de faire signifier aussi-tôt après, une seconde Cédule évocatoire, dans la même afaire, entre les mêmes parties, sur les mêmes parentez & aliances, sans qu'il en fût survenu aucune nouvelle; & cette seconde Evocation aïant eu dans nôtre Conseil, le même sort que la premiere, il a encore osé en faire signifier une troisiéme, à laquelle les Oficiers du Parlement où l'afaire est pendante, ont cru devoir déférer par provision, jusqu'à ce que Nous leur eussions expliqué nos intentions sur ce sujet. Et comme il est important, non seulement de faire cesser dans le cas particulier dont il s'agit, une chicane si opiniâtre & si odieuse, mais de prévenir un pareil abus, par une Loi generale, qui assûrant l'autorité des Jugemens rendus en nôtre Conseil, empêche les téméraires Plaideurs de renouveler à leur gré, des Evocations déja rejettées, & dispense leurs parties de venir Nous demander de nouveau, la même justice que Nous leur avons déja renduë. A CES CAUSES, & autres à ce Nous mouvant, de l'avis de nôtre Conseil, & de nôtre certaine science, pleine puissance & autorité Roïale, Nous avons dit, déclaré & ordonné, & par ces Presentes signées de nôtre main, disons, déclarons & ordonnons, voulons & Nous plaît, que ceux qui auront été deboutez de

1728.
Mars.

leur Cédule évocatoire, par Arrest définitif de nôtre Conseil, ne puissent en faire signifier aucune autre dans la même afaire, & entre les parties, s'il n'est rien survenu de nouveau à cet égard, depuis l'Arrest rendu sur la premiere Evocation: Défendons à nos Cours, d'avoir aucun égard aux Cédules évocatoires, qui seroient signifiées en ce cas, lesquelles Nous déclarons nulles & de nul éfet: Voulons que sans s'y arrêter, il soit passé outre à l'instruction & jugement des afaires qu'on prétend évoquer, ainsi que nos Cours l'auroient pû faire, avant la signification desdites nouvelles Cédules évocatoires; donnons audit cas, plein pouvoir à nosdites Cours, de condamner les Evoquans à l'Amende de trois cens livres, portée par l'Article XXXV. du Titre premier de l'Ordonnance de 1669. aplicable moitié à Nous, moitié à la partie; & ce, outre les dépens, dommages & intérêts, s'il y échet, ausquels lesdits Evoquans seront condamnez envers ladite partie. N'entendons néanmoins empêcher que lorsque depuis l'Arrest rendu en nôtre Conseil, sur une premiere Evocation, il sera survenu de nouvelles parentez & aliances, soit à l'égard des mêmes parties, ou du chef de celles qui auroient été reçûës parties intervenantes depuis ledit Arrest, il ne soit permis aux parties, même à celle qui aura sucombé dans le jugement de la premiere Evocation, de faire signifier une nouvelle Cédule évocatoire, à laquelle nosdites Cours seront tenuës de déferer, dans tous les cas où elles sont obligées de le faire, suivant la disposition desdites Ordonnances, jusqu'à ce qu'il y ait été pourvû en nôtre Conseil. SI DONNONS EN MANDEMENT à nos amez & féaux Conseillers les Gens tenans nôtre Cour de Parlement à Roüen, que ces Presentes ils aïent à faire lire, publier & enregistrer, & le contenu en icelles garder, observer & exécuter, selon leur forme & teneur; CAR tel est nôtre plaisir. En témoin de quoi, Nous avons fait mettre nôtre Scel à cesdites Presentes. DONNE' à Versailles, le dix-huitiéme jour de Mars, l'an de grace mil sept cens vingt-huit; & de nôtre Régne le treiziéme. Signé, LOUIS: Et plus bas, Par le Roy, CHAUVELIN. Et scellée du grand Sceau de cire jaune.

Lûë, publiée & regiſtrée, la grande Audience de la Cour seante. A Roüen en Parlement, le 23. Décembre 1728. Signé, AUZANET.

DECLARATIONS ET ARRESTS. 119

Arrest du Conseil & Lettres Patentes, portant Réglement entre les Toiliers & Teinturiers, tant de la Ville que des lieux de Fabrique de la Generalité de Roüen, à l'égard de l'usage de l'Indigo pour les Teintures des Toiles, Fils & Cotons, & autres Ouvrages de leur Fabrique, &c.

Du 20. Avril 1728.

1728.
Avril.

LE Roy s'étant fait representer en son Conseil, les Réglemens généraux de 1669. concernans les Teintures, par lesquels Sa Majesté auroit ordonné qu'aucuns de ses Sujets ne pouroient s'ingerer ni s'emploïer dans la teinture des soïes, laines, fils, & étofes, en aucun lieu de son Roïaume, s'il n'en avoit été reçû Marchand-Maître Teinturier en soïes, laines ou fils, & fait chef-d'œuvre en la maniere portée par lesdits Réglemens, à peine de trois cens livres d'Amende, & de confiscation des Marchandises, en sorte que toutes les fois que les Teinturiers ont été troublez dans le droit qui leur est atribué par ces Réglemens, de teindre seuls, & à l'exclusion de tous autres, les soïes, fils, laines & étofes, ils y ont été maintenus par diférens Arrêts : Celui du 25. Juin 1709. portant que les Teinturiers en bon teint, des toiles, fils & cotons de la Ville de Roüen, feront seuls la teinture desdites toiles, fils & cotons en toutes couleurs, & continuëront d'emploïer le Voide & Pastel conjointement avec l'Indigo, pour la teinture en blanc, avec défenses aux Teinturiers en grand & bon teint, de draps, serges & étofes de laine, de s'immiscer dans lesdites Teintures de toiles, fils & cotons de toutes couleurs, à peine de trois cens livres d'Amende, & de confiscation des marchandises : celui du 8. Avril 1713. qui auroit maintenu lesdits Teinturiers dans le droit de faire seuls & à l'exclusion de tous autres, la teinture des fils & cotons, dans la Ville, Fauxbourgs & Banlieuë de Roüen, avec défenses aux Maîtres Toiliers de ladite Ville, Fauxbourgs & Banlieuë, & à tous autres, de s'immiscer de faire ladite teinture, ni d'avoir chez eux aucuns ustenciles servans audit métier de Teinturier, suivant le Réglement de 1669. la Déclaration du Roy du 3. Novembre 1715. par laquelle il auroit été permis aux Maîtres Toiliers de ladite Ville, Fauxbourgs & Banlieuë de Roüen, de teindre en toutes sortes de couleurs, les soïes, fils & cotons qu'ils emploïent dans leurs Manufactures, sans néanmoins qu'ils puissent teindre lesdites matieres en bon bleu, ni teindre en aucunes couleurs, les toiles & étofes, même de leur fabrique, avec défenses ausdits Toiliers d'avoir chez eux des cuves servant à la teinture, & de teindre aucunes soïes, fils & cotons les uns pour les autres, à peine de cinq cens livres d'Amende; & que sur les avis que pouroient avoir lesdits Teinturiers, des contraventions à ladite Déclaration, ils pouroient aller en visite chez lesdits Toiliers, après en avoir obtenu la permission des Juges qui en doivent connoître, & avec l'assistance de l'un d'eux, ou de tel autre Oficier qui sera par eux nommé; & qu'en cas que les avis qui y auroient donné lieu, ne se trouvassent pas véritables, les Teinturiers qui les auroient requis, pouroient être condamnez aux intérêts & dommages-intérêts des Toiliers, s'il y échet, & qu'au surplus les Réglemens generaux de 1669. & les Arrêts rendus en conséquence seroient exécutez, selon leur forme & teneur, en ce qui n'est point contraire à ladite Déclaration. La Sentence du Lieutenant de Police de Roüen, portant que la saisie d'une barique de bleu bon teint, faite sur le nommé Pierre Leclerc Maître Toilier, seroit déclarée confisquée au profit des Gardes Teinturiers; au surplus, les marchandises saisies restituées audit Leclerc, en païant les dépens; défenses à lui & à tous autres Toiliers, de faire de pareilles teintures, sous les peines portées au cas y apartenant; ce qui seroit exécuté, nonobstant opositions & apellations quelconques: l'Arrest du 5. Juin 1725. par lequel Sa Majesté auroit évoqué à soi & à son Conseil, les Procès & diférens pendans devant le Lieutenant de Police de Roüen, entre les Gardes-Marchands Toiliers & les Maîtres Teinturiers en bon teint de ladite Ville, avec défenses à tous Juges d'en connoître, & aux parties de procéder ailleurs qu'au Conseil, à peine de nullité, &c. auroit ordonné qu'avant faire droit sur lesdites contestations, les parties seroient entenduës par le Sieur Intendant de la Generalité de Roüen, pour être par lui dressé Procès verbal de leurs dires & prétentions, & icelui vû & raporté au Conseil, être ordonné ce qu'il apartiendroit: La Requête

DECLARATIONS ET ARRESTS. 121

quête desdits Teinturiers, tendante à ce qu'il plût à Sa Majesté ordonner l'exécution des Statuts & Réglemens faits par les Rois ses prédécesseurs, notamment l'Arrest de 1713. & remettre les parties au même état qu'elles étoient avant la Déclaration de 1715. ou du moins faire défenses aux Toiliers, de faire aucune sorte de bleu, sous quelque couleur, titre & nom qu'on puisse lui donner : Et celle desdits Maîtres Toiliers, tendante à ce qu'il plût à Sa Majesté, en interprétant sa Déclaration du 3. Novembre 1715. & l'Arrest du Conseil, du 25. Juin 1709. permettre aux Suplians de teindre leurs soïes, fils & cotons, de teinture bleuë à froid, aux ofres qu'ils font de ne point se servir, conformément à cet Arrest, de Voide ni de Pastel ; en conséquence, que les saisies faites par les Maîtres Teinturiers, sur plusieurs particuliers de la Communauté des Toiliers, seront déclarées nulles, atendu que les teintures faites par lesdits particuliers, de leurs fils, soïes & cotons, ne sont point faites avec le Voide ni le Pastel ; que main-levée sera faite desdites saisies, avec défenses ausdits Maîtres Teinturiers, de troubler les Suplians dans le droit de pouvoir teindre des fils, soïes & cotons en bleu à froid, aux ofres qu'ils ont faites. Vû les Statuts, Ordonnances & Réglemens des Teinturiers en grand & bon teint, de toiles, fils & cotons, de la Ville & Banlieuë de Roüen, du 29. Octobre 1510. lesdits Réglemens genéraux de 1669. lesdits Arrêts du Conseil, des 25. Juin 1709. & 8. Avril 1713. ladite Déclaration du Roy, du 3. Novembre 1715. ladite Sentence de Police de Roüen, du 15. Juillet 1724. ledit Arrest du 5. Juin 1725. lesdites Requêtes des Teinturiers & des Toiliers : Les avis de la Chambre de Commerce, & du Sieur de Gasville Commissaire départi en la Genéralité de Roüen, ensemble celui des Sieurs Commissaires du Bureau de Commerce : Oüi le Raport du Sieur le Peletier, Conseiller d'Etat ordinaire & au Conseil Roïal, Contrôleur Général des Finances ; SA MAJESTE' ETANT EN SON CONSEIL, a ordonné & ordonne que les Réglemens genéraux de 1669. pour les Teinturiers, & la Déclaration du 3. Novembre 1715. seront exécutez selon leur forme & teneur ; en conséquence, fait Sa Majesté défenses aux Toiliers de la Ville, Fauxbourgs & Banlieuë de Roüen, & à toutes personnes de quelque qualité & profession qu'elles puissent être, dans les autres Villes & lieux de

II. Suite du N. R.   Q

EDITS ET REGLEMENS,

1728. Avril.

Fabrique de la Genéralité de Roüen, d'emploïer à l'avenir l'Indigo, pour teindre en bleu, les soïes, fils & cotons destinez aux ouvrages de leur Fabrique : Fait pareillement Sa Majesté défenses aux Teinturiers en toiles, fils & cotons, de se servir pour la teinture de leurs matieres, soit à froid ou autrement, de l'Indigo, avec autres ingrediens que ceux désignez par les Réglemens pour la teinture en bleu du bon teint ; & ce, à peine de confiscation des marchandises, & de trois cens livres d'Amende : Déclare au surplus Sa Majesté, les saisies faites par les Teinturiers en toiles, fils & cotons de Roüen, sur les Toiliers de la même Ville, bonnes & valables ; & néanmoins par grace & sans tirer à conséquence, ordonne que les marchandises saisies seront renduës ausdits Toiliers : Enjoint Sa Majesté au Sieur Intendant & Commissaire départi dans la Genéralité de Roüen, de tenir la main à l'exécution du present Arrest, qui sera lû, publié & afiché, par tout où besoin sera, & sur lequel seront toutes Lettres nécessaires expédiées. FAIT au Conseil d'Etat du Roy, Sa Majesté y étant, tenu à Versailles le vingtiéme jour d'Avril mil sept cens vingt-huit. Signé, CHAUVELIN.

Lettres Patentes du Roy, sur l'Arrest du Conseil ci-dessus.

LOUIS par la grace de Dieu, Roy de France & de Navarre : A nos amez & feaux les Gens tenans nôtre Cour de Parlement à Roüen, SALUT. Nous étant fait representer en nôtre Conseil, l'Arrest rendu en icelui le 20. Avril 1728. par lequel Nous aurions ordonné que les Réglemens genéraux de 1669. pour les teintures, & nôtre Déclaration du 3. Novembre 1715. seroient exécutez selon leur forme & teneur ; & en conséquence, aurions fait défenses aux Toiliers de la Ville, Fauxbourgs & Banlieuë de Roüen, & à toutes personnes de quelque qualité & profession qu'elles puissent être, dans les autres Villes & lieux de Fabrique de la Genéralité de Roüen, d'emploïer à l'avenir l'Indigo, pour teindre en bleu, les soïes, fils & cotons destinez aux ouvrages de leur fabrique ; avec pareilles défenses aux Teinturiers en toiles, fils & cotons, de la même Ville, de se servir pour la teinture de leurs matieres, soit à froid ou autrement, de l'Indigo, avec autres ingrédiens que ceux désignez par les Réglemens, pour la teinture en bleu du bon teint ; & ce, à peine de confis-

DECLARATIONS ET ARRESTS. 123

1728.
Avril.

cation des marchandises, & de trois cens livres d'Amende; & qu'au surplus, les saisies faites par les Teinturiers en toiles, fils & cotons de Roüen, sur les Toiliers de la même Ville, seront déclarées bonnes & valables, & néanmoins par grace & sans tirer à conséquence, Nous aurions ordonné que les marchandises saisies seroient renduës ausdits Toiliers : Sur quoi Nous avons reconnu qu'il étoit à propos, pour l'exécution desdits Réglemens & Déclaration, de faire expédier l'Arrest ci-ataché, sous le Contrescel de nôtre Chancellerie, ce jourd'hui donné en nôtre Conseil d'Etat, Nous y étant, pour l'exécution duquel Nous avons ordonné que toutes Lettres nécessaires seroient expédiées. A CES CAUSES, & autres à ce Nous mouvant, de l'avis de nôtre Conseil, & de nôtre certaine science, pleine puissance & autorité Roïale, Nous avons par ces Presentes signées de nôtre main, dit & ordonné, disons & ordonnons, voulons & Nous plaît, que les Réglemens generaux de 1669. pour les Teintures, & nôtre Déclaration du 3. Novembre 1715. soient exécutez selon leur forme & teneur ; en conséquence, faisons défenses aux Toiliers de la Ville, Fauxbourgs & Banlieuë de Roüen, & à toutes personnes de quelque qualité & profession qu'elles puissent être, dans les autres Villes & lieux de Fabrique de la Generalité de Roüen, d'emploïer à l'avenir l'Indigo, pour teindre en bleu, les soïes, fils & cotons destinez aux ouvrages de leur fabrique : Faisons pareillement défenses aux Teinturiers en toiles, fils & cotons, de se servir pour la teinture de leurs matieres, soit à froid ou autrement, de l'Indigo, avec autres ingrediens que ceux désignez par les Réglemens, pour la teinture en bleu du bon teint, à peine de confiscation des marchandises, & de trois cens livres d'amende : Déclarons au surplus, les saisies faites par les Teinturiers en toiles, fils & cotons, de Roüen, sur les Toiliers de la même Ville, bonnes & valables ; & néanmoins par grace & sans tirer à conséquence, ordonnons que les marchandises saisies seront renduës ausdits Toiliers. SI VOUS MANDONS que ces Presentes vous aïez à faire lire, publier & registrer, & le contenu en icelles garder, observer & exécuter, selon leur forme & teneur, nonobstant Clameur de Haro, Chartre Normande & Lettres à ce contraires; CAR tel est nôtre plaisir. DONNE' à Versailles, le vingtiéme jour d'Avril, l'an de grace mil

Q ij

sept cens vingt-huit ; & de nôtre Régne le treiziéme. Signé, LOUIS: Et plus bas, Par le Roy, CHAUVELIN. Et scellées du grand Sceau de cire jaune.

Lûs, publiez & registrez, la grande Audience de la Cour séante. A Roüen en Parlement, le 19. Juin 1728. Signé, AUZANET.

Déclaration du Roy, concernant les Maîtres & Ouvriers Imprimeurs, & le Travail dans les Imprimeries, sous les peines y portées.

Du 10. Mai 1728.

1728.
Mai.

LOUIS par la grace de Dieu, Roy de France & de Navarre : A tous ceux qui ces presentes Lettres verront, SALUT. L'impression & la vente des Livres ont toûjours été l'un des principaux objets de l'atention des Rois nos prédécesseurs ; persuadez de la nécessité d'empêcher le cours d'Ouvrages capables de donner ateinte à la tranquilité de l'Etat, à la pureté des mœurs & à la sainteté de la Religion, ils ont en diférens tems expliqué leurs intentions, & même prononcé des peines rigoureuses, contre ceux qui contreviendroient à ce qu'ils avoient ordonné. C'est par les mêmes motifs, que Nous avons fait publier nôtre Déclaration du 12. Mai 1717. & Nous avions lieu d'espérer que la connoissance de ces sages Réglemens si souvent renouvelez, & la crainte des peines qui y sont établies, sufiroit pour réprimer les abus qui avoient donné lieu de faire cette Déclaration : Mais l'expérience Nous a fait connoître que nonobstant l'atention & la vigilance des Magistrats, plusieurs Imprimeurs ont porté la licence jusqu'à imprimer, sans Privilége ni Permission, des Ouvrages tendans à corrompre les mœurs de nos Sujets, ou à répandre des maximes également contraires à la Religion & à l'ordre public. Nous avons été informez d'ailleurs, que les diférens Réglemens intervenus sur cette matiere, pouroient laisser quelques doutes à ceux de nos Juges à qui apartient la connoissance des contraventions, & faire esperer aux coupables, de se soustraire à la rigueur des Loix, sous prétexte que la disposition n'en étoit pas encore assez claire & assez précise, pour mettre la Justice en droit & en état de

DECLARATIONS ET ARRESTS.

les condamner. A CES CAUSES, & autres à ce Nous mouvant, de l'avis de nôtre Conseil, & de nôtre certaine science, pleine puissance & autorité Roïale, Nous avons par ces Presentes signées de nôtre main, dit, déclaré & ordonné, disons, déclarons & ordonnons, voulons & Nous plaît:

Article premier.

Que les Edits, Ordonnances, Déclarations & Réglemens rendus sur le fait de l'Imprimerie, notamment les Ordonnances & Edit du Roy Henry II. des années 1547. & 1551. l'Ordonnance de Charles IX. de 1563. celle de Moulins de 1566. les Lettres Patentes, en forme de Déclaration, données en 1571. la Déclaration donnée sur icelles en 1572. l'Edit du mois d'Aoust 1686. les Lettres Patentes du mois d'Octobre 1701. nôtre Déclaration du 12. Mai 1717. soient exécutées selon leur forme & teneur, dans tous les points ausquels il ne sera pas dérogé par ces Presentes; défendons à tous Imprimeurs, Libraires, Colporteurs & autres, d'y contrevenir, sous les peines qui y sont contenuës.

II. Voulons que tous Imprimeurs qui seront convaincus d'avoir imprimé, sous quelque titre que ce puisse être, de Mémoires, Lettres, Relations, Nouvelles Eclésiastiques, ou autres dénominations, des Ouvrages, ou Ecrits non revêtus de Privilége ni Permission, sur des disputes nées ou à naître en matiere de Religion; & notamment ceux qui seroient contraires aux Bulles reçuës dans nôtre Roïaume, au respect dû à nôtre S. Pere le Pape, aux Evêques & à nôtre autorité, soient condamnez pour la premiere fois, à être apliquez au Carcan, même à plus grande peine, s'il y échet, sans que ladite peine du Carcan puisse être moderée, sous quelque prétexte que ce soit; & en cas de récidive, ordonnons que lesdits Imprimeurs soient en outre, condamnez aux Galeres pour cinq ans, laquelle peine ne poura pareillement être remise ni moderée.

III. La disposition de l'Article précédent aura lieu pareillement à l'égard des Imprimeurs, qui seront convaincus d'avoir imprimé des Ouvrages ou Ecrits tendans à troubler la tranquilité de l'Etat, ou à corrompre les mœurs de nos Sujets; & qui par cette raison, n'auroient pû être revêtus de Privilége ni de Permission.

IV. Voulons que ceux qui seront convaincus d'avoir composé, & fait imprimer des Ouvrages ou Ecrits de la qualité marquée dans l'un ou dans l'autre des deux précédens Articles, soient condamnez comme perturbateurs du repos public, pour la premiere fois, au bannissement à tems hors du ressort du Parlement où ils seront jugez ; & en cas de récidive, au bannissement à perpétuité hors de nôtre Roïaume.

V. A l'égard des autres Ouvrages ou Ecrits, qui n'étans de la qualité, & sur les matiéres ci-dessus marquées, auront été imprimez sans Privilége ni Permission, laissons à la prudence & à la Religion de nos Juges, par raport ausdits Ouvrages seulement, de prononcer contre les Imprimeurs & Auteurs, telles peines qu'ils jugeront convenables, suivant l'exigence des cas ; leur enjoignant néanmoins, de tenir séverement la main, à ce que tous ceux qui auront eu part à la composition, impression ou distribution de tous Libelles, de quelque nature qu'ils puissent être, soient punis suivant la rigueur de nos Ordonnances.

VI. Déclarons sujets aux peines portées par les Articles II. III. & V. de nôtre presente Déclaration, dans les diférens cas qui y sont énoncez, tous Imprimeurs qui se trouveront saisis de Formes composées, pour imprimer des Ouvrages non revêtus de Privilége ni de Permission ; & ce, encore qu'il n'y en eût aucune épreuve ni feüille tirée.

VII. Défendons très-expressément à tous Imprimeurs, de travailler ou faire travailler ailleurs que dans les maisons où ils demeurent, ou dans celles à la porte desquelles sera posée une enseigne publique d'Imprimerie. Ordonnons que conformément aux anciens Réglemens, la porte de leur Imprimerie ne sera fermée, pendant tout le tems de leur travail, que par un simple loquet : Comme aussi, leur faisons très-expresses inhibitions & défenses d'avoir dans leurs maisons ou autres lieux où ils imprimeront, aucunes portes de derriere, par lesquelles ils puissent faire sortir clandestinement aucuns Imprimez ; le tout, à peine d'interdiction pendant six mois, & de cinq cens livres d'Amende, qui ne poura être remise ni moderée par nos Juges, même de déchéance de la Maîtrise, ou autre plus grande punition, en cas de récidive.

VIII. Défendons à tous Imprimeurs, de se servir pour leurs Imprimeries de rouleaux, à peine d'interdiction pendant six mois, & de cinq cens livres d'Amende, même de déchéan-

DECLARATIONS ET ARRESTS 127

ce de la Maîtrise, & autre plus grande punition, en cas de récidive.

IX. Enjoignons à tous Imprimeurs, de marquer au bas de leurs Ouvrages, le nom de la Ville dans laquelle ils les auront imprimez, & la date de l'année où l'impression en aura été faite, à peine de cinq cens livres d'Amende pour chaque contravention; leur faisons très-expresses inhibitions & défenses, de suposer le nom d'une autre Ville ni aucunes dates fausses, à peine d'être poursuivis extraordinairement, & punis comme faussaires.

X. Toutes les peines portées par les Articles II. III. V. VI. VII. VIII. & IX de nôtre presente Déclaration, contre les Imprimeurs, auront également lieu, suivant les diférens cas, contre les Protes, Correcteurs & Compositeurs, ensemble contre les Distributeurs & Colporteurs de Libelles, dans ce qui peut les regarder.

XI. Et afin que tous les Protes, Correcteurs ou Compositeurs des Imprimeries, ne puissent excuser leurs contraventions, sous prétexte qu'ils ont présumé que l'Imprimeur, pour lequel ils travaillent, avoit obtenu un Privilége ou une Permission, & qu'on ne peut leur imputer leur ignorance, sur un fait dont ils ne sont pas chargez; ordonnons qu'à l'avenir, sur la copie du Livre ou Ouvrage qu'il s'agira d'imprimer, les Imprimeurs seront tenus de transcrire en entier, le Privilége ou la Permission par eux obtenuë, & de signer la copie qu'ils en auront écrite sur celle dudit Livre ou Ouvrage: Défendons ausdits Protes, Correcteurs ou Compositeurs de Livres, de travailler à l'impression d'aucun Livre ou Ouvrage, sur la copie duquel ledit Privilége ou Permission, n'auront pas été transcrits & signez par l'Imprimeur; & en cas de contravention, voulons qu'ils soient sujets aux mêmes peines que lesdits Imprimeurs, conformément à l'Article précédent.

XII. Défendons très-expressément à toutes personnes, de quelqu'état & condition qu'elles soient, & à toutes Communautez Ecclésiastiques ou Laïques, séculieres ou régulieres, d'avoir dans leurs maisons, à la Ville ou à la Campagne, des Imprimeries privées, soit avec presses, rouleaux ou autrement; le tout, à peine; sçavoir, contre les particuliers, de trois mille livres d'Amende, dont les propriétaires, s'ils

1718.
Mai.

128 EDITS ET REGLEMENS,

1728. Mai.

demeurent dans la maison, où les principaux locataires des maisons, seront responsables ; & contre les Communautez, de la même peine de trois mille livres d'Amende, & d'être en outre déchûës de tous les Priviléges & Immunitez à elles acordez, tant par Nous que par les Rois nos prédécesseurs.

SI DONNONS EN MANDEMENT à nos amez & féaux Conseillers les Gens tenans nôtre Cour de Parlement à Roüen, que ces Presentes ils aïent à faire registrer, & leur contenu exécuter, garder & observer de point en point, suivant leur forme & teneur ; CAR tel est nôtre plaisir. En témoin de quoi, Nous avons fait mettre nôtre Scel à ces Presentes. DONNE' à Versailles, le dixiéme jour de Mai, l'an de grace mil sept cens vingt-huit ; & de nôtre Régne le treiziéme. Signé, LOUIS : Et plus bas, Par le Roy, CHAUVELIN. Et scellée du grand Sceau de cire jaune.

Lûë, publiée & regiſtrée, la grande Audience de la Cour séante. A Roüen en Parlement, le 23. Novembre 1728. Signé, AUZANET.

Déclaration du Roy, qui proroge jusqu'au premier Septembre 1729. l'atribution donnée aux Jurisdictions Consulaires, pour connoître de toutes les Faillites & Banqueroutes.

Du 31. Juillet 1728.

1728. Juillet.

LOUIS par la grace de Dieu, Roy de France & de Navarre : A tous ceux qui ces presentes Lettres verront, SALUT. Nous avons par nôtre Déclaration du 7. Juillet 1727. ordonné que tous les Procès & diférens civils, mûs & à mouvoir, pour raison des Faillites & Banqueroutes, qui étoient ouvertes depuis le premier Janvier 1721. ou qui s'ouvriroient dans la suite, seroient jusqu'au premier Septembre de la presente année, portez pardevant les Juges & Consuls de la Ville où celui qui auroit fait faillite, seroit demeurant ; & pour cet éfet, Nous aurions évoqué tous ceux desdits Procès & diférens, qui étoient alors pendans & indécis pardevant les Juges ordinaires ou autres Juges inférieurs, ausquels Nous aurions fait très-expresses inhibitions & défenses d'en connoître, à peine de nullité : Et comme les motifs qui

Nous

DECLARATIONS ET ARRESTS.

Nous ont porté à proroger depuis plusieurs années, cette atribution aux Juges & Consuls, n'ont pas totalement cessé, Nous nous sommes déterminez à la continuer encore pour un tems. A CES CAUSES, & autres à ce Nous mouvant, de l'avis de nôtre Conseil, & de nôtre certaine science, pleine puissance & autorité Roïale, Nous avons par ces Presentes signées de nôtre main, dit, déclaré & ordonné, disons, déclarons & ordonnons, voulons & Nous plaît, que tous les Procès & diférens civils, mûs & à mouvoir, pour raison des Faillites & Banqueroutes, qui seront ouvertes depuis le premier Janvier 1721. ou qui s'ouvriront dans la suite, soient jusqu'au premier Septembre de l'année prochaine 1729. portées pardevant les Juges & Consuls de la Ville où celui qui aura fait faillite, sera demeurant; & pour cet éfet, Nous avons évoqué & évoquons tous ceux desdits Procès & diférens qui sont actuellement pendans & indécis, pardevant nos Juges ordinaires ou autres Juges inférieurs, ausquels Nous faisons très-expresses inhibitions & défenses d'en connoître, à peine de nullité, & iceux Procès & diférens, avec leurs circonstances & dépendances, Nous avons renvoïez & renvoïons pardevant lesdits Juges & Consuls, ausquels Nous en atribuons toute Cour, Jurisdiction & connoissance, sauf l'apel au Parlement, dans le ressort duquel lesdits Juges & Consuls sont établis. Voulons que nonobstant ledit apel, & sans préjudice d'icelui, lesdits Juges & Consuls continuënt leur procédure, & que leurs Jugemens soient exécutez par provision: Voulons pareillement, que jusqu'audit jour premier Septembre 1729. il soit par lesdits Juges & Consuls, à l'exclusion de tous autres Juges & Oficiers de Justice, procédé à l'apofition des Scellez & confection des Inventaires de ceux qui ont fait ou feront faillite; & au cas qu'ils eussent des éfets dans d'autres lieux que celui de leur demeure, Nous donnons pouvoir ausdits Juges & Consuls, de commettre telle personne que bon leur semblera, pour lesdits Scellez & Inventaires, qui seront aportez au Gréfe de la Jurisdiction Consulaire, & joints à ceux faits par lesdits Juges & Consuls: Voulons aussi que les demandes à fins d'homologation des Délibérations des créanciers, Contrats d'atermoïement, & autres Actes passez à l'ocasion desdites Faillites, soient portez pardevant les Juges & Consuls, pour être ho-

1728.
Juillet.

II. Suite du N.R. R

mologuez, si faire se doit, & que lesdits Juges & Consuls puissent ordonner la vente des meubles, & le recouvrement des éfets mobiliers, & connoissent des Saisies mobiliéres, opositions, revendications, contributions, & generalement de toutes autres contestations qui feront formées en conséquence desdites Faillites & Banqueroutes : N'entendons néanmoins empêcher qu'il puisse être procédé à la Saisie réelle & aux Criées des immeubles, pardevant les Juges ordinaires, ou autres Juges qui en doivent connoître, jusqu'au Bail judiciaire exclusivement ; sans préjudice de l'exécution & du renouvellement des Baux judiciaires précédemment ajugez, & sans qu'il puisse être fait aucune autre poursuite ni procédure, si ce n'est en conséquence des Délibérations prises à la pluralité des voix, par les créanciers dont les créances excédent la moitié du total des dettes. Voulons en outre, que jusqu'audit jour premier Septembre 1729. aucune plainte ne puisse être renduë, ni Requête donnée à fin criminelle, contre ceux qui auront fait faillite, & défendons très-expressément à nos Juges ordinaires & autres Oficiers de Justice, de les recevoir, si elles ne sont acompagnées de Délibérations, & du consentement des créanciers, dont les créances excédent la moitié de la totalité des dettes ; & quant aux procédures criminelles, commencées avant la date des Presentes, & depuis ledit jour premier Janvier 1721. voulons qu'elles soient continuées, & que néanmoins nos Juges ordinaires, & autres Oficiers de Justice soient tenus d'en surseoir la poursuite & le jugement, sur la simple requisition des créanciers dont les créances excéderont pareillement la moitié du total de ce qui est dû par ceux qui ont fait faillite, & en conséquence des Délibérations par eux prises, & annexées à leur Requête. N'entendons néanmoins que tous ceux qui ont fait faillite ou la feront ci-après, puissent tirer aucun avantage de l'atribution acordée aux Juges & Consuls, & des autres dispositions contenuës en la presente Déclaration, ni d'aucune Délibération ou d'aucun Contrat signé par la plus grande partie de leurs créanciers, que Nous avons déclarez nuls & de nul éfet, même à l'égard des créanciers qui les auront signez, si les Faillis sont acusez d'avoir dans l'état de leurs dettes ou autrement, emploïé ou fait paroître des créances feintes ou simulées, ou d'en avoir fait revivre d'aquitées, ou

DECLARATIONS ET ARRESTS. 131

d'avoir supofé des transports, ventes & donations de leurs éfets, en fraude de leurs créanciers, voulons qu'ils puissent être poursuivis extraordinairement, comme Banqueroutiers frauduleux, pardevant nos Juges ordinaires, ou autres Juges qui en doivent connoître, à la requête de leurs créanciers qui auront afirmé leurs créances, en la forme qui sera ci-après expliquée, pourvû que leurs créances composent la moitié du total des dettes ; & que lesdits Banqueroutiers soient punis de mort, suivant la disposition de l'Article XII. Titre XI. de l'Ordonnance de 1673. Défendons à toutes personnes, de prêter leurs noms, pour aider & favoriser les Banqueroutes frauduleuses, en divertissant les éfets, acceptant des transports, ventes ou donations simulées, & qu'ils sçauront être en fraude des créanciers, en se déclarant créanciers ne l'étans pas, ou pour plus grande somme que celle qui leur est dûë, ou en quelque sorte & maniere que ce puisse être. Voulons qu'aucun particulier ne se puisse dire & prétendre créancier, & en cette qualité assister aux assemblées, former oposition aux Scellez & Inventaires, signer aucune Délibération ni aucun Contrat d'atermoïement, qu'après avoir afirmé ; sçavoir, dans l'étenduë de la Ville, Prevôté & Vicomté de Paris, pardevant le Prevôt de Paris, ou son Lieutenant, & pardevant les Juges & Consuls, dans les autres Villes du Roïaume où il y en a d'établis, que leurs créances leur sont bien & légitimement dûës en entier, & qu'ils ne prêtent leurs noms, directement ni indirectement, au debiteur commun, le tout sans frais : Voulons aussi que ceux desdits prétendus créanciers, qui contreviendront aux défenses portées par ces Presentes, soient condamnez aux Galéres à perpétuité ou à tems, suivant l'exigence des cas, outre les peines pécuniaires contenuës en ladite Ordonnance de 1673. & que les femmes soient, outre lesdites peines exprimées par ladite Ordonnance, condamnées au banissement perpétuel ou à tems. Voulons que tous Marchands, Négocians, Banquiers & autres, qui ont fait ou qui feront faillite, soient tenus de déposer un Etat exact & détaillé, certifié véritable, de tous leurs éfets mobiliers & immobiliers & de leurs dettes, comme aussi leurs Livres & Registres, au Gréfe de la Jurisdiction Consulaire dudit lieu, ou la plus prochaine ; & que faute de ce ils ne puissent être reçûs à passer avec leurs créanciers, aucun Contrat d'atermoïement,

R ij

1718.
Juillet.

Concordat, Transaction ou autre Acte, ni obtenir aucune Sentence ou Arrêt d'homologation d'iceux, ni se prévaloir d'aucun Sauf-conduit acordé par leurs créanciers ; & voulons qu'à l'avenir lesdits Contrats & autres Actes, Sentences & Arrêts d'homologation, & Sauf-conduits soient nuls & de nul éfet, & que lesdits debiteurs puissent être poursuivis extraordinairement comme Banqueroutiers frauduleux, par nos Procureurs Genéraux ou par leurs Substituts, ou par un des créanciers, sans le consentement des autres, quand même il auroit signé lesdits Contrats, Actes ou Sauf-conduits, ou qu'ils auroient été homologuez avec lui : Voulons aussi que ceux qui ont précédemment passé quelques Contrats ou Actes avec leurs créanciers, ou qui ont obtenu des Sauf-conduits, ne puissent s'en aider & prévaloir, ni des Sentences ou Arrêts d'homologation intervenus en conséquence ; défendons à nos Juges d'y avoir aucun égard, si dans quinzaine pour tout delai, à compter du jour de la publication des Présentes, les debiteurs ne déposent leurs Etats, Livres & Registres, en la forme ci-dessus ordonnée, & sous les peines y contenuës, au cas qu'ils n'y aïent ci-devant satisfait : Et pour faciliter à ceux qui ont fait ou feront faillite, le moïen de dresser leursdits Etats, voulons qu'en cas d'aposition de Scellez sur leurs biens & éfets, leurs Livres & Registres leur soient remis & delivrez, après néanmoins qu'ils auront été paraphez par le Juge, ou autre Oficier commis par le Juge qui aposera lesdits Scellez, & par un des créanciers qui y assisteront, & que les feüillets blancs, si aucuns y a, auront été bâtonnez par ledit Juge ou autres Oficiers ; à la charge qu'au-plûtard après l'expiration dudit delai de quinzaine, lesdits Livres & Registres, & l'Etat des éfets actifs & passifs, seront déposez au Gréfe de la Jurisdiction Consulaire ou chez un Notaire, par celui qui aura fait faillite, sinon, voulons qu'il soit censé & réputé Banqueroutier frauduleux, & comme tel poursuivi, suivant qu'il a été précédemment ordonné. Déclarons nulles & de nul éfet, toutes Lettres de répi qui pouront être ci-après obtenuës, si ledit Etat des éfets & dettes n'est ataché sous le Contrescel, avec un certificat du Gréfier de la Jurisdiction Consulaire, ou d'un Notaire entre les mains duquel ledit Etat avec les Livres & Registres aura été déposé ; le tout, sans déroger aux usages & priviléges de la Jurisdiction de la Conservation de Lyon, ni

DECLARATIONS ET ARRESTS. 133

à la Déclaration du 30. Juillet 1715. intervenuë pour le Châtelet de nôtre bonne Ville de Paris. SI DONNONS EN MANDEMENT à nos amez & feaux les Gens tenans nôtre Cour de Parlement à Roüen, que ces Presentes ils aïent à faire lire, publier & regiftrer, & le contenu en icelles garder & exécuter, selon leur forme & teneur, nonobftant toutes Ordonnances, Edits, Déclarations, & autres chofes à ce contraires, auſquelles Nous avons dérogé & dérogeons par ces Prefentes ; aux Copies defquelles, collationnées par l'un de nos amez & feaux Conſeillers-Secrétaires, voulons que foi foit ajoûtée comme à l'Original ; CAR tel eſt nôtre plaifir. En témoin de quoi Nous avons fait mettre nôtre Scel à cefdites Prefentes. DONNE' à Verſailles, le trente-unième jour de Juillet, l'an de grace mil fept cens vingt-huit ; & de nôtre Régne le treiziéme. Signé, LOUIS : Et plus bas, Par le Roy, CHAUVELIN : Vû au Conseil, LE PELETIER. Et ſcellée du grand Sceau de cire jaune.

Lûë, publiée & regiſtrée, la grande Audience de la Cour ſeante. A Roüen en Parlement, le 23. Novembre 1728. Signé, AUZANET.

1728. Juillet.

Déclaration du Roy, concernant les Parentez entre Oficiers, par raport aux voix délibératives.

Du 30. Septembre 1728.

LOUIS par la grace de Dieu, Roy de France & de Navarre : A tous ceux qui ces prefentes Lettres verront, SALUT. Le feu Roy nôtre très-honoré Seigneur & Bifaïeul, aïant déclaré par fon Edit du mois d'Aouſt 1669. que les parens au premier, deux & troifiéme degré, enſemble les aliez jufqu'au fecond feulement, ne pouroient être reçûs à exercer conjointement aucun Ofice, dans nos Cours & Siéges inférieurs ; il ordonna par un Edit poſtérieur, du mois de Janvier 1681. que les avis des Oficiers titulaires, honoraires & véterans, qui feroient parens ou aliez aux degrez de pere & fils, d'oncle & neveu, de frere, de beau-pere, gendre & beau-frere, ne feroient comptez que pour un, quand ils feroient uniformes : Mais le terme de beau-frere, qui a été emploïé dans cet Edit, a donné lieu d'agiter une nou-

1728. Septemb.

velle question, pour sçavoir si ceux qui ont épousé les deux sœurs, devoient être assujétis aux mêmes régles en ce point, que s'ils étoient véritablement aliez au degré de beau-frere : Nous aprenons même que les Cours de nôtre Roïaume ont suivi des principes diférens, lorsque cette question s'y est presentée ; les unes s'atachant litéralement à la rigueur des termes, ont cru que celui de beau-frere ne pouvant s'apliquer suivant les régles du Droit, à ceux qui ont épousé les deux sœurs, ils ne devoient pas être censez compris dans la disposition de l'Edit du mois de Janvier 1681. les autres entrant davantage dans les motifs de la Loi, ont jugé que s'il n'y avoit point de véritable aliance en ce cas, il y avoit au moins une liaison équivalente, formée par des intérêts communs, & par l'union des deux familles, qui produisant les mêmes éfets, & pouvant être sujette aux mêmes inconvéniens, dévoit aussi porter les Juges à observer la même régle, dans la maniere de compter les sufrages. Les raisons de ces deux interprétations qui ont été données à l'Edit de 1681. ont tellement partagé entr'elles les diférentes Cours de nôtre Roïaume, que Nous avons apris qu'entre celles où la question s'est presentée, il y en a douze qui ont suivi le premier avis, onze qui ont embrassé le second, & deux qui ont pris le parti de suspendre leur jugement sur cette question, jusqu'à ce qu'il Nous eût plû de la résoudre : Nous nous portons d'autant plus volontiers à le faire, qu'une si grande contrarieté de jurisprudence, montre assez combien l'autorité de la Loi est nécessaire pour la fixer, & pour la rendre uniforme dans tous les Tribunaux. C'est dans cette vûë que Nous atachant moins à la lettre qu'à l'esprit des Loix précédentes, Nous croïons devoir ordonner que ceux qui ont épousé les deux sœurs, seront considérez dans ce qui regarde la confusion des voix uniformes, comme s'ils étoient véritablement beaux-freres : Mais en autorisant l'usage des Compagnies qui ont prévenu nôtre décision sur ce point, Nous aurons soin de les renfermer exactement dans le cas où il doit avoir lieu, suivant les motifs qui lui ont servi de fondement. Et comme Nous avons été encore informez qu'il s'étoit élevé quelque doute sur l'étenduë de la signification du terme de beau-pere, qui a été aussi emploïé dans l'Edit du mois de Janvier 1681. & sur ce qu'on n'y a fait mention que des gendres, sans parler des beaux-fils ou des enfans d'un

DECLARATIONS ET ARRESTS.

premier lit, par raport à celui que leur mere a épousé en secondes nôces, Nous avons jugé à propos, pour ne laisser rien d'obscur ou d'équivoque en cette matiere, d'expliquer plus clairement à cet égard, la disposition du même Edit, & d'y supléer ce qui pût y manquer. A CES CAUSES, & autres à ce Nous mouvant, de l'avis de nôtre Conseil, & de nôtre certaine science, pleine puissance & autorité Roïale, Nous avons par ces Presentes signées de nôtre main, dit, déclaré & ordonné, disons, déclarons & ordonnons, voulons & Nous plaît, que lesdits Edits de 1669. & de 1681. soient exécutez aux charges & conditions ci-aprés marquées ; & en conséquence, ordonnons qu'à l'avenir, l'incompatibilité établie par l'Edit de 1669. entre ceux qui sont aliez au degré de beau-frere, ait aussi lieu entre ceux qui auront épousé les deux sœurs, à moins qu'ils n'aïent obtenu nos Lettres de dispense, s'il Nous plaît de leur en acorder : Voulons pareillement que les voix de ceux qui sont ou qui seront dans ce cas, ne soient comptées que pour une, lorsqu'elles seront uniformes, le tout à moins que les deux sœurs ne soient décédées, & qu'il n'y ait aucuns enfans vivans de l'un ou de l'autre mariage, auquel cas de mort des deux sœurs, sans aucuns enfans desdits mariages, l'incompatibilité cessera entierement, & il n'y aura plus de confusion entre les voix des maris survivans. Déclarons en outre, que le terme de beau-pere emploïé dans l'Edit du mois de Janvier 1681. comprend également & l'Oficier dont un autre Oficier du même Siége a épousé la fille, & celui qui a épousé la mere d'un autre Oficier aussi du même Siége, lequel par là est devenu son beau-fils ; en sorte que de quelque maniere que les qualitez de beau-pere & de beau-fils se trouvent établies, l'incompatibilité ait lieu entre ceux qui auront ces qualitez, s'ils n'ont obtenu nos Lettres de dispense ; & que leurs voix ne soient comptées que pour une, toutes les fois qu'elles seront uniformes. SI DONNONS EN MANDEMENT à nos amez & feaux Conseillers les Gens tenans nôtre Cour de Parlement à Roüen, que ces Presentes ils aïent à faire lire, publier & enregistrer, & le contenu en icelles garder & observer, selon leur forme & teneur; CAR tel est nôtre plaisir. En témoin de quoi Nous avons fait mettre nôtre Scel à cesdites Presentes. DONNÉ à Fontainebleau, le trentiéme jour de Septembre, l'an de grace

1728.
Septemb.

mil sept cens vingt-huit; & de nôtre Régne le quatorziéme. Signé, LOUIS : Et plus bas, Par le Roy, CHAUVELIN. Et scellée du grand Sceau de cire jaune.

Lûë, publiée & registrée, la grande Audience de la Cour séante. A Roüen en Parlement, le 23. Novembre 1728. Signé, AUZANET.

Arrest du Conseil & Lettres Patentes, qui prescrivent la Chambre dans le Palais, où se doivent tenir les Assemblées pour les Afaires des Hôpitaux de la Ville de Roüen, ou autres nécessitez publiques, avec la Préseance des Oficiers, &c. dont elles doivent être composées.

Du 20. Octobre 1728.

1728. Octobre.

LE Roy aïant été informé que le lieu où se tiennent à l'Hôtel de Ville de Roüen, les Assemblées pour prévoir & remédier aux besoins pressans des Hôpitaux de ladite Ville, & autres nécessitez publiques, qui peuvent exiger lesdites Assemblées, ausquelles les Compagnies des Cour de Parlement, Cour des Comptes, Aides & Finances, & Chapitre de la Cathedrale, sont convoquées par Députez, n'est point assez spacieux pour contenir tous les Députez desdites Compagnies, & autres Personnes notables qui doivent y être apellées; & que d'ailleurs, ceux qui composent le Corps de ladite Ville, ne prétendent donner à ces mêmes Députez, qu'un rang & une seance, qui ne convient ni aux Ofices dont ils sont revêtus, à la dignité de la Magistrature, ni à ce qui est dû au caractére Eclésiastique. A quoi Sa Majesté voulant pourvoir, d'une maniere qui ne reçoive plus à l'avenir aucune contestation, sur le rang, la séance & les Signatures : Oüi le Raport, SA MAJESTÉ ETANT EN SON CONSEIL, a ordonné & ordonne qu'à l'avenir, dans toutes les Assemblées qui se tiendront, soit pour les besoins pressans des Hôpitaux de la Ville de Roüen, soit pour d'autres nécessitez publiques, les Maire & Echevins de ladite Ville, seront tenus de convoquer suivant l'ancien usage, les Oficiers des Cour de Parlement, Cour des Comptes, Aides & Finances, Chapitre de la Cathedrale, & autres Notables, qui ont coûtume d'y être apellez, & qui y envoïeront leurs Députez :

Que

DECLARATIONS ET ARRESTS.

Que l'Assemblée se tiendra à l'avenir, dans le lieu où la Grand' Chambre du Parlement tient ses Audiences publiques; & que tous les Députez de ladite Cour de Parlement, de la Cour des Comptes, Aides & Finances, & ceux du Chapitre de la Cathedrale, y auront rang, seance & voix délibérative, au-dessus des Oficiers dudit Hôtel de Ville, soit pour les places, soit pour les signatures des Délibérations qui auront été arrêtées dans lesdites Assemblées; & ce, nonobstant tous usages & ordres à ce contraires, auxquels Sa Majesté a dérogé pour ce regard. FAIT au Conseil d'Etat du Roy, Sa Majesté y étant, tenu à Fontainebleau le vingtiéme jour d'Octobre mil sept cens vingt-huit.

Signé, CHAUVELIN.

Registré ès Registres de la Cour, pour être exécuté selon sa forme & teneur, suivant l'Arrest donné en Parlement, les Chambres assemblées, cejourd'hui dix-septiéme jour de Novembre mil sept cens vingt-huit.

Signé, AUZANET.

Arrest du Parlement, pour l'Enregistrement de l'Arrest du Conseil d'Etat ci-dessus.

Du 17. Novembre 1728.

LOUIS par la grace de Dieu, Roy de France & de Navarre: Au premier des Huissiers de nôtre Cour de Parlement de Roüen, ou autre nôtre Huissier ou Sergent sur ce requis, SALUT. Sçavoir faisons que cejourd'hui sur la remontrance faite à la Cour, les Chambres assemblées, par nôtre Procureur Général; expositive qu'il lui a été mis entre les mains, un Arrest du Conseil d'Etat en Commandement, qui régle le lieu où se doivent tenir à l'avenir les Assemblées generales de la Ville, où doivent assister les Compagnies de nos Cours de Parlement, des Comptes, Aides & Finances, & Chapitre de la Cathedrale, & les séances qu'ils y doivent prendre: Pourquoi requiert être ordonné que ledit Arrest du Conseil d'Etat, sera registré ès Registres de la Cour, pour être exécuté selon sa forme & teneur; & signifié à sa requête, au Gréfe & à son Substitut de l'Hôtel de Ville de Roüen, & par tout où il apartiendra. Vû par nôtre Cour ledit Requisitoire: Et oüi le Raport du Sieur le Pesant de Boisguilbert, Conseiller-Commissaire: Tout considéré; NOSTREDITE COUR

II. Suite du N. R.

faisant droit sur le Requisitoire du Procureur Général du Roy, a ordonné que ledit Arrest du Conseil d'Etat sera registré ès Registres de la Cour, pour être exécuté selon sa forme & teneur; & signifié requête du Procureur Général, au Gréfe & à son Substitut de l'Hôtel de Ville de Roüen, & par tout où il apartiendra : Pource est-il que Nous te mandons faire tous Exploits & Assignations à ce nécessaires, de ce faire te donnons pouvoir. DONNE' à Roüen en Parlement, le dix-septiéme jour de Novembre, l'an de grace mil sept cens vingt-huit ; & de nôtre Régne le quatorziéme. *Collationné*. Par la Cour, Signé, LE JAULNE. Et scellé.

Signifié en execution dudit *Arrest*, le 18. Novembre 1728.

Réglement du Roy, au sujet des Engagez & Fusils qui doivent être portez par les Navires-Marchands, aux Colonies des Isles Françoises de l'Amerique & de la Nouvelle France.

Du 15. Novembre 1728.

LE Roy s'étant fait representer le Réglement rendu par Sa Majesté, le 16. Novembre 1716. & les Lettres Patentes expédiées sur icelui, le même jour, concernant la quantité d'Engagez & de Fusils boucaniers ou de chasse, qui doivent être portez aux Colonies Françoises de l'Amerique & de la Nouvelle France, par les Bâtimens-marchands, qui y sont destinez : L'Arrest de son Conseil d'Etat, du 10. Janvier 1718. qui dispense les Vaisseaux de la Compagnie d'Occident, à present Compagnie des Indes, de porter des Engagez & Fusils, dans la Colonie de la Loüisianne, & trois Ordonnances des 14. Janvier & 20. Mai 1721. & 15. Février 1724. dont la premiere concerne les prisonniers qui seront donnez aux Armateurs des Vaisseaux, au lieu d'Engagez qu'ils doivent porter dans les Colonies ; la seconde dispense les Armateurs de porter des Engagez, en païant soixante livres pour chacun de ceux qu'ils ne transféreront pas ausdites Colonies sur leurs Vaisseaux ; & la troisiéme régle entr'autres choses, qu'il sera païé cent vingt livres pour les Engagez de métier, qui ne seront point portez ausdites Isles & Colonies : Et Sa Majesté étant informée qu'il convient pour l'avantage defdites Ifles & Colonies, & l'utilité defdits Négocians, d'expliquer précifément fes intentions, fur les diférentes difpofitions contenuës dans lefdits Réglement, Arreft & Ordonnances, Elle a fait le prefent Réglement qu'elle veut être exécuté à l'avenir, felon fa forme & teneur.

TITRE PREMIER.
Des Engagez.
ARTICLE PREMIER.

Tous les Capitaines des Bâtimens-marchands qui iront aux Colonies des Ifles Françoifes de l'Amerique, & de la Nouvelle France ou Canada, & l'Ifle Roïale, excepté les Vaiffeaux de la Compagnie des Indes, deftinez pour la Loüifianne & pour la traite des Negres, ceux des Marchands qui avec la permiffion de ladite Compagnie, iront faire ladite traite des Négres, & ceux qui feront deftinez pour aller faire la pêche de la moruë, feront tenus d'y porter des Engagez; fçavoir, dans les Bâtimens de foixante tonneaux & au-deffous trois Engagez; dans ceux de foixante tonneaux jufqu'à cent, quatre Engagez, & dans ceux de cent tonneaux & au-deffus, fix Engagez.

II. La condition de porter lefdits Engagez, fera inferée dans les Congez de l'Amiral, qui feront delivrez pour la navigation defdits Navires & Bâtimens.

III. Lefdits Engagez auront au moins dix-huit ans, & ne pouront être plus âgez de quarante; ils feront de la grandeur au moins de quatre pieds & en état de travailler, & le terme de leur engagement fera de trois ans.

IV. La reconnoiffance en fera faite par les Oficiers de l'Amirauté des Ports où les Bâtimens feront expédiez, lefquels rejetteront ceux qui ne feront pas de l'âge & de la qualité mentionnée dans le précédent Article, ou qui ne leur paroîtront pas de bonne complexion.

V. Le fignalement defdits Engagez fera mentionné dans le Rôle d'Equipage.

VI. Les Engagez qui fçauront les mêtiers de maçon, tailleur de pierre, forgeron, ferrurier, menuifier, tonnelier, charpentier, calfat & autres mêtiers, qui peuvent être utiles dans les Colonies, feront paffez pour deux, & il fera fait mention du mêtier qu'ils fçauront, dans leur fignalement; à

EDITS ET REGLEMENS,

l'éfet de quoi, les Capitaines ou Armateurs qui presenteront à l'avenir pour Engagez des gens de mêtier, seront tenus de raporter au Bureau des Classes, un certificat des Maîtres du mêtier, sous le titre duquel ils seront presentez, portant que lesdits Engagez sont capables d'exercer ledit mêtier, lesquels Maîtres de mêtier seront à cette fin, indiquez ausdits Capitaines ou Armateurs.

VII. Les Capitaines desdits Bâtimens, abordans dans lesdites Isles & Colonies, seront tenus de representer aux Gouverneurs & Intendans ou Commissaires-ordonnateurs, lesdits Engagez avec le rôle de leur signalement, pour vérifier si ce sont les mêmes qui auront dû être embarquez, & s'ils sont de la qualité prescrite.

VIII. Chaque habitant desdites Isles & Colonies, sera tenu de prendre un Engagé, pour chaque vingtaine de Négres qu'il aura sur son habitation, outre le commandeur: les Capitaines conviendront du prix desdits Engagez avec lesdits habitans; & en cas qu'ils ne puissent point en convenir à l'amiable, lesdits Gouverneurs & Intendans ou Commissaires-ordonnateurs en régleront le prix, & obligeront les habitans qui n'en auront pas le nombre ci-dessus prescrit, de s'en charger.

IX. Lesdits Capitaines seront tenus de prendre un certificat desdits Gouverneurs, visé de l'Intendant ou Commissaire-ordonnateur, dans lequel il sera fait mention de la remise desdits Engagez aux habitans, & que ce sont les mêmes qui auront dû être embarquez.

X. Seront tenus lesdits Capitaines à leur retour en France, en faisant leurs déclarations, de remettre lesdits certificats aux Oficiers de l'Amirauté; & faute par eux de raporter lesdits certificats, ils païeront entre les mains du Tresorier genéral de la Marine en exercice, un mois après l'arrivée de leurs Bâtimens dans le Port du débarquement; sçavoir, pour chaque simple Engagé, la somme de soixante livres, & celle de cent vingt livres pour chaque Engagé de mêtier, qu'ils n'auront pas remis dans lesdites Colonies, encore même qu'ils raportent des certificats de desertion desdits Engagez, ausquels Sa Majesté défend aux Juges d'Amirauté d'avoir égard: Veut Sa Majesté que faute d'avoir païé dans ledit tems d'un mois, ils soient poursuivis pardevant lesdits Juges d'Amirauté, & condamnez au païement defdites fommes, & en outre à une amende d'une fomme égale à celle à laquelle ils auront été condamnez.

XI. Les particuliers que Sa Majefté deftinera par fes ordres, à paffer en qualité d'Engagez dans lefdites Colonies, enfemble les Soldats de recrûë qui y feront envoïez, foit qu'ils aïent des métiers ou non, feront reçûs dans les Vaiffeaux-marchands deftinéz pour lefdites Colonies, fur le pied d'un Engagé chacun, & traitez de la même maniere que s'ils avoient été engagez par lefdits Capitaines ou Armateurs, lefquels feront déchargez d'autant du nombre qu'ils auront été obligez d'embarquer, eu égard à la continence de tonneaux de leurs Bâtimens; ils feront pareillement déchargez du nombre des Engagez, pour les places qui feront acordées aux Oficiers defdites Colonies & autres, qui pafferont dans lefdits Bâtimens.

XII. Permet Sa Majefté aux Capitaines ou Armateurs, qui n'auront pas dans le tems du départ de leurs Bâtimens pour lefdites Colonies, le nombre d'Engagez prefcrit par le préfent Réglement, de païer avant le départ pour chacun de ceux qui leur manqueront, la fomme de foixante livres, entre les mains du Commis du Treforier général de la Marine en exercice, moïennant quoi, & en raportant la quitance dudit Commis, ils en feront déchargez.

XIII. N'entend Sa Majefté comprendre dans le précédent Article, les Vaiffeaux qui feront deftinez pour le Canada & l'Ifle Roïale, dont les Capitaines ou Armateurs feront tenus d'embarquer le nombre éféctif des Engagez, prefcrit par le premier Article du préfent Réglement.

TITRE DEUXIEME.
Des Fufils.

ARTICLE PREMIER.

Tous les Capitaines des Bâtimens-marchands, qui iront dans lefdites Colonies des Ifles Françoifes de l'Amérique, du Canada & de l'Ifle Roïale, excepté les Capitaines des Vaiffeaux de la Compagnie des Indes, deftinez pour la Louïfianne & pour la traite des Négres, ceux des Bâtimens-marchands, qui avec la permiffion de ladite Compagnie iront faire ladite traite des Négres, & ceux qui feront deftinez pour aller faire la pêche de la moruë, seront tenus d'y porter chacun dans leurs Vaisseaux, quatre Fusils boucanniers ou de chasse, à garniture jaune.

II. La condition de porter lesdits Fusils boucanniers ou de chasse, sera inserée dans les Congez de l'Amiral, qui seront delivrez pour la navigation desdits Navires.

III. Les Fusils boucanniers auront quatre pieds quatre pouces, & seront du calibre d'une bale de dix-huit à la livre, poids de marc, & seront legers.

IV. Les Fusils de chasse seront de la longueur de quatre pieds & legers.

V. Lesdits Capitaines remettront à leur arrivée lesdits Fusils, dans la Salle d'armes du magasin de Sa Majesté, de l'endroit où ils aborderont, pour être ensuite examinez & éprouvez, en presence du Gouverneur ou Commandant en son absence.

VI. Si dans l'épreuve qui sera faite, il s'en trouve de rebut, lesdits Capitaines seront tenus de païer trente livres pour chaque Fusil qui sera rebuté.

VII. Ladite somme de trente livres sera emploïée par les Gouverneurs & Intendans ou Commissaires-ordonnateurs, en achat de Fusils pour les pauvres habitans, lesquels leur seront distribuez aussi-tôt.

VIII. Lesdits Capitaines laisseront les Fusils qu'ils auront portez, dans les magasins de Sa Majesté, jusqu'à ce qu'eux ou leurs correspondans les aïent vendus, ou que les Gouverneurs les aïent fait distribuer dans les Compagnies de Milice, auquel cas ils donneront conjointement avec l'Intendant ou Commissaire-ordonnateur, les ordres nécessaires pour leur païement.

IX. Lesdits Capitaines seront tenus de prendre un certificat desdits Gouverneurs, visé de l'Intendant ou du Commissaire-ordonnateur, de la remise desdits Fusils, dans lequel il sera fait mention des sommes qu'ils auront païées, en cas qu'il y en ait eu de rebutez.

X. Ils seront pareillement tenus de remettre à leur retour en France, en faisant leur déclaration, lesdits certificats aux Oficiers d'Amirauté.

XI. Les Capitaines & propriétaires desdits Bâtimens seront condamnez solidairement par les Oficiers de l'Amirauté, à cinquante livres d'Amende, pour chacun des Fusils qu'ils n'auront pas portez dans les Colonies, sauf l'apel aux Cours de Parlement où lesdites Amirautez ressortissent.

TITRE TROISIE'ME.
Des Poursuites & Amendes.

ARTICLE PREMIER.

Les contraventions aux Articles du present Réglement, seront poursuivies à la requête des Procureurs de Sa Majesté des Amirautez, & les Sentences qui interviendront contre les délinquans, seront exécutées pour les condamnations d'Amende, nonobstant l'apel & sans préjudice d'icelui, jusqu'à concurrence de trois cens livres, sans qu'il puisse être acordé de défenses, même lorsque l'Amende sera plus forte, que jusqu'à concurrence de ce qui excédera ladite somme de trois cens livres.

II. Ceux qui apelleront desdites Sentences, seront tenus de faire statuer sur leur apel, ou de le mettre en état d'être jugé définitivement, dans un an du jour & date d'icelui; sinon & à faute de ce faire, ledit tems passé, ladite Sentence sortira son plein & entier éfet, & l'Amende sera distribuée conformément à ladite Sentence, & le dépositaire d'icelle bien & valablement déchargé.

III. Les Amendes qui seront prononcées pour lesdites contraventions, dans les Siéges particuliers des Amirautez, apartiendront à l'Amiral; & à l'égard de celles qui seront prononcées dans les Siéges genéraux des Tables de Marbre, il ne lui en apartiendra que moitié, & l'autre moitié à Sa Majesté; le tout, conformément à l'Ordonnance de 1681.

Les Gouverneurs & Intendans ou Commissaires-ordonnateurs esdites Colonies, rendront compte conjointement tous les six mois, au Secrétaire d'Etat aïant le département de la Marine, du nombre des Engagez & des Fusils que chaque Vaisseau-marchand aura porté, des sommes païées pour les Fusils défectueux, & de l'emploi qui en aura été fait.

Mande & ordonne Sa Majesté à Mr le Comte de Toulouse Amiral de France, aux Gouverneurs & Lieutenans genéraux dans l'Amerique Septentrionale & Méridionale, aux Intendans, Gouverneurs particuliers, Commissaires-ordonnateurs, & autres Oficiers qu'il apartiendra, de tenir chacun en droit foi, la main à l'exécution du préfent Réglement, lequel fera lû, publié & afiché, par tout où befoin fera. FAIT à Fontainebleau, le quinziéme jour de Novembre mil fept cens vingt-huit. Signé, LOUIS: Et plus bas, PHELYPEAUX.

Lettres Patentes du Roy, fur le Réglement ci-deffus.

LOUIS par la grace de Dieu, Roy de France & de Navarre: A tous ceux qui ces préfentes Lettres verront, SALUT. Nous aurions fait un Réglement en date de cejourd'hui, au fujet des Engagez & Fufils, qui doivent être portez par les Navires-marchands, dans nos Colonies des Ifles de l'Amérique & de la Nouvelle France, pour l'exécution duquel Nous avons jugé néceffaire de faire expédier nos Lettres Patentes, adreffantes à nos Cours. A CES CAUSES, de l'avis de nôtre Confeil, Nous en confirmant ledit Réglement ci-atachéfous le Contrefcel de nôtre Chancellerie, l'avons autorifé & autorifons par ces Préfentes fignées de nôtre main; voulons qu'il foit enregiftré en nos Cours, & exécuté felon fa forme & teneur. SI DONNONS EN MANDEMENT à nos amez & feaux les Gens tenans nôtre Cour de Parlement à Roüen, que ces Préfentes, enfemble ledit Réglement, ils aïent à faire lire, publier & enregiftrer, & le contenu en icelles garder & obferver, felon leur forme & teneur, nonobftant Clameur de Haro, Chartre Normande, Edits, Ordonnances, Réglemens, Arrêts, & autres chofes à ce contraires, aufquels Nous avons dérogé & dérogeons; CAR tel eft nôtre plaifir. En témoin de quoi Nous avons fait apofer nôtre Scel à cefdites Préfentes. DONNE' à Fontainebleau, le quinziéme jour du mois de Novembre, l'an de grace mil fept cens vingt-huit; & de nôtre Régne le quatorziéme. Signé, LOUIS: Et plus bas, Par le Roy, PHELYPEAUX. Et fcellées en queuë du grand Sceau de cire jaune, avec un Contrefcel.

Lûs, publiez & regiftrez, la grande Audience de la Cour féante. A Roüen en Parlement, le 3. Décembre 1728. Signé, AUZANET.

Décla-

DECLARATIONS ET ARRESTS.

Déclaration du Roy, concernant l'Embarquement & Débarquement ou Congé donné aux Matelots dans les Ports du Roïaume ou Etrangers, au sujet des Acomptes qui peuvent être donnez sur leurs Salaires.

Du 18. Décembre 1728.

LOUIS par la grace de Dieu, Roy de France & de Navarre : A tous ceux qui ces presentes Lettres verront, SALUT. Nous sommes informez que le commerce de nos Sujets est souvent interrompu par la desertion des Matelots, qui composent les Equipages de leurs Vaisseaux ; que ces desertions proviennent de ce que ceux qui les commandent, ont la facilité de donner ausdits Matelots des acomptes sur leurs loïers, & même de leur païer en entier ce qui peut leur être dû, avant que le voïage soit fini ; qu'ils font ces païemens dans les Ports de nôtre Roïaume où ils relâchent, ou dans les Païs étrangers, & que cette facilité donne lieu aux Matelots, qui ne sont point retenus dans ces sortes d'endroits par leurs familles, de faire un mauvais usage de ce qu'ils ont reçû & de le consommer en dépenses inutiles ; ce qui est cause de leur desertion, & qu'ils prennent le parti de ne point retourner dans leurs départemens : Et étant de l'interêt & de l'avantage du commerce de nos Sujets, d'empêcher un pareil abus ; A CES CAUSES, & autres à ce Nous mouvant, de nôtre certaine science, pleine puissance & autorité Roïale, Nous avons dit, déclaré & ordonné, disons, déclarons & ordonnons, voulons & Nous plaît ce qui suit.

ARTICLE PREMIER.

Les Capitaines, Maîtres ou Patrons ne pouront laisser ou congedier aucuns Matelots de leurs Equipages, dans les Païs étrangers, à peine de deux cens livres d'Amende pour chacun desdits Matelots ; à l'exception néanmoins de ceux qui seront hors d'état d'être embarquez, pour raison de maladie, lesquels ils pouront laisser dans lesdits Païs étrangers.

II. Ils feront faire mention sur leurs Rôles d'Equipages par les Consuls, Vice-Consuls ou autres personnes chargées des afaires de nôtre Marine, dans les Païs étrangers, des Ma-

II. Suite du N. R.

telots ainſi laiſſez, à peine d'être ſujets à l'Amende portée par l'Article précédent ; & ils ſe conformeront pour les loïers deſdits Matelots, à ce qui eſt preſcrit par l'Ordonnance du mois d'Aouſt 1681.

III. Ils ne pourront auſſi laiſſer ou congédier aucuns Matelots de leurs Equipages, dans les Ports de nôtre Roïaume, Terres & Païs de nôtre obeïſſance, où ils iront faire leur commerce, ou dans leſquels ils relâcheront, ſans en faire faire mention au bas de leurs Rôles d'Equipages, par les Oficiers des Claſſes, ou par ceux qui en feront les fonctions, à peine de ſoixante livres d'Amende pour chaque Matelot ; & ils ſeront tenus ſous la même peine, de remettre les loïers qui pourront être dûs aux Matelots, ainſi laiſſez ou congediez, entre les mains deſdits Oficiers des Claſſes, ou de ceux qui en feront les fonctions, pour le païement en être fait auſdits Matelots, dans leur département.

IV. Leſdits Oficiers des Claſſes, ou ceux qui en feront les fonctions, ſeront tenus de faire mention au bas deſdits Rôles, de la ſomme qui leur aura été remiſe, pour les loïers des Matelots ainſi laiſſez ou congediez.

V. Leſdits Capitaines, Maîtres ou Patrons ne pourront païer dans les Païs étrangers, aux Matelots de leurs Equipages, ce qui poura leur être dû pour les loïers, à peine de cent livres d'Amende, dont moitié aplicable au dénonciateur.

VI. Ils ne pourront auſſi, à peine de ſoixante livres d'Amende, donner auſdits Matelots aucun Acompte ſur leurs loïers, dans leſdits Païs étrangers, ni dans les Ports de nôtre Roïaume, Terres & Païs de nôtre obeïſſance, où ils iront faire leur commerce, ou dans leſquels ils relâcheront, à moins que ce ne ſoit dans leſdits Païs étrangers, du conſentement des Conſuls, Vice-Conſuls, ou autres perſonnes chargées des afaires de nôtre Marine, dans leſdits Païs, & dans les Ports de nôtre Roïaume, Terres & Païs de nôtre obeïſſance, de celui des Oficiers des Claſſes, ou de ceux qui en feront les fonctions, duquel conſentement ils ſeront tenus de faire faire mention par ceux qui le donneront, au bas de leurs Rôles d'Equipages.

VII. Défendons auſdits Capitaines, Maîtres ou Patrons, à peine de ſoixante livres d'Amende, d'embarquer aucun Matelot ni Paſſager, ſans en faire faire mention ſur leurs Rôles d'Equipages.

DECLARATIONS ET ARRESTS. 147

VIII. Ladite mention fera faite par les Oficiers des Clas- 1728.
ses, ou par ceux qui en feront les fonctions, si lesdits Mate- Décemb.
lots ou Passagers s'embarquent dans les Ports de nôtre Roïaume, Terres & Païs de nôtre obeïssance, & par les Consuls,
ou autres personnes chargées des afaires de nôtre Marine,
dans les Païs étrangers, en cas que lesdits Matelots s'embarquent dans lesdits Païs étrangers.

IX. Toutes les Amendes mentionnées aux Presentes, seront solidaires, tant contre les Capitaines, Maîtres ou Patrons, que contre les Propriétaires ou Armateurs des Bâtimens.

X. Les Oficiers des Classes ou ceux qui en feront les fonctions, donneront avis à nos Procureurs dans les Amirautez,
chacun dans leur district, de ceux qu'ils sçauront avoir contrevenu aux Presentes, lesquels seront poursuivis à la requête de nosdits Procureurs, & les Sentences qui interviendront
contre les délinquans, feront exécutées pour les condamnations
d'Amende, nonobstant l'apel & sans préjudice d'icelui, jusqu'à concurrence de trois cens livres, sans qu'il puisse être
acordé de défenses, lorsque l'Amende sera plus forte, que jusqu'à concurrence de ce qui excédera ladite somme de trois
cens livres.

XI. Ceux qui apelleront desdites Sentences, seront tenus
de faire statuer sur leur apel, ou de le mettre en état d'être
jugé définitivement, dans un an du jour & date d'icelui; sinon
& à faute de ce faire, lesdites Sentences sortiront leur plein
& entier éfet, & les Amendes seront distribuées conformément
ausdites Sentences, & les dépositaires d'icelles bien & valablement déchargez.

SI DONNONS EN MANDEMENT à nos amez & feaux
les Gens tenans nos Cours de Parlement, que ces Presentes
ils fassent lire, publier & regîtrer, & le contenu en icelles
garder & observer, selon leur forme & teneur, nonobstant
tous Edits, Déclarations, Arrêts, Ordonnances, Réglemens,
Clameur de Haro, Chartre Normande, & autres choses à ce
contraires, ausquelles Nous avons dérogé & dérogeons par
cesdites Presentes. Voulons qu'aux Copies d'icelles, collationnées par l'un de nos amez & feaux Conseillers-Secrétaires,
foi soit ajoûtée comme à l'Original; CAR tel est nôtre plaisir. En témoin de quoi Nous avons fait mettre nôtre Scel

T ij

à cesdites Presentes. DONNÉ à Versailles, le dix-huitiéme jour de Décembre, l'an de grace mil sept cens vingt-huit; & de nôtre Régne le quatorziéme. Signé, LOUIS: Et plus bas, Par le Roy, PHELYPEAUX. Et scellée du grand Sceau de cire jaune.

Lûe, publiée & registrée, la grande Audience de la Cour séante, A Roüen en Parlement, le 17. Mars 1729. Signé, AUZANET.

Déclaration du Roy, au sujet de la Pêche des Moules, dans les Provinces de Flandre, Païs conquis & reconquis, Boulonnois, Picardie & Normandie.

Du 18. Décembre 1728.

1728.
Décemb.

LOUIS par la grace de Dieu, Roy de France & de Navarre: A tous ceux qui ces presentes Lettres verront, SALUT. Les Parcs ou Reservoirs, dans lesquels les Marchands & Voituriers de Moules déposent celles qu'ils achétent des Pêcheurs, ocasionnent la plus grande partie des abus qui se pratiquent dans la pêche des Moules; ces Marchands par le moïen de ces dépôts, se rendent les maîtres du prix de ce coquillage, qu'ils augmentent suivant qu'ils le jugent à propos; ils engagent le plus de monde qu'ils peuvent, pour faire cette pêche, & achétent d'eux à l'encombrement & sans distinction, toutes les Moules qui en proviennent; ce qui fait que celles qui sont en état d'être pêchées, celles qui ne le sont point, & même le frai sont cüeillis indistinctement: ces Moules livrées sont mises dans les Parcs ou Réservoirs; & lorsque les Marchands veulent les vendre, ils sont obligez de les détacher les unes des autres, & ils laissent sur la côte au gré des flots, celles qui par leur petitesse ne peuvent être consommées, lesquelles consistent ordinairement à plus de la moitié de celles qu'ils ont achetées: Et comme cette maniere de pêcher, qui est pratiquée en contravention de ce qui est porté par l'Ordonnance du mois d'Aoust 1681. a détruit plusieurs Moulieres, & en a rendu d'autres infructueuses, Nous avons résolu de renouveler les dispositions portées par ladite Ordonnance, & d'y en ajoûter de nouvelles, pour conserver à nos Sujets un coquillage, dont il se fait un grand usage, particulierement sur les côtes de la Mer. A CES CAUSES, & autres à ce Nous mouvant, de nôtre certaine science, pleine puissance & autorité Roïale, Nous avons dit, déclaré & ordonné, & par ces Presentes signées de nôtre main, disons, déclarons & ordonnons, voulons & Nous plaît ce qui suit.

TITRE PREMIER.
De la Pêche des Moules sur les Moulieres, qui découvrent de basse Mer.

ARTICLE PREMIER.

Les Pêcheurs & tous autres se serviront pour cüeillir les Moules, qui seront en état d'être pêchées sur les Moulieres qui découvrent de basse Mer, de couteaux de fer, de deux pouces de large au plus, & qui ne pourront avoir que sept pouces de long, y compris le manche.

II. Leur défendons de se servir d'aucun autre instrument, soit de bois ou de fer, pour faire ladite cüeillette, & pour arracher les Moules des roches où elles peuvent être atachées.

III. Ils ne pourront faire ladite cüeillette, sans avoir ôté leurs chaussures, excepté pendant les mois de Novembre, Décembre, Janvier, Février & Mars.

IV. Leur faisons défenses de cüeillir des Moules qui aïent moins de quinze lignes de long, à la réserve de celles qui croissent sur les Moulieres de Luc, Lion & d'Hermanville, Amirauté d'Oistreham, qui pourront être cüeillies à douze lignes de longueur.

V. Leur faisons pareillement défenses d'arracher les Moules en grosses poignées, ni le frai des Moules, & de racler les fonds des Moulieres, avec couteaux ou autres instrumens de bois ou de fer.

VI. Les dispositions contenuës aux Articles du present Titre, seront exécutées, à peine contre les contrevenans, de confiscation des Moules & instrumens, & de vingt-cinq livres d'Amende pour la premiere fois, de pareille confiscation & de cinquante livres d'Amende en cas de récidive.

1718.
Décemb.

TITRE DEUZIE'ME.
De la Pêche des Moules sur les Moulieres qui ne découvrent point.

ARTICLE PREMIER.

Les Pêcheurs & tous autres se serviront de rateaux de bois garnis de dents de fer, pour faire la pêche des Moules sur les Moulieres qui ne découvrent point; leur faisons défenses de se servir pour ladite pêche, d'aucun autre instrument.

II. Il sera observé une distance de quinze lignes entre chacune des dents desdits rateaux.

III. Les dispositions contenuës aux Articles du present Titre, seront exécutées, à peine contre les contrevenans, de confiscation des Moules & instrumens, & de vingt-cinq livres d'Amende pour la premiere fois, de pareille confiscation & de cinquante livres d'Amende en cas de récidive.

TITRE TROISIE'ME.
De la police commune à la pêche des Moules, sur les Moulieres qui découvrent de basse Mer, & sur celles qui ne découvrent point.

ARTICLE PREMIER.

Les Pêcheurs & tous autres ne pouront dreiger dans les Moulieres, à peine de confiscation des bâteaux & instrumens, ensemble des Moules qui auront été pêchées, & de cinquante livres d'Amende contre le Maître pour la premiere fois, de pareille confiscation & de cent livres d'Amende, en cas de récidive.

II. Il ne poura être fait aucun depost de Moules, dans des Réservoirs ou Parcs, à peine de confiscation des Moules, & de trois cens livres d'Amende contre ceux à qui lesdites Moules apartiendront; & moitié de l'Amende, ainsi que de la confiscation, apartiendra au dénonciateur.

III. Faisons défenses à toutes personnes, de jetter sur les Moulieres, aucunes immondices, de quelque nature qu'elles puissent être, ni le lest des Vaisseaux, à peine de trois cens livres d'Amende, dont moitié apartiendra au dénonciateur.

IV. Donnons pouvoir aux Oficiers des Amirautez, dans le ressort desquelles il se trouvera des Moulieres en partie détruites, d'interdire la pêche sur lesdites Moulieres, pendant le tems, & dans les saisons qu'ils estimeront convenables, pour parvenir à les rétablir.

DECLARATIONS ET ARRESTS.

V. Leur donnons aussi pouvoir d'interdire la pêche des Moules sur les Moulieres nouvellement découvertes, ou qui pouront l'être dans la suite, pendant le tems & dans les saisons qu'ils estimeront nécessaires, pour que les Moules puissent se former, & aquerir leur grosseur naturelle.

VI. Voulons que les Moules qui auront été pêchées, dans les tems défendus par les Oficiers des Amirautez, soient confisquées, & que ceux qui les auront pêchées, soient condamnez à vingt-cinq livres d'Amende pour la premiere fois, & en cas de récidive, à cinquante livres d'Amende.

TITRE QUATRIE'ME.
Des Amendes.

ARTICLE PREMIER.

Les contraventions aux Articles des Presentes seront poursuivies, à la requête de nos Procureurs dans les Amirautez, & les Sentences qui interviendront contre les délinquans, seront exécutées pour les condamnations d'Amende, nonobstant l'apel & sans préjudice d'icelui, sans qu'il puisse être acordé de défenses.

II. Ceux qui apelleront desdites Sentences, seront tenus de faire statuer sur leur apel, ou de le mettre en état d'être jugé définitivement, dans un an du jour & date d'icelui, sinon & à faute de ce faire, ledit tems passé, lesdites Sentences sortiront leur plein & entier éfet, & les Amendes seront distribuées conformément ausdites Sentences, & les dépositaires d'icelles bien & valablement déchargez.

III. Déclarons les peres, meres & chefs de famille responsables des Amendes encouruës par leurs enfans, & autres qui demeureront encore avec eux, & les Maîtres de celles ausquelles leurs valets & domestiques auront été condamnez pour contravention aux Presentes.

Le contenu en nosdites Presentes, sera exécuté dans nos Provinces de Flandre, Païs conquis & reconquis, Boulonnois, Picardie & Normandie.

SI DONNONS EN MANDEMENT à nos amez & feaux Conseillers les Gens tenans nos Cours de Parlement, que ces Presentes ils fassent lire, publier & registrer, & le contenu en icelles garder & observer, selon leur forme & teneur, nonobstant tous Edits, Déclarations, Arrêts, Ordonnances, Réglemens, Clameur de Haro, Chartre Normande, & autres choses à ce contraires, ausquelles Nous avons dérogé & dérogeons par cesdites Presentes. Voulons qu'aux Copies d'icelles, collationnées par l'un de nos amez & feaux Conseillers-Secrétaires, foi soit ajoûtée comme à l'Original ; CAR tel est nôtre plaisir. En témoin de quoi Nous avons fait mettre nôtre Scel à cesdites Presentes. DONNE' à Versailles, le dix-huitiéme jour du mois de Décembre, l'an de grace mil sept cens vingt-huit ; & de nôtre Régne le quatorziéme. Signé, LOUIS : Et plus bas, Par le Roy ; PHELYPEAUX. Et scellée du grand Sceau de cire jaune.

Lûë, publiée & registrée, la grande Audience de la Cour seante. A Roüen en Parlement, le 13. Janvier 1729. Signé, AUZANET.

Déclaration du Roy, qui renouvelle les défenses ci-devant faites aux Nouveaux Convertis, de vendre leurs Biens y mentionnez, sans Permission, pendant le tems de trois années.

Du 6. Février 1729.

LOUIS par la grace de Dieu, Roy de France & de Navarre : A tous ceux qui ces presentes Lettres verront, SALUT. Par nôtre Déclaration du 7. Février 1726. Nous avons fait défenses à ceux de nos Sujets, qui avoient été de la Religion Prétenduë Réformée, de vendre sans permission pendant trois ans, à compter du 12. Mars de la même année, leurs Biens-immeubles, & l'universalité de leurs meubles : Et estimant à propos de les renouveler pour un pareil tems ; A CES CAUSES, & autres à ce Nous mouvant, Nous avons dit, déclaré & ordonné, & par ces Presentes signées de nôtre main, disons, déclarons & ordonnons, voulons & Nous plaît, que les précédentes Déclarations soient exécutées selon leur forme & teneur ; & conformément à icelles, Nous avons fait & faisons très-expresses inhibitions & défenses à ceux de nos Sujets, qui ont fait profession de la Religion Prétenduë Réformée, de vendre durant ledit tems de trois ans, à commencer du 12. Mars prochain, les Biens-im-

immeubles qui leur apartiennent, ou l'univerfalité de leurs meubles & éfets mobiliers, fans en avoir obtenu la permiffion de Nous, par un Brevet qui fera expédié par l'un de nos Secrétaires d'Etat & de nos Commandemens, pour la fomme de trois mille livres & au-deffus, & des Intendans ou Commiffaires départis pour l'exécution de nos ordres, dans la Genéralité ou Province où ils font demeurans, pour les fommes au-deffous de trois mille livres. Nous faifons pareillement défenfes à nofdits Sujets, de difpofer de leurs biens-immeubles & éfets mobiliers, par donation entre vifs, durant lefdites trois années, fi ce n'eft en faveur & par les Contrats de Mariage de leurs enfans & petits-enfans, ou de leurs héritiers préfomptifs, demeurans dans le Roïaume, au defaut de décendans en ligne directe. Nous avons déclaré & déclarons nulles toutes les difpofitions que nofdits Sujets pouroient faire entre vifs de leurs biens-immeubles, en tout ou en partie, ou de l'univerfalité de leurs meubles & éfets mobiliers, enfemble tous Contrats, Quitances & autres Actes, qui feront paffez pour raifon de ce, durant lefdites trois années, au préjudice & en fraude des Prefentes. Déclarons auffi nuls les Contrats d'échange que nofdits Sujets pouroient faire pendant le même tems, en cas qu'ils fortiffent de nôtre Roïaume, & qu'il fe trouvât que les chofes qu'ils auroient reçûës en échange, valuffent un tiers moins que celles qu'ils auroient données. Voulons que lorfque les biens de nofdits Sujets feront vendus en Juftice, ou abandonnez par eux à leurs Créanciers, en païement de leurs dettes, pendant lefdites trois années, lefdits Créanciers ne puiffent être colloquez utilement dans les ordres & préferences que l'on en fera, qu'en raportant des Contrats en bonne & dûë forme, & les Titres de leurs dettes, devant ceux qui feront lefdits ordres & préferences, ni en toucher le prix, ou fe faire ajuger ou prendre la totalité ou partie defdits biens, en païement des fommes à eux dûës, qu'après avoir afirmé préalablement & en perfonne, pardevant le Juge qui fera l'ordre ou préférence, fi on les pourfuit en Juftice, ou pardevant le Juge du lieu, où ils fe feront à l'amiable, que leurs dettes font férieufes, & qu'elles font éféctivement dûës ; le tout, à peine de confifcation des fommes par eux touchées, ou des biens-immeubles & éfets, qui leur auroient été ajugez ou delaiffez, en cas que les Titres par

II. Suite du N. R. V

eux raportez, ou que les afirmations qu'ils auroient faites, ne se trouvassent pas véritables. SI DONNONS EN MANDEMENT à nos amez & feaux les Gens tenans nôtre Cour de Parlement à Roüen, que ces Presentes ils aïent à faire regiſtrer, & le contenu en icelles garder & obſerver, selon leur forme & teneur; CAR tel eſt nôtre plaiſir. En témoin de quoi, Nous avons fait ſceller ces Preſentes. DONNE' à Marly, le ſixiéme jour de Février, l'an de grace mil ſept cens vingt-neuf ; & de nôtre Régne le quatorziéme. Signé, LOUIS: Et plus bas, Par le Roy, CHAUVELIN. Et ſcellée du grand Sceau de cire jaune.

Lûë, publiée & regiſtrée, la grande Audience de la Cour ſeante. A Roüen en Parlement, le 3. Mars 1729. Signé, AUZANET.

Arreſt du Parlement, rendu pour l'exécution de l'Arreſt du Conſeil, du 20. Février 1717. & de celui de la Cour, du 26. Mai 1719. & en conſéquence, permet à toutes Perſonnes, de faire & vendre de l'Amidon, dans la Ville & Fauxbourgs de Roüen.

Du 18. Février 1729.

SUR la Remontrance faite à la Cour, par le Procureur Général du Roy, expoſitive que le Lieutenant de Police de cette Ville, auroit ſur le Requiſitoire de ſon Subſtitut au Bailliage de Roüen, rendu une Sentence le 21. Janvier dernier, qui n'a été afichée que le 8. de ce mois, atentatoire à l'autorité du Roy & du Parlement; par laquelle il réduit les Amidonniers au nombre de ſix. Quelques particuliers avoient obtenu en 1711. des Statuts, revêtus de Lettres Patentes ; mais ces Statuts ont été annulez, & les Lettres Patentes raportées, par un Arreſt du Conſeil d'Etat contradictoire, rendu entre toutes les Parties, ſur l'intervention des Habitans du Grand & Petit Quevilly, du Grand & Petit Couronne, Sotteville, S. Etienne du Rouvray & Quatremares, & des Fauxbourgs de la Ville, après avoir pris les avis de Mr de Gaſville, Intendant de Roüen, & de feu Mr de Meſnilbus Avocat Général, & de la Chambre du Commerce de Normandie. Cet Arreſt revêtu de Lettres Patentes, a été

DECLARATIONS ET ARRESTS.

enregistré à la Cour, le 26. Mai 1719. Depuis ce tems-là, ceux qui ont voulu faire de l'Amidon, l'ont fait librement; & si quelquefois l'on s'est porté à suspendre cette Profession, ou empêcher qu'il ne s'en fist une si grande quantité, cela n'a jamais été fait, que pour des raisons considérables, dans des tems de cherté & disette de bleds, & toûjours par l'autorité de la Cour. Cependant le Lieutenant de Police, qui n'a point ignoré cet Arrest du Conseil ni les Lettres Patentes, ni l'Arrest d'enregistrement ; qui a dû même sçavoir qu'il est du devoir de sa Charge, de faire exécuter les ordres du Roy, & les Arrêts de la Cour, & que ce n'est point à lui à y rien changer, lorsqu'ils sont rendus, a sans aucune raison ni prétexte valable, & dans un tems que le bled n'est pas cher, rendu la Sentence du 21. Janvier dernier, qui anéantit l'éfet de l'Arrest du Conseil, du 20. Février 1717. & de celui d'enregistrement, du 26. Mai 1719. & préjudicie de cette maniere à la liberté d'un commerce autorisé : Pourquoi requiert être reçû apellant de ladite Sentence du 21. Janvier dernier; faisant droit sur son apel, icelle être cassée & annulée ; ce faisant, ordonner que l'Arrest du Conseil d'Etat, du 20. Février 1717. & celui de la Cour, du 26. Mai 1719. seront exécutez selon leur forme & teneur ; ce faisant, permis à toutes personnes, de faire & vendre de l'Amidon, dans la Ville & Fauxbourgs de Roüen ; sauf en cas de cherté ou autre nécessité, au Procureur Général à requerir, & y être aporté par la Cour, tel tempérament qu'il apartiendra ; défenses être faites au Lieutenant de Police, d'en rendre de pareilles à l'avenir, & à son Substitut au Bailliage de Roüen, d'en requerir, à peine d'interdiction ; être ordonné que l'Arrest qui interviendra, sera lû, publié & afiché en la maniere acoûtumée, & qu'il en sera fait mention à la marge du Registre de la Police, à côté de ladite Sentence, par l'Huissier de Service ; auquel & à l'éfet de quoi, le Gréfier de Police sera contraint & par corps, de représenter le Registre. Vû par la Cour ledit Requisitoire ; & oüi le Raport du Sieur Baudoüin du Basset, Conseiller-Commissaire : Tout consideré; LA COUR aïant égard au Requisitoire du Procureur Général du Roy, l'a reçû apellant de la Sentence du 21. Janvier dernier ; faisant droit sur son apel, a cassé & annulé ladite Sentence; quoi faisant, ordonné que l'Arrest du Conseil d'Etat, du 20. Février 1717. &

celui de la Cour, du 26. Mai 1719. feront exécutez felon leur forme & teneur; ce faifant, a permis à toutes perfonnes, de faire & vendre de l'Amidon, dans la Ville & Fauxbourgs de Roüen; fauf en cas de cherté ou autre néceffité, au Procureur Général à requerir, & être ordonné par la Cour ce qu'il apartiendra : A fait défenfes au Lieutenant de Police, de rendre de pareilles Sentences à l'avenir, & au Subftitut du Procureur Général au Bailliage de Roüen, d'en requerir, à peine d'interdiction ; à laquelle fin, le prefent Arrest fera lû, publié & afiché, en la maniere acoûtumée : Ordonné qu'il en fera fait mention à la marge du Regiftre de la Police, à côté de ladite Sentence, par l'Huiffier de Service; auquel & à l'éfet de quoi, le Gréfier de Police fera contraint & par corps, de reprefenter le Regiftre. FAIT à Roüen en Parlement, le dix-huitiéme jour de Février mil fept cens vingt-neuf.

Par la Cour, Signé, AUZANET.

Déclaration du Roy, concernant le Rembourfement des Rentes fur l'Hôtel de Ville de Paris, par Loterie, & les parties échûës à rembourfer aux Procureurs ou Adminiftrateurs des Communautez, aux Tuteurs, Maris ou autres, à caufe de la retenuë des Quinze pour cent fur le capital.

Du 6. Mars 1729.

LOUIS par la grace de Dieu, Roy de France & de Navarre : A tous ceux qui ces prefentes Lettres verront, SALUT. Les Contrats de Rentes perpétuelles conftituées fur l'Hôtel de nôtre bonne Ville de Paris, & qui compofent la meilleure partie de la fortune d'un grand nombre de nos Sujets, Nous aïant toûjours paru devoir être un des principaux objets de nôtre atention ; Nous avons cherché les moïens les plus convenables, pour leur rendre la faveur qu'ils doivent avoir, en liberant en même tems nôtre Etat d'une partie de ces Rentes, que la néceffité des tems Nous a obligez de conftituer fur nos Revenus. C'eft dans cette vûë, que Nous avons agréé le projet d'une Loterie, dont le fonds feroit pris tous les mois, fur nos propres Revenus, jufqu'à concurrence de cinq cens mille livres par mois, pour rembourser successivement une pareille somme de capitaux, à ceux des Rentiers, qui moïennant une somme modique, voudroient y être admis, à la déduction de quinze pour cent, dont le produit étant joint chaque mois, ainsi que le montant des Billets, ausdits cinq cens mille livres, procurera une plus prompte libération de l'Etat, & un plus grand soulagement actuel dans nos Finances, par la diminution des arrérages courans. L'empressement que le Public a témoigné pour cet établissement, Nous engage à prévenir les dificultez qui pouroient naître dans son exécution, & notamment par raport à la déduction des quinze pour cent; pour raison de laquelle plusieurs de ceux qui seroient dans le cas de recevoir des remboursemens, auroient lieu de craindre d'être inquiétez, & de n'être pas susisamment autorisez à cette retenuë, dont les véritables propriétaires ou les successeurs à la propriété, pouroient leur demander compte dans la suite, quoi qu'ils eussent réellement procuré l'avantage de ceux à qui le fonds de ces Rentes auroit apartenu, si le remboursement n'en avoit pas été fait. A CES CAUSES, de l'avis de nôtre Conseil, & de nôtre certaine science, pleine puissance & autorité Roïale, Nous avons par ces Presentes, signées de nôtre main, dit, déclaré & ordonné, disons, déclarons & ordonnons, voulons & Nous plaît;

ARTICLE PREMIER.

Que l'Ajudicataire général de nos Fermes-Unies, continuëra de remettre le huitiéme jour de chaque mois, ès mains du Garde du Tresor Roïal en exercice, la somme de cinq cens mille livres, pour être emploïée au remboursement des capitaux des Rentes perpétuelles constituées sur l'Hôtel de nôtre bonne Ville de Paris, en faveur de ceux qui voudront y être admis, en fournissant par eux vingt sols par mille livres, & au-dessous à proportion; en telle sorte que ceux qui auroient fourni une somme moindre, ne pourront être remboursez que d'un capital proportionné à la somme qu'ils auroient fournie; que ceux qui auroient fourni la somme de vingt sols, ne pourront être remboursez que d'un capital de mille livres; & à l'égard de ceux qui auroient fourni une somme plus forte en un seul Billet, ils seront remboursez d'un capital proportionné à la somme qu'ils auroient fournie, le tout, lorsque le Billet soit de vingt sols, ou d'une moindre ou plus forte somme, sera du nombre de ceux qui auront été apellez, en la maniere ci-après prescrite.

II. Les deniers seront reçûs par les Notaires qui ont été ou seront pour ce choisis, à la pluralité des suffrages, dans l'Assemblée generale de la Compagnie desdits Notaires.

III. Les Registres tenus par les Notaires, seront cotez & paraphez par le Prevost des Marchands, ou par l'un des Echevins de ladite Ville, dans lesquels ils écriront le numero du Billet, les noms, mots ou devises que chaque Rentier voudra choisir, le capital du Contrat, & celui de la portion dudit Contrat, pour laquelle le Rentier aura païé les vingt sols par mille livres ; comme aussi, le numero de la Quitance de finance, sur laquelle le Contrat aura été expédié, la date dudit Contrat, & la somme païée pour le Billet.

IV. Les fonds de la Recette de chaque mois, seront remis dans les premiers jours du mois suivant, par lesdits Notaires, à la déduction du centiéme, que Nous leur avons acordé & acordons, pour leurs frais & salaires, ès mains du Garde du Tresor Roïal, qui leur en fournira ses Récépissez; & à la fin de chaque année, lesdits Notaires remettront audit Garde du Tresor Roïal, leurs Registres de recette, certifiez d'eux, & arrêtez par le Prevost des Marchands, ensemble lesdits Récépissez ; au lieu desquels le Garde du Tresor Roïal leur delivrera ses Quitances à leur décharge, pour le montant de la recette de ladite année ; au moïen de quoi, les Notaires demeureront bien & valablement quites & déchargez de leur recette, sans qu'ils puissent jamais, sous quelque prétexte que ce soit, être tenus de rendre aucun autre compte pour raison de ce : Et en raportant par le Garde du Tresor Roïal, les Registres desdits Notaires, en la forme ci-dessus, & les ampliations de ses Quitances, les recettes qui en seront par lui faites, seront admises dans ses Etats au vrai & comptes, sans dificulté.

V. La Loterie sera tirée dans la grande Salle de l'Hôtel de nôtre bonne Ville de Paris, le huitiéme jour de chaque mois, en presence du Prevost des Marchands & des Echevins, & de ceux des Rentiers qui voudront y assister ; & sera par le Gréfier dudit Hôtel de Ville, tenu un Registre paraphé du Prevoſt des Marchands, où feront enregiſtrez les numero & ſommes des Billets, à meſure qu'ils feront apellez, lequel Regiſtre demeurera au Gréfe, pour y avoir recours en cas de beſoin.

VI. Comme il poura arriver que la ſomme du dernier Billet qui ſera tiré à chaque Loterie, ne quadrera pas avec ce qui reſtera du fonds de la recette, voulons & entendons que ce qui excedera, ſoit aquité par préference ſur le fonds de la Loterie du mois ſuivant, dont il ſera fait mention, tant ſur le Regiſtre du Gréfier, que dans les Procès verbaux qui feront dreſſez en tirant chacune deſdites Loteries.

VII. Auſſi-tôt que chaque Loterie aura été tirée, ceux des Rentiers à qui les Lots feront échûs, feront rembourſez comptant, par le Garde du Treſor Roïal, à la déduction de quinze pour cent, en lui raportant en la maniere ordinaire, leurs Contrats de conſtitution, & autres Titres de proprieté en bonne forme, leurs Quitances ſur ce ſufiſantes, & les autres décharges néceſſaires & indiſpenſables, pour la validité dudit rembourſement, avec leurs Billets viſez par le Prevoſt des Marchands, ou par l'un des Echevins.

VIII. Les quinze pour cent qui auront été retenus par le Garde du Treſor Roïal ſur les Lots, feront emploïez à augmenter les rembourſemens de la Loterie du mois ſuivant. Quant aux deniers provenans des Billets delivrez par leſdits Notaires, ils feront joints aux cinq cens mille livres de chaque Loterie, & ſerviront à augmenter le nombre des Lots; ce qui ſera continué de mois en mois, de la même maniere.

IX. Les Rentiers feront informez au commencement de chaque mois, par un Avis qui ſera rendu public, du montant de la recette du mois précédent, où ce que chacun deſdits Notaires aura reçû, ſera diſtingué; comme auſſi, du montant de la retenuë de quinze pour cent, qui aura été faite ſur les Lots du mois précédent, & de ce qui aura été prélevé ſur ladite recette, tant pour le centiéme acordé auſdits Notaires, que pour les autres frais indiſpenſables.

X. Voulons au ſurplus, que les arrérages des parties de Rentes qui feront rembourſées, ſoient rejettez des Etats de diſtribution des Rentes dudit Hôtel de Ville, à compter du premier jour des ſix mois courans, au tems où chaque Loterie aura été tirée.

EDITS ET REGLEMENS,

XI. Les Rentes de l'Hôtel de nôtre bonne Ville de Paris, qui apartiennent aux Communautez séculieres & régulieres, & autres Gens de Main-morte ; celles qui sont chargées de substitutions, doüaires, & autres de pareille nature ; & celles qui apartiennent à des femmes en puissance de mari ou à des mineurs, pouront être remboursées, à la même déduction de quinze pour cent ; sans que les Procureurs ou Administrateurs desdites Communautez, les tuteurs, les maris, les grévez de substitutions, doüaires ou autrement, & tous autres, leurs hoirs, successeurs ou aïans cause, puissent en aucun cas être inquiétez pour la restitution des quinze pour cent, qui auront été retenus sur les remboursemens, dont Nous les avons déchargez & déchargeons par ces Presentes ; à la charge de faire emploi de la somme remboursée, à la déduction des quinze pour cent, avec les parties interressées, dans tous les cas où il échet de faire emploi.

XII. Permettons à ceux des Rentiers ausquels il sera échû plusieurs Lots sur diférens Contrats, de les réünir sur celui desdits Contrats qu'ils voudront choisir. Ordonnons qu'en raportant par lesdits Rentiers, les Extraits, ensemble les numero & dates des Contrats indiquez par les Billets sur lesquels il est échû des Lots, & joignant le tout à leurs Quitances de remboursement, dans lesquelles il en sera expressément fait mention par les Notaires, ils seront remboursez sur une seule Quitance, par le Garde du Tresor Roïal en exercice, des sommes échües sur lesdits Billets, quoi que l'imputation en dût être faite sur diférens Contrats.

SI DONNONS EN MANDEMENT à nos amez & feaux Conseillers les Gens tenans nôtre Cour de Parlement de Roüen, que ces Presentes ils aïent à faire lire, publier & registrer, & le contenu en icelles garder & exécuter, selon leur forme & teneur ; CAR tel est nôtre plaisir. En témoin de quoi, Nous avons fait mettre nôtre Scel à cesdites Presentes. DONNE' à Versailles, le sixiéme jour de Mars, l'an de grace mil sept cens vingt-neuf ; & de nôtre Régne le quatorziéme. Signé, LOUIS : Et plus bas, Par le Roy, CHAUVELIN : Vû au Conseil, LE PELETIER. Et scellée du grand Sceau de cire jaune.

Lûë, publiée & registrée, la grande Audience de la Cour séante. A Roüen en Parlement, le 5. Avril 1729. Signé, AUZANET.

Arrest

DECLARATIONS ET ARRESTS.

Arrest du Parlement, portant Réglement sur la faculté acordée à tous Juges, hors le cas y mentionné, pour connoître des Procès des Seigneurs dont ils relévent Noblement.

Du 2. Avril 1729.

SUR la remontrance faite à la Cour par le Procureur Général du Roy; expofitive qu'il se forme affez fouvent dans les Chambres, la question de fçavoir fi les Juges peuvent connoître des Procès des parties dont ils relévent noblement, fans que jufqu'à prefent l'on ait pû fixer une jurifprudence certaine & uniforme ; qu'il a apris que pareille question s'eft formée, il y a peu de tems, en la Grand' Chambre, à l'ocafion du Procès d'entre M. de Beuvron, le Sieur de Bonneval & les Religieux de Saint-Wandrille, dont Mr du Mefnil-Cofté croïoit devoir s'abftenir, à caufe de fa Terre de Triquerville, relevante noblement de la Comté de Lillebonne, apartenante à la Maifon d'Harcour ; qu'il a été rendu Arreft le 21. Février dernier, par lequel il a été dit que M du Mefnil-Cofté pouvoit connoître de ce Procès : Et comme il eft à propos de fixer cette décifion par un Arreft de Réglement, rendu les Chambres affemblées, qui puiffe fervir de loi pour la Compagnie, & pour les Jurifdictions inférieures; pourquoi a requis qu'il plaife à la Cour, ordonner qu'il en fera délibéré, les Chambres affemblées, pour être fait Réglement. La matiere mife en délibération ; LA COUR, toutes les Chambres affemblées, a ordonné & ordonne que l'Arreft rendu en la Grand' Chambre, le 21. Février dernier, fera exécuté ; & en conféquence, a arrêté que tous Juges peuvent connoître des Procès des Seigneurs dont ils relévent noblement, quand ils n'ont point d'autres raifons de s'abftenir: Ordonne que le prefent Arreft fera lû, publié & afiché, pour fervir de Réglement ; & envoïé dans tous les Siéges de ce reffort, pour y être pareillement lû, publié & exécuté, à la diligence des Subftituts du Procureur Général du Roy, lefquels feront tenus de certifier la Cour dans le mois, des diligences qu'ils auront pour ce faites. FAIT à Roüen en Parlement, les Chambres affemblées, le deuxiéme jour d'Avril mil fept cens vingt-neuf. Par la Cour, Signé, AUZANET.

II. Suite du N. R.

Déclaration du Roy, portant que le defaut d'Infinuation de plufieurs fortes de Dons y mentionnez, n'en emporte pas la nullité, &c.

Du 25. Juin 1729.

1729.
Juin.

LOUIS par la grace de Dieu, Roy de France & de Navarre: A tous ceux qui ces prefentes Lettres verront, SALUT. La formalité de l'Infinuation aïant été établie par les Rois nos prédéceffeurs, à l'égard des donations entre vifs, & de quelqu'autres Actes qui font énoncez dans leurs Ordonnances ; le feu Roy nôtre très-honoré Seigneur & Bifaïeul, jugea à propos d'étendre cette formalité, par plufieurs Edits & Déclarations, à beaucoup d'autres cas, dont il n'avoit point été fait mention dans les Loix antérieures à l'Edit du mois de Décembre 1703. & il ordonna entr'autres chofes, par la Déclaration du 20. Mars 1708. que les Dons portez dans les Contrats de mariage, par forme d'augment & de contre-augment, les Dons mobils, engagemens, droits de rétention, agencemens, gains de nôces & de furvie, dans les Païs où ils font en ufage, feroient infinuez & enregiftrez, dans les tems & fous les peines portées par l'Article II. de l'Edit du mois de Décembre 1703. Mais il Nous a été reprefenté que, fous prétexte de ces derniers termes, & par l'extenfion qu'on a voulu leur donner, il s'eft élevé plufieurs conteftations, dans lefquelles on a prétendu que les Actes de l'efpece ci-deffus marquée, devoient être déclarez nuls, faute d'avoir été infinuez, dans les tems prefcrits par les mêmes Edits & Déclarations. On a opofé à cette prétention, que les termes généraux de ces Loix, devoient être interprétez felon la nature des Actes aufquels il s'agiffoit de les apliquer ; qu'à la vérité la peine de nullité tomboit juftement fur des donations entre vifs, & autres Actes femblables, aufquels un tiers pouvoit être interreffé ; & qui par cette raifon, méritoient d'être regardez comme non avenus, lorfqu'on ne les avoit pas rendus publics par la folemnité de l'Infinuation : Mais qu'il feroit trop rigoureux d'étendre la même peine à des difpofitions, qui fans avoir le caractére d'une véritable donation, ne font que de fimples conventions matrimoniales, ftipulées entre les

DECLARATIONS ET ARRESTS.

1729.
Juin.

parties contractantes ; soit pour aider le mari à soûtenir les charges du mariage, soit pour balancer les avantages qu'il fait réciproquement à sa femme, & pour établir par là une espéce de compensation aussi juste que favorable ; que s'il étoit permis de soûtenir que ces sortes de conventions doivent être déclarées nulles par le defaut d'Insinuation, on détruiroit par ce moïen, l'esprit & la liaison essentielle de toutes les clauses d'un Contrat de mariage ; & cela, dans un tems où l'inconvenient que cette rigueur produiroit, ne pouroit plus être réparée, ce qui rendroit la condition des deux contractans entierement inégale ; qu'enfin dans une grande partie du Roïaume, le defaut d'Insinuation dégeneréroit dans une espéce d'avantage indirect, que l'un des conjoints pouroit faire à l'autre, contre la prohibition des Coûtumes qui y sont reçûës. Et comme il Nous est reservé de déclarer le véritable sens des Loix, dont les expressions générales peuvent avoir besoin d'interprétation ; Nous avons cru devoir préferer en cette ocasion, celui qui est le plus favorable au bien & à la conservation des familles de nôtre Roïaume, en assûrant l'entiere exécution des Contrats de mariage, & en les afranchissant d'une peine de nullité, qui ne peut jamais s'apliquer aux conditions réciproques qu'il est d'usage d'y stipuler, sans troubler toute l'œconomie d'un Acte qui est le fondement & la base de la société civile. A CES CAUSES, de l'avis de nôtre Conseil, & de nôtre certaine science, pleine puissance & autorité Roïale, Nous avons par ces Presentes signées de nôtre main, dit, déclaré & ordonné, disons, déclarons & ordonnons, voulons & Nous plaît, que l'Edit du mois de Décembre 1703. & les Déclarations données en conséquence, notamment la Déclaration du 20. Mars 1708. soient exécutées selon leur forme & teneur ; sans néanmoins que les Dons mobils, augmens, contre-augmens, engagemens, droits de rétention, agencemens, gains de nôces & de survie, dans les Païs où ils sont en usage, soient censez avoir été compris dans la disposition desdits Edits & Déclarations, qui portent la peine de nullité, encore qu'ils n'aïent pas été insinuez dans les formes & delais prescrits par lesdits Edits & Déclarations : Déclarant qu'audit cas, ceux qui auront négligé de satisfaire à cette formalité, n'ont dû & ne doivent être regardez que comme sujets aux autres peines prononcées par lesdits Edits

X ij

EDITS ET REGLEMENS,

& Déclarations, à l'éfet de quoi, Nous avons dérogé & dérogeons, en tant que besoin seroit, à toutes dispositions des Ordonnances précédentes, qui pouroient paroître à ce contraires. SI DONNONS EN MANDEMENT à nos amez & feaux les Gens tenans nôtre Cour de Parlement à Roüen, que ces Presentes ils aïent à faire lire, publier & regiſtrer, & le contenu en icelles garder & observer, selon leur forme & teneur; CAR tel est nôtre plaisir. En témoin de quoi, Nous avons fait mettre nôtre Scel à ces dites Presentes. DONNE' à Marly, le vingt-cinquiéme jour de Juin, l'an de grace mil sept cens vingt-neuf, & de nôtre Régne le quatorziéme. Signé, LOUIS. Et plus bas, Par le Roy, CHAUVELIN: Vû au Conseil, LE PELETIER. Et scellée du grand Sceau de cire jaune.

Lûë, publiée & regiſtrée, la grande Audience de la Cour ſeante. A Roüen en Parlement, le 5. Aouſt 1729. Signé. AUZANET.

Arreſt du Parlement, portant homologation d'un Mandement de l'Archevêque de Roüen, concernant les Doïens Ruraux, les Comptes des Fabriques, les Réparations des Presbitéres & Eglises, & les Apoſitions de Scellez après la mort des Curez, &c.

Du premier Aouſt 1729.

LOUIS par la grace de Dieu, Roy de France & de Navarre: A tous ceux qui ces presentes Lettres verront, SALUT. Sçavoir faisons que cejourd'hui sur la Requête presentée en nôtre Cour de Parlement de Roüen, par Jean-Baptiſte de Carrey de Saint-Gervais Prêtre, Docteur de Sorbonne, Chanoine de l'Eglise Métropolitaine de Roüen, Primatiale de Normandie, & Promoteur Général dudit Archevêché; expoſitive que l'ofice des Doïens Ruraux a toûjours été si nécessaire à la manutention de la Discipline Ecléſiaſtique dans les Diocèſes, qu'on ne sçauroit trop veiller à mettre dans de pareilles places, des Sujets diſtinguez par leur zèle & leur capacité; & que pour parvenir à un tel choix, on ne sçauroit avoir trop d'égards, pour rendre ces sortes d'ofices honorables, & sans être à charge à ceux qui les rempliſſent;

DECLARATIONS ET ARRESTS. 165

1729.
Aoust.

que dans cette vûë, l'Archevêque de Roüen de concert, & suivant les vûës de la plûpart des Evêques de la Province, ses Sufragans, auroit dressé un Réglement, pour fixer & les fonctions, & les honoraires desdits Doïens : Mais comme une Ordonnance si sage & si conforme à la Discipline spéciale de cette Province, demande pour être exécutée dans toute sa force, d'être encore apuïée par l'autorité de nôtre Cour ; c'est ce qui oblige l'Exposant d'avoir recours à l'autorité d'icelle, à ce qu'il lui plaise de recevoir ladite Requête ; ce faisant, homologuer l'Ordonnance & Réglement dudit Sieur Archevêque, pour être exécuté selon sa forme & teneur, dans toute l'étenduë de sondit Diocèse : duquel Réglement la teneur s'ensuit.

LOUIS DE LAVERGNE DE TRESSAN, par la grace de Dieu & du Saint Siége Apostolique, Archevêque de Roüen, Primat de Normandie. Au Clergé de nôtre Diocèse, Salut & Benediction. Les Conciles ont souvent déclaré que les Doïens Ruraux sont les Ministres des Evêques, pour le district du Diocèse qui est confié à leur vigilance ; ils sont établis pour être par leur vie édifiante, le modéle des autres, & pour veiller par toutes les voïes que la prudence peut suggerer, sur tous les Ecléfiastiques de leur Doïenné.

Ils doivent s'informer de la résidence des Curez, du Service Divin, de l'administration des Sacremens, de la Prédication de la Parole de Dieu, de l'assistance des malades, de l'habit Ecléfiastique, de l'état des Eglises, des Cimetiéres & des Ornemens ; veiller à ce qu'on fasse exactement les Catéchismes, à ce qu'on tienne les petites écoles, & que les filles soient instruites par des personnes de leur sexe, dans une école séparée de celle des garçons.

Ils sont encore chargez de faire tenir dans les Paroisses, les Mandemens & les Ordonnances qu'on leur adresse de l'Archevêché, de distribuër les Saintes Huiles, de benir les Ornemens, de recevoir les particuliers de leurs Doïennez ; qui s'adressent à eux, pour être absous des Cas réservez ; de visiter les Curez malades, de leur administrer les Sacremens, de les assister à la mort, de leur rendre les derniers devoirs, de prendre soin que les Regîtres des Baptêmes, Mariages & Sépultures, & autres papiers & meubles de l'Eglise, ne soient point dissipez; d'avoir une atention particuliere sur les Paroisses qui sont en déport, de mettre en possession ceux qui sont nouvellement pourvûs des Benéfices, dans l'étenduë de leurs Doïennez, & de tenir par nos ordres, les Conférences & petites Calendes, dans les circonstances où elles sont utiles & nécessaires.

L'Apôtre veut que les Prêtres qui gouvernent bien, soient doublement honorez; & jusqu'ici, les Doïens Ruraux fondez sur cette juste maxime, ont reçû quelques rétributions, qu'une ancienne coûtume & de loüables usages ont sagement établis. Les fidèles sont obligez de pourvoir honnêtement à la subsistance des Ministres de l'Eglise: Ceux dont il s'agit, se sont fait un devoir de se contenter de peu; & Nous voïons avec peine, que ce peu leur est souvent refusé, sous diférens prétextes, qui font la matiere de Procès, où les parties s'épuisent par une longue suite de procédure.

Nous sommes d'ailleurs informez par les plaintes qui Nous ont été portées, que quelques Curez sont négligens à prendre ou à faire prendre les Saintes Huiles, chez les Doïens Ruraux; qu'ils s'absentent de leurs Paroisses, le jour que la visite de leur Eglise a été indiquée par nos ordres, pour être faite par les Doïens, en l'absence des Archidiacres; que souvent les Regiſtres des Baptêmes, autres papiers & meubles des Eglises, qui sont dans les Presbitéres, au tems du décès des Curez, sont enlevez, sans qu'on puisse ensuite sçavoir ce qu'ils sont devenus; & qu'enfin, les Presbitéres mêmes ne sont pas exactement réparez, depuis que par la Déclaration du Roy, du 27. Janvier 1716. enregiſtrée au Parlement de Roüen, le 20. Février de la même année, les Doïens Ruraux ne sont plus responsables des réparations.

A CES CAUSES, Nous avons par ce present Mandement, réglé & ordonné ce qui suit.

ARTICLE PREMIER.

Les Doïens Ruraux continuëront dans leurs Doïennez, à administrer les Sacremens aux Curez malades, & à faire la cerémonie de leur sépulture; & ils auront pour honoraire, toute la cire qui aura servi à l'Enterrement, avec l'Ofrande qui est de douze livres suivant l'usage, & le Bréviaire du feu Curé, si mieux n'aiment les héritiers donner dix livres au lieu & place du Bréviaire.

II. Quand à la requisition de quelque partie, lesdits Doïens se transporteront pour exécuter nos ordres, ou ceux de nos Vicaires genéraux, pour clôture des Titres clericaux, pour informer sur des dispenses d'empêchemens de Mariages, faire la visite de l'état des Chapelles qu'on veut bâtir ou faire benir, ou pour quelqu'autre cause semblable; il leur sera païé huit livres, s'ils se transportent au-delà de deux lieuës six livres, si la distance n'est que de deux lieuës ou même moins; & quatre livres, quand ils font l'Information ou Procès verbal, sans sortir de leur propre Paroisse.

III. Pour les Prises de possession des Benéfices, on se conformera aux Lettres Patentes de Sa Majesté, du 13. Mars 1695. enregistrées au Parlement de Roüen, le 10. Mars de l'année suivante, dont voici la disposition. *Permettons audit Sieur Archevêque, & aux autres Collateurs ordinaires des Benéfices, situez dans le Diocèse de Roüen, d'adresser à l'avenir leurs Provisions aux Doïens Ruraux & des Villes dudit Diocèse, pour mettre suivant l'ancien usage, ceux qu'ils auront pourvûs desdits Benéfices, en possession, nonobstant l'Article VII. de nôtre Edit portant création de Notaires Roïaux & Apostoliques, auquel Nous avons dérogé pour cet éfet: Voulons néanmoins que les Actes de mise en possession, soient faits par les Doïens-Ruraux & des Villes, en presence d'un Notaire Roïal & Apostolique, assisté de deux Témoins, qui en gardera la Minute, & seront les émolumens atribuez pour lesdites Prises de possession, partagez entre le Doïen & le Notaire qui les aura reçûs.*

IV. Les Doïens seront tenus dans la quinzaine après Pâques, de prendre ou faire prendre les Saintes Huiles pour leurs Doïennez; & dans la quinzaine suivante, les Curez seront tenus de les prendre ou les faire prendre chez leur Doïen, ou dans le lieu du Doïenné où la distribution en sera faite; & pour dédommagement de la dépense du Doïen, chaque Curé lui donnera cinq sols; & faute par les Curez de les prendre ou faire prendre, depuis le second Dimanche d'après Pâques, jusqu'au quatriéme, Nous autorisons les Doïens de les faire porter chez les Curez négligens, qui donneront chacun la somme de quinze sols audit Doïen, ou à celui qui sera député de sa part, pour porter les Saintes Huiles; & en cas de refus de la part des Curez négligens, les Doïens s'adresseront au Promoteur general du Diocèse, qui requirera à l'Oficialité ce qui conviendra; & outre la somme de quinze sols, lesdits Curez négligens & refusans seront condamnez à une Aumône de trois livres, aplicable aux Hôpitaux de la Ville de Roüen; sans néanmoins que le present Article puisse rien innover à l'usage établi dans le Vexin François.

V. Seront pareillement condamnez à une Aumône de trois livres, les Curez & autres Ecléfiastiques des Paroisses, qui ne se trouveront pas à la visite indiquée par nos ordres, pour être faite par les Doïens en l'absence des Archidiacres, ou qui n'assisteront pas aux Conférences ou petites Calendes, que les Doïens pourront tenir par nos ordres, ou ceux de nos Vicaires genéraux; pourquoi lesdits Doïens envoïeront au Promoteur genéral, les noms de ceux qui auront manqué à se trouver, pour être fait droit à l'Oficialité.

VI. Après le décès d'un Curé, le Doïen veillera à la conservation des Regiſtres des Baptêmes, Mariages & Sépultures, qu'il aura soin de remettre en lieu sûr, ou entre les mains du Deſſervant, dont il exigera une reconnoiſſance. Il s'informera s'il n'y a point au Preſbitére, de papiers qui concernent le Bénefice ou l'Eglife; & s'il en trouve, il les fera remettre en presence de deux des principaux habitans, dans le cofre du Tresor, dont il poura garder une clef, jusqu'à ce qu'il y ait un nouveau Titulaire, à qui il la remettra, avec les Regiſtres des Baptêmes, & duquel pour ses soins & ses frais, il recevra six livres.

VII. Pour que les Doïens concourent autant qu'ils pouront, à ce que les Preſbitéres soient tenus en bon état, & qu'après le décès des Curez, les éfets provenans de leur ſucceſſion, ne soient pas diſſipez; Nous les exhortons à se trouver aux Procès verbaux qui pouront être dreſſez à l'ocaſion des réparations des Preſbitéres, & à donner avis au Procureur du Roy, & à M. le Procureur Général, ſi le cas y échet, de ce qu'ils croiront convenable pour le bon état des Preſbitéres, & la conſervation des éfets provenans de la ſucceſſion des Curez.

VIII. Pourront dans le cours de leurs visites lesdits Doïens, conformément à l'Article XVII. de l'Edit du mois d'Avril 1695. condamner à ſix livres d'Aumône, au profit de l'Eglife du lieu, les Treſoriers des Fabriques, qui manqueront de preſenter leurs Comptes, aux jours indiquez pour la viſite ou pour la reddition des Comptes, en vertu de la commiſſion que

Nous

DECLARATIONS ET ARRESTS. 169

Nous leur aurons adreſſée, pour entendre ſans frais les Comptes des Fabriques, de laquelle ſomme de ſix livres, les Treſoriers ou Marguilliers en charge ſeront tenus de ſe charger en recette: Et ſera nôtre preſente Ordonnance enregiſtrée au Gréfe de nôtre Oficialité, & envoïée inceſſamment, à la diligence de nôtre Promoteur, aux Doïens Ruraux, pour être par eux diſtribuée à tous les Curez de leurs Doïennez, lûë & publiée aux Prônes des Paroiſſes, ainſi que l'Arreſt qui interviendra. DONNE' à Roüen, en nôtre Palais Archiepiſcopal, le trente-uniéme jour de Mai mil ſept cens vingt-neuf. Signé, † LOUIS Archevêque de Roüen: Et plus bas, Par Monſeigneur, LE GAY.

Vû par nôtre Cour ladite Requête, ſignée Pellevé Procureur; les Pieces y atachées & énoncées, enſemble ledit Réglement: Concluſions de nôtre Procureur Général; Et oüi le Raport du Sieur Baudoüin du Baſſet, Conſeiller-Commiſſaire: Tout conſidéré; NOSTREDITE COUR, faiſant droit ſur ladite Requête, a homologué l'Ordonnance du Sieur Archevêque de Roüen, en date du 31. Mai 1729. pour être exécutée ſelon ſa forme & teneur: Et faiſant droit ſur les plus amples Concluſions de nôtre Procureur Général, ordonne que le ſixiéme Article concernant les Regiſtres des Baptêmes, Mariages & Sépultures, & la conſervation des Titres des Benéfices & Fabriques, qui ſe trouveront dans les Presbitéres, après le décès des Curez, ſera exécuté, nonobſtant opoſition, apellation, & autres voïes quelconques, & ſans y préjudicier, comme matiere proviſoire: Enjoint aux héritiers des Curez, aux Marguilliers & principaux Habitans, de déferer à ce qui leur ſera repreſenté à cet égard, par leſdits Doïens, ſous peine de vingt livres d'Amende, & plus s'il y échet: Et ſur le ſeptiéme Article, enjoint aux Subſtituts de nôtre Procureur Général, & autres Juges, de ſoufrir que leſdits Doïens aſſiſtent aux Procès verbaux qui ſeront dreſſez, des réparations des Egliſes & Presbitéres, & aux conventions qui pouront être faites à ce ſujet, pour les mettre en état de donner avis à nôtre Procureur Général ou à ſes Subſtituts, de ce qui ſe paſſera pour le bon état deſdites Egliſes & Presbitéres: Et ſur le huitiéme Article, enjoint auſdits Subſtituts & autres Juges, d'obliger les Marguilliers & Treſoriers négligens à rendre leurs Comptes, à païer l'aumône de ſix livres, quand ils y auront été condamnez, & à poursuivre lesdits Tresoriers négligens à rendre leurs Comptes, & les y contraindre par toutes voïes dûes & raisonnables, quand ils auront manqué de les presenter, au jour qui leur aura été indiqué par le Sieur Archevêque, Doïen Rural, ou autre Commissaire à ce député par l'Ordinaire, & ce, aux termes de l'Article XVII. de l'Edit du mois d'Avril 1695. à laquelle fin, enjoint ausdits Substituts, d'avoir égard aux dénonciations que les Doïens ou Commissaires députez pourront leur faire, de ceux qui auront été condamnez ausdites Aumônes de six livres, ou qui se seront trouvez négligens à rendre leurs Comptes, ainsi que de ce qu'ils auront remarqué mériter l'atention du Ministre public, par raport aux réparations des Eglises & Presbitéres : Au surplus, fait défenses ausdits Substituts, de requerir, faire aposer aucuns Scellez, ni dresser aucuns Procès verbaux au sujet des Presbitéres, après le décès des Curez, que lorsqu'ils en auront été requis, soit par lesdits Doïens, ou quelques-uns des Tresoriers ou principaux habitans des Paroisses, & autres qui y peuvent avoir intérest ; parce que néanmoins n'en étant pas requis, ils les pourront faire d'ofice, sans frais, lorsqu'ils les jugeront nécessaires pour le bien public : Comme aussi, ordonne qu'il sera établi aux frais des Fabriques, un cofre à trois clefs, dont l'une sera entre les mains du Curé, l'autre du Tresorier en charge, & la troisiéme en celles d'un des anciens Tresoriers ou principal habitant, dans lequel seront renfermez les Titres & papiers concernans les biens des Tresors, & l'argent provenant des Comptes, jusqu'à ce que par délibération des Tresoriers & principaux habitans, il ait été décidé de la destination, sans que sous quelque prétexte que ce soit, lesdits Tresoriers comptables les puissent retenir en leurs mains ; ce qui sera pareillement exécuté, par raport aux Comptes & deniers des Confréries : A laquelle fin, le present Arrest sera lû, publié & afiché, par tout où besoin sera, pour être exécuté selon sa forme & teneur, dans toute l'étenduë de ce ressort, sauf à être pourvû par les Evêques, chacun dans leur Diocèse, en ce qui peut concerner les Doïens Ruraux : Et les Vidimus du present Arrest envoïez à la diligence de nôtre Procureur Général, dans tous les Bailliages & Siéges de ce ressort, pour y être lûs, publiez, & exécutez selon leur forme & teneur, à la diligence de ses Substituts, qui seront tenus d'en

DECLARATIONS ET ARRESTS. 171

certifier nôtre Cour dans la quinzaine. SI DONNONS EN MANDEMENT au premier des Huissiers de nôtre Cour de Parlement de Roüen, ou autre, mettre le present Arrest à exécution, selon sa forme & teneur; de ce faire te donnons pouvoir. DONNE' à Roüen en Parlement, le premier jour d'Aoust, l'an de grace mil sept cens vingt-neuf; & de nôtre Régne le quatorziéme. *Collationné.*

Par la Cour, Signé, DUMESNIL. Et scellé.

Nota. *Cet ancien Arrest ci-dessous de l'année 1514. n'a pû trouver sa place qu'au-devant de celui qui le suit.*

Arrest du Parlement, servant de Réglement tant à l'égard des Marchands d'Etofes, que des Cabaretiers, Hôteliers & autres Personnes, qui leur défend de bailler ou prêter aucuns Deniers, Marchandises ou Denrées, aux Enfans de Famille, sans le consentement de leurs Parens, sous peine de perdre leur dû.

Du premier Septembre 1514.

VEU par la Cour la Requête à elle baillée & presentée par écrit, de la part du Procureur Genéral du Roy; narrative qu'il a été averti que plusieurs Marchands de cette Ville, par le moïen d'aucunes personnes interposées, qu'on dénomme Courtiers, ont par-ci-devant astraint, induit & séduit, & corrompu plusieurs fils de famille & enfans mineurs d'ans, connoissans qu'ils avoient de quoi; à faire plusieurs Contrats frauduleux, abusifs & usuraires, & à les faire envers eux obliger en plusieurs grandes sommes de Rentes ou deniers; & pour à ce parvenir, ont pratiqué par ce moïen desdits Courtiers, faire confesser par lesdits fraudeurs, Contrats qu'ils leur ont vendu denrées & marchandises, lesquels Courtiers après font semblant d'avoir revendu lesdites marchandises à petit & vil prix, en retenant par eux certaine grosse somme de deniers, pour leur peine & courtage: en quoi faisant, lesdits enfans mineurs & leurs parens sont grandement circonvenus & fraudez; & à ce moïen, leur ont lesdits Marchands & Courtiers fait consommer & dépendre leur bien. Et pource que tels Contrats sont prohibez de droit, & que ceux qui les font, en doivent être grandement punis, pource

Y ij

EDITS ET REGLEMENS,

qu'ils font très-pernicieux & dommageables à la chose publique ; & qu'auſſi ledit Procureur General a été averti qu'un nommé Jehan Eſdeſcar Epicier, Jehan le Page Marchand de laine, un nommé Jehan Delacour Sergent, un nommé Pierre Lebrun, & un nommé Tomaſſin Tavernier de Biére, & autres pluſieurs font coûtumiers de faire leſdites fraudes & abus : A cette cauſe, & que ja font advenus pluſieurs inconveniens, requeroit ledit Procureur General defenſes être faites à cri public, aux deſſuſdits, à tous autres, d'orénavant bailler aucun argent, denrées ou marchandiſes, ne commettre leſdits Contrats avec leſdits enfans mineurs, ſur peine de perdition deſdits deniers, denrées & marchandiſes, & être autrement punis à la diſcretion de la Cour ; & ſauf audit Procureur General à pourſuivre les délinquans, ainſi qu'il apartiendra, des abus par eux commis. Prononcé le premier jour de Septembre, l'an 1514. Pour conſideration du contenu en laquelle Requête, LA COUR, en entérinant icelle, a ordonné & ordonne qu'il ſera & eſt inhibé & défendu à tous Marchands, tant de draps de laine, que de ſoïe, qu'autres, mêmement à tous Taverniers, Hôteliers, & autres perſonnes, de quelque qualité qu'elles ſoient, de bailler ou prêter, ou faire bailler ou prêter, directement ou indirectement, aucuns deniers, denrées ou marchandiſes, aux enfans étans fils de famille, ou autres ſous-âges mineurs d'ans, ſans le conſentement & autorité de leurs parens, & de leurs Tuteurs, curateurs ou gardains, ſur peine de perdre les deniers, denrées ou marchandiſes qu'ils leur auront baillées & fait bailler, en quelque maniere que ce ſoit, & d'être contr'eux autrement procédé, ſelon & ainſi que de droit, & par raiſon : A enjoint la Cour au Bailli de Roüen, & autres Baillis de ce Païs & Duché de Normandie faire publier & enregiſtrer ce preſent Arreſt, en leur Auditoire, & par les Carrefours & lieux acoûtumez à faire cris & proclamations publiques, & de procéder contre ceux qui ſeront trouvez fauteurs, coupables, & contrevenir audit Arreſt, par & ſelon les peines que deſſus, & autres peines & voïes de droit, ainſi qu'ils verront être à faire de droit & par raiſon. FAIT à Roüen en Parlement, le premier jour de Septembre mil cinq cens quatorze.

Par la Cour, &c.

DECLARATIONS ET ARRESTS.

Autre Arrest du Parlement, rendu en conformité de l'Arrest de la Cour ci-dessus, contre un Aubergiste.

Du 19. Aoust 1729.

ENtre Mre David Aubry Chevalier, Seigneur de Cauverville, Vanecrocq & autres lieux, apellant de Sentence renduë au Bailliage de Roüen, le 4. Février dernier; sur l'Action intentée par Jean-Baptiste Bichot, Aubergiste en cette Ville, aux fins d'avoir condamnation sur ledit Sieur de Cauverville, de trois mille & tant de livres, tant pour les billets du feu son fils, que mémoires de fournitures à lui faites par ledit Bichot; par laquelle il est dit que ledit Sieur de Cauverville est condamné païer audit Bichot, la somme de mille livres, pour une année & le quartier courant, de la nouriture fournie audit feu Sieur son fils, lorsqu'il est tombé malade, à raison de huit cens livres par an ; & de rembourser en outre audit Bichot, quatre cens quatre-vingt-quinze livres, pour les frais de la maladie dont ledit Sieur de Cauverville fils est décédé, avec dépens ; sauf à se pourvoir pour le surplus de son dû, sur les biens dudit Sieur de Cauverville fils, si aucuns y a ; incidemment intimé en apel, & demandeur en Requête d'opofition, du 3. Juin dernier : Comparant par Me Guillaume Auber son Procureur, d'une part : Et ledit Jean-Baptiste Bichot, intimé en apel, incidemment apellant de son chef de ladite Sentence, demandeur en exécution de l'Arrest de la Cour, obtenu par defaut le 31. Mai dernier, & défendeur de ladite Requête d'opofition ; comparant par Me Jacques le Maistre son Procureur, d'autre part ; sans préjudice des qualitez. Oüis Perchel Avocat pour le Sieur de Cauverville, lequel a dit que l'Action de Bichot est la plus téméraire, & la plus infoûtenable qui ait jamais paru ; il prétend se faire païer par le Sieur de Cauverville pere, de quatre billets montans à deux mille trois cens soixante livres, que le feu Sieur de Cauverville fils a faits au benéfice de lui Bichot, pour les prétenduës nouritures qu'il dit lui avoir fournies, dans son Auberge, en diférens tems, depuis 1723. jusqu'en 1727. Le Sieur de Cauverville païoit à son fils neuf cens livres de pension par an, c'est un fait reconnu par Bichot: sa demeure étoit dans la maison de son pere ; il jugea à propos d'en quiter le séjour, par esprit

1729.
Aoust.

de libertinage & d'indépendance ; & pour s'y livrer plus commodément, il prend un azile dans une Auberge publique ; & Bichot prétend que la mort de son débiteur aïant précédé celle du pere, celui-ci qui a toûjours païé à son fils sa pension de neuf cens livres, doit aquiter encore les obligations que ce fils de famille a contractées. L'on n'a jamais entendu une pareille prétention, dans les Tribunaux de la Justice ; elle est réprouvée par les dispositions du Droit Romain, *nec filius pro patre, nec pater pro filio conveniatur* ; elle tend à renverser l'ordre, la subordination & la tranquilité domestique. Quel seroit en éfet le pere de famille, qui pouroit se flâter de contenir ses enfans dans le devoir, si l'on introduisoit en faveur des Aubergistes & leurs pareils, la licence de retirer chez eux des fils de famille, qui ne s'acommoderoient pas du séjour de la maison paternelle ? Ce seroit en confirmer l'abus, que d'assûrer sur les peres à ces sortes de gens, le païement des sommes qui n'ont servi qu'à entretenir leurs débiteurs, dans la débauche & dans le déréglement : Le Ministere public est interressé à empêcher un abus si pernicieux. Quel seroit en éfet le sort du Sieur de Cauverville, s'il étoit possible que l'on en pensât autrement ? Vingt créanciers de son fils n'atendent que le succès de Bichot, pour tomber sur lui ; & ce malheureux pere qui a eu la douleur, pendant les jours de son fils, d'en voir les égaremens & l'inconduite, dont les excès ont fait tant d'éclat dans la Ville, auroit encore celle de païer ceux qui ont entretenu & favorisé ses excès. Bichot a cependant eu l'avantage de surprendre un Arrest favorable, sur une prétention si odieuse, & qui blesse autant la justice que les bonnes mœurs. Le Sieur de Cauverville espére que la Cour ne lui refusera pas ses conclusions : elles sont, sous son bon plaisir, que ledit Sieur de Cauverville sera reçû oposant contre l'exécution de l'Arrest du 31. Mai dernier ; faisant droit sur son oposition, qu'il sera raporté comme surpris ; faisant droit sur l'apel du Sieur de Cauverville, mettre l'apellation & ce dont est apellé, au néant ; corrigeant & réformant, qu'il sera déchargé des condamnations contre lui prononcées ; faisant droit sur l'apel de Bichot, que l'apellation sera mise au néant, avec dépens : Thoüars Avocat de Bichot, lequel a dit que le pere n'est point obligé aux dettes de ses enfans : ce principe est incontestable ; mais il leur doit la nouriture & l'entretien, selon son état & ses facultez : Le Sieur de Cauverville a fourni l'entretien, par la pension de neuf cens livres qu'il dit avoir païée, & le Sieur Bichot a fourni la nouriture pendant six années, comme il l'a articulé par son Exploit d'Action ; par conséquent, ce qu'il demande aujourd'hui, n'est point la dette du fils, mais la propre dette du pére. C'est un fait de notorieté publique, que le Sieur de Cauverville avoit bani son fils de sa table & de sa maison, qu'il ne le vouloit pas voir ; il n'a pas ignoré que le Sieur Bichot lui fournissoit sa nouriture, il a donc contracté une obligation tacite de le païer ; il auroit, on le peut dire, une espéce de honte, de faire perdre au Sieur Bichot, une dette aussi légitime. En vain l'Avocat du Sieur de Cauverville fait des éforts extraordinaires, pour donner le change : Le Sieur de Cauverville ne peut méconnoître qu'il refusoit sa table à son fils, & qu'il ne le vouloit pas voir ; tous les honnêtes gens ont gémi de l'excès où il a poussé la résolution qu'il en avoit prise ; en éfet, on l'a vû insensible pendant la maladie de son fils, qui a duré sept mois : Les Lettres les plus touchantes & les plus respectueuses ne l'ont point atendri ; les exhortations de ses amis, les remontrances du Sieur Curé de S. Lo ont été inutiles ; non seulement il a refusé de le voir pendant sa maladie, mais la mere a été obligée de suivre son exemple, on ofre la preuve de cette vérité ; enfin, tout secours a été refusé à ce misérable fils aîné d'une Maison riche de vingt-cinq mille livres de rente, dont la sœur a eû cent mille livres en mariage, en atendant la succession ; de maniere, que si le Sieur Bichot n'avoit pas fait les dépenses de la maladie, le Sieur de Cauverville se seroit vengé du reproche éternel, d'avoir laissé mourir son fils de misére. Après sa mort, il a refusé de tenir compte au Sieur Bichot, des fournitures faites pendant sa maladie ; il a falu plaider long-tems, pour en obtenir condamnation ; ce n'a été qu'à la Cour, qu'il s'est cru obligé d'aquiescer, pour empêcher le murmure du Public : Mais les honnêtes gens gemiroient encore, de voir qu'on feroit perdre au Sieur Bichot, près de six années de nouriture, s'ils n'étoient pas informez par la Conférence du Parquet, que le Sieur de Cauverville par un heureux retour sur lui-même, & par une suite des sentimens d'honneur, dont il est penétré, a enfin mis entre les mains de M^r l'Avocat Général, un billet, par lequel il renonce à se servir de l'Arrest qui doit prononcer sa décharge, & s'en raporte à ce sage Magistrat, qui s'est mêlé de l'acommodement, de régler ce qui doit être païé au Sieur Bichot. Comme on est persuadé de la probité du Sieur de Cauverville, ce billet dont la lecture sera faite à l'Audience de la Cour, tranquilise le Public sur l'événement de cette Cause, aussi-bien que le Sieur Bichot: Pourquoi conclut qu'il plaise à la Cour, en recevant la partie oposante pour la forme, la debouter de son oposition, & ordonner que l'Arrest de la Cour sera exécuté, avec dépens: Et le Chevallier Avocat Général du Roy, lequel a dit que quelque favorable que soit l'Action pour le païement des alimens, néanmoins cette faveur ne peut militer contre un pere, pour les alimens, & pour la fourniture de vin faite à son fils majeur, sans son aveu & sans son agrément, par un Aubergiste informé de la pension annuelle que le pere païoit à son fils, ainsi que des sujets de mécontentement du pere contre le fils. Quand ces motifs particuliers ne se presenteroient pas tels qu'ils sont, dans l'espéce de la Cause qui s'ofre aujourd'hui à décider, le bien public s'oposeroit à l'introduction d'une Action semblable, de la part des Aubergistes contre les peres ; ce seroit donner ouverture aux fils de famille, de se soustraire de l'obéïssance & du respect qu'ils doivent à leurs parens ; ce seroit leur faciliter la voïe & leur faire naître le desir de quiter la maison paternelle, pour se retirer dans une Auberge, afin d'y mener un genre de vie plus libre & plus licencieuse, comme aussi, de se livrer au libertinage ; & pour s'y soûtenir, d'avoir recours à des emprunts usuraires, soit d'argent, soit d'étofes & marchandises, dont l'usage n'est que trop fréquent, malgré les prohibitions portées par les Ordonnances & par les Réglemens. Et comme en l'année 1514. la Cour fit un Réglement, qui a quelqu'aplication à la question presente, dont les fondemens se trouvent dans le Senatus-consulte Macedonien, il estime qu'il ne seroit pas inutile d'en renouveler le souvenir & l'exécution, afin de retenir ceux qui n'en ont pas l'idée presente, dans la facilité qu'ils ont de prêter, de vendre, ou de faire crédit à des enfans de famille, par la juste crainte d'être privez de l'Action pour s'en faire païer, même après la mort des peres de famille : Pourquoi il estime qu'il y a lieu de recevoir la partie de Me Perchel oposante à l'exécution de l'Arrest rendu par defaut le 31. Mai dernier ; faisant droit sur

son

DECLARATIONS ET ARRESTS.

son oposition, en ce qui touche l'apel interjetté par la partie de Me Thoüars, mettre l'apellation au néant ; en ce qui touche l'apel interjetté par la partie de Me Perchel, mettre l'apellation & ce dont est apel, au néant ; émendant, décharger la partie de Me Perchel de la condamnation de la somme de mille livres, portée par la Sentence dont est apel : Au surplus, faisant droit sur son Requisitoire, ordonner que l'Arrest de la Cour en forme de Réglement, du premier Septembre 1514. sera exécuté selon sa forme & teneur, que lecture en sera faite au Bailliage de Roüen, l'Audience séante, & qu'il sera afiché où besoin sera. LA COUR, parties oüies, & le Procureur Général du Roy, a reçû celle de Perchel oposante à l'Arrest de la Cour ; aïant égard à son oposition, sans s'arrêter audit Arrest, faisant droit au principal, en ce qui touche l'apel de la partie de Thoüars, a mis & met l'apellation au néant ; & en ce qui touche l'apel de la partie de Perchel, a mis & met l'apellation & ce dont est apel, au néant ; émendant, l'a déchargée de la condamnation de mille livres contre elle prononcée ; condamne ladite partie de Thoüars en douze livres d'Amende, & aux dépens de la Cause d'apel, les dépens de la Cause principale compensez : Et faisant droit sur le Requisitoire du Procureur Général, ordonne que l'Arrest de Réglement de 1514. sera imprimé, lû & publié, l'Audience du Bailliage de Roüen séante, afiché en cette Ville, & par tout ailleurs où besoin sera ; le tout, à la requête du Procureur Général. FAIT à Roüen en Parlement, le dix-neuviéme jour d'Aoust mil sept cens vingt-neuf.

Par la Cour, Signé, AUZANET.

Déclaration du Roy, qui proroge jusqu'au premier Septembre 1730. l'atribution donnée aux Juges-Consuls, pour connoître de toutes les Faillites & Banqueroutes.

Du 31. Aoust 1729.

LOUIS par la grace de Dieu, Roy de France & de Navarre : A tous ceux qui ces presentes Lettres verront, SALUT. Nous avons par nôtre Déclaration du 31. Juillet 1728. ordonné que tous les Procès & diférens civils, mûs & à mouvoir, pour raison des Faillites & Banqueroutes, qui étoient ouvertes depuis le premier Janvier 1721. ou qui s'ouvriroient dans la suite, seroient jusqu'au premier Septembre de la presente année, portez pardevant les Juges & Consuls de la Ville où celui qui auroit fait faillite, seroit demeurant; & pour cet éfet, Nous aurions évoqué tous ceux desdits Procès & diférens qui étoient alors pendans & indécis pardevant les Juges ordinaires ou autres Juges inférieurs, ausquels Nous aurions fait très-expresses inhibitions & défenses d'en connoître, à peine de nullité : Et comme les motifs qui Nous ont portez à proroger depuis plusieurs années, cette atribution aux Juges & Consuls, subsistent encore pour la plus grande partie, Nous nous sommes déterminez à la continuer encore pour un tems. A CES CAUSES, & autres à ce Nous mouvant, de l'avis de nôtre Conseil, & de nôtre certaine science, pleine puissance & autorité Roïale, Nous avons par ces Presentes signées de nôtre main, dit, déclaré & ordonné, disons, déclarons & ordonnons, voulons & Nous plaît, que tous les Procès & diférens civils, mûs & à mouvoir, pour raison des Faillites & Banqueroutes, qui seront ouvertes depuis le premier Janvier 1721. ou qui s'ouvriront dans la suite, soient jusqu'au premier Septembre de l'année prochaine 1730. portées devant les Juges & Consuls de la Ville où celui qui aura fait faillite, sera demeurant; & pour cet éfet, Nous avons évoqué & évoquons tous ceux desdits Procès & diférens qui sont actuellement pendans & indécis, pardevant nos Juges ordinaires ou autres Juges inférieurs ausquels Nous faisons très-expresses inhibitions & défenses d'en connoître, à peine de nullité, & iceux Procès & diférens, avec leurs circonstances & dépendances, Nous avons renvoïez & renvoïons pardevant lesdits Juges & Consuls ausquels Nous en atribuons toute Cour, Jurisdiction & connoissance, sauf l'apel au Parlement, dans le ressort duquel lesdits Juges & Consuls sont établis. Voulons que nonobstant ledit apel, & sans préjudice d'icelui, lesdits Juges & Consuls continuënt leur procédure, & que leurs Jugemens soient exécutez par provision : Voulons pareillement, que jusqu'audit jour premier Septembre 1730. il soit par lesdits Juges & Consuls, à l'exclusion de tous autres Juges & Oficiers de Justice, procédé à l'aposition des Scellez & confection des Inventaires de ceux qui ont fait ou feront faillite ; & au cas qu'il eussent des éfets dans d'autres lieux que celui de leur demeure,

Nous donnons pouvoir auſdits Juges & Conſuls, de commettre telle perſonne que bon leur ſemblera, pour leſdits Scellez & Inventaires, qui feront aportez au Gréfe de la Juriſdiction Conſulaire, & joints à ceux faits par leſdits Juges & Conſuls: Voulons auſſi que les demandes à fin d'homologations des Délibérations des créanciers, Contrats d'atermoïement, & autres Actes paſſez à l'ocaſion deſdites Faillites, ſoient portez pardevant les Juges & Conſuls, pour être homologuez, ſi faire ſe doit, & que leſdits Juges & Conſuls puiſſent ordonner la vente des meubles, & le recouvrement des éfets mobiliers, & connoiſſent des Saiſies mobiliéres, opoſitions, revendications, contributions, & generalement de toutes autres conteſtations qui feront formées en conſéquence deſdites Faillites & Banqueroutes: N'entendons néanmoins empêcher qu'il puiſſe être procédé à la Saiſie réelle & aux Criées des immeubles, pardevant les Juges ordinaires, ou autres qui en doivent connoître, juſqu'au Bail judiciaire excluſivement; ſans préjudice de l'exécution & du renouvellement des Baux judiciaires précédemment ajugez, & ſans qu'il puiſſe être fait aucune autre pourſuite ni procédure, ſi ce n'eſt en conſéquence des Délibérations priſes à la pluralité des voix, par les créanciers dont les créances excédent la moitié du total des dettes. Voulons en outre, que juſqu'audit jour premier Septembre 1730. aucune plainte ne puiſſe être renduë, ni Requête donnée à fin criminelle, contre ceux qui auront fait faillite; & défendons très-expreſſément à nos Juges ordinaires & autres Oficiers de Juſtice, de les recevoir, ſi elles ne ſont acompagnées de Délibérations, & du conſentement des créanciers dont les créances excédent la moitié de la totalité des dettes; & quant aux procédures criminelles, commencées avant la date des Preſentes, & depuis ledit jour premier Janvier 1721. voulons qu'elles ſoient continuées, & que néanmoins nos Juges ordinaires, & autres Oficiers de Juſtice ſoient tenus d'en ſurſeoir la pourſuite & le jugement, ſur la ſimple requiſition des créanciers dont les créances excéderont pareillement la moitié du total de ce qui eſt dû, par ceux qui ont fait faillite, & en conſéquence des Délibérations par eux priſes, & annéxées à leur Requête. N'entendons néanmoins que tous ceux qui ont fait faillite ou la feront ci-après, puiſſent tirer aucun avantage de l'atribution acordée aux Juges &

Confuls, & des autres difpofitions contenuës en la prefente Déclaration, ou d'aucun Contrat figné par la plus grande partie de leurs créanciers, que Nous avons déclaré nul & de nul éfet, même à l'égard des créanciers qui les auront fignez, fi les Faillis font acufez d'avoir dans l'état de leurs dettes ou autrement, emploïé ou fait paroître des créances feintes ou fimulées, ou d'en avoir fait revivre d'aquitées, ou d'avoir fupofé des tranfports, ventes & donations de leurs éfets, en fraude de leurs créanciers, voulons qu'ils puiffent être pourfuivis extraordinairement, comme Banqueroutiers frauduleux, pardevant nos Juges ordinaires ou autres Juges qui en doivent connoître, à la requête de leurs créanciers qui auront afirmé leurs créances, en la forme qui fera ci-après expliquée, pourvû que leurs créances compofent la moitié du total des dettes, & que lefdits Banqueroutiers foient punis de mort fuivant la difpofition de l'Article XII. Titre XI. de l'Ordonnance de 1673. Défendons à toutes perfonnes, de prêter leurs noms, pour aider & favorifer les Banqueroutes frauduleufes, en divertiffant les éfets, acceptant des tranfports, ventes ou donations fimulées, & qu'ils fçauront être en fraude des créanciers, en fe déclarant créanciers ne l'étans pas, ou pour plus grande fomme que celle qui leur eft dûë, ou en quelque forte & maniere que ce puiffe être. Voulons qu'aucun particulier ne fe puiffe dire & prétendre créancier, & en cette qualité affifter aux affemblées, former opofition aux Scellez & Inventaires, figner aucune Délibération ni aucun Contrat d'atermoïement, qu'après avoir afirmé; fçavoir, dans l'étenduë de la Ville, Prevôté & Vicomté de Paris, pardevant le Prevoft de Paris ou fon Lieutenant, & pardevant les Juges & Confuls, dans les autres Villes du Roïaume, où il y en a d'établis, que leurs créances leur font bien & légitimement dûës en entier, & qu'ils ne prêtent leurs noms, directement ni indirectement, au debiteur commun, le tout fans frais: Voulons auffi que ceux defdits prétendus créanciers, qui contreviendront aux défenfes portées par ces Prefentes, foient condamnez aux Galeres à perpétuité ou à tems, fuivant l'exigence des cas, outre les peines pécuniaires contenuës en ladite Ordonnance de 1673. & que les femmes foient, outre lefdites peines exprimées par ladite Ordonnance, condamnées au baniffement perpétuel ou à tems. Voulons que tous Marchands, Négocians, Banquiers & autres, qui ont fait

DECLARATIONS ET ARRESTS.

ou qui feront faillite, soient tenus de déposer un Etat exact & détaillé, certifié véritable, de tous leurs éfets mobiliers & immobiliers & de leurs dettes, comme aussi leurs Livres & Registres, au Gréfe de la Jurisdiction Consulaire dudit lieu, ou la plus prochaine, & que faute de ce, ils ne puissent être reçûs à passer avec leurs créanciers, aucun Contrat d'atermoïement, Concordat, Transaction ou autre Acte, ni obtenir aucune Sentence ou Arrest d'homologation d'iceux, ni se prévaloir d'aucun Sauf-conduit acordé par leurs créanciers ; & voulons qu'à l'avenir lesdits Contrats & autres Actes, Sentences & Arrêts d'homologation, & Sauf-conduits, soient nuls & de nul éfet, & que lesdits debiteurs puissent être poursuivis extraordinairement comme Banqueroutiers frauduleux, par nos Procureurs Genéraux ou par leurs Substituts, ou par un seul créancier, sans le consentement des autres, quand même il auroit signé lesdits Contrats, Actes ou Sauf-conduits, ou qu'ils auroient été homologuez avec lui : Voulons aussi que ceux qui ont précédemment passé quelques Contrats ou Actes avec leurs créanciers, ou qui ont obtenu des Saufs-conduits, ne puissent s'en aider & prévaloir, ni des Sentences ou Arrêts d'homologation intervenus en conséquence, défendons à nos Juges d'y avoir aucun égard, si dans quinzaine pour tout delai, à compter du jour de la publication des Presentes, les debiteurs ne déposent leurs Etats, Livres & Regiftres, en la forme ci-dessus ordonnée, & sous les peines y contenuës, au cas qu'ils n'y aïent ci-devant satisfait : Et pour faciliter à ceux qui ont fait ou feront faillite, le moïen de dresser leursdits Etats, voulons qu'en cas d'aposition de Scellez sur leurs biens & éfets, leurs Livres & Registres leur soient remis & delivrez, après néanmoins qu'ils auront été paraphez par le Juge, ou autre Oficier commis par le Juge qui aposera lesdits Scellez, & par un des créanciers qui y assisteront ; & que les feüillets blancs, si aucuns y a, auront été bâtonnez par ledit Juge ou autres Oficiers ; à la charge qu'au plûtard après l'expiration dudit delai de quinzaine, lesdits Livres & Regiftres, & l'Etat des éfets actifs & passifs, seront déposez au Gréfe de la Jurisdiction Consulaire ou chez un Notaire, par celui qui aura fait faillite ; sinon, voulons qu'il soit censé & réputé Banqueroutier frauduleux, & comme tel poursuivi, suivant qu'il a été précédemment ordonné. Déclarons nulles & de nul éfet, tou-

1729.
Aoust.

tes Lettres de répi qui pourront être ci-après obtenuës, si ledit Etat des éfets & dettes n'est ataché sous le Contrescel, avec un certificat du Gréfier de la Jurisdiction Consulaire, ou d'un Notaire entre les mains duquel ledit Etat, avec les Livres & Registres aura été déposé; le tout, sans déroger aux usages & priviléges de la Jurisdiction de la Conservation de Lyon, ni à la Déclaration du 30. Juillet 1715. intervenuë pour le Châtelet de nôtre bonne Ville de Paris. SI DONNONS EN MANDEMENT à nos amez & feaux les Gens tenans nôtre Cour de Parlement à Roüen, que ces Presentes ils aïent à faire lire, publier & registrer, (même en tems de Vacations) & le contenu en icelles garder & exécuter, selon leur forme & teneur, nonobstant toutes Ordonnances, Edits, Déclarations, & autres choses à ce contraires, ausquelles Nous avons dérogé & dérogeons par ces Presentes; aux Copies desquelles, collationnées par l'un de nos amez & feaux Conseillers-Secrétaires, voulons que foi soit ajoûtée comme à l'Original; CAR tel est nôtre plaisir. En témoin de quoi Nous avons fait mettre nôtre Scel à cesdites Presentes. DONNÉ à Versailles, le trente-uniéme jour d'Aoust, l'an de grace mil sept cens vingt-neuf; & de nôtre Régne le quatorziéme. Signé, LOUIS: Et plus bas, Par le Roy, CHAUVELIN: Vû au Conseil, LE PELETIER. Et scellée du grand Sceau de cire jaune.

Lûë, publiée & registrée, la grande Audience de la Cour séante. A Roüen en Parlement, le 24. Novembre 1729. Signé, AUZANET.

Déclaration du Roy, pour régler l'Election, Fonctions, Priviléges, &c. des Gardes-Jurez ou Sindics des Pêcheurs à la Mer, & des Tendeurs à la Basse-eau, établis sur les Côtes des Provinces de Flandre, Boulonnois, jusques & compris la Normandie, &c.

Du 21. Septembre 1729.

LOUIS par la grace de Dieu, Roy de France & de Navarre: A tous ceux qui ces presentes Lettres verront, SALUT. Nous avons lieu d'espérer que les Côtes de nôtre Roïaume, deviendront aussi poissonneuses qu'elles l'étoient par le passé, si les dispositions contenuës dans les Ordonnances & Réglemens, que Nous avons rendus pour le rétablissement de la Pêche du Poisson de Mer, sont exactement suivis : Et c'est pour Nous assûrer de leur entiere exécution, que Nous avons résolu de régler les fonctions des Gardes-Jurez ou Sindics des Pêcheurs, établis par l'Ordonnance du mois d'Aoust 1681. & de leur atribuer des priviléges & exemtions, en considération du service actuel, auquel ils seront assujétis. A CES CAUSES, & autres à ce Nous mouvant, de nôtre certaine science, pleine puissance & autorité Roïale, Nous avons dit, déclaré & ordonné, & par ces Presentes signées de nôtre main, disons, déclarons & ordonnons, voulons & Nous plaît ce qui suit.

ARTICLE PREMIER.

Les Pêcheurs à la Mer & les Tendeurs à la Basse-eau, des Ports, Bourgs, Paroisses, Villages & Hameaux dénommez dans l'Etat ci-ataché sous le Contrescel des Presentes, seront tenus de s'assembler le premier Dimanche du mois de Février de chaque année, dans les endroits dont ils conviendront entr'eux, pour élire le nombre des Gardes-Jurez ou Sindics de leur Communauté, réglé par ledit Etat.

II. L'Election desdits Gardes-Jurez ou Sindics, sera faite sans frais, presens ni festins, à peine de vingt livres d'Amende contre chacun contrevenant ; & ceux qui auront été élûs, seront tenus de prêter Serment avant le premier du mois de Mars, pardevant les Oficiers de l'Amirauté du ressort, lequel sera reçû sans frais.

III. Lesdits Gardes-Jurez ou Sindics entreront en fonction le premier jour du mois de Mars de chaque année, jusques & compris le dernier jour du mois de Février de l'année suivante.

IV. Ils seront tenus de faire une fois par semaine, la visite des Filets des Pêcheurs à la Mer & Tendeurs à la Basse-eau, & de toutes les Pêcheries exclusives, ou autres qui seront pratiquées dans l'étenduë de leur district ; le tout, à peine d'Amende arbitraire.

V. Ils seront aussi tenus, sous la même peine, de veiller à ce que les Pêcheurs ne fassent point usage de Filets & Instrumens traînans, & défendus par nos Ordonnances, & qu'il ne soit point pêché du Poisson nommé Blanche ou Blacquer, ou autre qui n'aura pas trois pouces de longueur, entre l'œil

& la queuë ; à l'éfet de quoi, ils pouront faire outre la visite ordonnée par l'Article précédent, celles qu'ils estimeront nécessaires, pour pouvoir découvrir les contrevenans.

VI. Ils veilleront à ce que la Pêche des Huitres & celle des Moules, soient faites conformément à nos Ordonnances; & ils seront tenus de se trouver à la coupe des herbes de Mer, connuës sous les noms de Varech ou Vraicq, Sar ou Goüesmon ; le tout, sous la même peine d'Amende arbitraire.

VII. Ils informeront les Oficiers de l'Amirauté, de tout ce qu'ils auront remarqué dans les visites qu'ils auront faites, qui poura être utile ou nuisible à la Pêche, & ils leur proposeront les moïens & les expédiens qu'ils jugeront convenables, pour prévenir & corriger les abus qui pouroient s'introduire parmi les Pêcheurs.

VIII. Ils dresseront des Rôles exacts de tous les Pêcheurs de l'âge de dix-huit ans & au-dessus, demeurans dans l'étenduë de leur district, qui font la Pêche, tant à la Mer qu'à la basse-eau, dans lesquels il sera spécifié le nom, surnom & l'âge de chaque Pêcheur, & la qualité de la Pêche dont ils se mêlent ; & ils remettront ces Rôles aux Oficiers de l'Amirauté, lorsque leur Sindicat sera achevé, afin qu'ils puissent être donnez aux Gardes-Jurez ou Sindics, qui leur succederont.

IX. Donnons pouvoir ausdits Gardes-Jurez ou Sindics, de saisir les Filets traînans & autres, dont les mailles ne seront pas de la proportion ordonnée ; les pieux, piquets ou piochons, sur lesquels lesdits Filets pouront être tendus, ensemble les instrumens & autres ustenciles de Pêche défendus par nos Ordonnances.

X. Leur donnons aussi pouvoir, en même tems qu'ils feront la saisie des Filets & instrumens abusifs & défendus par nos Ordonnances, de saisir le poisson qui aura été pêché avec lesdits Filets & instrumens ; ensemble, le poisson nommé Blanche ou Blacquet, & tout autre qui n'aura pas trois pouces de longueur entre l'œil & la queuë, tant que lesdits poissons seront en la possession des Pêcheurs.

XI. Leur donnons pareillement pouvoir de saisir les Filets & autres ustenciles servant aux Pêcheries établies sur les Côtes, en cas que lesdites Pêcheries ne soient pas placées & construites, ainsi qu'il est réglé par nos Ordonnances.

XII. Les Gardes-Jurez ou Sindics qui demeureront dans le

le lieu du Siége de l'Amirauté du ressort, seront tenus de faire au Gréfe de ladite Amirauté, dans les vingt-quatre heures, leurs raports ou déclarations des abus & contraventions qui auront été commis par les Pêcheurs de leur district, & d'y déposer dans ledit tems, les filets, pieux, piquets ou piochons, instrumens & autres ustenciles de Pêche, ensemble les Poissons qui auront pû être saisis par eux.

XIII. Ceux des Gardes-Jurez ou Sindics qui n'habiteront point dans le lieu du Siége de l'Amirauté du ressort, seront seulement tenus de faire dans la huitaine au-plûtard, au Gréfe de ladite Amirauté, leurs raports ou déclarations des abus & contraventions qui auront été commis par les Pêcheurs de leur district, & d'y déposer dans ledit terme, les filets, pieux, piquets ou piochons, instrumens & autres ustenciles de Pêche, ensemble les Poissons qui auront pû être saisis par eux.

XIV. Les Gardes-Jurez ou Sindics seront aussi tenus de faire au Gréfe de l'Amirauté du ressort, leurs raports ou déclarations des nouvelles Pêcheries exclusives, qui pourront être établies dans l'étenduë de leur district.

XV. Voulons que lesdits raports ou déclarations soient reçus sans frais, & que sur iceux nos Cours & Juges puissent statuer: laissons néanmoins à leur prudence, d'ordonner la preuve des faits, suivant l'exigence des cas.

XVI. Lesdits raports ou déclarations, ensemble les Exploits, Significations, & tous autres Actes faits à la requête de nos Procureurs generaux ou leurs Substituts, pour raison de la Police du Poisson de Mer, seront exemts du Contrôle des Exploits, conformément à la Déclaration du feu Roy nôtre très-honoré Seigneur & Bisaïeul, du 23. Février 1677.

XVII. Les Gardes-Jurez ou Sindics seront tenus de se trouver aux visites des Oficiers de l'Amirauté, à celles des Oficiers des Classes, & de l'Inspecteur des Pêches; & d'avertir les Oficiers de l'Amirauté, des naufrages, bris & échouëmens qui pourront arriver dans l'étenduë des Paroisses dont ils seront Gardes-Jurez ou Sindics; le tout, à peine d'Amende arbitraire.

XVIII. Lesdits Gardes-Jurez ou Sindics seront exemts pendant le tems de leur Sindicat, du service des Classes, s'ils sont Matelots; & des revuës & exercices des Milices Gardes-

Côtes, s'ils sont incorporez dans lesdites Milices.

XIX. Ils joüiront aussi pendant ledit tems, de l'exemtion de logement de Gens de Guerre, & de toutes contributions qui pouroient être faites pour fournir lesdits logemens, & ustenciles dans iceux, ensemble de l'exemtion de sequestre, garde de biens & régime de fruits.

XX. Ils seront taxez d'ofice pour la Taille, par les Commissaires départis dans nos Provinces & Generalitez, dans le premier Rôle qui sera fait après leur nomination, sans qu'ils puissent être augmentez; & ce, pendant le tems qu'ils seront Gardes-Jurez ou Sindics seulement.

XXI. Lesdits Gardes-Jurez ou Sindics pouront avoir des armes chez eux, & en porter pour leur défense, à l'exception de celles défenduës par nos Ordonnances; & notamment, par nôtre Déclaration du 23. Mars 1728.

XXII. En cas de négligence ou de malversation de la part desdits Gardes-Jurez ou Sindics, voulons qu'ils soient condamnez à une Amende arbitraire, & destituez de leur emploi par les Oficiers de l'Amirauté.

XXIII. Il sera nommé par lesdits Oficiers de l'Amirauté, d'autres Gardes-Jurez ou Sindics, qui seront choisis dans le nombre des Pêcheurs, pour achever l'année de service commencée, à la place de ceux qui auront été destituez ; & lesdits Gardes-Jurez ou Sindics ainsi nommez, joüiront pendant le tems qu'ils exerceront ledit emploi, des exemtions & priviléges acordez par ces Presentes, aux Gardes-Jurez ou Sindics.

XXIV. Nous nous réservons la faculté de continuer une seconde année, ceux des Gardes-Jurez ou Sindics qui auront bien & exactement rempli leurs fonctions, & même de les continuer pendant une troisiéme année ; en sorte qu'ils pouront être Gardes-Jurez ou Sindics, pendant trois années consécutives.

XXV. Voulons que les Commissions que Nous acorderons ausdits Gardes-Jurez ou Sindics, pour la continuation d'exercice dudit emploi, soient regiftrées sans frais, au Gréfe de l'Amirauté du ressort, sans qu'ils soient obligez de prêter un nouveau serment, & que lesdits Gardes-Jurez ou Sindics ainsi continuez, joüissent des exemtions & priviléges atachez audit emploi par ces Presentes.

XXVI. Voulons aussi que lesdits Gardes-Jurez ou Sindics

DECLARATIONS ET ARRESTS. 187

qui auront été par Nous continuez, foient en cas de négligence ou de malverfation, condamnez à une Amende arbitraire, & même interdits par les Oficiers de l'Amirauté; lefquels commettront d'autres Gardes-Jurez ou Sindics, pour faire leurs fonctions, jufqu'à ce que ladite interdiction ait été levée.

XXVII. Lefdits Oficiers de l'Amirauté Nous rendront compte des raifons qu'ils auront eües, pour interdire les Gardes-Jurez ou Sindics qui auront été continuez par Nous; & ceux qu'ils auront commis pour en faire les fonctions, joüiront pendant le tems qu'ils exerceront ledit emploi, des exemtions & priviléges dont auroient joüi ceux qui auront été interdits.

XXVIII. Les contraventions aux Articles des Prefentes, feront pourfuivies à la requête de nos Procureurs dans les Amirautez, & les Sentences qui en interviendront contre les délinquans, feront exécutées pour les condamnations d'Amendes, nonobftant l'apel & fans préjudice d'icelui, jufqu'à concurrence de trois cens livres, fans qu'il puiffe être acordé de défenfes, même lorfque l'Amende fera plus forte, que jufqu'à concurrence de ce qui excédera ladite fomme de trois cens livres.

XXIX. Ceux qui apelleront defdites Sentences, feront tenus de faire ftatuer fur leur apel, ou de le mettre en état d'être jugé définitivement, dans un an du jour & date d'icelui; finon, & à faute de ce faire, ledit tems paffé, lefdites Sentences fortiront leur plein & entier éfet, & les Amendes feront diftribuées, conformément aufdites Sentences, & les dépofitaires d'icelles bien & valablement déchargez.

Les difpofitions contenuës aux Prefentes, feront exécutées dans nos Provinces de Flandre, Païs conquis & reconquis, Boulonnois, Picardie & Normandie.

Sera au furplus, l'Ordonnance du mois d'Aouft 1681. exécutée felon fa forme & teneur, en ce qui n'y eft point dérogé par ces Prefentes; & en conféquence, tout ce qui fera ordonné par les Oficiers des Amirautez, exécuté conformément à icelle, & dans les cas y portez, nonobftant & fans préjudice de l'apel, qui fera porté aux Amirautez genérales & en nos Cours de Parlement, fuivant ladite Ordonnance.

SI DONNONS EN MANDEMENT à nos amez &

Aa ij

féaux les Gens tenans nos Cours de Parlement, que ces Presentes ils faffent lire, publier & regiftrer, & le contenu en icelles garder & obferver, felon leur forme & teneur, nonobftant tous Edits, Déclarations, Arrêts, Ordonnances, Réglemens, Clameur de Haro, Chartre Normande, & autres chofes à ce contraires, aufquels Nous avons dérogé & dérogeons par cefdites Prefentes : Voulons qu'aux Copies d'icelles, collationnées par l'un de nos amez & féaux Confeillers-Secrétaires, foi foit ajoûtée comme à l'Original ; CAR tel eft nôtre plaifir. En témoin de quoi, Nous avons fait mettre nôtre Scel à cefdites Prefentes. DONNÉ à Verfailles, le vingt-uniéme jour de Septembre, l'an de grace mil fept cens vingt-neuf, & de nôtre Régne le quinziéme. Signé, LOUIS: Et plus bas, Par le Roy, PHELYPEAUX : Vû au Confeil, LE PELETIER. Et fcellée du grand Sceau de cire jaune.

ETAT DU NOMBRE DE GARDES-JUREZ

ou Sindics, qui feront nommez par les Pêcheurs des Ports, Bourgs, Villages & Hameaux ci-après mentionnez, pour en faire les fonctions, conformément à nôtre Déclaration de cejourd'hui.

SÇAVOIR,

AMIRAUTÉ DE DUNKERQUE,
fix Gardes-Jurez ou Sindics.

PAR les Pêcheurs de Ghyvelde, un Garde-Juré ou Sindic.
Par ceux de Zuittcotte, un Garde-Juré ou un Sindic.
Par ceux de Lafernouck & de Rofendael, un *idem*.
Par ceux du Petit-Mardick & de Petite-Sainte, un *idem*.
Par ceux de Loonne & du Grand-Mardick, un *idem*.
Par ceux du Fort Philippe & de Gravelines, un *idem*.

AMIRAUTÉ DE CALAIS,
dix Gardes-Jurez ou Sindics.

PAR les Pêcheurs d'Oye, trois Gardes-Jurez ou Sindics.
Par ceux de Marck, deux *idem*.
Par ceux de S. Pierre, un *idem*.
Par ceux de Calais, un *idem*.
Par ceux de Sangatte, deux *idem*.
Par ceux de Haut & Bas-Efcalle, un *idem*.

DECLARATIONS ET ARRESTS.

AMIRAUTÉ DE BOULOGNE,
dix Gardes-Jurez ou Sindics.

PAR les Pêcheurs de Wissant, un Garde-Juré ou Sindic.
Par ceux d'Audinghen, deux *idem*; l'un, pour les Hameaux de Framezel & de Grisnez, & l'autre, pour ceux de Florinckel & le Crevazeu.
Par ceux d'Andreselle & d'Ambleteuse, un *idem*.
Par ceux de Boulogne, un *idem*.
Par ceux d'Outreau, deux *idem*; l'un, pour le Hameau du Portet, & l'autre, pour celui d'Equihen.
Par ceux de Danne, un *idem*.
Par ceux de Camiers, un *idem*.
Par ceux d'Etaples, un *idem*.

AMIRAUTÉ D'ABBEVILLE,
douze Gardes-Jurez ou Sindics.

PAR les Pêcheurs de Cuques & du Hameau de Trépied, deux Gardes-Jurez ou Sindics; l'un pour Cuques, & l'autre pour Trépied.
Par ceux de Merlimont, un *idem*.
Par ceux de Berck, deux *idem*.
Par ceux de Gros-Fliers, un *idem*.
Par ceux de Quen & du Hameau de Rothionville, un *idem*.
Par ceux de S. Quentin, un *idem*.
Par ceux du Crottoy, deux *idem*; un pour les Pêcheurs de Mer, & un pour les Tendeurs de basse-eau.
Par ceux de Noyelles, un *idem*.
Par ceux de Rouvroy sur Somme, Fauxbourg d'Abbeville, un *idem*.

AMIRAUTÉ DE S. VALERY EN SOMME,
deux Gardes-Jurez ou Sindics.

PAR les Pêcheurs de S. Valery en Somme, un Garde-Juré ou Sindic.
Par ceux de Cayeux, un *idem*.

AMIRAUTÉ D'AULT,
trois Gardes-Jurez ou Sindics.

PAR les Pêcheurs du Bourg d'Ault, deux Gardes-Jurez ou Sindics; un pour les Pêcheurs de Mer, & un pour les Tendeurs de basse-eau.
Par ceux de Mers, un *idem*.

AMIRAUTÉ D'EU ET TREPORT,
cinq Gardes-Jurez ou Sindics.

PAR les Pêcheurs du Tréport, deux Gardes-Jurez ou Sindics.
Par ceux de Mesnil-Val & Criel, un *idem*.
Par ceux de Mesnil-à-Caux & Tocqueville, un *idem*.
Par ceux de Penly & Biville, un *idem*.

AMIRAUTÉ DE DIEPPE,
huit Gardes-Jurez ou Sindics.

PAR les Pêcheurs de S. Martin & des Hameaux de Vassonville & le Petit-Berneval, un Garde-Juré ou Sindic.
Par ceux du Grand-Berneval, un *idem*.
Par ceux de Belleville, un *idem*.
Par ceux de Bracquemont, & du Hameau de Puits, un *idem*.
Par ceux du Pollet, un *idem*.
Par ceux de Dieppe, un *idem*.
Par ceux de Portville & Varengeville, un *idem*.
Par ceux de Blumesnil & de Sainte-Marguerite, un *idem*.

AMIRAUTÉ DE S. VALERY EN CAUX,
sept Gardes-Jurez ou Sindics.

PAR les Pêcheurs de Quiberville & de S. Aubin, un Garde-Juré ou Sindic.
Par ceux de Sotteville, un *idem*.
Par ceux de Veules, un *idem*.
Par ceux de S. Valery en Caux, deux *idem*.
Par ceux de Paluel, Conteville & Veulettes, un *idem*.
Par ceux de S. Martin-aux-Buneaux & Sassetot, un *idem*.

AMIRAUTÉ DE FESCAMP,
quatre Gardes-Jurez ou Sindics.

PAR les Pêcheurs de S. Pierre-en-Port, Esletot & Senneville, un Garde-Juré ou Sindic.
Par ceux de Criquebœuf, Val-d'Yport & Vattetot, un *idem*.
Par ceux de Bénouville, Etretat & le Tilleüil, un *idem*.
Par ceux de la Poterie, de Bruneval & de S. Joüin, un *idem*.

AMIRAUTÉ DU HAVRE,
huit Gardes-Jurez ou Sindics.

PAR les Pêcheurs d'Heuqueville & de Cauville, un Garde-Juré ou Sindic.
Par ceux d'Octeville, un *idem*.
Par ceux de Bléville, un *idem*.
Par ceux de Sainte-Adresse, Sanvic & Ingouville, un *idem*.
Par ceux de Lheure & du Havre, un *idem*.
Par ceux de Gonfreville & d'Harfleur, un *idem*.
Par ceux de Sandouville, Oudalle & Rogerville, un *idem*.
Par ceux de Tancarville, la Cerlangue, S. Jean d'Aptot, & S. Vigor, un *idem*.

DECLARATIONS ET ARRESTS

AMIRAUTÉ DE CAUDEBEC ET QUILLEBEUF,   1729. Septemb.
quatre Gardes - Jurez ou Sindics.

PAR les Pêcheurs de Petiville, un Garde-Juré ou Sindic.
Par ceux de Villequier, un *idem.*
Par ceux de Quillebeuf, un *idem.*
Par ceux de la Roque de Rille & du Marais-Vernier, un *idem.*

AMIRAUTÉ D'HONFLEUR,
deux Gardes - Jurez ou Sindics.

PAR les Pêcheurs de la Riviere, de Ficquefleur, Quartier de Jobbe & Berville, un Garde-Juré ou Sindic.
Par ceux de Sainte-Catherine & de Saint-Leonard de la Ville d'Honfleur, y compris le Havre neuf, un *idem.*

AMIRAUTÉ DE TOUQUES ET DIVES,
cinq Gardes - Jurez ou Sindics.

PAR les Pêcheurs de Villerville, un Garde-Juré ou Sindic.
Par ceux de Trouville & d'Hannequeville, un *idem.*
Par ceux de Deauville, Benerville, S. Christophe & Blouville, un *idem.*
Par ceux de Villers & d'Auberville, un *idem.*
Par ceux de Beuzeval & Dives, un *idem.*

AMIRAUTÉ DE CAEN,
six Gardes - Jurez ou Sindics.

PAR les Pêcheurs de Cabour, un Garde-Juré ou Sindic.
Par ceux de Merville, un *idem.*
Par ceux du Heaune Hameau de la Paroisse de Varaville, un *idem.*
Par ceux de Salenelles & le Buisson, un *idem.*
Par ceux d'Anfreville, un *idem.*
Par ceux de Ranville & Hameau de Longueval, un *idem.*

AMIRAUTÉ D'OYSTREHAM,
six Gardes - Jurez ou Sindics.

PAR les Pêcheurs de Bénouville, un Garde-Juré ou Sindic.
Par ceux de d'Oystreham & d'Hermanville, un *idem.*
Par ceux de Lion & Neauville, un *idem.*
Par ceux de Luc, un *idem.*
Par ceux de Langrune & de S. Aubin, un *idem.*
Par ceux de Bernieres & de Courseulle, un *idem.*

AMIRAUTÉ DE BAYEUX,
sept Gardes - Jurez ou Sindics.

PAR les Pêcheurs de Gray, un Garde-Juré ou Sindic.
Par ceux de Ver & Hameau de S. Gerbauld, un *idem.*

EDITS ET REGLEMENS,

1729. Septemb.

Par ceux de Neuvaine, Afnelles & Fresnay, un *idem*.
Par ceux d'Arromanches, Tracy, Fontenailles, Longues & Marigny, un *idem*.
Par ceux de Commes, de Port en Bessin, le Bouffé & Hupain, un *idem*.
Par ceux de Sainte-Honorine & Colleville, un *idem*.
Par ceux de S. Laurent sur la Mer, un *idem*.

AMIRAUTÉ DE GRAND-CAMP,
quatre Gardes-Jurez ou Sindics.

PAR les Pêcheurs de Vierville & de Lestanville, un Garde-Juré ou Sindic.
Par ceux de Grand-Camp, un *idem*.
Par ceux de Maisy & Géfosse, un *idem*.
Par ceux de Fontenay & de S. Clement, un *idem*.

AMIRAUTÉ DE CARENTAN ET ISIGNY,
sept Gardes-Jurez ou Sindics.

PAR les Pêcheurs d'Isigny, un Garde-Juré ou Sindic.
Par ceux de Brévant, S. Hilaire & Renzeville, un *idem*.
Par ceux de Brucheville & de S. Côme, un *idem*.
Par ceux de Sainte-Marie-du-Mont & Audouville, un *idem*.
Par ceux de S. Martin de Varreville, un *idem*.
Par ceux de S. Germain de Varreville, un *idem*.
Par ceux de Foucarville & de Ravenoville, un *idem*.

AMIRAUTÉ DE LA HOUGUE,
six Gardes-Jurez ou Sindics.

PAR les Pêcheurs de Fontenay & S. Marcou, un Garde-Juré ou Sindic.
Par ceux de Quineville, un *idem*.
Par ceux de Laitres, un *idem*.
Par ceux de Morsalines, Grenneville & Aumeville, un *idem*.
Par ceux de S. Vast de la Hougue, deux *idem*; un pour les Pêcheurs de Mer, & un pour les Tendeurs à la basse-eau.

AMIRAUTÉ DE BARFLEUR,
huit Gardes-Jurez ou Sindics.

PAR les Pêcheurs de Réville, un Garde-Juré ou Sindic.
Par ceux de Monfarville, un *idem*.
Par ceux de Barfleur, un *idem*.
Par ceux de Gatteville, un *idem*.
Par ceux de Gouberville, Néville & Rétoville, un *idem*.
Par ceux de Coqueville, un *idem*.
Par ceux de Fermanville, un *idem*.
Par ceux de Maupertus, Bretteville, Digoville & Tourlaville, un *idem*.

AMI-

DECLARATIONS ET ARRESTS.

1729. Septemb.

AMIRAUTÉ DE CHERBOURG,
quatre Gardes-Jurez ou Sindics.

PAR les Pêcheurs de Cherbourg, un Garde-Juré ou Sindic.
Par ceux d'Equeurdreville & Quierqueville, un *idem*.
Par ceux d'Omonville, un *idem*.
Par ceux de Digulville, Herqueville & Flamanville, un *idem*.

AMIRAUTÉ DE PORTBAIL ET CARTERET,
quatre Gardes-Jurez ou Sindics.

PAR les Pêcheurs de Nôtre-Dame d'Alonne & de S. Pierre d'Alonne, un Garde-Juré ou Sindic.
Par ceux de Barneville & de Carteret, un *idem*.
Par ceux de Portbail, du Hameau des Rivieres & de Surville, un *idem*.
Par ceux de Bréteville & de S. Germain d'Ay, un *idem*.

AMIRAUTÉ DE COUTANCES,
douze Gardes-Jurez ou Sindics.

PAR les Pêcheurs de Créances, un Garde-Juré ou Sindic.
Par ceux de Piron, un *idem*.
Par ceux de Geffosse & d'Anneville, un *idem*.
Par ceux de Montcarville & de Gouville, un *idem*.
Par ceux de Liverville, un *idem*.
Par ceux de Blainville, un *idem*.
Par ceux d'Agon, un *idem*.
Par ceux de Grimouville & de Régneville, un *idem*.
Par ceux de Montmartin & Hauteville, un *idem*.
Par ceux d'Anoville & de Tourneville, un *idem*.
Par ceux de Lingreville, un *idem*.
Par ceux de Briqueville près la Mer, un *idem*.

AMIRAUTÉ DE GRANVILLE,
six Gardes-Jurez ou Sindics.

PAR les Pêcheurs de Brihal, Condeville, S. Martin & Bréville, un Garde-Juré ou Sindic.
Par ceux de Douville, Granville & S. Pair, un *idem*.
Par ceux de Boüillon, Carolles, Champeaux & S. Jean-le-Thomas, un *idem*.
Par ceux de Genelz, Vains, Marcé & le Val-Saint-Pair, un *idem*.
Par ceux de Haut & Bas-Courtil, les Pas, Beauvoir, Moidré & Pontorson, un *idem*.
Par ceux du Mont S. Michel, un *idem*.

Cent cinquante-six Gardes-Jurez ou Sindics.

FAIT à Versailles, le vingt-unième jour de Septembre mil sept cens vingt-neuf. Signé, LOUIS: Et plus bas, Par le Roy, PHELYPEAUX. *Lûs, publiez & regiſtrez, la grande Audience de la Cour ſéante. A Roüen en Parlement, le 24. Novembre 1729.* Signé, AUZANET.

II. Suite du N. R.

Bb

Déclaration du Roy, concernant les Hauts & Bas-Parcs; & qui permet d'établir une nouvelle Pêcherie, sous le nom de Parcs de Perches & de Filets, sur les Côtes des Provinces de Normandie, & autres y mentionnées.

Du 20. Décembre 1729.

1729.
Décemb.

LOUIS par la grace de Dieu, Roy de France & de Navarre: A tous ceux qui ces presentes Lettres verront, SALUT. Nous nous sommes déterminez à défendre l'usage des Filets & instrumens traînans, & la Pêche du frai de Poisson, & du Poisson du premier âge, pour rendre les Côtes de nôtre Roïaume, aussi abondantes en Poisson qu'elles étoient par le passé: Nous avons ordonné la démolition de plusieurs Pêcheries exclusives, établies sans aucun Titre, & Nous avons porté nôtre atention, jusques à faire instruire les Pêcheurs, des diférentes Pêches qu'ils pouvoient pratiquer, suivant la situation des Côtes qu'ils habitent. Il a été reconnu dans les visites qui ont été faites par nos ordres, sur lesdites Côtes de nôtre Roïaume, que Nous pouvions permettre qu'il y fût établi des Pêcheries, formées de perches & de filets; que les filets des Pêcheries, nommées Hauts-Parcs, fussent tendus jusques sur les sables, en interdisant en même tems aux Pêcheurs, la faculté de faire à l'extrêmité de la ligne, qui forme lesdites Pêcheries, aucune enceinte ni crochet; & que le bas des filets servans aux Pêcheries, nommées Bas-Parcs, fussent enfoüis dans les fonds de sable, ou arrêtez sur ceux de roches. Et voulant sur le tout expliquer nos intentions; A CES CAUSES, & autres à ce Nous mouvant, de nôtre certaine science, pleine puissance & autorité Roïale, Nous en interprétant nôtre Déclaration du 18. Mars 1727. avons dit, déclaré & ordonné, disons, déclarons & ordonnons, voulons & Nous plaît ce qui suit.

TITRE PREMIER.
Des Parcs de Perches & de Filets.

ARTICLE PREMIER.

Les Pêcheurs & tous autres pouront établir sur les Côtes

DECLARATIONS ET ARRESTS. 195
de la Mer, des Parcs de perches & de filets, qui seront formez en rond, avec des perches, de la hauteur de quinze à dix-huit pieds.

II. Lesdites perches seront garnies en-bas d'un filet, de la hauteur de trois pieds au moins, qui aura les mailles de deux pouces en quarré; & il sera placé au-dessus dudit filet, un autre filet, qui aura les mailles de neuf lignes au moins en quarré, lesquels deux filets seront lacez ensemble.

III. Si le terrain sur lequel lesdites perches seront établies, est de sable, le filet aïant les mailles de deux pouces au moins en quarré, poura y être enfoüi; & si ledit terrain est garni de roches, ledit filet poura y être arrêté avec des crochets de bois ou de fer, ou avec des pierres de demi-pied de hauteur, qui seront placées hors l'enceinte du Parc; à l'exception de quatre pieds de distance au fond ou égout du Parc, du côté de la Mer, qui ne sera clos que par ledit filet, sans qu'il puisse y être mis aucunes pierres pour l'arrêter.

IV. Il sera établi une rangée de perches, qui ira du bord de la Côte à l'embouchûre du Parc, pour y former la chasse ou cache; & il poura être tendu sur lesdites perches, un filet aïant les mailles de neuf lignes au moins en quarré, lequel poura être enfoüi, si le terrain est de sable; & s'il est garni de roches, ledit filet poura être arrêté avec des crochets de bois ou de fer, ou avec des pierres de demi-pied de hauteur.

V. Le terrain enclavé dans l'enceinte du Parc, sera formé en talus, la chûte du côté de la Mer; sans qu'il y ait aucunes pierres, roches, creux, marres, fossez, ni retenuës d'eau, qui puissent arrêter le frai du Poisson, & le Poisson du premier âge.

VI. Il poura être établi plusieurs desdits Parcs, sur la même ligne, allant de la Côte à la Mer.

VII. Lesdits Parcs ne pourront être placez qu'à deux cens brasses au moins du passage ordinaire des Vaisseaux, & à la distance de cinquante brasses les uns des autres.

VIII. Ils ne pourront aussi être placez qu'à la distance de cinquante brasses des Parcs exclusifs de claïonnage & de filets, qui ont été conservez; & ne pourront être établis au-dessus desdits Parcs exclusifs, à moins que ce ne soit par les propriétaires d'iceux, ou de leur consentement par écrit.

IX. Les dispositions contenuës aux Articles ci-dessus, seront exécutées ; à peine contre les contrevenans, de confiscation des filets, perches & Poisson, & de vingt-cinq livres d'Amende pour la premiere fois, de pareille confiscation & de cinquante livres d'Amende, en cas de récidive.

X. Il sera libre aux Pêcheurs & à tous autres, d'établir des Parcs de perches & de filets, au-dessous des Parcs exclusifs de claïonnage & de filets, qui ont été conservez; sans qu'ils puissent être inquiétez pour raison de ce, par les propriétaires desdits Parcs exclusifs ou leurs Fermiers, à peine de cinquante livres d'Amende.

TITRE II.
Des Hauts-Parcs.

ARTICLE PREMIER.

Les filets servans aux Pêcheries, nommées Hauts-Parcs ou étentes, étates, hautes-pentieres, hauts-étaliers, palis, marsaiques & haranguieres, pourront être tendus jusques sur les sables.

II. Les Pêcheurs & tous autres ne pourront faire à l'extrêmité de la ligne, qu'ils formeront avec des perches, d'un bout à terre & de l'autre à la Mer, pour composer lesdites Pêcheries, aucune enceinte, crochet ni retour; à peine contre les contrevenans, de confiscation des filets, perches & Poisson, & de vingt-cinq livres d'Amende pour la premiere fois, de pareille confiscation & de cinquante livres d'Amende, en cas de récidive.

TITRE III.
Des Bas-Parcs.

ARTICLE PREMIER.

Les filets servans aux Pêcheries, nommées Bas-Parcs ou tournées, fourées, fouresses, courtines, bas-étaliers & venets, pourront être enfoüis, si les pieux, piquets ou piochons sur lesquels ils seront tendus, sont plantez dans des fonds de sable.

II. Ceux qui seront tendus sur des pieux, piquets ou piochons, plantez sur des fonds de gravois ou de roches, pourront y être arrêtez avec des pierres de demi-pied de hauteur, ou avec des crochets de bois ou de fer.

TITRE IV.
Des Amendes.

ARTICLE PREMIER.

Les contraventions aux Articles des Presentes, seront poursuivies à la requête de nos Procureurs dans les Amirautez; & les Sentences qui interviendront contre les délinquans, seront exécutées pour les condamnations d'Amende, nonobstant l'apel & sans préjudice d'icelui, jusqu'à concurrence de trois cens livres; sans qu'il puisse être acordé de défenses, même lorsque l'Amende sera plus forte, que jusqu'à concurrence de ce qui excedera ladite somme de trois cens livres.

II. Ceux qui apelleront desdites Sentences, seront tenus de faire statuer sur leur apel, ou de le mettre en état d'être jugé définitivement, dans un an du jour & date d'icelui ; sinon, & à faute de ce faire, ledit tems passé, lesdites Sentences sortiront leur plein & entier éfet, & les Amendes seront distribuées conformément ausdites Sentences, & les dépositaires d'icelles bien & valablement déchargez.

Le contenu en nosdites Presentes, sera exécuté dans nos Provinces de Flandre, Païs conquis & reconquis, Boulonnois, Picardie & Normandie.

Seront au surplus l'Ordonnance du mois d'Aoust 1681. concernant la Pêche, & la Déclaration du 18. Mars 1727. exécutées selon leur forme & teneur, en ce qui n'y est dérogé par ces Presentes.

SI DONNONS EN MANDEMENT à nos amez & féaux Conseillers les Gens tenans nos Cours de Parlement, que ces Presentes ils fassent lire, publier & regitrer, & le contenu en icelles garder & observer, selon leur forme & teneur, nonobstant tous Edits, Déclarations, Arrêts, Ordonnances, Réglemens, Clameur de Haro, Chartre Normande, & autres choses à ce contraires, auxquelles Nous avons dérogé & dérogeons par cesdites Presentes : Voulons qu'aux Copies d'icelles, collationnées par l'un de nos amez & féaux Conseillers-Secretaires, foi soit ajoûtée comme à l'Original; CAR tel est nôtre plaisir. En témoin de quoi, Nous avons fait mettre nôtre Scel à cesdites Presentes. DONNE' à Marly, le vingtiéme jour de Décembre, l'an de grace mil sept cens vingt-neuf; & de nôtre Régne le quinziéme. Signé, LOUIS:

Et plus bas, Par le Roy, PHELYPEAUX. Et scellée du grand Sceau de cire jaune.

Extrait des Registres de la Cour de Parlement.

VEU par la Cour, les Chambres assemblées, la Déclaration du Roÿ, donnée à Marly le 20. de Décembre dernier, concernant les hauts & bas-Parcs ; & qui permet d'établir une nouvelle Pêcherie, sous le nom de Parcs de perches & de filets, sur les Côtes des Provinces de Flandre, Païs conquis & reconquis, Boulonnois, Picardie & Normandie : L'Ordonnance de la Cour, portant Soit communiquée au Procureur Général, en date du 23. de ce mois : Conclusions du Procureur Général ; & oüi le Raport du Sieur le Pesant de Boisguilbert, Conseiller-Commissaire : Tout considéré ; LA COUR, toutes les Chambres assemblées, a ordonné & ordonne que la susdite Déclaration sera regitrée ès Registres d'icelle, lûë & publiée, la grande Audience séante, pour être exécutée selon sa forme & teneur ; & ordonne pareillement que Copies ou Vidimus de la susdite Déclaration, seront envoïez dans tous les Siéges des Amirautez de ce ressort, pour y être pareillement enregistrez, lûs, publiez & exécutez, à la diligence des Substituts du Procureur Général, qui seront tenus de certifier la Cour dans le mois, des diligences qu'ils auront pour ce faites : *Et néanmoins sera Sa Majesté très-humblement supliée, de conserver les Seigneurs des Fiefs voisins de la Mer, dans le droit de la Pêche exclusive, dans l'étendüe qui leur en apartient au droit desdits Fiefs, conformément & relativement à l'Article IX. du Titre III. concernant les Parcs & Pêcheries, de l'Ordonnance de la Marine, du mois d'Aoust* 1681. FAIT à Roüen en Parlement, le vingt-septiéme jour de Février mil sept cens trente.

Signé, AUZANET.

Lûë, publiée & registrée, la grande Audience de la Cour séante, oüi & ce requerant le Procureur Général du Roy, en exécution de l'Arrest intervenu le jour d'hier, sur la vérification de ladite Déclaration. A Roüen en Parlement, le 28. Février 1730.

Signé, AUZANET.

Déclaration du Roy, portant permission de se servir d'un Filet, apellé Rets traversier & Chalut, pour faire la Pêche du Poisson à la Mer, avec sa forme, & les endroits & le tems où son usage est interdit.

Du 20. Décembre 1729.

LOUIS par la grace de Dieu, Roy de France & de Navarre: A tous ceux qui ces presentes Lettres verront, SALUT. Nous aurions été informez qu'en interdisant par nôtre Déclaration du 23. Avril 1726. la Pêche avec la dreige ou drague, cauche ou chausse, Nous aurions défendu l'usage d'un filet tramaillé & traînant, qui broüilloit & labouroit les fonds sur lesquels il passoit: Mais que cependant cette défense a été cause que les Pêcheurs de diférens endroits de nôtre Roïaume, se sont trouvez privez de l'usage d'un autre filet qui porte le même nom, & qui s'apelle aussi Rets traversier & Chalut; lequel ne faisant que rouler sur le sable, ne peut faire aucun tort au frai du Poisson, ni au Poisson du premier âge. Nous avons par ces raisons, toleré depuis deux ans, dans le ressort des Amirautez de Marennes, la Rochelle, Sables d'Olonne, Nantes, Vannes & Quimper, la pratique de ce dernier filet, dont il n'est résulté aucun préjudice pour la Pêche; ce qui Nous détermine à permettre à tous les Pêcheurs de nôtre Roïaume, de faire usage, sous les noms seulement de Rets traversier & Chalut, pour empêcher les abus qui pouroient résulter, s'il continuoit d'être apellé dreige ou drague, cauche ou chausse. A CES CAUSES, & autres à ce Nous mouvant, de nôtre certaine science, pleine puissance & autorité Roïale, Nous en interprétant nôtredite Déclaration du 23. Avril 1726. avons dit, déclaré & ordonné, disons, déclarons & ordonnons, voulons & Nous plaît ce qui suit.

ARTICLE PREMIER.

Les Pêcheurs & tous autres pouront faire usage du filet nommé Rets traversier ou Chalut, en se conformant par eux à la Police contenuë dans les Articles suivans.

II. Ledit filet sera fait en forme de sac, dont le bout &

terminera en quarré ou en pointe; il aura quatre à cinq brasses de large, sur sept à huit brasses de long, & les mailles d'icelui seront lacées de suite, & de la largeur de dix-huit lignes au moins en quarré, dans toute sa longueur.

III. La moitié de l'ouverture dudit filet, sera garnie de flotes de liége, & l'autre moitié d'un cordage, d'un pouce au moins de diamétre, qui sera chargé de trois quarterons de plomb par brasse, ou de pareil poids en pierre, envelopez dans des sacs de toile, ou des fasceaux de cuir.

IV. Il sera mis à chaque côté de l'ouverture dudit filet, un échalon, genou ou genoüiller de bois, qui ne sera chargé que du poids de vingt livres en pierre, & il poura être ataché sur lesdits échalons, genous ou genoüillers, une perche en forme d'arc, de quatre à cinq brasses de long, pour tenir ledit filet ouvert.

V. La Pêche avec ledit filet poura être pratiquée pendant toute l'année, à une lieuë au large des Côtes; il ne poura cependant en être fait usage dans les Baïes, & autres endroits où se fait la Pêche des Sardines, pendant la durée de ladite Pêche, & vingt jours au moins avant qu'elle y soit commencée.

VI. Les dispositions contenuës aux Articles ci-dessus des Presentes, seront exécutées; à peine contre les contrevenans, de confiscation des filets & du Poisson, & de cent livres d'Amende contre le Maître, pour la premiere fois; & en cas de récidive, de confiscation du bâteau, filets & Poisson, & de cent livres d'Amende contre le Maître, & icelui déclaré déchû de sa qualité de Maître, sans pouvoir en faire aucunes fonctions à l'avenir, ni même d'être reçû Pilote, Pilote-Lamaneur ou Locman.

VII. Les contraventions aux Articles des Presentes, seront poursuivies à la requête de nos Procureurs dans les Amirautez; & les Sentences qui interviendront contre les délinquans, seront exécutées pour les condamnations d'Amende, nonobstant l'apel & sans préjudice d'icelui, jusqu'à concurrence de trois cens livres; sans qu'il puisse être acordé de défenses, même lorsque l'Amende sera plus forte, que jusqu'à concurrence de ce qui excédera ladite somme de trois cens livres.

VIII. Ceux qui apelleront desdites Sentences, seront tenus

nus de faire ſtatuer ſur leur apel, ou de le mettre en état d'être jugé définitivement, dans un an ·du jour & date d'icelui; ſinon, & à faute de ce faire, ledit tems paſſé, leſdites Sentences ſortiront leur plein & entier éfet, & les Amendes ſeront diſtribuées, conformément auſdites Sentences, & les dépoſitaires d'icelles bien & valablement déchargez.

SI DONNONS EN MANDEMENT à nos amez & féaux Conſeillers les Gens tenans nos Cours de Parlement, que ces Preſentes ils faſſent lire, publier & regiſtrer, & le contenu en icelles garder & obſerver, ſelon leur forme & teneur, nonobſtant tous Edits, Déclarations, Arrêts, Ordonnances, Réglemens, Clameur de Haro, Chartre Normande, & autres choſes à ce contraires, auſquelles Nous avons dérogé & dérogeons par ceſdites Preſentes : Voulons qu'aux Copies d'icelles, collationnées par l'un de nos amez & féaux Conſeillers-Secrétaires, foi ſoit ajoûtée comme à l'Original; CAR tel eſt nôtre plaiſir. En témoin de quoi Nous avons fait mettre nôtre Scel à ceſdites Preſentes. DONNÉ à Marly, le vingtiéme jour de Décembre, l'an de grace mil ſept cens vingt-neuf; & de nôtre Régne le quinziéme. Signé, LOUIS: Et plus bas, Par le Roy, PHELYPEAUX. Et ſcellée du grand Sceau de cire jaune.

Lûë, publiée & regiſtrée, la grande Audience de la Cour ſeante. A Roüen en Parlement, le 27. Février 1730. Signé, AUZANET.

Arreſt du Parlement, portant Réglement au ſujet de la nature d'Immeuble que doivent être réputées les Places de Barbier-Perruquier, dans une Succeſſion; & quelle part en apartiendra en proprieté aux Veuves, en cas qu'elles aïent été aquiſes conſtant leur Mariage.

Du 23. Janvier 1730.

ENTRE Pierre Levillain-Létumiere, Marchand Perruquier à Roüen, apellant de Sentence renduë en Bailliage audit lieu, le 9. Avril 1728. & anticipé, d'une part: Et George Porquet, Thomas Thomas, cedé aux droits d'Antoine Porquet, & Nicolas Porquet, héritiers de Gilles Porquet, intimez & anticipans, d'autre part.

II. Suite du N. R.

EDITS ET REGLEMENS,

1730. Janvier.

Vû par la Cour, toutes les Chambres assemblées, l'Arrest rendu en icelle contradictoirement entre les parties, le 21. Janvier 1729. par lequel la Cour sur l'apel, auroit apointé les parties au Conseil, pour le procès communiqué au Procureur General du Roy, être jugé en la Grand' Chambre, & donné Réglement aux parties; au bas dudit Arrest est la signification qui en fut faite le 24. dudit mois de Janvier, au Procureur des Intimez, à la requête de celui de l'Apellant. Vû aussi la Sentence renduë sur les productions des parties, en la Vicomté de Roüen, le 21. Janvier 1724. entre ledit Sieur George Porquet, Sieur des Vignons, Marchand Bourgeois de Vire y demeurant, tant pour lui que pour ses coheritiers en la succession de feu Gilles Porquet, vivant Maître Perruquier à Roüen, demandeur en ajournement, suivant l'Exploit du 3. Mars 1723. bien & dûëment contrôlé, par lui fait faire à Marguerite Lefebvre, veuve dudit Gilles Porquet, à comparoir en ladite Vicomté, pour voir régler son doüaire sur l'Ofice de Maître Perruquier, dont ledit défunt son mari étoit revêtu; ensemble, pour voir régler le raport des fruits de la joüissance qu'avoit euë ladite veuve dudit Ofice, depuis le premier jour de Septembre lors dernier; ainsi que pour se voir déclarer débitrice envers lesdits Porquet, de la somme de six cens quarante-une livres par elle à eux dûë, des éfets partagez, sauf & sans préjudice des autres éfets de la succession non partagez, dont elle a été chargée de faire le recouvrement, ainsi que des autres dettes de la succession, venuës depuis à leur connoissance commune, & dont elle est tenuë de faire raison de la part qui doit revenir ausdits Porquet; & au cas qu'elle n'ait rien reçû, ou pû recevoir, d'en aporter lots, le tout avec dépens; avec déclaration que comme dans les immeubles de la succession de Laurent Porquet, pere dudit défunt Gilles, ladite veuve a droit de reclamer doüaire sur la part qui seroit revenuë audit défunt son mari, ils consentoient lui communiquer à cet égard, les Titres de la succession, justificatifs desdits immeubles, pour régler la joüissance dudit doüaire, sans préjudice d'autres actions: Par laquelle Sentence du Vicomte, il est dit au premier chef, que ladite Marguerite Lefebvre veuve Porquet, est maintenuë en la propriété & possession de la moitié de la Place de Barbier-Perruquier, aquise par feu son mari; & de son consentement; ordonné qu'elle tiendra compte aux héritiers

DECLARATIONS ET ARRESTS.

de son mari, en diminution de ses droits de dot & doüaire, de la moitié de la joüissance & fruits qu'elle a perçûs depuis le premier Septembre 1722. sur le pied des loïers ordinaires desdites Places : Au second chef, ladite veuve, de son consentement, mettra entre les mains desdits héritiers, l'obligation de Doublet, dossée & aquitée, lesquels à ce moïen demeureront déchargez de leur contribution à ladite dette ; parce que ladite veuve tiendra compte ausdits héritiers, de la somme de cent quarante-une livres, pour & en diminution de ses droits : Au troisiéme chef, la veuve, de son obéïssance, tiendra pareillement compte ausdits héritiers, en diminution de sa dot, de la somme de onze livres, moitié de vingt-deux livres, & de celle de douze livres, moitié de vingt-quatre livres, pour deux charetées de bois qu'elle a reçûës des debiteurs de la succession de son mari ; & aportera deux lots du restant des obligations, & des sommes dûës à la succession, pour par les héritiers, en choisir un, & l'autre rester pour non choix, à ladite veuve : Au quatriéme chef, les héritiers, de leur consentement, mettront entre les mains de ladite veuve, un mois après la signification de ladite Sentence, les Titres, Pieces & Contrats justificatifs de la succession de Laurent Porquet pere de son mari, pour par ladite veuve aporter des lots à doüaire, de la part revenante audit son mari, les droits de la mere préalablement liquidez, sur la succession du pere : Et à l'égard de la demande incidente pour le deüil de la veuve, faute par lesdits héritiers d'en raporter la décharge, & de justifier de son acceptation des provisions, & de plusieurs petits meubles qu'ils lui ont abandonnez, pour la remplir dudit deüil, ordonné qu'ils lui tiendront compte de la somme de cent vingt livres, à laquelle il a été reglé, avec dépens : De laquelle susdite Sentence du Vicomte aïant été interjetté apel par lesdits héritiers Porquet, au Bailliage de Roüen, seroit intervenu la Sentence dont est apel, le 19. Avril 1728. entr'eux & ledit Pierre Levillain, lors veuf de ladite Lefebvre, auparavant veuve dudit Porquet Perruquier à Roüen ; par laquelle Sentence du Bailli, dont est apel en la Cour, il a été dit : Faisant droit sur le premier chef d'apel dudit George Porquet & Joints, que par le Vicomte il a été mal jugé ; en corrigeant & réformant, le droit de ladite Lefebvre veuve Porquet, sur la Place de Barbier-Perruquier en cette Ville, est réduit au tiers en usufruit ;

à ce moïen ledit Levillain-Létumiere, audit nom, rendra compte du produit des autres tiers de ladite Place, depuis le décès dudit Gilles Porquet, sur le pied des loïers ordinaires de ladite Place : Sur le deuxiéme chef, bien jugé ; sera le deüil de ladite veuve païé sur le pied de cent vingt livres ; l'Apellant condamné aux trois quarts des dépens de la Cause principale, ceux d'apel compenfez ; ledit Létumiere condamné en outre, au raport & coût de ladite Sentence, bien & düëment fignifiée au Procureur & au domicile de l'Apellant : De laquelle aïant auſſi été interjetté apel en la Cour, par ledit Levillain-Létumiere, les parties auroient été apointées, comme dit a été, par le ſuſdit Arreſt de la Cour, du 21. Janvier 1729. Vû en outre, les Pieces & Ecritures produites & fournies par les parties, qui ſont de la part dudit Levillain, Copie imprimée des Statuts, Ordonnances & Réglemens de la Communauté des Barbiers de Roüen : Autre Copie imprimée, düëment collationnée, d'un Arreſt du Conſeil, du premier Juillet 1673. qui permet aux Barbiers-Baigneurs & Etuviſtes du Roïaume, leurs veuves, enfans & héritiers, de diſpoſer de leurs Places : Autre Copie collationnée d'un Edit du Roy, donné au mois de Mars 1673. pour l'établiſſement des Arts & Métiers en Communauté, & pour fixer les Barbiers-Etuviſtes & Perruquiers : Une Quitance de finance païée le 28. Juillet 1691. pour être Barbier à Roüen : Autre Copie imprimée d'autre Edit du Roy, du mois de Novembre 1691. portant fupreſſion des Places de Barbiers-Perruquiers, créez par Edit du mois de Mars 1673. & création de Maîtres Barbiers-Perruquiers, dans toutes les Villes du Roïaume, à l'exception de Paris : Arreſt du Conſeil, du 13. dudit mois de Novembre 1691. qui ordonne que ceux qui prétendront avoir financé pour les Places de Barbiers-Perruquiers, en conſéquence de l'Edit du mois de Mars 1673. repreſenteront leur Quitance de finance, pour être pourvû à leur rembourſement, en exécution du ſuſdit Edit du mois de Novembre 1691. Autre Copie imprimée d'Arreſt du Conſeil, du 20. dudit mois de Novembre 1691. qui ordonne que l'Edit dudit mois, portant création des Places héréditaires de Barbiers-Perruquiers, ſera exécuté ; & en conſéquence, que ceux qui exerceront leſdites Places ſans Lettres du Grand-Sceau, ſeront contraints huitaine après la publication dudit Arreſt, au païement de l'Amende

DECLARATIONS ET ARRESTS. 205

de cinq cens livres, portée par l'Edit de création du même mois: Autre Copie imprimée d'Arreſt du Conſeil, du 15. Janvier 1692. qui ordonne que ceux des anciens Barbiers-Perruquiers ſuprimez par le ſuſdit Edit, & reçûs par les Juges à qui la connoiſſance en apartient, qui ſe feront pourvoir des nouvelles Places créées par ledit Edit du mois de Novembre 1691. ne ſeront tenus de faire aucune nouvelle information de vie & mœurs, ni preſtation de Serment: Une Quitance de la ſomme de deux mille livres de Finance, païée par Pierre Hainfray, le 16. Juillet 1692. pour l'une des vingt Places de Barbiers-Perruquiers, pour la Ville & Fauxbourgs de Roüen: Les Lettres du Grand-Sceau, obtenuës par ledit Hainfray, pour ladite Place de Barbier, le 28. du même mois de Juillet: Copie imprimée d'Edit du Roy, donné à Fontainebleau, au mois d'Octobre 1701. portant création de cent Places héréditaires de Barbiers-Perruquiers, pour la Ville de Paris, & de pareilles Places héréditaires de Barbiers, dans toutes les autres Villes du Roïaume: Le Contrat de mariage d'entre ledit Gilles Porquet & Marguerite Lefebvre, reconnu devant Notaires à Roüen, par Acte du 9. Juin 1714. Un Contrat paſſé pardevant leſdits Notaires de Roüen, le 28. Février 1717. par lequel ledit Gilles Porquet des Vignons a aquis une des vingt Places de Barbier-Baigneur-Etuviſte & Perruquier, dans la Ville & Fauxbourgs de Roüen, créées par le ſuſdit Edit du mois de Novembre 1691. & ce, pour les prix, charges & conditions y portées: Autre Acte paſſé pardevant les Notaires de Roüen, le 9. Mars 1720. par lequel ledit Porquet des Vignons a rembourſé au Treſor de S. Patrice, la ſomme de cent trente-huit livres dix-ſept ſols huit deniers, à laquelle il s'étoit obligé par le ſuſdit Contrat d'aquiſition de ſa Place de Barbier, dans cette Ville & Fauxbourgs d'icelle: L'Ecrit de défenſes de ladite Lefebvre veuve Porquet, du 8. Juin 1723. contre l'Aſſignation à elle donnée, à la requête des héritiers de ſon mari, par le ſuſdit Exploit du 3. Mars précédent: Copie de l'Ecrit de Replique deſdits héritiers, du 14. dudit mois de Juin: Copie de Sentence renduë en ladite Vicomté de Roüen, par laquelle il eſt ordonné que les parties mettront leurs pieces vers Juſtice, pour leur être fait droit: La Requête de concluſions, preſentée en ladite Vicomté de Roüen, par ladite Lefebvre, le 21. Décembre audit an : Copie de l'Ecrit de contestation desdits héritiers : Autre Requête presentée au Vicomte de Roüen, le 12. Janvier 1724. par ladite Lefebvre, aux fins & conclusions y portées : La Sentence renduë en ladite Vicomté, le 21. Janvier 1724. ci-devant énoncée : Les Lettres d'apel obtenuës par lesdits héritiers, de la susdite Sentence, signifiées à ladite Lefebvre, par Exploit du 24. dudit mois, avec assignation en Bailliage, pour procéder sur le susdit apel : L'Exploit d'Assignation donnée audit Bailliage de Roüen, audit Létumiere, pour reprendre ou delaisser le procés, au lieu & place de ladite défunte Lefebvre sa femme, le 23. Aoust 1726. L'Acte de Presentation dudit Létumiere : L'Ecrit de Griefs desdits héritiers, par eux fourni en Bailliage, le 7. Février 1727. L'Ecrit de Réponse dudit Levillain-Létumiere, aïant repris le procés, au lieu & place de ladite Lefebvre sa femme, signifié le 13. Juin audit an : Autre Ecrit desdits héritiers, du 14. dudit mois : Sentence d'apointé à mettre, renduë entre les parties audit Bailliage de Roüen, le 21. dudit mois de Juin : Requête presentée audit Bailliage, par ledit Levillain, le 27. dudit mois, aux fins & conclusions y portées : Le Contrat de mariage d'entre ledit Levillain & ladite Lefebvre, reconnu pardevant les Notaires du Pontaudemer, le premier Avril 1726. & par lui produit audit Bailliage de Roüen, par Requête de production nouvelle : Ladite Sentence dont est apel en la Cour, renduë au Bailliage de Roüen, le 19. Avril 1728. ci-devant énoncée : L'Acte d'apel interjetté d'icelle, par ledit Levillain, signifié par Exploit du 9. Juin audit an : Les Lettres d'anticipation obtenuës par les Intimez, le même jour; au dos desquelles est l'Exploit de signification qui en a été faite audit Levillain, avec assignation en la Cour, pour y procéder sur ledit apel : Les Actes de Presentation mis au Gréfe par les parties : L'Extrait de production des Intimez, du 28. dudit mois de Juin : Autre Extrait de production de l'Apellant, du 23. Juillet suivant : Deux Quitances passées pardevant Notaires à Roüen, les 25. Octobre & 22. Novembre 1726. par lesquelles il paroît que ledit Levillain a païé aux héritiers de Marguerite Lefebvre sa femme, les sept cens livres de sa dot, portées par son Contrat de mariage, du 20. Juillet 1724. Une Requête presentée à la Cour par les Intimez, le 16. Décembre 1728. par laquelle ils auroient conclu, à ce qu'il plût à la Cour, leur acorder Mandement, pour aſſigner en icelle les héritiers de ladite Marguerite Lefebvre, pour entrer en l'état du procès y pendant, ſur l'apel dont eſt queſtion, interjetté par ledit Levillain, pour y donner telle adjonction ou deſaveu qu'ils aviſeroient bien ; le tout, ſans préjudice du droit des parties ; au bas de ladite Requête, eſt l'Ordonnance de la Cour, portant Viennent ; & enſuite eſt la ſignification qui en a été faite au Procureur dudit Levillain, avec ſommation d'Audience : Une Conſultation d'Avocats ſur le fait dont eſt queſtion, du 13. Janvier 1729. produite par les Intimez : L'Arreſt d'apointé, du 21. dudit mois de Janvier, ci-devant énoncé : L'Ecrit de Griefs fourni en la Cour par ledit Levillain, le 4. Mai audit an 1729. par lequel il a conclu, à ce qu'il plaiſe à la Cour, mettre l'apellation & ce dont eſt apel, au néant ; corrigeant & réformant, ordonner que la Sentence du Vicomte, du 21. Janvier 1724. ſera exécutée ſuivant ſa forme & teneur, avec dépens : L'Ecrit de Réponſe à Griefs des Intimez, du 13. Juillet ſuivant, par lequel ils ont conclu, à ce qu'il plaiſe à la Cour, mettre l'apellation au néant ; ordonner que ce dont eſt apel, ſortira ſon plein & entier éfet, avec dépens : Le Factum de l'Apellant, ſignifié le 28. Novembre audit an : Le Factum des Intimez, ſignifié le 5. Janvier preſens mois & an : Une Réponſe au Factum ci-deſſus, ſignifié le 18. du même mois, à la requête de l'Apellant : Une Requête préſentée à la Cour par l'Apelant, le même jour 18. du préſent mois de Janvier, contenant production nouvelle des Pieces y énoncées & y atachées, qui ſont un Edit du mois de Novembre 1722. portant création & établiſſement de pluſieurs Maîtriſes des Arts & Métiers, dans chacune des Villes du Roïaume : Arreſt du Conſeil, du 4. Novembre 1725. portant que ceux qui ont aquis ou qui aquerront des Lettres des Maîtriſes de Barbiers-Perruquiers, créées par les Edits des mois de Novembre 1722. & Juin 1725. tant dans la Ville de Paris, que dans les autres Villes du Roïaume, joüiront des mêmes droits, franchiſes & hérédité, dont joüiſſoient les autres Maîtres-Jurez du même Métier : La Quitance de quinze cens livres de Finance, païée le 20. Octobre 1726. pour l'aquiſition par lui faite d'une des quatre Maîtriſes créées pour la Ville & Fauxbourgs de Roüen, par Edit du mois de Juin 1725. La Quitance de finance des deux sols pour livre de la susdite somme : Les Lettres du Grand-Sceau, obtenuës par ledit Levillain, pour ladite Maîtrise, le 12. Décembre suivant : Une Atestation des Marchands de Grains de Roüen, du 17. du present mois, par laquelle ils certifient que les femmes de leurs Maîtres décedez, ont la moitié de leurs Charges en propriété, comme conquest fait en Bourgage, quand l'aquisition en a été faite constant le mariage : Autre pareille Atestation des Marchands de Cidre de la même Ville : Autre Atestation du mois d'Octobre 1729. donnée par les Barbiers-Perruquiers de Roüen y signez, par laquelle ils certifient la même chose que les Marchands de Grains & de Cidre de cette Ville, à l'égard de leurs Places : Un Acte de Procureur à Procureur, du 19. dudit present mois, par lequel les Intimez protestent de nullité de la susdite production nouvelle, & de l'Ecrit de l'Apellant, du même jour : Et generalement tout ce que les parties ont mis, écrit & produit pardevers la Cour : Les Conclusions du Procureur General ; Et oüi le Raport du Sieur Fauvel d'Hacqueville, Conseiller-Commissaire : Tout consideré ; LA COUR, toutes les Chambres assemblées, a mis & met l'apellation & ce dont est apel, au néant ; émendant, ordonne que la Sentence du Vicomte, du 21. Janvier 1724. sera exécutée selon sa forme & teneur, avec dépens : Et donnant Réglement sur la matiere dont est question, aux termes de l'Arrest d'apointement, a déclaré les Places de Barbier-Perruquier Immeubles en Bourgage ; & en conséquence, ordonne que les Veuves y auront la moitié en propriété, lorsqu'elles auront été aquises constant leur Mariage ; quoi faisant, ordonne que le present Arrest sera lû, publié & afiché, par tout où il apartiendra ; & qu'à la requête du Procureur Général ; Copies d'icelui dûëment collationnées, seront envoïées dans tous les Siéges de ce ressort, pour y être pareillement lûës, publiées, l'Audience séante, & exécutées selon leur forme & teneur ; le tout, à la diligence des Substituts du Procureur General, qui seront tenus de certifier la Cour dans le mois, des diligences qu'ils auront pour ce faites. FAIT à Roüen en Parlement, le vingt-troisiéme jour de Janvier mil sept cens trente.

Par la Cour, Signé, AUZANET.

DECLARATIONS ET ARRESTS.

Déclaration du Roy, par laquelle le Roy explique de nouveau ses intentions, sur l'exécution des Bulles des Papes données contre le Jansenisme, & sur celle de la Constitution *Unigenitus*.

Du 24. Mars 1730.

LOUIS par la grace de Dieu, Roy de France & de Navarre : A tous ceux qui ces presentes Lettres verront, SALUT. Après la division & les troubles que le refus de se soûmettre à la Bulle *Unigenitus*, avoit fait naître dans l'Eglise de France, Nous eûmes lieu d'espérer en l'année 1720. d'y voir la paix heureusement rétablie : Des explications dressées dans un esprit de concorde & de charité, aprouvées par tous les Cardinaux, tous les Archevêques, & presque tous les Evêques de nôtre Roïaume, qui avoient accepté cette Constitution, adoptées même par la plûpart des Prélats, qui avoient hésité d'abord à la recevoir, ne laissoient aucun prétexte à ceux qui aféctans de la décrier, par des interprétations contraires à son véritable sens, vouloient les faire servir d'excuse à leur résistance. Ce fut dans des circonstances si favorables, que Nous jugeâmes à propos de donner nôtre Déclaration du 4. Aoust 1720. par laquelle, en ordonnant d'un côté, que la Bulle *Unigenitus* seroit observée selon sa forme & teneur, dans tous nos Etats, & en défendant tout ce qui pouroit y être contraire ; Nous prîmes de l'autre, les précautions les plus convenables, pour assûrer le repos & la tranquilité de ceux d'entre nos Sujets, qui feroient céder leurs préventions à l'autorité du Chef & du Corps des premiers Pasteurs. Nous avons eu à la vérité la satisfaction de voir des Corps entiers, & un grand nombre de Sujets des diférens Ordres de l'Eglise de France, entrer dans ses sentimens, & l'édifier par la sincérité de leur retour : Mais Nous sçavons que tous ceux qui les avoient imitez dans leur résistance, n'ont pas encore suivi l'exemple de leur soûmission ; & Nous voïons avec déplaisir, qu'il y en a même plusieurs, qui au lieu de profiter de nôtre indulgence, n'ont cherché qu'à alumer le feu que Nous avions voulu éteindre par nôtre Déclaration. Non seulement ils ont

II. Suite du N. R.   D d

interjetté de nouveaux apels, & ils n'ont pas cessé d'ataquer la Constitution, avec la même licence, par des Libelles aussi injurieux au Pape, aux Evêques, & à toute l'Eglise, que contraires au respect qui est dû à nôtre autorité; mais ils ont entrepris de révoquer en doute le pouvoir qui apartient aux Evêques, d'instruire les Fidèles de la soûmission qu'ils doivent à la Bulle *Unigenitus*, & d'examiner les sentimens & les dispositions des Eclésiastiques, lorsqu'ils se presentent à eux, soit pour recevoir les saints Ordres, soit pour obtenir des *Visa*, ou des Institutions canoniques. Ce n'est pas même seulement à la Constitution *Unigenitus*, que les ennemis de cette Bulle & de la paix, cherchent à donner ateinte; ils ne cessent d'ataquer, directement ou indirectement, les Constitutions des Papes, qui ont condamné les cinq Propositions tirées du Livre de Jansenius, ou qui ont prescrit la Signature du Formulaire; ils renouvellent les subtilitez frivoles, qui avoient été inventées, pour éluder l'observation de ces Bulles: ils s'autorisent de la distinction du fait & du droit; & abusans de ce qui se passa sous le Pontificat de Clement IX. ils prennent toûjours la défense du silence respectueux sur le fait de Jansenius, quoi que déclaré insufisant par la Bulle *Vineam Domini Sabaoth*, donnée par Clement XI. & unanimement acceptée par tous les Prélats de nôtre Roïaume. Nous ne devons donc pas diviser deux objets, qui quoi que diférens, ne sont cependant que trop unis dans l'esprit de la plus grande partie de ceux qui ne cherchent qu'à perpétuer les troubles presens de l'Eglise: Et puisque l'on Nous oblige à expliquer encore nos intentions sur l'exécution de la Bulle *Unigenitus*, Nous croïons devoir prendre en même tems, de nouvelles précautions contre ces esprits indociles, que quatre Bulles données successivement par diférens Papes, contre le Jansenisme, qui ont été reçûës par toute l'Eglise, & dont l'exécution a été tant de fois afermie par nôtre autorité, n'ont pû encore réduire à une entiere obeïssance. Nous continuërons cependant de veiller avec atention, à la conservation des Maximes de nôtre Roïaume, & des Libertez de l'Eglise Gallicane, qui Nous seront toûjours plus précieuses qu'à ceux qui s'en font un vain titre, pour colorer leur résistance; & Nous sommes persuadez que nos Cours de Parlement, qui étant principalement chargées du soin de les maintenir, se sont aquitées si dignement de ce devoir en

DECLARATIONS ET ARRESTS.

diférentes ocafions, & dès le tems même des Lettres Patentes du 14. Février 1714. données fur la Bulle *Unigenitus*, fçauront toûjours faire un jufte difcernement entre le zèle éclairé qui les défend avec fageffe, & les intentions fufpectes de ceux qui n'y cherchent qu'un prétexte, pour troubler ou pour éloigner une paix auffi defirable pour l'intérêt de l'Etat, que pour le bien de l'Eglife. A CES CAUSES, & autres à ce Nous mouvant, de l'avis de nôtre Confeil, & de nôtre grace fpéciale, pleine puiffance & autorité Roïale, Nous avons dit, déclaré & ordonné, difons, déclarons & ordonnons, voulons & Nous plaît ce qui fuit.

ARTICLE PREMIER.

Renouvelant en tant que befoin feroit, par ces Préfentes fignées de nôtre main, les Edits & Déclarations du feü Roy nôtre très-honoré Seigneur & Bifaïeul, fur la condamnation des cinq Propofitions de Janfénius, & fur la Signature du Formulaire, & en particulier l'Edit du mois d'Avril 1665. & les Lettres Patentes du dernier Aouft 1705. ordonnons que les Bulles des fouverains Pontifes Innocent X. Alexandre VII. & Clement XI. fur lefdites Propofitions, & fur la Signature du Formulaire, feront obfervées & exécutées felon leur forme & teneur: Voulons en conféquence, que perfonne ne puiffe être promû aux Ordres facrez, ou pourvû de quelque Bénéfice que ce foit, féculier ou régulier, exemt ou non exemt de la Jurifdiction de l'Ordinaire, ni même en requerir aucun en vertu des degrez par lui obtenus, fans avoir auparavant figné le Formulaire en perfonne, entre les mains de fon Archevêque, ou de fon Evêque, ou de leurs Grands-Vicaires; de laquelle Signature il fera fait mention dans l'Acte de Requifition, pareillement dans l'Acte de Prife-de-poffeffion de chaque Bénéfice; le tout, à peine de nullité defdits Actes, à l'égard de ceux qui fe trouveroient les avoir faits, fans avoir préalablement figné le Formulaire; & au cas que quelqu'un d'entre les Archevêques ou Evêques néglige d'en exiger la Signature, voulons & entendons, conformément à l'Edit du mois d'Avril 1665. qu'il y foit contraint par faifie du Revenu temporel de fon Archevêché ou Evêché. Ordonnons en outre, fuivant ledit Edit, que les Ecléfiaftiques qui n'aïant pas encore figné le Formulaire, refuferont de le faire à l'ocafion du *Vifa*, ou de l'Institution aux Bénéfices dont ils demanderont à être pourvûs, soient déclarez incapables de les posseder; & que tous ceux dont lesdits Eclésiastiques pouroient avoir été précédemment pourvûs, demeurent vacans & impétrables de plein droit, sans qu'il soit besoin à cet éfet, d'aucune Sentence ni Déclaration judiciaire, ainsi qu'il est porté par ledit Edit du mois d'Avril 1665.

II. Voulons conformément au même Edit, que lesdites Signatures du Formulaire soient pures & simples, sans aucunes distinction, interprétation ou restriction, qui dérogent directement ou indirectement ausdites Constitutions des Papes Innocent X. Alexandre VII. & Clement XI. déclarant que ceux qui se serviroient dans leur Signature, desdites distinctions, interprétations ou restrictions, ou qui signeroient un Formulaire diférent de celui dont la Signature a été ordonnée par ledit Edit du mois d'Avril 1665. seront sujets aux peines portées par ledit Edit.

III. Confirmant en tant que besoin seroit, les Lettres Patentes du 14. Février 1714. & nôtre Déclaration du 4. Aoust 1720. registrées dans toutes nos Cours de Parlement, ordonnons que la Constitution *Unigenitus* soit inviolablement observée, selon sa forme & teneur, dans tous les Etats, Païs, Terres & Seigneuries de nôtre obéïssance ; & qu'étant une Loi de l'Eglise, par l'acceptation qui en a été faite, elle soit aussi regardée comme une Loi de nôtre Roïaume. Voulons que tous nos Sujets, de quelqu'état & condition qu'ils soient, aïent pour ladite Bulle, le respect & la soûmission qui sont dûs au Jugement de l'Eglise universelle, en matiere de Doctrine.

IV. L'Article V. de nôtredite Déclaration sera pareillement exécuté selon sa forme & teneur ; sans néanmoins que sous prétexte du silence que Nous y avons imposé, on puisse prétendre que nôtre intention ait jamais été d'empêcher les Archevêques & Evêques, d'instruire les Eclésiastiques & les Peuples confiez à leurs soins, sur l'obligation de se soûmettre à la Constitution *Unigenitus*.

V. Défendons, conformément à l'Article III. de nôtre Déclaration du 4. Aoust 1720. & par les motifs qui y sont expliquez, d'exiger, directement ou indirectement, aucunes nouvelles Formules de souscription, à l'ocasion des Bulles des Papes qui font reçuës dans nôtre Roïaume. Déclarons néanmoins que par cette défenfe, Nous n'avons pas entendu que les Archevêques ou Evêques de nôtre Roïaume, ne puiffent refufer d'admettre aux faints Ordres ou aux Dignitez, & aux Bénéfices, de quelque nature qu'ils foient, les Ecléfiaftiques féculiers ou réguliers, exemts ou non exemts, qui auroient renouvelé leurs apels de la Bulle *Unigenitus*, depuis nôtre Déclaration du 4. Aouft 1720. ou déclaré par écrit, qu'ils perfiftent dans ceux qu'ils avoient précédemment interjettez, ou qui auroient compofé ou publié des Ecrits, pour ataquer ladite Bulle, ou les Explications defdits Archevêques & Evêques, dès années 1714. & 1720. ou qui auroient tenu des difcours injurieux à l'Eglife & à l'Epifcopat ; & qui en feroient convaincus, foit par des preuves légitimes, ou par l'aveu qu'ils en feroient aufdits Archevêques ou Evêques, lorfqu'ils feroient interrogez fur lefdits faits, en fe prefentant à eux pour l'Ordination, ou pour le *Vifa*, ou pour l'Inftitution canonique, & qui perfevéreroient dans le même efprit de révolte ou de defobéïffance contre la Bulle *Unigenitus*, ou les autres Conftitutions ci-deffus mentionnées, & refuferoient de s'expliquer, conformément aux Articles II. & III. de la prefente Déclaration, fur la foûmiffion dûë aufdites Conftitutions.

VI. Les apellations comme d'abus, fi aucunes font interjettées, des refus de *Vifa* ou d'Inftitution canonique, faits par les Archevêques ou Evêques, aux Ecléfiaftiques qui fe trouveront être dans quelqu'un des cas expliquez par les Articles I. II. III. & V. de nôtre prefente Déclaration, n'auront aucun éfet fufpenfif, mais dévolutif feulement, & fans que les caufes du refus marquées dans lefdits cas, puiffent être regardées comme un moïen d'abus. Voulons que lorfqu'outre lefdites caufes, le refus defdits Archevêques ou Evêques en renfermera d'autres qui feront jugées abufives, nos Cours foient tenuës de déclarer qu'il y a abus, feulement en ce qui concerne lefdites autres caufes ; fauf à nofdites Cours d'ordonner en ce cas, s'il y échet, que dans le tems qu'elles jugeront à propos de prefcrire à l'Apellant comme d'abus, il fera tenu de fe retirer, fuivant l'Article VI. de l'Edit du mois d'Avril 1695. concernant la Jurifdiction Ecléfiaftique, pardevant le Supérieur Ecléfiaftique de l'Evêque ou de l'Archevêque, qui lui aura refusé le *Visa* ou l'Institution canonique, pour le Bénéfice qui fera le sujet de la contestation, à l'éfet d'obtenir l'un ou l'autre, si faire se doit ; & après que ledit *Visa* ou ladite Institution canonique auront été raportez, ou faute par ledit Apellant de les raporter, & dans le delai qui lui aura été acordé, il sera statué par nosdites Cours, sur la maintenuë provisoire ou définitive au Bénéfice contentieux, ainsi qu'il apartiendra.

VII. Ordonnons au surplus, que nôtre Déclaration du 10. Mai 1728. concernant les Imprimeurs, soit exécutée selon sa forme & teneur ; ce faisant, que tous ceux qui seront convaincus d'avoir composé, imprimé, debité ou autrement distribué, sous quelque titre ou nom que ce puisse être, des Ouvrages, Ecrits, Lettres ou autres Libelles, qui ataqueroient directement ou indirectement les Constitutions des Papes ci-dessus marquées, nommément la Bulle *Unigenitus*, l'Instruction Pastorale de 1714. les Explications de 1720. ou qui tendroient à soûtenir, renouveler ou favoriser, en quelque maniere que ce soit, les Propositions condamnées par ladite Constitution, ou qui seroient contraires à la Religion, au respect dû à nôtre S. Pere le Pape, & aux Evêques, ou à nôtre autorité, aux droits de nôtre Couronne, ou aux Libertez de l'Eglise Gallicane, soient condamnez aux peines portées par ladite Déclaration du 10. Mai 1728. Voulons que les Corps & Communautez, & pareillement les particuliers qui auroient prêté leurs maisons en tout ou en partie, pour servir de dépost à des Ouvrages ou Ecrits de la nature ci-dessus marquée, & pour les y mettre en sûreté, soient condamnez pour la premiere fois, en trois mille livres d'Amende, & les Corps ou Communautez déclarez en outre déchûs de tous les Priviléges à eux acordez par Nous ou par les Rois nos prédécesseurs. Ordonnons qu'en cas de récidive, les particuliers soient condamnez au banissement à tems, même à plus grande peine ; s'il y échet. Enjoignons à nos Cours de Parlement, & autres nos Juges, de tenir la main à ce que ces Presentes soient exactement & inviolablement observées, & de prêter aux Archevêques & Evêques ou à leurs Oficiaux, lorsqu'ils en seront requis, le secours & l'assistance nécessaires, pour l'exécution des Ordonnances & Jugemens qui seront par eux rendus contre les contrevenans, dans les cas qui regardent les Juges d'Eglise ; le

DECLARATIONS ET ARRESTS.

...ut, conformément à l'Article XXX. de l'Edit du mois ...'Avril 1695. concernant la Jurisdiction Ecléfiastique. ...SI DONNONS EN MANDEMENT à nos amez & feaux ...onseillers les Gens tenans nôtre Cour de Parlement à Roüen, ...ue ces Presentes ils aïent à faire regiftrer, & leur contenu ...xécuter, garder & obferver de point en point, fuivant leur ...orme & teneur; CAR tel eft nôtre plaifir. DONNE' à Ver- ...ailles, le vingt-quatriéme jour de Mars, l'an de grace mil fept ...ens trente; & de nôtre Régne le quinziéme. Signé, LOUIS: ...t plus bas, Par le Roy, CHAUVELIN. Et fcellée du ...rand Sceau de cire jaune.

LETTRES DE JUSSION
fur la Déclaration du Roy ci-deffus.

Du 16. Mai 1730.

LOUIS par la grace de Dieu, Roy de France & de Navarre : A nos amez & feaux Confeillers les Gens tenans ...ôtre Cour de Parlement de Roüen, SALUT. Quoi que ...Nous vous aïons adreffé dès le mois d'Avril dernier, la Dé- ...claration que Nous avions faite le 24. Mars précédent, pour ...xpliquer nos intentions, fur l'exécution des Bulles des Pa- ...pes, données contre le Janfénifme, & fur celle de la Confti- ...ution *Unigenitus* ; Nous fommes informez que vous n'avez ...as encore procédé à l'enregiftrement de cette Déclaration, ...ous prétexte de quelques dificultez qui ont donné lieu à un ...etardement fi contraire au bien de nôtre fervice. La feule ...ecture que vous en avez faite, auroit dû fufire, pour vous ...aire comprendre qu'il ne pouvoit y en avoir aucunes à pro- ...pofer, contre une Loi auffi jufte que pacifique; où en affürant ...e refpect & la foûmiffion qui font dûës aux Bulles folemnelle- ...ment reçûës dans nôtre Roïaume, dont elle afermit l'exécu- ...ion, Nous n'avons pas eu moins d'atention à maintenir in- ...violablement les droits de nôtre Couronne & les Libertez de ...'Eglife Gallicane, dont la confervation Nous doit être & ...nous fera toûjours plus précieufe qu'à aucune des Cours de ...nôtre Roïaume : Et comme d'ailleurs Nous ne pouvons ni ne ...devons foufrir aucunes reprefentations au fujet d'une Déclara- ...cion qui Nous a paru fi importante, que Nous avons jugé à ...propos de la faire enregiftrer & publier en nôtre prefence,

EDITS ET REGLEMENS,

1730. Mai.

dans nôtre Cour de Parlement séante à Paris, Nous avons résolu de vous expliquer encore plus expressément nos intentions sur ce sujet. A CES CAUSES, de nôtre pleine puissance & autorité Roïale, Nous vous mandons & ordonnons par ces Presentes signées de nôtre main, que sans retardement & toutes afaires cessantes, vous aïez à procéder à l'enregistrement pur & simple de nôtredite Déclaration, sans atendre de Nous autre plus précis commandement que ces Presentes, qui vous serviront de premiere & finale Jussion; & seront exécutées, nonobstant toute délibération qui pouroit avoir été prise au sujet de nôtredite Déclaration, & sans qu'il puisse en être fait aucune nouvelle à cet égard. Enjoignons à nôtre amé & féal Conseiller en nos Conseils, nôtre Procureur Général en nôtre Cour de Parlement de Roüen, de faire incessamment toutes les poursuites & requisitions nécessaires, pour l'enregistrement de nôtredite Déclaration, & de Nous en certifier; CAR tel est nôtre plaisir. DONNE' à Fontainebleau, le seiziéme jour de Mai, l'an de grace mil sept cens trente; & de nôtre Régne le quinziéme. Signé, LOUIS: Et plus bas, Par le Roy, CHAUVELIN. Et scellées du grand Sceau de cire jaune.

Enregistrée du très-exprès commandement de Sa Majesté, porté par ses Lettres de premiere & finale Jussion, du 16. du present mois, lûe & publiée, la grande Audience de la Cour séante, pour être exécutée selon sa forme & teneur, en exécution de l'Arrest de la Cour, donné le 19. dudit present mois, toutes les Chambres assemblées: Ordonné que Copies collationnées de la presente Déclaration, & desdites Lettres de premiere & finale Jussion de Sa Majesté, seront envoïées dans tous les Siéges de ce Ressort, pour y être pareillement enregistrées, lûes, publiées & exécutées, à la diligence des Substituts du Procureur Général, qui seront tenus de certifier la Cour dans le mois, des diligences qu'ils auront pour ce faites. A Roüen en Parlement, le 23. Mai 1730.

Signé, AUZANET.

Décla-

DECLARATIONS ET ARRESTS.

Déclaration du Roy, qui proroge jusqu'au premier Septembre 1731. l'atribution donnée aux Jurisdictions Consulaires, pour connoître de toutes les Faillites & Banqueroutes, & leurs dépendances.

Du 19. Septembre 1730.

LOUIS par la grace de Dieu, Roy de France & de Navarre : A tous ceux qui ces presentes Lettres verront, SALUT. Nous avons par nôtre Déclaration du 31. Août 1729. ordonné que tous les Procès & diférens civils mûs & à mouvoir, pour raison des Faillites & Banqueroutes, qui étoient ouvertes depuis le premier Janvier 1721. ou qui s'ouvriroient dans la suite, seroient jusqu'au premier Septembre de la presente année, portez pardevant les Juges-Consuls de la Ville où celui qui auroit fait faillite, seroit demeurant; & pour cet éfet, Nous aurions évoqué tous ceux desdits Procès & diférens qui étoient alors pendans & indécis pardevant les Juges ordinaires ou autres Juges inférieurs, ausquels Nous aurions fait très-expresses inhibitions & défenses d'en connoître, à peine de nullité. Les motifs qui Nous ont porté à proroger depuis plusieurs années, cette atribution aux Juges & Consuls, n'ont pas cessé ; Nous sommes même informez du dérangement arrivé depuis peu, dans la fortune de plusieurs Marchands & Négocians ; & c'est une nouvelle raison, qui Nous détermine à continuer encore pour un tems ladite atribution. A CES CAUSES, & autres à ce Nous mouvant, de l'avis de nôtre Conseil, & de nôtre certaine science, pleine puissance & autorité Roïale, Nous avons par ces Presentes signées de nôtre main, dit, déclaré & ordonné, disons, déclarons & ordonnons, voulons & Nous plaît, que tous les Procès & diférens civils, mûs & à mouvoir, pour raison des Faillites & Banqueroutes, qui seront ouvertes depuis le premier Janvier 1721. ou qui s'ouvriront dans la suite, soient jusqu'au premier Septembre de l'année prochaine 1731. portées pardevant les Juges & Consuls de la Ville où celui qui aura fait faillite, sera demeurant : Et pour cet éfet, Nous avons évoqué & évoquons tous ceux desdits Procès & diférens, qui sont actuellement pendans & indécis pardevant nos Juges ordinaires ou autres Juges inférieurs, ausquels Nous aurions fait très-expresses inhibitions & défenses d'en connoître, à peine de nullité; & iceux Procès & diférens, avec leurs circonstances & dépendances, Nous avons renvoïez & renvoïons pardevant lesdits Juges & Consuls, ausquels Nous en atribuons toute Cour, Jurisdiction & connoissance; sauf l'apel au Parlement dans le ressort duquel lesdits Juges & Consuls sont établis. Voulons que nonobstant ledit apel, & sans préjudice d'icelui, lesdits Juges & Consuls continuënt leur procédure, & que leurs Jugemens soient exécutez par provision. Voulons pareillement, que jusqu'audit jour premier Septembre 1731. il soit par lesdits Juges & Consuls, à l'exclusion de tous autres Juges & Oficiers de Justice, procédé à l'aposition des Scellez, & confection des Inventaires de ceux qui ont fait ou feront faillite; & au cas qu'ils eussent des éfets dans d'autres lieux que celui de leur demeure, Nous donnons pouvoir ausdits Juges & Consuls, de commettre telles personnes que bon leur semblera, pour lesdits Scellez & Inventaires, qui seront aportez au Gréfe de la Jurisdiction Consulaire, & joints à ceux faits par lesdits Juges & Consuls. Voulons aussi, que les demandes à fin d'homologation des Délibérations des créanciers, Contrats d'atermoïemens, & autres Actes passez à l'ocasion desdites faillites, soient portées pardevant les Juges & Consuls, pour être homologuez, si faire se doit; & que lesdits Juges & Consuls puissent ordonner la vente des meubles, & le recouvrement des éfets mobiliers, & connoissent des Saisies mobiliéres, opositions, revendications, contributions, & généralement de toutes autres contestations, qui seront formées en conséquence desdites Faillites & Banqueroutes. N'entendons néanmoins empêcher qu'il puisse être procédé à la Saisie réelle & aux Criées des Immeubles, pardevant les Juges ordinaires ou autres qui en doivent connoître, jusqu'au Bail judiciaire exclusivement; sans préjudice de l'exécution & du renouvellement des Baux judiciaires précédemment ajugez, & sans qu'il puisse être fait aucune autre poursuite ni procedure, si ce n'est en conséquence des Délibérations prises à la pluralité des voix, par les créanciers dont les créances excédent la moitié du total des dettes. Voulons en outre, que jufqu'audit jour premier Septembre 1731. aucune Plainte ne puiffe être renduë ni Requête donnée à fin criminelle, contre ceux qui auront fait faillite, & défendons très-expreffément à nos Juges, & autres Oficiers de Juftice, de les recevoir, fi elles ne font acompagnées des Délibérations & du confentement des créanciers, dont les créances excédent la moitié de la totalité des dettes. Et quant aux procédures criminelles, commencées avant la date des Prefentes, & depuis ledit jour premier Janvier 1721. voulons qu'elles foient continuées, & que néanmoins nos Juges ordinaires, & autres Oficiers de Juftice, foient tenus d'en furfeoir la pourfuite & le jugement, fur la fimple requifition des créanciers, dont les créances excéderont pareillement la moitié du total de ce qui eft dû par ceux qui ont fait faillite, & en conféquence des Délibérations par eux prifes & annéxées à leur Requête. N'entendons néanmoins que tous ceux qui ont fait faillite ou la feront ci-après, puiffent tirer aucun avantage de l'atribution acordée aux Juges & Confuls, & des autres difpofitions contenuës en la prefente Déclaration, ni d'aucune Délibération ou d'aucun Contrat figné par la plus grande partie de leurs créanciers, que Nous avons déclarez nuls & de nul éfet, même à l'égard des créanciers qui les auront fignez, fi les Faillis font acufez d'avoir, dans l'Etat de leurs dettes ou autrement, emploïé ou fait paroître des créances feintes ou fimulées, ou d'en avoir fait revivre d'aquitées, ou d'avoir fupofé des tranfports, ventes & donations de leurs éfets, en fraude de leurs créanciers : Voulons qu'ils puiffent être pourfuivis extraordinairement, comme Banqueroutiers frauduleux, pardevant nos Juges ordinaires ou autres Juges qui en doivent connoître, à la requête de leurs créanciers, qui auront afirmé leurs créances, en la forme qui fera ci-après expliquée, pourvû que leurs créances compofent la moitié du total des dettes ; & que lefdits Banqueroutiers foient punis de mort, fuivant la difpofition de l'Article XII. Titre XI. de l'Ordonnance de 1673. Défendons à toutes perfonnes, de prêter leurs noms, pour aider & favorifer les Banqueroutes frauduleufes, en divertiffant les éfets, acceptant des tranfports, ventes ou donations fimulées, & qu'ils fçauront être en fraude des créanciers, en fe déclarant créanciers ne l'étans pas, ou pour plus grande fomme que celle qui leur eft dûë, ou en quelque sorte & maniere que ce puisse être. Voulons qu'aucun particulier ne se puisse dire & prétendre créancier, & en cette qualité assister aux assemblées, former oposition aux Scellez & Inventaires, signer aucune Délibération ni Contrat d'atermoïement, qu'après avoir afirmé ; sçavoir, dans l'étenduë de la Ville, Prevôté & Vicomté de Paris, pardevant le Prevôt de Paris ou son Lieutenant, & pardevant les Juges & Consuls, dans les autres Villes du Roïaume où il y en a d'établis, que leurs créances leur sont bien & légitimement dûës en entier, & qu'ils ne prêtent leurs noms, directement ni indirectement, au debiteur commun ; le tout, sans frais. Voulons aussi que ceux desdits prétendus créanciers, qui contreviendront aux défenses portées par ces Presentes, soient condamnez aux Galéres à perpétuité ou à tems, suivant l'exigence des cas, outre les peines pécuniaires contenuës en ladite Ordonnance de 1673. & que les femmes soient, outre lesdites peines exprimées par ladite Ordonnance, condamnées au banissement perpétuel ou à tems. Voulons que tous Marchands, Négocians, Banquiers & autres, qui ont fait ou qui feront faillite, soient tenus de déposer un Etat exact & détaillé, certifié véritable, de tous leurs éfets mobiliers & immobiliers, & de leurs dettes ; comme aussi, leurs Livres & Regiſtres, au Gréfe de la Jurisdiction Consulaire dudit lieu, ou la plus prochaine ; & que faute de ce, ils ne puissent être reçus à passer avec leurs créanciers, aucun Contrat d'atermoïement, Concordat, Transaction ou autres Actes, ni obtenir aucune Sentence ou Arrest d'homologation d'iceux, ni se prévaloir d'aucun Sauf-conduit acordé par leurs créanciers : Et voulons qu'à l'avenir lesdits Contrats & autres Actes, Sentences & Arrêts d'homologation & Sauf-conduits, soient nuls & de nul éfet, & que lesdits debiteurs puissent être poursuivis extraordinairement, comme Banqueroutiers frauduleux, par nos Procureurs Genéraux ou par leurs Substituts, ou par un seul créancier, sans le consentement des autres, quand même il auroit signé lesdits Contrats, Actes ou Sauf-conduits, ou qu'ils auroient été homologuez avec lui. Voulons aussi, que ceux qui ont précédemment passé quelques Contrats ou Actes avec leurs créanciers, ou qui ont obtenu des Sauf-conduits, ne puissent s'en aider & prévaloir, ni des Sentences, ou Arrêts d'homologation inter-

DECLARATIONS ET ARRESTS.

renus en conséquence, défendons à nos Juges d'y avoir aucun égard, si dans quinzaine, pour tout delai, à compter du jour de la publication des Présentes, les debiteurs ne déposent leurs Etats, Livres & Regiſtres, en la forme ci-deſſus ordonnée, & ſous les peines y contenuës, au cas qu'ils n'y aïent ci-devant ſatisfait. Et pour faciliter à ceux qui ont fait ou feront faillite, le moïen de dreſſer leurſdits Etats, voulons qu'en cas d'apoſition de Scellez ſur leurs biens & éfets, leurs Livres & Regiſtres leur ſoient remis & delivrez, après néanmoins qu'ils auront été paraphez par le Juge, ou autre Oficier commis par le Juge qui apoſera leſdits Scellez, & par un des créanciers qui y aſſiſteront, & que les feüillets blancs, ſi aucuns y a, auront été bâtonnez par ledit Juge ou autres Oficiers; à la charge qu'au-plûtard après l'expiration dudit delai de quinzaine, leſdits Livres & Regiſtres, & l'Etat des éfets actifs & paſſifs, ſeront dépoſez au Gréfe de la Juriſdiction Conſulaire, ou chez un Notaire, par celui qui aura fait faillite; ſinon, voulons qu'il ſoit cenſé & réputé Banqueroutier frauduleux, & comme tel pourſuivi, ſuivant qu'il a été précédemment ordonné. Déclarons nulles & de nul éfet, toutes Lettres de Répi, qui pouront être ci-après obtenuës, ſi ledit Etat des éfets & dettes, n'eſt ataché ſous le Contreſcel, avec un certificat du Gréfier de la Juriſdiction Conſulaire, ou d'un Notaire, entre les mains duquel ledit Etat, avec les Livres & Regiſtres, aura été dépoſé; le tout, ſans déroger aux uſages & priviléges de la Juriſdiction de la Conſervation de Lyon, ni à la Déclaration du 30. Juillet 1715. intervenuë pour le Châtelet de nôtre bonne Ville de Paris. SI DONNONS EN MANDEMENT à nos amez & feaux Conſeillers les Gens tenans nôtre Cour de Parlement à Roüen, que ces Preſentes ils aïent à faire lire, publier & regiſtrer, même en Vacations, & le contenu en icelles garder & exécuter, ſelon leur forme & teneur, nonobſtant toutes Ordonnances, Edits, Déclarations, & autres choſes à ce contraires, auſquelles Nous avons dérogé & dérogeons par ces Preſentes; aux Copies deſquelles, collationnées par l'un de nos amez & feaux Conſeillers-Secrétaires, voulons que foi ſoit ajoûtée comme à l'Original; CAR tel eſt nôtre plaiſir. En témoin de quoi, Nous avons fait mettre nôtre Scel à ceſdites Preſentes. DONNE' à Verſailles, le dix-neuviéme jour de Septembre, l'an de grace mil sept cens trente ; & de nôtre Régne le seiziéme. Signé, LOUIS: Et plus bas, Par le Roy, CHAUVELIN: Vû au Conseil, ORRY. Et scellée du grand Sceau de cire jaune.

Lûë, publiée & registrée, l'Audience de la Chambre des Vacations séante A Roüen en Parlement, le 17. Octobre 1730. Signé, DEBOUTIGNY.

Déclaration du Roy, en interprétation de celle du 5. Octobre 1726. pour servir de Réglement général entre les Curez Primitifs, & les Curez-Vicaires Perpétuels, touchant leurs droits respectifs dans les Paroisses, & à qui en apartiendra la compétence.

Du 15. Janvier 1731.

1731.
Janvier.

LOUIS par la grace de Dieu, Roy de France & de Navarre: A tous ceux qui ces presentes Lettres verront, SALUT. Nous avons été informez, qu'à l'ocasion du Réglement que Nous avons fait entre les Curez primitifs & les Curez-Vicaires perpétuels, par nôtre Déclaration du 5. Octobre 1726. il s'est formé de nouvelles dificultez entr'eux, sur l'exercice de leurs fonctions, soit parce qu'on a donné à cette Loi des interprétations contraires à son esprit véritable, soit parce qu'on a cherché à l'étendre à des cas qu'elle n'a pas prévûs, & qui ne peuvent être décidez que par nôtre autorité. C'est pour faire cesser tous ces inconveniens, que Nous avons jugé à propos de réünir dans une seule Loi, les dispositions de la Déclaration du 5. Octobre 1726. & celles des Loix précédentes, en y ajoûtant tout ce qui pouvoit manquer à la perfection de ces Loix, pour assûrer également les droits légitimes des Curez primitifs, & ceux des Curez-Vicaires perpétuels, sans donner ateinte aux usages & aux prérogatives de certaines Eglises principales, qui n'aïant rien de contraire au bon ordre, méritent d'être conservées par leur ancienneté: Nous travaillerons par là autant pour l'avantage de l'Eglise, que pour celui de nos Sujets, en prévenant des contestations toûjours onéreuses aux parties interressées, & qui détournant les Pasteurs du soin des ames confiées à leur ministére, sont encore plus contraires au bien public.

DECLARATIONS ET ARRESTS.

1731. Janvier.

A CES CAUSES, & autres à ce Nous mouvant, de nôtre certaine science, pleine puissance & autorité Roïale, Nous avons dit, déclaré & ordonné, disons, déclarons & ordonnons, voulons & Nous plaît ce qui suit.

ARTICLE PREMIER.

Les Vicaires perpétuels pourront prendre en tous Actes & en toutes ocasions, le titre & qualité de Curez-Vicaires perpétuels de leurs Paroisses, en laquelle qualité ils seront reconnus, tant dans leurdite Paroisse que par tout ailleurs.

II. Ne pourront prendre le titre de Curez primitifs, que ceux dont les droits seront établis, soit par des Titres Canoniques, Actes ou Transactions valablement autorisez, & Arrêts contradictoires, soit sur des Actes de possession centenaire : N'entendons exclure les moïens & voïes de droit, qui pouroient avoir lieu contre lesdits Actes & Arrêts, lesquels seront cependant exécutez, jusqu'à ce qu'il en ait été autrement ordonné, soit définitivement ou par provision, par les Juges qui en doivent connoître, suivant qu'il sera dit ci-après.

III. Les Abez, Prieurs & autres Pourvûs, soit à titre ou en Commande, du Benéfice auquel la qualité de Curé primitif sera atachée, pouront seuls & à l'exclusion des Communautez établies dans leurs Abaïes, Prieurez ou autres Bénéfices, prendre ledit titre de Curez primitifs, & en exercer les fonctions, lesquelles ils ne pourront remplir qu'en personne, sans qu'en leur absence ni même pendant la vacance desdites Abaïes, Prieurez, ou autres Benéfices, lesdites Communautez puissent faire lesdites fonctions, qui ne pouront être exercées dans ledit cas, que par les Curez-Vicaires perpétuels : Et à l'égard des Communautez qui n'aïant point d'Abez ni de Prieurs en titre ou en Commande, auront les droits de Curez primitifs, soit par union de Benéfice ou autrement, les Superieurs desdites Communautez pouront seuls en faire les fonctions; le tout, nonobstant tous Actes, Jugemens & possession à ce contraires; & sans pareillement qu'aucune puisse être aléguée contre les Abez, Prieurs, & autres Benéficiers, ou contre les Superieurs des Communautez, qui auroient négligé où qui négligeroient de faire lesdites fonctions de Curez primitifs, par quelque laps de tems que ce soit.

IV. Les Curez primitifs, s'ils ont Titre ou possession valable, pourront continuer de faire le Service divin les quatre Fêtes solemnelles & le jour du Patron ; à l'éfet de quoi, ils seront tenus de faire avertir les Curez-Vicaires perpétuels, la surveille de la Fête, & de se conformer au Rit & chant du Diocèse, & sans qu'ils puissent même ausdits jours, administrer les Sacremens ou prêcher, sans une Mission speciale de l'Evêque : Et sera le contenu au present Article exécuté, nonobstant tous Titres, Jugemens ou usages à ce contraires.

V. Les droits utiles desdits Curez primitifs demeureront fixez suivant la Déclaration du 30. Juin 1690. à la moitié des oblations & ofrandes, tant en cire qu'en argent, l'autre moitié demeurant aux Curez-Vicaires perpétuels ; lesquels droits ils ne pourront percevoir, que lorsqu'ils feront le Service divin en personne, aux jours ci-dessus marquez ; le tout, à moins que les droits n'aïent été autrement réglez en faveur des Curez primitifs ou des Curez-Vicaires perpétuels, par des Titres Canoniques, Actes ou Transactions valablement autorisez, & Arrêts contradictoires, ou Actes de possession centenaire.

VI. N'entendons donner ateinte aux usages des Villes & autres lieux, où le Clergé & les peuples ont coûtume de s'assembler dans les Eglises des Abaïes, Prieurez ou autres Bénéfices, pour les *Te Deum*, ou pour les Processions du Saint Sacrement, de la Fête de l'Assomption, ou de celle du Patron, ou autres Processions generales, qui se font suivant le Rit du Diocèse ou les Ordonnances des Evêques, lesquels usages seront entretenus comme par le passé.

VII. N'entendons pareillement rien innover sur les usages où sont plusieurs Paroisses, d'assister le jour de la Fête du Patron ou autres Fêtes solemnelles, à l'Ofice divin, dans les Eglises des Abaïes, Prieurez ou autres Benéfices, ou d'y faire le Service qu'elles ont acoûtumé d'y celébrer. Voulons qu'en cas de contestations sur le fait de l'usage & de la possession, par raport aux dispositions du present Article & du précédent, il y soit pourvû par les Juges ci-après marquez, sur les Titres & Actes de possession des parties ; le tout, sans préjudice aux Archevêques & Evêques, de régler les dificultez qui pouront naître dans le cas desdits Articles, au sujet des Ofices ou cérémonies Eclésiastiques ; & seront les Ordonnances

DECLARATIONS ET ARRESTS.

nances par eux renduës sur ce sujet, exécutées par provision, nonobstant l'apel simple ou comme d'abus, & sans y préjudicier.

VIII. Voulons aussi que dans les lieux où la Paroisse est desservie à un Autel particulier de l'Eglise dont elle dépend, les Religieux ou Chanoines Réguliers de l'Abaïe, Prieuré ou autres Benéfices, puissent continuer de chanter seuls l'Office Canonial dans le Chœur, & de disposer des Bancs ou Sépultures dans leursdites Eglises, s'ils sont en possession paisible & immemoriale de ces prérogatives.

IX. Les dificultez nées ou à naître sur les heures ausquelles la Messe Paroissiale ou autres parties de l'Ofice divin, doivent être célébrées à l'Autel & lieux destinez à l'usage de la Paroisse, seront réglées par l'Evêque Diocésain, auquel seul apartiendra aussi de prescrire les jours & heures ausquels le Saint Sacrement sera ou poura être exposé audit Autel, même à celui des Religieux ou Chanoines Réguliers de la même Eglise ; & les Ordonnances renduës par lui sur le contenu au present Article, seront exécutées par provision, pendant l'apel simple ou comme d'abus, & sans y préjudicier ; & ce, nonobstant tous priviléges & exemtions, même sous prétexte de Jurisdiction Quasi-Episcopale, prétenduë par lesdites Abaïes, Prieurez ou autres Benéfices ; lesdites exemtions & Jurisdictions ne devant avoir lieu en pareille matiere.

X. Les Curez primitifs ne pouront, sous quelque prétexte que ce puisse être, présider ou assister aux conférences ou assemblées que les Curez-Vicaires perpétuels tiennent avec les Prêtres qui desservent leurs Paroisses, par raport aux fonctions & devoirs ausquels ils sont obligez, ou autres matieres semblables : Leur défendons pareillement de se trouver aux assemblées des Curez-Vicaires perpétuels & Marguilliers, qui regardent la Fabrique ou l'administration des Biens de l'Eglise Paroissiale, ni de s'atribuer la garde des Archives, des Titres de la Cure ou Fabrique, ou le droit d'en conserver les clefs entre leurs mains ; & ce, nonobstant tous Actes, Sentences & Arrêts, ou usages à ce contraires.

XI. Les Abaïes, Prieurez ou Communautez aïans droits de Curez primitifs, ne pouront être déchargez du paîement des Portions congruës des Curez-Vicaires perpétuels & de leurs Vicaires, sous prétexte de l'abandon qu'ils pouroient faire

II. Suite du N. R.   F f

des Dixmes à eux apartenantes, à moins qu'ils n'abandonnent aussi tous les biens & revenus qu'ils possedent dans lesdites Paroisses, & qui sont de l'ancien Patrimoine des Curez, ensemble le titre & droits de Curez primitifs; le tout, sans préjudice du recours que les Abez ou Prieurs, & les Religieux pouront exercer réciproquement en ce cas, les uns contre les autres, selon que les biens abandonnez se trouveront être dans la Manse de l'Abé, ou Prieur, ou dans celle des Religieux.

XII. Les contestations qui concernent la qualité de Curez primitifs, & les droits qui en peuvent dépendre, ou les distinctions & prérogatives prétenduës par certaines Eglises principales; comme aussi, celles qui pouront naître au sujet des Portions congruës, & en général toutes les demandes qui seront formées entre les Curez primitifs, les Curez-Vicaires perpétuels, & les gros Décimateurs, sur les droits par eux respectivement prétendus, seront portées en premiere instance devant nos Baillis & Senéchaux, & autres Juges des Cas Roïaux, ressortissans nuëment à nos Cours de Parlement, dans le territoire desquelles les Cures se trouveront situées; sans que l'apel des Sentences & Jugemens par eux rendus en cette matiere, puisse être relevé ailleurs, qu'en nosdites Cours de Parlement, chacune dans son ressort; & ce, nonobstant toutes évocations qui auroient été acordées par le passé, ou qui pouroient l'être par la suite, à tous Ordres, Congrégations, Corps, Communautez ou Particuliers, Lettres Patentes ou Déclarations à ce contraires, auxquelles Nous avons dérogé & dérogeons par ces Presentes; notamment à celle du dernier Aoust 1687. portant que les apellations des Sentences renduës par les Baillis & Senéchaux, au sujet des contestations formées sur le païement des Portions congruës, seront relevées en nôtre Grand-Conseil, lorsque les Ordres Religieux, les Communautez ou les particuliers, qui ont leur évocation en ce Tribunal, se trouveront parties dans lesdites contestations.

XIII. Les Sentences & Jugemens qui seront rendus sur les contestations mentionnées dans l'Article précédent, soit en faveur des Curez primitifs, soit au profit des Curez-Vicaires perpétuels, seront exécutez par provision, nonobstant l'apel, & sans y préjudicier.

DECLARATIONS ET ARRESTS. 227

1731. Janvier.

XIV. Voulons que nôtre presente Déclaration soit observée, tant pour ce qui regarde les Curez-Vicaires perpétuels des Villes, que pour ceux de la Campagne, & qu'elle soit pareillement exécutée à l'égard de tous Ordres, Congrégations, Corps & Communautez séculieres ou régulieres, même à l'égard de l'Ordre de Malte, de celui de Fontevrault, & tous autres, & pour toutes les Abaïes, Prieurez, & autres Benéfices qui en dépendent ; sans néanmoins que les Chapitres des Églises Cathedrales ou Collégiales, soient censez compris dans la presente disposition, en ce qui concerne les prééminences, honneurs & distinctions dont ils sont en possession, même celles de prêcher avec la permission de l'Evêque, certains jours de l'année, desquelles prérogatives ils pouront continuer de joüir, ainsi qu'ils ont bien & dûement fait par le passé.

XV. Voulons au surplus, que les Déclarations des 29. Janvier 1686. & celle du 30. Juin 1690. & l'Article premier de la Déclaration du 30. Juillet 1710. soient exécutées selon leur forme & teneur, en ce qui n'est point contraire à nôtre presente Déclaration.

SI DONNONS EN MANDEMENT à nos amez & feaux Conseillers les Gens tenans nôtre Cour de Parlement à Roüen, que ces Presentes ils aïent à faire lire, publier & enregistrer, & le contenu en icelles faire exécuter, selon leur forme & teneur, cessant & faisant cesser tous troubles & empêchemens contraires ; CAR tel est nôtre plaisir. En témoin de quoi, Nous avons fait mettre nôtre Scel à cesdites Presentes. DONNE' à Marly, le quinziéme jour de Janvier, l'an de grace mil sept cens trente-un ; & de nôtre Régne le seiziéme. Signé, LOUIS : Et plus bas, Par le Roy, CHAUVELIN. Et scellée en queuë du grand Sceau de cire jaune, avec un Contrescel.

Lûë, publiée & registrée, la grande Audience de la Cour seante. A Roüen en Parlement, le 23. Fevrier 1731.

Signé, AUZANET.

Ff ij

Arrest du Parlement, portant entr'autres dispositions, Réglement pour les formalitez à observer dans les Significations des Exploits de Clameur, à peine de nullité d'iceux, & de répondre par les Oficiers qui auront instrumenté, des choses y mentionnées.

Du 17. Janvier 1731.

1731.
Janvier.

ENTRE Marin Ledemé, apellant de Sentence renduë en Bailliage à Domfront, le 30. Juillet 1725. d'une part; Et Guillaume Renard, intimé en apel, d'autre. Vû par la Cour, toutes les Chambres assemblées, l'Arrest du 21. Juin 1726. par lequel les parties auroient été sur l'apel apointées au Conseil, pour être le procès jugé en la Grand' Chambre, & être donné Réglement; au bas dudit Arrest est la signification qui en fut faite, le 2. Décembre 1727. au Procureur de l'Intimé, à la requête de celui de l'Apellant, avec déclaration qu'il entendoit mettre le procès en distribution. Vû aussi la Sentence renduë en la Vicomté de Passais, le 20. Février 1725. entre ledit Ledemé Laboureur, demandeur aux fins de l'Exploit en Clameur lignagere intentée à sa requête, par le ministére de Guillaume Guerout Huissier Roïal, le 10. Novembre 1724. d'héritages aquis par ledit Guillaume Renard, de Medard Voidy; contenant sommation audit Renard Meûnier au Moulin des Planches, en parlant à sa femme & domicile audit Moulin, Paroisse de Passais, de se transporter devant Fleury Notaire, le 13. dudit mois, à dix heures du matin, pour lui passer remise desdits héritages clamez, s'il n'aimoit lui en passer delais presentement; pourquoi il lui ofroit treize cens vingt livres de principal, & celle de deux cens quatre-vingt-cinq livres, si tant en faloit, pour le rembourser des frais & loïaux coûts; lui déclarant qu'en cas qu'il eût amorti la partie de six livres de rente référée au Contrat clamé, qu'il étoit prêt de lui en rembourser le principal & frais dudit rembours; ou si au contraire, ledit Renard n'en avoit fait l'amortissement, il s'obligeoit de l'aquiter, & indemniser de l'éfet de ladite rente, même lui en donner cauion ; & à son refus, assignation aux prochains Pleds de la Vicomté de Passais ; déclarant que faute par ledit Renard, de se présenter devant le Notaire, aux jour & heure indiquez, il consigneroit en ses mains, les sommes ofertes par ledit Exploit, comptées & nombrées, presence de Jacques Mesley Laboureur, & de Loüis Gahery Praticien, tous deux demeurans dans la Paroisse de Saint-Fraimbaut ; sçavoir, ledit Mesley, aux cantons de Normandie, & ledit Gahery, aux cantons du Maine : Par laquelle Sentence du Vicomte, il est dit que sans avoir égard aux nullitez proposées par ledit Renard, contre l'Exploit de Clameur intentée par ledit Marin Ledemé, ledit jour 10. Novembre 1724. & au prétendu Acte du 5. dudit mois, dont il est debouté, à bon droit la Clameur dudit Ledemé ; quoi faisant, les parties renvoïées dans les vingt-quatre heures du jour de la signification de ladite Sentence, devant le Notaire de la Querelle, pour recevoir par ledit Renard, le principal, vin, frais & loïaux coûts de son Contrat d'aquest, sur les deniers déposez entre les mains dudit André Fleury Notaire ; ledit Ledemé autorisé de se ressaisir du surplus, s'il s'en trouve ; ou autrement, fournira des deniers à sufisance, si ceux par lui déposez ne remplissoient pas ledit principal, vin, frais & loïaux coûts, & autres choses sujettes à rembourser ; le tout, en se faisant par ledit Ledemé agréer, pour la faisance & continuation de la partie de six livres de rente, dont ledit Renard auroit pris soûmission pour le créancier d'icelle, ou en donnant caution, ou en amortissant icelle suivant son obéïssance, avec dépens ajugez audit Ledemé : De laquelle Sentence du Vicomte, ledit Renard s'étant porté apellant au Bailliage de Domfront, seroit intervenu le 30. Juillet 1725. la Sentence dont l'apel saisit la Cour, & duquel il s'agit ; par laquelle il est dit qu'il a été bien apellé, mal jugé par la Sentence dont est apel ; corrigeant & reformant icelle, l'Exploit fait par ledit Ledemé, déclaré nul, & ledit Renard déchargé de ladite Action en Clameur, avec dépens, tant de la Cause principale que d'apel. Vû en outre les Pieces produites par les parties, qui sont Copie du susdit Exploit de Clameur, du 10. Novembre 1724. signé dudit Guerout Huissier, & desdits Mesley & Gahery ses témoins : L'Acte acordé audit Ledemé, le 13. du même mois de Novembre, de la non-comparence dudit Renard : Les Actes de

Prefentation mis au Gréfe de la Vicomté de Paffais, par lefdits Ledemé & Renard, le 21. dudit mois : Copie d'un Acte
paffé devant Notaire, le 5. Novembre 1724. en forme d'A-
cord fait entre ledit Medard Voidy, & ledit Renard intimé;
par lequel il paroît que pour éviter des Lettres de réleve-
ment que ledit Voidy vouloit prendre contre le Contrat de vente qu'il avoit faite audit Renard, & clamé par Ledemé, en date
du 14. Mars 1724. ledit Renard donne pour fuplément de prix
audit Voidy, une fomme de quatre cens livres, ledit Acte contrôlé le 10. dudit mois de Novembre 1724. & fignifié audit
Ledemé, par Exploit étant enfuite, du 22. du même mois :
Un Ecrit dudit Renard, du 21. dudit mois de Novembre,
contenant fes moïens de nullité contre l'Exploit en Clameur
dudit Ledemé ; lefquels font, que les Exploits de Clameur
doivent être fignez de deux témoins, âgez de vingt ans
acomplis, & que Loüis Gahery n'étant âgé que de feize ans,
n'eft point un témoin idoine ; ce qui opere une nullité effen-
tielle, dans l'Exploit de Clameur en queftion ; que l'Huiffier
ou Sergent devant, aux termes de l'Article XCIII. de l'Ordonnance d'Orleans, inferer dans les Exploits de Clameur &
chofes réelles, le domicile des témoins, ce que Guerout n'aïant
point fait dans l'Exploit de Clameur dont il s'agit, c'eft encore une nullité ; que l'Ordonnance & la Coûtume prefcri-
vant que les témoins fçachent lire & écrire, Mefley ne fçachant
lire ni écrire, mais feulement figner, il n'eft pas témoin idoine ; que d'un autre côté, Ledemé aïant dû aporter, aux termes de la Coûtume, un confentement du vendeur, pour la
rente de fix livres, dont Renard eft chargé par fon Contrat
de vente, & ne l'aïant pas fait, fon Exploit de Clameur
doit être de tout point déclaré nul, avec dépens : L'Ecrit de
Replique dudit Ledemé, du 5. Décembre audit an 1724.
par lequel il dit que les nullitez propofées par ledit Renard,
ne peuvent avoir de lieu, l'Exploit de Clameur en queftion
étant fait par un Huiffier, en prefence de deux témoins, qui
ont figné tant en fon Regiftre qu'aux Actes delivrez aux parties, dont a été fait mention, ainfi que de la qualité & demeure defdits témoins, qui fçavent lire, écrire & figner ;
que quand l'un d'eux n'auroit que feize ou dix-huit ans, cela n'opereroit pas une nullité, atendu que ledit Gahery eft
actuellement Praticien, & d'un âge compétent pour être té-

moin ; qu'aïant ofert audit Renard, le remboursement de la rente de six livres, en cas qu'il en eût fait l'amortissement, ou au defaut de ce, en indemniser ledit Renard, ou donner caution, ledit Ledemé a satisfait à ce qui est prescrit par la Coûtume : qu'à l'égard du prétendu suplément de la somme de quatre cens livres, c'est un Acte suspect, & un ouvrage de dol & de fraude, parce que, 1°. les parties ont afecté de se transporter devant un autre Notaire que celui qui avoit passé le Contrat de vente : 2°. ladite somme de quatre cens livres n'a point été païée devant ce Notaire & témoin, mais reconnuë seulement par les parties avoir été ci-devant païée : 3°. que ledit Acte n'est contrôlé que le même jour de la Clameur : 4°. que par l'Article CCCCLX. de la Coûtume, toutes conditions retenuës par les vendeurs, doivent être inserées dans les Contrats de vendition, & publiées, autrement on n'y aura aucun égard, & ne seront les clamans tenus de les acomplir ; que cet Article opére la nullité de ce prétendu Acte de suplément : Pourquoi il conclut, à ce que sans avoir égard aux prétendus moïens de nullité proposez par ledit Renard, non plus qu'audit prétendu suplément, il sera envoïé en la proprieté, possession & joüissance des héritages par lui clamez, avec restitution des fruits, du jour de la consignation ; & qu'acte lui sera acordé de la consignation, avec intérêts & dépens : L'Ecrit de Réponse dudit Renard, du 9. Janvier 1725. La Sentence d'apointé à mettre, renduë entre les parties, le 23. dudit mois de Janvier, signifiée au Procureur dudit Renard, le 2. Février audit an 1725. Une Sommation de clorre, faite requête dudit Ledemé, le 9. du même mois : La Sentence renduë en la Vicomté de Passais, le 20. du même mois de Février, ci-devant raportée : Les Lettres d'anticipation obtenuës par ledit Ledemé, le 3. Mars 1725. pour procéder en Bailliage, sur l'apel interjetté par ledit Renard, de la susdite Sentence du Vicomte : l'Exploit de signification qui en a été faite le 9. dudit mois, audit Renard, avec assignation, pour proceder audit Bailliage, sur son apel de la susdite Sentence : Les Actes de Presentation mis au Gréfe dudit Bailliage, par lesdites parties, les 4. & 10. Avril audit an : Une Sommation de passer apointement, faite par ledit Ledemé, le 27. dudit mois : Une autre du 9. Mai suivant : La Sentence d'apointé à fournir griefs & réponse, renduë audit Bailliage le 30.

Mai audit an 1725. L'Ecrit de Griefs fourni audit Bailliage, par ledit Renard, le 6. Juin audit an 1725. par lequel il auroit conclu qu'en caſſant la Sentence dont étoit apel, ledit Exploit de Clameur doit être déclaré nul, & tout ce qui fait a été en conſéquence, avec dépens, tant de la Cauſe principale que d'apel : L'Ecrit de réponſe à griefs dudit Ledemé, du 13. du même mois : La Sentence d'apointé à mettre, renduë entre les parties audit Bailliage, le 25. du même mois : Une Sommation de clorre, faite requête dudit Ledemé, le 2. Juillet : Un Ecrit de réponſe dudit Renard, du 4. dudit mois : La Sentence dont eſt apel à la Cour, renduë audit Bailliage de Domfront, ledit jour 30. Juillet 1725. ci-devant énoncée : L'Exploit d'apel de ladite Sentence du Bailliage, par ledit Ledemé, ſignifié audit Renard, le 20. Aouſt audit an : Les Lettres d'apel obtenuës par ledit Ledemé, le 24. Octobre ſuivant : L'Exploit de ſignification qui en a été faite audit Renard, avec aſſignation en la Cour, pour y procéder ſur ſondit apel de la Sentence du Bailliage : Les Actes de Preſentation mis au Gréfe de la Cour, par leſdites parties ; leurs Actes de productions : Un certificat de Loüis le Marié, du 18. Mai 1726. & de Marie Galery, d'avoir tenu ſur les Fonts de Baptême, en l'Egliſe de Saint Julien, Loüis Gahery fils de Julien, au mois de Juin 1709. autant que la mémoire leur en peut fournir : Un autre certificat de Julien Gahery Sergent, du 17. deſdits mois & an, portant que Loüis Gahery eſt ſon fils, qu'il a été baptiſé en l'Egliſe de Saint Julien, & nommé Loüis, par leſdits le Marié & Marie Gahery, au mois de Juin 1709. ce qui eſt auſſi certifié véritable, par ledit Loüis Gahery fils Julien ; leſdits deux certificats bien & dûëment contrôlez : Une ateſtation du 13. Juin audit an, donnée par le Sieur Bidoaſt Curé de Domfront, portant qu'il a fait recherche de l'Extrait Baptiſtére dudit Loüis Gahery fils Julien & de Marie Foucques, que l'on prétend né en 1709. & qu'il ne s'eſt trouvé dans les Regiſtres de ladite année, ni autres ſuivantes, aucun Extrait Baptiſtére dudit Loüis Gahery : Le ſuſdit Arreſt d'apointé contradictoirement rendu le 21. Juin 1726. ſur les Plaidoïers des Avocats des parties : L'Ecrit de Griefs & moïens d'apel, fourni en la Cour par ledit Ledemé, le 27. Novembre 1727. par lequel il a conclu, à ce qu'il plaiſe à la Cour, mettre l'apellation & ce dont eſt apellé, au néant ;

corri-

DECLARATIONS ET ARRESTS.   233

1731.
Février.

corrigeant & réformant, ordonner que la Sentence du Vicomte, en date du 20. Février 1725. sera exécutée selon sa forme & teneur, avec dépens des causes principale & d'apel : L'Ecrit de Réponse à griefs, fourni en la Cour par ledit Renard, le 28. Juin 1728. par lequel il a conclu, à ce qu'il plaise à la Cour, par l'Arrest qui interviendra en forme de Réglement, mettre l'apellation au néant, avc dépens : Un Factum imprimé, signifié à la requête dudit Ledemé, le 20. Juillet 1729. Et généralement tout ce que les parties ont écrit & produit pardevers la Cour : Les Conclusions du Procureur Général ; & oüi le Raport du Sieur Carrey de Saint-Gervais : Tout Considéré ; LA COUR, toutes les Chambres assemblées, a mis & met l'apellation & ce dont est apel, au néant ; émendant, ordonne que la Sentence renduë en la Vicomté de Passais, le 20. Février 1725. sera exécutée selon sa forme & teneur ; condamne ledit Renard aux dépens, tant des causes principale que d'apel : Et faisant droit sur les plus amples Conclusions du Procureur Général, en donnant Réglement, ordonne qu'à l'avenir, tous Huissiers ou Sergens seront tenus de se faire assister de deux témoins idoines, & âgez de vingt ans, dans les Significations des Exploits de Clameur, à peine de nullité desdits Exploits, & de répondre en leur propre & privé nom, de tous dommages, intérêts & dépens des parties : Et afin que le present Arrest soit notoire, & que personne n'en ignore, ordonne qu'il sera lû, publié & afiché par tout où il apartiendra, & envoïé dans tous les Siéges de la Province, pour y être pareillement lû, publié & enregistré, à la diligence des Substituts du Procureur Général, chacun en droit soi, lesquels seront tenus de certifier la Cour dans le mois, des diligences qu'ils auront pour ce faites. FAIT à Roüen en Parlement, le dix-septiéme jour de Janvier mil sept cens trente-un.

Par la Cour, Signé, AUZANET.

II. *Suite du N. R.*   Gg

Ordonnance du Roy, portant Réglement pour fixer une Jurisprudence uniforme dans tout le Roïaume, sur la nature, la forme, les charges ou les conditions essentielles des Donations.

Du mois de Février 1731.

1731.
Février.

LOUIS par la grace de Dieu, Roy de France & de Navarre : A tous presens & à venir, SALUT. La justice devroit être aussi uniforme dans ses Jugemens, que la Loi est une dans sa disposition, & ne pas dépendre de la diférence des tems & des lieux, comme elle fait gloire d'ignorer celle des personnes. Tel a été l'esprit de tous les Législateurs, & il n'est point de Loix, qui ne renferment le vœu de la perpétuité & de l'uniformité. Leur principal objet est de prévenir les procès, encore plus que de les terminer ; & la route la plus sûre pour y parvenir, est de faire régner une telle conformité dans les décisions, que si les plaideurs ne sont pas assez sages pour être leurs premiers Juges, ils sçachent au moins que dans tous les Tribunaux, ils trouveront une justice toûjours semblable à elle-même, par l'observation constante des mêmes régles : Mais comme si les Loix & les Jugemens devoient éprouver ce caractere d'incertitude & d'instabilité, qui est presqu'inséparable de tous les ouvrages humains ; il arrive quelquefois que, soit par un defaut d'expressions, soit par les diférentes manieres d'envisager les mêmes objets, la variété des Jugemens forme d'une seule Loi, comme autant de Loix diférentes, dont la diversité & souvent l'oposition contraires à l'honneur de la Justice, le sont encore plus au bien public. De-là naît en éfet cette multitude de conflicts de Jurisdictions, qui ne sont formez par un plaideur trop habile, que pour éviter par le changement de Juges, la jurisprudence qui lui est contraire, & s'assûrer celle qui lui est favorable ; en sorte que le fond même de la contestation, se trouve décidé par le seul Jugement qui régle la compétence du Tribunal. Nôtre amour pour la justice, dont Nous regardons l'administration comme le premier devoir de la Roïauté, & le desir que Nous avons de la faire respecter également, dans tous nos Etats, ne Nous permettent pas de tolérer plus long-tems, une diversité de jurisprudence qui produit de si grands inconveniens. Nous aurions pû la faire cesser avec plus d'éclat & de satisfaction pour Nous, si Nous n'avions diféré de faire publier le corps des Loix qui seront faites dans cette vûë, jusqu'à ce que toutes les parties d'un projet si important, eussent été également achevées: Mais l'utilité qu'on doit atendre de la perfection de cet ouvrage, ne pouvant être aussi prompte que Nous le desirerions, nôtre afection pour nos peuples, dont Nous préférerons toûjours l'intérest à toute autre considération, Nous a déterminez à leur procurer l'avantage présent de profiter, au moins en partie, d'un travail, dont Nous nous hâterons de leur faire bien-tôt recüeillir tout le fruit: Et Nous leur en donnons comme les prémices, par la décision des questions qui regardent la nature, la forme, & les charges ou les conditions essentielles des donations; matiere qui, soit par sa simplicité, soit par le peu d'oposition qui s'y trouve entre les principes du Droit Romain & ceux du Droit François, Nous a paru la plus propre à fournir le premier exemple de l'exécution du plan que Nous nous sommes proposez. Avant que d'y établir des régles invariables, Nous avons jugé à propos de Nous faire informer exactement, par les principaux Magistrats de nos Parlemens & de nos Conseils supérieurs, des diférentes jurisprudences qui s'y observent; & Nous avons eu la satisfaction de voir, dans l'exposition des moïens propres à les concilier, que ces Magistrats uniquement ocupez du bien de la justice, Nous ont proposé souvent de préférer la jurisprudence la plus simple, & par là-même la plus utile, à celle que le préjugé de la naissance & une ancienne habitude pouvoient leur rendre plus respectable; ou s'il y a eu de la diversité de sentimens sur quelques points, elle n'a servi par le compte qui Nous en a été rendu dans nôtre Conseil, qu'à déveloper encore plus les véritables principes que Nous devons suivre, pour rétablir successivement, dans les diférentes matieres de la jurisprudence, où l'on observe les mêmes Loix, cette uniformité parfaite, qui n'est pas moins honorable au Législateur, qu'avantageuse à ses Sujets. A CES CAUSES, & autres à ce Nous mouvant, de l'avis de nôtre Conseil, & de nôtre certaine science, pleine puissance & autorité Roïale, Nous avons dit, déclaré & ordonné, disons, déclarons & ordonnons, voulons & Nous plaît ce qui suit.

ARTICLE PREMIER.

Tous Actes portans donations entre vifs, seront passez pardevant Notaires, & il en restera Minute, à peine de nullité.

II. Les donations entre vifs seront faites dans la forme ordinaire des Contrats & Actes passez pardevant Notaires, & en y observant les autres formalitez qui y ont eu lieu jusqu'à present, suivant les diférentes Loix, Coûtumes & usages des Païs soûmis à nôtre domination.

III. Toutes donations à cause de mort, à l'exception de celles qui se feront par Contrat de mariage, ne pourront d'orénavant avoir aucun éfet, dans les Païs mêmes où elles sont expressément autorisées par les Loix ou par les Coûtumes, que lorsqu'elles auront été faites dans la même forme que les Testamens ou les Codiciles; en sorte qu'il n'y ait à l'avenir dans nos Etats, que deux formes de disposer de ses biens à titre gratuit, dont l'une sera celle des donations entre vifs, & l'autre, celle des Testamens ou des Codiciles.

IV. Toute donation entre vifs, qui ne seroit valable en cette qualité, ne poura valoir comme donation ou disposition à cause de mort ou Testamentaire, de quelque formalité qu'elle soit revêtuë.

V. Les donations entre vifs, même celles qui seroient faites en faveur de l'Eglise ou pour causes pies, ne pouront engager le donateur ni produire aucun autre éfet, que du jour qu'elles auront été acceptées par le donataire, ou par son Procureur général ou spécial, dont la Procuration demeurera annéxée à la Minute de la donation; & en cas qu'elle eût été acceptée par une personne qui auroit déclaré se porter fort pour le donataire absent, ladite donation n'aura éfet que du jour de la ratification expresse que ledit donataire en aura faite, par Acte passé pardevant Notaires, duquel Acte il restera Minute. Défenses à tous Notaires & Tabellions, d'accepter ces donations, comme stipulans pour les donataires absens, à peine de nullité desdites stipulations.

VI. L'acceptation de la donation sera expresse, sans que les Juges puissent avoir aucun égard aux circonstances dont on prétendroit induire une acceptation tacite ou présumée; & ce, quand même le donataire auroit été present à l'Acte de donation, & qu'il l'auroit signé, ou quand il seroit entré en possession des choses données.

VII. Si le donataire est mineur de vingt-cinq ans, ou interdit par autorité de Justice, l'acceptation poura être faite pour lui, soit par son Tuteur ou Curateur, soit par ses pere ou mere, ou autres ascendans, même du vivant du pere & de la mere, sans qu'il soit besoin d'aucun avis de parens, pour rendre ladite acceptation valable.

VIII. L'acceptation poura aussi être faite par les Administrateurs des Hôpitaux, Hôtels-Dieu, ou autres semblables établissemens de Charitez, autorisez par nos Lettres patentes, registrées en nos Cours, & par les Curez & Marguilliers, lorsqu'il s'agira de donations entre vifs, faites pour le Service Divin, pour Fondations particulieres, ou pour la subsistance & le soulagement des pauvres de leur Paroisse.

IX. Les femmes mariées, même celles qui ne seront communes en biens, ou qui auront été séparées par Sentence ou par Arrest, ne pouront accepter aucunes donations entre vifs, sans être autorisées par leur mari, ou par Justice à son refus. N'entendons néanmoins rien innover sur ce point, à l'égard des donations qui seroient faites à la femme, pour lui tenir lieu de bien paraphernal, dans les païs où les femmes mariées peuvent avoir des biens de cette qualité.

X. N'entendons pareillement comprendre dans la disposition des Articles précédens, sur la nécessité & la forme de l'acceptation dans les donations entre vifs, celles qui seroient faites par Contrat de mariage, aux conjoints ou à leurs enfans à naître, soit par les conjoints mêmes, ou par les ascendans ou parens collatéraux, même par des étrangers ; lesquelles donations ne pouront être ataquées ni déclarées nulles, sous prétexte de defaut d'acceptation.

XI. Lorsqu'une donation aura été faite en faveur du donataire, & des enfans qui en naîtront, ou qu'elle aura été chargée de substitution au profit desdits enfans, ou autres personnes nées ou à naître, elle vaudra en faveur desdits enfans ou autres personnes, par la seule acceptation dudit donataire, encore qu'elle ne soit pas faite par Contrat de mariage, & que les donateurs soient des collatéraux ou des étrangers.

XII. Voulons pareillement qu'en cas qu'une donation faite à des enfans nez ou à naître, ait été acceptée par ceux qui étoient déja nez dans le tems de la donation, ou par leurs Tuteurs, ou autres dénommez dans l'Article VII. elle vaille même à l'égard des enfans qui naîtront dans la suite, nonobstant le defaut d'acceptation faite de leur part ou pour eux, encore qu'elle ne soit pas faite par Contrat de mariage, & que les donateurs soient des collatéraux ou des étrangers.

XIII. Les institutions contractuelles, & les dispositions à cause de mort, qui seroient faites dans un Contrat de mariage, même par des collatéraux ou par des étrangers, ne pourront être ataquées par le defant d'acceptation.

XIV. Les mineurs, les interdits, l'Eglise, les Hôpitaux, Communautez, ou autres qui joüissent des priviléges des mineurs, ne pourront être restituez contre le defaut d'acceptation des donations entre vifs ; le tout, sans préjudice du recours tel que de droit desdits mineurs ou interdits, contre leurs Tuteurs ou Curateurs ; & desdites Eglises, Hôpitaux, Communautez, ou autres joüissans des priviléges des mineurs, contre leurs Administrateurs; sans qu'en aucun cas, la donation puisse être confirmée, sous prétexte de l'insolvabilité de ceux contre lesquels ledit recours poura être exercé.

XV. Aucune donation entre vifs ne poura comprendre d'autres biens que ceux qui apartiendront au donateur, dans le tems de la donation ; & si elle renferme des meubles ou éfets mobiliers, dont la donation ne contienne pas une tradition réelle, il en sera fait un Etat signé des parties, qui demeurera annéxé à la Minute de ladite donation ; faute de quoi, le donataire ne poura prétendre aucun desdits meubles ou éfets mobiliers, même contre le donateur ou ses héritiers : Défendons de faire d'orénavant aucunes donations des biens présens & à venir, (si ce n'est dans le cas ci-après marqué) à peine de nullité desdites donations, même pour les biens présens ; & ce, encore que le donataire eût été mis en possession du vivant du donateur, desdits biens présens, en tout ou en partie.

XVI. Les donations qui ne comprendroient que les biens présens, seront pareillement déclarées nulles, lorsqu'elles seront faites à condition de païer les dettes & charges de la succession du donateur, en tout ou partie, ou autres dettes & charges que celles qui existoient lors de la donation, même de païer les légitimes des enfans du donateur, au-delà

DECLARATIONS ET ARRESTS.

le ce dont ledit donataire peut en être tenu de droit, ainsi qu'il fera réglé ci-après; laquelle difpofition fera obfervée généralement, à l'égard de toutes les donations faites fous des conditions, dont l'exécution dépend de la feule volonté du donateur : Et en cas qu'il fe foit réfervé la liberté de difpofer d'un éfet compris dans la donation, ou d'une fomme fixe à prendre fur les biens donnez, voulons que ledit éfet ou ladite fomme ne puiffent être cenfez compris dans la donation, quand même le donateur feroit mort fans en avoir difpofé; auquel cas, ledit éfet ou ladite fomme apartiendront aux héritiers du donateur, nonobftant toutes claufes ou ftipulations à ce contraires.

XVII. Voulons néanmoins que les donations faites par Contrat de mariage, en faveur des conjoints ou de leurs décendans, même par des collatéraux ou par des étrangers, foient exceptées de la difpofition de l'Article XV. ci-deffus; & que lefdites donations faites par Contrat de mariage, puiffent comprendre tant les biens à venir que les biens prefens, en tout ou en partie; auquel cas, il fera au choix du donataire, de prendre les biens tels qu'ils fe trouveront au jour du décès du donateur, en païant toutes les dettes & charges, même celles qui feroient poftérieures à la donation; ou de s'en tenir aux biens qui exiftoient dans le tems qu'elle aura été faite, en païant feulement les dettes & charges exiftantes audit tems.

XVIII. Entendons pareillement que les donations des biens prefens, faites à condition de païer indiftinctement toutes les dettes & charges de la fucceffion du donateur, même les légitimes indéfiniment, ou fous d'autres conditions, dont l'exécution dépendroit de la volonté du donateur, puiffent avoir lieu dans les Contrats de mariage, en faveur des conjoints ou de leurs décendans, par quelques perfonnes que lefdites donations foient faites, & que le donataire foit tenu d'acomplir lefdites conditions, s'il n'aime mieux renoncer à ladite donation : Et en cas que ledit donateur par Contrat de mariage, fe foit réfervé la liberté de difpofer d'un éfet compris dans la donation de fes biens prefens, ou d'une fomme fixe à prendre fur lefdits biens; voulons que s'il meurt fans en avoir difpofé, ledit éfet ou ladite fomme apartienne au donataire ou à fes héritiers, & foient cenfez compris dans ladite donation.

1731.
Février.

XIX. Les donations faites dans les Contrats de mariage en ligne directe, ne seront point sujettes à la formalité de l'Insinuation.

XX. Toutes les autres donations, même les donations rémunératoires ou mutuelles, quand même elles seroient entierement égales, ou celles qui seroient faites à la charge de Services & de Fondations, seront insinuées, suivant la disposition des Ordonnances, à peine de nullité.

XXI. Ladite peine de nullité n'aura pas lieu néanmoins à l'égard des dons mobils, augmens, contr'augmens, engagemens, droits de rétention, agencemens, gains de nôces & de survie, dans les Païs où ils sont en usage; à l'égard de toutes lesquelles stipulations ou conventions, à quelque somme ou valeur qu'elles puissent monter, nôtre Déclaration du 25. Juin 1729. sera exécutée suivant sa forme & teneur.

XXII. L'exception portée par l'Article précédent, & par ladite Déclaration, aura pareillement lieu à l'égard des donations de choses mobiliéres, quand il y aura tradition réelle, ou quand elles n'excéderont pas la somme de mille livres une fois païée.

XXIII. Dans tous les cas où l'Insinuation est nécessaire à peine de nullité, les donations d'immeubles réels, ou de ceux qui sans être réels, ont une assiéte selon les Loix, Coûtumes ou usages des lieux, & ne suivent pas la personne du donateur, seront insinuées, sous ladite peine de nullité, au Gréfe des Bailliages ou Senéchaussées Roïales, ou autre Siége Roïal ressortissant nuëment en nos Cours, tant du domicile du donateur, que du lieu dans lequel les biens donnez sont situez ou ont leur assiéte : Et à l'égard des donations de choses mobiliéres, même des immobiliéres qui n'ont point d'assiéte, & suivent la personne, l'Insinuation s'en fera seulement au Gréfe du Bailliage ou Senéchaussée Roïale, ou autre Siége Roïal, ressortissant nuëment en nos Cours, du domicile du donateur. Défendons de faire aucunes Insinuations dans d'autres Jurisdictions Roïales, ou dans les Justices Seigneuriales, même dans celles des Pairies ; & en cas que le donateur y ait son domicile, ou que les biens donnez y soient situez, l'Insinuation sera faite au Gréfe du Siége qui a la connoissance des cas Roïaux, dans le lieu dudit domicile ou de la situation des biens donnez ; le tout, à peine de nullité.

XXIV.

DECLARATIONS ET ARRESTS.

XXIV. Sera tenu à l'avenir dans chaque Bailliage ou Senéchauffée Roïale, un Regiftre particulier, qui fera coté & paraphé à chaque feüillet, par le premier Oficier du Siége, clos & arrêté à la fin de chaque année, par ledit Oficier; dans lequel Regiftre fera tranfcrit en entier l'Acte de donation, fi elle eft faite par un Acte féparé; finon, la partie de l'Acte qui contiendra la donation, fes charges ou conditions, fans en rien ômettre; à l'éfet de quoi, la groffe ou expédition dudit Acte feront repréfentées, fans qu'il foit néceffaire de raporter la minute.

XXV. Le dépofitaire dudit Regiftre fera tenu d'en donner communication, toutes les fois qu'il en fera requis, & fans Ordonnance de Juftice, même d'en delivrer un Extrait figné de lui, fi les parties le demandent; le tout, fauf fon falaire raifonnable, & ainfi qu'il eft réglé par nôtre Déclaration du 17. du prefent mois.

XXVI. Lorfque l'Infinuation aura été faite dans les delais portez par les Ordonnances, même après le décès du donateur ou du donataire, la donation aura fon éfet du jour de fa date, à l'égard de toutes fortes de perfonnes : Poura néanmoins être infinuée après lefdits delais, même après le décès du donataire, pourvû que le donateur foit encore vivant, mais elle n'aura éfet en ce cas, que du jour de l'Infinuation.

XXVII. Le defaut d'Infinuation des donations qui y font fujettes à peine de nullité, poura être opofé, tant par les tiers-aquereurs & créanciers du donateur, que par fes héritiers, donataires poftérieurs ou légataires, & généralement par tous ceux qui y auront intérêt, autres néanmoins que le donateur; & la difpofition du prefent Article aura lieu, encore que le donateur fe fût chargé expreffément de faire infinuer la donation, à peine de tous dépens, dommages & intérêts, laquelle claufe fera regardée comme nulle & de nul éfet.

XXVIII. Le defaut d'Infinuation poura pareillement être opofé à la femme commune en biens, ou féparée d'avec fon mari, & à fes héritiers, pour toutes les donations faites à fon profit, même à titre de dot; & ce, dans tous les cas où l'Infinuation eft néceffaire à peine de nullité ; fauf à elle ou fes héritiers, d'exercer leur recours, s'il y échet, contre le mari ou fes héritiers, fans que fous prétexte de leur infolvabi-

II. Suite du N. R.

lité, la donation puisse être confirmée en aucun cas, nonobstant le defaut d'Insinuation.

XXIX. N'entendons néanmoins qu'en aucun cas, ledit recours puisse avoir lieu, quand il s'agira de donations faites à la femme, pour lui tenir lieu de bien paraphernal ; si ce n'est seulement lorsque le mari aura eu la joüissance de cette nature de bien, du consentement exprès ou tacite de la femme.

XXX. Le mari ni ses héritiers ou aïans cause, ne pourront en aucun cas, & quand même il s'agiroit de donations faites par d'autres que par le mari, oposer le defaut d'Insinuation à la femme commune ou séparée, ou à ses héritiers ou aïans cause; si ce n'est que ladite donation eût été faite pour tenir lieu à la femme de bien paraphernal, & qu'elle en eût eu la libre joüissance & administration.

XXXI. Les Tuteurs, Curateurs, Administrateurs ou autres, qui par leur qualité sont tenus de faire insinuer les donations faites par eux ou par d'autres personnes, aux mineurs ou autres étans sous leur autorité, ne pourront pareillement ni leurs héritiers ou aïans cause, oposer le defaut d'Insinuation ausdits mineurs ou autres donataires, dont ils ont eu l'administration, ni à leurs héritiers ou aïans cause.

XXXII. Les mineurs, l'Eglise, les Hôpitaux, Communautez ou autres qui joüissent du privilége des mineurs, ne pourront être restituez contre le defaut d'Insinuation ; sauf leur recours tel que de droit, contre leurs Tuteurs ou Administrateurs, & sans que la restitution puisse avoir lieu, quand même lesdits Tuteurs ou Administrateurs se trouveroient insolvables.

XXXIII. N'entendons comprendre dans les dispositions des Articles précédens, qui concernent l'Insinuation, les Païs du ressort de nôtre Cour de Parlement de Flandre.

XXXIV. Si les biens que le donateur aura laissez en mourant, sans en avoir disposé, ou sans l'avoir fait autrement que par des dispositions de derniere volonté, ne sufisent pas pour fournir la légitime des enfans, eu égard à la totalité des biens compris dans les donations entre vifs par lui faites, & de ceux qui n'y sont pas renfermez ; ladite légitime sera prise premierement sur la derniere donation, & subsidiairement sur les autres, en remontant des dernieres aux premieres ; & en cas qu'un ou plusieurs des donataires soient du nombre des enfans du donateur, qui auroient eu droit de demander leur légitime, sans la donation qui leur a été faite, ils retiendront les biens à eux donnez, jusqu'à concurrence de la valeur de leur légitime, & ils ne seront tenus de la légitime des autres, que pour l'excédent.

XXXV. La dot, même celle qui aura été fournie en deniers, sera pareillement sujette au retranchement pour la légitime, dans l'ordre prescrit par l'Article précédent ; ce qui aura lieu, soit que la légitime soit demandée pendant la vie du mari, ou qu'elle ne le soit qu'après sa mort, & quand il auroit joüi de la dot pendant plus de trente ans; ou quand même la fille dotée auroit renoncé à la succession par son Contrat de mariage ou autrement, ou qu'elle en seroit exclue de droit, suivant la disposition des Loix, Coûtumes ou usages.

XXXVI. Dans le cas où la donation des biens presens & à venir, pour le tout ou pour partie, a été autorisée par l'Article XVII. si elle comprend la totalité desdits biens presens & à venir, le donataire sera tenu indéfiniment de païer les légitimes des enfans du donateur, soit qu'il en ait été chargé nommément par la donation, soit que cette charge n'y ait pas été exprimée : Et lorsque la donation ne contiendra qu'une partie des biens presens & à venir, le donataire ne sera obligé de païer lesdites légitimes, au-delà de ce dont il en peut être tenu de droit, suivant l'Article XXXIV. qu'en cas qu'il en ait été expressément chargé par la donation, & non autrement; auquel cas d'expression de ladite charge, le donataire sera tenu directement, & avant tous les autres donataires, quoi que posterieurs, d'aquiter lesdites légitimes, pour la part & portion dont il aura été chargé dans la donation ; & si ladite portion n'y a pas été expressément déterminée, elle demeurera fixée à telle & semblable portion, que celle pour laquelle les biens presens & à venir se trouveront compris dans la donation ; sauf au donataire, dans tous les cas portez par le present Article, de renoncer, si bon lui semble, à la donation.

XXXVII. Si néanmoins le donataire par Contrat de mariage, de la totalité ou de partie des biens presens & à venir, déclare qu'il opte de s'en tenir aux biens qui apartenoient au donateur, au tems de la donation, & qu'il renonce aux biens postérieurement aquis par ledit donateur, suivant la faculté

H h ij

qui lui eſt acordée par l'Article XVII. les légitimes des enfans ſe prendront ſur leſdits biens poſtérieurement aquis, s'ils ſufiſent ; ſinon, ce qui s'en manquera, ſera pris ſur tous les biens qui apartenoient au donateur, dans le tems de la donation, ſi elle comprend la totalité deſdits biens ; & en cas que la donation ne ſoit que d'une partie des biens, & qu'il y ait pluſieurs donataires, la diſpoſition de l'Article XXXIV. ſera obſervée entr'eux, ſelon ſa forme & teneur.

XXXVIII. La preſcription ne poura commencer à courir en faveur des donataires contre les légitimaires, que du jour de la mort de ceux ſur les biens deſquels la légitime ſera demandée.

XXXIX. Toutes donations entre vifs faites par perſonnes qui n'avoient point d'enfans ou de décendans, actuellement vivans dans le tems de la donation, de quelque valeur que leſdites donations puiſſent être, & à quelque titre qu'elles aïent été faites, & encore qu'elles fuſſent mutuelles ou rémunératoires, même celles qui auroient été faites en faveur de mariage, par autres que par les conjoints ou les aſcendans ; demeureront révoquées de plein droit, par la ſurvenance d'un enfant légitime du donateur, même d'un poſthume, ou par la légitimation d'un enfant naturel par mariage ſubſéquent, & non par autre ſorte de légitimation.

XL. Ladite révocation aura lieu, encore que l'enfant du donateur ou de la donatrice, fût conçû au tems de la donation.

XLI. La donation demeurera pareillement révoquée, quand même le donataire ſeroit entré en poſſeſſion des biens donnez, & qu'il y auroit été laiſſé par le donateur, depuis la ſurvenance de l'enfant ; ſans néanmoins que ledit donataire ſoit tenu de reſtituer les fruits par lui perçûs, de quelque nature qu'ils ſoient, ſi ce n'eſt du jour que la naiſſance de l'enfant, ou ſa légitimation par mariage ſubſéquent, lui aura été notifiée par Exploit, ou autre Acte en bonne forme ; & ce, quand même la demande pour rentrer dans les biens donnez, n'auroit été formée que poſtérieurement à ladite notification

XLII. Les biens compris dans la donation révoquée de plein droit, rentreront dans le patrimoine du donateur, libres de toutes charges & hipotéques du chef du donataire, ſans qu'ils puiſſent demeurer aféctez, même ſubſidiairement

DECLARATIONS ET ARRESTS. 245

la restitution de la dot de la femme dudit donataire, reprises, doüaire ou autres conventions matrimoniales ; ce qui aura lieu, quand même la donation auroit été faite en faveur de mariage du donataire, & inférée dans le Contrat, & que le donataire se seroit obligé comme caution de ladite donation, à l'exécution du Contrat de mariage.

XLIII. Les donations ainsi révoquées ne pourront revivre ou avoir de nouveau leur éfet, ni par la mort de l'enfant du donateur, ni par aucun Acte confirmatif ; & si le donateur veut donner les mêmes biens au même donataire, soit avant ou après la mort de l'enfant, par la naissance duquel la donation avoit été révoquée, il ne le poura faire que par une nouvelle disposition.

XLIV. Toute clause ou convention, par laquelle le donateur auroit renoncé à la révocation de la donation pour survenance d'enfant, sera regardée comme nulle, & ne poura produire aucun éfet.

XLV. Le donataire, ses heritiers ou aïans cause, ou autres détenteurs des choses données, ne pouront oposer la prescription, pour faire valoir la donation révoquée par la survenance d'enfans, qu'après une possession de trente années, qui ne pouront commencer à courir que du jour de la naissance du dernier enfant du donateur, même posthume ; & ce, sans préjudice des interruptions telles que de droit.

XLVI. N'entendons comprendre dans les dispositions de la presente Ordonnance, ce qui concerne les dons mutuels, & autres donations faites entre mari & femme, autrement que par le Contrat de mariage, ni pareillement les donations faites par le pere de famille, aux enfans étans en sa puissance ; à l'égard de toutes lesquelles donations, il ne sera rien innové, jusqu'à ce qu'il y ait été autrement par Nous pourvû.

XLVII. Voulons au surplus, que la presente Ordonnance soit gardée & observée dans tout nôtre Roïaume, Terres & Païs de nôtre obéïssance, à compter du jour de la publication qui en sera faite. Abrogeons toutes Ordonnances, Loix, Coûtumes, Statuts & usages diférens, ou qui seroient contraires aux dispositions y contenuës ; sans néanmoins que les donations faites avant ladite publication, puissent être ataquées, sous prétexte qu'elles ne seroient pas conformes aux régles par Nous prescrites ; nôtre intention étant qu'elles soient exécutées, ainsi qu'elles auroient pû & dû l'être auparavant, & que les contestations nées & à naître sur leur exécution, soient décidées suivant les Loix & la jurisprudence qui ont eu lieu jusqu'à present, dans nos Cours à cet égard.

SI DONNONS EN MANDEMENT à nos amez & feaux les Gens tenans nôtre Cour de Parlement à Roüen, que ces Presentes ils gardent, observent, entretiennent, fassent garder, observer & entretenir ; & pour les rendre notoires à nos Sujets, les fassent lire, publier & registrer ; CAR tel est nôtre plaisir. DONNE' à Versailles, au mois de Février, l'an de grace mil sept cens trente-un ; & de nôtre Régne le seiziéme. Signé, LOUIS: Et plus bas, Par le Roy, CHAUVELIN: A côté, *Visa*, CHAUVELIN. Et scellée du grand Sceau de cire verte, en lacs de soïe rouge & verte.

Lûë, publiée & registrée, la grande Audience de la Cour séante. A Roüen en Parlement, le 31. Juillet 1731. Signé, AUZANET.

Déclaration du Roy, concernant les Scellez des Oficiers Militaires.

Du 3. Février 1731.

LOUIS par la grace de Dieu, Roy de France & de Navarre: A tous ceux qui ces presentes Lettres verront, SALUT. Par la Déclaration du feu Roy nôtre très-honoré Seigneur & Bisaïeul, du 9. Avril 1707. enregistrée en nôtre Cour de Parlement, le 7. Juin audit an, il auroit été ordonné que les créanciers des successions des Gouverneurs, nos Lieutenans Generaux, Commandans, Lieutenans, Aides-Majors, & autres Oficiers de l'Etat Major, pour dettes mobiliéres faites dans le lieu de la résidence de la Charge de l'Oficier décédé, se pourvoiroient pour leur païement, sur les éfets mobiliers par lui delaissez, soit par voïe de saisie ou autrement ; & ce, pardevant les Juges des lieux, ausquels la connoissance en apartiendroit ; & qu'après que lesdits créanciers auroient été païez, ce qui pouroit rester desdits éfets mobiliers, seroit discuté ou partagé avec les autres éfets de la succession du défunt, pour le partage & discussion de laquelle

DECLARATIONS ET ARRESTS.

ses héritiers ou légataires, ses créanciers hipotécaires ou autres, & generalement tous ceux qui se trouveroient interressez en sa succession, autres que lesdits créanciers pour dettes mobiliéres par lui faites dans la résidence de sa Charge, seroient tenus de se pourvoir devant les Juges de son domicile, & sur les autres éfets de sa succession. En exécution de cette Déclaration, étant survenu plusieurs dificultez au sujet des Scellez, tant desdits Oficiers de l'Etat Major, que des Oficiers Militaires, qui viendroient à décéder dans nos Plâces de guerre; Nous avons cru qu'il étoit nécessaire d'y pourvoir par un Réglement, qui étant également connu de tous nos Juges & desdits Oficiers, prévienne toutes sortes de contestations sur cette matiere. A CES CAUSES, & autres à ce Nous mouvant, de l'avis de nôtre Conseil, & de nôtre certaine science, pleine puissance & autorité Roïale, Nous avons dit, déclaré & ordonné, disons, déclarons & ordonnons, voulons & Nous plaît ce qui suit.

ARTICLE PREMIER.

Lors du décès des Gouverneurs, de nos Lieutenans generaux ou Commandans pour Nous dans nos Provinces, Gouverneurs, ou Commandans particuliers de nos Villes & Places, nos Lieutenans en icelles, Majors, Aides-Majors, Capitaines des Portes, & tous autres Oficiers de l'Etat Major de nosdites Provinces & Places, comme aussi des Directeurs generaux de nos Fortifications dans nosdites Provinces, nos Ingenieurs aïans des départemens fixes dans nos Places, des Lieutenans generaux, Commissaires & Gardes d'Artillerie, demeurans dans les Provinces & Places de leurs résidences, il sera procédé aux apositions & levées des Scellez, & à la confection de l'Inventaire des éfets de leurs successions, par les Juges ordinaires du lieu de leur résidence, à l'exclusion des Majors ou Aides-Majors desdites Places, & de tous autres Oficiers Militaires, ausquels Nous défendons très-expressément de troubler lesdits Juges, dans la connoissance desdites successions, sous quelque prétexte que ce puisse être.

II. Voulons cependant que lesdits Juges soient tenus d'apeller le Major ou Aide-Major de la Place de la résidence de l'Oficier décédé, pour être present à la levée du Scellé; & que les chifres, papiers, lettres & mémoires, concernans nôtre service & les fonctions de la Charge du défunt, qui pouront se trouver sous les Scellez, soient remis sans être inventoriez ausdits Major ou Aide-Major, pour être par lui envoïez au Secrétaire d'Etat, aïant le département de la Guerre.

III. Les créanciers desdites successions pour dettes mobiliéres contractées dans le lieu de la résidence de l'Oficier décédé, se pourvoiront pour leur païement, sur les éfets mobiliers par lui delaissez, soit par voïe de saisie ou autrement, pardevant lesdits Juges; & après que lesdits créanciers auront été païez, ce qui poura rester desdits éfets mobiliers, sera discuté ou partagé avec les autres éfets de la succession, pour le partage & discussion de laquelle les héritiers ou légataires, les créanciers hipotécaires ou autres, & généralement tous ceux qui seront interressez en ladite succession, autres que les créanciers pour dettes mobiliéres contractées par ledit défunt, dans le lieu de la résidence de sa Charge, seront tenus de se pourvoir devant les Juges de son véritable domicile.

IV. Si les éfets mobiliers delaissez par le défunt dans le lieu de la résidence de sa Charge, ne se trouvoient pas sufisans pour le païement des dettes mobiliéres qu'il y auroit contractées, le païement de l'excédent poura être poursuivi pardevant les Juges de son véritable domicile, sur les autres éfets de la succession.

V. Voulant diminuer les longueurs & les frais des procédures, qui se font en pareil cas, & donner des marques de la distinction avec laquelle Nous regardons ceux qui exposent leur vie pour nôtre service, & qui meurent dans l'exercice de leurs fonctions; ordonnons que si les Oficiers dénommez en l'Article I. décédent dans un lieu où il y ait plusieurs Jurisdictions Roïales établies, le droit d'aposer le Scellé & la connoissance des contestations, concernant le païement des dettes mobiliéres contractées au lieu de leur résidence, sur les éfets mobiliers par eux delaissez audit lieu, apartienne aux Juges dudit lieu qui ont la connoissance des causes des Nobles; le tout, sans tirer à conséquence, pour le partage & la discussion des biens desdits Oficiers, ou pour autres cas & autres personnes, & sans déroger aux droits & Jurisdiction des Seigneurs Hauts-Justiciers.

VI. Quant aux successions des Oficiers de nos Troupes d'Infan-

DECLARATIONS ET ARRESTS.

1731. Février.

d'Infanterie, Cavalerie & Dragons, qui viendront à décéder dans les Places où ils tiendront garnison, ou par lesquelles ils passeront avec la Troupe à laquelle ils seront atachez, des Ingenieurs qui se trouveront emploïez dans les Places par extraordinaire, & sans y avoir un département fixe, & des Oficiers d'Artillerie, qui n'y seront envoïez que par semestre; voulons que le Scellé soit aposé sur leurs éfets, par les Majors ou Aides-Majors desdites Places, qu'il en soit par eux dressé inventaire, & qu'il soit ensuite procédé, à leur diligence, si besoin est, à la vente desdits éfets, pour le prix en provenant, être par eux distribué aux créanciers mobiliéres du lieu de la Garnison, & le surplus, si aucun y a, être par eux remis dans un cofre, sur lequel le Juge du lieu qui a la connoissance des causes des Nobles, aposera le Sceau de la Jurisdiction, pour être ledit cofre déposé au Gréfe d'icelle, jusqu'à ce que les éfets y contenus soient reclamez par les veuves, enfans, légataires, héritiers & aïans cause, ou par les créanciers desdits Oficiers décédez, autres que les créanciers mobiliéres du lieu de la Garnison, sur laquelle reclamation, demandes & contestations formées en conséquence, il sera statué ainsi que de raison, par les Juges ausquels la connoissance en apartiendra. SI DONNONS EN MANDEMENT à nos amez & feaux Conseillers les Gens tenans nôtre Cour de Parlement de Roüen, que ces Presentes ils fassent lire, publier & enregistrer, & le contenu en icelles garder & observer, selon leur forme & teneur, nonobstant toutes Déclarations, Arrêts, Clameur de Haro, Chartre Normande, prise à partie, & autres choses à ce contraires, ausquels Nous avons dérogé & dérogeons par ces Presentes ; CAR tel est nôtre plaisir. En témoin de quoi Nous avons fait mettre nôtre Scel à cesdites Presentes. DONNE' à Versailles, le troisiéme jour de Février, l'an de grace mil sept cens trente-un ; & de nôtre Régne le seiziéme. Signé, LOUIS: Et plus bas, Par le Roy, BOUYN. Et scellée du grand Sceau de cire jaune.

Lûë, publiée & registrée, la grande Audience de la Cour séante. A Roüen en Parlement, le   1731. Signé, AUZANET.

Déclaration du Roy, portant Réglement sur les Cas Prevôtaux ou Préſidiaux.

Du 5. Février 1731.

1731.
Février.

LOUIS par la grace de Dieu, Roy de France & de Navarre: A tous ceux qui ces preſentes Lettres verront, SALUT. Un des principaux objets de l'Ordonnance que le feu Roy nôtre très-honoré Seigneur & Biſaïeul, fit en l'année 1670. ſur la procédure criminelle, fut de marquer des bornes certaines entre les Juges ordinaires & les Prevôts des Maréchaux, pour prévenir des conflicts de Juriſdiction, dont les coupables abuſent ſi ſouvent, pour ſe procurer l'impunité, & qui retardent au moins un exemple qu'on ne ſçauroit rendre trop prompt. C'eſt dans cette vûë, qu'après avoir fait le dénombrement de tous les Cas Prevôtaux, dans l'Article XII. du Titre premier de cette Ordonnance, le feu Roy y ajoûta pluſieurs diſpoſitions dans le même Titre & dans le ſuivant, tant à l'égard du Jugement de compétence, que par raport à celui du procès même, & des acuſations de cas ordinaires, qui pouroient ſurvenir pendant le cours de l'inſtruction. Les dificultez qui ſe ſont élevées depuis l'Ordonnance de 1670. ont été réglées en diférens tems, par des Edits particuliers & par des Déclarations, qui ont expliqué le véritable eſprit de cette Loi, ou qui ont décidé les cas qu'elle n'avoit pas prévûs expreſſément: Mais l'expérience fait voir qu'il reſte encore pluſieurs points importans, qui font naître tous les jours des ſujets de conteſtations, entre la Juſtice ordinaire & les Juges des Cas Prevôtaux. Et comme d'ailleurs le nouvel ordre qui a été établi par nôtre autorité, ſur le nombre & le ſervice des Oficiers de Maréchauſſée, ſemble exiger auſſi, que Nous leur donnions des régles encore plus claires & plus préciſes, ſur la Juriſdiction qu'ils doivent exercer; Nous avons réſolu de réünir dans une ſeule Loi, toutes les diſpoſitions des Loix précédentes, ſur les Cas Prevôtaux, & ſur le pouvoir des Oficiers qui en ont la connoiſſance: Nous y ajoûterons pluſieurs diſpoſitions nouvelles, ſoit pour expliquer plus exactement, & la qualité des perſonnes, & la nature des crimes qui ſont de la compétence des Prevôts des Maréchaux, ſoit pour décider

DECLARATIONS ET ARRESTS. 251

les questions qui se sont souvent presentées sur le concours du Cas Prevôtal & du Cas ordinaire, ou sur d'autres points également dignes de nôtre atention ; en sorte que tous les Oficiers qui doivent contribuer chacun de leur part, à la sûreté commune de nos Sujets, trouvans dans la même Loi, la décision des dificultez qui arrêtoient auparavant le cours de la justice, ne soient plus ocupez qu'à Nous donner par une utile émulation, de plus grandes preuves de leur zèle pour le bien de nôtre service, & pour le maintien de la tranquilité publique. A CES CAUSES, & autres à ce Nous mouvant, Nous de l'avis de nôtre Conseil, & de nôtre certaine science, pleine puissance & autorité Roïale, avons dit, déclaré & ordonné, & par ces Presentes signées de nôtre main, disons, déclarons & ordonnons, voulons & Nous plaît ce qui suit.

ARTICLE PREMIER.

Les Prevôts de nos Cousins les Maréchaux de France, connoîtront de tous crimes commis par vagabonds & gens sans aveu; & ne seront réputez vagabonds & gens sans aveu, que ceux qui n'aïans ni profession ni métier, ni domicile certain, ni bien pour subsister, ne peuvent être avoüez, ni faire certifier de leurs bonnes vie & mœurs, par personnes dignes de foi. Enjoignons ausdits Prevôts des Maréchaux, d'arrêter ceux ou celles qui seront de la qualité susdite, encore qu'ils ne fussent prévenus d'aucun autre crime ou délit, pour leur être leur procès fait & parfait, conformément aux Ordonnances. Seront pareillement tenus lesdits Prevôts des Maréchaux, d'arrêter les mendians valides qui seront de la même qualité, pour procéder contr'eux, suivant les Edits & Déclarations qui ont été donnez sur le fait de la mendicité.

II. Lesdits Prevôts des Maréchaux connoîtront aussi de tous crimes commis par ceux qui auront été condamnez à peine corporelle, banissement ou amende honorable; ne pouront néanmoins prendre connoissance de la simple infraction de ban, que lorsque la peine de banissement aura été par eux prononcée : Voulons que dans les autres cas, les Juges qui auront prononcé la condamnation, connoissent de ladite infraction de ban, si ce n'est que la peine du banissement ait été prononcée par Arrest de nos Cours de Parlement, soit en infirmant ou en confirmant les Sentences des premiers Juges, & quand même l'exécution auroit été renvoïée ausdits Juges;

Ii ij

auquel cas, le procès ne poura être fait & parfait à ceux qui seront acusez de ladite infraction de ban, que par nosdites Cours de Parlement. Voulons au surplus, que nos Déclarations des 8. Janvier 1719. & 5. Juillet 1722. soient exécutées selon leur forme & teneur, en ce qui concerne nôtre bonne Ville de Paris.

III. Lesdits Prevôts des Maréchaux auront aussi la connoissance de tous excès, opressions ou autres crimes commis par Gens de Guerre, tant dans leur marche, que dans les lieux d'Etapes, ou d'assemblée, ou de séjour pendant leur marche; des Deserteurs de l'Armée, de ceux qui les auroient subornez, ou qui auroient favorisé ladite desertion; & ce, quand même les acusez de ce crime ne seroient point Gens de Guerre.

IV. Tous les cas énoncez dans les trois Articles précédens, & qui ne sont réputez Prevôtaux que par la qualité des personnes acusées, seront de la compétence des Prevôts des Maréchaux, quand même il s'agiroit de crimes commis dans les Villes de leur résidence.

V. Ils connoîtront en outre, de tous les cas qui sont Prevôtaux par la nature du crime; sçavoir, du vol sur les grands chemins, sans que les ruës des Villes & Fauxbourgs puissent être censées comprises à cet égard, sous le nom de grands chemins; des vols faits avec éfraction, lorsqu'ils seront acompagnez de port d'armes & violence publique, ou lorsque l'éfraction se trouvera avoir été faite dans les murs de clôture ou toits de maisons, portes & fenêtres extérieures; & ce, quand même il n'y auroit eu ni port d'armes, ni violence publique; des sacriléges acompagnez des circonstances ci-dessus marquées à l'égard du vol commis avec éfraction; des séditions, émotions populaires, atroupemens & assemblées illicites, avec port d'armes; des levées de Gens de Guerre sans Commission émanée de Nous; de la fabrication ou exposition de fausses monnoïes; le tout, sans qu'aucuns autres crimes que ceux de la qualité ci-dessus marquée, puissent être réputez Cas Prevôtaux par leur nature.

VI. Ne pouront néanmoins lesdits Prevôts des Maréchaux, connoître des crimes mentionnez dans l'Article précédent, lorsque lesdits crimes auront été commis dans les Villes & Fauxbourgs du lieu où lesdits Prevôts ou leurs Lieutenans font leur résidence.

DECLARATIONS ET ARRESTS.

VII. Nos Juges Présidiaux connoîtront aussi en dernier ressort, des personnes & crimes dont il est fait mention dans les Articles précédens; à l'exception néanmoins de ce qui concerne les Déserteurs, subornateurs & fauteurs desdits Déserteurs, dont les Prevôts des Maréchaux connoîtront seuls, à l'exclusion de tous Juges ordinaires.

VIII. Les Siéges Présidiaux ne prendront connoissance des Cas qui sont Prevôtaux, par la qualité des acusez, ou par la nature du crime, que lorsqu'il s'agira de crimes commis dans la Senéchaussée ou Bailliage, dans lequel le Siége Présidial est établi : Et à l'égard de ceux qui auront été commis dans d'autres Senéchaussées ou Bailliages, quoi que ressortissans audit Siége Présidial, dans les deux cas de l'Edit des Presidiaux, nos Baillis & Senéchaux en connoîtront, à la charge de l'apel en nos Cours de Parlement, conformément à la Déclaration du 29. Mai 1702.

IX. En cas de concurrence de procédures, les Présidiaux, même les Baillis & Senéchaux, auront la préférence sur les Prevôts des Maréchaux, s'ils ont informé ou decreté avant eux, ou le même jour.

X. Nos Prevôts, Châtelains & autres nos Juges ordinaires, même ceux des Hauts-Justiciers, connoîtront à la charge de l'apel en nos Cours de Parlement, des crimes qui ne sont pas du nombre des Cas Roïaux ou Prevôtaux par leur nature, & qui auront été commis dans l'étenduë de leur Siége & Justice, par les personnes mentionnées dans les Articles I. & II. de la presente Déclaration, même de la contravention aux Edits & Déclarations sur le fait de la mendicité; & ce, concurremment & par prévention avec lesdits Prevôts des Maréchaux, & préferablement à eux, s'ils ont informé & decreté avant eux, ou le même jour.

XI. Les Ecclésiastiques ne seront sujets en aucun cas, ni pour quelque crime que ce puisse être, à la Jurisdiction des Prevôts des Maréchaux, ou Juges Présidiaux en dernier ressort.

XII. Voulons qu'à l'avenir les Gentilshommes joüissent du même privilége, si ce n'est qu'ils s'en fussent rendus indignes par quelque condamnation qu'ils auroient subie, soit de peine corporelle, banissement ou amende honorable.

XIII. Nos Secrétaires & nos Oficiers de Judicature, du nombre de ceux dont les procès criminels ont acoûtumé d'être portez à la grande ou premiere Chambre de nos Cours de Parlement, ne pourront auſſi être jugez en aucun cas, par les Prevôts des Maréchaux, ou Juges Préſidiaux en dernier reſſort.

XIV. Si dans le nombre de ceux qui ſeront acuſez du même crime, il s'en trouve un ſeul qui ait l'une des qualitez marquées par les trois Articles précédens, les Prevôts des Maréchaux n'en pourront connoître, & ſeront tenus d'en delaiſſer la connoiſſance aux Juges à qui elle apartiendra, quand même la compétence auroit été jugée en leur faveur ; & ne pourront auſſi nos Juges Préſidiaux en connoître, qu'à la charge de l'apel.

XV. Pourront néanmoins les Prevôts des Maréchaux informer contre les perſonnes mentionnées dans les Articles XI. XII. & XIII. même decréter contr'eux, & les arrêter ; à la charge de renvoïer les procédures par eux faites, aux Bailliages ou Senéchauſſées, dans l'étenduë deſquelles le crime aura été commis, pour y être le procès fait & parfait auſdits acuſez, ainſi qu'il apartiendra, à la charge de l'apel en nos Cours de Parlement.

XVI. Ne pourront pareillement les Prevôts des Maréchaux ni les Juges Préſidiaux, connoître d'aucuns crimes, quoi que Prevôtaux, lorſqu'il s'agira de crimes commis dans l'étenduë des Villes où nos Cours de Parlement ſont établies, & Fauxbourgs deſdites Villes ; & ce, quand même leſdits Prevôts des Maréchaux, ou leurs Lieutenans n'y feroient pas leur réſidence ; le tout, à l'exception des cas qui ne ſont Prevôtaux que par la qualité des acuſez, ſuivant les Articles I. & II. des Preſentes, deſquels cas leſdits Prevôts des Maréchaux ou Préſidiaux pourront continuer de connoître, même dans les Villes où noſdites Cours ont leur ſéance ; à la charge de ſe conformer par eux à la diſpoſition de l'Article II. de la preſente Déclaration, en ce qui concerne l'infraction de Ban.

XVII. Si les mêmes acuſez ſe trouvent pourſuivis pour des cas ordinaires, ſoit pardevant nos Baillis ou Senéchaux, ſoit pardevant nos Prevôts, Châtelains ou autres nos Juges, même ceux des Hauts-Juſticiers, & qu'ils ſoient auſſi prévenus de cas qui ſoient Prevôtaux par leur nature, & qui aïent donné lieu aux Prevôts des Maréchaux, ou aux Juges Préſidiaux, de commencer des procédures contr'eux ; la connoiſſance des deux acuſations apartiendra auſdits Baillis & Senéchaux, à

DECLARATIONS ET ARRESTS. 255

l'exclusion des Prevôts, Châtelains ou autres Juges subalternes, & préférablement auſdits Prevôts des Maréchaux & Juges Préſidiaux, ſi leſdits Baillis & Senéchaux, ou autres Juges à eux ſubordonnez, ont informé & decrété avant leſdits Prevôts des Maréchaux & Juges Préſidiaux, ou le même jour : Et lorſque le crime dont le Prevôt des Maréchaux aura connu, n'aura pas été commis dans le reſſort des Bailliages & Senéchauſſées, où les cas ordinaires ſeront arrivez, il en ſera donné avis à nos Procureurs Generaux par leurs Subſtituts, tant auſdits Bailliages & Senéchauſſées, que dans la Juriſdiction du Prevôt des Maréchaux, pour y être pourvû par nos Cours de Parlement, ſur la requiſition de noſdits Procureurs Generaux, par Arreſt de renvoi des deux acuſations, dans tel Siége reſſortiſſant nuëment en noſdites Cours qu'il apartiendra.

XVIII. Voulons réciproquement, que ſi dans le cas de l'Article précédent, les Prevôts des Maréchaux ou les Juges Préſidiaux ont informé & decrété pour le crime qui eſt de leur compétence, avant que les autres Juges nommez dans ledit Article, aïent informé & decrété pour le cas ordinaire ; la connoiſſance des deux acuſations apartienne en entier auſdits Prevôts des Maréchaux, ou auſdits Siéges Préſidiaux, pour être inſtruites & jugées par eux-mêmes, pour ce qui regarde les cas ordinaires : Et lorſque leſdits cas ne ſeront pas arrivez dans le Département du Prevôt des Maréchaux, qui aura connu des Cas Prevôtaux, Nous nous réſervons d'y pourvoir, ſur l'avis qui en ſera donné à nôtre amé & féal Chancelier de France, en renvoïant les deux acuſations pardevant tel Préſidial ou Prevôt des Maréchaux, qu'il apartiendra. N'entendons comprendre dans la diſpoſition du preſent Article, les acuſations dont l'inſtruction ſeroit pendante en nos Cours, contre des coupables prévenus de crimes Prevôtaux ; auquel cas, en tout état de cauſe, ſeront toutes les acuſations jointes & portées en noſdites Cours.

XIX. En procédant au jugement des acuſations qui auront été inſtruites conjointement par leſdits Prevôts des Maréchaux ou Juges Préſidiaux, au cas de l'Article précédent, les Juges ſeront tenus de marquer diſtinctement les cas dont l'acuſé ſera déclaré ateint & convaincu ; au moïen de quoi, ſera le Jugement exécuté en dernier reſſort, ſi l'acuſé eſt déclaré ateint & convaincu du Cas Prevôtal ; ſinon, ledit Jugement ne ſera rendu qu'à la charge de l'apel, dont il sera fait mention expresse dans la Sentence; le tout, à peine de nullité, même d'interdiction contre les Juges qui auroient contrevenu au present Article.

XX. Si dans le même procès criminel il y a plusieurs acusez, dont les uns soient poursuivis pour un cas ordinaire, & dont les autres soient chargez d'un crime Prevôtal, la connoissance des deux acusations apartiendra à nos Baillis & Senéchaux, préférablement aux Prevôts des Maréchaux & Siéges Présidiaux; soit que les Juges qui auront informé & decrété pour le cas ordinaire, aïent prévenu lesdits Prevôts des Maréchaux ou Juges Présidiaux, soit qu'ils aïent été prévenus par eux; & si les Juges Présidiaux s'en trouvent saisis, ils n'en pourront connoître qu'à la charge de l'apel. Voulons qu'il en soit usé de même, s'il se trouve plusieurs acusez, dont les uns soient de la qualité marquée dans les Articles I. & II. des Presentes, & dont les autres ne soient pas de ladite qualité.

XXI. Voulons que tous Juges du lieu du délit, Roïaux ou autres, puissent informer, decréter & interroger tous acusez, quand même il s'agiroit de Cas Roïaux ou de Cas Prevôtaux, leur enjoignons d'y procéder aussi-tôt qu'ils auront eu connoissance desdits crimes; à la charge d'en avertir incessamment nos Baillis & Senéchaux, dans le ressort desquels ils exercent leur Justice, par Acte dénoncé au Gréfe criminel desdits Baillis & Senéchaux, lesquels seront tenus d'envoïer querir aussi incessamment, les procédures & les acusez. Pourront pareillement lesdits Prevôts des Maréchaux informer de tous cas ordinaires commis dans l'étenduë de leur ressort, même decréter les acusez & les interroger; à la charge d'en avertir incessamment nos Baillis & Senéchaux, ainsi qu'il a été dit ci-dessus, & de leur remettre les procédures & les acusez, sans atendre même qu'ils en soient requis.

XXII. Interprétant en tant que besoin seroit, l'Article XVI. du Titre I. de l'Ordonnance de 1670. voulons que si les coupables d'un Cas Roïal ou Prevôtal ont été pris, soit en flagrant délit, ou en exécution d'un Decret décerné par le Juge ordinaire des lieux, avant que le Prevôt des Maréchaux ait décerné un pareil Decret contr'eux, le Lieutenant criminel de la Senéchaussée ou du Bailliage supérieur, soit censé avoir prévenu ledit Prevôt des Maréchaux, par la diligence du Juge inferieur.

XXIII.

DECLARATIONS ET ARRESTS.

1731. Février.

XXIII. Le tems de vingt-quatre heures, dans lequel les Prevôts des Maréchaux font tenus, suivant l'Article XIV. du Titre II. de l'Ordonnance de 1670. de delaisser au Juge ordinaire du lieu du délit, la connoissance des crimes qui ne sont pas de leur compétence, sans être obligez de prendre sur ce l'avis des Présidiaux ; ne commencera à courir que du jour du premier interrogatoire, auquel ils seront tenus de procéder dans les vingt-quatre heures de la capture.

XXIV. Les Prevôts des Maréchaux, Lieutenans criminels de Robe-courte, & les Oficiers des Siéges Présidiaux, seront tenus de déclarer à l'acusé, au commencement du premier interrogatoire, qu'ils entendent le juger en dernier ressort, & d'en faire mention dans ledit interrogatoire ; le tout, sous les peines portées par l'Article XIII. du Titre II. de l'Ordonnance de 1670. Et faute par eux d'avoir satisfait à ladite formalité, voulons que le procès ne puisse être jugé qu'à la charge de l'apel ; à l'éfet de quoi, il sera porté au Siége de la Senéchaussée ou du Bailliage dans le ressort duquel le crime aura été commis, pour y être instruit & jugé, ainsi qu'il apartiendra.

XXV. Lorsque les Prevôts des Maréchaux, ou autres Oficiers qui sont obligez de faire juger leur compétence, auront été déclarez compétens par Sentence du Présidial à qui il apartiendra d'en connoître ; ladite Sentence sera prononcée sur le champ à l'acusé, en presence de tous les Juges, & mention sera faite par le Gréfier, de ladite prononciation au bas de la Sentence ; laquelle mention sera signée de tous ceux qui auront assisté au jugement, ensemble de l'acusé, s'il sçait & veut signer, sinon sera fait mention de sa déclaration qu'il ne sçait signer, ou de son refus ; le tout, à peine de nullité, & sans préjudice de l'exécution des autres dispositions de l'Article XX. du Titre II. de l'Ordonnance de 1670.

XXVI. Lorsque les Prevôts des Maréchaux & autres Juges en dernier ressort, qui sont obligez de faire juger leur compétence, auront été déclarez incompétens par Sentence des Juges Présidiaux, ni les parties civiles, ni lesdits Oficiers ou nos Procureurs aux Siéges Présidiaux ou aux Maréchaussées, ne pourront se pourvoir en quelque maniere que ce soit, contre les Jugemens par lesquels lesdits Prevôts des Maréchaux ou autres Juges en dernier ressort, auront été déclarez incompé-

II. Suite du N. R.   K k

tens, ni demander que l'acufé foit renvoïé pardevant eux, mais fera ladite Sentence exécutée irrévocablement, à l'égard du procès fur lequel elle fera intervenuë. N'entendons néanmoins empêcher, que fi lefdits Oficiers prétendent que ledit Jugement donne ateinte aux droits de leur Jurifdiction, & peut être tiré à conféquence contr'eux, dans d'autres cas, ils Nous en portent leurs plaintes, pour y être par Nous pourvû, ainfi qu'il apartiendra.

XXVII. Dans les acufations de duel, que les Prevôts des Maréchaux ne peuvent juger qu'à la charge de l'apel, fuivant l'Article XIX de l'Edit du mois d'Aouft 1679. ils ne déclareront point à l'acufé qu'ils entendent le juger en dernier reffort, & il ne fera donné aucun Jugement de compétence : Ne poura être auffi formé aucun Réglement de Juges à cet égard, fauf en cas de conteftation entre diférens Siéges fur la compétence, à y être pourvû par nos Cours de Parlement, fur la Requête des acufés, ou fur celle de nos Procureurs aufdits Siéges, ou fur la requifition de nos Procureurs Genéraux.

XXVIII. Les Prevôts des Maréchaux, même dans les cas des duels, feront tenus de fe faire affifter de l'Affeffeur en la Maréchauffée, ou en l'abfence dudit Affeffeur, de tel autre Oficier de Robe-longue qui fera commis par le Siége où fe fera l'inftruction du procès ; & ce, tant pour les interrogatoires des acufez, que pour ladite inftruction, le tout conformément aux Articles XII. & XXII. du Titre II. de l'Ordonnance de 1670. à l'exception néanmoins de l'interrogatoire fait au moment, ou dans les vingt-quatre heures de la capture, qui poura être fait fans l'Affeffeur, fuivant ledit Article XII. Ne pouront audit cas de duel, les Jugemens préparatoires, interlocutoires ou définitifs, être rendus qu'au nombre de cinq Juges au moins ; & il fera fait deux minutes defdits Jugemens, conformément à l'Article XXV. du même Titre.

XXIX. L'Article XIX. du Titre VI. de l'Ordonnance de 1670. fera exécuté felon fa forme & teneur ; & en y ajoûtant, voulons que les Gréfiers des Bailliages, Senéchauffées, Préfidiaux & Maréchauffées, foient tenus d'envoïer tous les fix mois, à nos Procureurs Genéraux en nos Cours de Parlement, chacun dans leur reffort, un Extrait de leur Regiftre ou dépoft, figné d'eux, & vifé, tant par les Lieutenans

DECLARATIONS ET ARRESTS.

criminels, que par nosdits Procureurs ausdits Bailliages, Sénéchaussées, & Siéges Présidiaux ; dans lequel extrait ils seront tenus d'inserer en entier, la copie des Jugemens de compétence, rendus pendant les six mois précédens, & de la prononciation d'iceux, en la forme prescrite par l'Article XXIV. ci-dessus ; le tout, à peine d'interdiction, ou de telle amende qu'il apartiendra, & sans préjudice de l'exécution des autres dispositions contenuës dans ledit Article XIX. du Titre VI. de l'Ordonnance de 1670.

XXX. Voulons que la presente Déclaration soit exécutée selon sa forme & teneur, dans tous les Païs, Terres & Seigneuries de nôtre obéïssance ; dérogeant à cet éfet à toutes Loix, Ordonnances, Edits, Déclarations & usages, même à ceux de nôtre Châtelet de Paris, en ce qu'ils pouroient avoir de contraire aux dispositions des Presentes.

SI DONNONS EN MANDEMENT à nos amez & feaux Conseillers les Gens tenans nôtre Cour de Parlement à Roüen, que ces Presentes ils fassent lire, publier & enregistrer, & le contenu en icelles garder & observer, selon leur forme & teneur, nonobstant tous Edits, Déclarations, Arrêts, & autres choses à ce contraires, ausquels Nous avons dérogé & dérogeons par ces Presentes ; CAR tel est nôtre plaisir. En témoin de quoi, Nous avons fait mettre nôtre Scel à cesdites Presentes. DONNE' à Marly, le cinquiéme jour de Février, l'an de grace mil sept cens trente-un ; & de nôtre Régne le seiziéme. Signé, LOUIS : Et plus bas, Par le Roy, CHAUVELIN. Et scellée du grand Sceau de cire jaune.

Lûe, publiée & registrée, la grande Audience de la Cour séante. A Roüen en Parlement, le 17. Avril 1731. Signé, AUZANET.

Déclaration du Roy, concernant les Insinuations des Donations entre vifs, & les Bureaux dans lesquels lesdites Insinuations doivent être faites.

Du 17. Février 1731.

LOUIS par la grace de Dieu, Roy de France & de Navarre : A tous ceux qui ces presentes Lettres verront, SALUT. Le feu Roy nôtre très-honoré Seigneur & Bisaïeul, ordonna par l'Edit du mois de Décembre 1703. que

1731. Février.

toutes donations entre vifs, soit de meubles ou immeubles, à l'exception de celles qui auroient été faites en ligne directe, par Contrat de mariage, seroient insinuées & enregistrées ès Registres des Gréfiers des Insinuations Laïques, créez par le même Edit, dans le tems & sous les peines portées par les anciennes Ordonnances ; & par la Déclaration du 19. Juillet 1704. il acorda à ceux qui avoient aquis lesdits Ofices de Gréfiers des Insinuations Laïques, la faculté de commettre à l'exercice d'iceux, dans le ressort du Siége de leur établissement. En conséquence de cette disposition, Nous avons déclaré par l'Article I. de nôtre Déclaration du 30. Novembre 1717. que toutes les Insinuations qui avoient été faites jusqu'alors, & celles qui seroient faites dans la suite, aux Bureaux établis dans les Justices des Seigneurs particuliers, seroient aussi valables que si elles avoient été faites dans les Justices Roïales : Mais aïant reconnu depuis, que la liberté d'insinuer les donations, soit dans les Jurisdictions Roïales qui ne ressortissent pas nuëment en nos Cours, soit dans les Justices des Seigneurs, pouvoit être sujette à plusieurs inconveniens, & faciliter en quelques ocasions, les moïens d'en dérober la connoissance aux parties interressées ; Nous avons jugé nécessaire de rapeller les dispositions des anciens Réglemens à cet égard, & même de fixer d'une maniere encore plus précise qu'il n'a été fait jusqu'à present, les Bureaux dans lesquels les Insinuations des donations entre vifs, doivent être faites. A CES CAUSES, & autres à ce Nous mouvant, de l'avis de nôtre Conseil, & de nôtre certaine science, pleine puissance & autorité Roïale, Nous avons dit, déclaré & ordonné, & par ces Presentes signées de nôtre main, disons, déclarons & ordonnons, voulons & Nous plaît ;

ARTICLE PREMIER.

Qu'à compter du jour de l'enregistrement des Presentes, toutes donations entre vifs, de meubles ou immeubles, mutuelles, réciproques, rémunératoires, onéreuses, même à la charge de Services & Fondations, en faveur de mariage, & autres faites en quelque forme & maniere que ce soit, à l'exception de celles qui seroient faites par Contrat de mariage en ligne directe, soient insinuées ; sçavoir, celles d'immeubles réels ou d'immeubles fictifs, qui ont néanmoins une assiéte, aux Bureaux établis pour la perception des Droits

DECLARATIONS ET ARRESTS.

d'Infinuations, près les Bailliages ou Senéchaufsées Roïales, ou autre Siége Roïal ressortissant nuëment en nos Cours, tant du lieu du domicile du donateur, que de la situation des choses données; & celles de meubles ou de choses immobiliéres, qui n'ont point d'assiéte, aux Bureaux établis près lesdits Bailliages, Senéchaussées, ou autre Siége Roïal ressortissant nuëment en nos Cours, du lieu du domicile du donateur seulement; & au cas que le donateur eût son domicile, ou que les biens donnez fussent situez dans l'étenduë de Justices Seigneuriales, l'Insinuation sera faite aux Bureaux établis près le Siége qui a la connoissance des Cas Roïaux, dans l'étenduë desdites Justices; le tout, dans les tems & sous les peines portées par l'Ordonnance de Moulins, & la Déclaration du 17. Novembre 1690. Déclarons nulles & de nul éfet, toutes les Insinuations qui seroient faites à l'avenir en d'autres Jurisdictions, dérogeant à tous Edits & Déclarations à ce contraires.

II. Voulons qu'à commencer au premier Juillet prochain, les Commis établis dans chacun desdits Bureaux, lesquels seront tenus de prêter Serment pardevant le Lieutenant Général des Siéges ci-dessus nommez, tiennent un Regiftre séparé, coté & paraphé par ledit Lieutenant Général, ou par le premier ou plus ancien Oficier du Siége, en son absence, dans lequel les Actes de donations, si elles sont faites par un Acte séparé, sinon la partie de l'Acte qui contiendra la donation, avec toutes ses charges ou conditions, seront inférez & enregistrez tout au long; pour le paraphe desquels Regiftres il sera païé dix sols, pour ceux de cinquante feüillets & au-dessous; vingt sols, pour ceux de cent feüillets; & trois livres, pour ceux qui contiendront plus de cent feüillets.

III. Lesdits Commis seront tenus de communiquer lesdits Regiftres sans déplacer, à tous ceux qui le demanderont, & de fournir des Extraits ou Expéditions en papier, suivant qu'ils en seront requis, des Actes y inférez; & ne sera pris que dix sols pour le droit de recherche dans chaque Regiftre, & pareille somme pour chaque Extrait delivré; & en cas qu'ils fussent requis de delivrer des Expéditions entieres des Actes enregistrez, il leur sera païé par Rôle de grosse, le même droit qui se païe pour les Expéditions en papier, au Gréfe du Siége près lequel ils seront établis.

IV. Lesdits Regiftres seront clos & arrêtez, à la fin de chaque année, par le Lieutenant Général, ou le premier ou plus ancien Oficier du Siège, en son absence, & quatre mois après seront mis au Gréfe de la Jurisdiction ; à quoi faire lesdits Commis seront contraints par corps, à la diligence des Substituts de nos Procureurs Genéraux : Et sera dressé Procès verbal par le Lieutenant Général, ou par le premier ou plus ancien Oficier du Siège, de l'état desdits Regiftres, au bas duquel le Gréfier de la Jurisdiction s'en chargera, pour en donner communication toutes fois & quantes, même en fournir des Extraits *gratis* à nos Fermiers, ou à leurs Commis, en lui remboursant les frais de papier timbré seulement, à peine de cent livres d'Amende, qui sera encouruë sur le simple Procès verbal desdits Commis.

V. Lesdits Gréfiers seront pareillement tenus de communiquer lesdits Regiftres, sans déplacer, à tous ceux qui le demanderont, & de fournir des Extraits ou Expéditions aussi en papier, suivant qu'ils en seront requis, des Actes y inserez ; leur défendons de prendre pour raison de ce, d'autres droits que ceux qui sont atribuez aux Commis, par l'Article III. des Presentes.

VI. N'entendons déroger à l'Article III. de nôtre Déclaration du 20. Mars 1708. en ce qu'il ordonne l'Insinuation des donations par forme d'augmens ou contre-augmens, dons mobils, engagemens, droits de rétention, agencemens, gains de nôces & de survie, dans les païs où ils sont en usage : Voulons que lesdits Actes soient insinuez, conformément à ladite Déclaration, & les droits païez suivant le Tarif, en même tems que ceux de Contrôle, dans les lieux où le Contrôle est établi, & dans ceux où le Contrôle n'a pas lieu, dans les quatre mois du jour & date desdits Actes ; sans néanmoins que le defaut d'Insinuation desdits Actes, puisse emporter la peine de nullité, & ce, conformément à nôtre Déclaration du 25. Juin 1729. lesquels droits, lorsqu'ils auront été païez en même tems que ceux du Contrôle, apartiendront aux Fermiers qui auront insinué lesdits Actes, sans répétition.

VII. Voulons pareillement que ladite peine de nullité ne puisse avoir lieu à l'égard des donations de choses mobiliéres, quand il y aura tradition réelle, ou quand elles n'excéderont la somme de mille livres, au cas qu'elles n'eussent pas été insinuées, conformément à l'Article premier des Presentes : Voulons que les parties qui auroient négligé de les faire insinuer, soient seulement sujettes à la peine du double droit, & que les Droits desdites donations soient païez, conformément à ce qui est prescrit par l'Article précédent. Voulons au surplus, que les Ordonnances, Edits & Déclarations enregistrez en nos Cours, concernans les Insinuations, soient exécutez suivant leur forme & teneur, dans toutes les dispositions ausquelles il n'est pas dérogé par ces Presentes.

SI DONNONS EN MANDEMENT à nos amez & feaux les Gens tenans nôtre Cour de Parlement à Roüen, que ces Presentes ils aient à faire enregistrer, & le contenu en icelles garder & observer, selon leur forme & teneur, nonobstant tous Edits, Déclarations, Ordonnances, Réglemens, & autres choses à ce contraires, ausquelles Nous avons dérogé & dérogeons par ces Presentes; CAR tel est nôtre plaisir. En témoin de quoi, Nous avons fait mettre nôtre Scel à cesdites Presentes. DONNE' à Versailles, le dix-septiéme jour de Février, l'an de grace mil sept cens trente-un ; & de nôtre Régne le seiziéme. Signé, LOUIS : Et plus bas, Par le Roy, CHAUVELIN. Et scellée du grand Sceau de cire jaune.

Lûs, publiez & registrez, la grande Audience de la Cour seante. A Roüen en Parlement, le 17. Avril 1731. Signé, AUZANET.

Arrest du Parlement, portant Réglement entre les Conseillers du Roy Avocats & Procureurs-Substituts aux Bailliages particuliers & Vicomtez ; & les Conseillers-Assesseurs ausdits Siéges, au sujet de leurs droits, fonctions & préseances entr'eux, &c.

Du 14. Mars 1731.

ENTRE Mᵉ Luc Helix Ecuïer, Sieur d'Acqueville, Conseiller-Assesseur en Bailliage & Vicomté d'Orbec, impétrant de Mandement de la Cour, du 13. Décembre 1724. demandeur en ajournement en vertu d'icelui, par Exploit du 22. dudit mois, fait aux Gens du Roy desdits Siéges de Bailliage & Vicomté ci-après nommez ; pour voir dire qu'aux termes de l'Edit de création des Ofices d'Assessseurs, du Réglement de 1580. de l'Arrest du Conseil Privé, du 30. Mai 1659. donné entre les Assesseurs des Bailliage & Vicomté de Bayeux & les Gens du Roy desdits Siéges ; de l'Arrest du 8. Mars 1687. rendu entre les Assesseurs de la Vicomté de Roüen & le Procureur du Roy dudit Siége, & celui de l'année 1721. rendu entre le Sieur de Beaucourt-Nicolle, Assesseur au Bailliage & Vicomté de Torigny, & les Gens du Roy desdits Siéges ; il sera maintenu dans le droit de cathédrer, & de précéder les Gens du Roy desdits Bailliage & Vicomté d'Orbec, tant en public qu'en particulier ; & que défenses leur seront faites, de prendre aucunes parts aux raports & distributions des procès, épices & émolumens d'iceux, comme n'aïans aucune voix délibérative ; & cependant qu'il sera maintenu par provision, dans le droit de cathédrer, & de précéder les Gens du Roy, tant en public qu'en particulier ; que défenses leur seront faites de l'y troubler, ni de prendre aucunes parts aux raports & distributions des procès, épices & émolumens d'iceux, à peine de tous dépens, dommages & intérêts ; & encore demandeur en ajournement, par l'Exploit ci-devant daté, fait aux Sieurs Conseillers-Assesseurs desdits Siéges de Bailliage & Vicomté d'Orbec, pour voir dire qu'ils lui donneront adjonction, & défendeur en Requête, d'une part : Mᵉ Gabriel le Normand Ecuïer, Sieur du Buchet, Conseiller & Procureur du Roy ausdits Siéges d'Orbec ; Mᵉ Charles Simon Ecuïer, Sieur de la Vallaiserie, vivant Conseiller du Roy & son premier Avocat ausdits Siéges, aujourd'hui représenté par Loüis Simon Ecuïer, Sieur de Freauval, Chevau-Leger de la Garde du Roy, Tuteur des enfans mineurs dudit Mᵉ Charles Simon, aïant en cette qualité repris le procès en l'état qu'il l'a laissé, par Acte du 14. Juin 1727. Mᵉ Gabriel le Bas, aussi Ecuïer, Conseiller & ancien Avocat du Roy ausdits Siéges de Bailliage & Vicomté d'Orbec, ajournez en vertu dudit Mandement ; & demandeurs en Requête présentée à la Cour, le 16. Décembre 1724. aux fins d'être statué nommément sur la provision, en atendant la vuide du principal ; ofrans le même partage qui fut proposé par le Sieur de Montholon, en l'anné 1696. accepté & exécuté par les parties, depuis près de trente ans, comme il paroît par les pieces atachées à ladite Requête, sinon que la provision leur sera ajugée entierement, à l'exclusion des Assesseurs,

DECLARATIONS ET ARRESTS.

sesseurs, d'autre part : Me François Bourlet, Sieur du Bosc, Conseiller du Roy, Lieutenant Particulier & Assesseur criminel audit Bailliage ; Pierre Deshays, Conseiller du Roy, Lieutenant General audit Siége de Vicomté, & premier Assesseur audit Bailliage ; Pierre de la Motte, Conseiller du Roy, Assesseur-Certificateur ausdits Siéges ; & Loüis Deshays, Sieur de la Radiere, Conseiller du Roy, Assesseur ancien civil & criminel ausdits Siéges, ajournez en vertu dudit Mandement, & aïant donné adjonction aux conclusions dudit Me Helix, par leur Requête presentée à la Cour, le 30. Juillet 1726. encore d'autre part : En la presence des Avocats & Procureurs du Roy des Bailliages & Vicomtez du Pontaudemer, d'Essey, Caën, Coûtances, Saint-Sauveur-Lendelin, Vallognes, Vernon, Neufchâtel, Bayeux & Montivilliers ; en la presence aussi des Conseillers-Assesseurs des Bailliages & Vicomtez du Pontaudemer, Caën, Saint-Lo, Bayeux, Evrecy, Vassy, Alençon, Essey, Moulins, Bons-Moulins, Torigny & Montivilliers, aïant tous envoïé leurs Pieces & Memoires, en exécution d'Arrest de la Cour, du 5. Aoust 1728. Vû par la Cour, l'Arrest rendu en icelle, entre lesdits Mes Helix Conseiller-Assesseur, Simon, le Normand, le Bas Avocats & Procureur du Roy, & les Conseillers-Assesseurs audit Bailliage d'Orbec, le 20. Juillet 1725. par lequel la Cour, parties oüies, & le Procureur General, sur le Mandement, a apointé lesdites parties en droit, pour être le procès jugé en la Grand'Chambre ; & cependant de leur consentement, ordonne que par provision, sauf & sans préjudice du droit des parties au principal, il en sera usé entr'elles comme par le passé ; & acte acordé ausdits Bourlet, Pierre & Loüis Deshays, de ce qu'ils donnent adjonction audit Helix, signifié le 28. desdits mois & an, avec déclaration qu'on entend mettre le procès en distribution : Vidimus d'Arrest de la Cour, du 5. Aoust 1728. par lequel la Cour, avant faire droit sur les contestations d'entre les Assesseurs, les Avocats & Procureur du Roy d'Orbec, touchant la présidence, la préséance, tant aux Assemblées publiques que particulieres, ainsi que pour la part aux épices & raports des procès, a ordonné & ordonne que, pour être fait un Réglement general, pour toutes les Jurisdictions du ressort de ce Parlement, aux termes de l'Arrest du Conseil, du 17. Aoust 1663. les Avocats, Procureurs du Roy,

& les Affeffeurs des Bailliages & Vicomtez de ce reffort, envoïeront réciproquement dans trois mois, au Gréfe de la Cour, les Memoires & Titres qu'ils aviseront bien, pour établir leurs droits & prétentions ; à laquelle fin, le present Arreſt sera envoïé à toutes les Jurisdictions de ce reſſort, par le Procureur Général du Roy; & faute par les Avocats, Procureurs du Roy & Affeffeurs des Bailliages & Vicomtez, d'envoïer leurs Memoires & Titres, dans le susdit tems, ordonné qu'il sera passé outre au jugement des contestations d'entre lesdits Avocats, Procureur du Roy & Affeffeurs aux Bailliage & Vicomté d'Orbec ; & que l'Arreſt qui sur ce interviendra entr'eux, servira de Réglement pour toute la Province : Vû auſſi les pieces closes par les parties ; ſçavoir, de la part dudit Mᵉ Helix, un Vidimus d'Edit & Réglement donnez par le Roy Henri III. en 1575. & 1580. le premier fait sur la création & érection des Ofices de Conseillers-Aſſeſſeurs aux Vicomtez & Siéges particuliers des Bailliages de Normandie, le second eſt un Réglement fait pour être gardé par les Conſeillers-Affeffeurs érigez par le susdit Edit; D'un Arreſt de la Cour, du 12. Septembre audit an, sur la vérification dudit Réglement; De Lettres Patentes de Juſſion, au sujet des modifications faites par la Cour sur ledit Réglement, du 20. desdits mois & an : Arreſt donné sur lesdites modifications, le 28. dudit mois ; & de trois autres Déclarations du Roy, des 14. Novembre audit an, 28. Janvier & 20. Avril 1581. Autres Lettres Patentes du 27. Décembre 1606. & un Extrait des Regiſtres de la Cour, du 31. Aouſt 1607. le tout concernant lesdits Affeffeurs : Autre Vidimus d'Edit du Roy, du mois de Mai 1586. pour l'érection en titre des Subſtituts des Avocats & Procureurs du Roy, & Adjoints aux Enquêtes, en chacun Bailliage ; & autre Vidimus d'un Extrait du Regiſtre du Bailli de Caën à Bayeux, contenant un Extrait des Regiſtres du Conſeil Privé du Roy, qui ordonne l'exécution du Réglement de 1580. fait à Paris le 30. Mai 1659. Extrait d'Arreſt de la Cour, rendu entre les Affeffeurs de la Vicomté de Roüen & le Procureur du Roy d'icelle, le 18. Mars 1687. par lequel les Conſeillers-Affeſſeurs sont maintenus au droit de cathédrer, tant au Conſeil qu'aux Audiences, en l'absence des Vicomte & Lieutenans, par préférence au Procureur du Roy, même le précéder en la

DECLARATIONS ET ARRESTS.

marche, tant en public que particulier ; & faisant droit sur la Requête du Sieur Hellot Procureur du Roy, ordonné qu'il entrera dans son rang, aux certifications des Decrets où il n'aura conclu ; & sur le surplus de sa Requête, les parties hors de Cour : Acte exercé en Bailliage à Orbec, le 27. Juin 1696. par lequel sur le Haro interjetté par ledit Helix, contre le premier Avocat du Roy dudit Siége, qui prétendoit tenir la chaise, les parties ont été renvoïées à la Cour : Autre Acte entre les mêmes parties, du 10. Juillet audit an, & un autre du 11. dudit mois : Arrest de la Cour, du 28. rendu sur la poursuite de Jean Nicolle, Sieur de Beaucour, Assesseur au Bailliage de Torigny, demandant l'exécution de l'Arrest du Conseil, du 30. Mai 1659. rendu entre les Avocats & Procureur du Roy à Bayeux, par lequel Mandement lui a été acordé aux fins de sa Requête ; & cependant par provision, & sans préjudice du droit des parties au principal, défenses ont été faites de le troubler dans la possession des rangs, séances & honneurs, dans laquelle il est, suivant le Réglement du 7. Juin 1580. & la Commission du mois de Novembre 1607. Deux Actes en un cahier, le premier du 5. Janvier 1724. & le second du 8. Février audit an, contenans comme ledit Me Helix a cathédré en Vicomté, dans deux séances, où ledit Me Simon de la Vallaiserie étoit partie : Autre Acte du Gréfe du Bailliage d'Orbec, du 26. Janvier audit an, par lequel ledit Me Helix Raporteur d'un procès, a demandé les Conclusions des Gens du Roy, avant que d'opiner : Autre Extrait de ladite Vicomté dudit lieu, du 31. Octobre audit an, par lequel ledit Me Helix a prétendu cathédrer au préjudice du Sieur de la Vallaiserie premier Avocat du Roy, dans un procès qu'on alloit raporter devant lui : Ledit Arrest de la Cour, du 14. Décembre audit an, ci-devant énoncé : Exploit d'assignation en la Cour, faite en conséquence dudit Arrest, ausdits Gens du Roy, requête dudit Me Helix, le 22. dudit mois, contrôlé à Orbec le 23. Deux Atestations des Assesseurs des Vicomtez de Caën & Pontaudemer, des 30. desdits mois & an, & 22. Janvier 1725. Acte de Présentation mise au Gréfe de la Cour, par le Procureur dudit Me Helix, le 5. Mars audit an : Extraits d'Actes & Sentences exercez & renduës en la Vicomté de Torigny, au nombre de vingt-six, des années 1593. 1614. 1619. 1630. 1631.

1632. 1633. 1636. 1639. 1641. 1694. 1701. 1724. 1725. 1726. 1727. & 1728. du nombre desquelles pieces est une copie de Sentence renduë en Bailliage audit lieu, le 15. Novembre 1633. & un Imprimé d'Edit du Roy, du mois de Janvier 1636. registré en la Cour, le 16. Mars 1637. portant desunion & démembrement des anciennes Vicomtez de la Province de Normandie, & icelles créées en titre de Vicomtez principales, composées d'un Vicomte, d'un Lieutenant Général-Particulier, de deux Avocats & d'un Procureur du Roy, de deux Huissiers-Audienciers, ensemble d'un Assesseur-Raporteur des Etats & Decrets, & distributions de deniers provenans des ajudications; & d'un Procureur du Roy esdites Vicomtez anciennes. De la part des autres Assesseurs dudit Bailliage d'Orbec, ont été produits les Titres suivans; sçavoir, un Imprimé de Lettres Patentes en forme d'Edit, sur le fait de la création & érection de Conseillers-Magistrats & Juges Présidiaux, en chacun Bailliage & Senéchaussée du Roïaume, & l'établissement des Siéges pour la Normandie, de l'an 1551. registrées en la Cour, le 5. Juillet 1552. Deux Sentences renduës en la Vicomté d'Orbec, les 6. Mai 1560. & 15. Mars 1564. Autre Sentence renduë en ladite Vicomté d'Orbec, le premier Septembre 1649. par un Conseiller-Assesseur, pour l'absence du Vicomte : Copie d'Exploit d'ajournement en la Cour, à eux fait requête dudit Helix, ci-devant daté : Acte de Presentation mise au Gréfe de la Cour, par le Procureur desdits Bourlet & Joints, le 4. Avril 1725. De la part des Oficiers & Gens du Roy dudit Bailliage d'Orbec, une liasse de quarante pieces, qui sont des atestations de diférens Siéges de la Province, comme les Avocats & Procureurs du Roy desdits Siéges, assistent comme Conseillers aux Etats de Decret, aux Comptes des particuliers majeurs, à tour des autres Conseillers-Assesseurs; qu'ils sont en possession d'opiner aux afaires d'Audience & Chambre du Conseil, où il n'y a point de Conclusions, de prendre séance en l'Audience, au-dessus des Assesseurs, de présider à leur préjudice, tant à l'Audience que Chambre du Conseil, & de précéder les Assesseurs en général & en particulier; lesdits Actes datez des années 1692. 1696. & 1697. Autre liasse de cinquante-deux pieces ; la premiere est copie d'un Arrest de la Cour, du 5. Aoust 1550. qui ordonne que, pour lors

DECLARATIONS ET ARRESTS. 271

& à l'avenir, les Avocats & Procureurs du Roy en chacune Vicomté du Bailliage d'Alençon, feront apellez premier & avant les Vicomtes ou leurs Lieutenans, fans préjudice de leurs droits & prérogatives en autres chofes ; & feront tenus lefdits Avocats & Procureurs du Roy à comparoir par chacun an, aux jours ordinaires dudit Bailliage d'Alençon, pour renouveller leurs fermens, aporter mémoires & inftructions au Procureur Genéral, & aux autres fins que les Avocats & Procureur du Roy en autre Bailliage de ce reffort : Copie d'Arrêt du 20. Juin 1607. par lequel la Cour a ordonné qu'en conféquence des Edits & Déclarations du Roy, du 9. Février audit an, que les Avocats & Subftituts du Procureur Genéral au Bailliage & Vicomté de Montivilliers, aux caufes & procès où le Roy n'eft partie, & n'a aucun intérêt, joüiront de tout exercice de Jurifdiction, diftribution des procès, épices, profits, émolumens, & autres droits dont joüiffent lefdits Juges, Confeillers & Affeffeurs, & à eux atribuez par lefdits Edits & Déclarations : Autre Extrait d'Arrêt du 31. Juillet audit an, par lequel entr'autres chofes, il eft ordonné que les Avocats & Procureur du Roy de Vallognes, auront féance au-deffus des Confeillers-Affeffeurs, en tous lieux, actes & affemblées : Copie d'autre Arrêt du 9. Juin 1608. par lequel entr'autres chofes, il eft ordonné que les Avocats & Procureur du Roy au Siége d'Avranches, auront rang & féance au-deffus des Confeillers-Affeffeurs, en tous lieux, actes & affemblées ; & fait défenfes d'atenter contre & au préjudice, ni de contrevenir aux Arrêts & Réglemens de la Cour, à peine de cinq cens livres d'amende, jufqu'à ce qu'il en ait été autrement ordonné : Autre pareil Arrêt de la Cour, du 18. Février 1609. en faveur des Avocats & Procureur du Roy d'Argentan : Autre copie d'Arrêt du 16. Février 1613. qui ordonne au Vicomte d'Orbec, de comparoître aux Affifes mercuriales d'Orbec, pour oüir la lecture des Ordonnances, & prêter ferment en la forme ordinaire : Autre copie d'Arrêt du 10. Juin 1616. qui ordonne que les Avocats du Roy d'Evreux, entreront en la diftribution des procès de la Vicomté, fuivant les Arrêts & Réglemens, au préjudice des Avocats poftulans, ainfi que les Lieutenant & Affeffeurs en ladite Vicomté : Autre copie d'Arrêt du 27. Novembre 1717. qui ordonne que par provifion l'Avocat du

1731.
Mars.

1731.
Mars.

Roy d'Arques préférera le Vicomte; défenses de le troubler & d'empêcher sa preséance: Autre copie d'Arrest du 4. Aoust 1718. qui ordonne que les Avocats & Procureur du Roy auront la preséance des honneurs, en toutes assemblées publiques & privées, devant le Lieutenant Genéral du Vicomte; qu'ils le préféreront en la tenuë & exercice de la Jurisdiction du Bailliage, & distribution des Procès des parties, tant en Bailliage qu'en Vicomté: Autre copie de pareil Arrest, en faveur des Avocat & Procureur du Roy de Vallognes, du 24. Septembre audit an; avec copie d'un Concordat entre lesdits Oficiers, & un certificat du Lieutenant Genéral dudit lieu: Autre copie d'Arrest, rendu en la Cour le 22. Avril, sur la Requête presentée en icelle, par les Avocat & Procureur du Roy de Vire, qui ordonne que l'Arrest & Réglement, du 4. Aoust précédent, sera exécuté, ledit Arrest de l'année 1719. Imprimé d'Edit du Roy, du mois de Janvier 1636. ci-devant énoncé: Autre Imprimé d'Arrest du Conseil Privé du Roy, du 18. Décembre 1643. qui ordonne qu'ès assemblées genérales où les Compagnies se trouveront en corps, ofrandes, Pains benits, Processions, Enterremens, & toutes autres rencontres particulieres, les Avocats & Procureurs du Roy précéderont les Lieutenans des Vicomtes: Copie de certificat du Gréfier du Bailliage d'Evreux, du premier Octobre 1649. de l'ordre de la marche des Oficiers dudit Siége, dans les cérémonies publiques, & donne aux Avocats & Procureur du Roy, l'ordre de marcher après le Vicomte, & ensuite les autres Oficiers: Copie d'Arrest de la Cour, du 10. Décembre audit an, par lequel pour le profit du defaut obtenu par Joachim Thomas Procureur du Roy à Saint-Lo, contre le Lieutenant Genéral & Particulier, & Conseillers-Assesseurs dudit Siége de Vicomté, il est ordonné que l'Arrest du 5. Juin dernier, sera exécuté; ce faisant, que le Substitut aura la préférence des honneurs, rangs & séances, en toutes assemblées publiques & privées, au préjudice & avant les Lieutenans Genéral & Particulier du Vicomte, & de tous les Assesseurs; qu'en la Jurisdiction du Bailliage il aura voix délibérative en toutes afaires, où le Roy & le Public n'auront interest, & distribution aux procès, raports & épices, tant present qu'absent: Tableau des Oficiers du Bailliage d'Argentan, réglé le 29. Juillet 1655. sur la poursuite

DECLARATIONS ET ARRESTS. 273

des Avocats & Procureur du Roy audit Siége : Copie par extrait d'Arreſt de la Cour, du 14. Juin 1656. qui maintient le Procureur du Roy d'Avranches, en la préférence aux diſtributions des procès, opinions & délibérations, & autres prérogatives dépendant de ſa Charge : Copie d'Arreſt du Conſeil d'État, du 15. Décembre 1661. en conſéquence de l'opoſition formée contre les Taxes de Judicature, par les Avocats & Procureurs du Roy des Bailliages, & anciennes & nouvelles Vicomtez de Vire, Bayeux, Carentan, Saint-Sauveur-Lendelin, & autres, par lequel il eſt ordonné que les Rôles des Taxes arrêtez au Conſeil, en conſéquence de l'Arreſt d'icelui, ſeront exécutez, & les Oficiers contraints au païement des Taxes, par les voïes portées par ledit Arreſt ; ce faiſant, les Avocats & Procureurs de Sa Majeſté aux Bailliages & Vicomtez de ladite Province de Normandie, joüiront des droits, honneurs & prérogatives portées par les Edits des mois de Décembre 1635. & Janvier 1636. ſuivant les vérifications qui ont été faites ; ſauf aux Oficiers à ſe pourvoir entr'eux, en cas de conteſtation, au Parlement de Normandie : Copie d'Arreſt du Conſeil Privé du Roy, rendu entre les Aſſeſſeurs des Bailliage & Vicomté de Bayeux, & les Avocats & Procureur du Roy deſdits Siéges, qui renvoïe les parties au Parlement de Roüen, pour procéder comme elles auroient pû faire avant les Arrêts du Conſeil, des 2. Juillet 1658. 30. Mai 1659. & 27. Juin 1661. & être par le Parlement procédé au Réglement général des diférens pendans entre les Procureurs & Avocats du Roy, & les Aſſeſſeurs des Juriſdictions de la Province de Normandie : Acte des Aſſiſes mercuriales de Vallognes, du 17. Mai 1670. qui maintient les Gens du Roy dudit Siége, en la poſſeſſion de délibérer, raporter & donner leurs avis, même aux cauſes d'apel, où le Roy n'a intereſt que de l'amende ordinaire ; & défenſes de les troubler : Extrait d'Arreſt de la Cour, du 15. Juillet 1671. en faveur des Gens du Roy de Saint-Lo, contre le Lieutenant Général de la Vicomté dudit lieu, qui leur acorde la préférence en tous actes & aſſemblées publiques & particulieres : Copie d'Arreſt de la Cour, du 26. Septembre audit an, qui ordonne que les Avocat & Procureur du Roy de Vire, cathédreront & préſideront, au préjudice des Aſſeſſeurs dudit Siége : Pareil Arreſt entre les mêmes parties, le 29.

1731.
Mars.

Mars 1672. Autre Arrest du 19. Juillet 1673. entre les Gens du Roy & les Assesseurs de Saint-Lo, qui ordonne l'exécution des Arrêts des 19. Novembre 1618. 26. Septembre 1671. & 29. Mars 1672. Imprimé d'Arrest de la Cour, du 5. Décembre 1674. par lequel le Sieur Leneuf de Tourneville Procureur du Roy aux Bailliage & Vicomté du Havre, a été préféré à tenir la Chaise & présider, par préférence au Sieur le Comte Assesseur, aux causes où le Roy & le Public n'ont aucun intérest ; défenses aux autres Avocats de faire sa fonction, qu'après huit jours d'absence, sinon que pour les causes provisoires ; & en cas de contravention, Mandement : Autre pareil Arrest pour les Gens du Roy de Vallognes, du 27. Janvier 1677. Autre pareil Arrest pour les Gens du Roy de Vallognes, rendu par defaut contre les Assesseurs de ladite Vicomté, le 28. Avril audit an : Acte de certification de Decret, passé à Bayeux en Vicomté, le 9. Mars 1678. où les Gens du Roy ont entré avant les Assesseurs : Copie d'Arrest de la Cour, du 16. Septembre 1678. qui maintient le Sieur Patry Procureur du Roy aux Bailliage & Vicomté du Neufchâtel, en toutes préséances, & au droit de tenir la chaise, au préjudice des Assesseurs dudit Siege de Vicomté, où le Roy & le Public n'ont point d'intérest ; & que ledit Procureur du Roy préferera le second Avocat du Roy : Copie d'Arrest du Conseil Privé du Roy, rendu entre les Gens du Roy & les Assesseurs du Pontaudemer, qui renvoïe les parties en la Cour, pour y être jugées conformément au Réglement de 1580. & usage depuis observé au Pontaudemer : Cahier de plusieurs Jugemens rendus en Bailliage à Orbec, où les Gens du Roy ont opiné avant les Assesseurs, tant dans les causes civiles que criminelles, où leur ministere n'étoit point nécessaire ; le premier du 5. Juillet 1673. Extrait d'Arrest de la Cour, du 20. Aoust 1679. qui régle l'ordre qu'on doit tenir aux Etats, ordres & distributions des deniers provenans des ajudications par decret, aux Siéges de Bailliage & Vicomté de Carentan ; & préfere les Gens du Roy aux Assesseurs: Extrait d'un Ecrit fourni par les Conseillers-Assesseurs du Pontaudemer, contre les Gens du Roy dudit Siége, en l'année 1682. Arrest de la Cour, du 24. Avril 1686. rendu sur la Requête presentée par les Avocat & Procureur du Roy de Pacy, qui ordonne que par provision ils tiendront la Jurisdiction,

au

DECLARATIONS ET ARRESTS.

au préjudice des autres Assesseurs, même du Vicomte en qualité d'Assesseur, dans les causes y mentionnées : Autre Arrest entre lesdites parties, du 31. Mai audit an : Autre Arrest du 17. Janvier 1688. qui ordonne que les Avocat & Procureur du Roy dudit Pacy, & le Vicomte dudit lieu cathédreront alternativement : Autre Arrest sur Requête, du 23. Décembre audit an, en faveur des Avocats du Roy de Vire, & que les Substituts dudit Siége préféreront en tous lieux publics & particuliers, & tiendront la Jurisdiction du Bailliage, au préjudice du Vicomte, pour l'absence ou récusation du Bailli de Caën, ou ses Lieutenans ; que le Vicomte sera tenu de distribuer les procès aux termes du Réglement, aux Lieutenans, Substituts & Assesseurs : Autre Arrest du 27. Aoust 1691. en faveur du Procureur du Roy de Laigle : Autre pareil Arrest obtenu par les Avocats du Roy d'Avranches, le 3. Octobre 1694. Extraits des Assises du Bailliage du Pontaudemer, de la Vicomté de Coûtance, de la Vicomté de Folleville, & de celles de Laigle & de Saint-Lo, des années 1692. 1693. & 1695. Autre Extrait de la Vicomté d'Ecouché, du 27. Janvier 1695. Autre Extrait de la Vicomté d'Orbec, du 6. Décembre audit an : Autre Extrait de ladite Vicomté, du 11 Juillet 1696. Arrest de la Cour, du 11. Aoust audit an, rendu entre le Procureur du Roy de Briouze & le nommé Philippe Assesseur aux Bailliage & Vicomté de Falaise, en la presence des Assesseurs de ladite Vicomté, par lequel il est ordonné que le Procureur du Roy tiendra la chaise par préférence audit Philippe, & aux autres Assesseurs des Bailliage & Vicomté de Falaise, en l'absence du Vicomte, ou Lieutenant Général & Particulier du Vicomte, aux causes où l'Eglise & les mineurs n'ont point d'intérest. Actes de contestations entre les Gens du Roy & les Assesseurs de la Vicomté de Bernay, pour le Bailliage d'Evreux, par lesquels les parties sont renvoïées à la Cour, des 7. Janvier & 30. Juin 1696. Copie de l'Exploit d'ajournement en la Cour, fait requête dudit Sieur Helix, ci-devant énoncé & daté. Pieces closes en la Cour, par les Sieurs Assesseurs de diférens Bailliages : Arrest de la Cour, du 25. Février 1647. rendu entre le Substitut du Procureur Général du Roy en la Vicomté de Vassy, & le Lieutenant Particulier de ladite Vicomté, & les Assesseurs de la Vicomté de Vire, sur le renvoi des parties en la Cour, laquelle faisant droit sur icelui, a maintenu les Assesseurs de la Vicomté de Vire, en la fonction de leurs Charges ; leur a permis en cette qualité, de l'exercer au Siége de Vassy, pour avoir part aux distributions, taxes & salaires des procès qu'ils jugeront, suivant les Arrêts & Réglemens de la Cour ; à tort la prise à partie du Substitut, avec intérêts & dépens, liquidez à soixante livres, envers le Lieutenant particulier de ladite Vicomté, ceux des Assesseurs compensez : Imprimé d'Extrait du Gréfe du Bailli de Caën à Bayeux, & de l'Extrait des Regiftres du Conseil privé du Roy, ci-devant énoncé & daté : Autre Imprimé de Réglement du Roy, pour être tenu & gardé aux Bailliages & Vicomtez de Normandie, par les Conseillers-Assesseurs, érigez par Edits des mois d'Octobre 1571. & Septembre 1575. ledit Réglement du 7. Juin 1580. registré en la Cour le 12. Septembre audit an ; ensuite duquel est un autre Imprimé d'Arrest du Conseil privé du Roy, touchant le Réglement des Charges des Conseillers de la Vicomté de Caën, avec le Vicomte dudit lieu, & autres Oficiers, donné à Fontainebleau le 25. Mai 1607. registré en ladite Vicomté de Caën, le 4. Juillet 1608. & ensuite est encore un Imprimé d'Arrest donné aux Requêtes de l'Hôtel du Roy, le 23. Février 1613. suivant le renvoi du Conseil du Roy, entre les Assesseurs en la Vicomté de Caën, & au Siege particulier de Bailliage & Vicomté d'Evrecy, d'une part ; & les Sieurs Président-Présidial, Lieutenant Général, Conseillers-Presidiaux, & les Avocats du Roy au Siege du Bailliage & Présidial de Caën, défendeurs, d'autre ; contenant Réglement pour la fonction de leurs Ofices ausdits Siéges, & autres dépendans dudit Bailliage : Autre Imprimé de Sentence arbitrale, renduë entre les Avocats & Procureurs du Roy au Bailliage de Roüen, homologuée au Conseil d'Etat du Roy, le dernier Mars 1643. vérifiée en la Cour le 22. Avril suivant, avec les Arrêts du Conseil & de la Cour : Exploit fait requête de Gabriel-François Piedonc Ecuïer, Conseiller du Roy, Vicomte d'Evrecy, & Assesseur aux Bailliage & Assises dudit lieu ; du Lieutenant Particulier aux Vicomtez de Caën & d'Evrecy, Assesseur aux Bailliage & Assises dudit lieu ; & des autres Assesseurs aux Vicomté de Caën, Bailliage & Vicomté d'Evrecy ; contre le Sieur de Cloville premier Avocat du Roy aux Bailliages de Caën & d'Evrecy, tant pour lui que les Gens du Roy des-

DECLARATIONS ET ARRESTS. 277

dits Siéges, en date du 9. Janvier 1725. contrôlé à Caën ledit jour: Procédures faites en la Cour, par ledit Piedonc & Joints, les 19. & 30. defdits mois & an: Copie d'Arreſt d'apointé rendu entre les parties, le 17. Février audit an: Autre Arreſt d'apointé, & jonction des demandes incidentes: Requête preſentée à la Cour, par ledit Piedonc & Joints, le premier Avril 1726. aux fins contenuës en l'Arreſt ci-deſſus; au pied de laquelle eſt l'Ordonnance & Signification d'icelle: Copie de Requête preſentée à la Cour, par les Gens du Roy du Bailliage & Siége Préſidial de Caën, ſignifiée le 19. Novembre 1728. Autre Requête preſentée à la Cour, par ledit Vicomte d'Evrecy & les autres Aſſeſſeurs, contre leſdits Gens du Roy de Caën & d'Evrecy, par laquelle faiſant droit ſur leur apel, ils ont conclu que la diſtribution faite audit de Cloville, ſera caſſée & annullée; que défenſes ſeront faites au Procureur du Roy, & à l'autre Avocat du Roy, de s'immiſcer dans les diſtributions des procès; que défenſes ſeront faites au Lieutenant Genéral de Caën & d'Evrecy, & autres tenans la Chaiſe, d'en diſtribuer aucuns auſdits Avocats & Procureur du Roy, mais ſeulement auſdits Conſeillers-Aſſeſſeurs; & ſur la ſéance, en donnant Réglement, que les Avocats & Procureur du Roy ne l'auront en la Juriſdiction d'Evrecy, qu'après les Vicomte, Lieutenant & Aſſeſſeurs; qu'ils ſeront tenus de ſe placer dans le Parquet, & non à droit & à gauche du Juge, cathédrans comme ils ont coûtume, & qu'ils ſeront condamnez aux dépens; au pied de laquelle eſt l'Ordonnance & Signification d'icelle. De la part des Conſeillers-Aſſeſſeurs de Saint-Lo, ont été produites les pieces qui ſuivent: Arreſt d'apointé, du 11. Juillet 1721. rendu entr'eux, ſur la demande en opoſition contre l'Arreſt de la Cour, du 28. Novembre précédent, & les Gens du Roy dudit Siége: Cahier de Copies de Déclarations du Roy Henri III. & Lettres de Juſſion, dont la premiere eſt du mois de Juin 1580. portant création de Conſeillers aux Bailliages & Senéchauſſées du Roïaume, & notamment de la Province de Normandie: Mandement du Conſeil du Roy, du 13. Novembre 1607. acordé aux Aſſeſſeurs de Torigny, contre les perſonnes y dénommées, & entr'autres, contre les Gens du Roy dudit Siége, pour voir ordonner que défenſes leur ſeront faites, de prendre ſéance en ladite Juriſdiction ni ailleurs, auparavant leſdits Aſſeſſeurs:

M m ij

EDITS ET REGLEMENS,

Extrait des Regiſtres du Conſeil, du 7. Juin 1619. contenant Mandement aux fins que deſſus, acordé pour les Aſſeſſeurs de la Vicomté de Saint-Lo; Lettres d'atache en conſéquence, dudit jour: Extrait des Regiſtres du Conſeil du Roy, du 30. Mai 1659. ſur la pourſuite du Lieutenant Genéral de la Vicomté & Aſſeſſeurs à Bayeux, contre les Gens du Roy dudit Siége & Bailliage, par lequel le Roy a ordonné que le Réglement de 1580. ſeroit exécuté: Autre Extrait d'Arreſt du Conſeil, du 27. Juin 1661. donné ſur la pourſuite des Avocats & Procureur du Roy de Bayeux, contre les Conſeillers-Aſſeſſeurs de ladite Vicomté, qui ordonne l'exécution des Arrêts des 2. Juillet 1658. 30. Mai 1659. & 7. Février 1660. Extrait des Regiſtres de la Cour, du 28. Mars 1687. ſur la pourſuite des Conſeillers-Aſſeſſeurs de la Vicomté de Roüen, contre le Procureur du Roy dudit Siége, par lequel la Cour a maintenu leſdits Conſeillers-Aſſeſſeurs au droit de cathédrer, tant au Conſeil qu'aux Audiences, en l'abſence du Vicomte & de ſes Lieutenans, par préférence au Procureur du Roy, même de le précéder en la marche, tant en public qu'en particulier; & faiſant droit ſur la Requête dudit Procureur du Roy, du premier Aouſt 1685. ordonné qu'il entrera dans ſon rang d'ancienneté, aux certifications des Decrets, où il n'aura point conclu pour le Roy ou pour le Public; & ſur le ſurplus de ſa Requête, envoïé hors de Cour: Extrait du Regiſtre d'Audience de la Vicomté de Saint-Lo, du 14. Mars 1716. Autres Extraits du Gréfe dudit Bailliage, des 3. Aouſt 1720. 16. & 17. dudit mois, & 16. Novembre audit an: Copie d'Arreſt de la Cour, du 28. Novembre audit an, obtenu ſur Requête par les Gens du Roy de Saint-Lo, qui ordonne qu'en exécution des Arrêts y datez, ils joüiront des droits, privilèges & préſéances y énoncez, au préjudice des Aſſeſſeurs: Requête d'opoſition contre ledit Arreſt, donnée par leſdits Aſſeſſeurs le 24. Janvier 1721. au pied de laquelle eſt l'Ordonnance & ſignification d'icelle: Actes & Procédures faites entre leſdites parties, les 27. Janvier, 24. & 13. Mars audit an: Requête préſentée à la Cour, par leſdits Aſſeſſeurs, le 8. Avril 1723. contenant leurs concluſions, en exécution de l'Edit de 1575. & du Réglement de 1580. au pied de laquelle eſt l'Ordonnance & ſignification d'icelle: Mémoire donné par les Aſſeſſeurs en l'ancienne Vi-

DECLARATIONS ET ARRESTS. 279

comté d'Alençon, Essey, Moulins, Bons-Moulins, & Siéges des Bailliages qui en dépendent, du 4. Juillet 1729. par lequel ils déclarent se servir des pieces produites par les autres Assesseurs des Bailliages, & de leurs soûtiens & conclusions, ausquels ils donnent adjonction ; auquel est ataché l'Extrait des Regiftres du Conseil privé du Roy, du 28. Mars 1675. Mémoire des Conseillers-Assesseurs des Bailliage & Vicomté de Viré, du 16. Mai 1729. par lequel ils demandent l'exécution du Réglement de 1580. suivant lequel les Gens du Roy dudit Siége, ne pouront les troubler dans les fonctions atribuées à leurs Ofices, par les Edits de création d'iceux & ledit Réglement ; & qu'ils ne pouront avoir aucune voix délibérative, préféance, ni part aux épices des procès qui seront jugez dans lesdits Siéges de Bailliage & Vicomtez de Vire & Vassy, au préjudice des Conseillers-Assesseurs : auquel Mémoire sont atachées les pieces suivantes ; sçavoir, un Arrest de la Cour, du 2. Aoust 1726. rendu entre les Conseillers-Assesseurs des Bailliage & Vicomtez de Vire & Vassy, le Vicomte & Lieutenans général & particulier desdits Siéges, contre les Avocats & Procureur du Roy des mêmes Siéges, par lequel la Cour sur l'apel, a apointé les parties au Conseil : Vidimus du Réglement du 7. Juin 1580. avec lequel est un Arrest du Conseil privé du Roy, du 25. Mai 1607. contenant le Réglement des Charges de Conseillers de la Vicomté de Caën, avec le Vicomte dudit lieu : Extrait du Regiftre du Gréfe du Bailliage de Bayeux, du 6. Juin 1659. Extrait des Regiftres du Conseil privé du Roy, du 27. Juin 1661. Arrest de la Cour, du premier Février 1725. Exploit fait requête des Conseillers-Assesseurs de Vire, le 10. Février audit an, à l'Avocat & Procureur du Roy dudit Siége, & aux héritiers du premier Avocat du Roy, avec assignation à comparoir en la Cour, sur les fins contenuës au Mandement y énoncé, contrôlé à Vire ledit jour : Acte de Presentation mise par le Procureur desdits Assesseurs, au Gréfe de la Cour, le 22. Mars audit an : Requête presentée à la Cour, par lesdits Assesseurs, le 21. Février 1728. aux fins de leur être fait droit sur les fins contenuës audit Mandement ; au pied de laquelle est l'Ordonnance & Signification d'icelle : Mandement obtenu par lesdits Assesseurs, le 23. Juin audit an : Exploit fait en conséquence, le 19. Juillet audit an, au Sieur de la Pilletiere, Conseiller & Procureur du Roy aux Bailliage & Vicomté de Vire, contrôlé audit lieu le 20. Mémoire imprimé de Me Vincent-René Herbert, Sieur de Pommereüil, Lieutenant Général en la Vicomté de Vallognes & Siéges desunis, premier Conseiller né en Bailliage audit lieu, & de Me Germain le Carpentier, Sieur de Tierceville, Lieutenant Particulier en la même Vicomté; par lequel ils concluënt qu'en exécution de l'Arrest du 5. Aoust 1728. aux fins d'un Réglement général, acte leur sera acordé de ce qu'ils donnent adjonction aux conclusions des Conseillers-Assesseurs des Bailliage & Vicomté d'Orbec; ce faisant, qu'ils seront maintenus & gardez dans la présidence & préséance, & dans les raports des procès, à l'exclusion des Gens du Roy; ou faisant droit sur le Mandement porté en l'Arrest du 20. Avril 1728. celui rendu le 23. Aoust 1713. entre le Vicomte & les Gens du Roy de Vallognes, au raport du Sieur de Moy Conseiller en la Cour, sera déclaré commun avec eux, avec dépens: Mémoire de Me Jean Nicolle, Sieur de Beaucour, Conseiller-Assesseur aux Bailliage & Vicomté de Torigny, lequel a conclu l'exécution du Réglement du 7. Juin 1580. & qu'en conformité des Articles X. XII. & XVI. il sera maintenu à tenir la Chaise, & présider pour l'absence & récusation des Juges en chef, tant en Bailliage qu'en Vicomté, au préjudice des Gens du Roy desdits Siéges, ausquels défenses seront faites de faire aucuns raports, ni participer aux émolumens des épices; & qu'il sera pareillement maintenu de préceder les Gens du Roy, tant en public qu'en particulier; & que défenses leur seront faites, de l'y troubler: Mémoire produit par les Vicomte & Lieutenant de la Vicomté de Bayeux, par lequel ils se raportent à la Cour, de faire droit, & de remettre chacun conformément à leurs Edits de création, & au Réglement de 1580. dont ils demandent l'exécution; & que les Sieges particuliers se conformeront sur le Parlement, sur les Présidiaux & grands Bailliages, & qu'ils n'auront ni part aux épices ni préséance, mais seulement conformément aux Gens du Roy du Parlement : Auquel Mémoire est ataché une copie informe d'un Extrait des Registres du Conseil privé du Roy, du 17. Avril 1663. & un Extrait du Plumitif du Gréfe de ladite Vicomté de Bayeux, contenant plusieurs Actes ; le premier du 22. Mars 1710.

DECLARATIONS ET ARRESTS.

Liasse d'Ecritures produites par ledit Sieur Nicolle & Joints, Conseillers-Assesseurs à Torigny : Copie du Réglement du 7. Juin 1580. Acte exercé en ladite Vicomté, par le premier Assesseur, le 20. Novembre 1593. Autre du 13. Juin 1614. Autres des 28. Septembre 1619. 24. Avril 1630. 7. Février 1631. & 10. Novembre 1632. Sentence renduë en Bailliage par un Conseiller-Assesseur, pour l'absence du Bailli, le 15. Novembre 1633. deux autres du 30. Aoust 1636. renduës pour l'absence du Vicomte : Imprimé d'Edit du Roy, du 16. Mars 1637. portant desunion & démembrement des anciennes Vicomtez de la Province : Autre Sentence de ladite Vicomté, du 13 Avril 1639. Autre Sentence pour l'absence du Bailli, du 10. Décembre 1641. Autre Sentence pour l'absence du Vicomte, du premier Février 1694. Extrait du Gréfe du Bailliage de Torigny, du 25. Juin 1701. Trois Extraits du Gréfe de ladite Vicomté, des 12. & 25. Juin 1725. quatre autres Extraits du Bailliage dudit lieu, des 19. Décembre audit an, 27. Mars 1726. 12. Mai 1727. & 20. Octobre audit an ; un autre de ladite Vicomté, du 3. Février 1728. & deux autres dudit Bailliage, des 10. Mai & 25. Octobre audit an : Memoire du Sieur Mesenguel Vicomte de Montivilliers, clos le 13. Novembre 1728. lequel contient un Inventaire de ses pieces, qui consistent en un Arrest de la Cour, du 10. Juillet 1645. quatre autres Arrêts de la Cour, des 23. Janvier 1671. 19. Septembre 1676. 11. Juillet 1680. & 23. Aoust 1713. deux Atestations du Gréfe de Montivilliers, par deux diférens Gréfiers, du 12. Novembre 1728. ledit Mémoire contenant les usages qui se pratiquent ausdits Siéges de Bailliage & Vicomté, au préjudice des Gens du Roy, conforme en la plus grande partie, à l'Arrest de Réglement du 10. Juillet 1645. Mémoire du Sieur Legrin de Fenneval Vicomte du Havre, contenant l'usage qui se pratique audit lieu, entre les Lieutenans & autres Oficiers desdits Bailliage & Vicomté dudit lieu, au préjudice des Gens du Roy. De la part des Gens du Roy des Bailliage & Vicomté du Pontaudemer, a été fourni un Mémoire, par lequel ils ont conclu qu'ils seront maintenus dans les honneurs, pas & préséances sur le Vicomte, tant en public qu'en particulier, ailleurs que dans son Siége ; qu'ils seront pareillement gardez dans les pas & préséances des Assesseurs & Lieutenans du Vicomte, tant en public qu'en particulier ; & enfin qu'ils feront maintenus dans le droit de raporter & opiner en toutes caufes, où le Roy n'aura intérêt, & préfider dans toutes les afaires, immédiatement après les Lieutenans de chacun Siége ; & ont produit plufieurs pieces, ainfi qu'il fuit : Extrait du Regiftre manuel de l'Echiquier de Normandie, tenu à Roüen au tems de Pâques, le 18. Avril 1485. faifant mention de la féance des Gens du Roy au-deffus des Vicomtes : Arreft de la Cour, du 5. Aouft 1550. qui ordonne qu'aux Apeaux du Parlement, les Gens du Roy feront apellez devant les Vicomtes : Edit du Roy, du 15. Octobre 1578. fur le Réglement & augmentation du pouvoir des Avocats du Roy, en chacun Siége Préfidial, Bailliage, Senéchauffée, Prevôté, & autres Jurifdictions Roïales du Roïaume, & des Gages affignez aufdits Avocats : Arreft de la Cour, du 11. Juillet 1612. en faveur des Gens du Roy du Préfidial de Roüen, au préjudice du Vicomte : Autre Arreft de la Cour, du 16. Février 1613. qui affujétit les Vicomtes à comparoir aux Affifes, & prêter ferment : Autre Arreft de la Cour, du 26. Novembre 1617. qui ajuge aux Gens du Roy d'Arques, le pas & préféance fur le Vicomte : Pareil Arreft en faveur defdits Gens du Roy du Pontaudemer, du 10. Septembre 1626. Sentence arbitrale renduë en faveur des Gens du Roy du Bailliage de Roüen, le 31. Mars 1643. par laquelle ils font autorifez d'entrer dans toutes affemblées de Ville, & le Procureur du Roy de conclure : Imprimé d'Edit du Roy, portant création de Procureurs du Roy, du mois de Novembre 1699. Imprimé de Déclaration du Roy, portant Réglement pour les apellations des Jugemens de Police, du 6. Aouft 1701. Extrait d'un Ecrit fignifié en la Cour, le 30. Aouft 1702. par les Confeillers-Affeffeurs du Bailliage du Pontaudemer, contre les Avocats & Procureur du Roy dudit Siége : Une autre liaffe de pieces, qui confiftent en une Tranfaction entre l'Avocat du Roy, le Vicomte, fon Lieutenant & Affeffeurs au Pontaudemer, par laquelle ils s'obligent de diftribuer des procès aux Gens du Roy, du 11. Aouft 1578. Arreft de la Cour, du 20. Novembre audit an, qui ordonne que les Gens du Roy du Pontaudemer, feront apellés à la diftribution des raports : Autre Arreft de la Cour, du 17. Mai 1718. qui défend aux Affeffeurs, de prendre la qualité de Confeillers du Roy : Autre

tre Arreſt de la Cour, du 4. Aouſt audit an, qui admet les
Gens du Roy, à tenir la Chaiſe au Bailliage, avant le Lieutenant de Vicomté, & qui leur acorde le pas & préféance :
Autre Arreſt du 14. Aouſt 1631. qui ordonne que les Gens
du Roy participeront à tous les raports, même à ceux ſur
leſquels interviendront des Concluſions : Edit du Roy, du
mois de Janvier 1636. par lequel entr'autres choſes, il eſt
ordonné que les Avocats & Procureurs du Roy auront part
aux diſtributions & épices, excepté les cauſes où le Roy aura intéreſt : Sentence du Sieur de la Trourie-Huë, ſur le
Réglement des Gens du Roy, Vicomtes & Aſſeſſeurs, envoïé au Roy le 26 Janvier 1657. Déclaration du Roy, du
9. Aouſt 1691. qui ordonne que les Avocats & Procureurs
du Roy continuënt de délibérer, & de partager entr'eux les épices & émolumens des Concluſions, en la maniere qu'ils
avoient acoûtumé ; qu'ils auront droit de ſéance & banc, au-
deſſus de celui des Avocats & Procureurs, auſquels ils feront les raports des Procès : Extrait d'Edit du Roy, du 20.
Mai 1557. portant création d'un ſecond Avocat du Roy,
avec droit de raporter & opiner : Extrait d'un Etat de Decret paſſé au Bailliage du Pontaudemer, le 10. Janvier 1728.
où les Gens du Roy ſont apellez comme Juges, avant les
Aſſeſſeurs : Autre Extrait de Sentence renduë audit lieu, le 9.
Juillet 1630. où les Gens du Roy ont opiné avant les Aſſeſſeurs : Autres Actes, tant de la Vicomté que du Bailliage du
Pontaudemer, des 20. Février 1632. 14. Décembre 1636.
18. Juillet, 26. Septembre 1650. 6. Mars 1654. 5. Octobre
1655. contenans comme les Avocats du Roy dudit Siége,
ont tenu la chaiſe aux Aſſiſes, & fait des raports de procès :
Cahiers de copies d'Actes pareils, en 1660. 1677. & 1679.
Autres Actes en 1669. 1671. 1672. & 1675. où les Avocat
& Procureur du Roy ont préſidé, raporté & aſſiſté : Extrait
du Manuel de l'Echiquier, tenu à Roüen le 18. Avril 1485.
qui régle la ſéance des Gens du Roy après le Bailli, & le Vicomte après eux : Arreſt de la Cour, du 5. Aouſt 1650. qui
ordonne que preſentement & à l'avenir, les Avocats & Procureur du Roy en chacune Vicomté du Bailliage d'Alençon, ſeront apellez premier & avant que les Vicomtes ou
leurs Lieutenans, ſans préjudice de leurs droits & prérogatives en autres choſes, &c. Copie d'Edit du Roy, du 20. Mai

1731.
Mars.

1557. portant création de deux Ofices de Conseillers-Magistrats, en chacun des Siéges Présidiaux, & d'un Avocat du Roy: Transaction faite le 11. Aoust 1578. entre l'Avocat du Roy, le Vicomte, le Lieutenant, & Assesseurs en la Vicomté du Pontautou & Pontaudemer, par laquelle ils sont convenus que l'Avocat du Roy sera apellé aux accessions des chemins Roïaux, Ponts, passages & lieux publics, où il y aura intérêt pour le Roy; qu'ils ne procéderont point à la reddition des comptes des sous-âges, ventes & alienations de leurs meubles & immeubles, sans y apeller l'Avocat du Roy, auquel se fera à tour & ordre, la distribution des raports des procès, & participera avec eux à la distribution des salaires provenans des Decrets, & se fera en sa presence le termement des Pleds : Autre copie d'Arrest de la Cour, rendu entre l'Avocat du Roy & le Vicomte du Pontaudemer, qui ordonne par provision, que l'Arrest du 8. Juillet précédent aura lieu, étant rendu entre le Vicomte de Caudebec, ses Lieutenans & Assesseurs; & suivant icelui, lesdits Vicomte du Pontaudemer, Lieutenans & Assesseurs nouvellement érigez, exerceront la Jurisdiction, & procéderont aux Jugemens selon la forme ancienne, en apellant les Avocats du Siege, outre les deux Assesseurs, ausquels ils feront part des profits des émolumens des raports ; que l'Avocat du Roy aura distribution à son tour & ordre, des procès & autres afaires, où le Roy & le Public n'auront intérêt ; & que les Assesseurs & Avocats opineront publiquement à haute voix : Copie d'autre Arrest du 11. Juillet 1612. qui ordonne que les Gens du Roy préféreront le Vicomte de Roüen, pour ce qui regarde la Ville & Banlieuë, en toutes afaires du Siége Présidial : Autre copie d'Arrest de la Cour, du 16. Février 1613. qui fait défenses au Vicomte, de tenir sa Jurisdiction pendant les Assises du Bailli, & lui ordonne de comparoître aux Assises mercuriales : Autre Arrest du 27. Novembre 1617. qui ordonne que le Procureur du Roy du Bailliage d'Arques, préférera le Vicomte : Autre Arrest du 17. Mai 1718. qui fait défenses aux Assesseurs, de plaider ni postuler pour les parties, ni de prendre autre qualité que celle de Conseillers-Assesseurs : Autre Arrest du 10. Septembre 1726. qui ordonne l'exécution de ceux des 4. Aoust & 11. Juillet précédens : Extrait du Registre du Gréfe du Bailliage du Pontaudemer,

DECLARATIONS ET ARRESTS. 285

du 19. Septembre 1677. par lequel il paroît que les Gens du Roy font apellez avant le Vicomte : Copie des Provisions de l'Ofice de second Avocat du Roy au Bailliage & Vicomté du Pontaudemer, acordées à Me Nicolas Dubuisson, le 24. Décembre 1707. avec la difpenfe de parenté à caufe de Me Gafpard Legrix fon oncle maternel, Lieutenant Général en ladite Vicomté & Affeffeur audit Bailliage, du 30. defdits mois & an ; Arreft d'enregistrement de ladite difpenfe en la Cour, du 3. Mars 1708. Mémoire des Gens du Roy du Bailliage de Caën, avec lequel font atachées les pieces qui fuivent : Une Requête prefentée à la Cour, le 28. Novembre 1728. contre le Vicomte d'Evrecy, fon Lieutenant & Affeffeurs, par laquelle ils concluënt que l'Arreft de Réglement qui interviendra, en exécution de celui du 5. Aouft 1728. ne tirera point à conféquence à leur égard, & les Oficiers de la Vicomté de Caën au Siége d'Evrecy, dont l'Inftance pendante au raport du Sieur Pavyot de Saint-Aubin, fera jugée féparément, & fuivant la maniere dont elle a été inftruite ; & en cas de contredit, que lefdits Oficiers de la Vicomté de Caën au Siége d'Evrecy, feront condamnez aux dépens ; au pied de laquelle eft l'Ordonnance & Signification d'icelle : Arreft de la Cour, du 5. Avril 1729. qui ordonne que ladite Requête fera mife entre les mains du Sieur Hubert, pour y être préalablement fait droit, s'il y échet, fignifié le 21. Février 1731. Mémoire pour les Gens du Roy des Bailliage & Vicomté de Bayeux, auquel font atachées les pieces qui fuivent : Extrait des Regiftres du Confeil privé du Roy, du 19. Mars 1651. fur la Requête prefentée par les Confeillers-Affeffeurs aux Siéges des Bailliage & Vicomté de Bayeux, contre les Avocats & Procureur du Roy defdits Siéges, par lequel le Roy avant faire droit, a ordonné que fon Procureur Général au Parlement de Roüen, envoïera dans quinzaine au Gréfe du Confeil, les motifs fur lefquels eft intervenu ledit Arreft du 11. Juillet 1650. pour iceux vûs & raportez, être fait droit ainfi que de raifon : Factum imprimé pour les Gens du Roy des Bailliage & Vicomté de Bayeux, contre aucuns Affeffeurs defdits Siéges : Arreft & Réglement folemnel du Confeil privé du Roy, du 4. Novembre 1610. en faveur des Gens du Roy d'Avranches, qui ordonne que les Gens du Roy defdits Siéges, comme Confeillers, auront

N n ij

distribution des procès & raports, où le Roy n'a intereft, tant en Bailliage qu'en Vicomté ; que les Lieutenans de Vicomté auront auſſi diſtribution en Bailliage comme Aſſeſſeurs ; & hors la Juriſdiction de Vicomté, en tous lieux, Actes & aſſemblées, tant en public qu'en particulier, leſdits Gens du Roy précéderont les Lieutenans de Vicomté & Aſſeſſeurs ; & ce, ſans avoir égard au Réglement des Aſſeſſeurs, du 7. Juin 1580. y énoncé, & dont l'exécution étoit demandée, ni à tous Arrêts, Lettres & Déclarations à ce contraires : Autre Extrait d'Arreſt du Conſeil privé du Roy, du 3. Décembre 1655. ſur la Requête de l'Avocat du Roy de Domfront, qui ordonne l'exécution des Arrêts du Conſeil ; ce faiſant, que les Avocats & Procureur du Roy précéderont les Lieutenans Général & Particulier de Vicomté, en toutes aſſemblées générales & particulieres ; & cependant, que leſdits Lieutenans tiendront le Siége en l'abſence du Lieutenant Général, par préférence aux Avocats & Procureur du Roy : Autre Arreſt du Conſeil, du 17. Aouſt 1660. entre les Aſſeſſeurs & Gens du Roy de Vire : Autres Arrêts entre les Aſſeſſeurs & Gens du Roy de Carentan, des 19. Juillet 1661. & 1662. Mémoire fourni par les Gens du Roy de Coûtances, auquel ſont atachées les pieces ſuivantes : Trois Extraits du Plumitif du Gréfe de ladite Vicomté, des 14. Janvier 1717. 14. Novembre 1726. & 13. Février 1727. Soûtiens & raiſons ſignées le 23. Décembre 1692. dans une aſſemblée faite entre les Lieutenant Particulier, Gens du Roy & Aſſeſſeurs en la Vicomté de Coûtances : Extraits d'Actes delivrez du Gréfe de ladite Vicomté, au nombre de quatre cahiers, des années 1719. 1725. 1726. & 1727. Cinq Actes en quatre cahiers delivrez dudit Gréfe de Coûtances, ſur la préſéance entre le Sieur Huard, ancien Avocat du Roy & Conſeiller honoraire audit Siége, & le Sieur le Maiſtre Procureur du Roy, des 19. 22. 24. & 25. Octobre 1725. ledit Mémoire contient deux faits ; le premier, que les Aſſeſſeurs ne leur ont jamais contredit de tenir la Chaiſe, & préſider pour l'abſence des Juges en chef, ce qu'ils prouvent par les Sentences ci-deſſus ; le ſecond, qu'il ne leur a jamais été conteſté de faire de raports, & de participer aux émolumens & épices pour les Jugemens des procès ; ce qu'ils juſtifient par le Concordat ci-devant énoncé, & que le prix de leurs Charges eſt plus conſidérable que celles des Aſſeſſeurs : Me-

DECLARATIONS ET ARRESTS.

moire des Gens du Roy des Bailliage & Vicomté de Vallognes, par lequel ils repréfentent que de tems immémorial ils font en poſſeſſion de préſéance, de préſider en Bailliage, & préférer en tous honneurs, non ſeulement les Aſſeſſeurs, mais encore les Lieutenans de Vicomté, ainſi que d'avoir part aux épices & à la diſtribution des raports des procès, dans leſquels le miniſtere des Gens du Roy n'eſt point néceſſaire : Mémoire des Gens du Roy du Bailliage de Nonancour, par lequel ils remontrent qu'ils ſont dans une poſſeſſion paiſible de joüir de tous les honneurs & prérogatives atribuez à leurs Ofices ; qu'ils entrent dans les procès qui ne ſont ſujets à Concluſions, y ont voix délibérative, tant à l'Audience qu'en la Chambre du Conſeil, où les procès leur ſont diſtribuez à tour de rôle ; qu'ils n'ont jamais été troublez dans cette poſſeſſion, ni par les Aſſeſſeurs ni aucuns Oficiers du Siége, avec leſquels ils ont toûjours vécu en paix ; & ſe ſont toûjours fondez ſur les mêmes Titres & Arrêts, tant du Conſeil que de la Cour, qui ſont raportez par les Gens du Roy d'Orbec : Liaſſe d'Ecritures cloſes par les Gens du Roy de Falaiſe : Imprimé d'Arreſt du Conſeil d'Etat du Roy, du 30. Septembre 1698. qui ordonne que les Raporteurs des defauts, Procureurs de Sa Majeſté & Gréfiers, qui ont part aux épices, païeront les Finances y mentionnées : Extrait d'Arreſt de la Cour, du 11. Juillet 1612. ci-devant énoncé : Imprimé d'Extrait des Regiſtres de la Cour, du 11. Aouſt 1611. qui ordonne l'enregiſtrement des Lettres Patentes, pour la ſupreſſion des Ofices d'Aſſeſſeurs & Procureurs communs, & la révocation des Ofices de Gréfiers des Afirmations : Extrait d'Arreſt de la Cour, du premier Mars 1614. portant Réglement entre les Aſſeſſeurs, Gens du Roy de la Vicomté d'Evreux, & les Avocats poſtulans audit Siége : Arreſt de la Cour, du 17. Novembre 1718. qui ordonne que Mᵉ Trouſſel Avocat du Roy à Coûtances, aura part aux diſtributions, raports & épices des procès d'entre les parties, qui ſeront jugez en ladite Vicomté de Coûtances, où le Roy n'aura point d'intéreſt, à ſon tour & ordre ; & en cas de contredit, Mandement à lui acordé : Extrait des Regiſtres du Conſeil privé du Roy, ſur la pourſuite des Conſeillers-Aſſeſſeurs des Bailliage & Vicomté d'Avranches, d'une part ; le Lieutenant General de ladite Vicomté, d'autre, & les Gens du Roy deſdits Siéges,

1731.
Mars.

qui ordonne entr'autres choses, que les Gens du Roy auront distribution des procès, comme Conseillers au Bailliage, & les Avocats & Procureur du Roy auront leurs séances d'un côté, & les Lieutenans & Assesseurs de l'autre : Extrait d'Arrest de la Cour, du 11. Avril 1631. pour les Gens du Roy de Vire, les Assesseurs de la Vicomté dudit lieu, & les Avocats postulans audit Siége, portant entr'autres choses, Réglement pour le nombre des Juges pour les jugemens : Extrait des Registres du Conseil privé du Roy, du 18. Décembre 1643. qui porte Réglement pour la préférence dans la marche des Oficiers des Bailliage & Vicomté de Vire, & autres Jurisdictions dudit lieu, par lequel entr'autres choses, la préférence est acordée aux Gens du Roy, avant le Lieutenant de Vicomté : Extrait d'Arrest de la Cour, du 19. Juillet 1645. entre les Oficiers & Gens du Roy de Mortain, portant entr'autres choses, que les Gens du Roy tiendront l'Audience, aux cas y exprimez : Autre Arrest du 6. Mars 1652. entre les Assesseurs de la Vicomté de Caën, Bailliage & Vicomté d'Evrecy, & les Gens du Roy desdits Siéges, lequel ordonne l'exécution des Arrêts y mentionnez : Motifs de l'Arrest du 26. Janvier 1657. ci-devant énoncé : Extrait des Registres du Conseil privé du Roy, du 3. Décembre 1655. portant Réglement entre les Lieutenans Général & Particulier, & les Gens du Roy de Domfront : Deux Atestations ; l'une, du Doïen des Avocats de Falaise, & l'autre, du Sieur Curé de Saint Germain dudit lieu, en faveur des Gens du Roy du même lieu, du 29.° Mai 1692. Arrest de la Cour, du 2. Février audit an, rendu entre les Gens du Roy & Assesseurs de Falaise, par lequel il a été ordonné que les pieces du procès distribué à M° Noël André Procureur du Roy aux Bailliage & Vicomté dudit lieu, lui seront remises aux mains par le Gréfier, pour en faire son raport ; & que lesdits Gens du Roy auront la préséance en toutes assemblées publiques & particulieres, au préjudice des Assesseurs ; auront part aux épices, & raporteront les procès qui seront jugez dans lesdites Jurisdictions, où le Roy, l'Eglise, les mineurs & le Public n'auront intérest, jusqu'à ce que par la Cour, parties oüies, en ait été autrement ordonné : Inventaire des pieces closes par les Gens du Roy de Saint-Sauveur-Lendelin : Extrait de Sentence renduë en Bailliage à Periers, le 8. Avril 1672. au bé-

DECLARATIONS ET ARRESTS. 289

néfice des Gens du Roy, contre les Affeffeurs : Copie d'Arreſt de la Cour, rendu entre lefdites parties, le 20. Juin 1681. qui maintient lefdits Gens du Roy dans le droit de cathédrer, au préjudice des Affeffeurs dudit Bailliage de Saint-Sauveur-Lendelin : Extrait du Regiſtre Plumitif du Gréfe de ladite Vicomté, du 8. Octobre 1694. contenant Jugement rendu par l'Avocat du Roy dudit Siége ; & ateſtation du Gréfier, comme il préfide pour l'abfence du Vicomte, dans les caufes où il n'y a point de Conclufions : Extrait des Affifes du Bailliage de Cérences, du 7. Octobre 1717. où les Gens du Roy font emploïez avant les Affeffeurs : Deux Extraits du Plumitif du Gréfe dudit Siége de Saint-Sauveur-Lendelin, des 27. Juillet & 26. Octobre 1720. Autre Extrait dudit Gréfe, du 22. Novembre audit an : Quatre autres Extraits du Gréfe de ladite Vicomté, des 3. Novembre 1725. 5. Avril 1726. 25. Octobre 1727. & 28. Aouſt 1728. par lefquels il paroît que l'Avocat du Roy a tenu l'Audience à Periers, pour l'abfence du Vicomte : Autre Extrait des Affifes mercuriales du Bailliage dudit lieu, du 2. Octobre audit an, où les Avocat & Procureur du Roy font apellez avant les Affeffeurs : Extrait de Rôle de répartition de Taxes, où lefdits Gens du Roy ont contribué, du 25. Septembre 1700. Ateſtation du Bailli de Saint-Sauveur féant à Périers, en faveur des Gens du Roy, du 2. Décembre 1728. Autre pareille Ateſtation du Gréfier : Mémoire des Gens du Roy du Bailliage d'Effey, auquel eſt ataché un Imprimé d'Edit, du mois de Janvier 1636. ci-devant énoncé : Mémoire des Gens du Roy de Gifors, avec les pieces y atachées ; qui font des certificats des Sieurs Lieutenant Général & Vicomte dudit lieu, avec les Extraits des Regiſtres defdits Siéges, & d'un Compte rendu au Bureau de l'Hôtel-Dieu de ladite Ville, en 1634. pour juſtifier qu'ils ont toûjours préféré les Confeillers de leurs Siéges, en la préfidence & préféance, participé aux raports & épices des procès, & opiné comme Confeillers aufdits Siéges, dans toutes les caufes non fujettes aux Conclufions : Mémoire des Gens du Roy de Vernon, auquel font atachées deux pieces ; la premiere, un Extrait des Regiſtres du Confeil d'Etat, du 15. Décembre 1661. la feconde, un Arreſt de la Cour, du 5. dudit mois 1674. rendu en faveur des Gens du Roy du Havre : Mémoire pour les Gens du Roy de Montivilliers & du Havre, par lequel ils concluënt qu'ils seront reconnus comme Conseillers nez de leurs Siéges, & qu'ils seront maintenus dans les prérogatives & prééminences, au-dessus des Assesseurs en général ; auquel sont atachées les pieces suivantes : Extrait d'Arrest de la Cour, du 28. Septembre 1618. sur la Requête presentée par le Procureur du Roy des Bailliage & Vicomté du Havre : Extrait des Regiſtres du Conseil privé du Roy, du 18. Décembre 1643. contenant Jugement rendu entre les Avocats & Procureur du Roy des Bailliage & Vicomté de Vire, contre les Oficiers des Eaux & Forêts dudit lieu : Extraits des Regiſtres de la Cour ; le premier, du dernier Février 1657. pour les Gens du Roy de Montivilliers, & le second, pour ceux de Saint-Lo, du 15. Juillet 1671. Extrait du Réglement de Henri III. donné à Paris en Juin 1580. Deux Extraits des Regiſtres du Bailliage de Montivilliers, des 7. Décembre 1630. & 23. Juillet 1637. Certificat du Gréfier du Bailliage du Pontdelarche, du 9. Mai 1715. Rôle de répartition sur les Oficiers & Gens du Roy de Montivilliers, & Quitance de finance étant ensuite, du 28. 1723. Extraits en un cahier de Jugemens rendus en la Vicomté de Montivilliers ; le premier, du 8. Février 1726. & un certificat du Gréfier du Bailliage dudit lieu : Pieces produites par les Gens du Roy d'Evreux : Motifs de l'Arrest de 1657. Copie d'Arrest de la Cour, du 11. Mai 1706. en faveur des Gens du Roy dudit lieu : Certificat du Sieur de Langle Enquêteur en ladite Vicomté, en faveur desdits Gens du Roy, du 15. Octobre 1729. Copie d'Arrest de la Cour, donné en faveur du Procureur du Roy de Longueville, le 2. Mai 1727. Deux liasses d'Ecritures produites par les Gens du Roy du Neufchâtel ; la premiere contenant quatre pieces ; qui sont copie d'Arrest de la Cour, du 16. Septembre 1678. rendu au profit des Gens du Roy dudit Siége ; copie d'autre Arrest du 20. Aouſt 1679. rendu entre l'Avocat du Roy & le Vicomte de Carentan ; copie d'autre Arreſt du 24. Avril 1686. qui acorde Mandement à l'Avocat du Roy de Pacy, contre le Lieutenant Général civil & criminel dudit lieu, & un Assesseur dudit Siége ; autorise ledit Avocat du Roy par provision, de tenir la Jurisdiction au préjudice des Assesseurs, dans les causes où il ne s'agira point des intérêts du Roy & du Public ; même au préjudice du Vicomte, en sa qualité d'Assesseur : Autre copie d'Arrest de

DECLARATIONS ET ARRESTS.

de la Cour, rendu fur l'opofition du Vicomte dudit lieu, le 3. Juin 1695. contre un autre Arreſt du 24. Mars précédent, dont ledit Vicomte a été debouté, avec dépens: La feconde liaſſe contient auſſi quatre pieces; qui ſont une Ateſtation des Gens du Roy dudit Neufchâtel, du 7. Mai 1696. de leurs droits & poſſeſſions, à l'exclufion des Aſſeſſeurs: Cahier d'Extraits des Regiſtres dudit Bailliage du Neufchâtel, des années 1726. & 1727. Autres Extraits du Gréfe de ladite Vicomté, des années 1724. 1725. 1726. & 1727. Ateſtations des Lieutenans généraux aux Bailliage, Police, Vicomté, & Commiſſaire-Enquêteur & Examinateur, Gréfiers anciens & nouveaux, Avocats & Procureurs dudit lieu, en faveur des Gens du Roy, du 8. Octobre 1728. Ateſtation du Gréfier-commis du Bailliage de Vallognes, en faveur des Gens du Roy, du 20. Février 1730. Le Mandement de la Cour, du 14. Décembre 1724. ci-devant énoncé: L'Exploit d'ajournement fait en conféquence, aux parties y dénommées, le 22. defdits mois & an, contrôlé à Orbec le 23. Ladite Requête du 16. Décembre audit an, préfentée à la Cour par les Gens du Roy dudit lieu d'Orbec, ci-devant énoncée; au pied de laquelle eſt l'Ordonnance Viennent les parties à l'Audience, & ſignifiée ledit jour au Procureur des Aſſeſſeurs, avec ſommation d'Audience; les conclufions de laquelle Requête, font ci-devant énoncées, & à laquelle ſont atachées les pieces qui ſuivent: Un Extrait des Regiſtres des Audiences du Bailliage d'Orbec, des 13. Avril & 12. Octobre 1693. Autres Extraits des Regiſtres dudit Gréfe, des 27. Juin, 10. & 11. Juillet & 8. Octobre 1696. Autres Extraits des Regiſtres des raports de ladite Vicomté, des 14. Juin 1701. & 31. Octobre 1724. Extrait de production defdites pieces, du 18. Décembre audit an, aux fins de l'Audience ſur ladite Requête: Autre Requête préfentée à la Cour par ledit Sieur Helix, en la préfence des Lieutenans Général, Particulier & Aſſeſſeurs auſdits Bailliage & Vicomté, contre les Gens du Roy defdits Siéges, le 11. Janvier 1726. pour ſervir de conteſtation aux prétentions des Gens du Roy; ce faifant, que les Edits de création de Conſeillers-Aſſeſſeurs, de 1571. & 1575. & Réglement de 1580. feront exécutez felon leur forme & teneur; & en conformité des Articles X. XII. & XVI. dudit Réglement, qu'ils feront maintenus & gardez à tenir

II. *Suite du N. R.*   Oo

la Chaife, tant en la Vicomté que Bailliage dudit Orbec, au préjudice des Avocats & Procureur du Roy defdits Siéges; que défenfes leur feront faites de faire aucuns raports dans lefdits Siéges, ni de participer aux émolumens & épices qui s'y perçoivent, pour les jugemens des procès; comme auffi, que ledit Sieur Helix fera maintenu dans fon droit de préféance, fur lefdits Avocats & Procureur du Roy, tant en public qu'en particulier; avec défenfes de l'y troubler, ainfi que dans fes autres fonctions, avec dépens; au pied de laquelle eft l'Ordonnance & Signification d'icelle, du 24. dudit mois: Autre Requête prefentée à la Cour, par lefdits Gens du Roy d'Orbec, le 30. Mars audit an, pour faire recevoir la piece y atachée, & faire ordonner qu'ils feront maintenus en poffeffion du rang, féance, voix délibérative, & part aux épices, & même de la préfidence controverfée depuis trente ans; laquelle préfidence eft une fuite naturelle de la fonction qu'ils ont, & ont euë dans tous les tems, avant les Affeffeurs, & du rang qu'ils prennent, & ont toûjours pris, tant en la Chambre du Confeil, qu'en toutes affemblées publiques & particulieres; requerans l'adjonction de M^r le Procureur Général, pour être enjoint au Sieur Helix d'Aqueville, & autres Affeffeurs, de fe rendre aux ceremonies de l'Eglife en habit de leur état, principalement aux grandes Fêtes de l'année, & aux Proceffions generales, tant d'inftitution de l'Eglife, que de Fondation Roïale, fous les peines qu'il plaira à la Cour leur impofer, & les condamner aux dépens; au pied de laquelle eft l'Ordonnance & Signification d'icelle, aux Procureurs des parties; avec fommation de prendre communication de ladite piece, qui eft un Extrait du Regiftre des raports de la Vicomté d'Orbec, du 13. Novembre 1725. Autre Requête prefentée à la Cour, par lefdits Affeffeurs au Bailliage d'Orbec, le 30. Juillet audit an 1726. pour avoir acte de ce qu'ils emploïent le contenu en icelle, pour leur valoir de moïens d'adjonction au Sieur d'Aqueville, & de conteftation à la Requête des Gens du Roy, du 14. Décembre 1724. ce faifant, que les conclufions prifes par ledit Sieur d'Aqueville, dans fa Requête du 14. Janvier 1726. aufquelles ils donnent adjonction & perfiftent, leur feront acordées; au pied de laquelle eft l'Ordonnance & Signification d'icelle: Acte de reprife du procès, par ledit

Sieur de Freauval, signifié le 14. Juin 1727. Autre Requête présentée à la Cour, par lesdits Sieurs le Bas, le Normand & Simon, le 16. desdits mois & an, pour servir de contredits à la Requête & pieces nouvelles des parties ; au pied de laquelle est l'Ordonnance & Signification d'icelle : Factum imprimé, signifié de la part dudit Sieur Deshays & Joints, le 8. Janvier 1728. Requête présentée à la Cour par ledit Sieur Deshays & Joints, le 17. desdits mois & an, pour faire recevoir la piece y atachée, énoncée dans ledit Factum, aux fins de leurs conclusions ; ensuite est l'Ordonnance Ait acte, & soit la presente Requête & piece jointe, signifiée à parties, & signifiée ledit jour, avec sommation de prendre communication de ladite piece, qui est une Sentence renduë en Bailliage à Orbec, le 6. Mai 1726. renduë par un Sieur Morin Assesseur audit Siége : Mémoire imprimé servant de réponse pour les Gens du Roy d'Orbec, au Factum des Assesseurs ; ledit Mémoire signifié le 19. Avril audit an : Requête présentée à la Cour, par les Gens du Roy d'Orbec, le 18. Mars audit an, pour faire recevoir & joindre au procès, un Arrest de la Cour rendu entre le Sieur Nicolle de Beaucour, & les Gens du Roy des Bailliage & Vicomté de Torigny, le 6. Février 1722. aux fins de leurs conclusions prises par leurs Ecrits ; au pied de laquelle est l'Ordonnance Soit la Requête & piece communiquée à parties, pour y fournir de contredits, dans le delai de l'Ordonnance, & signifiée, avec sommation de prendre communication dudit Arrest y ataché, le 19. Avril audit an : Autre Requête présentée à la Cour par lesdits Assesseurs, le 17. Juillet audit an, pour faire recevoir un Arrest de la Cour, du 23. Aoust 1713. pour servir avec ladite Requête, de réponse sommaire au Mémoire imprimé, signifié de la part desdits Gens du Roy ; au pied est l'Ordonnance Ait acte, & soit la Presente & pieces y atachées, signifiée à parties, pour y aporter contestation dans le delai de l'Ordonnance, & signifiée le 19. avec sommation de prendre communication dudit Arrest, & d'un Extrait du Regiftre Plumitif du Gréfe du Bailliage de Torigny y ataché : Acte de protestation de nullité, signifié de la part des Gens du Roy, le 20. dudit mois : Autre Requête présentée à la Cour par lesdits Assesseurs, le 18. Juin 1729. pour faire recevoir un Arrest du Conseil, rendu entre les Assesseurs &

1731.
Mars.

Gens du Roy d'Alençon, pour le Siége d'Essey, le 28. Mars 1675. qui renvoïe les parties en la Cour, pour être donné Réglement, conformément au Réglement de 1580. au pied de laquelle est l'Ordonnance Soient la Requête & pieces communiquées à parties, pour y fournir de contredits dans le delai de l'Ordonnance, & signifiée le 27. dudit mois, avec sommation de prendre communication desdites pieces atachées avec ledit Arrest; qui consistent en trois certificats des Lieutenans generaux du Bailliage d'Alençon, des 30. & 31. Mars, & 17. Mai audit an : Imprimez de Memoire signifié de la part desdits Assesseurs, le 19. Décembre audit an ; & Addition de Mémoire signifié de la part des Gens du Roy, le 21. Janvier 1730. Autre Requête presentée à la Cour, par lesdits Gens du Roy d'Orbec, le 27. Février suivant, pour faire recevoir & joindre au procès, les pieces y atachées ; au pied de laquelle est l'Ordonnance Ait acte, & soit signifiée à parties, pour y aporter contestation dans le delai de l'Ordonnance, & signifiée le 28. avec sommation de prendre communication desdites pieces ; qui sont des Extraits des Regîstres du Conseil, des 24. Juillet 1615. 12. Octobre 1616. 25. Juin 1618. 15. dudit mois 1621. & trois Extraits d'Arrêts de la Cour, des 6. Mars 1652. 16. Décembre 1671. & 8. Février 1725. Imprimé d'Addition au Mémoire sommaire signifié de la part desdits Sieurs Conseillers-Assesseurs d'Orbec, le 20. Juin audit an, pour servir de réponse au Mémoire des Gens du Roy dudit lieu : Requête presentée à la Cour, par lesdits Conseillers-Assesseurs aux Bailliage & Vicomté d'Orbec, le 23. Aoust audit an, pour faire recevoir & joindre au jugement du procès, un Imprimé d'Edit du Roy, du 16. Septembre 1578. sur le Réglement & augmentation du pouvoir des Gens du Roy, en chacun Présidial, Bailliage, Senéchaussée & Prevôté Roïale ; & un autre Imprimé de Déclaration du Roy, du 22. Aoust 1634. portant désunion des Ofices de Conseillers, ci-devant joints & unis aux Charges des Avocats de Sa Majesté aux susdits Siéges ; ensuite est l'Ordonnance & Signification d'icelle, avec sommation de prendre communication desdites pieces y atachées : Et generalement ce que par lesdits Conseillers-Assesseurs, & les Conseillers-Avocats & Procureurs-Substituts du Procureur Genéral, a été écrit, mis & produit pardevers la Cour : Les Conclusions du Procureur Genéral ; & oüi le Raport du Sieur Hubert, Conseiller-Com-

DECLARATIONS ET ARRESTS.

missaire en icelle : Tout consideré ; LA COUR, la Grand'-Chambre assemblée, faisant droit sur les Requêtes, Ecritures & conclusions des parties, ensemble sur les Titres, Mémoires & instructions envoïées au Procureur General, en conséquence de l'Arrest de la Cour, du 5. Aoust 1728. & donnant Réglement en exécution de l'Arrest de renvoi du Conseil, du 17. Aoust 1663. entre les Conseillers du Roy Avocats & Procureurs-Substituts du Procureur General aux Bailliages particuliers & Vicomtez de la Province, & les Conseillers-Assesseurs ausdits Siéges ; a ordonné que lesdits Substituts ausdits Siéges, sont maintenus & gardez dans le droit & possession de cathédrer & présider en l'absence des Juges en chef & de leurs Lieutenans, par préference ausdits Assesseurs, aux procès par raport, & non aux Audiences, dont ils sont évincez : Comme aussi, lesdits Substituts sont maintenus au droit & possession d'avoir part aux distributions, raports & épices ; le tout, dans les procès où il ne sera point besoin du Ministere public ; parce que lesdits Substituts seront tenus de passer leur déclaration qu'ils renoncent de plaider, écrire ni de faire aucune fonction d'Avocat pour les parties, dans leurs Siéges ; laquelle déclaration ils seront tenus de passer & signer sur le Registre de leurs Siéges, dans deux mois du jour de la notification du present Arrest ; & parce que ceux desdits Substituts qui n'auront passé & signé ladite déclaration dans ledit tems, ne pourront présider & cathédrer aux procès de raport, ni avoir part aux distributions, raports & épices : Lesdits Substituts du Procureur General pareillement maintenus & gardez dans le droit de précéder lesdits Assesseurs, en rang & séance, en toutes Assemblées publiques & particulieres : Et faisant droit sur la Requête des Avocats & Procureurs-Substituts du Procureur General du chef-Bailliage de Caën, en date du   contre les Assesseurs de ladite Vicomté de Caën, les a renvoïez, pour leur être fait droit sur leur Instance particuliere pendante & apointée en la Cour ; tous dépens compensez : païeront ledit Helix & Joints le Raport & coût du present Arrest ; & feront les Vidimus d'icelui envoïez dans tous les Siéges de ce ressort, pour y être enregistrez, & exécutez selon leur forme & teneur. FAIT à Roüen en Parlement, le quatorziéme jour de Mars mil sept cens trente-un. Par la Cour, Signé, AUZANET.

Déclaration du Roy, au sujet des Herbes de Mer, connuës sous les noms de *Varech* ou *Vraicq*, *Sar* ou *Goüesmon*, sur les Côtes des Provinces de Flandre, Païs conquis & reconquis, Boulonnois, Picardie & Normandie.

Du 30. Mai 1731.

1731.
Mai.

LOUIS par la grace de Dieu, Roy de France & de Navarre : A tous ceux qui ces presentes Lettres verront, SALUT. Nous avons été informez que les herbes de Mer, connuës sous les noms de Varech ou Vraicq, Sar ou Goüesmon, qui croissent sur les rochers au bord de la Mer, conservent le frai du poisson qui s'amasse autour de ces herbes ; que les poissons qui y éclosent y trouvent un abri & une pâture assurée ; qu'ils s'y fortifient & y séjournent pendant l'été & une partie de l'automne, jusqu'à ce que les eaux devenant froides, les obligent de se retirer dans le fond de la Mer. Ces raisons Nous ont déterminé à donner des ordres pour la conservation de ces herbes, afin de rétablir l'abondance du poisson sur les Côtes de nôtre Roïaume, que les diférens abus, tant par raport à la pêche, que par raport à la coupe de ces herbes, avoient entierement détruite. Nous avons à cet éfet renouvelé les dispositions de l'Ordonnance de la Marine, du mois d'Aoust 1681. au sujet de la coupe du Varech sur les Côtes de nos Provinces de Normandie & de Picardie, & Nous avons en même tems défendu de faire cette coupe, dans les tems que le frai du poisson & le poisson du premier âge séjournent à la Côte : Cependant comme ces sortes d'herbes sont nécessaires à partie des habitans de ces Provinces, pour l'engrais de leurs terres, Nous avons fait faire des visites exactes sur les Côtes desdites Provinces, pour être informé des endroits où les habitans ne peuvent point s'en passer, pour l'engrais de leurs terres, & de ceux où il y en a sufisamment, pour pouvoir fournir à cet engrais & à faire de la soude, (marchandise nécessaire pour la fabrication du Verre) & du tems pendant lequel il convenoit d'en permettre la coupe, en conciliant la conservation du frai du

DECLARATIONS ET ARRESTS.

poisson & du poisson du premier âge, avec le besoin que les habitans pouroient avoir de ces herbes, plûtôt dans une saison que dans une autre; il Nous a été remis à ce sujet des Mémoires exacts, par lesquels Nous avons connu qu'il y avoit plusieurs Amirautez, & diférentes Paroisses dans d'autres Amirautez, où il ne croissoit point de ces sortes d'herbes, parce que toutes les Côtes de ces Paroisses étoient couvertes de sable ou de vases, sans qu'il y eût aucuns rochers; qu'il y avoit des endroits aussi où l'on ne faisoit aucun usage de ces herbes pour l'engrais des terres, parce que les habitans avoient par le moïen de leurs bestiaux des engrais plus que sufisans, & que Nous pourions permettre la coupe de ces herbes, sur les Côtes de l'Amirauté de Cherbourg, pour être converties en soude, parce qu'il y en croît au-delà de ce qu'il en faut pour l'engrais des terres, & que cette coupe peut y être faite pendant l'été, sans qu'il en résulte un grand préjudice au frai du poisson & au poisson du premier âge. A CES CAUSES, & autres à ce Nous mouvant, de nôtre certaine science, pleine puissance & autorité Roïale, Nous avons dit, déclaré & ordonné, & par ces Presentes signées de nôtre main, disons, déclarons & ordonnons, voulons & Nous plaît ce qui suit.

TITRE PREMIER.

Des Habitans des Côtes de la Mer des Provinces de Flandre, Païs conquis & reconquis, Boulonnois, Picardie & Normandie, qui peuvent faire la coupe des herbes connuës sous les noms de Varech ou Vraicq, Sar ou Goüesmon, & de ceux ausquels il est défendu de faire cette coupe.

ARTICLE PREMIER.

Amirauté de Fescamp.

Les habitans de la Paroisse de Criquebeuf & des Hameaux qui en dépendent, pouront faire la coupe des herbes de Mer, connuës sous les noms de Varech ou Vraicq, Sar ou Goüesmon, pendant trente jours, qui seront choisis par la Communauté, entre le troisiéme jour avant la pleine Lune de Mars, & le troisiéme jour après la pleine Lune d'Avril.

Article II.
Amirauté du Havre.

Ceux des Paroisses d'Heuqueville, Cauville, Octeville & ses Hameaux, Bléville, Sainte-Adresse, Ingouville, le Havre & la Grande-Heure, pourront faire ladite coupe pendant trente jours, qui seront aussi choisis entre le troisième jour avant la pleine Lune de Mars, & le troisième jour après la pleine Lune d'Avril.

Article III.
Amirauté d'Oystreham.

Ceux des Paroisses d'Hermanville, Lion & ses Hameaux, Luc, Langrune & ses Hameaux, Bernieres & Courseules, pourront aussi faire ladite coupe, pendant lesdits trente jours, qui seront choisis entre le troisième jour avant la pleine Lune de Mars, & le troisième jour après la pleine Lune d'Avril.

Article IV.
Amirauté de Bayeux.

Ceux des Paroisses d'Arromanche, Tracy, Manvieux, Fontenaille, Longues, Marigny, Comme & ses Hameaux, Port en Bessin, Hupain, Villers, Sainte-Honorine-des-Pertes, Colleville & Saint-Laurent, pourront aussi faire ladite coupe, pendant les mêmes trente jours que dessus, qui seront choisis entre le troisième jour avant la pleine Lune de Mars, & le troisième jour après la pleine Lune d'Avril.

Article V.
Amirauté de Grandcamp.

Les Habitans des Paroisses de Vierville, Saint-Pierre du Mont, Angleville & Grandcamp, pourront faire la coupe des herbes de Mer, connuës sous les noms de Varech ou Vraicq, Sar ou Goüesmon, pendant trente jours, à compter du quinziéme de Mars, jusqu'au quinziéme d'Avril suivant.

Article VI.
Amirauté de la Hougue.

Ceux des Paroisses de Fontenay & ses Hameaux, Quinéville, Lestre, & Saint-Vaast de la Hougue, pourront aussi faire la coupe desdites herbes, pendant trente jours des mois de Janvier & Février.

DECLARATIONS ET ARRESTS. 299

Article VII.
Amirauté de Barfleur.

Ceux des Paroisses de Réville & ses Hameaux, Monfarville & son Hameau, Barfleur, Gatteville, Gouberville, Néville, Retoville, Coqueville & ses Hameaux, Fermanville & ses Hameaux, Maupertuis & Breteville pourront aussi faire la coupe des herbes de Mer, connuës sous les noms de Varech ou Vraicq, Sar ou Goüesmon, pendant trente jours, qui seront choisis depuis le quinziéme de Janvier jusqu'au cinquiéme de Mars suivant.

Article VIII.
Amirauté de Cherbourg.

Ceux des Paroisses de Cherbourg, Equeudreville, Hainneville & son Hameau, Quierqueville, Nacqueville, Urville, Omonville-la-Grande, Diguleville, Omonville-la-Petite, Saint-Germain-des-Vaux & ses Hameaux, Auderville, Jobourg & ses Hameaux, Herqueville, Siouville, Flamanville & ses Hameaux, Siotot & son Hameau, & Rozel, qui voudront emploïer lesdites herbes de Mer, pour l'engrais de leurs terres, pourront en faire la coupe pendant trente jours, qui seront choisis entre le troisiéme jour avant la pleine Lune de Mars & le troisiéme jour après la pleine Lune d'Avril.

Ceux desdites Paroisses qui voudront emploïer lesdites herbes à faire de la Soude, pourront en faire la coupe, à commencer du quinziéme de Juillet, jusqu'à la fin de Septembre.

Article IX.
Amirauté de Portbail & Carteret.

Ceux des Paroisses des Moutiers-d'Alognes, Carteret, Barneville & ses Hameaux, Saint-Georges, Goüey, Portbail, Surville, Breteville & ses Hameaux, & Saint-Germain-sur-Ay, pourront aussi faire ladite coupe pendant trente jours, qui seront choisis depuis le vingtiéme Janvier jusques & compris le huitiéme jour après la pleine Lune de Mars.

Article X.
Amirauté de Coûtances.

Les habitans des Paroisses de Creances & ses Hameaux, Pirou & ses Hameaux, Geffosse & ses Hameaux, Anneville,

Grouville, Moncarville, Linverville, Blainville & ses Hameaux, Agon & ses Hameaux, Grimouville & ses Hameaux, Requeville, Montmartin & ses Hameaux, Hauteville & ses Hameaux, Anneville, Lingreville & ses Hameaux & Briqueville, pourront faire la coupe des herbes de Mer, connuës sous les noms de Varech ou Vraicq, Sar ou Goüesmon, pendant trente jours, qui seront choisis depuis le premier Février, jusqu'au huitiéme jour après la pleine Lune de Mars.

ARTICLE XI.
Amirauté de Granville.

Ceux des Paroisses de Douville, Granville, Saint-Pair & ses Hameaux, Boüillon, Carolles, Champeaux & Saint-Jean-le-Thomas, pourront aussi faire ladite coupe pendant lesdits trente jours, qui seront choisis depuis le premier Février, jusqu'au huitiéme jour après la pleine Lune de Mars.

ARTICLE XII.

Ceux qui ne seront point des Paroisses dénommées au present Titre, ne pourront y faire la coupe desdites herbes de Mer, pour quelque cause & sous quelque prétexte que ce puisse être, à peine de trois cens livres d'Amende pour la premiere fois, & de punition corporelle en cas de récidive; & les habitans des autres Paroisses maritimes desdites Provinces de Flandre, Païs conquis & reconquis, Boulonnois, Picardie & Normandie, ne pourront aussi, sous les mêmes peines, faire dans aucuns tems de l'année, la coupe desdites herbes de Mer, soit qu'il y en ait actuellement sur les Côtes de leur territoire, ou qu'il y en croisse par la suite.

TITRE II.
De la maniere de faire la coupe des herbes de Mer, connuës sous les noms de Varech ou Vraicq, Sar ou Goüesmon.

ARTICLE PREMIER.

Les habitans de chacune des Paroisses dénommées dans le Titre premier des Presentes, s'assembleront le premier Dimanche du mois de Janvier de chaque année, à l'issuë de la Messe Paroissiale, pour régler le nombre des jours qu'ils prendront d'entre ceux fixez par ledit Titre premier des Presentes, pour faire la coupe des herbes de Mer, connuës sous les noms de Varech ou Vraicq, Sar ou Goüesmon.

Article II.

L'Assemblée sera convoquée par les Sindics, Marguilliers ou Tresoriers de chaque Paroisse, & le résultat en sera publié & afiché à la principale porte de l'Eglise à leur diligence, à peine de dix livres d'Amende.

Article III.

Lesdits Sindics, Marguilliers ou Tresoriers remettront au Gréfe de l'Amirauté du ressort, sous la même peine de dix livres d'Amende, un double du résultat de ladite Assemblée, deux jours après qu'elle aura été tenuë.

Article IV.

La coupe ou récolte desdites herbes sera faite à la main, avec couteau ou faucille : Défendons de la faire d'une autre maniere, & d'arracher lesdites herbes avec la main, & avec des rateaux ou autres instrumens qui puissent les déraciner, à peine contre les contrevenans, de trois cens livres d'Amende pour la premiere fois, & de punition corporelle en cas de récidive.

Article V.

Ladite coupe ou récolte ne poura être faite ni pratiquée dans d'autres tems que ceux fixez par les Articles du Titre premier des Presentes, sous la même peine de trois cens livres d'Amende pour la premiere fois, & de punition corporelle en cas de récidive.

Article VI.

Faisons défenses aux habitans desdites Paroisses, de couper lesdites herbes pendant la nuit, & hors les tems réglez par la Délibération de la Communauté, de les cüeillir ailleurs que dans l'étenduë des Côtes de leurs Paroisses, & de les vendre aux forains ou porter sur d'autres territoires, à peine de cinquante livres d'Amende, & de confiscation des chevaux & harnois.

TITRE COMMUN.

Article premier.

Faisons défenses à tous Seigneurs voisins de la Mer, de

s'aproprier aucune portion de rochers ou de côtes, où croissent les herbes de Mer, connuës sous les noms de Varech ou Vraicq, Sar ou Goüesmon, d'empêcher leurs Vassaux de les enlever, dans les tems que la coupe en poura être faite, d'exiger aucune chose pour leur en acorder la liberté, & d'en donner la permission à d'autres, à peine de concussion.

Article II.

Pourront les Riverains, dans les tems que ladite coupe poura être faite, faire la récolte desdites herbes croissant dans l'étenduë des Pêcheries exclusives qui sont conservées, sans que les propriétaires de ces Pêcheries puissent les en empêcher, pour se les atribuer, exiger aucune chose pour leur en acorder la liberté, ni en donner la permission à d'autres, à peine de concussion, & sans aussi que ceux qui tiendront lesdites Pêcheries exclusives, puissent empêcher lesdits Riverains de faire la récolte de celles qui y auront crû, à peine de cinquante livres d'Amende.

Article III.

Permettons aux Pêcheurs & autres, d'aller avec Bâteaux, pour cüeillir en tous tems & en toutes saisons, lesdites herbes qui croissent sur les Isles & les rochers en pleine Mer, & les transporter où bon leur semblera, sans qu'ils puissent y être troublez, ni inquietez pour quelque cause que ce puisse être, à peine de cinquante livres d'Amende.

Article IV.

Permettons aussi à toutes personnes, de prendre indiférement en tous tems & en tous lieux, lesdites herbes détachées des rochers par l'agitation de la Mer, & jettées à la Côte par le flot, & de les transporter où bon leur semblera, soit pour être emploïées à l'engrais des terres, ou à faire de la soude; défendons de les y troubler ni inquieter, quand bien même ceux qui enléveroient ces herbes, les auroient prises sur d'autres territoires que le leur, à peine contre les contrevenans de cinquante livres d'Amende.

Article V.

Voulons que lesdites herbes de Mer, qui seront destinées à être converties en soude, soit qu'elles aïent été coupées sur les rochers qui bordent les côtes de l'Amirauté de Cherbourg, ou sur les Isles & les rochers deserts en pleine Mer, ou jettées par le flot sur les Côtes de nos Provinces de Flandre, Païs conquis & reconquis, Boulonnois, Picardie & Normandie, ne puissent être brûlées pour quelque cause & sous quelque prétexte que ce puisse être, que dans les tems que le vent viendra des terres, & portera du côté de la Mer, à peine contre les contrevenans de trois cens livres d'Amende.

Article VI.

Les contraventions aux Presentes seront poursuivies, à la requête de nos Procureurs dans les Amirautez, & les Sentences qui en interviendront contre les délinquans, seront exécutées pour les condamnations d'Amende, nonobstant l'apel & sans préjudice d'icelui, jusqu'à concurrence de trois cens livres, sans qu'il puisse être acordé de défenses, même lorsque l'Amende sera plus forte, que jusqu'à concurrence de ce qui excedera ladite somme de trois cens livres.

Article VII.

Ceux qui apelleront desdites Sentences, seront tenus de faire statuer sur leur apel, ou de le mettre en état d'être jugé définitivement, dans un an du jour & date d'icelui, sinon & à faute de ce faire, ledit tems passé, lesdites Sentences sortiront leur plein & entier éfet, & les Amendes seront distribuées conformément ausdites Sentences, & les dépositaires d'icelles bien & valablement déchargez.

Les dispositions contenuës aux Presentes seront exécutées dans nos Provinces de Flandre, Païs conquis & reconquis, Boulonnois, Picardie & Normandie.

SI DONNONS EN MANDEMENT à nos amez & feaux les Gens tenans nos Cours de Parlement, que ces Presentes ils fassent lire, publier & registrer, & le contenu en icelles gardet & observer, selon leur forme & teneur, nonobstant tous Edits, Déclarations, Arrêts, Ordonnances, Réglemens, Clameur de Haro, Chartre Normande, & autres choses à ce contraires, ausquelles Nous avons dérogé & dérogeons par cesdites Presentes : Voulons qu'aux copies d'icelles, collationnées par l'un de nos amez & feaux Conseillers-Secrétaires, foi soit ajoûtée comme à l'original, CAR tel est nôtre plaisir. En témoin de quoi Nous avons fait mettre nôtre Scel à cesdites Presentes. DONNÉ à Versailles, le trentiéme jour du mois de Mai, l'an de grace mil sept cens trente-un ; & de nôtre Régne le seiziéme. Signé, LOUIS: Et plus bas, Par le Roy, PHELYPEAUX. Et scellée du grand Sceau de cire jaune.

Lûë, publiée & registrée, la grande Audience de la Cour séante. A Roüen en Parlement, le 5. Juillet 1731. Signé, AUZANET.

Déclaration du Roy, portant Réglement sur les Aliénations ou Aquisitions faites par Actes séparez, de la propriété des Fiefs & des Domaines non fiéfez, situez en Normandie, en ce qui concerne les droits des personnes y mentionnées.

Du 23. Juin 1731.

1731.
Juin.

LOUIS par la grace de Dieu, Roy de France & de Navarre: A tous ceux qui ces presentes Lettres verront, SALUT. Depuis que pour l'avantage du commerce, & pour l'interêt des familles, il a été permis de disposer des Fiefs, ainsi que des autres biens héréditaires & patrimoniaux; l'esprit général des Loix & des Coûtumes, a été d'empêcher qu'on n'abusât de cette liberté, contre les droits légitimes des Seigneurs feodaux, ou des parens lignagers du vendeur. C'est dans cette vûë que la Coûtume de Normandie a décidé, par l'Article D. qu'en cas de fraude commise, au préjudice du droit de retrait apartenant aux lignagers ou aux Seigneurs feodaux, le terme ordinaire de leur Action, seroit prorogé jusqu'au tems de trente années : Et quoique cette Coûtume n'ait pas assujetti les baux à rente fonciere & non rachetable, au païement des droits Seigneuriaux, nôtre Cour de Parlement de Normandie voulant prévenir la fraude que l'on pouvoit commettre, en convenant secrétement que la rente seroit rachetée dans un certain tems ; a établi que ces sortes de baux donneroient lieu aux mêmes droits que les ventes, lorsque le rachat en seroit fait dans l'année même du contrat : Mais l'expérience aïant fait connoître la facilité d'éluder ce Réglement, en atendant pour consommer le rachat, qu'un terme si court fût expiré ; le feu Roy nôtre très-honoré Seigneur & Bisaïeul, jugea à propos d'oposer à cet abus, un re-

DECLARATIONS ET ARRESTS. 309

mede plus éficace, en ordonnant par la Déclaration du 14. Janvier 1698. que les baux à rente ou à fiéfe feroient fujets aux droits Seigneuriaux, lorfque le rachat en feroit fait avant trente années, à compter du jour du contrat ; & par nos Déclarations des 10. Janvier & 26. Mai 1725. Nous avons étendu la même difpofition au retrait, foit féodal ou lignager. Mais après avoir fait ceffer l'abus des ventes déguifées fous le nom de baux à rente ou à fiéfe, il refte encore à réprimer un autre genre de fraude, qui s'eft introduit dans la même Province, & dont il eft d'autant plus important d'arrêter le progrès, qu'on fe fert de la lettre même de la Coûtume, pour en éluder le véritable efprit, fous prétexte qu'elle acorde aux propriétaires de Fief, la liberté d'en vendre le Domaine utile, fans démiffion de foi, & à condition de conferver une portion fufifante, pour aquiter les charges Seigneuriales. On abufe de cette faculté, pour parvenir par des aliénations fucceffives, à priver le Seigneur dominant de fes droits : Par ces aliénations, on fépare le Fief de ce qui compofe le Domaine utile de la Terre, foit que ce démembrement commence par l'un ou qu'il s'opere d'abord par l'autre : Mais dans la véritable intention des contractans, la féparation n'eft que feinte ou aparente ; les deux parties du même tout ainfi divifées pour un tems, fe retrouvent bien-tôt dans la main du même propriétaire. Si le Domaine utile a été aliéné d'abord, cette aliénation pour laquelle il ne pouvoit être dû de droits qu'au vendeur, qui s'étoit réfervé le Fief, eft fuivie de celle du Fief même, qui paffe en vertu d'une convention fecréte, à l'aquereur ou à fes héritiers ; ou fi l'aliénation a commencé par le Fief, le Domaine utile y eft enfuite réüni, au moïen d'un retrait feodal, que l'aquereur ou fes héritiers exercent fur une perfonne interpofée, qui en fait l'aquifition. Par ces Actes multipliez la propriété de la Terre entiere, eft réellement transferée ; & cependant les droits qui feroient païez à proportion de fa valeur entiere, fi elle avoit été venduë par un feul Acte, ne fe païent que fur le pied de la valeur du Fief feul, & fouvent même ne font pas dûs, fi ce Fief eft aliéné par un Acte de libéralité, ou pour une rente fonciere qui ne foit point rachetée. C'eft ainfi que les Seigneurs fe voïent privez de leurs droits, ou de la faculté d'exercer le retrait feodal, & que les parens perdent l'a-

1731.
Juin.

vantage de pouvoir conserver en entier, par la voïe du retrait lignager, l'ancien patrimoine de leur famille. Enfin, les roturiers qui veulent s'exemter du droit de Francs-fiefs, ou le réduire presqu'à rien, se servent de la même voïe, en achetant d'abord le Domaine utile, pour le véritable prix de la vente, & en aquerant ensuite le Fief, pour une rente fonciere, ou pour une somme modique. La diversité de jurisprudence qui s'est formée sur ce point, entre nôtre Parlement de Paris & celui de Normandie, dont l'un entrant dans l'intention éfective des contractans, a présumé la fraude en plusieurs ocasions, par la proximité & par l'éfet des Actes, pendant que l'autre ne trouvant pas cette présomption sufisante, s'atache à l'exécution litterale de ces Actes, est une nouvelle raison, pour Nous déterminer à établir une régle uniforme sur cette matiere, qui étant également connuë dans les diférens Tribunaux, où la question peut être agitée, y prévienne également tous les genres de fraudes qui ont excité nôtre atention. Nous ne pouvons prendre une route plus sûre pour y parvenir, que d'apliquer autant qu'il convient à ces genres de fraudes, le même remede que les Déclarations de 1698. & de 1725. ont emploïé contre la fraude qui se pratiquoit à l'ocasion des Baux à rente, en fixant un tems, à l'exemple de ces Loix, dans lequel le seul fait du concours de la propriété du Fief & de celle du Domaine utile, dans la même personne, aura les mêmes éfets à l'égard des droits Seigneuriaux, du retrait feodal ou lignager, & des droits de nôtre Domaine, que si la Terre entiere avoit été aliénée par un seul Titre : Mais comme la translation de la propriété des diférentes parties d'une Terre, est plus dificile à cacher pendant long-tems, que le rachat d'une rente ; Nous avons jugé qu'au lieu du terme de trente années porté par ces Déclarations, celui de dix ans seroit sufisant ; d'autant plus que si la fraude est découverte après ce tems, elle ne demeurera pas impunie, au moïen de la disposition de l'Article D. de la Coûtume de Normandie, que Nous voulons être exactement observée, & dont Nous aférmirons encore plus l'exécution, en y ajoûtant les peines convenables aux diférens objets que la fraude peut avoir. Pendant que Nous réformerons d'un côté, l'abus qui se faisoit au moïen des aliénations séparées, Nous assûrerons de l'autre, la condition de ceux qui après avoir aquis une partie de la

Terre,

Terre, se trouveront avoir droit au surplus, en vertu de Titres, qui par leur nature même, sont exemts de tout soupçon de fraude, & que Nous avons jugé à propos de déterminer précisément. C'est ainsi qu'en prenant toutes ces précautions, soit pour ne pas confondre la bonne-foi avec la mauvaise, soit pour concilier autant qu'il est possible, la liberté du commerce, avec les intérêts des Seigneurs de Fief, ceux des parens lignagers, & les droits de nôtre Domaine; Nous aurons la satisfaction de suivre & d'afermir ces régles dictées par l'équité naturelle, que dans tous les Actes, la vérité doit l'emporter sur la simulation, & ce qui se passe entre deux parties, ne doit pas nuire à un tiers; en sorte que les intérêts de tous étans également en sûreté, Nous puissions espérer de n'être pas obligez de porter plus loin la prévoïance de la Loi. A CES CAUSES, & autres à ce Nous mouvant, de l'avis de nôtre Conseil, & de nôtre certaine science, pleine puissance & autorité Roïale, Nous avons par ces Presentes signées de nôtre main, dit, déclaré & ordonné, disons, déclarons & ordonnons, voulons & Nous plaît ce qui suit.

ARTICLE PREMIER.

Lorsque la propriété du Fief, & celle du Domaine utile ou non fiéfé de la même Terre, aïant été transferées par des Actes séparez, auront passé de quelque maniere que ce soit, (à l'exception des cas ci-après marquez) entre les mains du même propriétaire, dans l'espace de dix années, à compter du jour de la premiere desdites aliénations séparées ; il sera au choix des Seigneurs, dont la Terre sera mouvante, de la retirer féodalement en entier, ou d'exiger les droits de Treiziéme, & autres portez par la Coûtume de Normandie, sur le même pied qu'ils auroient été dûs, si le tout avoit été aliéné par un seul Acte ; & en conséquence, la demande en retrait féodal poura être intentée, dans le delai porté par la Coûtume, à compter du jour de la lecture faite, en la forme prescrite par ladite Coûtume, du dernier Acte, au moïen duquel la translation de la propriété desdits Fiefs & Domaines utiles, se trouvera consommée en la même personne ; & pareillement la demande en païement des droits Seigneuriaux, poura être formée dans le tems réglé par la Coûtume, à compter du jour de la derniere des aliénations.

II. La demande en retrait lignager sera pareillement ouverte audit cas, pour la totalité de la Terre ainsi aliénée; & ce, à compter du jour de la lecture du dernier Acte, au moïen duquel la translation de la propriété desdits Fief & Domaine utile, se trouvera consommée en la même personne.

III. Les roturiers qui auront aquis séparément lesdits Fief & Domaine utile ou non fiéfé, dans le même tems de dix années, à compter du jour de la premiere aquisition, seront sujets aux Droits de Francs-fiefs, sur le même pied que s'ils avoient aquis le tout par un seul Acte.

IV. N'entendons néanmoins que la disposition des trois Articles précédens, soit exécutée, lorsque la propriété du Fief & celle du Domaine utile, concourront en la personne du même propriétaire, comme héritier de celui qui avoit aliéné une partie de la Terre, ou de ses héritiers, ou au moïen de la succession qui se défére au Seigneur, dans le cas de deshérence & ligne éteinte, bâtardise, ou confiscation pour crime. Exceptons pareillement la voïe de la donation de la portion retenuë, dans le tems de l'aliénation de l'autre partie de la Terre, lorsque le donataire se trouvera héritier présomptif du donateur, au tems de la donation; comme aussi, le cas de la donation faite par la femme au mari, en faveur de mariage.

V. N'entendons aussi préjudicier à l'exécution des Actes qui contiendroient les aliénations séparées desdits Fief & Domaine utile, en tout ce qui ne concernera point les droits de nôtre Domaine, les droits Seigneuriaux, & le retrait féodal ou lignager.

VI. La disposition des Articles I. II. & III. ci-dessus, n'aura lieu que pour les Terres qui seront aliénées à l'avenir, ou par raport à celles dont une partie auroit été aliénée avant nôtre presente Déclaration; en cas seulement, que postérieurement à icelle, le surplus de la même Terre passe au même propriétaire, dans le tems & ainsi qu'il a été ci-dessus réglé.

VII. Voulons au surplus, que l'Article D. de la Coûtume de Normandie, soit exécuté selon sa forme & teneur, & en conséquence, qu'il puisse être fait preuve, même après le tems de dix années ci-dessus marqué, & jusqu'au terme de trente années, de la fraude qui auroit été commise dans les aliénations, au préjudice des droits de nôtre Domaine, des droits Seigneuriaux, ou du retrait féodal ou lignager: Et au cas qu'il soit jugé qu'il y a eu de la fraude, voulons que le retrait féodal ou lignager puisse être exercé, conformément audit Article; & qu'à l'égard des droits Seigneuriaux & de Francs-fiefs, ceux qui en auroient été tenus, soient condamnez au païement du double desdits droits, sans que ladite peine puisse être remise ni moderée.

SI DONNONS EN MANDEMENT à nos amez & féaux Conseillers les Gens tenans nôtre Cour de Parlement de Normandie, que ces Presentes ils aïent à faire lire, publier & registrer, & le contenu en icelles exécuter, garder & observer, selon leur forme & teneur; CAR tel est nôtre plaisir. En témoin de quoi, Nous avons fait mettre nôtre Scel à cesdites Presentes. DONNÉ à Fontainebleau, le vingt-troisiéme jour de Juin, l'an de grace mil sept cens trente-un; & de nôtre Régne le seiziéme. Signé, LOUIS: Et plus bas, Par le Roy, CHAUVELIN. Et scellée du grand Sceau de cire jaune.

Lûë, publiée & regiſtrée, la grande Audience de la Cour seante. A Roüen en Parlement, le 17. Juillet 1731. Signé, AUZANET.

Lettres Patentes du Roy, pour l'Enregiſtrement de l'Edit du mois de Juillet 1693. y inséré, qui établit les formalitez qui seront observées à l'avenir, pour purger de toutes hipotéques, les Biens que le Roy aquerra dans la suite.

Du 3. Juillet 1731.

LOUIS par la grace de Dieu, Roy de France & de Navarre: A nos amez & feaux les Gens tenans nôtre Cour de Parlement à Roüen, SALUT. Le feu Roy nôtre très-honoré Seigneur & Bisaïeul, auroit par son Edit du mois de Juillet 1693. réglé les formalitez qui doivent être observées, pour purger de toutes hipotéques, les biens qui seront aquis à nôtre profit, dont la teneur ensuit.

LOUIS par la grace de Dieu, Roy de France & de Navarre: A tous presens & à venir, SALUT. Nous avons eu un soin tout particulier d'assûrer par nos Ordonnances, le repos de nos Sujets, & la possession paisible de leurs biens: De toutes celles que Nous avons faites, il n'y en a aucune qui ait pourvû aux moïens de Nous faire joüir avec toute sûreté, des biens que Nous pourions aquerir, & dans la joüissance desquels Nous pourions être inquiétez, si le respect n'empêchoit nos Sujets de Nous y troubler; ce qui seroit un éfet de nôtre autorité, contraire à la justice que Nous leur avons toûjours voulu conserver, dans les afaires dans lesquelles Nous avons intérest: Et pour leur en donner de nouveaux témoignages, Nous avons résolu d'établir des formalitez, qui seront observées pour les aquisitions que Nous avons faites, & ferons à l'avenir, lesquelles tiendront lieu à cet égard, des procédures qui se font, pour parvenir aux Ajudications par decret. A CES CAUSES, & autres à ce Nous mouvant, & de nôtre certaine science, pleine puissance & autorité Roïale, Nous avons par nôtre present Edit perpétuel & irrévocable, statué & ordonné, statuons & ordonnons que les contrats d'aquisitions qui seront faits à nôtre profit, seront acceptez par les Commissaires aïans charge & pouvoir de Nous, & reçûs par Notaires en la maniere acoûtumée. Il sera envoïé des Expéditions à nôtre Procureur Général au Parlement, dans le ressort duquel les biens seront situez, lequel fera faire des afiches, contenant les déclarations en détail, par tenans & aboutissans, des biens qui auront été aquis, leurs situations, les noms de ceux qui les auront vendus, le prix de la vente, les termes & la maniere des païemens, les dates des contrats, les noms des Notaires qui les auront reçûs, & les domiciles élûs par les vendeurs; lesquelles il fera remettre aux Curez des Paroisses du domicile du vendeur, & de celles où les biens sont situez, pour être publiées aux Prônes des Messes Paroissiales, par trois jours de Dimanches consécutifs, de quinzaine en quinzaine; & outre ce, lûes, publiées & afichées par les Sergens ou Huissiers qui en seront chargez, aux principales portes des Eglises des Paroisses, & aux Foires & Marchez des lieux publics d'icelles, lorsqu'il y en aura. Les Curez desdites Paroisses aïans fait lesdites publications, seront tenus de les renvoïer avec leurs certificats, à nôtredit Procureur Général, huitaine après que la derniere aura été faite; seront pareillement tenus les Huissiers ou Ser-

DECLARATIONS ET ARRESTS.

gens, d'envoïer dans le même delai, leurs Procès verbaux des publications & apofitions d'afiches qu'ils auront faites, à nôtredit Procureur Général. Nous voulons & entendons qu'outre lefdites publications faites par les Curez defdites Paroifles, & celles des Huifliers ou Sergens, il en foit encore fait une par le Gréfier, à l'Audience de la Juftice, ou des Juftices Roïales, dans lefquelles les biens feront fituez, & pareilles afiches mifes & apofées aux portes des Palais & Auditoires, dont il fera dreffé des Procès verbaux, par les Huifliers ou Sergens qui les auront faites: lefdits Procès verbaux feront envoïez à nôtre Procureur Général, lequel prefentera enfuite Requête audit Parlement, contenant ce qui aura été fait, fur laquelle il fera rendu Arreft, portant qu'il fera fait une derniere publication par le Gréfier des Decrets dudit Parlement, l'Audience tenant, & des afiches mifes & apofées aux portes du Palais, afin que ceux qui pourroient prétendre droit de propriété ou d'hipotéque fur les biens à Nous vendus, puiffent s'opofer dans le mois; lefquelles publications & afiches feront auffi certifiées, tant par ledit Gréfier, que par les Huifliers qui les auront publiées & afichées. Si dans le mois après lefdites publications, il n'étoit formé aucune opofition, nôtre Procureur Général prefentera une autre Requête, à laquelle il atachera les certificats des Gréfiers, & expofera que les formalitez prefcrites par nôtre prefente Déclaration, auront été obfervées; & n'y aïant aucunes opofitions fubfiftantes, fuivant les certificats, requerra que Nous foïons confirmez dans la propriété des biens aquis, fur laquelle Requête il fera rendu Arreft définitif, conforme aux Conclufions de nôtre Procureur Général; au moïen duquel les biens par Nous aquis, feront déchargez de toutes hipotéques, à l'exception feulement des fubftitutions & des doüaires. S'il eft formé des opofitions, elles feront faites au Gréfe du Parlement, dans l'étenduë duquel les biens feront fituez, & écrites par les Gréfiers, fur un Regiftre qui fera deftiné à cet éfet, fur lequel les opofans, ou ceux qui auront pouvoir d'eux, figneront leurs opofitions, lefquelles contiendront les noms, furnoms & demeures des opofans, leur élection de domicile chez un Procureur, & les caufes defdites opofitions, qui feront libellées en détail, à peine de nullité; ce qu'étant fait, les Gréfiers mettront dans la huitaine, après que lefdites opofitions auront été formées, ès mains de nôtre Procureur Général, des extraits defdites opofitions fignez d'eux, à peine des dépens, dommages & intérêts des parties, pour être fignifiées aux vendeurs dans la quinzaine, avec fommation de les faire vuider. Les opofitions formées pour deniers, ou afin de conferver, demeureront converties de plein droit en faifies & arrêts, & celles pour charges ou diftractions, feront jugées en la maniere ordinaire, à la diligence des vendeurs; & ne poura être la derniere publication faite, que lefdites opofitions n'aïent été levées & terminées. S'il n'y a point d'opofitions formées, mais feulement des délégations du vendeur, le prix des biens vendus fera païé des deniers de nôtre Trefor Roïal, aux créanciers déleguez par les vendeurs, fuivant les claufes & conditions portées par les contrats; & s'il y a des opofitions, Nous voulons & entendons que le prix defdites aquifitions foit configné de nos deniers, & les ordres & diligences faites pour la diftribution du prix, en la forme & maniere acoûtumée, dans les ventes par decret entre particuliers: Voulons néanmoins que pour tous droits de Confignations, les Receveurs & Contrôleurs ne puiffent avoir ni prétendre que trois deniers pour livre; leur défendons d'en prendre ni exiger de plus grands, à peine de concuffion: Et fi les biens que Nous aquerrons, étoient faifis réellement, Nous voulons & entendons que les contrats de vente & aquifitions, foient faits & paffez avec & du confentement du faififfant pourfuivant criées.

SI DONNONS EN MANDEMENT à nos amez & feaux Confeillers les Gens tenans nôtre Cour de Parlement à Paris, que nôtre prefent Edit ils faffent publier, lire & enregiftrer, & le contenu en icelui garder & obferver de point en point, felon fa forme & teneur, nonobftant tous Edits, Déclarations, Ordonnances, & autres chofes à ce contraires; aufquels Nous avons dérogé & dérogeons; CAR tel eft nôtre plaifir: Et afin que ce foit chofe ferme & ftable à toûjours, Nous y avons fait mettre nôtre Scel. DONNE' à Verfailles, au mois de Juillet, l'an de grace mil fix cens quatre-vingt-treize; & de nôtre Régne le cinquante-uniéme. Signé, LOUIS: Et plus bas, Par le Roy, PHELYPEAUX: *Vifa*, BOUCHERAT. Et fcellé du grand Sceau de cire verte, en lacs de foïe rouge & verte.

DECLARATIONS ET ARRESTS.

Et comme cet Edit a été seulement enregistré en nôtre Cour de Parlement de Paris, & qu'il est nécessaire pour son entiere exécution, qu'il le soit en nôtre Cour de Parlement de Roüen ; A CES CAUSES, de l'avis de nôtre Conseil, Nous avons dit & ordonné, & par ces Presentes signées de nôtre main, disons & ordonnons, voulons & Nous plaît, que ledit Edit du mois de Juillet 1693. dont copie est ci-dessus, soit enregistré en nôtredit Parlement de Roüen, pour y être exécuté suivant sa forme & teneur. SI VOUS MANDONS que ledit Edit du mois de Juillet 1693. vous aïez à faire publier & enregistrer, & le contenu en icelui garder & observer, selon sa forme & teneur, nonobstant Clameur de Haro, Chartre Normande, & Lettres à ce contraires ; CAR tel est nôtre plaisir. DONNE' à Fontainebleau, le troisiéme jour de Juillet, l'an de grace mil sept cens trente-un ; & de nôtre Régne le seiziéme. Signé, LOUIS : Et plus bas, Par le Roy, CHAUVELIN : A côté, *Visa*, CHAUVELIN. Et scellées du grand Sceau de cire jaune.

Extrait des Regiſtres de la Cour de Parlement.

VEU par la Cour, toutes les Chambres assemblées, les Lettres Patentes du Roy, données à Fontainebleau le 3. de Juillet 1731. signées, LOUIS : & plus bas, Par le Roy, CHAUVELIN : à côté, *Visa*, CHAUVELIN, & scellées du grand Sceau de cire jaune, données pour l'enregistrement de l'Edit du Roy, du mois de Juillet 1693. y contenu ; qui établit les formalitez qui seront observées à l'avenir, pour purger de toutes hipotéques, les biens que Sa Majesté aquerra dans la suite : Conclusions du Procureur Genéral du Roy, & oüi le Raport du Sieur Conseiller-Commissaire : Tout consideré ;

LA COUR a ordonné & ordonne que lesdites Lettres Patentes du Roy, avec ledit Edit y inseré, seront lûës, publiées & regiſtrées ès Regiſtres de la Cour, pour être exécutées selon leur forme & teneur ; *sans néanmoins que les Biens qui seront aquis dans la suite par Sa Majesté, puissent être déchargez du Tiers coûtumier, par les formalitez prescrites par ledit Edit ; non plus que les Subſtitutions & Doüaires exceptez par icelui :* Ordonne en outre que les Vidimus desdites Lettres, seront envoïez dans tous les Siéges de ce ressort, pour y être pareillement enregiſtrez, lûs, publiez & exécutez, à la modification ci-dessus, & à la diligence des Substituts du Procureur Général du Roy, chacun en droit soi, lesquels seront tenus de certifier la Cour dans le mois, des diligences qu'ils auront pour ce faites. FAIT à Roüen en Parlement, ce quatorziéme jour de Juillet mil sept cens trente-un. Signé, AUZANET.

Luës, publiées & registrées, la grande Audience de la Cour séante, oüi & ce requerant le Procureur Général du Roy, pour être exécutées, suivant l'Arrest intervenu le jour d'hier sur la vérification desdites Lettres Patentes. A Roüen en Parlement, le 17. Juillet 1731. Signé, AUZANET.

Arrest du Parlement, qui atribuë au Siége Général des Eaux & Forêts de la Table de Marbre, la compétence du Curage d'un Ruisseau y mentionné, au préjudice des Oficiers du Bailliage de Falaise.

Du 5. Juillet 1731.

LOUIS par la grace de Dieu, Roy de France & de Navarre: A tous ceux qui ces presentes Lettres verront, SALUT. Sçavoir faisons que cejourd'hui la Cause ofrante en nôtre Cour de Parlement de Roüen, entre Loüis-Auguste Davesgo Ecuïer, Sieur d'Oüilly, apellant comme de grief, de Sentence renduë en la Maîtrise des Eaux & Forêts d'Alençon, le 6. de Septembre 1726. & demandeur en ajournement, en vertu d'Arrest & Mandement de nôtre Cour, du 13. de Janvier 1727. qui le reçoit apellant comme d'incompétence, de ladite Sentence, & qui le décharge de l'Assignation à lui donnée au Siége général des Eaux & Forêts de la Table de Marbre du Palais à Roüen, en vertu de Lettres d'anticipation; comparant par Me François Jamet son Procureur, d'une part: Abraham Coutard Ecuïer, Seigneur & Patron de Monchevreüil & autres lieux, nôtre Conseiller-Secretaire, Maison & Couronne de France & de nos Finances, apellé & ajourné en vertu dudit Arrest & Mandement, present le Sieur Coutard de Bures Ecuïer, son fils, en personne, & par Me Germain Boüillot son Procureur, d'autre part: Les Sieurs Juges & Oficiers du Siége général des Eaux & Forêts de la Table de Marbre du Palais à Roüen, demandeurs en Requête par eux presentée à nôtre Cour, le 27. de Mai 1727.

1727. tendante à être reçûs Parties intervenantes au procès d'entre lesdites parties, & opofans à l'exécution dudit Arreſt du 13. de Janvier 1727. pour être raporté comme ſurpris; ce faiſant, renvoïer leſdits Sieurs Coutard & Davefgo, ſur l'apel de ladite Sentence, procéder audit Siége general, pour y être jugez, ſauf l'apel en la Grand'Chambre; comparans par Mᵉ Martin Sionville leur Procureur, d'autre: Simon David de Thiboult Ecuïer, Sieur de Trevigny, nôtre Conſeiller & Procureur au Bailliage de Falaiſe, & les autres Oficiers dudit Siége, demandeurs en Requête du 9. de Juin 1727. tendante à être reçûs auſſi parties intervenantes audit procès, aux fins de faire renvoïer les parties procéder en Bailliage à Falaiſe; comparans par Mᵉ Marin Gautier leur Procureur, encore d'autre: Les Oficiers de la Maîtriſe particuliere des Eaux & Forêts d'Alençon, encore demandeurs en Requête du 10. de Juillet 1727. tendante à être reçûs parties intervenantes audit procès, pour faire renvoïer ſur l'apel au Siége général de la Table de Marbre; comparans par Mᵉ Iſaïe le Vert leur Procureur, d'autre part, ſans préjudice des qualitez. Oüis Thoüars Avocat du Sieur Davefgo, lequel a dit que la compétence de la queſtion d'entre les parties, n'eſt point atribuée par l'Ordonnance de 1669. aux Maîtriſes des Eaux & Forêts; au contraire, elle l'eſt aux Juges Roïaux par la Coûtume de cette Province: pourquoi conclut qu'il plaiſe à nôtre Cour, recevoir les Oficiers de la Table de Marbre opofans pour la forme, à l'Arreſt du 13. de Janvier 1727. ce faiſant, les debouter de leur opoſition; & ſans s'arrêter à leur intervention, & à celle des Oficiers de la Maîtriſe d'Alençon, aïant aucunement égard à l'intervention des Juges de Falaiſe, mettre l'apellation & ce dont eſt apellé, au néant; émendant & corrigeant, caſſer & annuler l'Ordonnance du 23. de Mai 1726. & tout ce qui fait a été en conſéquence, comme de Juge incompétent, ſauf au Sieur Coutard à ſe pourvoir devant les Juges ordinaires; condamner l'Intimé & les Oficiers, tant de la Table de Marbre que de la Maîtriſe, aux dépens, chacun en ce qui les regarde: De Villers Avocat des Juges de Falaiſe, lequel a conclu à ce qu'il plaiſe à nôtre Cour, faiſant droit ſur ſon intervention, renvoïer les parties procéder devant eux, avec dépens: Perchel Avocat dudit Sieur Coutard, lequel a dit qu'il eſpére avoir établi, par les Articles de l'Ordonnance des Eaux &

II. *Suite du N. R.*   R r

Forêts de 1669. que l'apel de la Sentence du 16. de Septembre 1726. ne pouvoit être porté ailleurs qu'au Siége genéral de la Table de Marbre, & que l'apel comme d'incompétence du Sieur Davesgo, est très-mal fondé : pourquoi conclut qu'il plaira à nôtre Cour, sur l'apel comme d'incompétence, mettre l'apellation au néant, & que les parties seront renvoïées procéder au Siége genéral de la Table de Marbre, sur l'apel de la Sentence du 16. de Septembre 1726. & condamner ledit Sieur Davesgo aux dépens : Brehain Avocat des Oficiers du Siége genéral de la Table de Marbre du Palais à Roüen, lequel a dit que l'apel comme d'incompétence de la Sentence du Maître particulier d'Alençon, n'a jamais dû être porté en nôtre Cour, atendu qu'aux termes de l'Article II. de l'Ordonnance de 1669. au Titre des Tables de Marbre, & de l'Article III. au Titre des Apellations, toutes les apellations des Maîtrises particuliéres, doivent indistinctement être portées au Siége de la Table de Marbre. Cette question a été décidée par plusieurs Arrêts rendus avant & depuis cette Ordonnance, entr'autres, par un Arrest du Parlement de Paris, du 26. de Mars 1652. par autre du 18. Aoust 1678. par autre Arrest du Conseil, du 13. de Février 1691. & en dernier lieu, par un Arrest de nôtre Cour, rendu en forme de Réglement, le 30. de Mars 1730. Il n'y a qu'un seul cas où nôtre Cour en peut connoître, qui est lorsque le Juge ordinaire est partie sur l'apel, ainsi qu'il arrive dans l'espéce presente ; mais l'oposition des Oficiers de la Table de Marbre, à l'Arrest de nôtre Cour, n'est pas moins régulier, parce que les Juges ordinaires de Falaise ne sont intervenus dans l'Instance, que long-tems après. Au fond, il s'agit du curage d'un Ruisseau ou cours d'eau, qui provient de plusieurs fontaines : La Requête introductive d'Instance du Sieur Coutard en fait foi, & les Juges ordinaires de Falaise en conviennent pareillement, par la Requête qu'ils ont presentée à nôtre Cour. Or il est certain que les Oficiers des Eaux & Forêts doivent connoître, à l'exclusion de tous Juges, non seulement des grandes & petites Rivieres, mais aussi des cours d'eau & ruisseaux, jusqu'à leur source, tant pour les droits de pêche, & autres y prétendus, que pour l'entretien de leurs cours, à ce qu'il ne s'y fasse aucune entreprise, & pour le nétoïement & curage d'iceux, ainsi

DECLARATIONS ET ARRESTS. 321

que des boires & foffez adjacens, & généralement de tout
ce qui apartient à la matiere des Eaux & Forêts. Cette compétence leur eft atribuée par une Ordonnance de François I.
de l'an 1543. & de Henry II. de 1554. ainfi que par deux
Arrêts du Confeil, donnez en forme de Réglement, aux années 1636. & 1641. L'Ordonnance de 1669. porte que les
Juges des Eaux & Forêts connoîtront, tant au civil qu'au criminel, de tous les diférens qui apartiennent à la matiere des
Eaux & Forêts, entre toutes perfonnes, & pour quelque
caufe que ce foit; cet Article eft confirmé, & plus particu-
liérement expliqué par les Articles III. IV. X. XI. XII.
XIII. & XIV. du même Titre; par ce dernier Article, le
Roy déroge formellement à la Coûtume de Normandie, &
défend à tous Juges ordinaires, de connoître des matieres
d'Eaux & Forêts; l'Article XXII. du Titre des Grands-
Maîtres, les Articles XI. & XII. au Titre des Bois apartenans aux Gens de main-morte, les Articles IX. X. XI. &
XII. au Titre des Bois, Prez & Marais apartenans aux Communautez, & l'Article V. du Titre des Bois des particuliers,
établiffent pareillement le droit de ces Oficiers: Ils ont toûjours été maintenus depuis dans cette compétence, par diférens Arrêts, entr'autres du Confeil, du 4. de Janvier 1673.
à l'ocafion de la Riviere des Gobelins, & un autre du 20. de
Mai 1727. au fujet du curage de la Riviere d'Eftampes: conftant donc par conféquent, que la connoiffance de la matiere
dont il s'agit, apartient aufdits Oficiers du Siége genéral:
pourquoi ledit Me Brehain conclut à ce qu'il plaife à nôtre
Cour, recevoir lefdits Oficiers du Siége genéral de la Table
de Marbre, opofans à l'exécution de fon Arreft du 16. de
Janvier 1727. faifant droit fur leur opofition, & fans s'arrêter à l'intervention des Oficiers du Bailliage de Falaife,
dont ils feront deboutez, ordonner que ledit Arreft fera raporté comme furpris; ce faifant, que les parties feront renvoïées procéder audit Siége genéral de la Table de Marbre,
avec dépens: Le Vert Procureur des Oficiers de la Maîtrife
d'Alençon, lequel a conclu aux fins de fa Requête d'intervention, & demande acte de ce qu'il donne adjonction aux conclufions de Me Brehain. Après qu'il en a été délibéré fur le
raport du Sieur Abé de la Motte-Ango, en exécution de
l'Arreft du 5. de ce mois, en la prefence du Sieur le Baillif

R r ij

1731. Juillet.

Avocat Général, pour nôtre Procureur Général, sur ce oüi, & les Procureurs des parties faits entrer en la Chambre, leur a été prononcé l'Arrest qui suit. NOSTREDITE COUR, par son Jugement & Arrest, parties oüies & nôtre Procureur Général, a reçû & reçoit les parties de Brehain, de Villers & de le Vert parties intervenantes; & sans s'arrêter à l'intervention des parties de Villers, dont elles sont deboutées, faisant droit sur l'intervention des parties de Brehain, ensemble sur leur oposition, les a reçûës oposantes à l'Arrest du 13. de Janvier 1727. & sans s'arrêter audit Arrest, & à l'apel comme d'incompétence interjetté par la partie de Thoüars, a renvoïé les parties de Thoüars & de Perchel procéder à la Table de Marbre du Palais à Roüen; condamne la partie de Thoüars aux dépens envers celle de Perchel, & les parties de Thoüars & de Villers aux dépens envers celle de Brehain; dépens compensez à l'égard des parties de le Vert. SI DONNONS EN MANDEMENT au premier des Huissiers de nôtre Cour de Parlement de Roüen, ou autre nôtre Huissier ou Sergent sur ce requis, mettre le present Arrest à dûë & entiere exécution, selon sa forme & teneur, de la part desdits Sieurs Oficiers des Eaux & Forêts de la Table Marbre à Roüen; de ce faire te donnons pouvoir. DONNE' à Roüen en nôtredite Cour de Parlement, le cinquième jour de Juillet l'an de grace mil sept cens trente-un; & de nôtre Régne le seizième. *Collationné.* Par la Cour, Signé, LE JAULNE. Et scellé d'un Sceau de cire jaune.

Déclaration du Roy, qui proroge jusqu'au premier Septembre 1732. l'attribution acordée aux Jurisdictions Consulaires, pour connoître des Faillites & Banqueroutes.

Du 4. Aoust 1731.

1731. Aoust.

LOUIS par la grace de Dieu, Roy de France & de Navarre: A tous ceux qui ces presentes Lettres verront, SALUT. Nous avons par nôtre Déclaration du 19. Septembre 1730. ordonné que tous les procès & diférens civils, mûs & à mouvoir pour raison des Faillites & Ban-

DECLARATIONS ET ARRESTS.

queroutes qui étoient ouvertes depuis le premier Janvier 1721. ou qui s'ouvriroient dans la suite, seroient jusqu'au premier Septembre de la presente année, portez pardevant les Juges & Consuls de la Ville où celui qui auroit fait faillite, seroit demeurant; & pour cet éfet, Nous aurions évoqué tous ceux desdits procès & diférens, qui étoient alors pendans & indécis pardevant les Juges ordinaires, ou autres Juges inférieurs, ausquels Nous aurions fait très-expresses inhibitions & défenses d'en connoître, à peine de nullité. Les motifs qui Nous ont porté à proroger depuis plusieurs années, cette atribution aux Juges & Consuls, subsistant encore aujourd'hui, Nous nous sommes déterminez à la proroger encore pour un tems. A CES CAUSES, & autres à ce Nous mouvant, de l'avis de nôtre Conseil, & de nôtre certaine science, pleine puissance & autorité Roïale, Nous avons par ces Presentes signées de nôtre main, dit, déclaré & ordonné, disons, déclarons & ordonnons, voulons & Nous plaît, que tous les procès & diférens civils, mûs & à mouvoir pour raison des Faillites & Banqueroutes, qui seront ouvertes depuis le premier Janvier 1721. où qui s'ouvriront dans la suite, soient jusqu'au premier Septembre de l'année prochaine 1732. portez pardevant les Juges & Consuls de la Ville où celui qui aura fait faillite, sera demeurant ; & pour cet éfet, Nous avons évoqué & évoquons tous ceux desdits procès & diférens qui sont actuellement pendans & indécis pardevant nos Juges ordinaires, ou autres Juges inférieurs, ausquels Nous faisons très-expresses inhibitions & défenses d'en connoître, à peine de nullité ; & iceux procès & diférens avec leurs circonstances & dépendances, Nous avons renvoïez & renvoïons pardevant lesdits Juges & Consuls, ausquels Nous en atribuons toute Cour, Jurisdiction & connoissance, sauf l'apel au Parlement dans le ressort duquel lesdits Juges & Consuls sont établis : Voulons que nonobstant ledit apel, & sans préjudice d'icelui, lesdits Juges & Consuls continuent leur procédure, & que leurs Jugemens soient exécutez par provision : Voulons pareillement que jusques audit jour premier Septembre 1732. il soit par lesdits Juges & Consuls, à l'exclusion de tous autres Juges & Oficiers de Justice, procédé à l'aposition des Scellez & confection des Inventaires de ceux qui ont fait ou feront faillite ; & au cas qu'ils eussent des éfets dans d'autres lieux que celui de leur demeure, Nous donnons pouvoir auſdits Juges & Conſuls, de commettre telle perſonne que bon leur ſemblera, pour leſdits Scellez & Inventaires, qui ſeront aportez au Gréfe de la Juriſdiction Conſulaire, & joints à ceux faits par leſdits Juges & Conſuls. Voulons auſſi que les demandes afin d'homologation des délibérations des créanciers, contrats d'atermoïement & autres Actes paſſez à l'ocaſion deſdites Faillites, ſoient portez pardevant les Juges & Conſuls, pour être homologuez, ſi faire ſe doit, & que leſdits Juges & Conſuls puiſſent ordonner la vente des meubles & le recouvrement des éfets mobiliers, & connoiſſent des ſaiſies mobiliéres, opoſitions, revendications, contributions, & genéralement de toutes autres conteſtations qui ſeront formées en conſéquence deſdites Faillites & Banqueroutes: N'entendons néanmoins empêcher qu'il puiſſe être procédé à la Saiſie réelle, & aux criées des immeubles pardevant les Juges ordinaires ou autres qui en doivent connoître, juſqu'au Bail judiciaire excluſivement, ſans préjudice de l'exécution & du renouvellement des baux judiciaires précédemment ajugez, & ſans qu'il puiſſe être fait aucune autre pourſuite ni procédure, ſi ce n'eſt en conſéquence des délibérations priſes à la pluralité des voix, par les créanciers dont les créances excédent la moitié du total des dettes. Voulons en outre, que juſqu'audit jour premier Septembre 1732. aucune plainte ne puiſſe être renduë ni Requête donnée à fin criminelle contre ceux qui auront fait faillite, & défendons très-expreſſément à nos Juges ordinaires, & autres Oficiers de Juſtice de les recevoir, ſi elles ne ſont acompagnées des délibérations & du conſentement des créanciers, dont les créances excédent la moitié de la totalité des dettes; & quant aux procédures criminelles commencées avant la date des Preſentes, & depuis ledit jour premier Janvier 1721. voulons qu'elles ſoient continuées; & que néanmoins nos Juges ordinaires & autres Oficiers de Juſtice, ſoient tenus d'en ſurſeoir la pourſuite & le jugement, ſur la ſimple requiſition des créanciers dont les créances excéderont pareillement la moitié du total de ce qui eſt dû par ceux qui ont fait faillite, & en conſéquence des délibérations par eux priſes & annéxées à leur Requête. N'entendons néanmoins que tous ceux qui ont fait faillite ou la feront ci-après, puiſſent tirer aucun avantage de l'a-

DECLARATIONS ET ARRESTS. 325

1731.
Aouſt.

tribution acordée aux Juges & Conſuls, & des autres diſpoſitions contenuës en la preſente Déclaration, ni d'aucune délibération ou d'aucun contrat ſigné par la plus grande partie de leurs créanciers, que Nous avons déclarez nuls & de nul éfet, même à l'égard des créanciers qui les auront ſignez, ſi les faillis ſont acuſez d'avoir dans l'État de leurs dettes, ou autrement, emploïé ou fait paroître des créances feintes ou ſimulées, ou d'en avoir fait revivre d'aquitées, ou d'avoir ſupoſé des tranſports, ventes & donations de leurs éfets en fraude de leurs créanciers: Voulons qu'ils puiſſent être pourſuivis extraordinairement comme Banqueroutiers frauduleux, pardevant nos Juges ordinaires, ou autres Juges qui en doivent connoître, à la requête de leurs créanciers qui auront afirmé leurs créances en la forme qui ſera ci-après expliquée, pourvû que leurs créances compoſent la moitié du total des dettes, & que leſdits Banqueroutiers ſoient punis de mort, ſuivant la diſpoſition de l'Article XII. Titre XI. de l'Ordonnance de 1673. Défendons à toutes perſonnes, de prêter leur nom, pour aider & favoriſer les Banqueroutes frauduleuſes, en divertiſſant les éfets, acceptant des tranſports, ventes ou donations ſimulées, & qu'ils ſçauront être en fraude des créanciers, en ſe déclarant créanciers ne l'étans pas, ou pour plus grande ſomme que celle qui leur eſt dûë, ou en quelque ſorte & maniere que ce puiſſe être. Voulons qu'aucun particulier ne ſe puiſſe dire & prétendre créancier, & en cette qualité, aſſiſter aux aſſemblées, former opoſition aux Scellez & Inventaires, ſigner aucune délibération ni aucun contrat d'atermoïement, qu'après avoir afirmé; ſçavoir, dans l'étenduë de la Ville, Prevôté & Vicomté de Paris, pardevant le Prevoſt de Paris ou ſon Lieutenant, & pardevant les Juges & Conſuls, dans les autres Villes du Roïaume où il y en a d'établis, que leurs créances leur ſont bien & légitimement dûës en entier, & qu'ils ne prêtent leur nom, directement ni indirectement, au debiteur commun, le tout ſans frais. Voulons auſſi que ceux deſdits prétendus créanciers qui contreviendront aux défenſes portées par ces Preſentes, ſoient condamnez aux galeres à perpétuité ou à tems, ſuivant l'exigence des cas, outre les peines pécuniaires contenuës en ladite Ordonnance de 1673. & que les femmes ſoient outre leſdites peines exprimées par ladite Ordonnance, condamnées au banissement perpétuel ou à tems. Voulons que tous Marchands, Négocians, Banquiers & autres, qui ont fait ou qui feront faillite, soient tenus de déposer un Etat exact & détaillé, certifié véritable, de tous leurs éfets mobiliers & immobiliers, & de leurs dettes, comme aussi leurs livres & registres, au Gréfe de la Jurisdiction Consulaire dudit lieu, ou la plus prochaine ; & que faute de ce, ils ne puissent être reçûs à passer avec leurs créanciers, aucun contrat d'atermoïement, concordat, Transaction ou autre Acte, ni obtenir aucune Sentence ou Arrest d'homologation d'iceux, ni se prévaloir d'aucun Sauf-conduit acordé par leurs créanciers ; & voulons qu'à l'avenir lesdits contrats & autres Actes, Sentences & Arrêts d'homologation & Sauf-conduits, soient nuls & de nul éfet, & que lesdits debiteurs puissent être poursuivis extraordinairement comme Banqueroutiers frauduleux, par nos Procureurs Genéraux ou par leurs Substituts, ou par un seul créancier sans le consentement des autres, quand même il auroit signé lesdits contrats, Actes ou Sauf-conduits, ou qu'ils auroient été homologuez avec lui. Voulons aussi que ceux qui ont précédemment passé quelques contrats ou Actes avec leurs créanciers, ou qui ont obtenu des Sauf-conduits, ne puissent s'en aider & prévaloir, ni des Sentences ou Arrêts d'homologation intervenus en conséquence, défendons à nos Juges d'y avoir aucun égard, si dans quinzaine pour tout delai, à compter du jour de la publication des Presentes, les debiteurs ne déposent leurs Etats, livres & registres, en la forme ci-dessus ordonnée, & sous les peines y contenuës, au cas qu'ils n'y aïent ci-devant satisfait ; & pour faciliter à ceux qui ont fait ou feront faillite, le moïen de dresser leursdits Etats, voulons qu'en cas d'aposition de Scellé sur leurs biens & éfets, leurs livres & registres leur soient remis & delivrez, après néanmoins qu'ils auront été paraphez par le Juge, ou autre Oficier commis par le Juge qui aposera lesdits Scellez, & par un des créanciers qui y assisteront, & que les feüillets blancs, si aucuns y a, auront été bâtonnez par ledit Juge ou autres Oficiers ; à la charge qu'au-plûtard après l'expiration dudit delai de quinzaine, lesdits livres & registres, & l'Etat des éfets actifs & passifs, seront déposez au Gréfe de la Jurisdiction Consulaire ou chez un Notaire, par celui qui aura fait faillite ; sinon voulons qu'il soit censé & réputé

DECLARATIONS ET ARRESTS. 327

réputé Banqueroutier frauduleux, & comme tel pourſuivi, ſuivant qu'il a été précédemment ordonné : Déclarons nulles & de nul éfet toutes Lettres de Répi, qui pourront être ci-après obtenuës, ſi ledit Etat des éfets & dettes n'eſt ataché ſous le Contreſcel, avec un certificat du Gréfier de la Juriſdiction Conſulaire, ou du Notaire entre les mains duquel ledit Etat avec les livres & regiſtres aura été dépoſé ; le tout, ſans déroger aux uſages & priviléges de la Juriſdiction de la Conſervation de Lyon, ni à la Déclaration du 30. Juillet 1715. intervenuë pour le Châtelet de nôtre bonne Ville de Paris. SI DONNONS EN MANDEMENT à nos amez & feaux les Gens tenans nôtre Cour de Parlement à Roüen, que ces Preſentes ils aïent à faire lire, publier & regiſtrer, même en Vacations, & le contenu en icelles garder & exécuter, ſelon leur forme & teneur, nonobſtant toutes Ordonnances, Edits, Déclarations, & autres choſes à ce contraires, auſquelles Nous avons dérogé & dérogeons par ces Preſentes ; aux copies deſquelles, collationnées par l'un de nos amez & féaux Conſeillers-Secrétaires, voulons que foi ſoit ajoûtée comme à l'original ; CAR tel eſt nôtre plaiſir. En témoin de quoi Nous avons fait mettre nôtre Scel à ceſdites Preſentes. DONNÉ à Fontainebleau, le quatriéme jour d'Aouſt, l'an de grace mil ſept cens trente-un ; & de nôtre Régne le ſeiziéme. Signé, LOUIS : Et plus bas, Par le Roy, CHAUVELIN : Vû au Conſeil, ORRY. Et ſcellée du grand Sceau de cire jaune.

Lûë, publiée & regiſtrée, l'Audience de la Chambre des Vacations ſéante. A Roüen en Parlement, le 11. Septembre 1731. Signé, AUZANET.

Arreſt du Parlement, portant Réglement pour la Proviſion de vie des Priſonniers, détenus à la requête de Parties Civiles.

Du 4. Aouſt 1731.

SUR la remontrance faite à la Cour, par le Procureur Général du Roy, expoſitive que la Proviſion de vie acordée aux Priſonniers détenus à la requête de parties civiles, eſt de trois ſols quatre deniers ; que cette ſomme quoi qu'ordinairement ſufiſante, pour fournir le pain néceſſaire à nourir une personne, se trouve dans de certains tems de cherté, trop modique ; ce qui a donné ocasion de faire diférens Réglemens, suivant la diférence des tems : Que par cette même raison, la Cour par son Arrest du 27. Octobre 1725. avoit donné aux Juges des lieux, la liberté d'augmenter ou diminuer, suivant les circonstances, la somme qui doit être acordée pour la nouriture des Prisonniers : Mais qu'il a remarqué que des Juges ont négligé de faire dans les ocasions, ce qui étoit de leur devoir ; & sans atention pour la misere de ceux qui se trouvent malheureusement détenus, ils ont laissé passer les derniers tems de cherté, sans songer à leur subvenir : Que pour prévenir de pareils abus, il seroit à propos de faire un Réglement stable, & qui pût servir de régle dans tous les tems ; que le moïen le plus naturel, pour subvenir aux besoins des Prisonniers civils, d'une maniere qui pût toûjours être proportionnée, seroit de leur donner le choix de se contenter de trois sols quatre deniers par jour, ou d'exiger deux livres de pain ; qu'à ce moïen, lorsque la cherté du bled sera au point que le Prisonnier ne poura pas avoir du pain sufisamment, pour trois sols quatre deniers, il sera en état de demander qu'on lui donne deux livres de pain en essence : Pourquoi requiert qu'il soit ordonné qu'à l'avenir la provision alimentaire des Prisonniers détenus à la requête de parties civiles, soit de trois sols quatre deniers par jour, si mieux n'aime le Prisonnier prendre deux livres de pain en essence, que le Geolier sera tenu de lui livrer sur sa simple demande ; à laquelle fin, ceux à la requête de qui les Prisonniers seront détenus, seront obligez de mettre aux mains des Geoliers, des deniers sufisans pour païer lesdits trois sols quatre deniers, ou deux livres de pain par jour, au choix du Prisonnier : Et que l'Arrest qui sur ce interviendra, sera lû, publié & afiché où il apartiendra, & les Vidimus d'icelui envoïez dans tous les Siéges de ce ressort, pour y être enregistrez, & exécutez selon leur forme & teneur, à la diligence de ses Substituts, qui seront tenus de le certifier dans le mois, de leurs diligences. Vû par la Cour ledit Requisitoire, piéces y atachées & énoncées ; & oüi le Raport du Sieur le Pesant de Boisguilbert, Conseiller-Commissaire : Tout considéré,

LA COUR, faisant droit sur le Requisitoire du Procureur Général du Roy, a ordonné qu'à l'avenir la Provision

DECLARATIONS ET ARRESTS. 329

alimentaire des Prisonniers détenus à la requête de Parties civiles, sera de trois sols quatre deniers par jour, si mieux n'aime le Prisonnier prendre deux livres de pain en essence, que le Geolier sera tenu de lui livrer sur sa simple demande; à laquelle fin, ceux à la requête de qui les Prisonniers seront détenus, seront obligez de mettre aux mains des Geoliers, des deniers susisans pour païer lesdits trois sols quatre deniers, ou deux livres de pain par jour, au choix du Prisonnier: Et sera le present Arrest lû, publié & afiché où il apartiendra, & les Vidimus d'icelui envoïez dans tous les Siéges de ce ressort, pour y être enregistrez, & exécutez selon leur forme & teneur, à la diligence des Substituts du Procureur Général du Roy, lesquels seront tenus de certifier la Cour dans le mois, de leurs diligences. FAIT à Roüen en Parlement, le quatriéme jour d'Aoust mil sept cens trente-un.
Par la Cour, Signé, AUZANET.

Lettres Patentes du Roy, sur l'Arrest du Conseil, du quatriéme de ce mois, concernant le Droit d'Indemnité dû par les Gens de Main-morte.

Du 18. Décembre 1731.

LOUIS par la grace de Dieu, Roy de France & de Navarre: A nos amez & feaux les Gens tenans nôtre Cour de Parlement à Roüen, SALUT. Nous étant fait representer en nôtre Conseil d'Etat, nôtre Déclaration du 22. Novembre 1724. contenant Réglement au sujet du Droit d'Indemnité, qui Nous est dû par les Ecléfiastiques & Gens de main-morte, pour les aquisitions qu'ils font dans l'étenduë des Seigneuries ou Justices Roïales, soit par contrats d'aquisition à prix d'argent, baux à rente & contrats d'échange, ou par dons & legs; par laquelle Déclaration Nous avons entr'autres choses, ordonné Article V. que pour Nous tenir lieu du Droit d'Indemnité, il sera païé annuellement & à perpétuité, à nôtre Domaine, des rentes foncieres & non rachetables, sur le pied du denier trente de la somme à laquelle se trouvera monter ledit Droit d'Indemnité, suivant les Coûtumes & usages des lieux où les biens sont situez; avec

Sf ij

défenses aux Eclésiastiques & Gens de main-morte, d'en faire à l'avenir le païement en argent, à peine de nullité, & sans qu'ils en puissent aquerir aucune prescription, par quelque tems que ce soit; & aussi, avec défenses aux Fermiers ou Régisseurs de nos Domaines, de recevoir le Droit d'Indemnité en argent, à peine de mille livres d'Amende, outre la restitution de ce qu'ils auront reçû. Et étant informez qu'il se fait des aquisitions par les Eglises & Gens de main-morte, sur tout à titre de dons & legs, d'une valeur si modique, qu'il n'est presque pas possible de former des rentes du capital du Droit d'Indemnité qui Nous en revient, ni de conserver lesdites rentes, & en faire la perception par leur peu d'objet; en sorte que depuis nôtre Déclaration du 21. Novembre 1724. Nous avons été privez du Droit d'Indemnité de ces sortes d'aquisitions, quoi qu'elles n'y soient pas moins sujettes que les aquisitions, dont le prix est considérable; Nous y avons pourvû par l'Arrest rendu en nôtre Conseil d'Etat, du 4. du present mois, pour l'exécution duquel Nous avons ordonné que toutes Lettres seroient expédiées. A CES CAUSES, de l'avis de nôtre Conseil, qui a vû ledit Arrest ci-attaché sous le Contrescel de nôtre Chancellerie, Nous avons ordonné, & par ces Presentes signées de nôtre main, ordonnons que les Eglises & Gens de main-morte, qui ont fait des aquisitions d'héritages dans nôtre directe, ou dans l'étenduë de nos Hautes-Justices, soit par contrats à prix d'argent, échanges & baux à rente, ou par dons & legs, depuis nôtre Déclaration du 21. Novembre 1724. pour raison desquelles aquisitions le Droit d'Indemnité par eux dû, suivant les Coûtumes ou usages des lieux, ne montera point à la somme de soixante livres, & qui n'auront point fait liquider jusqu'à ce jour, les rentes par eux dûës, pour tenir lieu de ladite Indemnité, suivant les Articles VI. & VII. de nôtredite Déclaration; ensemble ceux qui aquerront à l'avenir par l'une desdites voïes, des héritages, pour raison desquels le Droit d'Indemnité qui sera dû, ne montera point à ladite somme de soixante livres, seront tenus de païer en espéces à nôtre profit, entre les mains de qui il sera par Nous ordonné, le Droit d'Indemnité qui se trouvera dû pour raison desdites aquisitions: Voulons au surplus, que nôtredite Déclaration du 21. Novembre 1724. soit exécutée selon sa forme & teneur; & que conformément à icelle, il soit créé des rentes au profit de nôtre Domaine, pour toutes les aquisitions dont le prix ou la valeur produira un Droit d'Indemnité, montant au moins à ladite somme de soixante livres, qui puisse former des rentes de deux livres par an & au-dessus ; desquelles rentes la joüissance apartiendra aux Apanagistes & Engagistes, conformément à l'Article XI. de ladite Déclaration. SI VOUS MANDONS que ces Presentes vous aïez à faire lire, publier & regitrer, & le contenu en icelles garder, observer & exécuter, suivant leur forme & teneur, nonobstant tous Edits, Déclarations, Réglemens, & autres choses à ce contraires, ausquels Nous avons dérogé & dérogeons par cesdites Presentes ; CAR tel est nôtre plaisir. DONNE' à Versailles, le dix-huitiéme jour de Décembre, l'an de grace mil sept cens trente-un ; & de nôtre Régne le dix-septiéme. Signé, LOUIS : Et plus bas, Par le Roy, CHAUVELIN. Et scellée du grand Sceau de cire jaune.

Lûë, publiée & regitrée, la grande Audience de la Cour seante. A Roüen en Parlement, le 15. Janvier 1732. Signé, AUZANET.

Déclaration du Roy, qui renouvelle les défenses ci-devant faites aux Nouveaux Convertis, de vendre leurs Biens y mentionnez, sans les Permissions y portées, pendant le tems de trois années, & que l'aliénation soit faite dans la forme y prescrite.

Du 19. Janvier 1732.

LOUIS par la grace de Dieu, Roy de France & de Navarre : A tous ceux qui ces presentes Lettres verront, SALUT. Par nôtre Déclaration du 6. Février 1729. Nous avons fait défenses à ceux de nos Sujets, qui auroient fait profession de la Religion Prétenduë Réformée, de vendre sans permission pendant trois ans, à compter du 12. Mars suivant, leurs biens-immeubles, & l'universalité de leurs meubles : Et les mêmes raisons qui Nous ont déterminé à la rendre, subsistant encore, Nous avons estimé à propos de renouveler ces défenses pendant un pareil delai. A CES CAUSES, & autres à ce Nous mouvant, Nous avons dit, déclaré & ordonné, & par ces Presentes signées de nôtre main, disons, déclarons & ordonnons, voulons & Nous plaît, que les précédentes Déclarations soient exécutées selon leur forme & teneur; & conformément à icelles, Nous avons fait & faisons très-expresses inhibitions & défenses à ceux de nos Sujets qui ont fait profession de la Religion Prétenduë Réformée, de vendre durant le tems de trois ans, à compter du 12. Mars prochain, les biens-meubles qui leur apartiennent, ou l'universalité de leurs meubles & éfets mobiliers, sans en avoir obtenu la permission de Nous, par un Brevet qui sera expédié par l'un de nos Secrétaires d'Etat & de nos Commandemens, pour la somme de trois mille livres & au-dessus, & des Intendans ou Commissaires départis pour l'exécution de nos ordres, dans la Generalité ou Province où ils sont demeurans, pour les sommes au-dessous de trois mille livres. Nous faisons pareillement défenses à nosdits Sujets, de disposer de leurs biens-immeubles, ou de l'universalité de leurs meubles & éfets mobiliers, par donation entre vifs, durant lesdites trois années, si ce n'est en faveur & par les contrats de mariage de leurs enfans & petits-enfans, ou de leurs héritiers présomptifs, demeurans dans le Roïaume, au defaut de décendans en ligne directe. Nous avons déclaré & déclarons nulles toutes les dispositions que nosdits Sujets pouroient faire entre vifs de leurs biens-immeubles, en tout ou en partie, & de l'universalité de leurs meubles & éfets mobiliers, ensemble tous contrats, quitances & autres Actes, qui seroient passez pour raison de ce, durant lesdites trois années, au préjudice & en fraude des Presentes. Déclarons aussi nuls les contrats d'échange que nosdits Sujets pouroient faire pendant le même tems, en cas qu'ils sortissent de nôtre Roïaume, & qu'il se trouvât que les choses qu'ils auroient reçûës en échange, valussent un tiers moins que celles qu'ils auroient données. Voulons que lorsque les biens de nosdits Sujets seront vendus en Justice, ou abandonnez par eux à leurs créanciers, en païement de leurs dettes, pendant lesdites trois années, lesdits créanciers ne puissent être colloquez utilement dans les ordres & préférences que l'on en fera, qu'en raportant des contrats en bonne & dûë forme, & les Titres de leurs dettes, devant ceux qui feront lesdits ordres & préférences, ni en toucher le prix ou se faire ajuger, ou prendre la totalité ou partie desdits biens en païement des sommes à eux dûës, qu'après avoir afirmé préalablement & en personne, pardevant le Juge qui fera l'ordre ou préférence, si on les poursuit en Justice, ou pardevant le Juge du lieu, où ils se feront à l'amiable, que leurs dettes sont sérieuses, & qu'elles leur sont dûës éféctivement ; le tout, à peine de confiscation des sommes par eux touchées, ou des biens-immeubles ou éfets qui leur auroient été ajugez ou delaissez, en cas que les Titres par eux raportez, ou que les afirmations qu'ils auroient faites, ne se trouvassent pas véritables. SI DONNONS EN MANDEMENT à nos amez & féaux les Gens tenans nôtre Cour de Parlement à Roüen, que ces Presentes ils aïent à faire enregistrer, & le contenu en icelles garder & observer, selon leur forme & teneur ; CAR tel est nôtre plaisir. En témoin de quoi, Nous avons fait mettre nôtre Scel à cesdites Presentes. DONNE' à Versailles, le dix-neuviéme jour de Janvier, l'an de grace mil sept cens trente-deux ; & de nôtre Régne le dix-septiéme. Signé, LOUIS : Et plus bas, Par le Roy, CHAUVELIN. Et scellée du grand Sceau de cire jaune.

Lûë, publiée & regiſtrée, la grande Audience de la Cour ſéante. A Roüen en Parlement, le 12. Février 1732. Signé, AUZANET.

Arrest du Parlement, portant entr'autres choses, Réglement pour les formalitez à observer par les Debiteurs de Rentes foncieres & irraquitables, lors du Retrait qu'ils pourront en faire, dans le cas de Vente d'icelles à un tiers.

Du 13. Février 1732.

ENTRE le Sieur Charles Vincent Chirurgien à S. Saëns, aïant épousé Catherine Dubosc, veuve du Sieur George Thirel, & Tutrice de leurs enfans ; aïant repris le procès en l'état que l'a laissé ledit Thirel lors de son décés, lequel étoit apellant de Sentence renduë en Bailliage au Neufchâtel, le premier Aoust 1729. d'une part : Et Jean Cousin Laboureur, intimé, d'autre part. Vû par la Cour l'Arrest contradictoirement rendu en icelle, le 6. Avril 1731. sur les Conclusions du Procureur Genéral, par lequel sur l'apel, les parties auroient été apointées au Conseil, pour être donné Réglement, toutes les Chambres assemblées ; au bas dudit Arrest est la signification qui en a été faite à la requête du Procureur de l'Apellant, à celui de l'Intimé, avec déclaration qu'il entendoit mettre le procès en distribution. Vû aussi les Productions des parties faites en exécution du susdit Arrest, composées des pieces suivantes, qui sont Copie d'une Requête presentée au Vicomte du Neufchâtel, le 3. Avril 1728. par ledit Jean Cousin intimé, tendante à être autorisé de se servir, pour les causes y contenuës, d'Etienne de Mortemer Huissier au Neufchâtel, pour recevoir & exploiter à sa requête, une Clameur dans le Bourg & Paroisse de S. Saëns, & faire les diligences requises en pareil cas, en observant la Coûtume & Réglemens ; au bas de ladite Requête est l'Ordonnance qui autorise l'Intimé, de se servir dudit de Mortemer, pour faire ladite Clameur : Un Exploit fait par ledit de Mortemer Huissier, le 6. dudit mois d'Avril 1728. à la requête dudit Jean Cousin fils de Jean, demeurant en la Paroisse de S. Saëns, & héritier de défunt Nicolas Cousin son frere, aïant pris à fiéfe de François de la Potterie Marchand Taneur audit S. Saëns, le nombre de deux acres de terre labourables, assises en ladite Paroisse de S. Saëns, y désignées & bornées, moïennant le prix & somme de vingt livres de rente fonciere, immortelle & irraquitable, par chacun an, au jour de S. Michel, qu'ils se sont soûmis païer audit de la Potterie, suivant qu'il est porté au contrat de ladite fiéfe, passé devant Jean Cottard Notaire Roïal au Bailliage & Vicomté de Longueville, le premier Juillet 1720. par lequel ledit Cousin a déclaré audit de Mortemer, presence de ses assistans, qu'il se clamoit en ses mains, comme en celles de Justice, suivant l'Article DI. de la Coûtume, au Titre *des Retraits & Clameurs*, pour avoir & retirer à lui & amortir ladite partie de vingt livres de rente fonciere ci-dessus mentionnée, qui venduë a été par ledit François de la Potterie, à George Thirel Chirurgien, par le prix & somme de trois cens quatre-vingt-dix livres, par contrat devant Notaires, du 2. Avril 1727. lecturé le 6. des mêmes mois & an, aux ofres faites par ledit Cousin clamant, de rembourser comptant ledit aquereur, pour parvenir à la décharge de son fonds, requerant ledit Huissier de faire diligences,

gences, suivant la Coûtume ; à laquelle Clameur ledit Huissier a reçû ledit Cousin, en presence de ses records & témoins y nommez, & icelle à l'instant signifiée audit Thirel, en son domicile ; & icelui sommé de gager presentement ladite Clameur, & de recevoir argent comptant & à découvert, la somme de cinq cens livres, & plus, si tant en faut, tant qu'à sufire, comptée & exhibée par ledit Cousin, aux especes d'un loüis d'or de vingt-quatre livres, & le surplus en écus blancs valans six livres, tant pour le capital de ladite rente, arrérages, prorata, coûts de contrats, vin, treiziéme, si aucun a été païé, & tous autres justes frais & loïaux coûts, suivant l'Etat qui en sera representé, dûëment justifié ; & à l'éfet de passer par ledit Thirel la remise, & recevoir le raquit de ladite partie de vingt livres de rente fonciere, des mains dudit clamant, icelui sommé de se trouver le lendemain huit heures du matin, en l'Etude & pardevant Charles Varengue Notaire au Bourg de S. Saëns, pour representer sondit Contrat d'aquisition ; & son Etat dûëment justifié, pour y recevoir son remboursement, & y passer le delais ; parce qu'en cas que la somme oferte pour les débours & loïaux coûts, ne soit sufisante, & qu'ils ne puissent se régler à l'amiable, ledit clamant obëit donner caution, suivant la Coûtume ; & pour le refus dudit Thirel, avoir acte de ladite Clameur & desdites ofres, & les voir déclarer bonnes & valables, & dire & juger que faute de faire la remise, la Sentence qui interviendra, servira de remise de ladite rente de vingt livres, en consignant par le clamant, aux termes de la Coûtume, Assignation audit Thirel en la Vicomté du Neufchâtel, aux prochains Pleds d'héritages de ladite Vicomté : Un Acte passé par Varengue Notaire, le 7. dudit mois d'Avril, contenant la representation faite par ledit Cousin, des espéces mentionnées en son susdit Exploit, aux fins de son Retrait de ladite rente de vingt livres : Et acte de la non-comparence dudit Thirel, dûëment sommé par ledit Exploit, pour recevoir son remboursement, & faire le delais de ladite rente : Un Exploit fait le 12. dudit mois d'Avril, à la requête dudit Thirel, par lequel il a déclaré audit Cousin, qu'il est prêt de recevoir son remboursement de ladite rente de vingt livres de fiéfe, & en passer Acte de remise ; & pour cet éfet, le somme de comparoir le même jour, à l'heure y marquée, chez Varengue Notaire audit S.

II. Suite du N. R. T t

Saëns, pour le païer & rembourser, & recevoir la remise de ladite rente ; faute de quoi, proteste ledit Thirel de nullité de toutes suites que pouroit faire ledit Cousin, & de la diminution des espéces : Autre Acte delivré audit Thirel, passé ledit jour 12. Avril pardevant ledit Varengue, lequel ateste que ledit Cousin n'est point comparu chez lui, suivant la Sommation cidessus : Un Extrait du Registre Plumitif des Audiences de la Vicomté du Neufchâtel, du Samedi 17. Avril 1728. dans lequel aucune mention n'est faite de la contestation d'entre les parties : Un Exploit du 19. dudit mois d'Avril, fait à la requête dudit Cousin, contenant Sommation audit Thirel, de se transporter le lendemain six heures après midi, en l'Etude & pardevant ledit Varengue Notaire Roïal à S. Saëns, pour recevoir dudit Cousin la somme de cinq cens livres, si tant lui en faut, suivant la sommation à lui faite le 6. dudit mois, avec protestation à son refus, de poursuivre l'éfet de la sommation du 6. dudit mois d'Avril, & de le faire répondre des espéces, en cas de diminution : Les Actes de Presentations des parties, mises au Gréfe de ladite Vicomté, le 24. dudit mois d'Avril : Une Sommation d'Audience faite le même jour, requête dudit Cousin : La Sentence renduë entre les parties, en ladite Vicomté du Neufchâtel, le 8. Mai audit an 1728. sur leurs soûtiens & raisons, par laquelle lesdites parties ont été apointées à mettre & produire leurs piéces, pour leur être donné tel Réglement qu'il apartiendra ; au bas d'icelle est la signification qui en a été faite le 28. Juin suivant, au Procureur dudit Thirel, avec sommation de clorre & produire ses Piéces : La Sentence définitive renduë en ladite Vicomté, le 17. Juillet audit an 1728. par laquelle, il est dit que congé de Cour a été acordé audit Thirel, sur l'action en Clameur dudit Cousin, avec dépens ; au bas sont les Exploits de significations qui en ont été faites audit Cousin, en son domicile & à son Procureur : L'Exploit d'apel de la susdite Sentence, signifié à la requête dudit Cousin, le 13. Octobre audit an : Les Lettres d'Anticipation obtenuës par ledit Thirel, le 23. du même mois ; au dos desquelles est la signification qui en a été faite, avec Assignation en conséquence audit Cousin, au Bailliage du Neufchâtel, pour y proceder sur son apel de la susdite Sentence : Les Actes de Presentations mises au Gréfe dudit Bailliage, les 8. & 15. Novembre audit an : La

DECLARATIONS ET ARRESTS. 337

quitance de l'amende confignée fur ledit apel, le 22. dudit mois : Les Actes de production des parties, des 26. & 29. dudit mois : L'Ecrit de griefs fourni au Bailliage, le 14. Mars 1729. pour faire dire qu'il avoit été mal jugé par le Vicomte, & bien apellé ; ce faifant, la Sentence infirmée ; & en conféquence, qu'il fera dit à bonne caufe fes ofres, du 6. Avril 1728. ce faifant, que les parties feront renvoïées devant le Notaire du lieu, pour compter deniers, avec dépens des Caufes principale & d'apel : L'Ecrit de réponfe à griefs dudit Thirel, du 28. du même mois, par lequel il a conclu à la confirmation de la Sentence, avec amende & dépens : Une Sommation d'Audience, du 25. Avril fuivant : Sentence d'apointé renduë entre lefdites parties, audit Bailliage du Neufchâtel, le 2. Mai audit an : La Requête prefentée en Bailliage au Neufchâtel, le 30. Avril audit an, par ledit Coufin, fignifiée le 6. Mai fuivant : Une autre Requête prefentée au Juge dont eft apel, par ledit Thirel, le 12. Juillet audit an : Extrait d'un Arreft de la Cour, du 14. Juillet 1724. rendu entre Loüis Bigot & Loüis-Chriftophe Bigot Ecuïers, pere & fils, apellans de Sentence renduë au Bailliage de Roüen, le 26. Novembre 1723. confirmative d'autre Sentence renduë en la Vicomté du même lieu, le premier Juillet précédent, fur l'Action par eux intentée le 3. Mai audit an, à l'encontre du Sieur Pierre Daffife Marchand audit Roüen, pour le faire condamner à leur faire delais & remife de mille trois cens cinquante livres de rente de fiéfe, par lui aquife du Sieur Marquife, aux ofres de lui païer & rembourfer en efpéces au cours du jour, qui feront reprefentées & exhibées en l'Etude de Mᵉ le Febvre Notaire, la fomme de vingt-quatre mille fept cens quatre-vingt livres, pour le capital defdits mille trois cens cinquante livres de rente de fiéfe ; enfemble celle de quatre mille cinq cens livres pour les arrérages, prorata, frais & loïaux coûts, fi tant il convient, fauf à augmenter ou diminuer, s'il y échet ; ce faifant, de fe trouver le lendemain neuf heures du matin, en l'Etude dudit le Febvre, pour paffer Acte dudit delais, rendre & reftituër les Contrats & Titres concernans ladite partie de rente ; par laquelle Sentence du Vicomte, il eft dit que ledit Sieur Daffife eft déchargé de l'Action defdits Sieurs Bigot, avec dépens ; par lequel Arreft la Cour auroit mis l'apellation & ce dont, au néant, émendant, a condamné ledit Daffife de recevoir l'amortiffement de ladite rente de mille trois cens cinquante livres, dont étoit queftion, tant en principal qu'arrérages, frais & loïaux coûts, dépens compenfez; ledit Daffife condamné au coût de l'Arreft : La Sentence renduë au Bailliage du Neufchâtel, dont eft apel en la Cour, par laquelle il eft dit qu'il a été mal jugé, bien apellé ; en conféquence, la Sentence de Vicomté déclarée infirmée ; & vû les ofres de Jean Coufin, du 6. Avril 1728. les parties renvoïées devant les Notaires de S. Saëns, pour compter deniers, & être ledit Thirel rembourfé du principal, frais & loïaux coûts de la partie de vingt livres de rente, avec dépens, tant des Caufes principale que d'apel : L'Exploit de fignification de la fufdite Sentence, faite audit Thirel, le 2. Septembre fuivant : Les Lettres d'apel par lui obtenuës de la fufdite Sentence, le 17. dudit mois d'Aouft ; au dos defquelles eft l'Exploit de fignification qui en a été faite audit Coufin, avec Affignation à comparoir en la Cour, pour y procéder fur ledit apel : Les Actes de Prefentations mifes au Gréfe d'icelle, par les parties : Un Mandement obtenu en la Chancellerie, le 11. Janvier 1730. par ledit Coufin, pour affigner en reprife du procès, la veuve & héritiers dudit Thirel, au dos duquel eft l'Affignation donnée en conféquence : La Prefentation mife au Gréfe de la Cour, par ledit Coufin, & par ladite Dubofc lors veuve dudit Thirel, fur le fufdit Exploit : L'Acte de reprife de ladite Thirel, du 8. Février audit an 1730. L'Extrait de production de ladite Thirel, du 20. Mars audit an : Un Avenir fignifié le 5. Mai fuivant : Une Sommation d'Audience, du 17. dudit mois : L'Acte de reprife du procès fait par ledit Vincent, aïant époufé ladite Dubofc veuve Thirel, tutrice de fes enfans, fignifié le premier Décembre audit an : Une Sommation d'Audience, du 16. Janvier 1731. Le fufdit Arreft d'apointé, du 6. Avril audit an : L'Ecrit de griefs fourni en la Cour par ledit Vincent, audit nom, le 21. Mai 1731. par lequel il a conclu à ce qu'il plaife à la Cour, mettre l'apellation & ce dont eft apellé, au néant ; émendant, ordonner que la Sentence du Vicomte du Neufchâtel, fera exécutée, avec dépens des Caufes principale & d'apel : L'Ecrit de Réponfe à griefs dudit Coufin, du 18. Décembre 1731. par lequel il a conclu à ce qu'il plût à la Cour, mettre l'apellation au néant, avec dépens.

Un Acte en forme d'Ecrit, signifié de Procureur à Procureur, le 10. Janvier dernier, à la requête dudit Vincent audit nom : Et generalement tout ce que les parties ont mis, écrit & produit pardevers la Cour : Les Conclusions du Procureur Général ; & oüi le Raport du Sieur de Motteville Conseiller-Commissaire : Tout consideré ; LA COUR, toutes les Chambres assemblées, a mis & met l'apellation & ce dont est apel, au néant ; émendant, ordonne que la Sentence du Vicomte du Neufchâtel, du 17. Juillet 1728. sera exécutée selon sa forme & teneur, tous dépens compensez ; païera néanmoins ledit Cousin le raport & coût du présent Arrest ; & a permis, audit Vincent, d'emploïer dans son compte de tutelle, les frais par lui faits dans la présente Instance : Et faisant droit sur les plus amples Conclusions du Procureur Général, & donnant Réglement, ordonne que les debiteurs de rentes foncieres & irraquitables, seront tenus d'observer dans les Retraits qu'ils en feront, en cas de ventes d'icelles à un tiers, toutes les formalitez prescrites, tant pour les Retraits lignagers que féodaux : Et afin que le présent Arrest soit notoire, & que personne n'en prétende cause d'ignorance, ordonne qu'il sera lû, publié & afiché par tout où il apartiendra ; & que Copies ou Vidimus d'icelui, seront envoïez dans tous les Siéges de ce ressort, pour y être pareillement lûs, publiez & exécutez, à la diligence des Substituts du Procureur Général, qui seront tenus de certifier la Cour dans le mois, des diligences qu'ils auront pour ce faites. FAIT à Roüen en Parlement, le treiziéme jour de Février mil sept cens trente-deux. Par la Cour, Signé, AUZANET.

Arrest du Conseil & Lettres Patentes, portant Réglement, pour faire des Coupes ordinaires dans les Bois de Sa Majesté, dépendans de la Maîtrise de Domfront.

Du 26. Février 1732.

LE Roy s'étant fait representer en son Conseil, le Procès verbal de visite faite par le Sieur Geoffroy Grand-Maître des Eaux & Forêts du Département d'Alençon, acompagné des Oficiers de la Maîtrise de Domfront, le 26.

Septembre 1731. & autres jours suivans, des Forêts & Bois apartenans à Sa Majesté, dans le ressort de ladite Maîtrise, par lequel Procès verbal il paroît qu'il a été coupé en récépage dans lesdites Forêts, en conséquence des Arrêts du Conseil, des 11. Octobre 1712. & 28. Avril 1716. trois mille deux cens quatre-vingt-huit arpens en dix années, dans les Gardes & triages portez ausdits Arrêts; sçavoir, en exécution de celui du 11. Octobre 1712. trois mille quatre-vingt-huit arpens, dans les Forêts d'Andaine, la Ferté, Magny, Dieufy & Montdehere, & suivant celui du 28. Avril 1716. deux cens arpens dans celle de Gestel, lesquels trois mille deux cens quatre-vingt-huit arpens devoient être ensuite réglez en coupes ordinaires à l'âge de vingt ans, à raison de cent soixante-quatre arpens par an, qu'il ne se trouve sur lesdits trois mille deux cens quatre-vingt-huit arpens, que sept cens quatre-vingt-dix arpens qui puissent entrer en ventes ordinaires, les deux mille quatre cens quatre-vingt-dix-huit arpens restans n'aïant fait aucun progrès; en sorte qu'il seroit nécessaire de couper de nouveau en récépage lesdits deux mille quatre cens quatre-vingt-dix-huit arpens, dans les triages ci-après; sçavoir, dans le triage du Gué-Guillaume, Forest de Magny, soixante-dix arpens; dans celui de la Monnoye, Forest de la Ferté, cent trente-quatre arpens; dans celui de la Croix-Naudet, même Forest, quatre-vingt arpens; dans celui du Vieux-Moulin, dite Forest, quarante-six arpens; dans le triage de la Marre-Mallet, Forest de Gestel, cent vingt arpens; dans celui de Fontaine du Titre, même Forest, trente-trois arpens; dans celui du Mont-de-Mousse, Forest d'Andaine, Garde des Minerets, cent quinze arpens; dans celui des Minieres, susdites Garde & Forest, cent soixante-dix arpens; dans celui du Buisson-Fortin, susdite Forest d'Andaine, Garde de la Verrerie, deux cens arpens; dans le triage du Racinet, Garde du Cruchet, susdite Forest, quarante arpens, dans le triage des Loges, Garde de la Renaudiere, susdite Forest, soixante arpens; dans celui de la Fontelaye, Garde de la Neuve-Haye, susdite Forest d'Andaine, trois cens quatre-vingt arpens, dans le triage du Tertre de la Briere, Garde commune, susdite Forest d'Andaine, cent arpens; dans celui du Perron, même Garde, soixante-dix arpens; dans celui de la Lisse-Fontaine-Godier, Garde de la Philippiere

DECLARATIONS ET ARRESTS.

susdite Forest, deux cens quatre-vingt arpens; dans le triage du Bezier, Garde de Javains, quarante arpens; dans celui de la Lisse Charbotiere, susdites Garde & Forest, deux cens arpens; dans le triage de la Source-Philippe & Cave-Finet, Forest du Montdcheré, cent vingt arpens; dans celui de Grimoudet, susdite Forest, quarante arpens; dans celui de la Croix-Langlois, Forest de Dieufy, quatre-vingt arpens; dans celui de Platte-Fontaine, même Forest, soixante arpens; & dans celui de la Croix-Baudet, susdite Forest de Dieufy, soixante arpens; qu'il se trouve en outre quatre-vingt arpens de Bois de mauvaise qualité, dans lesdites Forêts; sçavoir, dans celle de Magny, au triage du Gué-des-Marres, au-dessus de l'Hermitage de S. Antoine, trente arpens, dans la Forest d'Andaine, Garde des Landes, triage du Mont-de-Mousse, vis-à-vis le lieu apellé les Villes-Vertes, trente arpens, & dans la même Forest, Garde de Javains, triage du Bezier, au-dessus & au droit de la queuë de l'Etang de Bagnoles, vingt arpens, faisant lesdites deux mille quatre cens quatre-vingt-dix-huit arpens, d'une part, & quatre-vingt de l'autre, la quantité de deux mille cinq cens soixante-dix-huit arpens, qu'il conviendroit de couper en récépage en dix années, à raison de deux cens cinquante-sept arpens par an; & que pour ne point trop charger les ventes de cette Maîtrise, il seroit retranché pendant ledit tems, trente arpens de vente ordinaire, dans ladite Forest d'Andaine, lesquels joints aux trente-sept arpens & demi qui se coupoient chaque année, dans ladite Forest, en exécution de l'Arrest du Conseil, du 29. Mai 1720. dont la derniere coupe a été ajugée pour la presente année 1732. composeroient une diminution de soixante-sept arpens & demi, sur les ventes de cette Forest; & qu'à cet éfet, les triages du Fief-au-Beuf & de la Boullaye, qui sont dans les meilleurs fonds de ladite Forest, seroient mis en défends, pendant lesdites dix années, au moïen de quoi il ne seroit fait aucun changement aux ventes ordinaires des autres Forêts dépendantes de ladite Maîtrise; que le mauvais état où se trouvent lesdites deux mille cinq cens soixante-dix-huit arpens, doit être atribué non seulement à la nature du fonds où ils sont en partie situez, mais encore aux abroutissemens fréquens qui se font par les bestiaux, sur tout dans les cantons de ces Forêts qui sont voisins des Paroisses riveraines,

1732.
Février.

dont les habitans depuis que les forges, poteries, tuileries, & verreries qui sont en grand nombre, ont été établies dans le païs, se sont multipliez considérablement; qu'il y a dans la Forest d'Andaine deux landes d'une très-grande étenduë, l'une apellée la lande Choinet, & l'autre la lande Menuë, dont la premiere est dans un fonds marécageux & hors d'état de porter du bois; la seconde est en meilleur fonds, mais aïant été de tout tems abandonnée, pour le pâturage des bestiaux des Paroisses de Chamsegrey, la Coulonche, la Ferriere & autres circonvoisines, & n'étant point fermée d'aucuns côtez de fossez, les bestiaux ont penetré si avant dans les bois qui bordent ladite lande, & en ont tellement abrouti les sepées, que cette lande se trouve augmentée au préjudice du Roy, de plus de soixante arpens, dans un des bons fonds de la Forest, & s'augmenteroit journellement, s'il n'y étoit remedié par de bons fossez, pour garantir les bois qui l'environnent de toutes parts ; que même le fonds de cette lande est si bon, qu'il y avoit lieu d'espérer qu'elle se repeupleroit d'elle-même de bois, si les bestiaux discontinuoient à la détruire; qu'en conséquence de l'Ordonnance du Sieur Filleul lors Grand-Maître du Département d'Alençon, il a été mis en l'année 1726. vingt-cinq arpens en réserve, dans le triage du Grand-Mommien, Garde de la Philippiere, en la Forest d'Andaine, lesquels ne sont pas de nature à profiter; & qu'enfin ces Forêts du Montdehere & de Dieufy se trouvant séparées du corps des autres Forêts de ladite Maîtrise de Domfront, & étant très-dificiles à garder, par raport à la quantité de Villages & Hameaux qui les environnent ; & le terrain de ces deux Forêts étant d'ailleurs si inégal que deux Gardes ne peuvent sufire pour les conserver, il seroit nécessaire d'y établir un troisiéme Garde, dont la Garde seroit formée d'une partie de la Forest du Montdehere & de celle de Dieufy, à l'endroit où ces deux Forêts se joignent. Et Sa Majesté voulant y pourvoir: Vû ledit Procès verbal, les Arrêts du Conseil, des 11. Octobre 1712. & 28. Avril 1716. & l'Avis du Sieur Geoffroy Grand-Maître des Eaux & Forêts du Département d'Alençon : Oüi le Raport du Sieur Orry, Conseiller d'Etat & ordinaire au Conseil Roïal, Contrôleur Général des Finances ; LE ROY EN SON CONSEIL, a ordonné & ordonne que les cantons de bois dépendans de la Maîtrise

DECLARATIONS ET ARRESTS. 343

se de Domfront, énoncez au Procès verbal du 26. Septembre de l'année derniere 1731. ci-dessus mentionnez, contenans la quantité de deux mille cinq cens soixante-dix huit arpens, seront coupez en recépage en dix années, à raison de deux cens cinquante sept arpens par an, pour les neuf premieres années, & de deux cens soixante-cinq pour la dixiéme, à la réserve néanmoins des baliveaux qui s'y trouveront en état de croître en fûtaïe, à commencer pour l'ordinaire de l'année 1733. suivant que lesdites coupes seront désignées par le Sieur Geoffroy Grand-Maître des Eaux & Forêts du Département d'Alençon ; à la vente & ajudication desquels bois, il sera procédé par ledit Sieur Grand-Maître, au Siége de ladite Maîtrise, au plus ofrant & dernier enchérisseur, en la maniere acoûtumée. Veut Sa Majesté qu'au moïen de la coupe ci-dessus, il ne soit vendu pendant le cours desdites dix années, que cent soixante-dix arpens par chacun an, dans la Forest d'Andaine, au lieu de deux cens trente-sept & demi qui s'y coupoient, tant en exécution de l'Etat arrêté au Conseil, en 1674. que de l'Arrest du Conseil, du 29. Mai 1720. & qu'à cet éfet les triages de la Boullaye & du Fief-au-Bœuf seront mis, pendant ledit tems, en défends ; au moïen de quoi, les vingt-cinq arpens mis en réserve en l'année 1726. dans la Forest d'Andaine, Garde de la Philippiere, triage du Grand-Mommien, feront partie des ventes de l'ordinaire de 1733. sans au surplus déranger les ventes ordinaires des autres Forêts dépendantes de ladite Maîtrise. Ordonne Sa Majesté que dans un mois, du jour de la publication ou signification qui sera faite du present Arrest, les Sindics des Paroisses qui prétendent droits d'Usages dans les Forêts du ressort de ladite Maîtrise de Domfront, seront tenus à peine de deux cens livres d'Amende, de representer pardevant ledit Sieur Grand-Maître, ou tel Oficier de ladite Maîtrise qu'il poura commettre, un Etat d'eux certifié véritable, qui sera déposé au Gréfe de ladite Maîtrise, contenant le nombre des maisons qui subsistoient lors de la Réformation ; pour être sur icelui composé un nouvel Etat, qui sera arrêté au Conseil, des Usagers & du nombre de bestiaux qu'ils pouront mettre dans lesdites Forêts, & qu'il sera jusqu'à ce sursis à tous usages dans lesdites Forêts. Ordonne en outre Sa Majesté, que les Habitans des Paroisses de Chamsegrey, la Coulonche, la Ferriere, & autres circonvoisines, seront dans le tems

II. Suite du N. R.   V u

ci-dessus mentionné, tenus de faire à leurs frais des fossez de six pieds de largeur, sur cinq de profondeur, de les entretenir & garnir de plantes vives des deux côtez & le long de la Lande neuve, suivant l'alignement qui sera donné par ledit Sieur Grand-Maître ou tel Oficier qui sera par lui commis, & de nétoïer & curer le ruisseau par lequel les eaux s'écoulent, à peine contre les habitans desdites Paroisses, de déchéance de tous droits d'usages dans la Forest d'Andaine, & autres dépendantes de ladite Maîtrise. Ordonne en outre Sa Majesté, qu'il sera commis par ledit Sieur Grand-Maître, un troisiéme Garde pour la conservation des Forêts du Montdehere & de Dieufy, dont la Garde sera désignée par ledit Sieur Grand-Maître, en presence des Oficiers & Arpenteur de ladite Maîtrise, auquel troisiéme Garde il sera par chacun an, fait fonds dans l'Etat des Bois de la Generalité d'Alençon, de la somme de cent livres pour ses gages, & de quinze livres pour son chaufage, qui lui seront païez annuellement par le Receveur des Bois, en la maniere acoûtumée, & ainsi qu'aux autres Gardes de ladite Maîtrise : Enjoint Sa Majesté audit Sieur Grand-Maître, de tenir la main à l'exécution du present Arrest, sur lequel toutes Lettres nécessaires seront expédiées. FAIT au Conseil d'Etat du Roy, tenu à Marly le vingt-sixiéme jour de Février mil sept cens trente-deux. Collationné. Signé, DE VOUGNY.

Lettres Patentes du Roy, sur l'Arrest du Conseil ci-dessus.

LOUIS par la grace de Dieu, Roy de France & Navarre : A nos amez & feaux Conseillers les Gens tenans nôtre Cour de Parlement à Roüen, SALUT. Le Sieur Geoffroy Grand-Maître des Eaux & Forêts du Département d'Alençon, auroit dressé Procès verbal le 16. Septembre 1731. de la Visite par lui faite acompagné des Oficiers de la Maîtrise de Domfront, des Forêts & Bois à Nous apartenans, dans le ressort de ladite Maîtrise, & auroit reconnu qu'il avoit été coupé par recépage, dans lesdites Forêts, en conséquence des Arrêts de nôtre Conseil, des 11. Octobre 1712. & 28. Avril 1716. trois mille deux cens quatre-vingt-huit arpens, en dix années, dans les Gardes & triages portez ausdits Arrêts, lesquels Bois devoient être ensuite réglez en coupes à l'âge de vingt ans, à raison de cent soixante-quatre arpens par an; mais qu'il n'y avoit que sept cens quatre-vingt-dix arpens qui puissent entrer en ventes ordinaires, les deux mille quatre cens quatre-vingt-dix-huit arpens restans, n'aïant fait aucun progrès; que dans la Forest d'Andaine, il se trouvoit quatre-vingt arpens de mauvaise qualité, qu'il convenoit de recéper avec lesdites deux mille quatre cens quatre-vingt-dix-huit, faisans ensemble deux mille cinq cens soixante-dix-huit arpens; que dans la même Forest d'Andaine il y avoit deux landes d'une grande étenduë, l'une apellée la Lande-Chomet, & l'autre la Lande-Menuë, dont la premiere est dans un fonds marécageux, & hors d'état de porter du bois, la seconde dans un meilleur fonds, mais abandonné pour le pâturage des bestiaux des Paroisses circonvoisines, & comme elle n'est fermée d'aucuns fossez & qu'elle borde la Forest, les bestiaux ont pénétré dans la Forest, en sorte que ladite Lande se trouve augmentée de plus de soixante arpens, & s'augmenteroit, s'il n'y étoit remedié par des fossez; que même le fonds de cette lande est si bon, qu'il y auroit lieu d'espérer qu'elle se repeupleroit de bois, si les bestiaux discontinuoient à le détruire : Sur le vû duquel Procès verbal Nous aurions par Arrest cejourd'hui rendu en nôtre Conseil, ordonné le recépage desdits deux mille cinq cens soixante-dix-huit arpens de bois; qu'il seroit composé un Etat des Usagers desdites Forêts, & du nombre des bestiaux qui pouront y être mis; qu'il seroit fait des fossez des deux côtez & le long de la Lande-Menuë, le nétoïement du ruisseau par où les eaux s'écoulent, & qu'il seroit établi un troisiéme Garde, pour la conservation des Forêts de Montdehere & de Dieufy; le tout en la maniere portée par ledit Arrest, pour l'exécution duquel Nous aurions aussi ordonné que toutes Lettres nécessaires seroient expédiées. A CES CAUSES, de l'avis de nôtre Conseil, qui a vû ledit Arrest rendu en nôtre Conseil, cejourd'hui 26. Février 1732. Nous avons conformément à icelui ordonné, & par ces Presentes signées de nôtre main, ordonnons que les cantons de bois dépendans de la Maîtrise de Domfront, énoncez au Procès verbal du 26. Septembre de l'année derniere 1731. contenans la quantité de deux mille cinq cens soixante-dix-huit arpens, seront coupez en récépage en dix années, à raison de deux cens cinquante-sept arpens par an, pour les neuf premieres années,

& de deux cens soixante-cinq pour la dixiéme, à la réserve néanmoins des baliveaux qui s'y trouveront en état de croître en fûtaïe, à commencer pour l'ordinaire de l'année 1733. suivant que les coupes seront désignées par le Sieur Geoffroy Grand-Maître des Eaux & Forêts du Département d'Alençon; à la vente & ajudication desquels bois il sera procédé par le Sieur Grand-Maître, au Siége de ladite Maîtrise, au plus ofrant & dernier enchérisseur, en la maniere acoûtumée: Voulons qu'au moïen de la coupe ci-dessus, il ne soit vendu pendant le cours desdites dix années, que cent soixante-dix arpens par chacun an, dans la Forest d'Andaine, au lieu de deux cens trente-sept & demi qui se coupoient, tant en exécution de l'Etat arrêté au Conseil, en 1674. que de l'Arrest du Conseil, du 29. Mai 1720. & qu'à cet éfet les triages de la Boulaye & du Fief aux Bœufs seront mis, pendant ledit tems, en défends, au moïen de quoi les vingt-cinq arpens mis en réserve en l'année 1726. dans la Forest d'Andaine, Garde de la Philippiere, triage du Grand-Mommien, feront partie des ventes de l'ordinaire 1733. sans au surplus déranger les ventes ordinaires des autres Forêts dépendantes de ladite Maîtrise. Ordonnons que dans un mois du jour de la publication ou signification qui sera faite des Presentes, les Sindics des Paroisses qui prétendent droit d'Usage, dans les Forêts du ressort de la Maîtrise de Domfront, seront tenus à peine de deux cens livres d'Amende, de representer pardevant ledit Sieur Grand-Maître ou tel Oficier de ladite Maîtrise de Domfront, qu'il poura commettre, un Etat d'eux certifié véritable, qui sera déposé au Gréfe de ladite Maîtrise, contenant le nombre des maisons qui subsistoient lors de la Réformation, pour être sur icelui composé un nouvel Etat, qui sera arrêté en nôtre Conseil, des Usagers & du nombre de bestiaux qu'ils pouront mettre dans lesdites Forêts, & qu'il sera jusqu'à ce sursis à tous usages, dans lesdites landes. Ordonnons en outre que les habitans des Paroisses de Chamsegrey, la Coulonche, la Ferriere & autres circonvoisines, seront dans le tems ci-dessus mentionné, tenus de faire à leurs frais des fossez de six pieds de largeur, sur cinq de profondeur, de les entretenir, & garnir de plantes vives des deux côtez & le long de la Lande Menuë, suivant l'alignement qui sera donné par ledit Sieur Grand-Maître, ou tel Oficier qui sera par lui commis, de nétoïer & curer le ruisseau, par lequel les eaux s'écoulent, à peine contre les habitans desdites Paroisses, de déchéance de tous droits d'Usages, dans la Forest d'Andaine, & autres dépendantes de ladite Maîtrise : Ordonnons en outre qu'il sera commis par ledit Sieur Grand-Maître, un troisième Garde pour la conservation des Forêts de Montdehere & de Dieufy, dont la Garde sera désignée par ledit Sieur Grand-Maître, en presence des Oficiers & Arpenteur de ladite Maîtrise, auquel troisiéme Garde il sera par chacun an, fait fonds dans l'Etat des Bois de la Generalité d'Alençon, de la somme de cent livres pour ses gages, & de quinze livres pour son chaufage, qui lui seront païez annuellement par le Receveur des Bois, en la maniere acoûtumée, & ainsi qu'aux autres Gardes de ladite Maîtrise. Enjoignons audit Sieur Grand-Maître, de tenir la main à l'exécution dudit Arrest & des Presentes. SI VOUS MANDONS que lesdites Presentes vous aïez à faire lire, registrer, & le contenu en icelles exécuter, selon leur forme & teneur, nonobstant tous empêchemens, Clameur de Haro & Chartre Normande; CAR tel est nôtre plaisir. DONNE' à Marly, le vingt-sixiéme jour de Février, l'an de grace mil sept cens trente-deux; & de nôtre Régne le dix-septiéme. Signé, LOUIS: Et plus bas, Par le Roy, CHAUVELIN. Et scellées du grand Sceau de cire jaune.

Lûës, publiées & registrées, la grande Audience de la Cour seante. A Roüen en Parlement, le 15. Mai 1732. Signé, AUZANET.

Arrest du Parlement, portant défenses aux Teinturiers, & autres Manufacturiers y dénommez, se servans de Chaudieres, tant de cette Ville & Fauxbourgs, que ceux établis, notamment dans les lieux y spécifiez, de faire aucun usage de Bois à brûler, pour leursdites Chaudieres & Echaudoirs, &c.

Du 9. Mars 1732.

SUR la remontrance faite à la Cour, par le Procureur Général du Roy, expositive que la grande consommation de bois qui se fait dans la Ville de Roüen & dans les environs, soit par les particuliers, soit par la multiplicité des

Manufactures qui sont établies, demande que l'on aïe atention à ménager une espéce aussi nécessaire, & empêcher qu'elle ne soit emploïée à des usages, dans lesquels on peut se servir de charbon de terre; qu'elle auroit déja rendu le 3. Mars 1723. un Arrest, qui auroit fait défenses aux Teinturiers, Chapeliers, Brasseurs, Savonniers, & tous autres Manufacturiers & Ouvriers, qui se servent de Chaudieres, d'user d'aucun bois à brûler pour faire leur travail; & leur auroit enjoint de ne brûler à l'avenir que du charbon de terre : Mais sous prétexte que cet Arrest semble ne regarder que la Ville de Roüen, les Manufacturiers établis dans les Bourgs circonvoisins de la Ville de Roüen, ont cru n'être pas obligez de s'y conformer, quoi qu'ils fassent une consommation considérable de bois, qui peut encore en augmenter la rareté : Pourquoi requiert ledit Arrest du 3. Mars 1723. être exécuté selon sa forme & teneur; quoi faisant, être fait défenses aux Teinturiers, Chapeliers, Brasseurs, Savonniers, & tous autres Manufacturiers & Ouvriers, qui se servent de Chaudieres, tant de la Ville de Roüen & des Fauxbourgs, que de ceux établis dans les Bourgs & Villes circonvoisines, notamment de Dernétal, Orival, Elbeuf, Louviers, Andely, la Boüille & Caudebec, d'emploïer aucuns bois à brûler pour leursdites Chaudieres & Echaudoirs, à peine contre les contrevenans, de cent cinquante livres d'Amende pour la premiere fois, & d'être leurs Chaudieres & Echaudoirs brisez en cas de récidive, même d'être condamnez à tenir boutique fermée pour six mois, être déchûs de leurs Maîtrises, & autres plus grandes peines, s'il y échet; ce qu'ils seront tenus exécuter dans deux mois de la publication de l'Arrest : N'empêchant néanmoins les Teinturiers de se servir de bois à brûler, dans les cas seulement qu'ils feront des teintures qui ne peuvent être bien faites avec du charbon de terre, lesquelles seront déterminées par les Inspecteurs des Manufactures; être enjoint aux Juges ordinaires des lieux & des Manufactures, même aux Oficiers des Eaux & Forêts, chacun en droit soi, d'y tenir la main; à laquelle fin, l'Arrest sera lû, publié & afiché par tout où besoin sera, & les Vidimus envoïez ausdits Siéges, & aux Oficiers des Eaux & Forêts. Vû par la Cour ledit Requisitoire; & oüi le Raport du Sieur le Pesant de Boisguilbert, Conseiller-Commissaire, LA COUR, faifant droit fur le Requifitoire du Procureur Général, a ordonné que l'Arrêt du 3. Mars 1723. fera exécuté felon fa forme & teneur ; quoi faifant, a fait défenfes aux Teinturiers, Chapeliers, Braffeurs, Savonniers & tous autres Manufacturiers & Ouvriers qui fe fervent de Chaudieres, tant de la Ville de Roüen & des Fauxbourgs, que de ceux établis dans les Bourgs & Villes circonvoifines, notamment, de Dernétal, Orival, Elbeuf, Louviers, Andely, la Boüille & Caudebec, d'emploïer aucun bois à brûler pour leurfdites Chaudieres & Echaudoirs, à peine contre les contrevenans de cent cinquante livres d'Amende pour la premiere fois, & d'être leurs Chaudieres & Echaudoirs brifez en cas de récidive; même d'être condamnez à tenir boutique fermée pour fix mois, être déchûs de leurs Maîtrifes, & autres plus grandes peines s'il y échet ; ce qu'ils feront tenus exécuter dans deux mois de la publication du prefent Arrêt : Pourront néanmoins les Teinturiers fe fervir de bois à brûler, dans les cas feulement qu'ils feront des teintures qui ne peuvent être bien faites avec du charbon de terre, lefquelles feront déterminées par les Infpecteurs des Manufactures : A enjoint aux Juges ordinaires des lieux & des Manufactures, même aux Oficiers des Eaux & Forêts, chacun en droit foi, d'y tenir la main : A laquelle fin, le prefent Arrêt fera lû, publié & afiché, par tout où befoin fera, & les Vidimus envoïez aufdits Siéges & aux Oficiers des Eaux & Forêts. FAIT à Roüen en Parlement, le dix-neuviéme jour de Mars mil fept cens trente-deux.

Par la Cour, Signé, AUZANET.

Arrêt du Parlement, qui a décidé entre deux Graduez, de quel jour on devoit compter l'ancienneté de leur Nomination faite par l'Univerfité de Paris, &c.

Du 2. Juillet 1732.

LOUIS par la grace de Dieu, Roy de France & de Navarre : A tous ceux qui ces prefentes Lettres verront, SALUT. Sçavoir faifons que cejourd'hui en la Caufe ofrante en nôtre Cour de Parlement de Roüen, entre Me Loüis Flavigny Prêtre, Gradué nommé en l'Univerfité de

1732.
Juillet.

Paris, se prétendant pourvû du Benéfice de S. Godard de Roüen, apellant de Sentence renduë aux Requêtes du Palais à Roüen, le 5. Décembre 1731. par laquelle nôtre Cour, pour être fait droit ausdits Sieurs Flavigny & Pontrevé, sur le plein possessoire du Benefice-Cure de S. Godard, à apointé à écrire & produire dans le tems de l'Ordonnance ; & cependant par provision, sans préjudice du droit des parties au principal, toutes raisons de fait & de droit & d'inductions tenantes entre les parties, a ajugé la récreance dudit Benefice-Cure de S. Godard, audit Sieur Pontrevé, tous dépens réservez en définitive au benéfice de qui il apartiendra ; ce qui sera exécuté au chef de ladite récreance, nonobstant opositions, apellations, & autres voïes quelconques, & sans préjudice d'icelles, aux termes de l'Ordonnance ; & demandeur en Requête par lui presentée à nôtre Cour, le 27. Mars 1732. tendante à ce qu'il plaise à nôtre Cour, en prononçant sur l'apel, mettre l'apellation & ce dont est apellé, au néant ; émendant, évoquant le principal trouvé en état de juger, & y faisant droit, maintenir & garder ledit Sieur Flavigny au plein possessoire dudit Bénéfice-Cure de S. Godard, faire défenses audit Sieur Pontrevé de l'y troubler, ni former aucuns empêchemens quelconques, le condamner à la restitution des fruits perçûs ou empêchez percevoir ; le tout, avec dépens des Causes principale & d'apel ; comparant par Me Pierre Lémery son Procureur, d'une part : Me Jacques Pontrevé Prêtre, Gradué nommé en l'Université de Paris, pourvû du Benefice-Cure de S. Godard de Roüen, intimé en apel, & défendeur en Requête tendante à l'évocation du principal ; comparant par Me Loüis Martin son Procureur, d'autre part ; sans préjudice des qualitez. Oüis Hynard le jeune, Avocat dudit Sieur Flavigny, lequel a dit que la pleine maintenuë qu'il conclut du Benefice-Cure en contestation, par préférence & à l'exclusion du Sieur Pontrevé son compétiteur, est fondée sur trois moïens également dignes de toute l'atention de nôtredite Cour : Le premier, parce qu'il est le plus ancien Gradué nommé, & adressé au Sieur Archevêque de Roüen, Patron-Collateur dudit Benefice-Cure de S. Godard ; la date de sa nomination sur cette Prélature étant du 11. Décembre 1703. au lieu que celle des Lettres de nomination du Sieur Pontrevé sur le même Collateur, n'est que du 9. Septembre 1729.

DECLARATIONS ET ARRESTS.

1729. En vain le Sieur Pontrevé voudroit-il redoubler ses éforts, pour faire remonter cette date, l'unique de décision dans son Procès, jusqu'à celle du 8. Octobre 1698. jour qu'il dit avoir suplié *pro Litteris nominationis*. L'éfet rétroactif qu'il voudroit donner à ses Lettres de Nomination, du 9. Septembre 1729. à la date & au jour de sa prétenduë Suplique de 1698. est directement oposé au Réglement donné par nôtre Parlement de Paris, le 30. Aoust 1708. en conséquence de l'Acte de Délibération de l'Université de Paris, du 8. Janvier 1707. dont la disposition étant précise & formelle, que le Gréfier ne poura delivrer aucunes Lettres de Nomination sous une autre date que celle de la Nomination acordée par l'Université, sur un ou plusieurs Collateurs, & non sous la date de la Suplique faite en général à ladite Université, pour parvenir à l'obtention des Lettres de Nomination ; disposition par laquelle nôtre Parlement de Paris casse & annule une autre toute contraire à la Délibération de la même Université, du 8. Janvier 1707. dont l'Acte faisoit défenses à son Gréfier d'en user ainsi à l'avenir ; défenses levées par ce même Réglement, qui sur les Conclusions de nôtre Procureur Général, fait défenses de mettre cet Acte à exécution ; il en faut conclure que la date de la Nomination du Sieur Pontrevé, ne pouvant se compter que du 9. Septembre 1729. du moins sur l'Archevêché de Roüen, où il n'en a fait la premiere notification que le 28. Novembre ensuivant, elle est postérieure à celle du Sieur Flavigny, & par conséquent non préferable. Son second moïen est fondé sur ce que quand bien même la question de cette antériorité de date seroit décidée en faveur du Sieur Pontrevé, il n'en pourroit pas retirer plus d'avantage, parce qu'aïant laissé passer trente-un ans depuis la Suplique du 8. Octobre 1698. jusqu'au 28. Novembre 1729. sans réaliser ni faire aucun usage du droit qu'il prétend en résulter en sa faveur, par le moïen d'aucune notification faite dans les trente ans, au Sieur Archevêque de Roüen, seule capable d'aféêter & de gréver éficacement sa Prélature, il en résulte une fin de non-recevoir peremptoire contre lui ; dont le droit qui ne consiste que dans une action pure personnelle, qu'il auroit pû prétendre & exercer, en vertu de sa Nomination, étant prescrit, éteint, devenu nul & caduque, à l'égard tant du Collateur, que des autres Graduez nommez, n'a jamais pû faire le fon-

II. Suite du N. R.

dement d'aucune valable requisition dudit Benefice de S. Godard, ni le prétexte raisonnable d'en disputer la préférence au Sieur Flavigny, Gradué nommé dès 1703. bien & dûement notifié, insinué & qualifié dès 1704. & réïteré & perpétué jusqu'à present : mais quand ce second Moïen de prescription adopté par tout ce qu'il y a d'Auteurs & d'Avocats célebres en matiere beneficiale, fondé sur l'autorité des choses jugées en cas pareil, par une infinité d'Arrêts rendus en diférens Parlemens, raportez par tous les Arrestographes, ne seroit pas réputé, comme le premier, assez puissant pour opérer l'éfet de la préférence reclamée par le Sieur Flavigny son compétiteur ; il en est un troisiéme, qui résulte du defaut d'Insinuation de ses Lettres de Dimissoire, au Gréfe du Sieur Archevêque de Paris, de qui il a reçû la Tonsure, du consentement du Sieur Evêque d'Amiens son Evêque Diocésain, & son Supérieur immédiat ; moïen si victorieux & si éficace, qu'il sufiroit seul, pour ruiner tout le droit que le Sieur Pontrevé prétendroit : D'ailleurs, la disposition des Articles IX. & XXII. de nôtre Edit du mois de Décembre 1691. enregistré & bien & dûëment vérifié en nôtre Cour, le 29. Janvier 1692. y est si précise & si positive, ainsi que la nécessité d'avoir donné copie de ces mêmes Lettres de Dimissoire, ou du moins de l'extrait de leur Insinuation, par le Concordat de Leon X. & de François premier, & l'Ordonnance de Loüis XII. de 1510. lors de la premiere notification, que sur ce fondement seul, & indépendamment de tous les autres moïens de droit & de fait, que nôtredite Cour a entendus plaider dans le nombre d'Audiences considérable, dont il lui a plû en faire la grace aux parties, le Sieur Flavigny croiroit son apel également régulier, ainsi que les fins de sadite Requête du 27. Mars dernier ; pourquoi conclut qu'il plaira à nôtredite Cour, faisant droit sur l'apel, mettre l'apellation & ce dont est apel, au néant ; émendant & corrigeant, faisant droit au principal trouvé en état de juger, & évoqué du consentement des parties, maintenir & garder le Sieur Flavigny au plein possessoire dudit Benefice de S. Godard, avec restitution de fruits perçûs ou empêchez percevoir ; faire défenses au Sieur Pontrevé de l'y troubler, le condamner aux dépens des Causes principale & d'apel : De Villers Avocat du Sieur Pontrevé, lequel a dit que le Benefice-Cure de S. Godard de Roüen, aïant vaqué dans un mois de rigueur, il apartient de droit au plus ancien Gradué nommé ; c'eſt à cette ancienneté que la déciſion de la queſtion eſt atachée. Le Sieur Pontrevé eſt nommé par l'Univerſité de Paris, le 8. Octobre 1698. le Sieur Flavigny n'a été nommé qu'au mois de Décembre 1703. par conſéquent il ne dévroit y avoir aucune conteſtation entre les parties : Mais le Sieur Flavigny prétend que les Lettres de Nomination n'aïant été expédiées au Sieur Pontrevé, que le 9. de Septembre 1729 & notifiées au Patron Ecléſiaſtique, que le 9. Novembre ſuivant, l'antiquité de ſa Nomination ne doit ſe compter que de l'année 1729. La réponſe à cette objection eſt facile ; ce n'eſt point l'expédition du Gréfier qui fait la Nomination, c'eſt l'admiſſion de la Suplique par l'Univerſité aſſemblée, qui donne droit au Gradué, qui le conſtituë Gradué nommé ; c'eſt dans le Regiſtre de l'Univerſité où cette admiſſion eſt couchée, que les Graduez peuvent trouver leur antiquité, qui ne dépend point de l'expédition que le Gréfier en peut faire plûtôt ou plûtard, ſuivant qu'il en eſt requis : Outre que cela eſt fondé ſur la droite raiſon, c'eſt que la queſtion a été diſertement jugée par ce Parlement en l'année 1718. & par nôtre Parlement de Paris en l'année 1723. poſtérieurement à l'Arreſt de la troiſiéme Chambre des Enquêtes de nôtredit Parlement de Paris, que tout le monde ſçait avoir été rendu ſur des principes qui n'étoient pas conformes à la vérité des faits, & n'avoir eu aucune exécution. La notification au Patron Ecléſiaſtique ne forme pas plus l'antiquité des Grades ; il ſufit d'avoir notifié avant la vacance du Benefice, pour rétrograder & remonter au tems de ſa Nomination, afin de décider de l'antiquité. Le Sieur Flavigny ajoûte à cette premiere objection, que le Sieur Pontrevé aïant été nommé par l'Univerſité en l'année 1698. & n'aïant fait uſage de ſa Nomination qu'en l'année 1729. cette même Nomination eſt preſcrite : Mais il ne faut qu'examiner avec atention le Concordat, pour être convaincu que les degrez, non plus que la Nomination des Univerſitez, ne ſont point ſujets à la loi de la preſcription. Le Concordat ainſi que nos Ordonnances portent une peine contre les Graduez, qui eſt de perdre les Benefices vacans dans l'année qu'ils n'auront point notifié ou reïteré leurs noms & ſurnoms : il faut s'en tenir à cette ſeule peine, il n'eſt pas permis d'y en ſubjoindre une autre, contre l'intention des Législateurs. D'ailleurs, le droit des Graduez est un droit ataché à leur personne, droit incessible, droit qui finit avec eux, qui est de pure faculté, qu'ils peuvent exercer ou ne pas exercer, droit qu'ils ont aquis par leur étude & leur capacité : Il seroit étonnant que conservans toute leur vie l'étude, la capacité & le degré, ils en pûssent perdre le fruit par la prescription. Il est vrai qu'il y a des Auteurs qui admettent la prescription ; mais outre que les raisons sur lesquelles ils se fondent, sont une preuve du peu de solidité de leur sentiment, c'est qu'admettans la prescription, & par le defaut de notification dans les trente ans, & par le defaut de réïtération dans le même espace de tems, & cela par les mêmes principes, leur sentiment se trouve disertement condamné par un Arrest de nôtre Parlement de Paris, du 13. Février 1730. qui a disertement jugé qu'on ne pouvoit oposer la prescription, même de quarante années, à un Gradué, qui avoit été plus de quarante ans sans insinuer ses noms & surnoms. Enfin, le Sieur Flavigny se retranche au defaut de representation du Dimissoire, en vertu duquel le Sieur Pontrevé a reçû la Tonsure, par un autre que par son Ordinaire, & du defaut d'Insinuation de la Lettre de Tonsure dans le mois. A l'égard du Dimissoire, il est supléé par ces termes qui se trouvent dans la Lettre de Tonsure, *rite dimisso*; à joindre qu'aïant reçû de son Evêque les Ordres, tant moindres que majeurs, il n'y a pas la plus sévere présomption contre la vérité de la Lettre de Tonsure, n'étant point à croire que son Evêque lui eût conferé les Ordres, s'il n'avoit pas été certain qu'il eût été valablement tonsuré : à l'égard de l'Insinuation de la Lettre de Tonsure, le Sieur Flavigny n'est pas en régle lui-même ; il a été tonsuré le 6. Avril 1696. & sa Lettre de Tonsure n'a été insinuée que le 31. de Décembre 1700. au lieu que celle du Sieur Pontrevé l'a été dans l'année même à Amiens, ensuite en diférens tems, à Roüen, à Paris & à Evreux ; ce qui sufit pour satisfaire à l'Edit de 1691. Pourquoi conclut à ce qu'il plaise à nôtre Cour, sur l'apel en tant que la récréance a été ajugée au Sieur Pontrevé, mettre l'apellation au néant ; en tant que les parties ont été par la même Sentence apointées en droit à écrire & produire sur la pleine maintenuë, mettre l'apellation & ce dont est apel, au néant ; émendant, évoquant le principal trouvé en état d'être jugé, & y faisant droit, maintenir & garder le Sieur Pontrevé au plein possessoire du Benéfice-Cure de S. Godard de Roüen, avec dépens des Causes principale & d'apel: Et le Baillif-Mesnager Avocat Genéral, lequel, après avoir raporté les plaidoïers des parties, a dit qu'avant d'entrer dans l'examen des questions importantes qui ont été traitées, il faloit pour pouvoir connoître comment & de quel jour se compte l'antiquité des Grades, se rapeller le Concordat arrêté à Boulogne, le 19. Décembre 1516. entre François premier & le Pape Leon X. enregistré au Parlement le 22. Novembre suivant; lequel Concordat se conformant presqu'entierement au Concile de Basle, de l'an 1431. & à la Pragmatique Sanction de 1438. a acordé aux Graduez un tiers des Benéfices; que pour les remplir de ce tiers, quatre mois de l'année leur furent aféctez; deux de rigueur, qui sont Janvier & Juillet, dans lesquels les Collateurs sont forcez d'acorder les Benéfices aux plus anciens Graduez nommez; deux de faveur, Avril & Octobre, dans lesquels ces mêmes Collateurs peuvent choisir. On sçait les conditions & les formalitez ausquelles ces mêmes Graduez sont assujétis, quand ils veulent requerir des Benéfices. La Cure de S. Godard, qui est en contestation, a vâqué dans le mois de Janvier; c'est donc au plus ancien Gradué nommé, suivant le Concordat, que l'on doit en acorder la preférence, s'il a rempli les formalitez qui lui sont prescrites par la même Loi : *Antiquiorem nominatum nominare; antiquiori nominato, viris graduatis per Universitatem nominatis conferre teneantur.* Telles sont les dispositions du Concordat ; les termes sont précis & répetez en plusieurs endroits. Mais où la fixerons-nous cette antiquité ? Dirons-nous que lorsqu'un Gradué a suplié une Université, de lui acorder des Lettres de Nomination, il est Gradué nommé ? N'est-ce pas plûtôt lorsque cette Université lui aura fait expédier ses Lettres sur tel & tel Collateur ? Car comme on l'a fait observer à nôtre Cour, pour qu'une Presentation soit valable, suivant la Glose sur la Pragmatique, il faut que trois personnes concourent : *præsentante, præsentato, & eo cui præsentatur.* Or l'Université ne presente au Collateur, que le jour qu'elle lui adresse ses Lettres. Ceci posé, celles du Sieur Flavigny ont été adressées au Sieur Archevêque de Roüen, en 1703. & celles du Sieur Pontrevé, ne l'ont été qu'en 1729. d'où il s'ensuivroit que le

Sieur Flavigny seroit le plus ancien Gradué nommé au Sieur Archevêque de Roüen ; & par conséquent, qu'il dévroit obtenir la préference du Benéfice en question : Mais cette maxime qui est incontestable dans toutes les Présentations ordinaires, ne peut avoir d'aplication dans l'espéce des Graduez nommez, parce que tous les Graduez nommez même à futur, ont été presentez au Pape, qui se regardoit Collateur supérieur (par Nous Patron supérieur) lors de la confection du Concordat. C'est cette Loi qui a fixé le droit des Graduez : Il est vrai, que pour devenir Graduez nommez, il faut suivant cette même Loi, des Lettres de Nomination de l'Université dans laquelle ils ont étudié ; mais si-tôt qu'elles leur sont acordées, dans l'instant ils sont Graduez nommez, & en état, aux termes du même Concordat, en remplissant les formalitez qu'il leur prescrit, d'exercer les graces qu'il leur acorde, sur tous les Collateurs de nôtre Roïaume, sujets à leur expectative. Car quoi que le Gréfier de l'Université de Paris fût anciennement dans l'usage abusif de delivrer aux Graduez qu'elle a nommez en corps, des Lettres particulieres sur chaque Collateur, quand ils les demandoient ; il ne peut s'ensuivre que la date de leur antiquité, prenne son époque du jour de cette expédition : Au contraire, comme le Gréfier ne pouroit pas expédier ces Lettres à un Gradué qui n'auroit pas été nommé, *plenis Comitiis*, par l'Université, aux termes du Concordat ; il en résulte incontestablement, que c'est du jour que l'Université a acordé au Gradué, *jure quinquennii*, ses Lettres de Nomination ; c'est de ce jour qu'il devient Gradué nommé, tel que le Concordat l'exige, & capable de joüir de toutes les graces qu'il acorde aux Graduez nommez, pour récompense de leurs études. S'il en étoit autrement, quels dangereux inconveniens ne naîtroient pas de ce sistême ? Les Gréfiers des Universitez pouroient impunément renverser l'ordre établi par le Concordat ; ce seroient à l'égard des Graduez, les véritables & uniques distributeurs des graces ; car ils expédieroient avec toute la celérité possible, les Lettres de Nomination de ceux qu'ils voudroient favoriser, & retarderoient sous diférens prétextes, celles de ceux qu'ils jugeroient à propos, & par là procureroient l'antiquité à qui bon leur sembleroit ; ce qui ne se peut penser, le Gréfier n'étant qu'un Scribe, établi pour rendre témoignage de ce que l'Université a fait, lequel ne peut & ne doit jamais donner d'autre date à l'Acte qui en est émané, que celle du jour auquel elle a acordé: à la bonne-heure qu'il subjoigne celle du jour auquel il l'expédie, cela n'altérera jamais le droit du Gradué nommé; aussi Me Lair Gréfier de l'Université de Paris, pour exciter les Graduez nommez à relever promptement des Lettres de Nomination, ne les datoit, comme on l'a dit à nôtre Cour, que du jour qu'il les expédioit; ce qui faisoit perdre aux Graduez, nombre d'années de leurs Grades. L'Université assemblée voulut y remédier; & par un Decret du mois de Janvier 1707. il lui fut ordonné que d'orénavant il finiroit ces Lettres par ces mots *Datum die....* qui est le jour auquel l'Université, conformément au Concordat, a acordé au Gradué qui les demande, des Lettres de Nomination; *Expeditum verò....* c'est le jour que le Gréfier expédie ces mêmes Lettres. Il est vrai qu'en l'année 1708. la troisième Chambre des Enquêtes de nôtre Parlement de Paris, dans un Procès qui y étoit pendant, entre le Sieur Duhamel & le Sieur Abé de Bragelonne, loin d'avoir égard à ce Decret, en défendit, sur les plus amples Conclusions de nôtre Procureur Général, l'exécution: Mais les justes motifs qui l'avoient déterminé, plus mûrement pesez, nôtre même Parlement de Paris l'a autentiquement aprouvé, par un Arrest rendu le 7. Juillet 1723. en faveur du Sieur Mongon, étant aux droits du Sieur Salva; & l'antiquité de Salva fut comptée du jour qu'il avoit suplié avec bien d'autres, pour les Lettres de Nomination, *jure quinquennii, quæ eis concessa fuerant*. Mais pourquoi cherchons-nous dans les Registres d'un Tribunal étranger, ce que ceux de nôtre Cour Nous aprennent, aïant *ipsissimis terminis*, précisément jugé le 8. Juin 1718. en faveur d'un Sieur le Clerc, contre le Sieur Beausire? Le Sieur le Clerc étoit Gradué nommé en l'année 1702. il avoit été emploïé sur la feüille comme les autres Graduez nommez, il n'en avoit delivré l'Acte qu'en l'année 1712. le Sieur Beausire étoit Gradué nommé en 1708. & en avoit delivré l'Acte en 1709. nôtre Cour jugea que ce n'étoit point le jour de l'expédition de l'Acte, qui fixoit l'antiquité, mais le jour de la Nomination; en conséquence, le Sieur le Clerc fut préferé. Cet Arrest ne Nous a-t-il pas tracé tout ce que Nous pouvons penser sur la question presente? Le Sieur Pontrevé est Gradué nommé en 1698. il n'en a delivré l'Acte sur l'Archevêché de Roüen, qu'en 1729. le Sieur Flavigny a été Gradué nommé en 1703. & en a delivré l'Acte dans la même année ; le Sieur Flavigny est donc Gradué nommé postérieurement au Sieur Pontrevé : Mais il ne sufit pas à ce dernier d'être le plus ancien Gradué nommé, pour obtenir le Benéfice en contestation ; examinons si la prescription qu'on lui opose, ne l'évinceroit pas de la préférence qu'il demande : c'est la seconde question qui a été agitée. Il est certain qu'il n'y a aucune Loi qui ait assujéti les Graduez simples ou nommez, à notifier, insinuer ou réïtérer, dans un certain tems ; faute de quoi, leur expectative seroit prescrite : Mais il n'est pas moins constant que tous les Auteurs ont regardé leur droit comme prescriptible, par le laps de trente années ; les uns l'envisageans comme une servitude à l'égard des Collateurs, les autres, comme une action personnelle ou mobiliére ; & tous se réünissent à penser que les Graduez qui n'ont point usé de leur droit pendant cet intervale, en s'abstenant de notifier, ou de réïtérer après la premiere notification, semblent l'avoir abandonné. Les premiers qui regardent ce droit comme une servitude, n'ont pas de peine à prouver qu'il est sujet à la prescription commune aux autres servitudes ; les autres indiquans plusieurs Arrêts, qui ont jugé cette prescription contre les Graduez, tantôt à dix ans, tantôt à vingt, tiennent par conséquent, que leur action est personnelle ; la plûpart enfin la décident mobiliére : Mais sans se fonder sur aucuns exemples, le concours de ces diférens sentimens, qui tendent tous à admettre la prescription, semble devoir Nous y déterminer ; mais l'incertitude de Rebuffe Auteur recommandable sur ces matieres, Nous en cause à Nous-mêmes, & Nous oblige de remonter à la source de ce droit, & d'en examiner la nature. Nôtre Cour n'ignore pas qu'anciennement les Papes envoïoient si fréquemment des Rescrits en faveur des pauvres Graduez, que les Collateurs ordinaires dans nôtre Roïaume, en étoient extrêmement grévez. Ce fut pour obvier à de tels inconveniens, que le Concordat fut arrêté ; ce Concordat fixe le droit des Graduez, il leur aféte le tiers des Bénefices : Voilà leur Titre. Penserons-nous que ce Concordat fait entre le Pape & Nous, l'Eglise & nôtre Roïaume, soit assujéti comme les autres Actes, aux Loix genérales ou particulieres ? Ou plûtôt ne dirons-nous pas qu'étant également

irrévo-

irrévocable par l'un ou l'autre de ces deux Puissances, il est lié à la Constitution de leurs Etats, d'une maniere imprescriptible & permanente? Or s'il est impossible d'oposer, comme Nous le pensons, la prescription contre cet Acte en lui-même, comment pouroit-on la faire valoir contre ce qui en dérive? Le droit des Graduez étant une émanation directe du Concordat, pour ne pas dire qu'il en fait corps, participe de sa nature, & ne peut jamais être prescrit, soit qu'on le regarde comme servitude, ou autrement: il est vrai qu'on peut le regarder comme une servitude, Nous ne blâmerons pas les Auteurs qui l'ont pensé; mais c'est une servitude totalement diférente de tous les objets auxquels ils ont voulu la comparer, pour apuïer leurs diférens sentimens. En éfet, du jour que le Concordat a eu son exécution, tous les Collateurs Eclésiastiques presens & à venir, sujets à l'expectative des Graduez presens & futurs, en ont été grévez, & ils le seront tant que cet Acte subsistera. Un droit ataché à une servitude, créée pour être perpétuelle, comme nôtre Cour le voit, peut-il jamais être exposé par la suite, par la seule force du raisonnement, à la loi de la prescription? Nous disons par la seule force du raisonnement; parce que si les Auteurs qui ont traité cette matiere, avoient voulu entrer dans l'esprit de la Loi, & ne pas former des questions, qui, si on ne s'en étoit pas écarté, n'auroient jamais dû être agitées, ils y auroient trouvé que la Loi n'a jamais voulu qu'un Gradué, pendant quelque tems qu'il eût négligé son droit, pût en être privé, parce qu'elle s'en fût expliquée; elle ne l'a pas fait, ainsi la conséquence est sensible. Il y a plus, c'est que cette même Loi, atentive sur la prétenduë négligence de ces mêmes Graduez, leur a imposé la peine, (lorsqu'ils n'auront pas observé telles & telles formalitez qu'elle prescrit) de ne pouvoir en vertu de leurs Grades, requerir ou accepter aucuns Benéfices, pendant l'année de cette ômission; d'où il s'ensuit que le Gradué, qui aujourd'hui, pour ainsi parler, ne veut point faire usage de son droit, peut du moins s'en servir; & conséquemment, que ce droit adhérant à sa personne, dépendant de sa seule volonté, éficace ou inutile, doit durer autant que lui, le suivre & l'acompagner toûjours; & ne peut jamais, quelqu'aplication qui en soit faite, perdre les qualitez qui lui sont propres. Aussi l'Ordonnance de Loüis XII. Article IX. en par-

II. Suite du N.R.

1732.
Juillet.

lant des Graduez qui seroient tombez dans l'ômission dont il s'agit, s'explique nettement: *Sans autrement*, dit cette Ordonnance, *perdre par les Graduez les priviléges & priorité d. leurs Degrez & Nomination*. C'est conformément à la Loi du Concordat, & à l'esprit de cette Ordonnance, que l'on a été forcé de déterminer, que le droit d'un Gradué, qui s'étoit marié après avoir obtenu des Lettres de Nomination, n'étoit pas éteint, mais seulement suspendu, tant que duroit l'empêchement, c'est-à-dire son mariage, & qu'il pouvoit après qu'il est cessé, (eût-il duré quarante ans) faire revivre son droit, & en user, sans qu'on puisse lui objecter la prescription. Nôtre Cour conçoit que celui qui contracte volontairement un engagement contraire à son droit, mériteroit bien mieux d'en être puni, par la privation de ce droit, que celui qui s'abstient par modestie ou autres motifs, d'en user: Cependant si la prescription avoit lieu contre le Gradué nommé, qui auroit été trente ans sans notifier ou réïtérer, il s'ensuivroit qu'il seroit plus malheureux, pour avoir négligé son droit pendant ce tems, que celui qui réellement l'auroit abdiqué. Nous n'entrerons point davantage dans les diférentes distinctions qui ont été faites à nôtre Cour, sur cette premiere notification ou réïtération, parce que l'un & l'autre ne sont que des éfets d'un Titre commun, & que l'on ne peut leur oposer la prescription, si l'on n'y assujettit leur principe: Aussi nôtre Parlement de Paris sur ce fondement, a-t'il décidé par Arrest rendu le 13. Février 1730. qu'un Gradué qui avoit été quarante-un ans sans réïtérer, pouvoit user de son droit. Dans l'espece presente le Sieur Pontrevé est beaucoup plus favorable, parce qu'il ne vient point faire revivre une premiere notification, abandonnée pendant quarante ans, mais qu'il a agi en 1729. en vertu du Titre qui est le Concordat, & que le Titre est imprescriptible: Mais quand même contre tous les principes, on admettroit & ce Concordat & l'Action des Graduez, comme sujets à la prescription, il seroit toûjours vrai de dire que le Sieur Pontrevé n'a pû l'encourir, parce que la Nomination des Universitez étant adressée à tous les Collateurs de nôtre Roïaume, ils sont tous également grévez dès l'instant de cette Nomination, & que la notification qui en est faite à un seul, lui donneroit l'être & la vie à l'égard de tous les autres, quoi qu'elle ne les afectât pas particulierement; parce que suivant les mêmes principes, un droit general contre plusieurs personnes, ne peut être en vigueur contre les uns, & anéanti pour les autres: Aussi les Auteurs n'ont-ils agité la question de la prescription, qu'à l'égard des Graduez qui auroient totalement abandonné leurs Grades pendant trente ans, & non de ceux qui durant cet intervalle, les auroient fait notifier ou-réïtérer à quelque Collateur. Or le Sieur Pontrevé a fait signifier sa Nomination au Sieur Evêque d'Amiens; de sorte qu'on ne pouroit dans cette hipotèse, fonder la prescription sur un abandon de sa part, des droits atachez à cette Nomination. Concluons donc, que quant à l'Action, les Grades du Sieur Pontrevé ne peuvent être prescrites; & que quant au droit, celui des Graduez étant *meræ facultatis*, & de l'essence du Concordat, qui est devenu parmi nous un Titre pour tous les tems, n'est point sujet à la prescription; & que si quelques Arrêts (comme on l'a cité, sans en raporter les espèces) ont jugé le contraire, il faut penser que les circonstances particulières les ont déterminez. Quant à l'Insinuation & représentation du Dimissoire, cette question examinée & aprofondie, ne laisse pas de soufrir beaucoup de dificulté; car le Sieur Pontrevé ne produisant le Dimissoire du Sieur Evêque d'Amiens, en vertu duquel il dit avoir reçû la Tonsure du Sieur Archevêque de Paris, l'on peut dire qu'il a été tonsuré sans un pouvoir légitime, qui ne se donne à un autre Evêque, que par un Dimissoire; par conséquent, qu'il a été mal tonsuré: Or celui qui a été mal tonsuré, dit Févret en son Traité de l'Abus, livre 3. chap. XVIII. c'est-à-dire, *ab alieno Episcopo, sine Dimissoriis*, est obligé, s'il veut obtenir quelque Bénéfice, ou parvenir aux Ordres, de recourir à Rome, pour avoir des Lettres de *Perinde valere*, afin de réparer ce defaut; que s'il ne le fait pas, il sera réputé être sans Titre valable. Rébuffe avoit décidé la question avant Févret, dans son Traité des Nominations, quest. 14. nombre 42. en ces termes: *Si fuerit ei*, parlant du Gradué, *prima Tonsura collata à non suo Episcopo, sine Litteris dimissoriis, illa Ordinatio est nulla*; sur le chap. *Primatus*, distinct. 71. *Nec talis*, ajoûte l'Auteur, *gaudet privilegio Clericali*: Et il ne sufit pas, selon lui, de dire qu'il faut présumer que le Sieur Archevêque de Paris n'a donné la Tonsure au Sieur Pontrevé, que sur un véritable Dimissoire du Sieur Evêque d'Amiens ; car comme dit Rébuffe au même endroit, la Tonfure étant une qualité intrinfeque, *non præfumitur, fed probatur*; c'eft pourquoi nos Edits veulent que les Dimiffoires pour la Tonfure, auffi-bien que pour les Ordres, & que les Lettres de l'une & des autres foient infinuées. Nous ordonnons, Article IX. dans nôtre Edit de 1691. *que les Lettres de Tonfure, celles des Quatre Mineures, &c. enfemble les Dimiffoires, feront infinuées dans le mois, au Gréfe des Infinuations de l'Archevêque ou Evêque qui les aura conferez ; & en cas de defaut d'Infinuation, ne pourront les parties s'en fervir devant nos Juges, dans les Complaintes bénéficiales, ni autres Inftances concernant leur état.* Si nôtre Cour s'atachoit fcrupuleufement à la lettre de nôtre Edit, l'une & l'autre des parties fe trouveroient fort à plaindre ; car Nous pouvons affûrer que toutes deux n'y ont pas fatisfait. En éfet, le Sieur Pontrevé ne reprefente point le Dimiffoire du Sieur Evêque d'Amiens, parce qu'il prétend qu'il eft d'ufage que l'Evêque qui confére la Tonfure, en vertu d'un pareil Acte, le retient : Mais peut-on préfumer de ce defaut de reprefentation du Dimiffoire, que les Lettres de Tonfure foient de nul éfet, quand ces Lettres peuvent être & ne font point ataquées de fufpicion, & que par les termes de *ritè dimiffo*, elles certifient de l'Acte fur lequel elles ont été acordées ? Non, & fur leur infpection il faut penfer que les fentimens des Auteurs que Nous avons citez, ne peuvent être apliquez à l'efpece prefente ; fur tout le Journal des Audiences Nous fourniffant un Arreft, qui a jugé la Lettre de Tonfure valable, pour obtenir un Benéfice, fans raporter le Dimiffoire, la Lettre portant *ritè dimiffo*, & en obfervant que cet Arreft eft poftérieur à nôtre premier Edit des Infinuations de 1553. S'il en étoit autrement, l'Evêque gardant le Dimiffoire, il feroit maître d'en empêcher l'Infinuation, & par là de priver le Tonfuré de l'éficacité d'un Acte, dont l'autenticité ne dépend plus de lui ; & on ne peut juftement penfer, que Nous aïons voulu par nôtre Edit des Infinuations, prefcrire l'impoffible à nos Sujets, mais plûtôt que le terme de Dimiffoire n'y a été emploïé que pour étendre les droits, & par gens qui n'en prévoïoient pas les inconveniens. Nous croïons donc que l'Infinuation faite des Lettres de Tonfure, portant les termes de *ritè dimiffo*, vaut d'Infinuation du Dimiffoire même : Ainfi en Nous fixant à cet égard à l'examen des

Lettres de Tonsure des deux Contendans, Nous trouvons, comme Nous avons eu l'honneur de le dire à nôtre Cour, que ni l'un ni l'autre ne se sont point conformez à la rigueur de nôtre Edit, qui porte que ces Lettres feront insinuées dans le mois. Cependant le Sieur Pontrevé a encore quelqu'avantage en cette partie, sur le Sieur Flavigny, en ce que ses Lettres de Tonsure ont été insinuées à Amiens, cinq mois après leur expédition; au lieu que l'Insinuation de celles du Sieur Flavigny, n'a été faite qu'en 1700. quoi qu'il eût été tonsuré dès 1696. D'ailleurs, ces Insinuations ont été tant de fois réïtérées par les Compétiteurs, que l'on peut dire que leurs Lettres sont (à Nous atacher à l'esprit de l'Edit) à couvert de toutes présomptions de fraude, & que réciproquement on ne peut leur faire de dificulté, dautant encore que le Droit dû pour ces sortes d'Insinuations, a été plus que triplement aquité. Si cette objection n'a pas plus de force que les autres, ne devons-nous pas penser, qu'en entrant dans l'esprit du Concordat & de l'Ordonnance, nôtre Cour maintiendra ces Loix dans leur pureté, & que son Jugement va prévenir pour la suite des tems, les dificultez que les opinions de quelques Auteurs ont pû faire naître jusqu'à ce jour? Que nôtre Cour aprene à ceux qui les suivront, que conformément au Concordat, les Lettres de Nomination d'une Université ne peuvent avoir d'autre date que celle du jour qu'elles sont acordées, & non celle du jour de l'expédition du Gréfier; & en déclarant imprescriptible le droit atribué aux Graduez par ce même Concordat, qu'elle perpétuë par une juste espérance, l'émulation & l'amour de l'étude dans les Universitez; & qu'elle fasse voir que les récompenses qui sont le fruit de la science & des bonnes mœurs, ne sçauroient se perdre, quand une fois on les a méritées: C'est pourquoi Nous estimons qu'il plaira à nôtre Cour, faisant droit sur l'apel, mettre l'apelation & ce dont, corrigeant & réformant, en tant que par icelle les parties ont été apointées au principal, émendant icelui évoqué, trouvé en état d'être jugé, & y faisant droit, maintenir & garder la partie de Me de Villers au plein possessoire du Benéfice-Cure de S. Godard. NOSTREDITE COUR, parties oüies, & nôtre Procureur Général, a mis & met l'apelation & ce dont est apel, au néant, en tant qu'il a été prononcé un apointé par la Sentence dont est apel; émendant quant à ce, & évoquant

1732.
Juillet.

le principal trouvé en état d'être jugé, a maintenu & gardé, maintient & garde la partie de de Villers au plein possessoire du Benéfice-Cure de S. Godard de cette Ville: A fait & fait défenses à la partie d'Hynard, de l'y troubler; dépens néanmoins compensez: Condamne la partie d'Hynard au coût du present Arrest. SI DONNONS EN MANDEMENT au premier des Huissiers de nôtredite Cour de Parlement de Roüen, ou autre nôtre Huissier ou Sergent sur ce requis, mettre le present Arrest à dûë & entiere exécution, selon sa forme & teneur; de ce faire te donnons pouvoir. DONNÉ à Roüen en nôtredite Cour de Parlement, le deuxiéme jour de Juillet, l'an de grace mil sept cens trente-deux; & de nôtre Régne le dix-septiéme. *Collationné*. Par la Cour, Signé, LE PAINTURIER. Et scellé d'un Sceau de cire jaune.

Déclaration du Roy, qui proroge pour six années, à commencer du premier Octobre lors prochain, la levée des Quatre Sols pour livre, & de diférens Droits y énoncez: Et ordonne la Supression ou modération d'une partie d'autres Droits, &c.

Du 3. Aoust 1732.

LOUIS par la grace de Dieu, Roy de France & de Navarre: A tous ceux qui ces presentes Lettres verront, SALUT. Par nos Lettres Patentes du 12. Juillet 1726. Nous avons prorogé pendant six années, à commencer du premier Octobre 1726. & qui expireront au dernier Septembre 1732. la levée du doublement des Droits du Domaine, Barrage & Poids-le-Roy de Paris; celle du Droit d'Augmentation ou rehaussement du Sel qui se consomme & distribuë dans l'intérieur de la Province de Franche-Comté; celle des quatre sols pour livre de tous les droits de nos Fermes, qui y sont sujets; celle des Droits rétablis par la Déclaration du 15. Mai 1722. aux Entrées, Ports, Quais, Halles & Marchez de la Ville, Fauxbourgs & Banlieuë de Paris; celle des droits de Courtiers-Jaugeurs; celle des droits d'Inspecteurs aux Boucheries & aux Boissons; celle des Droits manuels sur les Sels; comme aussi, la levée pendant six années, qui finiront au der-

DECLARATIONS ET ARRESTS. 365

nier Décembre 1732. des Droits réservez par nos Edits des mois d'Août 1716. Janvier & Novembre 1717. dans les Cours, Chancelleries, Présidiaux, Bailliages, & autres Siéges & Jurisdictions; & Nous avons depuis distrait de nôtre Ferme générale, les droits qui se lévent aux Entrées, Ports, Quais, Halles & Marchez de la Ville, Fauxbourgs & Banlieuë de Paris, que Nous avons atribuez aux Charges & Ofices que Nous avons rétablis par nôtre Edit du mois de Juin 1730. en conséquence duquel, Nous avons pourvû au remboursement des anciens Titulaires: Et par l'examen que Nous avons fait de la situation presente de nos Finances, Nous avons reconnu qu'elle ne Nous permettoit pas encore de procurer à nos Sujets le soulagement que Nous souhaiterions pouvoir leur acorder, & qu'il étoit indispensable de proroger la levée de ceux desdits Droits compris ausdites Lettres Patentes du 12. Juillet 1726. Mais étant informez que la perception des Droits réservez dans les Cours & Jurisdictions, surcharge infiniment la procédure, & retarde le cours ordinaire des Instances & procès, Nous nous sommes déterminez, pour donner à nos Sujets des marques de l'atention continuelle que Nous avons de leur procurer du soulagement, autant que l'état de nos afaires peut le permettre, à suprimer en entier, à commencer du premier Janvier 1733. une partie desdits Droits réservez, & à ordonner une nouvelle réduction sur quelques-uns de ceux dont la levée doit continuer. A CES CAUSES, & autres à ce Nous mouvant, de l'avis de nôtre Conseil, & de nôtre certaine science, pleine puissance & autorité Roïale, Nous avons dit, déclaré & ordonné, & par ces Presentes signées de nôtre main, disons, déclarons, ordonnons, voulons & Nous plaît,

ARTICLE PREMIER.

Que le doublement des Droits du Domaine, Barrage & Poids-le-Roy de Paris, le droit d'augmentation ou rehaussement du Sel qui se consomme & distribuë dans l'intérieur de la Province de Franche-Comté, les Quatre sols pour livre des Droits de nos Fermes qui y sont sujets; ensemble les Droits de Courtiers-Jaugeurs, ceux d'Inspecteurs aux Boucheries & aux Boissons, & deux sols pour livre d'iceux, & les Droits manuels sur les Sels, continuënt d'être levez & perçûs jusqu'au dernier Septembre 1738. conformément à nos Edits & Dé-

1732.
Aoust.

clarations, qui seront exécutez selon leur forme & teneur: comme aussi, que les Droits réservez dans les Cours, Chancelleries, Présidiaux, Bailliages, & autres Sièges & Jurisdictions, continuëront pareillement d'être levez & perçûs jusqu'au dernier Décembre de ladite année 1738. à l'exception toutefois des supressions & réductions ci-après prononcées.

II. Voulons qu'à commencer dudit jour premier Janvier 1733. les droits de Contrôleurs des Gréfiers-Gardes-Minutes des Lettres de Chancellerie, ceux de Substituts & Adjoints, réservez par nos Edits des mois de Janvier & Novembre 1717. ensemble ceux d'Enquêteurs-Commissaires-Examinateurs, Raporteurs-Vérificateurs & certificateurs des Saisies réelles, Criées & Subhastations, Sindics des Huissiers, de Gréfiers-Gardes-Minutes des Expéditions des Gréfes des Cours, Sièges & Jurisdictions de nôtre Roïaume, & les droits des Gardes des Archives sur les réceptions d'Oficiers seulement, réservez par nôtredit Edit du mois d'Aoust 1716. demeureront totalement éteints & suprimez, comme Nous les éteignons & suprimons: Faisons très-expresses inhibitions & défenses à toutes personnes, d'exiger & de faire païer aucuns desdits droits suprimez, sous peine de concussion, & de dix mille livres d'Amende, aplicable un tiers pour Nous, un tiers au dénonciateur, & l'autre tiers aux Hôpitaux, même d'être procédé extraordinairement, à la requête de nos Procureurs Généraux, contre les contrevenans, suivant la rigueur des Ordonnances.

III. Voulons aussi qu'à commencer du premier de Janvier 1733. les droits de Tiers-Reférendaires-Taxateurs & Calculateurs des dépens, Contrôleurs desdits dépens, Sindics des Procureurs, Gardes des Archives, à l'exception de ce qui regarde les réceptions des Oficiers, Receveurs & Contrôleurs des épices, vacations & sabatines, Vérificateurs & Raporteurs des defauts; soient réduits & modérez aux trois quarts, & ceux de Commissaires-Conservateurs généraux des Decrets volontaires & leurs Contrôleurs, à la moitié; au moïen de quoi, lesdits Droits ne seront plus païez, à compter dudit jour premier Janvier 1733. que sur le pied desdits trois quarts & de la moitié des sommes portées au Tarif arrêté au Conseil, le 8. Aoust 1716. ataché sous le Contrescel de nôtredit Edit, des mêmes mois & an. Voulons néanmoins, à l'égard des droits de Contrôle sur les dépens, que la réduction du

quart

DECLARATIONS ET ARRESTS.

quart n'ait lieu qu'à condition que desdits droits réduits & continuez, il en sera d'orénavant païé les trois quarts avant la signification de la déclaration des dépens, au lieu de la moitié portée par les précédens Réglemens, ausquels Nous avons dérogé & dérogeons à cet éfet seulement, & le quart restant desdits droits réduits, lorsque les dépens auront été taxez ; sauf en cas que les trois quarts païez excédassent le montant de la taxe, à être fait restitution de l'excédent par le Fermier. Ordonnons en ce qui concerne les droits sur les dommages & intérêts, qu'ils ne puissent être exigez que sur des Jugemens contradictoires, & sur ceux qui seront rendus par defaut ausquels il n'aura été formé aucunes opositions, dans les delais ordinaires & acoûtumez : Mais que dans les cas d'opositions, ou d'apels des Jugemens, s'il arrive par l'événement des Instances, que les dommages & intérêts soient anéantis ou moderez à des sommes inférieures à celles portées par les premiers Jugemens, voulons que lesdits droits soient rendus en tout ou en partie, suivant qu'il aura été définitivement statué sur lesdits dommages & intérêts ; lesquelles restitutions n'auront cependant lieu que pour ce qui aura été païé de ces droits, à compter du premier Janvier 1733. Et à l'égard des droits des Ofices de Receveurs, Contrôleurs & Inspecteurs des Amendes, & de ceux de Conservateurs des Ofices & des gages intermediaires, ils continuëront d'être levez pendant ledit tems, conformément au Tarif dudit jour 8. Aoust 1716. & seront au surplus nos Edits & Déclarations concernant la perception & le recouvrement des Droits réservez par ces Presentes, exécutez en ce qui n'y sera pas contraire. SI DONNONS EN MANDEMENT à nos amez & feaux les Gens tenans nôtre Cour de Parlement à Roüen, que ces Presentes ils fassent lire, publier & registrer, (même en Vacations) & le contenu en icelles garder & observer, selon leur forme & teneur, nonobstant tous Edits, Déclarations, Clameur de Haro, Chartre Normande, & autres choses à ce contraires, ausquels Nous avons dérogé & dérogeons par ces Presentes. Voulons qu'aux copies d'icelles collationnées par l'un de nos amez & feaux Conseillers-Secretaires, foi soit ajoûtée comme à l'original ; CAR tel est nôtre plaisir. En témoin de quoi, Nous avons fait mettre nôtre Scel à cesdites Presentes. DONNE' à Versailles, le troisiéme jour d'Aoust, l'an de grace mil sept

EDITS ET REGLEMENS,

cens trente-deux; & de nôtre Régne le dix-septiéme. Signé, LOUIS: Et plus bas, Par le Roy CHAUVELIN: Vû au Conseil, ORRY. Et scellée du grand Sceau de cire jaune.

Extrait des Regiſtres de la Chambre des Vacations.

VEU par la Chambre ordonnée par le Roy au tems des Vacations, les Lettres Patentes de Sa Majesté, données à Versailles le 3. Aoust 1732. signées, LOUIS: Et plus bas, Par le Roy, CHAUVELIN: Vû au Conseil, ORRY, & scéllées du grand Sceau de cire jaune; Portant prorogation pour six années, à commencer du premier Octobre prochain, de la levée des Quatre sols pour livre, & des diférens droits y énoncez: Avec la supression ou modération d'une partie d'autres droits, dans les termes y mentionnez: Conclusions du Procureur Général du Roy; & oüi le Raport du Sieur Conseiller-Commissaire: Tout consideré;

LA CHAMBRE a ordonné & ordonne que lesdites Lettres Patentes du Roy, en forme de Déclaration, seront lûes & publiées, l'Audience de ladite Chambre séante, & regiſtrées par provision aux Regiſtres d'icelle, pour être exécutées selon leur forme & teneur; Sauf neanmoins lorſque la Compagnie sera assemblée après la S. Martin, à être fait à Sa Majeſté, pour le bien public, de très-humbles remontrances au ſujet de ladite Déclaration, dans laquelle sont énoncez des Edits, Declarations & Arrêts du Conseil, dont la Compagnie n'a jamais eu de connoissance. Ordonne que Copies ou Vidimus d'icelle seront envoïez dans tous les Siéges & Jurisdictions de ce ressort, pour y être pareillement enregiſtrez par provision, lûs, publiez & exécutez, à la diligence des Subſtituts du Procureur Général du Roy, qui seront tenus de certifier la Chambre dans le mois, des diligences qu'ils auront pour ce faites. FAIT à Roüen en Parlement, en Vacations, le treizième jour de Septembre mil sept cens trente-deux.

Signé, AUZANET.

Et depuis, Regiſtrée définitivement ès Regiſtres de la Cour; oüi, & ce requerant le Procureur Général du Roy, pour être exécutée selon ſa forme & teneur, suivant l'Arreſt intervenu sur la vérification de ladite Déclaration. A Roüen en Parlement, le vingtiéme jour de Novembre mil sept cens trente-deux.

Signé, COUSIN DE VINVAL.

DECLARATIONS ET ARRESTS.

Déclaration du Roy, qui proroge jusqu'au premier Septembre 1733. l'atribution donnée aux Jurisdictions Consulaires, pour connoître des Faillites & Banqueroutes, &c.

Du 5. Aoust 1732.

LOUIS par la grace de Dieu, Roy de France & de Navarre: A tous ceux qui ces presentes Lettres verront, SALUT. Nous avons par nôtre Déclaration du 4. Aoust 1731. ordonné que tous les procès & diférens civils, mûs & à mouvoir pour raison des faillites & banqueroutes, qui étoient ouvertes depuis le premier Janvier 1721. ou qui s'ouvriroient dans la suite, seroient jusqu'au premier Septembre de la presente année, portez pardevant les Juges & Consuls de la Ville où celui qui auroit fait faillite, seroit demeurant; & pour cet éfet, Nous aurions évoqué tous ceux desdits procès & diférens, qui étoient alors pendans & indécis pardevant les Juges ordinaires, ou autres Juges inférieurs, ausquels Nous aurions fait très-expresses inhibitions & défenses d'en connoître, à peine de nullité. Les motifs qui Nous ont porté à proroger depuis plusieurs années, cette atribution aux Juges & Consuls, subsistans encore aujourd'hui, Nous nous sommes déterminez à la proroger encore pour un tems. A CES CAUSES, & autres à ce Nous mouvant, de l'avis de nôtre Conseil, & de nôtre certaine science, pleine puissance & autorité Roïale, Nous avons par ces Presentes signées de nôtre main, dit, déclaré & ordonné, disons, déclarons & ordonnons, voulons & Nous plaît, que tous les procès & diférens civils, mûs & à mouvoir, pour raison des faillites & banqueroutes, qui seront ouvertes depuis le premier Janvier 1721. ou qui s'ouvriront dans la suite, soient jusqu'au premier Septembre de l'année prochaine 1733. portées pardevant les Juges & Consuls de la Ville où celui qui aura fait faillite, sera demeurant; & pour cet éfet, Nous avons évoqué & évoquons tous ceux desdits procès & diférens, qui sont actuellement pendans & indécis pardevant nos Juges ordinaires ou autres Juges inférieurs, ausquels Nous faisons très-expresses inhibitions & défenses d'en connoître, à peine de nullité ; & iceux procès & diférens, avec leurs circonstances & dépendances, Nous avons renvoïez & renvoïons pardevant lesdits Juges & Consuls, ausquels Nous en atribuons toute Cour, Jurisdiction & connoissance ; sauf l'apel au Parlement dans le ressort duquel lesdits Juges & Consuls sont établis : Voulons que nonobstant ledit apel, & sans préjudice d'icelui, lesdits Juges & Consuls continuënt leur procédure, & que leurs Jugemens soient exécutez par provision : Voulons pareillement que jusqu'audit jour premier Septembre 1733. il soit par lesdits Juges & Consuls, à l'exclusion de tous autres Juges & Oficiers de Justice, procédé à l'aposition des Scellez & confection des Inventaires de ceux qui ont fait ou feront faillite ; & au cas qu'ils eussent des éfets dans d'autres lieux que celui de leur demeure, Nous donnons pouvoir ausdits Juges & Consuls, de commettre telles personnes que bon leur semblera, pour lesdits Scellez & Inventaires, qui seront aportez au Gréfe de la Jurisdiction Consulaire, & joints à ceux faits par lesdits Juges & Consuls. Voulons aussi que les demandes à fin d'homologation des délibérations des créanciers, contrats d'atermoïement, & autres Actes passez à l'ocasion desdites faillites, soient portées pardevant les Juges & Consuls, pour être homologuées, si faire se doit ; & que lesdits Juges & Consuls puissent ordonner la vente des meubles, & le recouvrement des éfets mobiliers, & connoissent des saisies mobiliéres, opositions, revendications, contributions, & généralement de toutes autres contestations, qui seront formées en conséquence desdites faillites & banqueroutes : N'entendons néanmoins empêcher qu'il puisse être procédé à la Saisie réelle, & aux criées des immeubles, pardevant les Juges ordinaires ou autres qui en doivent connoître, jusqu'au Bail judiciaire exclusivement, sans préjudice de l'exécution & du renouvellement des baux judiciaires précédemment ajugez, & sans qu'il puisse être fait aucune autre poursuite ni procédure, si ce n'est en conséquence des délibérations prises à la pluralité des voix, par les créanciers dont les créances excédent la moitié du total des dettes. Voulons en outre que jusqu'audit jour premier Septembre 1733. aucune plainte ne puisse être renduë, ni Requête donnée à fin criminelle, contre ceux qui auront fait faillite, & défendons très-expressé-

DECLARATIONS ET ARRESTS. 371

ment à nos Juges ordinaires, & autres Oficiers de Juſtice, de les recevoir, ſi elles ne ſont acompagnées des délibérations & du conſentement des créanciers, dont les créances excédent la moitié de la totalité des dettes; & quant aux procédures criminelles, commencées avant la date des Preſentes, & depuis ledit jour premier Janvier 1721. voulons qu'elles ſoient continuées, & que néanmoins nos Juges ordinaires & autres Oficiers de Juſtice, ſoient tenus d'en ſurſeoir la pourſuite & le jugement, ſur la ſimple requiſition des créanciers, dont les créances excéderont pareillement la moitié du total de ce qui eſt dû par ceux qui ont fait faillite, & en conſéquence des délibérations par eux priſes & annéxées à leur Requête. N'entendons néanmoins que tous ceux qui ont fait faillite ou la feront ci-après, puiſſent tirer aucun avantage de l'atribution acordée aux Juges & Conſuls, & des autres diſpoſitions contenuës en la preſente Déclaration, ni d'aucune délibération ou d'aucun contrat ſigné par la plus grande partie de leurs créanciers, que Nous avons déclarez nuls & de nul éfet, même à l'égard des créanciers qui les auront ſignez, ſi les faillis ſont acuſez d'avoir, dans l'Etat de leurs dettes ou autrement, emploïé ou fait paroître des créances feintes ou ſimulées, ou d'en avoir fait revivre d'aquitées, ou d'avoir ſupoſé des tranſports, ventes & donations de leurs éfets en fraude de leurs créanciers : Voulons qu'ils puiſſent être pourſuivis extraordinairement, comme Banqueroutiers frauduleux, pardevant nos Juges ordinaires ou autres Juges qui en doivent connoître, à la requête de leurs créanciers, qui auront afirmé leurs créances en la forme qui ſera ci-après expliquée, pourvû que leurs créances compoſent la moitié du total des dettes ; & que leſdits Banqueroutiers ſoient punis de mort, ſuivant la diſpoſition de l'Article XII. Titre XI. de l'Ordonnance de 1673. Défendons à toutes perſonnes, de prêter leurs noms, pour aider & favoriſer les banqueroutes frauduleuſes, en divertiſſant les éfets, acceptant des tranſports, ventes & donations ſimulées, & qu'ils ſçauront être en fraude des créanciers, en ſe déclarant créanciers ne l'étans pas, ou pour plus grande ſomme que celle qui leur eſt dûë, ou en quelque ſorte & maniere que ce puiſſe être. Voulons qu'aucun particulier ne ſe puiſſe dire & prétendre créancier, & en cette qualité aſſiſter aux aſſemblées, former opoſition aux

1732.
Aouſt.

Scellez & Inventaires, signer aucune délibération ni aucun contrat d'atermoïement, qu'après avoir afirmé; sçavoir, dans l'étenduë de la Ville, Prevôté & Vicomté de Paris, pardevant le Prevost de Paris ou son Lieutenant, & pardevant les Juges & Consuls, dans les autres Villes du Roïaume où il y en a d'établis, que leurs créances leur sont bien & légitimement dûës en entier, & qu'ils ne prêtent leur nom directement ni indirectement, au debiteur commun ; le tout, sans frais. Voulons aussi que ceux desdits prétendus créanciers, qui contreviendront aux défenses portées par ces Presentes, soient condamnez aux galéres à perpétuité ou à tems, suivant l'exigence des cas, outre les peines pécuniaires contenuës en ladite Ordonnance de 1673. & que les femmes soient, outre lesdites peines exprimées par ladite Ordonnance, condamnées au banissement perpétuel ou à tems. Voulons que tous Marchands, Négocians, Banquiers & autres, qui ont fait ou qui feront faillite, soient tenus de déposer un Etat exact & détaillé, certifié véritable, de tous leurs éfets mobiliers & immobiliers, & de leurs dettes, comme aussi leurs livres & registres, au Gréfe de la Jurisdiction Consulaire dudit lieu, ou la plus prochaine ; & que faute de ce, ils ne puissent être reçûs à passer avec leurs créanciers, aucun contrat d'atermoïement, Concordat, Transaction ou autre Acte, ni obtenir aucune Sentence ou Arrest d'homologation d'iceux, ni se prévaloir d'aucun Sauf-conduit acordé par leurs créanciers ; & voulons qu'à l'avenir lesdits contrats & autres Actes, Sentences & Arrêts d'homologation & Sauf-conduits, soient nuls & de nul éfet, & que lesdits debiteurs puissent être poursuivis extraordinairement, comme Banqueroutiers frauduleux, par nos Procureurs Generaux ou par leurs Substituts, ou par un seul créancier, sans le consentement des autres, quand même il auroit signé lesdits contrats, Actes ou Sauf-conduits, ou qu'ils auroient été homologuez avec lui. Voulons aussi que ceux qui ont précédemment passé quelques contrats ou Actes avec leurs créanciers, ou qui ont obtenu des Sauf-conduits, ne puissent s'en aider & prévaloir, ni des Sentences, ou Arrêts d'homologation intervenus en conséquence, défendons à nos Juges d'y avoir aucun égard, si dans quinzaine, pour tout delai, à compter du jour de la publication des Presentes, lesdits debiteurs ne déposent leurs Etats, livres & registres, en la

DECLARATIONS ET ARRESTS. 373

1732.
Aouſt.

forme ci-deſſus ordonnée, & ſous les peines y contenuës, au cas qu'ils n'y aïent ci-devant ſatisfait : Et pour faciliter à ceux qui ont fait ou feront faillite, le moïen de dreſſer leurſdits États, voulons qu'en cas d'apoſition de Scellez ſur leurs biens & éfets, leurs livres & regiſtres leur ſoient remis & delivrez, après néanmoins qu'ils auront été paraphez par le Juge, ou autre Oficier commis par le Juge qui apoſera leſdits Scellez, & par un des créanciers qui y aſſiſteront, & que les feüillets blancs, ſi aucuns y a, auront été bâtonnez par ledit Juge ou autres Oficiers ; à la charge qu'au plûtard après l'expiration dudit delai de quinzaine, leſdits livres & regiſtres, & l'Etat des éfets actifs & paſſifs, ſeront dépoſez au Gréfe de la Juriſdiction Conſulaire, ou chez un Notaire, par celui qui aura fait faillite ; ſinon, voulons qu'il ſoit cenſé & réputé Banqueroutier frauduleux, & comme tel pourſuivi, ſuivant qu'il a été précédemment ordonné : Déclarons nulles & de nul éfet, toutes Lettres de Répi, qui pourront être ci-après obtenuës, ſi ledit Etat des éfets & dettes, n'eſt ataché ſous le Contreſcel, avec un certificat du Gréfier de la Juriſdiction Conſulaire, ou du Notaire, entre les mains duquel ledit Etat avec les livres & regiſtres, aura été dépoſé ; le tout, ſans déroger aux uſages & priviléges de la Juriſdiction de la Conſervation de Lyon, ni à la Déclaration du 30. Juillet 1715. intervenuë pour le Châtelet de nôtre bonne Ville de Paris. SI DONNONS EN MANDEMENT à nos amez & feaux les Gens tenans nôtre Cour de Parlement à Roüen, que ces Preſentes ils aïent à faire lire, publier & regiſtrer, même en Vacations, & le contenu en icelles garder & exécuter, ſelon leur forme & teneur, nonobſtant toutes Ordonnances, Edits, Déclarations, & autres choſes à ce contraires, auſquelles Nous avons dérogé & dérogeons par ces Preſentes ; aux copies deſquelles, collationnées par l'un de nos amez & feaux Conſeillers-Secrétaires, voulons que foi ſoit ajoûtée comme à l'original ; CAR tel eſt nôtre plaiſir. En témoin de quoi Nous avons fait mettre nôtre Scel à ceſdites Preſentes. DONNE' à Verſailles, le cinquiéme jour d'Aouſt, l'an de grace mil ſept cens trente-deux ; & de nôtre Régne le ſeiziéme. Signé, LOUIS : Et plus bas, Par le Roy, CHAUVELIN : Vû au Conſeil, ORRY. Et ſcellée du grand Sceau de cire jaune.

Lûë, publiée & regiſtrée définitivement, la grande Audience de la Cour ſéante, oüi & ce requerant le Procureur Général du Roy, pour être exécutée, ſelon ſa forme & teneur, ſuivant l'Arreſt intervenu ſur la vérification de ladite Déclaration. A Roüen en Parlement, le 20. Novembre 1732.

Signé, AUZANET.

Déclaration du Roy, pour compter les Voix délibératives, dans les cas d'Oficiers parens & aliez, dans les mêmes Cours & Juriſdictions inférieures.

Du 25. Aouſt 1708.

1708.
Aouſt.

LOUIS par la grace de Dieu, Roy de France & de Navarre: A tous ceux qui ces preſentes Lettres verront, SALUT. Par nôtre Edit du mois de Juillet 1669. Nous avons ordonné entr'autres choſes, que les parens au premier, ſecond & troiſiéme degré, qui ſont de pere & fils, de frere, oncle & neveu, enſemble les aliez juſqu'au ſecond degré, qui ſont beau-pere, gendre & beau-frere, ne pouroient être reçûs à exercer conjointement aucun Ofice, dans nos Cours ou dans les Siéges inférieurs; & à l'égard des parens & aliez, tant Conſeillers d'honneur, que véterans juſqu'au deuxiéme degré de parenté & aliance, que leurs voix ne ſeroient comptées que pour une, ſi ce n'eſt lorſqu'ils ſe trouveroient de diférens avis: Mais parce que Nous n'avions rien décidé par cet Edit, à l'égard des parens & aliez dans les degrez ci-deſſus exprimez, qui auroient été ou qui ſeroient pourvûs nonobſtant nôtredit Edit, en conſéquence de nos Lettres de diſpenſe, quelques-unes de nos Cours doutérent ſi les voix des Oficiers qui ſe trouvoient dans ce cas, ne devoient pas être comptées pour deux, lors même qu'elles ſeroient uniformes, atendu qu'il n'y avoit pas de loi qui ordonnât expreſſément, qu'elles ne ſeroient comptées que pour une. Ce fut pour faire ceſſer cette dificulté contraire à nôtre Edit de 1669. & à ce que Nous avions réglé, à l'égard des Oficiers honoraires, que Nous jugeâmes à propos d'expliquer encore plus clairement nos intentions, par nôtre Edit du mois de Janvier 1681. par lequel Nous avons ordonné que les avis des Oficiers titulaires, honoraires ou véterans, qui ſeroient parens ou aliez aux degrez ci-après; ſçavoir, de pere & fils, de frere, oncle &
neveu,

DECLARATIONS ET ARRESTS.

neveu, de beau-pere, gendre & beau-frere, ne feroient comptez que pour un, quand ils fe trouveroient uniformes: Mais Nous aprenons que dans quelques Tribunaux on a donné à cet Edit une interprétation éloignée de fon efprit, en étendant jufqu'au troifiéme degré d'aliance, la régle qui ne devoit avoir lieu, que jufqu'au fecond, & en confondant par là les aliez avec les parens; en forte que lorfque l'oncle & le neveu par aliance feulement, fe font trouvez de même avis, leurs fufrages n'ont été comptez que pour un: Et quoi que Nous euffions fufifamment prévenu cette dificulté par les termes mêmes de nôtre Edit de 1681. puifqu'après y avoir fait d'abord mention des parens & des aliez, Nous les avons diftinguez enfuite dans l'énumération des degrez de parenté & d'aliance, n'aïant compris les degrez d'oncle & de neveu, que dans l'énumération des degrez de parenté; & n'aïant exprimé à l'égard des degrez d'aliance, que ceux de beau-pere, gendre & beau-frere; néanmoins pour faire ceffer toute forte de dificulté, & pour rendre l'ufage de tous les Tribunaux de nôtre Roïaume entiérement uniformes fur ce point, Nous avons cru devoir expliquer pleinement nos intentions par nôtre prefente Déclaration. A CES CAUSES, & autres à ce Nous mouvant, de nôtre certaine fcience, pleine puiffance & autorité Roïale, Nous avons par ces Prefentes fignées de nôtre main, dit, déclaré & ordonné, difons, déclarons & ordonnons, voulons & Nous plaît, que nôtre Edit du mois de Janvier 1681. foit exécuté felon fa forme & teneur; ce faifant, que les avis des Oficiers qui fe trouveront parens aux degrez fuivans; fçavoir, de pere & fils, de frere, oncle & neveu; & pareillement de ceux qui fe trouveront aliez aux degrez fuivans; fçavoir, de beau-pere, gendre & beau-frere feulement, ne foient comptez que pour un, lorfqu'ils fe trouveront uniformes, fans que les fufrages de ceux qui ne font aliez qu'au degré d'oncle & neveu puiffent être cenfez compris dans la même régle, laquelle Nous voulons avoir lieu tant à l'égard des Titulaires, que des Confeillers d'honneur, honoraires, vetérans, & de tous ceux en general qui ont féance & voix délibérative, à quelque titre que ce puiffe être, foit dans nos Cours, foit dans les Siéges inférieurs. SI DONNONS EN MANDEMENT à nos amez & feaux Confeillers les Gens tenans nôtre Cour de Parlement à Paris, que ces Presentes ils aïent à faire registrer, & le contenu en icelles exécuter & faire exécuter, selon leur forme & teneur, sans permettre qu'il y soit contrevenu en quelque sorte & maniere que ce soit; CAR tel est nôtre plaisir. En témoin de quoi Nous avons fait mettre nôtre Scel à cesdites Presentes. DONNE' à Fontainebleau, le vingt-cinquiéme jour d'Aoust, l'an de grace mil sept cens huit; & de nôtre Régne le soixante-sixiéme. Signé, LOUIS: Et sur le repli, Par le Roy, PHELYPEAUX. Et scellée du grand Sceau de cire jaune.

Registrées, oüi & ce requerant le Procureur General du Roy, pour être exécutées selon leur forme & teneur, & copies collationnées envoiées aux Bailliages & Senéchaussées du Ressort, pour y être lûës, publiées & registrées; Enjoint aux Substituts du Procureur General du Roy, d'y tenir la main, & d'en certifier la Cour dans un mois, suivant l'Arrest de ce jour. A Paris en Parlement, le premier Septembre mil sept cens huit.

Signé, DONGOIS.

Lettres Patentes du Roy, sur la Déclaration ci-dessus, concernant les Parentez entre Oficiers, par raport aux Voix délibératives.

Du 2. Octobre 1732.

1732.
Octobre.

LOUIS par la grace de Dieu, Roy de France & de Navarre: A nos amez & feaux les Gens tenans nôtre Cour de Parlement de Roüen, SALUT. Le feu Roy nôtre très-honoré Seigneur & Bisaïeul, aïant jugé à propos en interprétant son Edit du mois de Juillet 1669. concernant les Oficiers de Judicature, de régler plus expressément de quelle maniere les voix des Oficiers titulaires ou honoraires, qui se trouveroient parens ou aliez à certains degrez, seroient comptez; il auroit d'abord expliqué ses intentions par un Arrest du 30. Juin 1679. revêtu de Lettres Patentes du même jour, qui furent adressées à nôtre Cour de Parlement de Roüen, & qui ont été enregistrées le 10. Juillet suivant; & pour faire connoître pareillement sa volonté à ses autres Cours de Parlement, il fit expédier au mois de Janvier 1681. ses Lettres Patentes en forme d'Edit, qui contiennent la même disposition, & qui ont été enregistrées dans nosdites Cours: Mais les nouveaux doutes qui se sont formez depuis cette décision, aïant engagé le feu Roy à expliquer encore plus clairement la disposition des Lettres Patentes du 30. Juin 1679. & de celle du mois de Janvier 1681. par une Déclaration du 25. Aoust 1708. Nous aprenons que cette Déclaration n'a pas encore été adressée à nôtredite Cour de Parlement de Roüen. A quoi voulant pourvoir & faire observer dans toutes nos Cours des régles uniformes en cette matiere ; A CES CAUSES, & autres à ce Nous mouvant, Nous avons ordonné, & par ces Presentes signées de nôtre main, ordonnons, voulons & Nous plaît, que ladite Déclaration du 25. Aoust 1708. atachée sous le Contrescel des Presentes, soit exécutée selon sa forme & teneur, dans nôtredite Cour de Parlement de Roüen, ainsi que dans nos autres Cours de Parlement & Compagnies Supérieures. SI VOUS DONNONS EN MANDEMENT que ces Presentes, ensemble ladite Déclaration du 25. Aoust 1708. vous aïez à faire lire, publier & enregistrer, même en Vacations, & le contenu en icelles garder & observer, selon leur forme & teneur ; CAR tel est nôtre plaisir. En témoin de quoi Nous avons fait mettre nôtre Scel à cesdites Presentes. DONNE' à Fontainebleau, le deuxiéme jour d'Octobre, l'an de grace mil sept cens trente-deux ; & de nôtre Régne le dix-huitiéme. Signé, LOUIS : Et plus bas, Par le Roy, CHAUVELIN. Et scellées du grand Sceau de cire jaune.

Lûës, publiées & registrées ès Registres de la Cour, la grande Audience d'icelle séante, oüi & ce requerant le Procureur Général du Roy. A Roüen en Parlement, le 2. Décembre 1732.

Signé, AUZANET.

Arrest du Conseil & Lettres Patentes, pour régler les Coupes des Bois de la Forest d'Ecouves, dépendant du Département & Maîtrise d'Alençon.

Du 23. Novembre 1732.

SUR ce qui a été représenté au Roy en son Conseil, par le Sieur Geoffroy Grand-Maître des Eaux & Forêts du Département d'Alençon, que par Arrest du Conseil, du 13. Juin 1716. Sa Majesté auroit ordonné qu'il seroit coupé vingt arpens de bois par chacun an, dans la Forest d'Ecouves, apartenante à Sa Majesté, dans le ressort de la Maîtrise des Eaux & Forêts d'Alençon, aux triages de Renty, des Ventes-Vignages & des Basselées, & qu'il seroit retranché trente arpens de bois par an, des ventes ordinaires, dans les Gardes de Radon, du Froust & du Boüillon; que par la visite qui a été faite par le Sieur Grand-Maître, acompagné des Oficiers de ladite Maîtrise, de l'état desdits triages, qui sont les seuls dans ladite Forest d'Ecouves, où il y ait de la fûtaïe, il auroit reconnu qu'il en reste peu, & qu'elle sera bien-tôt consommée, si l'on continuoit d'en couper vingt arpens par an, comme il a été pratiqué par le passé ; qu'il seroit de l'intérest de Sa Majesté, & du bon aménagement de ladite Forest, de diminuer dix arpens de fûtaïe des vingt, dont la vente a été ordonnée par ledit Arrest, & de couper quinze arpens des trente qui avoient été retranchez par ledit Arrest, dans les Gardes de Radon, du Froust & du Boüillon, lesquels quinze arpens serviroient à remplacer les dix arpens de fûtaïe, qui seroient coupez de moins, dans les triages de Renty, des Ventes-Vignages & des Basselées ; ce qui seroit d'autant plus convenable, que par ce moïen le prix des ventes de la Maîtrise d'Alençon ne recevroit aucune diminution, & que la coupe de la fûtaïe, dont l'objet devient de jour en jour plus considérable, seroit prolongée pour quelques années. Vû l'Arrest du Conseil, dudit jour 13. Juin 1716. & l'avis du Sieur Geoffroy Grand-Maître des Eaux & Forêts du Département d'Alençon; oüi le Raport du Sieur Orry, Conseiller d'Etat & ordinaire au Conseil Roïal, Contrôleur Général des Finances; LE ROY EN SON CONSEIL, a ordonné & ordonne qu'à commencer pour l'ordinaire de l'année 1734. il ne sera coupé que dix arpens de fûtaïe dans la Forest d'Ecouves, apartenante à Sa Majesté, aux triages de Renty, des Ventes-Vignages & des Basselées, au lieu des vingt arpens portez par l'Arrest du Conseil, du 13. Juin 1716. & qu'il sera assis pour ladite année 1734. & les suivantes, tant que les dix arpens de fûtaïe continuëront d'être vendus, quinze arpens des trente qui avoient été retranchez par ledit Arrest, dans les Gardes de Radon, du Froust & du Boüillon ; & qu'après l'entiere consommation de ladite fûtaïe, il sera coupé trente arpens de vente ordinaire dans lesdits triages, ainsi qu'il en étoit usé avant ledit Arrest du Conseil, du 13. Juin 1716. Enjoint Sa Majesté au Sieur

Geoffroy Grand-Maître du Département d'Alençon, de tenir la main à l'exécution du présent Arrest, sur lequel toutes Lettres nécessaires seront expédiées. FAIT au Conseil d'Etat du Roy, tenu à Versailles le vingt-cinquiéme jour du mois de Novembre mil sept cens trente-deux. *Collationné.*

Signé, EYNARD.

Lettres Patentes du Roy, sur l'Arrest du Conseil ci-dessus.

LOUIS par la grace de Dieu, Roy de France, & de Navarre : A nos amez & feaux Conseillers les Gens tenans nôtre Cour de Parlement à Roüen, SALUT. Par Arrest du 13. Juin 1716. Nous aurions ordonné qu'il seroit coupé vingt arpens de fûtaïe par chacun an, dans la Forest d'Ecouves à Nous apartenante, dans le ressort de la Maîtrise d'Alençon, aux triages désignez par ledit Arrest, & qu'il seroit retranché trente arpens de bois par an des ventes ordinaires de ladite Forest : Mais Nous aïant été representé qu'il restoit peu de fûtaïe dans cette Forest, & que si on continuoit à en couper vingt arpens par an, elle seroit bien-tôt consommée; pourquoi par autre Arrest de cejourd'hui rendu en nôtre Conseil, Nous aurions ordonné qu'à commencer pour l'ordinaire de l'année 1734. il n'y seroit coupé que dix arpens de fûtaïe, au lieu des vingt, portez par l'Arrest du 13. Juin 1716. & qu'il seroit assis pour ladite année & les suivantes, tant que ladite fûtaïe continuëroit d'être venduë, quinze arpens des trente qui avoient été retranchez ; qu'après l'entiere consommation de ladite fûtaïe, il seroit coupé trente arpens de ventes ordinaires, comme il en étoit usé auparavant ; & que toutes Lettres nécessaires seroient expédiées. A CES CAUSES, de l'avis de nôtre Conseil, qui a vû l'Arrest cejourd'hui rendu en nôtredit Conseil, ci ataché sous le Contrescel de nôtre Chancellerie, Nous avons conformément à icelui ordonné, & par ces Presentes signées de nôtre main, ordonnons qu'à commencer pour l'ordinaire de l'année 1734. il ne sera coupé que dix arpens de fûtaïe, dans la Forest d'Ecouves à Nous apartenante, aux triages de Renty, des Ventes-Vignages & des Basselées, au lieu des vingt arpens portez par l'Arrest du 13. Juin 1716. & qu'il sera assis pour ladite année 1734. & les suivantes, tant que les dix arpens de fûtaïe continuëront d'être vendus, quinze arpens des trente qui avoient été retranchez par ledit Arrest, dans les Gardes de Radon, du Froust & du Boüillon, & qu'après l'entiere consommation de ladite fûtaïe, il sera coupé trente arpens de ventes ordinaires dans lesdits triages, ainsi qu'il en étoit usé avant ledit Arrest du 13. Juin 1716. SI VOUS MANDONS que ces Presentes vous aïez à faire lire, registrer, & le contenu en icelles exécuter, selon leur forme & teneur; CAR tel est nôtre plaisir. DONNE' à Versailles, le vingt-cinquiéme jour de Novembre, l'an de grace mil sept cens trente-deux; & de nôtre Régne le dix-huitiéme. Signé, LOUIS: Et plus bas, Par le Roy, CHAUVELIN. Et scellées du grand Sceau de cire jaune.

Lûs, publiez & registrez, la grande Audience de la Cour séante. A Roüen en Parlement, le 23. Janvier 1733. Signé, AUZANET.

Arrest du Parlement, qui entr'autres choses, fait défenses à tous Marchands & Négocians, de donner au Public, aucune Déclaration de Marchandises, imprimée ou autrement, que dans la forme prescrite par ledit Arrest, &c.

Du 16. Décembre 1732.

ENTRE le Sieur Charles Laisement, Marchand-Apoticaire à Roüen, apellant originairement de deux Sentences renduës en la Jurisdiction Consulaire de Roüen, les 19. & 24. Octobre 1731. & de tout ce qui fait a été en conséquence; par la premiere desquelles, sur l'action par lui intentée contre les Sieurs Charles & Pierre Bournisien freres, pour les faire condamner à se recharger de deux caisses de Rhubarbe, qu'ils ont venduës & livrées audit Sieur Laisement, par le prix de mille cent trente-sept livres dix sols, suivant la facture que lesdits Sieurs Bournisien lui ont envoïée; prétendant qu'au lieu de Rhubarbe, c'est du Rhapontic, ce qui fait une diférence considérable pour le prix, & l'emploi que ledit Laisement en veut faire, & que cela ne lui peut servir pour son Apoticairerie; & sur l'Assignation donnée audit Sieur Laisement, par lesdits Sieurs Bournisien, pour faire dire, que vû le raport fait par les Sieurs le Danois & le Chan-

DECLARATIONS ET ARRESTS. 381

delier Apoticaires, Experts nommez d'ofice à la requisition du Procureur-Sindic de la Jurisdiction des Consuls, par lequel il demeure constant, que la Marchandise en question est véritable Rhubarbe de Moscovie & non Rhapontic, il seroit condamné à leur païer par provision le montant de ladite Rhubarbe ; il a été dit Acte acordé des soûtiens & déclarations des parties, & sans préjudicier à leurs droits, le Sieur Laisement condamné par corps & biens, suivant l'Edit, à païer aux Sieurs Bournisien la somme de mille cent trente-sept livres dix sols par eux demandée, à leur obéïssance de donner caution de raporter ladite somme, si faire se doit ; & par la seconde, sans préjudice du droit des parties, il est ordonné, que la Sentence ci-dessus, du 19. dudit mois d'Octobre, sera exécutée selon sa forme & teneur, à la caution des Sieurs Lézurier freres, reçuë en ladite Jurisdiction, & acte acordé dudit cautionnement ; demandeur en exécution de l'Arrest de la Chambre des Vacations, du 27. Octobre 1731. qui entr'autres choses, fait défenses ausdits Sieurs Bournisien, de mettre ladite Sentence du 19. dudit mois d'Octobre à exécution, jusqu'à ce qu'ils aïent donné bonne & sufisante caution de raporter, s'il y échet, ladite somme de mille cent trente-sept livres dix sols & les intérêts, & signé leur déclaration, si la drogue en question est véritable Rhubarbe ; le tout, sans retardation de l'instruction & du jugement du Procès au principal : Et incidemment apellant d'autre Sentence renduë en ladite Jurisdiction Consulaire, le 7. Novembre 1731. par laquelle il est dit, conformément à la demande dudit Sieur Laisement, portée en sa Requête du 31. Octobre précédent, acte acordé du refus fait par les Sieurs Bournisien freres, de passer leur déclaration sur les trois interpellations à eux faites judiciairement, en conformité de l'Arrest de la Chambre des Vacations, pour valoir & servir au Sieur Laisement ce que de raison : comme aussi, acte acordé des autres soûtiens & déclarations respectives des parties ; & vû ce qui en résulte, faisant droit, tant sur les actions respectives desdites parties que sur les conclusions du Procureur-Sindic de la Jurisdiction, ordonné que la contre-visite des deux caisses de drogues en question, ordonnée par la Sentence du 10. Octobre 1731. ainsi que des quatre échantillons demeurez cachetez au Gréfe de cedit Siége, sera faite à la

EDITS ET REGLEMENS,

diligence, requête & frais dudit Sieur Laisement de son obéïssance, sauf son recours en définitive, en la presence de deux Professeurs aux écoles de Medecine en Pharmacie & en matiere medicale, & des Gardes en charge des Apoticaires de Paris, par trois Marchands-Droguistes, & par trois anciens Apoticaires de la même Ville, dont les parties conviendront devant les Consuls de Paris, ou qui seront par eux nommez d'ofice, au refus desdites parties d'en convenir; à l'éfet de quoi, Commission rogatoire à eux adressée, pour recevoir le serment desdits Professeurs en Medecine, Gardes Apoticaires, Marchands-Droguistes & anciens Apoticaires, lesquels jureront & afirmeront véritable le Procès verbal qu'ils rendront, pour icelui fait & raporté en la Jurisdiction Consulaire de Roüen, être ordonné ce qu'il apartiendra; à laquelle fin, les deux caisses de drogues en question étant déposées au Gréfe de ladite Jurisdiction, ainsi que les quatre morceaux y déposez, & raportez par les Sieurs le Danois & le Chandelier Experts, aïant procédé à la premiere visite, cachetez desdits Sieurs & du Gréfier de la Jurisdiction, en un seul paquet, seront portez en la presence du Gréfier de ladite Jurisdiction, à la Romaine de cette Ville de Roüen, pour y être fermez, cachetez, plombez & embalez, parties interressées presentes ou dûëment apellées, & en presence desdits Sieurs le Danois & le Chandelier, pour y reconnoître leurs cachets; & ce fait, portez à la Messagerie de Paris, pour être transportez à la Doüane de Paris, en être retirez par le Gréfier de la Jurisdiction Consulaire de Paris, & être par lui representez lors de ladite contre-visite, & ensuite renvoïez en cette Ville de Roüen, après avoir été fermez, cachetez, plombez & embalez à ladite Doüane de Paris, pour rester déposez au Gréfe de la Jurisdiction Consulaire de Roüen, jusqu'au jugement définitif, les parties interressées presentes ou dûëment apellées; duquel transport du Gréfe de la Jurisdiction Consulaire de Roüen à la Romaine de Roüen, & de la Romaine à la Messagerie, sera dressé Procès verbal par Saulnier, premier Huissier de ladite Jurisdiction, ainsi que du raport desdites Marchandises; au surplus, ordonne que l'original de la facture, signée de Joüy, arrêté au Gréfe de la Jurisdiction Consulaire de Roüen, sera communiqué audit Sieur Laisement, & que copie figurée lui en sera delivrée, ainsi que copie des Mémoires

DECLARATIONS ET ARRESTS. 383

moires & Requêtes presentées par lesdits Sieurs Bournisien; depens reservez en définitive : Et encore ledit Sieur Laisement défendeur de la Requête d'oposition ci-après, comparant par Me Jean Carüel son Procureur, d'une part : Et lesdits Sieurs Bournisien intimez sur lesdites apellations, défendeurs de l'exécution dudit Arrest de la Chambre des Vacations, du 27. Octobre 1731. & demandeurs en Requête du 23. Mai 1732. tendante à ce qu'il plaise à la Cour, les recevoir oposans contre ledit Arrest de la Chambre des Vacations, dudit jour 27. Octobre 1731. faisant droit sur leur oposition, raporter ledit Arrest comme surpris ; ce faisant, ordonner que sans préjudice du droit des parties au principal, & des apellations, sur lesquelles les parties instruiront, les Sentences des 19. & 23. Octobre 1731. seront par provision exécutées, selon leur forme & teneur, & condamner ledit Sieur Laisement aux dépens ; comparans par Me Jacques Leroy l'aîné, leur Procureur, d'autre part : Et le Sieur Charles de Joüy, Marchand Droguiste à Roüen, intimé sur lesdites apellations, comparant par Me Guillaume Corbin son Procureur, encore d'autre part ; sans préjudice des qualitez. Oüis le Gros, Avocat dudit Sieur Laisement, lequel a conclu à ses apellations : Et Billoüet Avocat pour lesdits Sieurs Bournisien freres, lequel a dit qu'après les déclarations par eux passées, sur la qualité de la marchandise en question, il n'y a eu aucun prétexte à l'Arrest que ledit Sieur Laisement a surpris de la Chambre des Vacations, le 27. Octobre 1731. nul fondement encore à l'apel que Laisement a interjetté de la Sentence du 19. Octobre audit an, & de celle du 24. dudit mois, qui en ordonne l'exécution, puisque ladite Sentence du 19. Octobre n'a été renduë qu'après la déclaration que ledit Laisement a passée devant les Juges-Consuls, qu'il se raportoit au chef du païement par provision : Et c'est avec bien de la mauvaise foi, que Laisement a fait plaider par son Avocat, qu'il ne s'étoit point raporté aux Juges-Consuls, & que les Sieurs Bournisien avoient faussement fait emploïer cette déclaration après coup, par le Gréfier de la Jurisdiction Consulaire ; l'Exploit même fait à la requête dudit Laisement, trois jours après la Sentence, doit le couvrir de honte & de confusion sur ce fait ; constant donc qu'il s'est raporté aux Juges-Consuls, sur le fait du païement par provision : Comment après

II. Suite du N. R.   Bbb

cela peut-il soûtenir son apel de ladite Sentence? Il n'est pas mieux fondé en l'apel de la Sentence du 7. Novembre 1731. qui ne fait que juger ce qu'il avoit lui-même demandé par sa Requête du 31. Octobre. C'est donc une prétention contre toutes les régles, que la demande qu'il forme par ses conclusions, que la Rhubarbe en question soit visitée par les Sieurs de l'Academie des Sciences, après que lui-même a demandé & fait juger la contre-visite en question, de la façon qu'elle a été ordonnée par ladite Sentence du 7. Novembre. Il forme encore un mauvais équivoque, sur la déclaration qu'il demande que les Sieurs Bournisien passent, que la marchandise en question est vraïe Rhubarbe. N'importe, a dit & répété plusieurs fois l'Avocat dudit Laisement, d'où provienne ladite Rhubarbe, pourvû qu'elle soit vraïe Rhubarbe : or ledit Laisement a dû être sur cela pleinement satisfait, par les déclarations qui lui ont été passées & réïterées, que la marchandise en question étoit vraïe Rhubarbe de Moscovie, & non Rhapontic. Inutilement il s'éforce d'insinuer qu'il ne vient point de Rhubarbe de Moscovie : Les sentimens des Auteurs qui ont parlé de cette plante, & les Actes & certificats qui ont été produits, auroient dû faire cesser ce soûtien de la part dudit Laisement. Lesdits Sieurs Bournisien auroient seuls été en état de se plaindre des Sentences qui ont ordonné une contre-visite ; car la Rhubarbe en question aïant été une fois visitée par deux Experts nommez par les Juges-Consuls, de la requisition du Procureur-Sindic, le Sieur Laisement aïant consenti cette visite, & les deux Experts aïant unanimement déclaré que la marchandise en question est Rhubarbe de Moscovie, & non Rhapontic, cela devoit faire la décision aux termes de l'Ordonnance ; cependant comme lesdits Sieurs Bournisien n'ont que la vérité pour guide, & qu'ils ne craignent rien de ladite contre-visite, ils ont déclaré qu'ils vouloient bien encore qu'il y fût procedé. Ce consentement de leur part, est une preuve aussi autentique de leur bonne-foi, & de la vérité des soûtiens qu'ils ont faits, que la conduite & les diférentes démarches du Sieur Laisement, font paroître d'artifice & de mauvaise foi de sa part. En éfet, pensera-t'on que Laisement qui passe dans la Ville pour un des plus habiles Pharmaciens, ait pris du Rhapontic pour de la Rhubarbe ? Il a dit & avancé lui-même lors de la Sentence du 17. Septembre.

1731. que le Sieur Bournisien qui lui en a fait la vente, lui déclara n'être pas connoisseur en cette sorte de marchandise: cette circonstance devoit exciter son atention & son soin à la bien examiner : Aussi a-t'il été forcé de convenir qu'il en avoit rompu plusieurs morceaux ; qu'il avoit dit plusieurs fois que la forme de cette Rhubarbe ne lui plaisoit pas trop, mais que la couleur interne n'étoit pas desagréable. La vérité a ataché ces déclarations de sa bouche, devant les Juges-Consuls ; & s'il avoit voulu parler avec plus de sincérité, il seroit convenu qu'après avoir rompu plusieurs morceaux de ladite Rhubarbe, & l'avoir examinée en dedans, il l'avoit goûtée, & y avoit trouvé toutes les qualitez de véritable Rhubarbe. En cet état, venir dire qu'il a été trompé, c'est le vouloir faire passer pour le plus ignorant de tous les Pharmaciens de la Ville, de n'avoir pas après tant de soins & de précautions, pû connoître la drogue la plus commune, & dont l'usage est le plus fréquent dans les remedes. En cet état, nul prétexte aux deux conclusions que prend ledit Sieur Laisement : la premiere tendante à se faire décharger du principal, est sans le moindre fondement, puisque si on jugeoit le principal, ce ne pouroit être que sur le raport & Procès verbal de visite, qui a été fait par les Gardes Apoticaires, qui ont jugé que la marchandise en question est Rhubarbe de Moscovie, & non Rhapontic, par conséquent, on ne peut décider le principal, qu'en faveur des Sieurs Bournisien ; la seconde, qui tend à faire faire la contre-visite par l'Academie des Sciences, est encore contre toute raison, puisque Laisement lui-même en a fait décider autrement, par la Sentence du 7. Novembre : Pourquoi conclut qu'il plaira à la Cour, recevoir lesdits Sieurs Bournisien oposans à l'exécution de l'Arrest de la Chambre des Vacations, du 27. Octobre 1731. faisant droit sur leur oposition, ordonner qu'il sera raporté ; faisant droit sur les apellations dudit Laisement, mettre lesdites apellations au néant, condamner ledit Sieur Laisement aux dépens ; se réservans lesdits Sieurs Bournisien à leurs intérêts, tant pour indûë véxation, que pour les termes injurieux dont ledit Laisement s'est servi dans ses Ecritures, & qu'il a fait plaider par son Avocat, parce que si la Cour se portoit à évoquer & juger le principal, en ce cas, ils concluent qu'il plaira à la Cour, condamner définitivement & par corps ledit

Laifement au païement de la fomme de mille cent trente-sept livres dix fols avec dépens; faifant droit fur leur Requête verbale, condamner ledit Laifement en mille livres d'intérêts envers lefdits Sieurs Bournifien, tant pour indûë véxation, que pour les termes injurieux, aplicables de leur confentement aux deux Hôpitaux de cette Ville; leur permettre de faire publier & aficher l'Arreft, faire défenfes audit Laifement de récidiver, & le condamner aux dépens; & en cas que la Cour ne juge pas le principal, ils perfiftent aux conclufions qu'ils viennent de prendre. De Villers Avocat du Sieur de Joüy, lequel a dit que le Sieur Laifement eft apellant de trois Sentences: les deux premieres ne le regardent point, & ne font point renduës avec lui; la troifiéme le concerne, comme garant des Sieurs Bournifien: A cet égard il ne conçoit pas ce qui a déterminé le Sieur Laifement à en apeller, après l'avoir fait rendre fur fes propres conclufions; aparemment qu'il en redoute l'exécution, & qu'il voudroit bien éviter la vifite qu'il a fait ordonner, puifqu'il conclut au principal. Le prétexte qu'il prend, fondé fur le defaut de déclaration de la qualité de la marchandife venduë, eft mal imaginé, puifque dès le 6. Octobre 1731. le Sieur de Joüy avoit foûtenu précifément & fans équivoque, que la marchandife en queftion étoit de la Rhubarbe, & non du Rhapontic; cependant le Sieur de Joüy veut bien donner les mains au jugement du principal, qui n'eft que trop en état par le raport des Gardes Apoticaires; qui prouve que c'eft Rhubarbe de Mofcovie, & non Rhapontic : Pourquoi conclut à ce qu'il plaife à la Cour, fur l'apel des Sentences des 19. & 24. Octobre 1731. le déclarer folement intimé; fur l'apel de la Sentence du 7. Novembre, lui donner acte qu'il fe raporte à la Cour, de faire droit au principal; auquel cas, il foûtient fa décharge de l'action, avec intérêts & dépens : Et Foucher Subftitut du Procureur Général du Roy, oüi; LA COUR, parties oüies & le Procureur Général, a reçû & reçoit celles de Billoüet opofantes à l'Arreft de la Chambre des Vacations, du 27. Octobre 1731. aïant égard à leur opofition, & fans s'arrêter audit Arreft, faifant droit fur les apellations, a mis & met lefdites apellations au néant; condamne la partie de le Gros en douze livres d'Amende, & aux dépens envers celles de Billoüet & de de Villers : Et faifant droit fur les plus amples Conclusions du Procureur Général, a fait & fait défenses à tous Marchands & Négocians, de faire imprimer & distribuer aucune déclaration de marchandises, qu'elle ne contienne exactement, & au vrai le tems de l'arrivée desdites marchandises, & du Vaisseau dans lequel elles sont arrivées, à peine de cinquante livres d'Amende pour la premiere fois, & de plus grande, s'il y échet, en cas de récidive : Ordonne que le present Arrest sera lû, l'Audience des Consuls séante, imprimé, publié & afiché, par tout où besoin sera, à la requête du Procureur Général. FAIT à Roüen en Parlement, le seiziéme jour de Décembre mil sept cens trente-deux.

Par la Cour, Signé, AUZANET.

Réglement du Roy, & Lettres Patentes, pour la Teinture des Laines destinées à la Fabrique des Tapisseries : Avec une Instruction sur le Déboüilli desdites Laines.

Du 3. Mars 1733.

ARTICLE PREMIER.

LES Laines fines destinées à être emploïées à la Fabrique des Tapisseries & aux Canevas, seront teintes en bon teint, conformément à ce qui est prescrit par l'Article XXXII. des Réglemens pour les Teinturiers en grand & bon teint, des Draps, Serges & autres étofes de laine, du mois d'Aoust 1669. & par les Articles LXXXIX. & XC. de l'Instruction generale pour la teinture des laines de toutes couleurs, & pour la culture des drogues & ingrédiens qui y sont emploïez, du 18. Mars 1671. à peine de confiscation des laines qui se trouveront teintes en contravention, & de deux cens livres d'Amende contre les contrevenans pour la premiere fois, & d'interdiction de la Maîtrise en cas de récidive.

II. Fait Sa Majesté défenses sous les mêmes peines, de teindre en petit teint, d'autres laines que les laines grossieres, telles que celles qui sont emploïées à la fabrique des bergames, points de hongrie, ou autres ouvrages en Tapisserie grossiers, conformément aux Articles LXXXIX. & XC. de ladite Instruction, du 18. Mars 1671.

III. Fait pareillement Sa Majesté défenses, sous les mêmes peines que ci-dessus, de teindre aucunes laines fines en teinture, communément apellée *demi-fin*.

IV. Les Teinturiers en bon teint seront tenus d'emploïer le kermès ou graine d'écarlate, avec l'alun & le tartre, dans la teinture des laines fines servant aux carnations foncées.

V. Seront aussi tenus lesdits Teinturiers, de se servir de ladite graine de kermès, pour la teinture des laines fines en écarlate foncée, communément apellée *Ecarlate de Venise*, & pour lesdites laines teintes en pourpre & maron, en les passant ensuite sur la cuve d'inde, ou après les y avoir passées auparavant.

VI. Sera ladite graine de kermès emploïée dans la teinture des laines fines en gris-vineux, gris-plombé, gris-ardoisé, & gris-lavendé, en donnant un petit pied de cuve, & rabatant ensuite avec le brou de noix, ou la racine de noïer, s'il est besoin.

VII. Lesdits Teinturiers se serviront de la cuve d'inde, ou de celle de pastel à leur choix, pour la teinture des laines en bleu, vert, & autres couleurs qui demandent un pied ou une nuance de bleu ; & au cas qu'ils se servent de la cuve de pastel, leur permet Sa Majesté d'y emploïer la quantité d'indigo qu'ils jugeront à propos, dérogeant à cet égard aux Articles VIII. IX. X. & XI. de ladite Instruction, du 18. Mars 1671.

VIII. Permet Sa Majesté ausdits Teinturiers, d'avoir chez eux du bois d'inde ou de campêche, & de l'emploïer dans les teintures des laines fines en noir, pourpre, maron, pruneau & rouges-bruns presque noirs ; leur faisant très-expresses inhibitions & défenses d'emploïer dudit bois d'inde ou de campêche, dans la teinture des laines fines en bleu, vert, violet, & en toutes couleurs, autres que les nuances les plus brunes de celles énoncées au present Article.

IX. Défend Sa Majesté, sous les peines ci-dessus ordonnées, de teindre aucunes laines fines en noir, qu'après leur avoir donné le pied de bleu le plus foncé qu'il sera possible, & ce, conformément à l'Article XLVI. des Réglemens pour les Teinturiers en soïe, laine & fil, du mois d'Aoust 1669.

X. Défend aussi Sa Majesté, sous les mêmes peines, de se

DECLARATIONS ET ARRESTS. 389

servir de bois de Brefil pour la teinture des laines fines, en quelques couleurs que ce soit; comm'auffi d'emploïer dans la teinture defdites laines, la fonte de bourre, dérogeant à cet éfet aux Articles XLIII. & XLIX. defdits Réglemens pour les Teinturiers en foïe, laine & fil, du mois d'Aouft 1669.

XI. Fait pareillement Sa Majefté défenfes aufdits Teinturiers, fous les mêmes peines, de fe fervir de l'orfeille de terre, dans la teinture des laines fines.

XII. Permet aufdits Teinturiers, d'emploïer dans la teinture des laines fines en violet, de l'orfeille d'herbe ou des Canaries, après néanmoins leur avoir donné le pied de cuve & de cochenille fufifant.

XIII. Défend Sa Majefté, fous les mêmes peines que ci-deffus, l'ufage du roucou, du fafran & du fuftet, dans la teinture des laines fines, de quelques couleurs que ce foit.

XIV. Veut Sa Majefté, que pour connoître fi les laines font de bon teint, ou s'il a été emploïé dans la teinture quelques ingrediens prohibez, il foit fait tous les mois, & plus fouvent, s'il eft jugé néceffaire, des vifites exactes chez tous les Maîtres Teinturiers, par les Gardes-Jurez de la Communauté, lors defquelles ils feront tenus de faire le déboüilli des laines qu'ils foupçonneront de faux teint.

XV. Le déboüilli defdites laines fera fait conformément à ce qui eft prefcrit par l'Inftruction jointe au prefent Réglement, avec l'alun, le favon ou le tartre, fuivant la couleur defdites laines, & la claffe où elle fe raporte; & en cas de contestation fur ledit déboüilli, de la part du Maître Teinturier chez lequel les laines foupçonnées de faux teint, auront été trouvées, il en fera fait un fecond avec l'échantillon matrice, qui fera dépofé dans le Bureau de la Communauté des Teinturiers.

XVI. Ordonne que les Articles LVI. & LXXX. defdits Réglemens pour les Teinturiers en foïe, laine & fil, du mois d'Aouft 1669. feront exécutez; & en conféquence, qu'à la diligence des Gardes-Jurez defdits Teinturiers, il foit teint inceffamment, fi fait n'a été, des écheveaux de laines fines, de toutes couleurs principales énoncées dans lefdits Réglemens, pour être dépofez dans le Bureau de chacune des Communautez defdits Teinturiers, & fervir de comparaifon, tant de la beauté, que de la bonté defdites couleurs.

XVII. Les amendes qui feront prononcées pour les contraventions faites au prefent Réglement, feront apliquées, fçavoir, un tiers au profit de Sa Majefté, un tiers au profit des Gardes-Jurez, & l'autre tiers au profit des pauvres de l'Hôpital le plus prochain des lieux où les Jugemens feront rendus ; & en cas de dénonciation defdites contraventions, le tiers defdites amendes apliqué au profit de Sa Majefté, fera remis au dénonciateur.

XVIII. Veut au furplus Sa Majefté, que lefdits Réglemens pour les Teinturiers en grand & bon teint, des draps, ferges & autres étofes de laine, du mois d'Aouft 1669. ceux pour les Teinturiers en foïe & fil, des mêmes mois & an, & l'Inftruction genérale pour la teinture des laines de toutes couleurs, du 18. Mars 1671. enfemble les Arrêts & Réglemens intervenus depuis, fur le fait des teintures, foient exécutez felon leur forme & teneur, en ce qui n'y eft pas dérogé par le prefent Réglement, & l'Inftruction qui y eft jointe. FAIT & arrêté au Confeil Roïal de Commerce, Sa Majefté y étant, tenu à Verfailles le troifiéme jour de Mars mil fept cens trente-trois. Signé, ORRY.

Inftruction fur le Déboüilli des Laines deftinées à la Fabrique des Tapifferies.

COMME il a été reconnu que la métode prefcrite pour les déboüillis des teintures, par l'Article XXXVII. des Réglemens pour les Teinturiers en grand & bon teint, des draps, ferges & autres étofes de laine, du mois d'Aouft 1669. & par les Articles CCXX. & fuivans de l'Inftruction genérale pour la teinture des laines de toutes couleurs, & pour la culture des drogues & ingrédiens qui y font emploïez, du 18. Mars 1671. n'eft pas fufifante pour juger exactement de la bonté ou de la fauffeté de plufieurs couleurs ; que cette métode pouvoit même quelquefois induire en erreur, & donner lieu à des conteftations ; il a été fait par ordre de Sa Majefté, diférentes expériences fur les laines deftinées à la fabrique des Tapifferies, pour connoître le degré de bonté de chaque couleur, & les déboüillis les plus convenables à chacune.

Pour

DECLARATIONS ET ARRESTS.

Pour y parvenir, il a été teint des laines fines, en toutes sortes de couleurs, tant en bon teint qu'en petit teint, & elles ont été expofées à l'air & au foleil, pendant un tems convenable. Les bonnes couleurs fe font parfaitement foûtenuës, & les fauffes fe font éfacées plus ou moins, à proportion du degré de leur mauvaife qualité : Et comme une couleur ne doit être réputée bonne, qu'autant qu'elle réfifte à l'action de l'air & du foleil, c'eft cette épreuve qui a fervi de régle pour décider fur la bonté des diférentes couleurs.

Il a été fait enfuite fur les mêmes laines, dont les échantillons avoient été expofez à l'air & au foleil, diverfes épreuves de déboüilli ; & il a d'abord été reconnu que les mêmes ingrédiens ne pouvoient pas être indiféremment emploïez dans les déboüillis de toutes les couleurs, parce qu'il arrivoit quelquefois qu'une couleur reconnuë bonne par l'expofition à l'air, étoit confidérablement altérée par le déboüilli, & qu'une couleur fauffe refiftoit au même déboüilli.

Ces diférentes expériences ont fait fentir l'inutilité du citron, du vinaigre, des eaux fures & des eaux fortes, par l'impoffibilité de s'affûrer du degré d'acidité de ces liqueurs ; & il a paru que la métode la plus fûre, eft de fe fervir avec l'eau commune, d'ingrédiens dont l'éfet eft toûjours égal.

En fuivant cet objet, il a été jugé néceffaire de féparer en trois claffes, toutes les couleurs dans lefquelles les laines peuvent être teintes, tant en bon qu'en petit teint, & de fixer les ingrédiens qui doivent être emploïez dans les déboüillis des couleurs comprifes dans chacune de ces trois claffes.

Les couleurs comprifes dans la premiere claffe, doivent être déboüillies avec l'alun de Rome ; celles de la feconde avec le favon blanc ; & celles de la troifiéme, avec le tartre rouge.

Mais comme il ne fufit pas, pour s'affûrer de la bonté d'une couleur par l'épreuve du déboüilli, d'y emploïer des ingrédiens, dont l'éfet foit toûjours égal ; qu'il faut encore non feulement que la durée de cette opération foit exactement déterminée, mais même que la quantité de liqueur foit fixée, parce que le plus ou le moins d'eau diminuë ou augmente confidérablement l'activité des ingrédiens qui y entrent ; la maniere de procéder aux diférens déboüillis, fera prefcrite par les Articles fuivans.

II. Suite du N. R.

Article Premier.

Le déboüilli avec l'alun de Rome, sera fait en la maniere suivante.

On mettra dans un vase de terre ou terrine, une livre d'eau & une demi-once d'alun; on mettra le vaisseau sur le feu, & lorsque l'eau boüillira à gros boüillons, on y mettra la laine dont l'épreuve doit être faite, & on l'y laissera boüillir pendant cinq minutes, après quoi on la retirera, & on la lavera bien dans l'eau froide; le poids de l'échantillon doit être d'un gros ou environ.

II. Lorsqu'il y aura plusieurs échantillons de laine à déboüillir ensemble, il faudra doubler la quantité d'eau & celle d'alun, ou même la tripler, ce qui ne changera en rien la force & l'éfet du déboüilli, en observant la proportion de l'eau & de l'alun, en sorte que pour chaque livre d'eau, il y ait toûjours une demi-once d'alun.

III. Pour rendre plus certain l'éfet du déboüilli, on observera de ne pas faire déboüillir ensemble des laines de diférentes couleurs.

IV. Le déboüilli avec le savon blanc, se fera en la maniere suivante.

On mettra dans une livre d'eau, deux gros seulement de savon blanc, haché en petits morceaux; aïant mis ensuite le vaisseau sur le feu, on aura soin de remuer l'eau avec un baton, pour bien faire fondre le savon; lorsqu'il sera fondu, & que l'eau boüillira à gros boüillons, on y mettra l'échantillon de laine, que l'on y fera pareillement boüillir pendant cinq minutes, à compter du moment que l'échantillon y aura été mis; ce qui ne se fera que lorsque l'eau boüillira à gros boüillons.

V. Lorsqu'il y aura plusieurs échantillons de laine à déboüillir ensemble, on observera la métode prescrite par l'Article II. c'est-à-dire, que pour chaque livre d'eau on mettra toûjours deux gros de savon.

VI. Le déboüilli avec le tartre rouge se fera précisément de même, avec les mêmes doses, & dans les mêmes proportions que le déboüilli avec l'alun, en observant de bien pulvériser le tartre, avant que de le mettre dans l'eau, afin qu'il soit entierement fondu, lorsqu'on y mettra les échantillons de laine.

VII. Les couleurs suivantes seront débouïllies avec l'alun de Rome, sçavoir, le cramoisi de toutes nuances, l'écarlate de Venise, l'écarlate couleur de feu, le couleur de cerise & autres nuances de l'écarlate, les violets & gris-de-lin de toutes nuances, les pourpres, les langoustes, jujubes, fleur de grenade, les bleus, les gris-ardoisez, gris-lavendez, gris violens, gris-vineux, & toutes les autres nuances semblables.

1733. Mars.

VIII. Si contre les dispositions des Réglemens sur les teintures, il a été emploïé dans la teinture des laines fines en cramoisi, des ingrédiens de faux teint, la contravention sera aisément reconnuë par le débouïlli avec l'alun, parce qu'il ne fait que violenter un peu le cramoisi fin, c'est-à-dire, le faire tirer sur le gris-de-lin ; mais il détruit les plus hautes nuances du cramoisi faux, & il les rend d'une couleur de chair très-pâle, il blanchit même presqu'entièrement les basses nuances du cramoisi faux ; ainsi ce débouïlli est un moïen assûré pour distinguer le cramoisi faux d'avec le fin.

IX. L'écarlate de kermès ou de graine, communément apellée *Ecarlate de Venise*, n'est nullement endommagée par ce débouïlli : il fait monter l'écarlate couleur de feu ou de cochenille, à une couleur de pourpre, & fait violenter les basses nuances, en sorte qu'elles tirent sur le gris-de-lin ; mais il emporte presque toute la fausse écarlate de Bresil, & il la réduit à une couleur de pelure d'oignon ; il fait encore un éfet plus sensible sur les basses nuances de cette fausse couleur.

Le même débouïlli emporte aussi presqu'entièrement l'écarlate de bourre, & toutes ses nuances.

X. Quoique le violet ne soit pas une couleur simple, mais qu'elle soit formée des nuances du bleu & du rouge, elle est néanmoins si importante, qu'elle mérite un examen particulier. Le même débouïlli avec l'alun de Rome ne fait presqu'aucun éfet sur le violet fin, au lieu qu'il endommage beaucoup le faux : mais on observera que son éfet n'est pas d'emporter toûjours également une grande partie de la nuance du violet faux, parce qu'on lui donne quelquefois un pied de bleu de pastel ou d'indigo ; ce pied étant de bon teint, n'est pas emporté par le débouïlli, mais la rougeur s'éface, & les nuances brunes deviennent presque bleuës, & les pâles d'une couleur desagréable de lie de vin.

Cccij

XI. A l'égard des violets demi-fins, défendus par le présent Réglement, ils feront mis dans la classe des violets faux, & ne résistent pas plus au déboüilli.

XII. On connoîtra de la même maniere les gris-de-lin fins d'avec les faux; mais la diférence est legere: le gris-de-lin de bon teint perd seulement un peu moins que le gris-de-lin de faux teint.

XIII. Les pourpres fins résistent parfaitement au déboüilli avec l'alun; au lieu que les faux perdent la plus grande partie de leur couleur.

XIV. Les couleurs de langouste, jujube, fleur de grenade, tireront sur le pourpre après le déboüilli, si elles ont été faites avec la cochenille; au lieu qu'elles pâliront considérablement, si l'on y a emploïé le fustet dont l'usage est défendu.

XV. Les bleus de bon teint ne perdront rien au déboüilli, soit qu'ils soient de pastel ou d'indigo; mais ceux de faux teint perdront la plus grande partie de leur couleur.

XVI. Les gris-ardoisez, gris-lavendez, gris-violens, gris-vineux perdront presque toute leur couleur, s'ils sont de faux teint; au lieu qu'ils se soûtiendront parfaitement, s'ils sont de bon teint.

XVII. On déboüillira avec le savon blanc les couleurs suivantes, sçavoir, les jaunes, jonquilles, citrons, orangez, & toutes les nuances qui tirent sur le jaune, toutes les nuances de verd, depuis le verd jaune ou verd naissant, jusqu'au verd de chou ou verd de perroquet, les rouges de garance, le canelle, la couleur de tabac & autres semblables.

XVIII. Ce déboüilli fait parfaitement connoître si les jaunes & les nuances qui en dérivent, sont de bon ou de faux teint; car il emporte la plus grande partie de leur couleur, s'ils sont faits avec la graine d'Avignon, le roucou, la terra-merita, le fustet ou le safran, dont l'usage est prohibé pour les teintures fines; mais il n'altére pas les jaunes faits avec la sarette, la genestrolle, le bois jaune, la gaude & le fenugrec.

XIX. Le même déboüilli fait connoître aussi parfaitement la bonté des verds: car ceux de faux teint perdent presque toute leur couleur, ou deviennent bleus, s'ils ont eu un pied de pastel ou d'indigo; mais ceux de bon teint ne perdent presque rien de leur nuance, & demeurent verds.

XX. Les rouges de pure garance ne perdent rien au dé-

DECLARATIONS ET ARRESTS. 395

boüilli avec le savon, & n'en deviennent que plus beaux; mais si on y a mêlé du Bresil, ils perdent leur couleur, à proportion de la quantité qui y en a été mise.

XXI. Les couleurs de canelle, de tabac, & autres semblables, ne sont presque pas altérées par ce déboüilli, si elles sont de bon teint; mais elles perdent beaucoup, si on y a emploïé le roucou, le fustet ou la fonte de bourre.

XXII. Le déboüilli fait avec l'alun ne seroit d'aucune utilité, & pouroit même induire en erreur sur plusieurs des couleurs de cette seconde classe; car il n'endommage pas le fustet ni le roucou, qui cependant ne résistent pas à l'action de l'air, & il emporte une partie de la sarette & de la genestrolle, qui sont cependant de très-bons jaunes & de très-bons verds.

XXIII. On déboüillira avec le tartre rouge tous les fauves ou couleurs de racine : on apelle ainsi toutes les couleurs qui ne sont pas dérivées des cinq couleurs primitives : ces couleurs se font avec le brou de noix, la racine de noïer, l'écorce d'aune, le sumach ou roudoul, le santal & la suïe; chacun de ces ingrédiens donne un grand nombre de nuances diférentes, qui sont toutes comprises sous le nom général de fauve ou couleur de racine.

XXIV. Les ingrédiens dénommez dans l'Article précédent sont bons, à l'exception du santal & de la suïe, qui le sont un peu moins, & qui rudissent la laine, lorsqu'on en met une trop grande quantité; ainsi tout ce que le déboüilli doit faire connoître sur ces sortes de couleurs, c'est si elles ont été surchargées de santal ou de suïe, dans ce cas elles perdent considérablement par le déboüilli fait avec le tartre; & si elles sont faites avec les autres ingrédiens, ou qu'il n'y ait qu'une médiocre quantité de santal ou de suïe, elles résistent beaucoup davantage.

XXV. Le noir étant la seule couleur qui ne puisse être comprise dans aucune des trois classes énoncées ci-dessus, parce qu'il est nécessaire de se servir d'un déboüilli beaucoup plus actif, pour connoître si la laine a eu le pied de bleu turquin, conformément aux Réglemens, le déboüilli en sera fait en la maniere suivante.

On prendra une livre ou une chopine d'eau, on y mettra une once d'alun de Rome, & autant de tartre rouge pulverisez; on fera boüillir le tout, & on y mettra l'échantillon de laine, qui doit y boüillir à gros boüillons pendant un quart d'heure; on le lavera ensuite dans l'eau fraîche, & il sera facile alors de voir si elle a eu le pied de bleu convenable; car dans ce cas la laine demeurera bleuë presque noire, & si elle ne l'a pas eu, elle grisera beaucoup.

XXVI. Comme il est d'usage de brunir quelquefois les couleurs avec la noix de gale & la couperose, & que cette opération apellée *Bruniture*, qui doit être permise dans le bon teint, peut faire un éfet particulier sur le déboüilli de ces couleurs; on observera que quoi qu'après le déboüilli, le bain paroisse chargé de teinture, parce que la bruniture aura été emportée, la laine n'en sera pas moins réputée de bon teint, si elle a conservé son fond; si au contraire, elle a perdu son fond ou son pied de couleur, elle sera déclarée de faux teint.

XXVII. Quoi que la bruniture qui se fait avec la noix de gale & la couperose, soit de bon teint, comme elle rudit ordinairement la laine, il convient autant que faire se poura, de se servir par préférence de la cuve d'inde ou de celle de pastel.

XXVIII. On ne doit soûmettre à aucune épreuve de déboüilli, les gris communs faits avec la gale & la couperose, parce que ces couleurs sont de bon teint, & ne se font pas autrement; mais il faut observer de les engaler d'abord, & de mettre la couperose dans un second bain beaucoup moins chaud que le premier, parce que de cette maniere ils sont plus beaux & plus assûrez.

Lettres Patentes du Roy, pour l'exécution des Réglement & Instruction ci-dessus.

Du 7. *Juillet* 1733.

LOUIS par la grace de Dieu, Roy de France & de Navarre: A tous ceux qui ces presentes Lettres verront, SALUT. Aïant été informez des abus qui se commettent dans les teintures, tant des Draps, Serges & autres étofes de laines, que des soïes, laines & fils, & des dificultez que causent le déboüillis prescrits par les Réglemens ci-devant faits, pour en reconnoître la bonne qualité; il Nous a paru que le plus sûr moïen d'y remédier, étoit de faire faire des expériences

DECLARATIONS ET ARRESTS. 397

de la propriété de toutes les drogues qui sont emploïées au bon teint, & de fixer pour chaque couleur un déboüilli certain, qui ne laissât aucun doute sur la qualité des ingrédiens qui y auroient été emploïez. Ces expériences aïant été faites, & le succès ne pouvant en être douteux, Nous avons jugé à propos de pourvoir d'abord à ce qui regarde la teinture & le déboüilli des laines, destinées à la fabrique des Tapisseries, par un Réglement & une Instruction qui y est jointe, en laissant subsister quant à present, & jusqu'à ce que Nous en aïons autrement ordonné, les anciens Réglemens pour la teinture des étofes de laine, des soïes, du fil & du coton. A CES CAUSES, de l'avis de nôtre Conseil, qui a vû & examiné ledit Réglement du 3. Mars de la presente année 1733. contenant dix-huit Articles, & ladite Instruction contenant vingt-huit Articles, ci-atachez sous le Contrescel de nôtre Chancellerie, ensemble les Réglemens du mois d'Aoust 1669. & l'Instruction du 18. Mars 1671. concernans les teintures; Nous avons par ces Presentes, signées de nôtre main, & de nôtre certaine science, pleine puissance & autorité Roïale, confirmé & autorisé, confirmons & autorisons ledit Réglement, pour la teinture des laines destinées à la fabrique des Tapisseries, & ladite Instruction pour le déboüilli desdites laines. Voulons que dans toute l'étendüe de nôtre Roïaume, Terres & Seigneuries de nôtre obéïssance, ils soient gardez, observez, & exécutez de point en point, selon leur forme & teneur. SI DONNONS EN MANDEMENT à nos amez & féaux les Gens tenans nôtre Cour de Parlement à Roüen, que ces Presentes ils aïent à faire lire, publier & registrer, & le contenu en icelles garder, observer & exécuter, selon leur forme & teneur; CAR tel est nôtre plaisir. En témoin de quoi Nous avons fait mettre nôtre Scel à cesdites Presentes. DONNE' à Compiégne, le septiéme jour de Juillet, l'an de grace mil sept cens trente-trois; & de nôtre Régne le dix-huitiéme. Signé, LOUIS: Et plus bas, Par le Roy, CHAUVELIN: Vû au Conseil, ORRY. Et scellées du grand Sceau de cire jaune.

Lûs, publiez & registrez, la grande Audience de la Cour séante. A Roüen en Parlement, le 31. Juillet 1733. Signé, AUZANET.

Arrest du Conseil & Lettres Patentes, qui ordonnent plusieurs Coupes de bois y mentionnées, dans les endroits y marquez de la Forest d'Andaine, Maîtrise de Domfront.

Du 31. Mars 1733.

1733. Mars.

SUR ce qui a été representé au Roy en son Conseil, par le Sieur Geoffroy Grand-Maître des Eaux & Forêts du Département d'Alençon, que Sa Majesté par Arrest de son Conseil, du 26. Février 1732. auroit ordonné diférens aménagemens dans les Forêts dépendantes de la Maîtrise de Domfront, & entr'autres, qu'il seroit coupé deux mille cinq cens soixante-dix-huit arpens de recépages en dix années, à commencer pour l'ordinaire de 1733. à raison de deux cens cinquante-sept arpens par an, au moïen de quoi il seroit retranché soixante-sept arpens & demi des ventes ordinaires, qui se faisoient dans la Forest d'Andaine, lesquelles seroient réduites pendant le cours desdites dix années, à cent soixante-dix arpens, au lieu de deux cens trente-sept & demi qui s'y coupoient, tant en exécution de l'Etat arrêté au Conseil en 1674. que de l'Arrest du Conseil, du 29. Mai 1720. & qu'à cet éfet, les triages de la Boullaye & du Fief-aux-Bœufs seroient mis en réserve, pendant lesdites dix années; qu'il y avoit tout lieu d'espérer que cet arrangement subsisteroit, & que les recépages ordonnez par ledit Arrest, qui ont ateint l'âge de vingt ans, & qui sont les mêmes que ceux qui furent coupez en l'année 1713. & suivantes, remplaceroient, eu égard à l'augmentation du prix du bois, le vuide que pourroit causer dans les ventes, & retranchement des soixante-sept arpens & demi: Mais il est arrivé par le peu de soin que l'on a eu de conserver les jeunes rejets, qui sont sortis des premiers recépages, lesquels ont été abandonnez sans mesure aux abroutissemens des bestiaux, que les nouveaux recépages sont en si mauvais état, qu'ils sont des trois quarts moindres qu'ils n'étoient en 1713. & que ce qui fut alors vendu soixante & soixante-dix livres l'arpent, ne vaut pas aujourd'hui vingt livres; en sorte que ledit Sieur Grand-Maître a eu toutes les peines imaginables à faire mettre un prix aux ventes assises pour l'ordinaire de

1733.

1733. les Ajudicataires estimans les recépages moins que ce qu'il en coûtera pour les couper, dont ils ont même abandonné plus de soixante arpens à quiconque voudra se charger d'en faire l'exploitation ; que le peu de valeur des recépages a produit d'un côté une diminution considérable sur le prix des bois de cette Maîtrise, & de l'autre que les Maîtres de Forges qui en font seuls toute la consommation, n'en ont pas eu sufisamment pour leurs usages ; que pour remédier à ces inconveniens, il seroit nécessaire d'ordonner qu'à commencer de l'ordinaire de l'année 1734. & les suivantes, tant que dureront les recépages portez audit Arrest du Conseil, du 26. Février 1732. il seroit coupé par augmentation, quarante arpens par an, dans la Forest d'Andaine, dont moitié seroit assise dans les triages de la Boullaye & du Fief-aux-Bœufs, qui cesseroient d'être en réserve, & l'autre moitié dans le triage le plus convenable de ladite Forest, suivant l'indication qui en seroit faite par ledit Sieur Grand-Maître ; au moïen de quoi, les ventes de cette Forest seroient réglées à la quantité de deux cens dix arpens, au lieu de cent soixante-dix fixez par ledit Arrest du Conseil, du 26. Février 1732. Et Sa Majesté voulant y pourvoir ; vû ledit Arrest du 26. Février 1732. & l'avis du Sieur Geoffroy Grand-Maître des Eaux & Forêts du Département d'Alençon : Oüi le Raport du Sieur Orry, Conseiller d'Etat & ordinaire au Conseil Roïal, Contrôleur Général des Finances ; LE ROY EN SON CONSEIL, a ordonné & ordonne qu'à commencer de l'ordinaire de l'année prochaine 1734. & pendant les suivantes, tant que dureront les recépages ordonnez être faits par l'Arrest du Conseil, du 26. Février de l'année derniere 1732. il sera par le Sieur Geoffroy, Grand-Maître des Eaux & Forêts du Département d'Alençon, procédé en la maniere acoûtumée, au plus ofrant & dernier enchérisseur, à l'ajudication de quarante arpens de bois de la Forest d'Andaine, dépendante de la Maîtrise de Domfront, par chacun an, au-delà des cent soixante-dix, fixez par ledit Arrest, desquels quarante arpens moitié sera assise dans les triages de la Boullaye & du Fief-aux-Bœufs, qui cesseront d'être en réserve, & l'autre moitié dans le triage le plus convenable de ladite Forest, suivant l'indication qui en sera donnée par ledit Sieur Grand-Maître : Ordonne en outre Sa Majesté, que l'Arrest dudit jour 26. Février 1732. sera exécuté selon sa forme & teneur, en ce qui n'est pas contraire au present Arrest, sur lequel toutes Lettres nécessaires seront expédiées. FAIT au Conseil d'Etat du Roy, tenu à Versailles le trente-uniéme jour de Mars mil sept cens trente-trois. *Collationné.*

Signé, DE VOUGNY.

Lettres Patentes du Roy, sur l'Arrest du Conseil ci-dessus.

LOUIS par la grace de Dieu, Roy de France & de Navarre: A nos amez & feaux Conseillers les Gens tenans nôtre Cour de Parlement à Roüen, SALUT. Le Sieur Geoffroy Grand-Maître des Eaux & Forêts du Département d'Alençon, Nous aïant fait representer que par Arrest de nôtre Conseil, du 26. Février 1732. Nous aurions ordonné diférens aménagemens dans les Forêts dépendantes de la Maîtrise de Domfront, entr'autres qu'il seroit coupé deux mille cinq cens soixante-dix-huit arpens de recépages, en dix années, à commencer pour l'ordinaire de 1733. à raison de deux cens cinquante-sept arpens par an, au moïen de quoi il seroit retranché soixante-sept arpens & demi des ventes ordinaires, qui se faisoient dans la Forest d'Andaine, lesquelles seroient réduites pendant le cours desdites dix années, à cent soixante-dix arpens; mais que le peu de soin que l'on avoit eu ci-devant de conserver les jeunes rejets des recépages précédens, & le peu de valeur des bois à recéper, causeront une diminution considérable sur le prix des bois de cette Maîtrise; & d'un autre côté, les Maîtres des Forges qui font seuls la consommation de ces bois, n'en auroient pas sufisamment pour leurs usages: Pourquoi pour y remédier, Nous aurions par Arrest cejourd'hui rendu en nôtre Conseil, ordonné qu'à commencer pour l'ordinaire de l'année prochaine 1734. & pour les années suivantes, tant que dureroient les recépages, il seroit vendu en ladite Maîtrise, quarante arpens de bois de la Forest d'Andaine, par chacun an, au-delà des cent soixante-dix arpens, dans les endroits indiquez par ledit Arrest, pour l'exécution duquel Nous aurions aussi ordonné que toutes Lettres nécessaires seroient expédiées. A CES CAUSES, de l'avis de nôtre Conseil, qui a vû ledit Arrest, cejourd'hui rendu en nôtredit Conseil, ci-ataché sous le Contrescel de nôtre Chancellerie, Nous avons conformément à icelui, ordonné, & par ces Presentes signées de nôtre main, ordonnons qu'à commencer de l'ordinaire de l'année prochaine 1734. & pendant les suivantes, tant que dureront les recépages ordonnez être faits par l'Arrest du Conseil, du 26. Février de l'année derniere 1732. il sera par le Sieur Geoffroy Grand-Maître des Eaux & Forêts du Département d'Alençon, procédé en la maniere acoûtumée, au plus ofrant & dernier enchérisseur, à l'ajudication de quarante arpens de bois de la Forest d'Andaine, dépendante de la Maîtrise de Domfront, par chacun an, au-delà des cent soixante-dix fixez par ledit Arrest, desquels quarante arpens moitié sera assise dans les triages de la Boullaye & du Fief-aux-Bœufs, qui cesseront d'être en réserve, & l'autre moitié dans le triage le plus convenable de ladite Forest, suivant l'indication qui en sera donnée par ledit Sieur Grand-Maître : Ordonnons en outre, que l'Arrest dudit jour 26. Février 1732. sera exécuté selon sa forme & teneur, en ce qui n'est pas contraire à ces Presentes. SI VOUS MANDONS que ces Presentes vous aïez à faire lire & regiftrer, & le contenu en icelles exécuter, selon leur forme & teneur; CAR tel est nôtre plaisir. DONNE' à Versailles, le trente-uniéme jour de Mars, l'an de grace mil sept cens trente-trois; & de nôtre Régne le dix-huitiéme. Signé, LOUIS: Et plus bas, Par le Roy, CHAUVELIN. Et scellées du grand Sceau de cire jaune.

Lû, publiez & regiftrez, la grande Audience de la Cour séante. A Roüen en Parlement, le 4. Mai 1733. Signé, AUZANET.

Déclaration du Roy, portant prorogation jusqu'au premier de Janvier prochain 1734. des delais ci-devant acordez, pour faire contrôler, insinuer & sceller les Actes passez avant le 29. de Septembre 1722. &c.

Du 23. Juin 1733.

LOUIS par la grace de Dieu, Roy de France & de Navarre : A tous ceux qui ces presentes Lettres verront, SALUT. Après les delais que Nous avons ci-devant acordez, pour faire contrôler, insinuer & sceller les Actes

EDITS ET REGLEMENS,

qui y font affujétis par nos Edits & Déclarations, & qui ne l'avoient point été avant le 29. Septembre 1722. Nous avions fujet de croire que les Notaires, Gréfiers, & les parties interreffées y auroient fatisfait; cependant, fur les repréfentations qui Nous ont été faites, Nous avons bien voulu encore acorder un nouveau delai, jufqu'au premier Janvier prochain 1734. A CES CAUSES, de l'avis de nôtre Confeil, & de nôtre certaine fcience, pleine puiffance & autorité Roïale, Nous avons par ces Préfentes fignées de nôtre main, prorogé & prorogeons jufqu'au premier Janvier prochain, les delais par Nous ci-devant acordez, pour faire contrôler, infinuer & fceller les Actes qui y font affujétis par nos Edits & Déclarations, & qui ont été paffez avant le 29. Septembre 1722. Voulons qu'après ledit jour premier Janvier prochain, les peines prononcées par nos Edits & Déclarations, foient & demeurent encouruës, fans efpérance d'autre delai : Et feront au furplus nos Edits & Déclarations exécutez felon leur forme & teneur, pour tous les Actes & Jugemens paffez & rendus depuis ledit jour 29. Septembre 1722. SI DONNONS EN MANDEMENT à nos amez & féaux les Gens tenans nôtre Cour de Parlement à Roüen, que ces Préfentes ils aïent à faire lire, publier & regiftrer, & le contenu en icelles garder & obferver, felon leur forme & teneur; aux Copies defquelles, collationnées par l'un de nos amez & féaux Confeillers-Secrétaires, voulons que foi foit ajoûtée comme à l'Original ; CAR tel eft nôtre plaifir. En témoin de quoi, Nous avons fait mettre nôtre Scel à cefdites Préfentes. DONNE' à Compiegne, le vingt-troifiéme jour de Juin, l'an de grace mil fept cens trente-trois ; & de nôtre Régne le dix-huitiéme. Signé, LOUIS : Et plus bas, Par le Roy, CHAUVELIN: Vû au Confeil; ORRY. Et fcellée du grand Sceau de cire jaune.

Lûë, publiée & regiftrée, la grande Audience de la Cour féante. A Roüen en Parlement, le 17. Juillet 1733. Signé, AUZANET.

Arrest du Parlement, qui prescrit les formalitez à observer par tous les Docteurs & Licentiez des Facultez du Roïaume, pour l'exercice de la Medecine, dans les lieux où il n'y aura ni Université ni Aggrégation.

Du 27. Juin 1733.

SUR la remontrance faite à la Cour par le Procureur Général du Roy, expositive qu'elle auroit rendu le 20. Aoust 1722. un Arrest, par lequel elle auroit ordonné l'exécution de l'Edit de 1707. portant Réglement pour les Facultez de Medecine, & notamment l'Article XXXV. dudit Edit ; qu'il est arrivé que l'on a tiré des conséquences contraires à l'Edit même, de quelques dispositions portées dans cet Arrest, qui n'avoit cependant d'autres vûës que de faire exécuter en entier tous les Articles de l'Edit de 1707. lesquelles dispositions paroissent restraindre aux seuls Licentiez ou Docteurs des Facultez de Paris, de Montpelier ou de Caën, le pouvoir d'exercer la Medecine, dans la Province de Normandie, & obliger ceux qui sont Docteurs de Paris & de Montpelier, à faire viser leurs Lettres, par les Professeurs Roïaux de l'Université de Caën, & ceux des autres Universitez à subir en outre devant eux, un examen de pratique ; obligations qui aux termes de l'Edit, ne regardent que ceux qui avoient obtenu des Licences avant l'Edit de 1707. & non ceux qui les ont obtenuës depuis, dans quelque Faculté que ce soit : Pourquoi requiert qu'en ordonnant l'exécution de l'Edit de 1707. & notamment de l'Article XXXV. & en interprétant l'Arrest du 20. Aoust 1722. il soit permis non seulement aux Docteurs ou Licentiez des Facultez de Paris, Montpelier & Caën, mais encore à tous Docteurs & Licentiez de quelqu'une des Facultez du Roïaume, d'exercer la Medecine dans les lieux où il n'y aura ni Université ni aggrégation, en représentant préalablement leurs Lettres ou degrez, aux Juges des lieux où ils voudront s'établir, & en les faisant enregistrer au Gréfe de la Jurisdiction desdits Juges, sans qu'ils soient tenus de faire viser leurs Lettres par les Professeurs de Medecine de l'Université de Caën ni autre, ni subir devant eux aucun examen; à moins qu'ils n'eussent obtenu le degré de Licentié avant l'Edit de 1707. dans d'autres Facultez que celles de Paris & de Montpelier; à laquelle fin, l'Arrest qui sur ce interviendra, sera lû, publié & afiché, par tout où besoin sera. Vû par la Cour ledit Requisitoire; & oüi le Raport du Sieur Hubert, Conseiller-Commissaire: Tout considéré; LA COUR, faisant droit sur le Requisitoire du Procureur Genéral du Roy, ordonne que l'Edit de 1707. & notamment l'Article XXXV. sera exécuté; en interprétant l'Arrest de la Cour, du 20. Aoust 1722. a permis non seulement aux Docteurs ou Licentiez des Facultez de Paris, Montpelier & Caën, mais encore à tous Docteurs & Licentiez de quelqu'une des Facultez du Roïaume, d'exercer la Medecine dans les lieux où il n'y aura ni Université ni Aggrégation, en representant préalablement leurs Lettres ou degrez aux Juges des lieux où ils voudront s'établir, & en les faisant enregistrer au Gréfe de la Jurisdiction desdits Juges; sans qu'ils soient tenus de faire viser leurs Lettres, par les Professeurs de Medecine de l'Université de Caën ni autre, ni subir devant eux aucun examen; à moins qu'ils n'eussent obtenu le degré de Licentié, avant l'Edit de 1707. dans d'autres Facultez que celles de Paris & Montpelier: Et pour l'exécution du present Arrest, & que personne n'en ignore, ordonne qu'il sera lû, publié & afiché, par tout où besoin sera. FAIT à Roüen en Parlement, le vingt-septiéme jour de Juin mil sept cens trente-trois.

Par la Cour, Signé, AUZANET.

Edit du Roy, portant rétablissement des Ofices de Gouverneurs, Lieutenans de Roy, Majors, Maires, Lieutenans de Maires, & autres Oficiers des Hôtels de Ville.

Du mois de Novembre 1733.

LOUIS par la grace de Dieu, Roy de France & de Navarre: A tous presens & à venir, SALUT. Nous avons par nôtre Edit du mois de Juillet 1724. suprimé les Ofices de Gouverneurs, Lieutenans de Nous, & Majors des Villes closes de nôtre Roïaume; les Ofices de Maires, Lieutenans de

DECLARATIONS ET ARRESTS.

Maires, Echevins, Jurats, Consuls, Capitouls, Assesseurs, Secrétaires-Gréfiers des Hôtels de Ville, & leurs Contrôleurs, anciens-mitriennaux, & alternatifs-mitriennaux ; ceux d'Archers, Herauts, Hoquetons, Valets de Ville, Tambours, Portiers, Concierges, & les Sindics des Paroisses, & Gréfiers des Rôles des Tailles : Mais Nous sommes informez que depuis la supression desdits Ofices, la liberté des élections est presque toûjours troublée, par des intrigues, qui en sont comme inséparables ; & que des Oficiers ainsi élûs, n'aïans que peu de tems à demeurer dans leurs emplois, ne peuvent aquerir une connoissance parfaite des afaires concernant nôtre service & celui des Villes. Pour remédier à ces abus, Nous avons jugé qu'il étoit nécessaire de créer & rétablir dans toutes les Villes & lieux de nôtre Roïaume, une partie desdits Ofices en titre, pour les fonctions d'iceux être remplies par des Oficiers, qui dans un état fixe & permanant, s'apliqueront avec plus de soin, à satisfaire à tous les devoirs atachez à leurs Charges, & dont la finance Nous servira à soûtenir les dépenses de la Guerre, & à éteindre & suprimer des capitaux de rentes sur la Ville de Paris & sur les Tailles. A CES CAUSES, & autres à ce Nous mouvant, & de nôtre certaine science, pleine puissance & autorité Roïale, Nous avons par le present Edit perpétuel & irrévocable, créé, érigé & rétabli, créons, érigeons & rétablissons en titre d'Ofices formez, les Ofices de nos Gouverneurs, & ceux de Lieutenans de Nous, dans les Villes closes de nôtre Roïaume ; un Ofice de nôtre Conseiller-Lieutenant des Prevôts des Marchands de nos Villes de Paris & de Lyon ; les Ofices de nos Conseillers-Maires, Lieutenans de Maires, Echevins, Jurats, Consuls, Capitouls, Assesseurs, Secrétaires-Gréfiers des Hôtels de Ville, & leurs Contrôleurs, anciens-mitriennaux & alternatifs-mitriennaux, & ceux de nos Avocats & Procureurs desdits Hôtels de Ville, sans que, sous quelque prétexte que ce soit, ils puissent à l'avenir être suprimez. Voulons que les aquereurs d'iceux en joüissent, aux mêmes fonctions, honneurs, rangs, séances, prérogatives, exemtions, droits & priviléges dont avoient droit de joüir les précedens Titulaires, avant la supression ordonnée par l'Edit du mois de Juin 1717. de la même maniere, & ainsi qu'il est plus amplement expliqué par les Edits des mois de Juillet 1690. Août 1692.

Aoust 1696. Mai 1702. Janvier 1704. Décembre 1706. Octobre & Décembre 1708. Mars 1709. & Avril 1710. portans création des susdits Ofices, lesquels Edits Nous voulons être exécutez selon leur forme & teneur, en tout ce qui ne se trouvera pas contraire au present Edit ; à l'éfet de quoi, il sera ataché sous le Contrescel des Lettres de Provisions, qui seront expédiées en nôtre Grande-Chancellerie, un Imprimé de chacun desdits Edits, collationné par l'un de nos amez & feaux Conseillers-Secrétaires, Maison-Couronne de France & de nos Finances : Et à l'égard de l'exemtion de la Taille personnelle & des Francs-Fiefs, entendons que les aquereurs desdits Ofices, n'en joüissent que dans le cas où leur finance sera de dix mille livres & au-dessus ; & que ceux dont les Ofices seront au-dessous de dix mille livres, soient taxez d'ofice ; nonobstant tous Edits & Déclarations à ce contraires. Atribuons à tous les Ofices presentement créez & rétablis, outre les droits dont joüissent ceux qui en font actuellement les fonctions, des gages sur le pied de trois pour cent de leur finance principale, à prendre, tant sur les deniers communs, patrimoniaux & d'Octrois des Villes & Communautez, par préférence à toutes leurs dettes & charges, que sur les fonds qui seront par Nous ordonnez, dont sera fait emploi dans nos Etats ; desquels gages les pourvûs desdits Ofices seront païez par les Receveurs des deniers communs, patrimoniaux & d'Octrois, ou autres aïans le maniement des deniers & revenus desdites Villes & Communautez, ou par les Receveurs generaux de nos Finances, sur les simples Quitances desdits Oficiers, qui seront passées & alloüées sans aucune dificulté, dans les comptes de ceux qui en auront fait le païement. Faisons défenses à nos Baillis, Senéchaux & leurs Lieutenans, aux Prevôts, Vicomtes, Juges-Mages, Sindics, & à tous autres, de prendre la qualité de Maires, d'en faire aucune fonction dans les Hôtels de Ville & autres lieux, ni de troubler les Maires & autres Oficiers qui seront pourvûs en vertu du present Edit, à peine de trois mille livres d'Amende : Et si dans le mois du jour de la publication du present Edit, lesdits Ofices n'étoient pas levez aux Revenus casuels, il sera par Nous commis aux fonctions d'iceux, par Commissions du Grand-Sceau La finance principale desdits Ofices, & six deniers pour livre d'icelle,

seront

DECLARATIONS ET ARRESTS. 407

seront païez sur les Quitances du Receveur de nos Revenus casuels ; sçavoir, la finance principale, un tiers en espéces, un tiers en capitaux de rentes sur l'Hôtel de Ville de Paris ; & le tiers restant en Quitances de rentes sur les Tailles, en fournissant par les propriétaires desdites rentes, les Quitances de remboursement, & autres Actes nécessaires pour l'extinction & la supression entiere desdites rentes ; à l'égard des six deniers pour livre, ils seront païez en especes, étant destinez au paiement des frais du recouvrement. Permettons à toutes personnes graduées ou non graduées, d'aquerir & posseder les Ofices anciens-mitriennaux & alternatifs-mitriennaux, avec faculté de les exercer conjointement ou de les desunir, vendre & faire exercer séparément. Pouront pareillement lesdits Ofices être aquis & exercez par toutes personnes pourvûës d'autres Ofices, sans incompatibilité, & sans qu'il soit nécessaire d'obtenir Lettres à cet éfet, dont Nous les avons dispensez & dispensons. Le Droit annuel desdits Ofices sera réduit à la moitié de ce qu'ils en dévroient païer, sur le pied de la finance desdits Ofices, sans être assujétis au paiement du Prest, dont Nous les avons déchargez & déchargeons. Les pourvûs desdits Ofices entreront en joüissance d'iceux, immédiatement après leur réception, à commencer par les aquereurs des Ofices anciens-mitriennaux, pour continuër alternativement d'année en année, par les aquereurs des Ofices alternatifs-mitriennaux, en vertu des Provisions qui seront scellées en nôtre Grande-Chancellerie ; à l'éfet de quoi, Nous avons révoqué & révoquons par le present Edit, toutes Lettres de Provisions ou de Commissions, que Nous pourions avoir ci-devant acordées, pour faire les fonctions d'aucuns des susdits Ofices : Voulons qu'ils soient reçûs, & prêtent le serment ordinaire ; sçavoir, les Gouverneurs, entre les mains de nôtre très-cher & feal Chevalier Garde des Sceaux de France, ou pardevant nos Intendans & Commissaires départis dans les Provinces & Generalitez de nôtre Roïaume, sur les Commissions qui leur seront par lui adressées à cet éfet ; & nos Lieutenans, entre les mains des Gouverneurs ou Commandans dans les Provinces, ou de ceux qui seront par eux subdéléguez : A l'égard des Oficiers Municipaux, ils seront reçûs & prêteront le serment ; sçavoir, les Maires des Villes où il y a Cour Supérieure, Archevêché, Evêché ou Présidial,

II. Suite du N. R.   E e e

pardevant les Cours de Parlement de leur reſſort ; les Lieutenans des Prevôts des Marchands des Villes de Paris & de Lyon, devant les Prevôts des Marchands deſdites Villes ; les Maires des autres Villes, Bourgs & Communautez, devant le plus prochain Juge Roïal ; les Lieutenans de Maires, les Echevins, Jurats, Conſuls, Capitouls, Aſſeſſeurs, Secrétaires-Gréfiers des Hôtels de Ville, & leurs Contrôleurs, nos Avocats & Procureurs, devant les Maires des lieux de leur établiſſement, ou autres Oficiers en charge créez par le preſent Edit, ſi aucuns ſont inſtalez ; ſinon ſeront reçus & prêteront ſerment pardevant le plus prochain Juge Roïal. Diſpenſons les Oficiers de Judicature actuellement en charge, qui auront été reçûs, & prêté ſerment dans aucunes de nos Cours Supérieures, d'une nouvelle réception, & d'un nouveau ſerment, pour les Ofices de Maires qu'ils aquerront dans le reſſort des mêmes Cours : Diſpenſons pareillement d'une nouvelle réception, & d'un nouveau ſerment devant le plus prochain Juge Roïal, les aquereurs deſdits Ofices, qui auront été reçus dans quelqu'autre Ofice de Judicature, dont ils ſont actuellement pourvûs : Voulons que les Proviſions des Oficiers ainſi diſpenſez de nouvelles réceptions & de nouveaux ſermens, ſoient ſeulement regiſtrées eſdites Cours de Parlement, ou auſdites Juſtices Roïales. Permettons aux aquereurs des Ofices rétablis par le preſent Edit, d'emprunter les deniers néceſſaires pour l'aquiſition d'iceux ; & voulons que ceux qui leur prêteront leurs deniers, aïent privilége pour raiſon deſdits prêts, ſur leſdits Ofices ; à l'éfet de quoi, mention en ſera faite dans les Quitances de finance, qui leur ſeront delivrées. S'il intervient quelques conteſtations ſur l'exécution du preſent Edit, voulons qu'elles ſoient réglées en nôtre Conſeil, auquel Nous en avons réſervé la connoiſſance, & icelle interdite à toutes nos Cours & Juges. SI DONNONS EN MANDEMENT à nos amez & feaux Conſeillers les Gens tenans nôtre Cour de Parlement à Roüen, que nôtre preſent Edit ils aïent à faire lire, publier & regiſtrer, & le contenu en icelui garder & obſerver, ſelon ſa forme & teneur ; nonobſtant tous Edits, Déclarations, Réglemens, & autres choſes à ce contraires, auſquels Nous avons dérogé & dérogeons par le preſent Edit ; aux copies duquel, collationnées par l'un de nos amez & feaux Conſeillers-Secrétaires, voulons que foi soit ajoûtée comme à l'original ; CAR tel est nôtre plaisir : Et afin que ce soit chose ferme & stable à toûjours, Nous y avons fait mettre nôtre Scel. DONNE' à Fontainebleau, au mois de Novembre, l'an de grace mil sept cens trente-trois; & de nôtre Régne le dix-neuviéme. Signé, LOUIS : Et plus bas, Par le Roy, CHAUVELIN: *Visa*, CHAUVELIN : Vû au Conseil, ORRY. Et scellé du grand Sceau de cire verte.

Lû, publié & regiſtré, la grande Audience de la Cour ſeante. A Roüen en Parlement, le 15. Janvier 1734. Signé, AUZANET.

Déclaration du Roy, pour la Levée du Dixiéme du Revenu des Biens du Roïaume.

Du 17. Novembre 1733.

1733. Novemb.

LOUIS par la grace de Dieu, Roy de France & de Navarre : À tous ceux qui ces presentes Lettres verront, SALUT. Après avoir fait connoître à nos Sujets les justes motifs qui Nous ont portez à prendre les Armes, nôtre principal objet doit être de chercher les moïens de Nous procurer des secours, qui puissent Nous mettre en état de pourvoir à l'augmentation des dépenses ocasionnées par la Guerre, afin que le païement des dettes de l'Etat, & de nos dépenses ordinaires ne soit point dérangé, & que les fonds qui y ont été emploïez pendant la Paix, y demeurent toûjours également afectez : Et dans les diférens moïens qui Nous ont été proposez, Nous aurions jugé à propos de préférer ceux dont le recouvrement est le plus certain, qui sont les plus proportionnez aux biens & facultez de nos Sujets, & dont la levée portée directement en nôtre Tresor Roïal, sans traité ni remise extraordinaire, Nous donnera le produit entier de ce qu'ils païeront. C'est ce qui Nous auroit déterminez à ordonner la levée du Dixiéme du revenu des biens, comme l'Imposition la plus juste, la moins arbitraire, & celle qui peut Nous mettre le plus sûrement en état de satisfaire au païement d'une partie des dépenses extraordinaires que demande la Guerre : Mais nôtre intention étant que cette Imposition ne soit perçûë que pendant le tems de la Guerre seu-

Eee ij

lement, la levée en cessera trois mois après la publication de la Paix. A CES CAUSES, & autres à ce Nous mouvant, de nôtre certaine science, pleine puissance & autorité Roïale, Nous avons par ces Presentes signées de nôtre main, dit, déclaré & ordonné, disons, déclarons & ordonnons, voulons & Nous plaît, qu'à commencer du premier Octobre de la presente année 1733. il soit levé annuellement à nôtre profit, le Dixiéme du revenu de tous les biens de nôtre Roïaume, Païs, Terres & Seigneuries de nôtre obéïssance, apartenans ou possedez par nos Sujets, ou autres de quelque qualité ou condition qu'ils soient.

ARTICLE PREMIER.

Ordonnons que tous propriétaires nobles ou roturiers, privilégiez ou non privilégiez, même les apanagistes ou engagistes, païeront le Dixiéme du revenu de tous les fonds, terres, prez, bois, vignes, marais, pacages, usages, étangs, rivieres, moulins, forges, fourneaux & autres usines, cens, rentes, dixmes, champarts, droits Seigneuriaux, peages, passages, droits de ponts, bacs & rivieres, & generalement pour tous autres droits & biens, de quelque nature qu'ils soient, tenus à rentes, afermez ou non afermez.

II. Comme aussi, le Dixiéme du revenu des maisons de toutes les Villes & Fauxbourgs du Roïaume, loüées ou non loüées, ensemble pour celles de la Campagne, qui étant loüées, procurent un revenu aux propriétaires, même pour les parcs & enclos desdites maisons étans en valeur.

III. Le Dixiéme du revenu de toutes les Charges, Emplois, & Commissions, soit d'Epée, soit de Robe, des Maisons Roïales, Villes, Police ou de Finance, compris leurs apointemens, gages, remises, taxations & droits y atribuez, de quelque nature qu'ils soient, continuëra d'être perçû sur tous ceux sur qui on le perçoit actuellement, & sera pareillement levé sur ceux sur qui on auroit oublié de le percevoir, ou qui en auroient été exemtez; dérogeant à cet éfet, à tous Edits, Déclarations & Arrêts, en vertu desquels l'exemtion du Dixiéme pourroit être prétenduë.

IV. Et pareillement le Dixiéme de toutes les rentes sur le Clergé, sur les Villes, Provinces, Païs d'Etats & autres; à l'exception des rentes perpétuelles & viageres sur l'Hôtel de Ville de Paris & sur les Tailles, des Quitances de Finance

DECLARATIONS ET ARRESTS. 411
portant intérêt à deux pour cent, emploïées dans nos Etats, ensemble des gages réduits au denier cinquante.

V. Seront sujettes à la levée du Dixiéme, toutes les rentes à constitution sur particuliers, rentes viageres, doüaires & pensions créées & établies par Contrats, Jugemens, Obligations ou autres Actes portans intérêts; comme aussi, tous les droits, revenus & émolumens de quelque nature qu'ils soient, atribuez tant à nos Oficiers qu'autres particuliers, corps ou Communautez, soit qu'ils leur aïent été aliénez ou réünis; & pareillement les Octrois & revenus patrimoniaux, communaux, & autres biens & héritages des Villes, Bourgs, Villages, Hameaux & Communautez, même les droits de Messageries, Carosses & Coches, tant par terre que par eau; & generalement tous les autres biens, de quelque nature qu'ils soient, qui produisent un revenu.

VI. Mais atendu que les propriétaires des fonds & héritages, maisons & Ofices, qui doivent des rentes à constitution, rentes viageres, doüaires, pensions ou intérêts, païeront le Dixiéme de la totalité du revenu des fonds, sur lesquels les rentiers, pensionnaires & autres créanciers ont à exercer, ou pouroient exercer leurs hipotéques, voulons que le Dixiéme dû par lesdits Rentiers, Pensionnaires ou autres créanciers, soit à la décharge desdits propriétaires des fonds; & qu'à cet éfet, ledit Dixiéme soit par eux retenu, lorsqu'ils feront le païement des arrérages desdites rentes, pensions & intérêts, en justifiant par eux de la quitance du païement du Dixiéme des revenus de leurs fonds.

VII. Et comme pareillement les particuliers, Oficiers, corps & Communautez, même les corps & Communautez des Villes, Bourgs, Villages & Hameaux, qui joüissent de droits, revenus & émolumens, de quelque nature qu'ils soient, droits d'Octrois, revenus patrimoniaux, communaux, & autres biens & héritages, droits de Messageries, Carosses, Coches & autres, païeront le Dixiéme de la totalité du revenu de tous lesdits droits, émolumens, Octrois & autres biens, lesquels peuvent être chargez du païement de rentes, pensions, droits, taxations, émolumens ou intérêts, à quelque titre que ce soit; voulons que le Dixiéme dû par ceux qui joüissent desdites rentes, pensions, droits, taxations, émolumens ou intérêts, soit à la décharge desdits particuliers, Oficiers, corps & Communautez, & des corps & Communautez des Villes, Bourgs, Villages & Hameaux ; & qu'à cet éfet, le Dixiéme soit par eux retenu, lorsqu'ils feront le païement desdites rentes, pensions, droits, taxations, émolumens ou intérêts, en justifiant par eux de la quitance du païement du Dixiéme de leursdits revenus.

VIII. Comme dans tous les fonds, sur lesquels Nous ordonnons la levée du Dixiéme, ne sont point compris les biens des particuliers commerçans & autres, dont la profession est de faire valoir leur argent, & qu'il est juste toutefois qu'ils contribuënt à proportion de leurs revenus & profits pendant la presente Guerre ; ordonnons que chacun d'eux y contribuëra sur le pied du Dixiéme des revenus & profits, que leur bien peut leur produire.

IX. Voulons que le Dixiéme du revenu des biens, ordonné être levé par nôtre presente Déclaration, soit païé suivant les Rôles qui en seront arrêtez en nôtre Conseil ; sçavoir, pour les trois derniers mois de la presente année 1733. quinze jours après la signification desdits Rôles, & pour chacune des années suivantes, en quatre termes égaux, dans les mois de Janvier, Avril, Juillet & Octobre, par préférence à tous créanciers, doüaires & autres dettes privilégiées ou hipotécaires, de quelque nature qu'elles soient, même à nos autres deniers, & que les redevables, leurs fermiers, locataires ou autres debiteurs y soient contraints par les voïes ordinaires & acoûtumées.

X. Défendons à tous Fermiers, Locataires, Receveurs, Economes, Procureurs, Régisseurs, Commissaires aux Saisies réelles, Tresoriers, Receveurs, Commis aux recettes, dépositaires, debiteurs, & tous autres, tenans ou exploitans des biens, de quelque nature que ce soit, dont le revenu est sujet à la levée du Dixiéme, de vuider leurs mains de ce qu'ils doivent ou dévront ci-après, qu'en justifiant préalablement par les propriétaires avoir païé le quartier courant & les précédens, du Dixiéme du revenu que lesdits fermiers, locataires & autres, chacun à leur égard, auront à païer ausdits propriétaires, si mieux n'aiment lesdits propriétaires consentir que leurs fermiers, locataires & autres, païent en leur aquit le Dixiéme du prix des baux & revenus dont ils seront chargez, ce que lesdits fermiers, locataires

DECLARATIONS ET ARRESTS.

& autres feront tenus de faire, dans les termes ci-deſſus preſ- crits, à peine d'y être contraints, nonobſtant toutes ſaiſies, arrêts, ceſſions, tranſports & délégations, quoi qu'acceptées, même nonobſtant les païemens d'avance qui pouroient avoir été par eux faits ; & en raportant par leſdits fermiers, locataires & autres, les quitances de ce qu'ils auront païé pour le Dixiéme, en l'aquit deſdits propriétaires, ils en demeureront d'autant quites & déchargez envers leſdits propriétaires, ou autres aïans leurs droits, qui ſeront tenus d'aloüer & paſſer leſdites quitances du Dixiéme, dans les comptes des fermiers, locataires & autres, qui en auront fait le païement.

XI. Et pour pouvoir fixer avec égalité, ce qui doit être païé pour le Dixiéme du revenu des biens qui y ſont ſujets, ordonnons que les propriétaires deſdits biens fourniront dans quinzaine du jour de la publication des Preſentes, les déclarations de leurs biens à ceux qui ſeront prépoſez à cet éfet, & en la forme qui leur ſera preſcrite, en exécution de nos ordres; ſçavoir, pour ceux de nôtre bonne Ville de Paris, par le Prevoſt des Marchands de ladite Ville, & pour ceux des Provinces par les Intendans & Commiſſaires départis dans leſdites Provinces; & faute par leſdits propriétaires de fournir leurs déclarations dans le tems preſcrit ci-deſſus, voulons qu'ils ſoient tenus de païer le double du Dixiéme de leurs revenus, & le quadruple en cas de fauſſe déclaration.

XII. Ordonnons que le recouvrement des deniers provenans dudit Dixiéme des revenus, ſera fait par les Receveurs des Tailles, dans les Païs d'Elections, & dans les Païs d'Etats, par les Receveurs & Treſoriers ordinaires des revenus de la Province, leſquels en remettront le fonds aux Receveurs & Treſoriers genéraux, pour être par eux porté en nôtre Treſor Roïal, duquel Dixiéme leſdits Receveurs & Treſoriers, tant particuliers que genéraux, compteront en la même forme & maniere ordonnées par nos Déclarations pour le recouvrement de la Capitation : Et à l'égard du Dixiéme du revenu des Charges, emplois & commiſſions, gages, penſions, & autres revenus ſujets à la levée du Dixiéme, qui ſe païent par les Gardes de nôtre Treſor Roïal, les Treſoriers de nôtre Maiſon, ceux des Maiſons Roïales, les Treſoriers de l'ordinaire & de l'extraordinaire des Guerres, de l'Artillerie, de la Marine, des Galéres & autres Treſoriers, les Païeurs des Gages, nos Fermiers, Receveurs generaux & autres particuliers, & ceux des Païs d'Etats, & tous autres Comptables, ils continuëront d'en compter tant en nôtre Conseil qu'en nôtre Chambre des Comptes, & par tout ailleurs qu'il apartiendra, conformément à nôtre Déclaration du 27. Décembre 1710. SI DONNONS EN MANDEMENT à nos amez & feaux les Gens tenans nôtre Cour de Parlement à Roüen, que nôtre presente Déclaration ils aïent à faire lire, publier & registrer, & le contenu en icelle garder & observer de point en point, selon sa forme & teneur, nonobstant tous Edits, Déclarations, Arrêts, Réglemens, & autres choses à ce contraires, ausquels Nous avons dérogé & dérogeons par ces Presentes ; aux Copies desquelles, collationnées par l'un de nos amez & feaux Conseillers-Secrétaires, voulons que foi soit ajoûtée comme à l'Original ; CAR tel est nôtre plaisir. En témoin de quoi, Nous avons fait mettre nôtre Scel à cesdites Presentes. DONNE' à Fontainebleau, le dix-septiéme jour de Novembre, l'an de grace mil sept cens trente-trois ; & de nôtre Régne le dix-neuviéme. Signé, LOUIS : Et plus bas, Par le Roy, CHAUVELIN : Vû au Conseil, ORRY. Et scellée du grand Sceau de cire jaune.

Arrest du Conseil & Lettres Patentes du Roy, portant que la perception du Dixiéme du Revenu des Biens du Roïaume, ne se fera qu'à commencer au premier de Janvier 1734.

Du 22. Décembre 1733.

LE Roy s'étant fait representer la Déclaration du 17. Novembre dernier, qui ordonne la Levée du Dixiéme du revenu des biens du Roïaume, à compter du premier Octobre dernier : Et Sa Majesté jugeant à propos qu'elle n'ait lieu, qu'à commencer du premier de Janvier de l'année prochaine 1734. Oüi le Raport du Sieur Orry, Conseiller d'Etat & ordinaire au Conseil Roïal, Contrôleur Général des Finances ; SA MAJESTE' ETANT EN SON CONSEIL, a ordonné & ordonne que la perception du Dixiéme du revenu des biens du Roïaume, ne commencera d'être levé, qu'à compter du premier Janvier de l'année prochaine. Sera au surplus

plus ladite Déclaration exécutée, suivant sa forme & teneur: Et sur le present Arrest toutes Lettres nécessaires seront expédiées. FAIT au Conseil d'Etat du Roy, Sa Majesté y étant, tenu à Versailles le vingt-deuxiéme jour de Décembre mil sept cens trente-trois.

Signé, PHELYPEAUX.

Lettres Patentes du Roy, sur l'Arrest du Conseil ci-dessus.

LOUIS par la grace de Dieu, Roy de France & de Navarre: A nos amez & feaux les Gens tenans nôtre Cour de Parlement à Roüen, SALUT. Nous étant fait representer nôtre Déclaration du 17. Novembre dernier, qui ordonne la levée du Dixiéme du revenu des biens de nôtre Roïaume, à compter du premier Octobre dernier; & jugeant à propos qu'elle n'ait lieu, qu'à commencer du premier Janvier de l'année prochaine 1734. Nous y avons pourvû par l'Arrest de cejourd'hui, rendu en nôtre Conseil d'Etat, Nous y étant, pour l'exécution duquel Nous avons ordonné que toutes Lettres nécessaires seroient expédiées. A CES CAUSES, de l'avis de nôtre Conseil, qui a vû ledit Arrest, ci-ataché sous le Contrescel de nôtre Chancellerie, Nous avons ordonné, & par ces Presentes signées de nôtre main, ordonnons que la perception du Dixiéme du revenu des biens de nôtre Roïaume, ne commencera d'être levé, qu'à compter du premier Janvier de l'année prochaine. Sera au surplus nôtredite Déclaration exécutée, suivant sa forme & teneur. SI VOUS MANDONS que ces Presentes vous aïez à faire lire, publier & registrer, & le contenu en icelles garder, observer & exécuter, suivant leur forme & teneur; CAR tel est nôtre plaisir. DONNE' à Versailles, le vingt-deuxiéme jour de Décembre, l'an de grace mil sept cens trente-trois; & de nôtre Régne le dix-neuviéme. Signé, LOUIS: Et plus bas, Par le Roy, CHAUVELIN. Et scellées du grand Sceau de cire jaune.

Extrait des Regiftres de la Cour de Parlement.

VEU par la Cour, toutes les Chambres assemblées, la Déclaration du Roy, donnée à Fontainebleau, le 17. Novembre dernier, signée, LOUIS, & plus bas, Par le Roy, CHAUVELIN, Vû au Conseil, ORRY, & scellée du grand Sceau de cire jaune; Pour la levée du Dixiéme du revenu des biens du Roïaume; Ensemble les Lettres Patentes de

Sa Majesté sur Arrest du Conseil, données à Versailles le 22. Décembre aussi dernier, signées, LOUIS, & plus bas, Par le Roy, CHAUVELIN, & scellées du grand Sceau de cire jaune; Qui remettent la levée dudit Dixième du revenu, à commencer au premier Janvier de la presente année 1734. Conclusions du Procureur Général du Roy, & oüi le Raport du Sieur Conseiller-Commissaire: Tout consideré; LA COUR a ordonné & ordonne que ladite Déclaration du Roy, ensemble lesdites Lettres Patentes, seront registrées ès Registres de la Cour, lûës & publiées, pour être exécutées selon leur forme & teneur; & *conformément à la volonté dudit Seigneur Roy, donnée à entendre pour reponse aux très-humbles & très-respectueuses Remontrances de la Cour, l'Imposition portée par ladite Déclaration, cesser trois mois après la publication de la Paix; & sans qu'à l'ocasion de ce qui est porté en l'Article VIII. les Commerçans, & autres personnes comprises audit Article, puissent être contraints de donner la déclaration de leurs Biens, autres que ceux déclarez sujets à ladite Imposition, par les Articles I. & II. de la presente Déclaration. Et sera le Roy très-humblement suplié de donner les ordres nécessaires, pour qu'en exécution de ladite Déclaration, le Dixième ne soit levé sur chaque nature de Biens, qu'eu égard au Revenu réel, & déduction faite des charges. Sera en outre ledit Seigneur Roy de nouveau très-humblement suplié d'ordonner que les Débiteurs des Rentes constituées ou réduites au denier quarante, & au-dessus, ne pourront retenir à leurs Créanciers, le Dixième sur icelles:* Et Copies collationnées ou Vidimus envoïez dans tous les Bailliages & Jurisdictions de ce ressort, pour y être pareillement lûs, publiez, registrez & exécutez, à la diligence des Substituts du Procureur Général, qui seront tenus de certifier la Cour dans le mois, des diligences qu'ils auront pour ce faites. FAIT à Roüen en Parlement, le dixième jour de Février mil sept cens trente-quatre.

Signé, AUZANET.

Lües, publiées & registrées, la grande Audience de la Cour séante, oüi & ce requerant le Procureur Général du Roy, suivant l'Arrest intervenu le jour d'hier, sur la vérification desdites Déclaration & Lettres Patentes. A Roüen en Parlement, le 11. Février 1734. Signé, AUZANET.

Déclaration du Roy, en interprétation de l'Edit du mois de Novembre dernier, qui rétablit les Ofices Municipaux.

Du 20. Décembre 1733.

LOUIS par la grace de Dieu, Roy de France & de Navarre: A tous ceux qui ces presentes Lettres verront, SALUT. Nous avons par nôtre Edit du mois de Novembre dernier, créé & rétabli les Ofices de Gouverneurs,

DECLARATIONS ET ARRESTS. 417

1733.
Décemb.

Lieutenans de Nous des Villes closes de nôtre Roïaume, les Ofices de Maires, Lieutenans de Maires, Echevins, & autres Ofices Municipaux ; & atribué ausdits Ofices nouvellement rétablis, outre les droits dont joüissent ceux qui en font actuellement les fonctions, des gages sur le pied de trois pour cent de leur finance principale, à prendre tant sur les deniers communs, patrimoniaux & d'Octrois des Villes & Communautez, par préférence à toutes les dettes & charges, que sur les fonds qui seront par Nous ordonnez : Et Nous avons entr'autres choses, aussi ordonné que les contestations qui pouroient naître en exécution dudit Edit, seroient réglées en nôtre Conseil, auquel Nous en avons réservé la connoissance, & icelle interdite à toutes nos Cours & Juges. Quoi que ces dispositions soient les mêmes que celles qui sont contenuës dans l'Edit de 1692. portant création des mêmes Ofices, & qu'il n'en ait résulté aucun inconvenient, Nous avons néanmoins jugé à propos de prévenir tout sujet de contestation à cet égard, & de rassûrer plus particulierement les légitimes créanciers des Villes & Communautez de nôtre Roïaume. A CES CAUSES, & autres à ce Nous mouvant, de l'avis de nôtre Conseil, & de nôtre certaine science, pleine puissance & autorité Roïale, Nous avons par ces Presentes signées de nôtre main, dit, déclaré & ordonné, disons, déclarons & ordonnons, voulons & Nous plaît, que les gages des nouveaux Oficiers ne pouront être pris sur les fonds restans des deniers patrimoniaux & d'Octrois, qu'après que les arrérages des rentes, & autres dépenses indispensables par Nous aprouvées, auront été aquitées : Voulons que lesdits gages soient emploïez dans les Etats de nos Finances, pour les Villes & lieux où, après les dettes & charges aquitées, il ne se trouvera pas sufisamment de fonds dans lesdits deniers patrimoniaux & d'Octrois, pour leur païement. Ordonnons au surplus, que toutes les contestations qui pouront naître entre les Oficiers nouvellement rétablis, ou entr'eux & les autres Oficiers, seront portées pardevant les Juges ordinaires, & par apel en nos Cours de Parlement; nôtre intention n'étant de réserver à Nous & à nôtre Conseil, que ce qui concerne l'exécution de l'Edit, par raport à la vente des Charges, & aux contestations qui pouroient regarder la finance desdits Ofices. Voulons au surplus, que nôtredit

Fff ij

Edit soit exécuté selon sa forme & teneur. SI DONNONS EN MANDEMENT à nos amez & feaux Conseillers les Gens tenans nôtre Cour de Parlement à Roüen, que nôtre presente Déclaration ils aïent à faire lire, publier & registrer, & le contenu en icelle garder, observer & exécuter, selon sa forme & teneur; CAR tel est nôtre plaisir. En témoin de quoi, Nous avons fait mettre nôtre Scel à cesdites Presentes. DONNE' à Versailles, le vingtiéme jour de Décembre, l'an de grace mil sept cens trente-trois; & de nôtre Régne le dix-neuviéme. Signé, LOUIS: Et plus bas, Par le Roy, PHELYPEAUX: Vû au Conseil, ORRY. Et scellée du grand Sceau de cire jaune.

Lûs, publiez & registrez, la grande Audience de la Cour séante. A Roüen en Parlement, le 31. Juillet 1733. Signé, AUZANET.

Déclaration du Roy, pour la Police & correction des Filles & Femmes de mauvaise vie, dans la Ville y mentionnée.

Du 6. Mai 1734.

LOUIS par la grace de Dieu, Roy de France & de Navarre: A tous ceux qui ces presentes Lettres verront, SALUT. Le soin de réprimer la licence & la corruption des mœurs, qui semblent faire tous les jours de nouveaux progrès, étant un des principaux objets de la vigilance des Oficiers de Police de la Ville de Roüen, il n'est pas moins nécessaire de régler la forme des procédures qu'ils doivent faire, pour assûrer la preuve des déréglemens qu'ils doivent punir, & prévenir par là les inconvéniens des plaintes téméraires ou des délations inspirées par la haine des particuliers, plûtôt que par l'amour du bien public: Et comme jusqu'à present il n'y a point eu de Loi adressée à nôtre Parlement de Roüen, pour établir un ordre absolument certain, dans cette partie importante de la Police; Nous avons cru devoir y donner une forme aussi simple que réguliére, qui puisse faire en même tems, la conviction des coupables, la sûreté des innocens & la décharge des Oficiers, que leur ministére oblige à veiller à la recherche & à la poursuite de cette espece de crimes. A CES CAUSES, de l'avis de nôtre Conseil,

& de nôtre certaine science, pleine puissance & autorité Roïale, Nous avons dit & déclaré, disons & déclarons par ces Presentes signées de nôtre main, voulons & Nous plaît, que dans les cas de débauche publique & vie scandaleuse de Filles ou de Femmes, où il n'écherra de prononcer que des condamnations d'Amende ou d'Aumônes ou des injonctions de vuider les lieux ou même la Ville de Roüen, & d'ordonner que les meubles desdites Filles ou Femmes seront jettez sur le carreau, & confisquez au profit des pauvres de l'Hôpital general; les Commissaires de Police de ladite Ville puissent, chacun dans leur Quartier, recevoir les déclarations qui leur en seront faites & signées par les voisins, ausquels ils feront prêter serment, avant que de recevoir lesdites déclarations, dont ils seront tenus de faire mention, à peine de nullité, dans le Procès verbal qui sera par eux dressé. Le raport des faits contenus dans ledit Procès verbal, sera fait par lesdits Commissaires, au Lieutenant Général de Police de la Ville de Roüen, les jours ordinaires des Audiences de Police, ausquelles les parties interressées seront assignées en la maniere acoûtumée, pour y être pourvû contradictoirement ou par defaut, ainsi qu'il apartiendra, sur les Conclusions de celui de nos Avocats au Bailliage & Siége Présidial de ladite Ville de Roüen, qui sera present à l'Audience, & entre les mains duquel lesdites déclarations seront remises, pour faire connoître au Lieutenant Général de Police, les noms & les qualitez des voisins qui les auront faites : En cas que lesdites parties dénient les faits contenus ausdites déclarations, ledit Lieutenant Général de Police, poura, s'il le juge à propos, pour la suspicion des voisins ou pour autres considérations, ordonner qu'il sera informé desdits faits, devant l'un desdits Commissaires, à la requête de nôtre Procureur audit Bailliage, pour y être statué ensuite définitivement ou autrement, par ledit Lieutenant Général de Police, sur le recit des informations qui sera fait à l'Audience, par l'un de nos Avocats; ou en cas qu'il juge à propos d'en délibérer sur le Regître, sur les Conclusions par écrit de nôtre Procureur audit Siége, le tout, à la charge de l'apel en nôtre Cour de Parlement : Voulons que sur ledit apel, soit que l'afaire ait été jugée sur le simple Procès verbal du Commissaire, ou sur le Recit ou le Vû des informations, les parties procédent en la Grand'

Chambre de ladite Cour, encore qu'il y ait eu un decret sur lesdites informations, & que la suite de la procédure ait obligé ledit Lieutenant General de Police, à ordonner que lesdites Femmes ou Filles seront enfermées pour un tems, dans la Maison de force de l'Hôpital Général : Et en cas de maquerélage, prostitution publique, & autres où il écherra peine aflictive ou infamante, le Lieutenant Général de Police sera tenu d'instruire le procès aux acusez ou acusées, par récolement & confrontation, suivant les Ordonnances, & les Arrêts & Réglemens de nôtre Cour ; auquel cas l'apel sera porté en la Chambre de la Tournelle, à quelque genre de peine que les acusez ou les acusées aïent été condamnez ; le tout, sans préjudice de la Jurisdiction du Lieutenant Criminel dudit Bailliage, qu'il poura exercer en cas de maquerélage, concurremment avec le Lieutenant Général de Police, auquel néanmoins la préférence apartiendra, lorsqu'il aura informé & decrété avant le Lieutenant Criminel, ou le même jour : Voulons que nôtre presente Déclaration soit exécutée selon sa forme & teneur, dans nôtredite Ville de Roüen, Nous réservant d'expliquer nos intentions ainsi qu'il apartiendra, sur ce qui regarde la même matiere, dans les autres Villes du ressort de nôtre Parlement de Roüen. SI DONNONS EN MANDEMENT à nos amez & feaux Conseillers les Gens tenans nôtre Cour de Parlement de Roüen, que ces Presentes ils aïent à faire lire, publier & registrer, & le contenu en icelles garder & observer, selon leur forme & teneur ; CAR tel est nôtre plaisir. En témoin de quoi, Nous avons fait mettre nôtre Scel à cesdites Presentes. DONNE' à Versailles, le sixiéme jour du mois de Mai, l'an de grace mil sept cens trente-quatre ; & de nôtre Régne le dix-neuviéme. Signé, LOUIS : Et plus bas, Par le Roy, CHAUVELIN. Et scellée du grand Sceau de cire jaune.

Lûë, publiée & registrée, la grande Audience de la Cour séante. A Roüen en Parlement, le premier Juin 1734. Signé, AUZANET.

DECLARATIONS ET ARRESTS.

Arreſt du Parlement, par lequel en ordonnant l'exécution des Réglemens précédens, il eſt fait réïtératives défenſes aux Gens de Livrée, de s'atrouper, de faire aucune violence, ni inſulter perſonne, ni même de porter Cannes ou Bâtons, &c.

Du 22. Juin 1734.

SUR la remontrance faite à la Cour par le Procureur Général du Roy, expoſitive qu'il auroit été fait en diférens tems pluſieurs Réglemens, pour arrêter l'inſolence des gens de livrée; que Sa Majeſté par ſon Edit du mois de Mars 1720. auroit fait défenſes, ſous peine de mort, à tous gens de livrée de faire aucune violence, ni de s'atrouper pour cet éfet, de s'apeller à haute voix, ni d'inſulter aucune perſonne, leur défendant ſous les mêmes peines, de porter aucunes armes, cannes ou bâtons, même de ſe traveſtir pour cacher leur condition, à peine du carcan, des galéres ou du foüet, ſuivant l'exigence des cas; ordonnant à tous Maîtres de faire contenir chez eux leurs domeſtiques, à peine d'en répondre en leur propre & privé nom, en cas qu'ils les y aïent autoriſez, ou qu'ils les aïent recelez chez eux; que la Cour par ſes Arrêts, des 20. Mars 1720. & 10. Juin 1728. auroit dans la même vûë, enjoint à toutes perſonnes, de quelque qualité & condition qu'elles fuſſent, de faire porter à leurs domeſtiques, des éguillettes, nœuds d'épaules & autres marques de livrée, pour qu'ils fuſſent plus facilement reconnus; que malgré ces précautions, il eſt ordinaire de voir contrevenir à d'auſſi ſages Réglemens, par la négligence de ceux qui ſont chargez d'y tenir la main; de maniere que ces Réglemens ſemblent être aujourd'hui tombez dans l'oubli; & le peu d'atention qu'on a à les faire obſerver, feroit croire avec quelque ſorte de prétexte, qu'ils ſeroient anéantis par le non-uſage, ſi la Cour ne ſe portoit pas à les renouveler: Pourquoi requiert, en ordonnant l'exécution de l'Edit de Sa Majeſté, du mois de Mai 1720. les Arrêts de la Cour, des 20. Mars 1720. & 10. Juin 1728. être fait itératives défenſes aux gens de livrée, de faire aucune violence, de s'atrouper ni inſulter perſonne, ni même de porter cannes ou bâtons, dans les ruës,

1734. Juin.

de cette Ville, Fauxbourgs ou environs, sous les peines au cas apartenant; pourquoi être ordonné qu'il sera procédé sur le champ, comme de tumulte & de sédition populaires; être pareillement fait défenses aux Maîtres & Maîtresses, de faire porter à leurs domestiques, des habits sans éguillettes, sans galons de leur livrée, ou des bords du moins autour des manches & des poches; & pour les habits de deüil, des nœuds sur l'épaule, de la couleur des galons de leur livrée, à peine de cent livres d'amende contre les contrevenans; faire aussi défenses aux domestiques & gens de livrée, d'entrer dans les lieux publics, comme Opéra, Comédie, ou tout autre Spéctacle public, sous les mêmes peines, & de paroître avec d'autres habits que ceux ci-dessus désignez, à peine d'un mois de prison pour la premiere fois, & du carcan pour la seconde; être enjoint aux Juges & Oficiers de Police, chacun en droit soi, de tenir la main exactement à l'exécution de l'Arrest qui sur ce interviendra, lequel sera lû, publié & afiché par tout où besoin sera. Vû par la Cour ledit Requisitoire, pieces y atachées & énoncées; & oüi le raport du Sieur Hubert, Conseiller-Commissaire: Tout considéré, LA COUR, faisant droit sur le Requisitoire du Procureur Général du Roy, a ordonné que l'Edit du mois de Mai 1720. les Arrêts de la Cour, des 20. Mars 1720. & 10. Juin 1728. seront exécutez selon leur forme & teneur; quoi faisant, a fait itératives défenses aux gens de livrée, de faire aucunes violences, de s'atrouper, ni insulter personne, ni même de porter cannes ou bâtons, dans les ruës de cette Ville, Fauxbourgs ou environs, sous les peines au cas apartenant; à laquelle fin, ordonne qu'il sera procédé sur le champ, comme de tumulte & de sédition populaires: A pareillement fait défenses aux Maîtres & Maîtresses, de faire porter à leurs domestiques, des habits sans éguillettes, sans galons de leurs livrées, ou des bords du moins autour des manches ou des poches; & pour les habits de deüil, des nœuds sur l'épaule, de la couleur des galons de leur livrée, à peine de cent livres d'Amende contre les contrevenans: A fait aussi défenses aux domestiques & gens de livrée, d'entrer dans les lieux publics, comme Opera, Comédie, ou tout autres spectacle public, sous les mêmes peines; & de paroître avec d'autres habits que ceux ci-dessus désignez, à peine d'un mois de Prison pour la premiere

DECLARATIONS ET ARRESTS. 423

re fois, & du carcan pour la feconde : Enjoint au Lieutenant Général & autres Oficiers de Police, chacun en droit foi, de tenir la main à l'exécution du prefent Arreft, lequel fera lû, publié & afiché, par tout où befoin fera. FAIT à Roüen, en Parlement, le vingt-deuxiéme jour de Juin mil fept cens trente-quatre.

Par la Cour, Signé, AUZANET.

Edit du Roy, concernant le Raport des Procès criminels à la Tournelle du Parlement de Roüen.

Du mois de Juillet 1734.

LOUIS par la grace de Dieu, Roy de France & de Navarre: A tous prefens & à venir, SALUT. Nous avons été informez que l'expédition des Procès qui fe jugent à la Chambre de la Tournelle de nôtre Parlement de Normandie, fe trouve quelquefois retardée, par l'obligation où font les Confeillers des Enquêtes, qui fervent en cette Chambre, de fe conformer à la difpofition de l'Article VIII. de l'Ordonnance de Henri II. de l'année 1549. & de l'Article CXL. de l'Ordonnance de Blois, de l'année 1579. qui leur enjoignent, après avoir fait leur fervice à la Tournelle, de remettre au Gréfe, tous les Procès criminels qui leur auront été diftribuez, acordant feulement aux Préfidens, la faculté de laiffer aux Confeillers de la Grand'Chambre, qui fortent du fervice de Tournelle, tels des Procès à eux diftribuez qu'ils aviferont, s'ils croïent que l'expédition & le bien de la juftice le demandent : qu'il arrive cependant par l'exécution littérale de ces Ordonnances, qu'un Confeiller des Enquêtes, qui dans le commencement de fon fervice, a vû & examiné un Procès important, qu'il n'a pû trouver le tems de raporter dans la fuite, foit à caufe de l'étenduë de l'afaire, foit par la concurrence des autres Procès dont la Chambre de la Tournelle eft chargée; eft obligé de le remettre au Gréfe, d'où il fort pour paffer entre les mains d'un autre Raporteur, auquel il eft diftribué, & qui éprouve fouvent la même dificulté. C'eft pour remédier à cet inconvénient, & pour faire en forte que rien ne puiffe retarder l'expédition qui fait

II. *Suite du N. R.*   Ggg

EDITS ET REGLEMENS,

1734. Juillet.

une partie si considérable de l'administration de la justice, principalement dans le jugement des Procès criminels, que nôtre Cour de Parlement de Roüen Nous a fait proposer d'acorder aux Présidens de la Chambre de la Tournelle, la liberté de continuer les Raporteurs des Enquêtes, après le tems de leur service expiré; & Nous nous y déterminons d'autant plus volontiers, que Nous avons lieu d'atendre du zèle & de l'aplication des Oficiers de nôtredite Cour, que la facilité de proroger ainsi le tems du raport des procès criminels, bien loin de diminuer la diligence des Raporteurs, ne servira qu'à redoubler l'atention qu'ils ont déja à rendre une justice, dont l'exemple est d'autant plus utile en matiere criminelle, qu'il se donne plus promptement. A CES CAUSES, & autres à ce Nous mouvant, de l'avis de nôtre Conseil, & de nôtre certaine science, pleine puissance & autorité Roïale, voulons & Nous plaît, qu'à l'avenir les Conseillers des Enquêtes puissent être continuez Raporteurs des procès qui leur auront été distribuez, quoi que le tems de leur service à la Tournelle soit expiré, ainsi que les Conseillers de la Grand'Chambre, s'il est ainsi jugé nécessaire pour le bien & l'expédition de la justice, dont il sera fait Regître au Gréfe de ladite Chambre de la Tournelle, dérogeant à cet éfet, aux Articles VIII. de l'Ordonnance du mois de Mars 1549. & CXL. de l'Ordonnance de Blois, de 1579. lesquels seront au surplus exécutez selon leur forme & teneur. SI DONNONS EN MANDEMENT à nos amez & feaux Conseillers les Gens tenans nôtre Cour de Parlement à Roüen, que ces Présentes ils aïent à faire lire, publier & regîtrer, & le contenu en icelles exécuter, garder & observer, selon leur forme & teneur; CAR tel est nôtre plaisir. Et afin que ce soit chose ferme & stable à toûjours, Nous avons fait mettre nôtre Scel à cesdites Présentes. DONNE' à Versailles, au mois de Juillet, l'an de grace mil sept cens trente-quatre, & de nôtre Régne le dix-neuvième. Signé, LOUIS. Et plus bas, Par le Roy, CHAUVELIN. *Visa*, CHAUVELIN. Et scellé du grand Sceau de cire verte.

Lû, publié & regîtré, la grande Audience de la Cour séante, suivant l'Arrest intervenu le 31. Juillet dernier, sur la verification dudit Edit. A Roüen en Parlement, le 3. d'Aoust 1734. Signé, AUZANET.

DECLARATIONS ET ARRESTS.

Arrest du Conseil & Lettres Patentes, qui ordonnent la Vente de Cinq cens arpens de Bois, pendant vingt-cinq années également, dans la Forest de Brothonne, dépendante de la Maîtrise de Caudebec.

Du 9. Novembre 1734.

SUR ce qui a été représenté au Roy en son Conseil, que par la visite qui a été faite le 16. Mars dernier, par les Oficiers de la Maîtrise de Caudebec, de la Forest de Brothonne, apartenante à Sa Majesté en ladite Maîtrise, il a été reconnu que les bois du canton réservé en cette Forest, contenant cinq cens arpens, étoient entierement sur leur retour, de mauvaise qualité, & ne pouvoient plus être emploïez, qu'en bois de chaufage ; que pour le bien de ladite Forest, il conviendroit d'en faire la coupe, d'autant plus qu'il y a d'autres cantons dans la même Forest, plus propres à être réservez, & que le bois qui proviendroit de cette coupe, feroit une augmentation de bois de chaufage pour la provision de la Ville de Roüen. Et Sa Majesté voulant y pourvoir : Vû sur ce l'avis du Sieur de Savary, Grand-Maître des Eaux & Forêts du Département de Roüen, du 30. Septembre dernier de la presente année 1734. Oüi le Raport du Sieur Orry, Conseiller d'Etat & ordinaire au Conseil Roïal, Contrôleur Général des Finances ; LE ROY EN SON CONSEIL, a ordonné & ordonne que par le Sieur de Savary, Grand-Maître des Eaux & Forêts du Département de Roüen, ou les Oficiers de Caudebec, qu'il poura commettre, il sera pendant vingt-cinq ans, à commencer en la presente année 1734. pour l'ordinaire de l'année prochaine 1735. procédé par extraordinaire à la vente & ajudication au plus ofrant & dernier enchérisseur, en la maniere acoûtumée, de la quantité de cinq cens arpens de bois mis en réserve dans la Forest de Brothonne, à raison de deux ventes de dix arpens chacune par chaque année ; à la charge par les Ajudicataires de réserver lors de l'exploitation desdites ventes, le nombre d'arbres qui sera fixé par le cahier des charges de ladite ajudication, de se conformer dans ladite exploitation,

Ggg ij

à ce qui est prescrit par l'Ordonnance des Eaux & Forêts du mois d'Aoust 1669. d'amener lesdits bois à Roüen, en bois de chaufage, & non autrement, pour l'aprovisionnement de la Ville, & de remettre le prix desdits bois ès mains du Receveur général des Domaines & Bois de la Généralité de Roüen, pour en compter au profit de Sa Majesté, ainsi que des autres deniers de sa recette: Ordonne en outre Sa Majesté, que par ledit Sieur Grand-Maître, ou les Oficiers de ladite Maîtrise qu'il poura commettre, il sera incessamment procédé à l'établissement d'une nouvelle réserve de cinq cens arpens, à prendre dans un ou plusieurs triages de la même Forest, aux endroits les plus convenables, & les plus propres à produire de la fûtaïe; de l'établissement de laquelle réserve, il sera dressé Procès verbal, pour être déposé au Gréfe de ladite Maîtrise: Et pour l'exécution du present Arrest, seront toutes Lettres nécessaires expédiées. FAIT au Conseil d'Etat du Roy, tenu à Fontainebleau, le neuvième jour de Novembre mil sept cens trente-quatre. *Collationné.*
Signé, EYNARD.

Lettres Patentes du Roy, sur l'Arrest du Conseil ci-dessus.

LOUIS par la grace de Dieu, Roy de France & de Navarre: A nos amez & feaux Conseillers les Gens tenans nôtre Cour de Parlement de Roüen, SALUT. Par la visite qui a été faite par les Oficiers de la Maîtrise de Caudebec, de la Forest de Brothonne à Nous apartenante, située dans le ressort de ladite Maîtrise, ils auroient reconnu que les bois du canton réservé en ladite Forest, contenant cinq cens arpens, étoient entièrement sur leur retour, de mauvaise qualité, & ne pouvoient plus être emploïez qu'en bois de chaufage: Et aïant pris sur ce l'avis du Sieur de Savary, Grand-Maître des Eaux & Forêts du Département de Roüen, Nous aurions par Arrest, cejourd'hui rendu en nôtre Conseil, ordonné la vente desdits cinq cens arpens de bois pendant vingt-cinq années, l'établissement d'une nouvelle reserve de cinq cens arpens, aux endroits les plus convenables de ladite Forest, & que toutes Lettres nécessaires seroient expédiées. A CES CAUSES, de l'avis de nôtre Conseil, qui a vû l'Arrest cejourd'hui rendu en nôtredit Conseil, ci-ataché sous le Contrescel de nôtre Chancellerie, Nous avons conformément à icelui ordonné, & par ces Prefentes fignées de nôtre main, ordonnons que par le Sieur de Savary, Grand-Maître des Eaux & Forêts du Département de Roüen, ou les Oficiers de la Maîtrife de Caudebec qu'il poura commettre, il fera pendant vingt-cinq ans, à commencer en la prefente année 1734. pour l'ordinaire de l'année prochaine 1735. procédé par extraordinaire, à la vente & ajudication, au plus ofrant & dernier enchériffeur, en la maniere acoûtumée, de la quantité de cinq cens arpens de bois mis en réferve dans la Foreft de Brothonne, à raifon de deux ventes de dix arpens chacune par chaque année ; à la charge par les Ajudicataires de réferver, lors de l'exploitation defdites ventes, le nombre d'arbres qui fera fixé par le cahier des charges de ladite ajudication, de fe conformer dans ladite exploitation, à ce qui eft prefcrit par l'Ordonnance des Eaux & Forêts, du mois d'Aouft 1669. d'amener lefdits bois à Roüen en bois de chaufage & non autrement, pour l'aprovifionnement de ladite Ville, & de remettre le prix defdits bois, ès mains du Receveur general des Domaines & Bois de la Generalité de Roüen, pour en compter à nôtre profit, ainfi que des autres deniers de fa Recette : Ordonnons en outre que par ledit Sieur Grand-Maître, ou les Oficiers de ladite Maîtrife qu'il poura commettre, il fera inceffamment procédé à l'établiffement d'une nouvelle réferve de cinq cens arpens, à prendre dans un ou plufieurs triages de la même Foreft, aux endroits les plus convenables, & les plus propres à produire de la fûtaïe ; de l'établiffement de laquelle réferve il fera dreffé Procès verbal, pour être dépofé au Gréfe de ladite Maîtrife. SI VOUS MANDONS que ces Prefentes vous aïez à faire lire, regiftrer, & le contenu en icelles exécuter, felon leur forme & teneur, fans y contrevenir ni foufrir qu'il y foit contrevenu, en quelque forte & maniere que ce foit ; CAR tel eft nôtre plaifir. DONNÉ à Fontainebleau, le neuviéme jour du mois de Novembre, l'an de grace mil fept cens trente-quatre ; & de nôtre Régne le vingtiéme. Signé, LOUIS : Et plus bas, Par le Roy, CHAUVELIN. Et fcellées du grand Sceau de cire jaune.

Lûës, publiées & regiftrées, la grande Audience de la Cour feante, avec envoi être fait des Vidimus au Siége Général des Eaux & Forêts, & à la Maîtrife particuliere de Caudebec, pour y être pareillement regiftrez, fuivant l'Arreft intervenu le 11. de ce mois. A Roüen en Parlement, le 13. Janvier 1735. Signé, AUZANET.

Déclaration du Roy, portant les peines auſquelles ſeront aſſujétis les Notaires, Tabellions, Gréfiers & autres aïans faculté de paſſer des Actes & Contrats, qui ſeront convaincus d'avoir fauſſement fait mention ſur les Expéditions par eux delivrées, des Actes qu'ils auront paſſez, que les Minutes auront été contrôlées.

Du 28. Décembre 1734.

LOUIS par la grace de Dieu, Roy de France & de Navarre : A tous ceux qui ces preſentes Lettres verront, SALUT. L'établiſſement du Contrôle des Actes des Notaires, a eu pour principal objet l'utilité de nos Sujets, en aſſûrant la date des Contrats, & Nous avions lieu d'eſpérer que les diférens Réglemens qui ont été faits ſur cette matiere, y avoient ſufiſamment pourvû ; cependant Nous ſommes informez que pluſieurs Notaires, dans la vûë d'apliquer à leur profit, les droits qui Nous apartiennent, & abuſans de la confiance publique, font mention du Contrôle ſur les Expéditions qu'ils delivrent, quoi que les Minutes n'aïent pas été contrôlées ; & que ces contraventions demeurent ſouvent impunies, par la dificulté que font nos Juges & ceux des Hauts-Juſticiers, de pourſuivre extraordinairement leſdits Notaires, ſous prétexte que les Déclarations ci-devant intervenuës, n'ont prononcé en ce cas, pour la premiere contravention, qu'une Amende de deux cens livres : Mais comme une pareille prévarication, indépendamment de la contravention aux Edits & Déclarations ſur le fait du Contrôle, ne peut être regardée que comme une fauſſeté, qui mérite par cette raiſon, d'être réprimée par les peines prononcées par les Ordonnances, contre les Oficiers publics qui ſe rendent coupables du crime de faux, dans la fonction de leurs Ofices ; A CES CAUSES, & autres à ce Nous mouvant, de l'avis de nôtre Conſeil, & de nôtre certaine ſcience, pleine puiſſance & autorité Roïale, Nous avons par ces Preſentes ſignées de nôtre main, ſtatué & ordonné, ſtatuons & ordonnons, voulons & Nous plaît, que les Notaires, Tabellions,

Gréfiers, ou autres aïans faculté de passer des Actes & Contrats, qui seront convaincus d'avoir faussement fait mention sur les Expéditions par eux delivrées des Actes qu'ils auront passez, que les Minutes auront été contrôlées, soient poursuivis extraordinairement, même pour la premiere fois, & puissent être condamnez aux peines prononcées par les Ordonnances contre les faussaires. Enjoignons à cet éfet, à tous nos Fermiers, Soûfermiers, leurs Commis & autres, de remettre à la premiere requisition, aux Substituts de nos Procureurs Generaux, & aux Procureurs des Hauts-Justiciers, les extraits des Registres des Contrôles, même de déposer les Registres, s'il est ordonné par les Juges, aux Gréfes des Justices, pour être ensuite rendus aux Commis après le jugement du Procès. SI DONNONS EN MANDEMENT à nos amez & feaux les Gens tenans nôtre Cour de Parlement à Roüen, que ces Presentes ils aïent à faire enregistrer, & le contenu en icelles garder & observer, selon leur forme & teneur, nonobstant tous Edits, Déclarations, Ordonnances, Réglemens, & autres choses à ce contraires, ausquels Nous avons dérogé & dérogeons par ces Presentes; CAR tel est nôtre plaisir. En témoin de quoi, Nous avons fait mettre nôtre Scel à cesdites Presentes. DONNE' à Versailles, le vingt-huitiéme jour de Décembre, l'an de grace mil sept cens trente-quatre; & de nôtre Régne le vingtiéme. Signé, LOUIS: Et plus bas, Par le Roy, CHAUVELIN: Vû au Conseil, ORRY. Et scellée du grand Sceau de cire jaune.

Lûë, publiée & registrée, la grande Audience de la Cour séante. A Roüen en Parlement, le premier Mars, 1735. Signé, AUZANET.

Déclaration du Roy, qui renouvelle les défenses faites aux Nouveaux Convertis, de vendre leurs Biens pendant trois années, sans Permission.

Du 5. Février 1735.

LOUIS par la grace de Dieu, Roy de France & de Navarre: A tous ceux qui ces presentes Lettres verront, SALUT. Par nôtre Déclaration du 19. Janvier 1732. Nous avons fait défenses à ceux de nos Sujets qui auroient fait profession de la Religion prétenduë Réformée, de vendre sans permission pendant trois ans, à compter du 12. Mars prochain, leurs Biens-immeubles, & l'universalité de leurs meubles: Et les mêmes raisons qui Nous ont déterminé à la rendre, subsistant encore, Nous avons estimé à propos de renouveler ces défenses, pendant un pareil delai. A CES CAUSES, & autres à ce Nous mouvant, Nous avons dit, déclaré & ordonné, & par ces Presentes signées de nôtre main, disons, déclarons & ordonnons, voulons & Nous plaît, que les précédentes Déclarations soient exécutées selon leur forme & teneur; & conformément à icelles, Nous avons fait & faisons très-expresses inhibitions & défenses à ceux de nos Sujets qui ont fait profession de la Religion Prétenduë Réformée, de vendre durant le tems de trois ans, à compter du 12. Mars prochain, les biens-immeubles qui leur apartiennent, ou l'universalité de leurs meubles & éfets mobiliers, sans en avoir obtenu la permission de Nous, par un Brévet qui sera expédié par l'un de nos Secrétaires d'Etat & de nos Commandemens, pour la somme de trois mille livres & au dessus; & par les Intendans & Commissaires départis pour l'execution de nos ordres, dans les Generalitez ou Provinces où ils sont demeurans, pour les sommes au-dessous de trois mille livres. Nous faisons pareillement défenses à nosdits Sujets, de disposer de leurs biens-immeubles, ou de l'universalité de leurs meubles & éfets mobiliers, par donation entre vifs, durant lesdites trois années, si ce n'est en faveur & par les Contrats de mariage de leurs enfans & petits-enfans, ou de leurs héritiers présomptifs, demeurans dans le Roïaume, au defaut des décendans en ligne directe. Nous avons déclaré & déclarons nulles toutes les dispositions que nosdits Sujets pouroient faire entre vifs de leurs biens-immeubles, en tout ou en partie, & de l'universalité de leurs meubles & éfets mobiliers; ensemble tous Contrats, Quitances & autres Actes qui seront passez pour raison de ce, durant lesdits trois ans, au préjudice & en fraude des Presentes. Déclarons aussi nuls les Contrats d'échange que nos Sujets pouroient faire pendant le même tems, en cas qu'ils sortissent de nôtre Roïaume, & qu'il se trouvât que les choses qu'ils auroient reçûës en échange, valussent un tiers moins que celles qu'ils auroient données. Voulons que lorsque les biens

de

DECLARATIONS ET ARRESTS. 431

de nosdits Sujets seront vendus en Justice, ou abandonnez par eux à leurs créanciers, en païement de leurs dettes, pendant lesdites trois années, lesdits créanciers ne puissent être colloquez utilement, dans les ordres & préférences que l'on en fera, qu'en raportant des contrats en bonne & dûë forme, & les Titres de leurs dettes, devant ceux qui feront lesdits ordres & préférences, ni en toucher le prix, ou se faire ajuger ou prendre la totalité ou partie desdits biens en païement des sommes à eux dûës, qu'après avoir afirmé préalablement & en personne, pardevant le Juge qui fera l'ordre ou préférence, si on les poursuit en Justice, ou pardevant le Juge du lieu où ils se feront à l'amiable, que leurs dettes sont sérieuses, & qu'elles leur sont dûës éféctivement ; le tout, à peine de confiscation des sommes par eux touchées, ou des Biens-immeubles ou éfets qui leur auroient été ajugez ou delaissez, en cas que les Titres par eux raportez, ou que les afirmations qu'ils auroient faites, ne se trouvassent pas véritables. SI DONNONS EN MANDEMENT à nos amez & feaux les Gens tenans nôtre Cour de Parlement à Roüen, que ces Presentes ils aïent à faire enregistrer, & le contenu en icelles garder & observer, selon leur forme & teneur ; CAR tel est nôtre plaisir. En témoin de quoi, Nous avons fait mettre nôtre Scel à cesdites Presentes. DONNE' à Marly, le cinquiéme jour du mois de Février, l'an de grace mil sept cens trente-cinq ; & de nôtre Régne le vingtiéme. Signé, LOUIS: Et plus bas, Par le Roy, CHAUVELIN. Et scellée du grand Sceau de cire jaune.

Lûë, publiée & registrée, la grande Audience de la Cour séante, suivant l'Arrest intervenu le jour d'hier, sur la vérification de ladite Déclaration. A Roüen en Parlement, le 3. Mars 1735. Signé, AUZANET.

Déclaration du Roy, portant Réglement pour la fabrication des Bouteilles & Carafons de Verre.

Du 8. Mars 1735.

LOUIS par la grace de Dieu, Roy de France & de Navarre: A tous ceux qui ces presentes Lettres verront, SALUT. Les plaintes qui Nous ont été faites, sur les diférens abus qui se sont introduits dans la fabrication des

II. Suite du N. R. Hhh

bouteilles & carafons de verre deſtinez, à renfermer les vins & autres liqueurs, ſoit par la mauvaiſe préparation de la matiere dont ils ſont compoſez, ce qui cauſe la corruption des vins & liqueurs, ſoit par le defaut de matiere ſufiſante, pour rendre ces ſortes d'ouvrages ſolides, ſoit enfin par le defaut de contenance ou jauge des bouteilles & carafons ; Nous ont déterminez, pour l'intérest public, à y pourvoir par un Réglement précis. A CES CAUSES, de l'avis de nôtre Conſeil, & de nôtre certaine ſcience, pleine puiſſance, & autorité Roïale, Nous avons par ces Preſentes ſignées de nôtre main, dit, déclaré & ordonné, diſons, déclarons & ordonnons, voulons & Nous plaît ce qui ſuit.

ARTICLE PREMIER.

La matiere vitrifiée ſervant à la fabrication des bouteilles & carafons, deſtinez à renfermer les vins & autres liqueurs, ſera bien rafinée, & également fonduë, en ſorte que chaque bouteille ou carafon ſoit d'une égale épaiſſeur dans toute ſa circonference.

II. Chaque bouteille ou carafon contiendra à l'avenir pinte meſure de Paris, & ne poura être au-deſſous du poids de vingt-cinq onces, les demis & quarts à proportion ; quant aux bouteilles ou carafons doubles & au-deſſus, ils ſeront auſſi d'un poids proportionné à leur grandeur.

III. Voulons que tous Entrepreneurs & Maîtres de Verreries, Marchands-Faïanciers & autres vendans bouteilles, ſe conforment au poids & à la contenance ou jauge portez par l'Article précédent ; leur défendons de fabriquer ou faire fabriquer, faire entrer dans le Roïaume, vendre & debiter aucunes bouteilles ou carafons, qui ne ſoient du poids & jauge ci-deſſus ; ſoit qu'ils aïent été fabriquez dans le Roïaume ou en païs étranger, à peine de confiſcation, & de deux cens livres d'Amende contre chacun des contrevenans : N'entendons néanmoins comprendre dans la prohibition ci-deſſus, les bouteilles qui ſe fabriquent en Alſace, pour y être conſommées ; mais celles que l'on voudroit introduire dans le reſte du Roïaume.

IV. Voulons pareillement que tous Marchands de vins, Cabaretiers, Aubergiſtes, & autres vendans vins, cidres & biéres en bouteilles, ne puiſſent ſe ſervir, même les Commiſſionnaires des Provinces envoïer aucunes bouteilles qui ne soient du poids & de la contenance portez par l'Article II. à peine de quatre cens livres d'Amende, & de confiscation des vins, à l'exception des bouteilles qui entreront dans le Roïaume remplies de vin de liqueurs & liqueurs fortes seulement.

V. Ordonnons que tous Marchands-Faïanciers & autres vendans bouteilles, tous Marchands de vin, Cabaretiers, Aubergistes, & autres vendans vins, cidres & biéres, seront tenus de faire dans quinzaine, à compter du jour de la publication des Presentes, aux Gréfes de la Police de chaque Ville du Roïaume, leurs déclarations de la quantité de bouteilles & carafons, qu'ils pourront avoir dans leurs magasins, tant du poids & jauge fixez par l'Article II. qu'au dessous dudit poids & jauge, soit des fabriques du Roïaume ou des païs étrangers ; à peine de deux cens livres d'Amende, & de confiscation desdites bouteilles & carafons, dont il n'auroit pas été fait déclaration dans ledit delai.

VI. Et néanmoins pour faciliter la vente & le debit desdites bouteilles & carafons, permettons ausdits Faïanciers & autres qui en font commerce, de les vendre & distribuer pendant le tems & espace d'un an, à compter pareillement du jour de la publication de la presente Déclaration, passé lequel tems toutes les bouteilles & carafons qui n'y seront pas conformes, seront confisquez & cassez ; & ceux ausquels ils apartiendront condamnez chacun en deux cens livres d'Amende.

VII. Les Amendes & confiscations qui seront prononcées pour raison des contraventions faites aux Presentes, seront apliquées ; sçavoir, un tiers à nôtre profit, un tiers aux dénonciateurs, & un tiers aux pauvres de l'Hôpital le plus prochain du lieu où les Jugemens seront rendus. Voulons que lesdites Amendes ne puissent être remises ni modérées, sous quelque prétexte que ce puisse être.

VIII. Voulons que toutes les contestations qui pourront naître pour raison de l'exécution des Presentes, soient jugées en premiere instance ; sçavoir, dans nôtre bonne Ville de Paris, par le Lieutenant Général de Police, & dans les autres Villes du Roïaume, par les Oficiers de Police, ausquels Nous atribuons toute Cour & Jurisdiction privativement à tous autres Juges, sauf l'apel en nos Cours de Parlement.

SI DONNONS EN MANDEMENT à nos amez &

feaux les Gens tenans nôtre Cour de Parlement à Roüen, que ces Presentes ils aïent à faire lire, publier & enregistrer, & le contenu en icelles, garder observer & exécuter, selon leur forme & teneur ; CAR tel est nôtre plaisir. En témoin de quoi Nous avons fait mettre nôtre Scel à cesdites Presentes. DONNE' à Versailles, le huitiéme jour de Mars, l'an de grace mil sept cens trente-cinq ; & de nôtre Régne le vingtiéme. Signé, LOUIS: Et plus bas, Par le Roy, CHAUVELIN: Vû au Conseil, ORRY. Et scellée du grand Sceau de cire jaune.

Lûe, publiée & registrée, la grande Audience de la Cour séante. A Roüen en Parlement, le 26. Mai 1735. Signé, AUZANET.

Arrest du Parlement, rendu sur une Question de Pollicitation, en vertu de laquelle le Chapitre d'Evreux, prétendoit avoir la delivrance de la fameuse Bibliotéque de Mre Jean le Normand, en son vivant Evêque d'Evreux, dont il a été debouté, & cette Bibliotéque ajugée à son Héritiere, cette Pollicitation alléguée s'étant trouvée être sans fondement, &c.

Du 31. Mars 1735.

LOUIS par la grace de Dieu, Roy de France & de Navarre : A tous ceux qui ces presentes Lettres verront, SALUT. Sçavoir faisons que cejourd'hui la Cause ofrante en nôtre Cour de Parlement, entre les Sieurs Doïen, Chanoines & Chapitre de l'Eglise Cathédrale de Nôtre-Dame d'Evreux, apellans de Sentences renduës aux Requêtes du Palais à Roüen, les 5. & 12. Juillet 1734. en conséquence de l'Action contr'eux intentée, requête de Dame Blanche le Normand, veuve de Jacques Alleaume Ecuïer, Sieur de Bouges, nôtre Conseiller Tresorier de France à Alençon, héritiere par Benéfice d'Inventaire de Messire Jean le Normand, Evêque d'Evreux, en vertu de ses Lettres de *Committimus*, pour faire dire & juger que main-levée sera acordée à ladite Dame Alleaume, en sadite qualité, de la Bibliotéque dudit Sieur Evêque d'Evreux, & qu'elle lui sera remise ès mains, comme son héritiere par Benéfice d'Inventaire; & comme étant la Bibliotéque un éfet de ladite succession, qui doit être venduë à sa requête, ou à celle de l'Econome general, pour subvenir à païer les charges & dettes d'icelle, à protestation de tous dépens, dommages & intérêts. Par la premiere desquelles il est dit : Sans avoir égard à la demande desdits Sieur Doïen & Chanoines d'Evreux, qui tendoit à faire mettre l'Econome en cause, dont ils sont deboutez, ordonné que les parties en viendront au principal à Lundi, avec dépens : Et par la seconde, il est dit : Defaut sur lesdits Sieurs Doïen, Chanoines, & sur le Sieur de Rochechoüart Evêque d'Evreux; & pour le profit, à bonne cause l'Action de ladite Dame Allcaume; ce faisant, delivrance à elle ajugée de la Bibliotéque en question; ordonné qu'il sera dressé Procès verbal d'icelle, parties presentes ou dûëment apellées, par Experts dont les parties conviendront devant le Sieur Lucas, Conseiller-Commissaire à ce député, autrement en sera par lui nommé d'ofice, pour connoître les dommages qui pouroient être arrivez aux Livres, & en faire l'estimation, pour après être fait droit sur les dommages & intérêts demandez, s'il y échéoit; lesdits Sieurs Doïen, Chanoines & Chapitre d'Evreux condamnez aux frais de garde de ladite Bibliotéque, depuis le 20. Juillet dernier 1733. & aux dépens en ce qui les concerne; ledit Sieur Evêque condamné pareillement aux dépens, en ce qui le concerne, depuis sa Requête d'intervention : Lesdits Sieurs Doïen, Chanoines & Chapitre d'Evreux comparans par Mc Robert Siouret leur Procureur, d'une part : Et Messire Pierre-Jules-Cesar de Rochechoüart, Evêque d'Evreux, tant en son nom qu'en celui du Clergé de son Diocèse, aussi apellant de ladite Sentence du 12. Juillet, comparant par Mc Jacques Romain son Procureur, encore d'une part : Et ladite Dame Allcaume intimée sur lesdites apellations, comparante par Mc Jacques le Roy l'aîné son Procureur, d'autre part; sans préjudice des qualitez. Oüis des Genetes Avocat pour ledit Sieur Evêque d'Evreux, tant en son nom qu'en celui du Clergé de son Diocèse, qui a conclu, à ce qu'il plaise à nôtre Cour, mettre l'apellation & ce dont est apellé, au néant; corrigeant & réformant, lui ajuger & à son Clergé la Bibliotéque du feu Sieur le Normand, avec dépens des Causes principale & d'apel-

1735.
Mars.

auſquels la Dame Alleaume ſera condamnée : Janſſe Avocat deſdits Sieurs Doïen, Chanoines & Chapitre, lequel par les raiſons qu'il a plaidées, a conclu, à ce qu'il plaiſe à nôtre Cour, faiſant droit ſur ſes apellations, en ce qui touche les condamnations prononcées contre leſdits Sieurs Doïen, Chanoines & Chapitre, par les Sentences dont eſt apel, mettre les apellations & ce dont eſt apellé, au néant ; corrigeant & réformant, décharger les Apellans deſdites condamnations ; en ce qui touche la delivrance de la Bibliotéque, faiſant droit ſur ſa Requête verbale incidente, lui acorder acte de ce qu'il donne adjonction aux moïens & concluſions de M^e des Genetes, & condamner la Dame Alleaume aux dépens : Thoüars Avocat de la Dame Alleaume, lequel a dit que l'apel interjetté par les Sieurs Doïen & Chapitre d'Evreux, de la Sentence du 5. Juillet 1734. ne peut réüſſir, puiſque les dépens auſquels on le réduit, ſont la ſuite néceſſaire de l'Incident jugé au déſavantage des Apellans. A l'égard de l'apel de la Sentence du 12. du même mois, commun entre le Sieur Evêque d'Evreux & ſon Chapitre, il n'eſt pas mieux fondé : Pour en convaincre nôtre Cour, on a l'honneur d'obſerver que le feu Sieur le Normand, dans le deſſein de donner ſa Bibliotéque au Diocèſe d'Evreux, fit dreſſer un Mandement le 28. Avril 1733. pour convoquer l'aſſemblée du Corps Ecléſiaſtique, pour le 19. Mai ſuivant, afin de paſſer le Contrat de donation, aux conditions, qui ſeroient convenuës entre lui & le Clergé. C'eſt dans cette vûë qu'il joignit à ce Mandement, le modéle de la Procuration, dont chaque Député à l'aſſemblée devoit être autoriſé, pour accepter la donation, & en régler les clauſes & ſtipulations. Le 7. du même mois de Mai, le Sieur le Normand mourut, ſans avoir fait ni donation entre vifs ni teſtamentaire de ſa Bibliotéque ; par conſéquent, la Dame Alleaume ſon heritiere en a été ſaiſie au moment de ſa mort, comme de tous les autres éfets de ſa ſucceſſion. C'eſt donc ſans le moindre prétexte que les Sieurs Doïen & Chapitre d'Evreux, & enſuite le Sieur Evêque en ont empêché la delivrance, & ont ocaſionné des frais de garde conſidérables : La main-levée jugée par la Sentence du 12. Juillet, avec dépens, doit être confirmée. Les parties adverſes conviennent que le Mandement du 28. Avril 1733. ne peut valoir ni comme donation entre vifs ni comme teſtament. Cet aveu ſuſit

DECLARATIONS ET ARRESTS. 437

pour la décifion, puifque l'Ordonnance de 1731. hors le cas de tradition, n'a admis que ces deux voïes de difpofer de fes biens à titre gratuit, & qu'auparavant elle on n'en reconnoiſſoit point d'autre en Normandie. Après une Loi fi formelle, précédée dans la Province d'un ufage conforme, qui n'a jamais varié, il n'eſt pas poſſible d'introduire une troifiéme voïe de difpofer de fes biens à titre gratuit, d'autant plus dangereufe, qu'elle renverferoit tout d'un coup, les Articles de la Coûtume de Normandie, qui réglent dans quel tems, de quelle maniere, & jufqu'à quelle quantité on peut difpofer de fes biens à titre gratuit. Quoi que la Dame Alleaume penfe que les raifons qui fe tirent naturellement de la Coûtume de Normandie & de l'Ordonnance de 1731. foient d'autant plus décifives, pour faire confirmer la Sentence du 12. Juillet 1734. qu'elles ont été aprouvées par un Arreſt folemnel, rendu en cette Cour, le 13. Mai 1734. entre l'héritier du Sieur Antheaume, Curé de la Paroiſſe de S. Eloy de Roüen, & les Treforiers de la même Paroiſſe: Cependant pour ne rien négliger dans une afaire qui doit décider de toute la fucceſſion du feu Sieur le Normand, qui ne confiſte, à peu de chofe près, que dans fa Bibliotéque, elle fe propofe encore d'établir contre les prétentions du Sieur Evêque d'Evreux & de fon Chapitre, que le Mandement du 28. Avril 1733. ne renferme point une Pollicitation, telle que les Loix Romaines la requiérent, pour former un engagement & une obligation civile, contre l'heritiere du feu Sieur le Normand. Le Mandement du feu Sieur Evêque d'Evreux fe divife naturellement en deux parties; l'une, dans laquelle le Sieur Evêque d'Evreux a énoncé les motifs qui l'ont déterminé à aſſembler le Clergé du Diocèfe d'Evreux; l'autre, par laquelle le Sieur Evêque d'Evreux a convoqué l'aſſemblée. Cette derniere partie eſt l'eſſentielle; c'eſt elle qui caractérife l'Acte, & renferme tout ce que le Sieur le Normand a voulu faire & exécuter, le 28. Avril 1733. Il plaira à nôtre Cour d'en entendre les termes. *Pourquoi Nous prions tous Chapitres, Abez, Prieurs & Curez de nôtre Diocèfe, d'envoïer des Députez, ou perfonnes chargées de leurs Pouvoirs & Procurations, pour délibérer fur cette afaire, & autres qui pourroient concerner le Diocèfe. Requerons MM. les Doïens ruraux qu'ils aïent à notifier ces Prefentes, & à aſſembler MM. les Curez, chacun dans leur Doïenné, pour qu'ils leur don-*

1735.
Mars.

nent, ou à quelqu'un d'eux, *leurs Pouvoirs & Procurations en bonne forme, aux fins de se trouver ledit jour* 19. *du mois de Mai prochain, à ladite assemblée, &c.* Quelques éforts qu'on fasse, il n'est pas possible de trouver dans les expressions de cette partie du Mandement, ni donation, ni Pollicitation obligatoire ; mais uniquement un Mandement émané de l'autorité Episcopale du Sieur le Normand, pour assembler son Clergé, aux fins de déliberer sur la donation qu'il vouloit lui faire de sa Bibliotéque, & sur les conditions qu'il avoit dans l'esprit, & qu'il devoit proposer à l'assemblée, pour les accepter, si elle jugeoit à propos. C'est en vain que les parties adverses veulent trouver dans la partie énonciative des motifs du Mandement, une Pollicitation obligatoire : cela n'est pas possible ; autrement il faudroit suposer que le Sieur Evêque d'Evreux auroit donné par l'énoncé de son Mandement, sa Bibliotéque, pour la donation de laquelle il convoquoit par le même Mandement, l'assemblée de son Clergé ; ce qui implique contradiction. On ne doit jamais faire valoir les Actes au-delà de l'intention évidente de ceux qui les font. Quoi que le Sieur le Normand, ou plûtôt celui qui a dressé le Mandement que le Sieur le Normand a signé, ait énoncé pour motifs du Mandement, que le Sieur le Normand étoit déterminé à faire le présent de sa Bibliotéque, & à laisser ce riche monument à ses Diocésains ; il n'en est pas moins certain que le Sieur le Normand n'a pas voulu faire par cet énoncé, une donation actuelle, ou une promesse tellement obligatoire, que dès-lors il cessât d'être propriétaire de sa Bibliotéque, & que ses Diocésains pussent avoir une action contre lui, pour le forcer à s'en dessaisir, & à les en mettre en possession, sans qu'il fût nécessaire ni d'atendre l'assemblée indiquée au 19. Mai, ni de conferer ni d'accepter le present, & les conditions qu'il vouloit imposer aux donataires. Loin que le Sieur le Normand ait eu l'idée qu'on pût lui enlever sa Bibliotéque, en vertu de l'expression des motifs de son Mandement ; il a pensé qu'elle ne pouvoit apartenir à ses Diocésains, qu'après que les conditions & le present auroient été acceptez par Acte solemnel & en bonne forme. C'est pourquoi il ne s'est pas contenté de convoquer l'assemblée, il a encore exigé que les Députez fussent chargez de pouvoirs & de Procurations, *pour conférer & consommer ce grand ouvrage.* Et afin que le Contrat de donation

tion fût parfaite, suivant ses intentions, de la part des acceptans, comme de celle du donateur, il a joint à son Mandement les modèles imprimez des Procurations & des pouvoirs des Députez à l'assemblée : ces modèles portans entr'autres expressions, *Qu'il n'est rien de plus avantageux & de plus honorable au Diocèse, tant pour l'Etat Ecléfiastique que pour l'Etat laïque, que d'accepter le present que le Sieur le Normand veut bien faire de sa Bibliotéque à son Diocèse ; à l'éfet de quoi, Nous avons nommé & prié M..... de se transporter en la Ville d'Evreux, &c. pour aprouver & recevoir en nôtre nom, & au nom de tout le Diocèse, le grand & magnifique present que le Sieur le Normand veut bien lui faire, &c. & avons autorisé M..... de déliberer & arrêter avec l'assemblée, sur tout ce qui conviendra faire pour la réception d'un si précieux present, de son entretien, augmentation, emplacement, & generalement de tout ce qui pouroit être proposé, pour rendre cet établissement solide & permanant, &c.*
Il est donc certain, que le feu Sieur Evêque d'Evreux a conçû le dessein de donner sa Bibliotéque, & d'en passer un contrat en forme, entre lui & les donataires, & qu'à cet éfet il a convoqué une assemblée : Mais ce dessein quelque ferme qu'il fût dans son esprit, & quelque bien exprimé qu'il soit dans son Mandement, n'est point une Pollicitation obligatoire, telle que les Loix Romaines la requiérent, pour former un engagement & une obligation civile, contre la succession du feu Sieur le Normand. Pour en persuader nôtre Cour, on a l'honneur d'observer que la premiere Loi, au Digeste, Titre *de Pollicitationibus*, donne pour principe, que toute Pollicitation faite à la République, n'est pas obligatoire : *Non semper autem obligari qui pollicitus est, sciendum est, &c. Qui non ex causa pecuniam Reipublicæ pollicentur, liberalitatem perficere non coguntur, &c.* D'où il faut conclure qu'il n'y a de Pollicitations obligatoires, que celles déterminées telles par les Loix. Elles se réduisent à trois espéces : La premiere, dont il est parlé dans les Loix 1. 3. 4. 9. 11. 13. & 14. est celle qui est faite pour obtenir de la République, une Charge, une Dignité, &c. Cette Pollicitation n'est point liberale, mais *ex justa causa*. C'est à proprement parler, un contrat innommé : *Do ut des, do ut facias, &c.* Il est dans l'ordre qu'elle soit obligatoire, si-tôt que la République a acordé à celui qui a fait la Pollicitation, la Charge ou Dignité qu'il demandoit : Mais si la

République refuse, ou que celui qui a promis, décéde avant que la République ait rempli de sa part la condition, elle cesse d'être obligatoire. La Loi 11. ci-devant citée en contient une décision précise : *Si quis ob honorem vel Sacerdotium pecuniam promiserit, & antequam honorem vel Magistratum ineat, decedat, non oportere hæredes ejus conveniri in pecuniam, quam is ob honorem vel Magistratum promiserat, principalibus Constitutionibus cavetur.* La seconde espéce est celle qui étant purement liberale, n'est pas obligatoire par elle-même, mais le devient par le fait. Il en est parlé dans les Loix 1. 3. 6. 8. 9. 13. & 14. elle consiste dans la promesse faite à la République d'un édifice public, aprouvé par la République, & commencé ou par celui qui a promis, ou sous la foi de sa promesse : *Item, si sine causa promiserit, cœperit tamen facere, obligatus qui cœperit : cœpisse sic accipimus, si fundamenta jecerit, vel locum purgaverit. Sed si locus illi petenti destinatus est, magis est ut cœpisse videatur. Item, si apparatum sive impensam in publico posuerit : sed & si non ipse cœperit, sed cùm certam pecuniam promisisset ad opus Reipublicæ, contemplatione pecuniæ cœperit opus facere, tenebitur quasi cœpto opere.* Mais quoi que le fait, & un commencement de tradition, rendent cette Pollicitation obligatoire, elle est cependant réductible, suivant les Loix 9. & 14. à la cinquiéme partie des biens du donateur, tant par raport à lui, qu'à ses héritiers étrangers; & à la dixiéme, par raport à ses enfans. Enfin, la troisiéme espéce marquée dans les Loix 4. & 7. est celle qui se fait à l'ocasion d'un malheur public, comme dans le cas d'un incendie, d'un tremblement de terre. Si quelqu'un dans ces circonstances promet de rétablir un édifice, il est tenu par la simple Pollicitation, parce que la ruine arrivée à la République, est réputée une cause sufisante de la promesse. Cependant quelque nécessaire que soit l'exécution de cette promesse, la Loi 6. l'assujétit encore à la réduction : *Toties locum habet diminutio Pollicitationis in persona hæredis, quoties non est Pollicitatio ob honorem facta, &c.* Après avoir parcouru toutes les espéces des Pollicitations obligatoires, il est aisé de reconnoître que c'est se faire illusion, que de regarder le Mandement du feu Sieur Evêque d'Evreux, comme un Acte de Pollicitation obligatoire, suivant le Droit Romain. Premierement, nuls termes de promesse ni de Pollicitation dans le Mandement ; il contient seulement l'exposé des dispositions où étoit le Sieur le Normand, de donner sa Bibliotéque, aux conditions qu'il avoit dans l'esprit, & qu'il devoit proposer au Clergé de son Diocèse, pour les accepter ou pour les refuser: tout ce qu'il a fait & voulu faire par ce Mandement, a été de convoquer l'assemblée, afin d'y passer un contrat de donation. On ne peut faire valoir cet Acte au-delà des intentions de son auteur, ni y découvrir la moindre trace des Pollicitations dont on vient de parler. Cette vérité est d'autant plus évidente, que les Pollicitations du Droit Romain devoient être parfaites en elles-mêmes, & contenir les conditions sous lesquelles elles étoient faites; au lieu que le Mandement n'est qu'un Acte préparatoire à un contrat de donation, qui seul devoit operer la donation, & en assûrer les conditions. Secondement, s'il étoit possible d'imaginer dans le Mandement une idée de Pollicitation, elle ne seroit dans aucune des espéces des Pollicitations obligatoires: le Sieur le Normand ne l'auroit faite que par les mouvemens d'une pure liberalité, ainsi son héritiere n'en seroit point tenuë: *Qui non ex causa pecuniam pollicentur, liberalitatem perficere non coguntur.* Cette prétenduë Pollicitation ne seroit point devenuë obligatoire par le fait; il ne s'est rien passé depuis le Mandement, la Bibliotéque est restée dans la libre disposition du feu Sieur Evêque d'Evreux: Nulle tradition, rien qui ait changé la simplicité de cette prétenduë Pollicitation; elle seroit donc demeurée dans les termes de la règle: *Ex nuda Pollicitatione nulla actio nascitur.* A l'égard de la Pollicitation *ob incendium, vel terræ motum, vel aliquam ruinam,* on n'en peut faire aplication à la Cause: D'où il résulte, que de quelque côté qu'on envisage la prétention du Sieur Evêque d'Evreux & de son Chapitre, elle n'a ni prétexte ni aparence. Non seulement le Sieur le Normand n'a point fait de Pollicitation, il n'a jamais pensé à s'engager par cette voïe. Il a formé le dessein de passer un contrat de donation, qu'il n'a point exécuté: Mais quand il auroit fait une véritable Pollicitation par son Mandement, elle ne seroit pas obligatoire, suivant les Loix, parce qu'elle seroit purement libérale, *& non ex justa causa;* c'est-à-dire, pour une cause qui lui auroit été profitable à lui-même; car c'est le sens propre de ces mots *justâ causâ*: ils déterminent le caractére des Pollicitations oposées à celles de simple libéralité.

C'est une erreur d'avoir soûtenu que la Pollicitation imaginaire qu'on a tâché de trouver dans le Mandement, étoit dans l'espéce des Pollicitations *ex justa causa*. La confusion qu'on a faite des motifs qui avoient déterminé le Sieur le Normand à donner sa Bibliotéque, avec les causes utiles & profitables au donateur même, exprimées par ces mots *ex justa causa*, est tout à fait condamnable, puisqu'elle tend à donner aux Loix, un sens contraire au texte & à l'intention des Législateurs. Dans l'esprit de ces Loix, la Pollicitation *ex justa causa*, est oposée à la Pollicitation de pure liberalité; l'une est gratuite, l'autre ne l'est pas. Ces termes *ex justa causa* expriment donc le bien & les avantages que celui qui fait la Pollicitation, veut se procurer par cette voïe, & non les motifs moraux d'une action de liberalité: quelques justes que soient ces motifs, il est certain en Droit, qu'ils ne forment pas la Pollicitation obligatoire *ex justa causa*. La preuve en est évidente, dans les expressions de la Loi premiere: *Qui non ex causa pecuniam Reipublicæ pollicentur, liberalitatem perficere non coguntur.* Cependant on ne peut pas dire que celui qui promet, dans le seul dessein de faire du bien à sa patrie & à la République, n'ait été déterminé par d'aussi justes motifs que ceux qui avoient fait concevoir au Sieur le Normand, le dessein de donner sa Bibliotéque à ses Diocésains: Mais dans l'un & l'autre cas, la beauté & la justice des causes morales de la Pollicitation purement gratuite, ne ressemblent en rien aux justes causes du Droit; c'est-à-dire, aux causes utiles & profitables, qui rendent les Pollicitations obligatoires. Les parties adverses n'ont pas mieux entré dans le sens des Loix; lorsqu'elles ont objecté que la prétenduë Pollicitation du Sieur le Normand, est dans l'espéce de celles qui sont obligatoires, parcé qu'elles ont été suivies du commencement de l'ouvrage. Tous les faits qu'ils vantent pour apuïer cette proposition, n'ont aucun trait au Mandement ni à la Bibliotéque, & sont si peu dans l'ordre des Loix, qu'ils sont antérieurs de plusieurs années au Mandement dont il s'agit; en sorte que le raisonnement des Apellans se réduit à ce point d'absurdité: La Pollicitation contenuë dans le Mandement est obligatoire, parce qu'elle a été suivie d'exécution, en ce que le Sieur le Normand avoit établi une Chaire de Philosophie & de Theologie, dans la Ville d'Evreux, vingt ans avant que d'avoir pensé à donner ou à

DECLARATIONS ET ARRESTS. 443

promettre sa Bibliotéque. La Dame Alleaume se flâte que de quelque côté qu'on envisage sa Cause, elle ne peut souffrir le moindre problême. Si on s'atache à la Coûtume & à l'Ordonnance de 1731. la Bibliotéque lui apartient, parce que son oncle n'en a disposé, ni par donation entre vifs, ni par testament : Si on veut pénétrer dans les Loix de la Pollicitation, on reconnoît aisément que le Mandement du 28. Avril 1733. n'en renferme aucune : Si on se laisse persuader que le Mandement, en qualité d'Acte préparatoire à un contrat de donation, contient implicitement la Pollicitation de ce même contrat, on aperçoit aussi-tôt qu'elle n'est point obligatoire, suivant le Droit Romain ; soit parce que la Pollicitation d'un contrat de donation n'a jamais formé d'engagement, soit parce que dans l'esprit des Loix, toute Pollicitation de pure libéralité, & non *ex justa causa*, n'est obligatoire que dans deux cas ; sçavoir, celui de l'ouvrage commencé, & celui d'un incendie, d'un tremblement de terre, ou d'autre malheur arrivé à la République. D'où il est évident, que la prétenduë Pollicitation du feu Sieur le Normand, étant purement libérale, & n'étant point dans les deux cas des Loix propres à la rendre obligatoire, ne peut jamais donner lieu à enlever à son héritiere, tout ce qui reste de la succession, les dettes & charges prélevées. Car pour ne rien négliger dans une Cause si importante, on observe en passant, que c'est contre la vérité des faits, que les Sieurs Doïen & Chapitre ont suposé que le feu Sieur le Normand n'avoit eu aucuns biens de sa famille. Si la question tomboit là-dessus, il seroit aisé de justifier qu'il a aliéné pendant sa vie, pour soixante-neuf mille trois cens livres d'immeubles, sans parler des éfets mobiliers considérables qu'il avoit eus des successions de son pere & d'un oncle, qui se trouvent dissipez ; mais à vrai dire, ceci est indiférent dans une question où la Coûtume, l'Ordonnance & les Loix concourent en faveur de la Dame Alleaume, aussi-bien que les Arrêts de tous les Parlemens. En éfet, il est d'une Jurisprudence universelle, d'annuler les donations & les testamens dénuez des formalitez prescrites par les Coûtumes & les Ordonnances, encore bien que les donateurs aïent choisi pour objet de leurs libéralitez, des Corps & Communautez Ecclésiastiques. Si la Pollicitation avoit été admise en France, cette Jurisprudence n'auroit pû s'y former ; puisqu'il n'eſt point d'Actes de donation entre vifs ou teſtamentaire, qui ne contiennent une vraïe Pollicitation ; par conſéquent, ce qui ne ſeroit pas valable ſous le titre de donation ou de teſtament vaudroit comme Pollicitation, ſi-tôt qu'un Corps Ecléſiaſtique y ſeroit intereſſé ; ce qui eſt contraire à ce qu'on a penſé juſqu'à preſent. La citation qu'on a faite de trois Arrêts du Parlement de Paris, pour prouver que la Pollicitation y a été admiſe, avant l'Ordonnance de 1731. ne mérite d'être examinée, que pour détromper le Public ; car n'y aïant point de Pollicitation obligatoire dans le Mandement du Sieur Evêque d'Evreux, il eſt inutile pour la déciſion de la queſtion, de répondre à l'objection qu'on tire de ces Arrêts. Le premier eſt celui d'Amiot, de l'année 1607. raporté par Montholon, en ces termes : *L'apellation & ce, au néant ; émendant, ordonné que le Bâtiment demeurera à la Ville, comme Collége, auquel elle ſera tenuë d'entretenir des Précepteurs & Régens, & de ſatisfaire aux charges portées par la Tranſaction.* L'Auteur obſerve que lors de l'Arreſt, il y avoit déja exercice audit Collége. Ce premier Arreſt a pour principe une Tranſaction : Ricard s'en eſt ſervi, pour prouver que les donations par tradition ſont valables. Il eſt vrai que le Sieur Bouguier qui a recüeilli le même Arreſt, emploïe la Pollicitation dans le nombre des motifs qui l'ont fait rendre : Mais il y a d'autant moins d'aparence à ſon opinion, que l'expoſition qu'il a donnée du fait, ne renferme aucune idée de Pollicitation. Quoi qu'il en ſoit, la contrariété qui ſe trouve entre les Auteurs, jointe au prononcé de l'Arreſt, ſufit pour faire tomber les conſéquences qu'on prétendroit en tirer. Le ſecond eſt celui de Lorthon, de l'année 1657. cité par Ricard, comme aïant autoriſé la doctrine de la Pollicitation ; en quoi il n'a pas uſé de tout le diſcernement qui lui eſt ordinaire, comme il eſt aiſé de le reconnoître par l'eſpéce dont il étoit queſtion. On ſuit ici les termes de l'Auteur : *Lorthon avoit obtenu des Lettres du Roy, pour l'établiſſement d'une Miſſion dans la Ville de Crecy en Brie, à laquelle le Roy donnoit quatre mille livres de rente. Enſuite Lorthon avoit donné ſon Ecrit au Sieur Evêque de Meaux, par lequel il promettoit de faire valoir ladite rente : Mais s'étant trouvé quelque trouble dans l'établiſſement de la Miſſion, Lorthon révoque ſa donation, & en donne la moitié à l'Hôpital Général, par une nouvelle donation.* Sur quoi il fut condamné à entretenir ce *qu'il avoit fait.* N'est-il pas sensible qu'il ne s'agissoit d'aucune Pollicitation, & que Lorthon n'avoit pû disposer de la rente donnée par le Roy, à autre usage que celui marqué par les Lettres Patentes? Le cautionnement de Lorthon étoit valable par lui-même, & ne ressembloit en rien aux Pollicitations du Droit Romain. Enfin le troisiéme Arrest est celui de Paul du Halde, du 3. Avril 1726. par lequel le Parlement de Paris a confirmé le Testament de du Halde, & ordonné l'exécution des legs y mentionnez. Nulle idée de la Pollicitation dans cet Arrest : les Apellans eux-mêmes ont été forcez de l'avoüer. Après ce qu'on vient de representer, il seroit inutile de faire voir que l'origine des Pollicitations chez les Romains, est oposée à nos mœurs, & à la forme de nôtre Gouvernement ; que les Ecclésiastiques ne peuvent s'éjoüir des mêmes priviléges, & de la faveur dûë à la République en général ; & que le Droit Romain n'a aucune autorité dans les matieres décidées par les Coûtumes & les Ordonnances. Or il est certain que la maniere de disposer de ses biens à titre gratuit, a été réglée avec beaucoup d'atention par les Coûtumes & les Ordonnances ; par conséquent, elles doivent seules être consultées ; & on ne peut admettre aucune Loi Romaine, qui puisse déranger l'ordre qu'elles ont prescrit : Pourquoi conclut qu'il plaira à nôtre Cour, mettre les apellations au néant, & condamner les Apellans aux dépens, chacun en ce qui les regarde. Et le Chevallier Avocat Général, pour nôtre Procureur Général, oüi ; NOSTREDITE COUR, par son Jugement & Arrest, parties oüies, & nôtre Procureur Général, sur l'apel de la Sentence du 5. Juillet dernier, a mis & met l'apellation au néant ; condamne les Apellans en douze livres d'Amende envers Nous : Et faisant droit sur l'apel de la Sentence du 12. dudit mois de Juillet dernier, a donné acte aux parties de Janssé, de ce qu'ils donnent adjonction aux conclusions de la partie de des Genetes ; ce faisant, a mis & met l'apellation & ce dont est apel, au néant ; émendant, sans avoir égard à la demande des parties de des Genetes & de Janssé, en delivrance de la Bibliotéque en question, l'a ajugée à la partie de Thoüars ; condamne les parties de Janssé aux frais de garde, & aux dépens du jour de l'action de la partie de Thoüars ; la partie de des Genetes condamnée aux dépens, du jour de son intervention. SI DONNONS EN MANDEMENT au premier des Huissiers de nôtredite Cour de Parlement, ou autre nôtre Huissier ou Sergent sur ce requis, mettre le present Arrest à dûë & entiere exécution, selon sa forme & teneur ; de ce faire te donnons pouvoir. En témoin de quoi, Nous avons fait mettre & aposer nôtre Scel à cedit present Arrest. DONNE' à Roüen en nôtredite Cour de Parlement, le trente-uniéme jour de Mars, l'an de grace mil sept cens trente-cinq ; & de nôtre Régne le vingtiéme. *Collationné.* Par la Cour, Signé, LE SAULNIER, avec paraphe. Et scellé d'un Sceau de cire jaune.

Arrest du Conseil & Lettres Patentes, concernant les Fonctions des Avocats & Procureur du Roy du Bailliage & Présidial de Roüen, dans les Procès de la compétence dudit Siége Présidial.

Du 16. Avril 1735.

LE Roy s'étant fait rendre compte des representations que ses Avocats au Siége Présidial de Roüen, ont eu l'honneur de lui faire, au sujet de l'Arrest du Conseil, du 26. Février dernier, par lequel Sa Majesté leur auroit fait défenses d'assister au jugement des procès criminels, & autres, dans lesquels les fonctions du Ministre public seront nécessaires : Et Sa Majesté étant d'ailleurs informée que les Oficiers dudit Présidial, rendent des Jugemens de compétence, sans Conclusions des Gens du Roy dudit Siége, ce qui est contraire aux régles de l'ordre judiciaire ; Sa Majesté auroit jugé à propos d'expliquer ses intentions, tant sur cet abus, que sur l'exécution de l'Arrest du 26. Février dernier. A quoi voulant pourvoir : Oüi le Raport, & tout consideré ; SA MAJESTE' ETANT EN SON CONSEIL, a ordonné & ordonne qu'à l'avenir il ne sera rendu aucun Jugement de compétence au Présidial de Roüen, que le procès n'ait été communiqué aux Gens du Roy dudit Siége, & qu'il n'y ait de Conclusions par écrit données par eux sur ledit procès ; & en conséquence, fait défenses à ses Avocats & Procureur audit Siége, d'y prendre séance, & d'y faire fonction de Conseiller, lorsqu'il s'agira de rendre ledit Jugement de compétence ; ce qui

DECLARATIONS ET ARRESTS. 447

qui aura lieu pareillement dans toutes les autres afaires tant civiles que criminelles, dans lesquelles les fonctions du Miniftére public feront néceffaires. Permet néanmoins Sa Majefté aufdits Oficiers, après la compétence jugée, d'affifter comme Confeillers, aux Jugemens Prevôtaux, préparatoires, interlocutoires & définitifs, fur l'inftruction & fur le fond des procès criminels, où le Prevoft des Maréchaux aura été déclaré compétent, & qui feront pourfuivis à la requête du Procureur de Sa Majefté en la Maréchauffée. Ordonne Sa Majefté, que le prefent Arreft fera enregiftré au Gréfe dudit Préfidial de Roüen. FAIT au Confeil d'Etat du Roy, Sa Majefté y étant, tenu à Verfailles le feiziéme jour d'Avril mil fept cens trente-cinq.

Signé, BAUYN.

Lettres Patentes du Roy, fur l'Arreft du Confeil ci-deffus.

LOUIS par la grace de Dieu, Roy de France & de Navarre: A nos amez & feaux les Gens tenans le Siége Préfidial en nôtre Ville de Roüen, SALUT. Nous avons par l'Arreft ci-ataché fous le Contrefcel de nôtre Chancellerie, ce jourd'hui donné en nôtre Confeil d'Etat, Nous y étant, ordonné pour les caufes y contenuës, qu'à l'avenir il ne fera rendu aucun Jugement de compétence audit Préfidial, que le procès n'ait été communiqué à nos Gens audit Siége, & qu'il n'y ait des Conclufions par écrit, données par eux fur ledit procès; & en conféquence, fait défenfes à nos Avocats & Procureur audit Siége, d'y prendre féance, & d'y faire fonction de Confeiller, lorfqu'il s'agira de rendre ledit Jugement de compétence; ce qui aura lieu pareillement dans toutes les autres afaires, tant civiles que criminelles, dans lesquelles les fonctions du Miniftére public feront néceffaires: Permettant néanmoins aufdits Oficiers, après la compétence jugée, d'affifter comme Confeillers, aux Jugemens Prevôtaux, préparatoires, interlocutoires & définitifs, fur l'inftruction & fur le fond des procès criminels, où le Prevoft des Maréchaux aura été déclaré compétent, & qui feront pourfuivis à la requête de nôtre Procureur en la Maréchauffée. Et voulant que le contenu audit Arreft foit obfervé & exécuté, felon fa forme & teneur; A CES CAUSES, Nous vous mandons & ordonnons par ces Prefentes fignées de nôtre main, que ledit

Arrest & ces Presentes, vous aïez à faire regiſtrer au Gréfe dudit Préſidial de nôtre Ville de Roüen, & à vous conformer à l'avenir au contenu en icelui, ſelon ſa forme & teneur, ſans dificulté; CAR tel eſt nôtre plaiſir. DONNE' à Verſailles, le ſeiziéme jour d'Avril, l'an de grace mil ſept cens trente-cinq; & de nôtre Régne le vingtiéme. Signé, LOUIS: Et plus bas, Par le Roy, Signé, BAUYN. Et ſcellé du grand Sceau de cire jaune.

Les preſentes Lettres avec l'Arreſt du Conſeil, regiſtrées ſur le Regiſtre du Préſidial, conformément au Jugement y rendu le 4. Mai 1735.

Signé, J. LAIGNEL.

Arreſt du Parlement, portant Réglement pour la demande du Tiers Coûtumier des Petits-enfans, ſur la Succeſſion de leur Aïeul ou Aïeule.

Du 4. Mars 1733.

1733.
Mars.

ENTRE Loüis-George Cloüet, ci-devant Commiſſaire de la Marine, au Département de Cherbourg, apellant de Sentences renduës en Bailliage à Saint-Sauveur-le-Vicomte, les 21. Février, 7. 14. & 21. Mars 1715. demandeur en exécution de l'Arreſt de la Cour, du 23. Aouſt 1724. défendeur en Requêtes des premier Juin 1724. 23. Mars, 1726. demandeur en Requête du 5. Mai 1727. & défendeur de celles des 19. Mars 1728. & 13. Février 1733. d'une part : François-Hyacinthe de Pigouſſe Ecuïer, Sieur de la Roquelle, intimé, demandeur en ajournement, en vertu d'Arreſt & Mandement de la Cour, du 19. Décembre 1718. & deſdites Requêtes, des premier Juin & 23. Mars, défendeur de celle du 5. Mai, demandeur en celle du 19. Mars 1728. défendeur d'autre Requête, du 4. Aouſt audit an, & demandeur en celles des 28. Juillet 1730. & 13. Février 1733. d'autre : Loüis-François Jollet, Sieur de Prémeſnil, ajourné en vertu deſdits Arreſt & Mandement de la Cour, du 19. Décembre, demandeur en Requête d'opoſition, du 16. Septembre 1724. contre l'exécution dudit Arreſt du 23. Aouſt; incidemment demandeur en Lettres de reſtitution, dudit jour 16. Septembre, & en deſiſtement de ſadite Requête d'opoſition, & Lettres de relévement; incidemment apellant de Sentence renduë en

DECLARATIONS ET ARRESTS.

Bailliage à Saint-Sauveur-le-Vicomte, le 29. Janvier 1699. & de tout ce qui fait a été en conséquence ; ensemble de ladite Sentence du 21. Février 1715. demandeur en ladite Requête du 14. Juillet, & défendeur de celle du 13. Février, d'autre : Nicolas du Mesniladelée Ecuïer, Sieur de Draqueville, reçû partie intervenante, & demandeur en Requête du 11. de ce mois 1724. Dame Françoise Briault, veuve de Jacques de Pierrepont Ecuïer : Jacques-François & Pancrace, & François de Pierrepont Ecuïers, ses enfans, reçûs parties intervenantes, demandeurs en Requêtes des 31. Mars 1730. 14. Mars & 26. Juin 1731. d'autre : Et Jean-Baptiste du Mesniladelée Ecuïer, reçû partie intervenante, & demandeur en Requêtes des 11. Avril 1729. & 26. Juin 1731. d'autre part. Vû par la Cour, toutes les Chambres assemblées, l'Arrest rendu entre lesdits Sieurs Cloüet & de Pigouffe, le 3. Aoust 1717. qui sur l'apel les apointe au Conseil, pour être le procès jugé en Grand' Chambre, & être donné Réglement; signifié à Procureur le 7. dudit mois, avec déclaration de mettre le procès en distribution, & de donner des suspects : Les Sentences dont apel en la Cour, des 21. Février, 7. 14. & 21. Mars 1715. renduës contre ledit Sieur de Pigouffe, fils & non héritier de Nicolas de Pigouffe Ecuïer, Seigneur de la Roquelle & de S. Denis-le-Vêtu, sur la demande par lui faite en liquidation de son tiers coûtumier, sur les biens aïant apartenu à feuë Noble Dame Françoise de Camprond, femme de Jean de Pigouffe Ecuïer, son aïeule, comme aïant survécu Nicolas de Pigouffe son fils, & pere dudit Sieur de Pigouffe ; à l'encontre d'Adrien Belin Ecuïer, Seigneur de Tourneville, Conseiller au Présidial de Coûtance ; Jean-Baptiste Belin Ecuïer, Sieur de la Riviere, cohéritier en la succession de Guillaume Belin Ecuïer, Sieur de la Fauvelliere ; la Dame veuve de Nicolas-Charles-César de Côtentin, vivant Chevalier, Seigneur & Marquis dudit lieu, tutrice de la Demoiselle leur fille mineure ; Loüis de Mortaing Ecuïer, Sieur de la Branliere, fils & héritier de Jacques de Mortaing ; Bernard Escoulant Ecuïer, Sieur de Maneville, héritier de Guillaume Escoulant Ecuïer ; tous aquereurs des biens de ladite Dame de Camprond, que ledit Sieur de Pigouffe auroit fait aprocher, aux fins de ladite liquidation, en vertu d'Ordonnance du 6. Novembre 1710. & à l'encontre dudit Sieur Cloüet, créan-

Kkkij

cier & requerant du decret du Fief, Terre & Seigneurie de la Roquelle; ledit Sieur de Pigouſſe auroit ſoûtenu que ſon tiers coûtumier devoit lui être liquidé ſur les biens poſſedez par ladite Dame de Camprond, & à elle échûs de la ſucceſſion mobiliére & héréditaire de Jacques de Camprond Ecuïer, Sieur de Rantot, Mallaſſis, Sottevaſt & Valliere, en principal & intérêts, depuis le 28. Avril 1698. jour de la renonciation de la mere dudit Sieur François-Hyacinthe de Pigouſſe, juſqu'au 28. Avril 1712. avec dépens en privilége; leſquelles ſommes en principal & intérêts, & leſdits dépens, ainſi que les intérêts échûs depuis, juſqu'au 28. Avril, & autres qui pouroient échoir juſqu'au parfait païement, leſdits Sieurs Aquereurs ſeront condamnez de faire valoir audit Sieur de Pigouſſe, ſuivant & aux termes de la Sentence du 29. Janvier 1699. à l'hipotéque du 20. Novembre 1628. ſur la Terre de la Roquelle, & autres biens dudit Jean de Pigouſſe ſon aïeul, aux périls de leurs aquêts, atendu que les biens de ladite de Camprond ont tous été aliénez; & pour cet éfet, ſeront tenus lui faire donner main-levée & délivrance dans la huitaine, par ledit Sieur Cloüet, de la Terre de la Roquelle, juſqu'à la concurrence de ſon tiers, en principal, intérêts, & dépens en privilége; faute de quoi, il ſera autoriſé à ſe mettre en poſſeſſion de leurs aquêts qui ſont en eſſence, & à faire répéter à la ſucceſſion dudit Sieur Marquis de Côtentin, le rembourſement qu'il auroit reçû du Fief de Valliere, avec répétition des fruits & joüiſſances, juſqu'à plein païement de tout ce qui ſera fait & jugé en conféquence de l'eſtimation faite des biens aïant apartenu à ladite Dame de Camprond, par Experts convenus, ſuivant la déclaration que ledit Sieur de Pigouſſe auroit fournie, d'une part; & ladite Dame veuve dudit Sieur Marquis de Côtentin, les Sieurs de Tourneville & de la Riviere-Belin, Maneville & Mortaing, d'autre; ledit Sieur Cloüet auroit fait aprocher en l'état du procès, le Tuteur des enfans mineurs du feu Sieur de Pierrepont, lequel auroit baillé audit Sieur Cloüet la Terre de Saint-Denis à decréter, conjointement avec la Terre de la Roquelle, par un ſeul & même decret, ainſi que le Sieur du Meſniladelée, par Exploits des 3. & 4. Novembre 1714. & auroit ſoûtenu ledit Sieur Cloüet contr'eux, qu'ils ſeront condamnez de lui donner adjonction, dans la liquidation du tiers

DECLARATIONS ET ARRESTS.

coûtumier dudit Sieur de Pigouffe, d'autre part, & ledit Sieur Tuteur & ledit Sieur du Mesniladelée auroient déclaré se servir des mêmes soûtiens dudit Sieur Cloüet, emploïez dans ses Ecritures, d'autre & derniere part : Par laquelle Sentence il est dit, aïant égard à l'estimation faite par les Experts convenus, des Maisons & Terres provenuës de la succession de Jacques de Camprond, & échuës à ladite Dame Françoise de Camprond, aliénées par ledit feu Sieur Jean de Pigouffe Ecuïer, son mari, & par elle ; & à la déclaration faite par ledit Sieur François-Hyacinthe de Pigouffe Ecuïer, Sieur de la Roquelle, qu'il s'arrête au prix du Contrat fait au Sieur Bonté, & à la remise du Fief de Valliere aux Chantre & Chanoines d'Avranches, ordonné qu'il sera procédé à la liquidation dudit tiers, sur le pied de ladite estimation, & du prix des deux contrats, distraction néanmoins faite de la somme de mille cent cinquante-six livres quatorze sols six deniers, qui a paru avoir été païée pour les frais, sur les six mille treize livres dix-neuf sols six deniers portez dans le contrat de remise fait audit Chapitre d'Avranches, ainsi que de la somme de trois mille deux cens soixante-deux livres pour le capital de deux cens trente-trois livres de rente encore existante, dont le lot de ladite Dame Françoise de Camprond étoit chargé, sur les rentes à elle apartenantes ; quoi faisant, calcul fait du prix des contrats d'aliénation des Maisons & Terres, suivant ladite estimation & déclaration ci-dessus, trouvé revenir en plus outre de la distraction ci-dessus desdites mille cent cinquante-six livres quatorze sols six deniers, la somme de vingt-cinq mille neuf cens vingt-sept livres cinq sols, & les rentes contenuës audit partage, suivant les capitaux d'icelles, déduction faite desdites trois mille deux cens soixante-deux livres ci-dessus, ensemble huit mille huit cens livres portées dans le contrat de mariage de ladite Dame de Camprond, & cinq mille livres pour moitié des meubles à elle échûs constant son mariage, trouvées revenir à la somme de vingt-six mille quatre-vingt-une livres trois sols quatre deniers, faisant lesdites sommes celle de cinquante-deux mille huit livres huit sols quatre deniers ; Nous en avons liquidé audit Sieur de la Roquelle pour son tiers en intégrité, la somme de dix-sept mille trois cens trente-six livres deux sols neuf deniers, avec les intérêts depuis le 28. Avril 1698. jour de la renonciation faite, jusqu'au 28. Avril prochain ; lesquels intérêts, après le calcul qui en a été fait, sçavoir, pour le tiers du prix des maisons & héritages, en y ajoûtant le tiers de mille quatre cens cinquante-six livres treize sols quatre deniers, pour les rentes foncieres contenuës au partage de ladite Dame de Camprond, trouvées revenir à neuf mille cent vingt-sept livres dix-neuf sols cinq deniers, ont produit pour les dix-sept années, qui écherront au 28. Avril prochain, la somme de sept mille sept cens cinquante-huit livres quinze deniers, à raison du denier vingt ; lesquels joints à ladite somme de neuf mille cent vingt-sept livres dix-neuf sols cinq deniers de principal, composent la somme de seize mille huit cens quatre-vingt-six livres quatorze sols dix deniers, & le tiers des autres rentes contenuës audit partage, en outre les déductions faites ci-dessus, ainsi que des huit mille huit cens livres données par le Contrat de mariage, trouvées revenir à la somme de six mille cinq cens quarante-une livres dix sols, qui ont produit d'intérêts pour lesdites dix-sept années, à raison du denier dix-huit, faute audit Sieur de la Roquelle de justifier de l'aliénation avant l'année de 1668. la somme de six mille cent soixante-dix-huit livres un sol huit deniers, laquelle jointe à ladite somme de six mille cinq cens quarante-une livres dix sols de principal, compose celle de douze mille sept cens dix-neuf livres un sol huit deniers, & le tiers des cinq mille livres pour la moitié des meubles échûs à ladite Dame Françoise de Camprond en 1632. pendant son mariage, que ledit Sieur son mari étoit tenu de remplacer à son benéfice, trouvé revenir à la somme de mille six cens soixante-six livres treize sols quatre deniers, qui a produit d'intérêts, pour lesdites dix-sept années, eu égard au denier quatorze, la somme de deux mille vingt trois livres quinze sols quatre deniers, laquelle jointe à celle de mille six cens soixante-six livres treize sols quatre deniers de principal, compose celle de trois mille six cens quatre-vingt-dix livres huit sols huit deniers, & calcul fait de toutes lesdites sommes, en principal & intérêts, elles se sont trouvées revenir, sauf erreur & calcul, à celle de trente-trois mille deux cens quatre-vingt-seize livres quinze sols deux deniers, pour le paiement de laquelle somme, Nous avons envoïé provisoirement ledit Sieur de la Roquelle, en possession dudit Fief & Terre

DECLARATIONS ET ARRESTS. 447

de la Roquelle, fauf à raporter l'excédent aux créanciers, s'il s'en trouve; à laquelle fin, fera ladite Terre eftimée prefence des créanciers ou eux dûëment apellez, par Experts-Arbitres, dont les parties conviendront, faute de quoi, en fera nommé d'ofice; & laquelle fomme de trente-trois mille deux cens quatre-vingt-feize livres quinze fols deux deniers, avons condamné les aquereurs des biens de ladite Dame Françoife de Camprond, de faire valoir fur ladite Terre de la Roquelle, aux périls de leurs aquêts, le tout aux charges de droit; & parce que s'il se trouve quelques rentes du nombre de celles contenuës au partage de ladite Dame de Camprond, exiftantes & exigibles, ou bien prefcrites pendant la geftion de la Dame Françoife-Angélique le Febvre, mere dudit Sieur de la Roquelle, & dont il eft héritier, il fera tenu de les prendre en déduction de ladite fomme ci-deffus; fur laquelle feront pareillement déduites les fommes dont il aura été païé par provifion aux Etats tenus de ladite Terre, ou autrement, avec dépens à lui ajugez à prendre fur ladite Terre, réfervez à taxer, & taxé pour le raport & examen du prefent Jugement, la fomme de deux cens quarante livres; ladite Sentence fignifiée de Procureur à Procureur, le 5. Avril audit an: Ladite Sentence du 29. de Janvier 1699. dont ledit Jollet eft incidemment apellant, renduë entre Dame Françoife-Angélique le Febvre, veuve de Nicolas de Pigouffe Ecuïer, Sieur de la Roquelle, tutrice de leur enfant mineur, demandereffe en conféquence de la Requête qu'elle auroit prefentée audit Siége, le 26. de Mai précedent, tendante à ce que vû la renonciation par elle faite au nom de fondit mineur à la fucceffion dudit Sieur de la Roquelle, ainfi que celle de Dame Françoife de Camprond aïeule dudit mineur, il lui fera liquidé & delivré un tiers coûtumier, fur les remplacemens des biens de ladite Dame de Camprond, aliénez par Jean de Pigouffe Ecuïer, fon mari, aïeul dudit mineur, & aféété fur la Terre de la Roquelle, & autres biens dudit Jean de Pigouffe, en conféquence defdites aliénations, d'une part, & ledit Sieur Cloüet défendeur de ladite Requête, d'autre part; Bernard Efcoulant Ecuïer, Seigneur & Patron de Maneville, Meffire François Marguerie, Confeiller au Préfidial de Coûtance, Tuteur onéraire du Sieur Marquis de Côtentin; les héritiers du Sieur de la Riviere-Belin, & autres aquereurs de partie des biens de ladite Dame de Camprond, tous ajournez en vertu de Mandement, requête de ladite Dame veuve du Sieur de la Roquelle, en date du 12. Juin précédent, aux fins de faire dire qu'en cas où elle ne pouroit avoir delivrance dudit tiers coûtumier sur ladite Terre de la Roquelle, elle l'aura sur les biens de ladite Dame de Camprond, par eux aquis, d'autre part: Par laquelle Sentence il est dit, Acordé acte audit Sieur Cloüet de ses protestations, sur lesquelles les parties se pourvoiront ainsi qu'elles aviseront bien, & sans préjudice, vû la renonciation de ladite Dame de la Roquelle en sa qualité de tutrice de son fils, à la succession dudit Nicolas de Pigousse son Pere, & atendu le décès dudit Nicolas avant celui de ladite Dame de Camprond, à la succession de laquelle elle a pareillement renoncé pour son fils mineur; Nous avons dit & jugé que ladite Dame tutrice aura tiers coûtumier sur les biens d'icelle de Camprond, possédez lors de son mariage, ou échûs depuis en ligne directe; à laquelle fin, en sera fait estimation, pour en reprendre la valeur sur ladite Terre de la Roquelle, par remplacement, atendu l'aliénation des biens de ladite de Camprond par son mari; auquel remplacement Nous avons condamné les aquereurs desdits biens de ladite Dame, postérieurs au mariage de ladite Dame de Camprond, à le faire valoir sur ladite Terre de la Roquelle, & autres biens de Jean de Pigousse, aux périls & risques de leurs aquêts, sauf leur récompense, suivant l'ordre & hipotéque de leurs contrats; & taxé pour le raport, la somme de dix-huit livres, le surplus des dépens de ladite Dame réservez à son bénéfice. Vû aussi toutes les pieces que lesdites parties ont closes & produites pardevers la Cour: Les Conclusions du Procureur Genéral du Roy; & oüi le Raport du Sieur de Motteville, Conseiller-Commissaire: Tout considéré; LA COUR, toutes les Chambres assemblées, faisant droit sur les apellations, Requêtes & conclusions des parties, sans s'arrêter au desistement dudit Jollet, à ses Lettres de relévement, & à son oposition à l'Arrest du 23. Aoust 1724. en tant que touche l'apel incident par lui interjetté, des Sentences des 29. Janvier 1699. & 21. Février, & autres jours suivans de l'année 1715. a mis & met lesdites apellations au néant, ordonne que lesdites Sentences sortiront leur plein & entier éfet; condamne ledit Jollet en douze livres

DECLARATIONS ET ARRESTS.

vres d'Amende, & aux dépens envers ledit de Pigousse, du jour de son aprochement: Faisant droit sur l'apel dudit Cloüet de ladite Sentence du 21. Février, a pareillement mis & met l'apellation au néant; condamne ledit Cloüet en douze livres d'Amende, & aux dépens envers ledit de Pigousse, pour tous dommages & intérêts; & cependant a acordé acte audit Cloüet de ses ofres, de païer en deniers audit de Pigousse, le montant du tiers coûtumier à lui ajugé par ladite Sentence du 21. Février 1715. aux charges de droit, & conformément aux obéïssances dudit de Pigousse, énoncées dans l'Arrest du 4. Juin 1717. Et en ce qui concerne ladite de Briault veuve de Pierrepont, & lesdits de Pierrepont ses enfans, les a reçûs oposans aux Arrêts de la Cour, des 23. Aoust 1724. & 10. Mai 1726. faisant droit sur leur oposition, ensemble sur les demandes desdits Nicolas & Jean-Baptiste du Mesniladelée, sans s'arrêter aux susdits Arrêts, à la Requête dudit Cloüet, du 5. Mai 1727. ni à ses conclusions subsidiaires, a renvoïé les parties pardevant les Juges ausquels la connoissance en apartient, pour procéder entr'elles sur les demandes desdits du Mesniladelée, desdits de Pierrepont & de leur Mere, portées par leurs Requêtes, des 11. Mars 1724. 11. Avril 1729. 31. Mars 1730. & 26. Juin 1731. condamne ledit Cloüet aux dépens envers lesdits du Mesniladelée, lesdits de Pierrepont & leur mere; condamne en outre ledit Cloüet en sept huitiémes du raport & coût du présent Arrest, & ledit Jollet en l'autre huitième; & sur le surplus des autres Requêtes, fins & conclusions desdites parties, les a mises hors de Cour: Et donnant Réglement aux termes de l'Arrest de la Cour, du 3. Aoust 1717. ordonne que les petits-fils qui ont renoncé à la succession de leur pere, décédé avant leur aïeul, & à celle de leur aïeul ou aïeule, pouront demander le tiers coûtumier que leur pere auroit pû prétendre sur la succession de cet aïeul ou aïeule, s'il ne les eût pas prédécedez, à l'hipotéque du Contrat de mariage desdits aïeul ou aïeule: Et afin que le présent Arrest soit connu, & que personne n'en ignore, ordonne qu'à la diligence du Procureur Général, il sera lû, publié & afiché, par tout où il apartiendra; & Copies ou Vidimus d'icelui envoïez dans tous les Siéges de ce ressort, pour y être pareillement lû, publié & afiché, à la diligence des Substituts du Procureur Général, qui seront tenus de certi-

II. *Suite du N. R.* Lll

fier la Cour dans le mois, des diligences qu'ils auront pour ce faites. FAIT à Roüen en Parlement, le quatriéme jour de Mars mil sept cens trente-trois.

Par la Cour, Signé, AUZANET.

Déclaration du Roy, concernant les Naufrages Maritimes.

Du 15. Juin 1735.

1735.
Juin.

LOUIS par la grace de Dieu, Roy de France & de Navarre: A tous ceux qui ces presentes Lettres verront, SALUT. L'atention que Nous donnons aux avantages que le commerce maritime peut procurer à nos Sujets, Nous aïant porté à faire examiner les dispositions des Ordonnances concernant les Naufrages qui arrivent tant en Mer que sur les Côtes, Nous avons reconnu que quoi qu'il ait été pourvû par l'Ordonnance du mois d'Aoust 1681. livre IV. Titre IX. & par celle du mois de Novembre 1684. livre IV. Titre XI. à ce qui pouvoit regarder cette matiére, en acordant le delai d'une année aux propriétaires de Navires & autres Bâtimens de mer, & des marchandises naufragées sur les côtes, pour en pouvoir faire les reclamations; l'expérience Nous a fait connoître qu'il est des naufrages, tels que ceux qui arrivent en pleine mer, ou à la portée des côtes, dont il ne reste aucun indice permanent sur la surface des eaux, & qui causent des pertes immenses pour nos Sujets, faute d'avoir prescrit ce que les propriétaires & interressez doivent faire pour relever lesdits Bâtimens, & tirer les marchandises & éfets naufragez, dans un delai compétent. Nous avons cru devoir exciter ceux de nos Sujets qui voudront faire les dépenses nécessaires, pour entreprendre de relever & retirer du fond de la mer lesdits Bâtimens & éfets naufragez, en leur en acordant la pleine propriété, sauf nôtre droit & celui de l'Amiral, ainsi qu'il sera ci-après expliqué: A quoi Nous croïons devoir Nous porter avec d'autant plus de justice, que sans cette atention, tout ce qui se trouve ainsi submergé, demeure totalement perdu, sans aucune ressource pour les parties interressées ; au lieu qu'en excitant l'émulation de ceux de nos Sujets, qui se trouveront capables & en état de faire ces fortes d'entreprises, tout ce qui se trouvera ainsi sauvé, peut former un objet d'utilité réelle pour nôtre Etat. A CES CAUSES, & autres à ce Nous mouvant, Nous avons dit & déclaré, disons, déclarons & ordonnons, voulons & Nous plaît,

ARTICLE PREMIER.

Que ce qui a été prescrit par nos Ordonnances de 1681. & 1684. concernant les naufrages, bris & échouëmens des Vaisseaux & chargemens sur les côtes de nôtre Roïaume, soit exécuté selon sa forme & teneur.

II. Ordonnons que pour ce qui concerne les naufrages qui sont arrivez & arriveront en pleine mer, ou à la portée des Côtes, sans qu'il en reste aucun vestige permanent sur la surface des eaux, les propriétaires ou intéressez aux Bâtimens & marchandises de leurs chargemens ainsi naufragez, ou leurs Commissionnaires, soient tenus de faire dans deux mois, à compter du jour de la nouvelle du naufrage, leur déclaration au Gréfe de l'Amirauté du ressort où ledit naufrage sera arrivé, qu'ils entendent entreprendre le relévement du fond de la mer, & le sauvement des Bâtimens, marchandises & éfets submergez, & d'y faire travailler dans le cours de six mois, à compter du jour de la premiere nouvelle du naufrage; sinon & à faute de ce faire, dans ledit delai de deux mois, & de faire travailler au sauvement dans ledit delai de six mois ci-dessus prescrits, les propriétaires & intéressez demeurent déchûs de tout droit de reclamation.

III. Voulons qu'après lesdits delais expirez, il soit loisible à ceux de nos Sujets, ausquels Nous en acorderons la permission, par des Brevets qui seront expédiez par le Secrétaire d'Etat aïant le Département de la Marine, & enregistrez au Gréfe de l'Amirauté du ressort, de faire construire les Vaisseaux & machines qu'ils jugeront à propos, à l'éfet d'entreprendre le relévement & sauvement desdits Bâtimens, marchandises & éfets naufragez, lesquels Bâtimens, marchandises & éfets ainsi tirez du fond de la mer & sauvez, leur apartiendront en toute propriété, à l'exception toutefois d'un dixiéme pour Nous, & de pareil dixiéme pour l'Amiral, qui seront prélevez sur le total de ce qui sera sauvé, Nous réservant néanmoins la liberté de gratifier lesdits entrepreneurs de partie ou du total de nôtre dixiéme, selon les circonstances du sauvement, par des Brevets qui seront pareillement expediez par le Secrétaire d'Etat aïant le département de la Marine, & enregistrez au Gréfe de l'Amirauté, sans aucunes autres formalitez.

IV. Ordonnons qu'il sera établi sur les Bâtimens destinez ausdites entreprises, un Ecrivain qui sera tenu de faire un inventaire exact & fidèle, des choses qui seront sauvées & tirées du fond de la mer; lequel inventaire sera signé, tant par le Capitaine ou Maître, & autres principaux Oficiers, que par ledit Ecrivain, dont sera remis un double au Gréfe de l'Amirauté, pour sur ledit inventaire, ainsi que sur les raports & vérifications qui seront faites au retour, être procédé par les Oficiers de l'Amirauté, à la vente & aux liquidations desdits éfets, ainsi & en la forme prescrite par les Ordonnances de 1681. & 1684.

V. Voulons qu'en cas de contestations entre les propriétaires & intéressez, tant aux Bâtimens & machines destinez ausdites entreprises, que sur le partage du produit des éfets tirez du fond de la mer & sauvez, ensemble sur la liquidation d'iceux, circonstances & dépendances, elles soient jugées par les Oficiers de l'Amirauté, dans le ressort de laquelle l'armement aura été fait; & que les Sentences qui seront par eux rendües, soient exécutées par provision, nonobstant les apellations qui en pourront être interjettées, & que les Apellans seront tenus de mettre en état d'être jugées dans l'année; sinon & à faute de ce faire, dans ledit tems & icelui passé, lesdites Sentences sortiront leur plein & entier éfet.

SI DONNONS EN MANDEMENT à nos amez & feaux Conseillers les Gens tenans nos Cours de Parlement, que ces Presentes ils fassent lire, publier & registrer, & le contenu en icelles garder & observer, selon leur forme & teneur, nonobstant tous Edits, Déclarations, Ordonnances, Arrêts & Réglemens, Coûtumes & Priviléges à ce contraires, ausquels Nous avons dérogé & dérogeons par ces Presentes. Voulons qu'aux Copies d'icelles collationnées par l'un de nos Conseillers-Secrétaires, foi soit ajoûtée comme à l'Original; CAR tel est nôtre plaisir. En témoin de quoi Nous avons fait mettre nôtre Scel à cesdites Presentes. DONNE' à Versailles, le quinziéme jour de Juin, l'an de grace mil sept cens trente-cinq; & de nôtre Régne le vingtiéme. Signé,

DECLARATIONS ET ARRESTS.

LOUIS: Et plus bas, Par le Roy, PHELYPEAUX: Et scellée du grand Sceau de cire jaune.

Lûë, publiée & regiſtrée, la grande Audience de la Cour ſéante. A Roüen en Parlement, le 11. Aouſt 1735. Signé, AUZANET.

Ordonnance du Roy, pour faire un Réglement qui établiſſe une Juriſprudence uniforme par tout le Roïaume, à l'égard de la forme & des conditions y mentionnées, pour la validité des Teſtamens, Codiciles, & autres diſpoſitions à cauſe de mort.

Du mois d'Aouſt 1735.

LOUIS par la grace de Dieu, Roy de France & de Navarre: A tous preſens & à venir, SALUT. Dans la réſolution generale que Nous avons priſe, de faire ceſſer toute diverſité de Juriſprudence entre les diférentes Cours de nôtre Roïaume, ſur les matieres où elles ſuivent les mêmes Loix, Nous avons donné nôtre premiere atention aux queſtions qui naiſſent ſur les diſpoſitions que les hommes font de leurs biens à titre gratuit; & c'eſt dans cet eſprit que Nous avons fait publier nôtre Ordonnance du mois de Février 1731. qui fixe la Juriſprudence ſur ce qui regarde la nature, la forme, les charges & les conditions des donations entre vifs. Nous ſuivons à preſent l'ordre naturel, en portant nos vûës ſur un autre genre de diſpoſitions gratuites; c'eſt-à-dire, ſur celles qui ſe font à cauſe de mort, & où la Loi permet aux hommes d'exercer un pouvoir, qui s'étend au-delà des bornes de leur vie. L'opoſition qui régne à cet égard, entre l'eſprit du Droit Romain, toûjours favorable à la liberté indéfinie des teſtateurs, & celui du Droit François, qui ſemble n'avoir travaillé qu'à reſtraindre & à limiter leur pouvoir, peut être regardée à la verité, comme la premiere origine d'une varieté de Juriſprudence, qui ſe fait ſentir dans cette matiere, encore plus que dans aucune autre: Mais la principale cauſe d'une ſi grande diverſité, a été l'incertitude que les ſentimens des Interprétes, ſouvent contraires les uns aux autres, & quelquefois aux Loix mêmes qu'ils expliquent, ſemblent avoir répanduë dans les Jugemens. Ce n'eſt pas ſeulement sur des questions peu interressantes, que les esprits se sont partagez, c'est sur les points mêmes les plus essentiels de la Jurisprudence, pour assûrer la validité & l'éfet des dernieres volontez: tels sont la solemnité ou la forme extérieure des dispositions testamentaires, l'institution d'héritier, le vice de la prétérition des enfans du testateur, la maniere de laisser ou de fixer la légitime, les diférentes détractions, soit de cette portion sacrée, dont le privilége est fondé sur la Loi naturelle, soit de celles que des Loix positives acordent aux héritiers instituez, sous le nom de quarte falcidie, de quarte trebellianique, le droit d'élection donné par le testateur à son héritier, enfin l'exécution & l'éfet des dispositions que le domicile du testateur, le lieu où le testament a été fait, & la situation des biens semblent assujettir à des Loix diférentes ou même contraires. C'est sur des matieres si importantes que Nous jugeons à propos de rendre la Jurisprudence entierement uniforme, dans tous les Tribunaux de nôtre Roïaume. Nôtre intention n'est point de faire dans cette vûë, un changement réel aux dispositions des Loix qu'ils ont observées jusqu'à present; Nous voulons au contraire en afermir l'autorité, par des régles tirées de ces Loix mêmes, expliquées d'une maniere si précise, que l'incertitude ou la varieté des maximes ne soit plus desormais une matiere toûjours nouvelle d'inquiétude pour les testateurs, de doute pour les Juges & de procés ruineux pour ceux-mêmes qui les gagnent. Nous ne pouvions parvenir plus sûrement à un si grand bien, qu'en Nous faisant rendre un compte exact des usages & des maximes de chaque Parlement ou Conseil supérieur de nôtre Roïaume, sur la matiere des testamens, ainsi que Nous l'avons fait sur celle des donations entre vifs; & Nous y avons eu la même satisfaction de voir ces Compagnies souvent divisées dans leurs opinions, mais toûjours unies par l'amour de la justice, tendre également quoi que par des voïes diférentes, au grand objet du bien public. Quand Nous n'aurions fait que Nous déterminer entre ces voïes, pour en autoriser une seule, l'établissement d'une régle fixe & certaine auroit toûjours été un grand avantage pour nos Sujets: Mais nôtre afection pour eux a été encore plus loin; & dans le choix que Nous étions obligez de faire, Nous avons toûjours préféré la régle la plus conforme à cette simplicité, qui

DECLARATIONS ET ARRESTS.

a été apellée l'amie des Loix, parce qu'elle prévient ces distinctions ou ces interprétations spécieuses, dont on abuse si souvent, pour en éluder la disposition, sous prétexte d'en mieux pénétrer l'esprit. C'est ainsi qu'en éloignant tout ce qui peut rendre les Jugemens incertains & arbitraires, Nous remplirons le principal objet de la Loi, qui est de tarir autant qu'il est possible, la source des procès, d'afermir la tranquilité & l'union des Citoïens, & de leur faire goûter les fruits de cette justice, que Nous regardons comme le fondement du bonheur des peuples, & de la gloire la plus solide des Rois. A CES CAUSES, & autres à ce Nous mouvant, de l'avis de nôtre Conseil, & de nôtre certaine science, pleine puissance & autorité Roïale, Nous avons dit, déclaré & ordonné, disons, déclarons & ordonnons, voulons & Nous plaît ce qui suit.

ARTICLE PREMIER.

Toutes dispositions testamentaires ou à cause de mort, de quelque nature qu'elles soient, seront faites par écrit : Déclarons nulles toutes celles qui ne seroient faites que verbalement, & défendons d'en admettre la preuve par témoins, même sous prétexte de la modicité de la somme dont il auroit été disposé.

II. Déclarons pareillement nulles toutes les dispositions qui ne seroient faites que par signes, encore qu'elles eussent été rédigées par écrit, sur le fondement desdits signes.

III. Voulons aussi que les dispositions qui seroient faites par Lettres missives, soient regardées comme nulles & de nul éfet.

IV. L'usage des testamens nuncupatifs écrits, & des testamens mistiques ou secrets, continuëra d'avoir lieu dans les païs de Droit écrit, & autres où lesdites formes de tester sont autorisées par les Coûtumes ou Statuts.

V. Lorsque le testateur voudra faire un testament nuncupatif écrit, il en prononcera intelligiblement toutes les dispositions, en presence au moins de sept témoins, y compris le Notaire ou Tabellion, lequel écrira lesdites dispositions, à mesure qu'elles seront prononcées par le testateur : Après quoi sera fait lecture du testament entier audit testateur, de laquelle lecture il sera fait mention par ledit Notaire ou Tabellion ; & le testament sera signé par le testateur, ensemble par le Notaire ou Tabellion, & par les autres témoins, le tout de suite & sans divertir à autres Actes ; & en cas que le testateur déclare qu'il ne sçait ou ne peut signer, il en sera fait mention.

VI. Il sufira que les témoins qui assisteront au testament nuncupatif écrit, y aïent été presens tous ensemble, sans qu'il soit nécessaire de faire mention qu'ils aïent été priez & convoquez à cet éfet ; ce qui aura lieu pareillement à l'égard de tous les testamens, & autres Actes de derniere volonté, où la presence des témoins est nécessaire.

VII. Si le testateur est aveugle, ou si dans le tems du testament il n'a pas l'usage de la vûë, il sera apellé un témoin outre le nombre porté par l'Article V. lequel signera le testament avec les autres témoins.

VIII. Si le testateur ne peut parler, soit par un defaut naturel ou autrement, il ne poura faire de disposition à cause de mort, que dans la forme portée par les Articles IX. & XII. ci-après.

IX. Lorsque le testateur voudra faire un testament mistique ou secret, il sera tenu de signer ses dispositions, soit qu'il les ait écrites lui-même, ou qu'il les ait fait écrire par un autre ; & sera le papier qui contiendra lesdites dispositions, ensemble le papier qui servira d'envelope, s'il y en a une, clos & scellé, avec les précautions en tel cas requises & acoûtumées : le testateur presentera ledit papier ainsi clos & scellé, à sept témoins au moins, y compris le Notaire ou Tabellion, ou il le fera clorre & sceller en leur presence, & il déclarera que le contenu audit papier est son testament écrit & signé de lui, ou écrit par un autre & signé de lui : ledit Notaire ou Tabellion en dressera l'Acte de suscription, qui sera écrit sur ledit papier ou sur la feüille qui servira d'envelope ; & sera ledit Acte signé tant par le testateur que par le Notaire ou Tabellion, ensemble par les autres témoins, sans qu'il soit nécessaire d'y aposer le sceau de chacun desdits témoins : Tout ce que dessus sera fait de suite, & sans divertir à autres Actes ; & en cas que le testateur par un empêchement survenu depuis la signature du testament, ne puisse signer l'Acte de suscription, il sera fait mention de la déclaration qu'il en aura faite, sans qu'il soit besoin en ce cas, d'augmenter le nombre des témoins.

X.

DECLARATIONS ET ARRESTS.

X. Si le Testateur ne sçait signer, ou s'il n'a pû le faire, lorsqu'il a fait écrire ses dispositions, il sera apellé à l'Acte de suscription un témoin, outre le nombre porté par l'Article précédent, lequel signera ledit Acte avec les autres témoins; & il y sera fait mention de la cause pour laquelle ledit témoin aura été apellé.

XI. Ceux qui ne sçavent ou ne peuvent lire, ne pourront faire de disposition dans la forme du Testament mistique.

XII. En cas que le Testateur ne puisse parler, mais qu'il puisse écrire, il poura faire un Testament mistique; à la charge que ledit Testament sera entierement écrit, daté & signé de sa main; qu'il le presentera au Notaire ou Tabellion, & aux autres témoins; & qu'au haut de l'Acte de suscription il écrira en leur presence, que le papier qu'il presente, est son Testament; après quoi ledit Notaire ou Tabellion écrira l'Acte de suscription, dans lequel il sera fait mention que le Testateur a écrit ces mots, en presence dudit Notaire ou Tabellion & des témoins; & sera au surplus, observé tout ce qui est prescrit par l'Article IX.

XIII. N'entendons par les dispositions des Articles V. & IX. déroger aux Statuts ou Coûtumes observées dans les lieux régis par le Droit écrit, qui exigent un nombre de témoins moindre que celui qui est porté ausdits Articles; à la charge néanmoins d'apeller un témoin outre le nombre requis par lesdites Coûtumes ou Statuts, dans les cas mentionnez aux Articles VII. & X.

XIV. La forme qui a eu lieu jusqu'à present, à l'égard des Codiciles, continuëra d'être observée; & il sufira qu'ils soient faits en presence de cinq témoins, y compris le Notaire ou Tabellion : N'entendons pareillement déroger aux Statuts ou Coûtumes, qui exigent un moindre nombre de témoins pour les Codiciles.

XV. Le nombre de témoins requis par les Articles V. VII. IX. & X. ne sera point nécessaire pour la validité des Testamens, Codiciles, ou autres Actes de derniere volonté, faits entre enfans & décendans, dans les païs qui sont régis par le Droit écrit; & il sufira que lesdits Testamens, Codiciles ou autres Actes soient faits en presence de deux Notaires ou Tabellions, ou d'un Notaire & de deux témoins.

XVI. Voulons pareillement que les Testamens, Codiciles,

ou autres dispositions à cause de mort, qui seront entierement écrits, datez & signez de la main du Testateur ou de la Testatrice, soient valables dans lesdits païs de Droit écrit, entre les enfans & décendans: Déclarons nuls tous ceux qui ne seroient pas revêtus au moins d'une des formes portées par le present Article, & par le précédent.

XVII. Les Actes de partage faits entre enfans & décendans, pour avoir lieu après la mort de ceux qui les font, dans les païs où ces Actes sont en usage, ne seront valables, s'ils ne sont pareillement revêtus d'une des formes portées par les deux Articles précédens: Et seront en outre observées les autres formalitez prescrites par les Loix, Coûtumes, ou Statuts, qui autorisent lesdits Actes.

XVIII. Les dispositions qui seront faites au profit d'autres que lesdits enfans & décendans, dans les Testamens & autres Actes mentionnez aux Articles XV. XVI. & XVII. seront regardées comme de nul éfet, & ne seront exécutées que celles qui concerneront lesdits enfans ou décendans.

XIX. L'usage des Testamens, Codiciles & autres dernieres dispositions holographes, continuëra d'avoir lieu dans les païs & dans les cas où ils ont été admis jusqu'à present.

XX. Les Testamens, Codiciles & dispositions mentionnées dans l'Article précédent, seront entiérement écrits, datez & signez de la main de celui ou celle qui les aura faits.

XXI. Lorsque ceux ou celles qui auront fait des Testamens, Codiciles, ou autres dernieres dispositions holographes, voudront faire des vœux solemnels de Religion, ils seront tenus de reconnoître lesdits Actes pardevant Notaires, avant que de faire lesdits vœux; sinon, lesdits Testamens, Codiciles ou autres dispositions demeureront nuls & de nul éfet.

XXII. Dans tous les païs où les formalitez établies par le Droit écrit pour les dispositions de derniére volonté, ne sont pas autorisées par les Loix, Statuts ou Coûtumes, il n'y aura à l'avenir que deux formes qui puissent avoir lieu pour lesdites dispositions; sçavoir, celles des Testamens, Codiciles ou autres dispositions holographes, suivant ce qui est porté à cet égard par les Articles précédens; & celle des Testamens, Codiciles ou autres dispositions reçûës par personnes publiques, selon ce qui sera prescrit ci-après: Abrogeons toutes autres formes de disposer à cause de mort, dans lesdits païs.

DECLARATIONS ET ARRESTS.

1735. Aouſt.

XXIII. Les Teſtamens, Codiciles & autres diſpoſitions de derniere volonté, qui ſe feront devant une perſonne publique, ſeront reçûs par deux Notaires ou Tabellions; ou par un Notaire ou Tabellion, en preſence de deux témoins; leſquels Notaires ou Tabellions, ou l'un d'eux, écriront les dernieres volontez du Teſtateur, telles qu'il les dictera; & lui en feront enſuite la lecture, de laquelle il ſera fait une mention expreſſe; ſans néanmoins qu'il ſoit néceſſaire de ſe ſervir préciſément de ces termes: *dicté, nommé, lû & relû, ſans ſuggeſtion*, ou autres requis par les Coûtumes ou Statuts: Après quoi ledit Teſtament, Codicile ou autre diſpoſition de derniere volonté, ſera ſigné par le Teſtateur, enſemble par les deux Notaires ou Tabellions, ou par le Notaire ou Tabellion & les deux témoins; & en cas que le Teſtateur déclare qu'il ne ſçait ou ne peut ſigner, il en ſera fait mention.

XXIV. N'entendons déroger aux Coûtumes & uſages des païs où les Oficiers de Juſtice, y compris les Gréfiers, ou les Oficiers Municipaux ſont mis au nombre des perſonnes publiques, qui peuvent recevoir des Teſtamens, ou autres diſpoſitions à cauſe de mort; ce que Nous voulons pareillement avoir lieu dans les Provinces régies par le Droit écrit, où le même uſage ſeroit établi.

XXV. Les Curez ſéculiers ou réguliers pouront recevoir des Teſtamens ou autres diſpoſitions à cauſe de mort, dans l'étenduë de leurs Paroiſſes; & ce, ſeulement dans les lieux où les Coûtumes ou Statuts les y autoriſent expreſſément, & en y apellant avec eux deux témoins; ce qui ſera pareillement permis aux Prêtres ſeculiers prépoſez par l'Evêque à la deſſerte des Cures, pendant qu'ils les deſſerviront; ſans que les Vicaires ni aucunes autres perſonnes Ecléſiaſtiques puiſſent recevoir des Teſtamens ou autres dernieres diſpoſitions. N'entendons rien innover aux Réglemens & uſages obſervez dans quelques Hôpitaux, par raport à ceux qui peuvent y recevoir des Teſtamens, ou autres diſpoſitions à cauſe de mort.

XXVI. Le Curé ou le Deſſervant ſeront tenus incontinent après la mort du Teſtateur, s'ils ne l'ont fait auparavant, de dépoſer le Teſtament ou autre derniere diſpoſition qu'ils auront reçûs, chez le Notaire ou Tabellion du lieu; & s'il n'y en a point, chez le plus prochain Notaire Roïal, dans l'étenduë du Bailliage ou Senéchauſſée dans laquelle la Paroiſse est située; sans que lesdits Curez ou Desservans puissent en delivrer aucunes expéditions, à peine de nullité desdites expéditions, & des dommages & intérêts des Notaires ou Tabellions, & des parties qui pouroient en prétendre.

XXVII. Les Testamens, Codiciles, & autres dispositions à cause de mort, de ceux qui servent dans nos Armées, en quelque païs que ce soit, pourront être faits en presence de deux Notaires ou Tabellions, ou d'un Notaire ou Tabellion & de deux témoins, ou en presence de deux des Oficiers ci-après nommez; sçavoir, les Majors & les Oficiers d'un rang superieur, les Prevôts des Camps & Armées, leurs Lieutenans ou Gréfiers, & les Commissaires des Guerres, ou de l'un desdits Oficiers avec deux témoins; & en cas que le Testateur soit malade ou blessé, il poura aussi faire ses dernieres dispositions, en presence d'un des Aumôniers de nos Troupes ou des Hôpitaux, avec deux témoins, & ce encore que lesdits Aumôniers fussent réguliers.

XXVIII. Le Testateur signera les Testamens, Codiciles, ou autres dernieres dispositions mentionnées dans l'Article précédent, s'il sçait ou peut signer; & en cas qu'il déclare ne sçavoir ou ne pouvoir le faire, il en sera fait mention. Seront lesdits Actes pareillement signez par celui ou ceux qui les recevront, ensemble par les témoins; sans néanmoins qu'il soit nécessaire d'apeller des témoins qui sçachent & puissent signer, si ce n'est lorsque le Testateur ne sçaura ou ne poura le faire; & à la réserve de ce cas, lorsque les témoins, ou l'un d'eux, déclareront qu'ils ne sçavent ou ne peuvent signer, il sufira d'en faire mention.

XXIX. Seront aussi valables les Testamens, Codiciles & autres dispositions à cause de mort, de ceux qui servent dans nos Armées, en quelque païs que ce soit, lorsqu'ils seront entierement écrits, datez & signez de la main de celui qui les aura faits: Déclarons nuls tous ceux qui ne seroient pas revêtus au moins d'une des formes portées aux deux Articles précedens, & au present Article.

XXX. La disposition des Articles XXVII. XXVIII. & XXIX. n'aura lieu qu'en faveur de ceux qui seront actuellement en expédition militaire, ou qui seront en quartier ou en garnison hors le Roïaume, ou prisonniers chez les ennemis; sans que ceux qui seront en quartier ou en garni-

DECLARATIONS ET ARRESTS.

1735.
Aouſt.

ſon dans le Roïaume, puiſſent profiter de la diſpoſition deſdits Articles, ſi ce n'eſt qu'ils fuſſent dans une Place aſſiégée, ou dans une Citadelle ou autre lieu, dont les portes fuſſent fermées, & la communication interrompuë à cauſe de la Guerre.

XXXI. Ceux qui n'étans ni Oficiers ni engagez dans nos Troupes, ſe trouveront à la ſuite de nos Armées ou chez les ennemis, ſoit à cauſe de leurs emplois ou fonctions, ſoit pour le ſervice qu'ils rendent à nos Oficiers, ſoit à l'ocaſion de la fourniture des vivres & munitions de nos Troupes, pouront faire leurs dernieres diſpoſitions, dans la forme portée par les Articles XXVII. XXVIII. & XXIX. & dans les cas marquez par l'Article XXX.

XXXII. Les Teſtamens, Codiciles, & autres diſpoſitions à cauſe de mort, mentionnez dans l'Article précédent, demeureront nuls, ſix mois après que celui qui les aura faits, ſera revenu dans un lieu, où il puiſſe avoir la liberté de teſter en la forme ordinaire; ſi ce n'eſt qu'ils fuſſent faits dans les formes qui ſont requiſes de droit commun, dans le lieu où ils auront été faits.

XXXIII. En tems de peſte, les Teſtamens, Codiciles ou autres diſpoſitions à cauſe de mort, pouront être faits en quelque païs que ce ſoit, en preſence de deux Notaires ou Tabellions, ou de deux des Oficiers de Juſtice Roïale, Seigneuriale ou Municipale, juſqu'aux Gréfiers incluſivement, ou pardevant un Notaire ou Tabellion avec deux témoins; ou pardevant un des Oficiers ci-deſſus nommez, auſſi avec deux témoins; ou en preſence du Curé ou Deſſervant, ou Vicaire, ou autre Prêtre chargé d'adminiſtrer les Sacremens aux malades, quand même il ſeroit régulier, & de deux témoins.

XXXIV. Ce qui a été réglé par l'Article XXVIII. pour les Teſtamens militaires, ſur la ſignature, tant du Teſtateur que de celui ou ceux qui recevront le Teſtament, & des témoins, ſera auſſi obſervé, par raport aux Teſtamens, Codiciles, ou autres diſpoſitions faites en tems de peſte.

XXXV. Seront en outre valables en tems de peſte, en quelque païs que ce ſoit, les Teſtamens, Codiciles & autres diſpoſitions à cauſe de mort, qui ſeront entiérement écrits, datez & ſignez de la main de celui qui les aura faits : Déclarons nuls tous ceux qui ne ſeroient pas revêtus au moins d'une des formes portées aux deux Articles précédens, & au présent Article.

XXXVI. La disposition des Articles XXXIII. XXXIV. & XXXV. aura lieu, tant à l'égard de ceux qui seroient ataquez de la peste, que pour ceux qui seroient dans les lieux infectez de ladite maladie, encore qu'ils ne fussent pas actuellement malades.

XXXVII. Les Testamens, Codiciles, & autres dispositions à cause de mort, mentionnez dans les quatre Articles précédens, demeureront nuls, six mois après que le commerce aura été rétabli dans le lieu où le Testateur se trouvera, ou qu'il aura passé dans un lieu où le commerce n'est point interdit; si ce n'est qu'on eût observé dans lesdits Actes, les formes requises de droit commun, dans le lieu où ils auront été faits.

XXXVIII. Tous Testamens, Codiciles, Actes de Partage entre enfans & décendans, ou autres dispositions à cause de mort, en quelque païs & en quelque forme qu'ils soient faits, contiendront la date des jours, mois & an, & ce, encore qu'ils fussent holographes : Ce qui sera pareillement observé dans le cas du Testament mistique, tant pour la date de la disposition, que pour celle de la suscription.

XXXIX. Dans tous les Actes à cause de mort, où la presence des témoins est nécessaire, l'âge desdits témoins demeurera fixé à celui de vingt ans acomplis; à l'exception des païs de Droit écrit, où il sufira que lesdits témoins aïent l'âge où il est permis de tester dans lesdits païs.

XL. Les témoins seront mâles, régnicoles & capables des éfets civils; à l'exception seulement du Testament militaire, dans lequel les Etrangers non notez d'infamie, pouront servir de témoins.

XLI. Les Réguliers, Novices ou Profez, de quelqu'Ordre que ce soit, ne pourront être témoins dans aucuns Actes de derniere volonté; sans préjudice néanmoins de l'exécution des Articles XXV. XXVII. & XXXIII. en ce qui concerne le pouvoir de recevoir des Testamens, acordé aux Réguliers, en conséquence des qualitez mentionnées ausdits Articles.

XLII. Ne pourront pareillement être pris pour témoins les clercs, serviteurs ou domestiques du Notaire ou Tabellion, ou autre personne publique, qui recevra le Testament,

DECLARATIONS ET ARRESTS. 469
Codicile ou autre derniere difposition, ou l'Acte de fufcription.

XLIII. Les heritiers inftituez ou fubftituez ne pourront être témoins en aucun cas ; & à l'égard des légataires univerfels ou particuliers, ils ne pourront l'être que pour l'Acte de fufcription du Teftament miftique, dans les païs où cette forme de tefter eft reçûë.

XLIV. Dans les cas & dans les païs, où le nombre de deux témoins eft fufifant pour la validité des Teftamens, Codiciles, ou autres difpofitions de derniere volonté, il ne poura y être admis que des témoins qui fçachent & puiffent figner, à l'exception néanmoins des cas mentionnez dans les Articles XXVIII. & XXXI. ci-deffus.

XLV. Dans les cas & dans les païs, où le nombre de deux témoins n'eft pas fufifant, il ne poura pareillement être admis que des témoins qui fçachent & puiffent figner, lorfque les Teftamens, Codiciles, ou autres difpofitions à caufe de mort fe feront dans des Villes ou Bourgs fermez : Voulons que dans les autres lieux, il y ait au moins deux témoins, qui fçachent & puiffent figner ; & à l'égard de ceux qui ne fçauront ou ne pouront le faire, il fera fait mention qu'ils ont été prefens, & ont déclaré ne fçavoir ou ne pouvoir figner.

XLVI. Voulons au furplus, que les difpofitions du Droit écrit, & autres Loix, Coûtumes ou Statuts, en ce qui concerne les qualitez defdits témoins, foient exécutées en tout ce qui n'eft pas contraire aux fix Articles précédens.

XLVII. Toutes les difpofitions de la prefente Ordonnance, qui concernent la date & la forme des Teftamens, Codiciles, ou autres Actes de derniere volonté, & les qualitez des témoins, feront exécutées, à peine de nullité ; fans préjudice des autres moïens, tirez des difpofitions des Loix ou des Coûtumes, ou de la fuggeftion & captation defdits Actes, lefquels pourront être aléguez, fans qu'il foit néceffaire de s'infcrire en faux à cet éfet, pour y avoir par nos Juges, tel égard qu'il apartiendra.

XLVIII. Voulons que les Notaires, Tabellions, ou autres perfonnes publiques, comme auffi les témoins qui auroient figné les Teftamens, Codiciles, ou autres Actes de derniere volonté, ou les Actes de fufcription des Teftamens miftiques, fans avoir vû le Teftateur, & fans l'avoir entendu prononcer fes difpofitions, ou les lui avoir vû prefenter lors de

1735.
Aouft.

ladite suscription, soient poursuivis extraordinairement, à la requête de nos Procureurs, ou de ceux des Hauts-Justiciers, & condamnez; sçavoir, lesdits Notaires, Tabellions, ou autres personnes publiques, à la peine de mort, & les témoins à telles peines afflictives ou infamantes qu'il apartiendra.

XLIX. L'institution d'heritier faite par Testament, ne poura valoir en aucun cas, si celui ou ceux au profit de qui elle aura été faite, n'étoient ni nez ni conçûs lors du décès du Testateur.

L. Dans les païs où l'institution d'heritier est nécessaire pour la validité du Testament, ceux qui ont droit de légitime, seront instituez heritiers, au moins en ce que le Testateur leur donnera, & l'institution sera faite en les apellant par leurs noms, ou en les désignant de telle maniere, que chacun d'eux y soit compris ; ce qui aura lieu même à l'égard des enfans qui ne seroient pas nez au tems du Testament, & qui seroient nez ou conçûs au tems de la mort du Testateur.

LI. Quelque modique que soit l'éfet ou la somme pour lesquels ceux qui ont droit de légitime auront été instituez heritiers, le vice de la prétérition ne poura être oposé contre le Testament, encore que le Testateur eût disposé de ses biens en faveur d'un étranger.

LII. Ceux à qui il aura été laissé moins que leur légitime à titre d'institution, pouront former leur demande en suplément de légitime ; ce qui aura lieu à l'avenir, dans les païs mêmes dans lesquels ladite demande n'a pas été admise jusqu'à present, ou a été prohibée dans certains cas.

LIII. En cas de prétérition d'aucuns de ceux qui ont droit de légitime, le Testament sera déclaré nul, quant à l'institution d'heritier, sans même qu'elle puisse valoir comme fideicommis ; & si elle a été chargée de substitution, ladite substitution demeurera pareillement nulle, le tout encore que le Testament contint la clause codiciliaire, laquelle ne poura produire aucun éfet à cet égard ; sans préjudice néanmoins de l'exécution du Testament, en ce qui concerne le surplus des dispositions du Testateur.

LIV. La disposition de l'Article précédent sera exécutée, même à l'égard des Testamens faits entre enfans ou en tems de peste ; & en ce qui concerne les Testamens militaires, n'entendons rien innover à ce qui est porté par les Loix Romaines à cet égard.

LV.

LV. N'entendons déroger par les Articles L. LIII. & LIV. aux dispositions des Coûtumes, Statuts ou autres Loix particulieres observées dans quelques-uns des païs régis par le Droit écrit, qui permettent expressément de laisser la légitime à autre titre que celui d'institution; & la demande en suplément de légitime, poura être formée audit cas, ainsi qu'il est porté par l'Article LII.

LVI. Ceux qui ont droit de légitime, & qui auront été institués heritiers, pouront faire détraction de la quarte falcidie sur les legs, & de la quarte trebellianique sur les fideicommis, & retenir en outre leur légitime.

LVII. Lorsque le Testament contiendra la clause codicilliaire, & que l'institution d'heritier ne sera sans éfet qu'à cause d'un defaut de solemnité, ou de la caducité de ladite institution, les heritiers *ab intestat*, qui ont droit de légitime, & qui prendront audit cas la place de l'heritier institué, pouront pareillement faire détraction des quartes falcidie & trebellianique, & celle de la légitime, sur la totalité des biens du Testateur.

LVIII. Dans le cas porté par l'Article LIII. où nonobstant la clause codiciliaire, l'institution d'heritier ne peut valoir, même comme fideicommis, à cause du vice de la prétérition, & où le Testament ne subsiste que pour le surplus des dispositions du Testateur, ceux qui ont droit de légitime, pouront faire la détraction desdites quartes falcidie & trébellianique sur les legs ou fideicommis, & en outre retenir leur légitime sur iceux, en cas que les biens qui leur apartiendront par la nullité de l'institution, ne sufisent pas pour remplir ladite légitime.

LIX. La disposition des trois Articles précédens sera exécutée à l'égard de tous Testamens, même des militaires.

LX. Sera néanmoins permis à tous Testateurs, de défendre par leur Testament ou par un Codicile postérieur, de retenir lesdites quartes falcidie & trébellianique, conjointement avec la légitime; auquel cas, ceux qui ont droit de légitime, auront seulement le choix entre la détraction desdites quartes & celle de la légitime, à moins que le Testateur n'en eût autrement ordonné, en les réduisant à leur légitime; & la disposition du present Article aura lieu dans tous les cas portez aux Articles LVI. LVII. & LVIII. Défendons

II. Suite du N. R.

aux Juges d'avoir égard à ladite prohibition, si elle n'est faite en termes exprès.

LXI. La quotité de la légitime des ascendans, dans les lieux où elle leur est dûë sur les biens de leurs enfans ou décendans, qui n'ont pas laissé d'enfans, & qui ont fait un Testament, sera réglée, eu égard au total desdits biens, & non sur le pied de la portion qui auroit apartenu ausdits ascendans, s'ils eussent recüeilli lesdits biens *ab intestat*, concurremment avec les freres germains du défunt ; ce qui aura lieu, soit que ledit défunt ait institué heritiers ses freres ou sœurs, ou qu'il ait institué des étrangers.

LXII. Celui qui aura été institué heritier, à la charge d'élire un des enfans du Testateur, ne poura élire un des petits-enfans ou décendans, encore que celui des enfans dont ils sont issus, fût mort avant que le choix eût été fait : Et si tous les enfans du premier degré décedent avant ledit choix, le droit d'élire demeurera caduc & éteint ; le tout, à moins que le Testateur n'en ait autrement ordonné.

LXIII. Celui qui aura été chargé d'élire un des enfans du Testateur ou autres, ne poura grever celui qu'il choisira, d'aucune substitution, même en faveur d'un autre sujet éligible, si ce n'est que le Testateur lui en eût donné expressément le pouvoir par son Testament.

LXIV. Lorsque celui qui aura été chargé d'élire, aura déclaré son choix par contrat de mariage, ou par un Acte entre vifs, accepté par celui qu'il aura élû, dans la forme prescrite pour l'acceptation des Donations, par nôtre Ordonnance du mois de Février 1731. ledit choix sera irrévocable.

LXV. La disposition de l'Article précédent aura lieu, encore que le choix ait été fait avant le tems porté par le Testament, si ce n'est que le Testateur eût prohibé expressément de faire ledit choix, avant le terme par lui marqué ; auquel cas, ledit choix ne sera irrévocable qu'après l'expiration dudit terme.

LXVI. Tout ce qui a été réglé par les quatre Articles précédens, sur les institutions d'heritier faites à la charge d'élire, aura lieu pareillement pour les legs universels ou particuliers, faits sous la même charge.

LXVII. Si l'heritier institué par un Testament qui contient la clause codiciliaire, n'a prétendu faire valoir la disposition du Testateur que comme Codicile seulement, ou s'il n'a agi qu'en conséquence de ladite clause, il ne sera plus reçû à soûtenir ladite disposition en qualité de Testament : Mais s'il a agi d'abord en vertu du Testament, il poura se servir ensuite de la clause codiciliaire ; & ce, jusqu'à ce qu'il soit intervenu Arrest définitif ou Jugement passé en force de chose jugée, au sujet dudit Testament.

LXVIII. Lorsque le Testateur sera domicilié dans un des païs qui suivent le Droit écrit, l'institution d'heritier par lui faite aura son éfet, tant pour les immeubles situez ausdits païs, que pour les meubles, droits & actions qui suivent la personne : Et quant aux immeubles situez dans les païs où le Droit écrit n'est pas observé, elle vaudra comme legs universel, si ce n'est qu'elle ait été faite pour une somme fixe, ou pour de certains éfets, auquel cas, elle ne vaudra dans lesdits païs, que comme legs particulier.

LXIX. La disposition de l'Article précédent aura lieu, encore que le Testateur domicilié en païs de Droit écrit, ait fait son Testament dans un païs où ce Droit n'est pas observé : Et en cas que ledit Testament ne contint qu'un ou plusieurs legs universels, sans institution d'heritier, ils vaudront comme institution dans les païs de Droit écrit, pour les biens qui y sont situez, ou qui suivent la personne, & seulement comme legs universel pour les immeubles situez en d'autres païs.

LXX. Dans le cas porté par l'Article précédent, de quelque maniere que le Testateur ait fait une ou plusieurs dispositions universelles, soit à titre d'institution ou à titre de legs universel, son Testament ne poura être ataqué par le vice de la prétérition, lorsqu'il y aura fait des legs, soit universels ou particuliers, à chacun de ceux qui ont droit de légitime, quelques modiques que soient lesdits legs, lesquels vaudront en ce cas comme institution d'heritier ; sauf l'Action en suplément de légitime, ainsi qu'il est porté par l'Article LII. Mais si le Testateur n'a rien laissé à quelqu'un de ceux qui ont droit de légitime, ledit Testament sera déclaré nul, quant aux dispositions universelles seulement.

LXXI. Lorsque le Testateur sera domicilié dans un païs où le Droit écrit n'est pas observé, & qu'il aura fait un Testament contenant institution d'héritier, elle n'aura son éfet que pour les immeubles situez en païs de Droit écrit : Et à l'égard des autres immeubles, ensemble des meubles, droits & actions qui suivent la personne, elle ne vaudra que comme legs universel, ou comme legs particulier, suivant la distinction portée par l'Article LXVIII.

LXXII. La disposition de l'Article précédent sera observée, en quelque lieu que le Testament ait été fait ; & si ledit Testament ne contient point d'institution d'héritier, les dispositions universelles qui y seroient portées, ne seront exécutées que comme legs universel, même dans les païs de Droit écrit.

LXXIII. Dans tous les cas où, suivant la disposition des Articles LXVIII. LXIX. LXX. & LXXI. les institutions d'héritier ne vaudront que comme legs universel ou comme legs particulier, elles seront sujettes à delivrance, & aux réductions portées par les Coûtumes ; & réciproquement dans tous les cas, où les dispositions universelles vaudront comme institution d'héritier, ceux au profit desquels elles seront faites, auront les mêmes avantages, & seront sujets aux mêmes loix que les héritiers instituez.

LXXIV. L'Article CCCCXXII. de la Coûtume de Normandie, qui exige la survie de trois mois, pour la validité des Testamens, ou autres dispositions à cause de mort, concernant les biens d'une certaine nature, sera regardé comme un Statut réel ; & en conséquence, ledit Article aura son entier éfet, pour les biens de ladite nature, situez dans des lieux régis par ladite Coûtume, & n'en aura aucun pour les biens étans en d'autres païs, le tout, en quelque lieu que celui qui aura fait la disposition, ait son domicile, ou qu'il ait disposé.

LXXV. Voulons pareillement que les dispositions de l'Article VI. du Titre VII. de la Coûtume du Duché de Bourgogne, & de l'Article CCXVI. de la Coûtume du Bourbonnois, sur la nécessité de la survie, pour la validité des Actes de partage entre enfans & décendans, aïent leur entier éfet, lorsque les biens compris dans lesdits Actes, seront situez dans les lieux régis par lesdites Coûtumes ; & que lesdites dispositions n'en aïent aucun, lorsque lesdits biens seront situez ailleurs : Et en cas que partie des biens soit située dans l'étenduë desdites Coûtumes, & partie dans des païs où

DECLARATIONS ET ARRESTS. 475

la condition de la survie pour lesdits Actes n'est pas exigée, les contestations qui pourront naître, pour sçavoir si lesdits Actes doivent avoir éfet en partie, ou n'en avoir aucun pour le tout, seront décidées par les Juges qui en doivent connoître, ainsi qu'elles ont pû ou dû l'être par le passé, jusqu'à ce qu'il y ait été par Nous pourvû, ainsi qu'apartiendra.

LXXVI. Abrogeons l'usage des clauses dérogatoires, dans tous Testamens, Codiciles ou dispositions à cause de mort : Voulons qu'à l'avenir elles soient regardées comme nulles & de nul éfet, en quelques termes qu'elles soient conçûës.

LXXVII. Abrogeons pareillement l'usage des Testamens ou Codiciles mutuels, ou faits conjointement, soit par mari & femme, ou par d'autres personnes : Voulons qu'à l'avenir ils soient regardez comme nuls & de nul éfet, dans tous les païs de nôtre domination ; sans préjudice néanmoins de l'exécution des Actes de partage entre enfans & décendans, suivant ce qui a été réglé ci-dessus, & pareillement sans rien innover, en ce qui concerne les donations mutuelles à cause de mort, jusqu'à ce qu'il y ait été par Nous pourvû, suivant la réserve portée par l'Article XLVI. de nôtre Ordonnance du mois de Février 1731.

LXXVIII. Toutes les dispositions de la presente Ordonnance, soit sur la forme ou sur le fond des Testamens, Codiciles, & autres Actes de derniere volonté, seront exécutées, encore que lesdites dispositions, de quelqu'espéce qu'elles soient, eussent la cause pie pour objet.

LXXIX. N'entendons comprendre dans la presente Ordonnance, ce qui concerne la qualité ou la quotité des biens dont le Testateur peut disposer, ni pareillement ce qui regarde l'ouverture, l'enregistrement & la publication des Testamens, ou autres Actes de derniere volonté, nomination & fonctions des Exécuteurs testamentaires ; sur tous lesquels points il ne sera rien innové, en vertu de nôtre presente Ordonnance, aux dispositions des loix ou usages qui sont observez à cet égard.

LXXX. Les Testamens, Codiciles ou autres Actes de derniere volonté, dont la rédaction & la suscription auront une date certaine & autentique, avant la publication des Presentes, par la presence & signature d'un Notaire, Tabellion ou autre personne publique, ou qui auront été déposez chez un Notaire ou Tabellion, ou dans un Gréfe, ou autre dépôt public, avant ladite publication, seront exécutez, ainsi qu'ils auroient pû ou dû l'être avant nôtre presente Ordonnance; & ce, encore que le Testateur ne soit décédé qu'après qu'elle aura été publiée.

LXXXI. Et à l'égard des Testamens, Codiciles, ou autres Actes de derniere volonté, dont la date n'aura point été ou ne sera point devenuë autentique, suivant ce qui est porté par l'Article précedent, avant la publication de la presente Ordonnance; voulons qu'elle soit observée en son entier, dans le Jugement des contestations qui pourront naître au sujet desdits Actes, si ce n'est que le Testateur fût décédé avant la publication des Presentes, ou dans l'année qui suivra immédiatement ladite publication; auquel cas, lesdites contestations seront jugées, ainsi qu'elles auroient pû & dû l'être avant la presente Ordonnance.

LXXXII. En cas que les Testamens, Codiciles, ou autres dispositions holographes se trouvent n'avoir point de date, les contestations qui pourront naître sur la validité ou la nullité desdits Actes, seront jugées suivant la Jurisprudence qui a eu lieu jusqu'à present, dans nos Cours à cet égard; & ce, lorsque le Testateur sera mort avant la publication de la presente Ordonnance, ou dans l'année qui suivra immédiatement ladite publication; & lorsqu'il ne sera décédé qu'après ladite année, la disposition des Articles XXXVIII. & XLVII. sur la nullité desdits Actes, par le defaut de dates, sera également observée par toutes nos Cours, & autres Juges.

Voulons au surplus, que la presente Ordonnance soit gardée & observée dans tout nôtre Roïaume, Terres & Païs de nôtre obéïssance, à compter du jour de la publication qui en sera faite : Abrogeons toutes Ordonnances, Loix, Coûtumes, Statuts & usages diférens, ou qui seroient contraires aux dispositions y contenuës.

SI DONNONS EN MANDEMENT à nos amez & feaux les Gens tenans nôtre Cour de Parlement à Roüen, que ces Presentes ils gardent, observent, entretiennent, fassent garder, observer & entretenir, & pour les rendre notoires à nos Sujets, les fassent lire, publier & registrer; CAR tel est nôtre plaisir : Et afin que ce soit chose ferme & stable à toûjours,

DECLARATIONS ET ARRESTS.

Nous y avons fait mettre nôtre Scel. DONNE' à Versailles, au mois d'Aoust, l'an de grace mil sept cens trente-cinq, & de nôtre Régne le vingtiéme. Signé, LOUIS : Et plus bas, Par le Roy, CHAUVELIN: *Visa*, CHAUVELIN. Et scellé du grand Sceau de cire verte, en lacs de soïe rouge & verte.

Extrait des Regiſtres de la Cour de Parlement.

VEU par la Cour, toutes les Chambres assemblées, les Lettres Patentes de Sa Majesté, en forme d'Ordonnance, données à Versailles, au mois d'Aoust 1735. signées, LOUIS: Et plus bas, Par le Roy, CHAUVELIN, & scellées du grand Sceau de cire verte ; Pour faire un Réglement qui établisse une Juriſprudence uniforme par tout le Roïaume, à l'égard de la forme & conditions y mentionnées, pour la validité des Teſtamens, Codiciles, & autres diſpoſitions à cauſe de mort : L'Arreſt de la Cour, en date du 9. de ce mois, portant Soit l'Ordonnance du Roy communiquée au Procureur Général ; les Concluſions d'icelui : Et oüi le Raport du Sieur le Peſant de Boiſguilbert, Conſeiller-Commiſſaire : Tout conſidéré ; LA COUR, toutes les Chambres aſſemblées, a ordonné & ordonne que l'Ordonnance du mois d'Aouſt 1735. ſera regiſtrée ès Regiſtres de la Cour, lûë & publiée, l'Audience d'icelle ſéante, pour être exécutée ſelon ſa forme & teneur ; Sans néanmoins que par l'Article 17. de ladite Ordonnance, il ſoit dérogé au Titre de la Coûtume de Normandie, concernant les diſpoſitions du Tiers en Caux, ni que par l'Article 23. il ſoit dérogé à l'Article 412. de ladite Coûtume, ni auſſi que par l'Article 25. il ſoit dérogé audit Article 412. concernant le pouvoir donné aux Vicaires ; & pareillement ne ſera dérogé par les Articles 68. 69. 70. 71. & 72. aux Articles de ladite Coûtume de Normandie, contenus au Titre des Teſtamens : Ordonne en outre, que les Vidimus de ladite Ordonnance ſeront envoïez dans les Bailliages de ce reſſort, pour y être pareillement lûs, publiez, enregiſtrez & exécutez, à la diligence des Subſtituts du Procureur Général du Roy, leſquels ſeront tenus, chacun en droit ſoi, de certifier la Cour, dans le mois, des diligences qu'ils auront pour ce faites. Fait à Roüen en Parlement, le neuviéme jour de Juillet mil ſept cens trente-ſix.
Signé, AUZANET.

Ladite Ordonnance du Roy ci-deſſus a été lûë, publiée & regiſtrée, la grande Audience de la Cour ſéante, oüi & ce requerant le Procureur Général du Roy, pour être exécutée ſelon ſa forme & teneur, aux Modifications portées par l'Arreſt du jourd'hier, intervenu ſur la vérification de ladite Ordonnance. A Roüen en Parlement, le dixiéme jour de Juillet mil ſept cens trente-ſix.
Signé, AUZANET.

1735. Aoust.

Lettres Patentes du Roy, pour l'exécution de l'Ordonnance du mois d'Aoust 1735. qui établit une nouvelle Jurisprudence uniforme, au sujet des Testamens.

Du 4. Aoust 1736.

LOUIS par la grace de Dieu, Roy de France & de Navarre : A nos amez & feaux Conseillers les Gens tenans nôtre Cour de Parlement de Normandie, SALUT. Nous avons été informez que nôtre Ordonnance du mois d'Aoust 1735. concernant les Testamens, aïant été adressée à nôtredite Cour, elle ne l'auroit enregistrée le 10. Juillet dernier, qu'avec diférentes réserves ou modifications, qui résistent non seulement à l'esprit, mais à la lettre de cette Ordonnance : Et Nous étant fait représenter les Exemplaires qui en ont été imprimez à Roüen, avec les clauses portées par l'Arrest d'enregistrement, Nous avons reconnu que la premiere des réserves qui y sont contenuës, est entierement inutile, les Articles de la Coûtume de Normandie, par raport aux dispositions du tiers qui a lieu dans le Païs de Caux, n'aïant été en aucune maniere l'objet de nôtre Ordonnance ; & qu'à l'égard de toutes les autres réserves, portées par le même Arrest d'enregistrement, elles tendent directement à détruire plusieurs des Articles de nôtredite Ordonnance, & à y faire prévaloir quelques dispositions de la Coûtume de Normandie, concernant des formalitez peu importantes, ou à faire subsister une Jurisprudence particuliere de vôtre Compagnie, qui ne peut plus avoir lieu, après nôtredite Ordonnance ; en sorte que toutes ces réserves renferment également une contravention manifeste aux derniers termes de la même Ordonnance, par lesquels Nous avons abrogé toutes Ordonnances, Loix, Coûtumes, Statuts & usages diférens, ou qui seroient contraires aux dispositions y contenuës. Nous ne devons donc pas soufrir des clauses si contraires à l'autorité de la Loi même, qui en est l'objet ; & Nous sommes d'autant plus obligez de les faire cesser, que sans cela une nouvelle diversité de Jurisprudence deviendroit, contre nos intentions, le fruit d'une Loi qui n'est faite que pour y établir une parfaite uniformité. A CES CAUSES, & autres à ce Nous mouvant, de l'avis de nôtre Conseil, sans avoir égard ausdites

DECLARATIONS ET ARRESTS.

dites clauses, réserves ou modifications, que Nous avons ôtées & levées, & par ces Presentes signées de nôtre main, ôtons & levons, comme nulles & de nul éfet. Voulons & Nous plaît, que toutes les dispositions de nôtredite Ordonnance du mois d'Aoust 1735. soient observées & exécutées purement & simplement, dans nôtre Province de Normandie, comme dans le reste de nôtre Roïaume, ainsi & de la même maniere que si lesdites clauses, réserves ou modifications n'avoient point été inserées dans ledit Arrest du 10. Juillet, lequel sera au surplus exécuté selon sa forme & teneur. SI VOUS MANDONS que ces Presentes vous aïez à faire lire, publier & enregistrer, & le contenu en icelles garder, observer & exécuter, selon leur forme & teneur; CAR tel est nôtre plaisir. En témoin de quoi, Nous avons fait mettre nôtre Scel à cesdites Presentes. DONNE' à Compiégne, le quatriéme jour du mois d'Aoust, l'an de grace mil sept cens trente-six; & de nôtre Régne le vingt-uniéme. Signé, LOUIS: Et plus bas, Par le Roy, CHAUVELIN. Et scellées du grand Sceau de cire jaune.

Extrait des Registres de la Cour de Parlement.

VEU par la Cour, toutes les Chambres assemblées, les Lettres Patentes du Roy, données à Compiégne, le 4. Aoust 1736. signées, LOUIS: Et plus bas, Par le Roy, CHAUVELIN, & scellées du grand Sceau de cire jaune; Pour l'exécution de l'Ordonnance de Sa Majesté, du mois d'Aoust 1735. qui établit une nouvelle Jurisprudence uniforme, au sujet des Testamens: Conclusions du Procureur Général du Roy; & oüi le Raport du Sieur Conseiller-Commissaire: Tout consideré; LA COUR a ordonné & ordonne que lesdites Lettres Patentes du Roy seront registrées ès Registres de la Cour, lûes & publiées, pour être exécutées selon leur forme & teneur; & les Vidimus d'icelles envoïez dans les Bailliages & autres Siéges du ressort de la Cour, pour y être pareillement lûs, publiez, registrez & exécutez, à la diligence des Substituts du Procureur Général du Roy, qui seront tenus de certifier la Cour, dans le mois, des diligences qu'ils en auront faites. FAIT à Roüen en Parlement, le quatorziéme jour d'Aoust mil sept cens trente-six.

Signé, AUZANET.

Lesdites Lettres Patentes du Roy ont été lûës, publiées & registrées, la grande Audience de la Cour séante, oüi & ce requerant le Procureur Général, pour être exécutées selon leur forme & teneur, suivant l'Arrest intervenu le 14. de ce mois, sur la vérification desdites Lettres Patentes. A Roüen en Parlement, le 16. Aoust 1736. Signé, AUZANET.

Arrest du Parlement, portant entr'autres choses, Réglement au sujet de la preuve par Témoins, en cas de fraude prétenduë dans l'Action en Clameur, qui ordonne quand elle peut être admise contre le Clamant, & à quoi l'Aquereur doit satisfaire, pour être en état de s'en servir, &c.

Du 8. Aoust 1735.

1735.
Aoust.

ENTRE Noble Dame Marie-Michelle D'amfernel veuve de Jean-Baptiste de Collardin Ecuïer, Seigneur de Rully, apellante de Sentence renduë en Bailliage à Tinchebray, le premier de Décembre 1732. d'une part: Et Demoiselle Anne-Jeanne-Aimée de la Bigne, fille de Pierre de la Bigne Ecuïer, Sieur de Monfroux, & de Dame Françoise-Elisabeth de Meherenc, intimée en apel, d'autre part. Vû par la Cour, toutes les Chambres assemblées, ladite Sentence dont est apel en la Cour, ci-dessus datée, renduë entre ladite Demoiselle de la Bigne demanderesse en Clameur, à l'encontre de ladite Damfernel, veuve dudit Sieur de Collardin, pour faire condamner ladite Dame Damfernel, à lui faire renduë & remise des Fiefs & Seigneuries de Saint-Christophe & du Petit-Trutemer, qu'elle auroit aquis de Jean-Paul Larcher Ecuïer, Sieur de S. Vast, de Dame Loüise de Meherenc son épouse, de Demoiselle Jeanne de Meherenc de Nérée & de Jacques-François de la Bigne Ecuïer ; par contrat du 26. Octobre 1731. aux ofres de rembourser ladite Dame de Rully, en or & en argent monnoïé aïant cours, de tous les prix principaux, frais & loïaux, vins & façons de terres, & autres qui se trouveront sujets à rembourser, & même de lui donner caution où il écherra ; avec déclaration qu'à son refus de gager ladite Clameur, ou à son defaut, ladite Demoiselle se fera autoriser de consigner ses deniers ; & qu'au moïen de la consignation, la Clameur seroit jugée éfectuée, & ladite Demoiselle envoïée en propriété & possession desdits Fiefs & Seigneuries, & de tout l'éfet dudit contrat, avec dépens, suivant les fins des Exploits de Pierre Deslandes Sergent, des 12. Mai & 21. Juin 1732. En la presence des Sieur &

DECLARATIONS ET ARRESTS. 481

1735.
Aouſt.

Dame de Saint-Vaſt & covendeurs, auſſi aſſignez par Exploits deſdits jours, pour être preſens à l'éféctuation de ladite Clameur, y conſerver leurs intérêts, & remplir de leur chef les ſouſcriptions auſquelles ils ſe ſont obligez par ledit contrat ; faute de quoi, voir ordonner la conſignation, ſuivant que le tout eſt plus au long mentionné auſdits Exploits ſuſdatez, dûëment contrôlez. Sur laquelle Action la cauſe aïant été portée à l'Audience, ledit jour premier Décembre, audit Siége de Tinchebray, Me. Dodard Avocat pour ladite Demoiſelle de la Bigne, auroit dit que la Dame de Rully aïant aquis les Fiefs & Seigneuries de Saint-Chriſtophe & du Petit-Trutemer, par le prix de cinq mille livres, païables du jour de S. Michel précédent en trois ans, en atendant quoi, l'intereſt en court au denier vingt ; après lequel tems de trois ans écoulez, leſdits Sieur & Dame vendeurs ſeroient obligez de fournir un bon & valable remplacement, pour ladite ſomme de cinq mille livres ; faute de quoi, l'intéreſt ceſſeroit du jour des ofres & exhibitions que ladite Dame feroit deſdites cinq mille livres : Que ladite Demoiſelle de la Bigne n'avoit clamé ledit contrat de vente, qu'à deux des vendeurs ; ſçavoir, ladite Demoiſelle de Nerée & ledit Sieur Jacques-François de la Bigne Ecuïer, leſquels auroient accepté de leur chef ladite Demoiſelle, pour les charges & ſouſcriptions dudit contrat, & en avoient entierement déchargé ladite Dame de Rully, par Acte exercé devant Robert Foucault Tabellion, en conſéquence dudit Exploit de Clameur, du 12. Mai : Qu'il n'y avoit que les Sieur & Dame de Saint-Vaſt, qui avoient demandé une caution à ladite Demoiſelle clamante, dautant qu'ils étoient dans l'impoſſibilité de lui fournir le remplacement, & que d'ailleurs ils perdroient l'intéreſt de leurs deniers, s'ils les recevoient avant l'expiration deſdites trois années, à quoi on ne pouvoit les obliger, avant le tems porté par ledit contrat ; mais que ladite Demoiſelle clamante les avoit ſatisfaits, & leur avoit ofert pour caution la perſonne de Laurent Rouleaux, de la Paroiſſe de Beauchesne, homme très-ſolvable, & connu du Juge pour tel ; laquelle caution leſdits Sieur & Dame de Saint-Vaſt n'avoient point conteſtée, & que l'on ne croïoit pas que ledit Sieur de Saint-Vaſt preſent à l'Audience, conteſtât : Qu'à l'égard de ladite Dame de Rully, elle conteſtoit la Clameur, ſous prétexte, diſoit-elle, que le

Ooo ij

Retrait n'étoit introduit que pour conserver les héritages dans les familles; & que par conséquent, ladite Demoiselle ne devant que prêter son nom au Sieur de Beauchesne, pour lequel elle devoit avoir fait la Clameur, (ce qui étoit une fraude faite à ladite Dame) elle devoit être déchargée de l'Action, avec dépens; au moïen de la preuve de prétendus faits par elle alléguez, & contenus dans ses Ecritures, signifiées les 20. Octobre & 4. Novembre, par lesquelles elle prétendoit faire demeurer constant, que c'étoit pour ledit Sieur de Beauchesne qu'elle clamoit, si ladite Demoiselle n'en convenoit pas, & ausquels faits elle ne devoit pas être écoutée: Que ladite Demoiselle de la Bigne convenoit que le Retrait lignager étoit pour conserver les Terres dans les familles; mais que ladite Dame de Rully ne devoit pas ignorer qu'il étoit aussi reçû, pour donner moïen aux parens de pouvoir profiter, quand elles étoient données à trop bon marché; d'où il s'ensuivoit qu'il n'y avoit point de fraude, quand on retiroit pour profiter; & qu'il étoit de maxime certaine, que pour faire juger un Retrait frauduleux, il faloit le conseil & l'événement, la fraude n'étant point présumée, si le conseil n'est point exécuté: Que tout cela avoit été décidé par plusieurs Arrêts, entr'autres par un raporté par Berault, sur l'Article 479. de nôtre Coûtume, par lequel il avoit été jugé que ce n'étoit point une fraude de revendre l'héritage retiré, cinq jours après le delais, à celui dont on avoit emprunté les deniers: Que Me Basnage en raportoit aussi un, sur le même Article, par lequel il fut jugé que le lignager avoit pû même vendre l'héritage, avant que de le retirer: Que Mr Loüet en raportoit aussi plusieurs Arrêts, qui l'avoient pareillement jugé: Que Me Basnage en citoit encore un, sur l'Article 478. par lequel il fut décidé que ce n'étoit pas assez d'avoir eu le dessein de faire une fraude, & qu'il en faloit prouver l'exécution & l'événement, dautant qu'on pouvoit changer de volonté: Que c'étoit aussi le sentiment de tous les Auteurs; en sorte que suivant ces principes & la jurisprudence certaine des Arrêts, ladite Dame de Rully pouvoit voir que de quelque maniere qu'elle s'y prît, elle ne pouvoit jamais réüssir dans ses idées: Qu'au reste, il n'étoit point vrai, sauf respect, que ladite Demoiselle de la Bigne prêtoit son nom au Sieur de Beauchesne; qu'elle clamoit pour elle, &

pour y profiter considérablement : Que ladite Demoiselle pouvoit avancer hardiment & avec bien plus de vérité, que c'étoit la Dame de Rully qui le prêtoit au Sieur de Villers, qui avoit aquis les Rotures, & emprunté le nom de ladite Dame de Rully pour les Fiefs, par raport sans doute aux Francsfiefs, dont il vouloit se mettre à couvert, à l'abri de ladite Dame de Rully : Que la conduite qu'il avoit tenuë & tenoit dans cette afaire, en étoit une preuve assûrée ; étant allé lui-même à Mortain, pour faire recevoir un Garde, sous le nom de ladite Dame de Rully, & faire les Ecrits, dont il en étoit venu faire signifier un lui-même ; & aussi étoit-il inoüi qu'on eût divisé les Fiefs d'avec la Terre, sans y atacher aucunes Glébes : Que ladite Demoiselle clamante ne sçachant ce que c'étoit que de s'écarter de la vérité, convenoit que c'étoit le Sieur de Beauchesne, qui voïant une famille dénuée & desolée, avoit la bonté de lui fournir & prêter des deniers pour le Retrait, lesquels deniers on ne devoit pas trouver étrange qu'il suivît, pour faire faire l'emploi qu'ils provenoient de lui, rien n'étant plus naturel : Qu'il étoit aussi vrai qu'elle avoit dit audit Sieur de Beauchesne, qu'après les Retrait & delais, s'il vouloit la Terre avec les Fiefs elle s'en ajusteroit avec lui, & lui en donneroit la préférence, & qu'il le méritoit bien ; mais qu'il n'y avoit eu aucunes pactions arrêtées ; & qu'il lui avoit même marqué en avoir si peu envie, que si la Dame de Rully & le Sieur de Villers vouloient se réünir, elle en traiteroit même bien avec eux : Qu'elle refusoit déja plus de trente-cinq mille livres de profit ; qu'ainsi ladite Dame n'avoit qu'à parler, & traiter avec elle, qu'elle ne pouvoit pas mieux en user : Mais de dire que ladite Dame de Rully & ledit Sieur de Villers, après avoir aquis à vil prix ladite Terre de Saint-Christophe & les Fiefs, prétendent en profiter, & exclure ladite Demoiselle de son Retrait lignager, à la faveur desdits prétendus faits alléguez par ladite Dame, c'étoit se moquer du monde : Que le Sieur de Beauchesne avoit pû faire & dire tout ce qu'il lui avoit plû ; que cela ne pouvoit faire aucun préjudice à ladite Demoiselle, ni la faire exclure de sa Clameur : Qu'en éfet, si on suivoit le sistème de ladite Dame, il ne faudroit plus parler de Clameur, n'y aïant aucun aquereur qui ne suscitât quelqu'un de lui dire que ce seroit pour lui que l'on clameroit ; & au moïen d'une pareille preuve, il se maintiendroit dans son aquest; mais que ladite Dame n'établiroit jamais ce sistème, étant trop oposé au bon sens, & révoltant même l'esprit humain : Qu'il faloit donc que ladite Dame de Rully atendît que ladite Demoiselle eût revendu, soit au Sieur de Beauchesne ou autre, sans profiter, pour se plaindre, ce qu'elle ne trouveroit jamais; mais que quant à present, elle ne devoit pas être entenduë dans ses prétendus faits alléguez : Pourquoi il auroit soûtenu pour ladite Demoiselle, qu'on ne devoit avoir aucun égard ausdits faits ; & que vû les ofres de ladite Demoiselle, l'acceptation de ladite Demoiselle de Nérée & dudit Sieur de la Bigne, & la caution donnée de la personne dudit Laurent Rouleaux, Sieur de la Vente, non contestée, & lequel alloit faire sa soûmission, tant pour ledit prix du contrat, que pour les frais non liquidez, ladite Dame devoit être condamnée de faire renduë & remise desdits Fiefs & Seigneuries clamez ; faute de quoi, la Sentence en vaudroit, avec dépens, depuis & non compris le dernier desdits Exploits de Clameur, & aux dommages & intérêts ; à quoi il auroit conclu. Et Me le Lievre Avocat plaidant pour ladite Dame de Rully, auroit dit qu'à entendre le Sieur Dodard au sujet de la Clameur intentée par le Sieur de Beauchesne, sous le nom de ladite Demoiselle de la Bigne, il n'y auroit plus d'orénavant aucune fraude dans les Clameurs : L'on poura faire passer le marché d'un aquereur à un tiers, & le faire profiter d'un aquest qu'il n'aura point eu la peine de faire ; il sera permis d'en arrêter des conventions auparavant la signification d'un Retrait, comme il est arrivé en cette ocasion ; & il ne faudra plus compter pour rien, l'Article 479. de la Coûtume, quoi que cependant les dispositions en soient remarquables, qu'il soit en faveur d'un aquereur de bonne-foi, qui a contracté sans fraude & sans déguisement, & non pour celui qui tâche de le surprendre ; & puisque la Coûtume donne trente ans aux lignagers, pour découvrir la fraude que l'on pouroit commettre à leur préjudice, qu'elle a voulu acorder le même tems aux aquereurs, pour s'instruire si le Retrait avoit été demandé en fraude, il en résulte que la fraude ne se tolère point. Le Retrait est frauduleux, lorsque le lignager prête son nom, à l'éfet de remettre l'héritage à un autre : Or il est au sçû & connu de tout le monde, que l'éfet de la Clameur en question, est

DECLARATIONS ET ARRESTS.

pour le Sieur de Beauchesne ; que la promesse lui en a été faite, qu'il s'y compte, qu'il se vante par tout que la Demoiselle de la Bigne ne fait que lui prêter son nom, & que c'est pour lui & à cause de lui, que l'Action a été formée; puisqu'il en fait toutes les démarches, qu'il en a fait faire toutes les diligences, qu'il est present à tout, & qu'il fournit tous les frais : C'est le Sieur de Beauchesne qui défraïe la Demoiselle clamante, le Sieur son pere, le Sieur son frere, le Sieur Dodard, qu'il améne exprès de Mortain avec lui, & tous les autres; il paroît à visage découvert, dans toutes les ocasions, au sujet de la Clameur : Il a commencé après les conventions & promesses qui lui ont été faites, par traiter d'une partie de six cens livres de rente, dûë originairement par les vendeurs au Sieur de Baugis ou à la Dame son épouse : Et ce qui est entré dans le projet de la clamante, comme un motif déterminant la cession qui lui a été faite, il n'a pas craint de faire soliciter, & d'aller soliciter lui-même publiquement les Sieur & Dame de Saint-Vast, & leur a ofert à l'un une indemnité, & à l'autre une écharpe, pour les engager à agréer la Demoiselle clamante, pour les soûmissions du contrat. Il a dit en presence de la Demoiselle clamante & en public, que ce qui l'engageoit à clamer, c'étoit parce que sa Terre relévoit de Saint-Christophe, comme Rully : Oüi, il l'a dit, & l'a répété à plusieurs & diverses fois, qu'il mangeroit plûtôt dix mille livres, que de n'avoir pas les Fiefs de Saint-Christophe, puisque sa Terre en relevoit : Qu'il ne lui en faloit pas d'autres raisons, & qu'il étoit inutile de chercher des témoins ; qu'il ne cachoit ni ses desseins ni ses démarches. Il est vrai que ce langage étoit un peu diférent d'un autre qu'il avoit tenu, qui étoit qu'il lui en coûtoit déja plus de deux cens écus, pour les frais de la Clameur de Saint-Christophe, & que si ce n'étoit honte, qu'il l'abandonneroit, mais tous ces faits concourent pour manifester la vérité. Le Sieur de Beauchesne a continué, & continuë ses poursuites; & en cela il est évident qu'il a non seulement le dessein, mais que l'événement s'ensuit : Il se croit déja propriétaire des Fiefs & Terres de Saint-Christophe, si-tôt qu'il s'est vanté en la presence de la Demoiselle de la Bigne, que quand il seroit à Saint-Christophe, les perdrix & les liévres rencheriroient à Paris : Il a été visiter & fait visiter les Bois de Saint-Christophe, & fait défendre d'y mettre des bestiaux, & a menacé les particuliers de les confisquer. Le Sieur de Beauchesne a agi de tous côtez dans la Clameur, jusqu'à écrire quelque tems après son Exploit, qu'il avoit fait brasser par le Sieur Dodard, à Piquet Tabellion, qu'il sçavoit qu'il s'y pourroit rencontrer quelques nullitez, mais qu'il les rectifieroit par un autre, qu'il feroit signifier de nouveau ; & c'est ce qui est arrivé : Il avoit aussi écrit quelque tems avant, au même Piquet, de parler à la Dame des Rivieres, sœur du Sieur de Saint-Vast, pour la déterminer à prendre son parti, atendu qu'il n'avoit pas tout son argent : Et en un mot, l'on a concerté tous les moïens de faire réüssir la Clameur ; & le Sieur de Beauchesne a promis pour ce sujet, une somme à la Demoiselle de la Bigne, ainsi qu'à sa sœur ; il en a fait de même aux Sieurs leurs pere & freres, jusqu'à une somme de cinq cens livres. Tous faits détaillez plus au long, & encore en plus grand nombre, dans les Ecritures de la Dame de Rully, qu'elle ofre prouver, tant par témoins que par écrit, pour faire constater les intrigues de la Demoiselle clamante & du Sieur de Beauchesne, au sujet de la Clameur, où l'un & l'autre ont part, pour répondre au soûtien de ce que les démarches du Sieur de Beauchesne ne peuvent faire de préjudice à la Clameur ; elle n'ose cependant les méconnoître. Tout au contraire, le langage de son Avocat fait assez entendre qu'il n'y a rien que de certain & de bien positif : Mais de conclure qu'il n'y faut pas avoir d'égard, sous prétexte de quelques Arrêts mal expliquez, c'est encore détruire le texte précis de l'Article 494. de la Coûtume, suivant lequel le droit de Clameur lignagere est incessible, parce qu'il est un droit d'essence & de famille, lequel ne tombe point dans le commerce, puisque cette cession ou acommodation de nom, est contraire à la fin principale du Retrait qui est de conserver le bien dans les familles ; ce seroit le faire sortir hors, quoi que le Retrait ne soit introduit que pour l'y faire rentrer quand il en est sorti, & non pas pour profiter ; c'est-à-dire, remettre le fonds clamé à un tiers ; ce qui est une erreur des plus grandes de l'avancer. La Cour dans son Réglement de 1666. a encore renouvelé ces dispositions, & postérieurement aux Arrêts citez, afin que personne ne puisse s'y méprendre ; cependant l'on espere du parti oposé, y contrevenir impunément. Il n'y a pas de doute, que la preuve

des

des faits mis en avant par la Dame de Rully, est inadmissible, pour joindre à ce qui est reconnu ; puisqu'il est de maxime que le clamé n'aïant pas ocasion de la faire, il pouroit prendre le serment du retraïant : Mais puisque la Dame de Rully peut prouver la fraude, elle soûtient en droit d'y conclure ; ou à faute par la partie d'en vouloir atendre la preuve, qu'elle soit deboutée de sa Clameur, avec dépens : Et M^e le Gallois Avocat pour lesdits Sieur & Dame de Saint-Vast, lequel n'a point contesté la caution proposée, & s'est seulement arrêté à demander son congé de Cour : Par laquelle Sentence il est dit, parties oüies, de l'avis de l'Assistance, vû la déclaration desdits Sieur & Dame de Saint-Vast, d'accepter la caution proposée par ladite Demoiselle de la Bigne, & laquelle est reçûë, en faisant sa soûmission au Gréfe ; en quoi faisant, à bonne cause l'Action en Clameur intentée par ladite Demoiselle de la Bigne, contre ladite Dame de Rully : Sans avoir égard aux faits articulez par ladite Dame de Rully, tant qu'à present, icelle condamnée de faire renduë & remise du contrat clamé ; ce faisant, Nous les avons renvoïées au Mardi prochain d'après la signification de ladite Sentence, devant le Notaire du lieu, sous le district duquel lesdits Fiefs sont situez, ou autre qui sera indiqué en son absence, qu'on y fera trouver en cas d'absence ; faute de quoi, vaudra ladite Sentence de remise, à la caution de Laurent Rouleaux, Sieur de la Vente, de la Paroisse de Beauchesne, caution proposée & reçûë, lequel present a signé pour sa soûmission ; les Sieur & Dame de Saint-Vast congediez ; les dépens de ladite Demoiselle de la Bigne, en tant que la delivrance de ladite Sentence, à elle ajugez sur ladite Dame de Rully, les autres dépens compensez entre toutes les parties ; icelle Sentence signifiée d'Avocat à Avocat, le 29. dudit mois. De laquelle Sentence ladite Dame de Rully s'étant portée pour apellante, elle auroit relevé ses Lettres d'apel, le 17. dudit mois, qu'elle auroit fait signifier le 5. Janvier 1733. à ladite Demoiselle de la Bigne, avec Assignation à comparoir en la Cour, pour procéder sur ledit apel ; lequel aïant été porté à la Grand' Chambre, le 10. Juillet audit an, Me Thoüars Avocat de ladite Dame de Rully, auroit conclu à ce qu'il plût à la Cour, mettre l'apellation & ce dont est apellé, au néant ; émendant & corrigeant, apointer ladite Dame de Rully, pour joindre à ce qui résulte du Procès, à tous les faits articulez dans ses Ecritures ; apointer la Demoiselle de la Bigne en preuve de faits contraires ; renvoïer les parties devant autre Juge que celui dont est apel ; & condamner ladite Demoiselle de la Bigne, aux dépens de ce qui s'est fait depuis & compris la Sentence dont est apel, les autres réservez en définitive : Et Me Brehain Avocat de ladite Demoiselle de la Bigne, auroit conclu à ce qu'il plût à la Cour, mettre l'apellation au néant, avec dépens. Sur quoi seroit intervenu Arrest ledit jour 10. Juillet, par lequel la Cour, parties oüies, sur l'apel les a apointées au Conseil, pour être le procès jugé, toutes les Chambres assemblées, & donné Réglement ; ledit Arrest signifié de Procureur à Procureur, le 28. dudit mois, avec déclaration de mettre le procès en distribution. Vû aussi les pieces respectivement closes par lesdites parties ; sçavoir, Bail passé devant les Notaires de Vire, le 29. Décembre 1698. par Messire Gabriel de Meherenc, Seigneur & Patron de Saint-Christophe, à George Badiou, Sieur de la Vallée, du Domaine non fiéfé de la Terre de Saint-Christophe : Contrat passé devant les Notaires de Tinchebray, pour le Siége de Rully, le 26. Octobre 1731. de vente faite par Jacques-François de la Bigne Ecuïer, Demoiselle Jeanne-Aimée de Meherenc, Dame Loüise de Meherenc épouse de Jean-Paul Larcher Ecuïer, Sieur de Saint-Vast, & de lui düëment autorisée ; tous héritiers de Jacques de Meherenc Ecuïer, Sieur de Saint-Christophe & du Petit-Trutemer, à ladite Dame Damfernel veuve dudit Sieur de Rully, du Fief & Seigneurie de Saint-Christophe & du Petit-Trutemer, dont le prix & les clauses sont ci-dessus mentionnez : Ledit Exploit de Clameur, requête de ladite Demoiselle de la Bigne, du 12. Mai 1732. fait à ladite Dame de Rully ci-dessus mentionné ; ensuite est l'Exploit de dénonciation qui en a été faite, requête de ladite Demoiselle de la Bigne, ausdits Sieur & Dame de Saint-Vast, pareillement ci-dessus mentionné, contrôlé à Tinchebray le même jour : Procès verbal encore devant lesdits Notaires de Tinchebray, le 13. dudit mois, en conséquence desdits Exploits de Clameur ci-dessus, entre ladite Demoiselle de la Bigne, ladite Dame de Rully, lesdits Sieur & Dame de Saint-Vast : Autre Exploit de Clameur, requête de ladite Demoiselle de la Bigne, fait à ladite Dame de Rully, le 20. Juin audit

an ; enfuite eſt l'Exploit de dénonciation qui en a été faite auſdits Sieur & Dame de Saint-Vaſt, dont ci-deſſus mention eſt
faite, ateſté & contrôlé à Tinchebray, le même jour : Acte
de Comparution de ladite Demoiſelle de la Bigne, du 23. dudit mois : Extrait de Sentence renduë audit Siége de Tinchebray, le même jour, qui autoriſe ladite Demoiſelle de la Bigne de conſigner ſes deniers, & acte acordé de la repreſenta-
tion de ſes deniers : Autre pareille Sentence, dudit jour, qui
acorde acte à ladite Demoiſelle de ſes eſpéces, & de ce qu'elle
s'en eſt reſſaiſie : Copie d'Ecrit de Défenſes de ladite Dame de
Rully, du 20. Octobre audit an : Acte de Comparution de
ladite Demoiſelle de la Bigne, du 26. dudit mois : Copie d'Ecrit
des Sieur & Dame de Saint-Vaſt, du 20. dudit mois : Copie
de Sommation d'Audience de ladite Dame de Rully, du 23.
dudit mois : Copie de Sommation d'Audience de ladite Dame de Rully, du 4. Novembre audit an : Deux Actes faits
ſignifier requête de ladite Demoiſelle de la Bigne, des 7. &
17. dudit mois : Ladite Sentence dont eſt apel en la Cour, du
premier Décembre audit an, ci-deſſus référée : Copie des qualitez de ladite Sentence, & du Plaidoïer de l'Avocat de ladite
Demoiſelle de la Bigne, ſignifiées le 9. dudit mois : Autre
Copie du Plaidoïer de l'Avocat de ladite Dame de Rully,
ſignifiée le même jour : Exploit fait requête de ladite Demoiſelle de la Bigne, du 29. dudit mois, de ſignification de
ladite Sentence à ladite Dame de Rully, avec ſommation de
ſe trouver le lendemain matin, ſur les onze heures, chez
Pierre Louvrier Tabellion, aux fins par ladite Dame de faire
renduë & remiſe des Fiefs & Seigneuries de Saint-Chriſtophe,
ſuivant qu'elle y a été condamnée par ladite Sentence, avec
déclaration qu'elle y fera trouver ledit Laurent Rouleaux caution reçûë, pour en réïtérer ſa ſoûmiſſion, contrôlé à Tinchebray, le même jour : Procès verbal d'exhibition faite par
ladite Demoiſelle de la Bigne, de la ſomme de mille vingt
livres, devant ledit Me Louvrier Tabellion, le 30. dudit mois,
& de defaut pris contre ladite Dame de Rully, faute d'avoir
comparu, & de réïtération du cautionnement dudit Rouleaux : Lettres d'apel de ladite Dame de Rully, du 17. dudit
mois : Exploit de ſignification faite à ſa requête, à ladite
Demoiſelle de la Bigne, avec Aſſignation à comparoir en la
Cour, contrôlé à Tinchebray, le même jour : Cédule de Pre-

sentation mise au Gréfe de la Cour, par le Procureur de ladite Demoiselle de la Bigne, le 20. Février: Avenir fait signifier à sa requête, le 29. Avril: Sommation d'Audience à sa requête, du 6. Juin: Extrait de production manuelle faite par les Huissiers de la Cour, requête de ladite Demoiselle de la Bigne, du 10. dudit mois: Autre Extrait de production à sa requête, du 26. dudit mois: Sommation de clorre faite à sa requête, le 5. Février 1735. Defaut par elle pris au Gréfe de la Cour, le 17. dudit mois, à l'encontre de ladite Dame de Rully, faute d'avoir clos, & fourni son Ecrit de Griefs: Requête presentée à la Cour, par ladite Demoiselle de la Bigne, le 8. Juin audit an, tendante à ce qu'il plût à la Cour, déclarer ledit Defaut bien pris; & pour le profit, mettre l'apellation au néant, avec dépens; souscrite d'Ordonnance de Soit signifiée, signifiée le 12. Ecrit de Griefs, en forme de Requête, de ladite Dame de Rully, signifié le 17. Juin 1735. par lequel elle a conclu à ce qu'il plût à la Cour, mettre l'apellation & ce dont; corrigeant & réformant, l'apointer à la preuve des faits par elle articulez, apointer ladite Demoiselle de la Bigne à la preuve des faits contraires; à laquelle fin, renvoïer les parties procéder devant autre Juge que celui dont est apel, avec dépens: Mémoire imprimé de ladite Demoiselle de la Bigne, du 2. Juillet: Autre Mémoire de ladite Dame de Rully, du 23. Requête de ladite Dame de Rully, du même jour, pour faire recevoir les pieces y énoncées, souscrite d'Ordonnance de Soit communiquée à partie, pour y fournir de contredits, signifiée ledit jour; lesquelles pieces consistent en Copies, dont les Originaux sont ci-dessus référez: Ecrit de Réponse sommaire de ladite Demoiselle de la Bigne, signifié le 27. dudit mois: Et generalement tout ce que lesdites parties ont clos, mis & produit pardevers la Cour: Conclusions du Procureur Genéral du Roy: Et oüi le Raport du Sieur de Tiremois de Sacy, Conseiller-Commissaire: Tout consideré, LA COUR, toutes les Chambres assemblées, faisant droit sur les Ecritures, Requêtes & conclusions des parties, a mis & met l'apellation au néant; a ordonné & ordonne que ce dont est apel, sortira son plein & entier éfet: A condamné & condamne ladite Damfernel de Rully, en l'Amende de douze livres envers le Roy, & aux dépens de la Cause d'apel, envers ladite de la Bigne, ainsi qu'au

DECLARATIONS ET ARRESTS.

Raport & coût du prefent Arreft : Et faifant droit fur le Requifitoire du Procureur Général du Roy, aux fins du Réglement ordonné être fait par ladite Cour, a déclaré & déclare la preuve par témoins inadmiffible pour faits tendans à faire déclarer l'Action en Retrait frauduleufe, avant que la Clameur ait été gagée, & que le lignager ait mis l'héritage hors de fa main, en conféquence de pactions ou conventions qui aïent précédé l'Action en Retrait : A ordonné & ordonne qu'à l'avenir tout lignager clamant, s'il en eft requis, fera tenu de jurer & afirmer avant fa Clameur gagée, qu'il clame pour lui, qu'il ne prête fon nom à perfonne, directement ni indirectement, & qu'il eft dans la volonté actuelle de garder l'héritage clamé : A pareillement ordonné & ordonne que le prefent Arreft fera lû, l'Audience de la Cour féante, publié & afiché par tout où befoin fera, à ce que perfonne n'en ignore ; & qu'à la requête du Procureur Général du Roy, Copies collationnées dudit prefent Arreft, feront envoïées dans les Bailliages de ce reffort, pour y être pareillement lûë, l'Audience féante, & y être exécuté felon fa forme & teneur : Enjoint aux Subftituts du Procureur Général aufdits Bailliages, chacun en droit foi, de tenir la main à l'exécution du prefent Arreft, & d'en certifier la Cour dans le mois. Fait à Roüen en Parlement, le huitiéme jour du mois d'Aouft mil fept cens trente-cinq.

Par la Cour, Signé, AUZANET.

Le prefent Arreft a été lû & publié, la grande Audience de la Cour féante, le Vendredi 18. Novembre 1735. Signé, AUZANET.

Déclaration du Roy, pour régler le droit de pourvoir aux Bénéfices pendant la vacance, tant des Abaïes ou des Prieurez réguliers, que des Archevêchez & Evêchez dont ils dépendent.

Du 30. Aouft 1735.

LOUIS par la grace de Dieu, Roy de France & de Navarre : A tous ceux qui ces prefentes Lettres verront, SALUT. Le droit de pourvoir aux Bénéfices pendant la vacance des Abaïes ou des Prieurez réguliers dont ils dépendent, a fait naître depuis long-tems une question importante, qui n'a pas été décidée de la même maniere, dans les diférens Tribunaux de nôtre Roïaume. D'un côté, les Religieux ont prétendu que l'Abé ne formant avec eux qu'un seul & même corps, dont il est le chef, c'étoit au nom de ce corps qu'il joüissoit du droit de Collation, comme des autres droits honorifiques ; & ils en ont conclu, que son pouvoir expirant avec lui, le droit qu'il exerçoit pendant sa vie, se réünissoit naturellement au corps, dont il étoit censé l'avoir reçû ; & que cette maxime devoit avoir également lieu, soit dans le cas de la Régle, ou dans celui de la Commande : D'un autre côté, les Evêques ont soûtenu que les plus anciennes Loix de l'Eglise, & le caractere même de l'Episcopat, leur atribuant la libre disposition de tous les Benéfices de leur Diocèse, le droit des Abez devoit être consideré comme une exception, & une espéce de servitude contraire à l'ordre commun, que l'Abé seul avoit aquis par sa possession le privilége d'exercer ; qu'ainsi lorsqu'il n'étoit plus en état de le faire, le pouvoir primitif de l'Evêque devoit revivre de plein droit, & par la seule cessation de l'obstacle qui en avoit suspendu l'exercice. Des principes si oposez ont aussi produit des décisions contraires, les unes entierement conformes à la prétention des Religieux, les autres entierement favorables à celle des Evêques. On a voulu trouver un milieu entre ces deux extrêmitez, en faisant dépendre le droit du fait ; c'est-à-dire, de l'usage & de la possession : Mais ce tempérament a produit encore une nouvelle incertitude dans les Jugemens, pour sçavoir si c'étoit aux Evêques ou aux Religieux de prouver la possession ; & s'il sufisoit qu'elle fût justifiée en général pour des Benéfices dépendans de l'Abé, ou si elle devoit l'être singuliérement pour le Benéfice qui faisoit le sujet de la contestation. Une jurisprudence sujette à tant de variations, exige de nôtre atention à l'ordre public, que Nous les fassions cesser, par l'établissement d'une régle uniforme, & commune à tous les Tribunaux de nôtre Roïaume, comme Nous avons déja commencé de le faire dans d'autres matieres ; & Nous ne sçaurions fixer cette régle d'une maniere plus conforme à la pureté des saints Canons, qu'en conservant aux Evêques un droit, qui étant naturellement ataché à leur autorité, a précédé tous les priviléges acordez aux Religieux

& aux Monaſtéres, priviléges qui ne ſont d'ailleurs que des exceptions de la régle genérale, & qui par conſéquent ne ſçauroient être renfermez dans des bornes trop étroites ; au lieu que le retour au droit commun, toûjours favorable en lui-même, l'eſt encore plus, lorſque celui qui pouroit ſeul y opoſer une exception, en a perdu le droit par ſa mort ou par ſa démiſſion : Mais en confirmant ainſi les anciens droits des premiers Paſteurs, toutes les fois qu'ils peuvent les exercer, Nous devons mettre auſſi en conſidération la faveur de la diſcipline Monaſtique, par raport à la diſpoſition des Ofices clauſtraux & des places Monacales, qui formant une eſpéce de Titres ſingulierement aféctez aux Réguliers, & aïant un raport direct avec le gouvernement intérieur des Monaſtéres, mérite que pendant la vacance des Abaïes ou des Prieurez, le choix de ceux qui doivent être pourvûs de ces Titres, ſoit laiſſé aux Monaſtéres mêmes. C'eſt ainſi qu'en conſervant également aux Evêques & aux Religieux, les droits qui leur apartiennent, Nous donnerons à l'Ordre Hierarchique & à la diſcipline réguliere, des marques de la protection que l'une & l'autre doivent atendre de nôtre amour pour la juſtice, & de nôtre zèle pour le bien de la Religion. A CES CAUSES, & autres à ce Nous mouvant, de nôtre certaine ſcience, pleine puiſſance & autorité Roïale, Nous avons par ces Preſentes ſignées de nôtre main, dit, déclaré & ordonné, diſons, déclarons & ordonnons, voulons & Nous plaît ce qui ſuit.

ARTICLE PREMIER.

Les Benéfices dépendans des Abaïes ou Prieurez réguliers, & dont la Collation eſt exercée par l'Abé ſeul, ſeront conférez par les Archevêques ou Evêques, dans les Diocèſes deſquels leſdits Benéfices ſont ſituez, lorſqu'ils ſe trouveront vacans, ou lorſqu'ils viendront à vâquer pendant la vacance des Abaïes ou Prieurez réguliers dont ils dépendent ; ce qui ſera obſervé, ſoit que leſdites Abaïes ou leſdits Prieurez réguliers ſoient poſſedez en Régle, ou qu'ils ſoient tenus en Commande, & ſans diſtinction entre les exemts, de ceux qui ne le ſont pas.

II. Dans les Abaïes ou Prieurez réguliers, où l'uſage eſt que les Benéfices qui en dépendent, ſoient conférez alternativement par l'Abé ou par le Prieur, réguliers ou ſéculiers,

& par les Religieux; ceux defdits Benéfices, qui tomberoient dans le tour de l'Abé ou du Prieur, si l'Abaïe ou le Prieuré n'étoient pas vacans, seront conférez par l'Archevêque ou l'Evêque Diocésain, selon ce qui est porté par l'Article précédent : Et à l'égard de ceux qui tomberont dans le tour des Religieux, ils continuëront d'y pourvoir, ainsi que pendant la vie de l'Abé ou du Prieur.

III. Dans les Abaïes ou Prieurez réguliers, où le droit de Collation est exercé en commun & conjointement par les Abé ou Prieur, & par la Communauté des Religieux, ladite Communauté joüira seule dudit droit, pendant la vacance de l'Abaïe ou du Prieuré.

IV. Pendant la vacance des Archevêchez & Evêchez, les Benéfices dont la Collation doit apartenir aux Archevêques & Evêques, suivant ce qui est porté par les Articles I. & II. des Présentes, tomberont en Régale, & il y sera par Nous pourvû, en la maniere acoûtumée.

V. N'entendons comprendre dans la disposition des deux premiers Articles de nôtre présente Déclaration, les Ofices claustraux & places Monacales, dont nôtre intention est que la Collation apartienne aux Religieux, même pendant la vacance des Abaïes ou Prieurez dont ils dépendent.

VI. Voulons que le contenu en nôtre présente Déclaration, soit exécuté, nonobstant tous Actes, Transactions, Concordats, Arrêts, Jugemens, usages & possessions contraires; sans néanmoins qu'il puisse être aporté aucun trouble ni empêchement à ceux qui auroient été maintenus par Arrêts ou par des Jugemens, lesquels auroient aquis l'autorité de la chose jugée; ni pareillement que ceux qui aïant été pourvûs par les Religieux, se trouveroient paisibles possesseurs, lors de la publication des Présentes, puissent être inquiétez par ceux qui seroient pourvûs par les Archevêques ou Evêques, postérieurement à ladite publication. Voulons aussi que les contestations qui sont déja nées entre les Pourvûs par les Religieux, & les Pourvûs par les Archevêques ou Evêques, soient décidées suivant la jurisprudence qui étoit observée à cet égard dans nos Cours, avant nôtre présente Déclaration. SI DONNONS EN MANDEMENT à nos amez & feaux Conseillers les Gens tenans nôtre Cour de Parlement de Roüen, que ces Présentes ils aïent à faire lire, publier &
enre-

DECLARATIONS ET ARRESTS. 495

enregiftrer, & le contenu en icelles garder & obferver, felon leur forme & teneur; CAR tel eft nôtre plaifir. En témoin de quoi Nous avons fait mettre nôtre Scel à cefdites Prefentes. DONNE' à Verfailles, le trentiéme jour d'Aouft, l'an de grace mil fept cens trente-cinq; & de nôtre Régne le vingtiéme. Signé, LOUIS: Et plus bas, Par le Roy, CHAUVELIN. Et fcellée du grand Sceau de cire jaune.

Lûë, publiée & regiftrée, la grande Audience de la Cour féante; oüi & ce requerant le Procureur Général du Roy, pour être exécutée felon fa forme & teneur, fuivant l'Arreft intervenu le 14. de ce mois, fur la vérification de ladite Déclaration. A Roüen en Parlement, le 16. Aouft 1736.

Signé, AUZANET.

Arreft du Parlement, portant Réglement pour l'Enregiftrement en ladite Cour, des Mandemens d'Evêques, & autres Réglemens tant de Police Ecléfiaftique que civile, concernans les Matieres de la compétence de la Grand'Chambre.

Du 17. Janvier 1736.

SUR la remontrance faite à la Cour, par le Procureur Général du Roy, expofitive que le Promoteur de M. l'Evêque d'Evreux auroit prefenté une Requête, à lui communiquée pour mettre des Conclufions; par laquelle il demande à faire homologuer & enregiftrer un Mandement, portant Réglement fur les fonctions, honoraires & rétributions des Doïens Ruraux; & qu'avant de remettre à la Chambre cette Requête foufcrite de Conclufions, il feroit obligé de lui reprefenter que la forme de procéder à ces fortes d'Enregiftremens, n'a pas été jufqu'à prefent bien fixe, & demander qu'elle veüille bien la déterminer par un Arreft, qui ferve de régle à l'avenir: Que depuis un petit nombre d'années, il y a eu diférens Mandemens enregiftrez, les uns la Grand'Chambre affemblée, comme celui donné par M. de Bezons Archevêque de Roüen, le 28. Mai 1721. concernant les Sépultures des Fidèles, enregiftré le 29. du même mois; d'autres ont été enregiftrez la Grand'Chambre feule, comme celui rendu par M. de Treffan Archevêque de Roüen, le 31. Mai 1729. enregiftré le premier Aouft audit an: Que

II. *Suite du N. R.* Qqq

cette variété doit faire connoître à la Cour, la nécessité qu'il y a, de faire à ce sujet un Réglement : Que l'on voit par l'Article 58. des Ordonnances Roïaux, publiées par le commandement de Loüis XII. en sa Cour de Parlement de Roüen, le 22. Décembre 1507. que les afaires importantes doivent être jugées par les Chambres assemblées, & que c'est à la Cour à déterminer celles qu'elle croit par leur qualité, mériter d'y être portées : Que par la même raison, il lui apartient aussi de déterminer celles qu'elle croit devoir être jugées par la Grand' Chambre assemblée : Que si d'un côté, il est de régle & d'usage de faire aux Chambres assemblées, les enregistremens des Edits & Déclarations du Roy, & d'y rendre les Arrêts de Réglement qui peuvent interresser l'ordre général & public, & qui doivent servir à l'avenir à toutes les Chambres, de fondement à leurs Jugemens ; il semble aussi d'un autre côté, qu'il est naturel par cette raison, de porter à la Grand' Chambre assemblée, l'enregistrement des Réglemens, tant de Police Ecléfiaftique, que de Police civile, & autres qui se rendent dans les matieres de la compétence de la Grand' Chambre, ainsi que celui des Lettres Patentes qui sont adressées au Parlement, & qui sont les uns & les autres de sa compétence naturelle, ne paroissant pas convenir qu'une Loi soit acceptée ou formée en cette Chambre, par une partie de ceux qui la composent, en l'absence de l'autre, ocupée dans d'autres Chambres à un service passager, puisque ces Enregistremens & ces Réglemens doivent servir aux uns & aux autres, de régle aux Arrêts qu'ils rendent dans la suite, sur les matieres qu'ils contiennent : Pourquoi requiert qu'il soit arrêté qu'à l'avenir tous Mandemens d'Evêques, & tous Réglemens de Police, tant Ecléfiaftique que civile, concernans les matieres qui sont de la compétence de la Grand' Chambre, ainsi que les Lettres Patentes adressées au Parlement, ne pouront y être enregistrées que la Grand' Chambre assemblée ; sauf à cause de l'importance de la matiere, à le faire même les Chambres assemblées, s'il plaisoit à la Cour ainsi l'ordonner. Vû par la Cour, la Grand' Chambre assemblée, ledit Requisitoire ; & oüi le Raport du Sieur le Pesant de Boisguilbert, Conseiller-Commissaire : Tout considéré ; LA COUR, la Grand' Chambre assemblée, faisant droit sur le Requisitoire du Procureur Général du Roy, a ordonné qu'à l'avenir tous Mandemens

DECLARATIONS ET ARRESTS. 497

d'Evêques, & tous Réglemens de Police, tant Ecléfiaftique que civile, concernans les matieres qui font de la compétence de la Grand'Chambre, ainfi que les Lettres Patentes adreffées au Parlement, ne pourront y être enregiftrées que la Grand' Chambre affemblée ; fauf à caufe de l'importance de la matiere, à le faire même les Chambres affemblées, fi par la Cour eft ainfi ordonné. FAIT à Roüen en Parlement, le dix-feptiéme jour de Janvier mil fept cens trente-fix.

Par la Cour, Signé, AUZANET.

Arreft du Parlement, portant Réglement pour les Perfonnes interdites des Fonctions de Treforiers, tant dans les Villes qu'à la Campagne, pour l'adminiftration des Biens des Fabriques, la Reddition des Comptes, & le païement de leur Reliqua, & les diligences qui feront faites contre ceux qui n'y fatisferont dans le tems y porté ; ce qui fera exécuté à l'égard des Receveurs des deniers des Confréries & Charitez, &c.

Du 8. Mars 1736.

SUR la remontrance faite à la Cour, toutes les Chambres affemblées, par le Procureur Genéral du Roy, expofitive qu'un des principaux objets de l'atention de fon miniftére, eft la confervation des biens des Fabriques & Trefors des Eglifes : Qu'il auroit remarqué à cet égard quantité d'abus : Que les uns s'ingérent à les adminiftrer, quoi que par les Réglemens cela leur foit interdit, comme font les Curez & les Gentilshommes de la Campagne, qui fouvent par ce moïen, s'emparent des biens, des revenus & des Titres des Fabriques, dont il eft dificile enfuite de leur faire faire la reftitution : Que d'autres qui doivent ce fervice, le font avec négligence, parce que ces biens n'apartenans à perfonne, il arrive fouvent que ceux qui font chargez de les régir, font plus atentifs à leurs propres afaires, qu'à celles de l'Eglife, & s'aquitent mal d'une adminiftration, qui ne leur eft pas moins recommandée par les Loix de l'Etat, que par les Loix Ecléfiaftiques ; d'où vient la perte non feulement des revenus des Eglises, mais encore souvent des fonds ; de-là les Eglises restent sans décoration & sans ornemens, & plusieurs même se détruisent, faute d'être réparées. Le principe de ces abus vient principalement de ce que ceux qui sont chargez du soin de faire païer, le font avec nonchalance ; de ce que d'autres aïans en leurs mains les deniers de l'Eglise, ne s'empressent point de s'en dessaisir, parce qu'ils en font leurs afaires : Qu'il ne paroît point de meilleur moïen de remédier à ces abus, que d'empêcher les uns d'entrer dans une administration qui leur est défenduë, d'en écarter ceux dont la gestion peut être dangereuse, & de ranimer l'exactitude des autres, par la vûë de leur propre intérest ; d'obliger les Tresoriers qui ont administré, de païer le reliqua de leur compte, dans un certain tems, faute de quoi, faire courir en intérest la somme dont ils auront été trouvez redevables, & de déclarer les Tresoriers en charge responsables, en leur propre & privé nom, en cas d'insolvabilité, des sommes principales, & même des intérêts qui pouroient être dûs par leurs devanciers, faute de justifier de diligences contr'eux, faites en tems & lieu : Qu'il peut paroître contraire au droit ordinaire, de faire porter intérest à des sommes exigibles, mais qu'il faut regarder l'Eglise d'un autre œil que les particuliers : Que l'on a fait cette diférence pour les mineurs, dont les Tuteurs sont tenus aux intérêts des sommes qu'ils sont censez avoir reçûës pour le compte de leurs mineurs : Que l'Eglise a toûjours été mise au rang des mineurs, quand il a été question de ses intérêts, & la Justice lui a toûjours donné la même protection ; que par conséquent, il est convenable qu'elle lui acorde les mêmes avantages, dont il sera à la liberté des Tresoriers de s'afranchir, en satisfaisant promptement au païement des sommes dont ils se trouveront redevables, & en faisant avec soin les diligences nécessaires, pour contraindre les Tresoriers précédens à rendre leurs comptes ; d'ailleurs, on peut regarder lesdits intérêts, comme une peine de leur négligence, & comme une indemnité des dommages que les Eglises en soufrent infailliblement : Pourquoi requiert lui être sur ce pourvû. Vû par la Cour, toutes les Chambres assemblées, le Requisitoire du Procureur Général ; & oüi le Raport du Sieur le Pesant de Boisguilbert, Conseiller-Commissaire : Tout considéré, LA COUR, toutes les Chambres assemblées, aïant égard au Requisitoire du Procureur

DECLARATIONS ET ARRESTS. 499

1736.
Mars.

Général du Roy, a fait défenses aux Habitans des Paroisses, de nommer à l'avenir pour Tresoriers, les Curez en quelqu'endroit que ce soit ; ni les Seigneurs ni les Gentilshommes, dans les Paroisses de la Campagne ; ensemble les Juges en chef, Avocats & Procureurs du Roy des Bailliages & Vicomtez, dans les Paroisses dépendantes de leur Jurisdiction : A fait aussi défenses à tous & un chacun de ceux ci-dessus dénommez, d'en accepter la charge, & de prendre à titre de fermage, sous leurs noms ou de leurs domestiques, aucuns des biens & revenus des Eglises, d'avoir en leurs mains ni l'Argent ni les Titres apartenans aux Tresors & Fabriques, sous prétexte de quelque Délibération que ce soit, à peine de trois cens livres d'Amende ; à laquelle fin, enjoint à ceux desdits Curez, Seigneurs, Gentilshommes, & autres, qui se trouveront actuellement Tresoriers, de se démettre de leur gestion, sans pouvoir à l'avenir s'entremettre aux afaires du Tresor, sous la qualité d'anciens Tresoriers ; sauf toutefois le droit des Seigneurs, des propriétaires & habitans, & des Curez, de se trouver aux assemblées des Tresors en leursdites qualitez, aux termes des Arrêts & Réglemens, & usages des lieux : A enjoint à tous & un chacun d'iceux, de rendre compte incessamment de leur administration, & d'en païer le reliqua, sous les peines ci-après portées ; & aux habitans de procéder dans le mois après la publication & enregistrement du present Arrest, au Bailliage dans le ressort duquel les Eglises sont situées, à la nomination de nouveaux Tresoriers, ainsi qu'à l'Ajudication des biens & des revenus des Tresors, dont lesdits Curez, Gentilshommes, Seigneurs & autres se trouveront en joüissance à titre de fermage, desquels ils seront tenus d'abandonner aussi-tôt la possession ; à quoi faire ils seront contraints par toutes voïes dûës & raisonnables, même comme dépositaires ; & seront pareillement tenus de remettre dans ledit tems d'un mois, les deniers, Titres & papiers dont ils sont actuellement saisis, dans le cofre du Tresor, l'Inventaire préalablement fait : A pareillement enjoint à tous Tresoriers sortans d'exercice, de rendre leurs comptes, & d'en païer le reliqua incessamment après leur gestion finie ; & à tous Tresoriers étans en exercice, de faire en droit soi, contre leurs devanciers, un chacun successivement, les diligences nécessaires, pour les y contraindre ; parce que faute par les Treforiers fortans d'avoir rendu leurs comptes, dans les fix mois depuis leur geftion finie, & d'en avoir païé le reliqua pendant les fix autres mois enfuivans, la fomme dont ils fe trouveront redevables, commencera alors à courir en intérêt au denier vingt, au profit du Trefor ; & parce qu'auffi, faute par les Treforiers en exercice, d'avoir fait contre leurs devanciers, un chacun fucceffivement dans ledit tems, les diligences néceffaires pour les y contraindre, ils feront refponfables en leur propre & privé nom, un chacun pour fon fait & regard, en cas que lefdits Treforiers fortans devinfent dans la fuite infolvables, non feulement des fommes principales, dont ils feroient trouvez reliquataires, mais encore des intérêts qui en feront encourus : A pareillement enjoint à tous anciens Treforiers, qui n'ont point rendu jufqu'à prefent leurs comptes, & païé leur reliqua, d'y fatisfaire inceffamment, & à tous Treforiers chacun en droit foi, de faire fucceffivement à cet éfet, toutes les diligences néceffaires, pour y contraindre leurs devanciers ; parce que faute par les uns d'avoir rendu leurs comptes, dans les fix mois du jour de la publication & enregiftrement du prefent Arreft dans les Bailliages, & d'en avoir païé le reliqua dans les fix mois fuivans, & par les autres d'avoir fait fucceffivement chacun en droit foi, contre leurs devanciers, lefdites diligences néceffaires dans lefdits tems, les fommes dont les uns fe trouveront redevables courront pareillement en intéreft au denier vingt, & les autres en feront pareillement refponfables à l'avenir, en cas d'infolvabilité : Ordonne que le prefent Réglement fera déclaré commun pour toutes les Confréries, Charitez, & autres Sociétez établies dans les Eglifes, & dont les biens font adminiftrez en la forme & maniere que les biens des Trefors, en tant qu'il n'y auroit rien de contraire aux Statuts defdites Confréries dûement autorifées ; le tout, fans préjudice des pourfuites qu'il eft enjoint par les Ordonnances, & particulierement par l'Article XVII. de l'Edit de 1695. aux Subftituts du Procureur Général, de faire à cet égard, lefquels feront tenus de les faire, toutes & quantes fois qu'il en fera néceffaire, & notamment pour faire exécuter les Ordonnances que les Evêques & Archidiacres donneront à ce fujet, dans le cours de leurs Vifites : A l'éfet de quoi, le prefent Arreft fera lû, publié & afiché, par tout où befoin fera,

DECLARATIONS ET ARRESTS. 501

même issuë des Messes Paroissiales, & aux Portes des Eglises, afin que personne n'en ignore : Ordonne que les Vidimus d'icelui seront envoïez dans les Bailliages de ce ressort, pour être pareillement enregistrez, lûs, publiez & afichez, à la diligence des Substituts du Procureur Général ; lesquels seront tenus de certifier la Cour dans le mois, des diligences qu'ils auront faites à cet éfet. FAIT à Roüen en Parlement, le huitiéme jour de Mars mil sept cens trente-six.

Par la Cour, Signé, AUZANET.

1736.
Mars.

Arrest du Parlement, qui fait défenses d'élire Messieurs du Parlement, pour Marguilliers Comptables.

Du 8. Mars 1736.

SUR la remontrance faite à la Cour, toutes les Chambres assemblées, par le Procureur Général du Roy, expositive qu'il auroit presenté cejourd'hui un Requisitoire, pour demander qu'il fût fait défenses d'élire pour Tresoriers les Curez, dans quelqu'endroit que ce soit, les Seigneurs & Gentilshommes dans les Paroisses de la Campagne, & les Juges en chef & Avocats & Procureurs du Roy des Bailliages & Vicomtez, dans les Paroisses dépendantes de leur Jurisdiction ; parce que l'on a reconnu que l'administration qu'ils avoient des biens des Tresors, pouvoit être dangereuse : Qu'il paroîtroit singulier que, pendant que ces Juges inférieurs seroient déchargez d'une pareille fonction, les Oficiers des Cours y fussent assujettis : Que si d'un côté, on se porte à exclure les premiers, par la crainte que leur autorité ne soit préjudiciable au bien des Eglises, il semble d'un autre côté, convenable d'en exemter les autres ; parce qu'il paroît indécent, que des Magistrats supérieurs se trouvent confondus dans des fonctions peu convenables à leur place, avec tous ceux qui peuvent être choisis pour les remplir. En éfet, il répugne que des personnes constituées en dignité, & placées par leurs Charges au-dessus des autres, soient obligées malgré eux, & dans des tems même où les afaires publiques dont ils sont chargez, ne le leur permettroient pas, de décendre dans le détail d'une recette, & soient exposez à rendre un compte

1736.
Mars.

& essuïer à ce sujet les dificultez que des gens, qui ne leur doivent que des respects, se trouveroient en état de leur faire naître : Ce n'est pas que l'on pense qu'aucuns de ces Magistrats, veüillent en cela se dispenser entiérement de la protection, & des soins qu'un chacun doit aux Eglises, & que la Cour en genéral leur acorde toûjours ; mais cela ne se doit faire qu'avec les ménagemens qui leur sont dûs. L'usage de Paris n'est jamais de les élire pour Tresoriers comptables, & on n'élit les Magistrats supérieurs qu'en qualité de Marguilliers d'honneur, dont la fonction est de diriger, & de veiller sur la gestion des Tresoriers comptables. Cet usage qui peut n'être pas bon dans les autres endroits de la Province, pouroit l'être dans la Ville de Roüen, & il seroit à souhaiter qu'il y fût établi : Ce seroit le moïen que les Magistrats supérieurs entrassent dans l'administration des Tresors, avec la décence qui leur convient : Mais en atendant que l'on ait pris à cet égard, les arrangemens nécessaires, il est à propos que la Cour fasse connoître à ce sujet ses sentimens, & interpose son autorité, pour qu'il ne soit rien fait, qui puisse préjudicier à leur dignité : Pourquoi requiert qu'il soit fait défenses d'élire les Présidens, Conseillers & Gens du Roy du Parlement, pour Tresoriers comptables, dans les Paroisses de la Ville de Roüen, lesquels pouront seulement y être élûs, sous le titre de Marguilliers d'honneur, si on avise que bien soit : Et ordonner que le present Arrest sera envoïé au Bailliage de Roüen, pour y être lû & enregistré, ensuite envoïé aux Curez de ladite Ville, pour être lû aux premieres assemblées des Tresors desdires Paroisses, à ce que l'on n'en prétende cause d'ignorance. Vû par la Cour, les Chambres assemblées, ledit Requisitoire ; & oüi le Raport du Sieur le Pesant de Boisguilbert, Conseiller-Commissaire : Tout considéré ; LA COUR, les Chambres assemblées, faisant droit sur le Requisitoire du Procureur Genéral, a fait défenses d'élire les Présidens, Conseillers & Gens du Roy du Parlement, pour Tresoriers comptables, dans les Paroisses de la Ville de Roüen, lesquels pouront seulement y être élûs, sous le titre de Marguilliers d'honneur, si on avise que bien soit ; à laquelle fin, ordonne que le present Arrest sera envoïé au Bailliage de Roüen, pour y être lû & enregistré, ensuite envoïé aux Curez de ladite Ville, pour être lû aux premieres assemblées

blées des Trésors des Paroisses, à ce que l'on n'en prétende cause d'ignorance. FAIT à Roüen en Parlement, le huitiéme jour de Mars mil sept cens trente-six.

Par la Cour, Signé, AUZANET.

Déclaration du Roy, concernant la forme de tenir les Registres des Baptêmes, Mariages, Sépultures, Vêtures, Noviciats & Professions, & des Extraits qui en peuvent être delivrez.

Du 9. Avril 1736.

LOUIS par la grace de Dieu, Roy de France & de Navarre : A tous ceux qui ces presentes Lettres verront, SALUT. Ce seroit inutilement que les Loix, atentives à l'intérest commun des familles, & au bon ordre de la société, auroient voulu que les preuves de l'état des hommes fussent assûrées par des Actes autentiques, si elles ne veilloient avec une égale atention à la conservation des mêmes Actes : Et les Rois nos prédécesseurs ont réüni deux vûës si importantes, lorsqu'ils ont ordonné, d'un côté, que les Actes de Baptêmes, Mariages & Sépultures seroient inscrits sur des Registres publics ; & de l'autre, que ces Registres seroient déposez tous les ans, au Gréfe d'un Siége Roïal, & conservez ainsi sous les yeux de la Justice. Les dispositions des anciennes Loix sur cette matiere, furent rassemblées par le feu Roy nôtre très-honoré Seigneur & Bisaïeul, dans le Titre XX. de l'Ordonnance du mois d'Avril 1667. & il y en ajoûta beaucoup de nouvelles : Mais soit par la négligence de ceux qui devoient exécuter cette Loi, soit à l'ocasion des changemens survenus par raport aux Oficiers qui ont été chargez de la faire observer, il est arrivé que plusieurs des régles qu'elle avoit sagement établies, ont été presqu'oubliées, dans une grande partie de nôtre Roïaume. Nous avons commencé d'y remédier, dès le tems de nôtre avénement à la Couronne, en suprimant des Oficiers, dont la création donnoit quelqu'ateinte à l'ordre prescrit par l'Ordonnance de 1667. & il ne Nous reste plus que d'achever, & de perfectionner même, autant qu'il est possible, un ordre si nécessaire pour le bien public. C'étoit pour le main-

1736.
Avril.

II. Suite du N. R.   R r r

tenir qu'il avoit été ordonné par l'Article VIII. du Titre XX. de cette Loi, qu'il seroit fait par chacun an, deux Regiſtres, pour écrire les Baptêmes, Mariages & Sepultures, dont l'un ſerviroit de Minute, & demeureroit entre les mains du Curé ou du Vicaire ; & l'autre ſeroit porté au Gréfe du Siége Roïal, pour y ſervir de Groſſe : Mais après Nous être fait rendre compte de la maniere dont cette diſpoſition avoit été obſervée, Nous avons reconnu que dans le plus grand nombre des Paroiſſes, les Curez ont ſouvent négligé de remettre au Gréfe du Siége Roïal, un double de leur Regiſtre. A la vérité, il y a des Diocèſes où l'on eſt entré ſi parfaitement dans l'eſprit de la Loi, que l'on y a ajoûté la précaution nouvelle, d'obliger les Curez à tenir deux Regiſtres, dont tous les Actes ſont ſignez en même tems par les parties ; en ſorte que l'un de ces deux Regiſtres, également originaux, eſt dépoſé au Gréfe du Siége Roïal ; l'autre Regiſtre double demeurant entre les mains des Curez : Mais comme cet uſage n'a point encore été confirmé par aucune Loi generale, l'utilité en a été renfermée juſqu'à preſent, dans le petit nombre de lieux où il eſt établi, & dans le reſte de nôtre Roïaume, l'état de nos Sujets eſt demeuré expoſé à toutes les ſuites de la négligence des Curez, ou autres dépoſitaires des Regiſtres publics. Nous ne pouvons donc rien faire de plus convenable, pour établir un ordre certain & uniforme, dans une matiere à laquelle la Société civile a un ſi grand intérêt, que d'étendre à toutes les Provinces ſoûmiſes à nôtre domination, un uſage qui depuis pluſieurs années, a été ſuivi ſans aucun inconvenient, dans diférens Diocèſes. Nos Sujets y trouveront l'avantage de s'aſſûrer, par leur ſignature ſur deux Regiſtres, une double preuve de leur état ; & comme chacun de ces Regiſtres aquerra toute ſa perfection, à meſure qu'ils ſe rempliront, il ne reſtera plus aucun prétexte aux Curez, pour diférer au-delà du tems porté par l'Ordonnance, de faire le dépoſt d'un de ces doubles Regiſtres, au Gréfe Roïal. Nous ne nous contenterons pas d'autoriſer une forme ſi importante, Nous y joindrons les diſpoſitions convenables, ſoit pour déterminer celles des Juriſdictions Roïales, où l'un des Regiſtres double ſera dépoſé, ſoit pour régler plus exactement ce qui regarde la forme de ces Regiſtres, auſſi-bien que celle des Actes qui y ſeront inſcrits ; & Nous y ajoûterons enfin ce qui ſera obſervé à l'avenir à l'égard des Regiſtres des Vêtures, Pro-

DECLARATIONS ET ARRESTS.

feſſions, ou autres ſemblables, afin qu'il ne manque rien aux diſpoſitions d'une Loi, qui doit être auſſi générale, & auſſi facile dans ſon exécution, qu'elle eſt néceſſaire & importante dans ſon objet. A CES CAUSES, & autres à ce Nous mouvant, de l'avis de nôtre Conſeil, & de nôtre certaine ſcience, pleine puiſſance & autorité Roïale, Nous avons dit, déclaré & ordonné, diſons, déclarons & ordonnons, voulons & Nous plaît ce qui ſuit.

ARTICLE PREMIER.

Dans chaque Paroiſſe de nôtre Roïaume, il y aura deux Regiſtres, qui ſeront réputez tous deux autentiques, & feront également foi en Juſtice, pour y inſcrire les Baptêmes, Mariages & Sépultures, qui ſe feront dans le cours de chaque année ; l'un deſquels continuëra d'être tenu ſur du papier timbré, dans les païs où l'uſage en eſt preſcrit, & l'autre ſera en papier commun ; & feront leſdits deux Regiſtres fournis aux dépens de la Fabrique, un mois avant le commencement de chaque année.

II. Leſdits deux Regiſtres ſeront cotez par premier & dernier, & paraphez ſur chaque feüillet, le tout ſans frais, par le Lieutenant Général, ou autre premier Oficier du Bailliage, Senéchauſſée ou Siége Roïal reſſortiſſant nuëment en nos Cours, qui aura la connoiſſance des Cas Roïaux, dans le lieu où l'Egliſe ſera ſituée. Voulons que lorſqu'il y aura des Paroiſſes trop éloignées, dans l'étenduë dudit Siége, les Curez puiſſent s'adreſſer, pour faire coter & parapher leſdits Regiſtres, au Juge Roïal qui ſera commis à cet éfet, au commencement de chaque année, pour leſdits lieux, par ledit Lieutenant Général, ou autre premier Oficier dudit Siége, ſur la requiſition de nôtre Procureur, & ſans frais.

III. Tous les Actes des Baptêmes, Mariages & Sépultures, feront inſcrits ſur chacun deſdits deux Regiſtres, de ſuite & ſans aucun blanc ; & feront leſdits Actes ſignez ſur les deux Regiſtres, par ceux qui les doivent ſigner ; le tout, en même tems qu'ils feront faits.

IV. Dans les Actes de Baptêmes, il ſera fait mention du jour de la naiſſance, du nom qui ſera donné à l'enfant, de celui de ſes pere & mere, parrain & marraine ; & l'Acte ſera ſigné ſur les deux Regiſtres, tant par celui qui aura adminiſtré le Baptême, que par le pere (s'il eſt preſent,) le parrain

& la marraine ; & à l'égard de ceux qui ne sçauront ou ne pouront signer, il sera fait mention de la déclaration qu'ils en feront.

V. Lorsqu'un enfant aura été ondoïé, en cas de nécessité, ou par permission de l'Evêque, & que l'ondoïement aura été fait par le Curé, Vicaire ou Desservant, ils seront tenus d'en inscrire l'Acte incontinent, sur lesdits deux Registres ; & si l'enfant a été ondoïé par la Sage-femme ou autre, celui ou celle qui l'aura ondoïé, seront tenus, à peine de dix livres d'Amende, qui ne poura être remise ni moderée, & de plus grande peine en cas de récidive, d'en avertir sur le champ lesdits Curé, Vicaire ou Desservant, à l'éfet d'inscrire l'Acte sur lesdits Registres ; dans lequel Acte sera fait mention du jour de la naissance de l'enfant, du nom des pere & mere, & de la personne qui aura fait l'ondoïement ; & ledit Acte sera signé sur lesdits deux Registres, tant par le Curé, Vicaire ou Desservant, que par le pere, s'il est present, & par celui ou celle qui aura fait l'ondoïement ; & à l'égard de ceux qui ne pouront ou ne sçauront signer, il sera fait mention de la déclaration qu'ils en feront.

VI. Lorsque les cérémonies du Baptême seront supléées, l'Acte en sera dressé, ainsi qu'il a été prescrit ci-dessus pour les Baptêmes ; & il y sera en outre, fait mention du jour de l'Acte d'ondoïement.

VII. Dans les Actes de célébration de Mariage, seront inscrits les noms, surnoms, âges, qualitez & demeures des contractans ; & il y sera marqué s'ils sont enfans de famille, en tutelle ou curatelle, ou en la puissance d'autrui ; & les consentemens de leurs pere & mere, tuteurs ou curateurs, y seront pareillement énoncez : Assisteront ausdits Actes, quatre témoins dignes de foi, & sçachans signer, s'il peut aisément s'en trouver dans le lieu, qui sçachent signer : leurs noms, qualitez & domiciles seront pareillement mentionnez dans lesdits Actes ; & lorsqu'ils seront parens ou alliez des contractans, ils déclareront de quel côté, & en quel degré ; & l'Acte sera signé sur les deux Registres, tant par celui qui célébrera le Mariage que par les contractans, ensemble par lesdits quatre témoins au moins ; & à l'égard de ceux des contractans ou desdits témoins, qui ne pouront ou ne sçauront signer, il sera fait mention de la déclaration qu'ils en feront. Voulons au

DECLARATIONS ET ARRESTS.

surplus, que tout ce qui a été prescrit par les Ordonnances, Edits, Déclarations & Réglemens, sur les formalitez qui doivent être observées dans la célébration des Mariages, & dans les Actes qui en seront rédigez, soit exécuté selon sa forme & teneur, sous les peines y portées.

VIII. Lesdits Actes de célébration seront inscrits sur les Registres de l'Eglise Paroissiale du lieu où le Mariage sera célébré ; & en cas que pour des causes justes & légitimes, il ait été permis de le célébrer dans une autre Eglise ou Chapelle, les Registres de la Paroisse dans l'étenduë de laquelle ladite Eglise ou Chapelle seront situées, seront aportez lors de la célébration du Mariage, pour y être l'Acte de ladite célébration inscrit.

IX. Voulons qu'en aucun cas lesdits Actes de célébration ne puissent être écrits & signez sur des feüilles volantes ; ce qui sera exécuté, à peine d'être procédé extraordinairement contre le Curé ou autre Prêtre qui auroit fait lesdits Actes, lesquels seront condamnez en telle amende ou autre plus grande peine qu'il apartiendra, suivant l'exigence des cas ; & à peine contre les contractans, de déchéance de tous les avantages & conventions portées par le contrat de Mariage, ou autres Actes, même de privation d'éfets civils, s'il y échet.

X. Dans les Actes de Sépulture, il sera fait mention du jour du décès, du nom & qualité de la personne décédée ; ce qui sera observé même à l'égard des enfans, de quelqu'âge que ce soit ; & l'Acte sera signé sur les deux Registres, tant par celui qui aura fait la Sépulture, que par deux des plus proches parens ou amis qui y auront assisté, s'il y en a qui sçachent ou qui puissent signer ; sinon, il sera fait mention de la déclaration qu'ils en feront.

XI. S'il y a transport hors de la Paroisse, il en sera fait un Acte en la forme marquée par l'Article précédent, sur les deux Registres de la Paroisse d'où le corps sera transporté ; & il sera fait mention dudit transport dans l'Acte de Sépulture, qui sera mis pareillement sur les deux Registres de l'Eglise, où se fera ladite Sépulture.

XII. Les corps de ceux qui auront été trouvez morts avec des signes ou indices de mort violente, ou autres circonstances qui donnent lieu de le soupçonner, ne pourront être inhumez qu'en conséquence d'une Ordonnance du Lieutenant Criminel, ou autre premier Oficier au Criminel, renduë sur les Conclusions de nos Procureurs, ou de ceux des Hauts-Justiciers, après avoir fait les Procédures, & pris les instructions qu'il apartiendra à ce sujet ; & toutes les circonstances ou observations qui pouront servir à indiquer, ou à désigner l'état de ceux qui seront ainsi décédez, & de celui où leurs corps morts auront été trouvez, seront insérées dans les Procès verbaux qui en seront dressez ; desquels Procès verbaux, ensemble de l'Ordonnance dont ils auront été suivis, la Minute sera déposée au Gréfe, & ladite Ordonnance sera datée dans l'Acte de Sépulture, qui sera écrit sur les deux Registres de la Paroisse, ainsi qu'il est prescrit ci-dessus, à l'éfet d'y avoir recours quand besoin sera.

XIII. Ne seront pareillement inhumez ceux ausquels la Sépulture Ecléfiastique ne sera pas acordée, qu'en vertu d'une Ordonnance du Juge de Police des lieux, renduë sur les Conclusions de nôtre Procureur, ou de celui des Hauts-Justiciers ; dans laquelle Ordonnance sera fait mention du jour du décès, & du nom & qualité de la personne décédée : Et sera fait au Gréfe un Regiftre des Ordonnances qui seront données audit cas, sur lequel il sera delivré des Extraits aux parties interressées, en païant au Gréfier le salaire porté par l'Articles XIX. ci-après.

XIV. Toutes les dispositions des Articles précédens seront observées dans les Eglises Succursales, qui sont actuellement en possession d'avoir des Registres de Baptêmes, Mariages & Sépultures, ou d'aucun desdits genres d'Actes ; sans qu'on puisse en ce cas se dispenser de les insérer dans lesdits Registres des Eglises Succursales, sous prétexte qu'ils auroient été inscrits sur les Registres des Eglises Matrices.

XV. Toutes les dispositions desdits Articles seront pareillement exécutées dans les Chapitres, Communautez séculiéres ou régulieres, & Hôpitaux, ou autres Eglises, qui seroient en possession bien & dûëment établie, d'administrer les Baptêmes, ou de célébrer les Mariages, ou de faire des Inhumations ; à l'éfet de quoi ils seront tenus d'avoir deux Regiftres cotez & paraphez par le Juge, ainsi qu'il a été ci-dessus prescrit : N'entendons néanmoins rien innover à l'usage observé dans les Hôpitaux de nôtre bonne Ville de Paris, de faire

DECLARATIONS ET ARRESTS.

coter & parapher leurs Regiſtres ſeulement par deux Adminiſtrateurs ; & ſeront les deux Regiſtres des Hôpitaux, tant de nôtredite Ville, qu'autres, tenus en papier commun.

XVI. Dans les Paroiſſes ou autres Egliſes où il eſt d'uſage de mettre les Actes de Baptêmes, ceux de Mariages, & ceux de Sépultures, ſur les Regiſtres ſéparez, ledit uſage continuëra d'être obſervé ; à la charge néanmoins qu'il y aura deux originaux de chacun deſdits Regiſtres ſéparez, & que les Actes ſeront inſcrits & ſignez en même tems, ſur l'un & ſur l'autre, ainſi qu'il a été preſcrit ci deſſus.

XVII. Dans ſix ſemaines au-plûtard après l'expiration de chaque année, les Curez, Vicaires, Deſſervans, Chapitres, Supérieurs de Communautez, ou Adminiſtrateurs des Hôpitaux, ſeront tenus de porter ou envoïer ſûrement un deſdits deux Regiſtres au Gréfe du Bailliage, Senéchauſſée ou Siège Roïal reſſortiſſant nuëment en nos Cours, qui auront la connoiſſance des Cas Roïaux, dans le lieu où l'Egliſe ſera ſituée.

XVIII. Lors de l'aport du Regiſtre au Gréfe, s'il y a des feüillets qui ſoient reſtez vuides, ou s'il s'y trouve d'autre blanc, ils ſeront barrez par le Juge ; & ſera fait mention par le Gréfier ſur ledit Regiſtre, du jour de l'aport, lequel Gréfier en donnera ou envoïera une décharge en papier commun aux Curez, Vicaires, Deſſervans, Chapitres, Supérieurs ou Adminiſtrateurs ; pour raiſon de quoi, ſera donné pour tous droits, cinq ſols au Juge, & la moitié au Gréfier, ſans qu'ils puiſſent en exiger ni recevoir davantage, à peine de concuſſion ; & ſera ledit honoraire païé aux dépens de la Fabrique, ou des Egliſes ou Hôpitaux, qui ſont en poſſeſſion d'avoir des Regiſtres.

XIX. Il ſera au choix des parties intereſſées, de lever des Extraits des Actes de Baptême, Mariage ou Sépulture, ſoit ſur le Regiſtre qui ſera au Gréfe, ſoit ſur celui qui reſtera entre les mains des Curez, Vicaires, Deſſervans, Chapitres, Supérieurs ou Adminiſtrateurs : pour leſquels Extraits il ne poura être pris par leſdits Gréfiers, ou par leſdits Curez ou autres ci-deſſus nommez, que dix ſols pour les Extraits des Regiſtres des Paroiſſes établies dans les Villes où il y aura Parlement, Evêché ou Siége Préſidial ; huit ſols pour les Extraits des Regiſtres des Paroiſſes des autres Villes, & cinq ſols pour les Extraits des Regiſtres des Paroiſſes des Bourgs & Villages, le tout y compris le papier timbré : Défendons d'exiger ni recevoir plus grande somme, à peine de concussion.

XX. En cas de changement de Curé ou Desservant, l'ancien Curé ou Desservant sera tenu de remettre à celui qui lui succedera, les Regiſtres qui sont en sa possession, dont il lui sera donné une décharge en papier commun, contenant le nombre & les années desdits Regiſtres.

XXI. Lors du décès des Curez ou Desservans, le Juge du lieu, sur la requiſition de nôtre Procureur, ou de celui des Hauts-Juſticiers, dreſſera Procès verbal du nombre & des années des Regiſtres qui étoient en la possession du défunt, de l'état où il les aura trouvez, ou des defauts qui pouroient s'y rencontrer; chacun desquels Regiſtres il paraphera au commencement & à la fin.

XXII. Ne poura être pris plus d'une seule vacation pour ledit Procès verbal, & ce, ſuivant la taxe portée par les Réglemens qui s'obſervent dans le reſſort de chacune de nos Cours de Parlement; & sera ladite taxe païée sur les deniers ou éfets de la succeſſion du défunt, & en cas d'inſolvabilité, sur les revenus de la Fabrique de la Paroiſſe, sans qu'il puiſſe être taxé aucuns droits pour le voïage & tranſport du Juge, ſi ce n'eſt à l'égard des Paroiſſes éloignées de plus de deux lieuës du chef-lieu de la Juſtice dont elles dépendent, auquel cas il sera taxé une vacation de plus pour les frais dudit tranſport.

XXIII. En cas qu'il ait été apoſé un Scellé sur les éfets des Curez, Vicaires ou Deſſervans décédez, lesdits Regiſtres ne pouront être laiſſez sous le Scellé; mais seront les anciens Regiſtres enfermez au Presbitère ou autre lieu ſûr, dans un cofre ou armoire fermant à clef, laquelle sera dépoſée au Gréfe; & les Regiſtres doubles de l'année courante, seront remis entre les mains de l'Archidiacre ou du Doïen Rural, ſuivant les uſages des lieux, lequel remettra enſuite leſdits Regiſtres doubles au Curé ſucceſſeur, ou à celui qui sera nommé Deſſervant, des mains duquel ledit Curé ſucceſſeur les retirera lors de sa priſe de poſſeſſion; auquel tems lui sera pareillement remis la clef du cofre ou de l'armoire où les anciens Regiſtres auront été enfermez, enſemble leſdits anciens Regiſtres; & ce, sans aucuns frais.

XXIV. Voulons néanmoins, qu'en cas que l'Archidiacre ou le Doïen Rural, ſuivant les uſages des lieux, ofrent de
se

se charger de la clef du cofre ou de l'armoire, dans lequel les anciens Regiſtres auront été enfermez, il ſoit ordonné par le Juge, que ladite clef ſera remiſe audit Archidiacre ou Doïen Rural, lequel en donnera décharge au Gréfier, & remettra enſuite ladite clef au Curé ſuccesseur, ainſi que ledit Gréfier ſeroit tenu de le faire, ſuivant ce qui eſt porté par l'Article XXIII.

XXV. Dans les Maiſons Religieuſes, il y aura deux Regiſtres en papier commun, pour inſcrire les Actes de Vêture, Noviciat & Profeſſion, leſquels Regiſtres ſeront cotez par premier & dernier, & paraphez ſur chaque feüillet, par le Supérieur ou la Supérieure : à quoi faire ils ſeront autoriſez par un Acte Capitulaire, qui ſera inſéré au commencement de chacun deſdits Regiſtres.

XXVI. Tous les Actes de Vêture, Noviciat & Profeſſion, ſeront inſcrits en françois, ſur chacun deſdits deux Regiſtres, de ſuite & ſans aucun blanc, & leſdits Actes ſeront ſignez ſur leſdits deux Regiſtres, par ceux qui les doivent ſigner, le tout en même tems qu'ils ſeront faits; & en aucun cas leſdits Actes ne pourront être inſcrits ſur des feüilles volantes.

XXVII. Dans chacun deſdits Actes, il ſera fait mention du nom & ſurnom & de l'âge de celui ou de celle qui prendra l'Habit, ou qui fera Profeſſion, des noms, qualitez & domicile de ſes pere & mere, du lieu de ſon origine, & du jour de l'Acte, lequel ſera ſigné ſur leſdits deux Regiſtres, tant par le Supérieur ou la Supérieure, que par celui ou celle qui prendra l'Habit, ou fera Profeſſion, enſemble par l'Evêque ou autre perſonne Ecléſiaſtique qui aura fait la Cérémonie, & par deux des plus proches parens ou amis qui y auront aſſiſté.

XXVIII. Leſdits Regiſtres ſerviront pendant cinq années conſécutives, & l'aport aux Gréfes s'en fera; ſçavoir, pour les Regiſtres qui ſeront faits en exécution de la preſente Déclaration, dans ſix ſemaines après la fin de l'année 1741. enſuite, de cinq ans en cinq ans : Sera au ſurplus obſervé tout le contenu aux Articles XVII. & XVIII. ci-deſſus, ſur l'aport des Regiſtres, & la décharge qui en ſera donnée au Supérieur ou Supérieure.

XXIX. Il ſera au choix des parties intereſſées, de lever

des extraits desdits Actes, sur le Registre qui sera au Gréfe, en païant au Gréfier le salaire porté par l'Article XIX. ou sur le Registre qui restera entre les mains du Supérieur ou Supérieure, qui seront tenus de delivrer lesdits extraits, vingt-quatre heures après qu'ils en seront requis, sans aucun salaire ni frais, à la réserve du papier timbré seulement.

XXX. En cas que par nos Cours ou par autres Juges compétens, il soit ordonné quelque réforme sur les Actes qui se trouveront dans les Registres des Baptêmes, Mariages & Sépultures, Vêtures, Noviciats ou Professions, ladite réforme sera faite sur les deux Registres ; & ce, en marge de l'Acte qu'il s'agira de réformer, sur laquelle le Jugement sera transcrit en entier, ou par extrait : Enjoignons à tous Curez, Vicaires, Supérieurs, ou autres Dépositaires desdits Registres, de faire ladite réforme sur lesdits deux Registres, s'ils les ont encore en leur possession, sinon sur celui qui sera resté entre leurs mains, & aux Gréfiers, de la faire pareillement sur celui qui aura été déposé au Gréfe.

XXXI. Les Grands-Prieurs de l'Ordre de Saint Jean de Jerusalem seront tenus, dans l'an & jour de la Profession faite par nos Sujets dans ledit Ordre, de faire registrer l'Acte de Profession ; & à cette fin, enjoignons au Secrétaire de chaque Grand-Prieuré, d'avoir un Registre, dont les feüillets seront cotez par premier & dernier, & paraphez sur chaque feüillet, par le Grand-Prieur, ou par celui qui en remplira les fonctions, en cas d'absence ou autre empêchement légitime, pour y être écrit la copie des Actes de Profession & leur date, & l'Acte d'enregistrement signé par le Grand-Prieur ou par celui qui en exercera les fonctions, pour être delivrez à ceux qui le requerront ; le tout, à peine de saisie du temporel.

XXXII. Seront tenus, aux Archevêchez & Evêchez, des Registres pour les Tonsures & Ordres Mineurs & Sacrez, lesquels seront cotez par premier & dernier, & paraphez sur chaque feüillet, par l'Archevêque ou Evêque.

XXXIII. Permettrons à toutes personnes qui auront droit de lever des Actes, soit de Baptêmes, Mariages ou Sépultures, soit de Vêture, Noviciat, Profession, ou enregistrement des Professions dans l'Ordre de Saint Jean de Jerusalem, soit de Tonsure & Ordres Mineurs ou Sacrez, de faire compulser les Registres entre les mains des Dépositaires d'iceux ; les-

DECLARATIONS ET ARRESTS.

quels feront tenus de les reprefenter, pour en être pris des extraits, & à ce faire contraints, nonobftant tous priviléges & ufages contraires, à peine de faifie du temporel, & de privation des droits, exemtions & priviléges à eux acordez par Nous ou par nos Prédécefleurs.

XXXIV. Voulons que nôtre Edit du mois de Décembre 1716. portant fupreffion des Ofices de Gréfiers-Confervateurs des Regiftres des Baptêmes, Mariages & Sépultures, foit exécuté felon fa forme & teneur ; & en conféquence, que dans trois mois auplûtard après la publication de la prefente Déclaration, ceux qui ont exercé lefdits Ofices en titre ou par commiffion, leurs veuves & héritiers ou aïans caufe, foient tenus de remettre, fi fait n'a été, tous les Regiftres qui étoient en leur poffeffion, même les Regiftres ou Actes des Confiftoires, aux Gréfes des Bailliages, Senéchauffées ou autres Siéges Roïaux reffortiffans nuëment en nos Cours, qui auront la connoiffance des Cas Roïaux, dans les lieux pour lefquels lefdits Regiftres ont été faits ; faute de quoi, ils y feront contraints à la requête de nos Procureurs aufdites Jurifdictions ; fçavoir ; ceux qui ont exercé lefdits Ofices, par corps, & leurs veuves, héritiers ou reprefentans, par toutes voïes dûës & raifonnables, & condamnez en telle amende qu'il apartiendra, même fera procédé extraordinairement contr'eux, s'il y échet.

XXXV. Les héritiers ou aïans caufe des Curez ou autres Dépofitaires des Regiftres mentionnez en la prefente Déclaration, & généralement tous ceux qui auroient en leur poffeffion, à quelque titre & fous quelque prétexte que ce foit, aucunes minutes ou groffes des Regiftres dont ils ne doivent point être dépofitaires, feront tenus dans le delai porté par l'Article précédent, de les remettre au Gréfe des Jurifdictions mentionnées audit Article ; finon ils y feront contraints à la requête de nos Procureurs aufdites Jurifdictions ; fçavoir, les Ecléfiaftiques, par faifie de leur temporel ; ceux qui font ou qui en ont été dépofitaires publics, par corps ; & tous autres, par toutes voïes dûës & raifonnables ; & feront en outre, condamnez en telle Amende qu'il apartiendra, même fera procédé extraordinairement contr'eux, s'il y échet.

XXXVI. Lors de la remife defdites minutes ou groffes au Gréfe, par les perfonnes mentionnées aux deux Articles

1736.
Avril.

précédens, il sera dressé Procès verbal de l'état d'icelles, & elles seront paraphées par le Juge, après quoi il en sera donné une décharge en papier commun par le Gréfier, à ceux qui les auront raportées.

XXXVII. Toutes les grosses des Regiſtres qui auront été remiſes au Gréfe, y demeureront, & à l'égard des minutes, autres néanmoins que celles des Regiſtres ou Actes des Conſiſtoires, il ſera ordonné qu'elles ſeront remiſes ou renvoïées à ceux qui en doivent être dépoſitaires; à la charge par eux d'en remettre au Gréfe une Expédition ſignée d'eux, en papier commun. Voulons à l'égard des minutes deſdits Regiſtres ou Actes des Conſiſtoires, qu'elles demeurent au Gréfe, ainſi que les groſſes.

XXXVIII. Nos Procureurs aux Bailliages, Senéchauſſées & Siéges qui auront la connoiſſance des Cas Roïaux, ſeront tenus d'envoïer à nos Procureurs Généraux, ſix mois après la publication de la preſente Déclaration, un Etat en papier commun, certifié du Gréfier, de ceux qui auront ſatisfait aux diſpoſitions y contenuës, & de ceux qui n'y auront pas ſatisfait; ce qu'ils ſeront tenus de faire enſuite tous les ans, dans le mois de Mars au-plûtard.

XXXIX. En cas de contravention aux diſpoſitions de nôtre preſente Déclaration, qui concernent la forme des Regiſtres, & celle des Actes qui y ſeront contenus, la remiſe deſdits Regiſtres à ceux qui en doivent être chargez, & l'aport qui en doit être fait aux Gréfes des Juriſdictions Roïales, voulons que les Laïques ſoient condamnez en dix livres d'Amende, & les Curez ou autres perſonnes Ecléſiaſtiques, en dix livres d'Aumône, aplicable à telle œuvre pie que les Juges eſtimeront à propos, & les uns & les autres en tels dépens, dommages & intérêts qu'il apartiendra; au païement deſquels, enſemble de ladite Aumône, leſdites perſonnes Ecléſiaſtiques pouront être contraints par ſaiſie de leur temporel, & les Laïques par toutes voïes dûës & raiſonnables; même les uns & les autres, au païement des débourſez de nos Procureurs, ou de ceux des Hauts-Juſticiers, en cas de pourſuite de leur part; laiſſant à la prudence des Juges, de prononcer de plus grandes peines, ſelon l'exigence des cas, notamment en cas de récidive.

XL. Enjoignons à nos Procureurs Généraux & à leurs

DECLARATIONS ET ARRESTS.

Substituts aux Jurisdictions ci-dessus mentionnées, de faire tous les poursuites & diligences nécessaires, pour l'exécution des Presentes, sans que lesdites poursuites, Procès verbaux, Sentences & Arrêts intervenus sur icelles, puissent être sujettes aux droits de Contrôle des Exploits ou de Sceau, ni autres droits de quelque nature qu'ils soient.

XLI. Déclarons pareillement exemts des droits de Contrôle, & tous autres; tant les Registres mentionnez en la presente Déclaration, que les Extraits des Actes y contenus, & les décharges qui seront données dans les cas ci-dessus marquez.

XLII. Voulons que la presente Déclaration soit exécutée, selon sa forme & teneur, à commencer au premier Janvier 1737. dérogeant, en tant que besoin seroit, à tous Edits, Déclarations, Ordonnances & Réglemens, en ce qui ne seroit pas conforme aux dispositions y contenuës.

SI DONNONS EN MANDEMENT à nos amez & feaux Conseillers les Gens tenans nôtre Cour de Parlement de Roüen, & tous autres nos Oficiers qu'il apartiendra, que ces Presentes ils gardent, observent, entretiennent, fassent garder, observer & entretenir, & pour les rendre notoires à nos Sujets, les fassent lire, publier & registrer, même en Vacations; CAR tel est nôtre plaisir. En témoin de quoi Nous avons fait mettre nôtre Scel à cesdites Presentes. DONNE' à Versailles, le neuviéme jour d'Avril, l'an de grace mil sept cens trente-six; & de nôtre Régne le vingt-uniéme. Signé, LOUIS: Et plus bas, Par le Roy, CHAUVELIN. Et scellée du grand Sceau de cire jaune.

Lûë, publiée & registrée définitivement, la grande Audience de la Cour séante, oüi & ce requerant le Procureur General du Roy, pour être exécutée selon sa forme & teneur, suivant l'Arrest intervenu le jour d'hier sur la vérification de ladite Déclaration. A Roüen en Parlement, le 15. Novembre 1736.

Signé, AUZANET.

Déclaration du Roy, portant itératives défenses aux Tailleurs d'Habits de faire ni mettre, & à toutes Personnes de porter sur leurs Habits, des Boutons de Drap, ni autres de la qualité y mentionnée ; Avec mêmes défenses d'en fabriquer, ni en faire entrer de pareils dans Roïaume, &c.

Du 15. Mai 1736.

1736.
Mai.

LOUIS par la grace de Dieu, Roy de France & de Navarre : A tous ceux qui ces presentes Lettres verront, SALUT. Le feu Roy nôtre très-honoré Seigneur & Bisaïeul, par sa Déclaration du 25. Septembre 1694. enregistrée en nôtre Cour de Parlement de Paris, le 2. Octobre suivant, auroit pour les causes & considérations y contenuës, fait très-expresses défenses aux Tailleurs d'habits, & à tous autres, de faire aucuns Boutons de drap, & de toutes autres sortes d'étofes, de quelque qualité qu'elles fussent, à peine de cinq cens livres d'Amende ; & à toutes personnes d'en porter sur leurs habits, à peine de trois cens livres d'Amende. Et par diférens Arrêts & Réglemens postérieurement rendus, confirmez par Lettres Patentes du 5. Octobre 1706. enregistrées en nôtredite Cour de Parlement, le 21. Mars 1707. les mêmes dispositions auroient été renouvelées ; & il auroit été fait très-expresses inhibitions & défenses aux Tailleurs d'habits, & à toutes personnes, de faire & mettre ni porter sur les habits, des Boutons de drap, de Tissus de rubans, ni d'aucune autre étofe de soïe, ni d'or ni d'argent, faits au métier, sous les peines portées par la Déclaration du 25. Septembre 1694. Et étant informez qu'au préjudice de dispositions aussi précises, l'usage s'est introduit, & il se fait commerce depuis quelque tems, d'une sorte de Boutons, dont les moules sont couverts d'une étofe de crin faite au métier, en forme de ruban tissu, sous prétexte que les Boutons de cette espèce étans, pour la plus grande partie, de fabrique étrangere, ils n'étoient pas dans le cas des défenses ci-devant faites : Ce qui étant également contraire au bien & à l'avantage des Manufactures de soïe, & autres matieres servant à

DECLARATIONS ET ARRESTS.

la fabrication des Boutons, & préjudiciable aux Maîtres Paſ-
ſementiers-Boutonniers, auſquels, ſuivant les Statuts & Réglemens de leur Communauté, il n'eſt permis d'en faire qu'à
la main & à l'aiguille : Et conſidérant d'ailleurs qu'un pareil abus, s'il étoit toléré, entraîneroit la deſtruction totale
de cette Communauté, compoſée d'un nombre conſidérable
d'ouvriers, qui n'ont que leur Profeſſion pour ſubſiſter ; ces
motifs Nous ont engagez, pour faire ceſſer toutes dificultez
& conteſtations, d'expliquer nos intentions à cet égard, d'une
maniere plus préciſe. A CES CAUSES, & autres à ce
Nous mouvant, & de nôtre certaine ſcience, pleine puiſſance & autorité Roïale, Nous avons par ces Preſentes ſignées
de nôtre main, dit, déclaré & ordonné, diſons, déclarons
& ordonnons, voulons & Nous plaît que la Déclaration du
25. Septembre 1694. & les Arrêts & Réglemens poſtérieurement rendus, confirmez par Lettres Patentes du 5. Octobre
1706. ſoient exécutez ſelon leur forme & teneur ; en conſéquence, faiſons itératives inhibitions & défenſes aux Tailleurs
d'Habits, de faire ni mettre, & à toutes perſonnes de porter
ſur leurs habits, des Boutons de Drap, de Tiſſus de rubans
de ſoïe, fil ou crin, ni d'or ni d'argent, faits au mêtier, ſoit
de fabrique du Roïaume ou de Manufacture étrangere, ſous
les peines portées par ladite Déclaration & par leſdits Arrêts
& Réglemens : Faiſons pareilles inhibitions & défenſes à tous
Marchands, Merciers, Manufacturiers, Ouvriers, Fripiers,
& autres perſonnes de quelque qualité & condition qu'elles
ſoient, de fabriquer, faire fabriquer dans nôtre Roïaume, ni
faire entrer ni introduire, avoir, vendre, acheter ni debiter
aucuns Boutons couverts de tiſſus de crin faits au mêtier, ni
de quelqu'autres étofes que ce puiſſe être, pareillement faites
au mêtier, à peine de confiſcation deſdits Boutons, & de
cinq cens livres d'Amende, aplicable un tiers à nôtre profit, un tiers au dénonciateur, & l'autre tiers aux Hôpitaux
des lieux. Voulons au ſurplus, que les Statuts du Mêtier de
Paſſementier - Boutonnier, ſoient exécutez ſelon leur forme
& teneur. SI DONNONS EN MANDEMENT à nos amez
& feaux les Gens tenans nôtre Cour de Parlement à Roüen,
que ces Preſentes ils aïent à faire lire, publier & regiſtrer, (même en Vacations,) & le contenu en icelles garder, obſerver
& exécuter de point en point, ſelon leur forme & teneur ;

CAR tel est nôtre plaisir. En témoin de quoi, Nous avons fait mettre nôtre Scel à cesdites Presentes. DONNE' à Versailles, le quinziéme jour de Mai, l'an de grace mil sept cens trente-six; & de nôtre Régne le vingt-uniéme. Signé, LOUIS: Et plus bas, Par le Roy, CHAUVELIN: Vû au Conseil, ORRY. Et scellée du grand Sceau de cire jaune.

Lûë, publiée & regiſtrée, la grande Audience de la Cour ſeante, ſuivant l'Arreſt intervenu le jour d'hier, ſur la vérification de ladite Déclaration. A Roüen en Parlement, le 15. Novembre 1736. Signé, AUZANET.

Réglement du Roy, pour la Teinture des Etofes de Laine, & pour les Laines servant à leur Fabrication.

Du 15. Janvier 1737.

ARTICLE PREMIER.

1737. Janvier.

LES Teinturiers en étofes de laine, ou en laines servant à la fabrication desdites étofes, demeureront séparez en deux Communautez diférentes; dont l'une ne sera composée que de Teinturiers du grand & bon teint, & l'autre de Teinturiers du petit teint: Et au cas que dans quelques Villes du Roïaume, cette distinction n'ait pas été précédemment faite, veut & ordonne Sa Majesté qu'elle soit faite immédiatement après la publication du present Réglement, & de la maniére suivante.

II. Pour parvenir à cette distinction, le Juge de Police des lieux où elle n'a pas été faite, choisira entre les plus expérimentez des Teinturiers, ceux qui sont plus capables de faire le grand & bon teint; à la charge par eux de renoncer expressément au petit teint, & de faire le chef-d'œuvre du grand & bon teint, tel qu'il est prescrit par l'Article XCI. du present Réglement, au cas que lors de leur réception à la Maîtrise, ils n'eussent fait que le chef-d'œuvre du petit teint.

III. Permet Sa Majesté, lorsque la distinction des Communautez du grand & du petit teint aura été exécutée, à ceux des Teinturiers du petit teint, qui voudront passer dans la Communauté du grand teint, de s'y faire recevoir; à la charge néanmoins d'en faire, pardevant le Juge de Police, leur décla-

DECLARATIONS ET ARRESTS.

déclaration, qu'ils seront tenus de faire signifier aux deux Communautez, & de faire le chef-d'œuvre du grand & bon teint, ordonné par l'Article XCI. & ce, seulement dans l'espace de deux années, à compter du jour de la publication du present Réglement: Et que les Teinturiers du grand & bon teint, qui desireront de passer dans la Communauté du petit teint, y soient admis, en faisant une semblable déclaration.

IV. Et Sa Majesté étant informée qu'il y a quelques Villes du Roïaume, où les Teinturiers du grand & bon teint, & ceux du petit teint, ne composent qu'une même Communauté, divisée en deux branches; ordonne que cet établissement continuëra de subsister, pourvû néanmoins que chacune des deux branches ne puisse faire que l'une des deux espéces de teinture, soit du grand ou du petit teint, comme si ces deux branches faisoient deux Communautez distinctes & séparées.

V. Les Teinturiers du grand & bon teint pouront seuls, & à l'exclusion de tous autres, teindre les draps & autres étofes aïans des lisiéres, qui doivent par leur qualité & par leur prix, être teintes de bon teint, suivant les Articles XXIV. XXV. & XXVI. du present Réglement, comme aussi, les laines destinées à la fabrication desdites étofes: Et les Teinturiers du petit teint teindront aussi seuls en petit teint, & à l'exclusion de tous autres, les étofes de laine de bas prix, & qui ne peuvent être teintes qu'en petit teint, suivant l'Article XXVII. du present Réglement.

VI. Les ratines, serges, camelots, étamines, reveſches, barracans & autres étofes semblables, qui, par leur qualité, doivent être teintes en bon teint, conformément aux Articles XXV. & XXVI. pouront être teintes par les Teinturiers en soïe, laine, fil & coton, concurremment avec les Teinturiers du grand & bon teint; à la charge néanmoins qu'en ce cas, les Teinturiers en soïe, laine, fil & coton, ne pouront joüir de cette faculté qu'en renonçant, dans la forme ci-devant ordonnée, à la teinture de la soïe, de la laine filée, & du fil & coton: Et après ladite renonciation, leur fait Sa Majesté très-expresses inhibitions & défenses, à peine de cinq cens livres d'Amende, d'avoir dans leurs magasins & boutiques, aucuns ingrédiens de petit teint; & tant à eux qu'à tous les Teinturiers du grand & bon teint, de reteindre aucunes vieilles étofes & hardes, qu'en grand & bon teint.

II. Suite du N. R.

VII. Veut Sa Majesté qu'en conséquence de ladite renonciation, lesdits Teinturiers en soïe, laine, fil & coton, forment à l'avenir une quatriéme branche, distincte & séparée des trois autres, pour ne composer ensemble qu'une seule & même Communauté : Leur permet néanmoins Sa Majesté, nonobstant ladite renonciation, de pouvoir dans l'espace de deux années, à compter du jour de la publication du present Réglement, retourner dans celles des branches qu'ils auront quitées, en faisant pour cet éfet les déclarations requises & nécessaires.

VIII. Défend Sa Majesté à tout Teinturier, qui aura opté pour le grand & bon teint, sous peine de cinq cens livres d'Amende, & d'interdiction de la Maîtrise pour toûjours, d'avoir dans le lieu de son établissement, ou autres lieux, aucun ouvroir ou boutique où il fasse travailler en petit teint : Faisant pareillement Sa Majesté défenses, sous les mêmes peines, aux Teinturiers du petit teint, de faire en aucun lieu travailler en grand & bon teint.

IX. Veut Sa Majesté que tous Entrepreneurs de Manufactures, ou Maîtres Fabriquans, auxquels il est permis de faire teindre dans leur maison, les draps & étofes par eux fabriquées, & matiéres servant à la fabrication d'icelles, se conforment aux dispositions du present Réglement, & que ceux dont les étofes doivent être teintes en bon teint, n'aïent que la faculté de teindre en grand & bon teint ; & que ceux au contraire, dont les étofes, par leurs qualitez, sont destinées au petit teint, ne puissent teindre qu'en petit teint ; & ce, à peine de cinq cens livres d'Amende, & de privation perpétuelle de ladite faculté.

X. En cas que dans les étofes de mêlange, il puisse entrer des couleurs & nuances, non spécifiées dans le present Réglement, veut Sa Majesté que toutes lesdites couleurs & nuances soient indistinctement faites avec les ingrédiens servans au grand & bon teint seulement : Et pour ôter aux Fabriquans tout prétexte d'avoir chez eux aucun bois d'inde, de bresil, & autres ingrédiens défendus par les Articles XIX. & XXIII. du present Réglement, veut & entend Sa Majesté que les lisiéres de tous les draps, tant fins que communs, soient teintes en bon teint.

XI. Permet néanmoins Sa Majesté, à ceux des Fabriquans qui ne font que des draps noirs, d'avoir chez eux du bois d'inde, conformément à l'Article LIV. du present Réglement: Voulant Sa Majesté que ceux des Fabriquans d'étofes de couleur, qui voudront les faire teindre en noir, soient tenus de se servir des Teinturiers ordinaires du petit teint, pour les noircir & achever; & au cas que quelques-uns desdits Fabriquans fissent une quantité considérable, tant de draps noirs que de draps de couleur, ils ne pourront néanmoins se servir de bois d'inde, sans une permission expresse de Sa Majesté.

XII. Permet Sa Majesté aux Marchands-magasiniers de la Ville de Lille, qui sont dans l'usage, & autorisez à teindre en écarlate, de continuer ladite teinture seulement, & concurremment avec les Teinturiers du grand & bon teint de ladite Ville; à la charge néanmoins que les Gardes & Egards des Teinturiers de ladite Ville, pourront faire le déboüilli des écarlates teintes par lesdits Marchands-magasiniers, & les dénoncer au Juge des Manufactures, en cas de contravention.

XIII. Veut Sa Majesté, pour entretenir l'ordre & la discipline dans les Communautez des Teinturiers du grand & du petit teint, que dans les Villes où il y aura plus de vingt Teinturiers, il soit en la forme ordinaire, à commencer au premier Décembre de la presente année, depuis ledit jour jusqu'au sixiéme du même mois, procédé à l'élection de quatre Gardes, dont deux seront tirez de la Communauté des Teinturiers du grand teint, & deux de la Communauté de ceux du petit teint, pour exercer leurs fonctions pendant deux années; après néanmoins avoir prêté le Serment ordinaire pardevant le Juge de Police du lieu de leur demeure.

XIV. Ordonne Sa Majesté, que deux des quatre Gardes qui auront été élûs conformément à l'Article ci-dessus; sçavoir, un de la Communauté du grand teint, & un de celle du petit teint, sortiront d'exercice à la fin de chaque année; & qu'ils seront remplacez par deux autres Teinturiers tirez de chacune desdites deux Communautez, élûs en la forme ci-dessus prescrite, pour exercer les fonctions de Gardes avec les deux anciens; lesquels seront, à la fin de la seconde année, remplacez successivement par deux sujets tirez de chacune desdites deux Communautez; ce qui sera observé d'année en année, en sorte qu'il y ait toûjours deux anciens, & deux nouveaux Gardes.

XV. Dans les Villes où il y aura moins de vingt Teinturiers, il sera seulement élû deux Gardes au lieu de quatre; sçavoir, un Garde du grand & bon teint, & un Garde du petit teint : Et après une année d'exercice, l'un desdits deux Gardes en sortira, & sera remplacé par un sujet tiré de la même Communauté, pour continuer les fonctions de Garde avec l'ancien, auquel succedera à la fin de la seconde année, un Teinturier tiré de sa Communauté; & le même ordre sera suivi d'année en année. Voulant au surplus Sa Majesté, que ce qui est prescrit par l'Article ci-dessus, tant pour l'élection que pour la prestation de Serment des quatre Gardes, soit observé dans les Villes où il n'y en aura que deux.

XVI. Seront tenus lesdits Gardes de faire, au moins quatre fois l'année, & plus souvent s'il est jugé nécessaire, des visites exactes chez les Maîtres desdites deux Communautez, pour reconnoître s'ils se conforment aux dispositions du present Réglement; & en cas qu'il se trouvât des marchandises teintes en contravention, ou des ingrédiens défendus, ils les saisiront, ou feront saisir à leur requête, & en poursuivront la confiscation avec l'Amende, pardevant les Juges des Manufactures.

XVII. Enjoint Sa Majesté aux Gardes-Jurez des Teinturiers, d'exprimer dans leurs Procès verbaux des Saisies qu'ils auront faites, les motifs qui y auront donné lieu.

XVIII. Défend Sa Majesté aux Teinturiers du grand & du petit teint, de loger dans une même maison ; & aux Teinturiers du petit teint, d'avoir chez eux des cuves de bois pour le guesde, à peine de cinq cens livres d'Amende, & d'interdiction de la Maîtrise pendant six mois : Leur permettant seulement d'avoir des chaudieres de cuivre, suivant l'ancien usage, & des cuves ou tonnes, pour conserver le brou de noix.

XIX. Fait Sa Majesté très-expresses inhibitions & défenses aux Teinturiers du grand & bon teint, de teindre, sous quelque prétexte que ce soit, en petit teint, ni de tenir dans leurs maisons, magasins ou boutiques, aucuns autres ingrédiens que les suivans; sçavoir, pastel, voüede, graine d'écarlate ou kermès, cochenille, garence, gaude, sarette, indigo, orcanette, bois jaune, carriatour, genestrolle, fenugrec, brou de noix, racine de noïer, écorce d'aune, noix de gale, sumach, couperose, alun, tartre, cen-

DECLARATIONS ET ARRESTS. 523

dres gravelées, arsenic, agaric, soude, potasse, chaux, eaux-fortes, sel ammoniac, salpêtre, sel gemme, eaux-sures.

XX. Lesdits Teinturiers du grand & bon teint, ne pouront avoir chez eux aucun des ingrédiens suivans ; sçavoir, bois d'inde ou de campêche, bois de bresil, de sainte-Marthe, du Japon, de Fernambouc, santal, fustel, ni aucuns bois de teinture, autres que ceux permis par l'Article précédent; tournesol, terra-merita, orseille, safran-bâtard, roucou, teinture de bourre, suïe, graine d'Avignon; à peine pour la premiere fois, de confiscation des drogues, & de cinq cens livres d'Amende; & au cas de récidive, d'interdiction de la Maîtrise pour toûjours.

XXI. Veut Sa Majesté qu'à l'avenir, la teinture de bourre ne soit faite que par les Teinturiers du petit teint, leur permettant à cet éfet, d'avoir chez eux de la garance pour garancer ladite bourre, sans qu'ils puissent néanmoins emploïer la garance à aucun autre usage, ni dans aucune autre sorte de teinture, à peine de cinq cens livres d'Amende : Permet Sa Majesté aux Teinturiers du grand & bon teint, qui sont actuellement dans l'usage de garancer & de fondre la bourre, de passer dans la Communauté des Teinturiers du petit teint, dans l'espace de six mois, à compter du jour de la publication du present Réglement, s'ils veulent continuer le travail de la bourre ; auquel cas ils renonceront à toutes les couleurs afé&ées particulierement au bon teint.

XXII. Les Teinturiers du petit teint ne pouront, sous les mêmes peines, teindre en bon & grand teint, ni tenir chez eux aucuns des ingrédiens suivans ; sçavoir, pastel, voüede, indigo, cochenille, graine de kermès, garance, sarette, genestrollé, fenugrec, orcanette : Et pour ce qui concerne les autres ingrédiens, qui ne sont point énoncez au present Article, ni défendus par l'Article suivant, permet Sa Majesté à tous les Teinturiers, tant du grand que du petit teint, d'en avoir dans leur maison, & de s'en servir, comme pouvans lesdits ingrédiens être également emploïez par les uns & les autres desdits Teinturiers.

XXIII. Défend très-expressément Sa Majesté, à tous les Teinturiers en laine & étofes de laine, tant du grand que du petit teint, d'avoir en leur maison de la moulée de taillandier ou émouleurs, de la limaille de fer ou de cuivre, ou de vieux sumach, & ce, sous les peines portées par l'Article XX. se réservant néanmoins Sa Majesté, dans les cas où il seroit jugé nécessaire d'emploïer quelques-uns des ingrédiens dont l'usage est prohibé par les Articles ci-dessus, ou d'autres dont la propriété auroit été nouvellement reconnuë, d'y pourvoir dans la suite, ainsi qu'elle avisera.

XXIV. Les draps, ratines, pinchinats & droguets de toutes espéces, dont la couleur est mêlée, & les laines destinées pour leur fabrication, seront teintes en bon & grand teint, avant que d'être filées, avec les seuls ingrédiens prescrits par l'Article XIX.

XXV. Les draps blancs de toutes espéces, & fabriquez dans toutes les Provinces du Roïaume, les ratines, les serges, molletons, camelots, peluges, & toutes autres étofes de laine, sous quelque nom qu'elles soient connuës & debitées, dont le prix excédera celui de quarante sols l'aune en blanc, seront teintes par le Teinturier du grand & bon teint; sans pouvoir, sous quelque prétexte que ce soit, passer entre les mains du Teinturier du petit teint, excepté les étofes destinées à être mises en noir, & qui auront reçû par le Teinturier du grand & bon teint, le pied nécessaire; le tout, à peine de cinq cens livres d'Amende; & en cas de récidive, d'interdiction de la Maîtrise pour toûjours.

XXVI. Les ratines, serges, camelots, étamines, revêches, barracans & autres étofes semblables, qui n'ont point de lisiéres, & dont le prix excéde celui de quarante sols l'aune en blanc, seront teintes de bon teint, par les Teinturiers du grand & bon teint, concurremment avec ceux des Teinturiers en laine, fil & coton, qui auront choisi ce genre de travail, conformément à ce qui est prescrit par les Articles VI. VII. & VIII. du present Réglement.

XXVII. Les Teinturiers du petit teint pourront seuls teindre en petit teint, les serges, étamines, camelots, & autres étofes, dont l'aune n'est que du prix de quarante sols & au-dessous, & qui ne sont mises au Foulon, que pour être dégraissées & dégorgées; sans néanmoins qu'ils puissent teindre les étofes drapées, comme les frocs qui se fabriquent à Bollebec, Bernay, Lisieux, Moüy, & autres semblables étofes, quoi qu'elles n'excédent pas ledit prix, & qui devant

DECLARATIONS ET ARRESTS.

être foulées, ne pourront être teintes qu'en grand & bon teint, par les Teinturiers du grand & bon teint, ou par les Fabriquans qui en ont obtenu la permission.

XXVIII. Les étofes énoncées dans les Articles ci-dessus, & même les petites étofes au-dessous de quarante sols l'aune en blanc, qu'on voudra faire teindre en bon teint, seront teintes en la maniere prescrite par les Articles suivans.

XXIX. Toutes les étofes ci-dessus ne seront mises à la teinture, qu'après avoir été susisamment dégraissées & dégorgées ; & au cas qu'elles aïent été blanchies avec du soufre ou de la ceruse, qui empêchent la couleur de pénétrer, & d'être unie & égale, elles seront une deuxiéme fois dégorgées. Défend Sa Majesté, à peine de cinquante livres d'Amende, aux Teinturiers du grand & bon teint, de recevoir pour mettre à la teinture lesdites étofes, qu'après avoir reconnu que ce que dessus a été exactement observé.

XXX. Défend pareillement Sa Majesté, sous les mêmes peines, ausdits Teinturiers, de mettre en teinture aucunes des étofes ci-dessus, qui ne soient littées, pour les couleurs qui le doivent être, conformément à l'Article XXXVIII. du present Réglement.

XXXI. L'écarlate rouge, communément apellée *Ecarlate de Venise*, sera teinte avec la graine de kermès, sans aucun mêlange de bresil, sous les peines portées par l'Article XIX.

XXXII. L'écarlate ordinaire ou couleur de feu, sera teinte de pure cochenille-mesteque, avec eau-forte, sel ammoniac, étaim fin, amidon, sans aucun mêlange de terra-merita, ni de cochenille-silvestre.

XXXIII. Les demi-écarlates ordinaires ou couleur de feu, seront teintes conformément à l'Article ci-dessus, en y ajoûtant la garance ou la cochenille-silvestre.

XXXIV. Les demi-écarlates rouges ou de Venise, seront teintes avec le kermès & la garance, sans aucun mêlange de bresil.

XXXV. Les rouges de garance seront boüillis avec eauxsures, alun & tartre, & garancez de garance-grape, sans mêlange de bresil ni autre bois.

XXXVI. Les cramoisis, après avoir été boüillis avec alun & tartre, seront teints en pure cochenille-mesteque, & rabatus avec un bain de sel ammoniac & de potasse.

XXXVII. Les violets, pourpres, amarantes, & autres couleurs semblables, seront premierement guesdées, c'est-à-dire, teintes en bleu avec le pastel, le voüede ou l'indigo, & ensuite boüillies en alun & tartre, & passées en cochenille, sans aucun mêlange de bois d'inde ni d'orseille.

XXXVIII. Ordonne Sa Majesté, sous peine de cent livres d'Amende, de litter les violets, pensées & pourpres; & que le litteau sera mis après que les draps auront été guesdez, pour servir de preuve qu'ils l'ont été également, dans toute la longueur de la piéce. Permet aussi Sa Majesté, de litter les autres couleurs, comme verds, écarlates & autres, lorsque les Fabriquans le jugeront à propos, pour l'ornement de leurs draps.

XXXIX. Défend Sa Majesté aux Teinturiers du grand & bon teint, de se servir des nacarats de bourre, & des autres couleurs qui tirent de la bourre garancée, dont Sa Majesté permet l'usage aux seuls Teinturiers du petit teint, pour les étofes du prix de quarante sols l'aune en blanc, & au dessous; dérogeant pour cet éfet, à l'Article XXIX. des Réglemens generaux de 1669. & aux autres Articles des Réglemens, tant généraux que particuliers, qui permettent d'emploïer cet ingrédient dans le bon teint.

XL. Les Teinturiers du grand & bon teint seront tenus, à peine de cent livres d'Amende, de laisser une rose à toutes les étofes qu'ils teindront, des couleurs énoncées dans les Articles XXXVII. & XXXVIII. & de toutes les autres qui doivent recevoir d'abord un pied diférent de la couleur qu'elles auront après être achevées; & au cas que la partie de l'étofe où sera ladite rose, ait reçû un pied diférent de celui donné au reste de l'étofe, le Teinturier sera condamné à cinq cens livres d'Amende, & déchû de la Maîtrise, sans pouvoir y être établi pour quelque cause que ce soit.

XLI. Les gris bruns, minimes, tannez, seront guesdez, boüillis, garancez & brunis: Permet Sa Majesté d'emploïer à ces sortes de couleurs, la racine de noïer, & les vieux bains de cochenille.

XLII. Les gris de perle, de castor, de souris, & autres gris clairs, tant des laines que des étofes, seront faits avec la gale & couperose, & tous autres ingrédiens du bon teint, suivant la nuance.

XLIII.

XLIII. Les couleurs de Roy & de Prince seront guesdées, & ensuite boüillies & garancées, tant en laines qu'en étofes, & il y sera laissé une rose, pour faire connoître s'il a été donné un pied de bleu convenable; sans que sous les mêmes peines ci-dessus exprimées, le bois d'inde y puisse être emploïé.

XLIV. Les bleus de toutes nuances seront faits de pure cuve de pastel, de voüede ou d'indigo, sans aucun mélange de bois d'inde ni d'orseille.

XLV. Permet Sa Majesté aux Teinturiers du grand & du bon teint, d'emploïer dans leurs cuves de pastel ou de voüede, la quantité d'indigo qu'ils jugeront à propos, soit en les posant ou en les réchaufant; dérogeant Sa Majesté à tous Réglemens & Déclarations à ce contraires.

XLVI. Les verds de toute espece seront littez, si les Fabriquans le jugent à propos, conformément à l'Article XXXVIII. du present Réglement; & les Teinturiers seront tenus d'y laisser deux roses à chaque bout, sçavoir une bleuë & une jaune.

XLVII. Il est aussi ordonné de laisser deux roses à chaque bout de toutes les étofes qui seront teintes des couleurs suivantes; Le violet aura une rose de guesde, & l'autre de la cochenille, le tanné ou amarante, une de bleu, & l'autre de la garance; le feüille-morte, une de jaune, & l'autre de fauve.

XLVIII. Les verds de toutes couleurs seront d'abord passez en cuve de pastel, de voüede ou d'indigo, ainsi qu'il est prescrit pour les bleus, dans l'Article XLIV. Ils seront boüillis ensuite avec alun & tartre, & jaunis avec la gaude, la sarette, la genestrolle, le fenugrec ou le bois jaune, suivant la nuance; & il est expressément défendu d'y emploïer du bois d'inde, ou aucun autre ingrédient de pareille espece.

XLIX. Il sera permis néanmoins de passer d'abord l'étofe en gaude, avant que de la mettre en bleu, pour les verds dont la nuance seroit trop dificile à faire autrement, en observant les roses prescrites par l'Article ci-dessus.

L. Les jaunes de toutes nuances & de toutes couleurs, seront boüillis avec alun & tartre, & teints avec la gaude, la sarette, la genestrolle, le fenugrec, ou le bois jaune.

LI. Les fauves ou couleurs de racine des étofes dont le

prix excédera celui de quarante sols l'aune en blanc, seront teints par les Teinturiers du bon teint; & ils se serviront de racine de noïer, ou de brou de noix, sans pouvoir y emploïer de suïe, qui ne sera permise que dans le petit teint, & pour les étofes de bas prix.

LII. Les étofes destinées à être teintes en noir, & qui par leur qualité doivent être guesdées, seront premierement mises en bleu de cuve; & après avoir été bien lavées en eau claire, & dégorgées au foulon, seront remises par le Teinturier du grand & bon teint, entre les mains du Teinturier du petit teint, pour être noircies & achevées; & le Teinturier du petit teint observera, en les noircissant, de laisser à chaque bout de la piéce une rose bleuë, pour pouvoir juger si l'étofe a eu le pied qu'elle doit avoir, conformément au present Réglement.

LIII. Quoi que par l'Article précédent il ne soit point ordonné de garancer les étofes de laine, après qu'elles ont été guesdées, permet néanmoins Sa Majesté de le faire à ceux qui le jugeront le plus convenable, soit pour la beauté, ou pour la bonté de la couleur; bien entendu que ce ne poura être que par le Teinturier du grand & bon teint, ou par le Fabriquant qui a permission de teindre en bon teint.

LIV. Dans les Villes où il n'y a pas un nombre sufisant de Teinturiers du petit teint, pour noircir les étofes guesdées, & où par quelqu'autre raison, il ne sera pas praticable de faire passer les étofes guesdées, des mains des Teinturiers du grand & bon teint, dans celles des Teinturiers du petit teint, pour les noircir; permet Sa Majesté, en ce cas, aux Teinturiers du grand & bon teint, d'achever les noirs par eux guesdez; & en conséquence, de tenir dans leur maison le bois d'inde; ce qu'ils ne pourront faire néanmoins, qu'après en avoir obtenu de Sa Majesté une permission particuliere : Défendant Sa Majesté aux Teinturiers du bon teint, d'achever les noirs sans cette permission, à peine de cinq cens livres d'Amende.

LV. Défend Sa Majesté à tous les Teinturiers, tant du grand que du petit teint, de teindre sous aucun prétexte, de blanc en noir aucune étofe, à peine de cent livres d'Amende; ni de mettre des roses bleuës, sans que le fond ait été guesdé, sous les peines portées par l'Article XL. du present Réglement.

DECLARATIONS ET ARRESTS.

LVI. Les draps noirs du prix de six livres & au-dessous, n'auront le pied que de bleu-turquin, au lieu du pied de bleu-pers que doivent avoir ceux d'un plus haut prix; & les étofes de trois livres & au-dessous, pourront ne l'avoir que bleu-céleste: Défendant très-expressément Sa Majesté, sous les mêmes peines portées par l'Article XL. de donner à la rose une couleur plus foncée que celle qui a été donnée au fond de l'étofe.

LVII. Tous les gris qui sont une nuance dérivée du noir, se feront avec la noix de gale & la couperose; & lorsqu'ils tireront sur le gris d'ardoise, gris lavandé ou gris de ramier, ils auront un pied de cuve de cochenille ou de garance, sans qu'il soit permis d'y mêler du bois d'inde.

LVIII. Lorsqu'une étofe de couleur tachée, flambée ou autrement gâtée, sera destinée à être mise en noir, elle recevra le pied de guesde par le Teinturier du grand & bon teint, qui laissera à chaque bout une rose de la couleur dont elle étoit avant que de la guesder; & le Teinturier du petit teint, à qui l'étofe sera donnée pour la noircir, sera tenu de conserver ces roses, & d'en laisser deux autres de la couleur qu'avoit l'étofe en sortant du guesde; ce qui sera également observé à l'égard des draps, apellez vulgairement *Draps-chats*, fabriquez avec les restes des chaînes & des trames des autres draps de couleur. Enjoint Sa Majesté aux Fabriquans, qui teindront eux-mêmes leurs étofes, de se conformer à ce que dessus.

LIX. Permet néanmoins Sa Majesté de teindre de blanc en noir à froid, les étamines à voile, & autres petites étofes qui ne passent point au foulon, après leur avoir donné un bain de racine de noïer, dont il demeurera une rose à chaque bout de l'étofe, afin de pouvoir juger s'il a été donné d'une hauteur convenable.

LX. Permet aussi Sa Majesté aux Teinturiers du grand & bon teint, de Reims seulement, de faire concurremment avec les Teinturiers du petit teint, lesdites teintures de blanc en noir, sur un bain de racine très-foncé, & seulement pour les petites étofes de la Manufacture de Reims, qui ne vont au foulon que pour être dégraissées & dégorgées.

LXI. Fait Sa Majesté très-expresses défenses de donner aux étofes, dont la chaîne & la trame sont de laine brune,

& de toutes autres couleurs, à moins qu'elles ne soient noires, la teinture ou aprest, apellée *Avivage*, qui se fait avec le bois d'inde.

LXII. Veut Sa Majesté que tous les draps & étofes, qui seront teints en bon teint, soit en laine ou autrement, par les Teinturiers, ou par les Fabriquans qui ont pouvoir de teindre, soient marquez à chaque bout de la piece, d'un plomb d'un pouce de diamétre ; sur l'un des côtez duquel sera le nom du Teinturier, ou celui du Fabriquant, & celui du lieu de sa demeure ; & sur l'autre ces mots, *Grand & bon teint*, à peine de confiscation desdites étofes teintes, trouvées chez les Marchands, ou exposées en vente sans ce plomb, & de cent cinquante livres d'Amende pour chaque contravention.

LXIII. Permet Sa Majesté aux Fabriquans, qui teignent leurs laines, draps & étofes, d'insérer ces mots, *Grand & bon teint*, sur leur plomb ordinaire de fabrique, sans en mettre un particulier pour la teinture.

LXIV. Toutes les étofes du prix de quarante sols & au-dessous en blanc, comme étamines, voiles, sergettes, & autres, qui ne vont au foulon que pour être dégraissées & dégorgées, pouront être teintes en petit teint, conformément à l'Article XXVII. Et afin que le Public en ait connoissance, ordonne Sa Majesté qu'il sera mis un plomb de huit lignes de diamétre à chaque bout de l'étofe ; sur un côté duquel sera marqué le nom du Teinturier, & celui du lieu de sa résidence ; & sur l'autre ces mots, *Petit teint* ; sous les mêmes peines portées par l'Article LXII.

LXV. Permet Sa Majesté ausdits Maîtres-Fabriquans, ou Teinturiers du grand & bon teint, de teindre en noir, les draps & autres étofes de laine de couleur, qui auront été tachées, flambées ou autrement endommagées, dans la premiere teinture ; à la charge néanmoins qu'avant que d'être noircies, elles seront guesdées, & marquées d'un plomb, portant d'un côté le nom du Fabriquant ou Teinturier, & celui du lieu de sa demeure ; & de l'autre ces mots, *Etofe reteinte en bon teint* ; & lorsque ce sera un drap-chat, il sera mis sur ce plomb, *Drap-chat* : Défendant Sa Majesté à tous Teinturiers du grand & bon teint, ou Fabriquans, d'y mettre d'autre plomb, à peine de trois cens livres d'Amende.

LXVI. Si quelque piéce aïant la marque du grand & bon teint, est par le déboüilli qui en sera fait, reconnuë être de petit teint, ou mal teinte, le Marchand sur lequel elle aura été saisie & confisquée, aura son recours sur le Teinturier, ou le Fabriquant qui l'aura teinte, tant pour la confiscation que pour l'Amende & les frais; & au cas que les draps & étofes ne se trouvent pas munis du plomb de teinture, le Marchand suportera la confiscation, l'Amende & les frais, sans aucun recours.

LXVII. Ordonne Sa Majesté que dans l'espace de six mois, à compter du jour de la publication du present Réglement, tous les draps & étofes qui se trouveront chez les Marchands & Fabriquans, seront portez au Bureau de Contrôle, dans les Villes où il y en a d'établis, & au Bureau de Fabrique, dans les lieux où il n'y a point de Bureau de Contrôle, pour y être lesdits draps & autres étofes de laine, marquez à la tête & à la queuë, d'un plomb portant d'un côté, le nom de la Ville, & l'année 1737. & de l'autre ces mots, *Plomb de grace de teinture*.

LXVIII. Veut Sa Majesté qu'après l'expiration dudit delai de six mois, les coins qui auront servi à l'empreinte dudit plomb de grace, soient brisez en presence des Juges des Manufactures, dont il sera dressé des Procès verbaux, pour être par eux directement envoïez aux Sieurs Intendans & Commissaires départis dans les Provinces & Generalitez du Roïaume; & que toutes les piéces de drap & autres étofes, qui ne se trouveront pas avoir ledit plomb de grace, ou qui ne seront pas teintes conformément au present Réglement, soient saisies & confisquées, & les Marchands ou Fabriquans ausquels elles apartiendront, condamnez en cent livres d'Amende, pour chaque piéce & pour chaque contravention.

LXIX. Il est expressément défendu aux Teinturiers du petit teint, de mettre aux étofes par eux teintes aucunes roses, si ce n'est une rose blanche, ou une du bain de racine de noïer, dans le cas porté par l'Article LIX. & ce, à peine de cinquante livres d'Amende.

LXX. Veut Sa Majesté qu'après la publication du present Réglement, il soit incessamment teint à Paris, en presence des Gardes-Jurez des Drapiers, des Merciers & des Teinturiers, & de telle autre personne qui sera à cet éfet commise par Sa Majesté, quatorze échantillons de draps, des couleurs suivantes; sçavoir, écarlate ordinaire ou couleur de feu, écarlate de graine ou de Venise, rouge de garance, bleu-de-roy, violet, cramoisi, couleur de rose, verd d'émeraude, ardoisé, marron, canelle, & trois noirs, qui auront reçû un pied des diférens bleus, dont le premier sera pers, le second turquin, & le troisiéme céleste : De tous lesquels échantillons il sera coupé des morceaux, pour être envoïez dans les Bureaux des Communautez de Teinturiers, établis dans les diférentes Villes & lieux du Roïaume, où se teignent ces sortes d'étofes, pour servir de piéces de comparaison & d'échantillons-matrices, tant pour la beauté que pour la bonté desdites couleurs; de la remise desquels échantillons il sera dressé des Procès verbaux par les Juges des Manufactures, & mention faite sur le Registre desdites Communautez.

LXXI. Veut pareillement Sa Majesté, qu'il soit teint un échantillon d'étamine, ou autre étofe semblable, en noir avec un pied de racine de noïer, pour en être envoïé & déposé, dans la forme ci-dessus prescrite, des morceaux dans les Villes & lieux où il sera jugé nécessaire, pour servir d'échantillon-matrice, & de piéce de comparaison, pour les étofes qu'il est permis par l'Article LIX. de teindre de la sorte.

LXXII. Ordonne Sa Majesté que lors des envois des échantillons ci-dessus mentionnez, il y sera joint une pareille quantité de morceaux de la même étofe, qui auront été déboüillis, pour être déposez en même tems dans lesdits Bureaux, & servir de piéces de comparaison, lors des déboüillis qui seront dans la suite ordonnez par les Juges des Manufactures, afin qu'il ne soit alors nécessaire de faire déboüillir des morceaux de l'échantillon-matrice.

LXXIII. Tous les échantillons-matrices ainsi que les morceaux qui auront été déboüillis, seront marquez d'un plomb, sur un des côtez duquel seront écrits ces mots, *Echantillon-matrice*; & sur l'autre, *en exécution du Réglement de 1737.* & chaque échantillon déboüilli sera marqué d'un numero semblable à celui de l'échantillon-matrice, dont il aura été tiré; desquels plomb & numero, il sera fait mention dans le Procès verbal ordonné par l'Article LXX. ci-dessus.

LXXIV. Le déboüilli des étofes de laine mentionnées dans le present Réglement, se fera en la maniere prescrite par l'Inſtruction pour le déboüilli des laines deſtinées à la fabrique des tapiſſeries, du 3. Mars 1733. laquelle Sa Majeſté veut être exécutée en ſon entier; en obſervant néanmoins les changemens ſpécifiez dans les Articles ſuivans.

LXXV. Les couleurs ſeront partagées en trois claſſes, ainſi qu'il eſt preſcrit par l'Inſtruction mentionnée ci-deſſus, dont la premiere ſera déboüillie avec l'alun de Rome, la ſeconde avec le ſavon blanc, & la troiſiéme avec le tartre rouge.

LXXVI. L'échantillon de l'étofe de laine dont ſera fait le déboüilli, n'excédera pas la grandeur de deux pouces en quarré, pour la quantité d'eau & d'ingrédiens preſcrite par la ſuſdite Inſtruction; & s'il étoit néceſſaire d'en faire déboüillir de plus grands ou pluſieurs à la fois, le poids de l'eau & des drogues ſera augmenté par proportion, conformément à l'Article II. de ladite Inſtruction.

LXXVII. Toutes les couleurs énoncées dans ladite Inſtruction, depuis l'Article VII. juſques & compris l'Article XXXIV. ſeront déboüillies, conformément à ce qui y eſt preſcrit, & de la même maniere que les laines deſtinées à la fabrique des tapiſſeries.

LXXVIII. Les étofes noires ſeront auſſi déboüillies conformément à l'Article XXV. de ladite Inſtruction, & enſuite confrontées avec les échantillons noirs-matrices déboüillis, envoïez de Paris; ſçavoir, les draps de cinq quarts de large, & les étofes au-deſſus de ſix livres l'aune, ſeront confrontez avec l'échantillon qui aura eu pour pied le bleu-pers; les draps & étofes au-deſſous de ſix livres juſqu'à trois livres l'aune, & les frocs de Bollebec, de Bernay, & autres de pareille qualité, ſeront confrontez avec l'échantillon qui aura eu pour pied le bleu-turquin; & enfin les étofes du prix de trois livres l'aune & au-deſſous, avec l'échantillon qui aura eu pour pied le bleu-céleſte.

LXXIX. Les étamines à voile, & autres petites étofes qu'il eſt permis par l'Article LIX. de teindre de blanc en noir, après leur avoir ſeulement donné un pied de racine de noïer, ſeront confrontées, après avoir été déboüillies, avec l'échantillon déboüilli de pareille étofe, & teint conformément à l'Article LXXI.

LXXX. Au cas que par le déboüilli qui aura été fait des

étofes noires, il se trouve qu'elles ont eu un pied sufisant de bleu, ou de racine de noïer, pour celles portées par l'Article LIX. mais qu'elles ont été mal noircies, soit pour avoir par le Teinturier du petit teint, épargné la noix de gale, ou autrement; le Teinturier qui aura noirci lesdites étofes, sera condamné en cinquante livres d'Amende pour chaque piéce, aux dépens, dommages & intérêts envers celui à qui apartiendra l'étofe, & en outre aux frais, pour réamender le noir par un autre Teinturier nommé par le Juge.

LXXXI. Si après le déboüilli d'un drap ou autre étofe de laine, ordonné par le Juge des Manufactures, le Teinturier, le Marchand ou le Fabriquant auquel ladite étofe apartient, prétendent que ledit déboüilli n'ait pas été bien fait, permet Sa Majesté ausdits Juges, suivant l'exigence des cas, d'ordonner un second déboüilli de ladite étofe, conjointement avec un morceau de l'échantillon-matrice, de la classe dans laquelle doit être mise l'étofe, suivant sa valeur & qualité, pour sur le Procès verbal dudit second déboüilli, & l'avis des Experts nommez, être par lesdits Juges statué ce qu'il apartiendra.

LXXXII. Veut Sa Majesté qu'il soit observé à l'égard des étofes qui auront été brunies, ce qui est prescrit par l'Article XXVI. de l'Instruction; & que ce ne soit pas sur la couleur du bain du déboüilli, que l'on juge de la bonne ou mauvaise teinture de l'étofe qui aura été brunie, mais sur le pied de couleur qui restera après le déboüilli.

LXXXIII. Toutes les Amendes qui seront prononcées contre ceux qui auront contrevenu aux dispositions du present Réglement, seront aplicables; sçavoir, un quart à Sa Majesté, moitié aux Gardes qui auront fait faire les saisies, & l'autre quart aux Pauvres de l'Hôpital du lieu où les Jugemens seront rendus. Enjoint Sa Majesté aux Juges des Manufactures, & à tous autres Juges, de se conformer dans leurs Jugemens, aux dispositions du present Réglement, & de condamner les contrevenans aux peines qui y sont exprimées; sans pouvoir sous aucun prétexte, les remettre ni les modérer, à peine d'en être responsables en leur propre & privé nom.

LXXXIV. Veut & ordonne Sa Majesté, que tout ce qui est prescrit & ordonné par le present Réglement, soit observé exactement, sous les peines y contenuës, tant par les
Tein-

Teinturiers du grand & bon teint, & ceux du petit teint, que par les Fabriquans qui ont permission de teindre ; dérogeant Sa Majesté, pour ce regard seulement, à tous Réglemens generaux & particuliers, qui seront exécutez en tout ce qu'ils n'ordonnent pas de contraire aux dispositions du present Réglement.

LXXXV. Nul ne sera reçû à la Maîtrise du grand & bon teint, qu'il n'ait fait aprentissage chez un Maître Teinturier en grand & bon teint, & qu'il n'ait demeuré à son service comme aprenti, l'espace de quatre années, & trois années en qualité de compagnon ; duquel aprentissage il sera passé brévet pardevant Notaire, qui sera enregistré sur le Registre de la Communauté.

LXXXVI. Aucun Maître ne poura avoir plus de deux aprentis à la fois ; & huit jours au-plûtard, après les quatre années d'aprentissage, le Maître Teinturier du grand & bon teint, sera tenu, à ses frais, de les faire procéder, en presence des Gardes en exercice, & de deux anciens Maîtres de la Communauté, à une expérience de la teinture, de laquelle il sera dressé Procès verbal, signé des assistans & dudit aprenti, s'ils sçavent écrire ; & si l'épreuve réüssit, l'aprenti sera en consequence, enregistré sur le livre des compagnons, dans lequel sera fait mention dudit Procès verbal, & il païera trente sols aux Gardes en exercice : Si au contraire, l'experience se trouve défectueuse, l'aprenti sera renvoïé chez son Maître, pour y continuer son aprentissage pendant un an ; après lequel, si son expérience n'a pas plus de succès il sera réputé incapable de parvenir au compagnonage ; & ne pourront lesdits Maîtres, sous peine de trente livres d'Amende, prendre d'autres aprentis, qu'après que ceux qui auront achevé leur tems sous eux, auront réüssi dans ladite expérience de teinture, & qu'en conséquence, ils auront été enregistrez sur le livre des compagnons, ou qu'ils auront été reconnus incapables d'y parvenir.

LXXXVII. Après l'expiration des quatre années d'aprentissage pour le petit teint, le Maître de l'aprenti sera tenu de le faire procéder au chef-d'œuvre prescrit pour le petit teint, sans qu'il soit tenu de passer par les trois années de compagnonage, ni de faire l'expérience de teinture, ainsi qu'il est prescrit par l'Article précédent, pour le grand & bon teint.

LXXXVIII. Si quelqu'aprenti du grand ou du petit teint, avant la fin de son aprentissage, s'absente de la maison de son Maître, & quite son service sans cause légitime, jugée telle par le Juge de Police, le Maître le fera sommer de retourner incessamment ; & ce, par un Acte signifié à cet aprenti, ou au domicile par lui élû, ou à celui de ses parens, ou d'autres personnes qui l'auroit cautionné ; & faute par l'aprenti d'y satisfaire, le Maître le fera un mois après ladite sommation, raïer sur le Livre de la Communauté ; & en conséquence, il lui sera permis de prendre un autre aprenti ; sauf à celui qui aura quité son Maître, de s'obliger de nouveau avec un autre Maître, pour servir sous lui, pendant quatre années entieres ; sans que le tems que cet aprenti aura servi sous le Maître qu'il aura quité, puisse lui être compté.

LXXXIX. Aucun Maître ne poura congédier son aprenti, sans cause légitime, jugée telle par ledit Juge de Police, ni en prendre un autre à la place de celui qui se sera absenté, qu'après l'expiration dudit mois, à peine de trente livres d'Amende ; & en cas qu'avant ledit terme expiré, il eût pris un autre aprenti, il sera tenu de le renvoïer. Si le Maître s'absentoit de la Ville de son domicile, ou cessoit son travail, les Gardes seront tenus de donner un autre Maître audit aprenti, un mois après ladite absence ou cessation de travail, & il lui sera tenu compte du tems qu'il aura servi chez le premier.

XC. Nul ne sera reçû Maître Teinturier du grand & bon teint, qu'il n'ait été aprenti & compagnon pendant l'espace de sept années, chez les Maîtres du grand & bon teint ; ni Maître Teinturier du petit teint, qu'après quatre années d'aprentissage chez un Maître de ladite Profession ; qu'il ne soit de bonnes vie & mœurs, & n'ait fait chef-d'œuvre, en presence des Gardes en exercice, & de deux anciens Maîtres de la Communauté.

XCI. Le chef-d'œuvre que les aspirans à la Maîtrise du grand & bon teint, de même que les fils de Maîtres, seront tenus de faire, sera d'asseoir une cuve composée de pastel & d'indigo, ou de voüede & d'indigo ; de mettre cette cuve en état, & d'y teindre en bleu-pers une piece de drap ou de serge ; le tout, en presence des Gardes en exercice, & de deux anciens Maîtres de la Communauté, dont il sera dressé Procès verbal, signé par les assistans & l'aspirant à la Maîtrise, s'ils sçavent écrire ; & ladite piéce de drap ou de serge s'étant trouvée bien teinte, l'aspirant sera reçû à la Maîtrise, après avoir prêté serment pardevant le Juge de Police, auquel ledit Procès verbal sera presenté ; & les Lettres de Maîtrise lui seront delivrées, en païant les droits acoûtumez. S'il survenoit quelque contestation sur le succès du chef-d'œuvre, la piéce teinte en bleu-pers sera portée pardevant ledit Juge, pour y être statué, ainsi qu'il apartiendra, après une visite préalable dudit chef-d'œuvre, par Experts qu'il aura commis pour cet éfet.

XCII. Le chef-d'œuvre pour le petit teint, sera de noircir une piece de drap, qui aura précédemment été guesdée par le Teinturier du grand & bon teint ; & en outre, de teindre deux piéces de petites étofes, dont le prix n'excedera pas quarante sols par aune, l'une en gris de castor, & l'autre en pourpre, fait avec le bois d'inde & le bresil ; & lesdites trois pièces aïant été reconnuës bien teintes, il en sera dressé Procès verbal, & l'aspirant sera reçû à la Maîtrise du petit teint, en prêtant le serment pardevant le Juge de Police, & en païant les droits ordinaires. Les contestations sur la réüssite dudit chef-d'œuvre, seront décidées en la maniere prescrite par l'Article XCI. du present Réglement.

XCIII. Les chef-d'œuvres ci-dessus ordonnez, tant pour le grand que pour le petit teint, se feront aux dépens de l'aspirant, chez un des Gardes ou Maître de la Communauté, chez qui il y aura des ustensiles nécessaires ; & ledit aspirant fera à ses frais, & en presence desdits Gardes & anciens de la Communauté, l'achat des ingrédiens dont il entendra se servir, lesquels seront examinez, tant par lesdits Gardes, que par les anciens qui doivent assister au chef-d'œuvre. FAIT & arrêté au Conseil Roïal du Commerce, tenu à Versailles le quinziéme jour du mois de Janvier mil sept cens trente-sept.

Signé, ORRY.

EDITS ET REGLEMENS,

LETTRES PATENTES DU ROY,
Sur le Réglement ci-dessus pour la Teinture des Etofes de Laine, & des Laines servant à leur Fabrication.

Du 29. Janvier 1737.

LOUIS par la grace de Dieu, Roy de France & de Navarre: A tous ceux qui ces presentes Lettres verront, SALUT. Aïant été informez des dificultez qui se rencontrent dans l'exécution des anciens Réglemens, concernans les teintures des laines & étofes de laine, de la nécessité d'en interpréter plusieurs Articles, & d'en ajoûter, retrancher ou modifier plusieurs autres, à cause des changemens qui sont arrivez depuis la publication de ces Réglemens, dans la fabrique des étofes, & dans l'usage des ingrédiens qui entrent dans la composition des teintures; il Nous a paru que le plus sûr moïen de remplir cet objet, étoit de faire un nouveau Réglement sur cette matiere. A CES CAUSES, de l'avis de nôtre Conseil, qui a vû & examiné ledit Réglement du 15. du present mois de Janvier, contenant quatre-vingt-treize Articles, ci-atachez sous le Contrescel de nôtre Chancellerie, ensemble les Réglemens du mois d'Aoust 1669. & l'Instruction du 18. Mars 1671. concernant les teintures; Nous avons par ces Presentes signées de nôtre main, & de nôtre certaine science, pleine puissance & autorité Roïale, confirmé & autorisé, confirmons & autorisons ledit Réglement pour la teinture des étofes de laine, & des laines servant à leur fabrication : Voulons que dans toute l'étenduë de nôtre Roïaume, Païs, Terres & Seigneuries de nôtre obéïssance, il soit gardé, observé, & exécuté de point en point, suivant sa forme & teneur. SI DONNONS EN MANDEMENT à nos amez & feaux les Gens tenans nôtre Cour de Parlement à Roüen, que ces Presentes ils aïent à faire lire, publier, regiſtrer, & le contenu en icelles garder, observer & exécuter, selon leur forme & teneur; CAR tel est nôtre plaisir. En témoin de quoi Nous avons fait mettre nôtre Scel à cesdites Presentes. DONNE' à Versailles, le vingt-neuviéme jour de Janvier, l'an de grace mil sept cens trente-sept; & de nôtre Régne le vingt-deuxiéme. Signé, LOUIS: Et plus bas, Par le

DECLARATIONS ET ARRESTS.

Roy, CHAUVELIN: Vû au Conseil, ORRY. Et scellées du grand Sceau de cire jaune.

Lûes, publiées & registrées, la grande Audience de la Cour séante, oüi & ce requerant le Procureur General du Roy, pour être exécutées suivant leur forme & teneur, conformément à l'Arrest du 16. desdits mois & an, rendu toutes les Chambres assemblées, sur la vérification desdits Réglement & Lettres Patentes. A Roüen en Parlement, le 19. Mars 1737.

Signé, AUZANET.

Déclaration du Roy, pour la tenuë de Registres en Papier timbré, par les Marchands en gros & en détail; avec défenses à tous Juges, d'en parapher aucuns, & d'avoir égard aux Extraits d'iceux, qu'ils ne soient en cette forme.

Du 16. Avril 1737.

LOUIS par la grace de Dieu, Roy de France & de Navarre: A tous ceux qui ces presentes Lettres verront, SALUT. Nôtre Cour des Aides de Paris, par deux de ses Arrêts, des 15. Juillet 1684. & 5. Mars 1692. intervenus sur les contestations mûës entre les Soûfermiers des Aides & Formules des Generalitez de Poitiers & Tours, & les Marchands & Négocians de la Ville de la Rochelle, & les Marchands Merciers de la Ville de Tours; a entr'autres choses, ordonné que lesdits Marchands, Négocians & Merciers ne pourroient se servir à l'avenir d'autres Registres pour faire foi en Justice, que de ceux qui seroient sur papier timbré: D'ailleurs nôtre Cour des Comptes, Aides & Finances d'Aix, par son Arrest du 15. Juillet 1733. rendu entre Gregoire Carlier, Soûfermier des Formules de Provence, & les Procureurs des Gens des trois Etats dudit païs, & le Sindic des Marchands de la Ville d'Aix, a ordonné que les Marchands & Négocians, tant en gros qu'en détail, Banquiers, Courtiers, Agens de Change & de Banque, seroient tenus d'avoir des Registres en papier timbré: Nous avons été informez que quelques-unes de nos autres Cours des Aides, ont rendu des Arrêts dans l'un & dans l'autre cas; de sorte que dans plusieurs Provinces de nôtre Roïaume, il est d'usage de tenir les Registres des Marchands sur du papier timbré, en exécution des Arrêts de celles de nosdites Cours, qui l'ont ainsi ordonné, pendant que dans les autres Provinces du ressort de nôtre Cour des Aides de Paris, les Livres & Registres des Marchands ne sont que sur papier commun. Et comme il est nécessaire d'obvier aux inconveniens qui pouroient résulter de ces diférentes dispositions, & d'établir à cet égard une uniformité d'usage : D'ailleurs nôtre intention étant de favoriser en toutes choses, le commerce qui se fait journellement entre nos Sujets, en évitant autant que faire se peut, ce qui pouroit le gêner ; A CES CAUSES, de l'avis de nôtre Conseil, & de nôtre certaine science, pleine puissance & autorité Roïale, Nous avons par ces Presentes signées de nôtre main, dit, déclaré & ordonné, disons, déclarons & ordonnons, voulons & Nous plaît, qu'à l'avenir & à commencer dans quinzaine du jour de la publication des Presentes, tous les Marchands, tant en gros qu'en détail, Banquiers, Courtiers de Change & de Banque, & autres Négocians des Villes & lieux de nôtre Roïaume, ne pouront se servir en Justice d'autres Registres que de ceux qui seront en papier timbré, qu'ils prendront aux Bureaux des Fermiers de la Formule : Défendons à nos Juges de parapher aucuns Registres en papier non timbré, & d'avoir égard aux Extraits qui en seront tirez, à peine de nullité des Jugemens qui pouroient être rendus sur lesdits Registres & Extraits. SI DONNONS EN MANDEMENT à nos amez & féaux les Gens tenans nôtre Cour de Parlement à Roüen, que ces Presentes ils aïent à faire lire, publier & registrer, & le contenu en icelles garder, observer & exécuter, selon leur forme & teneur, nonobstant toutes choses à ce contraires ; CAR tel est nôtre plaisir. En témoin de quoi, Nous avons fait mettre nôtre Scel à cesdites Presentes. DONNE' à Versailles, le seiziéme jour d'Avril, l'an de grace mil sept cens trente-sept ; & de nôtre Régne le vingt-deuxiéme. Signé, LOUIS : Et plus bas, Par le Roy, AMELOT : Vû au Conseil, ORRY. Et scellée du grand Sceau de cire jaune.

Lûë, publiée & registrée, la grande Audience de la Cour séante, suivant l'Arrest intervenu le jour d'hier, sur la verification de ladite Déclaration. A Roüen en Parlement, le 6. Juin 1737.

Signé, AUZANET.

DECLARATIONS ET ARRESTS.   541

Ordonnance du Roy, concernant le Faux Principal & Faux incident ; & la Reconnoissance des Ecritures & Signatures, en matiere criminelle.

Du mois de Juillet 1737.

LOUIS par la grace de Dieu, Roy de France & de Navarre : A tous presens & à venir, SALUT. Le feu Roy nôtre très-honoré Seigneur & Bisaïeul, crut ne pouvoir rien faire de plus avantageux pour ses Sujets, que de renfermer dans un corps de Loix, toutes les régles de la procédure civile & criminelle ; & cet ouvrage a été regardé comme un de ceux qui ont le plus contribué à immortaliser la gloire de son Régne. Les dificultez qui se presentérent dans l'exécution de ses Ordonnances, ne servirent qu'à redoubler son atention, pour supléer à ce qui pouvoit y manquer, & pour les porter par des Déclarations postérieures, à une plus grande perfection : Mais outre que ces Loix particulieres n'ont pas été réünies jusqu'à present, pour ne former qu'un seul tout avec les Loix generales, & devenir par là encore plus connuës & plus utiles, Nous sçavons que la diversité des opinions, & la diférente maniere d'expliquer les mêmes dispositions, ont produit une si grande variété dans les usages de plusieurs Tribunaux, que les procédures qui paroissent aux uns régulieres & sufisantes, sont regardées par d'autres comme nulles & défectueuses. Le reméde qu'on est obligé d'y aporter, en faisant recommencer ce qui a été déclaré nul, est souvent presqu'aussi fâcheux que le mal même ; l'expérience aïant apris que cette voïe, onéreuse aux Oficiers qui en suportent les frais, favorable quelquefois au coupable, ou au plaideur témeraire, a toûjours le grand inconvenient de prolonger les procès, & souvent de retarder des exemples nécessaires. Des considérations si importantes Nous ont fait croire, qu'au lieu de se contenter de réparer les defauts de procédure, à mesure qu'ils se presentent, il étoit beaucoup plus convenable d'en tarir la source par une nouvelle Loi, qui renfermât en même tems, & le suplément & l'interprétation des Ordonnances précédentes : Mais dans la nécessité

1737.
Juillet.

où Nous sommes, de partager un ouvrage d'une si grande étenduë, Nous avons cru que la révision de l'Ordonnance de 1670. sur la procédure criminelle, devoit ocuper d'abord toute nôtre atention ; & dans cette Ordonnance même, Nous avons jugé à propos de faire un choix, en commençant un ouvrage si utile, par les Titres *de la Reconnoissance des Ecritures ou Signatures privées* & *du Faux principal ou incident*. Les diférens objets de ces deux Titres y ont été tellement mêlez, que les Juges ont eu de la peine à en faire un juste discernement ; & qu'il leur est souvent arrivé, ou de séparer ce qui devoit être réüni, ou de confondre ce qu'il auroit falu distinguer. C'est donc pour remédier à cet inconvenient, par un ordre plus naturel, que Nous avons jugé à propos d'établir d'abord dans un premier Titre, les régles qui seront observées dans la poursuite du Faux principal ; de fixer ensuite dans un second Titre, celles qui auront lieu à l'égard du Faux incident ; & d'y ajoûter enfin un dernier Titre, sur ce qui concerne seulement la reconnoissance des Ecritures & Signatures privées ; en sorte que l'on puisse aisément reconnoître dans chaque Titre, les formalitez qui sont propres à chacune de ces trois procédures, & celles qui leur sont communes. Nous y laisserons beaucoup moins à supléer à l'atention de ceux qui sont chargez de l'instruction des procès criminels, qu'on ne l'avoit fait par l'Ordonnance de 1670. & si Nous sommes obligez par là d'entrer dans un détail beaucoup plus exact, sur ce qui regarde chaque Acte de la procédure, Nous esperons que l'inconvenient de la longueur, presqu'inséparable de cette exactitude, sera avantageusement compensé par le bien que Nous ferons à la Justice, en mettant devant les yeux des Juges, une suite de régles claires & précises, qui dirige sûrement toutes leurs démarches, en les conduisant par degrez, & comme pas à pas, dans tout le cours de l'instruction. Il ne nous reste donc plus, après Nous être fait rendre un compte exact des diférens usages de nos Parlemens, & avoir reçû les Mémoires des principaux Magistrats de ces compagnies, que de faire publier une Loi si nécessaire, pour parvenir à cette uniformité parfaite, qui n'est pas moins desirable, & qu'il est encore plus facile d'établir dans la forme de la procédure, que dans le fond des Jugemens : Elle y sera d'autant plus utile à nos Sujets, que les dificultez rez qui regardent l'ordre judiciaire, naiffent beaucoup plus souvent que les queftions de jurifprudence qui partagent les Tribunaux, & que le fond même de la juftice eft en danger, lorfque les voïes qui y conduifent, font obfcures ou incertaines. A CES CAUSES, & autres à ce Nous mouvant, de l'avis de nôtre Confeil, & de nôtre certaine fcience, pleine puiffance & autorité Roïale, Nous avons par ces Prefentes fignées de nôtre main, dit, déclaré & ordonné, difons, déclarons & ordonnons, voulons & Nous plaît ce qui fuit.

TITRE DU FAUX PRINCIPAL.

ARTICLE PREMIER.

Les plaintes, dénonciations & acufations de Faux principal, fe feront en la même forme que celles des autres crimes, fans confignation d'Amende, fans infcription en faux, fommation, ni autres procédures, avec celui contre lequel l'acufation fera formée.

II. L'acufation de Faux poura être admife, s'il y échet, encore que les piéces prétenduës fauffes aïent été vérifiées, même avec le plaignant, à d'autres fins que celles d'une pourfuite de Faux principal ou incident, & qu'en confequence il foit intervenu un Jugement fur le fondement defdites piéces, comme véritables.

III. Sur la Requête ou plainte de la Partie publique ou de la partie civile, à laquelle elles feront tenuës de joindre les piéces prétenduës fauffes, fi elles font en leur poffeffion, il fera ordonné qu'il fera informé des faits portez par ladite Requête ou plainte, & ce, tant par Titres que par témoins, comme auffi par Experts, enfemble par comparaifon d'écritures ou fignatures; le tout, fuivant que le cas le requerra; & lorfque le Juge n'aura pas ordonné en même tems, ces diférens genres de preuves, il poura y être supléé, s'il y échet, par une Ordonnance ou Jugement poftérieur.

IV. Ledit Jugement ou Ordonnance contiendra en outre, qu'il fera dreffé Procès verbal de l'état des piéces prétenduës fauffes, lefquelles à cet éfet feront remifes au Gréfe, fi elles font jointes à la Requête ou plainte, finon aportées audit Gréfe, ainfi qu'il fera dit ci-après.

V. En cas que lefdites piéces ne foient pas en la poffeffion de la Partie publique ou de la partie civile, & qu'elles n'aïent pû les joindre à leur Requête ou plainte, il sera ordonné par le même Jugement ou Ordonnance qui permettra d'informer, qu'elles seront remises au Gréfe par ceux qui les auront entre leurs mains, & qu'à ce faire ils seront contraints; sçavoir, les dépositaires publics par corps; ou s'ils sont Ecléfiastiques, par saisie de leur temporel; & ceux qui ne sont pas dépositaires publics, par toutes voïes dûes & raisonnables; sauf à être ordonné, s'il y échet, qu'ils y seront contraints par les mêmes voïes que les dépositaires publics.

VI. Le delai pour l'aport & la remise desdites piéces, courra du jour de la signification de ladite Ordonnance ou Jugement, au domicile de ceux qui les auront en leur possession; & sera ledit delai de trois jours, s'ils sont dans le lieu de la Jurisdiction; de huitaine, s'ils sont dans les dix lieuës; & en cas de plus grande distance, le delai sera augmenté d'un jour par dix lieuës, même de tel autre tems que les Juges estimeront nécessaire, eu égard à la dificulté des chemins, & à la longueur des lieuës; sans néanmoins qu'en aucun cas le delai puisse être réglé sur le pied de plus de deux jours par dix lieuës.

VII. Ne pouront être entendus aucuns témoins, avant que les piéces prétenduës fausses aïent été déposées au Gréfe; ce qui sera observé, à peine de nullité, si ce n'est qu'il ait été ordonné expressément, soit en acordant la permission d'informer, soit par une Ordonnance ou un Jugement postérieur, que les témoins pouront être entendus avant le dépost desdites piéces; ce que Nous laissons à la prudence des Juges: Comme aussi, de statuer ainsi qu'il apartiendra, suivant l'exigence des cas, lorsque les piéces prétenduës fausses se trouveront avoir été souftraites, ou être perduës, ou lorsqu'elles seront entre les mains de celui qui sera prévenu du crime de faux.

VIII. Lorsque l'information par Experts aura été ordonnée, suivant ce qui est porté par l'Article III. lesdits Experts seront toûjours nommez d'ofice, à peine de nullité; & la nomination en sera faite par l'Ordonnance ou Jugement qui ordonnera ladite information, si ce n'est que ladite nomination ait été renvoïée à un Juge commis sur les lieux, pour procéder à ladite information; lequel Juge commis fera pareillement d'ofice ladite nomination.

IX. Défendons aux Juges de recevoir de l'acusé aucune Requête en récusation contre les Experts, à peine de nullité ; sauf audit acusé à fournir ses reproches, si aucuns y a, contre lesdits Experts, en la même forme & dans le même tems, que contre les autres témoins.

X. Le Procès verbal de l'état des piéces prétenduës fausses, ratures, surcharges, interlignes, & autres circonstances du même genre, qui pourront s'y trouver, sera dressé au Gréfe, ou autre lieu du Siége destiné aux instructions, en presence tant de nôtre Procureur, ou de celui des Hauts-Justiciers, que de la partie civile, s'il y en a, à peine de nullité ; & l'acusé ne sera point apellé audit Procès verbal.

XI. Lesdites piéces seront paraphées lors dudit Procès verbal, tant par le Juge que par la partie civile, si elle peut les parapher, sinon il en sera fait mention, ensemble par nôtre Procureur ou celui des Hauts-Justiciers, le tout, à peine de nullité ; après quoi elles seront remises au Gréfe.

XII. Lorsque la preuve par comparaison d'écritures aura été ordonnée, nos Procureurs ou ceux des Hauts-Justiciers, & la partie civile, s'il y en a, pouront seuls fournir les piéces de comparaison ; sans que l'acusé puisse être reçû à en presenter de sa part, si ce n'est dans le tems, & ainsi qu'il sera dit par les Articles XLVI. & LIV. ci-après ; & le contenu au present Article sera observé, à peine de nullité.

XIII. Ne pourront être admises pour piéces de comparaison, que celles qui sont autentiques par elles-mêmes, & seront regardées comme telles les signatures aposées aux Actes passez devant Notaires ou autres personnes publiques, tant séculiéres qu'Ecléfiastiques, dans les cas où elles ont droit de recevoir des Actes en ladite qualité : Comme aussi, les signatures étant aux Actes judiciaires faits en presence du Juge & du Gréfier, & pareillement les piéces écrites & signées par celui dont il s'agit de comparer l'écriture, en qualité de Juge, Gréfier, Notaire, Procureur, Huissier, Sergent, & en général, comme faisant, à quelque titre que ce soit, fonction de personne publique.

XIV. Pouront néanmoins être admises pour piéces de comparaison, les écritures ou signatures privées, qui auroient été reconnuës par l'acusé, sans qu'en aucun autre cas lesdites écritures ou signatures privées puissent être reçûës pour piéces de comparaison, quand même elles auroient été vérifiées avec ledit acusé, sur la négation qu'il en auroit faite; ce qui sera exécuté, à peine de nullité.

XV. Laissons à la prudence des Juges, suivant l'exigence des cas, & notamment lorsque l'acusation de faux ne tombera que sur un endroit de la piéce qu'on prétendra être faux ou falsifié, d'ordonner que le surplus de ladite piéce servira de piéce de comparaison.

XVI. Si les piéces indiquées pour piéces de comparaison, sont entre les mains de dépositaires publics ou autres, le Juge ordonnera qu'elles seront aportées, suivant ce qui est prescrit par les Articles V. & VI. à l'égard des piéces prétenduës fausses; & les piéces qui auront été admises pour piéces de comparaison, demeureront au Gréfe, pour servir à l'instruction; & ce, quand même les dépositaires d'icelles ofriroient de les aporter toutes les fois qu'il seroit nécessaire; sauf aux Juges à y pourvoir autrement, s'il y échet, pour ce qui concerne les Regîtres des Baptêmes, Mariages, Sépultures & autres, dont les dépositaires auroient besoin continuellement pour le service du Public.

XVII. Sur la representation des pieces de comparaison, qui sera faite par la Partie publique ou par la partie civile, sans qu'il soit donné aucune Requête à cet éfet, il sera dressé Procès verbal desdites piéces au Gréfe, ou autre lieu du Siége destiné aux instructions, en presence de ladite Partie publique, ensemble de la partie civile, s'il y en a, à peine de nullité.

XVIII. L'acusé ne poura être present au Procès verbal de presentation de piéces de comparaison; ce qui sera pareillement observé, à peine de nullité.

XIX. A la fin dudit Procès verbal, & sur la requisition ou sur les Conclusions de la Partie publique, le Juge réglera ce qu'il apartiendra, sur l'admission ou le rejet desdites piéces, si ce n'est qu'il juge à propos d'ordonner qu'il en sera par lui référé aux autres Oficiers du Siége; auquel cas, il y sera pourvû par délibération du Conseil, après que ledit Procès verbal aura été communiqué à nôtre Procureur, ou à celui des Hauts-Justiciers, & à la partie civile.

XX. S'il est ordonné que les piéces de comparaison seront rejettées, la partie civile, s'il y en a, ou nos Procureurs ou ceux des Hauts-Justiciers, seront tenus d'en raporter ou d'en indiquer d'autres, dans le delai qui sera prescrit, sinon il y sera pourvû, ainsi qu'il apartiendra; & sera au surplus observé sur l'aport desdites piéces, le contenu en l'Article XVI. ci-dessus.

XXI. Dans tous les cas où les piéces de comparaison seront admises, elles seront paraphées, tant par le Juge, que par nos Procureurs, ou par ceux des Hauts-Justiciers, & par la partie civile, s'il y en a, & si elle peut signer, sinon il en sera fait mention; le tout, à peine de nullité.

XXII. Dans toutes les informations qui seront faites par Experts, ils seront toûjours entendus séparément, & par forme de déposition, ainsi que les autres témoins, sans qu'il puisse être ordonné en aucun cas, que lesdits Experts feront leur raport sur les piéces prétenduës fausses, ou qu'il sera procédé préalablement à la vérification d'icelles; ce que Nous défendons, à peine de nullité.

XXIII. En procédant à ladite information, la plainte ou Requête contenant l'acusation de faux, & la permission d'informer donnée en conséquence, les piéces prétenduës fausses, & le Procès verbal de l'état d'icelles, les piéces de comparaison, lorsqu'il en aura été fourni, ensemble le Procès verbal de presentation d'icelles, & l'Ordonnance ou Jugement par lequel elles auront été reçûës, seront remis à chacun des Experts, pour les voir & examiner séparément & en particulier, sans déplacer, & sera fait mention de la remise & examen desdites piéces, dans la déposition de chacun des Experts, sans qu'il en soit dressé aucun Procès verbal, lesquels Experts parapheront les piéces prétenduës fausses; le tout, à peine de nullité.

XXIV. Seront en outre entendus comme témoins, ceux qui auront connoissance de la fabrication, altération, & en général, de la fausseté desdites piéces, ou des faits qui pourront servir à en établir la preuve; à l'éfet de quoi, sera permis d'obtenir, s'il y échet, & faire publier des Monitoires; ce qui poura être ordonné en tout état de cause.

XXV. En procédant à l'audition desdits témoins, les piéces prétenduës fausses leur seront representées, si elles sont au Gréfe; & en cas qu'elles n'y fussent pas, la representation en sera faite lors du récolement; & si elles n'étoient pas au

Gréfe, même audit tems, la representation s'en fera lors de la confrontation.

XXVI. Lesdits témoins parapheront lesdites pieces, lors de la representation qui leur en sera faite, s'ils veulent ou peuvent les parapher; sinon, il en sera fait mention.

XXVII. Les piéces servant à conviction, qui auroient été remises au Gréfe, seront pareillement representées à ceux desdits témoins qui en auront connoissance, & par eux paraphées, ainsi qu'il est porté par l'Article précédent; le tout, lors de leur déposition.

XXVIII. Voulons néanmoins qu'en cas d'ômission de la representation & du paraphe ci-dessus ordonnez, des piéces prétenduës fausses ou servant à conviction, qui seroient au Gréfe lors de la déposition desdits témoins, il puisse y être supléé lors du récolement; & s'il a été ômis alors d'y satisfaire, il y sera supléé en procédant à la confrontation, à peine de nullité de ladite confrontation, ainsi qu'il sera dit par l'Article XLV. ci-après.

XXIX. A l'égard des piéces de comparaison, & autres qui doivent être representées aux Experts, suivant l'Article XXIII. elles ne seront point representées aux autres témoins; si ce n'est que le Juge en procédant, soit à l'information, soit au récolement, où à la confrontation desdits témoins, estime à propos de leur representer lesdites piéces, ou quelques-unes d'icelles, auquel cas elles seront par eux paraphées, ainsi qu'il est ci-dessus prescrit.

XXX. Sur le vû de l'information, soit par Experts ou par autres témoins, il sera décerné, s'il y échet, tel decret qu'il apartiendra; ce que les Juges pourront pareillement faire sans information, en cas qu'il y ait d'ailleurs des charges sufisantes pour decréter; le tout, sur les Conclusions de nos Procureurs, ou de ceux des Hauts-Justiciers.

XXXI. Lors de l'interrogatoire des acusez, les pieces prétenduës fausses, comme aussi les piéces servant à conviction, qui seront actuellement au Gréfe, leur seront representées, & par eux paraphées, s'ils peuvent ou veulent le faire, sinon il en sera fait mention; & en cas d'ômission de ladite representation & paraphe, il y sera supléé par un nouvel interrogatoire, à peine de nullité du Jugement qui seroit intervenu sans avoir réparé ladite ômission.

DECLARATIONS ET ARRESTS 559

1737.
Juillet.

XXXII. Les piéces de comparaifon, ou autres qui doivent être repréfentées aux Experts, fuivant l'Article XXIII. ne pourront être repréfentées aufdits acufez, avant la confrontation.

XXXIII. En tout état de caufe, même après le Réglement à l'extraordinaire, les Juges pourront ordonner, s'il y échet, à la requête de la partie civile, ou fur le Requifitoire de la Partie publique, ou même d'ofice, que l'acufé fera tenu de faire un corps d'écriture, tel qu'il lui fera dicté par les Experts.

XXXIV. Lorfque ledit corps d'écriture aura été ordonné, il y fera procédé au Gréfe, ou autre lieu du Siége deftiné aux inftructions, en préfence de nos Procureurs, ou de ceux des Hauts-Jufticiers, enfemble de la partie civile, s'il y en a, ou elle dûëment apellée, à la requête de la Partie publique : Sera ledit corps d'écriture paraphé, tant par le Juge, les Experts & nofdits Procureurs, ou ceux des Hauts-Jufticiers, que par la partie civile, fi elle peut & veut le faire, finon il en fera fait mention, enfemble par l'acufé, s'il veut le parapher, & ce, en préfence defdits Experts; & en cas qu'il refufe de le faire, il en fera fait mention; le tout, à peine de nullité.

XXXV. A la fin dudit Procès verbal, & fans qu'il foit befoin d'autre Jugement, le Juge ordonnera, s'il y échet, que ledit corps d'écriture fera reçû pour piéce de comparaifon, & que les Experts feront entendus par voïe de dépofition, en la forme prefcrite par l'Article XXIII. fur ce qui peut réfulter dudit corps d'écriture, comparé avec les piéces prétenduës fauffes; ce qui aura lieu encore qu'ils euffent déja dépofé fur d'autres piéces de comparaifon ; fans préjudice au Juge, s'il y échet, d'en nommer d'autres, ou d'en ajoûter de nouveaux aux premiers, ce qu'il ne poura faire néanmoins que par délibération du Confeil; à l'éfet de quoi, il en fera par lui référé aux autres Juges.

XXXVI. Laiffons à la prudence des Juges, en cas de diverfité dans la dépofition des Experts, ou de doute fur la maniere dont ils fe feront expliquez, d'ordonner fur la requifition de la Partie publique, ou même d'ofice, qu'il fera entendu de nouveaux Experts, en la forme prefcrite par les Articles XXII. & XXIII. même qu'il fera fourni de nouvelles piéces de comparaifon; ce qu'ils pouront ordonner, s'il y échet, avant que de decréter ou après le decret, jufqu'au réglement à l'extraordinaire; après quoi, ils ne pourront l'ordonner que lorfque l'inftruction fera achevée, & en jugeant le procès; & en cas que ce foit l'acufé qui faffe une pareille demande, fera obfervé ce qui eft prefcrit par les Articles XLVI. & LIV. ci-après.

XXXVII. Lors du récolement des Experts, les piéces prétenduës fauffes, & les piéces de comparaifon, feront reprefentées aufdits Experts, & tant à eux qu'aux acufez, lors de la confrontation, à peine de nullité: Au furplus, le récolement & la confrontation defdits Experts fe feront en la même forme que le récolement & la confrontation des autres témoins; fans néanmoins qu'il foit befoin d'interpeller lefdits Experts, de déclarer fi c'eft de l'acufé prefent qu'ils ont entendu parler dans leur dépofition & récolement, à moins qu'ils n'aïent dépofé de faits perfonnels audit acufé.

XXXVIII. En procédant au récolement des témoins, autres que les Experts, les piéces prétenduës fauffes feront reprefentées aufdits témoins, comme auffi les piéces fervant à conviction, & en general toutes celles qui leur auront été reprefentées lors de leur dépofition; & en cas que lefdites piéces prétenduës fauffes n'aïent été remifes au Gréfe que depuis leur dépofition, elles leur feront reprefentées, & par eux paraphées lors dudit récolement, fuivant ce qui eft prefcrit par les Articles XXV. & XXVI. ce qui aura lieu pareillement pour les piéces fervant à conviction, dont lefdits témoins auroient connoiffance, & qui auroient été remifes au Gréfe depuis leur dépofition; comme auffi, pour celles dont la reprefentation auroit été ômife lors de l'audition defdits témoins, fuivant ce qui eft porté par l'Article XXVIII.

XXXIX. Toutes les piéces qui auront été reprefentées aufdits témoins, tant lors de leur dépofition que lors de leur récolement, leur feront reprefentées, ainfi qu'à l'acufé, lors de leur confrontation; & en cas que les piéces n'aïent été remifes au Gréfe que depuis ledit récolement, elles feront reprefentées aufdits témoins, & par eux paraphées lors de ladite confrontation, fuivant ce qui eft prefcrit par les Articles XXV. & XXVI. ce qui aura lieu pareillement pour les piéces fervant à conviction, dont lefdits témoins auroient

con-

DECLARATIONS ET ARRESTS. 561

connoissance, & qui n'auroient été remises au Gréfe que depuis ledit récolement; comme aussi, pour celles dont la representation auroit été ômise, lors de la déposition & du récolement, suivant ce qui est porté par l'Article XXVIII.

1737.
Juillet.

XL. Si les témoins representent quelque piéce, soit lors de leur déposition, ou du récolement ou de la confrontation, elles y demeureront jointes, après avoir été paraphées, tant par le Juge que par lesdits témoins, s'ils peuvent ou veulent le faire, sinon il en sera fait mention; & si lesdites piéces servent à conviction, elles seront representées aux témoins qui en auroient connoissance, & qui seroient entendus, récolez ou confrontez depuis la remise desdites piéces, & elles seront par eux paraphées; le tout, suivant ce qui est prescrit par les Articles XXVII. & XXVIII. ci-dessus.

XLI. Si l'acusé represente des piéces lors de ses interrogatoires, elles y demeureront jointes, après avoir été paraphées, tant par le Juge que par ledit acusé, s'il peut ou veut les parapher, sinon il en sera fait mention; & elles seront representées aux témoins, s'il y échet, auquel cas elles seront par eux paraphées, s'ils peuvent ou veulent le faire, sinon il en sera fait mention.

XLII. Si l'acusé represente des pieces lors de la confrontation, elles y demeureront pareillement jointes, après avoir été paraphées, tant par le Juge que par l'acusé, & par le témoin confronté avec ledit acusé; & si ledit acusé & ledit témoin ne peuvent ou ne veulent les parapher, il en sera fait mention; le tout, à peine de nullité de ladite confrontation; & seront lesdites piéces representées, s'il y échet, aux témoins qui seroient confrontez depuis, & par eux paraphées, ainsi qu'il est porté par l'Article précédent.

XLIII. Lorsqu'il aura été ordonné que les acusez seront récolez sur leur interrogatoire, & confrontez les uns aux autres, les piéces qui auront été representées à chaque acusé, ou qu'il aura raportées lors de ses interrogatoires, lui seront pareillement representées lors de son récolement, & tant à lui qu'aux autres acusez, lors de la confrontation; & sera au surplus observé sur ladite representation, & sur le paraphe desdites piéces, ce qui est prescrit par les Articles XXXVIII. XXXIX. XL. & XLI. ci-dessus.

XLIV. Dans tous les cas où il a été ordonné par les Ar-

II. Suite du N. R.   Zzz

ticles précédens, que les piéces prétenduës fausses, ou autres piéces seront paraphées, soit par le Juge, soit par les Experts ou autres témoins, soit par les acusez, ou qu'il sera fait mention, à l'égard desdits témoins ou acusez, qu'ils n'ont pû ou n'ont voulu les parapher; il sufira de faire parapher lesdites piéces, ou de faire ladite mention dans le premier Acte, lors duquel lesdites piéces seront representées, sans qu'il soit besoin de réïterer ledit paraphe ou ladite mention, lorsque les mêmes piéces seront de nouveau representées.

XLV. Desirant expliquer plus particulierement nos intentions sur les cas où la peine de nullité sera prononcée par le defaut de representation aux témoins, autres que les Experts, des piéces prétenduës fausses ou servant à conviction, & de paraphe desdites piéces; voulons que ladite peine ne puisse avoir lieu qu'à l'égard de la confrontation, lorsque l'on n'y aura pas supléé à l'ómission de representation ou de paraphe desdites piéces; auquel cas, les Juges ordonneront, s'il y échet, qu'il sera procédé à une nouvelle confrontation, lors de laquelle lesdites pieces seront representées ausdits témoins, & par eux paraphées, en la forme ci-dessus prescrite; ce qui sera pareillement observé à l'égard des acusez, lorsqu'il aura été ordonné qu'ils seront récolez, & confrontez les uns aux autres.

XLVI. En cas que l'acusé presente une Requête, pour demander qu'il soit remis de nouvelles pieces de comparaison entre les mains des Experts, les Juges ne pourront y avoir égard, qu'après l'instruction achevée, & par délibération de Conseil, sur le vû du procès, à peine de nullité.

XLVII. Si la Requête de l'acusé est admise, le Jugement lui sera prononcé dans vingt-quatre heures au-plûtard, & il sera interpellé par le Juge d'indiquer lesdites pieces; ce qu'il sera tenu de faire sur le champ: Laissons néanmoins à la prudence des Juges, de lui acorder un delai, suivant l'exigence des cas, pour indiquer lesdites pieces, sans que ledit delai puisse être prorogé; & ne poura l'acusé presenter dans la suite d'autres pieces que celles qu'il aura indiquées; le tout, sans préjudice à la partie civile ou à la Partie publique, de contester lesdites pieces.

XLVIII. Les écritures ou signatures privées de l'acusé ne pouront être reçuës pour pieces de comparaison, (enco-

DECLARATIONS ET ARRESTS. 563

re qu'elles euſſent été par lui reconnuës, ou vérifiées avec lui) ſi ce n'eſt du conſentement, tant de la Partie publique que de la partie civile, s'il y en a; ce qui ſera obſervé, à peine de nullité.

XLIX. Les diſpoſitions des Articles XIII. & XVI. ſeront obſervées, tant par raport à la qualité deſdites nouvelles pieces de comparaiſon, qu'en ce qui concerne l'aport & remiſe au Gréfe d'icelles, lequel aport & remiſe ſe feront à la requête de la Partie publique.

L. Le Procès verbal de preſentation des nouvelles pieces de comparaiſon indiquées par l'acuſé, ſera fait à la requête de la Partie publique, & dreſſé en preſence dudit acuſé, lequel paraphera les pieces qui ſeront reçûës, s'il peut ou veut les parapher, ſinon il en ſera fait mention ; le tout, à peine de nullité ; & en cas que l'acuſé ne ſoit pas dans les Priſons, & ne ſe preſente point pour aſſiſter audit Procès verbal, il y ſera procédé en ſon abſence, après qu'il aura été dûëment apellé, à la requête de la Partie publique : Sera au ſurplus obſervé tout ce qui a été ci-deſſus preſcrit par raport au Procès verbal de preſentation des pieces de comparaiſon, rejet ou admiſſion d'icelles, & procédures à faire en conſéquence.

LI. En cas que les pieces de comparaiſon ſoient admiſes, il ſera procédé à une nouvelle information ſur ce qui peut réſulter deſdites pieces, dans la forme preſcrite par les Articles XXII. & XXIII. & ce, à la requête de la Partie publique, & par les mêmes Experts qui auront été déja entendus, à moins qu'il n'en ait été autrement ordonné : Seront les anciennes pieces de comparaiſon remiſes entre les mains des Experts, ainſi que les nouvelles, enſemble les Procès verbaux de preſentation, & les Ordonnances ou Jugemens de réception de toutes leſdites pieces.

LII. N'entendons empêcher que la partie civile ou la Partie publique ne puiſſent être admiſes à produire de nouvelles pieces de comparaiſon, & ce, en tout état de cauſe, même dans le cas où il n'auroit pas été permis à l'acuſé d'indiquer de nouvelles pieces de comparaiſon ; le tout, à la charge de ſe conformer aux diſpoſitions des Articles XIII. & ſuivans, notamment en ce qu'il y eſt porté que l'acuſé ne ſera point preſent au Procès verbal de preſentation des pieces de comparaiſon, raportées par la Partie publique, ou par la partie civile.

Zzz ij

LIII. Lorsqu'à l'ocasion des nouvelles pieces de comparaison indiquées par l'acusé, la Partie publique ou la partie civile, s'il y en a, en auront aussi produit de leur part, les Juges pouront, après que lesdites pieces auront été reçûës en la forme ci-dessus marquée, ordonner, s'il y échet, que sur les unes & les autres, il sera procédé à une seule & même information par Experts.

LIV. Si l'acusé demande qu'il soit entendu de nouveaux Experts, soit sur les anciennes pieces de comparaison ou sur de nouvelles, les Juges ne pouront l'ordonner, s'il y échet, qu'après l'instruction achevée, & par délibération de Conseil, sur le vû du procès; ce qui sera observé, à peine de nullité.

LV. S'il est ordonné qu'il sera procédé à une information par de nouveaux Experts, ils seront toûjours nommez d'ofice, & entendus en la forme prescrite par les Articles XXII. & XXIII. le tout, à peine de nullité.

LVI. Dans tous les cas marquez par les Articles XXXVI. XLIV. XLVII. LII. LIII. LIV. & LV. où il aura été procédé à une nouvelle information, soit sur de nouvelles pieces de comparaison, ou par de nouveaux Experts, les Juges pouront la joindre au procès, pour en jugeant, y avoir tel égard que de raison, ou décerner de nouveaux decrets, s'il y échet; ou ordonner sans decret, que les Experts entendus dans ladite information, seront récolez & confrontez, ou y statuer autrement, suivant l'exigence des cas; ce que Nous laissons à leur prudence.

LVII. Dans tous les Procès verbaux où la presence de la partie civile est requise, suivant ce qui a été réglé ci-dessus, il sera permis à ladite partie civile d'y faire assister, au lieu d'elle, le porteur de sa procuration, qui ne sera admise qu'en cas qu'elle soit spéciale, & passée devant Notaires.

LVIII. Ladite procuration sera annéxée à la minute de l'Acte pour lequel elle aura été donnée, si elle ne concerne qu'un seul Acte; & si elle en concerne plusieurs, elle sera annéxée à la minute du premier Acte, lors duquel elle aura été représentée; & sera paraphée, tant par le Juge que par le porteur d'icelle, lequel paraphera en outre toutes les pieces qui dévroient être paraphées par ladite partie civile, si elle étoit presente; & en cas qu'il refuse de les parapher, il y fera pourvû par les Juges, fur les Conclufions de la Partie publique, ainfi qu'il apartiendra.

LIX. Lorfque les premiers Juges auront ordonné la fupreffion ou laceration, ou la radiation en tout ou en partie, même la réformation ou le rétabliffement des pieces par eux déclarées fauffes, il fera furfis à l'exécution de ce chef de leur Jugement, jufqu'à ce que par nos Cours, fur le vû du procès, & fur les Conclufions de nos Procureurs Genéraux, il y ait été pourvû, ainfi qu'il apartiendra; ce qui aura lieu, encore que la Sentence fût de nature à pouvoir être exécutée, fans avoir été confirmée par Arreft, & qu'il n'y en eût eu aucun apel, ou que l'acufé y eût aquiefcé, dans les cas où il peut le faire.

LX. N'entendons néanmoins empêcher que ledit acufé ne foit mis en liberté, dans ledit cas d'aquiefcement de fa part à la Sentence, lorfqu'il n'y aura point d'apel *à minima* interjetté par nos Procureurs Genéraux ou leurs Subftituts, ou par les Procureurs des Hauts-Jufticiers.

LXI. En cas que le Jugement foit rendu par contumace contre les acufez, ou aucun d'eux, la furféance portée par l'Article LIX. aura lieu, tant que les acufez contumaces ne fe reprefenteront pas, ou ne feront point arrêtez; ce qui fera obfervé même après l'expiration des cinq années; & en cas que les contumaces fe reprefentent, ou qu'ils foient arrêtez, ladite furféance aura pareillement lieu, fi le Jugement qui interviendra contradictoirement avec eux, contient à l'égard des pieces fauffes, quelqu'une des difpofitions mentionnées audit Article LIX.

LXII. L'exécution des Arrêts de nos Cours, qui contiendront quelqu'une des difpofitions mentionnées dans l'Article LIX. fera pareillement furfife, lorfque lefdits acufez ou aucuns d'eux, auront été condamnez par contumace; fi ce n'eft que dans la fuite, il en foit autrement ordonné par nofdites Cours, s'il y échet, & ce, fur les Conclufions de nos Procureurs Generaux; ce que Nous laiffons à leur prudence, fuivant l'exigence des cas.

LXIII. Par le Jugement de condamnation ou d'abfolution, qui interviendra fur le vû du procès, il fera ftatué ainfi qu'il apartiendra, fur la remife des pieces, foit à la partie civile, ou aux témoins, ou aux acufez qui les auront fournies ou reprefentées; ce qui aura lieu même à l'égard des pieces prétenduës fausses, lorsqu'elles ne seront pas jugées telles ; & à l'égard des pieces qui auront été tirées d'un dépost public, il sera ordonné qu'elles seront remises ou renvoïées par les Gréfiers, aux dépositaires d'icelles, par les voïes en tel cas requises & acoûtumées ; le tout, sans qu'il soit rendu séparément un autre Jugement sur la remise desdites pieces, laquelle néanmoins ne poura être faite que dans le tems, & ainsi qu'il sera ci-après marqué.

LXIV. Lorsque les procès seront de nature à être portez en nos Cours, sans même qu'il y ait apel de la Sentence des premiers Juges, suivant les dispositions de l'Ordonnance de 1670. & pareillement lorsqu'il y aura apel de ladite Sentence, les pieces dont la remise y aura été ordonnée, ne pouront être retirées du Gréfe, jusqu'à ce qu'il y ait été pourvû par nosdites Cours.

LXV. Si les procès ne sont pas de la nature marquée par l'Article précédent, voulons qu'encore qu'il n'y eût point d'apel de la Sentence, ou que l'acusé y eût aquiescé, aucune desdites pieces ne puisse être retirée du Gréfe, que six mois après ladite Sentence. Enjoignons aux Substituts de nos Procureurs Generaux, ou aux Procureurs d'ofice, d'informer diligemment nosdits Procureurs Generaux, du contenu aux Jugemens rendus dans leur Siége en matiere de faux, même par contumace, pour être par nosdits Procureurs Generaux fait en conséquence, telles requisitions qu'ils jugeront nécessaires.

LXVI. Lorsque le procès pour crime de faux aura été instruit en nos Cours, ou qu'il y aura été porté, suivant ce qui a été dit ci-dessus, lesdites pieces ne pouront être retirées du Gréfe, qu'après l'Arrest définitif qui en aura ordonné la remise.

LXVII. Dans les cas portez par les Articles LIX. LXI. & LXII. où il doit être sursis à l'exécution des Sentences ou Arrêts, qui contiendroient à l'égard des pieces déclarées fausses, quelqu'une des dispositions mentionnées ausdits Articles ; il sera pareillement sursis à la remise des pieces de comparaison ou autres pieces, si ce n'est qu'il en soit autrement ordonné par nos Cours, sur la Requête des dépositaires desdites pieces, ou des parties qui auroient intérest d'en demander la remise, & sur les Conclusions de nos Procureurs Generaux en nosdites Cours.

LXVIII. Enjoignons aux Gréfiers de se conformer exac-

DECLARATIONS ET ARRESTS.

tement aux Articles précédens, en ce qui les regarde, à peine d'interdiction, d'Amende arbitraire aplicable à Nous ou aux Hauts-Justiciers, & des dommages & intérêts des parties, même d'être procédé extraordinairement contr'eux, s'il y échet.

LXIX. Pendant que lesdites pieces demeureront au Gréfe, les Gréfiers ne pourront delivrer aucunes copies ni expéditions des pieces prétenduës fausses, ou servant à conviction, si ce n'est en vertu d'un Jugement, qui ne poura être rendu que sur les Conclusions de nos Procureurs Generaux ou de leurs Substituts, ou des Procureurs d'ofice ; & à l'égard des Actes dont les originaux ou minutes auront été remis au Gréfe, & notamment des Regîtres, sur lesquels il y auroit des Actes non arguez de faux, lesdits Gréfiers pourront en delivrer des expéditions aux parties qui auront droit d'en demander, sans qu'ils puissent prendre de plus grands droits que ceux qui seroient dûs aux dépositaires desdits originaux ou minutes : Et sera le present Article exécuté, sous les peines portées par l'Article précédent.

TITRE DU FAUX INCIDENT.

ARTICLE PREMIER.

LA poursuite du Faux incident aura lieu, lorsqu'une des parties aïant signifié, communiqué, ou produit quelque piece que ce puisse être, dans le cours de la procédure, l'autre partie prétendra que ladite piece est fausse ou falsifiée.

II. Ladite poursuite poura être reçûë, s'il y échet, encore que les pieces prétenduës fausses aïent été vérifiées, même avec le demandeur en faux, à d'autres fins que celles d'une poursuite de Faux principal ou incident, & qu'en conséquence il soit intervenu un Jugement sur le fondement desdites pieces comme véritables.

III. La partie qui voudra former la demande en faux incident, presentera une Requête, tendante à ce qu'il lui soit permis de s'inscrire en faux, contre les pieces qui y seront indiquées, & à ce que le défendeur soit tenu de déclarer s'il entend se servir desdites pieces : Sera ladite Requête signée du demandeur ou du porteur de sa procuration spéciale, à peine de nullité, & sera ladite procuration atachée à ladite Requête.

IV. Le demandeur en faux sera tenu de consigner, sçavoir, en nos Cours, Requêtes de nôtre Hôtel & du Palais, cent livres; aux Bailliages, Senéchaussées, Siéges Présidiaux, ou autres Siéges ressortissans immédiatement en nosdites Cours, soixante livres; & vingt livres dans tous les autres Siéges; sans qu'il soit consigné plus d'une Amende, quel que soit le nombre des demandeurs, ou des pieces arguées de faux, pourvû que l'inscription soit formée conjointement, & par le même Acte.

V. Lorsque la Requête à fin de permission de s'inscrire en faux, sera donnée en nos Cours, dans les six semaines antérieures au tems auquel elles finissent leurs séances; ou pour les Compagnies semestres, dans les six semaines antérieures à la fin de chaque semestre, le demandeur en faux sera tenu de consigner la somme de trois cens livres, même plus grande somme, si les Juges estiment à propos de l'ordonner.

VI. Les sommes qui seront consignées pour les inscriptions en faux, seront reçuës sans aucuns droits ni frais, par le Receveur des Amendes en titre, ou par commission, s'il y en a, sinon par le Gréfier du Siége où l'inscription sera formée.

VII. La quitance de consignation d'Amende, sera atachée à la Requête du demandeur, & visée dans l'Ordonnance qui sera renduë sur ladite Requête.

VIII. Ladite Ordonnance portera que l'inscription sera faite au Gréfe par le demandeur, & qu'il sera tenu à cet éfet, dans trois jours au-plûtard, de sommer le défendeur de déclarer s'il veut se servir de la piece maintenuë fausse; ce que ledit demandeur sera tenu de faire, dans ledit tems de trois jours, à compter du jour de ladite Ordonnance, sinon sera déclaré déchû de sa demande en inscription de faux.

IX. La sommation sera faite au défendeur, au domicile de son Procureur, auquel sera donné copie par le même Acte, de la quitance d'Amende, du pouvoir spécial, si aucun y a, de la Requête du demandeur, & de l'Ordonnance du Juge; le tout, à peine de nullité; & sera le défendeur interpellé par ladite sommation, de faire sa déclaration dans le delai ci-après marqué.

X. Ledit delai courra du jour de ladite sommation, & sera de trois jours, si le défendeur demeure dans le lieu de la Jurisdiction; & s'il demeure dans un autre lieu, le delai, pour lui

lui donner connoissance de ladite sommation, & le mettre en état d'y répondre, sera de huitaine, s'il demeure dans les dix lieuës; & en cas de plus grande distance, le delai sera augmenté de deux jours par dix lieuës; sauf aux Juges à le prolonger eu égard à la dificulté des chemins, & à la longueur des lieuës; sans néanmoins que ledit delai puisse être plus grand en aucuns cas, que de quatre jours par dix lieuës.

XI. Le défendeur sera tenu dans ledit delai, de faire sa déclaration précise, s'il entend ou s'il n'entend pas se servir de la piece maintenuë fausse; & sera ladite déclaration signée de lui ou du porteur de sa procuration spéciale, & signifiée au Procureur du demandeur, ensemble ladite procuration, si le défendeur n'a pas signé lui-même ladite déclaration.

XII. Faute par le défendeur d'avoir satisfait à tout ce qui est porté par l'Article précédent, le demandeur en faux poura se pourvoir à l'Audience, pour faire ordonner que la piece maintenuë fausse sera rejettée de la cause ou du procès, par raport au défendeur, sauf au demandeur à en tirer telles inductions ou conséquences qu'il jugera à propos, ou à former telles demandes qu'il avisera, pour ses dommages & intérêts, même en matiere Bénéficiale, pour faire déclarer le défendeur déchû du Benéfice contentieux, s'il a fait ou fait faire la piece fausse, ou s'il en a connu la fausseté; ce qui poura aussi être ordonné sur la seule requisition de nos Procureurs Genéraux, ou de leurs Substituts.

XIII. La disposition de l'Article précedent aura lieu pareillement, en cas que le défendeur déclare qu'il ne veut pas se servir de ladite piece.

XIV. Si le défendeur déclare qu'il veut se servir de la piece arguée de faux, il sera tenu de la remettre au Gréfe, dans vingt-quatre heures, à compter du jour que sa déclaration aura été signifiée; & dans les vingt-quatre heures après, il sera pareillement tenu de donner copie au demandeur, au domicile de son Procureur, de l'Acte de Mis au Gréfe, sinon le demandeur poura se pourvoir à l'Audience, pour faire statuer sur le rejet de ladite piece, suivant ce qui est porté en l'Article XII. si mieux n'aime demander qu'il lui soit permis de faire remettre ladite piece au Gréfe à ses frais, dont il sera remboursé par le défendeur, comme de frais préjudiciaux; à l'éfet de quoi il lui en sera delivré Exécutoire.

XV. Dans vingt-quatre heures au-plûtard après la signification faite au demandeur, de l'Acte de Mis au Gréfe, ou dans les vingt-quatre heures après la remise de la piece audit Gréfe, si elle y a été mise par le demandeur, il sera tenu d'y former son inscription en faux, & ce en personne, ou par son Procureur fondé de sa procuration spéciale ; faute de quoi, le défendeur poura se pourvoir à l'Audience, pour faire ordonner que, sans s'arrêter à la Requête dudit demandeur, il sera passé outre au jugement de la cause ou du procès.

XVI. En cas qu'il y ait minute de la piece inscrite de faux, il sera ordonné, s'il y échet, sur la Requête du demandeur ou même d'ofice, que le défendeur sera tenu, dans le tems qui lui sera prescrit, de faire aporter ladite minute au Gréfe, & que les dépositaires d'icelle y seront contraints par les voïes, & dans les delais marquez par les Articles V. & VI. du Titre du Faux principal. Laissons à la prudence des Juges, d'ordonner, s'il y échet, sans atendre l'aport de ladite minute, qu'il sera procédé à la continuation de la poursuite du faux, comme aussi, de statuer ce qu'il apartiendra, en cas que ladite minute ne pût être raportée, ou qu'il fût sufisamment justifié qu'elle a été soustraite ou qu'elle est perduë.

XVII. Dans les cas où il écherra de faire aporter ladite minute, le delai qui aura été prescrit à cet éfet au défendeur, courra du jour de la signification de l'Ordonnance ou Jugement, au domicile de son Procureur ; & faute par le défendeur d'avoir fait les diligences nécessaires, pour l'aport de ladite minute, dans ledit delai, le demandeur poura se pourvoir à l'Audience, pour faire ordonner le rejet de la piece maintenuë fausse, s'il y échet, suivant ce qui est porté en l'Article XII. si mieux n'aime demander qu'il lui soit permis de faire aporter ladite minute à ses frais, dont il sera remboursé par le défendeur, comme de frais préjudiciaux, & il lui en sera delivré Exécutoire à cet éfet.

XVIII. Le rejet de la piece arguée de faux, ne poura être ordonné en aucuns cas, que sur les Conclusions de nos Procureurs Généraux ou de leurs Substituts, ou des Procureurs des Hauts-Justiciers, à peine de nullité du Jugement qui seroit rendu à cet égard ; & sauf à y être statué de nouveau sur lesdites Conclusions, ainsi qu'il apartiendra.

XIX. Dans les cas mentionnez aux Articles XII. XIII. XIV. & XVI. dans lesquels, par le fait du défendeur, le rejet de ladite piece auroit été ordonné, il sera permis au demandeur de prendre la voïe du Faux principal, sans retardation néanmoins de l'instruction & du jugement de la contestation à laquelle ladite inscription de faux étoit incidente, si ce n'est que par les Juges il en soit autrement ordonné.

XX. Et à l'égard des cas portez par l'Article XV. & par les Articles XXVII. & XXXVII. ci-après, où par le fait du demandeur, il auroit été ordonné que sans s'arrêter à la Requête ou à l'inscription en faux, il seroit passé outre à l'inscription ou au jugement de la cause ou du procès, ledit demandeur ne poura être reçû à former l'acusation de Faux principal, qu'après le jugement de ladite cause ou dudit procès.

XXI. La distinction portée par les deux Articles précédens, n'aura lieu à l'égard de nos Procureurs ou de ceux des Hauts-Justiciers, lesquels pourront en tout tems & dans tous les cas, poursuivre le Faux principal, si bon leur semble; sans que sous ce prétexte, il soit sursis à l'instruction ou au jugement de la contestation, à laquelle l'inscription de faux étoit incidente; si ce n'est que sur leurs Conclusions, & avec les parties interressées il en soit autrement ordonné.

XXII. L'acusation de Faux principal, qui sera formée dans les cas marquez par les trois Articles précédens, soit à la requête du demandeur en Faux incident, soit à la requête de la Partie publique, sera portée dans la Cour ou Jurisdiction qui avoit été saisie de la poursuite de Faux incident; pour être ladite acusation de Faux principal, instruite & jugée par la Chambre, ou par les Juges à qui la connoissance des matieres criminelles est atribuée, dans ladite Cour ou Jurisdiction.

XXIII. Il sera dressé Procès verbal de l'état des pieces prétenduës fausses, trois jours après la signification qui aura été faite au demandeur, au domicile de son Procureur, de la remise desdites pieces au Gréfe, ou trois jours après que le demandeur y aura fait remettre lesdites pieces, suivant ce qui est porté par l'Article XIV.

XXIV. S'il a été ordonné que les minutes desdites pieces seront aportées, le Procès verbal sera dressé conjointement, tant desdites pieces, que des minutes; & le delai de trois jours ne courra audit cas, que du jour de la signification qui sera faite au demandeur, au domicile de son Procureur, de l'aport desdites minutes au Gréfe, ou du jour que le demandeur les y auroit fait aporter, suivant l'Article XVII. Laissons néanmoins à la prudence des Juges, d'ordonner, suivant l'exigence des cas, qu'il sera dressé d'abord Procès verbal de l'état desdites pieces, sans atendre l'aport desdites minutes; de l'état desquelles il sera, en ce cas, dressé Procès verbal séparément, dans le delai ci-dessus marqué.

XXV. Le Procès verbal mentionné dans les Articles précédens, sera fait suivant ce qui est prescrit par les Articles V. & VI. du Titre du Faux principal, en y apellant néanmoins le défendeur outre le demandeur, & nôtre Procureur ou celui des Hauts-Justiciers; & les pieces dont sera dressé Procès verbal, seront paraphées par ledit défendeur, s'il peut ou veut les parapher, (sinon il en sera fait mention) & pareillement par le demandeur & autres dénommez ausdits Articles; le tout, à peine de nullité; à l'éfet de quoi, ledit défendeur sera sommé, par Acte signifié au domicile de son Procureur, de comparoître audit Procès verbal, dans vingt-quatre heures; & faute par lui d'y satisfaire, il sera donné defaut, & passé outre sur le champ audit Procès verbal.

XXVI. Le demandeur en faux, ou son Conseil, poura prendre communication en tout état de cause, des pieces arguées de faux; & ce, par les mains du Gréfier ou du Raporteur, sans déplacer & sans retardation.

XXVII. Les moïens de faux seront mis au Gréfe par le demandeur, dans les trois jours après que le Procès verbal aura été dressé; sinon, le défendeur poura se pourvoir à l'Audience, pour faire ordonner, s'il y échet, que le demandeur demeurera déchû de son inscription en faux : Voulons néanmoins que lorsqu'il aura été fait deux Procès verbaux diférens, l'un de l'état des pieces arguées de faux, & l'autre de l'état des minutes desdites pieces, le delai de trois jours ci-dessus marqué, ne coure que du jour que le dernier desdits Procès verbaux aura été fait.

XXVIII. En aucun cas il ne sera donné copie ni communication des moïens de faux au défendeur.

XXIX. Sur les Conclusions de nos Procureurs ou de ceux des Hauts-Justiciers, il sera rendu tel Jugement qu'il apartiendra, pour admettre ou pour rejetter les moïens de faux, en tout ou en partie; ou pour ordonner, s'il y échet, que lesdits moïens, ou aucun d'iceux, demeureront joints, soit à l'incident de faux, si quelques-uns desdits moïens ont été admis, soit à la cause ou au procès principal ; le tout, selon la qualité desdits moïens & l'exigence des cas.

XXX. En cas que lesdits moïens ou aucuns d'iceux, soient jugez pertinens & admissibles, le Jugement portera qu'il en sera informé, tant par Titres que par témoins, comme aussi par Experts, & par comparaison des écritures ou signatures ; le tout, selon que le cas le requerra ; sans qu'il puisse être ordonné que les Experts feront leur raport sur les pieces prétenduës fausses, ou qu'il sera procédé préalablement à la vérification d'icelles ; ce que Nous défendons, à peine de nullité.

XXXI. Les moïens de faux qui seront déclarez pertinens & admissibles, seront marquez expressément dans le dispositif du Jugement qui permettra d'en informer ; & ne sera informé d'aucuns autres moïens : Pourront néanmoins les Experts faire les observations dépendantes de leur art, qu'ils jugeront à propos, sur les pieces prétenduës fausses ; sauf aux Juges à y avoir tel égard que de raison.

XXXII. Voulons au surplus, que les dispositions des Articles VIII. & IX. du Titre du Faux principal, au sujet desdits Experts, soient pareillement observées dans la poursuite du Faux incident.

XXXIII. Les pieces de comparaison seront fournies par le demandeur, sans que celles qui seroient presentées par le défendeur puissent être reçûës, si ce n'est du consentement du demandeur, & de nos Procureurs ou de ceux des Hauts-Justiciers, le tout à peine de nullité ; sauf aux Juges, après l'instruction achevée, à ordonner, s'il y échet, que ledit défendeur sera reçû à fournir de nouvelles pieces de comparaison ; & ce, conformément à l'Article XLVI. du Titre du Faux principal : Seront observez au surplus, les Articles XIII. XIV. XV. & XVI. dudit Titre, sur la qualité des pieces de comparaison, & sur l'aport desdites pieces.

XXXIV. Le Procès verbal de presentation des pieces de comparaison, se fera en la forme prescrite par les Articles XVII. & XIX. du Titre du Faux principal, en y apellant néanmoins le défendeur, outre le demandeur, & nôtre Procureur ou celui des Hauts-Justiciers ; & les pieces de comparaison qui seront admises, seront paraphées par ledit défendeur, s'il peut ou veut les parapher ; (sinon il en sera fait mention) comme aussi, par le demandeur, & autres dénommez ausdits Articles, le tout à peine de nullité; à l'éfet de quoi, le demandeur sera sommé de comparoître audit Procès verbal, dans trois jours, par Acte signifié au domicile de son Procureur; & faute par lui d'y satisfaire, il sera donné defaut par le Juge, & passé outre à la presentation des pieces de comparaison, même à la reception d'icelles, s'il y échet.

XXXV. Lors dudit Procès verbal les pieces de comparaison seront représentées au défendeur, s'il y comparoît, pour convenir desdites pieces ou les contester, sans que pour raison de ce, il lui soit donné delai ni conseil.

XXXVI. Si les pieces de comparaison sont contestées par le défendeur, ou s'il refuse d'en convenir, le Juge en fera mention, pour y être pourvû, ainsi qu'il apartiendra, sur les Conclusions de nos Procureurs ou de ceux des Hauts-Justiciers; & ce, dans la forme prescrite par ledit Article XIX. du Titre du Faux principal.

XXXVII. En cas que les pieces de comparaison ne soient pas reçûës, il sera ordonné que le demandeur en raportera d'autres, dans le delai qui sera prescrit par le Jugement qui interviendra sur le vû du Procès verbal; & faute par le demandeur d'y avoir satisfait, les Juges ordonneront, s'il y échet, que sans s'arrêter à l'inscription de faux, il sera passé outre à l'instruction & au jugement de la contestation principale: Laissons à leur prudence de l'ordonner ainsi, par le Jugement même qui portera que ledit demandeur sera tenu de fournir d'autres pieces de comparaison.

XXXVIII. Dans les Procès verbaux qui doivent être faits en presence du demandeur & du défendeur en faux, suivant ce qui a été dit ci-dessus, il sera permis à l'un & à l'autre d'y comparoître par le porteur de leur procuration spéciale; & sera observé à cet égard, le contenu aux Articles LVII. & LVIII. du Titre du Faux principal: Pouront néanmoins les Juges ordonner, s'ils l'estiment à propos, que lesdites parties ou l'une d'elles, seront tenuës de comparoître en personne audit Procès verbal.

XXXIX. En procédant à l'audition des Experts, la Requête à fin de permission de s'inscrire en faux, & l'Ordonnance ou Jugement intervenus sur icelle, l'Acte d'inscription en faux, les pieces prétenduës fausses, & le Procès verbal de l'état d'icelles, les moïens de faux, ensemble le Jugement qui

DECLARATIONS ET ARRESTS.

1737. Juillet.

les aura admis, & qui aura ordonné l'information par Experts, les pieces de comparaison, lorsqu'il en aura été fourni, le Procès verbal de presentation d'icelles, & l'Ordonnance ou le Jugement par lequel elles auront été reçuës, seront remises à chacun des Experts, pour les examiner, sans déplacer; & sera en outre observé tout ce qui est prescrit par les Articles XXII. & XXIII. du Titre du Faux principal.

XL. Lorsqu'il aura été ordonné, aux termes de l'Article XXX. du present Titre, qu'il sera informé, tant par Titres que par témoins, seront entendus les témoins qui auroient connoissance de la fabrication, altération, & en general de la fausseté des pieces inscrites de faux, ou de faits qui pouroient servir à en établir la preuve; à l'éfet de quoi, poura être permis, en tout état de cause, d'obtenir & faire publier Monitoires.

XLI. Toutes les dispositions des Articles XXV. XXVI. XXVII. XXVIII. & XXIX du Titre du Faux principal, concernant la representation des pieces y mentionnées ausdits témoins, le paraphe desdites pieces, & les Actes dans lesquels on peut supléer à l'ômission de ladite representation & dudit paraphe, si l'on n'y a pas satisfait lors de la déposition desdits témoins, seront aussi exécutées dans le Faux incident; & si lesdits témoins representent quelques pieces lors de leur déposition, il sera observé ce qui est prescrit par l'Article XL. du même Titre.

XLII. La disposition de l'Article XXX. dudit Titre aura lieu pareillement dans le Faux incident, par raport aux decrets qui pouront être prononcez, tant contre le défendeur, que contre d'autres, encore qu'ils ne fussent parties dans la cause ou procès : Laissons à la prudence des Juges, lorsqu'il n'y aura point de charges susisantes pour decréter, d'ordonner que l'information sera jointe à la cause ou au procès, ou de statuer ainsi qu'il apartiendra, suivant l'exigence des cas.

XLIII. Seront aussi observées dans le Faux incident, les dispositions des Articles XXXI. XXXII. & XLI. du Titre du Faux principal, concernant les pieces qui doivent être representées aux acusez, & par eux paraphées lors de leurs interrogatoires, & celles qui ne doivent l'être qu'à la confrontation, comme aussi les pieces qu'ils representeroient lors de leursdits interrogatoires.

XLIV. Le contenu aux Articles XXXIII. XXXIV. XXXV. & XXXVI. dudit Titre, aura lieu pareillement dans le Faux incident, tant par raport au corps d'écriture, que le défendeur en faux ou autre acusé sera tenu de faire, s'il est ainsi ordonné par les Juges, que par raport aux cas où ils peuvent ordonner avant le réglement à l'extraordinaire, qu'il sera entendu de nouveaux Experts, ou qu'il sera fourni de nouvelles pieces de comparaison.

XLV. Après le réglement à l'extraordinaire, lorsqu'il y aura lieu de le donner, toute l'instruction du Faux incident se fera en la même forme que celle du Faux principal, & ainsi qu'il est prescrit par les Articles XXXVII. XXXVIII. XXXIX. XL. XLI. XLII. XLIII. XLIV. & XLV. du Titre précédent de la presente Ordonnance.

XLVI. Si le défendeur ou autre acusé demande qu'il lui soit permis de fournir de nouvelles pieces de comparaison, ou qu'il soit entendu de nouveaux Experts, il ne poura y être statué, que dans le tems & ainsi qu'il est prescrit par les Articles XLVI. XLVII. XLVIII. XLIX. L. LI. LII. LIII. LIV. & LV. du Titre du Faux principal : Sera aussi observé la disposition de l'Article LVI. dudit Titre, au sujet de ce qui poura être ordonné, dans tous les cas où il auroit été procédé à une nouvelle information, soit sur de nouvelles pieces de comparaison, ou par de nouveaux Experts.

XLVII. Lorsque le Faux incident aura été jugé, après avoir été instruit par récolement & confrontation, sera observé tout ce qui est prescrit par les Articles LIX. LX. LXI. & LXII. dudit Titre du Faux principal, concernant l'exécution des Sentences & Arrêts qui contiendroient, à l'égard des pieces déclarées fausses, quelqu'une des dispositions mentionnées ausdits Articles ; comme aussi, ce qui est porté par les Articles LXIII. LXIV. LXV. LXVI. LXVII. & LXVIII. dudit Titre, sur la remise ou le renvoi des pieces prétenduës fausses, & autres déposées au Gréfe, & le tems auquel elles pouront en être retirées, si ce n'est qu'il en ait été autrement ordonné, à l'égard de celles desdites pieces qui peuvent servir au jugement de la contestation, à laquelle la poursuite du faux étoit incidente.

XLVIII. Lorsqu'il n'y aura point eu de réglement à l'extral'extraordinaire, les Juges ſtatuëront, ainſi qu'il apartiendra, ſur la remiſe ou le renvoi des pieces inſcrites de faux, & autres qui auront été dépoſées au Gréfe; ce qu'ils ne pouront faire, que ſur les Concluſions de nos Procureurs ou de ceux des Hauts-Juſticiers; ſans néanmoins que les Sentences des premiers Juges à cet égard, puiſſent être exécutées, au préjudice de l'apel qui en ſeroit interjetté.

XLIX. Le demandeur en faux qui ſucombera, ſera condamné en une Amende aplicable, les deux tiers à Nous ou aux Hauts-Juſticiers, & l'autre tiers à la partie; laquelle Amende, y compris les ſommes conſignées lors de l'inſcription en faux, ſera de trois cens livres dans nos Cours, ou aux Requêtes de nôtre Hôtel & du Palais, de cent livres aux Siéges qui reſſortiſſent immédiatement en noſdites Cours, & aux autres de ſoixante livres; & ſeront leſdites Amendes réglées ſuivant la qualité de la Juriſdiction où l'inſcription en faux aura été formée, quoi qu'elle ſoit jugée dans une autre, même ſupérieure à la premiere : Permettons tous les Juges d'augmenter ladite Amende, ainſi qu'ils l'eſtimeront à propos, ſuivant l'exigence des cas.

L. La condamnation d'amende aura lieu, toutes les fois que l'inſcription en faux aïant été faite au Gréfe, le demandeur s'en ſera deſiſté volontairement ou aura ſucombé, ou que les parties auront été miſes hors de Cour, ſoit par le defaut de moïens ou de preuves ſufiſantes, ſoit faute d'avoir ſatisfait de la part du demandeur, aux diligences & formalitez ci-deſſus preſcrites; ce qui aura lieu en quelques termes que la prononciation ſoit conçûë, & encore que le Jugement ne portât pas expreſſément la condamnation d'amende; le tout, quand même le demandeur ofriroit de pourſuivre le faux comme Faux principal.

LI. La condamnation d'amende ne poura avoir lieu, lorſque la piece ou l'une des pieces arguées de faux, aura été déclarée fauſſe, en tout ou en partie, ou lorſqu'elle aura été rejettée de la cauſe ou du procès; comme auſſi, lorſque la demande à fin de s'inſcrire en faux n'aura pas été admiſe, ou ſuivie d'inſcription formée au Gréfe; & ce, de quelques termes que les Juges ſe ſoient ſervis, pour rejetter ladite demande, ou pour n'y avoir pas d'égard; dans tous leſquels cas, la ſomme conſignée par le demandeur, pour raiſon de ladite Amende, lui sera renduë, quand même le Jugement n'en ordonneroit pas expressément la restitution.

LII. Il ne poura être rendu aucuns Jugemens sur la condamnation ou la restitution de l'Amende, que sur les Conclusions de nos Procureurs ou de ceux des Hauts-Justiciers; & aucunes Transactions, soit sur l'acusation de Faux principal, ou sur la poursuite du Faux incident, ne pouront être exécutées, si elles n'ont été homologuées en Justice, après avoir été communiquées à nosdits Procureurs ou à ceux des Hauts-Justiciers, lesquels pouront faire à ce sujet, télles requisitions qu'ils jugeront à propos; & sera le present Article exécuté, à peine de nullité.

LIII. Voulons au surplus, que les dispositions de l'Article LXIX. du Titre du Faux principal, sur les Expéditions des pieces qui auront été déposées au Gréfe, soient pareillement exécutées dans le Faux incident.

TITRE DE LA RECONNOISSANCE
des Ecritures & Signatures, en matiere criminelle.

ARTICLE PREMIER.

LES Ecritures & Signatures privées, qui pourront servir à l'instruction & à la preuve de quelque crime que ce soit, seront représentées aux acusez, après serment par eux prêté; & ils seront interpellez de déclarer s'ils les ont écrites ou signées, ou s'ils les reconnoissent véritables, après quoi elles seront paraphées par le Juge & par l'acusé, s'il peut ou veut les parapher, sinon en sera fait mention; le tout, à peine de nullité.

II. La representation & interpellation mentionnées dans l'Article précédent, pouront être faites aux acusez, soit lors de leurs interrogatoires, ou dans un Procès verbal qui sera dressé à cet éfet; & les pieces à eux representées, demeureront jointes à la procédure criminelle.

III. Si l'acusé convient avoir écrit ou signé lesdites pieces, ou si lesdites pieces étant d'une main étrangere, il les reconnoît véritables, elles feront foi contre lui, sans qu'il en soit fait aucune vérification.

IV. Si l'acusé déclare n'avoir écrit ou signé lesdites pieces, ou s'il refuse de les reconnoître, ou de répondre à cet égard, il fera ordonné qu'elles feront vérifiées fur pieces de comparaifon ; ce qui fera pareillement ordonné, s'il y échet, à l'égard des acufez qui feront en defaut ou contumace, encore que lefdites pieces n'aïent pû leur être reprefentées.

V. Le Procès verbal de prefentation des pieces de comparaifon, fera fait en prefence de nos Procureurs ou de ceux des Hauts-Jufticiers, enfemble de la partie civile, s'il y en a, & de l'acufé ; à l'éfet de quoi, s'il eft dans les prifons, il fera enmené par ordre du Juge, pour affifter audit Procès verbal, fans aucune fommation ni fignification préalable ; & pareillement il n'en fera fait aucune, lorfque l'acufé étant abfent, la contumace aura été inftruite contre lui.

VI. Si l'acufé n'eft pas dans les prifons, & fi la contumace n'eft pas inftruite à fon égard, il fera fommé de comparoître audit Procès verbal, dans le delai porté par l'Article VI. du Titre du Faux principal ; à l'éfet de quoi, la fommation lui en fera faite par Acte fignifié, dans la forme & aux lieux prefcrits par l'Edit du mois de Décembre 1680. concernant l'inftruction de la contumace ; & faute par l'acufé d'y comparoître dans ledit delai, il fera paffé outre audit Procès verbal.

VII. En procédant audit Procès verbal, lorfque l'acufé y fera prefent, les piéces de comparaifon lui feront reprefentées, pour en convenir ou les contefter, fans qu'il lui foit donné pour raifon de ce, delai ni confeil ; & celles qui feront admifes, feront par lui paraphées, s'il peut ou veut le faire, finon il en fera fait mention ; & foit que ledit acufé foit prefent ou abfent lors dudit Procès verbal, les pieces qui feront reçûës, feront paraphées par le Juge, nôtre Procureur ou celui des Hauts-Jufticiers, enfemble par la partie civile, fi elle peut ou veut les parapher, finon il en fera fait mention ; le tout, à peine de nullité.

VIII. Sera obfervé au furplus, tout ce qui eft prefcrit au fujet des pieces de comparaifon, par les Articles XII. XIII. XIV. XVI. XVII. & XIX. du Titre du Faux principal, & par l'Article XXXVI. du Titre du Faux incident.

IX. En cas que les pieces de comparaifon ne foient point reçûës, la partie civile, s'il y en a, ou nos Procureurs ou ceux des Hauts-Jufticiers, feront tenus d'en raporter d'autres, dans le delai qui sera prescrit ; autrement, les Juges ordonneront, s'il y échet, qu'il sera passé outre à l'instruction & au jugement du procès ; sauf, en cas qu'avant ledit jugement, ladite partie civile ou la Partie publique raportent des pieces de comparaison, à y être pourvû par les Juges, ainsi qu'il apartiendra.

X. Les Experts qui procéderont à la vérification, seront nommez d'ofice, & entendus séparément par forme de déposition, sans qu'il puisse être ordonné que les Experts feront préalablement leur raport sur lesdites pieces ; ce que Nous défendons, à peine de nullité ; & sera observé par raport ausdits Experts, ce qui est prescrit par les Articles VIII. & IX. du Titre du Faux principal.

XI. En procédant à l'audition desdits Experts, les pieces qu'il s'agira de vérifier, & le Jugement qui en aura ordonné la vérification, les pieces de comparaison, ensemble le Procès verbal de presentation d'icelles, & l'Ordonnance ou Jugement par lequel elles auront été reçûës, seront remises à chacun desdits Experts; & sera au surplus observé tout ce qui a été réglé par l'Article XXIII. du Titre du Faux principal.

XII. Pouront en outre être entendus comme témoins, ceux qui auront vû écrire ou signer lesdites Ecritures ou Signatures privées, ou qui auront connoissance en quelqu'autre maniere, des faits qui puissent servir à en établir la vérité.

XIII. En procédant à l'audition desdits témoins, lesdites Ecritures ou Signatures privées leur seront representées, & par eux paraphées, ainsi qu'il a été ordonné pour les pieces prétenduës fausses, par les Articles XXV. & XXVI. du Titre du Faux principal ; & sera aussi observé tout ce qui est porté par les Articles XXVII. XXVIII. & XXIX. dudit Titre, concernant la representation des pieces y mentionnées ausdits témoins, le paraphe desdites pieces, & les Actes dans lesquels on poura supléer à l'ômission de la representation & du paraphe, soit desdites Ecritures ou Signatures privées, ou des autres pieces, si l'on n'y a pas satisfait, lors de la déposition desdits témoins ; & s'ils representent quelques pieces lors de leurs dépositions, il sera observé ce qui est prescrit par l'Article XL. du même Titre.

XIV. Sur le vû de l'information, soit par Experts ou par autres témoins, il sera décerné tel decret qu'il sera jugé à pro-

DECLARATIONS ET ARRESTS

pos, même contre d'autres que l'acufé, s'il y échet, ou fera rendu telle Ordonnance qu'il apartiendra.

XV. Seront au furplus obfervées les difpofitions des Articles XXXI. XXXII. & XLI. du Titre du Faux principal, concernant les pieces qui doivent être reprefentées aux acufez, & par eux paraphées lors de leurs interrogatoires, & celles qui ne doivent l'être qu'à la confrontation, comme aufsi les pieces qu'ils reprefenteroient lors de leurfdits interrogatoires.

XVI. Le contenu aux Articles XXXIII. XXXIV. XXXV. & XXXVI. dudit Titre, fera pareillement exécuté, tant par raport au corps d'écriture que l'acufé fera tenu de faire, s'il eft ainfi ordonné par les Juges, que par raport au cas où ils pouront ordonner avant le réglement à l'extraordinaire, qu'il fera entendu de nouveaux Experts, ou qu'il fera fourni de nouvelles pièces de comparaifon.

XVII. Lors du récolement & de la confrontation des Experts & autres témoins, ou du récolement des acufez, & de la confrontation des uns aux autres, il fera obfervé ce qui eft prefcrit par les Articles XXXVII. XXXVIII. XXXIX. XL. XLII. XLIII. XLIV. & XLV. du Titre du Faux principal.

XVIII. Si l'acufé demande qu'il foit admis à fournir de nouvelles pieces de comparaifon, ou qu'il foit entendu de nouveaux Experts, il ne poura y être ftatué que dans le tems, & ainfi qu'il eft prefcrit par les Articles XLVI. XLVII. XLVIII. XLIX. L. LI. LII. LIII. LIV. & LV. dudit Titre: Sera aufsi obfervée la difpofition de l'Article LVI. du même Titre, au fujet de ce qui poura être ordonné, dans tous les cas où il auroit été procédé à une nouvelle information, foit fur de nouvelles pieces, ou par de nouveaux Experts.

XIX. Toutes les difpofitions des Articles LVII. LVIII. LIX. LX. LXI. LXII. LXIII. LXIV. LXV. LXVI. LXVII. LXVIII. & LXIX. du Titre du Faux principal, concernant les procurations qui peuvent être données par la partie civile, l'exécution des Sentences & Arrêts qui contiendroient les difpofitions mentionnées dans ledit Article LIX. la remife ou le renvoi des pieces dépofées au Gréfe, & les Expéditions qui pouront en être delivrées, feront exécutées par raport aufdites Ecritures ou Signatures privées, ou autres pieces qui auroient servi à l'instruction.

XX. Dans tous les delais prescrits pour les procédures mentionnées au present Titre, & aux deux précédens, ne seront compris le jour de l'Assignation ou signification, ni celui de l'échéance; & à l'égard de ceux desdits delais seulement, qui ont été fixez à trois jours ou au-dessous, les jours fériez ausquels il n'est pas d'usage de faire des significations, n'y seront point comptez.

Voulons que la presente Ordonnance, à compter du jour de la publication qui en sera faite, soit gardée & observée dans toute l'étenduë de nôtre Roïaume, Terres & Païs de nôtre obéïssance, pour y tenir lieu à l'avenir des dispositions contenuës dans les Titres VIII. & IX. de l'Ordonnance du mois d'Aoust 1670. ausquels à cet éfet, Nous avons dérogé & dérogeons, en tant que besoin seroit. Abrogeons pareillement toutes Ordonnances, Loix, Coûtumes, Statuts, Réglemens, Stiles & usages diférens, ou qui seroient contraires à nôtre presente Ordonnance; sans néanmoins que les procédures qui auroient été faites avant sa publication, suivant les régles établies par ladite Ordonnance du mois d'Aoust 1670. puissent être déclarées nulles, sous prétexte qu'elles ne seroient pas conformes à ce qui a été ordonné de nouveau par les Presentes.

SI DONNONS EN MANDEMENT à nos amez & feaux les Gens tenans nôtre Cour de Parlement à Roüen, Baillis, Senéchaux, & tous autres nos Oficiers, que ces Presentes ils gardent, observent, entretiennent, fassent garder, observer & entretenir; & pour les rendre notoires à nos Sujets, les fassent lire, publier & registrer; CAR tel est nôtre plaisir: Et afin que ce soit chose ferme & stable à toûjours, Nous y avons fait mettre nôtre Scel. DONNE' à Versailles, au mois de Juillet, l'an de grace mil sept cens trente-sept; & de nôtre Régne le vingt-deuxiéme. Signé, LOUIS: Et plus bas, Par le Roy, AMELOT: *Visa*, DAGUESSEAU. Et scellée du grand Sceau de cire verte, en lacs de soïe rouge & verte.

Lûë, publiée & registrée, la grande Audience de la Cour séante. A Roüen en Parlement, le 22. Mai 1738. Signé, AUZANET.

DECLARATIONS ET ARRESTS.

Réglement du Roy, pour les Etofes de Laine ou mêlées de Laine, Soïe ou Fil, qui se fabriquent dans la Generalité d'Alençon.

Du 16. Juillet 1737.

ARTICLE PREMIER.

LES Draps ou Ratines d'Ecouché auront en chaîne au moins cinquante portées de quarante fils chacune, faisant deux mille fils, non compris les lisiéres, passez dans des lames & rots d'une aune & demie de large au moins, pour avoir ladite largeur d'une aune & demie, & quarante-deux aunes de long sur le mêtier, & revenir au retour du foulon à une aune de large, y compris les lisieres, & à trente-deux aunes de long au plus ; lesdits Draps ou Ratines feront faits de laines du païs & des environs, ou autres de bonne qualité, sans qu'il puisse y être emploïé aucunes laines de pelures, d'abats, moraines, bourres & autres de mauvaise qualité ; le tout, à peine de confiscation desdits Draps ou Ratines, lesquels seront préalablement coupez de trois aunes en trois aunes, & de vingt livres d'Amende par chaque piece, & pour chaque contravention.

II. Les Serges tremieres d'Ecouché auront en chaîne au moins trente-quatre portées de quarante fils chacune, faisant treize cens soixante fils, non compris les lisiéres qui seront de couleur jaune, passez dans des lames & rots d'une aune de large, pour avoir ladite largeur d'une aune, & quarante aunes de long sur le mêtier, & revenir au retour du foulon à deux tiers d'aune de large, y compris les lisiers, & à trente aunes de long au plus ; lesdites Serges feront faites de laine du païs & des environs, ou autres de bonne qualité, sans qu'il puisse y être emploïé aucunes laines de pelure, d'abats, moraines, bourres, & autres de mauvaise qualité ; pouront néanmoins les fabriquans y emploïer le rebut & les plus grosses laines de celles qui ont servi à fabriquer leurs Draps ; le tout, à peine de confiscation desdites Serges, qui seront préalablement coupées de trois aunes en trois aunes, & de dix livres d'Amende par chaque piece, & pour chaque contravention.

1737.
Juillet.

III. Lesdits Draps ou Ratines & lesdites Serges tremieres seront venduës a l'aune, sans pouvoir l'être à la piece, à peine de vingt livres d'Amende par chaque piece, tant contre le vendeur que contre l'acheteur.

IV. Les Droguets ou petits Draps d'Argentan, & autres lieux où il s'en fait de pareille qualité, auront en chaîne au moins vingt-cinq portées de quarante fils chacune, faisant mille fils, non compris les lisieres, passez dans des lames & rots d'une aune de large au moins, pour avoir ladite largeur d'une aune, & trente-deux aunes de long sur le métier, & revenir au retour du foulon à demi-aune demi-quart de large, y compris les lisieres, & à vingt-deux aunes de long seulement; lesdits Droguets ou petits Draps seront faits de laines du païs & des environs, ou autres de bonne qualité, sans mêlange d'aucunes laines de pelures, d'abats, de moraines, de bourres, & autres de mauvaise qualité; le tout, à peine de confiscation desdits Droguets ou petits Draps, lesquels seront préalablement coupez de trois aunes en trois aunes, & de dix livres d'Amende par chaque piece, & pour chaque contravention.

V. Les Serges ordinaires de Falaise auront en chaîne au moins soixante-sept portées de quarante fils chacune, faisant deux mille six cens quatre-vingt fils, y compris les lisieres, passez dans des lames & rots de cinq quarts & demi d'aune de large au moins, pour avoir ladite largeur de cinq quarts & demi, & trente-sept à trente-huit aunes de long sur le métier, & revenir au retour du foulon à une aune de large, y compris les lisieres, & à trente aunes de long; lesdites Serges seront faites de laines du païs & des environs, ou autres de bonne qualité, sans mêlange d'aucunes laines de pelures, d'abats, de moraines, de bourres, agnelains, & autres de mauvaise qualité; le tout, à peine de confiscation desdites Serges, lesquelles seront préalablement coupées de trois aunes en trois aunes, & de vingt livres d'Amende par chaque piece, & pour chaque contravention.

VI. Les Serges tremieres de Falaise auront en chaîne au moins trente-deux portées & demie de quarante fils chacune, faisant treize cens fils, non compris les lisieres, passez dans des lames & rots d'une aune demi-quart de large au moins, pour avoir ladite largeur d'une aune demi-quart, & trente-six aunes de long sur le métier, & revenir au retour du

DECLARATIONS ET ARRESTS. 585
du foulon à trois quarts d'aune de large, y compris les lisieres, qui feront faites de laine teinte en jaune, & à vingt-huit ou trente aunes de long : Lesdites Serges feront faites de laines du païs & des environs, & autres de bonne qualité, sans mêlange d'aucunes laines de pelures, d'abats, de moraïnes, de bourres, agnelins & autres de mauvaise qualité; le tout, à peine de confiscation desdites Serges, lesquelles feront préalablement coupées de trois aunes en trois aunes, & de dix livres d'Amende par chaque piece & pour chaque contravention.

VII. Les Serges de Falaise communément apellées *Lingettes*, soit blanches, grises ou d'autres couleurs, auront en chaîne au moins soixante portées, de quarante fils chacune, faisant deux mille quatre cens fils, y compris les lisieres, passez dans des lames & rots d'une aune & quatre pouces de large, pour avoir au sortir du mêtier ladite largeur d'une aune & quatre pouces, & cinquante-une aunes de longueur, & revenir au retour du foulon à une aune de large, y compris les lisieres, & à quarante-sept ou cinquante aunes de long : Lesdites Lingettes seront faites de laines du païs & des environs, ou autres de bonne qualité, sans mêlange d'aucunes laines de pelures, d'abats, de moraines, de bourres & autres de mauvaise qualité ; le tout, à peine de confiscation desdites Lingettes, lesquelles feront coupées de trois aunes en trois aunes, & de vingt livres d'Amende par chaque piece, & pour chaque contravention.

VIII. Les Serges d'Alençon auront en chaîne au moins trente-quatre portées, de quarante fils chacune, faisant treize cens soixante fils, non compris les lisieres, passez dans des lames & rots de trois quarts & un seiziéme d'aune de large, pour avoir ladite largeur de trois quarts & un seiziéme, & quarante-cinq aunes de long sur le mêtier, & revenir au retour du foulon à demi-aune & un seiziéme de large, y compris les lisieres, & à trente-six aunes de long pour les pieces entieres, & à dix-huit aunes pour les demi-pieces : Lesdites Serges seront faites de laines du païs & des environs ou autres de bonne qualité, sans mêlange d'aucunes laines de pelures, d'abats, de moraines, de bourres & autres de mauvaise qualité ; le tout, à peine de confiscation desdites Serges, lesquelles feront préalablement coupées de trois aunes en trois

II. Suite du N. R.   Cccc

aunes, & de vingt livres d'Amende par chaque piece, & pour chaque contravention.

IX. Les Serges tremieres de Verneüil auront en chaîne au moins trente-trois portées de trente-deux fils chacune, faisant mille cinquante-six fils, non compris les lisieres, passez dans des lames & rots de trois quarts & demi d'aune de large, pour avoir ladite largeur de trois quarts & demi, & cinquante aunes de long sur le mêtier, & revenir au retour du foulon, à demi-aune pleine de large, y compris les lisieres, & à quarante aunes de long au plus pour les pieces entieres, & à vingt aunes pour les demi-pieces : Lesdites Serges seront faites de laines du païs & des environs, ou autres de bonne qualité, sans qu'il puisse y être emploïé aucunes laines de pelures, d'abats, de moraines, de bourres & autres de mauvaise qualité ; le tout, sous les peines portées par l'Article précédent.

X. Les Serges sur étain qui se fabriquent à Verneüil, auront en chaîne au moins trente-sept portées, de trente-deux fils chacune, faisant onze cens quatre-vingt-quatre fils, y compris les lisieres, passez dans des lames & rots de demi-aune demi-quart & un seiziéme de large, pour avoir ladite largeur de demi-aune demi-quart & un seiziéme, & quarante aunes de long sur le mêtier, & revenir au retour du foulon, à demi-aune pleine de large, y compris les lisieres, & à trente aunes de long pour les pieces entieres, & à quinze aunes pour les demi-pieces : Lesdites Serges seront faites de laines du païs & des environs, ou autres de bonne qualité, sans mêlange d'aucunes laines de pelures, d'abats, de moraines, de bourres & autres de mauvaise qualité ; le tout, sous les peines portées par l'Article VIII. ci-dessus.

XI. Les Frocs forts de Lisieux, Tordoüet, Fervaques, & autres lieux où il s'en fait de pareille qualité, auront en chaîne au moins trente-deux portées de trente-deux fils chacune, faisant mille vingt-quatre fils, non compris les lisieres, passez dans des lames & rots de deux tiers d'aune de large, pour avoir ladite largeur de deux tiers, & trente aunes de long sur le mêtier, & revenir au retour du foulon à demi-aune un pouce de large au moins, & à vingt-quatre ou vingt-cinq aunes de long, & à demi-aune pleine de largeur, y compris les lisieres, après les derniers aprêts : Lesdits Frocs forts seront

DECLARATIONS ET ARRESTS. 587

faits de laines du païs & des environs ou autres de bonne qualité, sans mêlange d'aucunes laines de pelures, d'abats, de moraines, de bourres & autres de mauvaise qualité ; le tout, à peine de confiscation desdits Frocs, lesquels seront préalablement coupez de trois aunes en trois aunes, & de cinquante livres d'Amende par chaque piece, & pour chaque contravention.

XII. Les Frocs forts de Bernay auront en chaîne au moins trente-deux portées, de trente-deux fils chacune, faisant mille vingt-quatre fils, non compris les lisieres, passez dans des lames & rots de deux tiers d'aune de large, pour avoir ladite largeur de deux tiers, & vingt-sept à vingt-huit aunes de longueur sur le mêtier, & revenir au retour du foulon à demieaune un pouce de large au moins, & à vingt-un ou vingt-deux aunes de long, & à demi-aune pleine de largeur, y compris les lisieres, après les derniers aprêts ; lesdits Frocs forts seront faits de laines du païs & des environs ou autres de bonne qualité, sans mêlange d'aucunes laines de pelures, d'abats, de moraines, de bourres & autres de mauvaise qualité ; le tout, sous les peines portées par l'Article précédent.

XIII. Les Frocs foibles de Lisieux, Tordoüet & Fervaques auront en chaîne au moins vingt-huit portées, de trente-deux fils chacune, faisant huit cens quatre-vingt-seize fils, non compris les lisieres, passez dans des lames & rots de demi-aune demi-quart de large, pour avoir ladite largeur de demi-aune demi-quart, & vingt-huit aunes de long sur le mêtier, & revenir au retour du foulon à demi-aune un pouce de large au moins, & à demi-aune pleine de largeur, y compris les lisieres, après les derniers aprêts, & à vingt-quatre ou vingt-cinq aunes de longueur ; lesdits Frocs foibles seront faits de laines du païs & des environs ou autres de bonne qualité, sans qu'il puisse y être emploïé aucunes laines de pelures, d'abats, de moraines, de bourres, & autres de mauvaise qualité ; le tout, sous les peines portées par l'Article XI. ci-dessus.

XIV. Les Frocs foibles de Bernay auront en chaîne au moins vingt-huit portées, de trente-deux fils chacune, faisant huit cens quatre-vingt seize fils, non compris les lisieres, passez dans des lames & rots de demi-aune demi-quart de large, pour avoir ladite largeur de demi-aune demi-quart, & vingt-huit aunes de long, sur le mêtier, & revenir à demi-

Ccccij

aune un pouce de large au moins au retour du foulon, & à demi-aune pleine de largeur, y compris les lisieres, & à vingt-une ou vingt-deux aunes de longueur après les derniers aprêts, lesdits Frocs foibles seront faits de laines du païs & des environs ou autres de bonne qualité, sans qu'il puisse y être emploïé aucunes laines de pelures, d'abats, de moraines, de bourres & autres de mauvaise qualité ; le tout, sous les mêmes peines que ci-dessus.

XV. Les Frocs foibles auront une lisiere composée de quatre fils de laine bege, ou de couleur bleuë de bon teint séparez les uns des autres, & tissus comme les autres fils de la chaîne & non réünis en un seul fil, à peine de confiscation desdits Frocs, lesquels seront préalablement coupez de trois aunes en trois aunes, & de cinquante livres d'Amende par chaque piece.

XVI. Fait Sa Majesté défenses à tous Fabriquans de fabriquer des Frocs d'autre qualité que celle des deux especes ci-dessus designées, & dans un moindre nombre de portées & de fils que celui ci-dessus prescrit, sous les peines portées par l'Article précédent.

XVII. Veut Sa Majesté que les Frocs tant forts que foibles, soient vendus à l'aune & non à la piece, tant par les Fabriquans, que par les Marchands, à peine de nullité des Marchez, & de trente livres d'Amende par chaque piece, tant contre le vendeur que contre l'acheteur.

XVIII. Les Frocs tant forts que foibles des Manufactures de Tordoüet & de Fervaques, destinez à être vendus au Marché de la Ville d'Orbec, au sortir du métier & étant encore en toile, seront avant que d'être exposez en vente, portez au Bureau des Gardes-Jurez des Fabriquans, pour être par eux visitez, & s'ils se trouvent fabriquez en conformité du present Réglement, par eux marquez à la tête & à la queuë de chaque piece, d'une empreinte avec de l'huile & du noir de fumée, de l'ocre, ou autre ingrédien plus aparant, portant la marque ordinaire du Bureau, avec la premiere lettre du nom & le surnom en entier du Garde qui aura visité lesdits Frocs, & la date de l'année d'exercice, à la charge d'être raportez au retour du foulon par ceux qui les auront achetez, au Bureau desdits Gardes-Jurez, pour y être de nouveau visitez & marquez du plomb de fabrique, s'ils se trouvent con-

DECLARATIONS ET ARRESTS. 589

formes au présent Réglement ; le tout, à peine de confiscation desdits Frocs, qui seront coupez de trois aunes en trois aunes, & de vingt livres d'Amende par chaque piece & pour chaque contravention, tant contre les Fabriquans qui les auront vendus ou exposez en vente, que contre ceux qui les auront achetez.

XIX. Les Etamines sur soïe, apellées *Crespons d'Angleterre*, qui se fabriquent à Alençon, auront en chaîne au moins trente-deux portées, de trente-deux fils chacune, faisant mille vingt-quatre fils passez dans des lames & rots de demi-aune deux pouces de large, pour avoir ladite largeur de demi-aune deux pouces & soixante aunes de long pour les pieces entieres, & trente aunes pour les demies pieces sur le mêtier, & revenir à demi-aune de large au moins au sortir du mêtier, & à la longueur ci-dessus prescrite ; la chaîne desdites Etamines sera composée d'un fil de laines du païs & des environs ou autres de bonne qualité & bien filées, avec un fil de soïe plate, & la trame sera faite de laine pure ; le tout, à peine de confiscation desdites Etamines, lesquelles seront préalablement coupées de trois aunes en trois aunes, & de vingt livres d'Amende par chaque piece & pour chaque contravention.

XX. Les Etamines sur soïe, apellées *Retorts*, qui se fabriquent à Nogent-le-Rotrou, Souencé & Belesme auront en chaîne au moins trente-deux portées, de trente-deux fils chacune, faisant mille vingt-quatre fils passez dans des lames & rots de demi-aune & un seize de large ; pour avoir ladite largeur de demi-aune un seize, & trente aunes de long sur le mêtier, & revenir après avoir été bien dressées, à demi-aune pleine de large, & à la même longueur de trente aunes pour les pieces entieres, & à quinze aunes pour les demies pieces ; la chaîne desdites Etamines sera composée d'un fil des meilleures laines du païs & des environs ou autres de bonne qualité, bien filées, lavées & dégraissées, avec un fil de soïe, & la trame sera faite de laine pure ; le tout, sous les peines portées par l'Article précédent.

XXI. Les Etamines blanches de Nogent-le-Rotrou, Souencé & Belesme auront en chaîne au moins trente-quatre portées de trente-deux fils chacune, faisant mille quatre-vingt-huit fils passez dans des lames & rots de demi-aune & un seize de large, pour avoir ladite largeur de demi-aune & un seize

& quarante-deux aunes de long sur le mêtier, & revenir après les derniers aprêts à demi-aune pleine de large, & à la même longueur de quarante-deux aunes pour les pieces entieres, & à vingt-une aunes pour les demies pieces; lesdites Etamines seront faites des meilleures laines du païs & des environs ou autres de bonne qualité, bien filées, lavées & dégraissées; le tout, sous les mêmes peines que ci-dessus.

XXII. Les Etamines apellées *Minimes*, de Nogent-le-Rotrou, Soüencé & Belesme, auront en chaîne au moins trente-quatre portées, de trente-deux fils chacune, faisant mille quatre-vingt-huit fils, passez dans des lames & rots de demi-aune & un seize de large, pour avoir ladite largeur de demi-aune & un seize, & trente-deux aunes de long sur le mêtier, & revenir après les derniers aprêts à demi-aune pleine de large, & à la même longueur de trente-deux aunes pour les pieces entieres, & à seize aunes pour les demies pieces; lesdites Etamines seront faites des meilleures laines du païs & des environs ou autres de bonne qualité bien filées, lavées & dégraissées; le tout, sous les peines portées par l'Article XIX. ci-dessus.

XXIII. Les Etamines apellées *Noisettes* de Nogent-le-Rotrou, Soüencé & Bellesme auront en chaîne au moins vingt-huit portées de trente-deux fils chacune, faisant huit cens quatre-vingt-seize fils, passez dans des lames & rots de demi-aune & un seize de large, pour avoir ladite largeur de demi-aune & un seize, & vingt-cinq à vingt-six aunes de long sur le mêtier, & revenir après les derniers aprêts à demi-aune pleine de large, & à la même longueur de vingt-cinq à vingt-six aunes; lesdites Etamines seront faites des meilleures laines du païs & des environs ou autres de bonne qualité bien filées, lavées & dégraissées; le tout, sous les peines portées par l'Article XIX. ci-dessus.

XXIV. Fait Sa Majesté défenses à tous Fabriquans & Marchands de donner ou faire donner aux Etamines, dont la chaîne est composée de laine blanche & la trame de laine brune, après qu'elles auront été fabriquées, aucune sorte de teinture apellées communément *Avivage*, sous quelque prétexte que ce puisse être, à peine de confiscation desdites étofes qui seront préalablement coupées de trois aunes en trois aunes, & de vingt livres d'Amende par chaque piece, & pour chaque contravention.

XXV. Les Marchands de Nogent-le-Rotrou, Soüencé, Bellefme, & autres lieux faifans commerce des Etamines qui fe fabriquent dans ces diférentes Manufactures, qui feront paffer lefdites Etamines dans les moulins, pour les faire dégraiffer plus parfaitement, feront feuls garans & refponfables du defaut de largeur de celles qui par cette opération, n'auroient pas confervé la largeur prefcrite par le préfent Réglement, & affujettis aux peines y portées, fans aucun recours contre les Fabriquans qui les leur auroient venduës, ni contre les Gardes-Jurez, qui les auroient marquées avant que d'être portées aufdits moulins.

XXVI. Les Droguets fur fil qui fe fabriquent à Nogent-le-Rotrou & aux environs communément apellez *Telons*, auront en chaîne au moins dix-huit portées de quarante fils chacune, faifant fept cens vingt fils, non compris les lifieres, paffez dans des lames & rots de demi-aune demi-quart de large, pour avoir ladite largeur de demi-aune demi-quart fur le mêtier, & trente-huit à quarante aunes de longueur, & revenir au retour du foulon à demi-aune pleine de large, y compris les lifieres, & à trente-deux ou trente-trois aunes de long : La chaîne defdits Droguets fera compofée de bon fil de chanvre ou de lin bien filé, & la trame poura être faite des plus groffes laines, & du rebut de celles qui font emploïées à la fabrique des Etamines ; fans néanmoins que les Fabriquans puiffent fe fervir de laines de pelures, de moraines, d'abats, de bourres & autres de mauvaife qualité ; le tout, à peine de confifcation defdites étofes, lefquelles feront préalablement coupées de trois aunes en trois aunes, & de dix livres d'Amende par chaque piece, & pour chaque contravention.

XXVII. Les Droguets fur étain, qui fe fabriquent à Nogent-le-Rotrou, auront en chaîne au moins trente-deux portées de trente-deux fils chacune, faifant mille vingt-quatre fils, non compris les lifieres, paffez dans des lames & rots de demi-aune demi-quart de large, pour avoir ladite largeur de demi-aune demi-quart fur le mêtier, & vingt-cinq aunes de longueur, & revenir au retour du foulon à demi-aune pleine de large, y compris les lifieres, & à dix-huit ou vingt aunes de long au plus : Lefdits Droguets feront faits de laines du païs & des environs, ou autre de bonne qualité, fans qu'ils puissent y être emploïé aucunes laines de pelures, d'abats, de moraines, de bourres & autres de mauvaise qualité ; le tout, sous les peines portées par l'Article précédent.

XXVIII. Les Etamines de Séez auront en chaîne au moins vingt-huit portées de trente-deux fils chacune, faisant huit cens quatre-vingt-seize fils, passez dans des lames & rots de demi-aune & un seize de large, pour avoir ladite largeur de demi-aune & un seize, & vingt-deux aunes de long sur le mêtier, & revenir après les derniers aprêts à demi-aune pleine de large, & à vingt-un aunes de long ; & seront faites de bonnes laines du païs & des environs ou autres de bonne qualité, bien filées, lavées & dégraissées, sans aucun mêlange de laines de plures, d'abats, de moraines, de bourres & autres de mauvaise qualité ; le tout, à peine de confiscation desdites Etamines ; lesquelles seront préalablement coupées de trois aunes en trois aunes, & de vingt livres d'Amende par chaque piece & pour chaque contravention.

XXIX. Les Etamines d'Argentan auront en chaîne au moins vingt-huit portées de trente-deux fils chacune, faisant huit cens quatre-vingt-seize fils, passez dans des lames & rots de demi-aune & un seize de large, pour avoir ladite largeur de demi-aune & un seize, & vingt-deux aunes de long sur le mêtier, & revenir après le dégrais à demi-aune pleine de large, & à vingt-une aunes de long ; & seront faites de bonnes laines du païs & des environs ou autres de bonne qualité bien filées, lavées & dégraissées sans mêlange d'aucunes laines de pelures, d'abats, de moraines, de bourres & autres de mauvaise qualité ; le tout, sous les peines portées par l'Article précédent.

XXX. Les Droguets sur fil qui se fabriquent à Verneüil auront en chaîne au moins vingt-cinq portées de trente-deux fils chacune, faisant huit cens fils, y compris les lisieres, passez dans des lames & rots de demi-aune & un seize de large, pour avoir ladite largeur de demi-aune & un seize, & soixante-douze aunes de long sur le mêtier, & revenir au retour du foulon à demi-aune pleine de large, y compris les lisieres, & à soixante-dix aunes de long au plus ; la chaîne desdits Droguets sera composée de bon fil de chanvre ou de lin bien filé, & la trame sera faite de laines du païs & des environs ou autres de bonne qualité, sans mêlange d'aucunes

laines

DECLARATIONS ET ARRESTS.

laines de pelures, d'abats, de moraines, de bourres & autres de mauvaise qualité ; le tout, à peine de confiscation desdites étofes, lesquelles seront préalablement coupées de trois aunes en trois aunes, & de dix livres d'Amende par chaque piece & pour chaque contravention.

XXXI. Les Tiretaines qui se fabriquent à Serre, auront en chaîne au moins trente-quatre portées de quarante fils chacune, faisant treize cens soixante fils, y compris les lisieres, passez dans des lames & rots d'une aune de large, pour avoir ladite largeur d'une aune & trente-deux aunes de long sur le mêtier, & revenir au retour du foulon à demi-aune & un seize de large, y compris les lisieres, & à vingt-deux aunes de long ; la chaîne desdites Tiretaines sera composée de bon fil de chanvre bien filé, & la trame sera faite de laines du païs & des environs ou autres de bonne qualité, sans mêlange d'aucunes laines de pelures, d'abats, de moraines, de bourres & autres de mauvaise qualité ; le tout, sous les peines portées par l'Article précédent.

XXXII. Les Tiretaines d'Argentan & autres lieux où il s'en fait de pareille qualité, auront en chaîne au moins vingt-six portées de quarante fils chacune, faisant mille quarante fils, y compris les lisieres, passez dans des lames & rots d'une aune de large, pour avoir ladite largeur d'une aune & trente-deux aunes de longueur sur le mêtier, & revenir au retour du foulon à demi-aune & un seize de large, y compris les lisieres, & à vingt-deux aunes de long ; la chaîne desdites Tiretaines sera composée de bon fil de chanvre bien filé, & la trame sera faite de laines du païs & des environs ou autres de bonne qualité, sans qu'il puisse y être emploïé aucunes laines de pelures, d'abats, de moraines, de bourres & autres de mauvaise qualité ; le tout, sous les mêmes peines que ci-dessus.

XXXIII. Les Berluches croisées sur fil qui se fabriquent à Argentan & autres lieux où il s'en fait de pareille qualité, auront en chaîne au moins vingt-six portées de quarante fils chacune, faisant mille quarante fils, y compris les lisieres, passez dans des lames & rots de demi-aunes demi-quart de large, pour avoir ladite largeur de demi-aune demi-quart, & trente aunes de longueur sur le mêtier, & revenir au retour du foulon à demi-aune pleine de large, y compris les

II. Suite du N. R.

lisieres, & à vingt-deux aunes de long; la chaîne desdites Berluches sera composée de bon fil de chanvre bien filé, & la trame sera faite de laines du païs & des environs ou autres de bonne qualité, sans mêlange d'aucunes laines de pelures, d'abats, de moraines, de bourres, & autres de mauvaise qualité; le tout, sous les mêmes peines que ci-dessus.

XXXIV. Les Serges grises apellées *Tremieres* qui se fabriquent à Logny, auront en chaîne au moins vingt-deux portées de trente-deux fils chacune, faisant sept cens quatre fils, non compris les lisieres, passez dans des lames & rots de trois quarts & un seizième d'aune de large, pour avoir ladite largeur de trois quarts & un seize, & quarante-deux aunes de longueur sur le mêtier, & revenir au retour du foulon à demi-aune pleine de large, y compris les lisieres, & à trente-deux ou trente-trois aunes de long; lesdites Serges seront faites de laines du païs & des environs ou autres de bonne qualité, sans qu'il puisse y être emploïé aucunes laines de pelures, d'abats, de moraines, de bourres & autres de mauvaise qualité; le tout, à peine de confiscation desdites Serges, lesquelles seront préalablement coupées de trois aunes en trois aunes, & de vingt livres d'Amende par chaque piece & pour chaque contravention.

XXXV. Les Serges tremieres blanches, qui se fabriquent à Logny, auront en chaîne au moins vingt-une portées de trente-deux fils chacun, faisant six cens soixante douze fils, passez dans des lames & rots de trois quarts & un seizième d'aune de large, non compris les lisieres, pour avoir ladite largeur de trois quarts & un seize, & quarante-deux aunes de longueur sur le mêtier, & revenir au retour du foulon à demi-aune de large, y compris les lisieres, & à trente-deux ou trente-trois aunes de long au plus; lesdites Serges seront faites de laines du païs & des environs ou autres de bonne qualité, sans qu'il puisse y être emploïé aucunes laines de pelures, d'abats, de moraines, de bourres & autres de mauvaise qualité; le tout, sous les peines portées par l'Article précédent.

XXXVI. Les Serges de Logny, communément apellées *Sur Etain*, auront en chaîne au moins trente-deux portées de trente-deux fils chacunes, faisant mille vingt-quatre fils, non compris les lisieres, passez dans des lames & rots de trois quarts & un seizième d'aune de large, pour avoir ladite lar-

DECLARATIONS ET ARRESTS.

geur de trois-quarts & un feize & quarante-deux aunes de longueur fur le mêtier, & revenir au retour du foulon à demi-aune de large, y compris les lifieres, & à trente-deux ou trente-trois aunes de longs; lefdites Serges feront faites de laines du païs & des environs ou autres de bonne qualité, fans qu'il puiffe y être emploïé aucunes laines de pelures, d'abats, de moraines, de bourres & autres de mauvaife qualité; le tout, fous les mêmes peines que ci-deffus.

XXXVII. Les Droguets de Logny auront en chaîne au moins vingt-quatre portées de vingt-quatre fils chacune, faifant cinq cens foixante-feize fils, non compris les lifieres, paffez dans des lames & rots de trois-quarts & un feiziéme d'aune de large, pour avoir ladite largeur de trois-quarts & un feize, & quarante-deux aunes de longueur fur le mêtier, & revenir au retour du foulon à demi-aune de large, y compris les lifieres, & à trente-deux ou trente-trois aunes de long; lefdits Droguets feront faits de laines du païs & des environs ou autres de bonne qualité, fans qu'il puiffe y être emploïé aucunes laines de pelures, d'abats, de moraines, de bourres & autres de mauvaife qualité; le tout, fous les mêmes peines que ci-deffus.

XXXVIII. Pouront les Fabriquans augmenter le nombre des portées prefcrites pour les diférentes fortes d'étofes comprifes dans le prefent Réglement, lorfque les laines qu'ils y emploïeront feront filées plus fin, fans que fous prétexte de ladite augmentation qui ne poura être moindre d'une portée, ils puiffent augmenter les largeurs fixées par les Articles précédens pour chaque forte defdites étofes; fous les peines portées par lefdits Articles.

XXXIX. Seront tenus lefdits fabriquans d'emploïer dans les diférentes fortes d'étofes comprifes dans le prefent Réglement, la quantité de trame ou tiffure néceffaire, de les bien fraper & de les tenir aux pieds fur le mêtier, pour les rendre d'égale force, fineffe & qualité dans toute l'étenduë de la piece, à peine de confifcation defdites étofes, qui feront coupées de trois aunes en trois aunes, & de vingt livres d'Amende par chaque piece & pour chaque contravention.

XL. Les laines deftinées pour être emploïées dans la fabrique de toutes lefdites étofes, feront préparées & tirées avec de l'huile d'olive, fans que les peigneurs & tireurs de

Dddd ij

laines puissent se servir d'aucunes autres sortes d'huiles, ni d'aucunes graisses de porc ou autres, à peine de confiscation des laines, & de vingt livres d'Amende contre chacun des contrevenans.

XLI. Les fabriquans seront tenus de laisser à l'un des bouts des pieces des diférentes étofes qu'ils fabriqueront, un peigne ou pesne de la chaîne, sans être tramé d'un seizième d'aune de long, dont les fils seront noüez par portées, à peine de vingt livres d'Amende par chaque piece & pour chaque contravention.

XLII. Les pieces desdites étofes qui lors des visites qui en seront faites par les Gardes-Jurez, ne seront pas trouvées de même qualité & également serrées & garnies d'un bout à l'autre des pieces, pour n'avoir pas dans toute l'étenduë de la chaîne le nombre de portées & de fils prescrit par le present Réglement pour chaque sorte desdites étofes, seront par lesdits Gardes-Jurez coupées aux endroits des pieces qui seront les plus foibles, pour en compter les fils à l'endroit de la coupe, quoi que le peigne ou pesne de la chaîne noüé par portées, ordonné par l'Article précédent, contienne le nombre de fils prescrit ; & en cas que le nombre des fils de la chaîne se trouve à l'endroit de la coupe, moindre que celui dudit peigne ou pesne, lesdites pieces d'étofes seront saisies par lesdits Gardes-Jurez, qui en poursuivront la confiscation par-devant les Juges des Manufactures, avec deux cens livres d'Amende par chaque piece contre les fabriquans, ausquels lesdites étofes apartiendront, ladite amende païable par corps.

XLIII. Fait Sa Majesté défenses à tous Marchands & Fabriquans, de plier en deux sur la largeur, ou fêter aucunes étofes de demi-aune de large : Pouront néanmoins plier en deux celles qui excéderont ladite largeur de demi-aune, à la charge que les deux plis de la piece seront égaux, & que l'un n'excedera pas l'autre ; le tout, à peine en cas de contravention, de confiscation desdites étofes, & de vingt livres d'Amende par chaque piece.

XLIV. Les fabriquans qui seront surpris une seconde fois en contravention, seront condamnez au double de l'Amende qui aura été prononcée contr'eux la premiere fois, si c'est une contravention de même nature, & déchûs & interdits de la Maîtrise en cas de récidive.

XLV. Les lames & les rots des métiers servant à la fabrique des étofes, comprises dans le present Réglement, qui n'auront pas les largeurs ci-dessus prescrites, seront réformez au plûtard dans trois mois, à compter du jour de la publication d'icelui, & faute par les fabriquans d'y satisfaire dans ledit tems, lesdits rots & lames seront rompus & brisez, en presence des Gardes-Jurez desdits fabriquans, & les contrevenans condamnez en trente livres d'Amende par chaque rot & lame.

XLVI. Fait Sa Majesté défenses aux faiseurs de rots, de faire à l'avenir, & à commencer du jour de la publication du present Réglement, aucuns rots & lames, qu'ils n'aïent les largeurs fixées par les Articles précédens, & d'en exposer en vente ni vendre qu'ils ne soient marquez à feu aux deux bouts de leur marque particuliere; comme aussi, aux fabriquans de s'en servir qu'ils ne soient marquez de ladite marque, pour ceux qu'ils auront achetez, ou de leur marque particuliere s'ils les ont faits pour leur usage; le tout, sous les peines portées par l'Article précédent.

XLVII. Seront tenus lesdits faiseurs de rots, & lesdits fabriquans qui feront des rots pour leur usage, de déposer au Gréfe de la Jurisdiction des Manufactures, dont ils ressortiront, une empreinte de leur marque particuliere, qui sera mise sans frais sur le Registre dudit Gréfe, en presence des Juges des Manufactures, & de signer sur le feüillet où elle sera apliquée, leur déclaration, contenant que c'est la marque dont ils entendent se servir; le tout, à peine de vingt livres d'Amende contre chacun des contrevenans.

XLVIII. Les fabriquans seront tenus de mettre au chef & à la queuë de chaque piece des diférentes sortes d'étofes qu'ils fabriqueront, leurs nom & surnom, & le nom du lieu de leur demeure en entier, & sans abreviation sur celles qui seront assez larges pour les contenir, & leur nom de baptême par abréviation, sur celles seulement qui n'auront pas assez de largeur pour les contenir en entier; à la charge néanmoins que leur surnom & le nom du lieu de leur demeure, seront mis en toutes lettres & sans abréviation, à peine de confiscation desdites étofes, & de vingt livres d'Amende par chaque piece.

XLIX. Les nom & surnom desdits fabriquans & le nom du lieu de fabrique, seront tissûs sur le métier à la tête & à la queuë de chaque piece avec un fil de laine, de chanvre, de lin ou de coton, d'une couleur diférente de la couleur de la piece, ou mis à l'aiguille au sortir du mêtier, & avant que les étofes soient portées au foulon, pour celles qui doivent être foulées ou qui reçoivent des aprêts sufisans, pour que lesdites marques s'incorporent dans l'étofe, de façon qu'elles ne puissent en être enlevées sans qu'il en reste quelque vestige ; & à l'égard des étofes qui ne passent pas au foulon, lesdits fabriquans seront tenus de former à la tête & à la queuë de chacune des pieces desdites étofes, une bande tramée en coton ou en fil blanc, de la largeur de trois doigts, sur laquelle ils apliqueront avec une marque empreinte d'huile & de noir de fumée, leurs nom & surnom, & le nom du lieu de leur demeure, conformément à l'Article précédent, ou de tisser lesdits noms sur le mêtier à leur choix; le tout, sous les peines portées par l'Article précédent.

L. Défend Sa Majesté à tous fabriquans de mettre les nom & surnom d'un autre fabriquant au lieu du leur, à la tête ni à la queuë d'aucunes pieces d'étofes qu'ils auront fabriquées, ni des noms suposés, à peine de confiscation desdites étofes, & de trois cens livres d'Amende, de déchéance de la Maîtrise, & d'interdiction du commerce pour toûjours.

LI. Ordonne Sa Majesté que les Teinturiers seront tenus d'enveloper d'un morceau de toile, les bandes de coton ou de fil blanc qui seront à la tête & à la queuë des pieces d'étofes qui ne passent pas au foulon, sur lesquelles seront empreintes les marques des fabriquans, en sorte qu'elles ne puissent être éfacées à la teinture, à peine de vingt livres d'Amende pour chaque contravention contre ceux desdits Teinturiers qui négligeroient de prendre cette précaution.

LII. Veut Sa Majesté que toutes les étofes comprises dans le present Réglement, soient portées par les fabriquans au Bureau de fabrique duquel ils dépendent, ou dans le Bureau le plus prochain du lieu de leur demeure; sçavoir, celles qui doivent être foulées, au retour du foulon, & celles qui ne passent pas au foulon, au sortir du mêtier & après le dégrais, pour y être lesdites étofes vûës, visitées & marquées par les Jurez desdits fabriquans, à la tête & à la queuë de chaque piece du plomb dudit Bureau, si elles sont trouvées conformés au present Réglement; à peine de confiscation desdites étofes, & de vingt livres d'Amende par chaque piece.

LIII. Les étofes qui lors de la visite qui en sera faite dans lesdits Bureaux, seront trouvées en contravention du present Réglement, seront saisies à la requête des Gardes-Jurez, qui en poursuivront la confiscation par-devant les Juges des manufactures, avec les condamnations d'Amendes ordonnées, sans que pour quelque cause & sous quelque pretexte que ce soit, ils puissent marquer aucunes pieces desdites étofes défectueuses, ni les rendre sans être marquées à ceux qui les auront presentées à la visite, à peine de trois cens livres d'Amende contre chacun desdits Gardes-Jurez, & d'être destituez de leurs fonctions; ladite amende aplicable moitié au profit de Sa Majesté, & l'autre moitié au profit des pauvres de l'Hôpital le plus prochain du lieu où les jugemens auront été rendus.

LIV. Fait Sa Majesté défenses à tous fabriquans de vendre ni exposer en vente aucunes desdites étofes, qu'elles n'aïent à la tête & à la queuë de chaque piece les marques & le plomb de fabrique ordonnez ci-dessus, à peine de confiscation desdites étofes, & de vingt livres d'Amende par chaque piece & pour chaque contravention.

LV. Permet Sa Majesté aux fabriquans, de couper par la moitié les pieces d'étofes de leur fabrique, lorsqu'elles leur seront ainsi demandées par les Marchands, à la charge par eux de faire marquer du plomb de fabrique, chacune des demi pieces à l'endroit où elle aura été coupée; & ce, outre le plomb de fabrique, qui suivant l'Article LII. du present Réglement aura dû être aposé à l'autre bout de chacune desdites demi pieces, sur lequel les nom & surnom du fabriquant, & le nom du lieu de sa demeure seront marquez, à peine de confiscation desdites étofes & de vingt livres d'Amende par chaque demi piece.

LVI. Veut Sa Majesté que dans les cas où les fabriquans & les Marchands seront obligez de couper sur une piece d'étofe entiere, des morceaux tachez ou autrement endommagez, soit par le foulon ou par les autres aprêts, ils soient tenus de les lever sur la piece entiere par coupons, dont ils déchireront les lisieres, sans que sous quelque prétexte que ce soit, ils puissent garder dans leurs Boutiques, Magasins ou ailleurs, exposer en vente ni vendre avec leurs lisieres lesdits coupons ainsi tachez ou endommagez, à peine de confiscation desdits coupons, & de vingt livres d'Amende pour chaque contravention.

LVII. Seront tenus les fabriquans lorsqu'ils aporteront leurs étofes aux Marchez, de les exposer en vente sous la Halle ordinaire, dans les lieux où il y en a d'établies, & aux jours & heures indiquez, après avoir été préalablement visitées & marquées par les Jurez du Bureau de fabrique duquel ils dépendent, à peine de confiscation desdites étofes, & de vingt livres d'Amende par chaque piece.

LVIII. Veut Sa Majesté que les étofes mentionnées au present Réglement, soient venduës bien sechées en quelque saison de l'année que ce soit, faisant défenses à tous fabriquans de les exposer en vente autrement, sous les peines portées par l'Article précédent.

LVIX. Tous fabriquans & ouvriers seront tenus de se conformer à ce qui est prescrit par le present Réglement, tant pour la longueur & la largeur des étofes y mentionnées, le nombre de portées de fils dont elles doivent être composées, & pour les matieres qui doivent y être emploïées, que pour la largeur & la marque des lames & des rots servant à leur fabrique, le peigne ou pesne de la chaîne qui doit être laissé à l'un des bouts des pieces noüé par portées, & pour les marques qui doivent être mises, & les plombs qui doivent être apliquez à la tête & à la queuë de chaque piece, soit que lesdites étofes soient destinées à être mises dans le commerce, ou qu'elles soient fabriquées pour leur usage personnel, ou pour celui des particuliers qui les leur auroient ordonnées; le tout, sous les peines portées par le present Réglement.

LX. Fait Sa Majesté défenses à tous Marchands d'avoir dans leurs Maisons, Boutiques, Magasins ou ailleurs, de vendre ni exposer en vente aucunes pieces entieres des diférentes étofes, comprises dans le present Réglement, qu'elles n'aïent à la tête & à la queuë de chaque piece, les marques ordonnées ci-dessus, & les plombs de fabrique & de contrôle; comme aussi, de garder ni debiter aucunes demi-pieces desdites étofes, qu'elles n'aïent à l'un des bouts lesdites marques & plombs; à peine de confiscation desdites pieces entieres & demi-pieces & de vingt livres d'Amende par chaque piece ou demi-piece, & pour chaque contravention.

LXI.

DECLARATIONS ET ARRESTS

LXI. A l'avenir il fera procédé depuis le premier Décembre de chaque année jufqu'au 10. du même mois, en la forme & maniere acoûtumée à l'élection de nouveaux Gardes-Jurez des Fabriquans & des Marchands, dans toutes les Villes & lieux de la Generalité d'Alençon, où il y a des Bureaux de fabrique & de contrôle établis, pour entrer en exercice au 2. Janvier de l'année fuivante, & la date de l'année d'exercice defdits Gardes-Jurez fera marquée fur les plombs de fabrique & de contrôle, qui feront apliquez dans lefdits Bureaux à la tête & à la queuë de chaque piece des étofes qui y auront été vifitées ; à l'éfet de quoi, chacun defdits Gardes-Jurez en exercice aura fon coin ou marque particuliere, dont il fe fervira pour l'empreinte du plomb de fabrique & de contrôle, que chacun d'eux apliquera aux pieces d'étofes qu'il aura vifitées, fur lequel coin ou marque la premiere lettre de fon nom & fon furnom en entier, feront gravez au-deffous de la date de l'année d'exercice, à l'exception néanmoins des Communautez, dont les Gardes-Jurez ont été difpenfez d'avoir leur coin ou marque particuliere, par Arrêts du Confeil des premier Février & 29. Novembre 1735. & feront les coins ou marques dont les Gardes-Jurez fe feront fervis pendant l'année précédente brifez, ledit jour 2. Janvier de chaque année, en prefence des Juges des Manufactures, à la diligence defquels les nouvelles marques dont les Gardes-Jurez entrant en exercice dévront fe fervir, feront remifes ledit jour dans chaque Bureau de fabrique & de contrôle ; à l'éfet de quoi, il fera fait mention fur le Regiftre de chacun defdits Bureaux, tant des anciennes marques brifées, que de la remife des nouvelles, de chacune defquelles il fera mis une empreinte fur le feüillet dudit Regiftre, fur lequel les mentions ci-deffus ordonnées auront été faites, dont il fera dreffé des procès verbaux par lefdits Juges, pour être par eux directement envoïez au Sieur Intendant & Commiffaire départi pour l'exécution des ordres de Sa Majefté, dans ladite Generalité d'Alençon : Faifant Sa Majefté défenfes aux Gardes-Jurez des Fabriquans & des Marchands, d'apliquer à l'avenir fur aucunes pieces d'étofes qu'ils auront vifitées, d'autres plombs que ceux ordonnez ci-deffus, fans que fous quelque pretexte que ce foit, ils puiffent les marquer des plombs qui auront fervi pour les années précédentes ; le tout, à peine de trois cens

II. Suite du N. R.   Eeee

1737.
Juillet.

livres d'Amende, de destitution de leurs fonctions, de d'échéance de la Maîtrise & d'interdiction du commerce pour toûjours; ladite amende aplicable moitié au profit de Sa Majesté, & l'autre moitié au profit des pauvres de l'Hôpital le plus prochain du lieu où les Jugemens auront été rendus.

LXII. Ordonne Sa Majesté, que les plombs qui seront apliquez par les Gardes-Jurez des Fabriquans & des Marchands, sur les étofes qui seront portées dans les Bureaux de fabrique & de contrôle pour y être visitées, seront happez & d'un pouce de diametre pour les étofes sujettes à être foulées, & de huit lignes pour les autres étofes legeres, telles que sont les Etamines, voiles & autres de pareille qualité qui ne doivent point être foulées, sur l'un des côtez duquel seront marquées les armes de Sa Majesté, & le nom du lieu où sera établi le Bureau de fabrique, ou celui de contrôle, & sur l'autre la date de l'année d'exercice, & la marque desdits Gardes-Jurez ordonnée par l'Article précédent: Faisant Sa Majesté défenses auxdits Gardes-Jurez des Fabriquans & des Marchands, d'apliquer sur les étofes qui seront portées dans leurs Bureaux, d'autres plombs que ceux ci-dessus ordonnez, sous les peines portées par l'Article précédent.

LXIII. Veut Sa Majesté que dans chaque Bureau de fabrique & de contrôle, il soit tenu par les Gardes-Jurez en exercice des Fabriquans & des Marchands un Registre en papier commun & non timbré, qui sera coté & paraphé sans frais par le Juge des Manufactures, dans lequel lesdits Gardes-Jurez écriront de suite par date d'année, mois & jour & sans aucun blanc ni interligne, le nombre des pieces d'étofes qu'ils auront visitées & marquées chaque jour, la qualité desdites étofes & les noms des Fabriquans ou des Marchands qui les auront presentées à la marque, à peine de vingt livres d'Amende contre chacun desdits Gardes-Jurez pour la premiere fois qu'ils auront négligé d'y satisfaire, & d'être destituez de leurs fonctions, même d'échûs de la Maîtrise en cas de récidive, ladite amende aplicable moitié au profit de Sa Majesté, & l'autre moitié au profit des pauvres de l'Hôpital le plus prochain du lieu où les Jugemens auront été rendus.

LXIV. Les Jurez en exercice des Fabriquans seront tenus de faire tous les mois & plus souvent si il est nécessaire, une visite generale chez tous les Fabriquans & ouvriers de leur

DECLARATIONS ET ARRESTS.

diſtrict, pour examiner ſi ils emploïent dans la fabrication de leurs étofes, le nombre de fils & de portées & les laines des qualitez preſcrites par le preſent Réglement, & s'il ſe trouve chez leſdits Fabriquans lors deſdites viſites, des étofes qui n'y ſoient pas conformes, ou des laines dont l'uſage eſt défendu, leſdits Jurez les ſaiſiront pour en pourſuivre la confiſcation pardevant le Juge des Manufactures, avec les condamnations d'amendes portées par le preſent Réglement.

LXV. Leſdits Jurez des Fabriquans ſeront pareillement tenus de viſiter dans les Foires & Marchez de leur diſtrict, les laines qui y ſeront expoſées en vente, & de ſaiſir celles qui ſe trouveront de mauvaiſe qualité, mêlangées, mal dégraiſſées ou gâtées, & les écheveaux de laines filées qui ſeront trouvez mêlez de laines de diférentes qualitez & inégalement filées, pour en pourſuivre la confiſcation pardevant les Juges des Manufactures qui condamneront chacun des contrevenans en vingt livres d'Amende pour chaque contravention.

LXVI. Veut Sa Majeſté que les Gardes en charge des Marchands Drapiers & des Marchands Merciers, ſoient tenus de faire tous les trois mois, & plus ſouvent s'il eſt néceſſaire, des viſites exactes dans les Boutiques & Magaſins des Marchands de leur Communauté, lors deſquelles viſites ils ſaiſiront & arrêteront les pieces d'étofes entieres, demi-pieces ou coupons qui ne ſe trouveront pas fabriquez en conformité des Réglemens, & les pieces entieres ou demi-pieces qui n'auront pas les marques & plombs ordonnez ci-deſſus, pour en être par eux la confiſcation pourſuivie par-devant les Juges des Manufactures, avec les condamnations d'amendes portées par leſdits Réglemens.

LXVII. Tous Fabriquans & Marchands ſeront tenus de ſoufrir les viſites des Gardes-Jurez de leur Communauté, ſans leur cauſer aucun trouble ni empêchement, à peine de trois cens livres d'Amende en cas de contravention, & de plus grande peine s'il y échet.

LXVIII. Les auges des moulins à foulon auront dans le fonds au moins deux doigts de largeur, au-deſſus de celle que l'étofe qui y ſera miſe pour être foulée, dévra avoir au retour du foulon; à l'éfet de quoi, les propriétaires ou fermiers deſdits Moulins à foulon, ſeront tenus dans l'eſpace de deux mois, à compter du jour de la publication du prefent Réglement, de réformer les auges dont ils fe fervent actuellement, & qui n'auront pas les largeurs ci-deffus prefcrites, & faute par eux d'y fatisfaire dans ledit tems, les anciennes auges feront rompuës & brifées en prefence des Gardes-Jurez des fabriquans, & lefdits propriétaires ou fermiers condamnez en cent livres d'Amende.

LXIX. Les foulonniers feront garans & refponfables des dommages que les étofes qui leur auront été données à fouler, auront pû foufrir au foulon par leur négligence ou autrement.

LXX. Les amendes qui feront prononcées pour les contraventions faites au prefent Réglement, dont l'aplication n'eft pas ordonnée ci-deffus, feront apliquées un tiers au profit de Sa Majefté, un tiers au profit des Gardes-Jurez, & l'autre tiers au profit des pauvres de l'Hôpital le plus prochain du lieu où les Jugemens auront été rendus.

LXXI. Veut Sa Majefté que les peines portées par le prefent Réglement, foient prononcées par les Juges des Manufactures, fans qu'elles puiffent être remifes ni modérées pour quelque caufe & fous quelque prétexte que ce foit, à peine par lefdits Juges de répondre en leur propre & privé nom, des amendes & confifcations qu'ils auroient dû prononcer, & même d'interdiction.

LXXII. Ordonne Sa Majefté conformément à l'Edit du mois d'Août 1669. que tous procès & diférens mûs & à mouvoir, tant entre les fabriquans & leurs ouvriers, qu'entre les Marchands & lefdits Fabriquans, pour raifon des faifies, contraventions aux Réglemens, ou autres matieres concernant leur fabrique ou leur commerce, foient inftruits & jugez fommairement par les Juges des Manufactures, fans miniftére d'Avocats ni Procureurs & à l'Audience, fur ce qui aura été dit & reprefenté par les parties mêmes, & où il y auroit quelques pieces à voir, & que les diférens fuffent de nature à ne pouvoir être jugez fur le champ, que les pieces feront mifes fur le Bureau, pour être les diférens jugez fans apointement, procédures ni autres formalitez de Juftice, & fans que pour quelque caufe que ce puiffe être, lefdits Juges des Manufactures puiffe recevoir ni prendre aucuns droits, fous prétexte d'épices, falaires ou vacations, ni le Gréfier

DECLARATIONS ET ARRESTS.

aucuns autres droits que deux fols feulement pour chacun feüillet des Sentences qu'il expédira ; lefquelles Sentences feront écrites en la forme & maniere portée par les Réglemens faits pour les Jurifdictions des Juges-Confuls.

LXXIII. Déroge au furplus Sa Majefté à tous Réglemens, Arrêts & Statuts particulieres contraires au prefent Réglement. FAIT & arrêté au Confeil de Finance, tenu à Verfailles, le feiziéme jour de Juillet mil fept cens trente-fept.

Signé, ORRY.

Lettres Patentes du Roy, fur le Réglement du Confeil ci-deffus.

LOUIS par la grace de Dieu, Roy de France & de Navarre : A tous ceux qui ces prefentes Lettres verrons, SALUT. Aïant été informé que les précautions prifes par les Réglemens ci-devant faits, pour les diférentes fortes d'étofes qui fe fabriquent dans la Generalité d'Alençon, ne font pas fufifantes pour établir la régle & le bon ordre dans ces Manufactures & affurer la bonne qualité des étofes qui fi font, il Nous a paru néceffaire d'y ajoûter de nouvelles difpofitions, & d'y pourvoir par un nouveau Réglement. A CES CAUSES, de l'avis de nôtre Confeil, qui a vû & & examiné ledit Réglement de cejourd'ui, contenant foixante-treize Articles, ci-ataché fous le Contrefcel de nôtre Chancellerie, Nous avons par ces Prefentes fignées de nôtre main, & de nôtre certaine fcience, pleine puiffance & autorité Roïale, confirmé & autorifé, confirmons & autorifons ledit Réglement pour les étofes de laine, ou mêlées de laine, foïe ou fil qui fe fabriquent dans la Generalité d'Alençon, voulons qu'il y foit gardé, obfervé & exécuté de point en point felon fa forme & teneur. SI DONNONS EN MANDEMENT à nos amez & féaux les Gens tenans nôtre Cour de Parlement à Roüen, que ces prefentes ils aïent à faire lire, publier & regiftrer, & le contenu & icelles garder, obferver & exécuter felon leur forme & teneur; CAR tel eft nôtre plaifir. En témoin de quoi, Nous avons fait mettre nôtre Scel à cefdites Prefentes. DONNÉ à Verfailles, le feiziéme jour de Juillet, l'an de grace mil fept cens trente fept ; & de nôtre Régne le vingt-deuxiéme. Signé, LOUIS : Et plus bas, Par le Roy, AMELOT. Vû au Confeil, ORRY. Et fcellée du grand Sceau de cire jaune.

Lûs, publiez & regiftrez, la grande Audience de la Cour féante. A Roüen en Parlement, le 16. Aouft 1737. Signé, AUZANET.

Ordonnance du Roy, concernant les Evocations & les Réglemens de Juges.

Du mois d'Aouſt 1737.

1737.
Aouſt.

LOUIS par la grace de Dieu, Roy de France & de Navarre: A tous preſens & à venir, SALUT. La forme de proceder ſur les demandes en évocation ou en réglement de Juges, ſoit en matiere civile, ou en matiere criminelle, avoit été réglée ſi exactement par le feu Roy nôtre très-honoré Seigneur & Biſaïeul, dans les trois premiers Titres de ſon Ordonnance du mois d'Aouſt 1669. qu'il ne ſembloit pas qu'on pût deſirer une nouvelle Loi ſur ces matieres: Mais la mauvaiſe foi ou l'artifice des plaideurs aïant inventé de nouveaux détours, pour éluder l'exécution de cette Ordonnance, il a falu y opoſer de nouvelles précautions, par des Déclarations poſterieures: Et aïant jugé à propos de les faire revoir dans nôtre Conſeil, Nous avons reconnu que pour le bien commun de nos Sujets, & pour la conſervation de l'ordre des Juriſdictions, il étoit néceſſaire non ſeulement de réünir les diſpoſitions de ces Déclarations à celles de l'Ordonnance de 1669. pour ne former qu'une ſeule Loi, mais d'y ſupléer tout ce qui pouvoit y avoir été ômis, & d'y éclaircir tout ce qui avoit paru mériter une plus grande explication, afin que rien ne manquât à la perfection & à l'utilité d'une Loi, qui n'aïant pour objet que des conteſtations préliminaires, où il ne s'agit que de donner ou de conſerver des Juges certains aux parties, ne ſçauroit être trop ſimple, & trop facile à entendre & à obſerver. A CES CAUSES, de l'avis de nôtre Conſeil, & de nôtre certaine ſcience, pleine puiſſance & autorité Roïale, Nous avons dit, déclaré & ordonné, diſons, déclarons & ordonnons, voulons & Nous plaît ce qui ſuit.

TITRE PREMIER.

Des Evocations.

ARTICLE PREMIER.

AUCUNE Evocation genérale ne ſera acordée à l'avenir, ſi

DECLARATIONS ET ARRESTS.

ce n'eſt pour de très-grandes & importantes conſidérations, qui auront été jugées telles par Nous, en nôtre Conſeil.

II. On poura évoquer du chef des parens ou aliez en ligne directe aſcendante ou décendante, même en collatérale, à l'égard de ceux qui repreſentent les parens ou aliez en ligne directe, comme oncles, grand-oncles, neveux & petits-neveux, le tout en quelque degré qu'ils ſoient.

III. Il ſera pareillement permis d'évoquer du chef des parens & aliez en ligne collatérale, juſqu'au troiſiéme degré incluſivement ; & ſeront en ce cas, les degrez comptez en ligne tranſverſale ; ſçavoir, les freres & ſœurs, beaux-freres & belles-ſœurs, pour le premier degré ; les couſins germains pour le ſecond, & les iſſus de germains pour le troiſiéme.

IV. Et où il ſe trouveroit des parentez ou aliances d'un degré plus proche à un degré plus éloigné, elles ſeront comptées ſur le pied du degré le plus éloigné.

V. Les aliez ne pourront être comptez au nombre de ceux du chef deſquels il ſera permis d'évoquer, lorſque le mariage qui avoit produit l'aliance, ne ſubſiſtera plus, & qu'il n'y en aura point d'enfans exiſtans lors de l'évocation.

VI. Lorſque l'évoqué & l'Oficier du chef duquel l'évocation ſera demandée, ſe trouveront avoir épouſé les deux ſœurs, ledit Oficier ne poura être compté au nombre des aliez de l'évoqué, qu'en cas que les deux mariages ſubſiſtent dans le tems de l'évocation, ou qu'il y ait des enfans de l'un deſdits deux mariages, qui ſoient vivans audit tems, encore que les deux ſœurs ſoient décédées, ou l'une d'elles.

VII. Lorſque la partie évoquée ſera du corps du Parlement dont l'évocation ſera demandée, le nombre des parens & aliez aux degrez ci-deſſus marquez, du chef deſquels on poura évoquer, ſera & demeurera fixé à l'avenir ; ſçavoir,

Pour le Parlement de Paris, au nombre de dix.

Pour les Parlemens de Toulouſe, Bordeaux, Roüen & Bretagne, au nombre de ſix.

Pour les Parlemens de Dijon, Grenoble, Aix, Pau, Metz & Beſançon, au nombre de cinq.

Et lorſque la partie évoquée ne ſera pas du corps dont l'évocation ſera demandée, le nombre deſdits parens & aliez ſera fixé,

Pour le Parlement de Paris, à celui de douze.

1737.
Aouſt.

Pour ceux de Touloufe, Bordeaux, Roüen & Bretagne, au nombre de huit.

Et pour les Parlemens de Grenoble, Aix, Dijon, Pau, Metz & Befançon, au nombre de fix.

VIII. Le nombre des parens & aliez aux degrez ci-deffus marquez, du chef defquels on poura évoquer de nôtre Grand-Confeil, demeurera fixé à quatre pour ceux qui feront du corps, & à fix pour ceux qui n'en feront pas.

IX. Les Procès & diférens pendans en la Cour des Aides de Paris, ne pourront en être évoquez, que lorfque l'une des parties étant du corps, y aura quatre parens & aliez aux degrez ci-deffus marquez, ou que n'étant pas du corps, elle en aura fix.

X. Quant aux autres Cours des Aides, l'évocation ne poura avoir lieu que lorfque l'une des parties fera du corps, & qu'elle y aura trois parens ou aliez aux degrez ci-deffus marquez, ou que n'étant pas du corps, elle en aura quatre; & le renvoi de l'afaire évoquée fera fait, dans le cas du prefent Article & du précédent, en une autre Cour des Aides la plus proche, & non fufpecte, ainfi qu'il fera marqué par l'Article XXXV. ci-deffous.

XI. N'entendons comprendre dans les Articles précédens, fous le nom d'Oficiers du corps de nos Cours ou autres Compagnies, que ceux qui y auront féance & voix délibérative, enfemble nos Avocats & Procureurs Genéraux ; ce qui fera pareillement obfervé par raport aux Oficiers du chef defquels l'évocation fera demandée, & fans qu'elle puiffe avoir lieu, fous prétexte de parenté ou alliance avec d'autres Oficiers, que ceux qui font ci-deffus mentionnez, encore qu'ils euffent le privilége d'être réputez Oficiers du corps dans d'autres matieres.

XII. Les Procès ou conteftations ne pouront être évoquez, fi dans le nombre de ceux dont les parentez ou alliances feront articulées, il n'y en a au moins les deux tiers qui foient titulaires, pourvûs & revêtus de leurs Ofices.

XIII. Les Ducs & Pairs, les Confeillers d'honneur, & les Oficiers honoraires ou véterans, en quelque nombre qu'ils foient, ne feront comptez que pour un tiers des parens néceffaires pour l'évocation ; c'eft-à-dire, pour un feul parent dans les Cours où il en faut trois, quatre ou cinq pour évoquer

quer ; pour deux, dans celles où il en faut six ou huit ; pour trois, quand il en faut dix ; & pour quatre, quand il en faut douze.

XIV. Ne pouront les parentez & aliances des Ducs & Pairs, Conseillers d'honneur, & autres Oficiers, qui en vertu du même Titre, ont séance non seulement en nôtre Parlement de Paris, mais en d'autres Compagnies, être articulées ni reçûës pour évoquer d'aucune desdites Cours, si ce n'est de nôtre Parlement de Paris.

XV. Les parentez & aliances des Maîtres des Requêtes ordinaires de nôtre Hôtel, ne pouront être articulées ni reçûës pour évoquer d'aucune autre Cour que de nôtre Parlement de Paris & de nôtre Grand-Conseil.

XVI. Il ne sera permis à aucune des parties d'évoquer du chef de ses parens ou aliez, lorsqu'ils ne le seront pas aussi des autres parties, ou de l'une d'elles ; auquel cas, sera observé ce qui est porté par l'Article suivant.

XVII. Les parentez ou aliances communes aux parties, ne pouront donner lieu à l'évocation, lorsquelles seront en égal degré, ou lorsque les parens ou aliez du chef desquels l'évocation sera demandée, le seront dans un degré plus proche de celui qui évoque, que des autres parties ; sans qu'en aucun cas il puisse être fait aucune diférence à cet égard, entre l'aliance & la parenté.

XVIII. En jugeant les Evocations, on n'aura aucun égard aux parentez & aliances des Oficiers qui seront décédez, ou qui se seront démis de leur Ofice, ou dont l'interêst aura cessé depuis l'évocation demandée, pourvû que la preuve en ait été raportée avant le jugement ; sans néanmoins qu'en ce cas, l'évoquant puisse être condamné à aucune amende, ni aux dépens.

XIX. Voulons néanmoins que dans les cas où indépendamment du décès, de la démission, ou de la cessation d'interêst des Oficiers du chef desquels l'évocation avoit été demandée, il sera jugé que l'afaire, par sa nature ou par l'état de la contestation, n'étoit pas sujette à l'évocation ; comme aussi, quand il se trouvera que l'Oficier décédé, ou qui se sera démis, ou dont l'interêst aura cessé, n'étoit ni parent ni alié de l'évoqué, ou qu'il ne l'étoit pas à un des degrez ci-dessus marquez, l'évoquant soit condamné en l'Amende & aux dépens.

II. Suite du N. R.   Ffff

XX. Aucune évocation ne sera acordée sur les parentez & aliances de Sindics ou Directeurs, Tuteurs ou Curateurs, ou autres Administrateurs, ni pareillement sur celles des Membres des Corps ou Communautez, pourvû que dans la contestation dont l'évocation sera demandée, les uns ni les autres ne soient parties en leur nom, indépendamment de leurs qualitez ci-dessus marquées, & pour un intérest personnel, distinct & séparé de celui des personnes qui sont sous leur direction ou administration, ou desdits Corps & Communautez, auquel cas l'évocation ne poura avoir lieu que pour les demandes & contestations qui concerneront leurdit intérest personnel seulement, & non celui desdites personnes, Corps ou Communautez.

XXI. Les causes ou procès, tant civils que criminels, pendans en nos Cours des Aides, qui concerneront les Droits de nos Fermes, & l'exécution des Baux, circonstances & dépendances, même tous procès de nos Fermiers en nom collectif, ou des Ajudicataires de nos Fermes contre leurs Commis, en matiere civile ou criminelle, ne pourront être évoquez sur les parentez & aliances des Oficiers de nos Cours des Aides, avec aucuns des Interressez en nosdites Fermes, en quelque degré que ce soit; le tout, sans préjudice des évocations du chef de ceux desdits Interressez, ou de leurs Commis, qui seroient partie en leur propre & privé nom, & pour un intérest personnel autre que celui de nos Fermes.

XXII. Les afaires concernant nôtre Domaine, ne pouront être évoquées, ni pareillement celles des Pairies, où il s'agira du Titre ou de la propriété de la Pairie, ou des droits qui en dépendent, quand le fond desdits droits sera contesté.

XXIII. Aucune évocation ne poura être demandée du chef des parens & aliez de nos Procureurs Généraux, lorsqu'ils ne seront parties que comme exerçans le ministere public.

XXIV. Ne pouront pareillement être évoquées les Causes & procès dont la connoissance apartient à nos Chambres des Eaux & Forêts ou Tables de Marbre, établies auprès de nos Cours de Parlement; & ce, de quelque nature que soient lesdites afaires, & de quelque maniere que lesdites Chambres se trouvent composées.

XXV. Les decrets, les poursuites de criées, & les ordres

DECLARATIONS ET ARRESTS.

ne pouront être évoquez, ni pareillement les opofitions aux Saifies réelles, de quelque nature qu'elles puiffent être ni aucunes des conteftations qui pouront furvenir, foit à l'ocafion des contrats d'union, de direction, ou autres femblables entre les créanciers & leurs débiteurs, foit au fujet defdits decrets & ordres.

XXVI. Voulons que s'il étoit fignifié aucunes Cédules évocatoires, dans les cas portez par les quatre Articles précedens, il foit paffé outre par nos Cours, à l'inftruction & au jugement des caufes, inftances ou procès, fans avoir égard aufdites cédules évocatoires, qui feront regardées comme nulles & de nul éfet.

XXVII. Les caufes & Inftances où il s'agira de l'entérinement de Lettres de Requête civile ou de révifion, ou de demandes en exécution d'Arrêts ou Jugemens en dernier reffort, ne pouront être évoquées par ceux qui auront été parties aux procès ou conteftations, fur lefquels lefdits Arrêts ou Jugemens auront été rendus; fi ce n'eft que depuis il ait été contracté quelqu'aliance, ou qu'il foit furvenu quelqu'autre fait, qui puiffent donner lieu à l'évocation.

XXVIII. Les caufes & les procès dont la plaidoirie ou le raport auront été commencez, ne pouront être évoquez, fous prétexte de parentez ou aliances; & lorfque l'afaire fera en cet état lors de l'évocation, l'évoqué raportera pour le juftifier; fçavoir, à l'égard des Caufes d'Audience, un certificat du Gréfier, portant que la plaidoirie a été commencée; & pour les procès par écrit, un Arreft fur Requête qui fera rendu par la Chambre où le procès fera pendant, lequel portera que le raport du procès a été commencé : Et en conféquence, fur la fimple Requête de l'évoqué, à laquelle ledit Certificat ou ledit Arreft fera ataché, il fera ordonné en nôtre Confeil, qu'il fera paffé outre au jugement de la caufe ou du procès, & l'évoquant condamné à l'Amende & aux dépens.

XXIX. L'évocation ne poura être demandée par celui qui aura été reçû partie intervenante en caufe d'apel feulement, ni de fon chef ou de celui de fes parens & aliez, fi ce n'eft que fes droits n'euffent pas encore été ouverts, & que lui ou fes auteurs n'euffent pû agir avant le Jugement rendu en caufe principale.

XXX. L'évocation de la demande principale ne poura

être demandée par celui ou du chef de celui qui aura été assigné en garantie, ou pour voir déclarer l'Arrest commun, ni pareillement du chef de ses parens & aliez, qu'en cas que la cause, si l'afaire est à l'Audience, ait été mise au rôle avec l'Assigné en garantie, ou pour voir déclarer l'Arrest commun & les autres parties, ou que le premier Acte pour venir plaider avec toutes les parties, lui ait été signifié, lorsque l'Audience sera poursuivie par Placet : Et si la demande principale a été apointée, l'évocation ne poura avoir lieu, qu'en cas que ladite demande en garantie, ou pour voir déclarer l'Arrest commun, ait été réglée par le même Arrest, ou par un Arrest de jonction ; sauf au demandeur en garantie, à évoquer la contestation sur la garantie seulement, auque cas il poura être passé outre au jugement de la demande principale.

XXXI. Ne poura néanmoins l'évocation de la demande principale être admise, même dans les cas où elle peut avoir lieu suivant l'Article précédent, si la Cédule évocatoire n'a été signifiée dans six semaines, à compter du jour que la cause aura été mise au rôle avec l'Assigné en garantie, ou pour voir déclarer l'Arrest commun, & les autres parties, ou que le premier Acte pour venir plaider avec toutes les parties, lui aura été signifié, ou du jour de la signification de l'Arrest qui aura joint au principal la demande en garantie, ou pour voir déclarer l'Arrest commun, après lesquels delais ladite évocation ne sera plus reçûë. Voulons qu'en justifiant par la partie évoquée, que lesdits délais étoient expirez le jour de la signification de la cédule évocatoire, il soit sur sa simple Requête, rendu Arrest en nôtre Conseil, portant qu'il sera passé outre au jugement de la cause ou du procès, comme on auroit pû faire avant la signification de ladite cédule évocatoire.

XXXII. Si dans ledit delai de six semaines, l'Assigné en garantie ou pour voir déclarer l'Arrest commun, étoit mis hors de cause, ou si le demandeur étoit debouté de sa demande en jonction desdites demandes au procès principal, ou qu'après avoir été jointes, elles eussent été disjointes par Arrest contradictoire, avant la signification de la cédule évocatoire, l'évocation ne poura être demandée. Voulons que si, au préjudice de la presente disposition, il étoit signifié une

DECLARATIONS ET ARRESTS.

cédule évocatoire, il soit acordé au défendeur un Arrest de nôtre Conseil, suivant ce qui est porté par l'Article précédent.

XXXIII. Dans les cas où il y aura lieu à l'évocation d'un Parlement à un autre, le renvoi sera fait dans l'ordre suivant, sçavoir,

De nôtre Parlement de Paris à nôtre Grand-Conseil, ou au Parlement de Roüen.

De nôtre Parlement de Roüen, à celui de Bretagne.

De nôtre Parlement de Bretagne, à celui de Bordeaux.

De nôtre Parlement de Bordeaux, à celui de Toulouse.

De nôtre Parlement de Pau, à celui de Bordeaux.

De nôtre Parlement de Toulouse, à celui de Pau, ou à celui d'Aix.

De nôtre Parlement d'Aix, à celui de Grenoble.

De nôtre Parlement de Grenoble, à celui de Dijon.

De nôtre Parlement de Dijon, à celui de Besançon.

De nôtre Parlement de Besançon, à celui de Metz.

Et de nôtre Parlement de Metz, à celui de Paris.

Et à l'égard des Causes & Procès qui seront évoquez de nôtre Grand-Conseil, le renvoi en sera fait en nôtredit Parlement de Paris.

XXXIV. Les Procès qui seront évoquez de nos Parlemens, pourront être renvoïez en nôtre Grand-Conseil, quand les Parlemens plus proches seront valablement exceptez.

XXXV. Dans les cas où il y aura lieu à l'évocation d'une Cour des Aides, ou d'un Parlement, ou autre Cour exerçant la même Jurisdiction, en une autre Cour semblable, le renvoi en sera fait dans l'ordre suivant; sçavoir,

De nôtre Cour des Aides de Paris, à celle de Roüen ou de Clermont.

De celle de Roüen, au Parlement de Bretagne.

De celle de Clermont, à celle de Paris.

Du Parlement de Bretagne, à la Cour des Aides de Bordeaux.

De celle de Bordeaux, à celle de Montauban.

De celle de Montauban, à celle de Montpellier.

Du Parlement de Pau, à la Cour des Aides de Montpellier.

De celle de Montpellier, à celle d'Aix.

De celle d'Aix, au Parlement de Grenoble.

Du Parlement de Grenoble, au Parlement de Dijon.
Du Parlement de Dijon, à la Cour des Aides de Dole.
De celle de Dole, au Parlement de Metz.
Et du Parlement de Metz, à la Cour des Aides de Paris.

XXXVI. N'entendons préjudicier par les trois Articles précédens, aux excéptions particulieres qui pouroient être proposées par les parties, contre celles desdites Cours ausquelles le renvoi doit être fait suivant lesdits Articles : Et en cas que lesdites excéptions soient jugées valables, Nous nous réservons d'ordonner dans nôtre Conseil, le renvoi à un autre Cour non suspecte, ainsi qu'il apartiendra.

XXXVII. Les parties qui prétendront évoquer sur parentez & aliances, seront tenuës de faire signifier au domicile du Procureur de la partie évoquée, une cédule évocatoire, contenant la qualité & l'état du procès, les noms & surnoms des parens & aliez, & leur degré de parenté & aliance, avec sommation de les reconnoître, & de consentir à l'évocation & au renvoi à celles des Cours qui sont marquées par les Articles XXXII. XXXIII. XXXIV. & XXXV. cidessus ; & en cas d'excéption de ladite Cour, de la part de l'évoquant, il sera tenu d'en marquer les causes & moïens dans la cédule évocatoire, à peine de nullité.

XXXVIII. Défendons à tous Procureurs, de faire signifier aucunes cédules évocatoires pour raison de parentez & aliances, sans avoir une Procuration spéciale, passée à cet éfet pardevant Notaires, & de laquelle il restera minute, dont ils seront tenus de joindre la copie à la signification desdites cédules évocatoires ; ce qui sera observé, à peine de nullité, soixante livres d'Amende, dépens, dommages & intérêts, à quoi lesdits Procureurs seront condamnez en leur nom ; sans néanmoins que ladite Procuration spéciale soit nécessaire, lorsque leurs parties seront presentes, & signeront avec eux l'original & la copie de la cédule évocatoire.

XXXIX. Voulons que faute d'avoir satisfait aux formalitez prescrites par l'Article précédent, il soit passé outre par nos Cours, à l'instruction & au jugement des causes & procès qui y sont pendans, nonobstant les cédules évocatoires qui auroient été signifiées.

XL. On ne poura faire signifier aucunes cédules évocatoires, quinzaine avant la fin des séances de nos Cours, & de

DECLARATIONS ET ARRESTS.

celles des Semestres, pour les Compagnies qui servent par semestre; & si aucunes cédules évocatoires étoient signifiées dans le cours de ladite quinzaine, il sera pareillement passé outre, sans s'y arrêter, à l'instruction & au jugement des causes & procès.

XLI. Le défendeur en évocation sera tenu, quinzaine après la signification de la cédule évocatoire, de reconnoître ou dénier précisément les parentez & aliances qui auront été articulées; & en cas que la Cour en laquelle le renvoi doit être fait suivant les Articles XXXIII. XXXIV. & XXXV. ci-dessus, ou celle qui aura été indiquée par la cédule évocatoire, lui soient suspectes, il sera aussi tenu de déclarer ses causes & moïens d'exception: & sera la réponse dudit défendeur pareillement signifiée au domicile du Procureur du demandeur en évocation; le tout, sans préjudice audit défendeur, d'alleguer tels autres moïens de droit ou de fait, contre l'évocation qu'il avisera bon être.

XLII. Si le demandeur en évocation ne fait pas signifier sa réponse dans le terme porté par l'Article précédent, la signification de la cédule évocatoire lui sera réïterée dans la forme prescrite par les Articles XXXVII. & XXXVIII. de la presente Ordonnance; & faute d'y répondre quinzaine après la seconde signification, les faits seront tenus pour avérez ou reconnus; & en conséquence, les évocations seront acordées pour celles de nos Cours à laquelle le renvoi doit être fait, suivant les Articles XXXIII. XXXIV. & XXXV. ci-dessus, sans que ledit défendeur puisse être reçû après ledit delai, à contester lesdites évocations en aucun cas, & sous quelque prétexte que ce soit.

XLIII. Et où ledit défendeur auroit emploïé dans sa réponse à la cédule évocatoire, des moïens indépendans des parentez & aliances articulées, sans avoir précisément dénié lesdites parentez & aliances, par ladite réponse & dans lesdits delais, elles seront regardées comme reconnuës, & il ne sera plus reçû à les contester, sous quelque prétexte que ce puisse être; sans préjudice néanmoins de ses autres moïens contre ladite évocation, sur lesquels il sera statué en nôtre Conseil, ainsi qu'il apartiendra.

XLIV. L'évocation sera acordée, si toutes les parties consentent par écrit, tant à ladite évocation qu'au renvoi dans la même Cour.

XLV. Dans tous les cas où l'évocation doit avoir lieu, suivant les Articles ci-dessus, soit par la reconnoissance ou le silence du défendeur, soit par le consentement par écrit de toutes les parties, l'évoquant se pourvoira en nôtre grande Chancellerie, pour obtenir des Lettres d'évocation consentie, avec atribution de Jurisdiction à la Cour à laquelle le renvoi devra être fait, ou aura été consenti ; ce que ledit évoquant sera tenu de faire dans deux mois, pour les afaires pendantes aux Parlemens & autres Cours de Languedoc, Guyenne, Grenoble, Aix, Pau, Besançon & Rennes ; & dans un mois, pour les afaires pendantes aux Parlemens & autres Cours de Paris, Roüen, Dijon & Metz ; le tout, à compter du jour de la reconnoissance des parentez & aliances, ou de l'expiration du terme dans lequel elles doivent être reconnuës ou déniées, suivant ce qui est porté ci-dessus, ou du consentement donné par écrit à l'évocation & au renvoi ; & seront lesdites Lettres d'évocation consentie, expédiées, en raportant préalablement la cédule évocatoire, la réponse à ladite cédule ; si aucune y a été faite, ou le consentement par écrit des parties, ou les significations dont les dates justifieront que les delais ci-dessus prescrits seront expirez ; lesquelles pieces demeureront atachées sous le Contrescel desdites Lettres.

XLVI. Faute par l'évoquant d'avoir satisfait à l'Article précédent, dans l'un ou l'autre des delais qui y sont marquez, il sera loisible à l'évoqué d'obtenir aux frais de l'évoquant, des Lettres d'évocation consentie ; lesquelles ausdits cas, contiendront une clause en forme d'Exécutoire, pour la somme qui sera réglée par lesdites Lettres.

XLVII. Lorsque l'évoqué aura contesté en tout ou en partie, le nombre & les degrez de parentez & aliances articulées, l'évoquant sera tenu trois jours après la signification de la réponse du défendeur, contenant sa dénégation, de presenter Requête au premier Maître des Requêtes ordinaire de nôtre Hôtel, trouvé sur les lieux ; sinon, au premier, ou en son absence, au plus ancien Oficier du Bailliage ou de la Senéchaussée du lieu où la Cour, dont on voudra évoquer, sera établie, aux fins de faire Enquête desdites parentez & aliances ; à laquelle Requête seront atachées la cédule évocatoire, la signification qui en aura été faite, & la réponse du défendeur.

XLVIII. Ne sera fait preuve que des parentez & aliances

DECLARATIONS ET ARRESTS. 617

ces qui auront été déniées, & les autres demeureront pour reconnuës, fans qu'il foit befoin d'aucune autre preuve.

XLIX. L'évoqué poura faire faire de fa part une Contre-enquête ; & feront obfervées dans la conféction des Enquêtes & Contre enquêtes, les formalitez prefcrites par l'Ordonnance de 1667. au Titre des Enquêtes.

L. Pouront auffi les parties fe faire interroger refpectivement fur faits & articles communiquez ; & ce, pardevant le Commiffaire ci-deffus nommé ; le tout, fans retardation de la procédure, & à la charge de fe conformer pour ce qui concerne lefdits Interrogatoires, à ce qui est prefcrit par le Titre X. de l'Ordonnance de 1667. à l'exception néanmoins de ce qui regarde l'Affignation pour répondre fur faits & articles, laquelle fera donnée dans le cas du prefent Article, au domicile du Procureur ; fauf en cas d'abfence de la partie, à lui être acordé, s'il y échet, par le Commiffaire ci-deffus nommé, un delai compétent, pour répondre pardevant lui, ou autre par lui commis, fur lefdits faits & articles.

LI. Les Enquêtes, Contre-enquêtes & Interrogatoires feront faits dans quinzaine, à compter du jour que la réponfe du défendeur, contenant fa denégation des parentez & aliances, aura été fignifiée ; fans qu'après ce delai expiré, il puiffe être acordé aux parties qu'un feul renouvellement de delai, qui ne poura être que de quinzaine ; ni que pour procéder aux Enquêtes, Contre-enquêtes, Interrogatoires fur faits & articles, il foit befoin d'obtenir Lettres, Arrêts ou autre permiffion, que celle qui fera acordée par le Commiffaire.

LII. Défendons aux parties de faire à l'ocafion des cédules évocatoires, aucunes procédures, autres que celles qui font ci-deffus marquées ; & aux Juges mentionnez dans l'Article XLVII. de dreffer à cette ocafion, aucun Procès verbal des dires & conteftations des parties ; à peine de nullité, & de tous dépens, dommages & intérêts ; dérogeant à cet éfet, à tous ufages contraires.

LIII. Soit que le défendeur à l'évocation, ait dénié les parentez & aliances, ainfi qu'il a été dit ci-deffus, foit qu'en les conteftant, ou même fans les contefter, il ait foûtenu dans fa réponfe à la cédule évocatoire, que l'afaire n'eft pas fujette à l'évocation ; la partie la plus diligente poura faire donner affignation à l'autre partie en nôtre Confeil, dans les

II. Suite du N. R.   Gggg

delais portez par l'Article XLV. sans atendre qu'il ait été procédé à l'Enquête ou à la Contre-enquête, dans les cas où il écherra d'en faire ; & sera ladite assignation donnée au domicile du Procureur de la partie assignée, par Exploit libellé, qui sera mis au bas de la copie de la cédule évocatoire, sans qu'il soit besoin d'Arrest, Lettres ni autres Commissions ou Permissions à cet éfet ; & ce, nonobstant la disposition de l'Article VIII. du Titre des Ajournemens, de l'Ordonnance de 1667.

LIV. Si le défendeur n'a point soûtenu que l'afaire n'est pas sujette à l'évocation, ni que les parentez & aliances aïent été mal articulées, & qu'il se soit réduit à proposer des exceptions contre la Cour où le renvoi est requis par la Cédule évocatoire, ou contre celle où le renvoi doit être fait, suivant les Articles XXXIII. XXXIV. & XXXV. ci-dessus ; il sera pareillement donné assignation en nôtre Conseil, ainsi qu'il est porté par l'Article précédent, pour y être statué sur lesdites exceptions seulement, & sans qu'en ce cas ledit défendeur puisse être reçû à proposer d'autres moïens sur le fond de l'évocation.

LV. Dans les cas où il y aura lieu de faire des Enquêtes ou Contre-enquêtes, & après l'expiration des termes prescrits pour y procéder, voulons que sans atendre que les Assignations mentionnées dans l'Article précédent, soient données ou échûës, les évoquans soient tenus de faire aporter au Gréfe du Conseil, les Enquêtes & autres procédures faites à leur requête, suivant ce qui a été dit ci-dessus ; & ce, dans un mois au-plûtard, à compter du jour que le delai donné pour faire lesdites Enquêtes & procédures, aura été expiré.

LVI. Faute par les évoquans d'avoir fait aporter dans lesdits delais, leurs Enquêtes au Gréfe du Conseil, les évoquez pouront huit jours après, obtenir la levée des défenses, & faire debouter les évoquans de leur évocation, par Arrest sur Requête, en raportant un certificat du Gréfier, portant qu'il n'a été remis au Gréfe du Conseil, aucune Enquête ou autre procédure ; & en conséquence dudit Arrest, toutes les assignations, si aucunes ont été données par l'évoquant, demeureront nulles & de nul éfet.

LVII. Les évoquans ne seront reçûs à se pourvoir par voïe d'oposition ni de restitution, contre les Arrêts ainsi rendus.

DECLARATIONS ET ARRESTS.

LVIII. Après l'expiration des delais des assignations, s'il y a lieu d'instruire le procès en nôtre Conseil, l'instruction sera faite sommairement, dans les formes prescrites par les Réglemens de nôtre Conseil ; & les parties qui auront laissé juger lesdits procès par defaut ou congé, ne seront reçûës à se pourvoir par oposition ou restitution, contre lesdits Arrêts ; sauf à les ataquer par la voïe de la cassation, s'il y échet, dans les formes prescrites par ledit Réglement ; & sans qu'elles puissent alléguer pour moïen de cassation, que lesdits Arrêts ont été rendus par defaut ou par congé.

LIX. Les régles & formalitez ci-dessus établies pour les évocations des afaires civiles, auront lieu pareillement pour celles qui seront demandées en matiere criminelle, lorsqu'il y aura une partie civile, à l'exception néanmoins de ce qui sera dit dans les Articles suivans.

LX. Les acusez, contre lesquels il y aura un decret de prise-de-corps subsistant & non purgé, ne pourront signifier aucune cédule évocatoire, ni s'en servir sur quelque prétexte que ce soit, s'ils ne sont actuellement en état dans les prisons des Juges dont le decret est émané, ou dans celles de la Cour dont ils veulent évoquer ; & il en sera fait mention dans les cédules évocatoires, avec lesquelles il sera donné copie de l'écroüé, qui sera atesté par le Juge ordinaire des lieux, quand l'acusé se sera remis dans d'autres prisons que celles de la Cour d'où il prétend évoquer : Seront pareillement tenus lesdits acusez de faire aparoir dudit écroüé, au Juge qui fera l'Enquête, en cas qu'il y soit procédé. Voulons que jusqu'à ce qu'ils aïent satisfait au contenu dans le present Article, il ne puisse être procédé à aucunes poursuite ni procédure sur l'évocation, & qu'il soit passé outre à l'instruction & au jugement des procès criminels ; sans que les acusez puissent se pourvoir en nôtre Conseil, par voïe de cassation ou autrement, contre les Arrêts même définitifs ; qui seroient intervenus sur lesdits procès, lesquels audit cas, ne pourront être réputez atentatoires.

LXI. Les procès criminels ne pourront être évoquez du chef des parens & aliez de nos Procureurs Genéraux, lorsqu'ils ne seront parties que comme exerçans le ministére public.

LXII. Aucun acusé ne poura évoquer du chef des parens

ou aliez de ceux qui ne seront point parties au procès, encore qu'ils fussent interressez à la punition du crime ou du délit.

LXIII. Ne pouront pareillement les acusez évoquer du chef des parens ou aliez de leurs complices, ni du chef des parens & aliez des cessionnaires des intérêts civils.

LXIV. Déclarons nulles & de nul éfet toutes les cédules évocatoires, qui seroient signifiées dans quelqu'un des cas portez par les trois Articles précédens ; voulant que sans y avoir égard, il soit passé outre par nos Cours, à l'instruction & au jugement des procès criminels, comme avant la signification desdites cédules évocatoires.

LXV. Dans les procès criminels qui pouront être sujets à évocation, à cause des parentez & aliances de la partie civile, les évoquans seront tenus de faire signifier à nos Procureurs genéraux, dans les Cours dont l'évocation sera demandée, leurs cédules évocatoires; comme aussi, de leur faire faire une sommation d'assister à l'Enquête, en cas qu'il y soit procédé, & de leur faire signifier ladite Enquête dès qu'elle sera faite; le tout, à peine de nullité desdites cédules évocatoires : Enjoignons à nos Procureurs genéraux d'envoïer à nôtre Chancelier, dans quinzaine du jour de la signification desdites Enquêtes, ou desdites cédules évocatoires, dans les cas où il n'auroit été procédé à l'Enquête, leur consentement ausdites évocations, ou leurs moïens pour les empêcher; le tout, par forme d'avis, & sans qu'ils puissent être assignez, & rendus parties dans lesdites instances d'évocation ; & faute par eux d'envoïer ledit avis dans ledit delai, il y sera pourvû par nôtre Conseil, ainsi qu'il apartiendra.

LXVI. Les Lettres d'évocation consenties ne pouront pareillement être expédiées, nonobstant l'aquiescement par écrit des acusez & des parties civiles, que sur le Vû du consentement, aussi donné par écrit de nos Procureurs genéraux, ou de leur avis, suivant ce qui est porté par l'Article précédent.

LXVII. L'instruction des procès criminels, dans les cas même où ils peuvent être sujets à l'évocation, sera continuée jusqu'au jugement définitif exclusivement, nonobstant toutes cédules évocatoires signifiées ; ce qui aura lieu pareillement, pendant le cours de l'instance d'évocation ; sans que ladite instruction puisse être suspenduë ni retardée, ni que

DECLARATIONS ET ARRESTS.   621

les procès criminels puissent être civilisez, avant qu'il ait été statué sur l'évocation.

LXVIII. Aucun Oficier de nos Cours étant du nombre de ceux qui sont mentionnez en l'Article XI. de la presente Ordonnance, ne poura être réputé avoir fait son fait propre d'une cause ou d'un procès qui y sera pendant, s'il n'a solicité les Juges de la Compagnie en personne, consulté & fourni aux frais de ladite cause ou dudit procès. Voulons que la partie qui demeurera à en faire la preuve, pour évoquer sur ce fondement du chef dudit Oficier, ne puisse y être admise, si elle n'articule en même tems lesdites trois circonstances dans sa Requête ; & que ledit Oficier ne puisse être jugé avoir fait son fait propre de ladite afaire, si la preuve desdites trois circonstances, n'est raportée lors du jugement de l'Instance d'évocation.

LXIX. La demande à fin d'être reçû à faire la preuve du fait propre, ne poura être admise que par Arrest rendu sur Requête délibérée en nôtre Conseil, sans que nos Cours où le procès sera pendant, puissent sous quelque prétexte que ce soit, acorder aucun delai pour obtenir cet Arrest ; ni que sur la simple allégation du fait propre, il puisse être signifié aucune cédule évocatoire du chef dudit Oficier, avant que ledit Arrest ait été obtenu, s'il y échet.

LXX. Seront énoncées dans ledit Arrest, lorsqu'il y aura lieu de l'acorder, tous les faits articulez, pour établir le fait propre, notamment les trois circonstances marquées par l'Article LXVIII. & jusqu'à ce que ledit Arrest ait été rendu, & signifié avec ladite cédule évocatoire, nos Cours pouront passer outre à l'instruction & au jugement du procès.

LXXI. Lorsqu'il y aura lieu de recevoir l'allégation du fait propre, la preuve par témoins en sera ordonnée ; & par le même Arrest qui interviendra à cet éfet, il sera permis aux parties, qui ont intérêt d'empêcher l'évocation du chef de l'Oficier, contre lequel le fait propre est allégué, de faire la preuve du contraire, si bon leur semble, laquelle preuve poura aussi être admise en faveur dudit Oficier, pourvû qu'il presente sa Requête à nôtre Conseil, dans le mois du jour de la signification faite à la partie, de l'Arrest qui aura ordonné la preuve dudit fait propre.

LXXII. Après la signification dudit Arrest, ensemble de

la cédule évocatoire du chef dudit Oficier, qui sera signifiée en même tems, à peine de nullité, toutes poursuites & procédures cesseront dans la Cour où le Procès sera pendant, si ce n'est dans les cas ci-dessus marquez, où nos Cours peuvent passer outre à l'instruction & au jugement du procès, nonobstant toutes cédules évocatoires.

LXXIII. Voulons que celui qui aura été admis à la preuve du fait propre, soit tenu de la raporter, quand même sa partie adverse garderoit le silence, & ne dénieroit point les faits articulez par le demandeur, lequel ne poura être dispensé d'en faire la preuve, qu'en cas que le défendeur reconnoisse expressément par écrit, la vérité desdits faits.

LXXIV. Lorsque le fait propre aura été prouvé, les mêmes régles & formalitez qui ont été établies sur les évocations du chef d'une partie qui seroit Oficier de la Cour dont l'évocation est demandée, & de ses parens & aliez, seront observées par raport à l'évocation du chef de celui dont le fait propre aura été prouvé, & de ses parens & aliez.

LXXV. Dans tous les cas, autres que ceux où il est permis de passer outre à l'instruction & au jugement, nonobstant toutes significations de cédules évocatoires, suivant ce qui est porté par les Articles XXVI. XXXIX. XL. LX. LXIV. & LXX. ci-dessus, & par les Articles LXXVII. LXXVIII. & LXXX. ci-après, si les procédures étoient continuées en matiere civile, ou le procès jugé définitivement en matiere criminelle, au préjudice de la cédule évocatoire dûement signifiée, il y sera pouvû en nôtredit Conseil, dans les formes ordinaires.

LXXVI. Lorsque l'évocation aura été demandée, & acceptée par écrit de la part de toutes les parties, aussi-bien que le renvoi en une autre Cour, il ne leur sera plus permis de varier, & elles seront tenuës de procéder en celle de nos Cours dont elles seront convenuës.

LXXVII. Ceux qui auront été deboutez de leur demande en évocation, par Arrest de nôtre Conseil, ou qui aïant seulement fait signifier une cédule évocatoire, se trouveront dans un des cas ci-dessus marquez, où il y a lieu de passer outre, nonobstant toutes cédules évocatoires, ne pouront en faire signifier aucune autre dans la même afaire, & entre les mêmes parties: Faisons défenses à nos Cours d'avoir égard auſdites nouvelles cédules évocatoires, que Nous déclarons nulles & de nul éfet, voulant qu'il y ſoit paſſé outre à l'inſ- truction & au jugement, ainſi que noſdites Cours l'auroient pû faire avant la ſignification deſdites nouvelles cédules évo- catoires; pour raiſon de quoi, elles pouront condamner les évoquans, en l'Amende telle qu'elle ſera réglée ci-après, & en tous les dépens, dommages & intérêts.

1737. Aouſt.

LXXVIII. N'entendons néanmoins empêcher, que ſi dans les afaires ſuſceptibles d'évocation, il étoit ſurvenu de nouvelles parentez & aliances à l'égard des mêmes parties, ou de celles qui auroient été depuis reçûës parties intervenan- tes, il ne puiſſe être ſignifié une nouvelle cédule évocatoi- re, même de la part de la partie qui aura ſucombé dans la premiere évocation; & ſeront nos Cours tenuës d'y déférer, pourvû que la nouvelle cédule évocatoire faſſe mention ex- preſſe des nouvelles parentez & aliances, faute de quoi, noſ- dites Cours pouront paſſer outre à l'inſtruction & au juge- ment, ainſi qu'il a été dit ci-deſſus.

LXXIX. L'évoquant qui ſucombera en matiere civile ou criminelle, de quelque maniere ou en quelques termes que la prononciation ſoit conçûë, & pareillement celui qui ſe déſiſ- tera de ſon évocation, ſans qu'il ſoit ſurvenu de nouveau aucune des cauſes portées en l'Article XVIII. de la preſen- te Ordonnance, ſeront condamnez en tous les dépens, en trois cens livres d'Amende envers Nous, & en cent cinquan- te livres envers la partie, leſquelles Amendes ne pouront être remiſes ni modérées.

LXXX. Lorſque le déſiſtement porté par l'Article précé- dent aura été ſignifié, avant qu'il y ait eu aucune aſſignation donnée en nôtre Conſeil, en conſéquence de la cédule évo- catoire, les dépens qui auront été faits à cette ocaſion, ſeront taxez par la Cour où le procès ſera pendant; & l'Amende portée par ledit Article, ſera cenſée encouruë en vertu de la preſente Ordonnance, ſans qu'il ſoit rendu aucun Jugement, & en conſéquence, elle ſera employée dans ladite taxe, & il ſera audit cas, paſſé outre à l'inſtruction & au jugement du- dit procès en ladite Cour, ſans qu'il ſoit beſoin d'obtenir au- cunes Lettres ni Arreſt.

LXXXI. En cas que ledit déſiſtement n'ait été ſignifié que depuis les aſſignations données en nôtre Conſeil, ſur l'évocation, lesdits dépens seront liquidez par l'Arrest de nôtredit Conseil, qui, en conséquece du désistement, renvoïera les parties en la Cour où le procès sera pendant, pour y procéder comme avant la cédule évocatoire ; lequel Arrest condamnera en outre l'évoquant, en l'Amende portée par l'Article LXXIX.

LXXXII. Ceux qui voudront articuler le fait propre d'un des Oficiers de nos Cours, ainsi qu'il a été dit ci-dessus, seront tenus de consigner préalablement la somme de cent cinquante livres, & d'en joindre la Quitance à leur Requête : Défendons à tous Avocats au Conseil, à peine d'être condamnez en cent livres d'Amende, de signer de pareilles Requêtes, à moins que ladite Quitance n'y soit atachée ; & en cas que la preuve du fait propre ne soit pas admise, ou qu'elle ne soit pas raportée, ou qu'elle soit jugée insufisante, le demandeur sera condamné en quatre cens cinquante livres d'Amende, y compris les cent cinquante livres consignées ; le tout aplicable suivant l'Article LXXIX. & à tous les dépens, même en telles réparations, dommages & intérêts qu'il sera jugé nécessaire, soit envers la partie, ou à l'égard de l'Oficier, dont le fait propre aura été allégué sans fondement.

LXXXIII. Voulons que les condamnations d'Amende qui seront prononcées en nôtre Conseil, puissent être augmentées, notamment dans les cas de l'Article précédent, lorsque les évoquans paroîtront mériter une condamnation plus rigoureuse pour indûë vexation.

LXXXIV. Le Receveur des Amendes ou du Domaine se chargera, comme dépositaire, & sans aucuns droits ni frais, de celles qui auront été consignées, sans qu'il puisse les emploïer en recette, jusqu'au jugement définitif, après lequel elles seront renduës ou delivrées à qui il apartiendra.

LXXXV. Lorsque dans les Compagnies semestres, ou dans nos Parlemens ou Cours des Aides, qui sont composées de plusieurs Chambres, un de ceux qui ont une cause ou un procès pendant en l'un des Semestres ou en l'une des Chambres, y sera Président ou Conseiller, ou que sans être Oficier dans ledit Semestre ou dans ladite Chambre, il y aura son pere, beau-pere, fils, gendre, beau-fils, frere, beau-frere, oncle, neveu ou cousin germain, soit Présidens ou Conseillers,

DECLARATIONS ET ARRESTS.

seillers, lesdites causes ou procès seront renvoïez en un autre Semestre, ou en une autre Chambre de la même Cour, sur la simple Requête qui sera presentée à ladite Cour, par le demandeur en renvoi, après que la communication en aura été donnée à l'autre partie, pour y répondre dans trois jours; & sur la réponse qui y sera faite, ou faute de la faire, il sera statué sur le renvoi, dans les trois jours suivans; ce qui aura lieu pareillement, lorsque dans le même Semestre ou dans la même Chambre, une des parties aura deux parens au troisiéme degré, ou trois, jusqu'au quatriéme inclusivement.

LXXXVI. Les dispositions de la presente Ordonnance, au sujet des parens qui peuvent donner lieu à l'évocation de nos Cours, & des cas où il n'y aura lieu à l'évocation, seront pareillement observées pour les renvois d'un Semestre à un autre Semestre, ou d'une Chambre à une autre Chambre de la même Cour.

LXXXVII. On ne poura évoquer des Présidiaux, que dans les cas seulement où les Ordonnances les autorisent à juger en dernier ressort; ausquels cas, l'évocation poura être demandée, si l'une des parties est Oficier dans le Présidial, ou si elle y a son pere, son fils ou son frere, sans qu'aucun des aliez ni aucun autre parent puisse donner lieu à ladite évocation.

LXXXVIII. Ladite évocation sera demandée par une simple Requête, qui sera signifiée à l'autre partie, pour y être ensuite statué sans autre formalité, sauf l'apel au Parlement du ressort; & si ladite évocation se trouve bien fondée, la contestation sera renvoïée au plus prochain Présidial non suspect.

LXXXIX. Seront au surplus suivies & exécutées pour lesdites évocations des Présidiaux, toutes les régles prescrites par la presente Ordonnance, soit sur ceux qui ne peuvent donner lieu à l'évocation, soit sur la nature des afaires qui se peuvent évoquer, soit sur les diférens cas où les évocations ne peuvent être admises.

XC. A l'égard des afaires qui ne sont pas de nature à être jugées en dernier ressort par les Présidiaux où elles auroient été portées, ou qui seroient pendantes dans un simple Bailliage, ou Senéchaussée, ou Prévôté, & autre Siége inférieur, n'entendons empêcher que le renvoi n'en puisse être fait par nos Cours, dans d'autres Jurisdictions, lorsque par le nombre des parens & aliez de l'une des parties, ou par d'autres circonstances, il y aura des suspicions qui seront jugées sufisantes ; ce que Nous laissons à la prudence de nosdites Cours.

XCI. Lorsqu'à cause des partages des opinions, ou à cause des récusations, il ne restera pas dans les Compagnies semestres un nombre sufisant de Juges, pour vuider le partage, ou pour juger le Procès, ledit partage ou le jugement seront dévolus de plein droit au Semestre qui n'en aura pas connu ; lequel poura s'assembler, même hors du tems ordinaire de son service, sans qu'il soit besoin d'obtenir nos Lettres à cet éfet.

XCII. Les causes & procès évoquez, seront jugez par les Cours ausquelles le renvoi en aura été fait, suivant les Loix, Coûtumes & Usages des lieux d'où ils auront été évoquez, à peine de nullité des Jugemens & Arrêts qui seroient rendus au contraire ; pour raison de quoi, les parties pourront se pourvoir pardevers Nous en nôtre Conseil.

TITRE II.

Des Réglemens de Juges en Matiere Civile.

ARTICLE PREMIER.

Lorsque deux de nos Cours, ou deux Jurisdictions inférieures indépendantes l'une de l'autre, & non ressortissantes en même Cour, seront saisies d'un même diférent, les parties pourront se pourvoir en Réglement de Juges ; & sur le vû des Exploits qui leur auront été donnez dans lesdites Cours ou Jurisdictions, il leur sera expédié des Lettres en nôtre grande Chancellerie, portant permission de faire assigner les autres parties en nôtre Conseil ; ou acordé un Arrest sur leur Requête, par lequel il sera ordonné que ladite Requête sera communiquée ausdites parties, pour être statué sur le Réglement de Juges, ainsi qu'il apartiendra.

II. Lesdites Lettres ou ledit Arrest pourront être acordez, encore que celui qui les demande, ne raporte point d'Arrest qui le décharge de l'Assignation à lui donnée dans la Cour ou Jurisdiction qu'il décline.

III. Si néanmoins les delais de l'Assignation donnée par ledit demandeur en la Cour ou Jurisdiction qu'il prétend être compétente, n'étoient pas encore expirez, lorsqu'il a obtenu & fait signifier lesdites Lettres ou ledit Arrest, & que la partie assignée déclare avant ladite signification, ou lors d'icelle, qu'elle consent de procéder en ladite Cour ou Jurisdiction; ledit demandeur ne poura répéter contr'elle les frais de l'obtention & signification desdites Lettres, ou dudit Arrest.

IV. Lorsque la même partie aura été assignée à la requête de deux autres parties, dans deux diférentes Cours, ou dans deux Jurisdictions de diférens ressorts, pour la même contestation elle ne poura se pourvoir en Réglement de Juges, qu'après avoir dénoncé ausdites parties, les poursuites faites contr'elle en diférens Tribunaux, avec sommation de les réünir dans un seul; au moïen de laquelle dénonciation, & un mois après qu'elle aura été faite, elle poura obtenir des Lettres ou un Arrest, pour former le Réglement de Juges.

V. Les Lettres seront raportées au Sceau, par les Maîtres des Requêtes ordinaires de nôtre Hôtel, ou par les grands Raporteurs; & il y sera fait mention du nom de celui qui les aura raportées, lequel les signera en queuë, après qu'elles auront été acordées.

VI. Faisons défenses à nos Secrétaires, de signer aucunes Lettres de Réglement de Juges, & de les presenter au Sceau, si elles ne contiennent élection de domicile en la personne de l'un des Avocats en nos Conseils, qui sera chargé d'ocuper pour l'impétrant, à peine de nullité des Lettres, & d'être nosdits Secrétaires responsables en leur nom, de tous les dépens, dommages & intérêts des parties ; laquelle élection de domicile sera pareillement faite dans les Requêtes presentées pour former le Réglement de Juges par Arrest, & seront lesdites Requêtes signées de l'Avocat qui se constituëra ; le tout, à peine de nullité.

VII. Les Lettres ou Arrest qui introduiront le Réglement de Juges, feront mention des Assignations, ou des Jugemens sur lesquels le conflit aura été formé ; & seront lesdites pieces atachées sous le Contrescel desdites Lettres ou de la Commission prise sur ledit Arrest, pour en être laissé copie à la partie ; le tout, à peine de nullité.

VIII. Les Lettres ou l'Arrest porteront clause de surséance à toutes poursuites & procédures, dans les Jurisdictions saisies du diférent des parties.

IX. Lesdites Lettres ou ledit Arrest seront signifiez dans les delais ci-après marquez ; sçavoir, de deux mois à l'égard

Hhhh ij

des parties domiciliées dans le reſſort de nos Parlemens ou autres Cours de Languedoc, Pau, Guyenne, Aix, Grenoble, Beſançon, Metz & Bretagne, ou Conſeils ſupérieurs de Rouſſillon & d'Alſace ; & d'un mois pour les parties domiciliées dans les reſſorts des Parlemens & autres Cours de Paris, Roüen, Dijon, Doüay, & Conſeil Provincial d'Artois, en ce qui concerne la Juriſdiction Criminelle, dans les cas où il a droit de connoître en dernier reſſort ; à la réſerve toutefois des parties domiciliées dans l'étenduë de la Ville de Paris, ou dans les dix lieuës à la ronde, à l'égard deſquelles le delai de l'Aſſignation ne ſera que de quinzaine.

X. Tous les delais marquez par l'Article précédent, courront du jour & date des Lettres ou de l'Arreſt.

XI. En procédant à la Signification des Lettres en Réglement de Juges, celui qui les aura obtenuës, ſera tenu de faire donner Aſſignation en nôtre Conſeil par le même Exploit, & il en ſera inſeré une clauſe expreſſe dans leſdites Lettres ; le tout, à peine de nullité.

XII. Lorſque le Réglement de Juges aura été formé par Arreſt, la ſignification qui ſera faite dudit Arreſt, dans les delais ci-deſſus marquez, tiendra lieu d'Aſſignation en nôtre Conſeil ; & en conſéquence, les parties ſeront tenuës d'y procéder en la maniere acoûtumée.

XIII. Faute par le demandeur d'avoir ſatisfait à ce qui eſt porté par les quatre Articles précédens, il demeurera déchû de plein droit deſdites Lettres, ou dudit Arreſt, qui ſeront regardez comme non avenus ; & les parties contre leſquelles ils auront été obtenus, pourront continuer leurs pourſuites dans le Tribunal qu'elles avoient ſaiſi de leur conteſtation, ainſi qu'elles l'auroient pû faire avant leſdites Lettres ou ledit Arreſt ; ſans qu'il ſoit beſoin de le faire ordonner ainſi, par Arreſt de nôtre Conſeil.

XIV. Lorſque le demandeur ſe ſera conformé à la diſpoſition deſdits Articles IX. X. XI. & XII. toutes pourſuites demeureront ſurſiſes dans toutes les Juriſdictions qui ſeront ſaiſies des diférens des parties, à compter du jour de la ſignification des Lettres ou de l'Arreſt dans la forme ci-deſſus marquée ; & ladite ſurſéance aura lieu, à peine de nullité, caſſation des procédures, ſoixante-quinze livres d'amende envers la partie, & de tous dépens, dommages & intérêts.

DECLARATIONS ET ARRESTS

XV. En cas que le demandeur en Réglement de Juges, se trouve avoir fait quelques pourfuites ou procédures depuis la date des Lettres ou de l'Arreſt par lui obtenus pour l'introduire, & avant la ſignification deſdites Lettres ou dudit Arreſt, le défendeur poura en tout état de cauſe, ſe pourvoir en nôtre Conſeil, pour en demander la nullité, & il y ſera ſtatué ſur la Requête, ainſi qu'il apartiendra.

XVI. N'entendons comprendre ſous le nom de pourſuites & procédures, mentionnées dans les deux Articles précédens, les Actes ou procédures purement conſervatoires, tels que les repriſes d'Inſtances, les Saiſies en vertu de Titres exécutoires, opoſitions aux décrets, Scellez ou autres Actes de pareille nature & qualité, qui pourront être faits nonobſtant la ſignification des Lettres ou de l'Arreſt qui auront introduit le Réglement de Juges, même pendant l'inſtruction de l'Inſtance en nôtre Conſeil; ſans que la caſſation en puiſſe être demandée comme de procédures atentatoires.

XVII. Les défendeurs en Réglement de Juges pourront ſe preſenter, ſans atendre l'échéance des delais, & procéder avec l'Avocat au Conſeil, nommé dans les Lettres ou dans l'Arreſt, qui ſera tenu d'ocuper; & le preſent Article ſera obſervé, tant en matiere civile qu'en matiere criminelle.

XVIII. Les Réglemens de Juges ſeront inſtruits & jugez ſommairement, en la forme preſcrite par les Réglemens ſur les procédures qui ſe font en nôtre Conſeil.

XIX. La partie qui aura été deboutée du déclinatoire par elle propoſé dans la Cour ou dans la Juriſdiction qu'elle prétendra être incompétente, & de ſa demande en renvoi dans une autre Cour ou dans une Juriſdiction d'un autre reſſort, poura ſe pourvoir en nôtre grande Chancellerie ou en nôtre Conſeil, en raportant le Jugement rendu contr'elle, & les pieces juſtificatives de ſon déclinatoire; moïennant quoi il lui ſera acordé des Lettres ou un Arreſt, ainſi qu'il a été dit ci-deſſus.

XX. La diſpoſition de l'Article précédent aura lieu, encore que ſur l'apel interjetté par le demandeur en déclinatoire de la Sentence qui l'en a debouté, ladite Sentence eût été confirmée par Arreſt.

XXI. Lorſque ſur le déclinatoire propoſé par l'une des parties, les premiers Juges ſe ſeront dépoüillez de la connoissance de la contestation, le défendeur au déclinatoire ne poura être reçu à se pourvoir en nôtre Conseil, pour être réglé de Juges ; sauf à lui à interjetter apel de la Sentence qui aura eu égard au déclinatoire, ou à se pourvoir en nôtre Conseil, contre l'Arrest qui l'aura confirmée. Voulons que l'apel de toutes Sentences renduës sur déclinatoire, soit porté immédiatement dans nos Cours, chacune dans son ressort.

XXII. Les dispositions des Articles V. VI. VII. VIII. IX. X. XI. XII. XIII. XIV. XV. XVI. XVII. & XVIII. du present Titre, seront pareillement observées à l'égard des Lettres ou Arrêts obtenus dans le cas de l'Article XIX. ensemble des poursuites, procédures & instructions qui se feront en conséquence.

XXIII. Pour régler les conflits de Jurisdiction qui se formeront entre nos Cours de Parlement & nos Cours des Aides, qui seront établies dans la même Ville, nos Avocats & nos Procureurs Generaux dans chacune desdites Cours, s'assembleront au Parquet de nosdites Cours de Parlement, tous les mois, à jours certains, ou plus souvent, s'ils en sont requis, pour conférer & convenir sur la compétence de l'une ou de l'autre Cour ; & en conséquence des résolutions qui seront prises entr'eux, sera donné Arrest dans la Cour qui sera jugée incompétente, sur l'avis de nos Avocats & Procureurs Generaux en ladite Cour, portant renvoi de la contestation en la Cour qui sera jugée compétente ; & en cas de diversité, ils delivreront leur avis avec les motifs, aux parties, pour leur être fait droit sur le tout, en nôtre Conseil, en la forme ordinaire ; ce qui sera pareillement observé en matiere criminelle.

XXIV. Les conflits de Jurisdiction qui se formeront entre des Cours qui ne sont pas établies dans la même Ville, ne pouvans se terminer par voïe de conférence entre nos Avocats & Procureurs Generaux des deux Compagnies, il y sera pourvû en nôtre Conseil ; à l'éfet de quoi, les parties qui y seront interressées, pouront obtenir des Lettres ou un Arrest, pour y porter, & y faire instruire & juger leurs demandes en Réglement de Juges, ainsi & de la même maniere qu'il a été réglé par les dix-neuf premiers Articles du present Titre.

XXV. Entendons néanmoins que dans tous les conflits de Jurisdiction, où il n'y aura point d'autres parties que nos

DECLARATIONS ET ARRESTS. 631

Procureurs Généraux, ils puissent envoïer, chacun de leur côté, un Mémoire à nôtre Chancelier, avec les pieces qu'ils jugeront à propos d'y joindre, pour soûtenir la compétence de leurs Compagnies, sans être tenus d'obtenir des Lettres ou un Arrest, pour introduire l'Instance de Réglement de Juges en nôtre Conseil, ni de la poursuivre dans les formes ordinaires. Voulons qu'après que les Mémoires par eux envoïez, & les pieces qui y seront jointes, auront été communiquez à chacun de nosdits Procureurs Généraux, & sur la réponse qu'ils y auront faite de part & d'autre, il soit rendu sans autre instruction, un Arrest en nôtre Conseil, par lequel l'afaire qui aura fait naître le conflit de Jurisdiction, sera renvoïée dans le Tribunal qui sera jugé compétent pour en connoître.

XXVI. Les conflits de Jurisdiction qui naîtront entre nos Cours de Parlement & les Siéges Présidiaux de leur ressort, pour raison des cas que lesdits Siéges jugent sans apel, suivant l'Edit de leur création, seront jugez & réglez en nôtre Grand-Conseil, sans que, pour raison de ce, il puisse être formé aucun Réglement de Juges entre nos Parlemens & nôtre Grand-Conseil, ni que nosdits Parlemens puissent, au préjudice des Commissions qui auront été décernées par nôtre Grand-Conseil, prendre connoissance du diférent des parties, ni contrevenir aux Arrêts rendus pour raison de ce, par le même Tribunal, à peine de nullité & cassation des procédures. Faisons défenses aux parties de faire audit cas aucunes poursuites en nos Parlemens, ni de se servir des Arrêts qui y sont intervenus à cet égard, à peine de trois cens livres d'Amende aplicable moitié à Nous, & l'autre moitié à la partie.

XXVII. Les conflits de Jurisdiction qui se formeront en matiere civile ou criminelle, entre les premiers Juges ressortissans en la même Cour, y seront réglez & jugez par voïe d'apel, & sur les conclusions de nôtre Procureur Général en ladite Cour, ou sur la requisition qu'il poura faire, lors même qu'il n'y aura point d'apel interjetté par les parties; le tout, en observant les régles & formalitez en tel cas requises & acoûtumées.

XXVIII. Faisons au surplus, très-expresses inhibitions & défenses à toutes nos Cours, de prononcer, ni faire exécuter aucunes condamnations d'amende, pour distraction ou transport de Jurisdiction, ni de soufrir qu'il en soit prononcé aucune par les Juges qui leur sont subordonnez; le tout,

1717.
Aoust.

à peine de nullité desdites condamnations, contraintes & procédures faites en conséquence.

XXIX. Desirant néanmoins empêcher l'abus que plusieurs parties font des Instances de Réglement de Juges qu'elles introduisent en nôtre Conseil, ou auxquelles elles donnent lieu, dans la seule vûë d'éloigner le Jugement du fond de leur contestation, voulons que ceux qui sucomberont dans lesdites Instances, puissent être condamnez en nôtre Conseil, s'il y échet, en la même amende, & aplicable de la même maniere, que les Evoquans qui sucombent dans leurs demandes, suivant ce qui est porté par l'Article LXXIX. de nôtre presente Ordonnance, au Titre des Evocations, & en outre aux dépens, dommages & intérêts de leurs parties, laquelle amende poura même être augmentée dans les cas qui le mériteront, ainsi qu'il sera jugé à propos en nôtre Conseil.

TITRE III.

Des Réglemens de Juges en Matiere Criminelle.

ARTICLE PREMIER.

Le Réglement de Juges aura lieu en matiere criminelle, lorsque deux de nos Cours, ou deux Jurisdictions indépendantes l'une de l'autre, & non ressortissantes en la même Cour, auront informé & decreté pour raison du même fait contre les mêmes parties.

II. Les Lettres ou Arrêts de Réglement de Juges, porteront que l'instruction sera continuée en la Jurisdiction qui sera commise par lesdites Lettres ou Arrêts, jusqu'à jugement définitif exclusivement, en atendant que le Réglement de Juges ait été terminé & jugé : seront au surplus lesdites Lettres & Arrêts expédiez en la même forme & maniere, & avec les mêmes clauses qu'en matiere civile.

III. Ne pouront néanmoins les acusez qui auront été deboutez des déclinatoires par eux proposez, se pourvoir en Réglement de Juges, si ce n'est qu'il ait été informé & decreté pour le même fait, par une autre Cour ou Jurisdiction d'un autre ressort; le tout, sans préjudice ausdits acusez, de se pourvoir par les voïes de droit, contre les Arrêts ou Jugemens rendus en dernier ressort, qui les auront deboutez de leur déclinatoire; ce qu'ils pouront faire, lors même qu'aucune autre Jurisdiction n'aura informé & decrété contr'eux pour le même fait.

IV.

DECLARATIONS ET ARRESTS. 633

1737. Aoust.

IV. Aucunes Lettres ou Arrêts de Réglement de Juges ne seront acordez en matiere criminelle, aux acufez contre lefquels il y aura un decret de prife de corps fubfiftant, s'ils ne font actuellement prifonniers dans les prifons des Juges qui auront rendu les decrets, ou des Cours fupérieures aufdits Juges; & s'ils n'en raportent l'écroüe en bonne forme, & atefté par le Juge ordinaire des lieux, en cas que l'acufé fe foit remis dans d'autres prifons que celles defdites Cours, lequel écroüe fera fignifié aux parties civiles, fi aucunes y a, ou à leurs Procureurs, & à nos Procureurs Genéraux, ou à leurs Subftituts dans les Jurifdictions Roïales dans lefquelles le Procès fera pendant, ou aux Procureurs des Hauts-Jufticiers dans la Juftice defquels ils feront pourfuivis; le tout, à peine de nullité.

V. Ledit Acte d'écroüe fera ataché fous le Contrefcel des Lettres en Réglement de Juges, ou de la Commiffion expédiée fur l'Arreft, faute de quoi l'acufé demeurera déchû de plein droit defdites Lettres ou Arreft, qui feront regardez comme non avenus, & il fera paffé outre à l'inftruction & au jugement du Procès, comme avant icelles, fans qu'il foit befoin de le faire ordonner ainfi, par Arreft de nôtre Confeil.

VI. La connoiffance des conflits de Jurifdiction qui naîtront entre les Lieutenans Criminels & les Prevôts des Maréchaux, pour fçavoir auquel defdits Oficiers la connoiffance d'un crime qui doit être jugé préfidialement ou prevôtalement, fera renvoïée pour être jugée en dernier reffort, apartiendra à nôtre Grand-Confeil, auquel Nous faifons défenfes de faire expédier aucunes Commiffions, ni de donner Audience aux acufez contre lefquels il y aura un decret de prife de corps fubfiftant, à moins qu'ils ne foient actuellement en état, foit dans les prifons des Juges qui les auront decretez, ou dans celles dudit Grand-Confeil, & qu'il ne lui en ait aparu par des extraits tirez du Regiftre de la Geole, en bonne forme, ateftez & fignifiez ainfi qu'il a été dit ci-deffus dans l'Article IV. le tout, à peine du nullité.

VII. Les difpofitions des Articles XVII. XVIII. XXIII. XXIV. XXV. XXVIII. & XXIX. du Titre précédent, feront pareillement obfervées à l'égard des Réglemens de Juges, qui fe formeront en matiere criminelle, & ils feront inftruits & jugez en nôtre Confeil, en la même forme & maniere que les Réglemens de Juges en matiere civile.

II. Suite du N. R.   Iiii

1737.
Aouſt.

Voulons que la preſente Ordonnance, à compter du jour de la publication qui en ſera faite, ſoit gardée & obſervée dans toute l'étenduë de nôtre Roïaume, Terres & Païs de nôtre obéïſſance, pour y tenir lieu à l'avenir des diſpoſitions contenuës dans les Titres I. II. & III. de l'Ordonnance du mois d'Aouſt 1669. auſquels à cet éfet Nous avons dérogé & dérogeons, en tant que beſoin ſeroit. Abrogeons pareillement toutes Ordonnances, Loix, Coûtumes, Statuts, Réglemens, Stiles & Uſages diférens, & qui ſeroient contraires à nôtre preſente Ordonnance; ſans néanmoins que les procédures qui auroient été faites avant ſa publication, ſuivant les régles établies par leſdits Titres de l'Ordonnance du mois d'Aouſt 1669. puiſſent être déclarées nulles, ſous prétexte qu'elles ne ſeroient pas conformes aux diſpoſitions nouvelles des Preſentes.

SI DONNONS EN MANDEMENT à nos amez & feaux les Gens tenans nos Cours de Parlement, Grand-Conſeil, Chambres des Comptes, Cours des Aides, Baillis, Senéchaux, & tous autres nos Oficiers, que ces Preſentes ils gardent, obſervent, entretiennent, faſſent garder, obſerver & entretenir, & pour les rendre notoires à nos Sujets, les faſſent lire, publier & regiſtrer; CAR tel eſt nôtre plaiſir. Et afin que ce ſoit choſe ferme & ſtable à toûjours, Nous y avons fait mettre nôtre Scel. DONNE' à Verſailles, au mois d'Aouſt, l'an de grace mil ſept cens trente-ſept; & de nôtre Régne le vingt-deuxiéme. Signé, LOUIS: Et plus bas, Par le Roy, PHELYPEAUX: *Viſa*, DAGUESSEAU. Et ſcellée du grand Sceau de cire verte, en lacs de ſoïe rouge & verte.

Lûë, publiée & regiſtrée, la grande Audience de la Cour ſéante. A Roüen en Parlement, le 20. Mars 1738. Signé, AUZANET.

Arrest du Parlement, qui déclare la Contumace bien instruite contre les y dénommez, pour complicité aux fins de la Célébration du Mariage d'un fils de famille, à l'insçû de son Pere ; & condamne Abraham-Nicolas Renoult, se disant Pere, aux Galéres, &c.

Du 2. Septembre 1737.

VEU & délibéré par la Cour, le Procès incidemment instruit extraordinairement en icelle, par les Sieurs Conseiller-Commissaires de ladite Cour, en exécution de l'Arrest d'icelle, du 16. Décembre 1734. à la requête du Procureur Général du Roy, contre Nicolas Lagrave, Adrien Doutreleau, Marie Leprieur, mere de Marie Langlois, Pierre-François Langlois, frere de ladite Marie Langlois, & celui qui s'est dit le Pere d'Abraham-Nicolas Renoult, originairement decretez de Prise de corps, par ledit Arrest du 16. Décembre 1734. & encore Mᵉ François-Philippes Dué Prêtre, sous-Vicaire de la Paroisse de S. Vivien de Roüen, decreté en comparence personnelle par le même Arrest ; ainsi que contre ledit Abraham-Nicolas Renoult & ladite Marie Langlois sa prétenduë femme, aussi decretez en Prise de corps, par autre Arrest de la Cour, du 16. Mars 1735. Ladite Marie Leprieur, mere de ladite Marie Langlois ; ledit Pierre-François Langlois, frere de ladite Marie Langlois ; celui qui s'est dit le pere dudit Abraham-Nicolas Renoult ; ledit Abraham-Nicolas Renoult & ladite Marie Langlois, défaillans & contumacez : En déduction duquel Procès, Abraham Renoult pere dudit Abraham-Nicolas Renoult, a été reçû partie intervenante, par autre Arrest du 23. Aoust dernier 1737. au sujet du mariage prétendu célébré entre ledit Abraham-Nicolas Renoult & ladite Marie Langlois, en ladite Eglise Paroissiale de S. Vivien de Roüen : Ledit procès consistant audit Arrest de la Cour, du 16. Décembre 1734. rendu sur l'apel comme d'abus dudit Abraham Renoult, de ladite prétenduë célébration de Mariage, faite le 9. Mars 1734. en ladite Paroisse de S. Vivien, entre ledit Abraham-Nicolas Renoult son fils, & ladite Marie Langlois, par ledit Sieur Dué sous-Vicaire de ladite Paroisse de S. Vivien ; par lequel Arrest, faisant droit sur les plus amples Conclusions du Procureur Général du Roy, lesdits Lagrave, Doutreleau, ainsi que ladite Marie Leprieur, mere de ladite Marie Langlois, ledit Pierre-François Langlois, frere de ladite Marie Langlois, & celui qui s'est dit le pere d'Abraham-Nicolas Renoult, ont été decretez en prise de corps ; ordonné qu'ils seroient pris & apréhendez, & conduits ès Prisons de la Cour, pour être oüis & interrogez pardevant le Conseiller-Commissaire d'icelle, sur les faits résultans du procès, & sur ceux sur lesquels ledit Procureur Général les voudroit faire oüir ; sinon, & après perquisition faite de leur personne, qu'ils seroient assignez à comparoir à quinzaine, & par un seul Cri public à la huitaine ensuivant, leurs biens saisis & annotez, & à iceux établi Commissaires : Et ledit Sieur Dué Prêtre, sous-Vicaire de S. Vivien, decreté en comparence personnelle ; ordonné qu'il seroit assigné à comparoir en personne, pardevant ledit Sieur Conseiller-Commissaire de la Cour, pour être pareillement oüi & interrogé sur les faits du procès, & autres sur lesquels ledit Procureur Général le voudroit faire oüir & interroger ; ledit Arrest signifié à la requête dudit Procureur Général, audit Sieur Dué, le 21. dudit mois de Décembre 1734. avec Assignation pour être oüi & prêter interrogatoire : Autre Arrest intervenu sur le Requisitoire du Procureur Général du Roy, le 18. du même mois de Décembre 1734. portant que le Registre des Mariages, Baptêmes & Inhumations de la Paroisse de S. Vivien, sera incontinent & sans delai aporté au Gréfe de la Cour, par le Clerc de ladite Paroisse, ou autre dépositaire d'icelui, en presence de l'Huissier de la Cour, à quoi faire il seroit contraint sur le champ, & par corps ; quoi faisant, le Sieur Curé de ladite Paroisse autorisé de se servir dès-lors du nouveau Registre destiné pour l'année 1735. ce qui seroit exécuté nonobstant oposition, Clameur de Haro, & autres empêchemens quelconques : Exploit de signification faite dudit Arrest, à la requête dudit Procureur Général, au Sieur Vicaire de ladite Paroisse de S. Vivien, le même jour, avec sommation d'y satisfaire, à quoi ledit Sieur Vicaire a obéï, en la presence de Me Cossart Huissier à la Cour, instrumentaire dudit Exploit de signification ; ensemble ledit Registre des Mariages de ladite Pa-

DECLARATIONS ET ARRESTS. 637

1737. Septemb.

roiſſe de S. Vivien, contenant douze feüillets écrits, cotez, paraphez & ſignez par premier & dernier, par le Sieur Lieutenant Général au Bailliage de Roüen, & Préſident au Siége Préſidial dudit lieu, le 30. Décembre 1733. commençant le Jeudi 7. Janvier 1734. & finiſſant le Mardi 14. Décembre audit an ; à la page 4. duquel Regiſtre *recto*, eſt ledit prétendu Acte de célébration de Mariage dudit Abraham-Nicolas Renoult & de ladite Marie Langlois, fait par ledit Sieur Dué Prêtre, ſous-Vicaire de ladite Paroiſſe de S. Vivien, ledit jour 9. Mars 1734. préſence du Sieur Lagrave, du Sieur Doutreleau, de la mere de la mariée, de Pierre-François Langlois frere, & du pere du marié ; ledit Regiſtre aporté & dépoſé audit Gréfe de la Cour, par ledit Sieur Vicaire, en la préſence dudit Me Coſſart, ledit jour 18. Décembre 1734. Exploits & diligences de Contumace, faits à la requête dudit Procureur Général, contre leſdits Lagrave, Doutreleau, Marie Leprieur, & Pierre-François Langlois, portant ſaiſie, annotation & aſſignation à la quinzaine, en date du 20. dudit mois de Décembre 1734. Cahier d'Interrogatoire prêté par ledit Sieur Dué Prêtre, le 21. enſuivant ; enſemble une Ateſtation dudit Lagrave, du 8. Mars 1734. dépoſée par ledit Sieur Dué, lors dudit Interrogatoire : Requête par lui préſentée à la Cour, le même jour, tendante à ce que vû qu'il a ſatisfait à prêter Interrogatoire, il fût relevé du Decret d'ajournement perſonnel ; ordonné être communiquée au Procureur Général ; au bas ſont les Concluſions d'icelui, du 22. deſdits mois & an : Autre Cahier d'Interrogatoire prêté par ledit Doutreleau, le 10. Janvier 1735. Requête par lui préſentée le même jour, tendante à lui être acordé par proviſion liberté de ſa perſonne, les Chemins & la Ville pour priſon, à la charge par lui de ſe repreſenter à tous jours & heures, & à toutes Aſſignations, ſous peine de conviction, ce qui ſeroit exécuté nonobſtant opoſitions & tous autres empêchemens quelconques ; ladite Requête ordonné ledit jour être communiquée audit Procureur Général : Arreſt de délibération de l'Interrogatoire dudit Doutreleau, rendu le 13. dudit mois de Janvier, qui faiſant droit ſur la Requête d'icelui, lui acorde la Ville & les Chemins pour priſon, à la charge par lui de ſe repreſenter, & ſe mettre en état à toutes Aſſignations ; & pour cet éfet, de conſtituer Procureur en la

Cour, à peine de conviction : Et faisant droit sur les plus amples Conclusions du Procureur Général du Roy, ordonné que ledit Abraham-Nicolas Renoult & ladite Marie Langlois sa prétenduë femme, seroient assignez à comparoir en personnes, pour être oüis & interrogez pardevant le Conseiller-Raporteur, sur les faits résultans du procès, & sur ceux sur lesquels ledit Procureur Général les voudroit faire oüir & interroger ; en marge duquel Arrest sont les Exploits de significations qui en ont été faites, à la requête dudit Procureur Général, les 17. & 24. du même mois de Janvier, tant audit Doutreleau, à ce qu'il eût à s'y conformer, qu'audit Abraham-Nicolas Renoult & à ladite Marie Langlois, avec assignation à comparoir en personne en la Cour, pardevant le Sieur Conseiller-Raporteur, pour être oüis & interrogez : Autre Cahier d'Interrogatoire prêté par ledit Lagrave, le 17. dudit mois de Janvier 1735. Procès verbal d'emprisonnement & Extrait d'écroüe volontaire dudit Lagrave, en la Conciergerie de la Cour, du même jour : Requête présentée à la Cour par ledit Lagrave, à ce qu'en délibérant son interrogatoire, il fût déchargé du Decret contre lui prononcé ; & où la Cour ne se porteroit à prononcer dès-lors sa décharge, que par provision liberté de sa personne lui fût acordée, & la Ville & les Chemins pour prison, à ses obéïssances de se representer à toutes Assignations, à peine de conviction ; à laquelle fin, qu'il seroit ordonné que les Prisons lui seroient ouvertes ; ladite Requête ordonné ledit jour 17. Janvier, être communiquée audit Procureur Général du Roy; au bas sont les Conclusions d'icelui, du 19. ensuivant : Perquisitions faites aux Gréfe civil & criminel de la Cour, contre ledit Abraham-Nicolas Renoult & ladite Marie Langlois prétendus mariez, les 3. Février, 21. dudit mois, & 16. Mars audit an 1735. Defaut contr'eux delivré au Gréfe Criminel de ladite Cour, par ledit Procureur Général, faute d'avoir comparu, fondé ni constitué Procureur sur la susdite Assignation à eux commise, pour prêter Interrogatoire pardevant le Sieur Conseiller-Raporteur ; ledit defaut dudit jour 21. Février audit an : Arrest de la Cour, du 16. Mars de la même année, qui a déclaré ledit defaut bien pris & obtenu ; & pour le profit, a converti le Decret d'ajournement personnel, décerné le 13. Janvier précédent, contre ledit

DECLARATIONS ET ARRESTS. 639

1737. Septemb.

Abraham-Nicolas Renoult & ladite Marie Langlois, en decret de prise de corps; ordonné que ledit Renoult & ladite Langlois seroient pris & aprehendez au corps, mis & constituez prisonniers en la Conciergerie de la Cour, pour être oüis & interrogez sur les faits & charges contr'eux résultans du Procès, & autres sur lesquels ledit Procureur Général les voudroit faire oüir & interroger; sinon, & après perquisitions faites de leurs personnes, qu'ils seroient assignez à comparoir à quinzaine, & par un seul cri public à la huitaine ensuivant, leurs biens saisis & annotez, & à iceux établi Commissaires: Exploits & diligences de Contumace faits à la requête dudit Procureur Général, contre ledit Abraham-Nicolas Renoult & ladite Langlois, & contre celui qui s'est dit le pere dudit Abraham-Nicolas Renoult, portans Assignation à la quinzaine, des 22. dudit mois de Mars & 21. Avril audit an: Perquisitions faites aux Gréfes civil & criminel de la Cour & à la Conciergerie d'icelle: Autres perquisitions faites à la diligence dudit Procureur Général, ausdits Gréfes civil & criminel de la Cour, & même à la Conciergerie d'icelle, le 31. Janvier 1736. par lesquelles apert que ladite Marie Leprieur, ledit Pierre-François Langlois, celui qui s'est dit le pere d'Abraham-Nicolas Renoult, ledit Abraham-Nicolas Renoult ni ladite Marie Langlois n'ont fondé ni constitué Procureur ausdits Gréfes, ni ne se sont mis ni constituez & écroüez prisonniers en ladite Conciergerie: Autre Exploit d'Assignation à baon & cri public à eux fait, à comparoir à la huitaine, en la Cour, pour subir tels Interrogatoires que de raison, le 8. Février audit an: Autres perquisitions faites à la diligence dudit Procureur Général, ausdits Gréfes & à ladite Conciergerie, les 3. & 5. Mars ensuivant; & defaut delivré ledit jour 3. Mars, audit Gréfe criminel de la Cour, contre ladite Marie le Leprieur, mere de Marie Langlois, ledit Pierre-François Langlois frere de ladite Marie Langlois, celui qui s'est dit le pere d'Abraham-Nicolas Renoult, ledit Abraham-Nicolas Renoult & ladite Marie Langlois, faute par eux d'avoir comparu sur ladite Assignation à baon & cri public: Autre Arrest de délibération, du 25. Février dernier 1737. qui donnant état au Procès, ordonne que lesdits Dué, Doutreleau & Lagrave seront récolez sur leurs interrogatoires, des 21. Décembre 1734. 10.

& 17. Janvier 1735. & confrontez les uns aux autres ; & que leur récolement vaudra de confrontation auſdits Pierre-François Langlois, Marie Leprieur, Abraham-Nicolas Renoult, Marie Langlois ſa prétenduë femme, & à celui qui s'eſt dit le pere dudit Abraham-Nicolas Renoult, pour le tout fait & communiqué audit Procureur Général, ſur les concluſions duquel eſt intervenu ledit Arreſt, être ordonné par la Cour ce qu'il apartiendroit; en marge duquel Arreſt eſt l'Exploit de ſignification faite d'icelui, à la requête dudit Procureur Général, auſdits Sieur Dué, Doutreleau & Lagrave, le 12. Mars dernier, avec aſſignation au lendemain trois heures après midi, & tant que beſoin ſera, au Palais devant le Sieur Conſeiller-Commiſſaire député, pour être iceux récolez ſur leurs interrogatoires, & confrontez les uns aux autres : Cahier de récolement deſdits Sieur Dué, Doutreleau & Lagrave, ordonné valoir de confrontation, fait devant ledit Sieur Conſeiller-Commiſſaire, le 13. dudit mois de Mars : Cahier de confrontation d'iceux Sieur Dué, Doutreleau & Lagrave acuſez, les uns aux autres, fait devant le même Sieur Conſeiller-Commiſſaire, leſdits jours 13. & 14. Mars : L'Extrait baptiſtére de Marie Langlois, du 30. Avril 1710. délivré par le Sieur Curé de la Paroiſſe de S. Laurent de Roüen, le 11. Juin 1734. contrôlé à Roüen le 8. Juillet audit an : L'Extrait baptiſtére d'Abraham-Nicolas Renoult, fils d'Abraham & d'Anne Bonnier, du 9. Juillet 1713. délivré par le Sieur Curé de la Paroiſſe de S. Denis de Ducler, le 9. Mai 1734. contrôlé à Roüen le 8. Juillet audit an : Quitance de trois cens livres, païées le 29. Mars 1732. au Treſorier des Pauvres de l'Hôpital Général de Roüen, par Abraham Renoult, pour être déchargé d'une fille naturelle dudit Abraham-Nicolas Renoult ſon fils : Autre Extrait de célébration du prétendu Mariage dudit Abraham-Nicolas Renoult & de ladite Marie Langlois, du 9. Mars 1734. délivré par le Sieur Vicaire de la Paroiſſe de S. Vivien de Roüen, le 16. Avril audit an : Deux Conſultations étant à la ſuite l'une de l'autre, de Mes Routier, Thoüars & de Villers, Avocats à la Cour, des 3. Mai & premier Juin enſuivant : Lettres d'apel comme d'abus de la prétenduë célébration de Mariage, faite en ladite Paroiſſe de S. Vivien, par ledit Sieur Dué, le 9. Mars audit an 1734. entre ledit Abraham-Nicolas Renoult & ladite

DECLARATIONS ET ARRESTS. 641

dite Marie Langlois, relevées à la Chancellerie par ledit Abraham Renoult pere, le 8. Mai enſuivant ; au dos eſt l'Exploit de ſignification faite deſdites Lettres & de ladite Conſultation & avis deſdits Avocats, à la requête dudit Abraham Renoult audit Abraham-Nicolas Renoult & à ladite Marie Langlois, le même jour 8. Mai, avec aſſignation en la Cour, ſur les fins deſdites Lettres : Cédule de Preſentation miſe au Gréfe de la Cour, par ledit Abraham Renoult, le 28. deſdits mois & an : Certificat du Sieur Curé de la Paroiſſe de S. Godard de cette Ville, du 8. Juillet enſuivant, contrôlé à Roüen le même jour : Extrait de Production manuelle faite par ledit Abraham Renoult, auſdits Abraham-Nicolas Renoult & à ladite Marie Langlois, le 9. dudit mois : Acte à eux fait ſignifier par ledit Abraham Renoult, le 18. Aouſt audit an, portant déclaration que ledit Abraham Renoult pere a preſenté ſon Placet, pour être la cauſe miſe au grand Rôle d'après la S. Martin enſuivant, à ce qu'ils euſſent à faire tenir leur Avocat prêt de plaider à tour de rôle : Sommation de conférer aux Gens du Roy & d'Audience, la cauſe étant la premiere à tour de rôle, du 11. Décembre enſuivant : Quitance de garniſſement d'amende, du 15. dudit mois : Arreſt à tour de grand Rôle par defaut, dudit jour 15. Décembre, étant ſur le Plumitif du Gréfe : Autre Extrait de la prétenduë célébration de Mariage dudit Abraham-Nicolas Renoult & de ladite Marie Langlois, ci-deſſus datée, délivré par ledit Doutreleau, le 19. du même mois de Décembre : Extrait de l'empriſonnement volontaire dudit Doutreleau, ci-deſſus daté & énoncé : Ateſtation de la Preſentation miſe au Gréfe de la Cour, par ledit Doutreleau, le 11. Janvier 1735. Acte portant conſtitution de Procureur pour ledit Doutreleau, au lieu & pour le décès de celui qui ci-devant ocupoit pour lui, ſignifié au Procureur dudit Abraham Renoult, le 17. Aouſt dernier, à ce qu'il eût à communiquer audit Doutreleau, la Requête qu'il a apris avoir été preſentée à la Cour, par ledit Abraham Renoult : Ateſtation de la Preſentation miſe au Gréfe de la Cour, par ledit Abraham Renoult, le même jour, ſur ſon intervention ci-après énoncée : La Requête d'intervention, en forme de demande dudit Abraham Renoult, par lui preſentée à la Cour, le 16. Aouſt dernier, à ce qu'il plût à icelle le recevoir partie in-

II. Suite du N. R.   Kkkk tervenante au Procès apointé & diſtribué au Sieur Deſmarests Conſeiller en la Cour; ce faiſant, ordonner que leſdits Lagrave, Doutreleau, Marie Leprieur veuve Langlois, ledit Sieur Dué Prêtre, & autres acuſez demeureront envers lui ſolidairement condamnez en ſes dommages & intérêts, qu'il eſtime à la ſomme de deux mille livres, avec dépens; auſquels dommages, intérêts & dépens il a été réſervé par ledit Arreſt de la Cour, du 15. Décembre 1734. à laquelle fin, apointer les parties en droit ſur les fins de ladite Requête, joindre icelle au Procès, pour y être fait droit, ainſi que de raiſon, en jugeant icelui par un ſeul & même Arreſt; ladite Requête ordonnée le 16. dudit mois d'Aouſt dernier, être ſignifiée à parties, pour en venir; ce qui fait a été aux Procureurs des Parties, le 17. avec ſommation de conférer aux Gens du Roy, & d'Audience à l'Audience de Grand'-Chambre: Extrait de Production faite aux Procureurs deſdites parties, par celui dudit Abraham Renoult, aux fins de la juſtification de ſon intervention, du 19. dudit mois: L'Arreſt de la Cour, du 23. du même mois d'Aouſt, qui, oüi le Procureur Général du Roy, a reçû ledit Abraham Renoult Partie intervenante, & ſur ſa demande, a apointé les Parties au Conſeil, & joint au Procès pendant au Raport du Sieur Deſmareſts, pour être fait droit ſur le tout, par un ſeul & même Arreſt; ſans préjudice des fins de non-recevoir dudit Sieur Dué, défenſes au contraire; ledit Arreſt ſignifié aux Procureurs des Parties, à la requête de celui dudit Abraham Renoult, le lendemain 24. dudit mois d'Aouſt dernier: La Requête de Production nouvelle preſentée à la Cour par ledit Lagrave, pour faire recevoir au jugement du Procès, le Mémoire imprimé y ataché; & y aïant égard, & à ce qui réſulte du Procès, décharger ledit Lagrave, en ce qui touche du Decret de comparence perſonnelle contre lui prononcé, & des fins de la Requête dudit Abraham Renoult, avec dépens; au bas de ladite Requête eſt l'Ordonnance du 23. dudit mois d'Aouſt dernier, d'être icelle & pieces communiquées à partie, pour y fournir de contredits dans le jour, ſans retardation du jugement du procès, & la ſignification qui en a été faite, ainſi que dudit Mémoire par exception, au Procureur dudit Abraham Renoult, le même jour; enſemble ledit Mémoire imprimé, énoncé & ataché à ladite Requête dudit

Lagrave : Acte de protestation de nullité de l'énoncé en la susdite Requête dudit Lagrave, fait signifier par ledit Abraham Renoult, le 24. dudit mois d'Aoust dernier : La Requête presentée à la Cour, par ledit Sieur Dué Prêtre, Soû-Vicaire de ladite Paroisse de S. Vivien, à ce qu'en jugeant, il plût à la Cour le décharger définitivement du decret prononcé contre lui, par l'Arrest du 16. Décembre 1734. & debouter Renoult de sa demande en intérêts, avec dépens ; au bas de laquelle Requête est l'Ordonnance de la Cour, du 30. dudit mois d'Aoust dernier, d'être icelle signifiée à partie ; ce qui fait a été, au Procureur dudit Abraham Renoult, le même jour : Un Mémoire sommaire, pour la justification dudit Sieur Dué Prêtre, imprimé, par lequel il persiste aux conclusions qu'il a prises par sa précédente Requête ; ledit Mémoire non signifié : Acte signifié à la requête dudit Abraham Renoult audit Sieur Dué Prêtre, le même jour 30. Aoust dernier, contenant que pour réponse à la prétenduë Requête d'aténuation, signifiée audit Renoult ledit jour, il en proteste de nullité, & persiste aux conclusions qu'il a prises au procès, fondées sur les pieces qui sont produites, & notamment sur l'énoncé dans ses moïens d'apel comme d'abus, & sur l'atestation du Sieur Curé de S. Godard : Et généralement tout ce qui par lesdits Abraham Renoult, le Sieur Dué Prêtre, Doutreleau & Lagrave a été mis, clos & produit pardevers la Cour : Conclusions du Procureur Général du Roy : Exploit fait par Lambert Huissier à la Cour, le 30. dudit mois d'Aoust dernier, à la requête dudit Procureur Général, ausdits Sieur Dué Prêtre, Lagrave & Doutreleau, pour être presens au jugement du procès, & prêter tels interrogatoires qu'il apartiendra : Autre Exploit d'apel fait à la Barre, par Goullé le jeune Huissier à la Cour, en date de ce jour, des personnes desdits Marie Leprieur mere de Marie Langlois, Pierre-François Langlois frere de ladite Marie Langlois, de celui qui s'est dit le pere d'Abraham-Nicolas Renoult, dudit Abraham-Nicolas Renoult, & de ladite Marie Langlois, pour être pareillement presens au jugement du procès, & prêter Interrogatoires en la Chambre du Conseil : Lesdits Sieurs Dué Prêtre, Doutreleau & Lagrave faits entrer en la Chambre, entendus derriere le Barreau, en leurs confessions & néances : Iceux retirez ; oüi le Raport du Sieur Desmarests de S. Aubin, Conseiller-Raporteur : Tout confidéré ; LA COUR a déclaré la Contumace bien inftruite ; & pour le profit, a déclaré celui qui s'eft dit le pere d'Abraham-Nicolas Renoult, & a fait fa marque en cette qualité, au bas de l'Acte de célébration du Mariage dudit Abraham-Nicolas Renoult & de Marie Langlois, dûëment ateint & convaincu d'avoir fauffement pris ladite qualité ; pour punition & réparation de quoi, icelui condamné à faire Amende-honorable, en la maniere ordinaire, & aux lieux acoûtumez, & à fervir le Roy comme Forçat fur fes Galéres, à perpétuité ; icelui préalablement flétri d'un fer chaud, marqué de trois lettres GAL. fes biens déclarez aquis & confifquez au Roy, ou aux Seigneurs dont ils relévent ; fur iceux préalablement pris la fomme de cinquante livres d'Amende envers le Roy, au cas que la confifcation n'ait lieu au profit de Sa Majefté : Ordonné que la condamnation ci-deffus fera tranfcrite dans un Tableau, qui fera ataché par l'Exécuteur des Jugemens Criminels, à un pôteau qui fera pour cet éfet planté dans le Carrefour de la Croix-de-Pierre de cette Ville : A condamné ladite Marie Leprieur, Pierre-François Langlois, Abraham-Nicolas Renoult & Marie Langlois, au banniffement hors la Province, pour neuf ans, & chacun en dix livres d'Amende envers le Roy ; à eux enjoint de garder leur baon, fur les peines au cas apartenant : A envoïé lefdits Lagrave & Doutreleau hors de Cour fur l'action ; quoi faifant, les a licenciez des decrets de prifes-de-corps contr'eux prononcez : A enjoint audit Sieur Dué Prêtre, d'être plus circonfpect à l'avenir : Et faifant droit fur la Requête dudit Abraham Renoult, a condamné celui qui s'eft dit le pere dudit Abraham-Nicolas Renoult, Marie Leprieur, Pierre-François Langlois, Marie Langlois & Abraham-Nicolas Renoult, folidairement en deux cens livres d'intérêts, & aux dépens, Raport & coût du prefent Arreft, envers ledit Abraham Renoult, dont & du tout ledit Dué Prêtre eft déclaré prenable pour un quart : Ordonne que le prefent Arreft fera imprimé, lû, publié & afiché par tout où il apartiendra, à la requête du Procureur Général. DONNÉ à Roüen en Parlement, le deuxiéme jour de Septembre mil fept cens trente-fept.

Par la Cour, Signé, AUZANET.

Déclaration du Roy, pour la prorogation pendant six années, à commencer au premier Octobre prochain, jusqu'au dernier Septembre 1744. de la levée de diférens Droits y énoncez, & entr'autres des Quatre sols pour livre des Droits des Fermes, sur le même pied des six années précédentes, finissant au dernier Septembre prochain.

Du 7. Janvier 1738.

LOUIS par la grace de Dieu, Roy de France & de Navarre : A tous ceux qui ces presentes Lettres verront, SALUT. Par nos Lettres Patentes en forme de Déclaration, du 12. Juillet 1726. Nous avons prorogé pendant six années, le doublement des droits du Domaine, Barrage & Poids-le-Roy de Paris ; le Droit d'augmentation ou rehaussement du Sel, qui se consomme & distribuë dans l'intérieur de nôtre Province de Franche-Comté ; les Quatre sols pour livre des droits de nos Fermes ; les droits de Courtiers-Jaugeurs ; les droits d'Inspecteurs aux Boucheries & aux Boissons, & Deux sols pour livre d'iceux ; les droits manuels sur les Sels, ensemble les droits réservez dans les Cours, Chancelleries, Présidiaux, Bailliages, & autres Siéges & Jurisdictions : Et lors de la prorogation desdits droits aussi pour six années, ordonnée par nôtre Déclaration du 3. Août 1732. Nous avons excepté de ladite prorogation, les droits de Contrôleurs des Gréfiers-Gardes-Minutes des Lettres de Chancellerie ; ceux des Substituts-Adjoints ; & ceux d'Enquêteurs & Commissaires-Examinateurs, Raporteurs, Vérificateurs & Certificateurs des Saisies réelles & Subhastations, Sindics des Huissiers ; Gréfiers-Gardes-Minutes des Expéditions des Gréfes des Cours, Siéges & Jurisdictions de nôtre Roïaume, ensemble les droits des Gardes des Archives, sur les réceptions d'Oficiers seulement, que Nous avons éteints & suprimez : Et avons pareillement réduit à moitié les droits de Commissaires-Conservateurs genéraux des decrets volontaires, & aux trois quarts ceux des Tiers-Référendaires-Taxateurs & Calculateurs de dépens, Contrôleurs d'iceux, Sindics des Pro-

1738. Janvier.

cureurs, Gardes des Archives, à l'exception de ce qui regarde les Réceptions des Oficiers, Receveurs & Contrôleurs des épices, vacations, vérificateurs & Raporteurs des defauts, aux conditions y portées : Et par l'examen que Nous avons fait de l'état prefent de nos Finances, après les dépenfes caufées par la derniere Guerre, Nous avons reconnu qu'il ne Nous permet pas encore de procurer à nos Sujets, le foulagement que Nous fouhaiterions pouvoir leur acorder ; & qu'il étoit indifpenfable de proroger la levée des fufdits droits, tels qu'ils fubfiftent & fe perçoivent actuellement, fuivant nos Edits & Déclarations. A CES CAUSES, & autres à ce Nous mouvant, de l'avis de nôtre Confeil, & de nôtre certaine fcience, pleine puiffance & autorité Roïale, Nous avont dit, déclaré & ordonné, & par ces Prefentes fignées de nôtre main, difons, déclarons & ordonnons, voulons & Nous plaît, que le doublement des droits du Domaine, Barrage & Poids-le-Roy de Paris, le droit d'augmentation ou rehauffement du Sel qui fe confomme & diftribuë dans l'intérieur de la Province de Franche-Comté, les droits de Courtiers-Jaugeurs, ceux d'Infpecteurs aux Boucheries & aux Boiffons, & deux fols pour livre d'iceux, & les droits Manuels fur les Sels, continuënt d'être levez & perçûs, jufqu'au dernier de Septembre 1744. enfemble les anciens & nouveaux deux fols pour livre des droits de nos Fermes, jufqu'audit jour, pour les parties de nos Fermes qui finiffent audit jour ; & jufqu'au dernier Décembre de ladite année, pour la Ferme des Domaines, Contrôle des Actes des Notaires & fous Signature privée, Petits-Sceaux, Infinuations, Centiéme Denier, Gréfes, Formules dans les Provinces où les Aides n'ont point cours, & autres droits joints à la Ferme des Domaines qui y font fujets ; le tout, conformément aux Edits & Déclarations qui ont établi & prorogé tous lefdits droits. Voulons auffi que les droits réfervez dans les Cours, Chancelleries, Préfidiaux, Bailliages & autres Siéges & Jurifdictions, continuënt d'être levez & perçûs, jufqu'audit jour dernier Décembre 1744. à l'exception de ceux éteints & fuprimez par nôtre Déclaration du 3. Aouft 1732. & à la réduction aux trois quarts & moitié, & conditions y portées. SI DONNONS EN MANDEMENT. à nos amez & feaux les Gens tenans nôtre Cour de Parlement à Roüen, que ces Presentes ils aïent à faire lire, publier & regiſtrer, & le contenu en icelles garder, obſerver & exécuter, ſelon leur forme & teneur, nonobſtant Clameur de Haro, Chartre Normande & Lettres à ce contraires; Car tel eſt nôtre plaiſir. En témoin de quoi, Nous avons fait mettre nôtre Scel à ceſdites Preſentes. Donné à Verſailles, le ſeptiéme jour de Janvier, l'an de grace mil ſept cens trente-huit; & de nôtre Régne le vingt-troiſiéme. Signé, LOUIS: Et plus bas, Par le Roy, AMELOT: Vû au Conſeil, ORRY. Et ſcellée du grand Sceau de cire jaune.

Lûë, publiée & regiſtrée, la grande Audience de la Cour ſéante. A Roüen en Parlement, le 20. Mars 1738. Signé, AUZANET.

Réglement du Roy, pour les diférentes ſortes de Toiles, Cannevas & Coutils, qui ſe fabriquent dans la Généralité d'Alençon.

Du 14. Janvier 1738.

ARTICLE PREMIER.

LES Toiles qui ſe fabriquent à Alençon & aux environs, en fil de brin de chanvre, tant en chaîne qu'en trame, qui doivent avoir après avoir été blanchies une aune & demie, meſure de Paris, de largeur, auront au ſortir du mêtier une aune & demie & demi-quart, même meſure, & elles auront en chaîne au moins cent portées de quarante fils chacune, faiſant quatre mille fils; le tout, à peine de confiſcation deſdites Toiles, qui ſeront coupées de deux aunes en deux aunes, & de cinquante livres d'Amende par chaque pieces.

II. Leſdites Toiles qui ſe fabriquent en fil de brin de chanvre, tant en chaîne qu'en trame, qui doivent avoir au retour du blanchiſſage une aune & un quart, meſure de Paris, de largeur, auront au ſortir du mêtier une aune & un tiers, même meſure; & elles auront en chaîne au moins quatre-vingt portées de quarante fils chacune, faiſant trois mille deux cens fils; le tout, ſous les peines portées par l'Article précédent.

III. Leſdites Toiles qui ſe fabriquent en fil de brin de chanvre, tant en chaîne qu'en trame, qui doivent avoir après avoir été blanchies une aune & demi-quart, mesure de Paris, de largeur, auront au sortir du métier une aune & un sixiéme, même mesure; & elles auront en chaîne au moins soixante-dix portées de quarante fils chacune, faisant deux mille huit cens fils; le tout, sous les mêmes peines que ci-dessus.

IV. Lesdites Toiles qui se fabriquent en fil de brin de chanvre, tant en chaîne qu'en trame, qui doivent avoir au retour du blanchissage une aune, mesure de Paris, de largeur, auront au sortir du métier une aune & un douziéme, même mesure; & elles auront en chaîne au moins cinquante-deux portées de quarante fils chacune, faisant deux mille quatre-vingt fils; le tout, sous les peines portées ci-dessus.

V. Lesdites Toiles qui se fabriquent en fil de brin de chanvre, tant en chaîne qu'en trame, qui doivent avoir après avoir été blanchies trois quarts & demi d'aune, mesure de Paris, de largeur, auront au sortir du métier une aune moins un seize, même mesure; & elles auront en chaîne au moins quarante-deux portées de quarante fils chacune, faisant seize cens quatre-vingt fils; le tout, à peine de confiscation desdites Toiles, qui seront coupées de deux aunes en deux aunes, & de trente livres d'Amende par chaque piece.

VI. Lesdites Toiles qui se fabriquent en fil de brin de chanvre, tant en chaîne qu'en trame, qui doivent avoir au retour du blanchissage trois quarts d'aune, mesure de Paris, de largeur, auront au sortir du métier cinq sixiémes d'aune, même mesure; & elles auront en chaîne au moins quarante portées de quarante fils chacune, faisant seize cens fils; le tout, sous les peines portées par l'Article précédent.

VII. Lesdites Toiles qui se fabriquent en fil de brin de chanvre, tant en chaîne qu'en trame, qui doivent avoir après avoir été blanchies demi-aune demi-quart, mesure de Paris, de largeur, auront au sortir du métier demi-aune demi-tiers, même mesure; & elles auront en chaîne au moins trente portées de quarante fils chacune, faisant douze cens fils; le tout, sous les mêmes peines que ci-dessus.

VIII. La longueur des pieces des diférentes sortes de Toiles comprises dans les précédens Articles, ne poura excéder soixante aunes, mesure de Paris, au sortir du métier, à peine de dix livres d'Amende par chaque piece, dont l'excédent d'aunage

DECLARATIONS ET ARRESTS. 649

d'aunage fera coupé & confifqué au profit des pauvres de l'Hôpital.

IX. Les Toiles apellées *Serviettes*, deftinées à faire des ferviettes, qui fe fabriquent à Alençon & aux environs, en fil de brin de chanvre, tant en chaîne qu'en trame, qui doivent avoir au retour du blanchiffage demi-aune demi-quart & un feize, mefure de Paris, de largeur, auront au fortir du mêtier trois quarts d'aune, même mefure ; & elles auront en chaîne au moins quarante-deux portées de quarante fils chacune, faifant feize cens quatre-vingt fils ; chaque ferviette contiendra une aune de long, mefure de Paris en écrû, & la piece quarante-huit aunes de longueur, même mefure, au fortir du mêtier ; enforte qu'il fe trouve quatre douzaines de ferviettes dans l'étenduë de la piece ; & chacune defdites ferviettes fera féparée & diftinguée par des linteaux ou raïes, compofées de quatre fils bleus de bon teint ; le tout, à peine de confifcation defdites pieces, qui feront coupées de deux aunes en deux aunes, & de trente livres d'Amende par chaque piece.

X. Lefdites Toiles apellées *Serviettes*, qui fe fabriquent en fil de brin de chanvre, tant en chaîne qu'en trame, qui doivent avoir après avoir été blanchies, demi-aune & demi-quart, mefure de Paris, de largeur, auront au fortir du mêtier deux tiers d'aune, même mefure ; & elles auront en chaîne au moins trente-deux portées de quarante fils chacune, faifant douze cens quatre vingt fils ; chaque ferviette contiendra une aune de long en écrû, mefure de Paris, & la piece quarante-huit aunes de longueur, même mefure, au fortir du mêtier, enforte qu'il fe trouve quatre douzaines de ferviettes dans l'étenduë de la piece ; & chacune defdites ferviettes fera féparée & diftinguée par linteaux ou raïes, compofées de quatre fils bleus de bon teint ; le tout, fous les peines portées par l'Article précédent.

XI. Lefdites Toiles apellées *Serviettes*, qui fe fabriquent en fil de brin de chanvre, tant en chaîne qu'en trame, qui doivent avoir au retour du blanchiffage, demi-aune demi-feize, mefure de Paris, de largeur, auront au fortir du mêtier, demi-aune & un douziéme, même mefure ; & elles auront en chaîne au moins vingt-cinq portées de quarante fils chacune, faifant mille fils ; chaque ferviette contiendra trois quarts &

II. Suite du N. R. LIII

demi d'aune de long en écrû, mesure de Paris, & la piece de quarante-deux aunes de longueur, même mesure, au sortir du métier, ensorte qu'il se trouve quatre douzaines de serviettes dans l'étenduë de la piece; & chacune desdites serviettes sera séparée & distinguée par des linteaux ou raïes, composées de trois fils bleus de bon teint; le tout, sous les mêmes peines que ci-dessus.

XII. Les Toiles apellées *Cannevas*, qui se fabriquent à Alençon & aux environs, en fil d'étoupe de chanvre ou du gros du chanvre, tant en chaîne qu'en trame, qui ne sont pas destinées à être blanchies, auront en chaîne au moins seize portées de quarante fils chacune, faisant six cens quarante fils, & demi-aune & un douziéme, mesure de Paris, de largeur au sortir du métier; le tout, à peine de confiscation desdites Toiles, qui seront coupées de deux aunes en deux aunes, & de dix livres d'Amende par chaque piece.

XIII. La longueur des pieces desdites Toiles apellées *Cannevas*, ne poura excéder soixante aunes, mesure de Paris, à peine de cinq livres d'Amende par chaque piece, dont l'excédent d'aunage sera coupé & confisqué au profit des pauvres de l'Hôpital.

XIV. Les Toiles apellées *Cannevas fins*, larges, qui se fabriquent à Mortagne & aux environs en fil de brin de chanvre, tant en chaîne qu'en trame, qui ne sont pas destinées à être blanchies, auront en chaîne au moins trente-six portées, de quarante fils chacune, faisant quatorze cens quarante fils, & trois quarts & demi d'aune, mesure de Paris, de largeur, au sortir du métier; le tout, à peine de confiscation desdites Toiles, qui seront coupées de deux aunes en deux aunes, & de vingt livres d'Amende par chaque piece.

XV. Lesdites Toiles apellées *Cannevas fins*, étroits, qui se fabriquent en fil de brin de chanvre, tant en chaîne qu'en trame, qui ne sont pas destinées à être blanchies, auront en chaîne au moins trente portées de quarante fils chacune, faisant douze cens fils, & trois quarts d'aune, mesure de Paris, de largeur, au sortir du métier; le tout, sous les peines portées par l'Article précédent.

XVI. Les Toiles apellées *Poliscaux*, servant pour les ouvrages de peintures, qui se fabriquent à Mortagne & au environs, en fil de brin de chanvre, tant en chaîne qu'en trame, & qui ne font pas deſtinées à être blanchies, auront en chaîne au moins vingt-deux portées, de quarante fils chacune, faiſant huit cens quatre-vingt fils, & deux tiers d'aune, meſure de Paris, de largeur, au ſortir du mêtier; le tout, à peine de confiſcation deſdites Toiles, qui ſeront coupées de deux aunes en deux aunes, & de dix livres d'Amende par chaque piece.

XVII. Les Toiles apellées de l'*Aune*, qui ſe fabriquent à Mortagne & aux environs, qui ne ſont pas deſtinées à être blanchies, auront en chaîne au moins trente-ſix portées de quarante fils chacune, faiſant quatorze cens quarante fils, & une aune, meſure de Paris, de largeur, au ſortir du mêtier; la chaîne deſdites Toiles ſera compoſée de fil de brin de chanvre, & la trame ou titure de fil du gros du chanvre; le tout, ſous les peines portées par l'Article précédent.

XVIII. Les Toiles apellées *Gros-forts*, qui ſe fabriquent à Mortagne & aux environs, en fil du gros du chanvre, tant en chaîne qu'en trame, qui ne ſont pas deſtinées à être blanchies, auront en chaîne au moins vingt-ſix portées de quarante fils chacune, faiſant mille quarante fils, & trois quarts & demi d'aune, meſure de Paris, de largeur, au ſortir du mêtier; le tout, ſous les mêmes peines que ci-deſſus.

XIX. Les Toiles apellées *Gros-Cannevas* larges, qui ſe fabriquent à Mortagne & aux environs, en fil du plus gros du chanvre, tant en chaîne qu'en trame, qui ne ſont pas deſtinées à être blanchies, auront en chaîne au moins vingt-quatre portées de quarante fils chacune, faiſant neuf cens ſoixante fils, & une aune, meſure de Paris, de largeur, au ſortir du mêtier; le tout, ſous les peines portées ci-deſſus.

XX. Leſdites Toiles apellées *Gros-Cannevas* étroits, qui ſe fabriquent en fil du plus gros du chanvre, tant en chaîne qu'en trame, qui ne ſont pas deſtinées à être blanchies, auront en chaîne au moins vingt-une portées de quarante fils chacune, faiſant huit cens quarante fils & trois quarts & demi d'aune, meſure de Paris, de largeur, au ſortir du mêtier; le tout, ſous les mêmes peines qui ci-deſſus.

XXI. La longueur des pieces des diférentes ſortes de Toiles, compriſes dans les Articles XIV. XV. & juſques & compris l'Article XX. ci-deſſus, ne poura excéder ſoixante-ſix aunes, meſure de Paris, à peine de dix livres d'Amende par chaque piece, dont l'excédent d'aunage sera coupé & confisqué au profit des pauvres de l'Hôpital.

XXII. Les Toiles apellées *Serviettes*, destinées à faire des serviettes, qui se fabriquent à Mortagne & aux environs, en fil de brin de chanvre, tant en chaîne qu'en trame, qui ne sont pas destinées à être blanchies, auront en chaîne au moins vingt-quatre portées de quarante fils chacune, faisant neuf cens soixante fils, & demi-aune & un seize, mesure de Paris, de largeur, au sortir du métier; chaque serviette contiendra trois quarts d'aune de long, mesure de Paris, & la piece trente-six aunes de longueur, même mesure, ensorte qu'il se trouve quatre douzaines de serviettes dans l'étendue de la piece, & chacune desdites serviettes sera séparée & distinguée par des linteaux ou raïes, composées de deux fils bleus de bon teint; le tout, à peine de confiscation desdites pieces de serviettes, qui seront coupées de deux aunes en deux aunes, & de vingt livres d'Amende par chaque piece.

XXIII. Les Toiles qui se fabriquent à Laigle & aux environs, en fil de brin de chanvre, tant en chaîne qu'en trame, qui doivent avoir au retour du blanchissage trois quarts & demi d'aune, mesure de Paris, de largeur, auront au sortir du métier une aune moins un seize, même mesure; & elles auront en chaîne au moins quarante portées de quarante fils chacune, faisant seize cens fils ; le tout, à peine de confiscation desdites Toiles, qui seront coupées de deux aunes en deux aunes, & de trente livres d'Amende par chaque piece.

XXIV. La longueur desdites Toiles qui se fabriquent à Laigle & aux environs, ne poura excéder soixante aunes, mesure de Paris, à peine de dix livres d'Amende par chaque piece, dont l'excédent d'aunage sera coupé & confisqué au profit des pauvres de l'Hôpital.

XXV. Les Toiles qui se fabriquent à Laigle & aux environs, en fil d'étoupe de chanvre, tant en chaîne qu'en trame, qui ne sont pas destinées à être blanchies, auront en chaîne au moins trente portées de quarante fils chacune, faisant douze cens fils, & une aune moins un seize, mesure de Paris, de largeur au sortir du métier; le tout, à peine de confiscation desdites Toiles, qui seront coupées de deux aunes en deux aunes, & de dix livres d'Amende par chaque piece.

XXVI. Les Toiles apellées *Cannevas*, servant pour les

embalages, qui se fabriquent à Laigle & aux environs, en fil du plus gros du chanvre, tant en chaîne qu'en trame, qui ne sont pas destinées à être blanchies, auront en chaîne au moins vingt-cinq portées de quarante fils chacune, faisant mille fils, & trois quarts & demi d'aune, mesure de Paris, de largeur au sortir du mêtier ; le tout, sous les peines portées par l'Article précédent.

XXVII. Les Toiles qui se fabriquent à Argentan & aux environs, en fil de brin de chanvre, tant en chaîne qu'en trame, qui doivent avoir après avoir été blanchies, trois quarts & demi d'aune, mesure de Paris, de largeur, auront au sortir du mêtier une aune moins un seize, même mesure, & elles auront en chaîne au moins quarante-deux portées de quarante fils chacune, faisant seize cens quatre-vingt fils ; le tout, à peine de confiscation desdites Toiles, qui seront coupées de deux aunes en deux aunes, & de trente livres d'Amende par chaque piece.

XXVIII. La longueur desdites Toiles qui se fabriquent à Argentan & aux environs, ne poura excéder soixante aunes, mesure de Paris, à peine de dix livres d'Amende par chaque piece, dont l'excédent d'aunage sera coupé & confisqué au profit des pauvres de l'Hôpital.

XXIX. Lesdites Toiles qui se fabriquent en fil du plus gros du chanvre, tant en chaîne qu'en trame, qui ne sont pas destinées à être blanchies, auront en chaîne au moins vingt-deux portées de quarante fils chacune, faisant huit cens quatre-vingt fils, & une aune moins un seize, mesure de Paris, de largeur, au sortir du mêtier ; le tout, à peine de confiscation desdites Toiles, qui seront coupées de deux aunes en deux aunes, & de dix livres d'Amende par chaque piece.

XXX. Les Toiles qui se fabriquent à Vimoutier & aux environs, en fil de brin de chanvre, tant en chaîne qu'en trame, de la premiere largeur, qui ne sont pas destinées à être blanchies, auront une aune, mesure de Paris, de largeur au sortir du mêtier ; & elles auront en chaîne au moins, suivant le compte dans lequel elles seront fabriquées, le nombre de portées & de fils ci-après fixé, chaque portées étant de quarante fils ; Sçavoir,

Celles du compte en seize, quarante-cinq portées, faisant dix-huit cens fils.

Celles du compte en dix-huit, cinquante portées, faisant deux mille fils.

Celles du compte en vingt, cinquante-cinq portées, faisant deux mille deux cens fils.

Celles du compte en vingt-deux, soixante portées, faisant deux mille quatre cens fils.

Et celles du compte en vingt-quatre, soixante-cinq portées, faisant deux mille six cens fils.

Le tout, à peine de confiscation desdites Toiles, qui seront coupées de deux aunes en deux aunes, & de cinquante livres d'Amende par chaque piece.

XXXI. Lesdites Toiles qui se fabriquent en fil de brin de chanvre, tant en chaîne qu'en trame, de la seconde largeur, qui ne sont pas destinées à être blanchies, auront une aune moins un douziéme, mesure de Paris, de largeur, au sortir du mêtier; & elles auront en chaîne au moins, suivant le compte dans lequel elles seront fabriquées, le nombre de portées & de fils ci-après fixé, chaque portées étant de quarante fils; Sçavoir,

Celles du compte en seize, quarante portées, faisant seize cens fils.

Celles du compte en dix-huit, quarante-cinq portées, faisant dix-huit cens fils.

Celles du compte en vingt, cinquante portées, faisant deux mille fils.

Celles du compte en ving-deux, cinquante-cinq portées, faisant deux mille deux cens fils.

Celles du compte en vingt-quatre, soixante portées, faisant deux mille quatre cens fils.

Et celles du compte en vingt-six, soixante-cinq portées, faisant deux mille six cens fils.

Le tout sous les peines portées par l'Article précédent.

XXXII. Lesdites Toiles qui se fabriquent à Vimoutier & aux environs, en fil d'étoupe de chanvre ou du gros du chanvre, tant en chaîne qu'en trame, qui ne sont pas destinées à être blanchies, auront une aune, mesure de Paris, de largeur au sortir du mêtier; & elles auront en chaîne au moins, suivant le compte dans lequel elles seront fabriquées, le nombre de portées & de fils ci-après fixé, chaque portées étant de quarante fils; Sçavoir,

DECLARATIONS ET ARRESTS. 655

Celles du compte en seize, trente portées, faisant douze cens fils.

Celles du compte en dix-huit, trente-deux portées & demie, faisant treize cens fils.

Celles du compte en vingt, trente-cinq portées, faisant quatorze cens fils.

Celles du compte en vingt-deux, trente-sept portées & demie, faisant quinze cens fils.

Et celles du compte en vingt-quatre, quarante portées, faisant seize cens fils, & ainsi des autres comptes en augmentant de deux portées & demie en deux portées & demie d'un compte à l'autre.

Le tout, à peine de confiscation desdites Toiles, qui seront coupées de deux aunes en deux aunes, & de dix livres d'Amende par chaque piece.

XXXIII. La chaîne & la trame des diférentes sortes de Toiles & Cannevas, comprises dans les Articles ci-dessus du present Réglement, sous quelque dénomination que ce soit, & à quelque usage qu'elles soient destinées, seront composées toutes de fil de brin de chanvre, ou toutes de fil d'étoupe de chanvre, ou toutes de fil du gros du chanvre, ou toutes de fil du plus gros du chanvre, sans aucun mêlange de fils d'une desdites sortes avec l'autre, à l'exception des Toiles comprises dans l'Article XVII. ci-dessus, dont la chaîne est composée de fil de brin de chanvre, & la trame de fil du gros chanvre; il ne poura être emploïé dans les diférentes sortes desdites Toiles & Cannevas, aucuns fils gâtez, roüillez ou boiseux, & lesdits fils seront lessivez au moins deux fois, ensorte qu'il n'y reste ni crasse ni bois, excepté ceux d'étoupe, & ceux du gros & du plus gros du chanvre, qui pourront être emploïez en écrû, ou après avoir été simplement écruez, & les diférentes sortes desdites Toiles seront faites de fils d'une même couleur, sans que la chaîne puisse être de fil brun lessivé, & la trame de fil plus blanc, ou la chaîne de fil plus blanc, & la trame de fil brun lessivé; le tout, à peine de confiscation desdites Toiles & Cannevas, qui seront coupées de deux aunes en deux aunes, & de trente livres d'Amende par chaque piece.

XXXIV. Les Toiles apellées *Cretonnes* ou *Courtonnes*, qui se fabriquent à Lisieux, à Vimoutier & aux environs, en

1738.
Janvier.

fil de lin, tant en chaîne qu'en trame, qui doivent avoir au retour du blanchissage une aune & demie de largeur, mesuré de Paris, auront au sortir du métier une aune & demie & demi quart, même mesure; & elles auront en chaîne au moins, suivant le compte dans lequel elles seront fabriquées, le nombre de portées & de fils ci-après fixé, chaque portées étant de quarante fils; Sçavoir,

Celles du compte en trente, cent vingt-huit portées, faisant cinq mille cent vingt fils.

Celles du compte en trente-deux, cent trente-sept portées, faisant cinq mille quatre cens quatre-vingt fils.

Celles du compte en trente-quatre, cent quarante-six portées, faisant cinq mille huit cens quarante fils.

Et celles du compte en trente-six, cent cinquante-huit portées, faisant six mille trois cens vingt fils.

Le tout, à peine de confiscation desdites Toiles, qui seront coupées de deux aunes en deux aunes, & de cinquante livres d'Amende par chaque piece.

XXXV. Lesdites Toiles qui se fabriquent en fil de lin, tant en chaîne qu'en trame, qui doivent avoir après avoir été blanchies, une aune & un quart, mesure de Paris, de largeur, auront au sortir du métier une aune & un tiers, même mesure; & elles auront en chaîne au moins, suivant le compte dans lequel elles seront fabriquées, le nombre de portées & de fils ci-après fixé, chaque portées étant de quarante fils; Sçavoir,

Celles du compte en vingt-huit, quatre-vingt-dix-sept portées, faisant trois mille huit cens quatre-vingt fils.

Celles du compte en trente, cent deux portées, faisant quatre mille quatre-vingt fils.

Celles du compte en trente-deux, cent huit portées, faisant quatre mille trois cens vingt fils.

Celles du compte en trente-quatre, cent seize portées, faisant quatre mille six cens quarante fils.

Celles du compte en trente-six, cent vingt-trois portées, faisant quatre mille neuf cens soixante fils.

Et celles du compte en trente-huit, cent trente portées, faisant cinq mille deux cens fils.

Le tout, sous les peines portées par l'Article précédent.

XXXVI. Lesdites Toiles qui se fabriquent en fil de lin,
tant

DECLARATIONS ET ARRESTS.

tant en chaîne qu'en trame, qui doivent avoir au retour du blanchissage un aune & demi quart, mesure de Paris, de largeur, auront au sortir du métier une aune & demi tiers, même mesure; & elles auront en chaîne au moins, suivant le compte dans lequel elles seront fabriquées, le nombre de portées & de fils ci-après fixé, chaque portée étant de quarante fils ; Sçavoir,

Celles du compte en vingt-huit, quatre-vingt-sept portées, faisant trois mille quatre cens quatre-vingt fils.

Celles du compte en trente, quatre-vingt-douze portées, faisant trois mille six cens quatre-vingt fils.

Celles du compte en trente-deux, quatre-vingt-dix-huit portées, faisant trois mille neuf cens vingt fils.

Celles du compte en trente-quatre, cent quatre portées, faisant quatre mille cent soixante fils.

Et celles du compte en trente-six, cent dix portées, faisant quatre mille quatre cens fils.

Le tout, sous les mêmes peines que ci-dessus.

XXXVII. Lesdites Toiles qui se fabriquent en fil de lin, tant en chaîne qu'en trame, qui doivent avoir après avoir été blanchies une aune, mesure de Paris, de largeur, auront au sortir du métier une aune & un douziéme, même mesure ; & elles auront en chaîne au moins, suivant le compte dans lequel elles seront fabriquées, le nombre de portées, & de fils ci-après fixé, chaque portée étant de quarante fils ; Sçavoir,

Celles du compte en vingt-quatre, soixante-sept portées, faisant deux mille six cens quatre-vingt fils.

Celles du compte en vingt-six, soixante-treize portées, faisant deux mille neuf cens vingt fils.

Celles du compte en vingt-huit, soixante-dix-huit portées, faisant trois mille cent vingt fils.

Celles du compte en trente, quatre-vingt-trois portées, faisant trois mille trois cens vingt fils.

Celles du compte en trente-deux, quatre-vingt-neuf portées, faisant trois mille cinq cens soixante fils.

Celles du compte en trente-quatre, quatre-vingt-quinze portées, faisant trois mille huit cens fils.

Celles du compte en trente-six, cent une portées, faisant quatre mille quarante fils.

II. Suite du N. R.

Celles du compte en trente-huit, cent huit portées, faisant quatre mille trois cens vingt fils.

Et celles du compte en quarante, cent seize portées, faisant quatre mille six cens quarante fils.

Le tout, sous les peines portées ci-dessus.

XXXVIII. Lesdites Toiles qui se fabriquent en fil de lin, tant en chaîne qu'en trame, qui doivent avoir au retour du blanchissage trois quarts & demi d'aune, mesure de Paris, de largeur, auront au sortir du mêtier une aune moins un seize, même mesure ; & elles auront en chaîne au moins, suivant le compte de fils dans lequel elles seront fabriquées, le nombre de portées & de fils ci-après fixé, chaque portée étant de quarante fils ; Sçavoir,

Celle du compte en vingt-quatre, cinquante-huit portées, faisant deux mille trois cens vingt fils.

Celles du compte en vingt-six, soixante-trois portées, faisant deux mille cinq cens vingt fils.

Celles du compte en vingt-huit, soixante-huit portées, faisant deux mille sept cens vingt fils.

Celles du compte en trente, soixante-treize portées, faisant deux mille neuf cens vingt fils.

Celles du compte en trente-deux, soixante-dix-huit portées, faisant trois mille cent vingt fils.

Celles du compte en trente-quatre, quatre-vingt-trois portées, faisant trois mille trois cens vingt fils.

Celles du compte en trente-six, quatre-vingt-neuf portées, faisant trois mille cinq cens soixante fils.

Celles du compte en trente-huit, quatre-vingt-quinze portées, faisant trois mille huit cens fils.

Et celles du compte en quarante, cent portées, faisant quatre mille fils.

Le tout, sous les peines portées ci-dessus.

XXXIX. Lesdites Toiles qui se fabriquent en fil de lin, tant en chaîne qu'en trame, qui doivent avoir après avoir été blanchies, deux tiers d'aune, mesure de Paris, de largeur, auront au sortir du mêtier trois quarts d'aune moins un demi seize, même mesure ; & elles auront en chaîne au moins suivant le compte dans lequel elles seront fabriquées, le nombre de portées & de fils ci-après fixé, chaque portée étant de quarante fils ; Sçavoir,

DECLARATIONS ET ARRESTS.

Celles du compte en vingt-quatre, quarante-cinq portées, faisant dix-huit cens fils.

Celles du compte en vingt-six, quarante-neuf portées, faisant dix-neuf cens soixante fils.

Celles du compte en vingt-huit, cinquante-trois portées, faisant deux mille cent vingt fils.

Celles du compte en trente, cinquante-sept portées, faisant deux mille deux cens quatre-vingt fils.

Celles du compte en trente-deux, soixante-une portées, faisant deux mille quatre cens quarante fils.

Celles du compte en trente-quatre, soixante-six portées, faisant deux mille six cens quarante fils.

Celles du compte en trente-six, soixante-onze portées, faisant deux mille huit cens quarante fils.

Celles du compte en trente-huit, soixante-quinze portées, faisant trois mille fils.

Et celles du compte en quarante, quatre-vingt portées, faisant trois mille deux cens fils.

Le tout, sous les mêmes peines que ci-dessus.

XL. La longueur des pieces des diférentes sortes de Toiles, comprises dans les Articles XXXIV. XXXV. & jusques & compris l'Article XXXIX. ci-dessus, ne poura excéder soixante-douze aunes, mesure de Paris, à peine de dix livres d'Amende par chaque piece, dont l'excédent d'aunage sera coupé & confisqué au profit des pauvres de l'Hôpital.

XLI. Les Toiles apellées *Serviettes*, destinées à faire des serviettes, qui se fabriquent à Lisieux, à Vimoutier, & aux environs en fil de lin, tant en chaîne qu'en trame, qui doivent avoir au retour du blanchissage, deux tiers d'aune, mesure de Paris, de largeur, auront au sortir du métier trois quarts d'aune moins un demi seize, même mesure; & elles auront en chaîne au moins, suivant le compte dans lequel elles seront fabriquées, le nombre de portées & de fils ci-après fixé, chaque portée étant de quarante fils; Sçavoir,

Celles du compte en vingt-quatre, quarante-cinq portées, faisant dix-huit cens fils.

Celles du compte en vingt-six, quarante-neuf portées, faisant dix-neuf cens soixante fils.

Celles du compte en vingt-huit, cinquante-trois portées, faisant deux mille cent vingt fils.

Celles du compte en trente, cinquante-sept portées, faisant deux mille deux cens quatre-vingt fils.

Celles du compte en trente-deux, soixante-une portées, faisant deux mille quatre cens quarante fils.

Celles du compte en trente-quatre, soixante-six portées, faisant deux mille six cens quarante fils.

Celles du compte en trente-six, soixante-onze portées, faisant deux mille huit cens quarante fils.

Celles du compte en trente-huit, soixante-quinze portées, faisant trois mille fils.

Et celles du compte en quarante, quatre-vingt portées, faisant trois mille deux cens fils.

Chaque serviette contiendra une aune de long en écrû, mesure de Paris, & la piece soixante-douze aunes de longueur, même mesure, au sortir du mêtier, ensorte qu'il se trouve six douzaines de serviettes dans l'étenduë de la piece; & chacune desdites serviettes sera séparée & distinguées par des linteaux ou raïes, composées de quatre à six fils bleus de bon teint.

Le tout, à peine de confiscation des pieces desdites serviettes, qui seront coupées de deux aunes en deux aunes, & de cinquante livres d'Amende par chaque piece.

XLII. Les Toiles apellées de *Brionne*, qui se fabriquent à Bernay, à Beaumont-le-Roger & aux environs en fil de lin, tant en chaîne qu'en trame, qui doivent avoir après avoir été blanchies, deux tiers d'aune de largeur, mesure de Paris, auront au sortir du mêtier trois quarts d'aune moins un demi seize, même mesure ; & elles auront en chaîne au moins quarante-cinq portées de quarante fils chacune, faisant dix-huit cens fils ; le tout, à peine de confiscation desdites Toiles, qui seront coupées de deux aunes en deux aunes, & de cinquante livres d'Amende par chaque piece.

XLIII. La longueur des pieces desdites Toiles de Brionne ne poura excéder soixante-douze aunes, mesure de Paris, à peine de dix livres d'Amende par chaque piece, dont l'excédent d'aunage sera coupé & confisqué au profit des pauvres de l'Hôpital.

XLIV. La chaîne & la trame des diférentes sortes de Toiles, comprises dans les Articles XXXIV. XXXV. & jusques & compris l'Article XLII. ci-dessus, seront composées

DECLARATIONS ET ARRESTS.

1738. Janvier.

toutes de fil de lin leſſivé au moins deux fois, enſorte qu'il n'y reſte ni craſſe ni bois, ſans aucun mêlange de fils de chanvre, ou d'étoupe de lin & de chanvre, & ſeront faites de fils d'une même couleur, ſans que la chaîne puiſſe être de fil brun leſſivé, & la trame de fil plus blanc, ou la chaîne de fil plus blanc, & la trame de fil brun leſſivé, ni qu'il puiſſe y être emploïé aucuns fils gâtez, roüillez ou boiſeux; le tout, à peine de confiſcation des Toiles qui ſeront coupées de deux aunes en deux aunes, & de cinquante livres d'Amende par chaque piece.

XLV. Les Toiles qui ſe fabriquent à Bernay, à Beaumont-le-Roger & aux environs, en fil d'étoupe de lin, tant en chaîne qu'en trame, qui ne ſont pas deſtinées à être blanchies, auront en chaîne trente portées au moins de quarante fils chacune, faiſant douze cens fils, & une aune moins un ſeize, meſure de Paris, de largeur au ſortir du mêtier; le tout, à peine de confiſcation deſdites Toiles, qui ſeront coupées de deux aunes en deux aunes, & de vingt livres d'Amende par chaque piece.

XLVI. Les Coutils raïez larges, qui ſe fabriquent à la Ferté-Macé & aux environs, auront en chaîne au moins trente-deux portées de quarante fils chacune, faiſant douze cens quatre-vingt fils, & demi-aune, meſure de Paris, de largeur, au ſortir du mêtier; la chaîne & la trame deſdits Coutils ſeront compoſées de fil de chanvre blanchi, & les fils de la chaîne deſtinez à former les raïes deſdits Coutils, ſeront teints en noir ou autres couleurs de bon teint; le tout, à peine de confiſcation deſdits Coutils, qui ſeront coupez de deux aunes en deux aunes, & de trente livres d'Amende par chaque piece.

XLVII. Leſdits Coutils raïez étroits, auront en chaîne au moins vingt-quatre portées de quarante fils chacune, faiſant neuf cens ſoixante fils, & un quart & demi d'aune, meſure de Paris, de largeur, au ſortir du mêtier; la chaîne & la trame deſdits Coutils, ſeront compoſées de fil de chanvre blanchi, & les fils de la chaîne deſtinez à former les raïes deſdits Coutils, ſeront teints en noir ou autres couleurs de bon teint; le tout, ſous les peines portées par l'Article précédent.

XLVIII. Pourront néanmoins les Fabriquans & Tiſſerans, augmenter le nombre des fils de la chaîne fixé pour les diférentes ſortes de Toiles, Cannevas & Coutils, compriſes dans les Articles ci-deſſus, ſous quelque dénomination que ce ſoit, & à quelque uſage qu'elles ſoient deſtinées, ſuivant & à proportion de la fineſſe & de la qualité des fils qu'ils y emploïeront, ſans que ladite augmentation de fils puiſſe être moindre d'une portée de quarante fils, ni que ſous prétexte de ladite augmentation, leſdits Fabriquans & Tiſſerans puiſſent augmenter les largeurs preſcrites par leſdits Articles, pour chaque ſorte deſdites Toiles, Cannevas & Coutils, ſous les peines y portées.

XLIX. La chaîne & la trame des Toiles apellées d'*Embalage*, ou *Gros-Cannevas*, qui ſe fabriquent dans la Généralité d'Alençon, qui ne ſont pas compriſes dans les Articles ci-deſſus du preſent Réglement, ſeront faites de fil d'étoupe de lin, ou de fil d'étoupe de chanvre, ou de fil du gros du chanvre; leſdites Toiles ſeront compoſées en chaîne du nombre de portées & de fils convenable à leur qualité & aux diférentes largeurs ci-après fixées, & elles auront au ſortir du métier; Sçavoir,

Celles de la premiere largeur, une aune de large, meſure de Paris.

Celles de la ſeconde largeur, trois quarts & demi d'aune de large, meſure de Paris.

Celles de la troiſiéme largeur, trois quarts d'aune de large, meſure de Paris.

Celles de la quatriéme largeur, deux tiers d'aune de large, meſure de Paris.

Et celles de la cinquiéme & derniere largeur, demi-aune & un douziéme de large, meſure de Paris.

Le tout, à peine de confiſcation deſdites Toiles qui ſeront coupées de deux aunes en deux aunes, & de dix livres d'Amende par chaque piece.

L. Toutes les Toiles des diférentes ſortes qui ſe fabriquent dans l'étenduë de la Genéralité d'Alençon, apellées *Toiles-fortes* ou d'*Uſage*, ſans autre dénomination particuliere, même celles deſtinées à faire des ſerviettes, napes & doubliers, unies ou ouvrées, qui ne ſont pas compriſes dans les Articles précédens du preſent Réglement, ſeront faites, tant en chaîne qu'en trame, toutes de fil de lin, ou toutes de fil de chanvre, ou toutes d'étoupe de lin, ou toutes d'étoupe de chanvre, ou toutes du gros du chanvre, ſans aucun mêlange

DECLARATIONS ET ARRESTS. 663

de fils d'une defdites fortes avec l'autre ; lefquels fils feront leffivez au moins deux fois, enforte qu'il n'y refte ni craffe ni bois, à l'exception néanmoins des fils d'étoupe de lin, & des fils d'étoupe, ou du gros du chanvre, qui pouront être emploïez en écru ou après avoir été fimplement écruez ; & lefdites Toiles feront faites de fils d'une même couleur, fans que la chaîne puiffe être de fil brun leffivé, & la trame de fil plus blanc, ou la chaîne de fil plus blanc, & la trame de fil brun leffivé, ni qu'il puiffe y en être emploïé aucuns gâtez, roüillez ou boifeux ; le tout, à peine de confifcation defdites Toiles, qui feront coupées de deux aunes en deux aunes, & de cinquante livres d'Amende par chaque piece.

LI. Pouront néanmoins les Frabriquans & Tifferans, fabriquer une feule forte de Toile d'une aune de large, dont la chaîne fera compofée de fil de brin de chanvre, & la trame de fil d'étoupe, ou du gros du chanvre, à peine de confifcation de celles qui feroient fabriquées dans une autre largeur, & de cinquante livres d'Amende par chaque piece.

LII. Lefdites Toiles apellées *Fortes* ou d'*Ufage*, fans autre dénomination, & celles deftinées à faire des ferviettes, napes & doubliers, unies ou ouvrées, feront compofées en chaîne du nombre de portées & de fils convenable à leur qualité & aux diférentes largeurs ci-après fpécifiées ; & elles auront, tant au fortir du mêtier, qu'au retour du blanchiffage, les largeurs fixées par le prefent Article ; Sçavoir,

Celles qui doivent avoir après avoir été blanchies, une aune & demie de largeur, mefure de Paris, auront au fortir du mêtier une aune & demie & demi quart, même mefure.

Celles qui doivent avoir au retour du blanchiffage, une aune & un quart de largeur, mefure de Paris, auront au fortir du mêtier une aune & un tiers, même mefure.

Celles qui doivent avoir après avoir été blanchies, une aune & demi quart de largeur, mefure de Paris, auront au fortir du mêtier une aune & demi tiers, même mefure.

Celles qui doivent avoir au retour du blanchiffage, une aune de largeur, mefure de Paris, auront au fortir du mêtier une aune & un douziéme, même mefure.

Celles qui doivent avoir après avoir été blanchies, trois quarts & demi d'aune de largeur, mefure de Paris, auront au fortir du mêtier une aune moins un feize, même mefure.

Celles qui doivent avoir au retour du blanchiſſage, trois quarts d'aune de largeur, meſure de Paris, auront au ſortir du mêtier cinq ſixiémes d'aune, même meſure.

Celles qui doivent avoir après avoir été blanchies, deux tiers d'aune de largeur, meſure de Paris, auront au ſortir du mêtier trois quarts d'aune moins un demi ſeize, même meſure.

Et celles qui doivent avoir au retour du blanchiſſage, demi-aune & un douziéme de largeur, meſure de Paris, auront au ſortir du mêtier demi-aune demi quart, même meſure.

Le tout, à peine de confiſcation deſdites Toiles, qui ſeront coupées de deux aunes en deux aunes, & de cinquante livres d'Amende par chaque piece.

LIII. Fait Sa Majeſté défenſes à tous Fabriquans, Tiſſerans, Ouvriers & autres, de fabriquer ni faire fabriquer aucunes des diférentes ſortes de Toiles, Cannevas & Coutils, compriſes dans le preſent Réglement, ſous quelque dénomination que ce ſoit, ni ſous prétexte d'être deſtinées à leur uſage perſonnel, ou à celui des particuliers qui les leur auroient ordonnées, d'autres largeurs que celles ci-deſſus preſcrites, à peine de confiſcation deſdites Toiles, Cannevas & Coutils, qui ſeront coupées de deux aunes en deux aunes, & de cinquante livres d'Amende par chaque piece.

LIV. Permet néanmoins Sa Majeſté auſdits Fabriquans, Tiſſerans & Ouvriers, de fabriquer & faire fabriquer des Toiles de largeur au-deſſus de celle d'une aune & demie & demi quart, meſure de Paris, au ſortir du mêtier, fixée par les Articles I. XXXIV. & LII. ci-deſſus, à la charge que l'excédent de largeur au ſortir du mêtier, ne poura être que de demi-quart d'aune en demi-quart d'aune, au-deſſus d'une aune & demie & demi-quart; & qu'à l'égard des Toiles dont le nombre des portées eſt fixé, leſdits Fabriquans, Tiſſerans & Ouvriers, ſeront tenus d'augmenter le nombre des portées & des fils à proportion de ladite augmentation; le tout, ſous les peines portées par l'Article précédent.

LV. Les fils dont ſeront compoſées la chaîne & la trame des diférentes ſortes de Toiles, Cannevas & Coutils, compriſes dans le preſent Réglement, ſous quelque dénomination que ce ſoit, & à quelque uſage qu'elles ſoient deſtinées, ſeront également filez, d'égale groſſeur & de même qualité

d'un

DECLARATIONS ET ARRESTS.

d'un bout à l'autre de la piece, en obfervant néanmoins d'emploïer dans la chaîne les fils d'une même forte qui fe trouveront un peu plus ronds, & dans la trame ou titure ceux qui feront un peu plus fins; la trame ou titure defdites Toiles, Cannevas & Coutils, fera fufifamment garnie de fils, & également frapée de la tête à la queuë, enforte qu'elles foient d'une égale bonté, force & fineffe dans toute l'étenduë de la piece, & fans que l'une des lifiéres, ou qu'une partie de la piece puiffe être diférente ou inégale de l'autre, ni qu'il puiffe y être fait des bregeons ou qu'il puiffe y avoir aucuns fils de la trame qui ne traverfent pas enciérement la chaîne; le tout, fous les mêmes peines que ci-deffus.

LVI. Fait Sa Majefté défenfes à toutes perfonnes, de mêler dans un même écheveau ou paquet de fil, des fils de diférentes matieres & qualitez, d'inégale groffeur & couleur, & inégalement filez, de former aucun paquet de fil du poids au-deffus de dix livres poids de marc, & dont le lien ne foit de fil de même qualité que celui des écheveaux, & d'en compofer aucuns dont les fils deftinez à la fabrication des diférentes fortes de Toiles comprifes dans le prefent Réglement, fous quelque dénomination que ce foit, & à quelqu'ufage qu'elles foient deftinées, qui doivent être blanchies, ne foient bien léffivez, & préparez & fechez, de façon qu'il n'y refte aucune humidité; comme auffi, d'expofer en vente ni vendre aucun écheveaux, ou paquets defdits fils ainfi mêlez, ou qui excédent le poids ci-deffus ordonné, & dont les fils ne foient conformes à ce qui eft prefcrit par le prefent Article; le tout, à peine de confifcation defdits fils, dont les écheveaux feront coupez en trois, & de cinquante livres d'Amende par chaque contravention.

LVII. Fait pareillement Sa Majefté défenfes à tous Regratiers, de fe trouver dans les Marchez où fe vendent les fils pendant qu'ils fe tiennent, à peine de cent livres d'Amende païable par corps, & de plus grande peine en cas de récidive; comme auffi d'y acheter aucuns écheveaux ni paquets de fils, à peine de confifcation defdits fils, & de pareille Amende de cent livres.

LVIII. Fait auffi Sa Majefté défenfes aux Tifferands & Ouvriers, qui traivailleront pour le compte des Fabriquans, de recevoir defdits Fabriquans aucuns fils, foit pour la chaîne

II. Suite du N. R.

ou pour la trame des diférentes sortes de Toiles, Cannevas & Coutils, comprises dans le présent Réglement, sous quelque dénomination que ce soit, & à quelqu'usage qu'elles soient destinées, qu'ils ne soient de la qualité prescrite par icelui, pour chacune des diférentes sortes desdites Toiles, Cannevas & Coutils, ni aucunes chaîne ourdie pour les diférentes sortes desdites Toiles, Cannevas & Coutils, dont le nombre de portées & de fils est réglé, qu'elles n'aïent au moins le compte de fils fixé pour chaque sorte & qualité desdites Toiles, Cannevas & Coutils ; le tout, à peine, en cas de contravention, de confiscation desdites chaînes & trames, & de trente livres d'Amende, païable par corps contre lesdits Tisserands & Ouvriers.

LIX. Seront tenus les Fabriquans, Tisserands & Ouvriers, de laisser aux deux bouts de chaque piece des Toiles destinées à faire des serviettes qu'ils fabriqueront, une bande de Toile d'un seiziéme d'aune de long par augmentation, séparée & distinguée de la premiere & de la derniere serviette par un fil bleu, pour recevoir, tant la marque du Fabriquant que celle de Visite & autres ; & de laisser aussi à l'un des bouts de chaque piece, tant desdites Toiles destinées à faire des serviettes, que de toutes les autres sortes de Toiles, Cannevas & Coutils qu'ils fabriqueront, un peigne ou pesne de la chaîne, sans être tramé ou tissu de deux pouces six lignes de longueur au moins, dont les fils seront noüez par portées de quarante fils chacune pour lesdites Toiles destinées à faire des serviettes, & pour toutes les autres sortes de Toiles, Cannevas & Coutils, dont les portées sont fixées à quarante fils ; & pour celles dont le compte des fils n'est pas fixé par le présent Réglement, par pareilles portées de quarante fils chacune, à l'exception de la derniere, qui sera également noüée, & composée des fils restant ; le tout, à peine en cas de contravention, de cinquante livres d'Amende par chaque piece.

LX. Les rots & les lames servant à la Fabrique des diférentes sortes de Toiles, Cannevas & Coutils, comprises dans le présent Réglement, sous quelque dénomination que ce soit, & à quelqu'usage quelles soient destinées, seront également compassez & divisez dans toute leur étendüe, ensorte qu'ils ne soient pas plus serrez aux lisieres que dans le milieu, & ils auront en rot plus qu'en toile, au moins deux lignes par

DECLARATIONS ET ARRESTS. 667

chaque seiziéme d'aune, à peine de confiscation desdits rots & lames qui seront rompus & brisez, de cinquante livres d'Amende, tant contre les Lamiers & faiseurs de rots, que contre les Fabriquans, Tisserands & Ouvriers qui les auroient faits pour leur usage.

LXI. Lesdits rots & lames qui ne se trouveront pas conformes à ce qui est prescrit par l'Article précédent, seront réformez au plûtard dans trois mois, à compter du jour de la publication du present Réglement ; & faute par les Fabriquans, Tisserands & Ouvriers, d'y satisfaire dans ledit tems, lesdits rots & lames seront rompus & brisez en presence des Juges des Manufactures, & les contrevenans condamnez en cinquante livres d'Amende pour chaque contravention.

LXII. Fait Sa Majesté défenses aux Lamiers ou faiseurs de rots, de faire à l'avenir, & à commencer du jour de la publication du present Réglement, aucuns rots & lames qu'ils ne soient conformes à ce qui est prescrit par l'Article LX, ci-dessus, & d'en exposer en vente ni vendre, qu'ils ne soient marquez à feu de leur marque particuliere ; comme aussi aux Fabriquans, Tisserands & Ouvriers de s'en servir, qu'ils ne soient marquez de ladite marque pour ceux qu'ils auront achetez, ou de leur marque particuliere, s'ils les ont faits pour leur usage ; le tout, sous les peines portées par l'Article précédent.

LXIII. Seront tenus lesdits Lamiers ou faiseurs de rots, & lesdits Fabriquans, Tisserands & Ouvriers qui feront des rots pour leur usage, de déposer au Gréfe de la Jurisdiction des Manufactures dont ils ressortiront, une empreinte de leur marque particuliere qui sera mise sans frais sur le Regiftre dudit Gréfe, en presence du Juge des Manufactures, & de signer sur le feüillet où elle sera apliquée, leur déclaration, contenant que c'est la marque dont ils entendent se servir; le tout, à peine de vingt livres d'Amende contre chacun des contrevenans.

LXIV. Seront tenus les Fabriquans, Tisserands & Ouvriers qui travailleront ou feront travailler pour leur compte, même les Marchands qui feront travailler les Ouvriers à façon, d'avoir chacun un coin ou marque, sur laquelle seront gravez la premiere lettre de leur nom, & leur surnom, & le nom du lieu de leur demeure en entier & sans abréviation, & d'en apliquer l'empreinte avec de l'huile & du noir de fumée à la tête & la queuë de chaque piece des diférentes sortes de Toiles, Cannevas & Coutils, comprises dans le present Réglement, sous quelque dénomination que ce soit, & à quelqu'usage qu'elles soient destinées, qu'ils auront fabriquées ou fait fabriquer, laquelle marque sera mise sur lesdites Toiles, Cannevas & Coutils au sortir du mêtier, & avant qu'elles puissent être presentées à la Visite; comme aussi, de mettre à côté de ladite marque, de même avec de l'huile & du noir de fumée, le nombre de portées dont elles seront composées, & l'aunage que chaque piece contiendra; le tout, à peine de confiscation desdites Toiles, Cannevas & Coutils, & de cinquante livres d'Amende par chaque piece.

LXV. Fait Sa Majesté défenses ausdits Fabriquans, Tisserands & Ouvriers, de se servir de la marque d'un autre Fabriquant, Tisserand & Ouvrier, ni de la contrefaire, ni de mettre des noms suposez au lieu du leur, à la tête ni à la queuë d'aucunes pieces des diférentes sortes de Toiles, Cannevas & Coutils comprises dans le present Réglement, sous quelque dénomination que ce soit & à quelqu'usage qu'elles soient destinées, qu'ils auront fabriquées ou fait fabriquer, à peine de confiscation desdites Toiles, Cannevas & Coutils, de trois cens livres d'Amende, de déchéance de la Maîtrise, & d'interdiction du commerce pour toûjours.

LXVI. Les pieces de diférentes sortes de Toiles, Cannevas & Coutils, comprises dans le present Réglement, sous quelque dénomination que ce soit, à quelqu'usage qu'elles soient destinées, seront pliées par feüillets; sçavoir, les Toiles destinées à faire des serviettes, par plis égaux, chacun de la longueur de chaque serviette, & toutes les autres sortes de Toiles, Cannevas & Coutils, par plis égaux d'une aune chacun, mesure de Paris, sans qu'il puisse être fait dans aucunes desdites pieces des plis, d'autres longueurs que celles fixées par le present Article, ou des empochages, ni y être joint ou cousu aucuns coupons; & lesdites pieces seront pliées, de façon que les deux bouts sur lesquels la marque du Fabriquant sera empreinte, & sur lesquels la marque de Visite devra être apliquée, se trouvent en dehors, & forment le premier & dernier pli desdites pieces; le tout, à peine de confiscation desdites Toiles, Cannevas & Coutils, & de cinquante livres d'Amende par chaque piece & pour chaque contravention.

DECLARATIONS ET ARRESTS.

1738. Janvier.

LXVII. Fait Sa Majesté très-expresses inhibitions & défenses à tous Fabriquans, Tisserands, Ouvriers & autres, de percer à l'avenir aucunes pieces des diférentes sortes de Toiles, Cannevas & Coutils comprises dans le present Réglement, sous quelque dénomination que ce soit, & à quelqu'usage qu'elles soient destinées, avec des poinçons ou des aiguilles, & de les empointer avec des fils & des ficelles dans quelque endroit de la piece, & sous quelque prétexte que ce puisse être, à peine de confiscation desdites Toiles, qui seront coupées de deux aunes en deux aunes, & de cent livres d'Amende par chaque piece.

LXVIII. Toutes les diférentes sortes de Toiles, Cannevas & Coutils comprises dans le present Réglement, sous quelque dénomination que ce soit, & à quelqu'usage qu'elles soient destinées, seront au sortir du métier & avant que de pouvoir être exposées en vente ni vendues, portées par les Fabriquans, Tisserands & Ouvriers dans le Bureau de Visite dont ils dépendent, ou dans le Bureau le plus prochain du lieu de leur demeure, pour y être vûës & visitées par les Gardes-Jurez des Fabriquans en exercice, & si elles sont trouvées conformes au present Réglement, par eux marquées à la tête & à la queuë de chaque piece, de la marque du Bureau où elles auront été visitées, qui sera apliquée avec de l'huile & du noir de fumée; le tout, à peine de confiscation desdites Toiles, Cannevas & Coutils, & de cinquante livres d'Amende par chaque piece.

LXIX. Les diférentes sortes desdites Toiles, Cannevas & Coutils, qui, lors de la visite qui en sera faite dans lesdits Bureaux, ne seront pas trouvées conformes au present Réglement, soit pour n'avoir pas le nombre de portées & de fils en chaîne, les largeurs prescrites pour chaque sorte, ou la marque du Fabriquant, Tisserand & Ouvrier, soit pour autres contraventions, seront saisies à la requête desdits Gardes-Jurez, qui en poursuivront la confiscation pardevant les Juges des Manufactures, avec les condamnations d'amendes ordonnées par le present Réglement, sans que pour quelque cause & sous quelque prétexte que ce soit, ils puissent marquer aucunes pieces desdites Toiles, Cannevas & Coutils, défectueuses, ni les rendre à ceux qui les auront presentées à la visite, à peine de trois cens livres d'Amende contre chacun desdits Gardes-Jurez, & d'être deſtituez de leurs fonctions; ladite amende aplicable moitié au profit de Sa Majeſté, & l'autre moitié au profit des pauvres de l'Hôpital le plus prochain du lieu où les Jugemens auront été rendus.

LXX. Les pieces des diférentes ſortes deſdites Toiles, Cannevas & Coutils, qui, lors deſdites viſites, ne ſeront pas trouvées de même qualité, & également ſerrées & garnies d'un bout à l'autre des pieces, pour n'avoir pas dans toute l'étenduë de la chaîne le nombre de portées & de fils preſcrit par le preſent Réglement pour chaque ſorte deſdites Toiles, Cannevas & Coutils, ſeront par les Gardes-Jurez coupées aux endroits des pieces qui ſeront les plus foibles, pour en compter les fils à l'endroit de la coupe, quoique le peigne ou peſne de la chaîne noüé par portées, ordonné par l'Article LIX. ci-deſſus, contiennent le nombre de fils preſcrit; & en cas que le nombre des fils de la chaîne ſe trouve à l'endroit de la coupe moindre que celui dudit peigne ou peſne, leſdites pieces ſeront ſaiſies par leſdits Gardes-Jurez, qui en pourſuivront la confiſcation pardevant les Juges des Manufactures, avec deux cens livres d'Amende par chaque piece, contre les Fabriquans & Tiſſerands auſquels elles apartiendront, ladite amende païable par corps.

LXXI. Veut Sa Majeſté que les pieces des diférentes ſortes de Toiles & Cannevas, compriſes dans ledit Réglement, ſous quelque dénomination que ce ſoit, & à quelqu'uſage qu'elles ſoient deſtinées, qui, lors deſdites viſites, ſeront trouvées fabriquées conformément à icelui, & qui n'auront d'autre defaut que d'avoir un plus long aunage que celui preſcrit par les précédens Articles, ſoient après que l'excédent d'aunage en aura été coupé, marqué par leſdits Gardes aux deux côtez de l'endroit de la coupe, de la marque du Bureau, pour leur tenir lieu de celle du Fabriquant.

LXXII. Les diférentes ſortes deſdites Toiles, Cannevas & Coutils qui ſeront aportées dans leſdits Bureaux, qui ne pouront être viſitées le même jour qu'elles y ſeront preſentées, ſeront enfermées dans ceux deſdits Bureaux qui ſeront aſſez ſpacieux pour les contenir, juſqu'au premier jour de Bureau qu'elles ſeront viſitées & marquées, conformément à ce qui eſt preſcrit par les Articles LXVIII. LXIX. LXX. & LXXI. ci-deſſus, & enſuite renduës à ceux à qui elles

DECLARATIONS ET ARRESTS. 671

apartiendront, & dans ceux defdits Bureaux où lefdites Toiſes, Cannevas & Coutils ne pouroient être placées, elles eront laiſſées à ceux qui les auront preſentées, pour les raporter au premier jour de Bureau, ſans que ſous quelque prétexte que ce ſoit, ils puiſſent les expoſer en vente ni les vendre, qu'elles n'aïent été marquées de la marque de Viſite de l'un defdits Bureaux, à peine de confiſcation defdites Toiles, Cannevas & Coutils, & de cinquante livres d'Amende par chaque piece.

LXXIII. Seront tous les Fabriquans, Tiſſerands & Ouvriers, travaillant ou faiſant travailler pour leur compte, de preſenter eux-mêmes les diférentes ſortes de Toiles, Cannevas & Coutils compriſes dans le preſent Réglement, ſous quelque dénomination que ce ſoit, & à quelqu'uſage qu'elles ſoient deſtinées, qu'ils auront fabriquées ou fait fabriquer, aux Bureaux de Viſite, pour y être vûës & viſitées : Faiſant Sa Majeſté défenſes à tous Courtiers, Crocheteurs, & autres hommes & femmes de peine, de preſenter, ſous quelque prétexte que ce ſoit, aucunes pieces defdites Toiles, Cannevas & Coutils auſdits Bureaux; le tout, à peine de dix livres d'Amende contre chacun des contrevenans, païable par corps.

LXXIV. Toutes les diférentes ſortes de Toiles, Cannevas & Coutils, compriſes dans le preſent Réglement, ſous quelque dénomination que ce ſoit, & à quelqu'uſage qu'elles ſoient deſtinées, dont le nombre de portées & de fils de la chaîne eſt fixé par le preſent Réglement, qui ſe trouveront fabriquées ou ſur les métiers avant la publication d'icelui, & qui n'auront d'autres défauts que de n'avoir pas le nombre de portées & de fils preſcrit, le peigne ou peſne de la chaîne noüé par portées, & les bandes à la tête & à la queüe de chaque piece des Toiles deſtinées à faire des ſerviettes, ordonnez par l'Article LIX. ci-deſſus, ſeront pendant l'eſpace de trois mois, à compter du jour de la publication du preſent Réglement, portées dans les Bureaux de Viſite, pour y être par les Gardes-Jurez marquées à la tête & à la queüe de chaque piece, d'une marque particuliere, portant ces mots, *Fabrique ancienne* 1738. paſſé lequel tems, celles qui ſe trouveront ſans ladite marque, ou ſans être conforme à ce qui eſt preſcrit par le preſent Réglement, ſeront ſaiſies, pour en être la confiſcation ordonnée par les Juges des Manufactures, coupées de deux aunes, & les Fabriquans, Tisserands & autres ausquels elles apartiendront, condamnez en cinquante livres d'Amende par chaque piece & pour chaque contravention.

LXXV. Veut Sa Majesté qu'après ledit délai de trois mois expiré, le coin qui aura servi à marquer lesdites Toiles, Cannevas & Coutils, soit rompu & brisé en presence des Juges des Manufactures, dont il sera fait mention sur le Regiftre du Gréfe desdites Jurisdictions.

LXXVI. Les coins ou marques destinez à marquer les diférentes sortes de Toiles, Cannevas & Coutils, comprises dans le present Réglement, sous quelque dénomination que ce soit, & à quelqu'usage qu'elles soient destinées, dans les Bureaux où elles seront visitées, contiendront le nom de la Ville ou du lieu où le Bureau sera établi, & la date de l'année, avec mots, *Visite, Toile de lin*, pour celles qui seront fabriquées en lin ; & ces mots, *Visite, Toile de chanvre*, pour celles qui seront fabriquées en chanvre ; lesquels coins ou marques seront rompus & brisez au 2. de Janvier de chaque année, en presence des Juges des Manufactures, à la diligence desquels, les nouveaux coins ou marques dont on devra se servir, seront remis ledit jour 2. de Janvier dans chacun desdits Bureaux ; à l'éfet de quoi il sera fait mention sur le Regiftre du Gréfe de la Juridiction des Manufactures de chacune desdites Villes & lieux, tant des anciennes marques brisées, que de la remise des nouvelles, dont il sera mis une empreinte sur le feüillet dudit Regiftre, sur lequel les mentions ci-dessus ordonnées auront été faites ; & seront lesdits coins ou marques déposez dans chaque Bureau, dans une armoire fermant à deux serrures diférentes, dont les deux anciens Gardes-Jurez en exercice auront chacun une clef.

LXXVII. Les Gardes-Jurez préposez à la Visite des diférentes sortes de Toiles, Cannevas & Coutils, comprises dans le present Réglement, sous quelque dénomination que ce soit & à quelqu'usage qu'elles soient destinées, seront choisis en la maniere ordinaire, entre les principaux Fabriquans & Marchands faisant fabriquer, & nommez chaque année dans une assemblée, qui sera convoquée à cet éfet par le Juge des Manufactures de chacune des Villes & lieux où le Bureau sera établi, & tenuë en sa presence dans le courant du
mois

DECLARATIONS ET ARRESTS

mois de Décembre, pour entrer en exercice au 2. de Janvier suivant, sans que sous quelque prétexte que ce soit, aucuns desdits Fabriquans & Marchands faisant fabriquer, qui auront été nommez, puissent se dispenser de remplir lesdites fonctions, à peine de cent livres d'Amende.

LXXVIII. Lesdits Gardes-Jurez en exercice seront tenus de se trouver dans lesdits Bureaux, aux jours des Foires & Marchez qui se tiennent dans chacune desdites Villes & lieux, aux heures convenables & indiquées, pour visiter & marquer dans lesdits Bureaux les diférentes sortes de Toiles, Cannevas & Coutils, comprises dans le present Réglement, sous quelque dénomination que ce soit & à quelqu'usage qu'elles soient destinées, avant qu'elles puissent être exposées en vente, conformément à ce qui est prescrit par les Articles LXVIII. LXIX. LXX. & LXXI. ci-dessus.

LXXIX. Veut Sa Majesté qu'il soit tenu dans chacun desdits Bureaux, par lesdits Gardes-Jurez des Fabriquans, un Regiftre en papier commun & non timbré, qui sera coté & paraphé sans frais par le Juge des Manufactures, dans lequel sera enregistré de suite par date d'année, mois & jour, & sans aucun blanc ni interligne, le nombre des pieces des diférentes sortes de Toiles, Cannevas & Coutils, comprises dans le present Réglement, sous quelque dénomination que ce soit, & à quelqu'usage qu'elles soient destinées, qui y auront été visitées & marquées chaque jour, en désignant les diférentes qualitez & sortes desdites Toiles, Cannevas & Coutils, & en distinguant celles qui seront fabriquées en lin, de celles qui seront fabriquées en chanvre, & les pieces qui seront marquées, de celles qui seront saisies.

LXXX. Fait Sa Majesté très-expresses inhibitions & défenses à tous Fabriquans, Tisserands, Ouvriers & autres, d'exposer en vente ni vendre, & à tous Marchands & autres, d'acheter aucunes des diférentes sortes de Toiles, Cannevas & Coutils, comprises dans le present Réglement, sous quelque dénomination que ce soit, & à quelqu'usage qu'elles soient destinées, qu'elles ne soient conformes à icelui, qu'elles n'aïent les marques ordonnées par les Articles LXIV. & LXVIII. ci-dessus, & que la visite qui doit être faite dans les Bureaux les jours de Foires & Marchez ne soit entierement finie, à peine de confiscation desdites Toiles, Cannevas & Coutils,

II. Suite du N. R.   Oooo

& de cent livres d'Amende par chaque pieces contre les vendeurs, & de cinq cens livres contre les acheteurs pour la premiere fois, & de pareilles amendes, outre la confiscation, & d'interdiction du Commerce en cas de récidive.

LXXXI. Ne pouront à l'avenir aucuns Fabriquans & Tisserands travaillant ou faisant traivailler pour leur compte, fabriquer ni faire fabriquer aucunes des diférentes sortes de Toiles, Cannevas & Coutils, comprises dans le present Réglement, sous quelque dénomination que ce soit, & à quelqu'usage qu'elles soient destinées, qu'au préalable & dans l'espace de trois mois, à compter du jour de la publication du present Réglement, ils ne se soient fait inscrire par nom, surnom, lieu & demeure au Gréfe de la Jurisdiction des Manufactures dont ils ressortiront, sur un Regiftre particulier, qui sera à cet éfet tenu par le Gréfier de chacune desdites Jurisdictions, en papier commun & non timbré, & signé, coté & paraphé sans frais par le Juge des Manufactures, en marge duquel Registre chaque Fabriquant & Tisserand, sera tenu d'apliquer une empreinte de sa marque à côté de l'enregistrement qui y aura été fait, de son nom & du lieu de sa demeure, dont il leur sera par le Gréfier délivré des certificats en papier commun & non timbré, lesquels lesdits Fabriquans & Tisserands, seront tenus de faire viser par les Sindics ou Tresoriers des lieux de leur domicile, avant que de pouvoir travailler ou faire travailler; le tout, à peine de dix livres d'Amende contre les contrevenans; & ne pouront les Gréfiers exiger plus de cinq sols, tant pour ledit enregistrement, que pour l'expédition de chacun desdits certificats.

LXXXII. Les Gardes-Jurez en exercice des Fabriquans & Tisserands, seront tenus de faire tous les trois mois, & plus souvent s'il est nécessaire, une visite générale chez les Fabriquans & Tisserands établis dans l'étendüe de leur district, pour examiner si les rots & lames qu'ils trouveront chez lesdits Fabriquans & Tisserands, sont conformes à ce qui est ordonné par l'Article LX. ci-dessus, & s'ils emploïent dans la fabrication des diférentes sortes de Toiles, Cannevas & Coutils, comprises dans le present Réglement, sous quelque dénomination que ce soit, & à quelqu'usage qu'elles soient destinées, le nombre de fils & de portées, & les fils des qualitez prescrites pour chaque sorte desdites Toiles, Cannevas

DECLARATIONS ET ARRESTS.

& Coutils ; & si il se trouve lors desdites visites, des rots & lames des Toiles, Cannevas & Coutils & des fils en contravention du present Réglement, lesdits Gardes-Jurez les saisiront, & en poursuivront la confiscation pardevant les Juges des Manufactures, avec les condamnations d'Amende ordonnées.

LXXXIII. Seront tenus lesdits Gardes-Jurez, de se transporter dans les Marchez où se vendent les fils, une heure avant l'ouverture desdits Marchez, à l'éfet d'y visiter les fils qui y seront aportez & exposez en vente, & de saisir ceux qui ne se trouveront pas conformes à ce qui est prescrit par l'Article LVI. du present Réglement, pour en poursuivre la confiscation pardevant les Juges des Manufactures, avec les condamnations d'Amendes ordonnées.

LXXXIV. Seront pareillement tenus les Fabriquans & Tisserands, & ceux qui vendront des fils, de soufrir les visites desdits Gardes-Jurez ordonnées par les Articles LXXXII. & LXXXIII. ci-dessus, soit dans leurs Maisons, Ouvroirs & Boutiques, ou dans les Marchez, sans y aporter aucun empêchement ni leur causer aucun trouble, à peine, en cas de contravention, de trois cens livres d'Amende païable par corps, & de plus grande peine s'il y échet.

LXXXV. Tous les Fabriquans, Tisserands & Ouvriers, seront tenus de se conformer à ce qui est prescrit par le present Réglement, tant pour la largeur & la longueur des diférentes sortes de Toiles, Cannevas & Coutils qui y sont comprises, sous quelque dénomination que ce soit, & à quelqu'usage qu'elles soient destinées, le nombre de portées & de fils dont elles doivent être composées, & pour les matieres qui doivent y être emploïées, que pour la mesure & la marque des rots, le peigne ou pesne de la chaîne qui doit être laissé à l'un des bouts des pieces noüé par portées, & les bandes qui doivent être laissées à la tête & la queuë de chaque piece des Toiles destinées à faire des serviettes, pour y apliquer les marques ; comme aussi, pour les marques des Fabriquans qui doivent être mises, & les marques de visite qui doivent être apliquées à la tête & à la queuë de chaque piece, soit que lesdites Toiles, Cannevas & Coutils soient destinées à être mises dans le Commerce, ou qu'elles soient fabriquées pour leur usage personnel, ou pour celui des particuliers qui les leur auroient ordonnées ; le tout, sous les peines portées par le present Réglement.

LXXXVI. Les diférentes sortes de Toiles, Cannevas & Coutils, comprises dans le present Réglement, sous quelque dénomination que ce soit, & à quelqu'usage qu'elles soient destinées, qui seront vendües dans les Halles, Foires & Marchez de chacune des Villes où il y aura Bureau de Visite établi, y seront mesurées par les Auneurs-Jurez, sur des tables de deux ou trois aunes de long, qui seront posées à cet éfet dans lesdites Halles, sur lesquelles l'aune juste, mesure de Paris & ses partitions seront marquées ; faisant Sa Majesté défenses ausdits Auneurs, d'auner aucunes pieces desdites Toiles, Cannevas & Coutils, ailleurs que dans lesdites Halles & sur lesdites tables, à peine, en cas de contravention, de cent livres d'Amende contre les Auneurs, & même de destitution.

LXXXVII. Lesdits Auneurs marqueront à la tête & à la queuë de chaque piece, avec de l'huile & du noir de fumée, l'aunage des diférentes sortes desdites Toiles, Cannevas & Coutils qu'ils auront mesurées, dont ils seront garans, & ils y apliqueront leur marque particuliere, contenant leurs nom & surnom, de laquelle ils seront tenus de mettre une empreinte sur le Registre du Gréfe de la Jurisdiction des Manufactures, & de signer leur déclaration, qui contiendra, que c'est la marque dont ils entendent se servir ; le tout, à peine de vingt livres d'Amende.

LXXXVIII. Fait Sa Majesté défenses ausdits Auneurs, de marquer l'aunage, ni de mettre leur marque particuliere sur aucune piece des diférentes sortes desdites Toiles, Cannevas & Coutils, qui ne sera pas marquée de la marque de Visite, ou dont la longueur excédera celles fixées par le present Réglement, pour les diférentes sortes desdites Toiles & Cannevas ; le tout, à peine en cas de contravention, de cinquante livres d'Amende & de destitution.

LXXXIX. Les pieces des diférentes sortes de Toiles, Cannevas & Coutils, comprises dans le present Réglement, sous quelque dénomination que ce soit, & à quelqu'usage qu'elles soient destinées, qui seront presentées à l'aunage sans avoir la marque de Visite, seront arrêtées par lesdits Auneurs, & déposées au Bureau de Visite, pour en être la saisie faite à la requête des Gardes-Jurez des Fabriquans, & la confiscation par eux poursuivie pardevant les Juges des Manufac-

DECLARATIONS ET ARRESTS. 677

tures, avec cent livres d'Amende par chaque piece contre ceux aufquels les Toiles apartiendront.

XC. Les pieces des diférentes fortes defdites Toiles & Cannevas, qui lors de l'aunage qui en fera fait par lefdits Auneurs, fe trouveront excéder les longueurs fixées par le prefent Réglement, pour chaque forte defdites Toiles & Cannevas, feront par eux arrêtées & dépofées au Bureau de Vifite, pour en être à la diligence des Gardes-Jurez, l'excédent d'aunage coupé & confifqué au profit des pauvres de l'Hôpital, par Ordonnance du Juge des Manufactures, avec dix livres d'Amende contre ceux aufquels lefdites Toiles apartiendront.

XCI. Lefdits Auneurs tiendront chacun un Regiftre en papier commun & non timbré, qui fera coté & paraphé fans frais par le Juge des Manufactures, dans lequel ils enregiftront de fuite par date d'année, mois & jour, & fans aucun blanc ni interligne, toutes les pieces des diférentes fortes defdites Toiles, Cannevas & Coutils qu'ils auront aunées, avec leur aunage & le nom du vendeur, en diftinguant les pieces qu'ils auront marquées, de celles qu'ils auront arrêtées pour défaut de marque de vifite, ou excédent de longueur; le tout, à peine de cinquante livres d'Amende.

XCII. Les Curandiers ou Blanchiffeurs ne pourront recevoir dans leurs Curanderies ou Blanchifferies, aucunes pieces des diférentes fortes de Toiles comprifes dans le prefent Réglement, fous quelque dénomination que ce foit, & à quelqu'ufage qu'elles foient deftinées, qu'elles ne foient marquées de la marque de vifite ordonnée ci-deffus, à peine de confifcation defdites Toiles, & de cinquante livres d'Amende par chaque piece.

XCIII. Lefdits Curandiers ou Blanchiffeurs & autres, ne pourront, fous quelque prétexte que ce foit, fe fervir pour le blanchiffage des diférentes fortes de Toiles & des fils, de chaux ni autres ingrédiens corofifs, ni les étendre & les laiffer fur les prez, depuis le premier Décembre jufqu'au premier Mars; le tout, à peine d'être refponfables envers les propriétaires defdites Toiles, des dommages qu'elles pouroient en foufrir, & de trois cens livres d'Amende contre les contrevenans.

XCIV. Fait Sa Majefté défenfes à tous Marchands, Fabriquans, Curandiers ou Blanchisseurs & autres personnes, de tirer ni faire tirer aucunes pieces des diférentes sortes desdites Toiles sur leur longueur ni sur leur largeur, soit en écrû ou après avoir été blanchies, avec quelques instrumens, ni de quelque maniere que ce soit, à peine de confiscation desdites Toiles, qui seront coupées de deux aunes en deux aunes, & de trois cens livres d'Amende par chaque piece contre les contrevenans.

XCV. Lesdits Curandiers ou Blanchisseurs seront tenus d'avoir chacun un coin ou marque, sur laquelle seront gravez leur nom & surnom, & le nom du lieu de leur demeure, & d'en apliquer l'empreinte avec de l'huile & du noir de fumée aux deux bouts de chaque piece des diférentes sortes desdites Toiles qu'ils auront blanchies, & à côté de la marque de Visite qui y aura été aposée, laquelle marque sera mise sur lesdites Toiles avant qu'elles puissent être renduës à ceux à qui elles apartiennent; le tout, à peine de cent livres d'Amende contre chacun des contrevenans.

XCVI. Seront pareillement tenus lesdits Curandiers ou Blanchisseurs, de déposer au Gréfe de la Jurisdiction des Manufactures dont ils ressortiront, une empreinte de leur marque particuliere, qui sera mise sans frais sur le Registre dudit Gréfe, en presence du Juge des Manufactures, & de signer sur le feüillet où elle sera apliquée, leur déclaration, contenant que c'est la marque dont ils entendent se servir; le tout, à peine de cinquante livres d'Amende contre chacun des contrevenans.

XCVII. Lesdits Curandiers ou Blanchisseurs tiendront un Registre en papier commun & non timbré, qui sera coté & paraphé sans frais par le Juge de la Jurisdiction des Manufactures dont ils ressortiront, dans lequel ils enregistreront de suite par date d'année, mois & jour, & sans aucun blanc ni interligne, le nombre des pieces des diférentes sortes desdites Toiles qui leur seront données à blanchir, le nom de ceux à qui elles apartiendront, le jour qu'ils les auront reçûës, & celui auquel ils les auront renduës, à peine de cent livres d'Amende contre chacun des contrevenans.

XCVIII. Fait Sa Majesté défenses à tous Calendreurs & aprêteurs, de recevoir chez eux, ni de calendrer & aprêter aucunes pieces de Coutils, qu'elles ne soient marquées de

DECLARATIONS ET ARRESTS.

la marque de Visite ordonnée ci-dessus, à peine de confiscation desdits Coutils, & de cent livres d'Amende par chaque piece.

XCXIX. Les Procès verbaux qui seront dressez des contraventions faites au present Réglement, feront mention des articles du Réglement ausquels il aura été contrevenu, & les amendes qui seront prononcées pour raison desdites contraventions, dont l'aplication n'est pas ordonnée ci-dessus, seront apliquées; sçavoir, un tiers au profit de Sa Majesté, un tiers au profit des Gardes-Jurez, & l'autre tiers au profit des pauvres de l'Hôpital le plus prochain des lieux où les Jugemens auront été rendus.

C. Veut Sa Majesté que les peines portées par le present Réglement, soient prononcées par les Juges des Manufactures, sans qu'elles puissent être remises ni modérées, pour quelque cause & sous quelque prétexte que ce soit, à peine de répondre en leur propre & privé nom, des amendes & confiscations qu'ils auroient dû prononcer, & même d'interdiction; & qu'il soit fait mention dans les Jugemens qu'ils rendront des Articles du present Réglement sur lesquels ils seront fondez.

CI. Ordonne Sa Majesté, conformément à l'Edit du mois d'Aoust 1669. que tous les procès & diférends mûs & à mouvoir, tant entre les Fabriquans & leurs Ouvriers, qu'entre les Marchands & lesdits Fabriquans, pour raison des saisies & contraventions aux Réglemens ou autres matieres concernant leur fabrique ou leur commerce, soient instruits & jugez sommairement sans ministéres d'Avocats ni Procureurs, & à l'Audience, sur ce qui aura été dit & representé par les parties mêmes, & où il y auroit quelques pieces à voir, & que les diférens fussent de nature à ne pouvoir être jugez sur le champ, que les pieces seront mises sur le Bureau, pour être les diférens jugez sans apointement, procédures ni autres formalitez de Justice, & sans que pour quelque cause que ce puisse être, lesdits Juges des Manufactures puissent recevoir ni prendre aucuns droits, sous prétexte d'épices, salaires ou vacation, ni le Gréfier aucuns autres droits que deux sols seulement pour chacun feüillet des Sentences qu'il expediera; lesquelles Sentences, feront écrites en la forme & maniere portées par les Réglemens faits pour les Jurisdiction des Juges & Consuls.

CII. Veut Sa Majesté que les Pocès verbaux de nominations des Gardes-Jurez, & les expéditions qui pouront en être faites, soient en papier commun & non timbré, sans pouvoir être assujétis au Contrôle, ni à aucunes sortes de droits de quelque nature qu'ils puissent être.

CIII. Déroge au surplus Sa Majesté à tous Réglemens, Arrêts & Statuts particuliers, contraires au present Réglement. FAIT & arrêté au Conseil Roïal des Finances, tenu à Versailles, le quatorziéme jour de Janvier mil sept cens trente-huit.

Signé, ORRY.

Lettres Patentes du Roy, sur le Réglement du Conseil ci-dessus.

LOUIS par la grace de Dieu, Roy de France & de Navarre : A tous ceux qui ces presentes Lettres verront, SALUT. Nous aurions fait examiner en nôtre Conseil, les Réglemens ci-devant faits, pour les Manufactures des diférentes sortes de Toiles, qui se fabriquent dans la Généralité d'Alençon; & aïant reconnu qu'il seroit nécessaire d'y ajoûter de nouvelles dispositions, pour porter la fabrication de ces Toiles à un plus haut degré de perfection, & de prendre en même tems des précautions pour en assurer la bonne qualité, Nous aurions jugé à propos d'y pourvoir par un nouveau Réglement : A CES CAUSES, de l'avis de nôtre Conseil, qui a vû & examiné ledit Réglement de cejourd'hui, contenant CIII. Articles, ci-ataché sous le contrescel de nôtre Chancellerie, Nous avons par ces Presentes signées de nôtre main, & de nôtre certaine science, pleine puissance & autorité Roïale, confirmé & autorisé, confirmons & autorisons ledit Réglement pour les diférentes sortes de Toiles, Cannevas & Coutils, qui se fabriquent dans la Généralité d'Alençon : Voulons qu'il y soit gardé, observé & exécuté de point en point selon sa forme & teneur. SI DONNONS EN MANDEMENT à nos amez & feaux les Gens tenans nôtre Cour de Parlement à Roüen, que ces Presentes ils aïent à faire lire, publier & registrer; & le contenu en icelles, garder, observer & exécuter selon leur forme & teneur; CAR tel est nôtre plaisir. En témoin de quoi, Nous avons fait mettre nôtre Scel à cesdites Presentes. DONNÉ à Versailles, le quatorziéme jour de Janvier, l'an de grace mil sept cens trente-huit; & de nôtre Régne le vingt-troisié-

DECLARATIONS ET ARRESTS. 681
troisiéme. Signé, LOUIS: Et plus bas, Par le Roy, AMELOT. Vû au Conseil, ORRY. Et scellées du grand Sceau de cire jaune.

Lûs, publiez & registrez, la grande Audience de la Cour séante. A Roüen en Parlement, le 28. Février 1738. Signé, AUZANET.

Arrest du Conseil & Lettres Patentes, qui ordonnent qui soit procédé incessamment à la Vente & Ajudication de tous les Baliveaux au-dessus de 40 ans, étant dans les coupes des Taillis apellez Cinglais, dépendantes de la Maîtrise d'Alençon.

Du 28. Janvier 1738.

SUR la Requête presentée au Roy en son Conseil par Louis de Regner, Marquis de Guerchy, Lieutenant Général des Armées du Roy; contenant qu'il se flate d'avoir démontré par ses précédentes Requêtes, le peu de fondement des condamnations prononcées ensuite du Procès verbal de Réformation du Sieur de Marle, Commissaire de la Réformation des Eaux & Forêts de la Généralité d'Alençon en 1667. pour raison des prétendus délits commis dans les Bois de Cinglais, engagez en 1592. aux auteurs du Supliant, & que la continence desdits Bois n'est que de mille cent soixante arpens, au lieu d'une plus grande quantité, d'environ soixante arpens que ledit Sieur de Marle a prétendu que ces Bois devoient contenir: Le Supliant a d'ailleurs représenté des Titres & un Plan fidéle, qui justifient que cet excédent ne consiste qu'en terrain dépendans du patrimoine du Supliant, qui n'ont jamais fait partie de l'engagement; que le Procès verbal de 1667. n'a pas été contradictoire, qu'il étoit très-irrégulier & si peu sincére, qu'il est resté enséveli au Gréfe de la Maîtrise Particuliere des Eaux & Forêts de Domfront, pendant soixante-six ans, sans exécution & sans signification; mais comme la décision du Conseil ne peut être prochaine, si Sa Majesté se détermine à ordonner un nouvel Arpentage, qui paroît indispensable, & que le Supliant pert annuellement le revenu de ses Taillis de Cinglais, par le grand nombre de Baliveaux de diférens âges qui les étoufent,

II. Suite du N. R. Pppp

1738.
Janvier.

étant tous pommiers couronnez, morts en cime & sans aucune espérance, excepté ceux de l'âge, ainsi qu'il est constaté par un Procès verbal des Oficiers de la Maîtrise de Domfront, du premier Octobre 1735. fait sur l'Ordonnance du Sieur Grand-Maître des Eaux & Forêts du Département d'Alençon, en exécution des ordres du Conseil donnez à cet éfet; il est de la justice & de la bonté de Sa Majesté, d'ordonner à son profit la vente desdits Baliveaux, tant dans les coupes usées pour les ordinaires des années 1736. 1737. & 1738. dès à present, que dans les ordinaires des années suivantes au fur & à mesure des coupes qui s'exploitent à l'âge de douze ans, & jusqu'à leur révolution. A ces causes, requeroit le Supliant qu'il plût à Sa Majesté ordonner, que par le Sieur Geofroy Grand-Maître des Eaux & Forêts du Département d'Alençon, ou les Oficiers de la Maîtrise des lieux qu'il poura commettre, il sera procédé à la vente & ajudication au profit de Sa Majesté, de tous les Baliveaux étans dans lesdits Taillis de Cinglais, engagez aux auteurs du Supliant en 1592. pour être exploitez sans aucune réserve, excepté les Baliveaux du dernier âge, à commencer ladite vente en la presente année 1738. pour les coupes usées des ordinaires de 1736. 1737. & 1738. & continuer d'année en année au fur & mesure des coupes jusqu'à leur révolution seulement : Vû ladite Requête, le Procès verbal de visite desdits Bois, du premier Octobre 1735. ci-dessus mentionné, & autres pieces y jointes : Oüi le Raport du Sieur Orry, Conseiller d'Etat & ordinaire au Conseil Roïal, Contrôleur Général des Finances ; LE ROY EN SON CONSEIL, aïant égard à la Requête, a ordonné & ordonne que par le Sieur Geofroy Grand-Maître des Eaux & Forêts du Département d'Alençon, ou les Oficiers de la Maîtrise des lieux sur sa Commission, il sera incessamment procédé à la Vente & Ajudication, au plus ofrant & dernier enchérisseur en la maniere acoûtumée, de tous les Baliveaux qui se trouveront avoir ateint l'âge au-dessus de quarante ans, étant dans les coupes des taillis apellez de Cinglais, dont le Supliant joüit à titre d'engagement, usées pendant les années 1736. & 1737. & dans celles à exploiter pour l'ordinaire de la presente année 1738. & ainsi succesivement d'année en année, jusqu'à le révolution desdites coupes seulement, à la charge par ceux qui

DECLARATIONS ET ARRESTS. 683

se rendront Ajudicataires desdits Baliveaux, d'en faire la coupe immédiatement après l'exploitation desdits taillis, de se conformer lors de ladite coupe à ce qui est prescrit par l'Ordonnance des Eaux & Forêts, du mois d'Août 1669. & de remettre le prix desdits Baliveaux ès mains du Receveur Général des Domaines & Bois de la Généralité d'Alençon, pour en être par lui compté au profit de Sa Majesté, ainsi que des autres deniers de sa recette ; & pour l'exécution du présent Arrest, seront toutes Lettres Patentes nécessaires expédiées. FAIT au Conseil d'Etat du Roy, tenu à Versailles le vingt-huitiéme jour de Janvier mil sept cens trente-huit. *Collationné.*

Signé, DE VOUGNY.

Lettres Patentes du Roy, sur l'Arrest du Conseil ci-dessus.

LOUIS par la grace de Dieu, Roy de France & de Navarre : A nos amez & féaux Conseillers, les gens tenans nôtre Cour de Parlement à Roüen, SALUT. Le Sieur Marquis de Guerchy, Lieutenant Général de nos Armées, Nous auroit entr'autres choses fait représenter, qu'il paroissoit indispensable de faire un nouvel arpentage de la Forest de Cinglais engagez en 1592. à ses auteurs, que cependant il perdoit annuellement le revenu des Taillis par le grand nombre de Baliveaux de diférens âges qui les étoufent, étant tous pommiers couronnez, morts en cime & sans espérance, excépté ceux de l'âge, ainsi qu'il étoit constaté par un Procès verbal des Oficiers de la Maîtrise de Domfront, du premier Octobre 1735. surquoi Nous aurions par Arrest cejourd'hui rendu en nôtre Conseil, ordonné la vente desdits Baliveaux, & que pour l'exécution dudit Arrest toutes Lettres nécessaires seroient expédiées. A CES CAUSES, de l'avis de nôtre Conseil, qui a vû ledit Arrest, cejourd'hui rendu en nôtre Conseil, ci-ataché sous le Contrescel de nôtre Chancellerie, Nous avons conformément à icelui, ordonné & par ces presentes, signées de nôtre main, ordonnons que par le Sieur Geofroy Grand-Maître des Eaux & Forêts du Département d'Alençon, ou les Oficiers de la Maîtrise des lieux sur sa Commission, il sera incessamment procédé à la vente & Ajudication, au plus ofrant & dernier encherisseur, en la maniere acoûtumée, de tous les Baliveaux qui se trouveront avoir ateint l'âge au-dessus de quarante ans, étant dans les coupes des Taillis apellez de Cinglais, dont ledit Sieur Marquis de Guerchy joüit à Titre d'engagement, usées pendant les années 1736. 1737. & dans celle à exploiter pour l'ordinaire de la presente année 1738. & ainsi successivement d'année en année, jusqu'à la révolution desdites coupes seulement, à la charge par ceux qui se rendront Ajudicataires desdits Balivaux d'en faire la coupe immédiatement après l'exploitation desdits Taillis, de se conformer lors de la coupe, à ce qui est prescrit par l'Ordonnance des Eaux & Forêts, du mois d'Aoust 1669. & de remettre le prix desdits Balivaux ès mains du Receveur Général de nos Domaines & Bois de la Généralité d'Alençon, pour en être par lui compté à nôtre profit, ainsi que des autres deniers de sa Recette. SI VOUS MANDONS que ces presentes vous aïez à faire lire, registrer, & le contenu en icelles exécuter selon leur forme & teneur; CAR tel est nôtre plaisir. DONNÉ à Versailles, le vingt-huitiéme jour du mois de Janvier, l'an de grace mil sept cens trente huit; & de nôtre Régne le vingt-troisiéme. Signé, LOUIS: Et plus bas, Par le Roy, AMELOT. Et scellées du grand Sceau de cire jaune.

Luë, publiée & registrée, la grande Audience de la Cour séante. A Roüen en Parlement, le 20. Mars 1738. Signé, AUZANET.

Déclaration du Roy, qui renouvelle les défenses aux Nouveaux Convertis, de disposer de leurs Biens pendant trois ans, sans permission.

Du 3. Février 1738.

LOUIS par la grace de Dieu, Roy de France & de Navarre: A tous ceux qui ces presentes Lettres verront, SALUT. Par nôtre Déclaration du 5. Février 1735. Nous aurions fait défenses à ceux de nos Sujets qui auroient été de la Religion Prétenduë Réformée, de vendre sans permission, pendant trois ans, à compter du 12. Mars suivant, leurs Biens-immeubles ou l'universalité de leurs Meubles; & les mêmes raisons qui Nous ont déterminez à la rendre, subsistant encore, Nous avons estimé à propos de renouveller

DECLARATIONS ET ARRESTS. 685

ces défenses pendant un pareil delai. A CES CAUSES, & autres à ce Nous mouvant, Nous avons dit, déclaré & ordonné, & par ces Presentes, signées de nôtre main, disons, déclarons & ordonnons, voulons & Nous plaît, que les précédentes Déclarations soient exécutées selon leur forme & teneur ; & conformément à icelles, Nous avons fait & faisons très-expresses inhibitions & défenses à ceux de nos Sujets, qui ont fait profession de la Religion Prétenduë Réformée, de vendre durant le tems de trois ans, à compter du 12. Mars prochain, les Biens-immeubles qui leur apartiennent, ou l'universalité de leurs meubles & éfets mobiliers, sans en avoir obtenu la permission de Nous, par un Brevet qui sera expédié par l'un de nos Secrétaires d'Etat & de nos Commandemens, pour la somme de trois mille livres, & au-dessus, & des Intendans & Commissaires départis pour l'exécution de nos Ordres, dans les Generalitez ou Provinces où ils sont demeurans, pour les sommes au-dessous de trois mille livres : Nous faisons pareillement défenses à nos Sujets, de disposer de leurs Biens-immeubles, ou de l'universalité de leurs meubles & éfets mobiliers, par Donations entre vifs, durant lesdites trois années, si ce n'est en faveur & par Contrat de Mariage de leurs enfans & petits-enfans, ou de leurs héritiers présomptifs, demeurans dans le Roïaume, au defaut des décendans en ligne directe : Nous avons déclaré & déclarons nulles toutes les dispositions que nosdits Sujets pouroient faire entre vifs de leurs Biens-immeubles, en tout ou en partie, & de l'universalité de leurs meubles & éfets mobiliers, ensemble tous Contrats, Quitances, & autres Actes qui seront passez pour raison de ce, durant lesdits trois ans, au préjudice & en fraude des Presentes ; déclarant aussi nuls les Contrats d'échange que nosdits Sujets pouroient faire pendant le même tems, en cas qu'ils sortissent de nôtre Roïaume, & qu'il se trouvât que les choses qu'ils auroient reçûës en échange, valussent un tiers moins que celles qu'ils auroient données. Voulons que lorsque les Biens de nosdits Sujets seront vendus en Justice, ou abandonnez par eux à leurs Créanciers en païement de leurs dettes, pendant lesdites trois années, lesdits Créanciers ne puissent être colloquez utilement, dans les ordres & préférences que l'on en fera, qu'en raportant les Contrats en bonne & dûë forme, & les

Titres de leurs dettes, devant ceux qui feront lesdits ordres & préférences, ni en toucher le prix, ou se faire ajuger ou prendre la totalité ou partie desdits Biens en païement des sommes à eux dûës, qu'après avoir afirmé préalablement & en personne, pardevant le Juge qui fera l'ordre ou préférence, si on les poursuit en Justice, ou pardevant le Juge du lieu où ils se feront à l'amiable, que leurs dettes sont sérieuses, & qu'elles leur sont dûës éfectivement ; le tout, à peine de confiscation des sommes par eux touchées, ou des Biens-immeubles ou éfets qui leur auroient été ajugez ou delaissez, en cas que les Titres par eux raportez, ou que les afirmations qu'ils auroient faites, ne se trouvassent pas valables. SI DONNONS EN MANDEMENT à nos amez & féaux les Gens tenans nôtre Cour de Parlement à Roüen, que ces Presentes ils aïent à faire enregistrer, & le contenu en icelles, garder & observer selon sa forme & teneur ; CAR tel est nôtre plaisir. En témoin de quoi, Nous avons fait mettre nôtre Scel à cesdites Presentes. DONNÉ à Versailles, le troisiéme jour de Février, l'an de grace mil sept cens trente-huit ; & de nôtre Régne le vingt-troisiéme. Signé, LOUIS : Et plus bas, par le Roy, AMELOT. Et scellé du grand Sceau de cire jaune.

Lûë, publiée & registrée, la grande Audience de la Cour séante. A Roüen en Parlement, le 20. Mars 1738. Signé, AUZANET.

Edit du Roy, portant supression des Ofices de Contrôleurs Clercs-d'Eau.

Du mois de Mai 1738.

LOUIS par la grace de Dieu, Roy de France & de Navarre : A tous presens & à venir, SALUT. Nous avons été informez que les Rois nos Prédécesseurs ont créé successivement & en diférens tems, des Ofices de Contrôleurs Clercs-d'Eau, dont les fonctions principales étoient de tenir des Registres des droits qui Nous sont dûs sur les marchandises qui passent sur les Rivieres, chacun aux lieux de leur établissement, de veiller à ce que les Engagistes, Fermiers & Régisseurs desdits Droits, ne perçoivent que ce qui leur est légitimement dû; on a atribué à ces Ofices diférens droits sur les bâteaux & marchandises qui passent sur lesdites Rivieres, & ensuite le nombre en a été considérablement augmenté: Mais le feu Roy nôtre très honoré Seigneur & Bisaïeul étant informé, que la plûpart de ces Ofices avoient été aquis à vil prix, par proportion aux droits qui leur étoient atribuez; & que la plûpart de ceux qui en étoient pourvûs, ne considérans que l'émolument qui en provenoit, en négligeoient entierement les fonctions, éteignit & suprima par sa Déclaration du 13. Mai 1659. tous lesdits Ofices créées par Edits des mois de Novembre 1572. Janvier 1648. & Décembre 1652. & réünit à son Domaine les Droits qui leur avoient été atribuez; & par Déclaration du 9. Aoust 1660. il modéra considérablement lesdits droits, voulant qu'ils ne fussent perçûs que sur le pied de trente-cinq sols pour chaque bâteau venant du Païs d'Aval, & vingt-six sols trois deniers pour les bâteaux d'Amont: Ces deux Déclarations qui tendoient au soulagement du public, n'ont pas eu une entiere exécution, soit parce que ceux desdits Contrôleurs Clercs-d'Eau, dont la création s'est trouvée antérieure à l'Edit du mois de Novembre 1572. ont prétendu ne devoir pas être compris dans cette supression, soit par ce que ceux qui avoient été créées postérieurement, se sont fait rétablir par des Arrêts particuliers, à l'instar de ceux de plus anciennes création; il est même arrivé en quelques endroits, que les Fermiers du Domaine s'étant mis en possession des droits de Contrôleurs Clercs d'Eau, en vertu de la Déclaration du 13. Mai 1659. & sur le pied de la réduction portée par la Déclaration du 9. Aoust 1660. les anciens Contrôleurs ont cependant continué à en joüir sur le pied des Tarifs à eux acordez, lors de leur création & sans aucune réduction; au moïen de quoi, le public a continué à païer un double droit, sans qu'il ait trouvé aucun avantage dans l'exercice des fonctions desdits Oficiers. A CES CAUSES, & autres à ce Nous mouvans, de l'avis de nôtre Conseil, & de nôtre certaine science, pleine puissance & autorité Roïale, Nous avons par le present Edit perpétuel & irrévocable, éteint & suprimé, éteignons & suprimons tous les Ofices de Contrôleurs Clercs-d'Eau, créées par Edit des mois de Novembre 1672. Janvier 1648. & Décembre 1652. & ceux qui ont été créées antérieurement &

postérieurement sans en réserver, ni excépter aucun : Voulons que dans trois mois, à compter du jour de l'enregistrement du present Edit, les propriétaires desdits Ofices soient tenus de remettre leurs Titres de propriété, quitances de Finances, & autres Pieces, entre les mains du Sieur Contrôleur Général de nos Finances, pour sur icelles être procédé à la liquidation de leurs finances, & ensuite pourvû à leur remboursement, ainsi qu'il apartiendra ; & les droits ci-devant atribué ausdits Ofices, demeureront réünis à nôtre Domaine, pour être perçûs, conformément à la réduction portée par la Déclaration du 9. Aoust 1660. SI DONNONS EN MANDEMENT à nos amez & feaux les Gens tenans nôtre Cour de Parlement à Roüen, que nôtre present Edit, ils aïent à faire lire, publier & registrer, & le contenu en icelui garder, observer & exécuter selon sa forme & teneur, nonobstant tous Edits, Déclarations, Arrêts, Réglemens, Clameur de Haro, Chartre Normande & Lettres à ce contraires ; CAR tel est nôtre plaisir. Et afin que ce soit chose ferme & stable à toûjours, Nous y avons fait mettre nôtre Scel. DONNE' à Versailles au mois de Mai, l'an de grace mil sept cens trente-huit ; & de nôtre Régne le vingt-troisiéme. Signé, LOUIS : Et plus bas, Par le Roy, AMELOT : *Visa*, D'AGUESSEAU. Vû au Conseil, ORRY. Et scellé du grand Sceau de cire verte.

Lû, publié & registré, la grande Audience de la Cour séante. A Roüen en Parlement, le 4. Juillet 1738. Signé, AUZANET.

Déclaration du Roy, portant Réglement pour fixer la Compétence, les Droits & Fonctions des Oficiers de la Vicomté de l'Eau, & du Lieutenant Général de Police de la Ville de Roüen.

Du 20. Mai 1738.

LOUIS par la grace de Dieu, Roy de France & de Navarre : A tous ceux qui ces presentes Lettres verront, SALUT. Nous avons été informez que quoi que par les Déclarations des 4. & 24. Octobre 1724. Nous aïons eu pour objet de fixer les Droits & Fonctions qui doivent apartenir

DECLARATIONS ET ARRESTS.

tenir aux Oficiers de nôtre Vicomté de l'Eau ; néanmoins il s'eſt élevé depuis, pluſieurs dificultez entre leſdits Oficiers & le Lieutenant Général de Police de nôtre Ville de Roüen, au ſujet de leur Compétence réciproque ; ce qui vient en partie de ce que l'Article premier de nôtredite Déclaration du 24. Octobre 1724. aïant ordonné que les Oficiers en la Vicomté de l'Eau, feroient les mêmes fonctions à Roüen, que celles qui ſont exercées à Paris par le Prevôt des Marchands ; il y a néanmoins pluſieurs deſdites fonctions qui apartiennent audit Prevoſt des Marchands, que comme chef du Corps de ladite Ville, & qui, par cette raiſon, ne peuvent apartenir au Vicomte de l'Eau, qui n'a à Roüen aucune Juriſdiction ni autorité municipale ; & que d'ailleurs, quoi que les principes qui doivent déterminer l'étenduë de la Juriſdiction du Vicomte de l'Eau, ſoient les mêmes, quant à la Police, que ceux ſur leſquels eſt fondée celle que le Prevoſt des Marchands exerce à Paris, ſur la Riviere de Seine, & autres y afluantes, & ſur les Ports & lieux en dépendans : Néanmoins les uſages avoient déterminé diféremment à Paris & à Roüen, l'exercice & l'étenduë de ladite Juriſdiction : uſages qui ne pouroient être changez, ſans aporter quelque trouble aux fonctions réciproques deſdits Oficiers, & ſans ocaſionner entr'eux de fréquentes conteſtations, qui tourneroient au préjudice du Public, en empêchant que la Police ne fût exercée auſſi promptement & auſſi ſûrement qu'elle doit l'être. Nous avons cru néceſſaire, en interprétant en tant que de beſoin nôtre Déclaration, du 24. Octobre 1724. de fixer d'une maniere encore plus préciſe & plus certaine, les fonctions qui doivent apartenir à chacun deſdits Oficiers. A CES CAUSES, & autres à ce Nous mouvant, de l'avis de nôtre Conſeil, & de nôtre certaine ſcience, pleine puiſſance & autorité Roïale, Nous avons par ces Preſentes ſignées de nôtre main, dit, déclaré & ordonné, diſons, déclarons & ordonnons, voulons & Nous plaît ce qui ſuit.

ARTICLE PREMIER.

Le Vicomte de l'Eau aura la connoiſſance, privativement à tous autres Juges, de tout ce qui concernera la Police ſur la Riviere de Seine & autres y afluantes, & ſur les Ports en dépendans, dans le Reſſort de nôtre Parlement de Roüen, tant par raport au commerce & trafic, que par raport à la

1738.
Mai.

voiture de toutes denrées & marchandises destinées à être voiturées par Eau en ladite Ville de Roüen : Connoîtra pareillement seul & privativement à tous autres Juges, de tout ce qui concernera le halage sur les Quais & Chemins le long desdites Rivieres, & du chargement & déchargement desdites marchandises & denrées, tant de terre à bord, que de bord à bord, & de bord à terre, & généralement de tout ce qui concerne la Police de la Navigation, & le service de la Riviere.

II. En conséquence, ledit Vicomte connoîtra des contestations qui naîtront entre toutes personnes, Marchands ou autres Voituriers, & entre les Maîtres & Compagnons de Bâteaux, & autres Ouvriers travaillans sur la Riviere & les Ports, pour raison de l'aquisition, chargement, transport par Eau, & déchargement desdites marchandises & denrées; comme aussi, pour tout ce qui concernera les salaires des Voituriers par Eau, & bâteliers, départ, séjour & réglement des Voitures par Eau, publiques & autres.

III. Aucuns Bâteaux ne pourront être mis à Port à Roüen, ni déchargez, qu'il n'ait été préalablement fourni au Vicomte de l'Eau, une déclaration en bonne forme, de toutes les marchandises qui y sont contenuës, lesquelles il poura visiter ou faire visiter sans frais, & défendre le débarquement de celles qui se trouveroient vicieuses : si elles sont trouvées de bonne qualité & sans fraude, ledit Vicomte donnera sa permission de les mettre à Port & décharger : Faisons défenses à toutes personnes de mettre à Port aucuns Bâteaux, & de débarquer ou faire débarquer les marchandises & denrées y contenuës, ou même de les vendre & acheter en détail dans les Bâteaux, qu'ils n'aïent obtenu la permission du Vicomte, de les mettre à Port & décharger.

IV. Connoîtra seul ledit Vicomte de tout ce qui concerne l'arangement des Bâteaux dans les Ports, désignera les lieux où les embarquemens & débarquemens doivent être faits, & tiendra la main à ce que l'emplacement du Quai, servant au chargement & déchargement des marchandises voiturées par eau, soit libre & sûr.

V. Les Maîtres de la grande & petite Caruë, Bouteillers, priseurs de Vins, plancagers, courbagers & autres Oficiers qui ont leurs fonctions sur la Riviere & les Ports, tant pour le charge-

DECLARATIONS ET ARRESTS.

ment & déchargement des Bâteaux, que pour le halage & autres services de Rivieres, seront reçûs par le Vicomte de l'Eau seul, auquel leurs provisions seront adressées. Les mesureurs, porteurs de grains, ceux de charbon, & tous autres Oficiers qui exerceront leurs fonctions, tant sur la Riviere & les Ports, que dans les Marchez, & autres lieux de la Ville de Roüen, seront reçûs par le Lieutenant Général de Police, & par le Vicomte de l'Eau, chacun pour ce qui les concerne, & leurs provisions adressées à l'un & à l'autre conjointement.

VI. Les bâteliers, brumens, bardeurs, tonneliers, aruneurs de Vins, & tous autres artisans & ouvriers travaillans sur la Riviere & les Ports, pour le chargement & déchargement des bâteaux, halage & autres services de Rivieres, seront sous la Jurisdiction du Vicomte de l'Eau, pour tout ce qui concerne leur travail sur la Riviere & les Ports, & se feront recevoir devant lui, à l'égard de ceux qui sont sujets à réception ; & néanmoins le Lieutenant de Police continuëra d'avoir la connoissance de tout ce qui concernera les Corps & Communautez d'Arts & Métiers, l'exécution de leurs Statuts, & les ouvriers, pour tout ce qui ne sera pas de leur service sur la Riviere & les Ports.

VII. Le Lieutenant Général de Police connoîtra de toutes les afaires qui concernent la Police dans toute la Ville, Banlieuë & Vicomté de Roüen, même sur les Quais & les Ponts ; & en conséquence, il aura la connoissance des amas & aprovisionnemens des vivres & denrées qui se feront dans ladite Ville & sur les Quais, du prix, taux & distribution desdits vivres & denrées ; comme aussi, des saisies de celles qui seront réputées vicieuses, qui seront faites dans la Ville & sur les Quais, par les Oficiers de Police, Sindics & Gardes-Jurez des Communautez.

VIII. Et atendu que la distribution & vente en détail du bois, foin, cidre, vins, huîtres, moules, chaux, plâtre & tuile, se peut faire quelquefois dans les Bâteaux qui les aportent, & sur la Riviere, voulons que ledit Lieutenant de Police connoisse seul de ladite distribution & vente en détail seulement desdites denrées, sans qu'il puisse rien prétendre à la connoissance des ventes qui pouroient en être faites en gros, de Marchands à Marchands, pendant qu'elles sont sur la Riviere ; & ne poura la vente & distribution en détail desdites denrées être faite, qu'après que le Vicomte de l'Eau aura permis de les mettre à Port & débarquer, sur la déclaration qui lui en aura été donnée, & après qu'il les aura fait visiter si bon lui semble, en telle sorte néanmoins qu'il ne puisse plus ni les faire visiter, ni en prendre aucune connoissance, après qu'il aura donné sa permission de les mettre à Port.

IX. Les Oficiers de Police, Sindics & Gardes-Jurez des Communautez, pourront faire leurs visites des vivres & denrées spécifiées dans l'Article précédent, & saisir celles qui se trouveront vicieuses, après néanmoins que le Vicomte de l'Eau aura permis de mettre à Port, & de débarquer les Bâteaux qui les contiennent, sans qu'ils puissent s'ingérer à faire auparavant aucunes visites ni saisies, à peine de nullité de leurs procédures, de tous dépens, dommages & intérêts, & de deux cens livres d'Amende.

X. Les Cordeurs-Mouleurs de bois, visiteurs de foins, Gourmets de vins, cidres & autres liqueurs, Amonteurs de plâtre, & tous autres Oficiers de Police, seront reçûs par le Lieutenant Général de Police seul, & leurs provisions à lui adressées, pour faire leurs fonctions, sous l'inspection dudit Lieutenant Général de Police, tant dans la Ville que sur les Quais, & même dans les Bâteaux, par raport aux vivres & denrées seulement, énoncées dans l'Article VIII. & après qu'il aura été permis par le Vicomte de les mettre à Port & débarquer.

XI. Le Lieutenant Général de Police connoîtra de la justesse de tous les poids & mesures, dont les Marchands & Artisans se trouvent pour le debit de leurs marchandises & denrées; à l'éfet de quoi, il lui sera permis de les vérifier ou faire vérifier par les Oficiers de Police & Balanciers, toutes fois & quantes qu'il le jugera nécessaire, & de les saisir ou faire saisir, lorsqu'ils se trouveront défectueux, ou non étalonnez suivant les Réglemens de Police; & sera tenu le Vicomte, de faire étalonner sans frais les poids & mesures que le Lieutenant Général de Police lui fera representer, pour les déposer à son Grefe, & lui servir d'échantillons : Pourront néanmoins les Jaugeurs-Visiteurs des poids & mesures de la Ville & Vicomté de Roüen, faire leurs visites deux fois l'année, chez tous les Marchands, Artisans & autres, aïans poids &

DECLARATIONS ET ARRESTS. 693

mesures, dans la Ville & Banlieuë de Roüen, à l'éfet de vérifier si ils ont des poids plus forts que ceux qu'il leur est permis d'avoir ; & si les mesures & poids dont ils ont droit de se servir, sont justes & étalonnez sur les matrices qui sont à la Vicomté ; pour sur les Procès verbaux dudit Jaugeur-Visiteur, ensemble sur les saisies qui pouront être par lui faites des poids & mesures, qui se trouveront en contravention aux Ordonnances de la Vicomté, être statué par le Vicomte ainsi qu'il apartiendra.

XII. Les Ordonnances renduës par le Lieutenant Général de Police, comme aussi celles qui seront renduës par le Vicomte de l'Eau, chacun pour ce qui les concerne, pouront être publiées & afichées dans toute la Ville & sur les Quais & Ports de Roüen, & par tout ailleurs où il sera nécessaire : Et en cas qu'il survienne quelque nouvelle contestation entre lesdits Oficiers sur leur compétence réciproque, qui n'ait été sufisamment prévûë par la presente Déclaration, voulons qu'ils soient tenus de s'assembler, pour se concilier à l'amiable, autant que faire se poura, sinon, se retireront pardevers le Procureur Général & Avocats Généraux au Parlement de Roüen, par l'avis desquels ils seront tenus d'en passer par provision ; sauf à leur être ensuite fait droit definitivement, s'il y a lieu, au Parlement de Roüen : Et seront au surplus nos Déclarations des 4. & 24. Octobre 1724. exécutées selon leur forme & teneur. SI DONNONS EN MANDEMENT à nos amez & féaux les Gens tenans nôtre Cour de Parlement à Roüen, que ces Presentes ils aïent à faire lire, publier & regiſtrer, & le contenu en icelles garder, observer & exécuter, selon leur forme & teneur, nonobstant Clameur de Haro, Chartre Normande & Lettres à ce contraires ; CAR tel est nôtre plaisir. En témoin de quoi, Nous avons fait mettre nôtre Scel à cesdites Presentes. DONNÉ à Versailles le vingtiéme jour de Mai, l'an de grace mil sept cens trente-huit ; & de nôtre Régne le vingt-troisiéme. Signé LOUIS : Et plus bas, Par le Roy, AMELOT : Vû au Conseil, ORRY. Et scellée du grand Sceau de cire jaune.

Lües, publiées, & regiſtrées, la grande Audience de la Cour séante. A Roüen en Parlement, le 4. Juillet 1738. Signé, AUZANET.

Edit du Roy, portant que tous les Sujets du Roy de Pologne, dans les Etats de Lorraine, seront réputez naturels François; Avec ce qui est prescrit à l'égard des Jugemens & Actes publics.

Du mois de Juillet 1738.

1738.
Juillet.

LOUIS par la grace de Dieu, Roy de France & de Navarre: A tous presens & à venir, SALUT. L'Amitié & les Aliances qui ont été de tout tems, entre les Rois nos Prédécesseurs & les Ducs de Lorraine, aussi-bien que le Commerce fréquent entre les Sujets de l'une & de l'autre domination, avoient porté le feu Roy nôtre très-honoré Seigneur & Bisaïeul, & nôtre très-cher & très-amé Frere le Duc Leopold de Lorraine, à éteindre & suprimer réciproquement le Droit d'Aubaine, entre les Sujets des deux Etats. Les mêmes motifs Nous ont aussi engagé dans le Traité conclu à Paris, le 21. Janvier 1718. à confirmer dans les Villes & Evêchez de Metz, Toul & Verdun, & autres Païs énoncez dans ledit Traité, la réciprocité qui, suivant les Jugemens & Actes publics, y avoit déja lieu, entre les trois Evêchez & la Lorraine; & quoi que ces diférentes dispositions eussent commencé de former une plus grande liaison entre les peuples si voisins l'un de l'autre, elles ne sufisoient pas, pour éfacer la qualité d'Etrangers, dans la personne des Sujets du Duc de Lorraine, & pour les mettre en état de joüir des mêmes droits & priviléges que nos Sujets & Régnicoles: Mais l'avantage qu'ils ont aujourd'hui de vivre sous la domination de nôtre très-honoré Frere & Beau-pere le Roy de Pologne, & celui qu'ils doivent avoir un jour d'être unis à cette Monarchie, Nous les faisant considérer comme devans participer dès-à-present aux mêmes priviléges, dont joüissent nos véritables Sujets, Nous avons résolu d'abolir toutes les diférences qui peuvent encore les en distinguer; en sorte que les Sujets de nôtre très-honoré Frere & Beau-pere le Roy de Pologne, soient à tous égards considérez comme les nôtres: Et Nous nous sommes déterminez d'autant plus volontiers à ne pas diférer de leur donner cette marque de nôtre bien-veillance,

DECLARATIONS ET ARRESTS. 695

que nôtre très-honoré Frere & Beau-pere le Roy de Pologne a déja prévenu nos intentions, en ordonnant par son Edit du mois de Juin dernier, que nos Sujets joüiront dans ses Etats, de tous les mêmes droits, priviléges & avantages que les Habitans naturels du Païs. A CES CAUSES, & autres à ce Nous mouvant, de l'avis de nôtre Conseil, & de nôtre certaine science, pleine puissance & autorité Roïale, Nous avons dit, déclaré & ordonné, disons, déclarons & ordonnons, voulons & Nous plaît, qu'à l'avenir tous les Sujets de nôtre très-honoré Frere & Beau-pere le Roy de Pologne, dans les Etats ci-devant soûmis à la domination des Ducs de Lorraine, seront réputez à tous égards naturels François; & en conséquence, exemts de toutes charges & droits imposez ou à imposer sur les étrangers; comme aussi, de donner caution de païer le Jugé, & de toutes autres Loix, Réglemens & Usages qui pouroient avoir lieu à l'égard des étrangers. Déclarons pareillement lesdits Sujets de nôtre Frere & Beau-pere le Roy de Pologne, dans lesdits Etats, capables de posseder tous Offices & Bénéfices, d'exercer toutes professions, & d'être reçûs à la maîtrise de tous métiers en France, sans qu'en aucun cas exprimé ou non exprimé, on puisse leur oposer la qualité d'étrangers. Voulons que la réciprocité d'hipotéque établie par le Traité de Paris, du 21. Janvier 1718. pour plusieurs parties de la Généralité de Metz, soit étenduë à tout nôtre Roïaume; & en conséquence, que les jugemens qui seront rendus dans les Etats soûmis à la domination du Roy de Pologne, nôtre très-honoré Frere & Beau-pere, & les Contrats & Actes publics qui y seront passez, soient exécutoires, & qu'ils emportent hipotéque du jour de leur date, dans nôtre Roïaume, de même que si les jugemens & Actes avoient été rendus ou passez en France; & ce, suivant les Usages respectifs de nôtre Roïaume & desdits Etats. SI DONNONS EN MANDEMENT à nos amez & feaux Conseillers les Gens tenans nôtre Cour de Parlement à Roüen, que nôtre present Edit ils fassent lire, publier & regîstrer, & le contenu en icelui garder, observer & exécuter, selon sa forme & teneur, sans y contrevenir, ni soufrir qu'il y soit contrevenu, en quelque sorte & maniere que ce soit, nonobstant Clameur de Haro, Chartre Normande, & Lettres à ce contraires; CAR tel est nôtre plaisir. Et

1738. Juillet.

afin que ce soit chose ferme & stable à toûjours, Nous y avons fait mettre nôtre Scel. DONNÉ à Compiègne, au mois de Juillet, l'an de grace mil sept cens trente-huit ; & de nôtre Régne le vingt-troisiéme. Signé, LOUIS : Et plus bas, Par le Roy, AMELOT : *Visa*, DAGUESSEAU. Et scellé du grand Sceau de cire verte, en lacs de soïe rouge & verte.

Lû, publié & registré, la grande Audience de la Cour séante, en Parlement. A Roüen, le 5. Mars 1739. Signé, AUZANET.

Déclaration du Roy, en interprétation de l'Edit du mois d'Octobre 1716. concernant les Esclaves Négres des Colonies de present en France, ou qui y seront enmenez.

Du 15. Décembre 1738.

LOUIS par la grace de Dieu, Roy de France & de Navarre : A tous ceux qui ces presentes Lettres verront, SALUT. Le compte que Nous nous fîmes rendre après nôtre avénement à la Couronne, de l'état de nos Colonies, Nous aïant fait connoître la sagesse & la nécessité des dispositions contenuës dans les Lettres Patentes en forme d'Edit, du mois de Mars 1685. concernant les Esclaves Négres, Nous en ordonnâmes l'exécution par l'Article premier de nôtre Edit du mois d'Octobre 1716. & Nous aïant été representé en même tems, que plusieurs Habitans de nos Isles de l'Amérique, desiroient envoïer en France quelques-uns de leurs Esclaves, pour les confirmer dans les instructions & dans les exercices de la Religion, & pour leur faire aprendre quelqu'art ou mêtier, mais qu'ils craignoient que les Esclaves ne prétendissent être libres en arrivant en France ; Nous expliquâmes nos intentions sur ce sujet, par les autres Articles de cet Edit, & Nous réglâmes les formalitez qui Nous parurent devoir être observées de la part des Maîtres qui enméneroient ou envoïeroient des Esclaves en France. Nous sommes informez que depuis ce tems-là on y en a fait passer un grand nombre ; que des habitans qui ont pris le parti de quiter les Colonies, & qui sont venus s'établir dans le Roïaume, y gardent des Esclaves Négres, au préjudice de

ce

ce qui eſt porté par l'Article XV. du même Edit ; que la plûpart des Négres y contractent des habitudes & un eſprit d'indépendance, qui pouroient avoir des ſuites fâcheuſes ; que d'ailleurs leurs Maîtres négligent de leur faire aprendre quelque mêtier utile ; en ſorte que de tous ceux qui ſont enmenez ou envoïez en France, il y en a très-peu qui ſoient renvoïez dans les Colonies, & que dans ce dernier nombre il s'en trouve le plus ſouvent d'inutiles & même de dangereux. L'atention que Nous donnons au maintien & à l'augmentation de nos Colonies, ne Nous permet pas de laiſſer ſubſiſter des abus qui y ſont ſi contraires ; & c'eſt pour les faire ceſſer, que Nous avons réſolu de changer quelques diſpoſitions à nôtre Edit du mois d'Octobre 1716, & d'y en ajoûter d'autres, qui Nous ont paru néceſſaires. A CES CAUSES, & autres à ce Nous mouvant, de nôtre certaine ſcience, pleine puiſſance & autorité Roïale, Nous avons dit, déclaré & ordonné, & par ces Preſentes ſignées de nôtre main, diſons, déclarons, ordonnons, voulons & Nous plaît ce qui ſuit.

ARTICLE PREMIER.

Les habitans & les Oficiers de nos Colonies, qui voudront enmener ou envoïer en France des Eſclaves Négres, de l'un ou de l'autre ſexe, pour les fortifier davantage dans la Religion, tant par les inſtructions qu'ils y recevront, que par l'exemple de nos autres Sujets, & pour leur faire aprendre en même tems, quelque mêtier utile pour les Colonies, ſeront tenus d'en obtenir la permiſſion des Gouverneurs Généraux ou Commandans dans chaque Iſle, laquelle permiſſion contiendra le nom du propriétaire qui enmenera leſdits Eſclaves, ou de celui qui en ſera chargé, celui des Eſclaves mêmes, avec leur âge & leur ſignalement, & les Propriétaires deſdits Eſclaves, & ceux qui ſeront chargez de leur conduite, ſeront tenus de faire enregiſtrer ladite permiſſion, tant au Gréfe de la Juriſdiction ordinaire, ou de l'Amirauté de leur réſidence avant leur départ, qu'en celui de l'Amirauté du lieu de leur débarquement, dans huitaine après leur arrivée ; le tout, ainſi qu'il eſt porté par les Articles II. III. & IV. de nôtredit Edit du mois d'Octobre 1716.

II. Dans les enregiſtremens qui ſeront faits deſdites permiſſions, aux Gréfes des Amirautez des Ports de France, il ſera fait mention du jour de l'arrivée des Esclaves dans lesdits Ports.

III. Lesdites permissions seront encore enregistrées au Gréfe du Siége de la Table de Marbre du Palais à Paris, pour les Esclaves qui seront enmenez en nôtredite Ville, & aux Gréfes des Amirautez ou des Intendances des autres lieux de nôtre Roïaume, où il en sera enmené pour y résider ; & il sera fait mention dans lesdits enregistremens, du métier que lesdits Esclaves dévront aprendre, & du Maître qui sera chargé de les instruire.

IV. Les Esclaves Négres de l'un ou de l'autre sexe, qui seront conduits en France par leurs Maîtres, ou qui y seront par eux envoïez, ne pourront prétendre avoir aquis leur liberté, sous prétexte de leur arrivée dans le Roïaume, & seront tenus de retourner dans nos Colonies, quand leurs Maîtres jugeront à propos : Mais faute par les Maîtres d'observer les formalitez prescrites par les précédens Articles, lesdits Esclaves seront confisquez à nôtre profit, pour être renvoïez dans nos Colonies, & y être emploïez aux travaux par Nous ordonnez.

V. Les Oficiers emploïez sur nos Etats des Colonies, qui passeront en France par congé, ne pourront y retenir les Esclaves qu'ils y auront enmenez, pour leur servir de domestiques, qu'autant de tems que dureront les congez qui leur seront acordez ; passé lequel tems, les Esclaves qui ne seront point renvoïez, seront confisquez à nôtre profit, pour être emploïez à nos travaux, dans nos Colonies.

VI. Les habitans qui enméneront ou envoïeront des Négres Esclaves en France, pour leur faire aprendre quelque métier, ne pourront les y retenir que trois ans, à compter du jour de leur débarquement dans le Port ; passé lequel tems, les Esclaves qui ne seront point renvoïez, seront confisquez à nôtre profit, pour être emploïez à nos travaux, dans nos Colonies.

VII. Les habitans de nos Colonies, qui voudront s'établir dans nôtre Roïaume, ne pourront y garder dans leurs maisons aucuns Esclaves, de l'un ni de l'autre sexe, quand bien même ils n'auroient pas vendu leurs habitations dans les Colonies ; & les Esclaves qu'ils y garderont, seront confisquez, pour être emploïez à nos travaux, dans les Colonies : Pouront néanmoins faire paſſer en France, en obſervant les formalitez ci-deſſus preſcrites, quelques-uns des Négres atachez aux habitations, dont ils feront reſtez propriétaires en quitant les Colonies, pour leur faire aprendre quelque métier, qui les rende plus utiles par leur retour dans leſdites Colonies; & dans ce cas, ils ſe conformeront à ce qui eſt preſcrit par les Articles précédens, ſous les peines y portées.

VIII. Tous ceux qui enméneront ou envoïeront en France des Négres Eſclaves, & qui ne les renvoïeront pas aux Colonies, dans les delais preſcrits par les trois Articles précédens, ſeront tenus, outre la perte de leurs Eſclaves, de païer pour chacun de ceux qu'ils n'auront pas renvoïez, la ſomme de mille livres, entre les mains des Commis des Treſoriers Generaux de la Marine aux Colonies, pour être ladite ſomme emploïée aux travaux publics; & les permiſſions qu'ils doivent obtenir des Gouverneurs Généraux & Commandans, ne pourront leur être acordées, qu'après qu'ils auront fait entre les mains deſdits Commis des Treſoriers Généraux de la Marine, leur foûmiſſion de païer ladite ſomme, de laquelle foûmiſſion il ſera fait mention dans leſdites permiſſions.

IX. Ceux qui ont actuellement en France des Négres Eſclaves, de l'un ou de l'autre ſexe, ſeront tenus dans trois mois, à compter du jour de la publication des Preſentes, d'en faire la déclaration au Siége de l'Amirauté le plus prochain du lieu de leur ſejour, en faiſant en même tems leur foûmiſſion de renvoïer dans un an, à compter du jour de la date d'icelle, leſdits Négres dans leſdites Colonies; & faute par eux de faire ladite déclaration, ou de ſatisfaire à ladite foûmiſſion, dans les delais preſcrits, leſdits Eſclaves ſeront confiſquez à nôtre profit, pour être emploïez à nos travaux, dans les Colonies.

X. Les Eſclaves Négres qui auront été enmenez ou envoïez en France, ne pourront s'y marier, même du conſentement de leurs Maîtres, nonobſtant ce qui eſt porté par l'Article VII. de nôtre Edit du mois d'Octobre 1716. auquel Nous dérogeons quant à ce.

XI. Dans aucun cas, ni ſous quelque prétexte que ce puiſſe être, les Maîtres qui auront enmené en France des Eſclaves, de l'un ou de l'autre ſexe, ne pourront les y afranchir, autrement que par Testament ; & les afranchissemens ainsi faits, ne pouront avoir lieu qu'autant que le Testateur décédera avant l'expiration des delais dans lesquels les Esclaves enmenez en France, doivent être renvoïez dans les Colonies.

XII. Enjoignons à tous ceux qui auront enmené des Esclaves dans le Roïame, ainsi qu'à ceux qui seront chargez de leur aprendre quelque métier, de donner leurs soins, à ce qu'ils soient élevez & instruits dans les principes, & dans l'exercice de la Religion Catholique, Apostolique & Romaine.

XIII. Nôtre Edit du mois d'Octobre 1716. sera au surplus exécuté, suivant sa forme & teneur, en ce qui n'y est dérogé par les Presentes.

SI DONNONS EN MANDEMENT à nos amez & feaux Conseillers les Gens tenans nôtre Cour de Parlement à Roüen, que ces Presentes ils aïent à faire lire, publier & enregistrer, & le contenu en icelles garder, observer & exécuter, selon leur forme & teneur, nonobstant tous Edits, Ordonnances, Déclarations, Arrêts, Réglemens, Usages, Clameur de Haro, Chartre Normande, & autres choses à ce contraires, ausquels Nous avons dérogé & dérogeons par cesdites Presentes ; aux Copies desquelles, collationnées par l'un de nos amez & feaux Conseillers-Secrétaires, voulons que foi soit ajoûtée comme à l'Original ; CAR tel est nôtre plaisir. En témoin de quoi Nous avons fait mettre nôtre Scel à cesdites Presentes. DONNÉ à Versailles, le quinziéme jour de Décembre, l'an de grace mil sept cens trente-huit ; & de nôtre Régne le vingt-quatriéme. Signé, LOUIS: Et plus bas, Par le Roy, PHELYPEAUX. Et scellée en queuë du grand Sceau de cire jaune, avec un Contrescel.

Lûë, publiée & registrée, la grande Audience de la Cour séante. A Roüen en Parlement, le 17. Février 1739. Signé, AUZANET.

Réglement du Roy, pour les Draps, Serges, & autres Etofes de Laine ou mêlées de Laine & de Fil, qui se fabriquent dans la Généralité de Caën.

Du 8. Décembre 1738.

ARTICLE PREMIER.

LES Serges blanches, apellées *Lingettes*, qui se fabriquent à Caën, auront en chaîne au moins quatre-vingt portées de trente fils chacune, faisant deux mille quatre cens fils, passez dans des rots d'une aune & quatre pouces de large au moins, mesure de Paris, pour avoir ladite largeur d'une aune & quatre pouces, & cinquante-une aunes de longueur sur le mêtier, & revenir au retour du foulon, à une aune pleine de large, & à quarante-sept ou cinquante aunes de long, même mesure : Lesdites Serges seront faites, tant en chaîne qu'en trame, de laines blanches les plus fines de la Campagne de Caën ou du Païs d'Auge, sans mêlange d'aucunes laines de diférentes qualitez & de diférentes couleurs, ni qu'il puisse y être emploïé aucunes laines de pelures, d'agnelins, de morines, de bourres, & autres de mauvaise qualité ; le tout, à peine de confiscation desdites Serges, qui seront préalablement coupées de trois aunes en trois aunes, & de trente livres d'Amende pour chaque piece, & pour chaque contravention.

II. Les Serges grifes, apellées *Lingettes*, qui se fabriquent à Caën, auront en chaîne au moins quatre-vingt portées de trente fils chacune, faisant deux mille quatre cens fils, passez dans des rots d'une aune & quatre pouces de large au moins, mesure de Paris, pour avoir ladite largeur d'une aune & quatre pouces, & cinquante-une aunes de longueur sur le mêtier, & revenir au retour du foulon, à une aune pleine de large, & à quarante-sept ou cinquante aune de long, même mesure : La chaîne desdites Serges sera composée de laines blanches les plus fines, & la trame faite de laines brunes les plus fines de la Campagne de Caën ou du Païs d'Auge, sans mêlange d'aucunes laines de diférentes qualitez, ni qu'il puisse y être emploïé aucunes laines de pelures, d'agnelins, de morines,

1738.
Décemb.

de bourres, & autres de mauvaise qualité ; le tout, sous les peines portées par l'Article précédent.

III. Les Frocs qui se fabriquent à Caën, auront en chaîne au moins quarante portées de trente fils chacune, faisant douze cens fils, y compris les liteaux, passez dans des rots de trois quarts d'aune de large au moins, mesure de Paris, pour avoir ladite largeur de trois quarts, & quarante-huit aunes de longueur sur le mêtier, & revenir au retour du foulon, à demi-aune pleine de large, y compris les liteaux, qui seront composez de fils de laines de couleur bleuë, tissus comme les autres fils de la chaîne, & à trente-huit ou quarante aunes de long, même mesure : Lesdits Frocs seront faits, tant en chaîne qu'en trame, de laines secondes de la Campagne de Caën ou du Païs d'Auge, sans mélange d'aucunes laines de diférentes qualitez & de diférentes couleurs, ni qu'il puisse y être emploïé aucunes laines de pelures, d'agnelins, de morines, de bourres, & autres de mauvaise qualité ; le tout, sous les mêmes peines que ci-dessus.

IV. Les Revêches croisées qui se fabriquent à Caën, auront en chaîne au moins quarante portées de trente fils chacune, faisant douze cens fils, y compris les liteaux, passez dans des rots d'une aune & deux pouces de large au moins, mesure de Paris, pour avoir ladite largeur d'une aune & deux pouces, & quarante-sept aunes de longueur sur le mêtier, & revenir au retour du foulon, à trois quarts d'aune de large, y compris les liteaux, qui seront composez de fils de laine de couleur rouge, & à quarante ou quarante-deux aunes de long, même mesure : Lesdites Revêches pourront être faites, tant en chaîne qu'en trame, avec les laines qui resteront après le triage qui aura été fait de celles qui seront destinées à la fabrication des Serges & des Frocs, sans mélange néanmoins d'aucunes laines de diférentes qualitez & de diférentes couleurs, ni qu'il puisse y être emploïé aucunes laines de pelures, d'agnelins, de morines, de bourres, & autres de mauvaise qualité ; le tout, sous les peines portées ci-dessus.

V. Les Draps fins qui se fabriquent à Vire, auront en chaîne au moins quarante portées de trente-deux fils chacune, faisant douze cens quatre-vingt fils, non compris les lisieres, passez dans des rots d'une aune & trois quarts de large, mesure de Paris, pour avoir ladite largeur d'une aune & trois

DECLARATIONS ET ARRESTS. 703

quarts, & vingt-deux aunes de longueur fur le métier, & revenir au retour du foulon, à une aune pleine de large, y compris les lifieres, qui feront compofées de fils de laine de couleurs rouge, bleuë & blanche, fans qu'il puiffe y être emploïé aucuns fils d'autres couleurs, & à treize ou quatorze aunes de long, même mefure : Lefdits Draps feront faits, tant en chaîne qu'en trame, des plus fines laines du Côtentin & du Berry, fans mêlange d'aucunes laines d'autres qualitez ; le tout, à peine de confifcation defdits Draps, qui feront préalablement coupez de trois aunes en trois aunes, & de trente livres d'Amende par chaque piece & pour chaque contravention.

VI. Les Draps moïens qui fe fabriquent à Vire, auront en chaîne au moins trente-fix portées de trente-deux fils chacune, faifant onze cens cinquante-deux fils, non compris les lifieres, paffez dans des rots d'une aune & deux tiers de large, mefure de Paris, pour avoir ladite largeur d'une aune & deux tiers, & vingt-deux aunes de longueur fur le métier, & revenir au retour du foulon, à une aune pleine de large, y compris les lifieres, qui feront compofées de fils de laine de couleurs rouge, jaune & blanche, fans qu'il puiffe y être emploïé aucuns fils d'autres couleurs, & à treize ou quatorze aunes de long, même mefure : Lefdits Draps feront faits, tant en chaîne qu'en trame, des plus fines laines du Côtentin, du Berry & de Sologne, fans mêlange d'aucunes laines d'autres qualitez ; le tout, fous les peines portées par l'Article précédent.

VII. Les Draps communs ou gros qui fe fabriquent à Vire, auront en chaîne au moins trente-trois portées de trente-deux fils chacune, faifant mille cinquante-fix fils, non compris les lifieres, paffez dans des rots d'une aune & demie de large, mefure de Paris, pour avoir ladite largeur d'une aune & demie, & vingt-deux aunes de longueur fur le métier, & revenir au retour du foulon, à une aune pleine de large, y compris les lifieres, qui feront compofées de fils de laine de couleurs noire & blanche, fans qu'il puiffe y être emploïé aucuns fils d'autres couleurs, & à treize ou quatorze aunes de long, même mefure : Lefdits Draps feront faits, tant en chaîne qu'en trame, de laines du Bocage, ou de laines communes du Côtentin, ou de laines ordinaires de Sologne, ou des meilleures laines de Beauſſe & de Brie, ſans mêlange d'aucunes laines de qualitez inférieures; le tout, ſous les mêmes peines que ci-deſſus.

VIII. Les Pinchinats qui ſe fabriquent à Vire, auront en chaîne au moins vingt-cinq portées de trente-deux fils chacune, faiſant huit cens fils, non compris les liſieres, paſſez dans des rots d'une aune & demi-quart de large au moins, meſure de Paris, pour avoir ladite largeur d'une aune & demi-quart, & vingt-cinq aunes de longueur ſur le mêtier, & revenir au retour du foulon, à trois quarts d'aune de large, y compris les liſieres, qui ſeront compoſées de fils de laine blanche & à quatorze ou quinze aunes de long, même meſure : Ledits Pinchinats pourront être faits, tant en chaîne qu'en trame, avec les laines qui reſteront après le triage qui aura été fait de celles qui ſeront deſtinées à la fabrication des Draps, ſans néanmoins qu'il puiſſe y être emploïé aucunes laines de pelures, d'agnelins, de bourres, & autres de mauvaiſe qualité ; le tout, à peine de confiſcation deſdits Pinchinats, qui ſeront préalablement coupez de trois aunes en trois aunes, & de dix livres d'Amende par chaque piece, & pour chaque contravention.

IX. Les Tiretaines fortes qui ſe fabriquent à Condé, & autres lieux dépendans de l'Election de Vire, auront en chaîne au moins trente-quatre portées de quarante fils chacune, faiſant treize cens ſoixante fils, paſſez dans des rots d'une aune de large, meſure de Paris, pour avoir ladite largeur d'une aune, & trente-huit aunes de longueur ſur le mêtier, & revenir au retour du foulon, à demi-aune & un ſeize de large, & à trente-trois ou trente-cinq aunes de long, même meſure : La chaîne deſdites Tiretaines ſera compoſée de bon fil de chanvre bien filé, & la trame faite de laines du Bocage, du Païs d'Auge, ou de la Campagne de Caën, ſans qu'il puiſſe y être emploïé aucunes laines de bourres, & autres de mauvaiſe qualité ; le tout, à peine de confiſcation deſdites Tiretaines, qui ſeront préalablement coupées de trois aunes en trois aunes, & de vingt livres d'Amende par chaque piece, & pour chaque contravention.

X. Les Droguets croiſez qui ſe fabriquent à Condé, & autres lieux dépendans de l'Election de Vire, à cinq lames & à trois lames, auront en chaîne au moins trente-quatre
portées

portées de quarante fils chacune, faifant treize cens foixante fils, paffez dans des rots de trois quarts d'aune de large au moins, mefure de Paris, pour avoir ladite largeur de trois quarts, & trente-fept aunes de longueur fur le mêtier, & revenir au retour du foulon, à demi-aune & un feize de large, & à trente-trois ou trente-cinq aunes de long, même mefure : La chaîne defdits Droguets fera compofée de bon fil de chanvre bien filé, & la trame faite de laines du Bocage, du Païs d'Auge ou de la Campagne de Caën, fans qu'il puiffe y être emploïé aucunes laines de bourres, & autres de mauvaife qualité; le tout, fous les peines portées par l'Article précédent.

XI. Les grands Droguets unis qui fe fabriquent à Condé, & autres lieux dépendans de l'Election de Vire, auront en chaîne au moins vingt-huit portées de quarante fils chacune, faifant onze cens vingt fils, paffez dans des rots de deux tiers d'aune de large au moins, mefure de Paris, pour avoir ladite largeur de deux tiers, & trente-fix aunes & demie de longueur fur le mêtier, & revenir au retour du foulon, à demi-aune & un feize de large, & à trente-quatre ou trente-cinq aunes de long, même mefure : La chaîne defdits Droguets fera compofée de bon fil de chanvre bien filé, & la trame faite de laines du Bocage, du Païs d'Auge ou de la Campagne de Caën, fans qu'il puiffe y en être emploïé aucunes de bourres, & autres de mauvaife qualité ; le tout, à peine de confifcation defdits Droguets, qui feront préalablement coupez de trois aunes en trois aunes, & de dix livres d'Amende par chaque piece, & pour chaque contravention.

XII. Les petits Droguets unis qui fe fabriquent à Condé, & autres lieux dépendans de l'Election de Vire, auront en chaîne au moins vingt portées de quarante fils chacune, faifant huit cens fils, paffez dans des rots de demi-aune & un feize de large au moins, mefure de Paris, pour avoir ladite largeur de demi-aune & un feize, & trente-fix aunes de longueur fur le mêtier, & revenir au retour du foulon, à demi-aune pleine de large, & à trente-quatre ou trente-cinq aunes de long, même mefure: La chaîne defdits Droguets fera compofée de bon fil de chanvre bien filé, & la trame faite de laines du Bocage, du Païs d'Auge ou de la Campagne de Caën, fans qu'il puiffe y être emploïé aucunes laines de bourres, & autres de mauvaise qualité ; le tout, sous les peines portées par l'Article précédent.

XIII. Les Serges blanches, apellées *Lingettes*, façon de Caën, qui se fabriquent à Condé, à Fresne, & autres lieux des environs, auront en chaîne au moins quatre-vingt portées de trente fils chacune, faisant deux mille quatre cens fils, passez dans des rots d'une aune & quatre pouces de large au moins, mesure de Paris, pour avoir ladite largeur d'une aune & quatre pouces, & cinquante-une aunes de longueur sur le mêtier, & revenir au retour du foulon, à une aune pleine de large, & à quarante-sept ou cinquante aunes de long, même mesure : Lesdites Serges seront faites tant en chaîne qu'en trame, de laines blanches, les plus fines de la Campagne de Caën ou du Païs d'Auge, sans mêlange d'aucunes laines de diférentes qualitez & de diférentes couleurs, ni qu'il puisse y être emploïé aucunes laines de pelures, d'agnelins, de morines, de bourres, & autres de mauvaise qualité, le tout, à peine de confiscation desdites Serges, qui seront préalablement coupées de trois aunes en trois aunes, & de trente livres d'Amende par chaque piece & pour chaque contravention.

XIV. Les Serges grises, apellées *Lingettes*, façon de Caën, qui se fabriquent à Condé, à Fresne, & autres lieux des environs, auront en chaîne au moins quatre-vingt portées de trente fils chacune, faisant deux mille quatre cens fils, passez dans des rots d'une aune & quatre pouces de large au moins, mesure de Paris, pour avoir ladite largeur d'une aune & quatre pouces, & cinquante-une aunes de longueur sur le mêtier, & revenir au retour du foulon, à une aune pleine de large, & à quarante-sept ou cinquante aunes de long, même mesure : La chaîne desdites Serges sera composée de laines blanches les plus fines, & la trame faite de laines brunes les plus fines de la Campagne de Caën ou du Païs d'Auge, sans mêlange d'aucunes laines de diférentes qualitez, ni qu'il puisse y être emploïé aucunes laines de pelures, d'agnelins, de morines, de bourres, & autres de mauvaise qualité ; le tout, sous les peines portées par l'Article précédent.

XV. Les Draps blancs fins qui se fabriquent à Cherbourg, auront en chaîne au moins cinquante portées de trente-deux fils chacune, faisant seize cens fils, non compris les lisieres, passez dans des rots d'une aune trois quarts & deux pouces de large, mesure de Paris, pour avoir ladite largeur d'une aune trois quarts & deux pouces, & trente-deux aunes & demie de longueur sur le métier, & revenir au retour du foulon, à une aune pleine de large, y compris les lisieres, qui seront composées de fil de laine de couleurs noire & blanche, sans qu'il puisse y être emploïé aucuns fils d'autres couleurs, & à vingt-trois ou vingt-quatre aunes de long, même mesure : Lesdits Draps seront faits tant en chaînes qu'en trame, des premieres & plus fines laines de la Hague, du Val-de-Saire & du Côtentin, sans mêlange d'aucunes laines d'autres qualitez ; le tout, à peine de confiscation desdits Draps, qui seront préalablement coupez de trois aunes en trois aunes, & de trente livres d'Amende par chaque piece & pour chaque contravention.

XVI. Les Draps fins teints en laine & mêlez, qui se fabriquent à Cherbourg, auront en chaîne au moins cinquante portées de trente-deux fils chacune, faisant seize cens fils, non compris les lisieres, passez dans des rots d'une aune trois quarts & deux pouces de large, mesure de Paris, pour avoir ladite largeur d'une aune trois quarts & deux pouces, & trente-deux aunes & demie de longueur sur le métier, & revenir au retour du foulon, à une aune pleine de large, y compris les lisieres, qui seront composées de fils de laine de couleurs noire & blanche, sans qu'il puisse y être emploïé aucuns fils d'autres couleurs, & à vingt-trois ou vingt-quatre aunes de long, même mesure : Lesdits Draps seront faits tant en chaîne qu'en trame, des premieres & plus fines laines de la Hague, du Val-de-Saire, & du Côtentin, sans mêlange d'aucunes laines d'autres qualitez ; le tout, sous les peines portées par l'Article précédent.

XVII. Les Draps blancs moïens ou de la seconde espéce, qui se fabriquent à Cherbourg, auront en chaîne au moins quarante-cinq portées de trente-deux fils chacune, faisant quatorze cens quarante fils, non compris les lisieres, passez dans des rots d'une aune trois quarts & deux pouces de large, mesure de Paris, pour avoir ladite largeur d'une aune trois quarts & deux pouces, & trente-deux aunes & demie de longueur sur le métier, & revenir au retour du foulon, à une aune pleine de large, y compris les lisieres, qui seront composées de fils de laine de couleurs jaune & blanche, sans qu'il puisse y être emploïé aucuns fils d'autres couleurs, & à vingt-trois ou vingt-quatre aunes de long, même mesure: La chaîne desdits Draps sera composée des laines secondes de la Hague, du Val-de-Saire & du Côtentin, & la trame faite des premieres & plus fines laines des mêmes espéces, sans mélange d'aucunes laines d'autres qualitez; le tout, sous les mêmes peines que ci-dessus.

XVIII. Les Draps moïens ou de la seconde espéce, teints en laine & mêlez, qui se fabriquent à Cherbourg, auront en chaîne au moins quarante-cinq portées de trente-deux fils chacune, faisant quatorze cens quarante fils, non compris les lisieres, passez dans des rots d'une aune trois quarts & deux pouces de large, mesure de Paris, pour avoir ladite largeur d'une aune trois quarts & deux pouces, & trente-deux aunes & demie de longueur sur le mêtier, & revenir au retour du foulon, à une aune pleine de large, y compris les lisieres, qui seront composées de fil de laine de couleurs jaune & blanche, sans qu'il puisse y être emploïé aucuns fils d'autres couleurs, & à vingt-trois ou vingt-quatre aunes de long, même mesure: La chaîne desdits Draps sera composée des laines secondes de la Hague, du Val-de-Saire & du Côtentin, & la trame faite des premieres & plus fines laines des mêmes espéces, sans mélange d'aucunes laines d'autres qualitez; le tout, sous les peines portées ci-dessus.

XIX. Les Draps blancs communs qui se fabriquent à Cherbourg, auront en chaîne au moins quarante portées de trente-deux fils chacune, faisant douze cens quatre-vingt fils, non compris les lisieres, passez dans des rots d'une aune trois quarts & deux pouces de large, mesure de Paris, pour avoir ladite largeur d'une aune trois quarts & deux pouces, & trente-deux aunes & demie de longueur sur le mêtier, & revenir au retour du foulon, à une aune pleine de large, y compris les lisieres, qui seront composées de fils de laine de couleurs bleuë & blanche, sans qu'il puisse y être emploïé aucuns fils d'autres couleurs, & à vingt-trois ou vingt-quatre aunes de long, même mesure: La chaîne desdits Draps sera composée des laines tierces de la Hague, du Val-de-Saire & du Côtentin, & la trame faite des laines secondes des mêmes espéces, sans mélange d'aucunes laines d'au-

DECLARATIONS ET ARRESTS. 709

tres qualitez ; le tout, sous les mêmes peines que ci-dessus.

XX. Les Draps communs teints en laine & mêlez, qui se fabriquent à Cherbourg, auront en chaîne au moins quarante portées de trente-deux fils chacune, faisant douze cens quatre-vingt fils, non compris les lisieres, passez dans des rots d'une aune trois quarts & deux pouces de large, mesure de Paris, pour avoir ladite largeur d'une aune trois quarts & deux pouces, & trente-deux aunes & demie de longueur sur le métier, à revenir au retour du foulon, à une aune pleine de large, y compris les lisieres, qui seront composées de fil de laine de couleurs bleuë & blanche, sans qu'il puisse y être emploïé aucuns fils d'autres couleurs, & à vingt-trois ou vingt-quatre aunes de long, même mesure : La chaîne desdits Draps sera composée des laines tierces de la Hague, du Val-de-Saire & du Côtentin, & la trame faite des laines secondes des mêmes especes, sans mélange d'aucunes laines d'autres qualitez ; le tout, sous les peines portées ci dessus.

XXI. Les Carisis croisez qui se fabriquent à Cherbourg, auront en chaîne au moins vingt-quatre portées de trente-deux fils chacune, faisant sept cens soixante-huit fils, passez dans des rots de trois quarts & demi d'aune & deux pouces de large, mesure de Paris, pour avoir ladite largeur de trois quarts & demi & deux pouces, & vingt-neuf aunes de longueur sur le métier, & revenir au retour du foulon, à demi-aune pleine de large, y compris les lisieres, & à vingt ou vingt-deux aunes de long, même mesure : La croisure desdits Carisis sera couverte & unie, & ils seront faits tant en chaîne qu'en trame, de laines du Païs & de la Hague non triées, sans qu'il puisse y être emploïé aucunes laines de pelures, d'agnelins, de bourre, & autres de mauvaise qualité ; le tout, à peine de confiscation desdits Carisis, qui seront préalablement coupez de trois aunes en trois aunes, & de dix livres d'Amende par chaque pieces, & pour chaque contravention.

XXII. Les Melinges qui se fabriquent à Cherbourg, auront en chaîne au moins vingt-quatre portées de quarante fils chacune, faisant neuf cens soixante fils, passez dans des rots de trois quarts d'aune deux pouces & huit lignes de large, mesure de Paris, pour avoir ladite largeur de trois quarts d'aune deux pouces & huit lignes, & vingt-cinq aunes de longueur sur le métier, & revenir au retour du foulon, à demi-aune & un seize de large, & à dix-huit ou vingt aunes de long, même mesure: La chaîne desdites Melinges sera composée de bon fil de chanvre ou de lin, sans mêlange de l'un avec l'autre, & la trame faite de laines du Païs, & des laines qui resteront après le triage qui aura été fait de celles qui seront destinées à la fabrication des Draps, compris dans les Articles XV. XVII. & XIX. ci-dessus; sans néanmoins qu'il puisse être emploïé dans la trame desdites Melinges, aucunes laines de pelures, d'agnelins, de bourres, & autres de mauvaise qualité; le tout, sous les peines portées par l'Article précédent.

XXIII. Les Draps fins qui se fabriquent à Vallogne, auront en chaîne au moins soixante portées de trente-deux fils chacune, faisant dix-neuf cens vingt fils, non compris les lisieres, passez dans des rots d'une aune trois quarts de large, mesure de Paris, pour avoir ladite largeur d'une aune & trois quarts, & trente-cinq aunes de longueur sur le métier, & revenir au retour du foulon, à une aune pleine de large, y compris les lisieres, qui seront composées de fils de laine de couleurs verte, noire & blanche, sans qu'il puisse y être emploïé aucuns fils d'autres couleurs, & à vingt-trois ou vingt-cinq aunes de long, même mesure: Lesdits Draps seront faits tant en chaîne qu'en trame, des premieres & plus fines laines de la Hague ou du Côtentin, sans mêlange d'aucunes laines d'autres qualitez; le tout, à peine de confiscation desdits Draps, qui seront coupez de trois aunes en trois aunes, & de quarante livres d'Amende par chaque piéce & pour chaque contravention.

XXIV. Les Draps de la seconde espéce, qui se fabriquent à Vallogne, auront en chaîne au moins cinquante-six portées de trente-deux fils chacune, faisant dix-sept cens quatre-vingt-douze fils, non compris les lisieres, passez dans des rots d'une aune & trois quarts de large, mesure de Paris, pour avoir ladite largeur d'une aune & trois quarts, & trente-cinq aunes de longueur sur le métier, & revenir au retour du foulon, à une aune pleine de large, y compris les lisieres, qui seront composées de fils de laine de couleurs jaune, noire & blanche, sans qu'il puisse y être emploïé aucuns fils d'autres couleurs, & à vingt-trois ou vingt-cinq aunes de long, même mesure: La chaîne desdits Draps sera composée des laines secondes de la Hague ou du Côtentin, & la trame faite des premieres & plus fines laines de même espéce, sans mêlange d'aucunes laines d'autres qualitez; le tout, sous les peines portées par l'Article précédent.

XXV. Les Draps de la troisiéme espéce, qui se fabriquent à Vallogne, auront en chaîne au moins cinquante-deux portées de trente-deux fils chacune, faisant seize cens soixante-quatre fils, non compris les lisieres, passez dans des rots d'une aune trois quarts de large, mesure de Paris, pour avoir ladite largeur d'une aune & trois quarts, & trente-cinq aunes de longueur sur le métier, & revenir au retour du foulon, à une aune pleine de large, y compris les lisieres, qui seront composées de fils de laine de couleurs bleuë, noire & blanche, sans qu'il puisse y être emploïé aucuns fils d'autres couleurs, & à vingt-trois ou vingt-cinq aunes de long, même mesure: La chaîne desdits Draps sera composée des laines tierces de la Hague ou du Côtentin, & la trame faite des laines secondes de même espéce, sans mêlange d'aucunes laines d'autres qualitez; le tout, sous les mêmes peines que ci-dessus.

XXVI. Les Draps blancs communs qui se fabriquent à Vallogne, auront en chaîne au moins quarante-huit portées de trente-deux fils chacune, faisant quinze cens trente-six fils, non compris les lisieres, passez dans des rots d'une aune & trois quarts de large, mesure de Paris, pour avoir ladite largeur d'une aune & trois quarts, & trente-cinq aunes de longueur sur le métier, & revenir au retour du foulon, à une aune pleine de large, y compris les lisieres, qui seront composées de fils de laine de couleurs rouge, noire & blanche, sans qu'il puisse y être emploïé aucuns fils d'autres couleurs, & à vingt-trois ou vingt-cinq aunes de long, même mesure: Lesdits Draps seront composez tant en chaîne qu'en trame, des laines tierces de la Hague ou du Côtentin, torses pour la chaîne, & ouvertes pour la trame, sans mêlange d'aucunes laines d'autres qualitez; le tout, sous les peines portées ci-dessus.

XXVII. Les Draps communs, teints en laine ou mêlez, qui se fabriquent à Vallogne, auront en chaîne au moins quarante-huit portées de trente-deux fils chacune, faisant quinze cens trente-six fils, non compris les lisieres, passez dans des rots d'une aune & trois quarts de large, mesure de Paris, pour avoir ladite largeur d'une aune & trois quarts, & trente-

1738.
Décemb.

cinq aunes de longueur sur le métier, & revenir au retour du foulon, à une aune pleine de large, y compris les lisieres, qui seront composées de fils de laine de toutes sortes de couleurs, & à vingt-trois ou vingt-cinq aunes de long, même mesure : Lesdits Draps seront composez tant en chaîne qu'en trame, des laines tierces de la Hague & du Côtentin, torses pour la chaîne, & ouvertes pour la trame, teintes en diférentes couleurs, sans mélange d'aucunes laines d'autres qualitez ; le tout, sous les mêmes peines que ci-dessus.

XXVIII. Les Melinges qui se fabriquent à Vallogne, auront en chaîne au moins vingt-quatre portées de quarante fils chacune, faisant neuf cens soixante fils, passez dans des rots de trois quarts d'aune deux pouces & huit lignes de large, mesure de Paris, pour avoir ladite largeur de trois quarts d'aune deux pouces & huit lignes, & vingt-cinq aunes de longueur sur le métier, & revenir au retour du foulon, à demi-aune & un seize de large, & à dix-huit ou vingt aunes de long, même mesure : La chaîne desdites Melinges sera composée de bon fil de lin ou de chanvre, sans mélange de l'un avec l'autre, & la trame faite de laine du Païs, & de celles qui resteront après le triage qui en aura été fait, pour être emploïées à la fabrication des Draps, compris dans les Articles XXIII. XXIV. XXV. & XXVI. ci-dessus, sans néanmoins qu'il puisse être emploïé dans la trame desdites Melinges aucunes laines de pelures, d'agnelins, de bourres, ou autres de mauvaise qualité ; le tout, à peine de confiscation desdites Melinges, qui seront coupées de trois aunes en trois aunes, & de dix livres d'Amende par chaque piece & pour chaque contravention.

XXIX. Les Serges blanches, apellées *fortes*, qui se fabriquent à S. Lo, auront en chaîne au moins soixante-douze portées de quarante fils chacune, faisant deux mille huit cens quatre-vingt fils, passez dans des rots d'une aune & un quart de large au moins, mesure de Paris, pour avoir ladite largeur d'une aune & un quart, & trente-neuf aunes de longueur sur le métier, & revenir au retour du foulon, à une aune pleine de large, & à vingt-huit ou trente aunes de long, même mesure : Lesdites Serges seront faites tant en chaîne qu'en trame des laines secondes de la Hague, du Côtentin, du Bessin ou du Bocage blanches, tirées à l'étaim pour

la

DECLARATIONS ET ARRESTS.

la chaîne, & cardées pour la trame, sans que sous quelque prétexte que ce soit, il puisse y être emploïé aucunes laines communes ; le tout, à peine de confiscation desdites Serges, qui seront coupées de trois aunes en trois aunes, & de quarante livres d'Amende par chaque piece & pour chaque contravention.

XXX. Les Serges grises, apellées *fortes*, qui se fabriquent à S. Lo, auront en chaîne au moins soixante douze portées de quarante fils chacune, faisant deux mille huit cens quatre-vingt fils, passez dans des rots d'une aune & un quart de large au moins, mesure de Paris, pour avoir ladite largeur d'une aune & un quart, & trente-neuf aunes de longueur sur le mêtier, & revenir au retour du foulon, à une aune pleine de large, & à vingt-huit ou trente aunes de long, même mesure : Lesdites Serges seront faites des laines secondes de la Hague, du Côtentin & du Bessin blanches, & tirées à l'étaim pour la chaîne, & des mêmes laines brunes cardées pour la trame, sans que sous quelque prétexte que ce soit, il puisse y être emploïé aucunes laines communes ; le tout, sous les peines portées par l'Article précédent.

XXXI. Les Serges apellées *finettes*, qui se fabriquent à S. Lo, auront en chaîne au moins soixante-douze portées de quarante fils chacune, faisant deux mille huit cens quatre-vingt fils, passez dans des rots d'une aune demi-quart & un seize de large au moins, mesure de Paris, pour avoir ladite largeur d'une aune demi-quart & un seize, & cinquante-trois aunes de longueur sur le mêtier, & revenir au retour du foulon, à une aune pleine de large, & à quarante-quatre ou quarante-six aunes de long, même mesure : Lesdites Serges seront faites des laines premieres de la Hague, du Côtentin, du Bessin ou du Bocage, tirées à l'étaim pour la chaîne, & cardées pour la trame, sans que sous quelque prétexte que ce soit, il puisse y être emploïé aucunes laines communes ; le tout, sous les mêmes peines que ci-dessus.

XXXII. Les Serges apellées *rases*, qui se fabriquent à S. Lo, auront en chaîne au moins soixante-dix portées de quarante fils chacune, faisant deux mille huit cens fils, passez dans des rots d'une aune & un seize de large, mesure de Paris, pour avoir ladite largeur d'une aune & un seize, & soixante-une aunes de longueur sur le mêtier, & revenir au retour du foulon, à une aune pleine de large, & à cinquante-huit ou soixante aunes de long, même mesure: Lesdites Serges seront faites des premieres laines de la Hague, du Côtentin, du Bessin ou du Bocage, filées très fin pour la chaîne, & tirées à l'étaim pour la trame, sans que sous quelque prétexte que ce soit, il puisse y être emploïé aucunes laines communes ; le tout, sous les mêmes peines que ci-dessus.

XXXIII. Les Serges blanches, apellées *grosses*, qui se fabriquent à S Lo, auront en chaîne au moins soixante-huit portées de vingt fils chacune, faisant treize cens soixante fils, passez dans des rots d'une aune & demi-quart & un seize de large au moins, mesure de Paris, pour avoir ladite largeur d'une aune & demi-quart & un seize, & quarante-huit aunes de longueur sur le mêtier, & revenir au retour du foulon, à une aune pleine de large, & à trente-trois ou trente cinq aunes de long, même mesure : Lesdites Serges seront faites des laines blanches de la Hague, du Côtentin, du Bessin ou du Bocage les plus communes, cardées pour la chaîne & pour la trame; sans néanmoins qu'il puisse y être emploïé aucunes laines de pelures, d'agnelins, de bourres, & autres de mauvaise qualité; le tout, à peine de confiscation desdites Serges, qui seront coupées de trois aunes en trois aunes, & de vingt livres d'Amende par chaque piece & pour chaque contravention.

XXXIV. Les Serges grises, apellées *grosses*, qui se fabriquent à S. Lo, auront en chaîne au moins soixante-huit portées de vingt fils chacune, faisant treize cens soixante fils, passez dans des rots d'une aune & demi-quart & un seize de large au moins, mesure de Paris, pour avoir ladite largeur d'une aune & demi-quart & un seize, & quarante-huit aunes de longueur sur le mêtier, & revenir au retour du Foulon, à une aune pleine de large, & à trente-trois ou trente-cinq aunes de long, même mesure : Lesdites Serges seront faites des laines blanches de la Hague, du Côtentin, du Bessin ou du Bocage, les plus communes pour la chaîne, & des mêmes laines brunes pour la trame, lesdites laines cardées tant pour la chaîne que pour la trame, sans néanmoins qu'il puisse y être emploïé aucunes laines de pelures, d'agnelins, de bourres, & autres de mauvaise qualité ; le tout, sous les peines portées par l'Article précédent.

DECLARATIONS ET ARRESTS. 715

1718. Décemb.

XXXV. La croisure des Serges des diférentes sortes, comprises dans les Articles XXIX. XXX. XXXI. XXXII. XXXIII. & XXXIV. ci-dessus, sera fermée & unie, & lesdites Serges seront d'une égale finesse, dans toute l'étenduë de la piece, sans que dans le milieu ni à aucun des deux bouts desdites pieces, il puisse être emploïé des fils de laines de diférentes qualitez & d'inégale filure ; le tout, à peine de confiscation desdites Serges, qui seront coupées de trois aunes en trois aunes, & de quarante livres d'Amende par chaque piece & pour chaque contravention.

XXXVI. Les Tiretaines forte qui se fabriquent à S. Lo, auront en chaîne au moins trente-quatre portées de quarante fils chacune, faisant treize cens soixante fils, passez dans des rots d'une aune de large, mesure de Paris, pour avoir ladite largeur d'une aune, & trente-huit aunes de longueur sur le mêtier, & revenir au retour du foulon, à demi-aune & un seize de large, & à trente-trois ou à trente-cinq aunes de long, même mesure : La chaîne desdites Tiretaines sera composée de bon fil de chanvre bien filé, & la trame faite de laines du Païs, & de celles qui resteront après le triage qui en aura été fait, pour être emploïées à la fabrication des Serges, comprises dans les Articles XXIX. XXX. XXXI. XXXII. XXXIII. & XXXIV. ci-dessus, sans néanmoins qu'il puisse être emploïé dans la trame desdites Tiretaines, aucunes laines de pelures, d'agnelins, de bourres, & autres de mauvaise qualité ; le tout, à peine de confiscation desdites Tiretaines, qui seront coupées de trois aunes en trois aunes, & de vingt livres d'Amende par chaque piece & pour chaque contravention.

XXXVII. Les Droguets croisez qui se fabriquent à S. Lo, à cinq lames & à trois lames, auront en chaîne au moins trente-quatre portées de quarante fils chacune, faisant treize cens soixante fils, passez dans des rots de trois quarts d'aune de large au moins, mesure de Paris, pour avoir ladite largeur de trois quarts, & trente-sept aunes de longueur sur le mêtier, & revenir au retour du foulon, à demi-aune & un seize de large, & à trente-trois ou trente-cinq aunes de long, même mesure : La chaîne desdits Droguets sera composée de bon fil de chanvre bien filé, & la trame faite de laines du Païs, & de celles qui resteront après le triage qui en aura été

Tttt ij

fait, pour être emploïées à la fabrication des Serges, comprises dans les Articles XXIX. XXX. XXXI. XXXII. XXXIII. & XXXIV. ci-dessus, sans néanmoins qu'il puisse être emploïé dans la trame desdits Droguets, aucunes laines de pelures, d'agnelins, de bourres, & autres de mauvaise qualité ; le tout, sous les peines portées par l'Article précédent.

XXXVIII. Les grands Droguets unis qui se fabriquent à S. Lo, auront en chaîne au moins vingt huit portées de quarante fils chacune, faisant onze cens vingt fils, passez dans des rots de deux tiers d'aune de large au moins, mesure de Paris, pour avoir ladite largeur de deux tiers, & trente-six aunes & demie de longueur sur le métier, & revenir au retour du foulon, à demi-aune & un seize de large, & à trente-quatre ou trente cinq aunes de long, même mesure : La chaîne desdits Droguets sera composée de bon fil de chanvre bien filé, & la trame faite de laines du Païs, & de celles qui resteront après le triage qui en aura été fait, pour être emploïées à la fabrication des Serges, comprises dans les Articles XXIX. XXX. XXXI. XXXII. XXXIII. & XXXIV. ci-dessus, sans néanmoins qu'il puisse être emploïé dans la trame desdits Droguets, aucunes laines de pelures, d'agnelins, de bourres, & autres de mauvaise qualité ; le tout, sous les mêmes peines que ci-dessus.

XXXIX. Les petits Droguets unis qui se fabriquent à S. Lo, auront en chaîne au moins vingt portées de quarante fils chacune, faisant huit cens fils, passez dans des rots de demi-aune & un seize de large au moins, mesure de Paris, pour avoir ladite largeur de demi-aune & un seize, & trente-six aunes de longueur sur le métier, & revenir au retour du foulon, à demi-aune pleine de large, & à trente-quatre ou trente-cinq aunes de long, même mesure : La chaîne desdits Droguets sera composée de bon fil de chanvre bien filé, & la trame faite de laines du Païs, & de celles qui resteront après le triage qui en aura été fait, pour être emploïées à la fabrication des Serges, comprises dans les Articles XXIX. XXX. XXXI. XXXII. XXXIII. & XXXIV. ci-dessus, sans néanmoins qu'il puisse être emploïé dans la trame desdits Droguets, aucunes laines de pelures, d'agnelins, de bourres, & autres de mauvaise qualité ; le tout, sous les peines portées ci-dessus.

DECLARATIONS ET ARRESTS. 717

1738.
Décemb.

XL. Les Serges qui se fabriquent à Bayeux, qui sont destinées à être simplement dégraissées, auront en chaîne au moins soixante-dix-huit portées de trente fils chacune, faisant deux mille trois cens quarante fils, passez dans des rots d'une aune & demi-quart de large au moins, mesure de Paris, pour avoir ladite largeur d'une aune & demi-quart, & vingt-cinq aunes de longueur sur le métier, & revenir après avoir été dégraissées, à une aune pleine de large, & à vingt ou vingt-deux aunes de long, même mesure : Lesdites Serges seront composées tant en chaîne qu'en trame, des plus fines laines du Bessin, sans mélange d'aucunes laines d'autres qualitez ; le tout, à peine de confiscation desdites Serges, qui seront coupées de trois aunes en trois aunes, & de vingt livres d'Amende par chaque piece & pour chaque contravention.

XLI. Les Serges qui se fabriquent à Bayeux, qui sont destinées à être foulées, auront en chaîne au moins soixante-dix-huit portées de trente fils chacune, faisant deux mille trois cens quarante fils, passez dans des rots d'une aune & demi-quart de large au moins, mesure de Paris, pour avoir ladite largeur d'une aune & demi-quart, & vingt huit aunes de longueur sur le métier, & revenir au retour du foulon, à trois quarts d'aune de large, & à dix-huit ou vingt aunes de long, même mesure : Lesdites Serges seront composées tant en chaîne qu'en trame, des plus fines laines du Bessin, sans mêlange d'aucunes laines d'autres qualitez ; le tout, sous les peines portées par l'Article précédent.

XLII. Les demi-Draps qui se fabriquent à Bayeux, auront en chaîne au moins trente-six portées de trente fils chacune, faisant mille quatre-vingt fils, passez dans des rots d'une aune & demi-quart de large au moins, mesure de Paris, pour avoir ladite largeur d'une aune & demi-quart, & trente aune de longueur sur le métier, & revenir au retour du foulon, à deux tiers d'aune de large, & à vingt-deux ou vingt-quatre aunes de long, même mesure : Lesdits demi-Draps seront composez tant en chaîne qu'en trame, des plus fines laines du Bessin, sans mélange d'aucunes laines d'autres qualitez ; le tout, sous les mêmes peines que ci-dessus.

XLIII. Les Estamets qui se fabriquent à Bayeux, auront en chaîne au moins quatre-vingt-dix portées de trente fils chacune, faisant deux mille sept cens fils, passez dans des rots d'une aune & un tiers de large, mesure de Paris, pour avoir ladite largeur d'une aune & un tiers, & vingt-neuf aunes de longueur sur le mêtier, & revenir au retour du foulon, à trois quarts & demi & un seiziéme d'aune de large, & à vingt ou vingt-deux aunes de long, même mesure : La chaîne desdits Estamets sera composée des plus fines laines du Bessin, & la trame faite du Peignon des laines qui seront emploïées pour la chaîne, sans mêlange d'aucunes laines d'autres qualitez ; le tout, sous les peines portées ci-dessus.

XLIV. Les Revêches croisées qui se fabriquent à Bayeux, auront en chaîne au moins trente-six portées de trente fils chacune, faisant mille quatre-vingt fils, passez dans des rots d'une aune & demi-quart & un seize de large, mesure de Paris, pour avoir ladite largeur d'une aune & demi-quart & un seize, & trente aunes de longueur sur le mêtier, & revenir au retour du foulon, à deux tiers d'aune de large, & à vingt ou vingt-deux aunes de long, même mesure : Lesdites Revêches seront composées tant en chaîne qu'en trame, de laines non triées du Bessin, sans néanmoins qu'il puisse y être emploïé aucunes laines de bourres, & autres de mauvaise qualité ; le tout, à peine de confiscation desdites Revêches, qui seront coupées de trois aunes en trois aunes, & de dix livres d'Amende par chaque piece & pour chaque contravention.

XLV. Les Tiretaines qui se fabriquent à Bayeux, auront en chaîne au moins trente-six portées de trente fils chacune, faisant mille quatre-vingt fils, passez dans des rots d'une aune & demi-quart de large, mesure de Paris, pour avoir ladite largeur d'une aune & demi-quart, & quarante aunes de longueur sur le mêtier, & revenir au retour du foulon, à demi-aune & un seize de large, & à vingt-huit ou trente aunes de long, même mesure : La chaîne desdites Tiretaines sera composée de bon fil de chanvre bien filé, & la trame faite de laines du Païs, & de celles qui resteront après le triage qui en aura été fait, pour être emploïées à la fabrication des Serges, demi-Draps & Estamets, compris dans les Articles XL. XLI. XLII. & XLIII. ci-dessus, sans néanmoins qu'il puisse y être emploïé dans la trame desdites Tiretaines, aucunes laines de bourres, & autres de mauvaise qualité ; le tout, sous les peines portées par l'Article précédent.

XLVI. Les Tiretaines unies, apellées *droites*, qui se fabriquent à Bayeux, auront en chaîne au moins trente-six portées de trente fils chacune, faisant mille quatre-vingt fils, passez dans des rots d'une aune & demi-quart de large, mesure de Paris, pour avoir ladite largeur d'une aune & demi-quart, & trente-cinq aunes de longueur sur le métier, & revenir au retour du foulon, à deux tiers d'aune de large, & à vingt-huit ou trente aunes de long, même mesure : La chaîne desdites Tiretaines sera composée de bon fil de chanvre bien filé, & la trame faite de laines du Païs, & de celles qui resteront après le triage qui en aura été fait, pour être emploïées à la fabrication des Serges, demi-Draps & Estamets, compris dans les Articles XL. XLI. XLII. & XLIII. ci-dessus, sans néanmoins qu'il puisse être emploïé dans la trame desdites Tiretaines, aucunes laines de bourres, & autres de mauvaise qualité ; le tout, sous les mêmes peines que ci-dessus.

XLVII. Pouront les Fabriquans augmenter le nombre des portées prescrites pour les diférentes sortes de Draps & autres étofes, comprises dans le present Réglement, lorsque les laines qu'ils y emploïeront, seront filées plus fin ; sans que sous prétexte de ladite augmentation, qui ne poura être moindre d'une portée, ils puissent augmenter les largeurs fixées par les Articles précédens, pour chaque sortes desdits Draps & autres étofes, sous les peines portées par lesdits Articles.

XLVIII. Ordonne Sa Majesté que les laines des diférentes qualitez, destinées à être emploïées à la fabrication des Draps & autres étofes, comprises dans le present Réglement, seront avant que de pouvoir être cardées & filées, dégraissées dans un bain un peu plus que tiede, composé de deux tiers d'eau & un tiers d'urine, à peine, en cas de contravention, de confiscation desdites laines, & de vingt livres d'Amende.

XLIX. Les laines qui seront emploïées à la fabrication des diférentes sortes de Draps & autres étofes, comprises dans le present Réglement, seront avant que d'être cardées, aprêtées avec de bonne huile d'olive, sans qu'il puisse être emploïé pour l'aprêt tant desdites laines que desdits Draps &

autres étofes, aucunes autres sortes d'huiles, ni aucunes sortes de graisses; le tout, à peine de confiscation tant desdites laines, que desdits Draps & autres étofes, dont les pieces seront coupées de trois aunes en trois aunes, & de dix livres d'Amende par chaque piece & pour chaque contravention.

L. Seront tenus lesdits Fabriquans d'emploïer dans les diférentes sortes de Draps & autres étofes, comprises dans le present Réglement, les laines des qualitez prescrites pour chaque sorte desdits Draps & autres étofes, la quantité de trame ou tissure nécessaire, de les bien fraper, & tenir aux pieds sur le mêtier, pour les rendre d'égales force, finesse & qualité, dans toute l'étenduë de la piece, & de les tenir quarrées, à peine de confiscation desdits Draps & autres étofes, qui seront coupées de trois aunes en trois aunes, & de vingt livres d'Amende par chaque piece & pour chaque contravention.

LI. Fait Sa Majesté défenses aux Ouvriers qui travailleront pour le compte des Fabriquans, de recevoir desdits Fabriquans aucuns fils de laine, soit pour la chaîne ou pour la trame des diférentes sortes de Draps & autres étofes, comprises dans le present Réglement, qu'ils ne soient de la qualité prescrite, ni aucunes chaînes ourdies, qu'elles n'aïent au moins le nombre de portées & de fils, fixé pour chaque sorte & qualité desdits Draps & autres étofes; le tout, à peine en cas de contravention, de confiscation desdites chaînes & trames, & de trente livres d'Amende païable par corps, contre chacun desdits Ouvriers.

LII. Fait pareillement Sa Majesté défenses à tous Fabriquans, Ouvriers & autres, de fabriquer ni faire fabriquer aucunes sortes d'étofes, sous quelque dénomination que ce soit, ni sous prétexte d'être destinées à leur usage personnel, ou à celui des particuliers qui les leur auroient ordonnées, d'autres largeurs & longueurs que celles ci dessus prescrites, à peine de confiscation desdites étofes, qui seront coupées de trois aunes en trois aunes, & de trente livres d'Amende par chaque piece.

LIII. Fait aussi Sa Majesté défenses à tous Fabriquans, Tisserands, Toiliers & autres, établis dans des lieux où il se fait des Draps & autres étofes en laines teintes, de fabriquer aucuns Droguets ni autres étofes, à chaîne de fil, avec des

DECLARATIONS ET ARRESTS.

des laines teintes avant que d'être emploïées, à peine de confiscation desdites laines & étofes, & de vingt livres d'Amende contre chacun des contrevenans.

LIV. Seront tenus les Fabriquans & Ouvriers de laisser à l'un des bouts des pieces des diférentes sortes d'étofes, comprises dans le present Réglement, qu'ils fabriqueront, à l'exception des Draps, un peigne ou pesne de la chaîne, sans être tramé, d'un seiziéme d'aune de long, dont les fils seront noüez par portées, à peine de vingt livres d'Amende par chaque piece.

LV. Fait Sa Majesté défenses à tous Marchands & Fabriquans, de plier en deux sur la largeur aucunes étofes de demi-aune de large : Pourront néanmoins plier en deux celles qui excéderont ladite largeur de demi-aune, à la charge que les deux plis seront égaux dans toute l'étenduë de la piece, & que l'un n'excédera pas l'autre; le tout, à peine en cas de contravention, de confiscation desdites étofes, & de vingt livres d'Amende par chaque piece.

LVI. Les lames & les rots des métiers servant à la fabrique des Draps & autres étofes, comprises dans le present Réglement, qui n'auront pas les largeurs ci-dessus prescrites, seront réformez au-plûtard dans trois mois, à compter du jour de la publication d'icelui; & faute par les Fabriquans d'y satisfaire dans ledit tems, lesdits rots & lames seront rompus & brisez, en presence des Gardes-Jurez desdits Fabriquans, & les contrevenans condamnez en trente livres d'Amende par chaque rot & lame.

LVII. Fait Sa Majesté défenses aux faiseurs de rots de faire à l'avenir, & à commencer du jour de la publication du present Réglement, aucuns rots & lames, qu'ils n'aïent les largeurs fixées par les Articles précédens, pour les diférentes sortes d'étofes, & d'en exposer en vente ni vendre, qu'ils ne soient marquez à feu, aux deux bouts, de leur marque particuliere; comme aussi, aux Fabriquans de s'en servir, qu'ils ne soient marquez de ladite marque pour ceux qu'ils auront achetez, ou de leur marque particuliere, s'ils les ont faits pour leur usage; le tout, sous les peines portées par l'Article précédent.

LVIII. Seront tenus lesdits faiseurs de rots & lesdits Fabriquans, qui feront des rots pour leur usage, de déposer au

II. Suite du N. R. Vuuu

Gréfe de la Jurifdiction des Manufactures, dont ils reſſortiront, une empreinte de leur marque particuliere, qui ſera miſe ſans frais ſur le Regiſtre dudit Gréfe, en préſence des Juges des Manufactures, & de ſigner ſur le feüillet où elle ſera apliquée, leur déclaration, contenant que c'eſt la marque dont ils entendent ſe ſervir; le tout, à peine de vingt livres d'Amende contre chacun des contrevenans.

LIX. Les Fabriquans ſeront tenus de mettre au chef & à la queuë de chaque piece des diférentes ſortes de Draps & autres étofes qu'ils fabriqueront, leurs nom & ſurnom, & le nom du lieu de leur demeure en entier, & ſans abreviation ſur celles qui ſeront aſſez larges pour les contenir, & leur nom de Baptême par abreviation ſur celles ſeulement qui n'auront pas aſſez de largeur pour les contenir en entier; à la charge néanmoins, que leur ſurnom & le nom du lieu de leur demeure, ſeront mis en toutes lettres & ſans abréviation; le tout, à peine de confiſcation deſdits Draps & autres étofes, & de vingt livres d'Amende par chaque piece.

LX. Les nom & ſurnom deſdits Fabriquans, & le nom du lieu de Fabrique, ſeront tiſſus ſur le métier, à la tête & à la queuë de chaque piece, avec un fil de chanvre, de lin ou de coton, d'une couleur diférente de la couleur de la pièce, ou mis à l'aiguille au ſortir du métier, & avant que les étofes ſoient portées au foulon; en ſorte que leſdites marques s'incorporent dans l'étofe, de façon qu'elles ne puiſſent en être enlevées, ſans qu'il en reſte quelque veſtige; le tout, ſous les peines portées par l'Article précédent.

LXI. Défend Sa Majeſté à tous Fabriquans, de mettre les nom & ſurnom d'un autre Fabriquant au lieu du leur, à la tête ni à la queuë d'aucunes pieces de Draps, & autres étofes qu'ils auront fabriquées, ni des noms ſupoſez, à peine de confiſcation deſdites étofes, & de trois cens livres d'Amende, de déchéance de la Maîtriſe, & d'interdiction du Commerce pour toûjours.

LXII. Fait Sa Majeſté défenſes à tous Foulonniers, de fouler, & à tous Fabriquans, Marchands & autres, de faire fouler ni aprêter aucunes des diférentes ſortes d'étofes, compriſes dans le préſent Réglement, avec de la craïe ou autre ſemblable ingrédient, mais ſeulement avec de la terre graſſe & du ſavon, à peine de confiſcation deſdites étofes, qui auroient été foulées & aprêtées avec de la craïe, lesquelles feront coupées de trois aunes en trois aunes, & de vingt livres d'Amende par chaque piece.

LXIII. Veut Sa Majesté que tous les Draps & autres étofes, comprises dans le present Réglement, soient portées au retour du foulon, par les Fabriquans, au Bureau de Fabrique duquel ils dépendent, ou dans le Bureau le plus prochain du lieu de leur demeure, pour y être vûës & visitées par les Gardes-Jurez desdits Fabriquans; & si elles sont trouvées conformes au present Réglement, par eux marquées à la tête & à la queuë de chaque piece, du Plomb dudit Bureau, à peine de confiscation desdits Draps & autres étofes, & de vingt livres d'Amende par chaque piece.

LXIV. Les Draps & autres étofes, qui lors de la visite qui en sera faite dans lesdits Bureaux, seront trouvez en contravention du present Réglement, seront saisies à la requête des Gardes-Jurez, qui en poursuivront la confiscation par-devant les Juges des Manufactures, avec les condamnations d'Amendes ordonnées; sans que pour quelque cause, ni sous quelque prétexte que ce soit, ils puissent marquer aucunes pieces desdits Draps & autres étofes défectueuses, ni les rendre à ceux qui les auront presentées à la visite, à peine de trois cens livres d'Amende, contre chacun desdits Gardes-Jurez, & d'être destituez de leurs fonctions; ladite Amende aplicable, moitié au profit de Sa Majesté, & l'autre moitié au profit des pauvres de l'Hôpital le plus prochain du lieu où les Jugemens auront été rendus.

LXV. Les pieces desdites étofes qui lors des visites qui en seront faites par les Gardes-Jurez, ne seront pas trouvées de même qualité, & également serrées & garnies d'un bout à l'autre des pieces, pour n'avoir pas dans toute l'étenduë de la chaîne, le nombre de portées & de fils prescrit par le present Réglement, pour chaque sorte desdites étofes, seront par lesdits Gardes-Jurez coupées aux endroits des pieces qui seront les plus foibles, pour en compter les fils à l'endroit de la coupe, quoi que le peigne ou pesne de la chaîne noüé par portées, ordonné par l'Article LIV. ci-dessus, contienne le nombre de fils prescrit; & en cas que le nombre des fils de la chaîne se trouve à l'endroit de la coupe, moindre que celui dudit peigne ou pesne, lesdites

Vuuuij

pieces d'étofes seront saisies par lesdits Gardes-Jurez, qui en poursuivront la confiscation pardevant les Juges des Manufactures, avec deux cens livres d'Amende par chaque piece, contre les Fabriquans à qui lesdites étofes apartiendront, lesquelles seront préalablement coupées de trois aunes en trois aunes ; ladite Amende païable par corps.

LXVI. Fait Sa Majesté défenses à tous Fabriquans, d'exposer en vente ni vendre aucuns desdits Draps & autres étofes, qu'elles n'aïent à la tête & à la queuë de chaque piece, les marques & le plomb de Fabrique ordonnez ci-dessus, à peine de confiscation desdits Draps & autres étofes, & de vingt livres d'Amende par chaque piece & pour chaque contravention.

LXVII. Permet Sa Majesté aux Fabriquans, de fabriquer & faire fabriquer à la queuë des pieces de Draps & autres étofes, comprises dans le present Réglement lorsqu'elles seront achevées, des Coupons ou passes, pour emploïer les restes des chaînes montées sur leurs métiers ; à la charge par eux de mettre à la queuë desdits Coupons ou passes, leurs nom & surnom, & le lieu de leur demeure, conformément à ce qui est prescrit par l'Article LIX. ci-dessus, & de les faire marquer après qu'ils auront été séparez de la piece, du Plomb de Fabrique, s'ils se trouvent fabriquez en conformité du present Réglement ; le tout, à peine de confiscation desdits Coupons ou passes, & de vingt livres d'Amende par chaque coupon.

LXVIII. Permet pareillement Sa Majesté ausdits Fabriquans, de couper par la moitié les pieces d'étofes de leur fabrique, lorsqu'elles leur seront ainsi demandées par les Marchands ; à la charge par lesdits Fabriquans de faire marquer du Plomb de Fabrique, chacune des demi-pieces, à l'endroit où elle aura été coupée, & ce outre le Plomb de Fabrique, qui suivant l'Article LXIII. du present Réglement, aura dû être aposé à l'autre bout de chacune desdites demi-pieces, sur lequel les nom & surnom du Fabriquant, & le nom du lieu de sa demeure, seront marquez, à peine de confiscation desdits Draps & autres étofes, & de vingt livres d'Amende par chaque demi-piece.

LXIX. Veut Sa Majesté que dans les cas où les Fabriquans & les Marchands seront obligez de couper sur une

DECLARATIONS ET ARRESTS. 725

piece de Drap & autre étofe entiere, des morceaux tachez ou autrement endommagez, foit par le Foulon ou par les autres aprêts, ils foient tenus de les lever fur la piece entiere par Coupons, dont ils déchireront les lifieres; fans que fous quelque prétexte que ce foit, ils puiffent garder dans leurs Boutiques, Magafins ou ailleurs, expofer en vente ni vendre avec leurs lifieres lefdits Coupons ainfi tachez ou endommagez, à peine de confifcation defdits Coupons, & de vingt livres d'Amende pour chaque contravention.

LXX. Seront tenus les Fabriquans, lorfqu'ils aporteront leurs Draps & autres étofes aux Marchez, de les expofer en vente fous la Halle ordinaire, dans les lieux où il y en a d'établies, & aux jours & heures indiquez, après avoir été préalablement vifitées, & marquées par les Gardes-Jurez du Bureau de Fabrique duquel ils dépendent, à peine de confifcation defdits Draps & autres étofes, & de vingt livres d'Amende par chaque piece.

LXXI. Veut Sa Majefté que les Draps & autres étofes, comprifes dans le prefent Réglement, foient venduës bien dégraiffées & bien fechées, en quelque faifon de l'année que ce foit, faifant défenfes à tous Fabriquans de les expofer en vente autrement, à peine de confifcation defdits Draps & autres étofes, & de vingt livres d'Amende par chaque piece contre le vendeur.

LXXII. Les Fabriquans qui feront fabriquer des Draps & autres étofes, par des Ouvriers établis dans des lieux fituez à quelque diftance de celui de leur demeure, feront tenus dans trois mois, à compter du jour de la publication du prefent Réglement, de déclarer les noms & demeures defdits Ouvriers, aux Gardes-Jurez en exercice, afin qu'ils puiffent s'y tranfporter, pour y faire leurs Vifites, lorfqu'ils le jugeront à propos, à peine de cent livres d'Amende contre ceux defdits Fabriquans qui auront négligé d'y fatisfaire.

LXXIII. Tous Fabriquans & Ouvriers feront tenus de fe conformer à ce qui eft prefcrit par le prefent Réglement, tant pour la longueur & la largeur des Draps & autres étofes y mentionnées, le nombre de portées & de fils dont elles doivent être compofées, & pour les matieres qui doivent y être emploïées, que pour la mefure & la marque des lames & des rots fervans à leur Fabrique, le peigne ou le pefne de la chaîne qui doit être laissé à l'un des bouts des pieces, noüé par portées, & pour les marques qui doivent être mises, & les Plombs qui doivent être apliquez à la tête & à la queuë de chaque piece, soit que lesdites étofes soient destinées à être mises dans le Commerce ou qu'elles soient fabriquées pour leur usage personnel, ou pour celui des particuliers qui les leur auroient ordonnées; le tout, sous les peines portées par le present Réglement.

LXXIV. Seront tenus les Toiliers de se conformer pour les étofes mêlées de fil & de laine qu'ils fabriqueront, à ce qui est prescrit par l'Article précédent, sous les peines y portées.

LXXV. Fait Sa Majesté défenses à tous Marchands, d'avoir dans leurs Maisons, Boutiques & Magasins ou ailleurs, & de vendre ni exposer en vente aucunes pieces entieres des diférentes sortes de Draps & autres étofes, comprises dans le present Réglement, qu'elles n'aïent à la tête & à la queuë de chaque piéce, les marques ordonnées ci-dessus, & les Plombs de Fabrique & de Contrôle, comme aussi de garder ni debiter aucunes demi-pieces desdits Draps & autres étofes, qu'elles n'aïent à l'un des bouts desdites marques & plombs, à peine de confiscation desdites pieces entieres & demi-piece, & de vingt livres d'Amende pour chaque contravention.

LXXVI. Les Fabriquans & les Marchands qui seront surpris une seconde fois en contravention, seront condamnez au double de l'Amende qui aura été prononcée contr'eux la premiere fois, si c'est une contravention de même nature, & déchûs de la Maîtrise, en cas de récidive.

LXXVII. A l'avenir il sera procédé depuis le premier Décembre de chaque année, jusqu'au dixiéme du même mois, en la forme & maniere acoûtumée, à l'élection de nouveaux Gardes-Jurez des Fabriquans & des Marchands, dans toutes les Villes & lieux de la Generalité de Caën, où il y a des Bureaux de Fabrique & de Contrôle établis, pour entrer en exercice au deuxiéme Janvier de l'année suivante; & la date de l'année d'exercice desdits Gardes-Jurez, sera marquée sur les Plombs de Fabrique & de Contrôle, qui seront apliquez dans lesdits Bureaux, à la tête & à la queuë de chaque piece des étofes qui y auront été visitées, à l'éfet de quoi, chacun desdits Gardes-Jurez en exercice aura son coin ou marque particuliere, dont il se servira pour l'empreinte du plomb de Fabrique & de Contrôle, que chacun d'eux apliquera aux pieces d'étofes qu'il aura visitées, sur lequel coin ou marque la premiere lettre de son nom & son surnom en entier, seront gravez au-dessous de la date de l'année d'exercice ; & seront les coins ou marques dont les Gardes-Jurez se seront servis pendant l'année précédente, brisez ledit jour deuxiéme Janvier de chaque année, en presence des Juges des Manufactures, à la diligence desquels les nouvelles marques dont les Gardes-Jurez entrans en exercice dévront se servir, seront remises ledit jour, dans chaque Bureau de Fabrique & de Contrôle ; à l'éfet de quoi, il sera fait mention sur le Registre de chacun desdits Bureaux, tant des anciennes marques brisées, que de la remise des nouvelles, de chacune desquelles il sera mis une empreinte sur le feüillet dudit Registre, sur lequel les mentions ci-dessus ordonnées auront été faites, dont il sera dressé des Procès verbaux par lesdits Juges, pour être par eux directement envoïez au Sieur Intendant & Commissaire départi pour l'exécution des ordres de Sa Majesté, dans ladite Generalité de Caën : Faisant Sa Majesté défenses aux Gardes-Jurez des Fabriquans & des Marchands, d'apliquer à l'avenir sur aucunes pieces d'étofes qu'ils auront visitées, d'autres plombs que ceux ordonnez ci-dessus, sans que sous quelque prétexte que ce soit, ils puissent les marquer des plombs qui auront servi pour les années précédentes, le tout, à peine de trois cens livres d'Amende, de destitution de leurs fonctions, de décheance de la Maîtrise & d'interdiction du Commerce pour toûjours ; ladite Amende aplicable moitié au profit de Sa Majesté, & l'autre moitié au profit des pauvres de l'Hôpital le plus prochain du lieu où les Jugemens auront été rendus.

LXXVIII. Ordonne Sa Majesté que les plombs qui seront apliquez par les Gardes-Jurez des Fabriquans & des Marchands, sur les étofes qui seront portées dans les Bureaux de Fabrique & de Contrôle, pour y être visitées, & seront hapez, & d'un pouce de diamétre pour les étofes sujettes à être foulées, & de huit lignes pour les autres étofes legeres, telles que sont les Etamines, Voiles, & autres étofes de pareille qualité, qui ne doivent pas être foulées ; sur l'un des côtez duquel seront gravées les Armes de Sa Majesté, & le nom du lieu où sera établi le Bureau de Fabrique ou celui de Contrôle, & sur l'autre la date de l'année d'exercice, & la marque desdits Gardes-Jurez ordonnée par l'Article précédent: Faisant Sa Majesté défenses ausdits Gardes-Jurez des Fabriquans & des Marchands, d'apliquer sur les étofes qui seront portées dans leurs Bureaux, d'autres plombs que ceux ci-dessus ordonnez, sous les peines portées par l'Article précédent.

LXXIX. Les Bureaux de Fabrique & de Contrôle établis dans les diférentes Villes & lieux de la Généralité de Caën, seront ouverts tous les Mercredis & Vendredis de chaque semaine, depuis trois heures après midi, jusqu'à ce que toutes les étofes qui y auront été aportées, soient visitées, ou jusqu'à ce que le jour cesse; sans que les Gardes-Jurez en excercice, ou au moins deux d'entr'eux, puissent sous quelque prétexte que ce soit, se dispenser d'y assister ausdits jours & heures, à moins qu'il ne se rencontrât des Fêtes le Mercredi ou le Vendredi, auquel cas lesdits Bureaux seront ouverts & tenus la veille; le tout, à peine de soixante livres d'Amende, païable solidairement par les Gardes de chaque Bureau, & aplicable moitié au profit de Sa Majesté, & l'autre moitié au profit des pauvres de l'Hôpital le plus prochain du lieu où les Jugemens seront rendus.

LXXX. Veut Sa Majesté que dans chaque Bureau de Fabrique & de Contrôle, il soit tenu par les Gardes Jurez en exercice des Fabriquans & des Marchands, un Registre en papier commun & non timbré, qui sera coté & paraphé sans frais, par le Juge des Manufactures, dans lequel lesdits Gardes-Jurez écriront de suite, par date d'année, mois & jour, & sans aucun blanc ni interligne, le nombre des pieces de Draps & autres étofes qu'ils auront visitées chaque jour, en distinguant la qualité desdits Draps & autres étofes, les noms des Fabriquans où des Marchands qui les auront presentées à la visite, & celles qu'ils auront marquées, de celles qu'ils auront saisies, à peine de vingt livres d'Amende contre chacun desdits Gardes-Jurez, pour la premiere fois qu'ils auront négligé d'y satisfaire, & d'être destituez de leurs fonctions, même déchûs de la maîtrise, en cas de récidive; ladite Amende aplicable moitié au profit de Sa Majesté, & l'autre moitié au profit des pauvres de l'Hôpital le plus prochain du lieu où les Jugemens auront été rendus.

LXXXI.

LXXXI. Les Gardes-Jurez en exercice des Fabriquans, feront tenus de faire tous les trois mois, & plus souvent, s'il nécessaire, une visite genérale chez tous les Fabriquans & Ouvriers établis dans l'étenduë de leur district, pour examiner si les rots & lames qu'ils trouveront chez lesdits Fabriquans & Ouvriers, sont des largeurs ordonnées, & s'ils emploïent dans la fabrication de leurs Draps & autres étofes, le nombre de fils & de portées, & les laines des qualitez prescrites par le present Réglement : Et s'il se trouve chez lesdits Fabriquans, lors desdites visites, des rots & lames, & des Draps & autres étofes qui n'y soient pas conformes, ou des laines dont l'usage est défendu, lesdits Gardes-Jurez les saisiront, pour en poursuivre la confiscation pardevant les Juges des Manufactures, avec les condamnations d'Amendes portées par le present Réglement ; & feront les Sindics, Marguilliers, Collecteurs ou principaux Habitans des lieux où lesdits Gardes-Jurez se transporteront, pour faire leurs visites, tenus de leur déclarer, à leur premiere requisition, le nom & la demeure de chaque Fabriquant & Ouvrier, même de les assister, & acompagner dans lesdites visites, lorsqu'ils en seront par eux requis, à peine de vingt livres d'Amende contre ceux qui en feroient refus, lequel sera constaté par les Procès verbaux qui en seront dressez par lesdits Gardes-Jurez.

LXXXII. Seront pareillement tenus lesdits Gardes-Jurez, de se transporter dans les Foires & Marchez des lieux de l'étenduë de leur district, où se vendent les laines, à l'éfet d'y visiter, une heure avant l'ouverture desdites Foires & Marchez, les laines qui y seront aportées & exposées en vente, & de saisir celles qui se trouveront de mauvaise qualité, mêlangées, mal dégraissées ou gâtées, & les écheveaux de laines filées qui se trouveront mêlez de laines de diférentes qualitez & inégalement filées, pour en poursuivre la confiscation pardevant les Juges des Manufactures, qui condamneront chacun des contrevenans, en vingt livres d'Amende pour chaque contravention : Faisant Sa Majesté défenses à tous Marchands, d'ouvrir les bales de laines, ni d'en exposer aucunes en vente, qu'elles n'aïent été préalablement visitées, à peine de cinquante livres d'Amende contre chacun des contrevenans.

LXXXIII. Veut Sa Majesté que les Gardes en charge

des Marchands Drapiers & des Marchands Merciers, soient tenus de faire tous les trois mois, & plus souvent, s'il est nécessaire, des Visites exactes dans les Boutiques & Magasins des Marchands de leur Communauté, lors desquelles visites ils saisiront les pieces d'étofes entieres, demi-pieces & coupons, qui ne se trouveront pas fabriquées en conformité des Réglemens, & les pieces entieres ou demi-pieces, qui n'auront pas les marques & plombs ordonnez ci-dessus, pour en être par eux la confiscation poursuivie pardevant les Juges des Manufactures, avec les condamnations d'Amendes portées par lesdits Réglemens.

LXXXIV. Tous Fabriquans, Ouvriers & Marchands, & ceux qui vendront des laines, seront tenus de soufrir les visites desdits Gardes-Jurez, ordonnées par les Articles LXXXI. LXXXII. & LXXXIII. ci-dessus, soit dans leurs maisons, ouvroirs & boutiques, ou dans les Foires & Marchez, sans y aporter aucun empêchement, ni leur causer aucun trouble, à peine, en cas de contravention, de trois cens livres d'Amende, païable par corps, & de plus grande peine, s'il y échet.

LXXXV. Les Auges des Moulins à Foulon auront dans le fond, au moins trois pouces de largeur au-dessus de celle que l'étofe qui y sera mise pour être foulée, dévra avoir au retour du foulon; à l'éfet de quoi, les propriétaires ou Fermiers desdits Moulins à Foulon, seront tenus dans l'espace de deux mois, à compter du jour de la publication du present Réglement, de réformer les Auges dont ils se servent actuellement, & qui n'auront pas les largeurs ci-dessus prescrites; & faute par eux d'y satisfaire dans ledit tems, les anciennes Auges seront rompuës & brisées, en presence des Gardes-Jurez des Fabriquans, & lesdits propriétaires ou Fermiers condamnez en cent livres d'Amende.

LXXXVI. Les Foulonniers seront garans & responsables des dommages que les Draps & autres étofes, qui leur auront été données à fouler, auront pû soufrir au foulon, par leur négligence ou autrement.

LXXXVII. Les Procès verbaux qui seront dressez des Saisies faites des Draps & autres étofes, trouvées en contravention du present Réglement, feront mention des Articles du Réglement ausquels il aura été contrevenu; & les Amendes qui feront prononcées pour raison desdites contraventions, dont l'aplication n'est pas ordonnée ci-dessus, seront apliquées; sçavoir, un tiers au profit de Sa Majesté, un tiers au profit des Gardes-Jurez, & l'autre tiers au profit des pauvres de l'Hôpital le plus prochain du lieu où les Jugemens auront été rendus.

LXXXVIII. Veut Sa Majesté que les peines portées par le present Réglement, soient prononcées par les Juges des Manufactures, sans qu'elles puissent être remises ni modérées, pour quelque cause & sous quelque prétexte que ce soit, à peine par lesdits Juges de répondre en leur propre & privé nom, des Amendes & confiscations qu'ils auroient dû prononcer, & même d'interdiction ; & qu'il soit fait mention dans les Jugemens qu'ils rendront, des Articles du present Réglement sur lesquels ils seront fondez.

LXXXIX. Ordonne Sa Majesté, conformément à l'Edit du mois d'Aoust 1669. que tous procès & diférens mûs & à mouvoir, tant entre les Fabriquans & leurs Ouvriers, qu'entre les Marchands & lesdits Fabriquans, pour raison de saisies, contraventions aux Réglemens, ou autres matieres concernant leur Fabrique ou leur commerce, soient instruits & jugez sommairement par les Juges des Manufactures, sans ministére d'Avocats ni Procureurs, & à l'Audience, sur ce qui aura été dit & représenté par les parties mêmes ; & où il y auroit quelques pieces à voir, & que les diférens fussent de nature à ne pouvoir être jugez sur le champ, que les pieces seront mises sur le Bureau, pour être les diférens jugez sans apointemens, procédures ni autres formalitez de Justice, & sans que pour quelque cause que ce puissent être, lesdits Juges des Manufactures puissent recevoir ni prendre aucuns droits, sous prétexte d'épices, salaires ou vacations ; ni le Gréfier aucuns autres droits que deux sols seulement pour chacun feüillet des Sentences qu'il expédiera, lesquelles Sentences seront écrites en la forme & maniere portée par les Réglemens faits pour les Jurisdictions des Juges-Consuls.

XC. Déroge au surplus Sa Majesté, à tous Réglemens, Arrêts & Statuts particuliers contraires au present Réglement.

FAIT & arrêté au Conseil Roïal des Finances, Sa Majesté y étant, tenu à Versailles, le huitiéme jour de Décembre mil sept cens trente-huit. Signé, ORRY.

Lettres Patentes du Roy, sur le Réglement du Conseil ci-dessus.

LOUIS par la grace de Dieu, Roy de France & de Navarre: A tous ceux qui ces presentes Lettres verront, SALUT. Aïant été informez que les précautions prises par les Réglemens ci-devant faits, pour les diférentes sortes d'étofes qui se fabriquent dans la Généralité de Caën, ne sont pas susisantes pour etablir la régle & le bon ordre dans ces Manufactures, & assûrer la bonne qualité des étofes qui s'y font ; il Nous a paru nécessaire d'y ajoûter de nouvelles dispositions, & d'y pourvoir par un nouveau Réglement. A CES CAUSES, de l'avis de nôtre Conseil, qui a vû & examiné ledit Réglement de cejourd'hui, contenant quatre-vingt-dix Articles, ci-ataché sous le Contrescel de nôtre Chancellerie ; Nous avons par ces Presentes, signées de nôtre main, & de nôtre certaine science, pleine puissance & autorité Roïale, confirmé & autorisé, confirmons & autorisons ledit Réglement, pour les Draps, Serges, & autres étofes de laine ou mêlées de laine & de fil, qui se fabriquent dans la Generalité de Caën : Voulons qu'il y soit gardé, observé & exécuté de point en point, selon sa forme & teneur. SI DONNONS EN MANDEMENT à nos amez & feaux les Gens tenans nôtre Cour de Parlement à Roüen, que ces Presentes ils aïent à faire lire, publier & regiftrer, & le contenu en icelles garder, observer & exécuter, selon leur forme & teneur ; CAR tel est nôtre plaisir. En témoin de quoi, Nous avons fait mettre nôtre Scel à cesdites Presentes. DONNÉ à Versailles, le huitiéme jour de Décembre, l'an de grace mil sept cens trente-huit ; & de nôtre Régne le vingt-quatriéme. Signé, LOUIS : Et plus bas, Par le Roy, AMELOT : Vû au Conseil, ORRY. Et scellées du grand Sceau de cire jaune.

Lûe, publiées & registrées, la grande Audience de la Cour séante. A Roüen en Parlement, le 15. Janvier 1739. Signé, AUZANET.

Arrest du Parlement, rendu en forme de Réglement, sur les formalitez qui doivent être observées, & les précautions prises par les Personnes y mentionnées, dans la vente, l'achat & l'usage de l'Arsenic, Réagal, Sublimé, Orpiment ; & qui leur défend de garder d'aucunes sortes de Poisons ; le tout, sous les peines y portées.

Du 18. Mars 1739.

SUR la Remontrance faite à la Cour, par le Procureur Général du Roy ; expositive, qu'il s'est glissé depuis quelque tems, une grande négligence, dans le debit qui se fait de l'Arsenic, sous prétexte de diférens usages qu'on pouvoit en faire ; qu'on en vend à toutes sortes de personnes connuës & inconnuës, sans prendre aucunes précautions portées par l'Edit de 1682. que quoi que cela se fasse sans mauvaise intention, la chose n'en est pas moins dangereuse ; qu'il est d'une conséquence infinie, de ne pas tolérer un usage qui rende l'Arsenic trop commun, & le mette indiféremment entre les mains d'un trop grand nombre de personnes ; qu'il est à craindre que par l'inatention des gens peu soigneux, il n'en arrive des malheurs & des accidens funestes, contre la volonté de ceux qui s'en servent ; ou enfin que d'autres mal intentionnez ne soient tentez d'en user malheureusement par la facilité d'en avoir ; que c'est par ces motifs, que le feu Roy par son Edit du mois de Juillet 1682. avoit cru devoir prendre les précautions les plus sûres, pour prévenir les abus qui étoient à craindre, dans la distribution & l'usage de Minéraux, qui étans par eux-mêmes, d'une qualité nuisible au Corps humain, ont besoin d'être réctifiez par l'art de ceux qui en tirent des Remedes, & ne doivent par conséquent être remis que dans les mains de personnes incapables d'en abuser ; que le renouvellement des mêmes précautions, devient d'autant plus important, qu'il arrive encore de tems en tems, des Empoisonnemens, ou malheureux ou prémeditez, faute de tenir la main avec assez d'atention, à ce qui est prescrit par une

Loi aussi sage que l'Edit de 1682. que c'est pour cela qu'il a cru devoir recourir à l'autorité de la Cour, pour en recommander de nouveau l'exécution, & réveiller sur cela l'atention des Juges, & de ses Substituts : Pourquoi requiert qu'il soit ordonné que l'Edit du mois de Juillet 1682. sera de nouveau publié & afiché dans tous les Siéges & Bailliages de ce ressort ; & en conséquence, être fait défenses, conformément à icelui, à toutes personnes, à peine de la vie, même aux Médecins, Apoticaires & Chirurgiens, à peine de punition corporelle, d'avoir & garder des Poisons, soit simples ou préparez, qui retenans toûjours leur qualité de venin, & n'entrans dans aucune composition ordinaire, ne peuvent servir qu'à nuire, & sont de leur nature pernicieux & mortels ; qu'à l'égard de l'Arsenic, du Réagal, de l'Orpiment & du Sublimé, qui sont emploïez dans plusieurs compositions nécessaires ou utiles, il ne sera permis qu'aux Marchands qui demeurent dans les Villes, d'en vendre, & d'en livrer eux-mêmes, seulement aux Médecins, Apoticaires & Chirurgiens, Orfévres, Teinturiers, Maréchaux, & autres personnes publiques, qui par leurs Professions sont obligez d'en emploïer ; lesquelles néanmoins écriront en les prenant, sur un Regiſtre particulier, tenu pour cet éfet par les Marchands, leurs noms, qualitez & demeures, ensemble la quantité qu'ils auront prise desdits Minéraux ; & si au nombre des personnes qui s'en servent, il s'en trouve qui ne sçachent écrire, lesdits Marchands écriront pour eux ; quant aux personnes inconnuës ausdits Marchands, comme peuvent être les Chirurgiens & Maréchaux des Bourgs & Villages, ils aporteront des Certificats en bonne forme, contenans leur nom, demeure & Profession, signez du Juge des lieux, ou d'un Notaire & de deux témoins, ou du Curé & de deux principaux Habitans, lesquels Certificats & Atestations demeureront chez lesdits Marchands, pour leur décharge : Seront aussi les Epiciers, Merciers & autres Marchands, demeurans dans lesdits Bourgs & Villages, tenus de remettre incessamment ce qu'ils auront desdits Minéraux, entre les mains des Sindics-Gardes ou anciens Marchands Epiciers ou Apoticaires des Villes les plus prochaines des lieux où ils demeureront, lesquels leur en donneront le prix, avec défenses d'en vendre à d'autres qu'aux personnes ci-dessus dénommées, sous quelque prétexte que ce soit, quand ce seroit pour s'en servir, pour faire mourir les rats & souris dans les Maisons, même aux Laboureurs ou autres faisans valoir leurs Terres par leurs mains, sous prétexte de s'en servir pour échauder les Bleds destinez à la semence, le tout à peine de trois mille livres d'Amende, en cas de contravention, & de punition corporelle, s'il y échet ; qu'il soit enjoint à tous ceux qui ont droit par leur profession & métier, de vendre ou d'acheter des susdits Minéraux, de les tenir en des lieux sûrs, dont ils garderont eux-mêmes la clef; comme aussi, enjoint d'écrire sur un Regiſtre particulier, la qualité des Remédes où ils auront emploïé desdits Minéraux, les noms de ceux pour qui ils auront été faits, & la quantité qu'ils y auront emploïée, & d'arrêter à la fin de chaque année, sur leurdit Regiſtre, ce qu'il leur en restera, le tout à peine de mille livres d'Amende pour la premiere fois, & de plus grande peine, s'il y échet; qu'il soit défendu aux Médecins, Chirurgiens, Apoticaires, Epiciers, Droguiſtes, Orfévres, Teinturiers, Maréchaux & tous autres, de diſtribuer desdits Minéraux en ſubſtance, à quelques personnes que ce puisse être, & sous quelque prétexte que ce soit, sur peine d'être punis corporellement; & seront tenus de compoſer eux mêmes, ou faire compoſer en leur preſence par leurs garçons, les Remédes où il entrera nécessairement desdits Minéraux, qu'ils donneront après cela à ceux qui leur en demanderont, pour s'en servir aux uſages ordinaires ; & afin d'aſſurer davantage l'exécution desdites diſpoſitions de l'Edit de 1682. qu'il ſoit ordonné que les Marchands des Villes & autres ci-deſſus nommez, qui voudront acheter, vendre ou faire uſage des minéraux, seront tenus de paſſer leur déclaration au Gréfe des Juriſdictions de la Juſtice dont ils dépendent, de faire coter & parapher par les Juges, les Regiſtres, ſur leſquels il sera emploïé d'un côté, la quantité desdits minéraux qu'ils achéteront, le jour qu'ils en auront été livrez, les personnes dont ils les auront achetez ; & de l'autre, l'emploi qu'ils en auront fait, les noms & qualitez de ceux à qui ils les auront vendus, & l'uſage qu'ils en voudront faire, le tout ſigné desdits acheteurs, lequel Regiſtre ils seront tenus de repréſenter aux Juges, & à ſes Subſtituts des lieux de leur réſidence, toutes fois & quantes qu'ils le jugeront à propos, & au moins une fois l'an, pour l'arrêter en leur presence, sur lequel sera emploïé par les Juges, & ses Substituts, qu'il leur a été representé, & qu'ils l'ont examiné; qu'au surplus, il soit ordonné que toutes les autres dispositions dudit Edit seront exécutées, suivant leur forme & teneur; enjoint à ses Substituts d'y tenir exactement la main; que l'Arrest qui interviendra, sera envoïé dans tous les Siéges & Bailliages de ce ressort, pour être lû, publié & afiché, & dont ses Substituts seront tenus de certifier dans le mois. Vû par la Cour ledit Requisitoire, & oüi le Raport du Sieur Hubert Conseiller-Commissaire: Tout consideré, LA COUR, faisant droit sur le Requisitoire du Procureur Genéral, a ordonné que l'Edit du mois de Juillet 1682. sera de nouveau publié & afiché dans tous les Siéges & Bailliages de ce ressort; & en conséquence, a fait défenses, conformément à icelui, à toutes personnes, à peine de la vie; même aux Médecins, Apoticaires & Chirurgiens, à peine de punition corporelle, d'avoir & garder des Poisons, soit simples ou préparez, qui retenans toûjours leur qualité de venin, & n'entrans dans aucune composition ordinaire, ne peuvent servir qu'à nuire, & sont de leur nature pernicieux & mortels: Qu'à l'égard de l'Arsenic, du Réagal, de l'Orpiment & du Sublimé, qui sont emploïez dans plusieurs compositions nécessaires ou utiles, il ne sera permis qu'aux Marchands, qui demeurent dans les Villes, d'en vendre, & d'en livrer eux-mêmes, seulement aux Médecins, Apoticaires, Chirurgiens, Orfévres, Teinturiers, Maréchaux, & autres personnes publiques, qui par leurs Professions sont obligez d'en emploïer, lesquelles néanmoins écriront en les prenant, sur un Registre particulier, tenu pour cet éfet par lesdits Marchands, leurs noms, qualitez & demeures, ensemble la quantité qu'ils auront prise desdits Minéraux; & si au nombre des personnes qui s'en servent, il s'en trouve qui ne sçachent écrire, lesdits Marchands écriront pour eux: Quant aux personnes inconnuës ausdits Marchands, comme peuvent être les Chirurgiens & Maréchaux des Bourgs & Villages, ils aporterons des Certificats en bonne forme, contenans leur nom, demeure & Profession, signez du Juge des lieux, ou d'un Notaire & de deux témoins, ou du Curé & de deux principaux habitans, lesquels Certificats & Atestations demeureront chez lesdits Marchands, pour leur décharge: Seront.

ront aussi les Epiciers, Merciers, & autres Marchands demeurans dans lesdits Bourgs & Villages, tenus de remettre incessamment, ce qu'ils auront desdits Minéraux, entre les mains des Sindics & Gardes, ou anciens Marchands Epiciers ou Apoticaires des Villes les plus prochaines des lieux où ils demeureront, lesquels leur en donneront le prix, avec défenses d'en vendre à d'autres, qu'aux personnes ci-dessus nommées, sous quelque prétexte que ce soit, quand ce seroit pour s'en servir, pour faire mourir les rats & souris dans les maisons; même aux Laboureurs, ou autres faisans valoir leurs terres par leurs mains, sous prétexte de s'en servir pour échauder les Bleds destinez à la semence; le tout, à peine de trois mille livres d'Amende, en cas de contravention, & de punition corporelle, s'il y échet : A enjoint à tous ceux qui ont droit par leur profession & métier, de vendre ou d'acheter des susdits Minéraux, de les tenir en des lieux sûrs, dont ils garderont eux-mêmes la clef; comme aussi, enjoint d'écrire sur un Registre particulier, la qualité des Remédes où ils auront emploïé desdits Minéraux, les noms de ceux pour qui ils auront été faits, & la quantité qu'ils y auront emploïée, & d'arrêter à la fin de chaque année, sur leurdit Registre, ce qui leur en restera ; le tout, à peine de mille livres d'Amende pour la premiere fois, & de plus grande peine, s'il y échet : Défenses faites aux Médecins, Chirurgiens, Apoticaires, Epiciers, Droguistes, Orfévres, Teinturiers, Maréchaux, & tous autres, de distribuer desdits Minéraux en substance, à quelques personnes que ce puisse être, & sous quelque prétexte que ce soit, sur peine d'être punis corporellement; & seront tenus de composer eux-mêmes, ou faire composer en leur presence par leurs garçons, les Remédes où il entrera nécessairement desdits Minéraux, qu'ils donneront après cela à ceux qui leur en demanderont, pour s'en servir aux usages ordinaires : Et afin d'assûrer davantage l'exécution desdites dispositions de l'Edit de 1682. ordonne que les Marchands des Villes, & autres ci dessus nommez, qui voudront acheter, vendre ou faire usage desdits Minéraux, seront tenus de passer leur déclaration au Gréfe des Jurisdictions de la Justice dont ils dépendent, de faire coter & parapher par les Juges, les Registres, sur lesquels il sera emploïé d'un côté, la quantité desdits Minéraux qu'ils achéteront, le jour qu'ils en

II. Suite du N. R.　　　　　　　　　　Yyyy

auront été livrez, les personnes dont ils les auront achetez; & de l'autre l'emploi qu'ils en auront fait, les noms & qualitez de ceux à qui ils les auront vendus, & de l'usage qu'ils en voudront faire, le tout signé desdits acheteurs, lequel Registre ils seront tenus de representer aux Juges & aux Substituts du Procureur Général des lieux de leur résidence, toutes fois & quantes qu'ils le jugeront à propos, & au moins une fois l'an, pour l'arrêter en leur presence; sur lequel sera emploïé par les Juges & les Substituts du Procureur Général, qu'il leur a été representé, & qu'ils l'ont examiné: Au surplus, ordonne que toutes les autres dispositions dudit Edit, seront exécutées selon leur forme & teneur; a enjoint aux Substituts du Procureur Général, d'y tenir exactement la main: Ordonne que le present Arrest sera envoïé dans tous les Siéges & Bailliages de ce Ressort, pour y être lû, publié & afiché, à la requête des Substituts du Procureur Général, qui seront tenus d'en certifier la Cour dans le mois. DONNE' à Roüen en Parlement, le dix-huitiéme jour de Mars mil sept cens trente-neuf. Par la Cour, Signé, AUZANET.

Arrest du Parlement, portant défenses au Sieur Ecolasse dit la Fosse Maître Mercier, & à tous autres Merciers de Roüen, de faire aucun Commerce de Bouteilles de Gros Verre des Verreries de la Province; Et leur fait pareillement défenses d'avoir aucuns Magasins dans cette Ville, Fauxbourgs & Banlieuë, d'aucunes Faïances, Verreries, & toutes autres choses dépendantes du Métier de Marchand Verrier-Faïancier de cette Ville, &c.

Du 29. Avril 1739.

LOUIS par la grace de Dieu, Roy de France & de Navarre: A tous ceux qui ces presentes Lettres verront, SALUT. Sçavoir faisons que cejourd'hui en la cause dévolue en nôtre Cour de Parlement de Roüen; Entre les Maîtres & Gardes Pannetiers-Vanniers-Bouteillers Marchands Verriers-Faïanciers de la Ville, Fauxbourgs & Banlieuë de Roüen, apellans de Sentence renduë au Siége de la Police

DECLARATIONS ET ARRESTS. 739

de Roüen, le 5. Février 1735. tant au chef du Réglement donné au sujet des Bouteilles de gros Verre, qu'au chef des dépens, & pour ômissions faites par le Juge qui a rendu ladite Sentence, d'une part : Le Sieur François Ecolasse dit la Fosse, Maître particulier de l'Etat de Marchand Mercier à Roüen, intimé, d'autre : Les Maîtres & Gardes Marchands Merciers de la Ville de Roüen, intimez en apel, d'autre part ; & encore lesdits Faïanciers demandeurs en Requête du 24. Juillet 1738. d'autre part. Vû par nôtredite Cour l'Arrest rendu entre lesdites parties, le 7e. jour de Février 1738. par lequel nôtre Cour, Parties oüies & nôtre Procureur Général, sur l'apel les a apointées au Conseil, pour être le procès jugé en la Grand'Chambre, signifié de Procureur à Procureur, le 14. Mars, avec déclaration de mettre le procès en distribution, avec sommation de donner des suspects : Ladite Sentence dont apel en nôtre Cour, ci-dessus datée, renduë entre lesdits Maîtres & Gardes Panneticrs-Vanniers-Bouteillers Marchands Verriers-Faïanciers de ladite Ville, Banlieuë & Fauxbourgs de Roüen, en conséquence de Requête par eux presentée audit Siége de la Police de Roüen, expositive entr'autres choses, qu'étans seuls en droit de vendre des marchandises de Verreries & Faïances, & généralement toutes marchandises dépendantes de leur métier, aux termes de leurs Statuts, dûment enregistrez au Parlement, ils auroient eu connoissance que ledit Sieur Ecolasse s'étoit immiscé d'avoir un Magasin dans la maison qu'il ocupoit, ruë Saint-Etienne des Tonneliers ; qu'il vendoit publiquement à leur préjudice, ce qui étoit de leur commerce, quoi que par Arrest de nôtre Cour rendu contradictoirement entr'eux & les Gardes Merciers, au mois de Décembre 1730. il eût été ordonné que leurs Statuts seroient exécutez selon leur forme & teneur, ils auroient un intérest sensible d'empêcher que ledit Sieur Ecolasse ne fît leur commerce, & auroient demandé par ladite Requête, qu'il leur fût permis de faire saisir & arrêter toutes les marchandises concernant leur profession, qui se trouveroient en la maison qu'ocupoit ledit Sieur dit la Fosse, & un autre Magasin, sçis ruë du Fardeau, & ce, en la presence de nôtre Procureur, s'il le trouvoit à propos, & des Gardes Merciers, dont ils seroient sommez à cet éfet, conformément à l'Arrest de nôtre Cour, du 24.

Yyyy ij

Juillet 1647. lors de l'enregistrement des Statuts desdits Merciers, & ensemble auroient demandé que Mandement leur fût acordé, pour faire venir ledit Sieur Ecolasse, aux fins de voir juger la confiscation des marchandises qui seroient saisies, & que défenses lui seroient faites & à tous autres Merciers, de faire la profession desdits Maîtres & Gardes Pannetiers, & que la Sentence qui interviendroit, seroit lûë, publiée & afichée, avec dépens : Et encore lesdits Maîtres & Gardes Pannetiers demandeurs en vertu de l'Ordonnance intervenuë sur ladite Requête, en date du 7. Mai 1731. & en Saisie & Aprochement par eux fait faire sur ledit Sieur Ecolasse dit la Fosse, en sa maison & magasin, sçis ruë Saint-Etienne des Tonneliers, Paroisse de Saint Martin, de trois Harasses remplis de verre à boire, & autres marchandises de Faïances y mentionnées, de diverses sortes d'espéces, le tout de Faïance; & dans un autre magasin sçis ruë du Fardeau, d'une armoire remplie de plusieurs autres marchandises aussi y dénommées : Et encore lesdits Maîtres & Gardes Pannetiers demandeurs, en vertu d'Ordonnance du 8. dudit mois de Mai, renduë sur le Haro interjetté lors de la Saisie, par le Sieur Loüis Laîné Maître & Garde de la Communauté de l'état des Marchands Merciers-Drapiers du Corps uni en ladite Ville, tant pour lui que ses Cogardes, pour empêcher ladite Saisie, atendu que par leurs Statuts ils sont en droit d'acheter & changer toutes sortes de marchandises indéfiniment, suivant qu'il est au long mentionné audit procès verbal dudit jour 8. Mai, que lesdits Maîtres & Gardes Faïanciers auroient fait signifier audit Sieur Ecolasse dit la Fosse, & ausdits Maîtres & Gardes Marchands Merciers, avec Assignation à eux faite à comparoir audit Siége de Police, aux fins de voir juger les conclusions desdits Maîtres & Gardes Faïanciers, prises par ladite Requête & Procès verbal, & ausdits Maîtres & Gardes Merciers, à ce qu'ils n'en prétendissent cause d'ignorance, suivant qu'il est au long mentionné aux Exploits desdits jours 8. & 10. dudit mois de Mai : Et encore lesdits Maîtres & Gardes Pannetiers-Vanniers demandeurs en autre Saisie & Aprochement qu'ils auroient fait le 21e. jour de Septembre 1731. d'un Pannier de Faïance que portoient deux personnes sur un barc, sur les dix heures du matin, dans la ruë de Saint-Etienne, qu'on déclara porter chez ledit Sieur la Fosse,

DECLARATIONS ET ARRESTS. 741

lequel étoit sur sa porte, où ils étoient prêts d'entrer, de la part du Sieur Guillebaud Maître de Manufacture de Faïance, lequel auroit interjetté Haro, suivant qu'il est au long mentionné audit Procès verbal de Haro dudit jour, que lesdits Maîtres & Gardes Pannetiers auroient fait signifier le 23. dudit mois, auſdits Sieurs la Fosse & Guillebaud, avec Assignation à eux faite à comparoir audit Siége de Police, pour procéder sur les fins contenuës en icelui, & voir juger la confiscation desdites Marchandises, avec intérêts & dépens, auſquels lesdits Sieurs la Fosse & Guillebaud seroient solidairement condamnez ; que défenses leur seroient faites de récidiver ; & que la Sentence qui interviendroit, seroit lûë, publiée & afichée à leur dépens, d'une part ; & ledit Sieur la Fosse-Ecolasse, sur ce poursuivi & défendeur ; & lesdits Maîtres & Gardes & Communauté dudit état de Marchand Mercier, aïant pris le fait & cause dudit Ecolasse, sur ce poursuivis & défendeurs, d'autre part ; par laquelle Sentence il est dit, faisant droit sur les Aprochemens, en ce qui concerne les Bouteilles, à bonne cause lesdits Aprochemens faits sur ledit Ecolasse dit la Fosse, avec dépens de ce qui fait a été à son égard, jusqu'à la reclamation faite par les Maîtres & Gardes Merciers, à laquelle aïant aucunement égard & donnant Réglement, toutes Bouteilles arrivant en cette Ville seront portées au Magasin, pour y être visitées & posées vingt-quatre heures, pendant lequel tems les Faïanciers en prendront toutes & telles fournitures qu'ils aviseront bien être, au prix dernier ; & ledit tems passé, permis aux Merciers & à toutes personnes, d'en prendre livraison du surplus ; & en ce qui concerne les Faïanciers, à bonne cause les Aprochemens faits sur ledit Ecolasse dit la Fosse, avec dépens de ce qui fait a été jusqu'à ladite reclamation des Merciers, à laquelle aussi aïant aucunement égard, permis à eux de faire aussi tout & tel envoi de Faïance de cette Ville par Commission, en le faisant porter directement à bord ou sur les voitures ; défenses d'en tenir aucun Magasin dans la Ville : tous dépens compensez entre lesdites Communautez, depuis ladite reclamation, & néanmoins ledit Ecolasse dit la Fosse, & la Communauté desdits Merciers païeront le coût & raport de ladite Sentence, moitié par moitié, & taxé au Conseiller-Commissaire, pour avoir vû lesdites piéces, & d'icelles

1739.
Avril.

fait son raport, la somme de trente écus. Vû aussi les piéces généralement closes par lesdites parties, composées de celles suivantes; sçavoir, Vidimus de Cahier de Copies, dont la premiere est de Lettres Patentes par Nous acordées le dernier jour de Septembre 1665. portant confirmation des Statuts des Maîtres du mêtier de Pannetier-Vannier-Bouteiller Marchand Verrier-Faïancier de la Ville de Roüen; la seconde, de leurs Statuts & Ordonnances, arrétez le 19ᵉ. jour de Novembre 1664. par le Sieur Maynet Vicomte de Roüen; & la troisiéme, de l'Arrest d'enregistrement d'iceux, du 18ᵉ. jour de Février 1669. Vidimus d'Arrest de nôtre Cour, rendu le 14. de Décembre 1723. entre Gaspard Godon Marchand Mercier à Roüen, & lesdits Maîtres & Gardes Pannetiers & Faïanciers, portant confirmation d'une Sentence renduë au Siége de la Police de Roüen, dont ledit Godon s'étoit porté pour apellant, en date du 19. Septembre 1722. Requête presentée audit Siége de la Police de Roüen, le 29. Janvier 1724. par lesdits Maîtres & Gardes Pannetiers-Faïanciers, contre les Sieurs Godon & Vincent Marchands Merciers, & les Maîtres & Gardes de l'état de Mercier, au sujet du procès pendant entr'eux audit Siége: Extrait d'Arrest de nôtre Cour, du 5ᵉ. jour de Mai 1724. obtenu sur Requête par les Maîtres & Gardes Merciers à Roüen, qui leur acorde Mandement, pour faire aprocher les Maîtres Faïanciers, aux fins de procéder sur l'oposition que lesdits Maîtres & Gardes Merciers auroient formée à l'Arrest d'enregistrement des Statuts desdits Maîtres & Gardes Faïanciers: Requête presentée à nôtre Cour, le 17. Aoust 1725. par lesdits Maîtres & Gardes Pannetiers-Faïanciers & lesdits Maîtres & Gardes Merciers, le 11ᵉ. jour de Décembre 1730. sur l'oposition que lesdits Maîtres & Gardes Merciers avoient formée à l'Arrest d'enregistrement des Statuts desdits Maîtres & Gardes Pannetiers-Faïanciers, du 18ᵉ. jour de Février 1669. par lequel nôtre Cour faisant droit sur leur oposition, les a autorisez de faire venir pour leur compte, des Bouteilles de gros verre des Verreries étrangeres & éloignées, sans cependant qu'ils puissent acheter & anarrer dans les Verreries de la Province, d'où elles seront aportées directement à Roüen, à l'endroit destiné, pour y être visitées par les Gardes Bouteillers & loties ensuite, ainsi qu'il apartiendra, & parce que

DECLARATIONS ET ARRESTS. 743

le public aura la liberté d'en acheter pour son usage, & au surplus ordonne que lesdits Statuts seront exécutez : Vidimus dudit Arrest de nôtre Cour : Vidimus de Sentence renduë au Siége de la Police de Roüen, le 22. Septembre 1731. entre les Sieurs Gedeon Vincent pere & fils, Gaspard Godon Marchands Merciers, lesdits Maîtres & Gardes Pannetiers-Faïanciers, & lesdits Maîtres & Gardes Marchands Merciers; par laquelle entr'autres choses, il est dit, à bonne cause l'aprochement desdits Pannetiers-Faïanciers, sur lesdits Godon & Vincent, & ordonne que les Bouteilles sur eux saisies, seront représentées : Vidimus d'Arrest de nôtre Conseil d'Etat Privé, du 30e. jour de Mai 1732. qui met au néant la Requête des Merciers qu'ils avoient presentée contre l'Arrest du 11. Décembre 1730. Copie collationnée par les Notaires-Secretaires de nôtre Cour, d'Arrest de nôtre Conseil d'Etat, du 30. Mars 1734. entre les Marchands Merciers de la Ville de Roüen, & la Communauté des Maîtres Bonnetiers de ladite Ville : Vidimus d'Arrest de nôtre Cour, du 14. Aoust 1737. rendu entre lesdits Maîtres Pannetiers-Faïanciers, ledit Sieur la Fosse-Ecolasse, les Maîtres Merciers de Roüen, & les Maîtres de Verreries y dénommez, par lequel entr'autres choses, il est porté que ledit Arrest de nôtre Cour, du 11. Décembre sera exécuté : Copie collationnée par les Notaires de Roüen, le 8e. jour d'Avril 1734. de Procès verbal dressé par Me Morisset Huissier, le 16e. jour d'Octobre 1731. requête desdits Maîtres & Gardes Pannetiers-Faïanciers, de visite de deux voitures de Bouteilles, qui apartenoient à la Veuve du Sieur Helie Maîtresse de la Verrerie de Lihut : Autre Copie collationnée par lesdits Notaires de Roüen, d'autre Procès verbal dressé le 26e. jour dudit mois d'Octobre, par ledit Me Morisset, requête desdits Maîtres Pannetiers-Faïanciers, de deux Charettes chargées de Bouteilles dites Carafons, que les Voituriers de ladite Dame Helie avoient conduites au Bureau desdits Pannetiers-Faïanciers : Autre Copie collationnée par lesdits Notaires de Roüen, d'autre Procès verbal dressé le 2e. jour de Novembre audit an, par ledit Me Morisset, requête desdits Pannetiers-Faïanciers, de deux Charettes chargées aussi de Bouteilles, que les Voituriers ne voulurent souffrir, n'aïant d'ordre des Sieur & Dame Helie : Autre Copie collationnée par lesdits Notaires-Secrétaires de nôtre Cour, de procuration passée le 12e. jour de

Février 1733. pardevant les Notaires de Roüen, par François le Vaillant Ecuïer, Sieur de Granprey, Maître de la Verrerie de Maucomble, audit la Fosse, pour recevoir toutes les marchandises de Bouteilles que ledit Sieur de Granprey lui adressera, ensuite est l'Exploit de Signification d'icelle, faite le 4e. jour d'Avril audit an, requête dudit Sieur la Fosse, ausdits Maîtres & Gardes Pannetiers, à ce qu'ils n'en ignorent: Autre Copie collationnées par lesdits Notaires-Secrétaires de nôtre Cour, de l'état des Bouteilles que la Communauté des Maîtres Faïanciers de Roüen a prises en la Verrerie de Saint-Paul, pendant l'année qui a commencé le 8. Juillet 1732. & finie le 8. Mars 1733. lequel a été certifié véritable, le premier jour d'Avril 1733. Vidimus des Statuts, Ordonnances & Réglemens des Marchands Drapiers-Merciers de la Ville de Roüen, réünis par Arrest de nôtre Conseil, du 24. Avril 1703. avec plusieurs Arrêts & Sentences renduës en conséquence desdits Statuts & Ordonnances Ladite: Requête presentée audit Siége de Police de Roüen, par lesdits Maîtres & Gardes Pannetiers-Faïanciers, du 7e. jour de Mai 1731. dont ci-dessus est fait mention: Exploit du 8e. jour dudit mois, requête desdits Maîtres & Gardes Pannetiers, portant Sommation faite ausdits Maîtres & Gardes Merciers, de se trouver ledit jour après midi, en la maison dudit Sieur la Fosse, pour être presens à l'aprochement & Saisie qu'ils entendoient faire de toutes les marchandises qui étoient de la profession desdits Maîtres & Gardes Pannetiers, contrôlé à Roüen le 10. Procès verbal dudit jour 8. aux fins de saisie par Me Beauvais Sergent, de la requisition desdits Maîtres & Gardes Pannetiers-Faïanciers des marchandises de leur métier, étant dans la maison dudit Sieur la Fosse, lors duquel Loüis Laîné Garde en charge de la Communauté desdits Maîtres Merciers, s'oposa & déclara interjetter Haro, sur lequel lesdites parties ont été oüies devant le Lieutenant de Police, qui les renvoïa à l'Audience, & que cependant numération seroit faite des marchandises de Faïances & de Verreries, contrôlé à Roüen, le 10. Exploit de Signification d'icelui dudit jour, requête desdits Maîtres & Gardes Pannetiers-Faïanciers ausdits Maîtres & Gardes Merciers, aux fins de l'audience au lendemain, contrôlé à Roüen le même jour: Ledit Procès verbal de Haro, requête dudit Sieur Laîné, par Jacques de Cartel, dudit jour 8. de Mai, contrôlé à Roüen ledit jour:

Cedule

DECLARATIONS ET ARRESTS. 745

Cedule de prefentation mife par lefdits Maîtres Marchands Faïanciers, le 23. Juin audit an ; celle mife par ledit Sieur Ecolaffe, le 3e. jour d'Octobre audit an ; celle mife par lefdits Maîtres & Gardes Merciers dudit jour : Sentence renduë audit Siége de Police de Roüen, le 9e. jour dudit mois de Juin, par laquelle il eft dit, oüi nôtre Procureur, les parties apointées à écrire & produire, fignifiée le 4. Juillet audit an : Sommation faite le 11e. jour d'Aouft audit an, par lefdits Maîtres & Gardes Pannetiers Marchands Verriers-Faïanciers, de clorre les pieces entre les mains du Sieur de Saint-Helier Confeiller, Raporteur : Requête prefentée audit Siége de Police, le 5e. jour d'Octobre audit an, par lefdits Maîtres & Gardes de l'état de Marchand Mercier, aïant pris le fait & caufe dudit Sieur Ecolaffe dit la Foffe, aux fins de leurs conclufions, lefquelles font à faire dire & déclarer l'aprochement fait par lefdits Faïanciers, dans la maifon dudit Sieur dit la Foffe, le 8e. jour de Mai, injurieux & tortionnaire, aux termes de l'Article XIV. des Statuts defdits Maîtres Merciers, & de l'Arreft d'enregiftrement d'iceux, du 24. Juillet 1647. ce faifant, leur acorder mainlevée defdites marchandifes aprochées, avec mille livres d'intérêts; que défenfes leur feront faites & à tous autres, de faire pareils aprochemens, & que la Sentence qui interviendra, fera publiée & afichée, le tout avec dépens ; ladite Requête foufcrite d'Ordonnance, fignifiée ledit jour : Autre Requête prefentée audit Siége de Police, le 22e. jour de Décembre audit an, par lefdits Maîtres & Gardes Pannetiers Marchands Verriers-Faïanciers, pour faire recevoir au jugement du procès, les pieces y mentionnées, pour fervir de réponfe à la Requête defdits Maîtres & Gardes Merciers; & vû ce qui en réfulte, dire & juger à bonne caufe la Saifie & aprochement par eux fait fur ledit Sieur Ecolaffe, quoi faifant déclarer les marchandifes aprochées confifquées, & faire défenfes audit Sieur la Foffe, & à tous autres Merciers, de commettre pareille contravention à l'avenir, & condamner ledit Sieur la Foffe en mille livres d'intérêts & aux dépens, dont lefdits Maîtres & Gardes Merciers feront folidairement prenables, & condamnez conjointement avec ledit la Foffe, & ordonner que la Sentence qui interviendra, fera lûë, publiée & afichée, foufcrite d'Ordonnance, foit fignifiée & jointe, fignifiée ledit jour : Sentence renduë le 26e. jour de

II. Suite du N. R. Zzzz

Janvier 1732. qui acorde contrainte & par corps contre Me Hecquard Procureur desdits Maîtres & Gardes Merciers, à rendre les pieces, signifiée le 13. Février audit an: Ledit Procès verbal de saisie faite le 20°. jour de Septembre 1731. requête desdits Maîtres & Gardes Pannetiers Marchands Verriers, d'un panier de verre ; & du Procès verbal de Haro interjetté par le Sieur Guillebaud, & Exploit de signification du 21. dudit mois, ausdits Sieurs la Fosse & Guillebaud, avec Assignation à eux faite, à comparoir le lendemain audit Siége de Police, pour procéder sur les fins y contenuës, contrôlé à Roüen le même jour: Copie d'Acte fait signifier le 22°. jour dudit mois, requête dudit Sieur dit la Fosse: Sommation d'Audience du 9. d'Octobre audit an, requête desdits Maîtres Marchands Faïanciers: Cedule de Presentation par eux mise le 13°. jour dudit mois: Acte fait signifier à leur requête, le 25. dudit mois: Sentence renduë audit Siége de Police, le 12°. jour dudit mois, par lequel il est dit, oüi nôtre Procureur, que l'Incident est joint à l'apointé, pour être jugé par un seul & même ou séparément, s'il y échet, les choses tenant état: Copie d'Ecrit fourni par ledit Sieur la Fosse, le 24°. jour de Décembre audit an: Autre Copie d'Ecrit fourni par ledit Sieur Guillebaud, signifié le 28°. jour dudit mois: Requête presentée audit Siége, le 22. dudit mois, par lesdits Maîtres & Gardes Marchands Faïanciers, tendante à ce qu'il plût recevoir au jugement du procès, ladite Requête, pour en jugeant y avoir égard, & faire dire que le panier de Faïance, saisi & aproché sur ledit Sieur dit la Fosse, sera déclaré confisqué ; qu'il sera condamné en trois cens livres d'Amende ; qu'il lui sera fait défenses de faire pareille contravention à l'avenir ; & que la Sentence qui interviendra, sera lûë, publiée & afichée, & qu'il sera condamné aux dépens, souscrite d'Ordonnance soit signifié & joint, signifiée le 24. Copie de Lettres d'apel obtenuës en nôtre Chancellerie du Palais à Roüen, par ledit Sieur Guillebaud, le 26. Avril 1732. de ladite Sentence du 12. Octobre, ensuite est l'exploit de signification qui en auroit été faite ledit jour, requête dudit Sieur Guillebaud ausdits Maîtres & Gardes Marchands Faïanciers, avec Assignation à eux faite, à comparoir en nôtre Cour: Copie d'Acte fait signifier, requête dudit Sieur Guillebaud, le 12°. jour de Mai audit an : Sommation faite le 17°. jour dudit mois,

DECLARATIONS ET ARRESTS. 747

requête defdits Maîtres & Gardes Pannetiers Marchands Verriers-Faïanciers, au Procureur dudit Sieur Guillebaud, de mettre toutes les parties en l'état de la caufe : Copie d'Acte fait fignifier par ledit Sieur Guillebaud, le 19e. jour dudit mois : Extrait de production manuelle dudit jour, requête defdits Maîtres & Gardes Pannetiers Marchands Verriers-Faïanciers : Copie d'Exploit fait le 20e. jour dudit mois, requête dudit Sieur Guillebaud, portant Affignation audit Sieur Écolaffe dit la Foffe, à comparoir en nôtre Cour, & ce, pour fatisfaire à l'interpellation defdits Maîtres & Gardes Pannetiers Marchands Verriers-Faïanciers : Copie d'Avenir fait fignifier, requête dudit Sieur Guillebaud, le 27. Juin audit an : Extrait de production faite de qualitez d'Arreft, requête defdits Maîtres & Gardes Pannetiers Marchands Faïanciers, le 17e. jour de Janvier 1733. Sommation de rendre lefdites qualitez faite à leur requête, le 19. dudit mois : Arreft de nôtre Cour du 15. dudit mois, rendu entre lefdits Maîtres & Gardes Pannetiers Marchands Verriers-Faïanciers, ledit Sieur Guillebaud & ledit Sieur la Foffe, fur l'apel de ladite Sentence, du 12e. jour d'Octobre, par lequel nôtre Cour, parties oüies & nôtre Procureur Général, a mis & met l'apellation & ce dont eft apellé, au néant, en tant que par la Sentence dont eft apel, il n'a pas été fait droit fur la reclamation & païement dudit Sieur Guillebaud, des marchandifes dont eft queftion ; émendant quant à ce, condamne ledit Sieur la Foffe à païer audit Sieur Guillebaud, le montant defdites marchandifes, la Sentence au réfidu fortiffant éfet ; condamne ledit Sieur la Foffe aux dépens envers ledit Sieur Guillebaud, les autres dépens réfervez en définitive, fignifié à Procureur le 13e. jour de Mai audit an : Copie de Requête prefentée audit Siége de Police, le 23e. jour de Février audit an, par Jacques Loüé Marchand à Roüen, tendante à ce que pour les caufes y contenuës, à faire dire que les Gardes Marchands Faïanciers feront tenus de retirer & reprendre le panier de Faïance de chez lui, pour le fequeftrer en tel autre endroit qu'ils aviferont bien ; à laquelle fin, il fera valablement déchargé de fa garde dudit panier de Faïance, avec dépens en privilége : Sommation d'Audience dudit Sieur Loüé, du 15e. jour d'Avril audit an : Copie de Sentence renduë audit Siége, le 18. dudit mois, par laquelle

Zzzz ij

il est dit, oüi nôtre Procureur, ledit Loüé déchargé de la garde en question, avec dépens liquidez à la somme de trente-deux livres onze sols dix deniers ; lesdits Maîtres & Gardes Marchands Faïanciers tenus de se charger du panier de Faïance, pour être mis aux mains d'un Sequestre dont sera convenu, sauf leur recours des frais de garde & dépens, sur qui il apartiendra, ainsi que ceux faits de leur part, ladite Copie signifiée ausdits Maîtres & Gardes Pannetiers-Faïanciers, le 30. dudit mois : Autre Copie de ladite Sentence ci-dessus, ensuite est l'Exploit de signification d'icelle qui en a été faite, requête dudit Sieur Loüé, le 7ᵉ. jour de Mai, ausdits Maîtres & Gardes Faïanciers, en parlant au Sieur de Brachigny un desdits Gardes, avec sommation à eux d'y satisfaire : Exploit fait le 8ᵉ. jour dudit mois, requête desdits Maîtres & Gardes Pannetiers Marchands Faïanciers, portant dénonciation de ladite Sentence audit Sieur dit la Fosse, avec sommation de se trouver le lendemain, en la maison dudit Sieur Loüé, pour être present au transport qui seroit fait dudit panier de Faïance, en la maison du Sieur Dedun, pour y être mis en dépost, ledit Exploit contrôlé à Roüen, le 11. Cahier d'Exploits, dont le premier est dudit jour 8. Mai, fait requête desdits Maîtres & Gardes Pannetiers-Faïanciers, portant Sommation dudit Sieur Loüé de presenter le lendemain, le panier de Faïance en question, ensuite est le Procès verbal dressé les 9ᵉ. jour dudit mois, 12. & 21. par ledit Mᵉ Beauvais Huissier, de la visite qu'il auroit faite dudit panier de Faïance, qui auroit trouvé que les cachets qui y avoient été aposez, étoient usez, pourquoi lesdits Maîtres & Gardes Faïanciers ne voulurent s'en saisir, & que les parties aïant été à l'Audience, il auroit été ordonné que les Oficiers presens aposeroient chacun leur cachet, suivant que le tout est au long mentionné ausdits Procès verbaux, contrôlez les 11. 12. & 22. dudit mois : Copie d'Exploit fait le 11ᵉ. jour dudit mois, requête dudit Sieur Loüé, portant protestation de nullité du Procès verbal que lesdits Maîtres & Gardes Pannetiers Marchands Faïanciers auroient fait faire le 9. avec Sommation à eux faite de retourner le lendemain en la maison dudit Sieur Loüé, pour y reprendre ledit panier : Sommation faite de Procureur à Procureur, le 20ᵉ. jour dudit mois, requête dudit Sieur Loüé, aux fins du transport

DECLARATIONS ET ARRESTS. 749

du panier en la Chambre de Police, en conséquence de la Sentence renduë audit Siége, qui l'auroit ordonné : Copie informe de dictum de Sentence renduë le 21ᵉ. jour dudit mois, qui ordonne que les Oficiers presens réaposeront chacun leurs cachets par la ficelle du panier, parties presentes ou dûëment apellées, pour être ensuite sequestré en un lieu où les parties conviendront, & acte acordé à la Fosse de ses protestations, les défenses des Gardes au contraire, & sera fait droit sur les dépens de l'incident, après l'Instance principale vuidée, ce qui sera exécuté dans le jour : Sommation faite le 21ᵉ. jour dudit mois, requête desdits Maîtres & Gardes Pannetiers Marchands Verriers-Faïanciers, aux Procureurs desdits Sieurs la Fosse & Loüé, de convenir du Bureau ordinaire de la Communauté desdits Faïanciers, pour déposer ledit panier de Faïance, ou de nommer un autre lieu, faute de quoi ils entendent faire porter ledit panier en leur Bureau : Autre pareille Sommation faite par Exploit dudit jour, requête desdits Maîtres & Gardes Pannetiers Marchands Faïanciers, au domicile dudit Sieur la Fosse, contrôlé à Roüen le 22. ladite Sentence en original du 18. Avril, dont copies sont ci-dessus induites, en la marge de laquelle est la Quitance des dépens ajugez audit Sieur Loüé, & à lui païez le 19. Juin audit an, par ledit Sieur de Brachigny : Sentence renduë au Siége de la Police de Roüen, le 14ᵉ. jour d'Octobre 1729. entre ledit Sieur la Fosse, lesdits Maîtres & Gardes Pannetiers Marchands Faïanciers, sur le Haro interjetté par ledit Sieur la Fosse, au sujet de l'aprochement par eux fait de deux Charettes de Bouteilles de gros verre, envoïées audit Sieur la Fosse, de la Verrerie de Lihut, par le Sieur Helie, par laquelle est dit, oüi nôtre Procureur, acordé Acte audit Sieur la Fosse, du désistement fait signifier par le Sieur le François Garde, Maître en charge, sur lequel faisant droit, icelui le François condamné en cinquante livres d'intérêts envers ledit la Fosse, avec dépens ; Acte aussi acordé audit François du recours par lui demandé, qu'il poursuivra & exercera contre qui il avisera bien : Requête presentée audit Siége de Police, le 3ᵉ. jour de Mai 1732. par lesdits Maîtres & Gardes Merciers, pour faire recevoir ladite Sentence ci-dessus, pour en jugeant y avoir égard, & leur acorder ainsi qu'audit Sieur la Fosse, leurs conclusions, avec intérêts & dépens, souscrite d'Ordonnance Soit signifié & joint, signifiée le 5e. jour dudit mois : Sommation de clorre, faite le 2e. jour d'Avril 1734. requête desdits Maîtres & Gardes Merciers : Autre Requête imprimée presentée audit Siége de Police, par lesdits Maîtres & Gardes Pannetiers Marchands Verriers-Faïanciers, le 22. de Mai audit an, aux fins de faire recevoir les pieces y énoncées, pour valoir de contestation à la Requête desdits Merciers, du 5e. jour de Mai, & leur acorder les conclusions qu'ils ont prises par leurs Requêtes des 22. & 24. Décembre 1731. souscrite d'Ordonnance Soit signifié, signifiée ledit jour : Sommation de clorre du 8e. jour de Juin audit an, requête desdirs Gardes Faïanciers : Ladite Sentence dont est apel en nôtre Cour, du 5e. jour de Février 1735. ci-dessus induite : Lettres d'apel obtenuës en nôtre Chancellerie du Palais à Roüen, le 24e. jour d'Aoust 1737. par lesdits Maîtres & Gardes Pannetiers Marchands Verriers-Faïanciers : Exploit de signification d'icelles à leur requête dudit jour, ausdits Maîtres & Gardes Merciers & audit Sieur la Fosse, avec Assignation à eux faite, à comparoir en nôtre Cour, contrôlé à Roüen le même jour : Cédule de Presentation mise au Gréfe de nôtre Cour, le 7e. jour de Septembre audit an, par lesdits Maîtres & Gardes Pannetiers Marchands Faïanciers; celle mise le 11e. jour dudit mois, par lesdits Maîtres & Gardes Merciers; celle mise par ledit Sieur la Fosse, le 4e. jour de Novembre audit an : Perquisition faite au Gréfe de nôtre Cour, le 15e. jour dudit mois, par lesdits Maîtres & Gardes Pannetiers Marchands Faïanciers : Sommation faite à leur requête dudit jour, aux fins de leur être communiqué Copie de ladite Sentence dont est apel : Autre Acte fait signifier à leur requête, le 25e. jour dudit mois, par laquelle ils déclarent qu'ils entendent delivrer ladite Sentence, faute de la leur avoir été signifiée : Copie d'Acte fait signifier le 27e. jour dudit mois, requête desdits Maîtres & Gardes Merciers, par laquelle il obéïssent de rembourser le coust de ladite Sentence : Extrait de production manuelle faite par les Huissiers de nôtre Cour, le 18e. jour de Décembre audit an, requête desdits Maîtres & Gardes Merciers, de Copie de ladite Sentence dont est apel, & ce, sans préjudice de leur pourvoi : Extrait de production faite par les Huissiers de nôtre Cour, le 7e. jour de Janvier 1738. par lesdits Maîtres & Gardes Pan-

DECLARATIONS ET ARRESTS. 751

netiers Marchands Verriers Faïanciers: Sommation de rendre ladite production, faite à leur requête, le 10e. jour dudit mois: Requête de contrainte & par corps, par eux presentée le 24e. jour dudit mois: Sommation d'Audience à leur requête, du 28e. jour dudit mois: Acte fait signifier à leur requête, le 27e. jour de Mars audit an, que le procès a été distribué au Sieur Desmaretz de Saint-Aubin, avec Sommation audit Sieur la Fosse & ausdits Maîtres & Gardes Merciers, de clorre leurs pieces: Ecrit de Griefs & de moïens d'apel, fourni en nôtre Cour par lesdits Maîtres & Gardes Pannetiers Marchands Verriers-Faïanciers, signifié le 12e. jour de Mai audit an, par lequel ils ont conclu à ce qu'il plût à nôtre Cour, mettre l'apellation & ce dont est apel, au néant; corrigeant & réformant, en ce qui concerne les aprochemens faits pour les Bouteilles de gros verre, sans s'arrêter au Réglement fait par le Juge, comme nul & atentatoire à l'Arrest de nôtre Cour du 11e. jour de Décembre 1730. ordonner que ledit Arrest & celui du 14e. jour d'Aoust 1737. seront exécutez selon leur forme & teneur, qu'en conséquence, itératives défenses seront faites audit la Fosse & à tous autres Merciers, de s'immiscer, directement ni indirectement, audit Commerce de Bouteilles; & atendu qu'il y a long-tems que ledit la Fosse a disposé des trente-cinq milliers de Bouteilles qui furent saisies dans ses Magasins, le 8e. jour de Mai 1731. puisqu'il en a acheté & anarré un grand nombre d'autres, comme il résulte des Procès verbaux des 16. 26. Octobre & 2. Novembre de la même année, ainsi que la Procuration du Sieur de Granprey, du 12e. jour de Février 1733. autoriser dès-à-present lesdits Maîtres & Gardes Pannetiers Marchands Verriers-Faïanciers, de saisir & faire confisquer tout ce qui se trouvera desdites Marchandises, dans sa maison & ses magasins, aux termes dudit Arrest, du 14. Aoust 1737 faisant droit sur les aprochemens, en ce qui concerne les Faïances, Verres à boire, & autres especes de Verreries imitant les Cristaux de Roche, acorder Acte ausdits Maîtres & Gardes Pannetiers Marchands Verriers-Faïanciers, de ce qu'ils n'empêchent point que conformément au Réglement fait à cet égard par le Juge, il soit permis audit la Fosse & à tous autres Merciers, de faire tel envoi de Faïance qu'ils jugeront à propos, en les faisant porter directement des Manufactures.

à bord ou dans les autres voitures, sans que néanmoins sous ce prétexte, ils puissent en faire aucuns anarremens dans leurs maisons, ni qu'ils puissent en avoir aucuns magasins dans la Ville, Fauxbourgs & Banlieuë ; leur faire à cet égard, les mêmes défenses portées par l'Arrest du 14ᵉ. jour d'Aoust 1737. au sujet des Bouteilles, sous peine de confiscation à l'avenir ; & vû que ledit la Fosse a eu le tems de disposer tant desdites Faïances qu'autres marchandises de Verrerie, sur lui saisies ledit jour 8. Mai 1731. autoriser aussi lesdits Maîtres & Gardes Pannetiers Marchands Verriers-Faïanciers, dès-à-present, de faire saisir & confisquer tout ce qui se trouvera desdites marchandises dans ses magasins ; lui faire défenses & à tous autres Merciers, de s'immiscer, directement ni indirectement à l'avenir, dans ledit Commerce des Faïances & Verreries, le condamner à cet égard, ensemble les Gardes Merciers, solidairement aux dépens de tout ce qui s'est fait, depuis qu'ils se sont chargez du fait dudit la Fosse ; & vû la contravention manifeste à l'Article VII. des Statuts desdits Maîtres & Gardes Pannetiers Marchands Verriers-Faïanciers, la saisie faite le 20. Septembre audit an 1731. déclarée bonne & valable ; ce faisant, ordonner que le panier de Faïance sera confisqué, & vendu au profit desdits Maîtres & Gardes Pannetiers Marchands Verriers-Faïanciers, avec dépens en ce chef, ausquels ledit la Fosse sera seul condamné, ainsi qu'à ceux réservez par l'Arrest du 15ᵉ. jour de Janvier & Sentence du 21. Mai 1733. ausquels ledit la Fosse sera aussi personnellement condamné, avec deux mille livres de dommages & intérêts; & que l'Arrest qui interviendra, sera lû, publié & afiché par tout où il apartiendra : Defaut pris au Gréfe de nôtre Cour, le 14ᵉ. jour de Juillet 1738. par lesdits Maîtres & Gardes Pannetiers Marchands Verriers-Faïanciers, à l'encontre dudit Sieur la Fosse & desdits Maîtres & Gardes Merciers, faute par eux d'avoir clos leurs sacs, & fourni leurs Ecrits de Réponse à Griefs, signifié ledit jour : Requête presentée à nôtre Cour, le 23. dudit mois de Juillet, par lesdits Maîtres & Gardes Pannetiers Marchands Faïanciers, tendante à ce qu'il plût à nôtre Cour, déclarer le defaut relevé le 14. dudit mois, bien pris & obtenu contre ledit Sieur Ecolasse, faute d'avoir clos son sac, ni répondu à l'Ecrit de Griefs, & contre lesdits Maîtres Merciers, faute d'avoir répondu

DECLARATIONS ET ARRESTS. 753

pondu audit Ecrit de Griefs ; & pour le profit dudit defaut, déclarer la forclusion bien aquise ; ce faisant, ajuger ausdits Maîtres & Gardes Pannetiers Marchands Verriers-Faïanciers, les conclusions par eux prises par leur Ecrit de Griefs, aufquelles ils persistent, souscrite d'Ordonnance Soit signifié & joint, signifié ledit jour : Requête presentée à nôtre Cour, le 24. dudit mois, par lesdits Maîtres & Gardes Pannetiers Marchands Verriers-Faïanciers, tendante à ce qu'il plût à nôtre Cour, leur acorder Acte de leur demande qu'ils ont formée, & à laquelle ils ont conclu dans leur Ecrit de Griefs, du 22. Mai ; *Primò*, aux fins d'être autorisez de saisir, & faire confisquer dès-à-present, toutes les marchandises du mêtier desdits Maîtres & Gardes Pannetiers Marchands Verriers-Faïanciers, tant Bouteilles de gros verre que Faïance, verres à boire & autres espéces de Verrerie, qui se trouveront dans les maisons & magasins dudit la Fosse ; & *secundò*, aux fins de faire condamner ledit la Fosse personnellement en deux mille livres d'intérêts envers lesdits Maîtres & Gardes Pannetiers Marchands Verriers-Faïanciers, & sur les demandes incidentes, apointer en tant que besoin, les parties en droit, & joint à l'apointé principal, au Raport du Sieur Desmaretz de Saint-Aubin, Conseiller-Raporteur, pour être fait droit par un seul & même Arrest, & leur acorder Acte de ce qu'ils emploïent pour moïens, le contenu en ladite Requête & en leurdit Ecrit de Griefs, ladite Requête souscrite d'Ordonnance de nôtre Cour, Viennent les parties, signifiée ledit jour, avec sommation d'Audience : Arrest de nôtre Cour, du 31. dudit mois de Juillet, par lequel nôtre Cour, oüi nôtre Procureur Genéral, faisant droit sur la Requête desdits Maîtres & Gardes Pannetiers Marchands Verriers- Faïanciers, a apointé les parties en droit, sur les demandes incidentes contenuës en ladite Requête, & joint à l'apointé principal pendant au Raport du Sieur Desmaretz Conseiller, pour être fait droit sur le tout par un seul & même Arrest ; a acordé Acte ausdits Maîtres Pannetiers Marchands Faïanciers, de ce que pour écriture & production, en vertu dudit Arrest, ils emploïent ce qu'elles ont écrit & produit au procès, signifié de Procureur à Procureur, le 4e. jour d'Aoust audit an : Inventaire de production des pieces desdits Maîtres & Gardes Pannetiers Marchands Verriers-Faïanciers, signifié le 22e.

II. Suite du N. R.   Aaaaa

jour dudit mois de Juillet : Ecrit de Réponſe à Griefs, fourni par leſdits Maîtres & Gardes Merciers, ſignifié le 5. Mars 1739. par lequel ils ont conclu à ce qu'il plût à nôtre Cour, en ce qui les regarde, mettre l'apellation au néant, ordonner que ce dont eſt apel, ſortira ſon plein & entier éfet, avec dépens des cauſes principales & d'apel ; & où nôtre Cour ſe croiroit obligée d'en juger autrement, vû ce qui réſulte de la diſpoſition des Arrêts, des 11. Décembre 1730. & 14. Aouſt 1737. en ce cas, donner aux Communautez tel Réglement qu'il plaira à nôtredite Cour, qui fixe une bonne fois pour toûjours, leurs diférens droits, fonctions, priviléges & prérogatives ſur le commerce des Bouteilles, Verres, Faïances & Criſtaux, qui depuis ſi long-tems fait l'objet des conteſtations reſpectives entre leſdites Communautez, auquel cas leſdits Gardes Merciers auront Acte de ce qu'ils s'en raporteront à nôtre Cour, dont ils demandent l'adjonction pour le bien du commerce en général, & la manutention en particulier des Statuts & Réglemens des deux Communautez, de requérir, & à nôtre Cour d'ordonner, ainſi qu'il lui plaira & paroîtra de mieux, ſur l'exécution ou inexécution, en tout ou partie du Réglement qu'il a plû au Lieutenant de Police de donner aux deux Communautez, par ladite Sentence du 5. Février : Ecrit en forme d'Acte fourni par leſdits Maîtres & Gardes Pannetiers Marchands Verriers & Faïanciers, de proteſtation de nullité, de l'Ecrit de Réponſe à Griefs, fourni par leſdits Gardes Merciers, ſignifié le 10e. jour dudit mois de Mars : Requête preſentée à nôtre Cour, le 16e. jour dudit mois, par ledit Sieur la Foſſe, tendante à ce qu'il plût à nôtre Cour, lui donner Acte de ladite Requête, qu'il emploïe pour lui valoir de ſolution, & de réponſe à l'Ecrit de Griefs des Marchands Faïanciers ; & faiſant droit, lui donner pareillement Acte de ce qu'il s'en raporte à la prudence de nôtre Cour, de prononcer ſur l'apel de la Sentence du 5. Février 1735. & ſur les concluſions reſpectivement priſes par les Gardes des deux Communautez, en ce qui les touche, ce qu'elle aviſera de mieux, pour leur avantage particulier & le bien du commerce en général, décharger ledit Sieur la Foſſe des concluſions priſes par les Faïanciers perſonnellement contre ledit Sieur la Foſſe, le tout avec dépens du contredit ; ladite Requête ſouſcrite d'Ordonnance Ait acte, ſoit ſignifié

DECLARATIONS ET ARRESTS.

1739. Avril.

sans retardation, signifiée à Procureur, le 18. dudit mois: Ecrit en forme d'Acte fourni par lesdits Maîtres & Gardes Pannetiers-Faïanciers-Bouteillers Marchands Verriers-Faïanciers, signifié le 26. dudit mois de Mars, de protestation de nullité de l'Ecrit dudit Sieur la Fosse: Et generalement tout ce que lesdites parties ont clos, mis, écrit & produit pardevers nôtre Cour : Conclusions de nôtre Procureur Général, & oüi le Raport du Sieur Desmaretz de Saint-Aubin, Conseiller-Commissaire : Tout considéré ; NOSTREDITE COUR, faisant droit sur l'apel des Maîtres & Gardes Faïanciers, Requêtes & conclusions des parties, a mis & met l'apellation & ce dont est apel, au néant ; corrigeant & réformant, a cassé & annullé le Réglement fait par le Juge de Police, au sujet des Bouteilles de gros verre; ce faisant, a dit à bonne cause les aprochemens faits sur ledit Ecolasse dit la Fosse, le 8. Mai 1731. ordonne que les Arrêts de nôtre Cour, des 11. Décembre 1730. & 14. Aoust 1737. seront exécutez selon leur forme & teneur ; & en conséquence, a fait itératives défenses audit la Fosse & à tous autres Merciers, de faire, directement ni indirectement, Commerce de Bouteilles provenantes des Verreries de cette Province; en ce qui concerne les Faïances, Verres à boire & autres espéces de Verreries imitant les Cristaux ; acte acordé aux Maîtres & Gardes Faïanciers, de ce qu'ils consentent conformément à la Sentence dont est apel, qu'il soit permis audit la Fosse & à tous autres Merciers, de faire tel envoi de Faïances qu'ils jugeront à propos, en les faisant porter directement à bord ou dans les autres voitures, sans qu'ils en puissent avoir aucun magasin dans la Ville, Fauxbourgs & Banlieuë, ni qu'ils en puissent vendre ni debiter dans leur maison, sous peine de confiscation à l'avenir : Lesdits Maîtres & Gardes Faïanciers autorisez de faire saisir & confisquer ce qui se trouvera desdites marchandises de Bouteilles de gros verre, de Faïance & de Verrerie dépendantes de leur mêtier, chez ledit la Fosse, quinzaine après la signification du present Arrêt : Faisant droit sur la saisie requise par les Gardes Faïanciers, d'un panier de Faïances, le 20. Septembre 1731. a déclaré ladite saisie bonne & valable ; ce faisant, ordonné que ledit panier de Faïances sera confisqué & vendu à leur profit : Permis ausdits Gardes Faïanciers de faire lire, publier & aficher le pre-

Aaaaa ij

sent Arreſt, par tout où il apartiendra : Sur le ſurplus des concluſions des parties, icelles envoïées hors de Cour : Ledit Ecolaſſe dit la Foſſe, condamné aux dépens de ce qui a été fait ſur l'Aprochement du 8. Mai 1731. juſqu'à la reclamation des Maîtres & Gardes Merciers ; & leſdits Maîtres & Gardes Merciers condamnez aux dépens de tout ce qui fait a été ſur ledit aprochement, depuis leur reclamation ; ledit la Foſſe condamné en outre envers leſdits Maîtres & Gardes Faïanciers, aux dépens de ce qui concerne la ſaiſie du 10. Septembre 1731. & pareillement aux dépens réſervez par l'Arreſt du 15. Janvier 1733. & par la Sentence du 21. Mai 1733. païeront ledit Ecolaſſe dit la Foſſe & leſdits Maîtres & Gardes Merciers par moitié, le raport & couſt du préſent Arreſt. SI DONNONS EN MANDEMENT au premier des Huiſſiers de nôtre Cour, ou autre nôtre Huiſſier ou Sergent ſur ce requis, mettre le préſent Arreſt à dûë & entiere exécution ſelon ſa forme & teneur, de ce faire te donnons pouvoir. DONNÉ à Roüen en Parlement, le vingt-neuviéme jour d'Avril, l'an de grace mil ſept cens trente-neuf ; & de nôtre Régne, le vingt-quatriéme. *Collationné*. Par la Cour, Signé, LE SAULNIER. Et ſcellé d'un Sceau de cire jaune.

Arreſt du Parlement, qui ordonne de faire le Procès aux Mutins arrêtez Priſonniers, pour les violences par eux commiſes la nuit derniere, chez les Boulangers, & à la Maiſon du nommé Marguerie ; & donne les Ordres néceſſaires à ceux qui ſont commis à la ſureté publique, pour prévenir les Séditions & Emotions populaires, &c.

Du 13. Mai 1739.

LOUIS par la grace de Dieu, Roy de France & de Navarre : Au premier des Huiſſiers de nôtre Cour, ou autre nôtre Huiſſier ou Sergent ſur ce requis. Sçavoir faiſons que cejourd'hui, vû par nôtre Cour toutes les Chambres aſſemblées, le Requiſitoire de nôtre Procureur Général, en date de ce jour ; expoſitif qu'il auroit été infor-

DECLARATIONS ET ARRESTS. 757

mé qu'il se feroit fait la nuit passée & ce matin, une Emotion dans le Peuple, qui seroit allé chez diférens Boulangers, pour piller leur Pain, & même chez un nommé Marguerie, demeurant proche le Noviciat des Jesuites, qu'ils croïoient faire quelque commerce de Bleds ou de Farines, & auroient enfoncé sa maison, & cassé ses vitres ; qu'on auroit arrêté plusieurs des mutins, qui sont constituez prisonniers ; que de pareils mouvemens sont non seulement contraires à la tranquilité publique, dans quelque tems que ce soit, mais sont d'autant plus inexcusables, dans un tems où la Ville est fournie de pain, avec plus d'abondance & à meilleur compte qu'en aucuns lieux de nôtre Province ; que l'on sçait aussi que des gens mal-intentionnez sement dans le public un esprit de Sédition, & menacent avec une injustice sans exemple, de piller ceux-mêmes à qui la Ville est redevable de son abondance ; que comme il est à propos de faire sur le champ un exemple prompt & rigoureux : Pourquoi requiert que les personnes actuellement prisonnieres soient interrogées sur les faits en question ; qu'il soit autorisé de faire informer de l'Emotion arrivée la nuit passée & ce matin, des violences commises chez les Boulangers & à la maison dudit Marguerie, ensemble de tous discours, & faits passez tendans à Sédition, ou qui pouroient se tenir & se passer, & ce, pardevant le Conseiller-Commissaire de nôtre Cour, qui sera pour cet éfet commis & député, pour lesdits Interrogatoires prêtez & l'Information faite, ensemble les Procès verbaux qui auroient pû être dressez desdites Emotions, discours, & faits à lui communiquez, être par lui requis ce qu'il apartiendra ; requérant en outre que défenses soient faites à toutes personnes d'insulter les Boulangers & autres, sous prétexte qu'ils peuvent faire marchandise de Bleds, de s'atrouper & se trouver ensemble plus de six personnes, ni de tenir des discours tendans à Sédition, à peine d'être arrêtez à l'instant, poursuivis comme Séditieux, punis corporellement, même de mort s'il y échet ; qu'il soit enjoint au Lieutenant de Police de cette Ville, de veiller & faire veiller à ce qui se passera, & d'en donner aussi-tôt avis à nôtre Cour ; qu'il soit aussi enjoint aux deux Compagnies de la Cinquantaine & des Arquebusiers, ensemble à la Maréchaussée, chacun en droit soi, d'arrêter sur le champ & constituer prisonniers tous contrevenans, & d'en dresser leurs Procès verbaux, pour y être pourvû, ainsi qu'il apartiendra; qu'il soit en outre ordonné, que les Arrêts & Réglemens de nôtre Cour, concernans les Cabaretiers, Cafetiers-Limonadiers & Vendeurs d'Eau-de-vie, soient exécutez selon leur forme & teneur; ce faisant, que conformément à iceux, il leur soit enjoint de fermer exactement leurs maisons, aux heures portées par lesdits Réglemens; & que pour la plus grande sûreté & tranquilité de la Ville, il soit enjoint aux Capitaines & Oficiers des Bourgeois de cette Ville, d'avertir leurs Compagnies de se tenir en état de marcher au premier Ordre qui leur en sera donné, & de fournir dès à present chacun un Détachement de lesdites Compagnies, pour former divers Corps-de-Garde, qui seront posez aux lieux qui leur seront indiquez; & qu'il soit ordonné que l'Arrest qui sur ce interviendra, sera afiché aux lieux acoûtumez. Oüi le Raport du Sieur Hubert, Conseiller-Commissaire: Tout consideré; NOSTREDITE COUR, toutes les Chambres assemblées, faisant droit sur le Requisitoire de nôtre Procureur Général, ordonne que les Personnes actuellement prisonnieres, seront interrogées pardevant le Sieur de Moy d'Ectot Conseiller, sur les faits ci-dessus mentionnez: A autorisé nôtre Procureur Général de faire informer pardevant le Sieur Fauvel d'Hacqueville Conseiller, pour ce commis & député, de l'Emotion arrivée la nuit passée & ce matin, des violences commises chez les Boulangers, & à la maison dudit Marguerie, ensemble de tous discours tenus, & faits passez tendans à Sédition, ou qui pouroient se tenir & se passer, pour lesdits Interrogatoires prêtez, & l'Information faite, ensemble les Procès verbaux qui auroient pû être dressez desdites Emotions, discours & faits à lui communiquez, être par lui requis ce qu'il avisera bon être, & ordonné par nôtre Cour ce qu'il apartiendra: A fait & fait défenses à toutes personnes, d'insulter les Boulangers & autres, sous prétexte qu'ils peuvent faire marchandise de Bleds, de s'atrouper & de se trouver ensemble plus de six personnes, ni de tenir des discours tendans à Sédition, à peine d'être arrêtez à l'instant, poursuivis comme Séditieux, & punis corporellement, même de mort s'il y échet: A enjoint au Lieutenant de Police de cette Ville, de veiller & faire veiller à ce qui se passera, & d'en donner aussi-tôt avis à nôtre Cour:

A aussi enjoint aux deux Compagnies de la Cinquantaine & des Arquebusiers, ensemble à la Maréchaussée, chacun en droit soi, d'arrêter sur le champ, & constituer prisonniers tous contrevenans, d'en dresser leurs Procès verbaux, pour y être pourvû par nôtre Cour, ainsi qu'il apartiendra : A ordonné & ordonne que les Arrêts & Réglemens de nôtre Cour, concernans les Cabaretiers, Cafetiers-Limonadiers & Vendeurs d'Eau-de-vie, soient exécutez selon leur forme & teneur ; ce faisant, & conformément à iceux, leur a enjoint de fermer exactement leurs maisons, aux heures portées par lesdits Réglemens : Et pour la plus grande sûreté & tranquilité de la Ville, a enjoint aux Capitaines & Oficiers des Bourgeois de cette Ville, d'avertir leurs Compagnies d'être en état de marcher au premier Ordre qui leur en sera donné, & de fournir dès-à-present chacun un Détachement de leursdites Compagnies, pour former divers Corps-de-Garde, qui seront posez aux lieux qui leur seront indiquez : Au surplus, ordonne que le present Arrest sera afiché aux lieux ordinaires & acoûtumez. Pour ce est-il que Nous te mandons faire pour l'exécution du Present, tous Exploits & diligences à ce requis & nécessaires, de la part de nôtre Procureur Général ; de ce faire te donnons pouvoir. DONNÉ à Roüen en Parlement, toutes les Chambres assemblées, le treiziéme jour de Mai, l'an de grace mil sept cens trente-neuf ; & de nôtre Régne le vingt-quatriéme. *Collationné.* Par la Cour, toutes les Chambres assemblées, Signé, SAULNIER. Et scellé d'un Sceau de cire jaune.

Déclaration du Roy, concernant l'Afirmation qui doit être passée en personne, par les Créanciers & les Debiteurs, devant les Juges Consuls, dans le cas des Faillites & Banqueroutes.

Du 13. Septembre 1739.

LOUIS par la grace de Dieu, Roy de France & de Navarre : A tous ceux qui ces presentes Lettres verront, SALUT. Les abus & les fraudes qui se sont introduits depuis quelques années dans les Bilans des Négocians, Banquiers & autres, qui ont fait Faillite, au préjudice des sages dispositions de nôtre Ordonnance de 1673. & de nos diférentes Déclarations renduës à ce sujet, aïant causé dans le Commerce un dérangement notable; Nous avons cru devoir chercher l'origine de ce desordre, pour en arrêter le progrez, soit de la part du Créancier, soit de celle du Debiteur, l'un étant souvent simulé, & l'autre par des manœuvres aussi odieuses que criminelles, forçant les vrais Créanciers à signer & accepter des propositions injustes: Et comme Nous avons reconnu que ces abus viennent principalement de ce que par les procédures qui se font à l'ocasion des Faillites, les faux Créanciers compris dans les Bilans avec les légitimes, s'éxposent plus volontiers à faire leur afirmation, parce qu'ils ne sont point connus des Juges; au lieu que s'ils paroissoient devant les Juges & Consuls, qui par leur état sont plus particulierement instruits des afaires du Commerce, & de la réputation de ceux qui se disent Créanciers, les Bilans seroient examinez d'une maniere à être afranchis de toute fraude. A quoi étant nécessaire de remédier, afin qu'en assûrant de plus en plus la foi publique, si nécessaire d'ailleurs dans le Commerce, les Créanciers puissent traiter sûrement avec leurs Debiteurs, & que ces derniers n'en imposent jamais dans les états qu'ils sont obligez de donner de leurs éfets actifs & passifs. A CES CAUSES, & autres à ce Nous mouvant, de l'avis de nôtre Conseil, & de nôtre certaine science, pleine puissance & autorité Roïale, Nous avons par ces Presentes, signées de nôtre main, dit, déclaré & ordonné, disons, déclarons & ordonnons, voulons & Nous plaît, que dans toutes les Faillites & Banqueroutes ouvertes ou qui s'ouvriront à l'avenir, il ne soit reçû l'afirmation d'aucun Créancier, ni procédé à l'homologation d'aucun Contrat d'atermoïement, sans qu'au préalable les parties se soient retirées devant les Juges & Consuls, ausquels les Bilans, Titres & Piéces seront remis, pour être vûs & examinez sans frais, par eux, ou par des anciens Consuls & Commerçans qu'ils commettront à cet éfet; du nombre desquels il y en aura toûjours un du même commerce que celui qui aura fait Faillite, & devant lesquels les Créanciers de ceux qui seront en Faillites ou Banqueroutes, seront tenus ainsi que le Debiteur, de comparoître, & de répondre en personne, ou en cas de maladie, absence ou légitime em-

DECLARATIONS ET ARRESTS. 761

empêchemens, par un fondé de Procuration spéciale, dont du tout sera dressé Procès verbal sans frais, par les Juges & Consuls, ou ceux qui seront commis par eux, la minute duquel restera jointe au Bilan du Failli, qui sera déposé au Gréfe des Jurisdictions Consulaires, suivant l'Article III. du Titre XI. de nôtre Ordonnance du mois de Mars 1673. & la copie d'icelui Procès verbal remise au Failli ou Créancier, pour être annexée à la Requête qui sera presentée pour l'homologation des Contrats d'atermoïement & autres Actes. Voulons que faute par les Créanciers & Debiteurs de se conformer à ces Presentes, ainsi qu'aux autres dispositions portées par nôtre Ordonnance du mois de Mars 1673 & Déclarations intervenuës en conséquence, ausquelles n'est dérogé, les Créanciers soient déchûs de leurs créances, & les Debiteurs poursuivis extraordinairement, comme Banqueroutiers frauduleux, suivant la rigueur de nos Ordonnances. SI DONNONS EN MANDEMENT à nos amez & feaux les Gens tenans nôtre Cour de Parlement à Roüen, que ces Presentes ils aïent à faire lire, publier & registrer, & le contenu en icelles garder & exécuter, selon leur forme & teneur, nonobstant toutes Ordonnances, Edits, Déclarations, & autres choses à ce contraires, ausquelles Nous avons dérogé & dérogeons par ces Presentes ; aux Copies desquelles, collationnées par l'un de nos amez & feaux Conseillers - Secrétaires, voulons que foi soit ajoûtée comme à l'Original ; CAR tel est nôtre plaisir. En témoin de quoi, Nous avons fait mettre nôtre Scel à cesdites Presentes. DONNE' à Marly, le treiziéme jour de Septembre, l'an de grace mil sept cens trente-neuf ; & de nôtre Régne le vingt-cinquiéme. Signé, LOUIS : Et plus bas, Par le Roy, Signé, AMELOT : *Visa*, au Conseil, Signé, ORRY. Et scellée du grand Sceau de cire jaune.

Luës, publiées, & registrées, la grande Audience de la Cour séante, A Roüen en Parlement, le 7. Avril 1740. Signé, AUZANET.

Arrest du Parlement, qui ordonne par provision l'exécution de l'Ordonnance de Police, du 12. de ce présent mois de Janvier, au sujet des Baneliers de la Banlieuë.

Du 26. Janvier 1740.

1740. Janvier.

LOUIS par la grace de Dieu, Roy de France & de Navarre: Au premier des Huissiers de nôtre Cour de Parlement, ou autre nôtre Huissier ou Sergent sur ce requis: Cejourd'hui sur la Requête présentée à nôtredite Cour de Parlement, par Pierre-Jean-Jacques le Demandé, nôtre Conseiller & nôtre premier Avocat, au nom & comme nôtre Procureur du Bailliage; expositive que le Bureau de la Ville a rendu une Ordonnance le 21. du présent mois, pour enjoindre aux Habitans des Paroisses de la Banlieuë, de fournir chaque jour par Corvée des Baneaux, pour enlever les glaces & les neiges qui sont dans cette Ville. Non seulement cette Ordonnance est un acte de Jurisdiction, qu'il n'apartient point aux Echevins d'exercer, mais elle porte dans tout son contenu, une contradiction formelle à ce que le Lieutenant Général de Police avoit ordonné à ce sujet, le 12. du même mois, sur la requisition de l'Exposant: la répartition sur les Paroisses de la Banlieuë, est dans l'Ordonnance de la Ville, diférente de celle qui est faite dans l'Ordonnance de Police. Il est encore enjoint par la première aux Baneliers, de se tenir dans les Places publiques, pour y recevoir l'ordre qui leur sera donné: par l'autre au contraire, il leur avoit été enjoint de se rendre à la porte du Commissaire de leur Quartier, pour de là se transporter aux endroits qui leur seroient indiquez par lesdits Commissaires; en sorte que de ces contradictions, il en résulte un doute & une incertitude, qui s'opose au service du public, & qui fait naître la confusion dans la Police. On ne peut imaginer sur quel principe les Sieurs Echevins se sont crus en droit de donner une pareille Ordonnance: s'ils ont quelques atributions de Jurisdiction, c'est en vertu de Titres particuliers, qui ne comprennent point le cas dont il est question; & comme Sindics de la

Communauté des Habitans de Roüen, on ne voit point non plus qu'ils foient en droit de contraindre les Sindics des Paroiſſes voiſines, & de leur impoſer des Loix. Les Oficiers de Police au contraire, font Juge ordinaires de tous les cas de Police : le nétoïement des ruës & des places publiques, fait partie de leur compétence, l'Edit de 1699. s'en explique en termes précis, & ils ont en leur faveur l'uſage, juſqu'à preſent pratiqué. En 1697. 1709. 1716. 1729. & 1732. ils ont rendu des Ordonnances pareilles à celles qu'il plaît aux Sieurs Echevins de contredire aujourd'hui : l'atention des Echevins à étendre leur compétence, eſt étonnante ; ils cherchent continuellement à faire des actes de Juriſdiction, qui puiſſent par la fuite autoriſer de nouvelles entrepriſes. On les a vûs vouloir s'ériger en Juges, à l'ocaſion des Réjoüiſſances publiques, enfuite faire des informations à l'ocaſion de l'Academie de Chirurgie établie dans cette Ville, & ſe prétendre à ce ſujet compétens de ſtatuer & d'ordonner ce qu'ils jugeroient à propos ; enfin aujourd'hui ils ſe mettent en exercice, à l'ocaſion de l'enlévement des glaces : il n'eſt rien en Police où leur inquiétude ne les porte. Dès le 12. du preſent mois, lorſqu'ils ont vû les Oficiers de Police donner des ordres pour faire caſſer les glaces, ils ont de leur côté rendu une Ordonnance, pour enjoindre ſous les peines au cas apartenant, de porter les glaces aux lieux qu'il leur a plû d'indiquer : L'Expoſant reclame contre cette Ordonnance, en ce que par la menace de la peine, elle ſupoſe une Juriſdiction que les Sieurs Echevins n'ont pas ; cependant on l'auroit négligée ſans doute, ſans celle du 21. qui achéve de mettre le trouble dans la Police, par l'incertitude qu'elle fait naître, à l'égard de ceux à qui l'on doit obéïr. Nôtre Cour n'autoriſera pas les Sieurs Echevins, à s'atribuer une Juriſdiction, au préjudice des Juges ordinaires, l'intéreſt public demande que chacun ſe renferme dans ſes fonctions : Pourquoi l'Expoſant a recours à l'autorité de nôtre Cour, à ce qu'il lui plaiſe le recevoir apellant comme d'incompétence, des Ordonnances de l'Hôtel de Ville, en date des 12. & 21. du preſent mois ; ce faiſant, caſſer & annuller leſdites deux Ordonnances, faire défenſes aux Sieurs Echevins, d'en rendre de pareilles à l'avenir ; à laquelle fin, acorder Mandement pour aſſigner nôtre Procureur de la Ville ; & cependant, vû la proviſion de la

Bbbbb ij

chose, les Titres & la possession des Oficiers de Police, ordonner que la Sentence du Lieutenant Général de Police, en date du 12. sera par provision exécutée, selon sa forme & teneur; à laquelle fin, & pour que le public n'en prétende cause d'ignorance, l'Arrest qui interviendra, sera lû, publié & afiché par tout où besoin sera. Vû par nôtre Cour ladite Requête, signée, Lémery Procureur; Piéces y atachées & énoncées: Conclusions de nôtre Procureur Général: Et oüi le Raport du Sieur de S. Just, Conseiller-Commissaire: Tout considéré; NOSTREDITE COUR a reçû & reçoit ledit le Demandé apellant comme d'incompétence, des Ordonnances de l'Hôtel de Ville, des 12. & 21. de ce mois; ce faisant, a tenu & tient son apel pour bien & dûëment relevé; & pour y faire droit, lui a acordé Mandement aux fins de sa Requête; & cependant, vû la provision de la chose, sauf & sans préjudice du droit des parties au principal, ordonne que la Sentence du Siége de Police, du 12. de ce mois, sera exécutée par provision, jusqu'à ce que par nôtre Cour, parties oüies, il en ait été autrement ordonné; à laquelle fin, le present Arrest sera lû, publié & afiché par tout où besoin sera. Pour ce est-il que Nous te mandons faire pour l'exécution du present Arrest, tous Exploits & diligences à ce requis & nécessaires, de ce faire te donnons pouvoir. DONNÉ à Roüen en Parlement, le vingt-sixiéme jour de Janvier, l'an de grace mil sept cens quarante; & de nôtre Régne le vingt-cinquiéme. *Collationné*. Par la Cour, Signé, DE LA HOUSSE. Et scellé d'un Sceau de cire jaune.

DECLARATIONS ET ARRESTS.

Arrest du Parlement, portant défenses aux Amidonniers & Poudriers, de faire ou faire fabriquer des Amidons & Poudres, de quelque nature qu'elles puissent être, à peine de confiscation des Matières & Ustenciles qui y seront emploïées, & de trois mille livres d'Amende; & qui fait aussi pareilles défenses aux Taneurs, d'emploïer aucuns Orges ou Grains, pour la préparation des Cuirs ou autrement, sous pareilles peines, &c.

Du 10. Octobre 1740.

SUR la remontrance faite à la Chambre, ordonnée par le Roy au tems des Vacations, par le Procureur Général du Roy, expositive qu'entre toutes les précautions que la Cour a prises en diférentes ocasions, pour le soulagement public, dans les tems dificiles, un de ses principaux objets a été de tenir la main, à ce que tous les Grains fussent convertis à la nouriture des hommes : c'est sur ce principe qu'elle a interdit avec succès les fabriques dans lesquelles on emploïe ou des Grains ou des Farines; que pour entrer dans des vûës aussi avantageuses au bien commun il lui paroîtroit nécessaire de retrancher toutes fabrications de Poudre à poudrer & d'Amidon, du moins pour quelque tems, puisqu'il est incontestable qu'il se consomme une quantité de Farines considérables pour les Poudriers & les Amidonniers; qu'il est d'autant plus important de pourvoir à cet égard, que la fabrique des Poudres & Amidons aïant été interdites, dès le 22. Septembre dernier à Paris, par Arrest de la Chambre des Vacations, les Poudriers & Amidonniers de cette Ville & de la Province, font une consommation bien plus forte de Poudres & d'Amidons, dont ils fournissent la Provision de Paris & son Ressort; ce qui opère une diminution considérable sur l'espèce dans les Grains, qui seront plus avantageusement emploïez pour la subsistance du peuple : Que d'un autre côté, les Taneurs ont introduit un usage de taner à l'Orge, au lieu que l'on ne tanoit autrefois qu'à la chaux & à l'écorce d'arbre, ce qui leur étoit néanmoins plus avantageux

Que l'intention de la Cour étant, que les Orges soient emploïez à la nouriture des Pauvres, il lui paroîtroit également nécessaire d'en interdire tout usage aux Taneurs, & d'augmenter par cette précaution l'espéce dans les matieres qui servent à la subsistance des hommes : Pourquoi requiert que très-expresses inhibitions & défenses soient faites de fabriquer des Poudres & Amidons, de quelque nature qu'elles puissent être, à peine de confiscation des matiéres & ustenciles qui y seroient emploïez, & de trois mille livres d'Amende ; le tout aplicable, un tiers au dénonciateur, & les deux autres tiers à l'Hôpital le plus prochain ; que pareilles défenses soient faites aux Taneurs d'emploïer aucuns Orges ou Grains, pour la préparation des Cuirs ou autrement, sous pareilles peines d'Amende, & de confiscation des ouvrages, matieres, outils & ustenciles, aplicables comme dessus : Ordonner que Copies collationnées de l'Arrest qui interviendra, seront envoïées dans tous les Bailliages, pour y être lûës, publiées & regiltrées ; enjoindre à ses Substituts & aux Oficiers de Police, de tenir la main à son exécution, & de lui donner avis des contraventions qui se pouroient commettre ; & ordonner que son Substitut au Siége de la Police, & les Commissaires se transporteront dans les maisons des Poudriers, Amidonniers & Taneurs de cette Ville, toutes les semaines, aux fins de veiller à son exécution, & lui rendront compte des abus qu'ils auront remarquez dans leurs visites. Vû par la Chambre ledit Requisitoire ; & oüi le Raport du Sieur de Gonseville, Conseiller-Commissaire : Tout consideré ; LA CHAMBRE, faisant droit sur ledit Requisitoire, a fait & fait défenses de fabriquer ou faire fabriquer des Poudres & Amidons, de quelque nature qu'elles puissent être, à peine de confiscation des matiéres & ustenciles qui y seront emploïées, & de trois mille livres d'Amende, le tout aplicable un tiers au dénonciateur, & les deux autres tiers à l'Hôpital le plus prochain : A fait pareilles défenses aux Taneurs, d'emploïer aucuns Orges ou Grains, pour la préparation des Cuirs ou autrement, sous pareilles peines d'Amende, & de confiscation des ouvrages, matiéres, outils & ustenciles, aplicables comme dessus : Ordonne que Copies collationnées du present Arrest, seront envoïées dans tous les Bailliages, pour y être lûës, publiées & regiltrées : Enjoint aux Substituts du Procureur Gé-

DECLARATIONS ET ARRESTS.

néral, & aux Oficiers de Police, de tenir la main à l'exécution d'icelui, & de donner avis au Procureur Général, des contraventions qui se pouroient commettre; & ordonne que le Substitut dudit Procureur Général au Siége de la Police, & les Commissaires se transporteront dans les maisons des Poudriers, Amidonniers & Taneurs de cette Ville, toutes les semaines, aux fins de veiller à l'exécution dudit Arrest, & rendront compte audit Procureur Général, des abus qu'ils auront remarqué dans leurs visites. FAIT à Roüen en Parlement, en Vacations le dixiéme jour d'Octobre mil sept cens quarante.

Par la Chambre, Signé, AUZANET.

Arrest du Parlement, portant défenses aux Brasseurs d'emploïer aucuns Orges ou Grains à la fabrique des Bieres, que ceux qui leur restent, & qui sont actuellement repostez dans leurs Greniers, germez & préparez, ou ceux qu'ils justifieront leur être venus en cet état des Païs Etrangers; & ce, à peine de Trois mille livres d'Amende, &c.

Du 10. Octobre 1740.

CEjourd'hui en la Chambre ordonnée par le Roy au tems des Vacations, sont entrez les Gens du Roy, & Mᵉ Jean-Loüis-Gaspard le Gallois de Maquerville, Substitut du Procureur Général du Roy, portant la parole, ont dit qu'il se consomme dans la fabrique des Biéres, une quantité considérable d'Orge, qui seroit plus utilement emploïée en pain pour la subsistance des pauvres, dans une année où la Récolte n'a pas été aussi avantageuse qu'on avoit lieu de l'espérer; ce qui leur fait juger qu'il seroit convenable pour le soulagement public, d'interdire du moins pendant quelque tems, la fabrication de la Biére: Pourquoi requiert qu'il plaise à la Chambre, faire inhibitions & défenses à toutes personnes sans distinction, de brasser, faire brasser, fabriquer ou faire fabriquer des Biéres, de quelque nature qu'elles puissent être, à peine de confiscation desdites Biéres, des Grains, de trois mille livres d'Amende: Que cependant aïant apris que les Gardes de la Communauté des Brasseurs, sont à la Porte de la Chambre, il n'empêche qu'ils soient faits entrer, pour être entendus, pour ensuite être de nouveau requis ce qu'il apartiendra : Sur quoi lesdits Gardes Brasseurs faits entrer en la Chambre, ont dit qu'ils ont fait entr'eux une Délibération, le 7. de ce mois, qui est couchée sur un Registre qu'ils ont mis sur le Bureau ; ladite Délibération portant que sur ce qu'ils auroient apris qu'il auroit été fait défenses de brasser à Paris, afin de procurer par-là une plus grande abondance de Grains, l'Orge pouvant remplacer la disette des Bleds ; & comme ils auroient lieu de craindre le même sort, s'ils alloient acheter leurs Orges dans la Halle de Roüen ou dans les autres Halles circonvoisines, ils auroient unanimement délibéré, afin d'empêcher autant qu'ils pouroient, & obvier à toute ocasion d'Arrest de défenses de brasser, qu'aucun d'eux n'achetera ni ne fera acheter pendant la presente Disette, aucun Orge pour la confection de leurs Biéres, tant dans la Halle de cette Ville, que dans les autres Halles circonvoisines, à peine de confiscation & de cent livres d'Amende, qui vertiront envers les Pauvres de l'Hôpital General de cette Ville ; ladite Délibération signée, Antoine Jore, Jacques Carpentier, Simon Jore & Jaddoüille : Lesdits Brasseurs ont de plus representé à la Chambre, qu'ils ont actuellement une quantité considérable d'Orge germé & préparé, qui ne peut servir à d'autre usage qu'à la confection des Biéres, & qui leur tomberoit en pure perte, s'il ne plaisoit à la Chambre leur en permettre l'emploi, se soûmettant de n'emploïer d'orénavant, & jusqu'à ce qu'autrement par la Chambre il en soit ordonné, que des Orges germez & préparez, qui viendront du Païs Etranger ; toutes lesquelles soûmissions ils ont signées, Antoine Jore, Simon Jore, Jacques Carpentier & Jaddoüille. Lesdits Brasseurs retirez, lesdits Gens du Roy ont dit qu'ils n'empêchent acte être acordé aux Brasseurs, de leurs déclarations & obéïssances ; qu'en conséquence, ils requirent que défenses soient faites ausdits Brasseurs, d'emploïer aucuns Orges ou Grains à la fabrique des Biéres, que ceux qui sont actuellement répostez dans leurs Greniers, germez & préparez, ainsi que ceux qu'ils justifieront leur être venus germez & préparez des Païs Etrangers ; & ce, à peine de trois mille livres d'Amende : Et pour prévenir qu'il ne soit préparé ou fait germer aucuns Orges ou Grains, ils requirent qu'ils plaise

à

DECLARATIONS ET ARRESTS.

à la Chambre, ordonner qu'en leur presence, Messieurs les Conseillers-Commissaires qui seront députez, se transporteront dans chaque Brasserie, aux fins d'y sceller conjointement avec eux, les Tourailles qui servent à faire secher les Grains, pour en interdire tout usage, jusqu'à ce que par la Chambre il en soit autrement ordonné; & que l'Arrest qui sur ce interviendra, sera lû, publié & afiché par tout où besoin sera; & Copies collationnées d'icelui envoïées dans les Bailliages de ce Ressort, pour y être lû, publié & registré; à laquelle fin, il sera enjoint à leurs Substituts, de tenir la main à son exécution, & d'en certifier la Chambre dans le mois. LA CHAMBRE, oüi le Procureur Général du Roy, a acordé acte aux Brasseurs de leurs déclarations & obéïssances; & en conséquence, a fait & fait défenses ausdits Brasseurs, d'emploïer aucuns Orges ou Grains à la fabrique des Biéres, que ceux qui sont actuellement répostez dans leurs greniers, germez & préparez, ou ceux qu'ils justifieront leur être venus germez & préparez des Païs Etrangers; & ce, à peine de trois mille livres d'Amende contre les contrevenans : Faisant droit sur les plus amples Conclusions du Procureur Général, ordonne qu'en sa presence, les Sieurs de Gonseville & de Motteville Conseillers-Commissaires à ce députez, se transporteront dans chaque Brasserie, pour y sceller & cacheter conjointement avec le Procureur Général, les Tourailles qui servent à faire secher les Grains, aux fins d'en interdire tout usage, jusqu'à ce que par la Chambre il en soit autrement ordonné : Ordonne en outre, que le present Arrest sera lû, publié & afiché par tout où besoin sera; & Copies collationnées d'icelui envoïées dans les Bailliages de ce Ressort, pour y être lûës, publiées & registrées; à laquelle fin, enjoint aux Substituts du Procureur Général du Roy, de tenir la main à l'exécution du present Arrest; pourquoi ils seront tenus chacun en droit soi, de certifier la Cour dans le mois, des diligences qu'ils auront faites à cet éfet. FAIT à Roüen en Parlement, en Vacations, le dixiéme jour d'Octobre mil sept cens quarante.

Par la Chambre, Signé, AUZANET.

II. Suite du N. R.

Arrest du Parlement, qui ordonne que tous les Propriétaires, Laboureurs, Fermiers ou Soûfermiers de Terres labourables, seront tenus de préparer & ensemencer dans les Saisons convenables, leurs Terres des Grains dont elles doivent être chargées.

Du 17. Octobre 1740.

1740.
Octobre.

SUR la remontrance faite à la Chambre, ordonnée par le Roy au tems des Vacations, par le Procureur Général du Roy, expositive qu'après avoir pris toutes les mesures nécessaires pour pourvoir au soulagement des maux presens où le peuple est exposé; son ministère l'engage à faire des representations, pour qu'il lui plaise prévoir ceux qu'on peut craindre à l'avenir, afin d'empêcher qu'une année de stérilité ne soit suivie de plusieurs années encore plus stériles, comme il arriveroit infailliblement, si la Culture des Terres étoit négligée; qu'en de pareilles circonstances, le Roy & les Parlemens avoient paru regarder ce point comme digne de leur atention; ce qui apert par diférentes Déclarations & Arrêts, & notamment par celles des 11. Juin 20. Juillet & 8. Octobre 1709. qu'il est informé que dans les Campagnes, plusieurs particuliers, Propriétaires ou Fermiers, faute d'avoir récolté des Grains ou de moïens pour en acheter, ont négligé de cultiver les Terres & de les mettre en état de recevoir la Semence dans la saison convenable; & qu'il est d'une grande importance de pourvoir à ce que toutes les Terres soient chargées, afin d'éviter la Disette qu'opéreroit nécessairement l'année prochaine le defaut d'Ensemencement de Terres: Pourquoi requiert être ordonné; 1°. Que tous Propriétaires, Laboureurs, Fermiers ou Soûfermiers des Terres labourables, seront tenus de préparer & ensemencer dans les saisons convenables, leurs Terres des Grains dont elles doivent être chargées: 2°. Que tous ceux desdits Propriétaires, Laboureurs, Fermiers ou Soûfermiers, qui ne seront point en état, soit par le defaut de culture, ainsi que de Grains ou de moïens pour en acheter, d'ensemencer leurs Terres, en passeront leur déclaration quinzaine au-plûtard, après la publication de l'Arrest qui interviendra, devant le Juge des lieux, auquel la Chambre donnera pouvoir d'autoriser ceux qui se presenteront, ou au defaut de ce, commettre des Gens pour les ensemencer, aprofiter les Récoltes qui y excroîtront & les recüeillir à leur profit ; si mieux n'aiment les Propriétaires ou Créanciers des Fermiers ou des Propriétaires, les ensemencer eux-mêmes, sinon & à faute de ce faire, ils n'auront aucuns priviléges sur les Récoltes, quand les semences auront été fournies par des étrangers à ce commis ou autorisez ; pourquoi sera enjoint au Sindic de chaque Paroisse, de porter au Juge des lieux, un état des Terres qui n'auront pas été préparées ou ensemencées : 3°. Que ledit Ensemencement des Terres ne se fera que de la nature des Grains dont elles dévront, suivant l'usage du Païs, être chargées, sans les desfaisonner en aucune façon, à peine de répondre de tous dommages & intérêts : 4°. Que toutes personnes qui ne feront pas leursdites déclarations dans ledit tems, seront condamnez en une Amende proportionnée à la quantité des Terres non cultivées, suivant le prix du Fermage du Païs ; au païement de laquelle elles seront contraintes par la Saisie & Vente de leurs Meubles, même des Fonds, si le cas y échet, aplicable moitié au profit des Pauvres de la Paroisse, & l'autre moitié à l'Hôpital de l'Hôtel-Dieu le plus prochain ; & que l'Arrest sera lû, publié, afiché & enregistré dans tous les Siéges & Jurisdictions de ce Ressort, à la diligence de ses Substituts, qui seront tenus chacun en droit soi, de les faire publier dans tous les Bourgs & Marchez en dépendans, & afiché par tout où besoin sera, & sesdits Substituts certifieront la Cour dans le mois, de son exécution. Vû par la Chambre ledit Requisitoire ; & oüi le Raport du Sieur Baudoüin de Gonseville, Conseiller-Commissaire : Tout consideré ;

LA CHAMBRE, faisant droit sur ledit Requisitoire, a ordonné & ordonne ; 1°. Que tous Propriétaires, Laboureurs, Fermiers ou Soûfermiers de Terres labourables, seront tenus de préparer & ensemencer dans les Saisons convenables, leurs Terres des Grains dont elles doivent être chargées : 2°. Que tous ceux desdits Propriétaires, Laboureurs, Fermiers ou Soûfermiers, qui ne seront point en état, soit par le defaut de Culture, ainsi que de Grains, ou de moïens pour en acheter, d'ensemencer leurs Terres, en passeront leur déclaration, quinzaine au-plûtard après la publication du present Arrest, devant le Juge des lieux, auquel la Chambre donne pouvoir d'autoriser ceux qui se presenteront, ou au defaut de ce, commettre des Gens pour les ensemencer, aprofiter les Récoltes qui y excroîtront, & les recüeillir à leur profit, si mieux n'aiment les Propriétaires ou Créanciers des Fermiers ou des Propriétaires, les ensemencer eux-mêmes; sinon & à faute de ce faire, ils n'auront aucuns priviléges sur les Récoltes, quand les Semences auront été fournies par des étrangers à ce commis ou autorisez; pourquoi enjoint au Sindic de chaque Paroisse, de porter aux Juges des lieux, dans ledit tems de quinzaine, un état desdites Terres qui n'auront point été préparées ou ensemencées : 3°. Que ledit Ensemencement des Terres ne se fera que de la nature des Grains dont elles devront être chargées, suivant l'usage du Païs, sans les dessaisonner en aucune façon, à peine de répondre de tous dommages & intérêts, 4°. Que toutes personnes qui ne feront pas leursdites déclarations dans ledit tems, seront condamnez en une Amende proportionnée à la quantité des Terres non cultivées, suivant le prix du Fermage du Païs; au païement de laquelle elles seront contraintes par la Saisie & Vente de leurs Meubles, même des Fonds, si le cas y échet, aplicable moitié au profit des Pauvres de la Paroisse, & l'autre moitié à l'Hôpital de l'Hôtel-Dieu le plus prochain : Et sera le present Arrest lû, publié, afiché & enregistré dans tous les Siéges & Jurisdictions de ce Ressort, à la diligence des Substituts du Procureur Genéral, lesquels sont tenus, chacun en droit soi, de le faire publier dans tous les Bourgs & Marchez en dépendans, & aficher par tout où besoin sera, & de certifier la Cour de son exécution. FAIT à Roüen en Parlement, en Vacations, le dix-septiéme jour d'Octobre mil sept cens quarante.

Par la Chambre, Signé, AUZANET.

Arrest du Parlement, qui fait très-expresses inhibitions & défenses à toutes Personnes, de faire aucuns Amas & Magasins de Bleds, & autres Grains, ni de commettre aucuns abus, anarremens ou malversations, de quelque nature qu'ils soient, dans les Halles & Marchez, à peine de Cinq cens livres d'Amende, & même de punition corporelle, s'il y échet, sans que lesdites peines puissent être réputées comminatoires.

Du 22. Octobre 1740.

SUR la Remontrance faite à la Chambre ordonnée par le Roy au tems des Vacations, par le Procureur Général, expositive que depuis qu'elle a pris les mesures nécessaires, pour empêcher que les Bleds & autres Grains qui servent à la nouriture des Hommes, soient emploïez à d'autres usages qu'à la subsistance du Peuple, il est du devoir de son ministére de redoubler ses soins & sa vigilance, pour que l'emploi de ces mêmes Grains soit fait dans les circonstances convenables, & les faire fournir au public à proportion & à mesure que les besoins augmentent: Que dans cette vûë il a fait faire diférentes perquisitions, dont il résulte que la disette des Grains, dont il semble que l'on est menacé, doit être atribuée moins à un defaut réel de Grains, qu'à l'avidité de certaines gens, qui voulans profiter de la misere publique, achétent tous les Bleds & Grains, pour les resserrer, ou gardent soigneusement ceux qu'ils ont amassez depuis plusieurs années, dans l'espérance qu'ils monteront à un prix plus considérable, à cause de leur defaut aparent; que cette manœuvre proscrite par les Arrêts & Réglemens, est en partie la cause que les Marchez & Halles ne sont point garnis de la quantité sufisante de Grains : Que les Laboureurs, & ceux qui par leur état en font commerce, & qui ne les gardent pas, ne portent aux Halles & Marchez, que des échantillons de Bleds & autres Grains, pour en faire le prix, & ensuite les livrent dans leurs maisons ou ailleurs; ce qui est très-préjudiciable au bon ordre & au bien public : Qu'il se passe dans les Halles & Marchez, des abus encore plus condamnables, dont il est important d'arrêter le cours : En éfet, les anarremens de diférentes espéces qui se commettent, redoublent à vûë d'œil, par l'impunité de leurs auteurs, qui sans suivre le prix courant des Halles & Marchez, mettent aux Grains qu'ils y portent, un taux bien au-dessus, & par ce moïen les resserrent, comme n'aïant pû les vendre, ou achétent au prix courant, les Grains qui se trouvent dans les Marchez, les emportent, les serrent & gardent, en atendant un tems favorable, pour les revendre, & y faire un profit illégitime : Que dans de pareilles circonstances, il ne peut se dispenser de faire ses représentations à la Chambre, aux fins qu'il lui plaise y pourvoir, & maintenir l'abondance dans les Halles & Marchez, & en banir les anarremens, malversations & abus, dont le public recevroit un préjudice notable : Pourquoi requiert être ordonné que les Ordonnances, Arrêts & Réglemens rendus sur le fait de la Police des Bleds & Grains, dans les Halles & Marchez, seront exécutez selon leur forme & teneur ; ce faisant, très-expresses inhibitions & défenses être faites à toutes personnes, de faire aucuns amas & magasins de Grains, & d'en garder plus que ce qui leur sera nécessaire, pour leur provision & celles de leurs maisons, jusqu'à la récolte prochaine ; à laquelle fin, enjoindre de porter toutes les semaines des Grains en leurs plus proches Marchez, pour les vendre au prix courant d'iceux ; pareilles défenses d'y porter des échantillons, ou de vendre aucuns Bleds dans les greniers ou ailleurs, que dans les Halles & Marchez ; de remporter, sous quelque prétexte que ce soit, les Grains qui y auront été portez, à peine dans tous les cas ci-dessus exprimez, des Amendes & confiscations au cas apartenant ; défenses être faites à toutes personnes, d'anarrer aucuns Grains, soit dans les Halles & Marchez ou ailleurs, mettre ausdits Grains un prix au-dessus du courant, ou d'en acheter pour amasser & garder au-delà de ce qui leur sera necessaire, pour leur subsistance & celle de leur famille ; pareilles défenses de faire le marché d'aucuns Grains, avant l'ouverture du Marché, ou après qu'il sera fini, à peine de confiscation d'iceux, au profit des pauvres, & généralement de commettre aucuns abus, anarremens ou malversations, de quelque nature qu'ils soient, dans les Halles & Marchez, à peine de cinq cens livres d'Amende, & même de punition corpo- relle, s'il y échet, sans que lesdites peines puissent être ré- putées comminatoires ; enjoint à ses Substituts aux Siéges de Police, de veiller exactement dans les Halles & Marchez, de faire constituer prisonniers les délinquans, de faire pro- céder sans delai, extraordinairement contr'eux, & de tenir la main à l'exécution de l'Arrest qui interviendra, qui sera lû, publié & enregistré dans toutes les Jurisdictions, afiché dans tous les Marchez & Halles de la Province, & par tout où besoin sera, à la diligence de ses Substituts, qui seront tenus d'en certifier la Chambre dans la quinzaine. Vû par la Chambre ledit Requisitoire ; & oüi le Raport du Sieur Bau- doüin de Gonseville, Conseiller-Commissaire : Tout consi- deré ; LA CHAMBRE, faisant droit sur ledit Requisitoi- re, a ordonné & ordonne que les Ordonnances, Arrêts & Réglemens rendus sur le fait de la Police des Bleds & Grains, dans les Halles & Marchez, seront exécutez selon leur forme & teneur ; ce faisant, a fait très-expresses inhibitions & défen- ses à toutes personnes, de faire aucuns amas & magasins de Grains, & d'en garder plus que ce qui leur sera nécessaire, pour leur provision & celle de leur maison, jusqu'à la Ré- colte prochaine ; à laquelle fin, leur enjoint de porter tou- tes les semaines, des Grains en leurs plus proches Marchez, pour les vendre au prix courant d'iceux ; avec pareilles dé- fenses d'y porter des échantillons, & de vendre aucuns Bleds dans les greniers ou ailleurs, que dans les Halles & Marchez, de remporter, sous quelque prétexte que ce soit, les Grains qui y auront été aportez, à peine, dans tous les cas ci-dessus ex- primez, des Amendes & confiscations au cas apartenant : Fait défenses à toutes personnes, d'anarrer aucuns Grains, soit dans les Halles & Marchez ou ailleurs ; mettre ausdits Grains un prix au-dessus du courant, ou d'en acheter, pour amasser & garder au-delà de ce qui leur sera nécessaire, pour leur subsis- tance & celle de leur famille : Pareilles défenses de faire le marché d'aucuns Grains, avant l'ouverture du marché, ou après qu'il sera fini, à peine de confiscation d'iceux au profit des Pauvres ; & généralement de commettre aucuns abus, anarremens ou malversations, de quelque nature qu'ils soient, dans les Halles & Marchez, à peine de cinq cens livres d'A- mende, & même de punition corporelle, s'il y échet, sans que lesdites peines puissent être réputées comminatoires : Enjoint aux Substituts du Procureur Général du Roy, aux Siéges de la Police, de veiller exactement dans les Halles & Marchez, de faire constituer prisonniers les délinquans, de faire procéder, sans delai, extraordinairement contr'eux, & de tenir la main à l'exécution du present Arrest, qui sera lû, publié & enregistré dans toutes les Jurisdictions, afiché dans tous les Marchez & Halles de la Province, & par tout où besoin sera, à la diligence desdits Substituts du Procureur Général, lesquels seront tenus d'en certifier la Chambre dans quinzaine. Fait à Roüen en Parlement, en Vacations, le vingt-deuxiéme jour d'Octobre mil sept cens quarante.

Par la Chambre, Signé, AUZANET.

Déclaration du Roy, qui exemte de tous Droits les Bleds, Grains & Légumes, qui entreront dans le Roïaume : Et ordonne la fixation des Cens, Rentes & Redevances qui se païent en Grains.

Du 26. Octobre 1740.

LOUIS par la grace de Dieu, Roy de France & de Navarre : A nos amez & feaux Conseillers les Gens tenans nôtre Cour de Parlement à Paris, SALUT. Le desir que Nous avons de procurer à nos peuples tous les secours qui peuvent faciliter la diminution du prix des Bleds & autres Grains, dont les mauvaises Récoltes depuis plusieurs années, ont ocasionné la cherté, Nous a déterminez, en suivant l'exemple que le feu Roy nôtre très-honoré Seigneur & Bisaïeul Nous a donné, dans le cours des années de 1709. & 1710. à exemter de tous Droits les Bleds, Grains & autres Légumes, qui entreront & seront aportez dans nôtre Roïaume, tant par Terre que par Mer ; comme aussi, à pourvoir, tant à la fixation des Cens & Rentes qui se païent en Grains, qu'au soulagement de ceux qui sont chargez de païer des redevances en Bleds. A CES CAUSES, & autres à ce Nous mouvant, de l'avis de nôtre Conseil, & de nôtre certaine science, pleine puissance & autorité Roïale, Nous avons dit, déclaré & ordonné, & par ces Presentes signées de nôtre main, disons, déclarons & ordonnons, voulons & Nous plaît :

ARTI-

DECLARATIONS ET ARRESTS.

Article premier.

Déchargeons les Bleds, soit fromens, meteils ou seigles, orges, avoines & autres grains, ensemble la farine & le pain, même les ris, pois, feves & autres légumes, qui entreront & seront aportez dans nôtre Roïaume, tant par Terre que par Mer, ou qui seront transportez d'une Province ou d'un lieu dans un autre, jusqu'au dernier Décembre de l'année prochaine, de tous droits d'Entrée, Octrois, Peages, & autres droits qui se lévent sur lesdits grains, pain & légumes, dépendans de nos Fermes ; comme aussi, des droits d'Entrée, Octrois & Peages, qui se lévent sur lesdits grains, pain & légumes, par les Villes, Communautez, Païs d'Etats, Seigneurs particuliers, Laïques & Ecléfiastiques, propriétaires ou usufruitiers desdits droits ; le tout, tant par Eau que par Terre, & sous quelque dénomination que lesdits droits se lévent, & pour quelque cause & ocasion qu'ils soient établis & acordez. Défendons à nos Fermiers, & pareillement aux Communautez ou particuliers, & à leurs Fermiers, de les exiger ni recevoir pendant ledit tems, quand bien même ils seroient volontairement oferts ; même à nos Fermiers des droits de Barrage, de lever aucuns droits de Barrage, ni autres, sur les Charettes, Chevaux, Mulets & autres voitures, qui se trouveront chargées desdits grains, farines, pain, ris & légumes, à peine contre ceux qui y contreviendront, d'être contraints à la restitution du quadruple de ce qu'ils auront reçû.

II. Ordonnons que les droits de minage, levage, strage, mesurage, leide, placage, étalage, stellage, tonlieu, & autres de pareille qualité, qui se perçoivent en espéce, soit par nos Fermiers & Receveurs, & par les Engagistes de nos Domaines, soit par les Villes ou Communautez, Seigneurs particuliers, Ecléfiastiques ou Laïques, & autres propriétaires, soient convertis en argent, suivant l'évaluation qui en sera faite sommairement & sans frais, dans huitaine, à compter du jour de la publication de nôtre presente Déclaration, dans chaque Bailliage ou Senéchaussée, pardevant les Lieutenans Généraux desdits Siéges, à la requête de nos Procureurs ; ce qui aura lieu même à l'égard des droits de cette qualité, qui se perçoivent dans les Terres tenuës de Nous en Pairie, lesquels seront pareillement évaluez par les Lieutenans Généraux des Siéges auxquels la connoissance des cas Roïaux apartient dans lesdites Terres.

III. Ladite évaluation sera faite par provision, & pour le tems & espace d'une année seulement, à compter du jour & date des Présentes, sur le pied du prix le plus haut que les grains, les farines & légumes sur lesquels lesdits droits se perçoivent, auront été vendus dans chaque lieu, le premier jour de Marché de la presente année 1740. sur lequel pied lesdits Lieutenans Genéraux régleront ce qui sera païé en argent, au lieu de ce qui se païoit ci-devant en espéce, dans les Marchez des lieux où ladite évaluation sera faite; & le Tarif desdits droits ainsi évaluez, sera déposé au Gréfe de la Justice de chaque lieu de Marché, & transcrit dans un Tableau qui sera exposé au lieu le plus aparent du Marché, même envoïé par nos Procureurs desdits Bailliages & Senéchaussées, dans toutes les Justices, soit de Nous, ou des Seigneurs Hauts-Justiciers de leur Ressort, pour y être lû & publié à l'Audience, & enregistré au Gréfe desdites Justices. Voulons que tous ceux qui, jusqu'à present, ont été en possession de ne point païer lesdits droits, ou de n'en païer que partie, continuent d'en joüir ainsi que par le passé.

IV. N'entendons rien innover au surplus, à l'égard des lieux où ces droits ont été perçûs jusqu'à present, en argent, ni préjudicier en aucune maniere à ceux des Mesureurs créez en titre d'Ofice par Nous & par les Rois nos Prédécesseurs, tant dans nôtre bonne Ville de Paris, que dans les autres Villes & lieux de nôtre Roïaume.

V. Les arrérages des Cens, Rentes foncieres, & autres Redevances païables en grains, qui sont échûs ou qui écherront jusqu'au premier Janvier 1741. ne pourront être exigez qu'en argent, & seront païez; sçavoir; ceux échûs ou à échoir pendant le cours de la presente année, sur le pied de ce que les grains auront valu au premier jour de Marché du mois de Janvier dernier, dans le Marché le plus prochain; à la seule exception de celles assignées sur des Moulins où le droit de mouture se païe en espéces, à l'égard desquelles ne sera rien innové: Et à l'égard des arrérages desdits Cens, Rentes

DECLARATIONS ET ARRESTS. 779

foncieres ou autres Redevances, échûs les années précédentes, ils feront païez en argent, fur le pied de ce que les grains de l'efpéce dans laquelle ils font païables, auront valu dans le tems de leur échéance ; ce qui aura lieu, nonobftant tous Arrêts, Jugemens, Actes ou Tranfactions, fuivant lefquels lefdits arrérages feroient païables en grains : Et à l'égard des Actes ou Jugemens qui auroient aquis l'autorité de chofes jugées, & fuivant lefquels lefdits arrérages feroient païables en argent, à une autre évaluation que celle portée par la prefente Déclaration, ils feront exécutez, fans préjudice des voïes de droit, fi aucune y a, & fera l'évaluation ci-deffus ordonnée, faite par le Juge ordinaire des lieux, fur l'extrait des Regiftres de la vente des grains du Marché le plus prochain.

VI. Toutes les charges réelles affignées uniquement fur des Cens, Rentes & Redevances foncieres païables en grains, ne pourront être exigées par ceux aufquels elles font dûës, que dans les mêmes efpéces & de la même maniere que lefdits Cens, Rentes & Redevances foncieres fur lefquelles elles doivent être prifes, feront exigibles fuivant la prefente Déclaration.

VII. Et comme la diverfité des accidens que les grains ont fouferts cette année, ne Nous permet pas de pourvoir par un Réglement général & uniforme, dans tout nôtre Roïaume, à ce qui concerne le païement des fermages païables fuivant les Baux, en une certaine quantité fixe de grain, Nous ordonnons que nos Cours de Parlement y pourvoïent, pendant le cours de la prefente année feulement, chacune dans fon Reffort, par des Réglemens convenables à la qualité de la récolte, fur les avis des Oficiers des lieux, ou autrement ; & cependant ordonnons qu'il foit furfis au païement defdits fermages, fi ce n'eft que les propriétaires ofrent de recevoir en argent, ce qui eft païable en grains, qui feront évaluez fur le pied de ce que les grains auront valu au premier jour de Marché du mois de Janvier dernier dans le Marché le plus prochain.

VIII. Tous les Exploits & Procédures, enfemble toutes les Ordonnances & Jugemens qui feront faits ou rendus, pour parvenir aux évaluations ci-deffus ordonnées, feront exemts de la formalité du Contrôle, du Sceau, droits réfer-

Ddddd ij

vez ou rétablis, & de tous autres droits, & pouront être faits & expédiez en papier commun & non marqué : Ordonnons en outre, que pendant le cours d'une année, à compter du jour de nôtre presente Déclaration, toutes les procédures qui seront faites, tant en matiere civile que criminelle, à la requête de nos Procureurs Généraux en nos Cours de Parlement, de nos Procureurs dans les Bailliages ou Senéchaussées, Prevôtez, & autres Justices Roïales à Nous apartenant, & dans les Maréchaussées, & pareillement celles faites à la requête des Procureurs Fiscaux, dans les Justices des Sieurs Hauts-Justiciers, concernant la Police des Bleds & autres grains, seront pareillement exemtes du papier timbré, ainsi qu'elles le sont de la formalité du Contrôle & autres droits : Et que pareillement toutes les Ordonnances, Sentences, Jugemens & Arrêts qui interviendront à la requête des Oficiers ci-dessus nommez, sur ladite matiere, seront exemts de la formalité des Petits-Sceaux, droits réservez ou rétablis, & de tous autres, & pouront être faits & expédiez en papier & parchemin communs & non marquez.

IX. Ne pouront les parties se pourvoir, pour tout ce qui regarde l'exécution de la presente Déclaration, & généralement pour tout ce qui peut concerner la Police sur les grains, qu'en nos Cours de Parlement, nos Bailliages, Senéchaussées, Prevôtez, & autres nos Justices ordinaires des lieux, ou dans celles des Sieurs Hauts-Justiciers, chacune en ce qui est de leur compétence, ou pardevant les Juges qui seroient commis par nos Cours ; & ce, nonobstant tous Committimus, Gardes-gardiennes, Priviléges & évocations générales ou particulieres, ausquels Nous avons dérogé & dérogeons pour ce regard : Permettons esdits cas, à nos Cours de Parlement, & autres Juges ci-dessus, de passer outre aux procédures, instruction & jugement des Procès, sans s'arrêter ausdits Committimus, Gardes-gardiennes, & évocations signifiées.

X. Voulons que dans tous lesdits cas & contestations particulieres, qui pouroient naître en exécution de la presente Déclaration, & Police sur lesdits grains, il ne puisse être prononcé aucun apointement ; sauf, au cas que les contestations ne puissent pas être jugées sur le champ, être ordon-

DECLARATIONS ET ARRESTS. 781

né par les Juges, que les pieces foient mifes fur le Bureau, pour y être délibéré, & le délibéré jugé dans trois jours, & prononcé au premier jour d'Audience.

SI VOUS MANDONS que ces Prefentes vous aïez à faire lire, publier & regiftrer, (même en tems de Vacations) & le contenu en icelles garder & obferver, felon leur forme & teneur, nonobftant toutes chofes à ce contraires, aufquelles Nous avons dérogé & dérogeons par ces Prefentes; CAR tel eft nôtre plaifir. En témoin de quoi, Nous avons fait mettre nôtre Scel à cefdites Prefentes. DONNÉ à Fontainebleau, le vingt-fixiéme jour d'Octobre, l'an de grace mil fept cens quarante; & de nôtre Régne le vingt-fixiéme. Signé, LOUIS: Et plus bas, Par le Roy, PHELYPEAUX: Vû au Confeil, ORRY. Et fcellée du grand Sceau de cire jaune.

Lûës, publiées & regiftrées, la grande Audience de la Cour féante. A Roüen en Parlement, en Vacations, le 8. Novembre 1740. Signé, AUZANET.

Arreft du Parlement, qui permet à toutes perfonnes d'aporter en cette Ville, & d'expofer en vente du Pain, pour y être vendu à la Livre, au prix de la Police.

Du 27. Octobre 1740.

SUR la remontrance faite à la Chambre ordonnée par le Roy au tems des Vacations, par le Procureur Général du Roy, expofitive que quoi que jufqu'à prefent, on ait eu atention de faire fournir par les Boulangers, les étaux de leurs boutiques, d'une quantité de Pain fufifante, pour fubvenir aux befoins publics: il lui paroîtroit néanmoins néceffaire d'entretenir cette abondance, à laquelle quelques Boulangers négligent de contribuer: Que pour y parvenir, il ne fe prefente pas de moïen plus fûr, que d'atirer de dehors la Ville; tout & autant de Pain qu'il fera poffible, en permettant aux Boulangers externes & forains, d'aporter & de vendre le Pain qu'ils fabriquent; que de cette permiffion il réfultera un double avantage, dont le public recüeillira le fruit, en ce que les Boulangers étrangers établiffans le Pain

1740.
Octobre.

à moins de frais que ceux de la Ville, ils y trouveront un profit, qui les engagera à en aporter une certaine quantité, à le fabriquer de bonne qualité, & à y mettre le poids requis par les Réglemens : Que d'un autre côté, les Boulangers de la Ville, dans la crainte de voir diminuer la vente du Pain dans leurs boutiques, qui cesseroient d'être achalandées, s'ils exposoient du Pain de qualité ou de poids inférieur à celui des Boulangers externes, se porteront par une espéce d'émulation, à fournir abondamment les étaux de leurs boutiques, & à fabriquer du Pain, qui par sa qualité & par son poids, leur puisse conserver leurs pratiques : Que si la Chambre se porte à prendre ce parti, on ne pouroit se dispenser de tenir la main, à ce que les Boulangers forains n'exposassent en vente que du Pain de la qualité & du poids requis par les Réglemens, & de punir sévérement les contraventions qui pouroient se commettre, puisque tout le profit qu'ils feroient, au préjudice de la qualité & du poids, seroit illégitime ; & que l'intention de la Chambre seroit de borner le benéfice qu'ils peuvent faire sur le Pain, à la diminution des frais qui sont pour eux bien moindres que ceux ausquels sont tenus les Boulangers de la Ville : Qu'avec ces modifications, le public retirera d'une pareille permission, un avantage notable, puisque l'abondance du Pain se trouvera entretenuë dans la Ville, & que les Pauvres ne seront point exposez à être fraudez sur la qualité & sur le poids : Pourquoi requiert qu'il plaise à la Chambre permettre à toutes personnes, d'aporter en cette Ville, & d'exposer en vente du Pain, pour y être vendu à la livre, au prix de la Police, à la charge de le faire de bonne qualité, bien cuit & levé ; de fournir seize onces à la livre, & de le vendre en détail, même par demi-livres, quarterons & onces ; à laquelle fin, lesdits Marchands seront tenus d'avoir des Balances, & des Poids jaugez & marquez par le Jaugeur Roïal, & de peser le Pain en presence de ceux qui l'achéteront : Enjoindre en outre, ausdits Boulangers & Marchands étrangers, d'avoir un couteau, pour couper par détail leur Pain, aux fins de fournir la quantité & le poids qui leur sera demandé : Très-expresses inhibitions & défenses leur être faites, d'exposer aucuns Pains de mauvaise qualité, soit par le defaut de cuiture ou autrement, & de

DECLARATIONS ET ARRESTS. 783

frauder fur le poids, à peine d'être emprifonnez, d'être procédé contr'eux extraordinairement, & d'être punis comme voleurs publics, fuivant la rigueur des Ordonnances ; à laquelle fin, fera enjoint aux Oficiers de Police, de faire tous les jours la vifite du Pain qui fera expofé en vente, & de veiller exactement, à ce que lefdits Marchands forains fe conforment, pour la qualité & le poids, aux difpofitions de l'Arreft qui interviendra ; lefdits Oficiers autorifez de faire conftituer prifonniers les contrevenans, & tenus d'en donner avis au Procureur Général du Roy ; & que l'Arreft qui fera fur ce rendu, fera lû, publié & enregiftré ès Regiftres de Police de cette Ville, à la diligence de fon Subftitut audit Siége, & afiché dans les Marchez & Carrefours de cette Ville, & par tout où befoin fera. Vû par la Chambre ledit Requifitoire ; & oüi le Raport du Sieur Baudoüin de Gonfeville, Confeiller-Commiffaire : Tout confidéré ; LA CHAMBRE, faifant droit fur ledit Requifitoire, a permis & permet à toutes perfonnes, d'aporter en cette Ville, & d'expofer en vente du Pain, pour y être vendu à la livre, au prix de la Police ; à la charge de le faire de bonne qualité, bien cuit & levé, de fournir feize onces à la livre, & de le vendre en détail, même par demi-livres, quarterons & onces ; à laquelle fin, lefdits Marchands font tenus d'avoir des Banlances, & poids jaugez & marquez par le Jaugeur Roïal, & de pefer le Pain en préfence de ceux qui l'achéteront : Enjoint en outre, aufdits Boulangers & Marchands étrangers, d'avoir un couteau, pour couper par détail le Pain, aux fins de fournir la quantité & le poids qui leur fera demandé : Trèsexpreffes inhibitions & défenfes leur font faites, d'expofer aucun Pain de mauvaife qualité, foit par le defaut de cuiture ou autrement, & de frauder fur le poids, à peine d'être emprifonnez, & être procédé contr'eux extraordinairement, & d'être punis comme voleurs publics, fuivant la rigueur des Ordonnances ; à laquelle fin, enjoint aux Oficiers de Police, de faire tous les jours, la vifite du Pain qui fera expofé en vente, & de veiller exactement, à ce que lefdits Marchands forains fe conforment pour la qualité & le poids, aux difpofitions du prefent Arreft : A autorifé lefdits Oficiers, de faire conftituer prifonniers les contrevenans, & leur a enjoint

1740.
Octobre.

d'en donner avis au Procureur Général du Roy : Ordonne que le prefent Arreſt fera lû, publié & enregiſtré ès Regiſtres de la Police de cette Ville, à la diligence du Subſtitut dudit Procureur Général audit Siége, & afiché dans les Marchez & Carrefours de cette Ville, & par tout où befoin fera. FAIT à Roüen en Parlement, en Vacations, le vingt-feptiéme jour d'Octobre mil fept cens quarante.

Par la Chambre, Signé, AUZANET.

Arreſt du Parlement, pour l'exécution du Réglement du 13. Janvier 1725. en autorifant la fabrique d'une nouvelle forte de Pain d'Orge & Froment, pour être vendu par les Boulangers y marquez; le tout, aux conditions, & fous les peines y portées, &c.

Du 21. Novembre 1740.

SUR la Remontrance faite à la Cour par le Procureur Général du Roy, expofitive que les mefures qu'Elle a prifes jufqu'à prefent, pour pourvoir à la fubfiſtance du Peuple, qu'Elle regarde comme l'objet le plus digne de fon atention, ont eu le fuccès le plus favorable qu'on eût pû atendre ; puifque malgré l'augmentation confidérable des grains néceffaires à la nouriture des hommes, on ne s'eſt point trouvé dans la trifte néceffité d'augmenter le Pain, qui par les prudentes précautions dont on a ufé, a été maintenu à un prix proportionné aux moïens des Pauvres : Que pour continuer à travailler avec la même éficacité au foulagement public, la Cour s'eſt portée à faire faire diférentes opérations, fur lefquelles il a formé un nouveau Plan, qu'il croit devoir mettre aujourd'hui fous fes yeux, dont l'exécution produira fans contredit, un avantage notable au Public, s'agiffant principalement d'entretenir l'abondance des matieres qui fervent à la nouriture des hommes, dont la difette eſt le malheur qu'il femble que l'on doit le plus craindre, dans les circonftances prefentes, fans que leur prix augmente au point de mettre les Pauvres hors d'état d'y ateindre : Qu'indépendament du fruit & de l'utilité qui réfulteront de ce projet,

il

il tend encore à rétablir les choses dans l'ordre auquel elles sont subordonnées, & à assûrer l'uniformité dans la jurisprudence des Arrêts & Réglemens : En éfet, par un Arrest de Réglement, du 13. Janvier 1725. qui fait une Loi invariable pour le prix du Pain, la Cour ordonna qu'il ne seroit fait à l'avenir que deux sortes de Pain, l'un blanc & l'autre bis, qui seroit fabriqué du meilleur Bled-froment des Halles & Marchez, ou à dix sols près du meilleur : Elle ordonna en outre, que lorsque le Bled vaudroit quatorze livres la Mine dans les Marchez, la livre de Pain bis seroit venduë deux sols six deniers, & augmenteroit d'un liard, chaque fois que la Mine de Bled augmenteroit pendant deux Marchez consécutifs, de trente sols : Que l'exacte équité qui a dicté les dispositions de cet Arrest, est fondée sur des Essais autentiques qui ne tendoient qu'à assûrer un juste équilibre entre les intérêts du peuple & ceux des Boulangers : Que depuis quelque tems on s'est à la vérité écarté par ménagement pour les Pauvres, d'une Loi qui ne devoit jamais recevoir d'ateinte ; & quoi que les grains qui s'emploïent dans la fabrication du Pain, aïent augmenté considérablement, on n'a cependant pas suivi le cours de leur prix, pour mettre la taxe au Pain ; ce qui se constate par le prix des Bleds, qui ont monté jusqu'à vingt-une livres la Mine, quoi que depuis long-tems le Pain soit à deux sols neuf deniers la livre, qui aux termes de l'Arrest de Réglement de 1725. ne suposeroit le Bled qu'à quinze livres dix sols ; mais aujourd'hui l'expérience fait voir que des principes les plus avantageux, il en peut résulter des éfets préjudiciables : En éfet, les Boulangers à qui on a refusé une augmentation du prix du Pain, au terme du Réglement, ont cherché à se dédommager indirectement de la perte qu'ils en recevoient ; ils y sont parvenus par degrez, en diminuant le poids du Pain à proportion du prix du Bled : On n'a pû proscrire à la rigueur cette manœuvre, sur laquelle on a fermé, pour ainsi dire les yeux, tant qu'elle a été estimée profitable au peuple ; mais l'avidité du gain les a emportez au-delà des bornes, dans lesquelles ils eussent dû se contenir, & les choses sont aujourd'hui portées à un point par une indiscrétion des plus condamnables, qu'eu égard à la diminution considérable sur le poids du Pain, il est vendu à un taux qui excéde celui du Réglement. C'est donc pour y remédier, qu'il paroît nécessaire d'augmenter dans ces circonstances, le prix du pain, afin que le peuple ne soit pas exposé à des fraudes qui vertissent à son détriment, & dont les Boulangers retirent un profit, qui aux termes de l'Arrest qui fait leur Loi, excéde le gain légitime qu'il a limité, qui leur devoit revenir de la fabrication du pain: Cette augmentation qui n'est qu'aparente, est essentiellement avantageuse à l'intérest public; mais afin que les pauvres en reçoivent du soulagement, & que les impressions que les esprits reçoivent, en aprenant une augmentation, n'y trouvent point d'accès, il lui paroîtroit convenable d'anoncer les circonstances consolantes dont cette augmentation doit être acompagnée. L'expérience a fait connoître par les diférens essais qui ont été faits sous les yeux de M^{rs} les Commissaires de la Cour, en presence du Procureur Général, que le Pain de farine d'Orge & de Bled, produit une nouriture bonne, saine, & qui se peut établir à un prix inférieur au taux actuel du Pain bis: Si la Cour se porte à tolerer cette espéce de Pain, il n'est pas douteux qu'en le faisant fournir au peuple, de la qualité & du poids requis, on en retirera plusieurs avantages; le premier, en ce qu'on épargnera dans l'usage journalier, le Bled-froment, dont la quantité poura devenir susisante, pour gagner la Récolte prochaine; & le second, en ce qu'on sera en état de rendre au Pain bis & au Pain blanc, la proportion ordonnée par l'Arrest de 1725. en conséquence, l'augmentation que l'on acordera sur le Pain blanc & sur le Pain bis, ne tombera que sur ceux qui sont en état de la suporter, & non pas sur le peuple, qui trouvera au contraire dans le même tems, une diminution considérable, en ce que le Pain qu'on établira pour lui, peut être fixé à un prix au-dessous de celui où est actuellement le Pain bis, qui n'a pas même de poids: Que si la Cour se porte à permettre que l'on fasse du Pain de cette espéce, il est indispensable de se précautionner contre toutes les malversations qui pouroient se commettre, & mettre le peuple à l'abri des fraudes que l'avidité dicte à ceux qui par leur état, sont chargez de fabriquer le Pain; & pour y parvenir, il est à propos de ne pas laisser à tous les Boulangers, la liberté de fabriquer cette sorte de Pain, parce que ceux d'entr'eux qui font du Pain blanc, pouroient le composer avec la fine farine du Bled destiné à entrer dans la composition du Pain d'Orge, ce qui en altéreroit la substance; & à cet éfet, en nommer quelques uns, ausquels seuls on permettroit de faire, vendre & debiter cette espéce de Pain, en leur interdisant sous des peines très-rigoureuses, de faire du Pain blanc, sous quelque prétexte que ce fût: Que pour pourvoir à ce que le Pain d'Orge soit bon & bien nourissant, il seroit également important de prescrire la quantité & qualité des grains, qui entreroient dans sa composition; & enfin, que pour prévenir les fraudes que le Pain de plusieurs livres peut ocasionner, quoi que d'un autre côté à ne faire que des Pains d'une livre, la cuiture cause un dechet trop considérable: que d'ailleurs, il y a des Pauvres qui n'ont souvent que de quoi acheter une livre de Pain, il seroit encore convenable de faire à ce sujet un Réglement, pour servir de frein aux entreprises des Boulangers, & mettre le peuple hors d'ateinte & de portée de recevoir aucun préjudice de toutes les manœuvres qu'ils pouroient pratiquer, & prononcer des peines proportionnées aux diférens délits, afin que l'exemple des contrevenans, serve à contenir les autres: Que d'ailleurs aïant considéré que tous les soulagemens que l'on a jusqu'à present procurez aux pauvres, n'ont été que momentanez, il y a lieu d'espérer qu'en statuant sur les diférens chefs, on poura subvenir pour quelque tems, aux besoins publics, sur lesquels son ministére l'engage à faire à la Cour ses representations: Pourquoi requiert être ordonné, 1°. Que l'Arrest de la Cour en forme de Réglement, du 13. Janvier 1725. sera exécuté selon sa forme & teneur; ce faisant, vû le raport du prix des grains, dans les Halles & Marchez, la livre de Pain bis ordinaire, sera & demeurera fixée à la somme de trois sols six deniers, & celle de Pain blanc à la somme de quatre sols; défenses à tous Boulangers, de le vendre à plus haut prix, sous les peines au cas apartenant; & ce, à commencer du jour de la publication & afiche de l'Arrest qui interviendra: 2°. Que tous Boulangers seront tenus de garnir sufisamment les étaux de leurs boutiques de Pain, de la qualité requise par les Réglemens & de poids, jusqu'au defaut duquel il sera supléé, à peine contre ceux desdits Boulangers qui se trouveront en defaut sur la qualité & le poids de cent livres d'Amende, & de cent livres d'Aumône, laquelle sera partagée entre les Hôpitaux & les pauvres de la Paroisse, ainsi qu'il apartiendra ; qu'au regard de ceux desdits Boulangers, qui se trouveront coupables de fraudes de plus d'une once par livre, ils seront condamnez nonobstant le suplément, outre la peine ci-dessus, à la clôture de leurs Boutiques, destitution de Maîtrise, même à punition corporelle, suivant l'atrocité du cas, sans que lesdites peines puissent être réputées comminatoires, remises ni modérées, sous quelque prétexte que ce soit : 3°. Que les Boulangers des Fauxbourgs, ceux des Franches-Aires, ensemble six des Boulangers de la Ville, qui seront choisis & nommez, seront autorisez par l'Arrest qui interviendra, de faire une troisiéme sorte de Pain, composé moitié de farine d'Orge & moitié de Bled-froment, & de le vendre deux sols six deniers la livre de seize onces, bien cuit & bien conditionné : 4°. Qu'il sera enjoint ausdits Boulangers, tant des Franches-Aires que des Fauxbourgs, & six Boulangers de la Ville ci-dessus nommez, de composer ledit Pain de moitié du meilleur Bled-froment, & moitié de la meilleure Orge, en sorte que tout ce qui en proviendra, soit emploié sans aucune retenuë, en ôtant seulement la paille ou gros son, & de le bien assaisonner, bien cuire & bien conditionner, à peine de vingt livres d'Amende, dont moitié aplicable au dénonciateur, & de vingt livres d'Aumône, aplicable aux Hôpitaux & aux pauvres de la Paroisse, par portion égale : 5°. Que défenses seront faites ausdits Boulangers des Franches-Aires, des Fauxbourgs & les six Boulangers susdits nommez, qui auroient fait leur soûmission de faire du Pain d'Orge & Froment, de faire, vendre ou debiter aucun Pain blanc, sous quelque prétexte que ce soit, à peine d'être condamnez en cent livres d'Amende & d'Aumône, aplicable comme ci-dessus, & dêtre leurs Boutiques murées pendant six mois, pour la premiere fois ; & en cas de récidive, de privation de Maîtrise ; à eux enjoint de tenir les étaux de leurs Boutiques garnis de Pain de Froment & d'Orge ; défenses être faites, sous les mêmes peines, aux autres Boulangers de la Ville, de fabriquer, vendre ou exposer aucun Pain de l'espéce ci-dessus :

DECLARATIONS ET ARRESTS. 789

1740.
Novemb.

6°. Qu'il fera permis à tous Boulangers, de faire des Pains de fix livres, ou plus même s'ils le jugent à propos, parce qu'ils feront tenus de vendre le Pain bis & le Pain moitié Froment & moitié Orge, à la livre & demi-livre ; à l'éfet de quoi, ils auront un couteau pour le couper, dès qu'ils en feront requis, & des balances juftes, & étalonnées en la forme ordinaire, au lieu le plus aparent de leurs boutiques, à peine contre les refufans, d'Amende & d'Aumône, fuivant l'exigence des cas : Et afin que l'Arreft qui interviendra, foit de point en point exécuté, qu'il fera enjoint au Juge de Police & à fon Subftitut audit Siége, de faire ou faire faire des vifites fréquentes chez les Boulangers, & aux Commiffaires de Police de faire, chacun en droit foi, tous les jours au moins une fois, la vifite des boutiques & arrieres-boutiques des Boulangers de leur Quartier, de dreffer Procès verbal des contraventions, d'aprocher fans delai devant le Lieutenant de Police, les délinquans, à peine contre ceux defdits Commiffaires qui fe trouveront coupables d'avoir négligé lefdites vifites, d'être interdits de toutes fonctions pendant trois mois, & contre ceux d'entr'eux qui auroient toléré aucuns defdits abus, d'être pourfuivis, fuivant la rigueur des Ordonnances, & punis comme prévaricateurs : Ordonné au furplus, que l'Arreft qui interviendra, fera lû & publié, l'Audience de la Police féante, & enregiftré ès Regiftres dudit Siége, pour être exécuté felon fa forme & teneur, à la diligence de fon Subftitut audit Siége, publié & afiché dans tous les Carrefours, Places publiques, & endroits ordinaires de cette Ville, & par tout où befoin fera. Vû par la Cour ledit Requifitoire, & oüi le Raport du Sieur Bigot de Graveron, Confeiller-Commiffaire : Tout confidéré ; LA COUR, toutes les Chambres affemblées, faifant droit fur ledit Requifitoire, a ordonné, 1°. Que l'Arreft de la Cour en forme de Réglement, du 13. Janvier 1725. fera exécuté felon fa forme & teneur ; ce faifant, vû le raport du prix des grains dans les Halles & Marchez, la livre de Pain bis ordinaire, fera & demeurera fixée à la fomme de trois fols fix deniers, & celle de Pain blanc à la fomme de quatre fols ; a fait défenfes à tous Boulangers, de le vendre à plus haut prix, fous les peines au cas apartenant ; & ce, à commencer du jour de la publication & afiche du préfent Arreſt : 2°. Que tous les Boulangers feront tenus de garnir fufifamment les étaux de leurs boutiques de Pain, de la qualité requife par les Réglemens & de poids jufte, au defaut duquel il fera fupléé, à peine contre ceux defdits Boulangers qui fe trouveront en defaut fur la qualité & le poids, de cent livres d'Amende, & de cent livres d'Aumône, laquelle fera partagée entre les Hôpitaux & les pauvres de la Paroiffe, ainfi qu'il apartiendra ; qu'au regard de ceux defdits Boulangers, qui fe trouveront coupables de fraudes de plus d'une once par livre, ils feront condamnez nonobftant le fuplément, outre la peine ci-deffus, à la clôture de leurs boutiques, deftitution de Maîtrife, même à punition corporelle, fuivant l'atrocité du cas, fans que lefdites peines puiffent être réputées comminatoires, remife ni modérées, fous quelque prétexte que ce foit : 3°. Que les Boulangers des Fauxbourgs, ceux des Franches-Aires, enfemble fix des Boulangers de la Ville, qui feront choifis & nommez, font autorifez par le préfent Arreſt, de faire une troifiéme forte de Pain, compofée de moitié de farine d'Orge, & moitié de farine de Bled-froment, & de le vendre deux fols fix deniers la livre de feize onces, bien cuit & bien conditionné : 4°. Enjoint aufdits Boulangers, tant des Franches-Aires que des Fauxbourgs, & fix Boulangers de la Ville ci-deffus nommez, de compofer ledit Pain moitié du meilleur Bled-froment, & moitié de la meilleure Orge ; en forte que tout ce qui en proviendra, foit emploïé fans aucune retenuë, en ôtant feulement la paille & gros fon, & de le bien affaifonner, bien cuire & bien conditionner, à peine de vingt livres d'Amende, dont moitié aplicable au dénonciateur, & vingt livres d'Aumône aplicable aux Hôpitaux & aux pauvres de la Paroiffe, par portion égale : 5°. A fait défenfes aufdits Boulangers des Franches-Aires, des Fauxbourgs, & les fix Boulangers fufdits nommez, qui auroient fait leur foûmiffion de faire du Pain d'Orge & Froment, de faire, vendre ou debiter aucun Pain blanc, fous quelque prétexte que ce foit, à peine d'être condamnez en cent livres d'Amende & d'Aumône, aplicables comme ci-deffus, & d'être leurs boutiques murées pendant fix mois, pour la premiere fois ; & en cas de récidive, de privation de Maîtrise; à eux enjoint de tenir les étaux de leurs boutiques garnis de Pain de Froment & d'Orge : A fait défenses, sous les mêmes peines, aux autres Boulangers de la Ville, de fabriquer, vendre ou expofer aucun Pain de l'efpéce ci-deffus : 6°. A permis & permet à tous Boulangers, de faire des Pains de fix livres, ou plus même s'ils le trouvent à propos, parce qu'ils feront tenus de vendre le Pain bis & le Pain moitié Froment & moitié Orge, à la livre & demi-livre; à l'éfet de quoi, ils auront un couteau pour le couper, dès qu'ils en feront requis, & des balances juftes, & étalonnées en la forme ordinaire, & placées au lieu le plus aparent de leurs boutiques, à peine contre les contrevenans d'Amende & d'Aumône, fuivant l'exigence du cas : Et afin que le prefent Arreft foit de point en point exécuté, enjoint au Juge de Police, & au Subftitut de Procureur Général audit Siége, de faire ou faire faire des vifites fréquentes chez les Boulangers, & aux Commiffaires de Police, de faire chacun en droit foi, tous les jours au moins une fois, la vifite des boutiques & arrieres-boutiques des Boulangers de leur Quartier, de dreffer Procès verbal des contraventions, d'aprocher fans delai devant le Lieutenant de Police, les délinquans, à peine contre ceux defdits Commiffaires, qui fe trouveront coupables d'avoir négligé lefdites vifites, d'être interdits de toutes fonctions pendant trois mois; & contre ceux d'entr'eux qui auroient toléré aucuns defdits abus, d'être pourfuivis fuivant la rigueur des Ordonnances, & punis comme prévaricateurs : Ordonne au furplus, que le prefent Arreft fera lû & publié, l'Audience de la Police féante, & enregiftré ès Regiftres dudit Siége, pour être exécuté felon fa forme & teneur, à la diligence du Subftitut du Procureur Général audit Siége, publié & afiché dans tous les Carrefours, Places publiques & endroits ordinaires de cette Ville, & par tout où befoin fera. FAIT à Roüen en Parlement, toutes les Chambres affemblées, le vingt-uniéme jour de Novembre mil fept cens quarante.

Par la Cour, Signé, AUZANET.

1740.
Décemb.

Réglement du Conseil, pour les diférentes sortes de Toiles unies & ouvrées, qui se fabriquent dans la Généralité de Caën.

Du 20. Décembre 1740.

Nota. Comme ce Réglement est trop considérable pour l'insérer dans ce Recüeil, le Public qui en aura besoin, aura recours à l'Imprimeur ou au Gréfe.

On est aussi averti, que l'on met sous Presse les mêmes Edits, Déclarations, Arrêts & Réglemens, à commencer de la premiere année du Régne de Loüis XIV. jusqu'en 1683. Celui du Sieur Viret qui manque, y sera compris.

TABLE

TABLE

DES PRINCIPALES MATIERES
contenuës dans ce Volume de la seconde suite du Nouveau Recüeil d'Edits, Déclarations, Arrêts, &c.

A

ACCOUCHEMENS laborieux. *Voiez* Sages-femmes.
ACTIONS Rédhibitoire, leur tems & durée. *page* 129
AFIRMATION; dans le cas de Faillite & Banqueroute, doit être passée en personne par les Créanciers & Debiteurs, devant les Juges-Consuls. 759
ALIENATIONS ou aquisitions par actes séparez, de la propriété des Fiefs & Domaines non fiéfez, situez en Normandie; réglées en ce qui concerne les Seigneurs. 306
AMIDON; permis à toutes personnes d'en faire & vendre. 154
AMIDONNIERS & Poudriers, défenses à eux de faire Amidons & Poudres, sous les peines y portées. 765
ARSENIC, Réagal, Sublimé, &c. *Voiez* Poison.
ASSEMBLE'ES pour les Afaires des Hôpitaux & Nécessitez publiques; dans quel endroit se doivent tenir, & la Préséance des Oficiers qui les composent. 136
AUGE, *Vicomté*; réünion de la Baronnie de Roncheville à ladite Vicomté, &c. 35
AVOCATS du Roy du Bailliage de Roüen. *Voiez* Procureurs.

B

BAILLIAGES; les Droits, Fonctions & Préséance des diférens Oficiers desdites Jurisdictions & Vicomtez. 265
BANQUEROUTES; la compétence de ces Matiéres prorogée en faveur des Juges-Consuls, jusqu'au premier Septembre 1727. 21
Autre prorogation de ladite Compétence, jusqu'au premier Septembre 1728. 86
Autre prorogation de ladite Compétence, jusqu'au premier Septembre 1729. 128
Autre prorogation de ladite Compétence, jusqu'au premier Septembre 1730. 177
Autre prorogation de ladite Compétence, jusqu'au premier Septembre 1731. 217
Autre prorogation de ladite Compétence, jusqu'au premier Septembre 1732. 322
Autre prorogation de ladite Compétence, jusqu'au premier Septembre 1733. 369
BANQUEROUTES. *Voiez* Afirmation.
BANNELIERS de la Banlieuë; ce qui est ordonné par provision à leur égard. 762
BARBIER; de quelle nature d'Immeubles doivent être réputées les Places de Barbier, dans une Succession, & quelle part en apartient aux Veuves. 101
M. de Belle-Isle envoïé en joüissance des Terres & Seigneuries, en atendant la consommation de son Echange fait avec le Roy. 37
BENEFICES; Réglement pour le droit d'y pourvoir pendant la Vacance des Abaïes, Prieurez-Réguliers, que des Archevêchez ou Evêchez dont ils dépendent. 491
BILLETS de Change ou au Porteur. *Voiez* Change.
BLANCHE ou Blacquet, sa Pêche défenduë. 56
BLEDS ou autres Grains, défendu à toutes personnes d'en faire aucuns Amas & Magasins, & de commettre aucuns abus, Anatremens ou malversations, sous les peines y portées. 773
L'entrée des Bleds, Grains & Légumes dans le Roïaume, exempte de tous Droits. 776
BOIS; Coupes ordinaires établies dans les Bois de la Maîtrise de Domfront, dé-

F ffff

TABLE

pendans de Sa Majesté. 339.

Autre Réglement pour les Coupes de Bois de la Forest d'Ecouves, dépendantes du Département d'Alençon. 377.

Autre Réglement pour les Coupes de Bois, dans diférens endroits de la Forest d'Andaine, Maîtrise de Domfront. 398.

Autre Réglement pour la Vente de cinq cens Arpens pendant vingt-cinq ans également, dans la Forest de Brothonne. 425.

Autre Réglement qui ordonne de vendre incessamment les Baliveaux au-dessus de 40 ans, dans les Coupes des Taillis apellez Cinglais, dépendans de la Généralité d'Alençon. 681

BOUTEILLES & Carafons; Réglemens pour leurs Fabrications. 431

Défendu à tous Marchauds-Merciers d'en faire aucun Commerce, & de toutes autres choses dépendantes du Métier de Marchand-Verrier. 738

BOUTONS de Draps & de plusieurs autres sortes, défendu aux Tailleurs d'en mettre sur les Habits, & à toutes personnes d'en porter, fabriquer ni faire entrer dans le Roïaume. 516

BRASSEURS; à eux défendu d'emploier aucuns Orges ou Grains à la fabrique des Biéres, que ceux qui leur restent. 767

BULLES contre le Jansenisme, & sur la Constitution *Unigenitus*, comment exécutées. 209.

C

CEDULES évocatoires; cas où elles ne peuvent avoir leur éfet. 116

CHANGE. Lettres de Change ou Billets seront païez dans les augmentations d'Espéces, conformément aux Déclarations de 1700. 1713. & 1714. données à l'ocasion des Diminutions. 15

CHANVRES & Lins; Permis aux Habitans du Roumois & du Païs Lieuvin, de les faire roüir dans les canaux, marres & rivieres. 26

CINQUANTIE'ME en nature de fruits, sa Levée révoquée. 13

Sa révocation totale, à commencer au premier Janvier 1728. 91

COMPTES des Fabriques. *Voïez* Mandement.

CLAMEURS; quelles formalitez à observer par les Oficiers, dans les significations d'Exploits, à peine de nullité, & autres peines. 228.

Quand la preuve par Témoins peut être admise, en cas de fraude prétenduë dans l'action en Clameur, &c. 480.

CONGEZ de l'Amiral ne seront donnez que pour trois mois aux Vaisseaux achetez ou construits dans les Païs Etrangers. 51

CONSTITUTION *Unigenitus*. *Voïez* Bulle.

CONTROLE & Insinuation. Delai acordé jusqu'au premier Janvier 1734. pour faire contrôler & insinuer les Actes passez avant le 29. Septembre 1722. 401

CRIME. *Voïez* Procès Criminel.

CUREZ Primitifs; Réglement de leurs droits dans leurs Paroïsses. 40

Autre Réglement général, en interprétation de celui ci-dessus. 212.

D

DECLARATIONS de Marchandises imprimées, défenduës à tous Marchands & Négocians, autrement que dans la forme prescrite. 380

DIXIE'ME, sa Levée ordonnée sur le Revenu des Biens du Roïaume. 409

Autre Arrest qui en fixe la Levée, à commencer au premier Janvier 1734. 414.

DIXME; Arrest qui défend d'exiger en Verd la Dixme d'une piéce de Terre semée en Vesce. 77

Autre Arrest qui défend de percevoir la Dixme de diférentes Nouritures de Bestiaux, qui se coupent & pâturent en Verd, nonobstant la possession. 82

DOMAINES & Bois. Edit en faveur des Receveurs & Contrôleurs généraux. 101

DONATIONS, leur nature, la forme, les charges ou les conditions essentielles d'icelles, fixées dans tout le Roïaume. 134.

Doivent être insinuées, & dans quels Bureaux. 261

DOYENS Ruraux. *Voïez* Mandement.

DREGE. *Voïez* Pêche.

DROITS de Confirmation, Cinquantième, &c. par raport aux Ecléfiastiques. *Voïez* Ecléfiastiques.

Prorogation des Droits des Fermes générales, & modération d'autres Droits. 17

Autre prorogation des Quatre sols pour livre, pour six années, à commencer du 6. Octobre 1732. & modération d'autres Droits. 364.

DES MATIERES.

Autre prorogation defdits Droits pour fix années, finiſſant au dernier Septembre 1744. 645

E

ECLESIASTIQUES, leurs Biens, Droits & Charges, exemts du Droit de Confirmation, Cinquantiéme, &c. 44
EMOTIONS Populaires. *Voïez* Séditions.
ENFANS de Famille ; défendu à tous Marchands, Cabaretiers & autres, de leur prêter Deniers, Marchandiſes ou Denrées. 171
Autre Arreſt rendu en conformité, contre un Aubergiſte. 173
ESCLAVES Négres des Colonies de preſent en France, ou qui y ſeront enmenez. 696
ETOFES de laine ou mêlées de laine, ſoïe ou fil, qui ſe fabriquent dans la Généralité d'Alençon ; Réglement ſur icelles. 583
EVESQUES. *Voïez* Mandement.
EVOCATIONS & Réglement de Juges. 606

F

FAUX-principal & Faux-incident, & la reconnoiſſance des Ecritures & Signatures, en Matiére criminelle. 541
FERMES générales. *Voïez* Droits.
FILLES & Femmes de mauvaiſe vie, leur correction. 418
FRAI du Poiſſon de Mer, ſa Pêche, tranſport & Vente défendus. 56

G

GENS de Livrée. *Voïez* Livrée.
GOUESMON, Sar ou Varech ; Réglement pour leur uſage. 296
GRADUEZ ; de quel jour on doit compter l'ancienneté de leur nomination faite par l'Univerſité de Paris. 249
GREFIERS, Notaires & autres aïant faculté de paſſer des Actes, à quelles peines aſſujettis, en cas de fauſſe déclaration dans leurs Expéditions, que les Minutes auront été contrôlées. 428

H

HARANS. Séparation des diférentes Salaiſons & aprêts des Harans par les Marchands-Saleurs de Dieppe, & autres Ports. 84
HIPOTEQUES ; quelles formalitez requiſes pour en purger les Biens que le Roy aquerra dans la ſuite. 313
HOSPITAUX. *Voïez* Aſſemblées.
HOSTELS de Ville. *Voïez*. Ville.

I

JANSENISME. *Voïez* Bulle.
IMPRIMEURS ; Réglement pour les Maîtres & Ouvriers. 124
INDEMNITE' dûë par les Gens de Mainmorte. 329
INDIGO, ſon uſage reglé pour les Teintures de toiles, fils & cotons, &c. 119
INSINUATION ; dans quel cas le defaut d'Inſinuation de pluſieurs Dons, n'en emporte pas la nullité. 162
Donations entre vifs doivent être inſinuées ; dans quels Bureaux ? 261
Voïez Contrôle.
INSTRUCTION Paſtorale de Mr de Lorraine, Evêque de Bayeux, ſuprimées. 92
ISLES Françoiſes de l'Amerique ; Réglement pour le nombre des Engagez & Fuſils qui y doivent être tranſportez. 138
JUGES, dans quels cas ils peuvent connoître des Procès des Seigneurs dont ils relévent noblement. 161

L

LABOUREURS, Fermiers ou Propriétaires de Terres, à eux enjoint de préparer & enſemencer leurs Terres dans les ſaiſons convenables, des Grains dont elles doivent être chargées. 770
LAINES ; Comment les Etofes & les Laines ſervant à leur fabrication doivent être teintes. 518
Réglement pour les Draps, Serges & autres Etofes de laine, &c. qui ſe fabriquent dans la Généralité de Caën. 701
Inſtructions ſur le Déboüilli des Laines deſtinées à la fabrique des Tapiſſeries. 587
LINS. *Voïez* Chanvres.
LORRAINE ; les Sujets du Roy de Pologne dans ſes Etats, réputez naturels François, & ce qui eſt preſcrit à l'égard des Jugemens & Actes publics. 694
LIVRE'E ; défendu aux Gens de Livrée de s'atrouper, faire aucune violence ni inſulte, même de porter Cannes ou Bâtons. 421
LUZERNE. *Voïez* Chanvre.

Fffff ij

TABLE

M

MAIN-MORTE. *Voïez* Indemnité.

MANDEMENT de l'Archevêque de Roüen, concernant les Doïens Ruraux, les Comptes des Fabriques, les réparations des Presbitéres & Eglises, & Scellez, &c. 164

Réglement pour leur enregistrement en la Cour, ensemble des Reglemens tant de Police Ecléfiastique que Civile, concernans les Matieres de la compétence de la Grand' Chambre. 495

MARCHANDS en gros & en détail, leur Registres seront tenus en papier timbré, & ne pourront être paraphez par les Juges, ni faire foi en Justice, qu'en cette forme. 539

MARCHANDISES. *Voïez* Déclarations.

MARIAGE d'un Fils de famille fait à l'insçû de son Pere, quelle punition s'en est suivie. 635

MATELOTS. Réglement sur leur Embarquement, Débarquement ou Congez qui leur seront donnez dans les Ports, au sujet des à Comptes qui peuvent être donnez sur leurs Salaires. 145

MEDECINE; les Docteurs & Licentiez à quelles formalitez sont assujettis, pour l'exercice de la Médecine dans les lieux où il n'y a ni Université ni Aggrégation. 403

MENDIANS, & Vagabonds; nouveau Réglement à leur sujet. 61

MOULES. Réglement pour la Pêche d'icelles dans diférens Ports. 148

N

NAUFRAGES Maritimes. Réglemens sur iceux. 456

NECESSITEZ publiques. *Voïez* Assemblées.

NEGRES. *Voïez* Esclaves.

NOBLESSE au premier degré, & exemtion des Droits de Lods & Vente, rétabli en faveur des Secrétaires du Roy des Chancelleries près les Cours. 96

NOTAIRES; à quelles peines assujettis, en cas de fausse déclaration sur leurs Expéditions, que les Minutes auront été contrôlées. 428

NOUVEAUX Convertis, à eux défendu de vendre leurs Biens pendant le tems de trois ans. 1

Autre défense pendant trois ans, du 6. Février 1729. 152

Autre défense pendant trois ans, du 19. Janvier 1732. 331

Autre défense pendant trois ans, du 5. Février 1735. 419

Autre défense pendant trois ans, du 3. Février 1738. 684

O

OFICES de Contrôleurs-Clercs-d'eau, suprimez. 686

OFICIERS. Réglement pour les voix délibératives, de ceux qui sont parens. 133

Autre Réglement pour les Voix délibératives d'Oficiers, parens & aliez, dans les mêmes Cours & Jurisdictions inférieures. 374

Droits & fonctions des Oficiers de la Vicomté de l'Eau, ensemble ceux du Lieutenant Général de Police de la Ville de Roüen. 688

P

PAIN poura être aporté en cette Ville, & exposé en vente par toutes sortes de personnes, pour y être vendu au prix de la Police. 781

Nouvelle sorte de Pain d'Orge & de Froment autorisée, & permis à certains Boulangers d'en faire la vente, aux conditions & peines y portées. 784

PARCS. Réglement pour les hauts & bas Parcs, & permis d'en établir avec des perches & filets sur les Côtes de Normandie, &c. 194

PARENTEZ d'Oficiers. *Voïez* Oficiers.

PESCHE; Drege & autres Filets traînans défendus. 3

Autre Réglement au sujet de la grandeur des mailles des Filets, & de la maniere dont les Pêcheries à pied & tentes à la basseeau doivent être établies. 64

Autre Réglement concernant la forme, le tems, & les endroits où il est permis de se servir du Rets traverfier ou Chalut. 199

PESCHEURS. Réglement pour l'Election, fonctions, priviléges des Gardes Jurez ou Sindics, sur diférentes Côtes. 182

POISONS, défendu d'en garder d'aucunes sortes, & précaution à garder dans la vente, l'achat & l'usage de l'Arsenic, Réagal, Sublimé, Orpiment. 733

POLICE. *Voïez* Oficiers.

DES MATIERES.

POLLICITATION. Question jugée au sujet de la fameuse Bibliotéque de Mr le Normand, Evêque d'Evreux. 434
PORTION congruë. Voïez Vicaires perpétuels.
PREVOST. Cas Prevôtaux où Préfidiaux sont réglez. 250
PRESIDIAUX. Voïez Prevoft.
PRISONNIERS détenus requête de Parties civiles ; Réglement pour leur Provisions de vie. 327
PROCEZ criminels ; les Conseillers des Enquêtes continuëront d'être Raporteurs desdits Procès, quoi que le tems de leur service à la Tournelle soit expiré. 423
PROCUREURS & Avocats du Roy du Bailliage & Siége Préfidial de Roüen, leurs fonctions dans les Procès de la compétence dudit Siége Préfidial 446
PROPRES. Réglement au sujet du remplacement d'iceux sur la succession mobilière des Maris, prétenduë garante des successions collatérales échuës à la Femme constant le Mariage. 28

R

RECEVEURS & Contrôleurs généraux des Domaines & Bois. 101
RECONNOISSANCE des Ecritures. Voïez Faux-principal.
REGISTRES des Baptêmes, Mariages, Sépultures, Vêtures, Noviciats & Profession, la maniere de les tenir ; & des Extraits qui en peuvent être délivrez. 503
REGISTRES des Marchands. Voïez Marchands.
REGLEMENS de Juges. Voïez Evocations.
REMPLACEMENT de Propres. Voïez Propres.
RENTES Viageres créées depuis 1720. réduites. 51
Remboursement des Rentes par Loterie, &c. 156
Formalitez à observer par les debiteurs des Rentes foncieres & irraquitables, lors du retrait qu'ils en pourront faire dans le cas de vente à un tiers. 333
Comment les Cens & Rentes, & autres redevances en Bleds seront païées. 776
RE'PARATIONS des Eglises & Presbiteres. Voïez Mandement.
RETS traversier ou Chalut. Voïez Pêche.

S

SAGES-femmes ; à eux enjoint d'apeller du secours dans les Acouchemens laborieux. 112
SCELLEZ après la mort des Curez. Voïez Mandement.
Scellez des Oficiers Militaires. 246
SECRETAIRES du Roy près les Cours. Voïez Noblesse.
SEDITIONS & Emotions populaires & Violences commises chez les Boulangers, le Procès sera fait aux coupables, & enjoint à ceux qui sont commis à la sûreté publique de les prévenir, en suivant les Ordres qui leur seront donnez. 756
SUCCESSIONS Collatérales échuës à la Femme constant son Mariage, si elles sont remplacées sur la succession mobilière de son Mari. 28
SUPRESSION des Gardes-Sceels & Secretaires du Roy des Chancelleries Préfidiales. 96

T

TABLE de Marbre ; compétence lui est ajugée du curage d'un Ruisseau, au préjudice des Oficiers du Bailliage de Falaise. 318
TANEURS ; défenses de Taner avec de l'Orge. 33
Autre défense d'emploïer aucuns Orges ou Graias pour la préparation des Cuirs, 765
TEINTURIERS & autres Manufacturiers se servans de Chaudiere, ne peuvent faire usage de Bois à brûler pour leurs dites Chaudieres & Echaudoirs. 347
TEINTURES de Laine. Voïez Laine.
TENTES à la basse-eau. Voïez Pêche à pied.
TESTAMENS, Codiciles & autres dispositions à cause de mort ; Jurisprudence uniforme à l'égard de leur forme, & conditions pour leur validité. 459
Lettres Patentes sur cette Ordonnance. 478
TIERS-coûtumier. Réglement pour la demande faire dudit Tiers des Petits-enfans, sur la Succession de leur aïeul ou aïeule. 448
TOILES, Cannevas ou Coutils qui se fabriquent dans la Généralité d'Alençon, Réglement sur iceux. 647
TRESORIERS des Fabriques, ceux qui sont interdits d'en faire les fonctions,

TABLE DES MATIERES.

tant dans la Ville qu'à la Campagne ; & à eux enjoint de rendre leurs Comptes. 497

Mrs du Parlement ne pourront être élûs Marguilliers Comptables. 501

V

VAGABONDS. *Voïez* Mendians.
VARECH ou Vraicq, son usage en est réglé. 296
VESCES. *Voïez* Dixme.
VICAIRES Perpétuels ; Réglement de leurs Droits, & de la Portion congruë qui leur doit être fournie par les Curez Primitifs. 40
VICOMTE' d'Auge. *Voïez* Auge.
Les Droits, Fonctions & Preséances des diférens Oficiers des Vicomtez & Bailliages. 265
VILLE. Rétablissement des Ofices de Gouverneurs, Lieutenans de Roy, Majors, Maire, Lieutenant de Maire, & autres Oficiers des Hôtels de Ville. 404
Déclaration en interprétation de l'Edit ci-dessus. 416

Fin de la Table des Matiéres.

PRIVILEGE DU ROY.

LOUIS par la grace de Dieu Roy, de France & de Navarre : A tous ceux qui ces presentes Lettres verront, SALUT. L'une des Charges de nos Imprimeurs & Libraires ordinaires à Roüen, dont étoit pourvû *Jean-Baptiste Besongne*, étant vacante par sa démission pure & simple qu'il en a faite en nos mains ; Nous avons fait choix pour la remplir, de nôtre bien-amé *Jean-Baptiste Besongne* son Fils, étant persuadez qu'il Nous y servira avec tout le zéle & la fidélité que Nous pouvons desirer. A CES CAUSES, Nous, de l'avis de nôtre très-cher & très-amé Oncle le Duc d'Orleans Régent, avons audit *Besongne* donné & octroïé, donnons & octroïons par ces Presentes signées de nôtre main, ladite Charge de nôtre Imprimeur & Libraire ordinaire, vacante comme dit est, pour par lui l'exercer, en joüir & user, aux Honneurs, Autoritez, Prérogatives, Priviléges, Franchises, Libertez, Gages, Droits, Fruits, Profits, Revenus & Emolumens y apartenans, tels & semblables qu'en a joüi ou dû joüir ledit Besongne Pere ; avec pouvoir d'imprimer, vendre & debiter nos *Edits, Déclarations, Réglemens, Ordonnances & Arrêts, tant de nos Conseils, que de nos Cours, & autres Jurisdictions*; & ce, tant qu'il Nous plaira. SI DONNONS EN MANDEMENT à nos amez & feaux Conseillers les Gens tenans nos Cours de Parlement & des Comptes, Aides & Finances à Roüen, au Bailli dudit lieu, & à tous autres nos Justiciers & Oficiers qu'il apartiendra, qu'après qu'il leur sera aparu des bonnes vie & mœurs, Religion Catholique, Apostolique & Romaine dudit *Besongne*, & qu'ils auront pris & reçû de lui le Serment en tel cas requis & acoûtumé, ils le mettent & instituent de par Nous, en possession de ladite Charge ; & d'icelle, ensemble de tout le contenu ci-dessus, le fassent joüir & user pleinement & paisiblement, cessant & faisant cesser tous troubles & empêchemens ; CAR TEL EST NÔTRE PLAISIR. En témoin de quoi, Nous avons fait mettre nôtre Seel à ces dites Presentes. DONNE' à Vincennes, le premier jour de Décembre, l'an de grace mil sept cens quinze ; & de nôtre Régne le premier. Signé, LOUIS : Et sur le repli, Par le Roy, le Duc d'Orleans Régent, present, PHELYPEAUX. Et scellées du grand Sceau de cire jaune.

Ledit Me *Jean-Baptiste Besongne le Fils a été reçû audit Etat & Charge d'Imprimeur ordinaire du Roy, en ladite Ville, Bailliage & Généralité de Roüen, suivant ces Presentes ; & icelui aiant préalablement fait & prêté le Serment en tel cas requis & acoûtumé, & aux charges ordinaires, conformément à l'Arrest de la Cour de cejourd'hui. A Roüen en Parlement, le onziéme jour de Janvier mil sept cens seize.* Signé, AUZANET.

Cejourd'hui 26. Avril 1717. ledit Me Jean-Baptiste Besongne le Fils, a été reçû à ladite Charge d'Imprimeur ordinaire du Roy, suivant ces Presentes, & l'Arrest de la Cour des Comptes, Aides & Finances do ce jour, rendu les Bureaux Assemblez à celui des Aides.

Signé, DE LA BARE.

CATALOGUE
DES
LIVRES IMPRIMEZ,
OU QUI SE TROUVENT
Chez JEAN-B. BESONGNE, Imprimeur ordinaire du Roy.

ŒUVRES de M. Basnage, contenant ses Commentaires sur la Coûtume de Normandie, & son Traité des Hipotéques, quatriéme Edition, revûë, corrigée & augmentée, 3 vol. in folio.

Coûtume de Normandie, commentée par Berault, Godefroy & d'Aviron, 2 vol. in folio.

Coûtume de Normandie, expliquée par Pesnelle, in quarto, seconde Edition augmentée, 1727.

L'Esprit de la Coûtume de Normandie, seconde & derniere Edition, revûë, corrigée & augmentée, in quarto.

Le Texte de la même Coûtume, augmentée d'un Recüeil de Réglemens sur le fait de la Procedure, & autres Matiéres, plus amples & plus commode qu'aucune qui ait encore paru, in douze, gros caractére, & in dix-huit actuellement sous presse, augmenté.

Recüeil des Ordonnances de Loüis XV. concernant les Donations, les Insinuations, les Testamens, le Faux-Principal, le Faux Incident, la Reconnoissance des Ecritures & Signatures en matiére Criminelle, les Evocations & les Réglemens de Juges, vol. in vingt-quatre, 1740.

Conférence des Ordonnances, par Bornier, in quarto, 2 vol. derniere Edition.

Stile Civil & Criminel, par Gauret, in quarto, 2 vol.

La Pratique civile & criminelle, par Lange, in quarto, 2 vol. derniere Edition.

Histoire Geographique & Chronologique des Archevêchez & Evêchez de l'Univers, par M. l'Abé de Commanville, in octavo.

La Vie des Saints, par le même Auteur, 4 vol. in douze.

Histoire de Normandie, depuis son origine jus-qu'à present, par le feu Sieur de Masseville, 8 vol. in douze.

Méthode pour liquider les Mariages Avenans des Filles, dans la Coûtume générale de Normandie, & dans celle de Caux, par feu Me Everard, in douze, seconde Edition, augmentée, 1734.

Histoire de la Ville de Caën, & des lieux circonvoisins, par feu M. Huet ancien Evêque d'Avranches, seconde Edition, corrigée & augmentée par l'Auteur, in octavo.

Plaidoïez de M. le Noble, Substitur de M. le Procureur Général du Parlement, avec les Arrêts rendus en conséquence, in octavo.

Recüeil des Edits, Déclarations, Arrêts & Réglemens, registrez au Parlement de Normandie, depuis 1643. jusqu'à 1682. inclus, actuellement sous presse, in quarto.

Idem, depuis 1682. jusqu'à 1700. inclus, un vol. in quarto.

Idem, depuis 1700. jusqu'à 1712. inclus, 2 vol. in quarto.

Idem, depuis 1712. jusques & compris 1717. un vol. in quarto, 1738.

Idem, depuis 1717. jusques & compris 1725. un vol. in quarto, 1741.

Idem, depuis 1725. jusques & compris 1740. un vol. in quarto.

La suite de ce Recüeil par continuation.

Recüeil des Edits, Déclarations, Arrêts & Réglemens, tant de Sa Majesté que de la Cour des Comptes, Aides & Finances de Normandie, rendus sur le fait des Tailles, Octrois, Tarifs, &c. & Personnes privilégiées, &c. in douze, nouvelle Edition augmentée, 1728.

Recüeil des Edits, Déclarations, Arrêts & Réglemens, tant de Sa Majesté, que de la Cour des Comptes, Aides & Finances de Normandie, rendus *sur le fait des Aides*, augmenté jusqu'à présent, 2 vol. in douze, nouvelle Edition, 1733.

Compilation de l'Ordonnance de Loüis XIV. de 1681. *sur le fait des Gabelles*, avec les Edits, Arrêts & Réglemens, tant du Conseil, que de la Cour des Comptes, Aides & Finances de Normandie, rendus jusqu'à présent ; le tout rangé dans un ordre nouveau, in douze, 1727.

Recüeil des Edits, Déclarations, Arrêts & Réglemens, rendus *sur le fait des Eaux & Forêts*, in dix-huit, nouvelle Edition, augmentée jusqu'à présent, 1728.

Recüeil des Edits, Déclarations, Arrêts & Réglemens du Roy, rendus *sur le fait des Traites Foraines & Cinq grosses Fermes*, in vingt-quatre.

Recüeil des *Tarifs des Droits d'Entrée & Sortie du Roïaume*, qui se perçoivent presentement sur toutes les Marchandises & Denrées, dans toutes les Doüanes & Romaines du Roïaume, in douze, nouvelle Edition.

Recüeil des Edits, Déclarations, Arrêts & Réglemens, rendus *sur le fait des Marchands*, in douze.

Recüeil des Edits, Déclarations & Arrêts du Conseil, concernans *la Religion P. R.* augmenté jusqu'à présent, in douze 1729.

Recüeil des Edits, Déclarations, Arrêts & Réglemens, concernant *la Jurisdiction Eclésiastique*, & autres Matiéres en dépendantes, troisiéme & derniere Edition, augmentée de grand nombre d'autres Piéces, qui n'avoient pas paru dans la précédente, & de ce qui a été rendu sur cette matière, jusqu'à présent, in douze, 2 vol. 1741.

La Régie des Droits d'Aides, & Instruction pour les Receveurs, Commis & Gardes desdites Aides, par le Sieur Poulain, in douze.

Exercice des Aides, pour les Commis ou Emploïez ausdites Aides, avec les Tarifs des Droits de Quatriéme & de la Jauge des Futailles, in vingt-quatre.

Tarif pour les Droits de Quatriéme sur les Boissons, in douze.

Nouveau Recüeil des Fables d'Esope, mises en françois, avec le sens moral en quatre vers, & des figures à chaque Fable, in douze, 1743.

Instruction de la Jeunesse en la piété Chrétienne, par Gobinet, in douze.

Histoire des Conciles, par M. Hermant, 4. vol. in douze.

Histoire des Ordres Religieux, par le même Auteur, in douze, 4 vol.

Histoire des Ordres de Chevalerie, par le même Auteur, in douze, 2 vol. seconde Edition.

Les Homelies sur les Fêtes & Dimanches, du même Auteur, 2 vol. in douze.

Sermons sur les Mistéres, avec plusieurs Panégyriques, par le même Auteur, in douze, 2 vol.

Histoire des Heresies, par le même Auteur, 4 vol. in douze, seconde Edition, augmentée.

Homelies sur les Evangiles, par M. Brainville, in douze, 1727.

Van Espen Opera omnia. *Jus Ecclesiasticum universum ac Opuscula varia complectentia*, in fol. 2 vol. 1721.

Traité de la Jauge universelle, seconde Edition, augmentée, 1727.

Nouveaux Elemens de Geométrie de Blainville, derniere Edition, in douze.

Nouveau Traité d'Arithmétique du même Auteur, in douze, 1736.

Traité des Hipotéques, par M. Basnage, in douze, derniere Edition, 1724.

On trouve encore chez le même Libraire, les Livres de Jurisprudence, d'Histoires, & autres, comme aussi, les Edits, Déclarations, Arrêts & Réglemens de Sa Majesté, & de ses Cours en Normandie, tant en Recüeil qu'en particulier.

www.ingramcontent.com/pod-product-compliance
Lightning Source LLC
Chambersburg PA
CBHW061732300426
44115CB00009B/1189